진시황 평전

진시황 평전

철저하게 역사적으로 본 제국과 영웅의 흥망

장펀톈 지음 | 이재훈 옮김

글항아리

일러두기

• 본문에 (　　)로 부연한 것은 옮긴이의 설명이다.
• 한자와 독음이 달라도 별도로 괄호로 표기하지 않았다.
• 중화민국 건국 이전은 한글 독음으로, 이후는 현지 발음으로 표기했다.
　단 이미 굳어진 일부의 단어는 한글 독음으로 표기했다.

1974년 중국 시안西安시 외곽에서 우물을 파던 농부에 의해 최초로 발견된 진시황릉의 병마용갱에 잠들어 있던 갑옷 병사 도용.

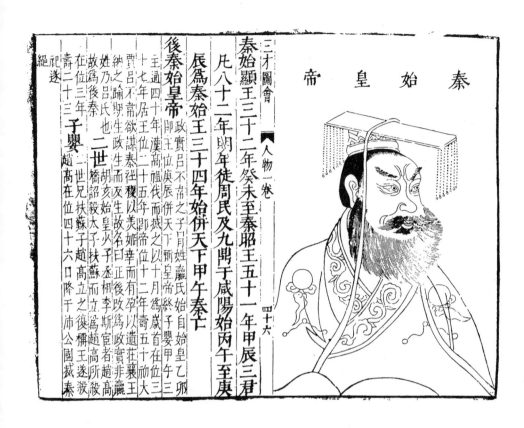

帝皇始秦

秦始顯王三十二年癸未至秦昭王五十一年甲辰三君

凡八十二年明年徙周民及九鼎于咸陽始丙午至庚

辰爲秦始王三十四年始併天下甲午秦亡

後秦始皇帝

政寶呂不韋之子冒姓嬴氏始自皇帝始自乙卯至通四十年漢高祖伐而滅之以十二年居王位二十五年御帝位十二年壽五十歲始居咸首在位三年大

二世

胡亥始皇子矯詔殺太子扶蘇而立之後稱王遂殺趙高所殺

子嬰

趙高在位四十六日降于沛公國弑秦

絕祀遂

在位二十三年壽故爲後秦氏也納之蹄生政姓故名日正以政爲政改氏遺莊襄王及有孕以美姆而欲謀秦社稷之子賈不帝生政二世

『삼재도회三才圖會』에 실린 6국을 통일하여 대국을 이룬 진시황(위).

병사 도용의 얼굴. 채색되어 있었으나 발굴 과정에서 햇볕에 노출되자 몇 시간 만에 색이 바래어버렸다(왼쪽).

진릉 1호 청동 마차秦陵1號銅車馬, 진나라, 높이 152cm, 진시황병마용박물관 소장.

진시황릉 전경.

주나라와 진나라 이래로 최고 통치자는 용으로 불렸고 용으로 장식하며
스스로 용종龍種, 용체龍體라 명명했다.

산시(山西)성에 위치한 화산(華山)에서의 일출. 진나라는 산시성을 지역 기반으로 동쪽으로 세력을 넓혀나갔다.

중국 베이징시 미윈현密雲縣 북동부에 위치한 만리장성에 있는 요새 구베이커우古北口를 중심으로
내려다본 모습. 서북쪽으로 장대하게 뻗어나간 모습이 장관이다.
구베이커우는 중국 오지奧地에서 장성 밖으로 출입하는 만리장성의 유명한 관문이다.

만리장성.

진시황이 하늘과 땅에 제사를 지냈던 태산.

현재까지 발견된 것 가운데 가장 오래된 진나라의 기병과 말 모양 인형.
진나라는 말을 많이 키우기로 유명했는데, 말을 사육하는 일을 법률로 보호하기도 했다.

진시황릉의 복원된 병마용.

금은으로 만든 말굴레.

굴레는 말을 통제하기 위해 말 머리에 씌우는 도구로 낙두絡頭, 마룡두馬龍頭 등으로 불렸다.

진나라의 군인이 전공을 세워 받은 예기.
매우 정교하게 만들어진 데서 전공으로 작위를 받은 사람들의 생활수준을 짐작해볼 수 있다.

전공을 세워 작위를 받은 군인이 사용한 예기.
글귀가 새겨진 청동 정이다.

복원된 아방궁. 진시황은 진 혜왕 때부터 시작된 아방궁 건설을 다시 시작했지만 방대한 규모 때문에 끝내 완성하지 못했다.
서로는 도성 함양에서 동으로는 임동臨潼에까지 이르렀고 별관과 정자와 누각을 포함해 200리에 달했다.

함양궁 1호 궁궐 유적지. 진 왕조가 위수 평원에 세운 대형 궁궐 중 하나이다.
유적지는 길이 60미터, 폭 45미터 규모이다. 건축의 축대는 천연 계곡이었는데,
이 계곡을 이용하여 비각飛閣으로 양쪽 건축물을 하나로 연결했다.

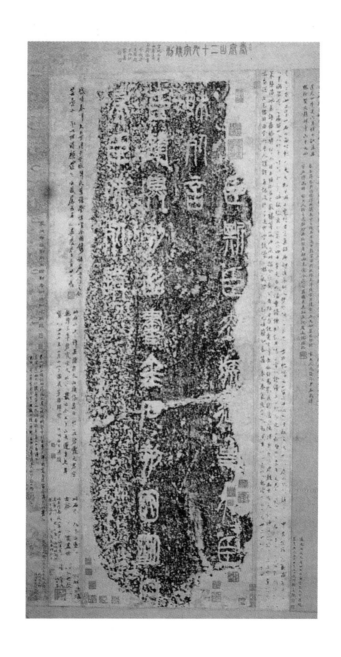

진 소전小篆. 진은 소전을 법정 문자로 정했는데,
사진의 글자는 태산의 돌에 새긴 소전으로 이사의 글씨로 알려져 있다.

위의 낭야각석을 포함해 태산각석, 갈석각석, 회계각석의 이른바 4대 각석은
진시황이 각지를 순시할 때 새긴 것으로, 그의 통일 공적을 찬양하는 내용이 주를 이룬다.

금을 입힌 양릉의 호부. 호부는 군대를 동원하는 증표로, 국왕이 오른쪽 반을 갖고 병영에서 왼쪽 반을 보관해 전시에 국왕이 이를 장군에게 보내면 장군은 다른 쪽 반과 맞춰 합치될 경우 군대를 동원할 수 있었다.

새와 짐승 무늬의 술잔 준.
진나라가 도량형을 통일할 때 설계한 되짜리 표준 용기이기도 하다.

진나라는 가장 거대한 두 가지 수리사업을 실시했다. 진 소왕 때 촉군의 태수 이빙李冰이
건설한 도강언都江堰(위의 사진)과 진시황 때의 정국거가 바로 그것이다.

명나라 때 그려진 「섬서여도陝西輿圖」의 부분도.
진해 요새鎭海皆와 그 일대(좌측 한 폭) 및 서녕진西寧鎭(오늘날의 시닝西寧 시, 우측 두 폭)을 보여주고 있다.
서녕 지역은 진나라의 서북부 개척에 있어서 중요한 곳이었다.

진시황의 이름은 영정嬴政이며 영성진씨嬴姓秦氏이고, 조정趙政 또는 "여정呂政"이라고 불렸다. 기원전 260년, 조趙나라의 도성인 한단邯鄲(허베이성)에서 태어났으며 기원전 210년 사구평대沙丘平臺(허베이성)에서 사망했다. 영정은 12세에 진나라의 왕위를 이어받았으며 21세에 친정을 시작했다. 그는 여섯 제후국을 모두 물리치고 천하를 통일한 후 진나라의 '시황제始皇帝'로 자칭했기 때문에 "진시황秦始皇"이라 불린다.

향년 50수를 누렸던 진시황의 실제 통치 기간은 30년이 못 되지만 그의 통치 방식은 새로운 시대를 열었으며 수천 년간 계승되었다. 중국 및 세계사를 통틀어 역사적 위상이 그에 버금가는 인물을 찾기란 쉽지 않다.

진나라 왕으로서 영정은 춘추전국시대를 마감한 최후의 군주였다. 그는 여섯 제후국을 통합하여 진 왕조[1]를 창건하고 수백 년간 각 제후국이 서로 '천하공주天下共主'를 자처했던 정치적 난국을 종식시켰다. 진나라의 천하 통일은 춘추전국시대를 끝내는 역사적 이정표로 여겨졌다. 이러한 의미에서 진나라의 왕인 영정은 역사의 한 시대에 종지부를 찍은 장본인이라고 할 수 있다.

　진시황 영정은 중국 역사에서 최초의 황제이다. 그는 가장 먼저 전국적으로 군주 중앙집권제도를 실시했기 때문에 새로운 역사를 연 상징적인 인물이기도 하다. 수많은 역사학자들은 진시황이 군주제도를 실시한 것을 새로운 역사 발전으로의 첫걸음으로 여긴다.

　춘추전국시대는 영웅의 시대였다. 역사의 대변혁, 정치적 대혼란, 사회적 분화, 사상의 분열과 변화가 잇달아 나타나면서 영웅 기질을 지닌 인재가 다수 배출되었다. 이들 가운데에는 사상적 영웅도 있었고 전쟁의 영웅도 있었다. 진시황은 군사적인 지략이 뛰어난 인재이면서 위대한 정치적 입지를 굳힌 군주이기도 했다. 제후국인 진나라의 왕에서 천하를 통일한 진시황이 되기까지 영정은 주어진 기회를 잘 활용했고 능동적인 정신과 정치력을 발휘하여 그에게 주어진 역사적 과제를 나무랄 데 없이 수행했다. 그는 이 시대가 낳은 마지막 효웅梟雄(사납고 용맹한 인물)이었다.

　진나라 제도가 역사에 끼친 영향은 매우 광범위하다. 역사문헌과 연구물들을 읽다 보면 "한나라는 진나라의 여러 제도를 계승했다漢承秦制"라는 표현을 자주 볼 수 있다. 뿐만 아니라 '진나라 제도秦制'의 기본 원칙이 2000여 년간 중국 역사에 일관되게 관통하고 있다. 진시황이 확립한 천황제도는 그야말로 원래의 모습을 잃지 않은 채 수천 년간 전해졌다고 할 수 있다.

　진시황이라는 인물에는 사회역사적인 의미가 다각도로 함축되어 있다. 세계사에서 그는 최초로 진정한 국가와 법의 이론체계를 현실화했으며 유라시아 대륙에서 제국을 세운 대표적인 인물이다. 중국의 고대문명사에서 진시황은 춘추전국의 사회적, 역사적 변혁을 완성한 주인공이다. 정치사적 관점에서는 왕조 교체를 이룬 장본인이며 정치제도사에서 볼 때는 최초로 명실상부한 '대일통大一統'을 달성해 군주제도를 수립한 통치자이다. 또한 사상사의 관점에서 선진先秦시대의 군주라는 관념을 집대성하여 '황제皇帝'라는 호칭을 만들어냈다. 법제사의 관점에서 진시황은 최초로 '법치'를 실천한 황제였다. 문화사적인 관점에서는 문자, 수레바퀴의 너비, 각종 제도, 이론을 통일하여 중화문명의 기본 틀을 마련했다. 한편 토목건축사적인 관점에서 보면, 그의 이름은 세계 불가사의로 불리는 만리장성과 진시황릉 병마용과 연계되어 있다. 인류 문명사에서 볼 때 절대 권력이 그에 버금가는 역사적 인물은 또 있겠지만 중국 고대사에서는 그의 존재가 유일무이하다고 할 수 있다.

그는 정치적 영웅일 뿐만 아니라 독재적 폭군이었다. 진시황은 영웅과 폭군의 일면을 모두 지닌 야누스적인 인물이었다. 당시에는 사납고 용맹스러운 효웅만이 정치적 영웅이 될 수 있었으며, 전제 정치를 위해서는 독단적이고 포악한 면이 있을 수밖에 없었다. 진시황은 통치 기간 중 6가지 악정을 저질렀다. 즉 무절제하게 황궁을 증축했고, 상상을 초월할 정도로 대규모의 황릉을 조성했으며, 모든 일을 다 제치고 태산에 올라가 하늘과 땅에 제사를 올렸다. 또한 불로장생할 수 있는 선약을 구하기 위해 수많은 사람을 동원했고, 『시경』과 『서경』을 비롯한 수많은 서책을 불태웠으며, 수많은 학자術士를 생매장하는 등 무고한 사람들을 연좌시켰다. 역대 황제와 비교해볼 때, 진시황이 세운 공적에 필적할 만한 사람은 없지만 그가 저지른 악정 역시 매우 심각하다. 그는 중국 군주제도의 장점과 단점을 모두 보여주었고 심지어 군주제도의 문화적 상징이 되었다. 그러므로 "천 년에 한 번 나올까 말까 한 황제千古一帝"라고 부르는 사람이 있는가 하면 포악한 독재자라고 폄하하는 사람도 있다. 오늘날까지 진시황에 대한 평가는 제각각이지만 어느 것이 옳다고 단언할 수도 없는 것이 현실이다.

사마천司馬遷은 진시황에 대해 "진나라가 천하를 통일할 때는 폭력적이었지만 시대의 변화에 따라 정책과 책략을 바꾸어 크게 성공했다"[2]고 평가했다. 진시황의 '폭정'을 어떻게 평가하느냐는 바로 '진시황 현상'을 이해하는 중요한 열쇠가 될 것이다. 폭정을 구체적으로 분석하지 않으면 진나라의 통치시대와 진시황이라는 역사 인물을 객관적이고 공정하게 평가하기 어려울 것이다. 서주의 봉건제도에서 진나라의 군주제도로 바뀌는 사회적 변천이 사회적인 폭압을 상대적으로 약화시켰다는 기본 사실을 간과한다면, 그리고 사회적·시대적·제도적·개별적 폭압을 구별하지 않는다면, 진시황이라는 매우 복잡한 대상을 정확하게 인식하기 어렵다. 진시황과 진나라의 여러 제도를 '폭압'이라고 막연하게 폄하하면 중국의 군주제도와 관련된 여러 역사적 현상을 전면적으로 이해하는 데 전혀 도움이 되지 못할뿐더러 전제주의 정치를 날카롭게 비판하는 데도 도움이 되지 못한다.

운몽진간雲夢秦簡 등 신뢰할 만한 역사 사료가 발굴되면서 학계에서는 진나라를 더욱 명확하고 정확하게 인식하게 되었고 진시황에 대해서도 훨씬 심층적인 연구가 이루어졌다. 이런 사료와 연구 작업은 진나라와 진 황제 및 진나라 제도에 드리워진 무고한 누명을 벗겨줄 것이다. 이 평전은 진나라 역사에 대한 진일보된 연구 성과물을 토대로 학계에서 '진시황 현상'에 대해 어떻게 해석하고 있는지 독자 여러분에게 전하는 데 그 의의가 있다.

秦始皇 차례

진시황의 아버지 자초는 초나라 출신인 화양부인에게 잘 보이기 위해 조나라에서 돌아와
그녀를 만날 때 초나라 복장을 했다. 따뜻한 남쪽 초나라의 의복은 전체적으로 부드럽고 소매가 긴 특징이 있다.
창을 든 병사 채색 도용彩繪執兵陶俑, 기원전 2세기, 높이 48~51cm, 북동산초왕묘北洞山楚王墓 출토, 1986.

곡거를 입은 무희 도용曲裾衣陶舞俑, 기원전 2세기, 높이 44.7cm,
타람산초왕묘駝籃山楚王墓 출토, 1989~1990.

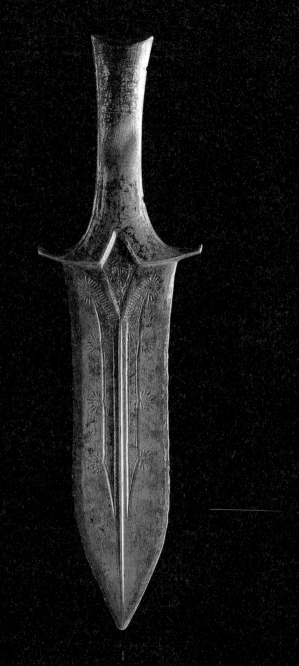

진시황은 천하를 통일한 후 전국의 모든 무기를 거둬들여 녹인 뒤 종으로 주조했다.
사람 얼굴이 새겨진 운뢰문 단검人面弓形格雲雷紋銅短劍, 전국시대(기원전 475~기원전 221),
길이 23.6cm, 2002년 광시성 난닝南寧시 융강邕江 출토, 광시좡족자치구박물관 소장.

인수문청동검人首紋靑銅劍, 전국시대(기원전 475~기원전 221), 길이 39cm,
1980년 광시성 링산靈山현 출토, 광시링산현박물관 소장.(오른쪽)

형가가 진시황을 찌르는 장면을 새긴 목각. 전국시대 진나라 군대가 6국을 석권하자
연나라 태자 단은 유협 형가를 보내 진시황을 암살하라는 명을 내렸으나 이는 미수에 그쳤다.

날개 달린 선인. 한나라 신화에 등장하는 선인의 모습.
진과 한의 술사術士들은 불로장생의 단약을 만드는 데 매우 열중했다.

흙으로 빚어 만든 신조. 전국시대 산동 일대는 신선가의 발원지이기도 했다.
진시황으로부터 선약을 찾아오라는 명령을 받았던 서복도 바로 이곳 출신이다.

진한 무제의 서극마. 한나라는 전마를 사육하고 번식시키는 것을
중대한 국방 전략으로 여겼는데, 이른바 마정馬政이라 한다.
이것은 한 무제 무덤에서 출토된 금마로 품종은 이리마에 속하며,
한 무제만 소유할 수 있었던 우수한 말의 전형적인 모습이다.

진한 무제는 이광리를 시켜 4년 동안 두 차례 대완으로 원정을 실시해
천마라 불리던 서역 지방의 명마 한혈마를 구해오도록 했다.
이것은 그 천마의 모습을 재현한 것이다.

한나라 초기 출정에 나선 작전 군관의 모습.

초나라의 청동 괴수. 장강 유역에 자리잡은 초는 주변의 작은 나라들을 합병하고
중원의 화하 문명을 융합해 전국시대 말기 진에 대적할 유일한 나라가 되었다.
이 작품에선 초나라의 초현실주의적 예술 양식이 엿보인다.

주나라의 예기,
청동궤는 물건을 담는 그릇으로 정과 함께 대표적인 예기이다.

상나라 때의 예기. 사람 얼굴을 새겨넣은 네모난 정으로, 그 문양에서 위엄이 느껴진다.
산과 강에 제사를 지낼 때 사용했다.

聖輔東鈞 五十四由大司宼攝
皐夔此德 行相事誅魯大夫亂
除暴遂良 政者少正卯與聞國
陽喭陰吸 政三月鬻羔豚帶飾
化行周道 男女別于途路不拾
仁及草莱 道
期月而已
豈慶語然

歲白兆玉崖子
金振汝謹摸

「주소정묘誅少正卯」(소정묘를 처형하다). 진시황의 문화적 전제는 통일을 유지한다는 명확한 목적이 있었다. 진시황 이전에 공자가 소정묘少正卯를 죽여서 이단을 제거한 것과 훗날 한 무제가 '유가만을 중시하여' 사상을 하나로 통일한 것처럼 이런 행위는 전에도 있었고 후에도 있었다.

도량형 통일의 상징이 된, 상앙이 직접 제작한 네모난 되.

중후을묘에서 출토된 편종.

진시황, 시안 병마용박물관.

금사슴을 닮은 괴수. 흉노족은 황금을 이용해 초원에서 흔히 볼 수 있는 동물들을
주제로 한 장식품이나 도안을 만들어 유목민족의 기풍을 드러냈다.

진시황의 세가

—패왕의 후손

진시황은 진秦나라 왕공王公의 가문에서 태어났다. 그의 조상 중에는 역사에 기록된 천자와 제후 그리고 군왕이 있었다. 즉 진시황은 패왕의 후손이었다.

역사 인물의 평전을 보면 대개 주인공의 집안을 먼저 살펴보는 것으로 시작된다. 그 내용은 간단하거나 상세할 수도 있고 또는 매우 상투적이거나 진부할 수도 있다. 그러나 진시황의 평전에는 반드시 그의 가문이 소개되어야 한다.

진시황은 '서민으로 태어나 천자가 된 사람'이 아니라 '제후의 집안에서 태어나 천하를 얻은' 인물이다. 최고 통치자로서 그의 정치적 생애의 출발점과 정치적 업적의 기반 모두 특정한 가문을 배경으로 이루어진 것이다. 게다가 진시황의 출생은 정치적 거래와 직접적인 연관이 있었다. 만일 특정한 집안이 없었다면 그는 군왕이 되지 못했을 뿐만 아니라 영정嬴政이라는 사람이 세상에 태어날 수 있었을지도 장담할 수 없다.

또한 진시황의 세가世家는 역사적으로 매우 특별한 의미가 있다. 물론 역사의 우연일 수도 있다. 그런데 그 우연으로 무척 흥미로운 결과가 빚어졌다. 진나라의 발전사가 공교롭게도 왕조 교체의 역사와 맞물려 있는 것이다. 영진嬴秦 가문이 번창한 것은 서주西周 왕권이 쇠락한 것과 매우 밀접한 연관이 있었다. 서주시대에서 동주東周시대로 바뀌는 과도기에 세워진 진나라는 춘추오패春秋五覇 중하나였다. 진나라는 법가의 사상을 충실하게 실천하여 전국시대의 최강 제후국으로 성장했으며 결국 천하를 통일했다. 이 가문은 대대로 대부大夫로 봉해지고 제후諸侯로 세워졌으며 제후국 가운데 가장 강성한 패주覇主가 되었다. 또한 왕이 되었으며 황제로 불렸다. 영진 가문은 권력의 계단을 차근차근 밟아 올라가 결국 '천하공주天下共主'의 자리를 빼앗았다.

다른 제후국을 합병하고 토지를 겸병하여 패왕이 되기까지 진시황의 가문은 왕조 교체의 역사를 그대로 보여주었다. 또한 그 역시 왕조의 교체를 완수한 예사롭지 않은 장본인이다. 영진 집안이 당면했던 험난한 역경과 그들이 분발하고 일어서는 정치 발전사에 대한 이해가 없으면 진시황이 품었던 사상, 제도 그리고 그의 개성과 업적을 이해하기란 어려울 것이다.

춘추전국시대에 나타난 역사적 변혁은 왕조의 교체를 넘어서 사회 형태를 바꿔놓은 중대한 사건이다. 이러한 사회 대변혁의 성격과 내용에 대해 다양한 설명이 있지만 한 가지만은 모두가 인정한다. 그것은 대변혁의 소용돌이에서 새로운 정치제도가 생겨났으며 정치, 경제, 사회, 문화가 상호작용하는 과정에서 사회적인 삶의 각 층면이 모두 근본적으로 변화했다는 점이다. 상주商周시대의 사회와 정치는 진한秦漢시대와 뚜렷하게 구별된다. 역사의 우연으로 영진 가문이 번성하여 나라를 세우고 패왕을 자처하며 법가의 변법과 제도 개혁을 추진한 것은 공교롭게 역사의 대변혁과 맞물려갔다. 어떤 의미에서 진나라의 역사는 춘추전국시대의 역사이고 중국의 군주제도가 생겨난 역사를 응축한 것이기도 하다. 진시황은 변혁의 시대에 나타난 수많은 정치적 영웅 가운데 한 명이다. 따라서 이 시대의 갖가지 중대한 사건을 모두 그와 연관지으며 시대가 그의 의식과 행동에 끼친 영향, 그의 의식과 행위가 시대에 미친 영향을 심층적으로 살펴보지 않을 수 없다. 즉, 그를 거시적인 역사라는 시공간에 두고 연구해야 할 것이다.

이 책은 진시황이라는 역사 인물의 평전이면서 '진시황 현상'을 심층적으로 연구한 결과물이다. 진시황은 춘추전국시대를 대표하고 진한시대의 군주제도를 대표하며 또한 중국 고대사회를 대표한다. 세계사의 관점에서 보면 진시황은 유라시아 대륙의 군주제도 시대를 대표하는 인물 중 하나로 볼 수도 있다. 그러므로 진시황은 매우 입체적이고 거시적인 역사의 시공간적 관점에서 살펴봐야 한다.

사실 진시황의 가문은 중국 군주제도의 발전사를 축소해놓은 것이라고 할 수 있다.

량치차오梁啓超는 역사 인물의 평전을 쓸 때 "진정 역사를 창조할 역량이 있는 인물이라면 꼼꼼하게 연구해야 한다. 물론 내용도 구체적이고 상세해야 한다. 또한 그 인물이 달성한 대업에만 주목할 것이 아니라 사소한 일도 놓치지 말아야 한다. 대업을 다룸으로써 환경, 사회, 풍속, 시대를 볼 수 있고 작은 일로 그 인물의 성격, 가문, 지방, 취미, 평소의 언행을 볼 수 있기 때문에 사소한 것이라고 해서 절대 간과하면 안 된다. 역사적 인물이 어떻게 그런 역량을 지녔는지를 알아보는 것이 가장 중요하다"[1]고 했다. 평전이라는 특성에서 볼 때, 진시황의 세가는 큰 문제일 수도 있고 지엽적인 문제일 수도 있다. 하지만 진시황의 전기傳記가 그의 집안부터 상세하게 소개해야 하는 이유는 바로 진나라와 진시황의 역사적 위상이 여기서 결정되기 때문이다.

  필자는 개인적으로 만일 사건의 선택, 줄거리 및 서술 양식 모두 진나라 사람을 주인공으로 한 '춘추전국시대의 역사'를 쓴다면 당시의 역사상을 『춘추』와 『사기』보다 훨씬 더 잘 보여주며 역사적인 명맥을 정확하게 짚을 수 있다고 생각한다. 만약 춘추전국의 역사를 진나라의 역사로 단순화한다면 다른 나라에서 회자하는 사건들이 꽤 많이 생략되겠지만 이 시대의 역사적 본질, 큰 흐름, 핵심적이고 기본적인 것에는 큰 영향이 없을 것이다. 진나라의 역사, 특히 진나라 정치사의 명맥과 지엽적인 내용을 좀더 단순화하면 바로 진시황의 가문에 대한 이야기가 될 것이다. 즉 영진 가문의 조상들이 밟았던 정치적 행적이 진시황에게 풍부한 정치적 유산을 남겨주었던 것이다.

영진贏秦 성씨와 진나라 건국

영진 부족의 형성은 매우 오랜 역사를 지니고 있다. 황제黃帝를 시조로 삼는 중원 지역의 여러 부족 가운데 하족夏族과 하나라 문화, 상족商族과 상나라 문화, 주족周族과 주나라 문화, 진족秦族과 진나라 문화가 잇달아 중원 지역을 지배하는 부족과 지배 문화가 되었다. 영성贏姓 부족에 뿌리를 둔 진족을 보면 옛 영진 종족과 그들의 문화는 역대 중원 지역을 지배하는 부족 및 지배 문화와 매우 밀접한 관계가 있다.

진秦의 성姓(모계 씨족을 말함)은 영贏이고 씨氏(부계 씨족을 말함)는 진秦이다. 영성贏姓 진씨秦氏의 발원과 그 조상에 대해서는 수많은 전설이 전해오고 있다. 『사기』를 보면 춘추전국시대에 주요 제후국의 조상에 대한 기록이 있는데, 특히 진나라의 연대가 가장 오래되었고 조상에 대한 설명이 가장 구체적이며 풍부하고 자세하다. 이는 아마 평전의 주인공인 진시황이 각 제후국의 역사책을 불태우도록 했기 때문에 진나라의 역사책이 가장 잘 보존됐다는 점과 연관이 있을 것이다.

영진족의 초기 역사는 신비로운 색채가 매우 짙다. 즉 영진족의 조상

은 우虞나라의 순舜, 하夏나라의 우禹, 상商나라의 탕湯, 주周나라의 목穆
등으로, 역대 선왕에게 충성을 다하여 큰 공을 세웠으며 대대로 뛰어난
인물이었다. 이 부족은 농경과 목축에 종사하고 전쟁을 두려워하지 않
았다. 그리고 온갖 역경에 맞닥뜨려서도 침착하게 대처했으며 매우 용맹
했다. 물론 영진족 역시 치명적인 좌절에 부딪히고 멀리 변경으로 쫓겨나
는 처지에 놓이기도 했다. 그러나 고난과 몰락의 위기마다 영웅적인 인
물이 나타났다. 그들은 스스로 능력을 발휘하고 재기에 성공하여 가문
전체에 부귀영화를 안겨주었다. 영진족의 뿌리를 찾아 거슬러 가보면 진
시황의 업적은 바로 선대의 천자 및 왕공의 정치적 유산을 계승한 것을
기반으로 세워졌음을 알 수 있다. 진시황은 바로 이런 '정치 영웅'의 가문
을 잇는 후계자였던 것이다.

화하의 후손과 제비 토템

영진족은 영성족의 한 갈래인데 영성족은 황제의 후예라고 자처했다.
전설에 따르면, 황제가 염제炎帝를 물리치고 치우蚩尤를 잡아 죽인 후 중
국을 통일하여 모든 이가 복종하고 천자로 존경했다고 한다. 황제의 부
인인 누조嫘祖는 현효玄囂와 창의昌意라는 두 아들을 낳았다. 창의의 아들
은 고양씨高陽氏로 불렸다. 황제가 죽자 고양이 제위에 올랐는데 그가 바
로 전욱顓頊이다. 전욱은 황제의 손자로 전설에 등장하는 오제 중의 하나
이다. 영성족은 그 시조의 어머니가 "전욱의 후손"[2]이다. 1986년, 산시성
陝西省 펑샹현鳳翔縣 진공秦公 1호 묘에서 출토된 편경編磬을 보면 "고양씨의
조상께서 보살피시어 천하 사방에서 예배하고 축하한다高陽有靈, 四方以鬺"

라는 글귀의 명문銘文이 새겨져 있다. 이 명문은 진나라 왕족의 조상이 고양씨임을 말해준다. 즉 영진족은 전욱의 후예이며 모계가 황제의 혈통이라는 것이다.

영진족이 황제, 전욱의 후예인지는 좀더 연구해봐야 한다. 그러나 한 가지 확실한 것은 이 씨족이 오래전에 문화적으로 화하족華夏族(한족漢族의 전신)에 귀속되었으며 영진족의 조상들은 대대로 화하족과 통혼관계를 맺어왔다는 사실이다. 현존 문헌과 고고학 사료를 살펴보면 요임금과 순임금, 하왕조, 상왕조(은왕조) 이래로 화하족이 형성되었으며 중원 지역에서 세력이 가장 우세한 부족으로 성장했다. 화하족의 문명 수준은 다른 부족보다 훨씬 높았으며 오랜 세월 천하가 모두 섬기는 공주共主의 지위를 차지했다. 서주, 춘추전국시대에 걸쳐 세력이 우세한 화하족의 문화가 지속적으로 주변 부족에 전파되었으며, 중원에 정착했던 여러 부족이 섞이고 흡수되어 진한시대에 이르러서는 한족漢族이 형성되었다. 영진족은 화하의 시원始原 민족 가운데 하나인 것이다. 영진족의 모계 혈통과 문화적 정체성에 따르면 서주시대 이후의 영진족은 화하족일 뿐만 아니라 염제와 황제의 후손임이 틀림없다.

세계의 모든 민족과 마찬가지로 영성족 역시 영웅 시조의 전설이 있다. 전설에 따르면 전욱에게는 여수女修라고 불리는 여자 후손이 있었다.

"여수가 옷을 짜고 있는데 현조가 알을 떨어뜨렸고 여수가 그것을 삼켰다. 그 후 여수는 아들 대업大業을 낳았다."[3]

현조는 제비이다. 제비는 전반적으로 푸른색을 띠는 검정색이고 앞가슴은 검은색과 갈색이 섞여 있지만 검은색이 주를 이룬다. 현玄은 검은색을 뜻하기 때문에 옛날 사람들은 제비를 현조라고 불렀다. 여수는 제비가 떨어뜨린 알을 삼키고 아들을 낳은 것이다. 여수는 영성족의 시조를 낳은 어머니이다. 여수의 아들 대업은 영성족의 남성 조상이다. 대업은 염황炎黃의 후예인 소전씨少典氏의 딸 여화女華를 아내로 삼아 아들 대비大費를 낳았다. 그러므로 대비는 영성족 최초의 인물이고 이로써 영성족의 조상은 제비가 토템인 종족이 된 것이다.

여수가 제비의 알을 삼킨 후 아들을 낳았다는 것에 관해 연구자들은 이 이야기가 '모계는 알지만 부계를 모르는' 역사시대와 연관이 있다고 생각하여 당시 사회는 모계씨족사회였다고 단언했다. 그리고 이 전설이 고대의 혼인풍속을 보여준다고 보는 이도 있다. 이 가설은 그대로 믿기는 어렵지만 참고할 만하다.

필자는 여수가 제비의 알을 삼킨 후 아들을 낳았다는 전설은 제비 토템과 '성인은 아버지가 없다'는 관념이 결합된 산물이라고 생각한다. 또한 이와 같은 전설은 사회적으로 조상을 신성화하고 부족을 유지하며 개개인을 널리 알리는 데 유용하다고 본다. 영진족의 시조가 하늘의 정기를 받아 태어났다는 '감생제설感生帝說'(감생설로 약칭하기도 함)은 중국에서 매우 보편적이고 세계사에서도 자주 볼 수 있다. 화서華胥가 큰 발자국을 밟고 밀희密犧(복희를 말함)를 낳았고 부보附寶는 번갯불이 북두성을 감도는 것에 감응하여 황제黃帝를 낳았다. 안등安登(여등女登)은 신룡神龍의 기운을 받아 염제인 신농神農을 낳았으며 여추女樞는 반짝이는 밝은 별에 감응하여 전욱顓頊을 낳았다. 또한 경도慶都는 적룡赤龍에 감응하여 요堯를 낳았다. 간적簡狄은 제비의 알을 삼키고 설契을 낳았고 강원姜嫄은 큰 발자국을 밟고 직稷을 낳았다. 여수가 제비의 알을 삼킨 후 대업을 낳았다는 전설 모두 시조 감응感應설화에 속한다. 이러한 시조의 감응설화를 보면 일부는 토템숭배와 관련이 있겠지만 그렇다고 직접적인 연관이 있다고 할 수도 없다. 전국시대와 진한시대 이래 가장 유행했던 감응설

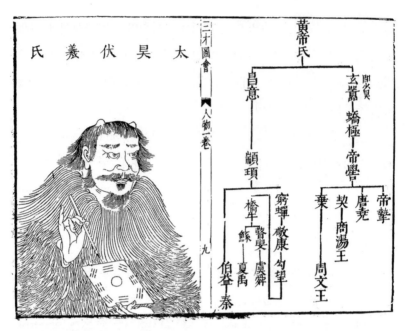

『삼재도회』에 실린 복희씨伏羲氏, 염제炎帝, 황제黃帝.

화를 보면 성인과 제왕을 용족龍族으로 말한 것이 특이하다. 한나라 사람 대부분은 공자와 한 고조 유방 역시 하늘의 기운에 감응하여 태어났다고 믿었다. 『사기』와 『한서』의 기록을 보면 교룡蛟龍이 유오劉媼의 몸에 올라탄 후 유방을 낳았다고 되어 있다. 이러한 탄생설화가 『사기』와 『한서』에 기록된 것을 보면 유방과 그 친족이 지어낸 것임이 분명하다. 만일 자신이 지어낸 것이 아니면 누가 감히 황제의 어머니인 유오와 교룡 사이에 있었던 일을 알 수 있겠는가? 『한서』는 한나라의 왕족이 직접 편찬한 공식 정사인데 어떻게 개국 황제가 용의 사생아라고 말할 수 있겠는가? 이런 현상은 당시의 보편적인 사회의식으로밖에 해석할 도리가 없다. 즉 성현과 제왕은 모두 보통 사람과 다르게 하늘의 기운을 받아 태어났다고 여긴 것이다. 이러한 사회의식을 토대로 『공양전公羊傳』의 저자는 "성인은 모두 아버지가 없고 하늘에 감응하여 태어났다"[4]고 말했다. 허신許慎 역시 "옛날에 신성한 사람은 어머니가 하늘의 기운을 받아서 태어났기 때문에 천자라고 불렀다"[5]고 주장했다. 그리고 후한 때의 저명한 경학자인 정현鄭玄과 당나라 때의 경학자인 공영달孔穎達은 "성인은 아버지가 없다"라는 탄생설과 "성인도 아버지가 있다"라는 탄생설을 합쳐서 성인은 "아버지가 있지만 하늘의 기운을 받아 태어났다"고 해석했다.[6] 무릇 성현은 하늘의 기운을 받아 태어나는 사람인가 보다. 바꿔 말하면 하늘에 감응하여 태어나지 않으면 성현이 될 수 없다. 저변에 이러한 사회적 통념이 있었기 때문에 각종 감응 탄생설화가 생겨나는 것이다. 신령에 감응하여 자식을 낳는 일은 오직 여성에게서만 가능한 일이다. 그러나 대부분의 감응설화를 모계씨족시대와 직접적으로 연관짓는 것은 무리이므로 기껏해야 토템숭배 및 생활양식과 같은 일부를 시대의 특징으로 남겨둘 뿐이다.

화하족 가운데에서도 토템숭배와 시조 감응설화가 영성족과 비슷한 씨족이 또 있다. 상나라 왕족의 시조모인 간적이 제비가 떨어뜨린 알을 삼켜 설契을 낳았다고 한다. 설은 상족의 부계 조상이다. 『시경詩經』「상송商頌 현조玄鳥」를 보면 "천명을 받은 제비가 내려와 상을 낳았다"는 구절이 있다. 제비가 알을 떨어뜨리자 간적이 그것을 삼킨 후 상의 시조인 설을 낳았으며 여수는 제비의 알을 삼킨 후 진나라의 시조인 대업을 낳았다. 두 탄생 설화가 너무나 똑같지 않은가! 당시 동쪽에 "새의 이름으로 관직을 명명하는"[7] 큰 규모의 부족이 있었다고 한다. 봉조씨鳳鳥氏, 현조씨玄鳥氏, 청조씨靑鳥氏 등이 그렇다. 그러므로 영진족은 조류 토템을 숭배하는 동이족에서 갈라져 나왔을 수도 있고 제비를 숭배하는 상商의 조상과 같은 핏줄일 수도 있다.

전설과 역사 기록을 살펴보면 영진족 조상의 신앙과 대업의 용모는 날짐승과 긴밀하게 관련된다. 즉 영진족은 제비 토템을 숭배하고 날짐승을 잘 길들였기 때문에 성씨를 얻었고 수레와 말을 몰았기 때문에 봉작封爵을 얻었다고 한다. 영진족의 일부 중요 인사는 "새의 몸을 하고 사람의 말을 한다鳥身人言" "입과 수족이 새와 같다口及手足似鳥"라고 표현되기도 했다. 진나라의 명의인 편작扁鵲 역시 새의 명칭으로 이름 지었다. 목격자에 따르면 "진왕은 코가 오뚝하고 눈이 길며 가슴이 발달하였다."[8] 이렇듯 사람들은 진시황의 생김새를 설명할 때 새와 연관지었음을 알 수 있다.

영진족의 조상은 검은색을 선호했으며 그들의 토템숭배, 깃발, 천명을 받은 신표 모두 검은색을 사용했다. 예컨대 여수가 제비의 알을 삼키고 대비가 검은색 깃발을 추켜올렸으며 진나라 덕공德公이 흑룡의 상서로운 징조를 받았다는 전설 등이 있다. 진시황 역시 오행五行 가운데 수덕水德을 상징하는 검은색을 받들었고 이 색은 진나라에서 정치 문화의 상징이 되었다. 진시황과 군신은 모두 검은색 조복을 입었고 진나라의 백성들도 검은색 수건으로 머리를 감쌌기 때문에 진나라 사람은 검수黔首라고 불렸다. 이 모두가 '현조(제비)'의 색깔과 맞아떨어진다. 이쯤 이르자 불현듯 당송시대의 전기傳奇소설인 『왕사전王榭傳』에 나오는 '오의국烏衣國'이 떠오른다. 이 책에서 오의국은 제비의 왕국으로 "왕은 검은색 옷을 입고 검은색 관을 쓰며 궁전에서 사용하는 용기 역시 모두 검은색이다." 그리고 민간의 아름다운 여인은 "눈이 초롱초롱하고 허리가 잘록하며 몸이 가벼워 날아갈 듯하다"[9]라고 표현하고 있다. 이렇듯 진시황은 제비 토템을 숭배하는 부족의 후손이었다.

순임금 보좌한 백예, 영嬴씨 성을 얻다

요순시대에 여수의 손자인 대비大費는 우임금을 도와 치수에 힘써서 큰 공을 세움으로써 영嬴씨 성을 얻었다. 영성족의 자손들은 매우 번성하여 중국 각지로 퍼져 나갔고 고관대작이 되어 씨족의 호칭으로 봉지封地(제후의 영토)를 받았다. 이 가운데 한 일파가 진씨秦氏가 되었다. 영진족의 조상이 영씨 성을 얻은 것은 화하 지역의 각 씨족과 문화적 공통점이 있음을 보여주는 중요한 증거이다.

요순시대의 최대 난제는 바로 홍수였다. 곤鯀과 우禹 부자 모두 홍수를 막기 위해 치수사업을 맡았다. 대비는 우를 도와 높은 산을 깎아서 물길을 터주었다. 순임금은 그 공로를 높이 사서 대비에게 '조유皂游'를 하사하고 자신의 후손인 옥녀玉女를 처로 삼게 했다. 여기서 조유란 검은색 깃발을 의미한다. 또 순임금의 성은 요姚씨였다. 요씨 성은 황제黃帝의 후예로 화하 지역에서 세력이 가장 큰 씨족이었다. 순임금은 자신의 종족에서 아름다운 여자를 골라 대비와 짝을 지어주었던 것이다. 이렇게 순임금은 통혼으로 군신관계를 돈독하게 했다. 대비는 "순임금을 보좌하여 날짐승과 들짐승을 훈련시켰고 이에 많은 짐승이 길들여졌다. 대비는 백예栢翳이다. 순임금은 그에게 영씨 성을 부여했다."[10]

백예伯翳(대비大費)가 바로 백익伯益(익益, 백익栢益, 후익後益)이라고 보는 학자가 많다. '백예栢翳'와 '백익伯益'은 독음이 비슷하다. 『사기』「오제본기五帝本紀」에 따르면 백예와 백익 모두 순임금의 신하로 물길을 터서 치수를 관리했으며 직책은 날짐승과 들짐승을 길들이는 일이었다. 여러 고대 문헌에서도 백익은 진나라 사람의 선조라고 말하고 있다. 백예와 백익의 전설이 매우 비슷하기 때문에 이 둘이 같은 사람일 가능성은 매우 높다.

만일 백예가 백익이라면 영성족의 시조는 왕이 되어 천하를 다스릴 기회가 있었다. 『사기』「하본기夏本紀」에 따르면 우임금은 전욱의 손자이다. 백익은 요임금을 위해 짐승을 사육했으며 우임금을 위해 치수사업을 했다. 그리고 농지 개간과 목축에도 커다란 공을 세웠다. 이에 우임금은 그를 관직에 임명하고 임종할 때에는 천하를 익에게 주었다. 그러나 제왕의 자리는 우임금의 아들인 계啓가 차지하고 익의 자손은 하나라의 신하가 되었다.

대비(백예)의 자손은 모두 영성의 후예이다. '대비는 아들이 두 명 있었다. 큰아들은 대렴大廉으로 조속씨鳥俗氏의 선조가 되었고 둘째 아들은 약목若木으로 비씨費氏의 선조가 되었다. 약목의 현손玄孫(증손자의 아들) 중에 비창費昌이라는 사람이 있는데, 비창의 자손 중 일부는 중국中國(오늘날의 중국이 아님)에 살았고 일부는 이적夷狄 땅에 살았다.' 영씨 성의 후손은 번성하여 각지에 거처를 옮기기도 했다. 그중 수많은 분파가 제후와 귀족이 되었다. 이들 영씨 성의 나라는 조상이 모두 같으며 봉지는 대부분 동쪽에 있었다. 제후와 귀족은 대개 봉읍을 성씨로 삼았다. 영씨 성의 자손들은 여러 봉읍에 분봉되었기 때문에 여러 성씨를 갖게 되었다. "진의 조상은 성이 영씨이다. 후손들은 각지에 분봉을 받았는데 분봉된 나라를 자신의 성씨로 삼았기 때문에 서徐씨, 담郯씨, 거莒씨, 종려終黎씨, 운엄運奄씨, 도구菟裘씨, 장량將梁씨, 황黃씨, 강江씨, 수어修魚씨, 백명白冥씨, 비렴蜚廉씨, 진秦씨 등이 생겨났다."[11] 이 가운데 영진족은 대렴(조속씨)의 후손으로 훗날의 진나라 왕족과 조나라 왕족 모두 영성족에서 갈라져 나왔다.

비창은 상나라를 섬기고 후손들은 제후에 봉해지다

영씨 성의 자손은 수레와 말을 잘 다루었고 선조의 가업을 이어받아 날짐승과 들짐승을 잘 길들였다. 그 후손들은 말을 잘 키우고 잘 다루어 큰 공을 세웠으며 역사에 이름을 남기기도 했다. 상나라 때 영씨의 후손이 선대로부터 물려받은 재능을 발휘하여 커다란 업적을 세웠다.

그 첫 번째 인물은 하나라에서 상(은)나라로 교체되는 과도기에 활동했던 비창費昌이다. 대비의 자손은 두 갈래로 나누어졌다. 하나는 대렴의 후손인 조속씨이고 나머지 하나는 약목의 후손인 비씨이다. 하나라 말기, 상나라 초기에 비씨의 후손인 비창은 '하나라를 떠나 상나라에 귀의하였고 탕임금을 위해 수레를 몰고 출전하여 명조 땅에서 걸왕과 싸워 이겼다.'[12] 하나라와의 전쟁에서 상나라에 혁혁한 무공을 세운 비창과 그 후손들은 권세를 얻게 되었다. 역사학자 가운데 상나라 주왕 때의 권신인 비중費仲이 바로 비창의 후손이라고 보는 사람도 있다.

그리고 상나라의 태무太戊왕 때 활약한 맹희孟戲와 중연中衍이 있다. 그들은 모두 대렴의 현손이다. 상나라의 태무왕은 맹희와 중연에게 수레를 모는 어자御者를 맡게 하고 그들과 통혼했다. "태무왕 이후로 중연의 후손들은 대를 이어 큰 공을 세우고 상나라를 도왔다. 이에 영씨 후손들은 자신의 이름을 빛내어 제후가 되었다. 중연의 현손 중에 중휼이라는 사람이 있었다. 그들은 서융 땅에 살면서 서수 땅을 지켰다."[13] 중연은 상족과 통혼했으며 그 후손들은 대를 이어 공을 세우고 제후가 되었다. 중연의 현손인 중휼은 상나라 서부의 변방 지역을 지켰다. 영진씨는 바로 이들 후손에서 갈라져 나온 것이다.

영씨 후손들은 말을 잘 다루어 세상에 이름을 떨쳤다. 선진先秦시대의 역사에서 말을 잘 키우고 좋은 말을 잘 가려내며 말을 잘 다루는 것으로 유명한 사람은 영씨와 관련이 있다. 순임금(역사에서는 우순虞舜이라고 함) 때의 백예, 상나라 탕왕 때의 비창, 상나라 태무왕 때의 맹희와 중연, 주나라 목왕穆王 때의 조보, 주나라 효왕孝王 때의 비자非子(진영秦嬴이라 불림), 진나라의 백락伯樂, 조나라의 왕량王良 등이 모두 영씨의 후손이다. 특히 진 목공의 신하인 손양백락孫楊伯樂과 조趙나라 간자簡子의 가신인 우무휼郵無恤(우무정郵無正이라고도 함, 자는 자량子良 또는 왕량王良)은 각각 준마를 알아보고 말을 잘 다루는 고수였다. 중국 전통문화에서 백락과 왕량은 준마를 가려내고 수레를 잘 모는 사람의 대명사이다. 또한 역사에서는 영씨 사람의 후손이 말을 잘 다루며 정치에서도 뛰어난 수완을 발휘했다고 적고 있다. 훗날 진시황이 편복鞭扑(채찍으로 때리는 형벌)을 집행하여 천하를 다스린 것은 이러한 전통을 이어받은 것임이 틀림없다. 진시황은 분명 '선어자善御者'(뛰어난 마부)의 후손이었다.

상 주왕을 섬긴 비렴, 서쪽으로 강제 이주되다

상나라에서 주나라로 교체되는 과도기 때, '천하공주'의 명분과 권위를 둘러싸고 상나라와 주나라의 왕을 모시는 전쟁이 각 종족 간에 치열하게 벌어졌다. 주나라 무왕과 상나라 주왕의 결전이 목야牧野에서 벌어졌다. 이 목야대전에서 패한 주왕은 스스로 분신하여 죽음을 택했다. 서주의 왕조가 세워진 지 얼마 안 되어 무왕이 세상을 떠났고 (왕이 어려) 주공周公이 섭정했다. 그러나 (주공의 동생인) 관숙管叔과 채숙蔡叔이 이에 반기를 들었고 주왕의 아들인 무경武庚과 결탁하여 반란을 일으켰다. 이에 주공은 군대를 이끌고 나가 3년간 지속된 동쪽 정벌에서 승리했다. 무왕이 상나라를 물리치고 주공의 동쪽 정벌이 성공을 거두면서 서언徐偃왕의 세력도 진압되었다. 당시의 패배자들 가운데 일부는 강제 이주되었고 일부는 각 도처로 달아났다. 이로써 광활한 중국 대륙에 각 종족 간의 관계가 재조합되는 현상이 나타났다.

중휼中潏에게는 비렴蜚廉(비렴飛廉, 비렴非廉이라고도 함), 비렴에게는 오래惡來라는 아들이 있었다. "오래는 힘이 장사였고 비렴은 달리기를 잘했다. 부자는 힘과 재주가 있어 상나라 주왕을 섬겼다."[14] 주 무왕이 주왕을 토벌할 때 오래도 같이 잡아 죽였다. 『맹자』와 『사기』는 비렴의 삶과 죽음에 대해 각각 다른 해석을 내놓고 있다. 『맹자』를 살펴보면 "주왕 때에 이르러 천하가 또 커다란 혼란에 빠졌다. 주공이 무왕을 도와 주왕을 죽였으며 엄나라를 친 지 3년 만에 임금을 죽이고 비렴을 바닷가로 몰아

像公周

周公名旦武王弟也成王幼周公為冢宰攝政管蔡流言
作亂公東征誅管蔡初武王有疾公作策請以身代策藏
金縢疾果瘳後成王得策執以泣請公東還公乃作無逸
之書以訓焉

서주의 왕조가 세워진 지 얼마 안 되어 무왕이 세상을 떠났고 주공周公이 섭정하면서 왕이라 불렸다.
그림은『삼재도회』에 실린 주공 단.

죽였다. 이때 50개국을 무너뜨리고 범, 표범, 코뿔소, 코끼리를 멀리 쫓
아냈다"고 되어 있다.[15] 비렴은 영진족의 남성 직계 선조이다. 상나라에
서 주나라로 넘어가는 시기에 비렴은 정치적으로 상나라 편에 섰고 비렴
의 후손들은 어쩔 수 없이 멀리 이주해야만 했다. 대략 이맘때에 영진족
의 조상이 서북쪽 황토고원인 견汧(간쑤성)과 농隴(산시陝西성) 사이에 있
는 지역으로 이주했다. 영진족은 서주 왕조에 충성하며 서북 지역에 거
주하는 융족戎族과 강족羌族 등의 주변 민족과 함께 지냈다.

수레를 잘 모는 조보, 조성趙城에 봉해지다

상 왕조의 신하이자 동이족이었던 영진족의 선조는 상나라에서 주나
라로 교체되는 혼란한 정국에서 상나라 편에 섰기 때문에 살던 곳에서
멀리 떨어진 지역으로 쫓겨났다. 하지만 그들은 조상 대대로 물려받은
재능을 발휘하여 재기했고 훗날 강성한 진나라와 조나라를 세우는 데
탄탄한 기반을 마련했다.

주 목왕 때, 영씨 사람 중에 말을 잘 키우고 수레를 잘 모는 조보造父라
는 후손이 등장했다. 조보는 비렴의 또 다른 아들인 계승季勝의 후손이
다. 조보는 적색 준마인 화류驊騮 등 여덟 필의 준마를 키워 목왕에게 바
쳤다. 목왕은 조보에게 수레를 끌게 했는데 '서쪽 지역을 순수巡狩하며 서
왕모를 만나 즐거움에 빠져 돌아올 줄 몰랐다.' 이때 회수 유역의 서언西偃
왕이 목왕이 자리를 비운 틈을 타서 몇몇 제후를 이끌고 주나라에 반란
을 일으켰다. 주 목왕은 이 소식을 듣고 바로 군대를 되돌렸다. 조보는 목
왕을 위해 수레를 '쉬지 않고 몰아 주나라로 돌아왔다. 그는 하루에 천 리

를 달려 반란을 진압했다.' 반란을 평정한 후, 목왕은 조보의 공로를 높이 사서 조성趙城(산시山西성 홍동현洪洞縣 북쪽)을 조보의 채읍采邑으로 내려주었다. 이로써 "조보는 조씨趙氏의 시조가 되었다."[16]

조보는 조나라 왕족의 시조이다. 그의 이름은 후세에 선어자善御者의 대명사로 불렸다. 진晉나라 문공文公의 최측근인 조쇠趙衰는 조보의 직계 후손이며 조쇠의 후손인 조순趙盾, 조간자(조앙趙鞅), 조양자趙襄子(무휼無恤) 등은 모두 진나라의 명신이었다. 조돈은 진나라 영공靈公 때 정경正卿(제후국의 최고 집정대신)의 자리에서 조정을 독점하여 진나라의 경대부가 전횡을 일삼은 선례를 남겼다. 조간자와 조양자는 진나라의 '육경전정六卿專政(여섯 경대부가 권력을 독점함)에 참여한 이성異姓 경대부 중 하나였다. 그들은 출전할 때에는 장수가 되었고 전쟁이 끝나면 다시 경대부직을 수행했다. 또한 조양자는 '삼가분진三家分晉'(한韓·위魏·조趙 등 세 집안이 진나라를 분할한 것을 말함. 이를 계기로 본격적인 약육강식의 전국시대가 시작됨)의 주인공 중 한 명이었다. 전국 칠웅 중의 하나였던 조나라, 다시 말하면 조씨의 후손이 세운 것이다.

원래 영진족은 성이 조씨趙氏인 종족에 의존했다. 비렴에게는 오래혁惡來革(오래)이라는 아들이 또 한 명 있었다. 오래혁은 일찍 죽었지만 여방女防이라는 아들을 남겼다. 여방은 진나라의 직계 조상이다. 이 영성족은 "조보가 주왕의 총애를 받아 조성에 봉해졌기 때문에 모두 조성에서 살게 되었고 성을 조씨로 하였다."[17] 그러므로 진씨와 조씨는 한 조상에서 갈라져 나온 것이다. 즉 그들은 비렴의 후손이었고 '조보가 주왕의 총애를 받았기 때문에' 성씨를 조로 삼았다. 진시황이 태어난 후 한때 성이 조씨였던 것은 아마 이 때문일 것이다.

비자는 말을 잘 키웠고 진영秦嬴이라 불렸다

진영秦嬴은 영진 성씨와 진나라의 시조로 여방女防에서 갈라져 나왔다. 여방은 방고旁皐를 낳았고 방고는 태궤太几를 낳았으며 태궤는 대락大駱을 낳았다. 그리고 대락은 비자非子를 낳았다. 비자가 바로 진영이다. 그는 말을 잘 키우고 수레를 잘 몰아 출세했다.

"비자는 견구犬丘에 살았다." 그는 견구에서 목축에 능하고 말을 잘 기르는 사람으로 유명했다. 견구는 오늘날 간쑤성 동남부와 산시陝西성 서남부의 경계에 위치한 곳이다. 견구 사람들은 비자를 주나라 효왕에게 천거했다. 이에 '효왕은 그를 불러서 견수汧水와 위수渭水 사이의 땅에서 말을 기르도록 명했다.' 견수의 물길과 위수의 물길이 합쳐지는 곳은 오늘날 산시陝西성 바오지寶鷄 일대이다. 비자가 그곳에서 말을 키운 이후부터 말이 크게 번식했다. 주 효왕은 그의 재능을 높이 사서 비자를 부친인 대락의 후계자로 삼으려 했다. 하지만 대락의 장인인 신후申候가 이를 막았다. 그리하여 주 효왕은 신후의 딸이 낳은 아들이 대락의 뒤를 잇게 하는 한편, 비자에게는 영씨의 제사를 지내게 하고 '견수와 위수 사이에 있는' 진읍秦邑을 채읍으로 하사했다. 주 효왕은 다음과 같이 말했다.

"옛날에 백예가 순임금을 위해 가축을 길렀는데 가축이 크게 번식했다. 그래서 순임금께서는 백예에게 토지를 주고 제후로 봉하며 영嬴이란 성을 내렸다. 오늘 그 후손 역시 짐을 위하여 말을 잘 길러 번식시켰기에 짐이 땅을 나누어 부용附庸(세력이 약한 제후국)에 봉한다."[18] 이로써 영진족은 주나라의 부용이 되었다.

비자의 식읍지는 진읍이고 주나라 효왕이 공식적인 영씨 후손으로 정했기 때문에 '진영秦嬴이라고 했다.' 이로써 영진족이 형성되었다. '견수와 위수가 만나는 곳은 영진족의 정치적 발상지이다. 진영의 채읍이 진에 있었기 때문에 영씨의 후손들은 진인秦人, 진족秦族으로 불렸고 그들의 우두머리는 진영秦嬴, 진후秦候, 진중秦仲 등으로 불렸다. 진영족은 영씨의 후손으로서 세상에 등장했기 때문에 문헌에서는 진나라 왕실을 영씨 성으로 불렀다. 예컨대 주나라 풍왕豐王의 처인 무영繆嬴, 진 양공의 부인인 목영穆嬴 등이 그렇다.

이때 영진족은 주나라의 부용으로서 융족과 끊임없이 전쟁을 벌이는가 하면 통혼을 맺기도 했다.

서수의 대부로 임명되어 서융에 이름을 떨치다

진영의 현손인 진중 때에 이르자 진의 정치적 위상은 단번에 도약했다. 주周 여왕厲王은 폭정을 일삼고 무도해서 서융西戎이 주나라 왕실에 반기를 들고 침입하여 견구에 살던 대락의 후손들을 전멸시켰다. 주 선왕宣王이 즉위하자 '진중秦仲을 주나라의 대부로 임명했고' 그는 변방을 지키고 서융을 정벌했다. 진중이 대부가 된 것은 그가 공식적으로 '나라와 가문이 있는 자', 즉 명실상부한 제후국의 군주가 되었음을 의미한다.

진중은 주 선왕의 명을 받들어 최선을 다해 나라를 다스렸으며 '예와 음악, 활쏘기가 뛰어나 서수에서 이름을 떨쳤다.' 그는 자신의 후손들을 이끌고 20여 년이나 서융과 교전하다가 전사했다. 진중에게는 '아들 다섯이 있었는데 장자는 장공이었다. 주 선왕은 장공을 비롯한 다섯 형제를 불러 군사 7000명을 내주며 서융을 정벌하도록 하여 승리했다.' 그리고 주 선왕은 서융으로부터 빼앗은 견구의 땅을 진 장공莊公에게 하사했

고 그를 서수西垂의 대부로 임명했다. 진 장공 부자는 2대에 걸쳐 서융과
교전했다. 그 후 장공이 죽자 양공이 대신하여 즉위했다. 진 양공은 누
이동생인 목영을 주 풍왕에게 시집보내 주나라 왕실과의 관계를 돈독히
했다. 진 역시 서주의 서쪽 지역을 지키는 중요한 장벽이 되어주었다.

「진종명秦鍾銘」에 따르면 "위대하고 존귀한 짐의 조상께서 천명을 받아
제후가 되었고 이에 전해온 지 12대가 되었다."[19] 그렇다면 진나라는 언
제 세워졌을까? 천명을 받은 진나라의 첫 번째 군주는 누구일까? 각 시
대의 역사학자마다 제각기 다른 가설을 내놓았는데, 『사기』「십이제후
연표十二諸侯年表」에서는 진중을 첫 군주로 보았으며, 「진본기」를 살펴보면
"양공이 나라를 세웠다襄公於是始國"고 되어 있다. 진영은 부용이 되었고
진중은 대부에 임명되었으며 양공이 제후로 세워진 것을 진나라의 출발
로 보는 관점은 모두 일리가 있다. 필자는 '진'의 호칭은 진영이 진읍을 얻
었을 때 시작되었고 실질적인 정치활동에서 보면 이때가 바로 진나라의
출발점이라고 생각한다.

실제 정치적 관계에서 볼 때 부용은 큰 제후국의 간섭을 자주 받았지
만 독립성을 지닌 정치적 실체이기도 했다. 부용은 정권의 힘이 있었고
성읍, 영지, 종족, 신하와 백성을 모두 갖추었기 때문에 내부적인 정치
관계와 정권 기구는 실제로 완전한 '국가'를 이루었다. 서주 왕조는 진영
(비자)의 영지를 부용으로 삼았으며 그에 상응하는 명분과 권력을 부여
했다. 훗날 진 문공이 견수의 물길과 위수의 물길이 합쳐지는 지역으로
진격할 때, "옛날 주나라는 우리의 선조인 진영(비자)을 이곳의 부용으로
봉하였다. 그리고 훗날 진영이 죽자 제후로 격상시켰다"[20]라고 말했다.
이를 보면 진나라 왕실 역시 진영이 봉읍을 얻은 것을 중요한 역사적 이
정표로 여기고 있음을 알 수 있다.

진영이 주나라의 부용이 되던 때부터 진중이 대부로 임명되고 진 양공이 제후로 봉해지는 때까지를 진나라의 초창기라 할 수 있다. 진영이 진읍을 얻었을 때부터 진나라는 자타가 공인하는 명분을 얻었고 분봉을 받아 지역적 연고가 생겼으며 법적인 권력도 얻었다. 훗날 이러한 토대를 기반으로 그 후손들은 "진秦"이라 불리는 공국公國, 왕국王國 그리고 제국帝國을 세웠다.

영진의 문명 수준에 관한 고찰

학계에서는 영진족의 초기 역사를 연구할 때 그 뿌리를 규명하는 데 중점을 두었다. 이에 역사 문헌에 대한 고증과 해석을 근거로 다양한 학설을 내놓았는데 대체로 서래설西來說과 동래설東來說 두 가지로 나뉜다. 영진족의 서쪽 전래설을 제기한 일부 학자에 따르면 그들의 선조는 멀리 떨어진 농서隴西(간쑤성)에서 활동한 융족의 일파에 속했다. 이러한 가설을 내놓은 대표적인 학자로는 왕궈웨이王國維와 멍원퉁蒙文通이 있다.[21] 한편 최근 들어서는 진인의 동래설이 여러 학자로부터 힘을 얻고 있다. 린지엔밍林劍鳴은 문헌과 고고학 자료를 이용하여 토템숭배와 경제 생산이라는 점에서 진나라 사람과 상나라 사람의 기원이 동일하고 진나라 사람은 산동성 동해 해변에서 기원한다고 분석했다.[22] 일각에서는 위의 서래설과 동래설 모두 절반만 옳다고 보기도 한다. 그들은 영진족은 동이에서 비롯되었지만 서융에 동화되었다고 본 것이다.[23] 그런데 이 가설은 사실상 동래설에 속한다고 할 수 있다.

필자는 진의 역사는 반드시 진족(영진족), 진인(진나라 사람), 진의 문화 등 몇 가지 큰 틀에서 연관성과 차별성을 잘 살펴봐야 한다고 생각한다. 성씨가 영진인 혈족은 부계 혈연관계의 범주를 분석했고 진인(진나라 사람)은 지역 및 집단의 범주를 구분했다. 간혹 성씨가 영진인 사람을 특정하게 지칭할 때도 있다. 진 문화는 생활 방식을 구분한 범주이다. 이들의 분석 개념은 모두 역사적인 범주로 역사적 시기마다 다른 내용을 담고 있다. 예컨대 진인은 서주시대의 진인, 춘추시대의 진인, 진 효공 이후의 진인이 있으며 각 시대에 생존했던 진인의 혈통과 문화, 문명 수준은 모두 다르다. 그러므로 이 세 가지 역사 범주를 구별하여 분석하지 않고 진족, 진인 그리고 진의 문화적 연원과 특성을 연구해서는 안 된다.

현존하는 역사 자료가 많지 않기 때문에 '자손이 중국에 살거나 동이 땅에 살았던' 서주 이전 영씨의 뿌리와 특성, 혈통 및 문화적 계승을 정확하게 연구하는 것은 매우 어렵다. 마찬가지 이유로 '진시황 현상'에 대한 해석 역시 그 가치가 크게 떨어진다. 여기에서는 성씨가 진영인 사람들이 나라를 세운 전후에 이 부족의 문명 수준이 어떠했는지를 중점적으로 검토할 것이다.

나라를 세우기 전에 진秦은 원시사회였다는 것이 정론화된 가설[24]인데 이것은 매우 잘못된 것일 수 있다.

필자는 영진족의 선민들은 오래전에 하夏·상商·주周와 화하華夏 문화권에 속했으며, 늦어도 서주 이후에 문명시대로 들어섰다고 본다.

'융戎' '이夷' 등의 문자를 근거로 문명 수준을 판단하는 것은 신뢰하기 어렵다. 다수의 학자는 영진족이 서융의 땅(동래설의 '이'와 서래설의 '융' 모두 해당됨)에서 기원했으며 말을 잘 키우고 수레를 잘 몬다는 점을 근거로 당시에 유목 및 어로 생활을 하는 원시사회 단계에 있다고 판단했다. 이러한 추론은 좀더 꼼꼼하게 살펴볼 필요가 있다. '융'은 종족의 개념이

지 문화 개념이 아니며 문명 수준을 나타내는 개념은 더더욱 아니다. 선사시대의 전설에 나오는 수많은 화하 선민은 '이夷' '만蠻' '융戎' '적狄'에서 비롯되었다. 하나라는 '서융'에서 나왔고 상나라는 '동이'에서 나왔으며 주나라 역시 '서융'에서 비롯되었다. 이렇게 하·상·주의 선민들은 모두 여러 시기에 걸쳐 화하 지역의 주류 문화를 직접적으로 계승했거나 창조했다.

사실상 화하족은 당시 화하의 중하류 유역에 거주했던 이만융적이 융합한 부족이다. 이들은 함께 화하 지역의 농경문명을 창조하여 이 지역에서 세력이 우세한 집단으로 발전했으며 끊임없이 자신의 생활양식을 주변으로 전파했다. 이후 이만융적은 계속해서 화하 내륙으로 들어와 농사짓기에 유리한 땅에서 생활했다. 이에 주변의 농경부족은 발전 수준이 매우 높은 화하족의 농경문명을 점진적으로 받아들일 수밖에 없었다. 일단 이러한 농경생활 방식을 인정하는 것은 화하족으로 유입되는 것이나 다름없었다. 오랜 세월 한 지역에서 생활한 화하족과 동이족의 기본적인 생활양식과 문명 수준은 틀림없이 서로 동일하거나 비슷했을 것이다. 그러나 두 종족은 구체적인 제도, 의례, 풍속, 관습 면에서 다른 점이 있을 것이다. 춘추시대에 공자는 화華와 이夷가 상호작용하는 현상을 관찰한 후, 문화적 정체성을 근거로 화와 이를 구분한 "화이지변華夷之辯"을 내놓았다. 이러한 공자의 생각도 나름의 일리가 있다. 영진족은 혈연적으로 화하족의 인문 시조인 황제黃帝의 후예라고 자처하고 정치적으로는 오랜 세월에 걸쳐 화하 지역에서 주도권을 지닌 부족(당요, 우순 및 하, 상, 서주)에 귀의했다. 문화적으로는 당시 화하의 주류 문화로부터 많은 영향을 받았거나 주류 문화를 창시한 종족 중 하나였을 것이다. 그러므로 문화적 정체성으로 보나 실제 생활방식으로 보나 영진족은 화하족에 속했으며 그 문명 수준 역시 생각처럼 그렇게 저급하지 않았다. 문헌의 기록을 살펴보면 영진족의 선조는 요순 이래로 꾸준하게 화하의 중앙 왕권과 밀접한 정치적 관계를 유지해왔으며 통혼을 해왔다. 이러한 관계가 무려 1000년이 넘게 지속되었는데 어떻게 영진족의 선조가 원시사회에만 머무를 수 있겠는가?

그리고 서주시대의 영진족 선조들은 이미 기본적으로 농경민족이었다. 한 고고학자가 간쑤성의 톈수이天水 일대에 위치한 영진족의 발상지에서 서주시대의 진 문화 유적지를 발견했다. 고고학 발굴에 따르면 당시의 영진족 선조들의 생활양식은 유목민족과 크게 달랐다. 그들은 정착생활을 영위했으며 농작물이 그들의 주요 먹을거리였다. 그들이 사용한 도기陶器 형태의 그릇은 주나라의 것과 유사했으며 장례 풍습은 지역적인 특성이 있었다.[25] 이러한 사실은 그들의 생활양식이 기본적으로 농경문화에 속했음을 말해주며, 이는 영진족 고유의 것일 수도 있고 주 문화의 영향을 받은 것일 수도 있다.

두 번째 영진족은 서주라는 시대가 종식된 후에도 계속 주 왕조에 신하로서 복종했다. 그들은 오래전부터 주나라의 신하였기 때문에 정치문화와 예악禮樂제도는 주 문화의 영향을 많이 받았다. 영진족은 나라를 세운 후, 왕권은 적장자가 계승하도록 했으며 이는 서주의 제도와 일치한다. 진중은 '예와 음악, 활쏘기가 뛰어나 서수에서 이름을 떨쳤으며' 그의 통치 방식과 예악제도는 서주의 것과 비슷했다.

위의 내용을 정리해보면 진나라의 문화는 늦어도 국가를 세우기 시작하면서 화하족의 농경문화 범주에 속했다고 할 수 있다. 정치제도와 예악제도 역시 서주와 유사한 점을 찾아볼 수 있다. 진족의 문화는 화하문화에서 향토적인 특색을 지닌 지역문화였다. 혹 서주시대 진족의 문명 수준과 왕실 주족을 비교해볼 때 다른 점이 있다면 그것은 부의 수준에 따른 차이일 것이다. 즉 중심과 주변, 도시와 농촌의 차이와 같다고 할 수 있다.

성씨가 영진인 사람은 훗날 진나라를 구성하는 핵심 집단으로 적어도 문화적으로는 진나라 사람으로서 주도권이 있었다. 춘추시대 이래로 진나라 사람은 현지의 각 부족과 융합하여 형성되었으며 진나라의 주도적인 문화는 화하문화의 범주에 속했다. 전국시대에 이르러 사회 형태가 근본적으로 변화하자 진나라 문화의 근간에 일부 질적인 변화가 일어났다. 그 결과 화하문화권에서 사회발전의 흐름을 가장 잘 대표할 수 있는, 다시 말하면 문명 수준이 매우 높은 지역문화로 발전했다.

물론 위와 같은 인식이 올바른 것인지 확인할 몇 가지 방법이 있다. 진시황은 명실상부한 화하의 군주였다. 진시황은 중국을 통일한 후 정치, 경제, 문화의 통일을 차례로 강화하는 한편 기본적으로 주변 민족이 중국 내로 들어오는 관문을 폐쇄했다. 그의 정치는 중화문화의 발전을 촉진시켰다. '진 문화'는 '염황 문화' '하 문화' '상 문화' '주 문화'를 계승하여 화하의 주도권을 장악한 문화가 되었다. 만약 진시황과 2대 황제의 계속된 실정으로 진나라가 그렇게 급속도로 무너지지 않았다면 훗날 불리게 된 '한족漢族'과 '한인漢人'이라는 호칭은 아마 '진족秦族' 또는 '진인秦人'으로 불렸을지도 모를 일이다. 이러한 의미에서 진족, 진인, 진 문화의 발전사는 화하문화의 발전사와 한족의 발전 및 그 형성의 역사에서 매우 중요한 자리를 차지하고 있다.

왕이 된 양공과
제후 반열에 오른 진나라

영진족에게 주나라의 쇠락은 도약의 기회였다. 서주의 왕조가 몰락할 때 영진족의 가문이 일어났고 주나라 평왕 때에 진나라가 세워졌다. 서주의 멸망과 더불어 양공이 제후에 봉해진 역사적 사건은 '주나라가 쇠락하고 진나라가 흥성하는 변혁의 시대'의 서막을 열었다. 중국 역사에서 오랜 세월 보기 드문 왕조 교체가 바로 이때 시작되었다.

서주는 멸망하고 평왕은 동천東遷하다

서주의 왕권은 매우 오랜 기간 쇠락해갔다. 선왕宣王 말년 및 유왕幽王의 통치기에 융족이 대규모로 관중 지역을 침입하여 도성을 위협했다. 한편 서북 지역에는 극심한 가뭄과 지진이 일어났다. 낙수洛水, 경수涇水, 위수渭水가 마르고 기산岐山이 붕괴되는 등 자연 재해의 피해가 심각했다. 또한 백성은 「아행기야我行其野」「시월지교十月之交」「우무정雨無正」 등의 노래로 선왕과 유왕의 통치를 풍자했다. 그뿐 아니라 주나라의 태사太史인 백양보伯陽父는 천재와 인사 문제, 음양오행설을 근거로 들어 서주가 곧 멸망할 것이라고 예언했다. 이와 같은 혼란 속에서 진중과 그의 자손들은 주나라 왕실을 위해 서융을 물리쳐 대부大夫로 승격되었고 기산의 서쪽 변방 지역을 분봉받아 개척함으로써 진나라의 토대를 마련했다.

주나라 유왕은 방종하고 무도했다. 그는 후궁 포사褒姒를 총애하여 간사한 괵석보虢石父를 중용했으며 여러 차례 봉화를 올려 제후들을 기만했다. 또한 정부인의 장자를 후계자로 잇게 하는 적장자 승계제도를 무시하고 정부인인 신후申候와 태자인 의구를 폐하는 등 온갖 악정을 저질러 결국 주나라를 망국의 길로 치닫게 했다. 기원전 771년, 신후는 증국繪國, 견융犬戎, 서이西夷와 함께 군사를 일으켜 주나라를 공격했다. 습격을 받은 유왕은 봉화를 올렸지만 제후들은 구하러 오지 않았다. 견융 세력은 호경鎬京(산시山西성 시안西安 서남)을 치고 유왕을 죽였다. 이로써 서주는 멸망하고 말았다. 제후들의 정쟁으로 포사의 후생인 태자 백복伯服은 폐위되고 의구가 다시 왕위를 계승했는데 그가 바로 주나라 평왕平王이다. 기원전 770년, 주나라 왕실이 동쪽에 있는 낙읍洛邑(허난성 뤄양)으로 천도하여 역사에서는 이후의 주나라를 동주東周라고 불렀다.

주 평왕이 낙읍으로 천도한 것은 주나라 왕실의 세력이 쇠락했음을 의미한다. 주 왕실은 광활한 영지를 잃어 직접 지배하는 소규모의 토지와 소수의 신하로 수많은 제후들을 감당해야 했다. 그럼에도 주 왕실은 왕기王畿 안에서 계속 분봉을 실시했고 토지는 제후의 봉읍封邑으로 인해 더욱 잠식되고 분화되었다. 결국 주 왕실의 직할지인 왕기는 사방 100여 리밖에 안 되는 토지만 남게 되어 보통의 제후국보다도 쇠약해졌다. 그 결과 천자의 권위가 땅에 떨어졌고 주왕이 지녔던 권력은 제후국으로 하향 이동하는 양상이 나타났다. 『사기』에서는 이런 국면을 두고 "제후들이 멋대로 행동하여 천자를 제쳐두고 힘 센 제후에게 나아갔다"[26]라고 했다. 이로써 정치적 대혼돈의 시대로 접어들게 되었다.

이때 가장 먼저 나타난 큰 변화는 제후의 실력이 천자를 압도한 것이었다. 처음에는 각 제후들이 공공연하게 왕명王命을 거역했고 점차 '방백方伯(제후)이 정치를 하였다.' 그러면서 '성주成周로 천도하면서 천자는 매우 약해졌고' 제후들이 점차 강대해지기 시작했으며 제齊, 진晉, 초楚, 진秦 등의 제후국이 잇달아 패주를 칭했다. 또한 이 제후국들은 "천자의 명령을 듣지 않고 서로 겸병했으며 왕실을 위협하여 제후를 호령했고 토벌하여 회맹의 패자가 되었다."[27] 심지어 훗날 제후들 가운데 일부는 왕권에 대한 야망을 품기도 했다. 초나라 장왕은 육혼陸渾(허난성 서북)에 있는 융족을 무찌르고 황하에서 말에게 물을 먹였으며 낙읍에 들러 감히 왕자를 상징하는 구정九鼎의 무게를 물었다.

한편 각 제후국 내부의 정치적 상황도 잇달아 크게 변했다. 각 제후국에 전반적으로 나타난 정치적 현상인 경대부卿大夫의 전횡을 두고 『사기』에서는 "가신이 국정을 장악하고 대부가 대대로 정치적 지위를 장악했다. 그리고 육경이 진晉의 대권을 독점하여 정벌과 회맹에서 그 위세가 제후보다 훨씬 컸다"[28]라고 기록했다. 삼가분진三家分晉과 전진대제田陳代齊(전진이 군권을 찬탈하여 제나라 제후가 된 일)가 모두 이렇게 혼란한 정치 국면에서 나온 정세였다. 또 당시에 '제후가 집정하는 것'보다 훨씬 심각한 권력의 하향화가 연이어 일어났다. 수많은 경대부의 가신이 주군의 권력을 찬탈하거나 주군의 명령을 거역했다.

전국시대에 여러 제후들은 경쟁적으로 자신이 왕이라고 자처했다. 기원전 367년, 여러 해 동안 끊임없이 대국에 잠식되어 약소국으로 변질

되어버린 주 왕실이 동주와 서주로 분열되었다. 그리고 주나라의 마지막 왕실인 동주는 결국 진秦의 손에 함락되었다.

주나라를 위해 융족을 물리치고 열국의 반열에 오르다

주 왕조의 멸망은 진 왕조가 점차 일어서는 시작이기도 했다. 강성했던 대국이 누렸던 과거의 영광은 점차 그 빛이 바래갔지만 진이라는 약소국은 아주 힘차게 성장하고 있었다.

서주에서 동주로 넘어가는 과도기에서 진 양공은 합리적으로 대처하여 중대한 정치적 이익을 얻었다. 유왕이 쳐들어오는 융을 정벌하기 위해 봉화를 올렸지만 군사를 일으켜 왕실을 구하러 온 제후는 거의 없었다. 이때 진 양공은 주나라를 구하기 위해 군사를 끌고 가서 '전쟁터에서 큰 공을 세웠다.' 진 양공은 주나라의 태자 의구(평왕)를 옹립했으며 평왕이 낙읍으로 동천하는 데 군사를 동원해 호위했다. 그 공에 보답하기 위해 '평왕은 양공을 제후에 봉하고 기산의 서쪽 땅을 모두 진에게 하사했다.' 그리고 평왕이 말했다. "무도한 융족은 우리에게서 기岐와 풍豊의 땅을 모두 빼앗아갔다. 진이 능히 융족을 공격하여 물리친다면 그 땅은 진의 소유가 될 것이다."[29] 이로써 영진족은 부용附庸에서 백작국伯爵國으로 승격되고 기산 서쪽 땅을 받으면서 제후국의 대열에 합류하게 되었다.

양공이 제후에 봉해진 것은 영진족에 있어서 중대한 정치적 수확이다. 다음의 측면에서 살펴보면 이해하기 쉬울 것이다.

첫째, 중요한 정치적 명분을 얻게 되었다. 고대에 명분은 매우 중요한 정치적 자원이었다. 주례周禮가 통하던 시대에 '명名'과 '기器'는 매우 중요하게 작용했다. 영진족이 제후의 호칭을 얻은 것 자체가 막대한 이익이었다. 제후의 반열에 오른 영진족은 네 가지 정치적 특권을 얻었다.

① 진나라는 상대적으로 봤을 때 국가의 면모를 갖추게 되었고 자타가 이를 공인했다. 그리고 독립적으로 자신의 봉국과 신하, 백성을 통치하는 각종 명분과 실질적인 권력을 지니게 되었다. 이는 영진족이 국가적 위상을 확립했음을 의미한다. ② 진나라는 제후국의 반열에 오름으로써 각 제후국과 왕래할 자격과 권리를 획득했다. "주변의 제후국과 사절을 왕래할 수 있게 된"30 것은 영진족의 정치적 지위가 크게 제고되었음을 의미한다. ③ 진나라는 옛 서주 지역에서 합법적이고 공식적으로 화하족의 왕권을 대표했다. 양공은 제후가 된 후 갖가지 특권을 행사했는데 이 가운데 중요한 행위가 "서치西畤(톈수이天水현 부근의 서견구西犬丘)의 사당에서 상제에 제사를 올린 것이었다."31 사마천은 『사기』에서 이러한 역사적 사실을 여러 차례 기록했다. 그는 이 일을 "세상이 날로 쇠락하고 예악이 무너지면서 제후들이 방자해진"32 것을 보여주는 구체적인 사례라고 생각했다. 사마천의 관점에서 진 양공이 "서치에 사당을 지어 하늘에 제사를 지낸 일"은 "천자만이 하늘과 땅에 제사를 지내는" 특권을 어지럽혔으며 주례를 거스르고 "왕을 참칭하고자 하는 생각이 드러나는"33 행위였다. 사마천의 의견은 다소 과장된 면이 있겠지만 '제후의 대열에 오른' 진 양공은 주 왕실의 기강과 예악제도를 거스르지는 않았을 것이다. 다만 이런 행위는 영진족의 정치적 위상과 야망이 커졌음을 보여준 것이고 영진족 스스로 서쪽 지역의 통치자라고 생각했음을 의미한다. ④ 스스로 천명을 받아 왕에 봉해졌다. 당시 사람들은 천자가 제위에 등극하고 제후가 나라를 세우는 것 모두 '천명을 받아야' 가능한 것이라고

생각했다. 『좌전』에도 이와 같은 사상이 기록되어 있다. 제후에 봉해지고 나라를 세우자, 사람들은 영진족이 천명과 왕명을 받았음을 인정하게 되었고 이는 진나라의 합법성을 인정하는 것이기도 했다. 영진족 역시 천명과 왕명을 얻었다고 자처했다. 진의 「조화종宗和鐘」을 보면 "위대하고 존귀한 짐의 조상께서 '천명을 받아 제후가 되었다'라고 말씀하셨다"는 문구가 새겨져 있다. 진 경공景公의 묘에서 출토된 석경石磬을 보면 "고양씨의 조상께서 보살피시었다" "주 천자의 복운"이라는 명문이 새겨져 있다. 이렇듯 춘추전국시대에 천명과 왕명은 없어선 안 되는 정치적 자산이었으며 천군만마보다 훨씬 강력한 힘을 발휘했다.

둘째, 토지 경영권을 획득했다. 주 평왕이 진 양공을 제후에 봉하고 기산 서쪽의 땅을 준 것은 형식적인 의례에 불과한 것이었다. 기산 서쪽 지역은 명의상 주 왕실의 영토이지만 실질적으로는 융족의 손아귀에 넘어가 있었다. 주 평왕이 동천한 이후, 왕실의 영향력은 기산 서쪽 땅까지 미치지 못했다. 그래서 영진족을 제후에 봉읍할 때 그 땅의 경영권을 주면서 침입자를 쫓아낼 수 있으면 그 땅을 가지라고 밝혔다. 하지만 이런 봉작과 봉읍을 내린 것은 말뿐인 호의였고 명분 이외에 실질적인 것은 아무것도 없었다. 그러나 훗날 신나라가 수나라를 대신하여 '왕천하王天下'하게 된 것은 주 평왕이 진 양왕에게 내린 봉작과 봉읍이 근간을 이루는 힘이었다. 이에 영진족은 합법적으로 기산 서쪽의 땅을 차지하게 되었고 서융을 물리쳐서 훨씬 더 많은 땅을 점유하게 되었다. 춘추시대에 진나라는 가장 먼저 '존왕양이尊王攘夷'(주나라 왕실을 높이고 오랑캐를 물리침)의 기치를 들고 세력 범위를 끊임없이 확장했으며 이적의 수중에 있던 많은 국가를 병합했다.

셋째, 화하의 선조와 서주 왕조가 남긴 정치, 경제, 문화의 유산을 계승했다. 훗날의 역사를 보면 주나라의 정치, 경제, 문화적 유산은 진의 사회 발전에 매우 중요하게 작용했으며 깊은 영향을 끼쳤음을 알 수 있다.

주나라의 유산을 얻은 진은 춘추전국시대에 벌어졌던 정치군사적 각축의 한가운데에 장기간 우뚝 설 수 있었다. 춘추전국시대는 국부적으로 겸병이 이루어진 춘추 초기, 강대국 간의 패권 경쟁이 본격적으로 이뤄진 춘추 중·후기에서 전국시대 전반기 그리고 천하 통일을 위한 전쟁 시기였던 전국 후기 등 세 시기로 구분할 수 있다. 가장 중요한 첫 시기에 진나라는 주 천자에게 봉작과 봉읍을 받았고 존왕양이의 기치를 들고 관중 지역을 적극적으로 겸병했다. 그리고 서쪽의 대국으로 성장해 춘추오패, 전국칠웅의 대열에 합류하는 물적 기반을 마련했다. 진 양공이 제후에 봉해지고 나라를 세운 역사적 의의는 바로 여기에 있다.

기산 서쪽을 차지한 후 동쪽으로 세력을 확장하다

진나라 양공 이후의 후대 제후들은 선조들과 달리 더 이상 군왕의 수레를 몰거나 말을 키우지 않았고 서수를 포함한 변방 지역을 잘 지켜서 주왕의 총애를 받으려고 노력하지도 않았다. 그들은 나라를 통치하고 인재를 등용하는 기술과 변방을 개척하고 토지를 병합하는 전쟁을 벌이며 스스로 나라를 경영하기 시작했다. 또한 주 천자의 깃발을 들고 서융을 물리치며 끊임없이 동쪽으로 세력을 넓혀 나갔다. 그리하여 진나라는 목공 때에 이르러 강대국의 대열에 올라서게 되었다.

진나라는 초창기에 농산隴山(간쑤성과 산시성의 경계에 있는 산) 산간 지역을 넘어서 낙수와 위수의 하류 유역으로 영토를 확장하면서 동쪽으로 그 세력을 급속도로 확대해갔다. 제1기의 진나라는 먼저 주나라가 하사한 기산 서쪽 땅을 얻었다. 기원전 766년, 진 양공은 '융족을 정벌하여 기산 서쪽으로 갔으며' 동쪽 정벌을 위한 발걸음을 내딛기 시작했다. 기원전 763년에 진 문공은 기산 일대를 완전히 점령하여 '기산에 사는 주나라의 유민들을 거두어 백성으로 삼고 영토를 기산까지 넓혔으며 기산의 동쪽은 주나라에 바쳤다.'[34] 그리고 융적을 물리치고 기산의 서쪽을 점령하여 주나라의 유민을 거둬들임으로써 진나라는 관서에서의 입지가 강화되었다. 제2기에 진은 기산 동쪽으로 영토를 확장해갔다. 문공文公 이후의 진나라 세력은 계속 동쪽으로 확대되었다. 기원전 714년, 진 헌공憲公(또는 영공寧公)은 도성을 평양平陽으로 옮겼다. 다음해에 진나라 군사는 박亳(안후이성의 지명)과 전쟁을 벌였고 '박왕은 융으로 도망가 탕사湯社를 정벌했다.' 제3기에는 하서河西 지역으로 확장해갔다. 기원전 697년, 진 무공武公이 즉위한 후 군사를 일으켜 동진해 나갔고 '팽희彭戱씨를 정벌하여 화산華山 아래에 이르렀다.' 기원전 687년 진나라는 '처음으로 두杜와 정鄭을 현으로 삼고 소괵小虢을 정벌했다.' 이때 진나라와의 전쟁에서 패배한 제후국에는 현縣이 설치되었다. 또한 진나라의 세력이 서북쪽으로 확장되기 시작했다. 기원진 688년, 진나라 군내는 '규와 기에 있는 융족을 정벌하고 처음으로 그곳에 현을 두었다.' 양공, 문공, 헌공, 무공 등 4대에 걸친 80여 년간의 치밀한 경영으로 진나라는 차례로 관중 지역의 풍, 박, 팽희씨 등 3대 융족을 무찌르고 일부 제후국을 멸망시켰다. 그리고 관중 주변의 많은 영토를 장악함으로써 세력이 화산華山 일대까지 뻗어나갔다.

진나라는 새로운 점령지에서 군주가 직접 관리를 임명하고 해당 지역을 통치하는 현제縣制를 실시했다. 이러한 행정 관리는 새로운 국가 체제의 씨앗이라고 볼 수 있다. 춘추시대에 군현제는 진晉, 진秦, 초楚 3국이 최초로 실시했다. 전국시대의 강대국 대부분이 이 지역에 위치한 것은 절대 우연이 아니다. 제4시기에는 진晉과의 전쟁에서 승리하여 황하 지역을 점령하게 되었다. 진 선공宣公 이래로 진나라는 계속 동진 정책을 추진했고 진晉나라와 정면충돌하여 몇 번 승리하기도 했다. 목공 때에 이르자 진나라의 세력 범위가 황하 일대로 확대되었다.

진나라의 정치적 중심인 도성을 이동한 경로는 정치 범위의 확장을 사실적으로 보여준다. 영진족의 선조들은 원래 오늘날의 간쑤성 톈수이현 일대에서 활동했다. 나라를 세운 후, 역대의 진나라 군주는 여러 차례 도성을 옮겼다. 진 양공이 제후에 봉해진 때부터 진 효공이 도성을 함양으로 옮길 때까지 진나라의 도성은 동쪽으로 여섯 차례 이동했다. 첫 번째는 기원전 776년으로 진 양공은 서수에서 견汧으로 옮긴 후 14년간 견을 도성으로 삼았다. 두 번째는 기원전 762년, 문공이 도성을 영진족이 살던 견수와 위수가 만나는 곳(웨이허渭河 북부)으로 옮기고 48년간 도성으로 삼았다. 세 번째는 기원전 714년이었다. 헌공은 도성을 기산 서남쪽에 있는 평양平陽(산시성 메이현)으로 옮기고 37년간 도성으로 삼았다. 네 번째는 기원전 677년, 덕공이 점을 쳐서 옹성雍城(산시성 펑샹鳳翔)으로 이주하고 294년간 도성으로 삼았다. 옹성은 지리적으로 관중 지역에서 하서주랑[35]으로 통하는 교통의 중추였으며 중관 지역에서 진령秦嶺산맥을 관통하여 파촉巴蜀으로 갈 때 반드시 지나야 하는 요도였다. 이 일대는 비교적 일찍 문명이 발전하고 경제가 성장한 곳으로 관중 지역을 중심으로 화하문화와 파촉문화, 적강문화가 교류하는 요충지였다. 황하를 건너 동쪽으로 세력을 확장하고 또한 농서隴西를 넘어 서융 지역으로 발전했다. 나아가 진령산맥을 넘어 파촉 방향으로 확장하는 것이 진의 국책이었다. 그러므로 진나라의 군주는 사방으로 통하는 교통의 요추인 옹을 도성으로 택했다. 진 덕공이 이곳을 도성으로 선택한 이후 진나라가 멸망할 때까지 진나라 왕실의 종묘는 계속 이곳 옹에 있었다. 진나라가 다른 곳으로 도성을 옮길 때, 중요한 대사는 옹성으로 와서 종묘에 알렸다. 옹성은 중요한 경제 도시였다. 훗날 고고학자들은 이곳에서 진나라 옹성과 궁전, 종묘, 왕릉의 유적을 발견했다. 다섯 번째, 진 영공(재위 기원전 424~기원전 415)은 경양涇陽에 머물렀다. 경양은 오늘날 산시陝西성 징양涇陽에 있다. 이것이 천도였는지에 관해서는 학자들 간에 다소 논란이 있다. 영공은 동쪽으로 확장하기에 유리한 경양에 진을 설치했다. 이는 임시로 경양을 정치적 중심지로 삼았다고 볼 수 있다. 정치적 행위는 천도와 비슷했다. 약양櫟陽(산시성 린퉁臨潼에 있었음)은 위수 북쪽 해안가 교통 요지에 있는 곳으로 상업이 번성한 도시였다. 위수 북남쪽 유역에는 각각 동서로 통하는 요로가 있다. 진秦나라와 진晉나라가 인접했을 당시 북로를 이용하여 왕래하는 것이 편리했다. 약양의 위치 역시 하서 지역과 가까웠다. 진 헌공이 약양으로 천도한 것은 하서 지역을 노리고 위나라와의 전쟁을 준비하기 위해서였다. 진나라는 33년 동안 이곳을 도성으로 삼았다.

춘추시대 이래 진나라의 정치적 중심이 이동한 경로는 위수의 상류에서 중류로, 중류에서 하류로 계속해서 동쪽을 향하여 이동했다는 특징이 있다. 이것은 전쟁의 승리로 얻은 결과이며 세력 확장을 위한 다음 행보를 계획했음을 보여준다. 진 양공은 나라를 세운 직후 서쪽인 견구에서 동쪽 견汧으로 천도하여 동쪽 정벌에 유리하도록 도성을 가능한 한 동쪽에 두었다. 그리고 천도할 때마다 동진의 의지가 강했다. 전국시대 초기에 잠깐 동안은 경양에 있었지만 "북쪽으로는 융적을 물리치고 동쪽으로는 삼진과 통하는"[36] 약양으로 동천하는 등 위나라를 정벌하기에 좋은 동쪽 끝에 도성을 세울 정도로 동진에 매우 적극적이고 진취적이었다. 진 효공 때에 진나라는 정치적 중심지를 약간 서쪽인 함양咸陽으로 옮겼는데, 이는 여러 가지 여건을 종합적으로 고려하여 결정한 것일 뿐 동진 정책이 끝났음을 의미하지는 않는다.

제왕의 기반을 굳건하게 다지다

주나라 평왕이 포기했던 기산 지역은 매우 특별한 곳이었다. 이 지역은 주나라 주족의 발상지이자 서주의 왕이 직접 통치하는 왕기王畿였다. 전란을 겪으면서 종법제도 하에 통치되었던 주나라의 화려했던 도성은 폐허로 전락했다.

진 양공은 운 좋게도 이곳 기산 지역의 경영권을 일부 획득했다. 그의 자손들은 정복 전쟁으로 관중의 모든 지역을 통치하게 되었다. 이 지역은 당송 이전에 천혜의 자연 조건을 갖춘 제왕의 땅이었다. 역대 정치가는 진나라 땅의 지세에 몹시 경탄했다. 진시황이 선조 성군의 정치적 유산을 이어받은 것을 고찰하기 위해서는 반드시 이 기산 땅의 지정학적 가치와 선진문화를 먼저 살펴봐야 한다.[37]

"진중은 오래전부터 제왕의 땅秦中自古帝王州"이라는 말이 있다. 주나라, 진나라, 한나라, 당나라의 발전사를 보면 모두 가장 먼저 관중 지역을 차지하여 입지를 강화한 다음 중원을 공략했으며 결국 전국을 통일했다. 역사적으로 서주西周, 진秦, 서한西漢, 신新, 동한東漢(헌제 초기), 서진西晉(민제愍帝), 전조前趙, 전진前秦, 후진後秦, 서위西魏, 북조北周, 수隋,

당唐(전기), 대제大齊, 대순大順 등의 나라는 모두 정치적 중심을 관중 지역에 두었다. 관중은 각종 문물이 모여드는 천 년 제왕의 도성이 있었던 곳이다.

사람들은 화하 서쪽에서 일어난 정치 세력이 처음에는 미약했지만 점차 강성해진 현상에 주목하고 그 이유를 곰곰이 생각해보았다. 사마천의 『사기』를 보면 "동방은 문화가 생겨났고 서방은 문화가 성숙한 곳이라고 했던가. 군사를 일으킨 곳은 동남방이지만 성공한 대다수는 서북쪽에 있다. 이에 우임금이 서쪽 강 땅에서 일어났고 탕왕이 박 땅에서 일어났으며 주왕 역시 풍호豐鎬에서 상을 정벌했다. 진의 제왕도 옹 땅에서 일어났으며 한나라도 촉한에서 시작했다"[38]라고 쓰여 있다.

심지어 어떤 이는 천하의 상류를 차지한 자가 반드시 천명을 제압하게 되는 것이 규칙이라며 "천하의 일은 서쪽에서 시작하여 동쪽으로 나아갔고, 북쪽에서 시작하여 남쪽으로 나아갔다. 옛날부터 지금에 이르기까지 그 위력이 파죽지세와 같아서 감히 막을 수 없다"[39]라고 말하기도 했다. 역사문헌을 살펴보면 이런 생각이 자주 보인다.

당시의 관중 지역은 형세가 험준하지만 오랜 역사를 지녔으며 경제자원이 풍부했고 인문 조건이 뛰어나 진나라의 발전과 패업을 이룩하는 데 많은 영향을 주었다.

첫째, 관중 지역은 매우 비옥하고 자원이 풍부하다. 진나라의 중심은 위수渭水 유역에 있었으며 위수의 중하류는 관중평야라고 불리기도 했다. 이 땅은 훗날 "팔백리진천八百里秦川"이라고도 불렸다. 당시의 관중평야 일대는 기후가 온난하고 강우량이 많아 수목이 울창하게 우거졌다. 위수와 수많은 지류가 평야를 관통했기 때문에 강이 많아서 배를 띄울 수 있고 관개와 어로에 유리했다. 상고시대에 위수를 포함한 하류가 자주 범람해서 땅에 풍부한 토양과 부식질을 덮어주었고 드넓은 땅은 여러 강을 기준으로 나뉘어져 평원과 습지가 형성되었다. 황토지대는 토질이 부드러워 경작하기가 수월했다. 『우공禹貢』에서는 중국을 "구주九州"로 나누어 관중 지역은 "옹주雍州"에 속하며 "그 토질은 황토이고 그 밭은 상상上上급이다"라고 하였다. 옹은 '옹壅'이라고도 하는데 '퇴적하다' 또는 '침적된 진흙으로 막히는' 것을 의미한다. 구주에서 옹주 땅은 농경에 가장 적합하여 중국에서 농업이 가장 일찍 발달하고 생산물이 풍부한 지역이었다. 그래서 고대 문헌에서는 이곳 옹주를 두고 "천부天府" "육해陸海" "고유膏腴" 등으로 불렀다.

둘째, 관중 지역은 지세가 험준하고 사방이 막혀 있는 땅으로 마치 요새 같다. 관중평야는 분지 지형으로 동쪽으로는 황하가 있고 사면이 높은 산으로 둘러싸여 있다. 서남쪽은 진령산맥이 있고 북쪽에는 구종산九嵕山, 기산으로 구성된 북산 산계山系, 동쪽으로는 험준한 효산崤山, 남쪽에는 농산隴山이 있다. 큰 강과 험준한 산이 천혜의 요새를 만들어주어 사마천은 『사기』에서 이곳을 피산대하被山帶河(산에 의지하고 황허를 끼고 있음), 금성천리金城千里(성이 견고하고 길게 뻗쳐 있다), 사방이 요새로 둘러싸여 견고하다고 표현했다. 훗날 진나라는 이곳에 여러 요충지를 건설했는데 그 중 하나가 동쪽의 함곡관函谷關이다. 함곡관은 군사적으로 매우 중요한 요새로 그 일대 지형을 보면 산이 높고 길이 험했다. 함곡관성 부분에는 돌산 틈새에 좁은 길이 나 있는데 "계곡 사이에 나 있는 길이 마치 상자처럼 깊이 패여 있어 이런 명칭이 생겼다"[40]고 했다. 이 길은 "수레와 말이 나란히 다니기 쉽지 않아서 진흙 한 덩이를 사용하면 동쪽 함곡관을 막을 수 있을"[41] 것이라고 표현하기도 했다. 전국시대에 진나라는 공격과 방어가 유리한 지형에 있어서 나머지 6국의 군대도 함곡관에서는 속수무책이었다.

셋째, 관중 지역은 경제가 발달하여 여러 인재가 모여들었고 오랜 세월 수준 높은 문명을 유지했다. 관중 지역은 화하문명이 일어난 발상지 가운데 하나이다. 복희와 황제의 무덤 역시 모두 이곳에 있다. 오랜 세월 주변 민족이 이곳에 모여들었으며 문화 교류와 통혼으로 혈연적 통합이 이루어져 있어 사회 발전이 촉진되었다. 그리하여 화하 농경문화가 가장 발달한 지역이 되었고 주나라 사람은 바로 이 옥토에서 찬란한 문명을 꽃피웠다. 서주시대에 풍호豐鎬와 주변 지역은 주나라의 정치, 경제, 문화의 중심지였다. 진나라는 종주宗周의 폐허에서 일어나 서주의 유산을 이어받았지만 동쪽의 다른 제후보다 서주의 유산을 더 많이 물려받았다. 관중 지역의 실력자가 된 후, 진나라는 화하족의 선조와 서주 왕조가 남긴 각종 경제, 문화적 자원을 계승했다. 이것이 바로 영진족이 제후국이 되어 획득한 가장 풍부한 사회정치적 자원이다. 이로써 진나라는 오랫동안 발전할 수 있는 우위를 차지하게 된 것이다. 진 목공의 패업, 진 효공의 왕업, 진시황의 제업 모두 화하족과 주나라의 문화유산을 이어받았기에 가능했던 일이다.

사실 위의 세 가시 조건은 제왕의 대업을 달성하는 데 매우 중요한 기본 요건이었다. 화하족과 주나라의 문화를 차지한 사람, 이런 유리한 조건을 승세로 이어갈 수 있는 사람, 궁극적으로 승리를 손에 쥘 수 있는 사람에게 달려 있었다. 객관적으로 우월한 조건이라고 해서 반드시 제업을 성취할 수 있음을 의미하지는 않는다. 먼저 광활한 중화 지역이 제업의 기초가 된다 하여 극히 일부인 서쪽에 국한될 수 없었다. 또한 동이 지역에서 발전하기 시작하여 동쪽 지역에서 나라를 세운 은상이 장기간 '천하공주'의 자리를 차지하였고 "진晉 땅은 삼면이 황하로 둘러싸였고 제나라가 동해를 등지고 있으며 초나라 땅은 장강과 회하 사이에 있었으며 진나라는 견고한 옹주를 차지했기 때문에 사방에서 네 나라가 일어나 패주가 될 수 있었다."[42] 진晉나라, 제나라, 초나라, 진秦나라 모두 천하를 통일할 수 있는 실력을 갖추고 있었다. 훗날 진晉나라는 삼분되고 초나라는 쇠약해졌으며 제나라는 과거에만 만족하는 등 제후국들의 국내 정치에 커다란 문제가 발생했다. 영진족이 삼진을 무너뜨리고 강대국인 초나라와 전씨의 제나라를 물리쳐 결국 제왕이 된 데에는 인력人力이라는 요인이 크게 작용했다.

두 번째, 제왕이 된 것은 정치, 경제, 사회, 문화, 군사적 요인이 종합적으로 작용한 결과이지 자연 환경이 우월했다고 해서 천하를 통일한 것은 아니었다. 관중 지역을 차지했던 여러 왕조도 천하 통일을 달성하지 못했다. 전월, 전진, 후진, 서위, 북주 등을 보면 알 수 있다.

세 번째, 춘추시대 초기의 제후국 중 영진족만이 유일하게 관중 지역을 차지할 수 있는 조건을 갖춘 것은 아니었다. 영진족이 이 지역을 선점한 것은 진나라 역대 선조의 통치와 확장에 많은 힘이 되었다. 관중 지역은 영진족이 정치 및 군사적인 전략을 통해 하나씩 공략해서 얻어낸 것이다.

네 번째, 험난한 지형과 풍부한 자연 환경도 주나라와 진나라를 멸망에서 구해내지는 못했다. 성에 주둔하면서 진나라는 험준한 함곡관 덕분에 성에 주둔하면서 진나라에 대항하여 '합종合縱'했던 제후들의 정규군인 둔병屯兵들이 한 발짝도 앞으로 나가지 못하게 했지만 진나라 말기에는 거병한 지 얼마 안 된 농민군에게 순식간에 함락되었다. 진나라의 성공이 정확한 정략과 전략으로 얻어진 것이라면 진나라의 멸망도 통치전략의 실패 때문이다. "천시天時는 지리地利만 못하고 지리는 인화人和만 못하다"⁴³라는 맹자의 말이 바로 여기에 해당된다. 영진족의 역대 선조들이 치밀하고 치열하게 노력하지 않았다면 천혜의 자연자원이 아무리 풍부하고 험준한 요새가 지키고 있다고 해도 소용없었을 것이다.

객관적으로 말해 '팔백리진천'이 오랜 세월 '천하를 통일할 기틀'이 될 수 있었던 것에는 자연지리 조건과 인적 요인이 매우 중요한 역할을 했다고 할 수 있다. 화하족이 없었고 주나라와 진나라의 치밀한 통치가 없었다면, 특히 수백 년간 영진족이 창조적으로 정치, 경제, 사회, 문화의 각 측면을 발전시키지 않았다면 가장 뛰어나고 왕업의 기틀이 되었던 진한, 수당 시기의 진천 땅은 없었을 것이다. 어떤 의미에서 볼 때 한나라의 기본은 진 목공과 진 효공, 진시황이 마련한 것이라고 말할 수도 있는 것이다.

목공의 등장과 진나라의 격상

진나라의 위상과 국력이 크게 제고된 시기는 춘추시대 중기였다. 목공이 패주가 되면서 진나라는 대국으로서의 위상을 확립하기 시작했다. 진 목공은 춘추오패 중 한 명이었다. 그는 뛰어난 인재를 등용하여 중원의 패주가 되었고 동쪽의 강대국인 진晉을 물리치고 황하 지역을 차지했다. 그는 또 군사를 일으켜서 서쪽으로 진격해 융적을 물리치고 무공을 세웠다. 이로써 진의 국토는 동서 양방향으로 대폭 확장되어 관중 지역 대부분을 차지했다.

존왕양이와 제후 간의 패권 경쟁

진 목공 때의 정세는 춘추시대 초기에 시작된 토지 겸병 전쟁에서 강대국 간의 패권 전쟁으로 넘어가 매우 불안정했다. 패권 전쟁은 대부분 '존왕양이尊王攘夷'의 명분을 걸었지만 속내는 제후들이 맹주 자리를 쟁취하기 위한 것이었다. 즉 '천하공주'가 되기 위함이었다. 패권을 위한 전쟁은 겸병 전쟁에서 오는 필연적인 결과였다. 국부적인 겸병 전쟁으로 강성해진 제후국은 기존의 지역 패권을 유지하고자 할 뿐만 아니라 다른 국가를 호령하는 패권의 자리를 차지했다. 그 결과 다른 강대국과 이해관계의 충돌이 일어나게 되었으며 전쟁이 불가피해져 전국시대에는 전쟁이 매우 빈번해졌다. 더 많은 영토를 겸병한 제후가 패주가 될 수 있었으며 패주가 되어야만 더 많은 땅을 겸병할 수 있었다. 패권 전쟁은 규모가 훨씬 큰 토지 겸병 전쟁이었고 사실상 통일 전쟁의 예행 연습이었다.

이론적으로 볼 때, 사방의 제후들은 주나라를 이어 천하의 주인이 될 수 있었다. 그러나 당시의 역사적 조건을 보면 '천자'의 명분을 쥐고 있는 주 왕실의 영향력은 여전히 컸으며, 천자의 지위와 명분을 대신할 수 있는 정치 세력이 미약했기 때문에 각 제후국 간의 정치적 경쟁은 패권 경쟁으로 나타났다.

패권 전쟁은 제齊나라 환공桓公에서부터 시작되었다. 일반적으로 춘추오패라고 하면 제 환공, 송 양공襄公, 진晉 문공文公, 진 목공, 초 장왕莊王을 일컫는다. 송 양공은 사실 패주의 자리를 차지한 적이 없고 진 목공역시 제후들이 회합인 회맹의 맹주가 된 적이 없다. 오왕 부차夫差와 월왕 구천은 회맹에 참석하여 맹주의 명분은 지녔고 모두 패주의 대열에 오를 자격은 있었지만 이들은 패주가 되지 못했다. 진晉과 초, 양대국은 성복城濮 전쟁 이후 제후국 집단의 맹주가 되어 각각 한쪽을 제패했으며 오랜 세월 서로 패주의 자리를 놓고 정벌 전쟁을 계속했다. 그러므로 진나라와 초나라의 군주는 모두 패주로 볼 수 있을 것이다.

춘추오패 가운데 제 환공, 진 목공, 진晉 문공은 동시대의 인물이다. 그들은 역사의 무대에서 차례로 패주가 되었다. 제 환공은 관중管仲의 보좌를 받으며 '제후들과 여러 차례 회맹하여 혼란스런 국면을 바로잡고 천하를 안정시켜' 춘추오패의 첫 패주가 되었다. 이때 진 목공도 왕의 자리에 있었다. 오랫동안 국외에서 망명 생활을 하던 진晉 문공은 환공이 붕어한 지 얼마 되지 않았을 때 진 목공의 지원을 받아 진晉의 정권을 차지했다. 기원전 632년, 진 문공은 성복 전쟁에서 강대국인 초나라를 물리치고 천자 및 제후들과 천토踐土에서 회맹을 맺어 중원의 패주가 되었다. 그 후 진나라와 초나라 역시 잇달아 패주가 되었다.

당시에 패주의 자리를 차지했거나 차지하려고 했던 제후들은 매우 많았다. 그리고 패권 전쟁에 뛰어든 제후도 많았지만 역사의 무대에서 오랫동안 주인공을 차지했던 제후국으로는 제, 초, 진晉, 진 4개국뿐이었다. 이들 나라는 모두 국부적인 토지 겸병 전쟁에서 기선을 제압했다. 춘추시대 초기에 제 환공은 "35개 나라를 합병했다."[44] 진晉 헌공은 "17개 나라를 합병하고 38개 나라를 수하에 두었다."[45] 진 목공은 "12개 나라를 합병하고 1000리의 영토를 개척하였다." 초나라의 토지 겸병 규모는 훨씬 컸다. 장왕은 "26개 나라를 합병하고 토지 3000리를 개척했다."[46] 제후 맹주국들은 모두 주변의 나라를 끊임없이 겸병하여 광활한 영토를 확보하고 천하에 위세를 떨친 강대국으로 급성장했다. 이들 강대국만 천시天時, 지리地利, 인화人和라는 조건을 갖추었기 때문에 오랫동안 패권을 각축할 수 있는 국력이 있었다. 역사에서는 "제후국인 제, 진晉, 진秦, 초 4강대국은 모두 주나라 초기에는 세력이 미약했다. 봉지가 100리 또는 50리에 불과했다. 진晉은 3하河에 의존했고, 제나라의 뒤편에는 동해(오늘날의 동중국해)가 있으며, 초나라는 장강과 회하 사이에 있었고, 진나라는 험준한 옹주에 의지했다. 사방에서 일어나 서로 번갈아 패주가 되었다. 주 문왕과 무왕에게 큰 봉지를 하사받아 세워진

대국도 모두 그들의 위세에 겁을 먹고 복종했다"[47]라고 기록하고 있다. 4대국이 각각 중원 지역의 동서남북 네 방향을 차지하자 4대 정치 세력의 경계가 뚜렷해졌다. 사실 전국시대의 정치적 각축, 군사적 학살 역시 이 4대 제후국 간에 일어난 일이었으며 이들 가운데 유일하게 진晉만 삼분되었다.

제, 진晉, 초, 진秦이 강대국이 될 수 있었던 것은 정치적 개혁을 단행했기 때문이다. 제나라는 강족羌族 강씨姜氏가 주나라 초기에 제후국으로 봉작되어 태산과 발해 사이에 자리를 잡았다. 그리고 이 지역을 지배할 수 있는 특권이 있었다. 태공太公 망望이 나라를 세우면서 제나라는 주변 이민족을 포용하는 정치를 펼치고 현명하고 능력 있는 인재를 등용하는 정치적 전통을 세웠다. 이는 지리적으로 가까운 희姬씨 노나라와는 크게 달랐다. 노나라는 친친존존親親尊尊(서주의 입법, 사법의 근본 원칙으로 사랑해야 할 사람을 사랑하고 존경해야 할 사람을 존경해야 한다는 뜻이다. 실제로 계급제를 옹호하는 이념이다)을 숭상했다. 제나라의 실용주의적인 경향은 전통을 무너뜨리는 데 유리하게 작용했으며 시대의 흐름에 맞는 정책을 펼쳐서 국력은 날로 커졌다. 그리고 마침내 지역 강대국으로 성장했다. 한공이 즉위한 후 '책실 논쟁嘖室之議'을 허용하여 직간을 받아들이고 현명하고 능력 있는 인재를 등용했다. 그는 관중을 재상으로 임명하여 사회 구조를 개혁하고 경제 문제를 해결했다. 관중은 "내정과 군정을 모두 맡았으며"[48] "사농공상에 따라 거주지를 구분하여 향리 조직과 군사 조직을 통합했다."[49] 그리고 "땅의 상태에 따라 세금을 부과하는 정책을 실시하여 백성이 옮겨 다니지 않아도 되게 했고"[50] 이로써 사회는 점차 안정되어갔다.

진晉의 시조이며 성씨가 희씨姬氏인 당숙우唐叔虞는 주 무왕武王의 아들

三才圖會　人物四卷　畫

像吾夷管

管仲字夷吾桓公伯天下皆仲之謀號曰仲父仲病桓公
問相言易牙開方竪刀不可近公不用仲言卒致五公子
之亂

춘추시대 제齊나라의 재상 관중管仲은 제나라 환공을 도와 그를 춘추시대 최초의 패왕으로 만들었다.
仲은 자, 본명은 이오夷吾다. 그림은 『삼재도회』에 실린 관중의 모습.

이다. 주나라 초기 100리 땅을 봉읍받아 여러 제하諸夏(주나라 때 분봉된 제후국)와 융적戎翟이 섞여 있는 하동河東 땅에 영지를 두었다. 진晉 무공과 헌공은 공족公族을 축출하고 현명한 신하를 등용하여 제후국을 정벌하고 융적을 물리쳐서 당시 최강의 제후국 중 하나로 성장했다. 문공이 즉위하기 전, 진晉에서는 "휴한지와 주병州兵을 만드는"51 등 중요한 개혁이 시행되었다. 진 문공은 '현명하고 유능한 인재를 선발하여 벼슬을 주었으며' 이성異姓 가운데 뛰어난 신하를 뽑았다. 그리고 경제적으로는 "관세를 낮추고 도로를 정비하며 상업을 일으켰다. 또한 농업을 장려했으며 곡식이 풍성하면 가난한 자를 구제하고 절약하여 재원을 구축하는"52 정책을 실시했다. 결국 그는 패업을 이루어 중원 북부 지역에서 대국의 위상을 확립했다. 삼진三晉은 법가의 발상지로서 법가 지식인 대부분이 삼진 사람이었고 이런 까닭에 현지 정치문화의 일부 특징을 구현할 수 있었다. 초나라는 상나라에서 주나라로 넘어가는 과도기에 나라를 세웠다. 초나라는 만족蠻族의 작은 나라였지만 장강과 한수漢水 유역에 있는 여러 희姬씨의 약소 제후국과 이민족의 나라인 묘월苗越, 만이蠻夷를 겸병하여 이 지역의 강대국으로 성장했다. 초나라는 중원의 제후국과 달리 최초로 군현제郡縣制를 실시했으며 가장 먼저 스스로 왕이라고 칭했다. 초나라의 군권은 다른 제후국에 비해 상대적으로 집중되어 있었고 경제자원이 풍부했다. 그리고 화하족의 문화와 만묘蠻苗 문화의 장점을 두루 받아들여 제후국 가운데 후발 국가이지만 세력은 매우 우세했다. 제 환공이 '양이攘夷'해야 할 주요 대상은 바로 날로 강성해지는 초나라였다. 초는 각각 제, 진晉과 오랫동안 패권 전쟁을 벌였지만 이들 패권국의 세력은 좀처럼 쇠약해지지 않았다. 초 장왕은 타고난 신분이 미천한 손숙오孫叔敖를 재상으로 임명하여 귀족 세력을 견제하고 내정을 정돈했다.

또 치수를 잘해서 생산력이 향상되었고 국력이 점차 강해졌다. 그는 군사를 이끌고 정벌에 나서 영토를 황하 지역까지 확대했고 정鼎의 무게를 거론하며 중원의 왕권을 노렸다. 기원전 597년, 초 장왕은 진나라를 물리치고 남쪽 지역을 대표하는 강대국의 지위를 확립했다.

4대 제후국 가운데 진秦나라의 역사가 가장 짧다. 제, 진晉, 초는 모두 서주 초기에 천자에게 봉작과 봉읍을 받았으며 진秦 양공이 제후로 봉해졌을 때, 나머지 3국은 이미 대국으로 성장해 있었다. 진 양공 이래로 진나라의 군주 대부분이 정치개혁을 적극적으로 실천했다. 후발 제후국인 진나라는 이렇게 철저한 통치를 100여 년간 펼쳐 약소국에서 중원 서쪽을 장악한 강대국으로 성장했다. 목공은 주나라 왕실의 반란을 두 차례 평정하였고 진晉왕의 왕위 계승을 두 차례 도와주었다. 그리하여 동쪽으로는 강대국인 진晉과 마주하고 서쪽으로는 융적과 마주하는 명실상부한 패주가 되었다.

백리해를 등용하여 패업을 달성한 목공

진 목공의 이름은 임호任好이고 성공成公의 동생이다. 목공은 임금의 자리를 계승한 후 패성궁覇城宮을 재건하고 자수滋水를 패수覇水로 바꿈으로써 중원 지역을 장악하려는 "패업의 뜻을 밝혔다."[53]

환공에게는 관중과 포숙鮑叔이 있고, 문공에게는 호언狐偃과 조쇠趙衰가 있듯이 목공에게는 백리해百里奚와 건숙蹇叔이 있었다. 두 사람은 식견이 뛰어나 원대한 비전을 제시하고 패왕을 보좌할 만하다고 평가되었다. 그 외에도 목공에게는 비표邳豹, 공손지公孫枝, 유여 등의 인재가 있었다.

이들은 진나라 사람은 아니었지만 목공의 신임을 얻어 중임을 맡았고 국정에 참여했다. 백리해와 건숙은 정세를 정확하게 판단하여 목공을 도왔고 진晉 및 융족과의 관계에서 주변 정세에 따라 화해와 강경책을 적절하게 번갈아 사용했다.

진 목공의 포부는 원대했다. 그는 다른 제후국 패왕의 측근이었던 인물을 과감하게 중용하고 자신의 정치적 잘못을 있는 그대로 인정하고 비판하며 정책과 전략을 시대의 흐름에 맞게 조정해갔다. 제나라 경공이 공자에게 물었다. "옛날 진 목공은 나라도 작고 위치도 외져 있지만 그럼에도 그가 패주가 된 것은 무슨 까닭입니까?" 이에 공자가 대답했다. "진은 나라는 작아도 그 뜻은 원대했고, 처한 곳이 외졌다 해도 정치는 정도에 맞았습니다. 목공은 몸소 백리해를 등용하여 그에게 대부라는 작위를 주었습니다. 뿐만 아니라 자유롭지 못한 그를 여러 번 풀어주었습니다. 그와 사흘 동안 이야기를 나눈 뒤 정사를 맡겼습니다. 이로써 천하를 다스릴 수 있게 되었으며 나아가 그는 천하의 왕 노릇도 가능했을 텐데 패주가 된 것은 자그마한 일입니다."[54] 진나라는 늦게 세워졌지만 군현제도를 일찍 실시했기 때문에 서주 종법제도의 영향을 가장 적게 받았다. 그래서 신분에 구애받지 않고 뛰어난 인재를 등용하는 정치를 펼칠 수 있었다.

진晉을 무너뜨리고 말에게 황하의 물을 먹이다

목공의 재위 기간은 진晉 헌공이 정권을 장악하고 있던 때이다. 당시의 진은 매우 강성했다. 경耿, 곽霍, 위魏, 괵虢, 우虞 등의 작은 나라를 하나

진 목공은 강력한 라이벌 진晉과의 관계에서 우위를 차지하며 힘을 합쳐 초나라를 견제함으로써
진나라 최초의 패왕이 되었다. 위의 그림은 진 목공이 여인들과 봉루鳳樓에 올라 통소를 불어 봉황을 불러들였다는
고사를 나타낸 것이다. 구영仇英, 「취소인봉吹簫引鳳」, 명나라, 견본설채, 41.1×33.8cm, 북경고궁박물원 소장.

씩 정복했다. 이 가운데 괵국虢國은 효함崤函(허난성 신안에서 산시성의 동관에 이르는 요충지)에 있었으며 우국虞國은 모진茅津(산시山西성 핑루현 남쪽. 황하의 중요한 포구)을 지키고 있었는데 이 두 지역은 진秦이 동진하는 데 꼭 통과해야 할 요로였다. 진 목공은 국력을 강화하여 중원을 제패하려는 목적을 달성하기 위해 군사 및 외교 수단을 적절하게 활용했다. 특히 진晉에 대해서는 통혼을 했고, 두 번이나 군주의 즉위를 도왔을 뿐만 아니라 가뭄이 들면 식량을 원조하는 등 상호 협력하여 초나라에 대항하기 위한 화평 정책을 펼쳤다.

기원전 659년, 진 목공은 즉위하면서 직접 군사를 이끌고 동쪽 모진에 있는 융적을 정벌했고 이로써 진나라의 세력 범위가 황하 일대까지 확대되었다. 4년 후, 목공은 진晉 헌공의 딸과 결혼하는 통혼 정책을 취했다. 하지만 다음해에 그는 직접 출병하여 하곡河曲에서 진晉나라와 교전했다. 기원전 651년, 헌공이 죽자 내란이 일어났다. 진晉의 공자 이오夷吾는 질투가 심하고 의심이 많은 인물이었다. 그는 '하서河西에 있는 8개의 성을 진秦나라에 할양하는' 조건을 내걸고 군주의 자리를 빼앗기 위해 진나라의 협력을 구했다. 목공은 어리석은 군주를 세워 진晉을 약화시키고 지성池城을 얻어 진秦을 강국으로 만들기로 했다. 그는 백리해에게 군사를 이끌고 이오의 귀국을 도우라고 명령했다. 하지만 이오(혜공惠公)는 즉위한 후 신의를 저버렸다. 형세를 냉철하게 판단할 줄 알았던 목공은 진晉의 배신에 복수하는 출병을 하지는 않았다. 기원전 647년, 진晉이 식량을 요청하자 목공은 백리해의 의견에 구원 식량을 보내 굶주림에 빠진 백성을 돕게 했다. "배에 실어 나르고 수레로 옮겨 옹성에서 강성까지 줄줄이 이어졌다."[55] 그런데 얼마 후 진나라에 기근이 들었다. 진나라는 진晉에 식량 원조를 요청했지만 혜공(이오)은 식량을 제공하지 않았다. 오히려 기근을 틈타 군대를 일으켜 진나라를 공격했다. 이에 목공은 직접 군사를 이끌고 혜공과 한원韓原에서 전쟁을 벌였다. 역사에서는 이 전쟁을 한원 전쟁이라고 부른다. 이 전쟁에서 목공이 크게 승리했고 혜공은 포로로 잡혔다. 진 혜공은 "하서(황하 서쪽) 땅을 바치고 태자 어圉를 진나라에 볼모로 보내야 했다. 진나라는 태자 어에게 종실(왕족)의 딸을 아내로 주었다."[56] 이로써 진 목공은 하서에 통치 기구를 두어 처음으로 진나라의 동쪽 영토가 황하까지 이르게 되었다.

진晉 혜공이 사망했다. 혜공이 병이 났다는 소식을 들은 태자 어는 도망쳐 진晉으로 돌아갔고 아버지 혜공이 죽자 왕위를 계승했다. 그가 바로 회공懷公이다. 목공은 진晉을 견제하기 위해 '초나라에서 진의 공자인 중이重耳를 맞아들이고 태자 어의 전 부인을 중이에게 시집보냈으며'[57] 군사를 보내 중이가 진晉에 귀국하도록 호송해주었다. 중이는 진나라 군주의 자리를 빼앗는 데 성공했으며 그가 바로 진 문공文公이다. 문공은 주도면밀하고 원대한 야망을 지닌 사람이었다. 그는 군주가 된 후 짧은 시간 동안 부국강병책을 추진하여 진을 강대국으로 키웠다. 진이 날로 강성해지자 목공은 통혼 정책을 펴서 외교적인 우호관계를 유지했다. 목공은 진 문공을 도와 주 왕실의 반란을 진압했고 함께 초나라 군대를 물리쳤다. '진진지호秦晉之好'(진과 진이 여러 대에 걸쳐서 혼인관계를 맺음)란 여기서 나온 말로 진나라와 진晉 양국의 이해에 따른 우호관계를 뜻한다.

정나라를 공격하려다 효산에서 대패하다

기원전 628년 진 문공이 사망했다. 다음해에 목공은 암암리에 정鄭나

라를 습격하기로 결정했다. 목공은 동진東進 정책을 펴서 중원 지역을 장
악하려는 야망을 실현하기 위해 백리해와 건숙의 충고를 거부하고 백리
해의 아들 맹명시, 건숙의 아들 서걸술과 백을병 이렇게 3명의 장수를
보내 몰래 진晉의 국경을 지나 정나라를 치도록 했다. 그런데 도중에 진
秦나라 군대는 정나라의 소장수인 현고弦高와 마주쳤다. 현고는 강력한
진군이 정나라를 기습하면 아무 준비도 안 된 정나라로서는 감당하기
어려울 거라는 사실을 알고 있었다. 그는 정나라 사신으로 가장하여 팔
려고 가져온 소를 끌고 진나라 진영으로 찾아가 병사들의 노고를 위로
하라며 바쳤다. 이에 진나라의 세 장수는 정나라가 이미 기습을 눈치 채
고 이를 대비했다고 지레 짐작하고 정나라를 습격하려는 계획을 단념해
버렸다. 그들은 철군하여 진나라로 돌아가는 길에 활滑(허난성 엔스偃師)
을 멸망시켰다.

　　진秦 군대는 문공의 상중에 진晉의 영토를 몰래 지나가서 정나라를 습
격하려 했으며 진의 변방에 있는 활까지 멸망시켜버렸다. 이 소식을 들은
진晉 양공은 대로하였고 강융姜戎과 연합하여 효산殽山의 북쪽 기슭에 매
복해 있다가 진秦 군대를 기습했다. 사실 진나라가 출병을 결정할 때 백
리해와 건숙은 자신의 아들에게 효산은 험준하여 진晉의 병사에게 습격
을 당하기 쉬우니 조심하라고 당부했다. 그러나 맹명시 등 장수들은 거
만하여 진晉 군의 동태를 파악하지도 않았고 매복을 경계하지도 않았다.
결국 진나라 군대는 좁은 길에 매복해 있던 진晉의 기습을 받았고 서둘
러 응전했지만 진열을 정비할 틈도 없이 몰살당했다. 맹명시 등 세 장수
도 포로로 잡혔다. 그러나 진晉 양공은 진秦나라 사람인 어머니(문공의 부
인)의 간절한 바람을 받아들여 세 장수를 진나라로 돌려 보냈다.

　　맹명시, 서걸술西乞術, 백을병 등 세 장수가 진나라로 돌아왔다. 목공

은 '소복을 입은 채 교외까지 나가 이들을 맞이했다.' 목공은 세 장수를 문책하지 않고 자신을 탓했으며 그들의 '관직을 원래대로 회복시켜 더욱 예우해 주었다.' 그리고 이들에게 "치욕을 씻기 위해 마음을 다하고 태만하지 말라悉心雪恥"고 당부했다.

기원전 624년, 진 목공은 맹명시 등에게 다시 군대를 이끌고 진晉을 정벌하게 했다. 그들은 '황하를 건넌 뒤 타고 온 배를 모두 불태워버리고 진晉을 크게 무찔러 왕관王官과 호郊의 땅을 빼앗았다.' 진나라 군대의 용맹한 모습에 두려움을 느낀 진晉의 병사들은 아예 싸울 생각조차 하지 못하고 '성문을 굳게 닫고는 방어에만 급급했다.' 승전보를 들은 목공은 모진茅津에서 황하를 건너 효산까지 간 뒤, 과거의 전투에서 전멸한 진나라 병사의 시신을 위해 묘지를 만들어주고 장례를 치러주었다. 그리고 목공은 "장례를 치르는 3일 내내 곡을 그치지 않았다."[58] 그는 다시 한번 모든 병사에게 지난날 백리해와 건숙의 의견을 듣지 않고 억지로 군대를 동원했기 때문에 병사들이 몰살되는 과실을 저질렀다며 자책했다. 진 목공이 자신의 잘못을 시인하고 이를 교훈으로 삼겠다고 맹세하자 진나라 병사들이 모두 감동했다. 『상서尚書』「진서秦誓」는 효산 전투를 기록한 매우 중요한 문헌이다.

전략을 바꾸어 서융의 패주가 되다

효산 전투는 진秦나라의 정치, 군사, 외교 분야에 막대한 영향을 끼쳤다. 진나라는 진晉의 사람들을 하서河西 지역으로 쫓아냈다. 그러나 여러 차례 함곡函谷에서 출병하여 중원 지역을 제패하려고 시도했지만 성공하지 못했다. 진晉은 결코 만만하게 볼 수 없는 강대국이었다. 두 나라는 오랫동안 전쟁을 벌였지만 진나라는 더 이상 황하 동쪽으로 세력을 확장할 수 없었다. 진나라는 외교 방침을 바꾸어 초나라 등과 연합했고 진晉을 견제하는 전략을 펼치기 시작했다. 이것이 바로 후세에 먼 나라와 친교를 맺고 가까운 나라를 공격하는 원교근공 전략의 시초이다. 이러한 외교 방침은 100여 년간 지속되었다. 진秦나라는 초나라와 정치 및 군사, 외교적으로 상당히 안정적인 우호관계를 맺으며 진晉이 서쪽으로 세력을 확장하려는 서슬 퍼런 야심을 막고 그 압력을 효과적으로 완화할 수 있었다. 여기에서 중요한 사실은 진 목공이 전략을 바꾸어 동진 정책은 당분간 유예하고 서북쪽으로 나아가기로 결정했다는 점이다.

오랜 적수로서 서융과 진나라는 전쟁을 하기도 했고 평화로운 외교관계를 유지하기도 했다. 융왕은 진 목공이 노련하고 현명하다는 소문을 듣고 사신을 보내 진나라를 살피게 했다. 이때 파견된 사신이 바로 유여由余이다. 유여의 조상은 진晉나라 사람이었다. 그는 중원의 언어에 능통하여 화하 지역의 제후국과 교류할 수 있었다. 진 목공은 국력을 과시하며 서융을 겁주기 위해 유여에게 진나라의 궁궐과 예악제도, 가득 채워진 곳간을 보여주었다. 하지만 진나라를 살펴본 유여의 반응은 예상과는 달랐다. 유여가 말했다. "귀신더러 만들어내라고 해도 힘들었을 일을 백성을 시켜 만들게 했으니 몹시 고달팠을 것입니다."[59] 유여의 말을 들은 목공은 의아해하며 물었다. "중원의 제후국에서는 시, 서, 예, 악, 법도로 나라를 다스리는데도 난이 끊임없이 일어나고 있소. 그러나 지금 융이에는 그런 일이 없으니 무엇으로 나라를 다스리오? 어려움은 없소?"[60] 이에 유여는 크게 웃으면서 중원의 제후국에 난이 일어나는 이유는 바로 시, 서, 예, 악, 법도로 나라를 다스렸기 때문이라고 답했다. 유여의 생각은 훗날 도가道家의 논리 비슷하다. 그에 따르면 예악과 법도, 인의는 모두 폭정의 뿌리이며 군주와 신하의 마음을 멀리 떨어지게 한다. 또 백성을 힘들게 하고 재물을 낭비하여 결국 '윗사람과 아랫사람이 서로 다투고 원망하며 나아가 임금의 자리를 찬탈하고 시해'하는 결과를 초래했다. 그러나 융족은 그렇지 않았다. 그들은 귀천의 등급이 엄격하지 않고 예악 제도가 복잡하지 않으며 가혹한 법도와 형률刑律을 두지 않았기 때문에 민심이 순박했다. 뿐만 아니라 윗사람은 덕으로 아랫사람을 대하고 아랫사람은 윗사람에게 충성하고 신뢰하므로 "한 나라의 정치가 자기 한 몸을 다스리는 것과 같아 다스려지는 이유를 알지 못하니 이것이야말로 진정한 성인의 다스림이다."[61]

이웃 나라에 성인이 있으면 적국의 우환이 된다. 목공은 유여가 매우 현명한 인재라는 것을 알아보았다. 그는 유여를 어떻게 처리해야 할지에 대해 내사 왕료王廖와 대책을 논의했다. 왕료는 두 가지 대책을 제시했다. 첫째, 서융이 외진 곳에 있어서 중원의 음악을 들어보지 못했을 것이다. 노래와 춤이 뛰어난 기녀를 융왕에게 보내 그의 마음을 빼앗아 정사를 태만하게 한다. 둘째, 유여를 진나라에 더 머물도록 하고 갖가지 방법으로 융왕과 유여의 군신관계를 벌어지게 하면 융왕은 틀림없이 유여를 신임하지 않을 것이다. 진 목공은 왕료의 제안을 받아들였다. 융왕은 진나라의 계략에 빠져 정치를 게을리 했고 유여는 서융에서 도망쳐 진나라에 투항하게 되었다.

기원전 623년, 목공은 유여의 계책으로 여러 융족이 서쪽 지역에 할거하며 제각기 독립적이고 간섭하지 않는 점을 이용하여 본격적인 융족 토벌에 나섰다. 진나라는 연이어 광활한 영토를 점령하였고 관중 지역의 여러 융족은 진나라의 판도로 병합되거나 복종하게 되었다. 『사기』에서는 이를 "열두 나라를 병합하여 속국으로 삼았으며 1000리의 땅을 개척하여 서융 지역의 패주가 되었다"라고 기록하고 있다. 목공은 진나라의 영토를 오늘날의 산시陝西성과 간쑤성 변경지역까지 확장하였다. 그리고 북쪽으로는 산시성 북부까지 개척하고 동쪽으로는 양梁나라와 예芮나라를 멸망시켜 동쪽으로 통하는 길을 열었고 중원 지역을 호시탐탐 노렸다.

진나라는 서융 지역의 패주가 된 후 시선을 다시 동쪽으로 돌렸다. 진나라 강공康公은 대대적으로 진晉을 공격했다. 그는 영호令狐에서 진을 물리쳤고 무성武城에서 또 진을 물리쳤으며 기마羈馬와 하곡河曲에서 진을 크게 이겼다. 그 후 진나라는 진晉과의 전쟁에서 승전과 패전을 거듭했다. 전국시대 초기, 한씨韓氏와 조씨趙氏, 위씨魏氏가 진晉을 삼분하면서 진의 위협은 어느 정도 완화되었다. 이런 판세를 기회로 삼아 진나라는 산시山西 전역의 여러 융족을 정복하였고 감숙의 동북 지역과 한중漢中 일대의 여러 융족도 정벌하였다. 진 효공 이후에 진나라는 중원 지역의 각 제후국을 빈번하게 침략했다.

춘추시대 이래 진나라 문명의 발달

영진족의 나라는 중원 서부에서 일어나 서융을 물리치면서 발달하기 시작했다. 진나라의 국토와 신하 그리고 백성은 관중 지역에 있던 융족의 손아귀에서 빼앗은 것이다. 이것으로 진나라 백성 대부분이 융적에게 문화적 또는 혈연적 뿌리를 두고 있음을 알 수 있다. 진나라는 본래 주나라의 성씨인 희씨姬氏가 아니었기 때문에 대대로 동쪽에 위치한 제후국에게 차별을 받았다. 문헌을 살펴보면, 진나라를 "진융秦戎"으로 부르는 것이 많고 진나라 사람을 "융이戎夷"라고 기록한 것도 많다. 이점은 진나라가 야만스럽고 포악한 '호랑지국虎狼之國'이라는 인상을 주기 쉽다. 진나라가 천하를 통일한 것은 야만족이 중원 지역을 쳐들어온 것같이 보이지만 사실은 전혀 다르다. 최근의 수많은 고고학 발견과 문헌의 기록을 검증해보면 영진족이 진나라를 세운 초창기에 진나라의 생활양식과 문화는 화하족과 별 차이가 없음을 어렵지 않게 알 수 있다. 잃어버린 서주의 옛 땅을 진이 차지한 후 진의 생활양식은 기본적으로 서주의 문화적 전통을 계승했다. 늦어도 춘추전국시대에 진나라의 사회발전 수준은 동쪽 제후국에 전혀 뒤지지 않았다. 진 문화는 화하문화 공동체에서 지방색이 짙은 지역 문화 중 하나였을 뿐이다. 진나라는 문화적으로 우세했기 때문에 매우 빠르게 발전할 수 있었다. 진나라의 6국 통일은 문명 수준이 높은 나라가 그렇지 못한 나라와의 전쟁에서 승리한 것이다.

물질문명의 각도에서 볼 때, 진나라는 서주의 농경 기술과 수공업 기술을 계승했다. 관중 지역은 오래전부터 중국 농업이 가장 발달한 지역이었다. 서주는 농경으로 가문을 일으켰고 농업으로 나라를 세웠으며 이 지역의 농업 기술을 더욱더 발전시켰다. 진나라가 주나라의 옛 땅을 점령하고 서주의 유민을 거둬들인 것 역시 중요한 문화적 유산을 받아들였음을 의미한다. 고고학 자료에 따르면, 진나라의 땅은 중국 최초로 철기를 제조하고 사용한 지역 중 하나였다. 평양현鳳翔縣 진공秦公 1호 대묘에서 철로 만들어진 낫鎌을 포함한 공구가 출토되었다. 휴경 윤작 제도, 우경 기술, 청동 및 철제 농기구의 사용으로 진나라는 당시 농업기술 분야에서 최고 수준에 도달할 수 있었다. 진나라는 남는 식량을 기근에 시달리는 진晉에 원조해주었는데 이 같은 경제력에서 진나라의 농업 생산력 수준을 엿볼 수 있다. 춘추시대에 진나라의 청동기 제작 기술과 조형, 도안 및 명문銘文의 양식을 보면 모두 서주 후기의 풍속이 녹아들어 있음을 알 수 있다. 또한 청동기의 제조가 정밀하고 주조 수준 역시 매우 높다. 훗날 유행했던 반리蟠螭(용에 속하는 뱀 형상의 신성한 동물) 문양 역시 중원 지역 출현과 같은 시기에 진에서도 나타났다. 진나라의 도성인 옹성雍城은 규모가 매우 크고 드넓으며 옹성에 건조된 왕궁 역시 웅장하기 그지없다. 또 창고에는 각종 재물이 하늘 높이 쌓여 있었다. 이것을 목격한 유여는 백성을 힘들게 하고 재물을 낭비한 것이라며 안타까워했다. 도성과 궁궐 건축 그리고 여기에서 출토된 대형 청동 구조물, 각종 청동기 및 철기, 각종 건축 재료를 보면 당시 진나라의 생산력과 물질 문명 수준이 결코 동쪽의 제후국에 뒤지지 않았음을 알 수 있다.

정신 문명을 볼 때, 진나라의 문화 또한 주나라의 영향을 많이 받았다. 진은 기본적으로 서주의 정치 방식을 받아들였다. 목공이 스스로 "시, 서, 예, 악, 법도로써 나라를 다스렸다"고 자랑스러워한 점에서 이것이 입증된다. 또한 이점을 입증하는 여러 사실이 있다. 예컨대 서주의 상제 관념과 천명 관념을 받아들였다. 진나라 건국의 합법성을 뒷받침하는 근거로서 '상제上帝'와 '하늘天'을 제시했다. 당시에 주 왕조의 범위 내에서 인정될 수 있는 것은 상제뿐이었다. 진나라 조정의 각종 의례 제도는 기본적으로 주례와 일치했다. 진 양공 이래로 진나라는 제후국과 상호 사신을 보내어 빙향(빙문과 향례)의 예를 행했다. 이러한 교류는 주 왕조의 예제禮制를 따를 수밖에 없었다. 기원전 615년, 진 강공은 서걸술을 노魯나라에 사신으로 보냈다. 서걸술의 언변은 점잖으며 예의에 어긋나지 않았다. 노나라의 대신 양중襄仲이 감탄하며 말했다. "군자가 없다면 어찌 나라라고 할 수 있겠는가? 진나라는 결코 비천하지 않다."[62] 노나라는 주나라의 예를 매우 중시하는 나라였다. 양중의 평가는 진나라 귀족의 예의 및 문화적 소양을 판단하는 근거가 될 수 있다. 평상현에 위치한 진나라 도성과 옹성의 궁궐 유적지 발굴 결과를 보면 진나라의 종묘, 궁궐 건축의 배치, 구조는 기본적으로 주나라의 것을 따르면서 약간 수정했음을 알 수 있다. 진나라 군주秦公의 왕릉 형상 및 구조, 장례 및 왕족과 고관 귀족의 관棺, 곽槨 등의 제도 역시 대부분 상주시대의 예를 따르고 있다. 춘추시대 진나라의 종묘제도 및 제사에 쓰이는 희생물도 약간의 차이는 있지만 기본적으로 주나라의 예를 따르고 있음이 증명되었다. 진나라는 서주의 문자를 계속 사용했다. 진공종秦公鐘(아악기의 일종), 진공박秦公鎛(악기의 일종), 진공궤秦公簋(제기, 일종의 그릇) 그리고 진공의 1호 대묘에서 출토된 석경石磬(돌로 만든 경쇠)에 새겨진 명문銘文의 서체와 어법의 구조를 보면 서주 후기 청동기에 새겨진 명문의 전문篆文(전서체)과 비슷하다. 「석고문石鼓文」의 서체는 주문籒文(대전大篆이라고도 함)에 속한다. 진의 문학과 예술 역시 주 문화의 영향을 깊게 받았다. 진공의 종, 박, 석경 등 악기를 보면 진나라가 서주의 아악雅樂을 받아들였음을 알 수 있다. 이는 진 목공이 융왕에게 중국의 음악中國之樂을 보냈다는 기록에서도 입증된다. 『시경』「진풍秦風」의 노랫말과 진공의 대묘에서 출토된 석경에 새겨진 명문의 글귀를 보면 진나라의 문학 수준 역시 매우 높았음을 알 수 있다.

위의 사실에서 춘추시대에 진나라는 전면적으로 정통 화하문화를 계승했고 상류 사회는 전반적으로 종주국인 주나라의 시서예악을 받아들였음을 알 수 있다. 진나라의 경제적 생활양식과 정치 형태 및 문자 모두 화하에 속해 있었다. 이는 춘추시대 진 문화 및 그 수준을 규정하고 판단하는 중요한 근거가 된다.

강대국 간의 패권 전쟁을 정치, 군사 및 외교적인 전면전이라고 한다면 국력은 장기간 패권 전쟁을 벌일 수 있는 자본에서 판가름난다. 목공이래로 진나라는 주변 제후국에게 강대국으로 인정받았다. 송나라 주도로 성사된 '미병지회弭兵之會'(춘추시대의 평화회담)는 진晉, 초, 제, 진 4대국의 동의를 얻어냈다. 진의 대신인 조맹趙孟 역시 "진晉, 초, 제, 진은 동등한 국가"[63]라고 생각했다. 4대국이 오랫동안 어느 한쪽으로 기울지 않고 팽팽한 관계를 유지할 수 있었던 것은 강력한 국력이 있었기 때문이다. 이들 제후국의 국력에는 막강한 경제력이 뒷받침되고 있었다.

진, 제, 초, 진의 문화적 차이는 지역성에 따른 것일 뿐이었다. 물론 진 문화에도 고유한 특징이 있다. 예컨대 대다수의 장묘제도를 보면 세로로 판 흙구덩이 형식으로 되어 있고 시신의 머리는 서쪽을 향하고 몸을 웅크린 자세로 매장한 굴신장屈身葬이 특징적이다. 이러한 장례에는 지역색이 짙은 문화 전통이 남아 있다. 또 다른 예를 들면 진나라의 장묘제도는 순장이 실시되었으며 순장된 사람도 중원의 제후국보다 훨씬 많았다. 그리고 하위 문화 현상 가운데 지방색의 사례를 살펴보면 건축 재료, 미술품, 풍속 등 일일이 소개할 수 없을 정도로 많다. 이런 차원의 문화현상은 어느 정노 신 문화의 특징과 수순을 말해준다. 그러나 이러한 지방색이 문화적 특징과 문명 수준을 판단하는 주요한 근거는 될 수 없다.

정치문화 측면에서는 진나라가 동쪽의 제후국보다 좀더 앞서 있었다. 상앙의 변법 이전에 진나라의 종묘제도, 군위계승제도, 등급제도, 예의제도, 세경세록제도 및 정전제 등은 대체로 당시 제후국과 유사한 수준으로 다소 변형되었지만 서주 문화권에 속해 있었다. 그러나 진나라가 나라를 세울 때 가정과 국가 질서를 포괄한 종법제도라는 정치적 모델이 붕괴되기 시작했고 종친분봉제도와 정전제도 역시 와해되기 시작했다. 진나라의 지위가 향상되고 영토가 점차 확대되며 조건부로 왕실의 영지를 대규모로 분봉받았을 때 진나라에서는 군현제의 싹이 움트고 있었다. 상앙의 변법이 담고 있는 주요 내용은 서주의 정치모델에서 받은 영향을 없애는 것이었다. 그 결과 진나라는 전형적인 서주의 정치모델 단계를 밟지 않았으며 제후-대부-사로 구성되는 막강한 귀족 세력도 형성되지 않았다. 또한 종실이 왕족을 임명하여 나라를 다스리도록 하는 정치적 전통도 따르지 않았다. 당시에 이런 조치는 매우 중요한 정치적 진보였다. 이로써 진나라는 사회와 정치, 경제, 문화적으로 매우 우세했다.

서주의 정치모델이 지닌 두드러진 특징은 모든 문제를 종법제도로 포괄하여 종법의 원칙을 사회정치 생활의 각 영역과 차원에 관철시켰다는 점이다. 하지만 춘추전국시대에 일어난 대변혁의 흐름은 정치 및 경제제도에 대한 종법제도의 영향을 상대적으로 축소하려는 것이었으며 실제 정치 과정에서 종법 관념의 영향을 약화시키는 것이었다. 그러므로 춘추시대 이래로 서주의 문화는 문명 수준이 낙후된 문화로 전락했다. 진나라는 군권이 강력한 반면 봉군의 숫자는 많지 않았으며 윤리적인 정치가 발달하지 않은 몇 가지 특징이 있었는데 이는 시대의 영향으로 형성된 것이다. 진나라 문화에 중앙집권적인 경향이 있다기보다는 시대적인 사회정치적 변화가 진 문화에 새로운 특징을 부여했다고 하는 것이 옳을 것이다. 새로운 정치는 새로운 문화의 특징을 결정하며 이는 다른 제후국에서도 점차 발전하게 되었다. 단지 기존의 세력이 막강했기 때문에 후발 주자로서의 강점이 우세한 진나라만큼 개혁은 뚜렷하지 않았고 철저하지도 못했다. 진나라에는 종법제도라는 정치모델이 형성되지 않았기 때문에 기존의 전통 세력이 상대적으로 약했다. 그래서 새로운 제도가

빠르게 뿌리내릴 수 있었지만 새로운 제도는 곳곳에서 구舊제도와 충돌
하기 마련이었다. 사회 구조에 대한 개혁 역시 종법의 잣대에 따르는 도
덕을 개혁하기에 이르렀다.

효공의 변법과 후발국의 약진

　"상앙은 효공의 재상으로서 진나라의 제업帝業을 열어주었다."[64] 진나라가 일어나 오랜 세월 발전을 거듭하며 막강한 제후국이 될 수 있었던 기반은 진 효공 때부터 마련되기 시작했다. 효공은 상앙商鞅을 신뢰하여 여러 차례 변법을 시행했고 법치와 경전제耕戰制(일종의 농병일치제도)를 실시하여 부국강병을 꾀했다. 이로써 진나라는 짧은 시간에 전국시대의 최강국으로 도약할 수 있었다. 후세의 정론가와 사학자들은 상앙의 변법 덕분에 진나라가 제업의 기초를 마련했다고 평가한다. 진시황의 정치 모델 역시 여기에서 시작되었으며 '진시황 현상'을 전면적으로 이해하기 위해서는 반드시 상앙의 변법을 분석해야 한다.

　전국시대를 두고 "전쟁의 시대"라고 말한다. "천하가 전쟁으로 혼란한 세상이 되었으며"[65] 정치와 경제, 군사적으로 강한 '전국戰國'을 제각각 웅雄이라고 불렀다. 그들은 "문치를 폐하고 무력을 중시하며 용사를 후대했다. 그리고 투구와 갑옷을 깁고 무기를 날카롭게 하여 전쟁에서 이기기 위해 힘썼다."[66] 국가와 국가 사이의 전쟁이 끊이지 않았을 뿐만 아니라 전쟁의 규모가 갈수록 확대되었다. "오늘날 옛날의 수많은 제후국이 병합되어 전국칠웅으로 나뉘어졌다."[67] 한韓, 위魏, 조趙, 초楚, 연燕, 제齊, 진秦나라가 그들이다.

전쟁은 피비린내가 진동하게 했다. "땅을 빼앗으려던 전쟁으로 죽은 사람이 들판에 가득하고 성을 빼앗으려던 전쟁으로 죽은 사람이 성에 가득했다."[68] 사람들은 불가피한 전쟁에 적응하기 위해 정치, 경제, 문화, 외교적으로 변혁과 개혁, 혁신을 단행했다. 변혁의 당위성을 둘러싸고 각 제후국 내부에서는 정치적 주도권을 쟁취하기 위한 투쟁이 뜨겁게 펼쳐졌다. 변법이 추진되는 곳마다 포부가 원대한 강대국이 등장했고 대국 간의 흥망성쇠가 이뤄지면서 전쟁의 양상은 더욱 치열해졌다. 국가 간의 전쟁과 국가 내부의 정치투쟁이 복잡하게 뒤엉켰다. 전국의 역사는 바로 '전쟁爭'과 '변혁變'의 역사이다. 어느 제후국에서든 변혁을 주장하는 정치가가 정치투쟁에서 유리한 고지를 점했고 어느 국가든 개혁과 혁신적인 정치가 단행되었다. 이렇게 정치 및 경제적 개혁이 전면적이고 체계적이며 철저하게 실시되면 전쟁에서 훨씬 우세할 수 있었다.

전국시대에 각 제후국에서는 변법을 위한 움직임이 활발했다. 위나라 문후文候는 이회李悝를 등용하여 변법을 시행했고 한나라의 소후昭候는 신불해의 변법을 받아들였다. 제나라는 위왕威王이 추기騶忌를 등용하여 변법을 단행했으며 초나라 도왕悼王은 오기吳起의 변법을, 진 효공은 상앙의 변법을, 조 무령왕은 '호복기사胡服騎射'(오랑캐의 옷을 입고 말을 타면서 화살을 쏜다는 뜻으로 비효율적인 전통 방식에 얽매이지 않고 개혁하려는 자세를 의미함)를 단행하는 등 모두 당시로서는 널리 알려진 변법을 실행했다. 각 제후국의 변법 내용, 방향 및 목표는 모두 대동소이했다. 일단 개혁이 추진되면 제후국에는 새로운 기운이 나타났다. 이러한 역사적 현상은 과거와 현재의 대변혁을 보여준다. 각 제후국에서 실시된 정치적 혁신 가운데 진 효공과 상앙의 변법이 가장 전면적이고 체계적이며 철저했다. 진나라가 최후의 승자가 될 수 있었던 이유는 바로 여기에 있었다.

현명한 인재를 찾아 등용하다

진나라의 개혁은 헌공 때에 시작되었다. 여공厲公 이래로 진나라는 군주 계승을 포함한 여러 문제로 내분이 끊이지 않았다. 『사기』에서는 "진나라가 지난날 여러 차례 임금을 바꾸면서 군신관계가 혼란스러워졌다. 이때 진晉나라가 다시 강성해져 진나라의 하서 땅을 빼앗았다"[69]라고 기록하고 있다. 헌공은 즉위한 후 일부 개혁안을 실시하여 호적제도 정리, 상공업 장려, 순장제도 폐지 등 국내 정치를 바로잡았다. 그는 역양에 성을 쌓고 정치의 중심을 동쪽으로 옮겨갔다. 기원전 364년, 진나라는 석문石門에서 진晉나라와 싸워 수급 6만을 베었다. 기원전 362년에는 소량少梁에서 위魏나라 및 진晉나라와 싸워 위나라의 장수 공손좌公孫痤를 포로로 잡았다. 이로써 진나라는 패왕으로서의 위용을 다시 드러냈다.

기원전 361년, 효공이 왕의 자리에 올랐다. 그의 나이 21살 때였다. 당시의 정세를 살펴보면, "효공 원년, 황하와 효산 동쪽으로 강대국이 여섯 있었다. 효공은 제 위왕威王, 초 선왕宣王, 위 혜왕惠王, 연 도후悼侯, 한 애후哀侯, 조 성후成侯와 어깨를 나란히 했다. 회수淮水와 사수泗水 사이에는 작은 나라가 10여 개 있었다. 초와 위는 진과 국경을 접하고 있었다. 위는 장성長城을 쌓았으며 영토가 정현鄭縣에서부터 낙수를 따라 북쪽으로 상군上郡을 포함하는 크기였다. 초의 영토는 한중漢中에서부터 남쪽으로 파군巴郡과 검중黔中에까지 이르렀다. 주 왕실이 약해지자 제후들은 무력으로 정벌하고 투쟁하여 경쟁적으로 영토를 병합했다. 진은 외진 옹주에 떨어져 있어서 중원 지역 제후와 회맹에 참여하지 않았다. 그래서 이적夷狄처럼 대우를 받았다."[70] 이 기록은 이미 전국칠웅의 패권 경쟁 국면이 형성되었음을 보여준다. 이때의 초나라는 전통적으로 우세한 지위와 첫손에 꼽히는 광활한 영토에 기대어 매우 강대해졌다. 위나라 역시 이회李悝의 변법을 실시한 이후 전국시대의 최강국으로 도약하여 사방으로 영토 확장을 적극 꾀하였다. 그리하여 진나라를 위협하는 주요한 제후국으로 부상했다. 진나라는 남쪽으로는 초나라, 동쪽으로는 위나라의 경계를 받는 한편 중원 제후국으로부터 경시를 당해 강대국 간의 경쟁 국면에서 불리한 위치에 있었다.

효공은 헌공의 유업을 계승하여 나라에 명을 내렸다. "옛날 우리 목공께서는 기산과 옹읍 사이에서 덕을 닦으시고 무예를 펼쳐서 동쪽으로는 진晉나라의 난을 평정하고 황하를 경계로 삼았으며 서쪽으로는 융적을 재패하여 영토를 1000리나 넓히셨다. 이에 천자가 작위를 내리니 제후들이 모두 축하하였다. 후세를 위해 대업을 여시니 매우 빛나고 아름다웠다. 과거의 여공厲公, 조공躁公, 간공簡公, 출자出子 등이 통치할 때에는 나라가 편안하지 않았다. 나라에 근심이 있어서 미처 바깥일을 돌볼 틈이 없었다. 이를 틈타 삼진三晉이 우리 선왕의 하서 땅을 빼앗았고 제후들은 진나라를 낮추보니 부끄럽기가 이보다 더 큰 것이 없었다. 헌공께서 즉위한 후 변방 지역을 진압하고 약양으로 도읍을 옮겨서 다스렸다. 또한 동쪽으로 정벌하여 목공 때의 옛 땅을 회복하고 목공의 정치 강령을 재정비했다. 나는 선왕의 뜻을 되새겨 생각할 때마다 마음이 아팠다. 빈객과 여러 신하 중에서 진나라를 강성하게 해줄 뛰어난 책략을 내는 사람이 있다면 나 또한 관직을 높여주고 그에게 봉토를 나누어줄 것이다."[71]

위앙衛鞅(상앙商鞅)은 효공이 인재를 구하라는 명을 내렸다는 소식을 듣고 서쪽 진나라로 갔다. 그는 효공의 측근인 경감景監의 소개로 효공을 알현할 수 있었다. 이때 상앙과 효공의 만남은 춘추전국의 역사에 큰 획을 긋는 사건이었다. 효공이 상앙의 제도 개혁안을 받아들임으로써 진나라 정치의 규모와 발전 방향의 기초가 다져졌다.

상앙을 등용하여 변법을 시행하다

상앙(?~기원전 338)의 성은 공손公孫씨이고 이름은 앙鞅이며 위앙衛鞅이라고도 불렸다. 효공은 위앙에게 상어商於의 작위를 내렸기 때문에 호號가 상군商君이 됐고 상앙이라고 불렸다. 상앙은 위나라의 공족 출신으로 '젊어서부터 법가의 학문을 좋아했고' 위나라 재상인 공숙좌의 가신이 되기도 했다. 그는 "비록 나이는 어리지만 재능이 뛰어났다."[72] 공숙좌가 임종 직전에 상앙을 위나라의 재상으로 추천했지만 혜왕은 받아들이지 않았다. 그 결과 위나라의 인재가 진나라로 옮겨가게 되었다. 상앙은 먹을 것이 충분하고 군사가 넉넉해야 된다는 공자의 학문과 법가의 경전耕戰(평소에는 농사를 짓고 유사시에는 전쟁에 나감)을 하나씩 정치에 옮겨갔다. 문헌을 살펴보면 상앙은 세계 최초로 국가 및 법치 이론을 체계적으로 제기한 사상가였다. 그는 이론가일 뿐만 아니라 실천가이기도 했다. 그는 법가의 정치사상을 매우 성숙한 이론체계로 발전시켰고 효공의 변법을 보좌하여 역사에 이름을 남겼다. 선진시대의 제자諸子 가운데 사회에 가장 큰 영향을 끼쳤다고 할 수 있다.

상앙은 효공을 세 번 알현했다. 첫 번째 만남에서 상앙은 나라를 다스리는 제도帝道(전설의 오제五帝가 나라를 다스린 이치)에 대해 매우 오랫동안 이야기를 나누었다. 그런데 효공은 때때로 졸며 잘 듣지 않았다. 두 번째 알현에서 상앙은 왕도王道(우왕, 탕왕, 문왕, 무왕이 천하를 통일한 이치)를 설명했지만 효공의 반응은 시큰둥했다. 세 번째 자리에서 상앙은 '패도覇道'에 대해 상세하게 이야기했다. 그제야 효공은 '무릎이 자리를 벗어나 앞으로 나오는 것도 알지 못할 정도로'[73] 큰 관심을 보였다. 효공은 상앙의 "부국강병을 위한 책략"을 극구 칭찬했다. 상앙과 효공은 여러 차례 대화를 나눴지만 "여러 날 동안 말을 주고받아도 싫증이 나지 않았다."[74] 여기에서 『상군서商君書』는 '왕도王道'로써 법치와 경전 사상을 포괄했음을 지적하지 않을 수 없다.

효공의 신임을 얻게 되자 상앙은 '역례易禮'와 '변법變法'을 준비했다. 그는 "세상을 다스리는 데는 한 가지 길만 있는 것이 아니며 국가를 편안히 하는 데 굳이 옛 법을 본받을 필요가 없다"[75]고 생각했다. 그리고 "시대의 흐름에 맞게 법을 세우고 시대와 상황에 따라 예를 제정한다"[76]고 주장했다. 이러한 생각은 논쟁을 비껴갈 수 없었다. 귀족들이 변법에 반대하여 "옛것을 본받으면 허물이 없으며 예법을 따르면 사악함이 없다"고 주장하자 상앙은 역사의 사실을 거론하며 "하·은·주 3대는 예악제도가 서로 다르지만 왕 노릇을 했으며 오백五伯(춘추오패)은 종법제도가 서로 달랐지만 천하의 우두머리가 되었다"고 주장했다.

"은나라 탕왕과 주나라 무왕은 옛 법을 따르지 않았지만 왕이 되었으며 하나라 걸왕과 은나라 주왕은 예법을 바꾸지 않았지만 멸망했다."[77] 상앙은 이러한 경험적 교훈도 받아들일 만하며 '변법'의 수단과 목적을 '치국治' '부국富' '강국强' '왕도王'로 개괄했다. '치국'의 핵심은 법으로 나라를 다스리는 것이며 '부국'의 핵심은 농경으로 나라를 부유하게 하는 것이다. 그리고 '강국'의 핵심은 전쟁으로 강대국을 만드는 것이며 '왕도'는 천하의 왕이 되는 것을 말한다. 여기에서 치국, 부국, 강국은 상호작용을 하며 법으로써 나라를 다스리는 것이 관건이었다. 나라를 다스리는 일은 법 제정과 법치가 전제되어야 하므로 변법이 요구되었다. 효공은 상앙의 의견에 동의하여 변법을 통해 부국강병을 꾀하기로 결심했다.

상앙은 제도와 법률의 개혁에서 시작하여 새로운 정치를 적극 실시했다. 그는 변법을 두 차례 추진했다. 기원전 356년 효공은 상앙을 좌서장左庶長으로 임명하고 '새로운 법을 정하도록 했다.'

첫 번째 변법에서는 율령을 공포했다. 법치를 추진하고 경전耕戰을 장려하여 부국강병을 달성하는 것이었다. 새로운 법이 시행된 지 3년이 지나자 진나라 백성들이 새 법을 편하게 여겼다. 상앙 역시 공적을 인정받아 대량조大良造에 오르게 되었다. 기원전 350년, 두 번째 변법을 추진했다. 이번 변법은 제도 정비에 중점을 두었다. 현제縣制를 정비하고 정전제를 폐지하였으며 부세賦稅제도를 개혁했다. 또한 도량형을 통일하고 낡은 풍속을 없앴다. 이렇게 그는 정치, 경제, 문화 등 각 방면에 걸쳐서 제도 개혁을 단행했다. 상앙은 춘추시대 이래로 각종 개혁에서 얻은 경험을 체계적으로 정리하여 개혁 조치를 종합적으로 실시했다. 전쟁에서 세운 무공을 치하했지만 사사로이 싸움을 일삼는 자에게는 벌을 주었다. 그리고 부역과 부세를 개혁하여 군비를 확충하고 염철鹽鐵을 전매하여 국고를 늘렸다. 상앙의 개혁 조치는 빠르게 정착했다.

"법령이 바뀌면 이로움과 해로움이 바뀐다."[78] 개혁은 각종 사회관계와 이해관계, 사회적 관념에 큰 변화를 일으키며 상층 사회의 이익에 저촉되어 기득권 세력의 저항에 부딪히게 된다. 당시 '진나라 백성 가운데 도성까지 올라와 새 법령이 불편하다고 호소한 자가 1000명을 헤아릴 정도였다.' 수많은 종실 귀족, 세습 대신들도 공공연하게 새 법령에 저항했다. 그러나 상앙은 조금도 동요하지 않고 무력으로 비방하거나 반대하거나 또는 법령을 어긴 사람들을 잔혹하게 진압했다. 효공의 전폭적인 지원 아래 새 법령은 관철되었고 "진나라 사람들은 모두 새 법령을 지켰다."[79] 새 법령은 국가의 통일과 안정, 부국강병에 유리했고 중하층 백성의 사회적 지위가 상대적으로 제고되었다. 그리고 경제적 이익이 상대적으로 증대되어 "백성이 괴로워하는" 단계에서 "백성이 편하게 여기는"[80] 경지로 바뀌었다. 그러자 사람들은 새로운 법령을 옹호하기 시작했다.

상앙의 변법은 먼저 내정에서 효력을 발휘했다. "법령이 시행된 지 10년이 되자, 진나라 백성들은 매우 좋아했고 길에 물건이 떨어져 있어도 줍지 않았으며 산에는 도적이 없고 집집마다 풍족했다. 백성은 나라를 위한 싸움에 용감하게 나섰고 사사로운 싸움에는 겁을 먹었다. 도시나 시골 모두 잘 다스려졌다."[81] 내정이 편안하면 나라가 부유해지고 나라가 부유해지면 군대가 강해지며 병사들이 강해지면 전쟁에서 승리한다. 진나라는 대외 전쟁에서, 특히 적국인 위나라와의 전쟁에서 여러 번 승리를 거뒀다. 진나라는 빠르게 약진했고 "군비가 강화되어 제후들이 모두 두려워하는"[82] 강대국으로 성장했다.

효공 대에 이르러 동쪽의 각 제후국들은 서부에서 약진하는 강대국 진나라를 경외하게 되었다. 강대국의 대열에서 진나라의 변화를 잘 보여주는 역사적 사건이 세 가지 있다. 첫 번째는 기원전 344년, 진나라는 공자 소관少官에게 군대를 이끌고 봉택逢澤 회맹에 참가하도록 했다. 이때 진나라의 외교적 위상이 크게 변화했다. 두 번째는 기원전 342년, '주나라 천자가 제육을 효공에게 보내니 제후들이 모두 축하해주었고'[83] 진나라의 패권적 지위를 인정했다. 세 번째는 기원전 340년, 효공은 상앙을 장수로 삼아 위나라를 치게 했다. 상앙은 위나라의 공자인 앙ᅟ을 포로로 잡아 위나라 군대를 물리치려고 했다. "위나라 혜왕은 제나라와 진나라에 여러 차례 패배하여 나라 안이 텅 비고 나날이 땅이 줄어들자 황하 서쪽 땅을 진나라에게 바치고 강화를 맺었다."[84] 진나라에 가장 위협적이었던 위나라가 최강의 자리에서 추락했다. 이로써 진나라와 위나라 양국의 공격과 방어 태세가 역전되었다.

법에 따라 다스리고 중앙집권 시행

변법을 두 차례 시행하면서 진나라의 정치제도와 그에 상응하는 정치이념이 크게 변화했다. 정치·사회 구조, 경제·문화적 구조가 전면적으로 바뀌었다. 이때 중앙집권적인 정치제도가 공식적으로 확립되었다. 그것은 다음과 같은 특징이 있다.

첫째, 중앙집권의 강화를 핵심으로 정치체계를 전면적으로 혁신했다.

기원전 356년, 진나라는 세경세록世卿世祿제도를 철폐하기 위해 개혁조치를 실시하고 그를 토대로 기원전 350년에 현제를 시행해 그에 상응하는 관료 제도를 마련했다. "작은 향과 읍, 취락을 모아 현을 만들고 현령인 현승을 두었다. 이러한 현이 모두 31개 있었다."[85] 현령縣令은 현의 우두머리이고 현승縣丞은 민정을 주관했다. 현의 아래에는 향鄕과 읍邑을 두었다. 또한 거주하는 백성을 대상으로 '다섯 집을 1보保로 묶고 10보를 연계하는' 십오연좌제를 시행했다. 이 제도의 목적은 지방의 중요한 권력을 중앙 조정으로 집중시키기 위함이었다. 지방에 일괄적인 제도를 시행하여 "100개의 현이 한 가지 제도로 다스려졌으며"[86] 관리라고 해도 임의로 제도를 바꾸거나 허위 조작할 수 없었다. 이러한 개혁은 진나라의 중앙집권 체제가 확립되었음을 의미한다. 중앙집권은 새로운 통치체계의 핵심을 이루는 제도이다. 그리고 중앙집권제도와 상응하고 보완하는 제도도 차례로 생겨났다.

둘째, 경제 발전을 목표로 토지제도와 부역제도를 개혁하여 사회와 경제의 관계를 바꾸어갔다.

기원전 356년, 진나라는 황무지 개간과 경직耕織(농사와 베짜기)을 장려하는 법령을 시행하여 가족 중심의 소농경제를 키워갔다. 백성들이 새로운 개혁에 어느 정도 적응하자 가족 중심의 소농경제는 진나라의 주요 경제 단위로 자리잡았고, 이러한 경제 모델과 상응하는 가속 단위는 전제적인 중앙집권적 정치제도에서 가장 훌륭한 기초가 되었다.

기원전 350년, 진나라는 "농지를 정리하여 경지 사이의 가로와 세로 경계를 터서 농사를 짓게 하고 부세를 공평하게 부과했다."[87] 비록 여전히 '한 장정에게 100무畝의 땅을 주는' 제도가 시행되긴 했지만 1무가 100걸음이었던 것을 240걸음으로 바꾸어 한 가정의 경작 면적을 확대했다. 2년 후, 부역제도를 개혁하여 호구 및 인구에 따라 군부軍賦(군사상의 세금이나 부역)를 부과했다. 국가 법령의 형식으로 정전제를 폐지하고 수전제授田制를 실시하여 국가가 직접 부세를 징수했다. 『상군서』「간령墾令」에 따르면, 상앙은 경제 분야의 개혁 정책을 차례로 실시했다. 예컨대 농업 조세 징수법은 어느 정도 백성의 조세 부담을 경감시켜주었고 귀족의 요역 감면 조건을 강화했다. 그리고 호구에 따라 상인을 징집해 요역을 내게 하는 등 요역 징집 원칙을 널리 시행했고 중농억상을 실시하여 농민이 상업에 종사하는 것을 금지하며 상품세를 부과하여 술과 고기 등 상품에 대한 세율을 올렸다. 또한 관리는 '견문을 넓히거나 지혜에 대해 이야기 하는 것, 한가하게 집에 있는 일'[88]을 엄격하게 금지하여 농민이 경작에 종사하도록 도와주었다. 또한 상앙은 관리의 통치를 강화하여 '관리 중에 탐관오리가 있어서는 안 되며' 혹은 '탐관오리가 백성에게 사적인 이익을 취하지 않도록 하여' 백성의 이익이 침해받지 않도록 엄격하게 막았다. 운몽 출토 진나라 죽간의 기록을 살펴보면 이러한 정책의 원칙이 진나라에 엄격하게 관철되었음을 알 수 있다.

이러한 개혁의 목적은 농업을 장려해서 나라를 부강하게 만드는 것이었다. 또한 역사 발전의 각도에서 볼 때 경제를 혁신하는 의의가 있었다. 토지의 점유와 사용 그리고 모든 관계에 대변화가 일어나면서 생산관계에 지각변동이 생기고 생산력이 발전하게 되었다. 학자들은 춘추전국시대에 나타난 사회 변혁의 성격을 두고 여러 의견을 제기했다. 이를테면 노예제 사회에서 봉건제 사회로 전환되었다고 하는 이가 있는가 하면 봉건적 생산관계 자체의 단계적 변화라고 보는 사람, 노예 생산관계의 단계적 변화라고 보는 사람도 있으며, 다른 개념으로 춘추전국시대를 분석하려고 한 학자도 있었다. 그러나 서주시대와 비교해볼 때 전국시대에 우세한 지위를 차지했던 경제관계 가운데 신분의 자유가 어느 정도 향상되었음은 논쟁의 여지가 없을 것이다. 이는 문명의 수준이 제고되었다는 것을 보여주는 지표 중 하나이다. 경제관계의 대수술과 가족 중심적인 소농경제의 발전으로 백성의 사회적 지위가 개선되었고 많은 백성이 농업 생산에 적극적이었다. 이는 국가 세수 증대로 이어졌으며 군주제도의 중앙집권 체제에 가장 탄탄한 경제 기반을 마련해주었다.

셋째, 세경세록제도를 폐지하고 경전을 장려하기 위해 '역례'와 '변법'으로 새로운 정치 등급제도와 관련한 예의제도를 수립했다.

전쟁에서 무공을 세운 사람을 대접해주고 사사로운 싸움을 금지하기 위해 진나라는 전공에 따라 작위를 내리는 제도를 시행했다. 『한서』에 따르면, "적의 수급을 하나 가져오면 작이 한 단계 올라가고 50석의 관리가 되었다."[89] 새로운 등급제도의 기본 취지는 기존의 등급제도와 마찬가지로 신분상의 존비와 작위, 봉록의 등급을 분명히 하여 군신의 상하 예속관계를 유지하는 것이었다. 그러나 두 등급제도는 분명히 다르다. 가장 중요한 차이점은 첫째, 각 정치 등급의 명목과 특권을 개혁하여 10등급(또는 18등급) 작위제도를 시행했고 둘째, 정치 등급을 확정하는 표준이 달랐다. 새로운 등급제도는 무공으로 등급을 확정하는 표준으로 삼았다. 작위 및 그에 상응하는 관직의 승급은 무공의 크기에 따라 정해졌으며 각종 정치, 경제, 법률, 사회적 특권 역시 작위에 따라 정해졌다. 신법에 따르면, 관리를 임명하는 데 종실이라고 해도 무공이 없으면 종실의 특권을 누릴 수도 없으며 작위의 품계도 없었다. 즉 '종실이라도 군공이 있고 없음으로 따지고 속한 신분으로 논할 수 없었다.'[90] 각 등급의 작위는 그에 상응하는 특권과 예의 규범이 정해져 있어서 '각각 등급에 따라 토지를 점유하였고 노예와 의복도 그러하였다.' 만일 이러한 규정을 위반한 자리면 법령에 따라 처벌을 받았다. 말하자면 "무공을 세운 사람은 영예를 누리지만 무공을 세우지 못한 사람은 부유해도 누릴 수 없었다."[91]

이러한 개혁의 목표는 "봉록과 상을 받는 유일한 길은 경전에 종사하는 것"[92]이라는 점을 구현하는 데 있다. 즉 각종 정치 수단으로 백성이 작위와 봉록, 부귀영화를 획득할 수 있는 방법은 바로 국가와 군주에게 무공을 세우는 것이며 무공을 세우는 주요한 수단은 바로 '경전'이었다. 경전으로 백성은 적극적으로 전쟁에 나갔으며 그 결과 진나라 군대는

진시황평전

142

'매우 용맹한 군대虎狼之師'로 빠르게 성장하게 되었다. 또한 현명한 인재가 관리가 되고 능력 있는 사람이 두각을 나타내어 결과적으로 세경세록제도가 와해되고 새로운 관료제도가 발전하게 되었다. 이러한 개혁은 등급제도의 관점에서 볼 때 새로운 통치체계에 필요한 핵심 제도를 정비한 것이었다. 새로운 등급제도는 유동성이 매우 커서 통치 기반을 확대하는 데 유리하게 작용했다.

새로운 정치 등급제도의 중요한 역사적 의의는 새로운 동력이 되는 계층을 조성한 데에 있다. 무공에 따라 작위를 부여하는 제도를 시행하면서 관료와 작위를 가진 자와 땅을 가진 지주를 통합한 새로운 사회적 역할이 생겨났으며 그들의 자녀는 다양한 형태의 토지 소유자로 분화했다. 이는 군주, 귀족, 고급 관리, 대지주와 대상공인 등 상층 사회계층의 아래에 중하급 관리, 중하급 작위, 중소 지주 및 중소 상공인 등 사회의 주축을 이루는 중간계층으로 형성되었다. 당시에 이런 신흥계층의 인구수는 상당했으며 계속 증가했다. 춘추전국시대의 역사를 살펴보면, 이들 계층은 그 당시 가장 활력이 넘쳤고 당시의 문명 수준을 발전시키는 원동력이었음을 알 수 있다.

넷째, 새로운 정치 및 경제제도를 실시하고 유지하기 위해 강제적인 수단으로 가족제도를 개혁했다.

상앙의 변법은 강제적인 수단으로 대가족 제도를 철폐하고 일부일처의 핵가족을 가족 단위이자 부역 단위로 규정했다. 법령에 따르면, 남자가 성년이 되면 반드시 혼인하여 가정을 이루어야 했다. 즉 "한집에 성년 남자가 두 명 이상이면서도 분가하지 않으면 부세를 두 배로 부과했다."[93]

이러한 개혁의 본뜻은 세대 수를 늘려 생산력을 높이고 부세 징수를 늘리기 위함이었다. 일부일처 중심의 소가족은 황무지를 개간하여 생산력 발전과 더불어 조세와 부역을 늘리는 데 크게 작용했다. "진나라 사람은 집안이 풍족한 아들이 장성하면 분가하고 집안이 가난한 아들이 장성하면 데릴사위로 갔다."[94] 역사 발전의 관점에서 볼 때, 이러한 개혁은 가족제도를 개혁하는 데 의의가 있다. 이 제도는 부부가 중심이 되는 소농경제 형식의 발전을 촉진했다. 핵가족의 증대는 문명 수준이 향상되었음을 보여주는 중요한 지표 중 하나이다.

다섯째, 국가 법령으로 도량형을 통일하여 국가의 통일 과정을 진척시켰다.

상앙의 개혁에서 중요한 조치 가운데 하나가 바로 도량형 통일이다. 즉 "곡식의 양을 재는 두통斗桶, 무게를 재는 권형權衡, 길이를 재는 장척丈尺을 통일했다."[95] 기원전 344년에 시행된 '상앙 방승商鞅方升'(전국시대 진나라의 표준 도량형기. 상앙이 규정한 표준과 도량형을 기준으로 만들었으므로 상앙방승이라 하였다)은 개혁의 실증이다. 이 개혁은 부세제도의 통일, 재정정책 강화, 새로운 봉록제도 추진, 상업 유통의 활성화에 어느 정도 작용했다. 또한 상앙 방승은 국가 권력의 상징으로 국가의 통일을 강화하는 데도 기여했다.

여섯째, 사상을 통일하고 백성의 풍습을 개선했고 권력에 의지하여 새로운 통치체계에 필요한 문화를 뿌리내리려고 했다.

상앙은 국가 법령의 권위를 강화하고 개혁의 성과를 보호하기 위해 실천한 자에게 상벌을 분명히 내리고 법률과 기율을 엄격히 정했다. 그리고 유세를 엄금했으며 신법을 시행하는 데 방해가 되는 기존 세력은 철저하게 탄압했다. 상앙은 또한 낙후된 풍속을 없애버렸다. 예컨대 법령으로 "백성에게 부자 또는 형제가 한집에 사는 것을 금지하는 영令을 내려"[96]

이들이 한집에 사는 것을 엄격히 금했다. 새로운 관념과 새로운 풍속을 정착시키는 것은 기득권 세력을 제거하고 새로운 통치체계를 세우는 데 유리했다.

일곱째, 법제를 정비하고 법치를 시행하며 규범화된 정치운영체계를 수립했다.

규범화된 정치운영체계를 세우는 일, 특히 각 개혁 조치를 제도화하고 법제화한 것이 상앙의 변법에서 가장 부각되는 특징이다. 상앙이 진나라에 올 때 위나라 재상인 이회가 제정한 『법경法經』을 가지고 있었다. 『법경』은 중앙집권 체제에 상응하는 최초의 체계적인 법전이었다. 상앙이 법을 율로 바꾼 것은 진나라의 현실에 맞게 수정한 것일 수 있다. 훗날 진나라와 한漢나라의 법전은 이 법전을 토대로 점진적으로 확대, 보충한 것이다. 법전 이외에도 진나라에는 정령政令 등의 법률 형식이 있었다. 상앙의 변법에 있는 주요 내용은 법전과 정령에 포함되어 있으며 법률 형식으로 관철되었다. 예를 들면, 십오제와 관련하여 연좌와 '고발告奸'에 관한 법령이 있으며 만일 호적 등기에 은닉하거나 사실과 다른 자는 본인뿐만 아니라 향관鄕官과 동오同伍 모두 형사 책임을 져야 한다고 규정했다. 경전을 장려하기 위해 법률에서 상벌 조치를 규정하여 "상을 믿을 수 있도록 베풀거나" 또는 "강력한 형벌로 통제"[97]했다. 또한 국가적으로 도량형 표준을 시행하기 위해 법률에서 "보(넓이에 해당하는 도량형, 주대에는 8척이 1보였고 진대에는 6척이 1보였다)가 6척이 넘을 경우 벌에 처한다"[98]고 규정했다. 새로운 토지제도와 관련하여 법률에 타인의 토지 권리를 침해하는 행위를 엄격히 금지한다고 정했으며 낙후된 풍습을 고치기 위해 재를 길에 버리는 것 등을 금지했다.

법치와 "이형거형以刑去刑"(형벌로 형벌을 막는 것)[99]을 주장한 상앙은 법제 정비 측면에서 많은 기여를 했다. 중벌주의를 주장한 상앙이 제정한 법률은 가벼운 죄에 대해서는 중벌을 내리는 폐단이 있었지만 당시의 역사적 배경에서 볼 때 큰 효과를 거두었다. "법이 크게 쓰여 진나라 사람들이 다스려졌고"[100] "길에 물건이 떨어져 있어도 주워가지 않았으며 백성들은 재물을 함부로 쓰지 않아 병력이 매우 강해졌다"[101]라고 했다. 그렇기 때문에 상앙의 변법은 전국시대 여러 제후들의 마음을 사로잡았다.

여덟째, 도성을 함양咸陽(시안시 서북쪽)으로 옮겼다.

효공은 구습에서 벗어나 새로운 정치를 펼치고 중원을 쟁탈하기 위해 함양으로 천도했다. 상앙은 중원 제후국의 도성을 모방하여 도시를 건설하고 궁전을 지었다. 그리고 궁궐 밖에는 기궐冀闕(고대 궁궐 밖의 대문과 망루)을 세워 교령敎令을 걸어두었다.

상앙은 '통일화作一'를 가장 중시했다. 즉 제도, 법령, 사상, 이익을 취하는 방법利途 등을 통일했다. 그는 규범화된 정치 수단, 제도화된 정치 수단, 법률로 규정된 정치 수단을 중시하여 '왕 노릇을 하는 것王道'이란 한마디로 "몸소 규범을 세울 따름이었다"[102]라고 했다. 임금이 '통일화'에 힘쓰면 '저절로 다스려'지고 백성이 자발적으로 법에 따라 일을 하게 되면 정치는 최고의 경지에 오르게 된다. 즉 "도가 있는 나라는 잘 다스려져 임금의 말을 듣지 않아도 되고 백성들은 관리를 따르지 않아도 된다."[103] 당시에 제도를 중시하고 법률에 의거하여 규범을 운영하는 통치 형태는 매우 혁신적인 것이었기 때문에 상주商周시대에 비하면 훨씬 효율적이었다.

상앙의 변법을 들여다 보면 진 효공 때, '제업帝業'과 관련한 '제제帝制'는 이미 초기 형태의 내용을 갖추고 있었다. 진나라가 전국시대 제후국 사이에서 패주의 자리에 올라섰고 진시황이 통일의 대업을 이룩한 것은 이

'제제帝制'의 힘이 컸으며 진시황이 확립한 황제제도와 선대가 처음 세운 제도 모두 동일한 통치모델로서 매우 유사했다.

'예禮'를 바꾸고 '법法'을 개혁하는 것은 주로 정치제도와 책략을 포함한 정치 '예법禮法'을 개혁하는 것이었다. 전국시대에 각 제후국의 변법과 비교해볼 때, 상앙의 변법은 전면적이고 체계적이며 철저했다. 다음의 몇 가지에서 특히 더 두드러진다. 첫째, 개혁은 국부적이거나 어느 한 분야에만 치중한 것이 아니었다. 정치와 군사에만 적용된 것이 아니라 정치, 경제, 군사, 법률, 도덕, 문화 등 각 방면에 두루 걸쳐 개혁이 단행되었다. 특히 경제 기반, 관직의 등급제도 및 문화 풍속을 개혁하는 것에서 시작하여 새로운 정치체제를 위해 실질적인 사회 기반을 구축하였다. 그 결과, 사회와 정치 생활 전반에 전방위적인 대변화가 일어났다. 둘째, 각 개혁 조치는 강력한 상관성을 지녔다. 중앙집권과 부국강병이라는 핵심 목표를 위해 체계적인 제도와 책략, 정책을 수립했다. 셋째, 각각의 중요한 개혁 조치는 기본적으로 제도화되고 법제화되었다. 예컨대 경전耕戰을 보면 관련 개혁 조치는 정책 차원에만 머물러 있는 것이 아니라 법률제도, 관료제도, 등급제도, 토지제도, 가족제도 등 각 측면에 모두 규범이 있었다. 넷째, 의식적이든 무의식적이든 각급의 관리와 작위가 있는 자, 땅을 가진 자를 주축으로 한 역동적인 사회계층을 끊임없이 증대시켰다. 신구 사회 구조가 세대 교체하는 과정에서 역동적인 사회계층의 생성과 변화는 매우 중요하다. 이는 중앙집권적 정치제도가 확립되는 데 매우 유리하게 작용했으며 새로운 제도를 정착시키는 데도 힘을 주었다.

상앙의 변법은 개혁을 되돌릴 수 없도록 한 근본적인 원인이 있었는데 몇 가지 문화적 요인을 찾아보면 다음과 같다. 각 개혁 조치 및 커다란 개혁 효과로 통치 집단의 정치적 이념과 나라를 다스리는 책략, 정치에 대한 백성들의 생각과 태도 그리고 사회 풍속에 큰 변화의 바람이 불었다. 또 새로운 정치 이념과 법률 관념, 도덕이 사회 각 계층에 널리 퍼져나가 새로운 풍습이 자리잡게 되었다. 중요한 개혁 조치는 고도로 제도화되고 법률로 규정되어 있어 '사람이 있으면 정치가 있고 현인이 세상을 떠나면 나라가 망하는'[104] 형국이 되지는 않았다. 규범화된 정치운영 체제의 실현 가능성과 효율성은 후대에도 역시 매력적으로 보였다. 백문이 불여일견이듯, 개혁의 거대한 성과는 사람들에게 상앙을 비롯한 법가학파의 정치적 주장이 진취적이고 실효성이 매우 컸음을 증명했다. 현실에 직면한 정치인이라면 이렇게 효율적인 통치 수단을 무시하고 새롭게 시작하는 일은 없었을 것이다.

효공과 상앙의 변법은 진나라에 매우 중요한 정치적 유산을 남겨주었다. 두 사람의 변법으로 진나라는 제후 열강에서 최강대국으로 자리매김하게 되었으며 진나라의 '왕업'과 '제업'을 달성하는 데 탄탄한 기반을 마련하였다.

왕王에서 제帝까지 호칭의 발전

기원전 338년, 진 효공이 사망하고 혜문군惠文君이 즉위하였다. 얼마 후 혜문군과 그의 측근이 원한을 갚고 권력을 빼앗기 위해 상앙을 잔인하게 죽여버렸다. 상앙은 거열형으로 죽고 그의 집안사람도 모두 멸족되었다. 그러나 상앙이 만든 "진나라의 법은 여전히 유효했다."[105] 그 후 진나라는 통치자에 대한 호칭을 '왕'으로 바꾸었고 천하를 통일하는 원대한 발걸음을 내디뎠다.

혜문군, 혜문왕이 되다

혜문왕(혜문군) 영사는 진나라 최초로 왕이라 불렸던 군주이다. 그는 진나라 2대 '법치' 군주였다. 혜문왕은 상앙을 죽였지만 그 변법은 그대로 유지하며 법치와 경전에 힘썼다. '사람이 있으면 정치가 있고 현인이 세상을 떠나면 나라가 망하는' 시대에 매우 의미 있는 일이었다. 혜문왕의 결정은 진나라 법치제도의 정비와 법치의 전통을 세우는 데 결정적으로 작용했다.

혜문왕은 '연횡連橫'으로 '합종合從'을 무력화하는 외교 전략을 펼치면서 삼진三晉을 병합하고 초나라를 침략하는 등 여러 차례 제후국 연합을 물리쳐갔다. 혜문왕 때, 국력이 크게 신장된 진나라는 파·촉巴蜀 두 나라를 멸망시켰고 한중漢中 지역을 차지함으로써 영토를 대폭 확대했다. 기원전 316년, 혜문왕은 사마조司馬錯의 책략을 받아들여 파·촉 양국이 서로 앙숙관계인 것을 이용하여 출병했다. 그리고 촉을 멸망시킨 다음 연이어 파를 멸망시켜 파군巴郡을 설치했다. 기원전 312년, 진군은 단양丹陽 전투에서 초군을 크게 물리쳐 장수 굴개屈丏를 포로로 잡고 수급 8만을 베었다. 또한 초나라의 한중을 공격하여 땅 600리를 빼앗고 한중군을 설치했다. 이로써 진나라는 관중 지역과 파촉 지역 두 '천부지국天府之國'을 점령했고 황하, 장강 중상류 유역을 제패하여 더욱 부강해졌다. 그뿐 아니라 전략적으로도 매우 우세해졌다.

혜문왕의 재위 시기에 가장 중요한 정치적 현상은 각 제후국도 잇달아 왕이라고 자칭하기 시작했다는 것이다. 초나라의 통치자는 이미 춘추시대에 왕이라고 불렸다. 위 혜왕은 전국시대에 공식적으로 왕이라고 호칭한 첫 제후국 군주였다. 기원전 344년, 위왕은 봉택회맹[106]을 주관했다. 위 혜왕은 교만하여 가장 먼저 자신을 왕이라 호칭했다. 그는 "큰 수레를 타고 왕이라 부르도록 했으며"[107] 궁실이나 의복, 의장儀仗 등은 모두 천자의 제도를 사용했다. 기원전 334년, 위 혜왕과 제 위왕은 서주徐州(산둥성 등현 동남)에서 회맹하고 서로 '왕'이라 불렀다. 기원전 325년, 갈수록 강성해진 진도 위와 제에 이어 왕이라고 불렀으며 한韓과 정鄭 역시 왕으로 불렸다. 기원전 323년, 위, 한, 조, 연, 중산국 등 5개 제후국이 합종하여 진나라를 공격할 때 서로 '왕'으로 호칭하며 존중했다. 훗날 위衛와 송 역시 왕이라 불렀다. 상주시대에 왕은 최고 통치자를 부르는 호칭이었다. 왕이라고 불리는 세태는 각 제후국이 더 이상 주나라 천자를 천하공주로 존중하지 않게 되었음을 의미한다. 전국시대의 각 제후국은 형식과 내용 모두 명실상부한 독립 국가로 변모했다. 이때부터 각 제후국 간의 전쟁은 사실상 통일전쟁의 범주에 속했다.

제후국들이 잇달아 왕으로 호칭한 현상은 '제帝'로 호칭하는 단계로 옮겨가는 수순이다. 칭왕이 흔해지자 호칭의 가치는 자연히 떨어졌다. 혜문왕 때 진왕을 제왕으로 호칭하도록 추천하는 사람이 등장했다. 소진蘇秦이 처음 연횡連橫을 시도할 목적으로 진왕에게 유세를 했다. 그가 혜문왕에게 말했다. "대왕의 나라는 서쪽으로는 파·촉 그리고 한중에서 우세한 지역에 있으며 북쪽으로는 호胡 지역의 담비 가죽과 대代 지역의 말을 이용할 수 있습니다. 남쪽으로는 무산巫山과 검중黔中이라는 험준한 요새가 있으며 동쪽으로는 효산과 함곡관이라는 요새가 있습니다. 또한 땅이 비옥하여 백성이 풍족하게 지내고 전쟁에 쓰이는 수레가 1만 승, 정예병이 100만입니다. 그뿐 아니라 기름진 들판이 끝없이 펼쳐져 있으며 비축한 물건이 많고 지세와 지형이 모두 유리하여 이곳이야말로 하늘이 내려준 창고이자 천하의 강국입니다. 대왕께서는 현명하시고 따르는 백성도 많습니다. 게다가 수레와 말을 잘 이용하고 병법을 익혀서 제후를 정벌하고 천하를 병합하여 제왕이 되실 수 있습니다. 원컨대 대왕께서는 유의해주십시오. 신은 천하를 정벌하는 효과를 말씀 드리고자 합니다."[108] 이에 진나라 왕이 대답했다. "과인이 듣기를 깃털이 많지 않으면 높이 날 수 없고 예의와 법령이 정비되지 못하면 죄인에게 벌을 줄 수 없으며 덕이 후하지 않으면 백성을 다스릴 수 없다 하였소. 또한 정교政敎가

순리에 맞지 않으면 대신에게 일을 시킬 수 없다고 했소. 지금 선생이 천리를 멀다 하지 않고 친히 가르침을 주고자 왔지만 다른 날 하도록 하시오."[109] 소진은 여러 차례 유세를 하고 "진나라 왕에게 상소문을 열 번이나 올렸지만 유세한 내용이 실행되지 않았다."[110] 혜문왕은 진나라의 국력이 독자적으로 다른 6국에 대항할 수 있는 수준에 도달하지 못했음을 인정했다. 경솔하게 제왕이라고 부르는 일은 햇병아리가 하늘 높이 날고자 하는 것과 같고 법령이 제대로 정비되지도 않았는데 형벌을 내리는 것과 같아서 소기의 목적을 이룰 수 없다는 사실을 알고 있었다. 그러나 혜문왕은 그의 선대 조상과 마찬가지로 제업의 달성을 진나라의 전략 목표로 세우고 차근차근 행동으로 옮겨가며 목표 달성에 매진했다.

기원전 310년, 진나라 무왕 영탕嬴蕩이 즉위하여 관료제도를 한층 정비했다. 처음에는 승상丞相을 두어 저리자樗里子가 좌승상, 감무甘茂가 우승상이 되었다. 무왕은 야심찬 인물로 '수레를 타고 삼천을 지나 주나라 왕실을 살펴보기 위해' 진나라에서 주나라 왕실로 통하는 길을 열었다. 무왕은 감무 등 신하를 보내 한나라를 정벌했다. 기원전 307년 의양宜陽을 함락하고 수급 6만을 베었다. 그리고 진군은 황하를 건너 무수武遂를 공략하여 성을 쌓아 주변 세력을 방어하도록 했다. 진나라의 세력이 중원 지역 깊숙이 침투했을 뿐만 아니라 주나라 왕실 앞에서 위용을 크게 떨쳤다. 무왕은 저리자와 수레 100승을 보내 주나라 천자를 알현하도록 했고 주 천자는 어쩔 수 없이 알현을 받아야 했다. 그런데 무왕은 그 해 최고 권력을 상징하는 주나라 정鼎에 연연하여 솥을 들어올리다가 크게 다쳐 요절했다. 무왕은 자식이 없었기 때문에 그의 이복동생인 영직嬴稷(칙則이라고도 함)이 왕위를 계승했다. 그가 바로 소왕昭王(소양왕昭襄王)이다.

소왕, '제帝'라고 호칭하다

소왕은 진시황의 증조부이다. 그는 56년간 재위했고 진나라의 최강국으로서의 지위를 더욱 공고히 했다. 그는 한동안 "제帝"라 호칭하고 서주를 멸망시켜 주나라 천자를 진나라의 신속으로 복속시켰다. 진시황은 증조부의 재위 기간에 태어났다.

소왕은 자발적으로 법치를 견지한 군왕이었다. 그가 임용한 대신에는 범저范雎(장록張祿), 채택蔡澤 등이 있고 그들은 상앙 법가 학파의 후학이었다. 이들 대신의 보좌를 받으면서 소왕은 잇달아 여러 공자가 일으킨 반란과 위염魏冉의 독재 등 내정 문제를 하나하나 해결해가면서 중앙집권을 한층 강화했다.

소왕 때 대유학자인 순자荀子가 진나라에 왔다. 그는 대신 범저와 진나라에 대한 소감을 나누었다. 순자는 진나라에 '유가 학자와 사상이 없음'을 비판하고 이것이 가장 큰 단점이라고 밝혔다. 동시에 순자는 진나라의 정치에는 장점도 있음을 인정하며 말했다. "그 견고한 요새는 험준하고 형세는 편리하며 산천과 골짜기는 아름답고 천연 자원의 이점이 많으니 더할 나위 없는 지세입니다. 국경에 들어와서 그 풍속을 보니 백성은 순박하고 음악은 음란하지 않습니다. 그리고 옷차림은 소박하며 관리들을 매우 두려워하고 복종하는 것이 옛날의 백성과 같습니다. 고을의 관청에 들러보니 관리들이 모두 숙연하여 공손·검소·돈독·공경·충성·신의가 있어 빈틈없는 것이 옛날의 관리들 같았습니다. 또 도성에 들어가 그 사대부들을 보니 자기 집 대문을 나오면 곧장 관청 문으로 들어가고 관청 문에서 나오면 곧장 자기 집으로 들어가니 그 사이에 사사로운 일이 생기는 경우가 없었습니다. 쓸데없이 남과 친하는 일도 없으며 당파

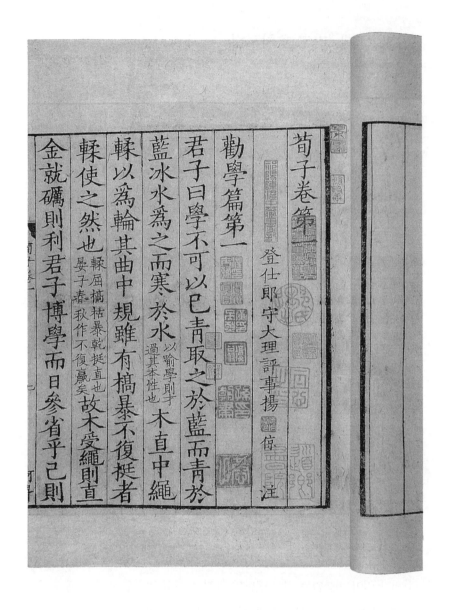

筍子卷第一

登仕郎守大理評事楊　倞　注

勸學篇第一

君子曰學不可以巳青取之於藍而青於
藍冰水爲之而寒　於水　以喻學則才
木直中繩
輮以爲輪其曲中規雖有槁暴不復挺者
輮使之然也　輮屈撟枯暴乾挺直也
晏子春秋作不復嬴矣
金就礪則利君子博學而日參省乎己則

순자는 전국시대 말기에 유가의 입장에서 법가의 사상을 받아들인 사상가로,
진시황의 최측근 참모였던 이사李斯와 진시황에게 큰 영향을 미친 사상가 한비韓非의 스승이기도 했다.
사진은 『순자』의 첫 대목인 「권학勸學」 부분.

짓는 일도 없이 달관한 모습으로 두루 밝게 통하며 공평한 것이 옛날의 사대부와 다름이 없습니다. 조정을 보니 그곳에서 여러 일을 의결하는 데 미루는 것이 없어 굉장히 한가로운 모습이라 마치 정치가 행해지지 않는 듯하여 옛날의 조정을 방불케 했습니다."[111] 순자에게 진나라의 정치는 '그냥 있어도 다스려지고 간략하면서도 상세하며 번거롭지 않은데도 공이 있어서' 기본적으로 '다스림의 극치'라는 기준에 부합하기 때문에 "세대를 통하여 승리로 이끈 것은 요행이 아니라 당연한"[112] 것이었다. 법치를 비판하는 대유학자의 입을 빌려 당시 진나라의 정치제도와 행정 효율이 동쪽의 각 제후국보다 훨씬 우세했음을 증명했다. 진나라가 효공, 혜왕, 무왕, 소왕 등 "4대에 걸쳐 승리로 이끈四世有勝" 것은 결코 우연이 아니었다. 진나라가 강성해질 수 있었던 이유는 보다 효율적인 정치제도 덕분이었다.

　진 소왕이 제왕으로 호칭한 것은 상징적인 의미가 있는 역사적 사건이었다. 초나라, 위나라, 한나라의 영토를 끊임없이 정벌하고 중원에 위용을 과시한 소왕은 왕이라는 칭호에 만족하지 못했다. 그는 스스로 제라는 호칭을 붙이고 싶어했다. 각 제후국의 견제를 완화하기 위해 그는 제나라 민왕愍王에게 같이 제왕이라 부르자고 제안했다. 기원전 288년 소왕은 스스로 "서제西帝"라 호칭하고 제나라에 사신을 보내 민왕을 "동제東帝"라고 불렀다. 그런데 제나라는 다른 속셈이 있었다. 제는 진의 독존을 막기 위해 진과의 협정을 깨는 한편, 다른 제후국을 회유하고 동맹을 맺어 진을 공략하려고 했다. 그 결과 소왕은 제왕의 호칭을 박탈당했다. 진의 세력이 압도적으로 우세하지 못하여 제업을 달성하기 위해서는 더 많은 시일이 지나야 했지만 제왕의 호칭을 시도한 것 자체가 이미 천하 통일을 위한 발걸음을 크게 내디뎠음을 의미한다.

기원전 285년, 진나라의 장수 몽무蒙武는 제나라를 정벌하여 성 9개를 빼앗았다. 그 후 진은 연, 진, 한, 위, 조 등 5국과 연합하여 제나라를 정벌했다. 연의 상장군 악의樂毅가 제를 멸망시킨 것이나 다름없었다. 그 후 제는 약화 일로에 섰다. 기원전 272년, 진은 의거국義渠國을 멸망시키고 농서군隴西郡, 북지군 및 상군을 설치하여 서북쪽 변방 지역의 우환을 해소했다. 그리고 후방과 측면의 경계를 더욱 강화했다. 이때부터 진은 동진에 더욱 힘썼다. 그 후 '진왕을 제왕으로 받아들이느냐'에 관한 문제는 각 제후국 외교 무대에서 매우 중요한 주제가 되었다. '노중련이 의에 따라 진왕을 제왕으로 받아들이지 않은魯仲連義不帝秦' 일화는 이러한 배경에서 생겨난 것이다.

주 멸망과 영정의 '황제' 호칭까지

소왕의 통치 이후, 진나라의 '원교근공'의 원칙은 군사 및 외교 전략에 철저하게 관철되었다. 진군은 빈번하게 출병하여 동쪽 지역을 정벌하고 이웃 나라를 병합하거나 적국을 약화시켰다. 기원전 298년 무관武關에서 초나라를 공격하여 수급 5만을 베었고 16개 성을 빼앗았다. 기원전 293년에는 이궐伊闕전투에서 진 장수 백기白起가 한과 위의 연합군을 거의 전멸시켜 수급 24만을 베고 한나라의 광활한 영토를 빼앗았다. 백기는 기원전 280년에 조를 공격하여 수급 2만을 베었고 광랑성光狼城을 빼앗았다. 또한 기원전 279년에 언鄢에서 물을 끌어올려 성城을 범람시켰고 이로써 초나라 군사와 백성 수십만 명이 수장되었다. 그뿐이 아니다. 초의 도성인 영郢(후베이성 장링江陵 서북)을 빼앗은 뒤 이곳에 남군南郡을 설치했다. 2년 후, 진나라는 다시 무군巫郡과 강남江南 땅을 빼앗아 검중군黔中郡을 설치했다. 기원전 275년, 진 승상 양후穰候가 위를 공격하여 수급 4만을 베고 위나라는 3현縣을 바쳐 강화를 청했다. 다음해 화양華陽전투에서 백기가 조와 위의 연합군을 물리치고 수급 15만을 베었다. 그리고 승세를 몰아 조의 군사 2만 남짓을 강물에 수장시켰으며 광활한 영토를 빼앗았다. 기원전 264년, 백기가 한나라를 공격하여 수급 5만을 베었으며 성 9개를 점령했다. 기원전 260년, 한나라의 상당上黨을 공격하여 빼앗았다. 진군은 조군과 장평에서 싸워 백기는 조의 주력군 45만여 명을 묻어서 죽였다. 몇 차례의 대규모 전쟁에서 진나라는 한, 위, 조, 초의 군대 100~200만 명을 없애버렸다. 그 외 중소 규모의 전투에서도 승리를 거듭했다. 진나라는 나가는 전쟁마다 대승을 거두어 성과 영토를 빼앗았고 그 자리에 군현을 설치했다. 이로써 주변 4대국의 국력은 크게 약해졌고 그 후에도 힘을 회복하지 못했다.

진과 조의 한단邯鄲전투에서 진나라는 위·초·조 3국의 연합군에 패배하여 삼진三晉은 일부 잃어버린 땅을 되찾을 수 있었다. 그러나 진군은 다시 정비한 후 공격 태세를 갖추어 동쪽을 끊임없이 공격했다. 기원전 256년, 진은 한을 공격하여 수급 4만을 베었고 여러 개의 성을 빼앗았다. 그리고 조를 쳐서 수급 9만을 베었으며 현 20여 개를 빼앗아 주변 제후들의 간담을 서늘케 했다. 서주의 천자가 제후들과 합종하여 정예병을 이끌고 진나라를 공격했다. 이에 진 소왕이 대로하여 주나라를 멸망시키기로 결심했다. 진군이 한단성 가까이에 이르자 서주의 난왕赧王은 어쩔 수 없이 진나라에 들어가 '머리를 조아리며 죄를 인정하고 읍邑 36개와 백성 3만 명을 모두 바쳤다.' 그리고 얼마 후 서주의 난왕이 사망했다. 진나라가 서주를 멸망시키고 "구정을 취했다."[113] 기원전 254년, 한나라의 환혜왕이 진나라에 조회했고 위나라 역시 진나라에 위탁하고 명령을 따랐다.

진이 서주를 멸망시키고 구정을 취한 사건은 역사학자에게 매우 중요한 의미가 있다. 이 사건은 바로 주 왕조의 역사에 마침표를 찍었음을 뜻하기 때문이다. 이로써 '주나라 천자'는 더 이상 존재하지 않고 천하에는 공주共主가 사라졌다. 사마광의 『자치통감』을 살펴보면, 기원전 255년부터 진나라 왕의 연호로 '진기秦紀'를 사용하여 연대기를 기록했다. 호삼성胡三省(1230~1302, 중국 송말 원초 시기의 역사학자)의 해석을 보면 "서주가 멸망하자 천하에 마땅한 주인이 사라졌다. 『자치통감』에서는 진나라 군대가 천하를 병합했기 때문에 소왕의 연호로 편년하였다"[114]라고 했다. 오늘날의 관점에서 볼 때, 이 사건은 주나라에서 진나라로 건너가는 과도기에 일어난 보기 드문 왕조 교체라 할 수 있다.

효문왕과 장양왕 때, 진나라는 계속해서 출병하여 동쪽을 정벌했으며 한, 조, 위를 연이어 물리쳤다. 또한 주변국의 영토를 병합했으며 약소국에 불과한 동주東周도 멸망시켰다. 이러한 일련의 사건은 통일전쟁의 전주곡으로 봐야 할 것이다.

통일전쟁의 서막이라고 할 수 있는 시기에 진나라의 최우선 과제는 주변국을 병합하는 일이었다. 주변의 강대국을 물리치기 위한 전략은 세 가지였다. 첫째, 진나라에 대항하기 위해 형성된 합종을 와해시켜 고립 상태에서 벗어난다. 둘째, 남쪽의 파촉을 취하고 북쪽의 의거義渠를 멸망시킨 후 주변국의 영토를 병합한다. 그래서 세력 범위를 확대하여 전세를 우세하게 한다. 셋째, 초·제·위·조 4대국을 약화시켜 강력한 적수를 잘라내고 최강의 지위를 확고히 한다. 이러한 전략을 씀으로써 전쟁에서 승리할 때도 있고 패배할 때도 있었다. 영토 역시 획득하기도 하고 빼앗기기도 했다. 하지만 전체적으로 볼 때 진나라 군대가 승리한 전쟁이 훨씬 많았으며 영토도 크게 확장되었다. 수십 년간의 정벌 전쟁을 거치면서 진은 어느 정도 목적을 달성했다. 반면 삼진의 국정은 매우 위급하여 미래를 장담할 수 없었으며 초와 제는 수세에 몰려 있었다. 각국은 홀로 진에 맞설 수 없을 정도로 쇠약해져버렸으며 연맹군이 합종하여 진나라를 공격할 때마다 실패를 거듭했다. 진이 통일 대업을 완성하는 것은 거스를 수 없는 시대의 흐름과 같은 것이었다.

당시의 역사적 조건을 볼 때, 진나라는 6국에 비해 훨씬 효율적인 정치제도와 합리적인 사회 구조를 갖추고 있었다. 또한 풍부한 경제력, 진취적인 문화 시스템, 강력한 군사력, 보다 광활한 국토와 유리한 전략 태세 등을 정비하여 진나라의 내정은 매우 안정적이었다. 군사 및 외교 정책에서 중대한 실수를 범하지 않는 이상 전국시대 말기의 국면을 거꾸로 되돌리기는 불가능했다.

이 책의 주인공 진시황은 이러한 배경 속에서 역사의 무대에 오른 인물이다. 그는 선공과 선왕이 남겨놓은 풍부한 정치적 유산을 이어받았으며 조부와 아버지의 정치적 유훈을 흔들림 없이 실천하여 훌륭하게 통일 대업을 달성했다. 기록에서처럼 진 왕조는 나라를 세우기 전에 이미 진왕 스스로 '천자'라고 불렀을 수도 있다. 형가가 진나라에 자객으로 갔을 때 영정을 "천자"라고 불렀다. 제업을 성취한 진시황은 이에 만족하지 못하고 온 세상에 권세를 떨치는 '황제皇帝'라는 존칭을 만들어냈다.

매우 이례적인 왕조 교체

진 양공이 제후로 봉해지고 진 목공이 패왕이 된 시점부터 진 혜문군
이 혜문왕으로 호칭되고 소왕이 제왕으로 불리기까지 그리고 다시 진시
황이 천하를 통일하고 진 제국의 황제가 되기까지 수백 년의 세월이 흘렀
다. 이렇게 오랜 세월에 걸쳐 진나라의 역대 통치자는 중국 고대사에서
매우 이례적인 왕조의 교체를 완성했다. 『사기』에서는 이 시기를 가리켜
"주진지변周秦之變"이라고 부른다. 고대 중국에서 왕조 교체는 빈번하게
일어난 정치 현상이지만 오직 주나라에서 진나라로 교체되는 사건은 형
식, 내용, 원인, 성격, 의의 모두가 이례적이었다.

주진지변의 특징

역대 왕조 교체와 비교해볼 때 주나라에서 진나라로의 변천은 전혀
달랐다.

첫째, 왕조의 교체 형식이 다르다.

하나라에서 상나라로, 상나라에서 주나라로의 정권 교체는 하나의 방식이었다. 즉 '천하공주'의 한 속국이 도약하여 기본적으로 전쟁에서 승리하고 '천하공주'의 지위를 빼앗았다. 그런 반면 원래의 종주국은 속국으로 전락했다.

진한秦漢시대 이후, 왕조 교체의 내용을 자세히 들여다보면 대략 세 가지로 분류할 수 있다. 첫 번째는 진에서 한, 전한에서 후한 그리고 수에서 당으로의 중앙정권 교체를 대표적으로 들 수 있다. 옛 왕조가 대규모의 민중 반란으로 무너지고 수많은 군웅이 천하를 다투면서 새로운 왕조를 만들어낸 특징을 보인다. 두 번째는 조위曹魏에서 진晉, 북주北周에서 수, 후주後周에서 북송으로의 교체이다. 고위 권신들이 정변을 일으켜 최고의 권력을 차지하고 왕조를 교체한 것이 특징이다. 세 번째는 송에서 원, 명에서 청으로의 교체이다. 변경지역에서 성장한 신흥 소수민족의 왕조가 무력으로 중원의 한족 왕조를 멸망시킨 특징이 드러난다.

주나라에서 진나라로의 왕조 교체는 위에 소개한 왕조 교체의 범주와는 크게 다르다. 기본적으로 원래 '천하공주'의 지위는 점차 쇠락하여 유명무실해졌지만 종주국의 명분은 오랫동안 유지되었다. 사람들은 때로 정치적 필요를 위해 이 종주국의 명분을 이용했다. 구체제와 관련한 정치 관념과 규범이 어느 정도 작용하여 매우 오랫동안 패주가 '천하공주'를 대신하는 정국이 나타났다. '천하공주'라는 효율적인 질서 속에서 상대적으로 독립적이었던 정치 세력이 점차 독립국가로 변모했다. 그러면서 군웅이 각축을 벌이는 혼동의 국면으로 접어들었다. 또한 복잡한 정국에서 살아남기 위해 각국에서는 내부 정치제도를 개혁하고 이에 상응하여 정치 관념에 큰 변화가 일어났다. 이러한 변화는 변법을 통해 완성되었으며 그 속에는 사회적 동기가 잠재되어 있었다. 정치개혁의 뒷면에서는 사회변혁이 전방위적으로 일어나고 있었던 것이다. 궁극적으로 사회변혁과 정치개혁이 가장 철저했던 국가가 '천하공주'의 자리를 차지했으며 이때의 '천하공주'가 권력 구조에서 지니는 지위는 구시대의 '천하공주'를 훨씬 넘어선 것이다.

둘째, 왕조 교체의 기간이 확연히 다르다.

하에서 상 그리고 주로의 왕조 교체와 진한시대 이후의 역대 정권 교체 모두 그리 오랜 세월이 걸리지 않았기 때문에 역대 역사가들은 "그 흥함은 샘솟는 듯하며 그 망함은 갑작스럽다" "경각의 시간에 자취도 없이 사라져버렸다" "한 달 만에 제업을 달성했다"[115]라고 표현했다. 반면에 주에서 진으로 왕조가 교체되기까지는 춘추전국시대라는 매우 장구한 500년의 시간이 걸렸다.

셋째, 정치적, 역사적 의의가 매우 다르다.

왕조 교체는 중국 고대사회에서 일어난 일종의 중요한 정치 조절 시스템이다. 왕권이 교체될 때마다 정치가 한 단계 발전했고 사회 전체적으로도 크고 작은 변화가 일어났다. 널리 알려진 '문경의 치文景之治' '광무의 치光武之治' '정관의 치貞觀之治' '강건의 치康乾之治' 등은 정치적 개혁과 변혁의 결과였다. 주에서 진으로의 변천 역시 정치적 개혁이라는 의의가 있지만 이때의 왕권 재건은 쉽게 볼 수 있는 개선의 수준이 아니라 대규모의 개혁이었다. 궁극적으로 '왕의 제도'에서 '제왕의 제도'가 파생된 것이라 할 수 있다.

주진지변의 역사적 원인

진나라가 천하 통일의 역사적 변혁을 일으킨 근본적인 이유에는 생산력이 비약적으로 발전했다는 경제적 요인이 있었다. 생산력의 발전이 없었다면 주진지변은 일어나지 못했을 것이다. 역사관이 다를지라도 많은 역사학자들은 철기가 당시 유라시아 대륙의 생산력을 크게 발전시켰던 주요 생산도구라는 사실을 인정하고 있다. 그들은 철기가 제국의 발전과 밀접한 관계가 있음을 발견했다. 정확하게 말하면 철기는 상징적인 의미였다. 철기와 관련한 기술의 진보가 있었기 때문에 인류 사회 역시 제국으로 발전하기 시작했다.

외국의 여러 역사학자들은 철기가 주축을 이루는 기술 진보는 이 시기에 문명 발전을 일으킨 역사적 원인의 핵심이었다고 보고 있다. 철기를 사용하게 되면서 경제, 사회, 정치, 사상 분야에 큰 변화가 일어났다. 미국의 역사학자 스타브리아노스Leften Stavros Stavrianos에 따르면, 철제 기구의 발달로 농지가 확장되었고 농지의 확장으로 문명 중심 지역의 범위가 그에 상응하여 확대되었다. 그리고 농업 생산력의 급진적인 성장으로 잉여 식량이 발생하여 경제가 발전하고 나아가 국가를 건설하게 되었다. 농업, 제조업, 상업의 상호작용으로 경제 전문화가 효율과 생산성의 제고에 따라 전면적으로 심화되었다. 경제 발전에 따라 옛 부락사회와 군벌 귀족의 지위가 바뀌었다. 즉 "경제 발전으로 이루어진 정치적인 통일도 마찬가지로 파괴적인 역량을 지녔다. 이탈리아, 인도, 중국에서 부락 추장과 부락회의, 백성의 직접회의 모두 왕국의 단계를 거쳐 제국으로 발전해갔다"는 것이다. 또한 정치적으로 중앙집권제의 구축은 경제 발전을 촉진시켰다. 이 모든 발전은 사회관계, 정치 형태, 생활 양식 및 생계 수단 등도 본질적으로 바꿔놓았다. 뿐만 아니라 생각에도 변화가 일어났고 이로써 각 문명에 독특한 철학 관념이 생겨나게 되었다. 이는 이 시기의 "보편성 영향의 근원"[116]인 것이다. 중국 역사학자들은 제련 기술의 발명이 춘추전국시대의 역사적 대변혁에 끼친 영향에 관하여 정밀하게 고증하고 논증했다. 비록 중국 철기의 탄생과 보급이 서양보다 약간 늦지만 경작이 용이한 황토와 상대적으로 발달한 농경 기술로 충분히 보완할 수 있었다. 진시황릉의 고고학 발굴에서 출토된 대량의 유물은 진나라 생산력의 발전 수준을 생생하게 보여줬다. 특히 야금 제련 및 기계 가공 기술이 당시로서는 상당한 수준에 이르렀다.[117] 중국에서 철제 도구는 춘추시대에 나타나 전국시대 및 진한시대에 점차 보급되었다. 중국이 제국으로 가는 발전 과정의 시작과 완성이 철기의 출현 및 보급과 맞아떨어진다.

철을 주조해서 쟁기를 만들었고 단조해서 칼을 만들었으며 이는 농경과 전쟁의 이기利器가 되었다. 농경의 발달로 부를 이룰 수 있었지만 전쟁으로 사람들의 목숨을 앗아갔다. 유라시아 대륙에서는 이때 건국된 대제국들이 모두 '철'의 색채를 보였다. 무력으로 제국을 세웠고 영토를 확장했으며 또한 왕권을 유지했다.

주진지변과 진시황의 역사적 위상

각 제후국과의 전쟁에서 진나라는 최초로 청동 병기가 아니라 강철 병기로 무장한 군대를 선보였다. 또한 진나라는 최초로 체계적인 제국 통치 형태를 완성한 나라였다. 진 제국은 철의 색깔인 검은색을 숭상했다.

이는 역사의 우연이자 필연이다.

주진지변이 발생한 때는 제국을 건설한 시대이다. 진시황은 당시 유라시아 대륙에서 직접 대제국을 창건한 손꼽히는 제왕 중의 한 명이었다. '정치 영웅이자 전쟁 영웅'들은 자신의 의지에 따라 강력한 제국을 건설한 것으로 보이지만 좀더 깊이 연구해보면 생산력의 비약적인 발전과 일련의 사회개혁이 대제국으로 이끈 것임을 알 수 있다.

秦始皇

유년 시절

—대를 잇는 어린 군왕

QIN SHI HUANG

진시황의 이름은 '정政'이다. 공교롭게도 그는 정치에서 벗어날 수 없는 운명이었다. 진시황은 왕공의 집안에서 태어난 군왕의 후손으로 그의 출생에는 정치적 거래가 있었다. 그의 유년 시절은 정치적 이유 때문에 부모를 따라 도처를 떠돌아다니며 남에게 얹혀살 정도로 신산스러웠다. 그의 인생 역정을 살펴보면 다음과 같다. 그는 한 정치 투자자의 노력과 은혜로 왕위 계승자가 되었고 유년 시절에 대를 이어 어린 군왕이 되었다. 친정을 시작한 뒤에는 적당한 때를 노려 강력한 정적을 제거했으며 그때부터 착실하게 최고 권력을 장악해나갔다. 이번 장에서는 진시황의 유년 시절을 살펴보고자 한다.

진시황은 조부인 소왕이 재위하고 있을 때 태어났다. 당시 소왕은 호칭을 '왕'에서 '제왕'으로 바꾸려고 시도하고 있었다. 다시 말하면, 진시황은 진나라가 제왕의 대업을 성취하려는 시기에 태어난 것이다. 진나라는 제왕으로 불리기 위해 출병하여 다른 나라를 정복했고 반항하는 소국들은 철저히 토벌했다. 진시황은 '전국戰國' 간의 전쟁이 매우 참혹한 수준에 이르렀을 때 태어났다. 성과 들판이 죽은 사람들로 넘쳐나는데도 전쟁은 지속되었다. 전쟁은 실력과 전략의 대결이므로 정복전과 외교전이 쉼 없이 이어졌다. 제후국의 군주는 패주가 되기 위해, 제왕이 되기 위해, 나라를 보호하고 집안과 지위를 보존하기 위해 연합하고 분열하는 합종연횡을 경쟁적으로 펼쳤다. 또한 다양한 정치 전략을 시행하고 외교 역량을 겨루기도 했다.

진시황이 태어난 때는 책사와 군주가 솔직하고 진실하게 만나는 한편 기발한 계책, 서로 속고 속이는 권모술수 그리고 다른 사람은 알 수 없는 밀약이 얽히고 설킨 시기였다. 그의 출생은 연이은 전쟁, 외교, 계략, 모종의 거래와 직접적인 연관이 있다. 계속되는 전쟁과 외교활동이 없었다면, 또는 모종의 계략과 거래가 없었다면 영정嬴政이라는 독특한 인물은 세상에 태어나지 못했을 것이다. 그랬다면 수많은 군웅을 업신여겼던 진시황이 자신의 이름을 역사에 남길 수 없었을 것이다. 다시 말하면 진시황의 탄생은 증조부가 벌인 전쟁과 외교, 아버지가 꾸민 계책, 거래와 직접적인 연관이 있었던 것이다. 이 가운데 어느 하나만 빠졌어도 진시황이라는 인물은 세상에 태어나지 못했을 것이다.

역사의 매력은 우연히 벌어진 사건으로 드라마 같은 변화가 일어나는 데 있다. 진시황의 출생과 왕위 등극은 우연한 사건이 종합적으로 작용하여 만들어진 결과였다.

정치적 투기로 큰 이익을
도모한 상인 여불위

진시황의 출생설은 전기傳奇적인 색채가 짙다. 그에게는 진나라 장양왕(자초)과 '중부仲父'라고 불렸던 여불위呂不韋, 이렇게 두 명의 아버지가 있었다. '중仲'자는 백중伯仲의 중을 의미하며 '가운데 중中'을 의미한다. '중부'란 작은아버지 또는 아버지에 버금가는 아버지뻘을 의미한다. 두 부친 사이에 은밀한 만남과 정치적 거래가 없었다면 영정이라는 인물은 태어나지 못했을 것이며 훗날의 진시황도 존재할 수 없었다.

모순된 역사 기록 때문에 누가 생물학적으로 진시황의 아버지인가에 대해서는 여러 가지 설이 있다. 사마천의 『사기』에서는 영정이 여불위의 사생아라고 밝혔지만 기록을 찬찬히 보면 모순된 점을 찾아볼 수 있다. 진시황의 생부가 누구인지에 관한 문제는 풀리지 않는 역사의 수수께끼이다. 현존하는 사료만으로는 이 수수께끼를 풀기 어렵다. 하지만 현대 과학기술의 발전으로 이 수수께끼를 풀 수 있을지도 모른다. 만일 진 장양왕의 왕릉과 진시황의 황릉이 발굴되어 두 사람의 유골과 모발을 찾을 수 있다면 현대의 유전기술로 친자 여부를 확인할 수 있을 것이다. 여기서는 이 문제를 더 이상 언급하지 않으려 한다.

누가 진시황의 생부인지는 진시황의 정치 행위를 연구하고 그 성과를 평가하는 데 있어서 별로 중요한 사실이 아니다. 중요한 것은 진나라의 장양왕莊襄王 자초, 진나라의 상국相國 여불위, 진나라의 태후太后 조희趙姬, 진나라의 왕 영정嬴政(진시황), 이 네 사람의 만남이다.

한단의 볼모 이인異人

진시황은 조趙나라에서 태어났다. 그의 아버지 이인異人(훗날 자초로 개명)이 조나라에 볼모로 보내져 한단에 붙잡혀 있을 때였다. 이인은 안국군을 대신하여 조나라에 인질로 보내졌다가 기원전 265년, 안국군安國君이 태자로 세워지면서 진나라로 돌아왔다. 진나라는 안국군을 대신하여 그의 아들인 이인을 한단에 볼모로 보냈다.

볼모 제도는 오래전부터 존재해왔다. 옛날 국교나 동맹 조약을 맺을 때 대개 양측이 볼모를 교환하거나 한쪽이 볼모를 보내어 상대에게 믿음을 심어주었다. '질質'은 담보하는 것을 의미하며 '질자質子'란 자식이나 친척을 인질로 삼는 것을 말한다. 춘추전국시대에 각 제후국 간의 정국은 전쟁과 평화가 변화무쌍하게 일어났고 각국은 서로 볼모를 교환하였다. 이 과정에서 특정 인물을 볼모로 요구하기도 했다. 태자가 볼모인 상황도 심심찮게 볼 수 있었다. 예컨대 전국시대 후기에 진나라의 태자 도悼가 위나라에 인질로 보내졌고 초나라의 태자 완完이 진나라에 보내졌으며 연나라의 태자 단丹이 진나라에 볼모로 보내졌다. 당시에 볼모가 된 사람은 공자公子이거나 왕손으로 종주국에 대한 정치적 의무를 이행하고 나라에 공을 세우는 중요한 수단이었다. 상앙의 변법이 시행된 이래로 진나라에는 왕의 종실宗室 후손이라고 해도 공을 세우지 못하면 작위를 얻지 못하는 제도가 시행되었다. 공자와 왕손이 작위를 얻기 위해서는 반드시 공을 세워야 했다. 그래서 진시황의 증조부, 할아버지, 아버지 모두 볼모가 되었다. 타국에서 타향살이를 하는 볼모의 처지는 보통 조약을 성실히 이행하는지의 여부와 본국의 지위에 따라 달라졌다. 인질이 된 그들은 공자이거나 왕손이었기 때문에 볼모국에서 어느 정도는 예우해주었으나 그들의 일거수일투족을 삼엄하게 감시했다. 그들은 '앞일을 알 수 없는 외국에 인질로 와 있는' 처지였다. 본국이 조약을 위반하면 그들은 죽음을 면치 못하고 "분토가 되어버릴"[1] 수도 있었다.

조나라에서 볼모로 있었던 이인의 처지는 그리 좋지 못했다. 먼저 진나라와 조나라 양국의 정세가 치열한 전쟁을 벌이는 대결 구도였다. 기원전 260년, 장평長平 전쟁에서 조나라가 대패했고 진나라 장수 백기白起가 투항한 조나라 병졸 40만 명을 생매장했다. 그 후 진나라 군대가 또 조나라의 도성 한단을 공격했다. 조나라 군대와 백성이 힘을 합하여 완강하게 저항하였고 이로써 진나라 군대를 물리쳤다. 이런 정세에서 '조나라가 진나라의 볼모인 자초(이인)에게 예우를 갖추어 대했을 리가 없다.' 또한 진나라에서 이인은 '많은 서자 중 한 사람'이었다. 즉 그는 소첩이 낳은 후손이었다. 이인에게는 20여 명의 형제가 있었고 적자가 아닌 데다 그의 생모 하희夏姬 역시 왕의 총애를 받지 못했기 때문에 그의 위상은 별로 높지 못했다. 그는 조나라에서 예우를 받지 못했으며 본국인 진나라에서도 별로 중시되지 않았다. 이인은 "수레와 말과 재물이 넉넉하지 못하고 형편이 곤궁하여 실의에 빠졌다."[2] 그는 볼모로 오랜 세월 한단에 머물러야 했다.

이익을 추구한 상인, 여불위

진시황의 또 다른 아버지는 여불위였다. 여불위는 상술이 뛰어난 상인이었다. 그는 상업의 지략을 정치에 투자하여 스스로 시대를 풍미한 재상으로 탈바꿈했을 뿐만 아니라 군왕을 만들었으며 황제를 보좌했다. 또한 『여씨춘추』를 편찬하여 역사에 자신의 이름을 남겼다.

여불위는 양적陽翟(허난성 위현) 사람이다.(일설에는 복양濮陽 사람이라고도 함.) 그는 성공한 거상으로 '여러 곳을 다니면서 물건을 싸게 사들여 비싸게 되팔아 집안에 천금의 재산을 쌓았다.' 여불위는 우연한 기회로 이인을 알게 되었다. 그는 이인의 처지를 불쌍히 여겼고 그 후 두 사람은 매우 친밀하게 지냈다. 얼마의 시간이 흐르자 여불위는 이인에 대하여 "이것은 진귀한 재물이니 사둘 만하다"[3]는 판단을 내린다. 상인의 안목에서 볼 때 이인이 큰 부를 이뤄줄 인물이었던 걸까. 이인을 재물로 보고 정치를 거래에 비유한 여불위는 곧 엄청난 정치적 투기를 계획한 후 장사를 버리고 자신의 재산 상당 부분을 이인에게 투자했다.

이익을 추구하는 것은 상인의 본성이다. 그런데 여불위는 어째서 볼모로 보내진 그에게 재산을 걸었을까? 여불위와 그의 부친이 나눈 대화에서 속내를 알 수 있다. 여불위의 아버지는 이인에 대한 투자를 크게 반대했다고 한다. 이에 여불위는 아버지에게 물었다. "농사를 지으면 남는 이익이 몇 배나 됩니까?" 아버지가 대답했다. "10배지." 여불위가 다시 물었다. "주옥珠玉은 몇 배의 이익을 얻을 수 있습니까?" "100배는 되지." "그렇다면 나라를 세워 임금이 될 사람을 사두면 몇 배의 이익을 얻을 수 있습니까?" "그야 셀 수 없을 정도이지." 아버지의 대답에 여불위가 말했다. "지금 힘써 농사를 짓거나 힘들여 일을 해서 얻는 이익이란 그저 추위에 떨지 않고 굶주리지 않을 정도에 불과합니다. 나라를 일으킬 왕을 세워주면 그 혜택이 대대로 남을 것이므로 저는 이 일을 하겠습니다."[4]

역사를 살펴보면 여불위는 장사에 정통한 상인일 뿐만 아니라 노련한 정치인임을 알 수 있다. 그는 정치적인 두뇌가 명석한 사람으로 그냥 보통 상인이 아니었다. 투자란 모험이 따르기 마련이어서 투자하기 전에 반드시 타당성을 충분히 따져봐야 하며 어느 정도의 용기와 담대함이 있어야 한다. 여불위는 계략이 뛰어났으며 계산이 빨랐다. 그의 결정은 항상 설득력 있는 근거가 있었다. 먼저 안국군은 진나라의 왕위를 계승할 태자였다. "안국군은 총애하는 첩을 정부인으로 삼고 화양부인으로 불렀다."[5] 왕실의 계승 법칙에 따라 화양부인의 아들에게 우선 왕위 계승권이 있지만 안타깝게도 화양부인에게는 자식이 없었다. 그래서 다른 자식들이 안국군의 뒤를 계승할 것이며 이인도 가능성이 있었다. 당시 안국군은 다른 아들을 염두에 두고 있었지만 최종 결정을 내리지는 못한 상태였다. 여불위는 일단 이인을 안국군의 후계자로 세우면 훗날 틀림없이 진나라의 왕이 될 것이라고 생각했다. 타국에 볼모로 보내졌던 이인이 왕위에 오를 수 있다면 그것은 최대의 이익을 거두는 것이다. 둘째, 이인을 왕으로 만들려는 계획이 실패한다 해도 진나라의 귀족과 친분을 쌓을 수 있다. 이는 진나라에서 훗날을 도모하는 데 유리한 여건을 만들어 이익을 꾀할 수 있을 것이다. 그러나 이인과 여불위의 거래에는 모든 재산을 날려버릴 수 있는 위험이 도사리고 있었기 때문에 정치적 투기라고 말할 수 있다. 셋째, 당시의 정치제도는 이미 사회의 중하층도 벼슬길에 나아갈 수 있도록 열려 있었다. 일반 백성도 신분 상승을 실현할 기회가 있었던 것이다. 이점이 매우 중요하다. 어찌됐든 여불위는 한번 부딪혀보기로 결심했다. 훗날 그는 일인지하 만인지상一人之下 萬

人之上으로 불리는 상국相國의 자리에 올라 전대미문의 거대한 성공을 거두었다.

역사를 살펴보면 여불위와 같은 야망을 지닌 대大상인은 셀 수 없을 정도로 많았다. 상인이 쌓아올린 부에 기대어 정치권력을 획득하는 일은 사회가 변화해가면서 생기는 결과이다. 자본주의 이전의 시대에는 정치적 지위와 권력이 직접적으로 경제 이익을 분배했다. 자본 역시 일찍이 정치와 밀접한 관계가 있었다. 그러나 부를 통해 귀족의 지위를 얻는 것은 사회가 어느 정도로 발전했을 때 나타나는 현상이다. 자본주의 시대에 접어든 이후, 정치권력에 대한 자본의 영향이 날로 강해졌다. 상인들은 자본을 이용하여 직접적으로는 관모를 쓰고 간접적으로는 권력에 영향을 끼치는 방식으로 막대한 정치적, 경제적 이익을 취했다. 이것은 당시에 이미 흔한 공식이었기 때문에, 여불위의 행위를 단순하게 도덕적으로 분석하는 것은 사회의 역사적 현상을 심층적으로 이해하는 데 별 도움이 되지 못한다.

고대 중국의 '여불위 현상'은 이전에도 있었고 훗날에도 있을 것이다. 역사 기록을 보면 여불위가 귀족의 지위를 획득한 유일한 상인은 아니었다. 그는 상인들 가운데 부를 이용하여 권세가가 된 선구자이며 그중에서도 가장 성공한 인물이다. 이들 대상인의 성공은 어떤 관점에서 보면 중요한 사회 변천을 반영하고 있다. 당시에는 상공인을 포함한 동적인 계층이 형성되었으며 이들이 사회 구조를 어느 정도 개방시켜 사회계층의 수직적인 교류를 활성화했다. 여불위의 정치 투기는 사회적 변동을 보여주는 지표이자 결과물이었다. 이런 사회적인 대변화와 맞물리지 않았다면 그가 재상의 자리에까지 오르기는 어려웠을 것이다.

태자의 후사를 둘러싼 정치적 거래와 계책

여불위는 진나라 소왕이 연로하여 곧 세상을 뜰 것이고 안국군이 태자가 되어 곧 왕위에 오를 것이라고 생각했다. 그런데 안국군은 화양부인을 총애하여 "적통 후계자를 세울 수 있는 사람은 오직 화양부인에게 달려 있었다." 스무 명도 더 되는 형제 가운데 이인은 서열에서 뒤져 있을뿐더러 아버지인 안국군의 눈길도 받지 못했다. 또한 오랫동안 타국에 볼모로 잡혀 있는 처지였다. 모국의 큰형이나 여러 형제와 태자 자리를 놓고 경쟁할 형편이 못 되었다. 이인은 여불위의 예리한 분석에 동의하고 어떤 대책이 있는지 물었다. 이에 여불위가 대답했다. "제가 비록 가난하지만 천금을 가지고 서쪽으로 가서 안국군과 화양부인을 섬겨 당신을 후사로 삼도록 하겠습니다." 이인은 머리를 조아리며 여불위에게 약속했다. "그대의 계책대로 된다면 그대와 함께 진나라를 나누어 가지도록 하겠소."[6]

이로써 거래는 성사되었고 여불위는 곧바로 계획을 행동으로 옮겼다. 그는 이인에게 500금을 주어 형제들과 우애 있게 지내고 빈객과 사귀는 비용으로 쓰도록 했다. 오늘날의 표현을 빌리자면 거액으로 이인을 포장하여 그가 명망 있는 인사들과 두루 교제하여 좋은 평판을 얻도록 했다. 또한 여불위는 500금으로 진귀한 물건과 노리개를 사서 직접 들고 서쪽 진나라로 가 이인을 위한 유세를 펼쳤다. 그는 화양부인의 언니와 남동생 양천군陽泉君을 만나 이인이 밟고 올라갈 계단을 준비했다. 여불위의 선물과 유세는 화양부인의 언니와 남동생을 기쁘게 했고 이들은 그가 화양부인을 만날 수 있는 길을 열어주었다.

화양부인을 만나 멀리서 가져온 진귀한 물건을 모두 바친 여불위는 이인이 어질고 지혜롭다며 치켜세웠다. 또한 이인이 여러 제후들의 빈객과

제2장 유년 시절

177

두루 사귀고 있으며 아버지 안국군과 화양부인을 하늘처럼 여기고 밤낮으로 태자와 부인을 그리워한다고 말했다. 그 말을 들은 화양부인은 매우 기뻐했다.

여불위는 화양부인과 주변 사람의 신뢰를 얻은 후, 다시 부인의 언니에게 "아름다운 얼굴로 남을 섬기는 자는 얼굴이 스러지면 그 사랑도 시든다"는 말로 화양부인을 설득하도록 했다. 여불위의 말은 틀리지 않았다. 화양부인은 현재 아름다운 용모로 안국군의 총애를 얻고 있었으며 부인의 언니와 남동생 역시 그 덕분에 고관대작의 자리에 앉을 수 있었다. 양천군은 권세가 하늘을 찔렀으며 마구간에는 준마가 넘쳐났고, 뒤뜰에는 아름다운 미녀들이 가득했다. 그러나 화양부인이 늙거나 안국군이 죽으면 부인과 그 주변 사람들은 엄청난 위기에 봉착할 것이다. 나이가 많은 안국군이 죽고 나면 틀림없이 수많은 아들 가운데 한 명이 왕위를 이어갈 것이다. 만일 새로 등극한 진나라 왕이 화양부인과 친인척에 불만을 품는다면 사형과 멸문지화를 피하기 어려울 것이다. 현재로서 이런 후환을 없애주는 계책은 화양부인이 안국군의 총애를 받고 있을 때 적당한 사람을 골라 후사가 되도록 추천하는 것이었다. 이렇게 부인의 추천을 받아 후사가 된 자는 그 공로를 생각하지 않을 수 없을 것이다. "이것이 한마디 말로 만세의 이익을 얻는 것이다." 여불위가 보기에 여러 아들 가운데 이인이 가장 적합한 사람이었다. 이인은 현명하고 어질며 화양부인을 하늘처럼 섬기고 있었다. 각 제후국에서의 평판 또한 좋았다. 반면 이인은 자신의 불리한 처지 때문에라도 자진해서 화양부인에게 의지할 것이다. 이때 화양부인이 이인을 후사로 뽑아 적자로 삼는다면 아들이 없는 부인은 아들을 얻게 되고 나라가 없는 이인도 나라를 얻게 되는 것이다. 만일 안국군과 태자 2대에 걸쳐 보호를 받을 수 있다면 화양부인은 일생 동안 진나라에서 존경받을 것이다. 이 일은 주저하지 않고 결단을 내려야 했다. 그렇지 않고 "미모가 스러지고 사랑이 식으면 말 한마디를 하고자 해도 할 수 있겠는가?"[7]

여불위의 분석과 계책은 매우 논리적이었기 때문에 화양부인의 언니와 남동생을 설득할 수 있었다. 또한 이들을 통해 화양부인의 마음도 움직일 수 있었다. 그녀는 적당한 기회를 잡아 안국군에게 후사를 세우는 문제를 거론했고 조나라에 볼모로 있는 이인을 후사로 세워달라고 요청했다. 그녀는 눈물을 떨구며 안국군에게 말했다. "소첩은 다행히 후궁의 자리에 있지만 불행히도 자식이 없습니다. 부디 이인을 후사로 세워서 소첩의 몸을 맡길 수 있도록 해주십시오."[8]

안국군은 화양부인의 요청을 들어주었다. 그리고 당시의 계승자 지정 제도 또는 관례에 따라 안국군과 화양부인은 즉시 옥부玉符를 새겨 이인을 후사로 삼겠다고 약속했다. 화양부인은 초나라 사람이었다. 그녀는 이인을 양자로 삼고 그의 이름을 '자초子楚'로 바꾸었다.

진나라 태자의 후사로 정해지자 자초의 지위가 크게 향상되었다. 안국군과 화양부인은 엄청난 재물을 보내고 여불위를 그의 사부로 임명했다. 이로써 각 제후국에서 자초의 명망이 한층 더 높아졌다.

조희의 재혼과 조정趙政의 출세

진시황의 생모는 조희趙姬이다. 조희는 조나라 한단 부호의 딸로 용모가 무척 아름다웠고 춤을 잘 추고 노래를 잘했다. 조희는 원래 여불위의 소첩이었지만 훗날 자초의 부인이 되었다.

조희와 자초의 혼인은 여불위가 이익을 도모하는 과정에서 발생한 특이한 결과였다. 여불위는 자초와의 관계를 더욱 돈독하게 하기 위해, 또 자신의 아들을 왕위에 올리기 위해 자초의 결혼을 치밀하게 계산했다. 그는 특히 경국지색의 미모를 갖추고 다재다능한 여자를 물색해서 자초에게 바쳤다. 여불위는 젊고 아름다운 조희와 같이 살다가 아이를 갖게 되었다. 그러던 어느 날 여불위가 자초를 집으로 초대했다. 자초는 술을 마시다가 조희를 보고는 한눈에 반했다. 자초는 조희의 아름다움과 감미로운 춤에 빠져들어 여불위에게 장수를 축하한다면서 조희를 달라고 청했다. 여불위는 화가 치밀었지만 "이미 막대한 재산을 써서 자초를 위해 힘쓰고 있는 까닭은 진귀한 재물을 낚으려는 것임을 떠올리고 조희를 바쳤다."[9] 조희는 자초에게 시집간 지 12개월 후에 아들을 낳았고 이름을 '정政'이라 지었다. 그가 바로 진시황이다. 자초는 마침내 조희를 부인으로 세웠다.

진시황은 자초의 큰아들이다. 그는 한단에서 진 소왕 48년 정월에 태어났다.[10] 정월에 태어났고 진나라와 조나라의 조상이 같다는 이유로, 또 영진족 조상의 성씨가 조씨인 데다 자초와 조희 부부가 조나라에 살았기 때문에 '이름은 정, 성은 조'[11]로 지었다.

자초가 조희를 아내로 삼은 것은 정말 그녀가 몹시 아름다웠기 때문일까? 아니면 계략에 빠졌기 때문일까? 조희가 자초에게 시집갔을 당시 그녀는 임신한 상태였을까 아니면 임신하지 않았을까? 둘 사이에서 태어난 아이 '조정趙政'은 정말 '영정嬴政'일까? 혹 '여정呂政'은 아닐까? 이 문제는 현존하는 문헌으로는 정확하게 고증하기 어렵다. 필자는 진시황은 여불위의 자식이 아니라고 본다. 사실이 어떻든 이 문제는 '진시황 현상'을 연구하는 데는 별다른 영향을 주지 않는다.

| 2 |

태자 확정과 왕위 등극

진시황은 태어날 때부터 왕의 후손으로 운명지어졌다. 그의 증조부가 왕이었고 할아버지는 태자였으며 아버지는 태자의 후사였다. 그리고 진시황은 적장자였다. 왕위 계승제도에 따르면 의외의 사건이 일어나지 않는 한 진나라의 왕위는 언젠가 진시황에게 넘겨질 것이었다. 그러나 유년 시절의 진시황은 여러 위기에 직면하여 목숨을 잃어버릴 뻔도 했다. 다행히 그와 그의 부모 모두 위기에서 살아남았으며 그들이 처한 화가 복으로 바뀌었다. 어쩌면 옛말처럼 왕자王者는 죽지 않는 법이었을지도 모를 일이다.

자초와 함께 진나라에 온 조정趙政

진시황이 태어나기 전, 진나라와 조나라 사이에는 전쟁이 끊이지 않았기 때문에 자초와 조희는 항상 생명의 위협을 느꼈다. 진시황이 태어났을 때는 두 나라의 장평전쟁이 끝나갈 무렵이었다. 장평전쟁은 무려 3년간 지속되었으며 조나라의 참패로 끝났다. 조나라의 장수 조괄趙括은 죽었고 40만 병사가 생매장되었다. 조나라는 진나라에 영토 할양을 약속하고 화평을 청했다. 진과 조는 평화조약을 맺었지만 조나라 사람은 모두 진에 가슴 깊은 원한을 품게 되었다. 이런 상황에서 진시황의 가족이 불안하지 않았다면 그것이 오히려 이상할 것이다. 그 후 조나라는 진나라에 6개 성을 할양하겠다는 약속을 이행하지 않았고 나아가 평화조약을 깨고 제나라와 연합하여 진나라에 대항하려 했다. 진나라는 또다시 군대를 일으켜 여러 해에 걸쳐 조나라를 공격했다. 기원전 260년, 진나라 군대의 장수 왕릉王陵은 조나라의 도읍 한단을 공격했지만 조나라가 완강하게 저항하여 수많은 병사를 잃었고 결국 자신도 죽고 말았다. 진나라 군대는 장수를 정안평鄭安平으로 바꾸고 계속 조나라를 공격했지만 조나라에 포위당하여 패배하고 정안평과 부하 2만여 명은 조나라에 투항했다. 기원전 258년, 진나라 소왕은 왕흘王齕에게 대군을 맡겼고 왕흘이 조나라의 도읍 한단을 포위하자 조나라의 형세가 매우 다급해졌다. 조나라 왕은 평원군平原君에게 모수毛遂 등과 함께 초나라에 지원병을 요청하게 하는 한편 진나라의 볼모인 자초를 죽이려 했다. 이로써 진시황의 가족은 생사의 갈림길에 놓이게 되었다.

하지만 자초와 여불위는 이미 이와 같은 상황을 예상했던 터라 늦지 않게 정보를 얻을 수 있었다. 그들은 먼저 조나라의 집권자에게 자초를 죽이는 일은 아무런 소용이 없다고 경고하고 그를 인질로 붙잡거나 죽이는 것보다는 차라리 진나라로 보내 왕이 되게 하는 것이 낫다고 설득했다. 그러면 조나라에 고마워하지 않겠냐는 이유에서였다. 하지만 이러한 유세가 별 효력이 없자 자초와 여불위는 지체하지 않고 도피를 결정했다. 당시 조나라의 한단은 경비가 매우 삼엄했으며 자초의 가족에 대한 감시도 더욱 강화되었을 때였다. 여불위는 자초를 감시하던 관리와 성을 지키는 문지기에게 600금을 주어 매수하고 한단을 탈출했다. 이때 조희와 어린 진시황을 조나라에 버려두고 진나라 군영으로 도망쳤으며 마침내 본국으로 돌아올 수 있었다. 자초가 도망쳤다는 사실을 안 조나라는 조희 모자를 없애려 했는데, 두 모자는 가까스로 외가에 숨어서 목숨을 부지할 수 있었다. 조희의 집안은 비록 서민 계층이었지만 돈이 많은 부호였기 때문에 가능한 일이었다. 당시 진시황의 나이는 불과 두세 살이었다.

자초가 진나라로 귀국하면서 한단의 오랜 인질생활이 드디어 끝났다. 함양에 도착한 후 자초는 곧 아버지인 안국군과 적모嫡母(서자가 아버지의 정실을 부르는 호칭)인 화양부인에게 문안 인사를 올렸다. 화양부인은 초나라 사람이었다. 여불위는 적모의 환심을 얻기 위해 자초에게 초나라 복장으로 알현하라고 조언했다. 이것은 주효했다. 화양부인은 초복 차림새의 자초를 보고 흡족해했으며 자초가 지혜롭고 계책이 뛰어난 인물임을 알아차리고 그를 후사로 정할 생각을 더욱 군히게 된다. 자초는 아버지를 알현할 때 사절을 파견하여 지난날 안국군이 조나라에서 사귀었던 호걸과 이름을 알고 지낸 사람에게 연락하여 위로할 것을 건의했다. 안국군은 자초의 계책을 높이 평가했다. 안국군은 또한 관상가에게 여러 아들의 관상을 보게 했는데 자초의 팔자가 가장 좋았다고 했다. 그후 자초가 태자의 후사가 되는 것은 바꿀 수 없는 기정사실이 되었다.[12]

기원전 251년 가을, 56년간 재위했던 진나라의 소왕이 서거하고 태자 안국군이 왕위를 이어받아 진 효문왕孝文王이 되었다. 효문왕은 화양부인을 왕후로 책봉하고 자초를 태자로 세웠다. 조나라에서는 이 소식을 듣고 사절과 함께 조희 모자를 수레에 태워 진나라로 호송해주었다. 진시황은 어머니를 따라 본국으로 돌아왔다. 이때 진시황의 나이는 여덟 살 남짓했다.

　유년 시절 진시황의 삶은 복잡하고 변화무쌍했다. 현존 기록을 살펴보면 그는 풍족한 삶을 영위했다. 아버지 자초는 여불위와 화양부인으로부터 경제적 후원을 받았고 외가 역시 조나라의 부호였기 때문에 입고 먹는 문제는 걱정하지 않았다. 진시황은 아버지가 왕손이었으므로 친척과 친구들이 모두 부유했으며 교류 범위 역시 넓었다. 그가 어린 시절 함께했던 친구 가운데는 조나라에 볼모로 와 있던 연나라의 태자 단丹이 있었다. 그의 삶은 항상 불안 그 자체였다. 그의 가족은 삼엄한 감시를 받았고 조나라의 백성에게 적대감을 사서 주변에 원수들이 포진해 있었다. 또한 진시황은 갓난아이일 때 죽을 뻔하기도 했다. 이러한 경험은 분명히 어린 진시황의 성격 형성에 어느 정도 영향을 끼쳤을 것이다.

　진시황 전기傳記들을 보면 영정은 어린 시절부터 괴롭힘, 굴욕, 공포, 적대감을 경험하여 정서적으로 매우 메말라 냉혈 인간이 되었을 것이라고 단언한 대목도 있다. 그러나 이런 추측은 믿을 만한 것이 못 된다. 똑같은 환경도 사람의 성격과 심리 상태에 따라 가가 다른 영향을 미치고 그 차이 역시 천양지차일 수 있다. 또한 당시 영정은 아직 어렸기 때문에 위험이나 업신여김에 대한 기억이 그리 깊지 않았을 수도 있다.

유년 시절의 진나라 태자

진시황의 조부 효문왕은 즉위하자마자 사망했다. 기원전 250년 10월

기해己亥일, 탈상을 마친 효문왕이 정식으로 왕위에 즉위했는데 3일 만인 신축辛丑일에 갑자기 세상을 떠난 것이다. 곧바로 그의 후사인 자초가 왕위를 계승해 장양왕莊襄王이 되었다. 장양왕은 적모인 화양부인을 화양태후라 하고 생모 하희를 하태후라고 했으며, 부인 조희를 왕후로 책봉하고 큰아들 영정을 태자로 세웠다. 이렇게 진시황은 어려서 진나라의 태자가 되었다.

진시황이 청소년기에 어떤 교육을 받았는지에 대한 역사 기록은 남아 있지 않다. 영정은 어려서 오랫동안 조나라의 한단에서 지냈고 12살에 왕위에 오른 후 여불위의 제약을 받았기 때문에 체계적인 교육은 많이 받지 못했을 것이라고 보는 시각이 있다. 충분히 검토할 만한 가설이다.

필자는 최소한 영정이 진나라로 온 이후에 그의 아버지 장양왕은 미래의 왕에게 요구되는 요건에 따라 영정의 교육을 시작했을 것이라고 생각한다. 『전국책』「진책」에 따르면 본국으로 돌아왔으니 이제 공부에 힘쓰라고 말하는 아버지 안국군에게 자초는 이렇게 대답했다. "저는 어려서부터 조나라로 건너가 일찍이 스승에게 학문을 배워본 적이 없기 때문에 책을 읽을 줄 모릅니다."[13] 안국군은 실망했고 자초는 이런 자신이 부끄러웠다. 따라서 자초는 자신의 후계자에게는 이러한 문제가 재발하지 않도록 했을 것이다. 게다가 태자를 위해 훌륭한 스승을 임명하고 체계적인 교육을 받게 하는 것은 오래전부터 내려온 제도였다.

수많은 사료에 나타나듯이 태자, 왕자, 기타 귀족 자제들을 훈련시키는 제도는 상주시대 이래로 늘 존재해왔다. 특히 태자는 최고 권력의 계승자였기 때문에 그에 대한 교육은 국가의 흥망성쇠에 직결되는 것이었다. 그러므로 특별히 스승에게 관직을 주고 태자를 가르치며 보필하는 책무를 다하도록 했다. "태자사, 태자보, 태자이부는 은나라와 주나라에도 있었다."[14] 진나라에도 왕자를 교육하는 제도가 있었다는 기록이 있다. 예컨대 안국군은 후사인 자초의 사부로 여불위를 임명했다. 진시황은 법률에 정통한 조고趙高를 공자公子인 호해胡亥(진나라의 2대 황제)의 사부로 임명했고 조고는 "호해에게 서법과 형법, 법령을 가르쳤다."[15] 상식에 비춰보면 영정의 아버지 자초는 먼저 태자의 지위를 얻는 데 최선을 다하고 왕권을 장악한 지 3, 4년이 흐른 뒤에는 태자인 영정의 교육 문제를 중시했을 것이다. 선왕의 사부였고 진시황의 중부인 여불위 역시 영정을 교육했을 것이고 영정에게 상당한 영향을 끼쳤을 것이다. 훗날 진시황의 언행을 보면 군사적 능력과 문화적 수준이 매우 높았음을 알 수 있다. 그렇지 않았다면 국가 대사를 결단력 있게 추진하고 계책에 능하며 대규모의 정복 전쟁을 일으키는 일은 감당하기 어려웠을 것이다. 진시황은 계획이 정해지면 실수를 저지르는 일이 거의 없을 정도로 철두철미했다. 그는 『한비자韓非子』를 읽고 매우 높이 평가했으며 정무를 게을리 하지 않았다. 매일 수많은 공문서를 꼼꼼히 살펴보았다. 단순하게 정치적인 경험만으로는 지혜와 능력을 갖출 수 없으며 필요한 지식 역시 얻을 수 없다. 진나라는 본래 법치를 중시했으며 진시황이 정무를 행한 흔적을 보면 그가 법치에 정통했음을 잘 알 수 있다. 그러므로 틀림없이 이 분야의 교육을 철저하게 받았을 것이다. 무武를 숭상하는 전국과 진한시대 사회 분위기 속에서 정무에 종사하는 대부분의 관료들은 문관과 무관이 구분되지 않았고, 사인士人들도 '독서를 즐기고 검술 수련을 게을리 하지 않았다.' 진나라에는 상무 전통과 풍습이 더욱 짙었다. 후한의 역사학자인 반고班固에 따르면 "진한 이래로 관동에서 재상이 나고 관서에서 장수가 난다"[16]고 했다. 그는 진한시대에 관서 지역에서 배출된 수많은 명장을 소개한 후 그 이유를 이렇게 설명했다. "산서, 천수, 농서, 안정,

북지 등의 지역은 가까이 있는 강인 세력에 압박을 당해 백성은 전쟁에 대비하여 연마하고 무기를 수리했으며 용맹하게 말을 타고 활 쏘는 것을 숭상했다. 이에 『진시秦詩』에서는 '왕이 군사를 일으키거든 내 갑옷과 병기를 수선하여 그대와 더불어 함께 가리라'라고 읊었다. 이러한 전통은 오래전부터 지켜져왔고 강개한 그 노래는 오늘날 풍류만 남아 있을 뿐이다."[17] 이를 근거로 진나라의 태자이자 군주였던 영정은 수많은 서적을 학습했고 문무를 두루 갖추었을 것이라 추측할 수 있다. 또한 그 역시 체계적인 문화 교육과 군정 훈련을 기꺼이 받았으며 이러한 교육은 늦어도 진시황이 진나라에 들어온 이후에 시작되었다고 단언할 수 있다.

12세에 왕위에 오르다

영정이 진나라에 들어온 후 왕위에 오르기까지 약 5년이라는 세월이 걸렸다. 이 5년 동안 진나라의 국력은 더욱 강해졌다. 진시황의 할아버지인 효문왕과 아버지인 장양왕 모두 훌륭한 군주였다. 효문왕이 왕권을 장악한 기간은 매우 짧았지만 많은 성과를 거두었다. 그는 '죄인을 사면하고 선왕 때의 공신들을 표창했으며 친척들을 포상하고 예우했다. 또한 임금의 정원을 허물어' 덕정을 펼쳤다. 장양왕은 선왕의 유지를 이어받아 왕위에 오른 후 "죄인을 크게 사면하고 선왕 때의 공신들을 표창했으며 덕을 베풀어 친족을 예우하고 백성에게 은혜를 내렸다."[18] 이런 그의 업적은 높이 살 만하다.

장양왕은 여불위에게 나라를 안정시키고 왕을 세운 공을 포상하여 "여불위를 승상으로 삼고 문신후로 봉했으며 하남 낙양의 10만 호를 식읍으로 주었다."[19] 장양왕은 여불위와 부귀를 함께 나누겠다는 약속을 지켜 여불위를 재상으로 임명하고 문신후로 예우했을 뿐만 아니라 그에 대한 믿음도 더 돈독해졌다. 장양왕과 여불위는 함께 진나라의 대업을 이루기 위해 노력했으며 내정을 안정시킨 후 대외 확장을 위한 발걸음을 재촉했다. 기원전 249년, 동주의 왕이 제후와 연합하여 진나라에 대항했다. 여불위는 장양왕의 명을 받고 군사를 이끌어 동주를 멸망시켰으며 동주의 영토를 진나라의 판도에 귀속시켰다. 또한 몽오蒙驁를 보내 한나라를 공격하여 성고成皐, 형양榮陽 등을 빼앗았으며 서주와 동주를 멸망시키고 삼천군三川郡을 설치했다. 그리하여 진나라의 동쪽 끝이 대량大梁에 이르렀다. 기원전 248년, 몽오가 조나라를 공격하여 태원군을 넓혔다. 다음해 몽오는 위나라의 고도高都와 급汲을 공격했고 조나라의 유자榆次, 신성新城, 낭맹狼孟 등지를 공격하여 37개 성을 빼앗았다. 같은 해 진나라의 장수인 왕흘이 상당上黨을 공격했고 나아가 진양을 쳤다. "당시 진나라는 이미 파·촉과 한중을 손아귀에 넣었고 초나라의 완宛을 넘어 영郢을 차지하고 남군南郡을 설치했다. 북쪽으로는 상군上郡의 동쪽을 거두어들여 하동河東, 태원太原, 상당 등의 군을 차지했다. 동쪽으로는 형양까지 이르러 두 주나라를 멸망시키고 삼천군을 설치했다."[20]

진나라가 전쟁에서 계속 승리를 거두자 동쪽 제후들은 불안에 떨기 시작했다. 연나라, 조나라, 한나라, 초나라, 위나라는 합종하여 진나라를 공격하기로 결정했다. 기원전 247년, 위나라 왕은 신릉군信陵君을 상장군으로 임명하고 그에게 5국의 병사를 이끌고 진나라를 공격하라고 명했다. 이 전쟁에서 진나라는 대패했고 몽오는 철수했다. 5국 연합군이 함곡관 아래까지 추격해왔다. 5월 병오丙午일에 진나라 장양왕이 사망했다. 그는 임종시 여불위를 비롯한 재상과 장수들에게 부탁해 태자 영정이 왕위에 올랐다. 그가 바로 진시황이다. 당시 그의 나이는 불과 12살이었다.(실제 나이는 12살이 넘었다.)

진시황이 왕위에 오를 수 있었던 것은 '하늘의 뜻天意'(우연의 요소)과 '사람의 일人事'(인위적인 요소)이 어우러진 결과이다. 만일 우연과 능동적인 인위적 요소가 함께 작용하지 않았다면 소왕, 효문왕, 장양왕, 진시황 모두 왕위에 등극하지 못했을 것이다.

소왕 영직嬴稷은 적장자가 아니었다. 왕위는 본래 배다른 형제인 무왕武王에게 이어져야 했다. 기원전 307년, 젊고 혈기 왕성한 무왕은 대역사인 사맹士孟과 정鼎을 들어올리는 대결을 벌이다가 크게 다쳐 죽었다. 무왕에게는 자식이 없었으므로 종실에선 왕위 쟁탈을 위한 경쟁이 치열하게 벌어졌다. 당시 연나라에 볼모로 있던 영직이 조나라와 연나라의 도움을 받고 또 국내에서는 어머니의 동생인 위염魏冉의 후원을 받아 왕위를 빼앗았다. '하늘의 뜻'과 '사람의 일'이 진나라 소왕을 만들었다. 효문왕 영주嬴柱 역시 적장자가 아니었다. 그가 왕위에 오를 수 있었던 것은 아버지가 장수하고 형이 단명했기 때문이다. 기원전 267년, 위나라에서 볼모로 있던 진나라의 태자 도悼가 사망했다. 2년 후 안국군이 태자로 세워졌다. 그로부터 16년이 흐른 뒤에야 안국군은 왕위에 오를 수 있었다. 다행히 부왕이 안국군보다 1년 일찍 세상을 떠났다. 그렇지 않았다면 안국군도 왕위에 오를 수 없었을 것이다. 안국군 효문왕은 제위에 오른 지 3일 만에 사망했다. 그의 후계자인 자초 역시 적장자가 아니다. 자초가 왕위에 오를 수 있었던 것은 정실 어머니에게 자식이 없었고 여불위가 물심양면으로 도왔기 때문이다. 정실 어머니인 화양부인에게 자식이 없는 것은 '하늘의 뜻'이고 여불위가 도와준 것은 '사람의 일'이다. 만일 '하늘의 뜻'이 없었다면 여불위의 재산이 나라에 필적할 정도이고 계책 또한 뛰어났다 하더라도 자초를 왕위에 올려놓지 못했을 것이다. 그러나 '사람의 일'이 없었다면, 즉 여불위와 같은 특정 인물의 정치 행위가 없었다면 '이인'은 '자초'가 되지 못했을뿐더러 '장양왕'은 꿈도 꾸지 못했을 것이다. 만일 그가 왕위에 오르지 못했다면 그의 적장자인 영정 역시 '천고의 황제'가 되지 못했을 것이다.

모후의 권력, 중부의 보좌, 노애의 전횡

일찍이 서주시대에 아버지가 죽으면 아들이 그 뒤를 잇게 하는 적장자 왕위 계승제도가 확립되었다. 종조계승 원칙에 따라 적자가 없으면 서자를 세우고 아들이 없으면 종실 가운데 한 명을 택하여 세웠다. 그러나 제도를 무너뜨리고 관례를 거스르는 일은 자주 일어났다. 즉 사실상 각국에서 시행된 것은 군주가 계승자를 선택하는 제도였다.

이외에도 비정상적인 왕위 쟁탈이 있었다. 진영 이래로 진나라의 군주 자리(부용국의 군주 자리도 포함)의 계승은 기본적으로 주나라의 제도를 따랐다. 그러므로 적장자인 영정이 왕위를 이어받는 우선권을 지녔다. 현존 문헌을 살펴보면 장양왕은 영정의 혈통을 의심해본 적이 없었고 영정이 매우 총명했으므로 다른 후사는 염두에 두지도 않았다. 아버지가 죽으면 아들이 그 뒤를 계승하는 제도 때문에 나이가 어린 태자, 심지어 포대기에 싸여 있는 아이도 왕위에 오르는 일이 자주 발생했다. 그래서 어린 군왕이 성년이 된 후에도 왕권은 모후와 보정 대신이 대신 휘두르게 되었다. 전국 후기에 조나라 태후가 집권하고 진나라 태후 조희가 권

제
이
장

유
년
시
절

191

력을 장악한 것 모두 이러한 사례에 속한다.

태후가 왕권을 대행하고 대신이 보좌하다

진시황이 왕위를 계승한 초기에 진나라의 최고 권력은 모후와 보정 대신의 수중에 있었다. 당시 왕이 된 영정의 나이는 겨우 12살이었다. 제도에 따르면 성인식을 거행하기 전에 그는 친정할 수 없고 어머니 조희가 태후 및 후견인의 자격으로 왕권을 대행해야 했다. 그래서 진시황이 친정하기 전에 조희는 진나라 법에 의거한 최고 통치자였다. 문헌의 기록을 보면 당시 군대를 동원하는 문건에는 진나라 왕의 옥새와 태후의 옥새를 모두 찍어야 했지만 정상적인 상황에서 군사를 동원하는 것은 군주의 권한이었다. 유년 시절의 영정은 자신의 행동을 완벽히 판단할 만한 능력을 지니지 못했기 때문에 수많은 정사가 자신이 처리한 것으로 나타나지만 사실은 태후의 가르침, 심지어 지시를 받아 처리한 보조적인 행위에 머물렀다. 태후가 총애하는 노애嫪毐를 장신후長信侯로 책봉한 것은 조희가 진나라 왕인 영정을 대신하여 결정한 것이다. 국사의 최종 결정권은 다른 사람이 아니라 조희에게 있었다.

정사는 대신에게 위임해야 했다. 진시황은 '중부' 여불위를 상국으로 봉하고 몽오蒙驁, 왕흘王齕, 표공麃公을 장군으로 임명했다. 당시 이사는 사인舍人에 임명되었다. 이들은 뛰어난 인재였기 때문에 왕업과 패업의 달성을 보좌할 만했다. 그들은 진나라의 정치제도 외에도 개인적인 충성과 지혜로써 국가를 체계적으로 통치했기 때문에 진시황이 친정하기 전에도 진나라의 국력은 지속적으로 증강했다.

모후가 왕권을 대행하고 대신이 정사를 대신하는 것은 군주제도의 권력 구조에서 보면 특별한 경우이지만 그렇다고 해서 정치적 부패와 정치 위기를 초래하는 것은 아니었다. 태후가 신중하고 대신들이 진심을 다한다면 국가를 올바르게 통치할 수 있다. 후견인으로서 모후의 권한은 남편이 죽고 아들이 어려서 생기는 것으로 아들이 성장하면서 소멸된다. 아들이 성인이 되면 권력은 아들에게 귀속되어 다시 정상으로 돌아간다. 어머니와 아들의 친밀한 관계는 보통 최고 권력이 안정적으로 교체되는 데 도움이 되기도 한다.

그러나 권력 구조가 정상으로 복구되기 이전에 왕권이 비정상적인 상태에 있었다면 왕권의 변동은 각종 정치 위기를 유발하는 중요한 요인이 되기도 한다. 왕권을 대행하는 모후와 정무를 대신하는 대신의 정치적 오류는 심각한 정치적 문제를 일으킬 수 있으며 심지어는 반란을 일으키기도 한다. 조희의 개인적인 욕망으로 하마터면 진나라와 진시황의 미래가 좌절될 뻔했다.

최고 권력을 넘본 '중부'이자 '상국'

여불위는 실질적으로 진나라의 최고 권력을 공유하고 있었다. 그가 손에 쥔 권력의 원천에는 세 가지 요인이 있다. 첫째, 제도화된 권력 즉 재상의 권한이다. 그는 진나라의 상국으로 모든 관료의 수장百長이었다. 그의 권세는 하늘을 찔러서 '일인지하 만인지상'으로 불릴 만했다. 둘째, 특수하게 부여된 권력이다. 여불위는 장양왕의 사부이자 나라를 안정시키고 왕을 세운 공이 있기 때문에 두 사람은 친밀한 군신관계를 유지하고 있었다. 그래서 장양왕은 여불위에게 아들을 부탁할 수 있었고 진시황은 여불위를 '중부'로 존중하였다. 또한 그는 문신후로서 식객이 3000명, 하인이 1만 명이나 되었으며 하남 낙양의 10만 호를 식읍으로 받아 그가 보유한 땅은 남전藍田의 12현에 이르렀다. 이러한 경제력이 여불위의 권력을 더욱 막강하게 만들었다. 셋째, 훔친 권력이다. 조희는 원래 여불위의 애첩이었다. 장양왕이 사망한 후 여불위와 조희의 관계는 예전으로 돌아갔다.『사기』에서는 "진나라 왕이 나이가 어려 태후는 때때로 사사로이 여불위와 정을 통하였다"[21]라고 적고 있다. 남녀관계라는 특수한 밀월관계가 있었기 때문에 여불위는 왕권을 대행하는 조희를 통해 최고 권력을 조정할 수 있었다. 당시 이 세 가지 권력이 하나로 합쳐지면서 여불위가 진나라의 권력 구조에서 차지한 위상은 이례적으로 대단했다. 그는 사실상 진나라의 국정을 장악했다고 할 수 있다.

실제 정치적 업적을 보면 여불위는 매우 뛰어난 재상이었다. 진시황이 친정하기 전에 그가 이룬 업적을 네 가지로 정리하면 다음과 같다.

첫째, 영토를 지속적으로 개척했다. 여불위는 삼진三晉을 잠식해가는 기존의 전략을 관철시키고 더 확대해갔다. 진시황 원년(기원전 246)부터 진시황 9년(기원전 238)까지 진나라 군대는 몽오를 포함한 장수의 통솔 아래 한나라, 조나라, 위나라를 연이어 공격하였다. 이로써 위나라의 도시 수십 개를 포함해 10여 개의 한나라 도시, 여러 조나라 도시를 빼앗았고 위衛나라를 진나라의 부용국으로 만들었다. 그러던 중 진시황 5년(기원전 242), 몽오는 위나라의 산조酸棗를 포함하여 20~30개 성을 함락하고 이곳에 동군東郡을 설치하여 진나라의 영토를 제나라와 인접하게 했다. 이로써 동쪽의 6국은 남북으로 나뉘어져 각국 간의 상호 연계가 불가능하게 되었다. 진시황 9년(기원전 238), 진나라 군대는 양단화楊端和

의 지휘 아래 위나라의 여러 성을 공격하여 위나라의 도읍 대량을 압박했다. 이와 같이 전쟁에서의 연이은 승리는 진나라가 통일 대업을 달성하는 데 있어 전략적인 준비과정이 되었다.

둘째, 널리 인재를 모았다. 대국 간의 경쟁은 사실상 인재를 구하기 위한 전쟁이다. 전국 후기, 각국의 통치자는 인재를 구하는 일을 천하를 얻기 위한 중요한 조치로 생각하여 경쟁적으로 인재를 모으는 데 전력을 다했다. 『사기』는 "이 무렵 위나라에는 신릉군, 초나라에는 춘신군, 조나라에는 평원군, 제나라에는 맹상군이 있었는데 모두 선비를 존중하여 빈객 모시는 일을 두고 다투었다. 여불위는 진나라가 강하면서도 그렇게 하지 못하는 것을 부끄럽게 여기고 선비들을 불러 예우하자 빈객이 3000명에 이르렀다"[22]라고 전하고 있다. 이와 같은 여불위의 노력으로 진나라에는 수많은 인재가 몰려들었다.

셋째, 사회 기반을 확충하는 일을 강화했다. 여불위의 주도 아래, 진나라는 정국거鄭國渠 등 치수사업에 치중하여 농업의 발전을 촉진하고 진나라의 경제력을 향상시켰다.

넷째, 문화 기반의 구축을 중시했다. "이때 제후의 나라에는 변사가 많았다. 순경 같은 무리는 글을 지어 천하에 자신의 학설을 퍼뜨렸다. 이에 여불위는 자신의 빈객에게 각각 보고 들은 것을 쓰게 하여 팔람, 육론, 십이기 등 20여만 자로 모았다. 그는 이것이야말로 천지, 만물, 고금의 일을 다 갖추고 있다고 여겨 『여씨춘추』라고 불렀다."[23] 또한 여불위는 『여씨춘추』의 권위를 높이기 위해 책을 함양의 시장 문 앞에 펼쳐놓고 거기에 "1000금을 걸어 제후국의 유사나 빈객 가운데 한 글자라도 더하거나 뺄 수 있는 사람에게 그 돈을 주겠다고 했다."[24]

여불위가 『여씨춘추』를 편찬한 일은 진나라의 사상과 문화 기반을 구축하는 데 매우 큰 공을 세운 것이다. 이 책은 중국사상사에서 특별한 의의가 있다. 『여씨춘추』는 정치, 경제, 사상, 문화적으로 천하 통일을 향한 역사의 거시적 배경에서 통치자가 최초로 내놓은 통일 사상을 정리, 집대성한 책이다.

『여씨춘추』는 『여람呂覽』이라고도 불린다. 이 책은 중국 최초로 편집자가 있고 편찬 목적과 계획이 있으며 집단으로 편찬된 정치이론서이다. 이 책은 여러 학설을 종합하고 핵심 내용을 망라하여 하나의 학파를 이루었다. 여불위는 "통일되면 다스려지고 제각기 존립하면 어지러워지며, 통일되면 안정되고 제각기 존립하면 위태로워진다"고 생각하고 왕은 법령을 똑같이 적용하여 모든 사람을 하나가 되게 하고 성인이 "서로 다른 만 가지 것들을 가지런하게 할 수 있는"[25] 정치모델을 최고로 삼고 중앙집권제를 수립하여 국가 통일을 달성할 것을 주장했다. 정치적, 사상적 통일을 실현하기 위해 여불위는 능력이 뛰어나고 지혜로운 선비를 모아 '여람'을 편찬했다. 이 책은 어느 한 학파의 학설에 얽매이거나 여러 학파의 우열을 가리지 않고 평론했다. 『여씨춘추』는 왕의 통치에 도움이 되어야 한다는 객관적인 필요에 따라 각 학파의 장점을 수용하고 단점을 버려 종합했다. 그리고 여불위는 행정 수단을 이용하여 이 책의 종합성과 권위를 널리 내세우기도 했다.

『여씨춘추』에서 제왕론의 통합적인 성격은 바로 통치론의 종합성을 나타낸다. 이 책에 나타난 패왕의 도리와 군주의 규범은 선진시대의 각종 정치 사조와 학술 유파를 집대성한 것으로 덕, 인, 의, 예, 악, 법, 세, 술, 충, 효, 애, 이, 무위, 정명 등 선진시대의 제자학파에서 공통되거나 고유한 정치적 범주를 널리 수용하였다. 그리고 장점을 체계화하고 단점을 버렸으며 무위를 근본으로 하고 덕화를 주로 하여 법술로 보조하는 원칙에 따라 하나로 통합했다. 어느 한 학파로 귀납시키기 어렵기 때문에 훗날 사람들은『여씨춘추』를 "잡가雜家"라고 불렀다.

자연을 근본으로 하고 무위를 최고의 가치로 여기면서 자연에 순응하여 아무것도 하지 않아도 되지 않는 일이 없는 '도道'(태일太一이라고도 함)를 제왕학의 기본 철학으로 여겼다. 이런 점에서『여씨춘추』는 도가적인 성격이 매우 짙다. 그러나『여씨춘추』는 예악과 인의를 버리고 청정무위해야 잘 다스릴 수 있다는 노장사상의 폐단을 물리치고 각종 정치 수단을 적절히 운용하여 적극적으로 통치할 것을 주장했다.

효제孝悌는 삼황오제의 근본[26]이며 같은 무리에게 인애를 베풀 것[27]을 주장하였다. 그리고 덕을 근본으로 하는 예악禮樂 교화와 귀천을 구분하는 명분, 민심을 얻는 왕도王道와 인정仁政을 중시했다.

이점에서『여씨춘추』의 관점은 유가儒家와 매우 비슷하다. 그러나 유가의 복잡하고 까다로운 예禮와 진부한 논리를 버리고 왕도와 패도를 함께 논의하고 경전과 법제를 중시하여 유가보다 훨씬 실용적인 경향을 보였다.

권세의 관점에서 임금과 신하를 논할 때 "왕은 권세를 잘 사용해야 한다"[28]라고 하여 군주의 무위지술無爲之術을 강조했다. 법에 의거한 일 처리, 사실과 일치하는지에 대한 확인, 정세에 따른 임기응변, 수단과 방법의 현명한 활용 등을 주장하여 인류의 정치사에 대해 진화론적인 관점을 피력했다. 이점에서『여씨춘추』는 법가와 유사하다. 그러나 형법을 지나치게 중시하고 가벼운 죄에 대해서도 중벌을 내리는 법가의 폐단을 지양하고 무위와 덕치를 중심으로 삼아 정치적 이성이 법가보다 훨씬 뛰어났다.

『여씨춘추』는 8람覽, 6론論, 12기紀 등 총 160여 편의 글로 구성되어 있다. 편마다 하나의 국가 정책을 중점적으로 논하고 그에 상응하는 군주의 규범을 제시하고 있다. 논증 방법도 매우 종합적이었다. 군주의 기원설을 예로 들면, 『여씨춘추』는 천명天命론, 오행五行론, 도덕道德론, 성인聖人론 및 역사진화론을 집대성했고 군주제도의 기원과 합리성에 대해 다각적인 방향에서 근거를 제공했다. 또한 공공의 이익을 추구하는 입군설立君說을 제기하고 풍부하게 논증했다.

『여씨춘추』는 군주에 유리하다는 이유로 영향력 있는 학파를 없애거나 폄하하지 않았다. 그렇다고 어느 한 학파만 중시하지 않고 제자백가를 초월하여 통치에 유용한 사상과 전략, 법술을 모두 포용하였다. 『여씨춘추』는 변법과 법제를 중심으로 법가의 법치와 경전耕戰, 유가의 예치와 인정仁政, 도가의 무위 통치와 권술權術, 묵가의 의치義治와 절약 그리고 음양가의 시정時政, 명가名家의 정명正名 등을 녹여서 '대일통大一統'에 필요한 높은 수준의 정치이론 체계를 형성했다.

문화 발전에서 새로운 사상과 새로운 논점의 탄생은 필연적인 것이다. 또한 다양한 관점과 여러 학설을 융합하고 종합하는 것 역시 필연적이다. 종합은 계승이자 창조의 행위이며 종합하는 방식의 차이는 새로운 분화와 논쟁을 일으키기 마련이다. 여불위가 정치적 세력을 상실했기 때문에 『여씨춘추』는 정통으로 인정받지 못했지만, 『여씨춘추』가 세상에 등장한 뒤 다양한 학설을 종합하기 위한 정치 이론이 눈부시게 전개되었고, 이것을 통치 사상으로 정착시키기 위한 경쟁이 새롭게 펼쳐졌다.

전국시대에 널리 이름을 떨친 4공자(제나라 맹상군, 조나라 평원군, 위나라 신릉군, 초나라 춘신군)에 비해 보아도 상인 출신인 여불위의 지략과 공적이 훨씬 우세했다. 하지만 여불위 역시 중대한 정치적 실수를 저질렀다. 그것은 고의든 타의든 노애를 진나라의 중추 권력 구조에 끌어들였다는 점이다. 이 실수는 화를 불러일으켜 그의 목숨을 위태롭게 했고 진나라의 앞날에도 먹구름을 드리우게 했다.

정치를 문란하게 한 노애

노애는 여불위의 사인舍人이었다. 그는 여불위의 추천으로 궁궐에 들어가 태후의 총애를 받았으며 최고 권력을 뒤흔들었다. 이는 진나라의 중추 권력 구조를 더욱 기형적으로 만들었으며 비정상적인 권력 투쟁을 일으키고 평화로운 정권 교체에 큰 장애물이 되었다. 진나라에는 한때 최고 권력을 좌지우지하는 4명의 인물이 있었다. 바로 법에서 정한 최고 통치자인 태후 조희, 명분상 최고 통치자인 진나라의 왕 영정, 실질적으로 최고 권력을 공유한 상국 여불위 그리고 태후의 총애를 얻어 군君으로 봉해진 노애이다. 진나라의 내정은 여기에서 시작되었다.

여불위가 노애를 천거한 것은 어쩔 수 없는 일이었다. 당시 "진시황이 장년이 되어가는데도 태후는 음란한 행동을 멈추지 않았다."[29] 이에 여불위는 태후와의 부적절한 관계가 발각되어 재앙이 미칠까 두려웠다. 그는 앞으로 있을지도 모를 화를 피하기 위해 방법을 생각해내고는 음경이 큰 사람을 물색하여 문객으로 삼았다. 그가 바로 노애이다. 여불위는 연회가 있을 때마다 사람들 앞에서 일부러 노애로 하여금 음경에 오동나무 수레바퀴를 달아 걷게 했다. 노애의 이야기가 입소문을 타서 태후에게 들어가게 하기 위함이었다. 그의 미끼는 성공적이었다. 소문을 들은 태후는 그를 얻고 싶어했다. 여불위는 노애를 바치겠다고 약속했고 사람을 시켜 노애가 부죄腐罪(남녀의 생식기를 제거하는 형벌)에 해당하는 죄를 저질렀다고 허위로 고발하게 했다. 이때 여불위는 태후에게 은밀한 제안을 했다. 공개적으로 노애를 궁형에 처하도록 판결하지만 실제로는 형벌을 내리지 않고 환관의 신분으로 궁에서 일할 수 있게 해주겠다는 것이었다. 태후는 형벌을 주관하는 관리에게 많은 뇌물을 주어 대외적으로 노애가 거세한 것처럼 위장했다. 그리고 노애의 수염과 눈썹을 뽑아버리고 거세한 환관으로 만든 후 입궁시켜 태후의 시중을 들게 했다. 조희와 노애는 정을 통하였고 조희의 총애는 갈수록 커져갔으며 결국 임신을 하게 되었다. 조희는 이 사실이 알려질까 두려워 거짓으로 점을 치고 궁궐 바깥으로 거처를 옮겨 급한 재앙을 피했다. 그래서 조희는 함양을 떠나 진나라의 옛 땅인 옹雍에서 거주하게 되었다. 이때 노애는 항상 조희를 따라다녔으며 그들은 잇달아 사생아 둘을 낳았다.

태후 조희의 삶을 보면, 그녀는 최고의 권력을 지녔지만 남편을 잃은 과부에 아들은 너무 어렸다. 한편 온갖 향락을 즐겼으며 음탕한 탐욕을 절제하지 못했다. 춘추전국시대에 황후와 후궁이 음란했던 일은 매우 잦았다. 진나라의 태후가 음탕하고 사사로이 정을 통한 것 역시 마찬가지다. 예컨대 진나라 소왕의 어머니인 선宣태후와 의거義渠의 융왕戎王이 오랫동안 정을 통하여 아들 둘을 낳았고 "선태후는 의거의 융왕을 속여 감천궁에서 죽였다."[30] 당시의 풍습에 남녀 간의 은밀한 관계에 대해서는 비교적 시선이 너그러웠다. 하지만 '황제의 어머니로서 천하를 다스려야 하는' 태후의 무절제한 성생활은 진나라의 국가 및 통치자로서의 이미지를 실추시켰다. 그것이 만약 태후 조희가 단순히 개인의 욕정을 해결하기 위함이었고 남녀 간의 스캔들에 불과했다면 진나라의 정치에 별다른 영향을 끼치지 않았을 것이다. 그러나 그녀의 무절제함은 이에 멈추지 않고 노애에게 '후한 상을 내리며' 군사와 국정에 참여하도록 했다. 심지어는 "모든 일을 노애가 결정하게 했다."[31] 이러한 행위는 진나라 권력 구조의 안정성을 크게 훼손시켜버렸다.

조희는 수중의 권력을 이용하여 노애를 장신후長信侯에 봉하고 산양지山陽地, 하서 태원군太原郡 등 광활한 봉지를 내렸으며 노애의 하인은 수천 명이나 되었다. 또 조희는 노애에게 각종 특권을 부여했다. '궁실宮室, 수레와 말車馬, 의복, 원유苑囿, 말 타고 하는 사냥馳獵' 등은 왕실의 특권이었지만 조희는 노애에게 마음대로 향유할 수 있게 해주었다. 게다가 노애는 태후의 총애를 이용하여 방자하게도 "일의 크고 작음에 상관없이 모두 노애가 결정하는"[32] 상황에 이르렀다. 이런 사태는 환관의 전권專權과 비슷했다.

사실 노애의 행각은 환관의 전횡보다 훨씬 위험했다. 조희와 노애는 영정이 죽게 되면 두 사람의 아들을 진나라의 왕으로 세우자고 밀약했다고 한다. 아마도 이와 같은 정치적인 동기가 있었기 때문에 조희는 노애를 적극적으로 지원해주며 그에게 최고의 지위와 권력을 주었을 것이다. 태후 조희의 이런 행태는 자신의 친아들 영정을 무너뜨리기 위함은 아니었던 것으로 보인다. 그녀는 아들 영정이 갑작스럽게 사망하여 자신에게 화가 미칠까 두려웠을 것이다. 사실 조희에게는 살 수 있는 방법은 이뿐이었다. 훗날의 사건을 보면 노애가 진시황을 어떻게 제거할지 계략을 세웠음이 밝혀진다.

진나라의 권력 구조는 더욱 불안해졌다. 조정 대신들은 여불위와 노애를 중심으로 각각의 정치 세력을 형성하였고 노애의 권력과 지위가 급상승하자 수많은 지지자들이 생겨났다. 지위와 품계가 높은 문관과 무장들이 노애 주변으로 몰려든 것이다. 그리고 관작官爵을 얻고자 하는 수천 명의 사람들이 노애의 문하로 들어왔다. 『사기』에서는 "벼슬을 얻기 위해 노애의 사인이 된 자가 1000여 명이나 되었다"[33]고 전한다. 노애의 정치 세력은 점차 여불위 집단을 압도할 정도로 급성장했다.

여불위의 군대가 연속으로 위나라를 공격했다. 위나라는 '잃은 땅이 수백 리이고 빼앗긴 성이 수십 개이며 나라의 근심을 해결하지 못하는' 처지에 있었다. 이때 위나라 왕에게 계책을 바치는 사람이 있었다. 노애의 환심을 사서 그에게 여불위를 압도하게 하면 위기에서 벗어날 수 있을 뿐만 아니라 원한을 풀 수도 있다는 것이었다. 그가 이런 계책을 생각하게 된 이유는 진나라의 두 신생 정치 세력이 막상막하였기 때문이다. 수많은 문무백관과 관직을 얻고자 하는 사람들이 어느 편에 서야 할지 모를 정도로 혼란했던 것이다. 그들은 '노애 편을 들 것인지, 여불위 편을 들 것인지與嫪氏乎, 與呂氏乎' 도무지 예측할 수 없는 상황에 빠져버렸다. 사람들의 수군거림은 '여염집에서나 관청에서나' 마찬가지였다. 그가 말하는 계책이란 위나라 왕이 노애의 편에 서서 '땅을 떼어 진나라에 주고 노애의 공으로 만들어주는 것이다. 그리고 노애를 통해 몸을 낮추어 진나라를 섬긴다. 위나라 국력을 다하여 노애를 높여주면 노애가 여불위를 이기게'[34] 되리라는 것이다. 위나라는 노애를 지원하여 진나라 태후의 환심을 사고 천하에서 가장 권세 있는 사람과 친분을 맺게 된다. 이렇게 되면 "천하에 여불위를 버리고 노애를 따르지 않을 자가 누가 있겠는가? 천하가 반드시 여씨를 버리고 노씨를 따른다면 대왕의 원수를 갚는 것이다."[35] 노애 일당과 여불위 집단 간의 정쟁은 온 세상에 알려졌으며 각국은 이에 대해 불구경하듯 하며 제각기 자국에 유리하게 이용했다.

"노애 편을 들 것인가, 여불위 편을 들 것인가? 진나라의 신민은 집권자들 간의 싸움에 직면하여 갈팡질팡했고 정치적 위기가 닥쳤다. 진나라 정국의 여러 변수까지 더해져 누구도 앞날을 정확하게 예측하지 못했다.

각종 문헌 기록에 따르면 진시황은 나이가 들면서 국가 대사에 간여하거나 직접 참여하기 시작했다. 때는 그가 성인식을 앞두고 왕권을 떠맡기 직전이었다. 이는 진나라 정국에 불안정성을 증폭시켜 정치적 혼란을 가중시켰다.

"지금 여마를 모는 자 4명에게 채찍을 하나씩 주면 수레가 성문을 나가지 못할 것이다. 이는 마부가 하나가 아니기 때문이다."[36] 진나라의 정국은 이와 같았다. 태후 조희, 상국 여불위, 태후의 총애를 받는 노애, 진나라 왕 영정이 '제각기 채찍을 휘두르며人操一策' 진나라라는 수레를 동시에 모는 형국이었다. 이 네 세력은 엇비슷하여 얽히고설킨 관계를 형성했다. 그 중 태후 조희의 세력이 가장 컸고 나머지 세 세력은 그녀와 매우 복잡한 관계를 맺고 있었다. 조희의 총애를 받고 있는 노애는 진퇴양난의 처지에 있었으므로 기회를 틈타서 야망을 달성하려고 했다. 상국 여불위의 처지가 가장 고통스러웠다. 그는 노애를 천거한 장본인이었지만 노애를 밀어내야 했다. 진나라 왕 영정 역시 곤란한 처지에 있었다. 노애 문제를 해결하려면 어쩔 수 없이 모후와 중부까지 연루되기 때문이다. 당시의 역사에서 이러한 정치적 곤경을 해결하는 유일한 방법은 최고 권력을 둘이 아니라 다시 하나로 회복하는 것이었다. 이렇게 되면 정치적 혼돈이 필연적이라고 해도 최소한 진나라 왕을 '한 명으로 통일一之'할 수 있었다. 진나라의 최고 권력이 순조롭게 교체될 수 있을까? 진나라의 비정상적인 권력 구조를 제대로 회복할 수 있을까? 진나라의 정치적 내란을 진압할 수 있을까? 이러한 문제는 크게 보면 진시황의 정치적 재능에 따라 결정되는 것이었다.

진나라에는 행운이었다. 노애의 세력이 아직 엄청나게 성장하지 못했을 때, 정치적으로 불세출의 인물이 합법적으로 최고 권력을 장악할 자격을 지니게 된 것이다. 진시황은 그리 큰 힘을 오랜 시간 들이지 않고도 매우 민감한 정치적 난제를 풀 수 있었다. 결국 진나라라는 수레의 수레꾼이 다시 한 사람으로 정리되었다.

秦始皇

【3장】

친정

— 제업을 도모한 대국의 패왕

QIN SHI HUANG

진시황의 친정親政은 그의 나이 22세가 되는 해에 시작되었다. 진시황 9년(기원전 238) 4월, "기유일, 진나라 왕은 관례를 치르고 검을 찼다."[1] 진시황은 관례에 따라 종묘가 있는 옛 도읍인 옹雍에서 성년례를 치르고 공식적으로 국정을 주관하게 되었다.

고대 사회에서 남자가 성년이 되면 '관례冠禮', 즉 성인식을 치러야 했다. 관례를 치르는 나이에 대해서는 여러 기록이 있다. 『예기禮記』「곡례曲禮」에서는 "남자는 스무 살에 관례를 치른다"라고 전한다. 『순자荀子』「대략」 편에서는 "천자와 제후의 아들은 매우 훌륭한 교육을 받았기 때문에 열아홉이 되면 성인식을 치르며 성인식을 마치면 정사를 돌본다"라고 쓰여 있다. 그런데 영정은 어째서 22세에 성인식을 치렀을까? 학계에서는 다양한 가설을 내놓고 있으며 어떤 학자는 진나라의 관례는 다르다고 주장하기도 한다. 진나라 왕이 관례를 치른 내용은 『사기』에 세 차례 보인다. "혜문왕 3년에 왕이 관례를 치렀다." "소왕 3년에 왕이 관례를 치렀다." "진시황 9년에 왕이 관례를 치렀다." 서복徐復이 보완한 『진회요秦會要』에서 재인용한 『사기색은史記索隱』을 보면 "혜문왕과 소왕 모두 19세에 왕위에 올랐고 왕이 된 지 3년 후에 관례를 치렀다. 세 왕은 모두 22세에 관례를 치렀다"라고 전하고 있다. 이 기록은 『예기』 및 『순자』와 일치하지 않는다. 서복의 해석에 따르면 진나라는 "제도가 달랐다異制." 이런 가능성을 배제할 순 없지만 일각에서는 키에 대한 가설을 내놓고 있다. 진나라는 실제 키에 따라 성년의 여부를 결정하고 진나라의 세 왕은 모두 키가 6척 5촌이라는 성인 기준에 도달했기 때문에 관례를 치렀다는 것이다. "진시황은 어렸을 때 많이 아파서 나이가 22세가 되어서야 키가 6척 5촌이 되었다. 그래서 이때 관례를 치렀다"[2]고 주장한다. 물론 이러한 관점을 다 믿을 수는 없다. 운몽云夢에서 출토된 진나라 죽간에 따르면 키에 따라 형사 또는 민사상의 책임능력을 결정하는 규정이 분명히 있다. 그러나 진시황은 왕자이다. 그의 부모와 조정은 정확하게 그의 생년월일을 알고 있기 때문에 키로 나이를 계산할 필요는 없어 보인다. 또한 어떤 정치적 원인 때문에 진시황의 성인식이 고의적으로 늦춰졌다고 추정하는 학자도 있다.

내란 진압과 권신權臣 제거

진시황이 친정을 시작한 전후에 진나라의 정국은 매우 불안했으며 천재와 인재가 잇달아 발생했다. 진시황 8년(기원전 239), 왕의 동생인 장안군長安君 성교成蟜가 장군이 되어 군대를 이끌고 조나라를 공격했다. 그런데 그가 갑자기 둔류屯留(오늘날 산시성山西省 둔뤼屯留 남쪽)에서 군사를 이끌고 모반했다. 이 반란은 진압되었고 성교는 자살했다. 진나라는 그의 군관들을 모조리 목을 베어 죽였고 반란에 참여하다가 죽은 사람들도 모두 육시戮屍에 처하도록 했으며 '그의 백성은 임조로 옮겨 살게 했다.' 이 반란의 구체적인 원인은 명확하게 알 수 없지만 진나라 내부의 정치 투쟁과 관련이 있을 것이다.

그 해 조정과 재야를 뒤흔든 재해와 자연 이변이 일어났다.[3] 폭우가 쏟아져 황하가 크게 범람했고 황하의 물고기가 무더기로 위수渭水로 들어왔는데 이것들이 얼마나 많았는지 땅 위로 넘쳐버렸다. 진나라 백성들이 빈 수레를 몰고 강가에 가서 물고기를 건졌다. 이는 '시충의 재앙豕蟲之孽'에 속하며 하늘이 재앙을 계시해준 것이었다. 옛사람들의 관념에 따르면

"물고기는 음에 속하며 백성을 상징한다. 강의 흐름을 거슬러 올라온다는 것은 백성이 임금의 명을 따르지 않고 거스르는"[4] 것이다.

물고기가 대거 올라왔다는 것은 음류陰類가 성행하고 소인이 창궐하며 인간 세상의 군신관계가 비정상이라는 것을 의미한다. 당시 역사에서 비정상적인 재해가 나타나는 일은 군신의 상하와 조야朝野 안팎의 정치적 심리에 영향을 끼치고 심지어 정치적 혼란을 가중시키기도 한다. 사관史官이 정식으로 기록한 것을 보면 이러한 재난의 영향을 짐작할 수 있다.

"얼마 지나지 않아서 혜성이 나타나 하늘 끝까지 뻗쳤다."[5] 고대인들에게는 이러한 자연현상도 상서롭지 못한 징조였다. 바로 '임금과 신하가 나라를 잘못 다스려 해와 달과 별이 혼탁해지는' 현상에 속하는 것이었다. 혜성이 나타나면 신하가 임금을 시해하고 나라를 멸망시키거나 전쟁이 일어나 정권이 바뀌거나 혹은 더럽고 낡은 것을 쓸어내고 새로운 것이 나타난다고 믿었다.[6]

재해와 반란이 함께 일어난 것이 우연이라고 하더라도, 진나라의 군신관계는 실제로 심각한 위기에 빠져 있었다. 진시황이 성인식을 치르고 친정 시기가 날로 가까워지면서 최고 권력을 둘러싼 정치 투쟁이 음지에서 양지로 올라오고 있었다. 목숨을 건 정쟁은 이미 피할 수 없었고 내부의 정국은 그야말로 폭풍 전야였다.

노애의 반란을 진압하다

하·상·주 이래로 중국 고대 군주제에서 드러난 권력 구조의 특징은 기본적으로 '하나—' 또는 '독점獨'이었다. 국가는 한 사람이 독점하고 최고 권력은 한 사람이 장악하며 최고 권력을 장악한 사람은 독보적이고 독단적이었다. 다른 권력 역시 대체로 마찬가지였다. 권력 구조는 정치 제도 내부의 실질적인 권력 분배 형태이다. 형식에 불과한 것이 아니다. 이 권력 구조는 사회 구조의 최상층이자 사회 구조가 유지되고 운영되며 발전하는 핵심이었다. 군주정치에서 최고 권력은 한 사람의 몫이었다. 마치 두 호랑이가 하나의 산에 머물 수 없는 형국과 같은 것이다. 최고 권력을 실제로 장악한 사람은 일단 둘이 되면 하나로 통일될 수 없고 나눠지면 독점할 수 없게 되어 전체 권력 구조가 혼란에 빠지게 된다. 그러므로 최고 권력이 교체될 즈음에 조정의 정세는 매우 미묘해질 뿐만 아니라 험악해진다. 이유는 간단하다. 최고 권력이 교체되면 하나 이상의 기득권 집단이 와해되기 때문이다. 새로운 최고 권력자의 측근 이외에 최고 권력을 넘봤던 사람 또는 최고 권력을 도모했던 사람은 자기 자신조차 보호하기 어려웠을 것이다. 이는 왕과 부자지간이나 형제관계라도 마찬가지다. 그들의 측근 역시 다양하게 연루되었을 것이다. 부귀를 위해서든 생존을 위해서든 개인과 개인, 집단과 집단 간에는 경쟁과 투쟁이 존재했다. 이러한 정치판에 참여한 사람은 권력과 권세를 지녔으며 중요한 정치적 자원을 장악했기 때문에 이들이 주동하는 투쟁의 결말은 매우 참혹했다. 패배자는 지위와 명예를 모두 잃고 심지어 멸족의 화를 입기도 했다.

진시황의 친정은 매우 특수한 최고 권력의 교체였다. 진나라 제도에 따르면 진시황이 관례를 치르고 보검을 차면 그의 어머니와 '중부'가 대행해온 최고 권력은 모두 정당하게 회수된다. 태후와 노애, 여불위는 최고 권력에서 물러나 각각의 명분과 형식으로 장악하고 나누었던 최고 권력을 진시황에서 넘겨줘야 했다.

진시황이 권좌를 되찾는 일은 공적으로 제도에 규정된 것이었으며 진나라의 정치적 안정에도 유리했고 사적으로 볼 때는 바로 진시황 자신의 목숨을 지켜내는 일이었다. 칼자루는 그의 손에 들려 있었다. 수많은 신하와 백성은 진시황을 추대하고 그에게 복종할 준비가 되어 있었다. 진시황은 준비된 강자였다. 충신의 도움을 받아 사전에 각종 조치를 취하고 있었다. 혹 있을 수 있는 반란에 대비해 그는 기회를 기다렸다가 순식간에 적을 제압할 만한 계책을 세웠다. 진시황은 침착하게 권력 분배의 문제를 해결하여 정치적 우환을 없앴다.

나무는 가만히 있고 싶어하나 바람이 그치지 않는다는 말이 있다. 최소한 한 사람이 진시황의 친정에 두려움을 느끼고 있었다. 바로 노애와 그 일당이었다. 최고 권력의 교체와 직접적인 이해관계가 있는 3인 가운데 태후는 진시황의 생모였고 여불위는 진나라의 재상이었다. 그들은 왕권을 합리적이고 합법적으로 운영하여 진나라를 크게 발전시켰기 때문에 진시황과 적절하게 타협하며 관계를 이어나갔을 가능성이 있다. 현존 사료를 통해서는 아들의 친정을 맞아 태후의 속마음이 어땠는지는 알 수 없다. 노애와 두 아들의 목숨이 위태로웠으므로 그녀의 심정은 매우 복잡했을 것이다. 역사의 경험과 통념에 비추어보면, 여불위의 속마음도 복잡 미묘했을 것이라 생각된다. 그의 수많은 빈객 중에는 비상 조치를 취하자고 건의한 사람도 있었을 것이다. 하지만 여기서는 태후와 여불위의 심정에 대한 근거 없는 억측은 하지 않겠다. 그들과는 달리 노애는 극도로 불안해했을 것임이 확실하다. 태후와 사사로이 정을 통하여 아들을 낳았으며 궁궐을 문란하게 한 짓은 죽을죄에 해당하고 진나라의 아버지라고 사칭하며 황제에게 무례했던 것도 죽을죄이다. 또한 권력을 장악하여 조정의 기강을 뒤흔든 행동 역시 죽을죄에 해당되었다.

자신의 아들을 내세워 진시황의 자리를 빼앗으려고 한 것은 더욱 용서받지 못할 10대 죄악에 해당되었다.

진시황의 친정을 앞두고 노애와 그 무리는 두려움과 흥분에 빠졌다. 위기는 곧 기회인 것이다. 그에게는 태후의 총애가 있었기에 해볼 만한 싸움이라는 판단도 가능했다. 태후가 노애의 반란을 구체적으로 도왔는지는 알 수 없으나 반란에서 노애는 옥새와 태후의 인장을 도용했고 군대를 동원했다. 일부 조정 중신의 지지도 얻었다. 노애의 무리 중에는 위위衛尉 갈曷, 내사內史 율律 등 20여 명의 고관이 포함되었다. 위위와 내사는 핵심 요직이었다. 위위는 열경列卿에 해당되고 궁정의 위사尉士를 총괄하며 궁문을 지키는 직무를 맡았다. 내사는 왕이 직접 통치하는 경기京畿 지방의 최고 행정장관이었다. 그들의 협조로 노애는 왕궁과 도읍 지역을 장악했다. 셋째, 그에게는 광활한 봉지와 수많은 빈객이 있었다. 노애의 사인舍人은 1000여 명, 집안 하인은 수천 명에 달했다. 이들은 상당히 큰 정치적 자원이었다. 넷째, 일부 융적戎狄의 우두머리에게 지원을 받고 있었다. 당시 노애의 권력과 군사력이 약하지 않았음을 엿볼 수 있다.

노애와 그 도당은 목숨을 거는 모험을 해야 했다. 옛말에 이긴 사람은 왕후가 되고 패한 사람은 반역자가 된다고 했다. 그들의 반란이 성공하면 왕이 되고 패배하면 목숨과 부귀를 모두 잃어버리게 된다. 그들은 진시황이 함양을 떠나 옹성으로 가서 관례를 치르는 때를 선택했다.

진시황 9년(기원전 238) 4월, 진시황이 옹성에 도착하여 기년궁蘄年宮에 머물렀다. 이때 노애가 반란을 일으켰다. 그는 진나라 왕의 옥새와 태후의 인장을 위조하고 '현의 군사 및 호위병, 관아의 기병, 융적의 우두머리와 가신을 부추겨 기년궁을 공격했다.'[7] 진시황이 이를 알고 상국인 창평군昌平君과 창문군昌文君에게 군대를 동원하여 반란을 진압하게 했다. 수많은 환관 역시 반란 진압에 동원되었다. 두 세력의 군대가 싸웠고 반란의 무리가 순식간에 무너졌다. 노애 등은 싸움에 져서 달아났고 진시황은 전국에 "노애를 산 채로 잡아오는 자에게는 100만 전을, 그를 죽이는 자에게는 50만 전을 준다"[8]는 영을 내렸다. 결국 붙잡힌 노애는 거열형에 처해졌고 진시황은 그의 삼족을 멸했다. 그리고 위위 갈, 내사사, 좌익佐弋 갈竭, 중대부령中大夫令 제齊 등 20명이 모두 효수형에 처해졌다. 노애의 사인과 죄가 중한 동조자들도 모두 죽었고 비교적 죄가 가벼운 자에게는 종묘에 필요한 땔나무를 3년간 해오는 귀신형鬼薪刑이 내려졌다. 그리고 4000여 가구가 작위를 박탈당하고 가산을 몰수당했으며 촉 땅으로 강제 이주되었다.

노애의 반란을 진압하는 과정에서 비상 사태에 대한 진시황의 침착한 처신과 정치적 위기를 다루는 능력을 볼 수 있다. 그는 전혀 놀라지 않고 계획대로 적을 무너뜨릴 기회를 잡아 일거에 진압했고, 진나라 정치의 악성 종양을 떼어내버렸다.

여불위의 해임

노애의 일당이 제거된 이후 진시황은 여불위 문제를 처리하기 시작했다. 어쩔 수 없는 일이었다. 노애를 태후에게 천거한 사람이 여불위이기 때문에 화살이 그쪽으로 향하는 것은 필연적이었다. 이미 일전에 "노애는 실제로 환관이 아니며 늘 태후와 사사로이 정을 통하여 아들 둘을 낳아 모두 숨겨놓았다"는 고발이 조정에 접수되었고, 이에 진시황 주도로 비밀리에 이뤄진 조사에서 "상국 여불위도 이 일과 관련이 있음"[9]이 드러났다. 하지만 진시황에게는 여불위를 처벌할 결정적 근거가 없었다. 여불위는 선왕을 섬긴 공로가 크고 상국의 자리에 있으며 실질적으로 10여 년 동안 최고 권력을 장악, 공유해서 국내외에서 명성이 굉장히 높았다. 보유한 봉읍이 10만 호나 되고 3000여 명의 빈객 외에도 수많은 하인을 두고 있었다. 여불위를 중심으로 막강한 정치 세력이 형성되어 있었던 것이다. 진시황이 친정한 후 여불위와의 권력관계를 조정하려면 그 일당의 기득권을 건드려야 했다. 이렇게 되면 두 세력 간의 마찰, 심지어는 격한 대립을 피하기 어려웠다. 여불위와 진시황은 정치적 입장에서 약간의 차이가 있었고, 그것은 아주 오래전부터 형성된 것이었다. 진시황이 독재적인 군주이든 합리적인 군주이든 상관없이 충돌은 이미 예견되어 있었다는 말이다. 분쟁의 해결책은 오직 하나, 둘 중 하나가 권좌에서 내려가는 것이었다. 진시황은 군주가 모든 제도를 독점하는 정치 규칙을 잘 알고 있었고, 외곬에 잔혹한 사람이었다.

이번에도 진시황은 신중함을 보였다. 노애를 제거한 지 1년이 더 지난 기원전 237년(진시황 10) 10월에야 진시황은 여불위를 노애의 반란에 연루되었다는 죄명으로 상국의 관직에서 내쫓았다. 그리고 그를 하남의 봉지로 보냈다.

여불위가 하남에 있는 봉지로 돌아간 지 1년 남짓 지나도록 제후국의 빈객과 사신들이 잇달아 여불위를 방문했다. 진시황은 여불위가 국내외 세력과 결탁하여 반란을 일으킬까 두려워 여불위를 촉 땅으로 옮겨 살게 하고 그와 각 제후국, 봉지와 옛 하인 그리고 빈객과의 연락을 끊게 만들었다. 진시황은 여불위에게 직접 편지를 보냈다. 편지의 내용은 이렇다. "그대가 진나라에 무슨 공로가 있어서 진나라가 그대를 하남 땅에 봉하고 10만 호의 식읍을 내렸는가? 그대가 진나라와 무슨 친족관계가 있어서 중부라고 불리는가? 그대는 가족과 함께 촉 땅으로 옮겨가 살도록 하시오."[10] 전방위적으로 진시황의 압박을 받은 여불위는 진시황 12년(기원전 235) 독주를 마시고 자결했다.

여불위가 사망하자 수천 명의 빈객이 그를 몰래 낙양洛陽 북망산北芒山에 묻어주었다. 당시의 정치 도덕에 따르면 이들 빈객은 여불위와 군신지의君臣之義의 관계를 맺고 있었다. 그들은 주군 또는 옛 주인의 장례를 치렀다. 그러나 대규모의 장례는 정치적 시위로 의심받기 쉬웠다. 진시황이 이 사실을 듣고 여불위의 문객과 옛 하인을 처벌하고 이 세력을 철저하게 쫓아버리라고 명령했다. 그리하여 여불위의 사인과 장례에 간 사람, 진秦나라 사람은 모두 나라 밖으로 쫓겨났다. 그리고 진秦나라 사람 가운데 녹봉이 600석石 이상인 자는 관직을 빼앗고 방릉房陵으로 강제 이주시켰다. 녹봉이 500석 이하로 장례에 가지 않은 사람은 옮겨 살게 하고 관직은 빼앗지 않았다. 그 후 진시황은 전국에 "지금부터 노애나 여불위처럼 나랏일을 하면서 도를 지키지 않는 자는 재산을 몰수하고 가족을 노예로 삼겠다"[11]고 선언했다.

노애와 여불위의 두 정치 세력을 완전히 제거한 뒤 진시황은 자신의 뜻대로 주요 대사를 결정할 수 있게 되었다. 이혜 가을에 진시황은 정국을 안정시키고 민심을 얻기 위해 노애의 사인 가운데 촉 땅으로 유배를 보냈던 자들을 사면해주었다. 이러한 조치는 수천 호, 수만 명에게 실질적인 은혜를 베푼 것으로 여겨진다. 당시로서 사면 조치는 매우 큰 규모였다. 여기서 진시황의 정치적 두뇌가 매우 명석했음을 알 수 있다. 그가 제거하려고 했던 대상은 노애와 여불위 그리고 그 일당이었다. 그는 정치적 위협을 제거하고 곧바로 정쟁의 소용돌이에 휘말린 사람들을 구제했다.

진시황은 직접 나랏일을 처리하면서 불과 2년 만에 가장 큰 두 정적을 없앴으며 국가 대사를 장악했다. 이로써 나라는 더욱 안정되었으며 국가 권력도 더욱 집중되었다. 6국을 병합하기 위한 튼튼한 정치적 기반이 마련된 것이다.

진시황과 여불위의 대립을 강조하는 학자들은 진시황이 추종한 상앙과 한비자 등의 법가사상과 여불위가 주도한 『여씨춘추』의 사상이 대립적이라는 점을 강조한다. 이는 어느 정도 일리가 있지만 심하게 과장된 면이 있다. 예컨대 여러 학자가 "천하는 천하 사람들의 천하이다天下, 天下之天下"라는 『여씨춘추』의 명제와 현명하고 능력 있는 인재를 선택하여 '선양禪讓 제도'(군주가 혈연관계가 없는 사람에게 왕위를 물려주는 것)를 시행하자고 주장한 것 등이 법가와 상반되는 면모이다. 그러나 사실은 다르다. 진시황의 통치 사상의 기본 골격을 살펴보면 『여씨춘추』의 기본적인 정치적 견해에 모두 찬성하고 있다. 특히 진시황과 여불위가 공통으로 인식한 것에는 '공천하公天下(천하를 임금 자신의 사적 소유물이 아니라 공적인 것으로 보는 것)' 사상도 포함되어 있었다.

진시황의 공천하 관념은 적어도 다음 두 가지에서 기원한 것이다. 첫째는 『상군서』 등 법가의 저작물이다. 현존 문헌을 보면 이론적으로 법가가 가장 먼저 상공尚公설과 귀공貴公론을 제기했다. 최초로 공천하의 기치를 내건 것 역시 법가였다. 『신자慎子』와 『상군서』에 이에 대한 명확한 설명이 있다. 또 다른 출처로는 천하는 공적인 것이라는 삼황오제의 전설과 대중들의 정치적 관념이다. '천하는 사적인 소유물이 아니라 공적인 것이며 현명하고 능력 있는 인재를 선발해야 한다天下爲公, 選賢與能'는 것은 중국 고대사회에 퍼져 있는 공론이자 고대 제왕들이 지녔던 관념의 핵심 내용이다. 진시황은 이 저서들을 분명 훑어보았을 것이다.

『설원說苑』「지공至公」에는 진시황이 '공천하'를 인정한 중요한 증거가 실려 있다. 포백령鮑白令과 진시황이 나눈 논쟁이 그것이다. 천하를 통일한 후 자칭 '공이 오제보다 크다功蓋五帝'고 자신을 평가한 진시황이 여러 신하를 소집하여 토론의 장을 열었다. 진시황이 물었다. "옛날 오제는 현명한 사람에게 선양하고 삼왕은 자식에게 세습하여 잇게 했다. 누가 옳은가? 나도 옳은 쪽으로 선택하겠다." 이에 포백령이 대답했다. "천하를 공적인 것으로 보면 현명한 사람에게 선양하는 것이 옳고 천하를 사적인 것으로 보면 세습이 맞습니다. 그 때문에 오제는 천하를 공으로 간주했고, 삼왕은 천하를 사로 간주했음을 알 수 있습니다." 진시황이 하늘을 쳐다보고 탄식하며 말했다. "나의 덕은 오제에서 나왔다. 나는 장차 천하를 공적인 것으로 볼 것이다. 누가 나의 뒤를 이을 만한가?" 이에 포백령이 대답했다. "폐하께서는 걸주桀紂의 도를 행하면서 오제의 선양을 하겠다고 하시니 그것이 폐하께서 해낼 수 있는 일이겠습니까?" 진시황이 대로하여 소리쳤다. "영지, 앞으로 나오라. 너는 어째서 내가 걸주와 같은 짓을 한다고 하는가? 어서 말하라. 대답하지 못하면 죽임을 당할 것이다!" 이에 포백령은 진시황이 여러 차례 궁궐을 짓고 왕릉을 수리하는 등 '천하를 메마르게 하고 백성의 힘을 고갈시키며 자신을 위해 저지른 사사로운' 행위를 일일이 열거하면서 "폐하께서는 그나마 군주로 존재하기도 바쁜데, 어느 겨를에 오제의 덕에 비유하여 천하를 공으로 여길 수 있겠습니까?"라고 지적했다. 포백령은 진리를 인용하고 사실을 근거로 정색하며 직언했다. 진시황은 이에 말문이 막혀 "부끄러워하는 기색이 역력했다."[12]

진시황의 여러 정치 행위는 '공천하' 관념의 영향을 받았다. 예를 들면 자식과 형제에 대해 분봉하지 않았고, 왕족이라고 해도 공을 세우지 못

君道

漢　沛郡劉向著　鍾人傑閱

晉平公問於師曠曰人君之道如何對曰人君之道
清淨無爲務在博愛趨在任賢廣開耳目以察萬方
不固溺於流俗不拘繫於左右廓然遠見踔然獨立
屢省考績以臨臣下此人君之操也平公曰善
齊宣王謂尹文曰人君之事何如尹文對曰人君之
事無爲而能容下夫事寡易從法省易因故民不以

천하를 막 통일한 뒤 하늘 아래 최고의 권력자가 되었지만 진시황은
귀를 열고 신하들의 말을 들을 줄 알았다. 포백령과 진시황이 천하天下가
사적인 것이냐 공적인 것이냐를 두고 주고받은 대화가 『설원』「지공至公」편에 실려 전한다.

하면 작위를 내리지 않는 제도를 성실하게 시행했다. 그가 늦도록 자신의 뒤를 이을 계승자를 확정하지 않은 것 역시 이와 관련이 있을지도 모를 일이다.

일각에서는 '공천하' 관념을 중국 고대의 민주주의 사상으로 간주한다. 그러나 그들은 중국 전제주의 사상 체계의 크기와 정교함을 저평가했으며 중대한 사실을 간과했다. 바로 중국의 제왕과 역대 통치 사상의 대변인 대다수가 '공천하' 관념을 받아들였다는 점이다. 선진시대 이래로 "천하는 천하 사람들의 천하"라는 관념은 역대 제왕과 재상, 장수, 문무백관이 끊임없이 인용했다. 그 중에서도 수나라 양제, 당나라 태종, 송나라 태조, 청나라 옹정제와 건륭제 등 역대 황제들이 대표적이다. 진시황도 예외가 아니었다. 그들은 공인된 공천하 관념을 이용하여 자신의 공덕을 표방하고 최고 권위를 차지하는 합법성을 입증하고자 했다. 특히 송 태조는 즉위 조서에서 직접적으로 "천하는 공적인 것으로 현명하고 능력 있는 인재를 선발한다"라는 사상을 인용함으로써 진교의 변陳橋兵變(960년 송 태조 조광윤이 7세의 후주의 공恭帝에게서 왕위를 이어받아, 송나라를 세우게 된 계기)으로 황제가 된 일을 합리화했다. "황제의 덕행으로 백성들이 편안한 생활을 하고, 천하는 황제 한 사람의 소유가 아니라는"[13] 이러한 사상은 '사천하私天下'(천하를 임금의 소유물로 생각)에 대한 비판적인 색깔이 매우 짙지만 '가천하家天下'(제왕이 국가를 자기 일가의 재산으로 간주하여 대대로 물려주는 제도) 사상은 부정하지 않았다. 이를 보면 '공천하'는 진한시대 이래 통치 사상의 핵심이었음을 알 수 있다. 그러므로 진시황과 여불위는 이 문제에서 별다른 차이가 없었고 두 사람의 정치 투쟁은 이로 인해 일어난 것이 아니다.

제업 보좌한 패왕의 인재

"조정을 세우는 목재는 한 그루의 나무로 되는 것이 아니며 호백구(여우 겨드랑이 흰털이 있는 부분의 가죽으로 만든 갖옷)는 한 마리의 여우로 만들어지는 것이 아니다. 그리고 나라의 통치와 영욕, 존망은 한 사람의 힘으로 되는 것이 아니다"[14]라는 옛말이 있다. 오래전 제업을 달성한 자에게는 패왕을 보좌하는 인재가 있었고 패업을 달성한 사람에게는 왕을 보좌한 인재가 있었다. 인재를 구하고 천하를 다투며 수많은 신하를 통솔하고 천하를 통치하는 일의 내재적 관계와 신하가 임금을 보좌하는 중요성에 대해 사람들은 일찍부터 예리하게 인식하고 있었다. 현명하고 능력 있는 신하는 원수元帥를 보좌하는 팔다리였고 뱃사공의 삿대였으며 건물의 서까래, 맹수의 날카로운 발톱, 기러기의 날개 등에 비유되었다. 또한 "구름은 용을 따르고 바람은 호랑이를 따른다雲從龍, 風從虎"라는 말이 군신의 관계를 비유했으며, 하늘로 치솟은 용이 구름과 안개를 잃으면 땅으로 떨어지고 거대한 고래가 바다를 떠나면 헤엄칠 수 없게 된다고 했다. 마찬가지로 수많은 제왕은 패왕을 보좌하는 인재를 불러 모아 제업을 달성하려고 했으며 인재도 제왕을 통해 자신의 뜻을 펼치고자 했다.

역대 창업 군주와 마찬가지로 진시황에게도 패왕을 보좌하는 매우 훌륭한 인재와 전쟁에 능한 장수들이 포진하고 있었다. 그 숫자도 결코 적지 않았다. 그들 가운데에는 전략을 짜는 장수와 재상, 계책에 뛰어난 모사, 직언으로 간언하는 간관, 용감무쌍한 장수와 언변이 뛰어난 유세객 등이 많았다. 이들의 보좌가 없었다면 진시황은 제업을 달성하지 못했을 것이다. 앞으로 진시황 주변의 인재를 소개하면서 주인공인 진시황은 잠시 조연의 자리로 물러나 있을 테지만, 이들의 상호작용 과정에서 이 제왕이 지닌 효웅梟雄의 면모와 정치적 재능을 잘 이해하게 될 것이다. 능력 있는 신하를 잘 통제한 것 역시 진시황의 능력 중 하나였다.

이사와 「간축객서」

진시황을 보좌한 수많은 신하 가운데 이사李斯는 단연 으뜸이다. 그는 재능이 매우 뛰어난 정치가로 진시황의 최측근이라고 부를 만하다. 이사는 사실상 30년 가까이 진시황의 오른팔 노릇을 했다. 그는 진시황을 도와 천하를 다스리고 국가 대사를 처리하며 진나라의 건립에 중대한 공을 세웠다. 역사에 기록된 진시황의 재상(상국, 승상, 어사대부)을 보면 여불위, 창평군, 외림隈林, 왕관王綰, 이사, 풍겁馮劫(어사대부), 풍거질馮去疾 등이 있었다. 이들 가운데 이사가 세운 공이 가장 컸다. 역대 재상 가운데 이사의 재능과 책략, 공훈과 업적에 필적할 만한 사람이 없었다. 만일 그의 말년이 편안했다면 역사의 평가에서 이사는 이구동성으로 최고의 점수를 받았을 것이다.

이사(?~기원전 208)의 자는 통고通古이며 초나라 상채上蔡(허난성 상차이현上蔡縣 서남 지역) 사람으로 '시골 마을의 평민 출신閩巷之黔首'이었다. '젊었을 때는 군郡에서 지위가 낮은 관리로 있었다.' 그는 자신의 능력으로 점차 벼슬을 높여 승상의 자리에 올랐고 중국 고대사에서 처음으로 '평민 출신의 경상布衣卿相'이 되었다.

이사는 큰 야망을 품고 있었다. 군의 낮은 관리였을 때 그는 관청 변소의 쥐는 더러운 것을 먹고 사람이나 개가 가까이 가면 놀라서 도망을 가는 데 비해, 창고의 쥐는 '쌓아놓은 곡식을 먹으며 큰 집에 살아서 그런지 사람이나 개가 다가가도 아랑곳하지 않는 모습'[15]을 보았다. 이사가 탄식하며 말하기를 "사람이 어질거나 못난 것은 이런 쥐와 같아서 자신이 처해 있는 환경에 달려 있을 뿐이구나!"[16] 했다. 이때부터 그는 자신이 환경을 선택하여 공명과 이록利祿을 추구하기로 결심했다. 그는 '천하를 통치하는 제왕의 기술'을 배워 패왕을 섬기는 부귀한 사람이 되기로 뜻을 세웠다. 당시에는 평민 백성이 왕후 장상을 섬기는 벼슬길에 오를 수 있는 길이 열려 있었기 때문에 청운의 뜻을 품은 청년이 많았다. 소진蘇秦, 진승陳勝, 항우項羽, 유방劉邦, 한신韓信 등 수많은 영웅의 전기를 보면 이를 알 수 있다.

이사는 학문적 소양이 매우 뛰어났다. 큰일을 도모하려면 큰 스승을 모셔야 한다는 사실을 잘 알고 있었던 그는 천 리를 멀다 하지 않고 제나라에 가서 유가儒家인 순자荀子의 문하가 되었다. 순자의 학문은 공자를 따르면서 유가와 법가를 합쳤으며 기타 제자백가를 종합했다. 순자는 선진시대의 예치, 법치, 무위 등 3대 사상의 핵심을 하나로 통합하고 전면적이며 실용적인 정치사상 체계로 정리했다. 당시 제자들은 스승인 순자의 도덕과 학식, 기지가 "제왕에 가장 적합하다"[17]고 생각했다. 순자는 중국 역사상 널리 알려진 패왕의 인재를 두 명 키워냈다. 한 명은 책을 써서 재능을 떨친 한비이고, 나머지 한 명은 정치적 재능을 발휘한 이사였다. 이것만 봐도 순자의 학식과 정견은 당시의 여러 인사들이 필적할 수 없을 정도였다는 것을 알 수 있다. 한비와 이사는 후세에 법가로 구분되었다. 사실 이러한 학파 구별 방법은 좀더 검토해봐야 한다. 선진시대에는 법가라는 학파도 없었고 이를 계승한 법가의 제자도 없었다. 한비와 이사는 단지 '세속적인 유가'를 스승보다 더 싫어했으며 현실 정치에 직면하여 스승에게 배운 제왕의 기술을 훨씬 더 적극적으로 발휘했을 뿐이다. 이사가 제왕의 측근이 될 수 있었던 것은 스승의 가르침이 있었기 때문이다.

이사는 정세 판단이 정확하고 계략이 뛰어난 인물이었다. 학문을 마친 후 이사는 중대한 정치적 선택에 당면해 있었다. 어느 나라에 가서 정치적으로 성장하는 것이 가장 이로울까? 당시는 제후들이 서로 세력을 다투고 있는 시기였기 때문에 유세가들이 공을 세우고 이름을 떨칠 수 있는 좋은 기회였다. 각국의 형세와 군주의 능력을 심층적으로 분석한 이사는 '초나라 왕은 섬길 만한 인물이 못 되고 여섯 나라는 모두 약소하여 공을 세울 만한 나라가 될 수 없다'고 판단했다. 그리고 '진나라 왕은 천하를 집어삼켜 제帝라고 일컬으며 다스리려 한다. 지금이야말로 지위나 관직이 없는 선비가 능력을 펼칠 때이며 유세가에게 기회가 되는 시대가 온 것이다'[18]라고 생각했다.

기원전 247년을 전후하여 이사는 진나라로 갔다. 진 장양왕이 사망하고 진시황이 즉위한 때였다. 이사는 상국 여불위의 문하로 들어가 사인舍人이 되었다. 여불위의 문객은 수천 명이나 되었지만 이사는 들어가자

마자 두각을 나타냈고 여불위의 천거를 받아 낭관郞官으로 임명되어 궁
정에 들어갔다. 그는 기회가 있을 때마다 젊은 진나라 왕과 천하 대사를
자유롭게 논의하고 정국을 분석했다. 그리고 제후를 없애고 6국을 병합
하여 제국을 세우는 계책을 내놓았다. 그때마다 진시황은 크게 기뻐하
여 이사를 장사長史로 승진시켰다. 이때부터 그는 국가의 주요 대사에 참
여할 수 있게 되었다. 이사의 계책에 따라 진나라는 군사, 외교, 간첩 등
의 수단을 종합적으로 활용하여 제후를 응대했다. 또한 제후국의 명망
있는 권신 가운데 뇌물로 움직일 수 있는 사람은 많은 선물로 결탁하고
그것이 여의치 않으면 주저 없이 암살했다. 또한 군주와 신하 사이를 이
간질해 기회만 있으면 대군을 이끌고 무찔렀다. 이사의 계책이 성공을
거두자 진시황은 그를 객경客卿(타국 출신의 대신)으로 삼았다.

「간축객서諫逐客書」라는 정치 평론은 이사의 이름을 역사에 남겨놓았
다. 이 글은 간언하는 주소문으로 거침 없는 논리에 문체가 풍부하고 품
격이 있었다. 또한 구체적인 근거를 제시하고 있으며 높은 식견과 웅변,
박학다식함을 잘 보여주고 있다.

「간축객서」의 발단을 잠시 살펴보자. 진시황 즉위 초기에 한나라에서
간첩 정국鄭國을 진나라에 보냈다. 정국은 유명한 치수治水 전문가였다.
그는 진나라 왕에게 경수涇水와 북낙수北洛水 사이에 300여 리에 달하는
관개수로를 만들라고 건의했다. 그 목적은 진나라의 인력과 물적 자원
을 소모하여 동쪽에 있는 제후국을 공격하지 못하게 하기 위함이었다.
진시황은 친정을 시작하면서 노애의 반란을 진압하고 여불위를 쫓아냈
다. 그리고 곧 간첩 정국과 그 계략이 발각되었다. 노애, 여불위, 정국
은 모두 외국에서 온 객경들이었다. 사건의 경과가 밝혀지자 조야가 떠
들썩해졌고 진나라의 왕족과 대신들은 진시황에게 다음과 같이 진언했

제三장 친정

다. "다른 제후의 나라에서 와 진나라를 섬기는 자들은 대체로 자기 나라의 군주를 위해 유세하여 진나라 왕과 신하 사이를 이간시킬 뿐입니다. 청컨대 빈객을 모두 내쫓으십시오."[19] 진시황은 이에 동의하고 다른 나라에서 온 모든 객경, 신공臣工, 명사名士를 쫓아내는 축객령을 내렸다. 이사도 그 대상이 되어 축객령의 명단에 포함되어 있었다. 쫓겨날 위기에 처하자 이사는 진시황에게 글을 올렸다. 이 일은 진시황 10년(기원전 237)에 발생했다.

이사가 쓴 「간축객서」의 내용은 다음과 같다.

"신이 듣건대 관리들이 빈객을 내쫓을 것을 논의하고 있다고 합니다. 하지만 가만히 생각해보면 이것은 잘못된 일입니다. 옛날 목공은 인재를 구하여 서쪽으로는 융에서 유여를 데려왔고 동쪽으로는 완에서 백리해를 얻었으며 송에서는 건숙을 맞이했고 진晉나라에서 비표와 공손지를 데려왔습니다. 이 다섯 사람은 진나라에서 태어나지 않았지만 목공은 중용하여 스무 나라를 병합하고 마침내 서융에서 우두머리가 되었습니다. 효공이 상앙의 변법을 채용하여 문화를 바꾸자 백성이 잘살고 나라가 부강해졌으며 백성은 나라의 부역에 참여하기를 꺼리지 않고 제후들은 복종했습니다. 또한 초나라와 위나라의 군사를 무찔러 넓힌 땅이 무려 1000리가 넘습니다. 그래서 지금까지 잘 다스려지고 강성합니다. 혜왕은 장의張儀의 계책을 받아들여 땅 3000리를 차지하고 서쪽으로 파와 촉을 손에 넣었으며 북쪽으로는 상군上郡을 차지했습니다. 뿐만 아니라 남쪽으로는 한중을 공략하고 구이九夷를 포섭하여 언과 영을 제압했고 동쪽으로는 성고의 험준한 땅을 발판으로 기름진 땅을 빼앗았습니다. 그리하여 여섯 나라의 합종 맹약을 무력화하고 이들이 서쪽을 바라보며 진나라를 섬기도록 했으니 그 공로가 오늘에까지 미치고 있습니다. 소왕은 범저를 얻어 양후를 폐하고 화양군을 내쫓아 진나라 왕실을 강화했으며 대신들의 세력이 커지는 것을 막았습니다. 또 제후의 땅을 잠식하여 진나라가 제업을 이루도록 했습니다. 이 네 명의 군주는 모두 빈객의 공적으로 성공했습니다. 이러한 사실을 보면 빈객이 어찌 진나라를 저버린다고 하겠습니까? 만일 이 네 명의 군주가 일찍이 빈객을 물리쳐 받아들이지 않고 선비를 멀리하여 등용하지 않았다면 진나라는 부유할 수 없었고 강대하다는 명성도 얻지 못했을 것입니다.

지금 폐하께서는 곤륜산의 이름 난 옥을 손에 넣으시고 수씨隨氏의 진주와 화씨和氏의 구슬을 갖고 계십니다. 또 명월주를 차고 명검 태아太阿를 지니고 섬리纖離의 준마를 타며 취봉翠鳳의 기旗를 세우고 영타靈鼉의 북을 가지고 계십니다. 이러한 수많은 보물은 진나라에서 하나도 나지 않는데 폐하께서 그것을 좋아하시는 까닭은 무엇입니까? 반드시 진나라에서 나는 것이라야 한다면 야광주로 조정을 꾸밀 수 없고 코뿔소 뿔이나 상아로 만든 물건을 가지고 즐길 수 없을 것입니다. 정나라와 위衛나라의 미인은 후궁에 들어올 수 없고 결제라는 준마가 바깥 마구간을 채울 수 없으며 강남의 금과 주석은 쓸 수 없고 서촉의 단청도 색칠하는 데 쓸 수 없을 것입니다. 후궁을 치장하고 희첩을 꾸며서 마음을 기쁘게 하고 눈과 귀를 즐겁게 하는 것이 반드시 진나라에서 난 것이라야 된다면 완주의 비녀, 부기의 귀걸이, 아호의 옷, 금수의 장식도 폐하 앞에 나타나지 못하며 세상의 풍속에 따라 우아하고 아름답게 차린 조나라의 여인은 폐하 곁에 설 수 없을 것입니다. 옹을 치고 부를 두드리며 쟁을 퉁기고 넓적다리를 치면서 목청껏 노래를 불러 귀를 즐겁게 하는 것이 참다운 진나라의 음악입니다. 정, 위, 상간, 소, 우, 무, 상은 다른 나라의 음악입니다. 지금 옹을 치며 부를 두드리는 것을 버리고 정나라와 위나라의 음악을 연주하며 쟁을 퉁기는 것을 물리치고 소와 우의 음악을 받아들였는데 이것은 무엇 때문입니까? 그것은 당장 마음을 즐겁게 하고 보기에도 좋기 때문입니다. 그런데 지금 사람을 뽑아 쓰는 데에서는 그렇지 않습니다. 그 인물의 사람됨이 옳은지 그른지를 따지지 않고 굽은지 곧은지를 구분하지 않으며 진나라 사람이 아니면 물리치고 빈객이면 내쫓으려 합니다. 그렇다면 여색이나 음악이나 주옥은 소중히 여기되 사람은 가벼이 여기는 것입니다. 이것은 천하에 군림하며 제후들을 제압할 수 있는 방법이 아닙니다.

신이 듣건대 "땅이 넓으면 곡식이 많이 나고, 나라가 크면 인구가 많아지며 군대가 강하면 병사도 용감하다"고 합니다. 태산은 흙 한 줌도 양보하지 않으므로 그렇게 높아질 수 있었고 하해는 작은 물줄기도 양보하지 않으므로 그렇게 깊어질 수 있었습니다. 왕은 어떠한 백성이라도 물리치지 않아야 자신의 덕을 천하에 밝힐 수 있는 것입니다. 그러므로 땅에는 사방의 구분이 없고 백성에게는 다른 나라의 차별이 없으며 사계절이 조화되어 아름답고 하늘은 복을 내립니다. 이것이 오제와 삼왕에게 적이 없었던 까닭입니다. 그런데 지금 진나라는 백성을 버려 적국을 이롭게 하고 빈객을 물리쳐서 제후를 도와 공적을 세우고 있습니다. 또한 천하의 선비를 감히 서쪽으로 향하지 못하게 하여 진나라로 들어오지 못하게 하고 있습니다. 이는 이른바 '도적에게 군사를 빌려주고 도둑에게 식량을 보내는 것'과 같습니다.

대체로 진나라에서 나지 않는 물건 가운데에는 보배로운 것이 많으며 진나라에 태어나지 않은 인재 가운데에는 충성스러운 인물이 많습니다. 지금 빈객을 내쫓아 적국을 이롭게 하고 나라 밖으로 제후들에게 원한을 사면 나라가 위태롭지 않기를 바라더라도 그렇게 될 수가 없습니다."[20]

이사는 먼저 진나라의 역사에서 목공, 효공, 혜왕, 소왕 등의 선왕을 열거하여 백리해, 건숙, 비표, 공선기, 유여, 장의, 사마조, 감무, 범저

등 이름을 떨친 타국 출신의 경상卿相과 그들이 세운 공적을 설명했다. 또한 '초나라의 인재가 진나라에 쓰인' 현상을 하나하나 설명한 다음 '산은 높은 것을 싫어하지 않고 물은 깊은 것을 꺼리지 않는' 이치를 인용하여 '땅이 넓으면 곡식이 많이 나고 나라가 크면 인구가 많아지며 군대가 강하면 병사도 용감하다'는 이치를 강조했다. 마지막으로 '진나라에서 나지 않는 물건 가운데 보배로운 것이 많으며 진나라에 태어나지 않은 인재 가운데 충성스러운 인물이 많다'는 결론을 내렸다. 이사는 진시황이 옳고 그름을 따지지 않고 외국에서 온 신하와 백성을 모조리 쫓아내는 것은 어리석은 일이며 이는 곧 안으로는 민심을 잃어 진나라를 약하게 하고 밖으로는 적국을 도와 원한을 사게 하여 결국 나라의 안녕을 크게 위태롭게 한다고 비판했다.

진시황은 이사의 「간축객서」를 읽은 후 곧바로 축객령을 거두었다. 그리고 동쪽 초나라로 떠난 이사를 속히 쫓아가 돌아오게 했으며 관직을 회복시키고 '그의 계책을 받아들였다.' 훗날 이사의 벼슬은 정위廷尉(중국 진나라 때부터 형벌을 맡아보던 벼슬. 사법을 주관하는 최고 관리로 구경九卿 중 하나였음)에 이르러 사실상 국가 대사를 주관했다. 이사는 진나라의 통일에 매우 큰 기여를 했다. 그가 진시황을 위해 세운 공은 역대 개국 공신과 필적할 만하다.

진 왕조가 세워진 후, 이사는 정위와 어사대부를 거쳐 승상이 되었으며 막강한 권력을 지닌 고위 관직에 올랐다. 진시황은 이사를 더욱 귀하게 여겼다. 이사의 '아들은 모두 진나라의 공주에게 장가들었고 딸은 모두 진나라의 여러 공자에게 시집갔다.'[21] 한번은 삼천군 태수三川守인 큰 아들 이유李由가 휴가를 얻어 함양으로 돌아오자 '이사가 집에서 술자리를 마련했다. 온갖 관직에 있는 우두머리가 모두 나와 장수를 기원했으므로 그의 대문 앞과 뜰에는 수레와 말이 수천 대나 되었다.'[22] 이사는 길게 탄식하며 말했다. "아아, 나의 스승 순자께서는 '사물이 지나치게 강성해지는 것을 경계해야 한다'고 하셨다. 나는 상채에서 태어난 평민이며 시골 마을의 백성일 뿐인데 주상께서는 내가 아둔하고 재능이 없는 줄도 모르시고 뽑아서 오늘날 이 자리까지 오르게 하셨다. 지금 다른 사람의 신하 된 자로서 나보다 윗자리에 있는 이가 없고 부귀도 극에 달했다고 할 만하다. 만물은 극에 이르면 쇠하거늘 내 앞날이 어떻게 될지 알 수 없구나!"[23]

이사는 명리名利를 과하게 추구하고 권세욕이 대단한 사람이었다. 그의 동창이자 친구인 한비를 죽게 하고 분서焚書와 갱유坑儒 등의 사건, 사구지변沙邱之變(진시황이 남순 도중 사망하고 그의 작은아들 호해와 승상 이사, 환관 조고 등이 찬탈을 음모하여 유서를 위조하고 장남 부소와 대장 몽염을 죽인 사건) 모두 이사와 관련이 있다. 진 왕조의 역사가 매우 짧은 데는 이사에게 중요한 책임이 있다. 만일 이사가 왕권과 부귀에 연연하지 않아 사구지변이 일어나지 않았다면 그리고 진나라 2세의 폭정을 조장하지 않았다면 진나라의 역사는 달라졌을 것이다. 이사 자신도 죽음과 멸족이라는 화에서 벗어났을 것이고 '상채의 누런 개上蔡黃犬'라고 탄식할 일도 없었을 것이다. 이사의 전체 삶을 평가하자면 공적과 과실이 함께 있으며 영예와 굴욕이 복잡하게 얽혀 있었다. 그러나 진시황의 치세에 이사는 재능과 지혜를 한껏 발휘한 대신이었다. 훗날 그의 죽음은 진나라 2세의 방종과 방탕을 제지하려고 간언한 것과 관련이 있다. 예로부터 이사를 "충성을 다했지만 오형五刑을 받고 죽었다"고 평가하기도 했다. 이런 평가는 좀더 살펴봐야 할 것이다. 그러나 이사라는 인물은 칭송될 만한 부분이 많다. 사마천의 『사기』에도 "그렇지 않았다면 이사의 공은 주공이나 소공과 어깨를 견줄 만했을 것이다"[24]라고 했다.

위료와 『위료자尉繚子』

진시황을 보좌한 두 번째 인재는 뛰어난 사상가이자 군사 전문가로 이름은 요繚라 불렸다. 그의 성씨는 전해지지 않는다. 그는 진나라의 국위國尉(전국시대 진나라에서 군사를 관장한 관직)를 맡았기 때문에 위료尉繚라 불린다. 진시황이 통일 대업을 달성하는 과정에서 중요한 군사 행정은 위료가 주관했다.

위료가 언제 태어나고 죽었는지 자세한 연대는 전하지 않는다. 위나라 대량大梁 사람으로 평민 출신이며, 진시황 10년(기원전 237)에 진나라에 왔다. 그는 진시황과 천하의 정세를 논의하는 자리에서 동쪽의 제후국이 쇠약해질 때, 기회를 놓치지 말고 통일을 달성해야 한다고 주장했다. 그는 오나라의 왕 부차, 진晉나라의 지백智伯, 제나라의 민왕湣王이 적국을 무너뜨릴 기회를 놓쳐서 오히려 적국에 짓밟힌 전철을 밟으면 안 된다고 강조했다. 그는 진시황에게 재물을 아끼지 말고 6국의 명망 높은 사람을 회유하여 제후의 합종을 깨트리고 각국의 전략을 허물어 진나라의 군사력을 증강시키라고 건의했다. 진시황은 그의 계책을 받아들였다.

진시황은 위료가 병법에 정통하고 임기응변과 계략이 뛰어나 왕을 보좌할 만한 인재라는 사실을 간파했다. 그래서 진시황은 그의 마음을 붙잡으려고 했다. 스스로 낮추고 위료의 주장을 그대로 따르며 크게 예우해주었다. 『사기』에 보이듯 진시황은 "위료를 만날 때에는 대등하게 예우하여 옷과 음식도 그와 같이 했다見尉繚亢禮, 衣服食飲與繚同." 위료는 매우 현명했으며 날카로운 통찰력을 지녔다. 그는 젊은 군주의 정치적 인격을 심층적으로 분석한 후 그가 효웅임을 알아차렸다. 그는 "진나라 왕은 오뚝한 코, 가늘고 긴 눈, 사나운 새와 같은 가슴, 승냥이 같은 음성에 은사를 베푸는 것은 적은 데다 호랑이나 이리 같은 마음을 품고 있어 곤궁에 처하면 쉽게 다른 사람 아래에 들어가고 뜻을 얻으면 쉽게 남을 잡아먹을 것이다. 나는 평민 신분인데도 그는 항상 나를 만날 때 스스로 몸을 낮춘다. 진실로 진나라 왕이 천하에서 뜻을 얻는다면 천하는 모두 그의 노예가 될 것이다. 그러나 그와 오래 교유할 수는 없다"[25]라고 말했다. 생각이 깊은 위료는 앞날의 위험을 피하기 위해 권력과 부귀를 탐내지 않고 몰래 진나라를 떠나려 했다. 진시황이 이를 알아차리고 그를 머물도록 한 뒤 국위에 임명했다. 이 직책은 한漢나라의 태위太尉, 대장군大將軍에 해당하며 전국의 군무軍務를 통괄했다.

『사기』에서 위료에 대한 기록은 매우 간단하며 진나라의 통일전쟁에서 위료가 펼친 구체적인 활동은 소개하지 않았다. 다만 진시황이 "그의 계책을 받아들였다卒用其策"고만 전한다. 6국과의 전쟁에 활용되는 진나라의 전략과 전술은 역시 위료의 군사사상과 일치한다. 그의 학식과 지략, 전공은 손무, 손빈, 오기 등과 견줄 만하다. 그의 군사 이론과 정치 사상에서 간접적으로 진시황의 정치 사상과 통치 및 군사 전략을 이해할 수 있다.

위료의 영향은 매우 특별했다. 그는 전쟁과 정치, 전쟁과 경제의 관계 그리고 전쟁의 지휘 원칙, 전략과 전술 원칙에 대해 깊이 이해하고 있었다. 그는 또한 군법 조례를 정비했고 군사 행위를 총괄, 조직하여 '후방에서 작전을 세워 1000리 밖 전쟁터의 승리를 결정하는'[26] 군정에 정통한 인재였다. 이러한 평가는 위료가 후세에 남긴 군사 사상사의 명저인 『위료자』로 입증되었다.

『위료자』에는 24편의 글이 전해지고 있다. 『위료자』의 저자에 관하여는 두 가지 설이 있다. 하나는 진시황 때의 위료라는 설이고 다른 하나는 위나라 혜왕(양혜왕) 때의 위료라는 설이다. 『위료자』의 판본은 두 가지로, '잡가'에 속하는지 '병가'에 속하는지 정확하게 고증하기 어렵다. 1972년 4월, 산둥성山東省 린이臨沂에 위치한 인췌산銀雀山에서 한漢나라의 묘가 발굴되었다. 그 안에서 죽간이 출토되었는데 그 중 『위료자』의 일부가 포함되어 있었다. 그 내용을 살펴본 결과 대체로 오늘날 전해지는 판본과 일치했다. 일각에서는 『한서漢書』 「예문지藝文志」의 '병형세가兵形勢家'와 '잡가류'에 『위료자』가 각각 1번씩 나오는데 이는 동일한 판본이라고 주장한다. 그리고 오늘날 전해지는 『위료자』는 진나라의 국위 위료가 쓴 작품이라고 본다.[27] 이 가설은 상당한 일리가 있다.

당시 정치 사상을 담은 여러 저술과 마찬가지로 『위료자』는 '잡가'적인 특징을 지니면서 '법가'적인 색깔이 짙었다. 특히 그 철학은 『상군서』『순자』『여씨춘추』 등에서도 볼 수 있다. 이들 저서는 병법을 논한 저술이다. 『한서』 「예문지」에서는 병법을 병권모가兵權謀家, 병형세가兵形勢家, 병음양가兵陰陽家, 병기교가兵技巧家 등 네 가지로 분류했다. 『위료자』로 대표되는 '병형세가'는 군사행동에서의 행동성, 변화성, 융통성을 중점적으로 연구했다. 그는 군대가 특정한 성향을 지녀서는 안 되며, 주어진 객관적인 조건과 변화 추세를 근거로 민첩하고 기동성이 뛰어난 전략과 전술을 택해야 한다고 주장했다.

위료는 말했다. "전쟁의 승리는 조정에서 비롯되며兵勝於朝廷" 정치에서의 성공이 전쟁에서 승리를 거두는 근본적인 조건이다. 그러므로 전쟁을 하려면 먼저 내정을 안정시키고 국내 정치를 개혁하며 혁신하는 것에서부터 시작해야 한다. 또한 건전한 정치제도를 확립하고 정확한 정책과 책략을 제정해야 하며 현명하고 능력 있는 인재를 선발하여 나라를 부강하게 하고 백성에게 덕을 베풀어 군신관계와 군민관계를 올바르게 정립해야 한다. 그다음 나라의 안녕과 부국강병을 달성하고 민심이 군왕에게 되돌아오도록 해야 한다. 이렇게 해야 "원정 전쟁에서 승리"하여 "천하를 위엄으로 제압"[28]할 수 있게 된다. 만일 국가 제도에 병폐가 있으면 "전쟁에서 이겨도 나라가 갈수록 약해진다."[29] 위료자는 군대를 통솔하려면 반드시 "앞에서는 제도를 명확하게 하고 뒤로는 형벌의 위엄을 무겁게 해야"[30] 한다며 다음과 같이 주장했다. 군대를 다스리려면 반드시 먼저 각각의 제도를 만들어 군용을 가다듬고 명령을 일관성 있게 내리며 규율을 엄격하고 명확하게 해야 한다. 그런 다음 "앞에서는 상을 정확히 내리고 뒤로는 벌을 결정하여" 엄격한 형벌과 후한 포상으로 군령이 관철되도록 해야 한다. 상벌은 엄격해야 한다. 즉 "벌로 어느 한 사람을 죽여 삼군이 두려움에 떤다면 그를 죽여야 하며 포상으로 어느 한 사람에게 상을 내려 만인이 기뻐한다면 그에게 상을 주어야 한다." "형벌로 사형을 받는 사람이 귀한 신분일수록 그 효과가 크지만, 포상을 받아야 할 사람이 귀할수록 그 효과는 적다." 그러므로 죄를 물어 죽일 때 공훈이 있고 신분이 높은 사람이라고 해도 "반드시 그를 죽여야 한다必殺之." 즉 "형벌은 위로 끝까지 미쳐야 하며刑上究" 상을 내려야 하면 말을 기르는 미천한 자에게도 상을 주어야 한다. 즉 "상은 아래로 내려가야 한다賞下流"고 했다. 위료에게 "대저 형벌은 위로 끝까지 미치고 상은 아래로 내리게 할 수 있다면 이것이야말로 장수로서 무武를 시행하는 것"[31]이었다. 그는 전쟁을 지휘하려면 "먼저 적을 헤아려본 후에 움직여야 한다"며 적의 상황을 전방위적으로 살펴보고 적군과 아군의 상태를 분석하여 "승리를 확신하면 군대를 일으키고 승리를 확신할 수 없으면 멈춰야 한다"[32]고 주장했다. 즉 승리를 장담할 수 있는 전쟁을 하려면 구체적인 상황을 근거로 먼저 적국을 선제할지 아니면 기회를 기다려 적을 물리칠지를 결정해야 한다는 것이다. 그는 "나라는 힘을 하나로 모으면 승리하고 힘을 분산시키면 약해진다"[33]고 생각했기 때문에 반드시 병력을 집중시켜 공격력을 강화해야 한다고 말했다. 또한 반드시 "의를 내세우고 싸워서挾義而戰" 대내적으로 나라와 백성을 부유하게 하고 법과 규율, 제도를 엄격하게 정하며 예의와 교화를 중시해야 한다고 했다. 그 외에도 전쟁 과정에서 "죄 없는 성을 공격해서는 안 되며 죄 없는 사람을 죽이는 일이 없도록" 정확한 점령 정책을 시행하여 정복 당한 백성들이 안심하고 생업에 종사하도록 해야 한다고 주장했다. 위엄으로 천하를 복종시키는 것이 가장 바람직하며 "군대는 칼에 피 한 방울 묻히지 않고도 천하의 여러 세력이 스스로 화친을 청하도록 해야 한다"[34]고 했다. 위료자는 "왕은 폭정으로 야기되는 혼란을 잠재워야 한다" "의를 내세워 싸우는 전쟁은 내가 시작하는 데 의의가 있다"[35]며 군사 수단을 포기하지 않고 정의로운 전쟁을 일으켜야 한다고 주장했다. 또한 "다른 나라를 칠 때는 반드시 그 나라에 변고가 있을 때여야 한다"[36]라면서 적국의 군주가 무도하고 나라가 빈약하여 민심이 이반한 틈을 타 공격해야 한다고 했다.

그는 패왕을 보좌하는 인재로 전혀 손색이 없었다. 그의 정치, 군사, 외교 책략은 당시의 정세와 맞아떨어져 각 방면에서 통일전쟁을 전면적으로 계획하는 일과 병력 배치와 조직에도 매우 유용했다. 그는 진시황을 보좌하여 제업을 달성한 핵심 권신 중 한 명이었다.

모초의 간언, "굽은 것을 곧게 펴다"

모초茅焦가 언제 태어났고 죽었는지에 관한 자료는 상세하지 않다. 그는 제나라 사람으로 진시황 통치 시기 이름을 널리 떨친 '강직한 인사'이자 용감하게 간언한 신하였다. 모초는 군신 간에 진언을 올리고 그 진언을 받아들이는 정치 미담으로 그 이름을 역사에 남겼다.

진시황은 노애의 반란을 진압하고 모후를 옹성에 옮겨 거주하게 했다. 모초는 진시황에게 간언을 올렸다. "진나라가 바야흐로 천하통일을 대업으로 삼고자 하나 제후들이 대왕께서 모태후를 유배하셨다는 소문을 듣고 그 일을 빌미로 진나라를 배반할까 두렵습니다." 진시황은 모초의 간언을 받아들여 "옹에 있는 태후를 함양으로 맞아들였다가 다시 감천궁에 머물게 했다."[37]

『설원』의「정간正諫」편을 보면 이 일을 자세하게 전하고 있다. 진시황은 노애를 거열형에 처하고 두 동생은 죽였으며 모친은 함양에서 옮겨 옹성에 유배시켰다. 수많은 신하들은 이런 처벌이 효에 어긋나며 진나라의 이미지를 손상시키는 일이라고 생각했다. 신하들은 잇달아 진언했지만 진시황은 대로하며 듣지 않았다. "감히 태후의 일로 진언하는 자는 육살戮殺에 처할 것이다." 하지만 간언하는 신하는 끊이지 않았으며 죽임을 당한 사람이 27명이나 되었다. 제나라의 빈객인 모초는 진시황의 경고에도 불구하고 뜻을 굽히지 않고 진언했다. 그는 진시황의 불효를 비판했다. "폐하께서 의붓아버지를 거열형에 처하게 하셨는데 이는 질투하는 마음이 있음을 보여준 것입니다. 또 두 동생을 자루에 넣고 쳐 죽였으니 자애롭지 못하다는 오명을 남기셨고 어머니를 부양궁에 유배시켜 불효한 행동을 드러내셨습니다. 게다가 간언하는 선비를 찔레로 고문한 것

은 걸이나 주와 같은 폭군의 기질이 있음을 보여준 것입니다. 지금 천하
가 이 소문을 듣고 모두 와해되어 진나라를 따를 자가 없어졌습니다. 신
은 진이 망하여 폐하가 위험해지실까 두렵습니다."[38] 모초의 간언을 들
은 진시황은 잘못을 깨닫고 '모초를 중부仲父로 세우고 상경上卿의 벼슬을
내렸다.' 태후 조희는 크게 고마워하고 모초를 초대하여 연회를 베풀었
다. 연회에서 조희는 모초를 높이 사며 말했다. "굽은 것에 항거하여 곧
게 만들었으며 실패를 고쳐 성공으로 이끌었고 진나라의 사직을 편안하
게 만들었습니다. 게다가 모자가 다시 만날 수 있도록 해준 것도 모두 모
초, 그대의 힘이오!"[39]

돈약, 진의 외교 책략인 연횡을 논하다

돈약頓弱의 생몰연대와 국적은 자세하게 전하지 않는다. 그 역시 모초
와 같이 간언을 서슴지 않은 신하였으며 진시황과 나눈 화제는 대부분
외교 책략에 집중되어 있었다. 돈약은 책략과 논변에 뛰어났으며 종횡가
의 풍모를 지녔다. 그는 또한 왕후를 풍자하는 대담함이 있었다. 진시황
은 돈약의 명성을 듣고 몹시 만나고 싶어했다. 그러나 돈약은 실행하기
어려운 조건을 내걸었다. "신은 제왕에게 절을 하지 않는 것을 의로 삼고
있습니다. 만일 왕께서 절하는 것을 면해주신다면 뵐 수 있고 그렇지 않
으면 왕을 뵐 수 없습니다." 진시황은 이러한 조건에도 불구하고 그를 받
아들였다.

이에 돈약이 말했다. "천하에 실리는 있으나 명분이 없는 자가 있고 명
분은 있으나 실리가 없는 자가 있습니다. 또 명분도 실리도 없는 자가 있

습니다. 왕께서는 이것이 무엇인지 아십니까?" 진시황은 웃으며 대답했다. "모르겠소." 돈약은 상인들이 식량을 가득 쌓아놓고 있어서 실리는 있지만 실제로 경작하는 명분이 없기 때문에 '실리는 있지만 명분은 없는 사람'에 속한다고 지적했다. 하지만 농사꾼은 경작하는 명분은 있더라도 식량을 쌓아두는 실리가 없어서 '실리는 없고 명분만 있는 사람'에 속한다고 했다. 그런데 오늘날 진나라 왕은 "비록 만승이라는 높은 자리에 있지만 효도의 명분도 없고 천 리 땅을 가지고 있으면서 어머니께 효도하는 실리도 없다"며 "명분도 없고 실리도 없는 사람은 바로 왕입니다"라고 말했다. 진시황이 크게 노했지만 돈약은 조금도 두려워하지 않고 침착하게 진시황이 6국을 위엄으로 제압하지 못하면서 어머니에게만 권력을 행사하여 구금하는 일은 해서는 안 될 행동이라고 밝혔다.

진시황은 동쪽의 6국을 겸병하는 문제에 관심을 보였다. 그는 진나라가 서둘러 각국을 합병할 수 있을 만한 전략에 대해 물었다. 이에 돈약은 "한나라는 천하의 목구멍이고, 위나라는 천하의 몸통입니다. 왕께서 제게 1만 금을 주시어 유세를 펼치게 해주신다면 한나라와 위나라의 사직에 있는 신하들이 제 유세를 듣고 모두 진나라로 몰려올 것입니다. 그러면 한나라와 위나라는 진나라를 섬기게 됩니다. 한나라와 위나라가 진나라를 섬기면 천하를 도모할 만합니다"라며 책략을 올렸다. 진시황은 이 책략이 돈 쓰고 헛수고만 하는 것은 아닐까 우려했다. 그러자 돈약이 보충하여 설명했다. "오늘날 천하는 전란에 휩싸여 있고 각 제후국은 합종이냐, 연횡이냐를 선택해야 할 기로에 있습니다. 연횡이 성립되면 진나라가 제업을 달성하는 것이고, 합종이 성립되면 초나라가 왕업을 이루는 것입니다. 만일 진나라가 제업을 달성하면 천하의 모든 부가 진나라의 것이 되지만 다른 나라가 왕업을 이루면 진나라에게 1만 금이 있다고 해도 왕께서 사사로이 쓰실 수 없을 것입니다. 그러므로 외교적 지출로 이 자금을 쓰는 것은 꼭 필요한 일입니다."

진시황은 돈약의 설명을 듣고 1만 금의 자금을 마련하여 그에게 주었다. 돈약은 6국의 권신들에게 유세를 펼쳐서 각 나라의 계획을 깨고 군신관계를 이간했다. 돈약은 '동쪽으로는 한나라와 위나라에 유세하여 장군과 재상을 끌어들였고, 북쪽으로는 연나라와 조나라에 유세하여 이목李牧을 죽였다.' 이로써 "제나라 왕이 직접 진나라에 입조했고 나머지 네 나라도 진나라에 복종해왔다."[40] 이는 진시황이 돈약의 책략을 받아들였기 때문에 가능했다.

요고, 합종책을 무너뜨릴 책략을 바치다

요고姚賈의 출생, 사망연도 역시 자세히 알려지지 않았다. 그는 위나라 사람이다. 비천한 출신으로 아버지는 성문을 지키는 병졸이었다. 요고는 대량大梁에서 도적질을 했다. 훗날 조나라에서 유세하여 공명을 얻고자 했지만 뜻을 이루지 못하고 나라 밖으로 쫓겨났다. 요고는 진나라로 가서 진시황에게 인정받아 외교의 중임을 맡게 되었다. 요고가 제시한 책략은 이사, 위료, 돈약의 것과 비슷했다.

한번은 조나라와 초나라를 중심으로 한 네 나라가 연합하여 진나라를 공격했다. 진시황은 수많은 신하와 책사 수십 명을 소집하여 대책을 논의하도록 했다. 이때 요고가 구체적인 대책을 내놓았다. "제가 사신으로 네 나라에 가서 그 계획을 막고 병사들이 움직이지 못하게 하겠습니다." 이에 진시황은 '수레 100승과 1000금의 황금을 내린 후 자신의 의

관을 입히고 자신의 칼을 차고 가도록 했다.' 요고는 왕에게 아뢰고 길을 떠나 각국의 권신을 매수하여 네 나라의 관계를 이간질했다. 그 결과 '모의를 무산시키고 군대의 출동을 막았으며 네 나라와 교류하여 진나라에 보답하도록 하는' 성과를 올리고 돌아왔다. 진시황은 몹시 기뻐하며 요고를 상경上卿으로 삼고 1000호를 봉했다.

한비는 이 일을 듣고 잘못되었다고 생각했다. 그는 요고가 '문지기의 아들世監門子'인 데다 '양나라에서는 도둑질을 했고, 조나라에서는 신하로 있다가 쫓겨났는데' 이런 사람을 중용하는 것은 다른 신하에게 좋지 않은 영향을 끼친다고 생각했다. 한비는 요고의 책략을 무산시키고 진나라를 약화시키려는 목적으로 진시황에게 다음과 같이 진언했다. "요고가 3년이라는 세월을 허비하고 국가의 재물과 보물을 남용하며 사사롭게 자신의 잇속만 채웠습니다. 그렇다고 '네 나라와의 국교가 단단해진 것도 아닙니다.' 그러므로 이러한 행위는 '왕의 권위와 나라의 보물을 가지고 밖으로 나가 사사로이 제후들과 교제한' 것에 속합니다."

진시황은 요고를 불러 물어보았다. "듣자 하니 그대는 과인의 재물을 가지고 제후들과 사귀었다는데, 사실인가?" 이에 요고는 자신은 국가의 재물을 가지고 제후와 교제했지만 이는 결코 개인의 잇속을 차리고 진나라에 불충한 것은 아니라고 대답했다. 만일 제후와 교제하지 않았다면 계획한 외교상의 목적을 달성할 수 없었고 진나라에 불충했다면 네 나라의 왕 역시 자신의 유세를 듣지 않았을 것이라고 설명했다. 요고는 진시황에게 이간질하는 참언을 믿지 말고 충신을 배척하지 말 것을 간했다. 또한 사람을 쓰는 데 완전무결함을 요구해서도 안 되며 출신과 명망을 엄격하게 요구해서도 안 된다고 지적했다. 주나라 문왕의 강태공, 제나라 환공의 관중, 진나라 목공의 백리해, 진晉나라 구범咎犯은 모두 그리

자랑스럽지 못한 이력이 있었다. 그는 "이 네 명의 책사는 모두 출신이 비천하여 천하의 놀림거리였습니다. 하지만 현명한 군주에게 등용되어 공을 세울 수 있었습니다"라고 주장했다. 그러므로 현명한 군주가 인재를 등용하는 원칙은 "그가 미천한지를 따지지 않으며 옛날의 잘못을 듣고 판단하지 말아야 합니다. 그저 자기를 위해 쓸 만한가를 살필 뿐입니다. 그러므로 사직을 보존하려면 비록 외부에서 비방이 있어도 듣지 않으며 명성이 높은 있는 인물이어도 한 치의 공이 없으면 상을 내리지 않는 법입니다"[41]라고 말했다. 진시황은 요고가 옳다고 생각하고 그에게 외교사절이라는 중임을 맡겼다.

한비와 『한비자』

한비는 고대 중국의 저명한 사상가 중 한 명이다. 학계에서는 그를 선진 제가를 집대성한 인물로 평가한다. 그는 진시황의 최측근도 아니고 신하라고도 할 수 없다. 한비가 진나라에 온 속셈은 진나라를 약화시켜 한나라를 지키기 위함이었다. 그러나 그는 진시황에게 한 편의 저서와 책략을 바쳤다. 이 책은 진시황이 신하와 백성을 다스리는 데 있어 체계적인 방향과 수단을 제시해주었다. 또한 그의 책략은 진시황이 정확한 통일전쟁의 전략을 확립하는 데 도움이 되었다. 한비의 정치사상 체계를 보면 진시황의 치술과 진나라 통치 사상의 기본적인 특징을 찾아볼 수 있다. 그러므로 진시황에 대한 한비의 공적이 이사와 위료보다 한 수 아래였다고 할 수도 없다. 어떤 의미에서 보면 '남쪽을 향하여 천하에 군림하는 통치술南面君天下之術'에 정통한 대학자(한비) 역시 진시황을 보좌한 핵심 두뇌로 간주할 수도 있는 것이다.

한비(기원전 280~기원전 233)는 한韓나라 사람이다. 그는 한나라 왕실의 종친으로 '한나라의 여러 공자 가운데 한 사람'이었다. 한비와 이사는 동문수학한 친구다. 그는 '날 때부터 더듬어 말을 잘 못했으나 글을 잘 지었다.'[42] 한비는 식견과 글솜씨가 매우 뛰어났다. 이사가 자신은 한비보다 못하다고 한탄할 정도였다. 한비는 박학다식하고 대유大儒인 순자를 스승으로 섬겨 유가의 경전을 학습하고 『노자』『상군서』『신자慎子』 등을 열심히 읽었다. 『사기』에서는 그가 "형명刑名과 법술의 학문을 좋아했으나 그의 학문은 황로黃老사상을 바탕으로 한다"고 전하고 있다. 그러므로 한비의 학문은 선진의 도가, 법가, 유가의 영향을 크게 받았음을 알 수 있다.

동문인 한비와 이사는 정치 역정의 갈림길에서 다른 선택을 했고 그 결과도 정반대였다. 이사는 어리석은 초나라 왕을 과감하게 버리고 조국을 떠나 점차 강성해지는 진나라로 갔다. 하지만 한비는 그렇지 않았다. 그는 조국을 안타까워하면서 한나라 왕에게 연연했고 날로 쇠락하는 조국에 몸을 맡겼다. 이사가 뛰어난 진시황을 만나 그 재능을 드넓게 펼치고 큰 공을 세운 데 비해 한비는 어리석고 무능한 한나라 왕 안安을 만나 충성을 다했지만 결국 뜻을 이루지 못하고 좌절했다.

한비는 한나라가 갈수록 쇠약해지는 것을 보고 '여러 차례 글을 올려 왕에게 간언했지만 왕은 그의 의견을 받아들이지 않았다.' 한나라가 쇠약해져가는 근원이 잇따른 정치적 실패에 있다고 생각한 한비는 한나라는 '법과 제도를 바로 세울 수도 없었고' '나라를 부유하게 하고 병력을 튼튼하게 하며, 인재를 찾아 쓰고 어진 사람을 임명하는 일'에 힘쓸 수도 없었다고 분석했다. 한나라 왕은 '여유가 있을 때에는 명예를 추구하는 사람을 총애했고 위급할 때에야 무사를 등용했다.'[43] 그가 등용한 사람 대부분이 허울뿐인 속유, 유사 또는 아첨하는 간사한 무리였다. 이렇게 보좌하는 신하들이 어리석은 것은 '쓰는 사람은 평소 녹을 주어 키운 사람이 아니었기' 때문이다. 이로써 백성 역시 변란에 빠지게 되었다. 심지어 '유학자는 글로 나라의 법을 혼란하게 하고 협객은 힘으로 나라의 금령을 어겼다.' 한비는 유학儒術은 나라를 망치기 쉽고 예치는 병력을 튼튼하게 만들 수 없다고 생각했다. 그래서 역사의 사례를 살펴보고 정치의 성공과 실패에 관한 변천 과정을 연구하여 '고분孤憤, 오두五蠹, 내외저설內外儲說, 세림說林, 세난說難 등 십여만 자의 글을 지었다.' 이렇게 한비의 저작물은『한비자』로 정리되었다.

한비의 사상은 날카롭고 식견이 풍부했으며 문체 또한 매우 유려했다. 그의 저서는 세태의 정곡을 찔렀고 그가 제시한 통치법은 현실 세계에서 실천 가능한 것이었다. 뿐만 아니라 그의 철학과 논리는 핵심을 찔렀기 때문에 사람들의 관심을 많이 받아 널리 베껴졌다. 당시 누군가가『한비자』를 진나라로 가져갔다. 진시황은 한비의 책을 탐독하고「고분」과「오두」편 등에 펼쳐진 한비의 주장에 크게 동의했다. 그는 저자의 지혜에 탄복하여 말했다. "아, 과인이 이 책을 쓴 사람을 만나 사귈 수 있다면 죽어도 한이 없겠다!"[44] 이에 이사가 "이것은 한비라는 사람이 쓴 책입니다"라고 대답했다. 진시황은 급히 한나라를 치라는 영을 내렸고 한나라 왕은 황급히 한비와 대책을 의논하여 그를 진나라에 사신으로 보냈다.

한비는 진시황을 만나 진의 국력이 강성해졌으나 한 번에 패왕의 업을 달성하지 못한 것은 대신의 책략이 맞지 않고 대책에 문제가 있기 때문이라고 기탄없이 비판했다. 한비는 한나라를 먼저 멸망시키자는 이사와 요고의 전략은 옳지 않고 가장 먼저 조나라를 쇠약하게 만들어 멸망시켜야 한다고 주장했다. 그래야 정치, 외교, 군사상 진나라에 유리하다는 것이었다. 그리고 강대국인 조나라가 무너지면 천하를 통일하는 것은 매우 순조롭게 이뤄진다고 지적했다. 이 말을 들은 진시황은 '기뻐했지만 믿고 등용하지는 않았다 悅之, 未信用.'

이사와 요고 등은 한비를 무척 시기했다. 그 이유는 첫째, 한비가 제기한 통일전쟁의 전략은 그들의 주장과 첨예하게 대립되었고 둘째, 한비는 요고를 무시하여 그는 사직을 논할 인사가 못 된다고 생각했으며 셋째, 만일 한비가 진시황에게 중용되면 그들의 정치적 입지가 위태로워질 것이기 때문이었다. 그들은 진시황에게 말했다. "한비는 한나라의 공자입니다. 지금 왕께서 제후들을 겸병하시려는데 그는 결국 한나라를 위하지 진나라를 위하지는 않을 것입니다. 이것이 사람의 마음입니다. 지금 왕께서 한비를 등용하지 않고 오랫동안 머물게 한 후 돌려보낸다면 이는 스스로 뒤탈을 남기는 일입니다. 죄를 뒤집어씌워 법에 따라 죽이느니만 못합니다."[45] 진시황은 그 말이 옳다고 생각하여 한비를 투옥시켰다. 이사는 사람을 시켜 한비에게 독약을 보내 스스로 목숨을 끊게 했다. 한비는 진시황을 만나 속마음을 밝히고 싶었지만 끝내 만나지 못했다. 진시황은 뒤늦게 후회하고 서둘러 사람을 보내 한비를 사면했으나 그는 이미 죽은 뒤였다. 소식을 들은 한나라 왕은 진나라에 신하의 예로써 받들겠다고 청해야 했다.

진나라 통일전쟁의 전략과 과정을 살펴보면 진시황이 한비의 의견을 일부 받아들였고 진나라의 정치 발전에 가장 큰 공을 세운 것은 한비의 『한비자』였음을 알 수 있다.

고대 중국에서 가장 중요한 정치교과서인 『한비자』는 법가를 필두로 선진시대의 제자백가 학문을 집대성했다. 훗날 공개적으로 법가를 내세운 사람은 극소수였지만 『한비자』를 읽고 평하면서 정치적 지혜를 습득한 정치가와 사상가는 셀 수 없을 정도로 많았다. 『한비자』가 말한 "패왕의 도리霸王之道"는 고대 제왕론의 중요한 판본일 뿐만 아니라 진한시대 이래 제왕 관념의 핵심을 이뤘다.

한비의 사상에는 두 가지 특징이 있다. 첫째, 출발점을 현실에 두어 실행 가능한 부국강병책과 통일 방법을 제시했다. 둘째, 이론 수준이 매우 높았다. 제자백가를 심층적으로 연구했는데 특히 법가와 도가, 유가의 학설에 정통했다. 현실에 입각함으로써 법가의 계보에서 중심이 되었고, 여러 학설의 장점을 수용하여 완성도가 높은 이론 체계를 세울 수 있었다. 사실 『한비자』는 법가의 대표작이라기보다는 제자백가의 사상을 종합한 것으로서의 가치가 더욱 두드러진다.

한비는 중앙집권, 군주전제, 법을 정치의 근본으로 삼을 것을 주장하는 등 추구하는 목표가 분명했다. 그는 선진시대 법가의 중법, 중세, 중술 등 세 학파를 집대성하고 단점을 보완했다. 그는 "법이란 것은 왕의 근본法者, 王之本"[46]임을 인정하고 법法·세勢·술術이 '모두 제왕의 도구皆帝王之具'라고 생각했다. 이러한 법·세·술의 이론을 각각 발전시키고 상호 보완한 점이 바로 『한비자』에서 종합성이 부각되는 부분이다.

『노자』의 도道를 바꾸어 법치에 튼튼한 이론적 기초를 제공한 것이 『한비자』가 지닌 종합성의 구체적인 모습이다. 「해로解老」「유로喩老」는 『노자』를 체계적으로 해석한 최초의 현존 문헌이다. 한비는 법가사상의 사유 방식에 따라 '도'와 '덕'의 범주를 새롭게 해석하고 도가의 도道를 휘감은 현허玄虛하고 신비적인 부분을 없앴다. 또한 가장 먼저 도와 이理의 범주를 제기하여 일반 법칙과 특별 법칙의 관계를 다루었다. 한비는 철학을 심오하게 논하지 않고 도론과 정치론을 긴밀하게 결합했다. 「양권」편에서 그는 도의 유일성으로 중앙집권 체제를 논증하고 도와 물의 차이로 군주의 통치 지위를 논증했다. 「해로」편에서는 도를 정치의 근본으로 삼았고 「식사飾邪」편에서는 "도를 만물의 원칙으로 삼고 법을 근본으로 삼을 것"을 주장했다. 즉 도는 법의 근거이며 법은 도를 표현한 것이라고 했다. 「왕도主道」편과 「수도守道」편에서 체계적인 통치술을 제기하고 「대체大體」편에서 제왕은 "도를 집처럼 편안하게 여겨야 하고以道爲舍" "일반 법칙에 따라 전면적으로 법도를 장악해야 하며因道全法" "명망은 생전에 세우고 은덕은 후세에 전해지는 것名成於前, 德垂於後"이라고 지적했다. 이렇듯 한비의 이론에서는 도道가 법·세·술의 핵심인 통치술과 규범의 근거이자 총칭이 되었다. 도는 제왕이 반드시 따라야 하는 근본적인 큰 법이었다.

충·효·인·의·예를 중요한 정치적 규범으로 나열한 것 역시 『한비자』의 종합적인 성격을 잘 보여준다. 한비는 유가의 윤리 정치에 대해 극도의 반감을 가졌고 황당무계하다고 배척했다. 심지어는 좀벌레로 여겼다. 하지만 그는 초기에 비해 정치에서 법가의 윤리적 역할을 더욱 중시하게 되었다. 그는 「충효」편에서 공자가 충효의 참뜻을 알지 못한다고 비판하고 법가의 충효관, 인의관, 덕정관을 펼치며 예치와 교화를 정치의 보조 수단으로 여겼다. 이는 한비가 정치윤리의 발전에 크게 기여한 부분이며 또한 그가 신도愼到의 이론을 더욱 극단화한 것이 아님을 알려준다.

『한비자』에서는 제왕론과 제왕술의 종합적인 특징을 쉽게 볼 수 있다. 군주기원설을 예로 들자면, 한비는 역사의 진화설, 전쟁을 중지시켜 임금이 된다는 설, 하늘이 세운다는 설, 도의를 관철하기 위해 임금을 세운다는 설, 성인이라서 임금이 된다는 설 등을 종합하여 체계적으로 논증했다. 또한 임금이 되기 위한 조건에 관하여 상세하게 분석하고 체계적으로 논리를 펼쳤다. 예컨대 토지와 백성이 있는 자, 나라를 부강하게 한 자, 전쟁에서 승리한 자, 권세와 명예를 손에 쥔 자, 명실상부한 자, 통치를 잘한 자, 법을 밝힌 자, 독단적인 자, 패왕의 책사를 등용한 자, 정세 판단이 정확한 자, 자기 자신을 잘 아는 자, 천시天詩와 인심을 얻은 자 등은 왕이 될 인물이 갖출 조건에 속했다. 한비에게 '도를 터득하는 것體道'은 임금이 갖추어야 하는 조건이었다. 그렇지 않으면 "천자가 도를 잃으면 제후들이 그를 정벌하고 제후가 도를 잃으면 대부들이 그를 쫓아낸다"[47]고 했다. 체도體道와 수도守道는 제왕의 가장 기본적인 규범이었다.

한비는 자신의 제왕론을 펼치면서 법체계에서 포용할 수 있는 한 각종 실용적인 통치술과 철학적 근거를 받아들였다. 또한 그의 논리는 현실적이고 소박하며 뜻을 알 수 없는 고담준론이나 과장과 겉치레가 없었다. 그의 장점은 또한 단점이기도 했다. 통치 사상은 미화된 포장과 신성함 그리고 감동을 주는 약속이 필요하다. 그러나 한비는 군신 간의 이해관계를 매우 현실적으로 논하고 각종 강제 수단과 권모술수를 곧이곧대로 밝히며 법가의 중벌주의라는 폐단을 고치지 않았다. 이는 아마 훗날 그의 사상이 왜곡된 통치 사상으로 평가받을 수밖에 없었던 중요한 원인일 것이다.

사실 진나라의 통치 사상은 법가의 학설이 기본을 이루지만 『한비자』의 내용보다 훨씬 풍부하고 다양했다. 법가, 유가, 도가, 묵가, 음양가, 명가 등 제자백가의 학설을 거의 다 포용했다. 그러나 진나라의 운명은 법가의 운명도 결정해버렸다. 한 시대에 대성황을 이루던 대제국이 순식간에 사라져버렸고 사람들은 이를 두고 이구동성으로 법가의 정치학설 때문이라고 비판했다. 그런 비판이 타당한지의 여부를 떠나서 법가가 통치 사상의 권좌를 다툴 자격을 잃어버렸다는 점은 돌이킬 수 없게 되었다.

사실 이사, 위료, 모초, 돈약, 요고, 한비와 마찬가지로 진나라에는 패왕을 보필한 책사와 죽음을 두려워하지 않고 간언을 올린 신하가 매우 많았다. 진시황 주변의 보좌 대신들은 대부분 군주의 노여움을 사면서까지 직언했다. 조정에서 대신이 논쟁하고 언관이 굳건하게 간언하며 세객이 올바른 말을 하고 유세하는 책사가 달변하는 등의 정치 현상은 군주전제 정치에서 조정 논쟁 제도, 언로와 언관의 설치, 계책을 바치고 자기 주장을 펼친 사람들의 벼슬길 그리고 신하된 도리와 직접적인 인과관계가 있었다. 때문에 신하가 군주에게 간언하고 심지어 '임금의 노여움'을 사는 일도 비일비재했다. 많은 사람의 의견을 듣고 받아들이며 자신의 의견을 고집하지 않는 것은 당시에 공인된 군주의 도리였기 때문에 군주가 신하의 간언을 받아들이는 것 역시 자주 있는 일이었다. 역대 업적이 뛰어난 군왕과 마찬가지로 진시황은 간언하는 신하를 중히 여기고 신하의 권고와 비판을 받아들였던 반면, 때로는 간언하는 신하를 죽이고 그 충고를 듣지 않기도 했다. 현존 사료를 살펴보면 진시황은 보통 간언하는 신하를 죽이지 않았으며 '태후의 일'로 간언한 신하를 죽인 일은 유일하고 특별한 경우였다. 모초가 시황제에게 간언할 때 언사가 매우 극렬했지만 죽이지 않았으며 돈약도 오만하게 직언했으나 죽이지 않았다. 또 중기中期가 소왕을 반박하여 꼼짝 못하게 했지만 그 역시 죽지 않았다.[48] 진나라가 천하를 통일한 후, 순우월淳于越이 진시황에게 '옛 제도를 따르지 않으면 머지않아 멸망하게 된다'고 공박했지만 별다른 감정을 드러내지 않았다. 업적이 뛰어난 임금과 마찬가지로 진시황 역시 간언하는 신하를 귀하게 여기고 권고와 비판을 받아들였다. 당나라 태종이 간언을 올린 위징魏徵을 여러 번 죽이고자 했지만 꾹 참은 것과 마찬가지로 진시황 역시 대로하는 일이 많았고 간언을 올리는 신하를 죽이고자 했으나

진시황평전

248

주변에서 제지하거나 스스로 참았다. 그렇지 않았다면 그는 정치와 군사 양면에서 거대한 성공을 이루지 못했을 것이다. 이를 보면 진시황이 '포학'하다는 평가는 다시 논의해볼 필요가 있다.

한나라 유향劉向은 『전국책』 서문에서 "진시황은 사방이 견고한 요새를 이용하고 효산과 함곡관에 의존하여 농隴과 촉 지방의 풍요로움을 손에 넣었다. 또한 많은 사람의 묘책을 듣고 6대의 공적에 편승하여 6국을 잠식하고 제후를 겸병하여 천하를 가졌다"[49]라고 말했다. 이 구절에서 특히 "많은 사람의 계책을 들었다"고 한 것은 결정적 의의가 있는 주관적인 요소이다. 책策이란 모략謀을 세우는 것이다. 훌륭한 책략과 최고의 모사는 능력 있는 책사의 입에서 나오며 귀에 거슬리는 말은 뜻이 있는 신하의 마음에서 나온다. 그런데 그런 책략과 간언을 받아들여 모책으로 결정하고 행동에 옮기는 것은 재능과 원대한 포부를 지닌 왕에게 없어서는 안 되는 자질이었다. 진시황은 인재를 중시하고 등용함에 있어서 형식에 얽매이지 않았다. 또 사이가 가깝고 먼 것을 차별하지 않았으며 간언을 받아들일 때 말투를 따지지 않았다. 이것이야말로 그가 성공을 거둘 수 있었던 비결이다.

전략 전술 책임진 진나라 맹장들

예로부터 관중과 농서 지방에서는 명장이 많이 배출되었다. 진나라의 패업, 왕업, 제업 모두 용감한 전사들의 칼과 창으로 이룩해낸 것이다. 전국시대 말기, 전국칠웅 간에는 대규모의 전쟁이 끊이지 않았다. 국력의 강약은 칼날에서 드러났고 정치적 목표는 목숨을 건 투쟁으로 달성했으며 제업은 전쟁으로 성취했다. 전쟁에서 승리하는 자가 천하를 다스렸던 것이다. 장막 안에서 책략을 세우는 능력 있는 신하가 용맹한 군대를 통솔하지 않고, 잘 훈련된 정예병과 용맹하고 뛰어난 명장이 전쟁에서 용감하게 싸우지 않았다면, 진나라의 국력도 전쟁을 치를 때마다 강력해지지 못했을 것이고 영토도 갈수록 줄어들었을 것이다. 또한 신하와 백성이 갈수록 흩어지고 적국도 많아졌을 것이다.

진시황 주변에는 주도면밀한 책사가 많았을 뿐 아니라 용맹한 명장도 상당수 포진해 있었다. 역사의 기록을 살펴보면 전공이 혁혁한 장수에는 몽오蒙驁, 왕흘王齕, 표공麃公, 환기桓齮, 위료, 왕전王翦, 양단화楊端和, 강외羌瘣, 신승辛勝, 이신李信, 왕분王賁, 몽염蒙恬 등이 있었다. 특히 왕씨 부자인 왕전과 왕분 그리고 몽씨인 몽오와 그의 손자 몽염 등이 가장 유명하다. 『사기』에서는 "진시황 26년에 천하를 모두 평정했는데 왕씨와 몽씨의 공로가 컸다. 이들의 명성은 후세까지 드높았다"[50]라고 전하고 있다. 아래의 왕전과 몽염 이야기에서는 부하를 다루고 인재를 등용하는 진시황의 면모를 살펴볼 수 있다.

왕전과 왕분, 부자의 대를 잇는 명장

왕전이 태어난 시기와 사망 연도는 자세히 전하지 않는다. 그는 진나라 빈양頻陽의 동향東鄕 사람으로 어려서부터 무기 격투 기술과 병력 배치법을 즐겨 배웠다. 왕전은 진의 장수가 되어 진시황이 조나라를 멸망시키고 연나라를 소탕하며 초나라를 망하게 하고 월나라를 평정한 중요한 전투를 모두 지휘했다. 그의 아들인 왕분은 군대를 통솔하여 위나라, 대나라, 연나라, 제나라를 멸망시켰다. 왕전과 왕분 부자는 양대에 걸쳐 진나라의 통일전쟁에서 수훈을 세웠다. 왕전의 손자인 왕리王離 역시 진나라의 명장 중 한 명이었다. 그는 몽염의 부장수로서 변경의 관문을 지켰다.

왕전은 진나라의 노련한 장군이었다. 그는 '6국을 평정夷六國'하는 공로를 세웠으며 '진시황도 그를 스승으로 섬겼다始皇師之.' 진시황과 왕전의 군신관계를 잘 보여주는 일화가 있다.

진시황은 삼진三晉을 멸하고 연나라 왕을 몰아냈으며 초나라 군대를 여러 차례 무찔렀다. 이에 적을 가벼이 보는 마음이 생겨났다. 초나라를 무너뜨리는 계책을 토의하는 자리에서 이신李信은 병력 20만이면 충분하다고 생각했다. 하지만 왕전은 진나라 주력군 60만 대군이라야 초나라를 멸망시킬 수 있다고 강력히 주장했다. 진시황은 왕전이 늙어서 겁을 내는 반면 이신은 젊고 용맹하다고 생각했기 때문에 이신과 몽염에게 20만 군대를 이끌고 초나라를 정벌하라는 명을 내렸다. 왕전은 자신의 계책이 받아들여지지 않자 병을 핑계로 고향인 빈양에 가서 지냈다.

이신과 몽염은 전투 초반에 적군을 크게 무찔렀으며 성을 공격하고 땅을 빼앗았다. 그러나 초나라 군대는 이신이 적을 경시하고 준비가 미비한 틈을 타서 군대가 이동할 때 추격했다. 초나라 군대는 그렇게 사흘 밤낮을 연이어 공격하여 이신의 군대를 대파시켰다. 초나라 군대는 진영 두 곳을 침입하여 진나라의 도위都尉 일곱을 죽였다. 결국 진나라 군대는 황망하게 도망쳤으며 초나라 군대가 계속해서 추격했다. 소식을 들은 진시황은 대로했다. 전쟁 상황이 긴급했기 때문에 그는 직접 빈양으로 달려가 왕전을 만나 사과하며 말했다. "내가 장군의 계책을 쓰지 않아 결국 이신이 진나라 군대의 명예를 실추시켰소." 진시황은 왕전에게 건강이 좋지 않아 힘들겠지만 진나라 군대를 이끌고 서쪽의 초나라 군대를 막아달라고 간청했다. 왕전은 병에 지쳐 정신마저 혼미하다는 핑계를 대고는 다른 현명한 장군을 찾으라며 연거푸 거절했다. 진시황은 다시 미안한 뜻을 보이며 왕전의 거절을 불허했다. 왕전은 그 자리에서 출정하는 대신 조건을 걸었다. "왕께서 어쩔 수 없이 신을 꼭 쓰셔야 한다면 군사 60만 명을 내어주셔야 합니다." 진시황은 왕전의 계책에 따르겠다고 밝히고 직접 상장군의 인장을 왕전에게 건넸다. 이에 왕전은 60만 대군을 이끌고 출정했고 진시황은 몸소 파수灞水까지 나와 전송했다. 왕전은 가는 도중에 좋은 논밭과 정원, 연못을 내려달라고 요청했다. 진시황이 말했다. "장군은 빨리 떠나시오. 어찌 가난 따위를 걱정하시오將軍行

矣, 何憂貧乎?" 왕전이 말했다. "왕의 장군이 되어 공이 있어도 후로 봉해지지 못했습니다. 그래서 왕의 관심이 신에게 쏠려 있을 때에 정원과 연못을 부탁드려 자손의 재산을 만들어두려는 것뿐입니다." 이 말을 듣고 진시황이 크게 웃었다. 진시황은 왕전을 스승으로 섬겼으며 왕씨와 통혼하여 화양공주를 왕씨 집안에 시집보냈다고 한다. 왕전은 출정 도중에 다섯 번이나 사람을 국도國都로 보내 비옥한 논밭을 청했다. 그러자 주변 사람들은 왕전의 처사를 도무지 이해할 수 없었다. 어떤 사람이 왕전에게 물었다. "장군의 요청은 너무 지나칩니다將軍之乞貸, 亦已甚矣." 이에 왕전이 설명했다. 진나라 왕은 포악하고 의심이 많으며 권신과 장수를 믿지 않는 사람이다. "이는 내 스스로 안전 조치를 취하는 것이오. 지금 왕은 진나라의 군사를 모두 내게 맡겼소. 내가 자손을 위한 재산을 만들려고 많은 논밭과 정원과 연못을 요청하여 다른 뜻이 없음을 보이지 않는다면 진나라 왕은 가만히 앉아서 나를 의심할 것이오."[51] 왕전은 중책을 저버리지 않고 빠른 시일 내에 초나라 군대를 크게 무찔렀으며 초나라 장군인 항연項燕을 죽였다. 그리고 불과 1년 만에 초나라 왕 부추負芻를 포로로 잡아 초나라를 평정했고 그를 발판으로 삼아 남쪽 백월의 군주를 정복했다. 훗날 그의 아들 왕분은 이신과 함께 연나라와 제나라를 멸망시켰다.

진시황은 대권을 쥐고 있는 최측근과 대규모 군대를 통솔하는 장군들을 항상 경계했다. 왕전은 좋은 논밭과 택지를 요청하는 방식으로 한결같은 충성을 보여 진시황의 의심에서 벗어났다. 이는 진시황의 본성이 독선적이고 의심이 많으며 군주와 신하 모두 권모술수를 쓴 일화로 여겨졌다. 사실 이러한 현상은 고대 중국사에서 자주 발견되며 특정한 권력 관계의 법칙에서 나오는 것으로 개인의 성격과는 큰 관련이 없다. 당나라 태종과 이적李勣이 군신관계에서 권모술수를 쓴 이야기는 훨씬 심각하다. 진시황은 신하의 계책이 실패로 끝나는 것을 것을 과감하게 용인해주었다. 장군으로 임명하고, 포상을 내리고, 통혼하고, 스승으로 섬기는 등 핵심 보좌 대신을 심복으로 만들며 출장하는 장수들이 재량권을 갖고 상황에 맞게 일할 수 있도록 했다. 그런데 이는 많은 군주들이 하지 못한 일이었다. 왕씨 삼대(왕전, 왕분, 왕리)는 수십 년간 진시황에게 충성했으며 진시황 역시 그들을 오랫동안 매우 총애했다. 만일 진시황의 성격이 '거칠고 포악'하기만 했다면, 여러 신하를 '의심하고 시기'하기만 했다면, 나아가 토사구팽을 일삼았다면, 그는 황제가 되지 못했을 것이다.

몽오, 몽무, 몽염·몽의, 3대에 걸친 충성

왕씨와 필적할 만한 충신에는 몽씨 장군들이 있다. 그들은 3대가 장군으로 활약하고 세운 공로가 매우 컸으며 항상 진시황에게 충성을 다하여 황제의 총애가 수십 년간 변함없었다.

몽염(?~기원전 210)은 진시황의 핵심 측근 중 한 명이었다. 그의 조부 몽오는 본래 제나라 사람이었다. 진나라 소왕 때 제나라에서 진나라로 와서 공을 세웠고 벼슬을 얻었으며 상경上卿까지 올랐다. 하지만 그는 출신이 미천한 사람이었다. 진나라 장양왕과 진시황 때, 몽오는 장군이 되어 한나라, 조나라, 위나라를 잇달아 공격했고 적국의 성 수십 개를 빼앗았다. 삼천군三川郡, 동군東郡의 설치 모두 몽오의 공로와 관련이 있다. 몽오는 진시황 7년(기원전 240)에 사망했다. 몽염의 아버지 몽무 역시 매우 용맹한 장군이었다. 진시황 23년(기원전 224)에 왕전이 상장군이 되어 60만 대군을 이끌고 초나라를 공격했다. 몽무는 이때 비장군裨將軍으로 왕전을 보좌하여 초나라 군대를 대파하고 항연을 죽이는 등 전쟁에 참가하여 큰 공을 세웠다. 초나라 왕도 그의 계략 때문에 포로로 잡혔다. 몽염과 그의 아우 몽의蒙毅는 모두 진시황의 핵심 보좌진으로 특별한 총애를 받았다.

몽염은 젊어서부터 법률을 배워 소송 문건을 처리하는 벼슬을 했다. 가문 대대로 장군을 지냈던 까닭에 진시황 26년(기원전 221)에 몽염은 진나라 장수가 되었다. 그는 제나라 정벌 전쟁에 나가 제를 크게 무찔렀고 진시황에게 내사內史(진나라 때 수도 함양을 다스리는 행정 장관. 수도를 다스렸기 때문에 군郡이라 칭하지 않았다)로 임명되었다. 천하를 통일한 후에도 진시황은 몽염에게 30만 군사를 이끌고 북부 변경지역을 다스리게 했다. 그가 융적을 쫓아버리고 하남을 차지하여 장성을 쌓자 흉노는 두려움에 떨기 시작했다. 훗날 몽염은 공자公子 부소扶蘇를 보좌하여 변경을 다스리라는 명을 받았다.

몽염과 몽의 형제는 능력을 발휘하여 공로를 세웠으며 충성을 바쳐 진시황으로부터 큰 신임을 얻었다. 『사기』에서는 "시황제는 몽씨 일족을 매우 존중하고 남다르게 아끼며 신임하고 그들을 현명하다고 생각했다. 그리고 몽의를 가까이하여 벼슬을 상경에 이르게 하고 수레를 함께 타고 밖에 나가고 궁궐로 들어오는 등 늘 곁에 있게 했다. 몽염에게는 궁궐 밖의 일을 맡기고 몽의에게는 항상 궁궐 안에서 정책 수립에 참여하게 했다. 두 형제 모두 충신으로 이름났기 때문에 여러 장수와 대신도 감히 그들과 다투려 하지 않았다"[52]고 전하고 있다.

진나라 2세 호해胡亥가 황위를 찬탈하고 공자 부소와 몽염에게 죽음을 선고했다. 호해는 부소가 이미 죽었다는 사실을 알고 몽염을 풀어주려고 했다. 하지만 조고는 몽염이 중용될까 두려워 몽염과 몽의 형제를 헐뜯고 비방해서 죽이려고 했다. 호해는 조고의 비방을 믿고 몽의를 죽이라는 명을 내렸고 이에 몽염은 약을 먹고 자살했다. 진나라 2세는 처음에 사자를 보내 불충한 죄를 물어 몽염을 죽이라고 했다. 그러자 몽염이 말했다. "신은 조상으로부터 자손에 이르기까지 진나라를 섬겨 공을 쌓고 3대에 걸쳐 신임을 얻었습니다. 지금 신은 30만 대군을 이끌고 있고 비록 죄수의 몸으로 옥에 갇혀 있지만 그 세력은 진나라를 배반하기에 충분합니다. 그러나 스스로 죽을 줄 알면서도 의리를 지키는 것은 조상의 가르침을 욕되게 할 수 없고 선제의 은덕을 잊지 않고 있기 때문입니다."[53]

몽씨 가문은 군대와 정사의 대권을 쥐고 있었지만 기꺼이 억울한 누명을 쓰고 반란을 일으키지 않았다. 진시황이 인재를 알아보고 중용했음을 알 수 있다.

"임금과 신하가 일체가 되는 것은 예로부터 어려운 일이었다." 이사, 위료, 왕전 부자, 몽염 형제 등은 모두 진시황이 가장 아끼는 측근이었으며 당대의 뛰어난 인재였다. 진시황은 그들과 돈독하고 긴밀한 군신관계를 유지하여 안정적인 통치 집단의 핵심 구성원으로 배치했다. 만일 이러한 현상이 한 사람과 한 사안에만 해당되었다면 우연한 요소로 볼 수 있다. 그러나 진시황과 수많은 대신과의 관계가 대체로 이러했다면 그것은 우연이 아니다. 예로부터 비상한 사람은 비상한 재주가 있다고 했다. 진시황은 인자할 때는 인자하고 엄숙할 때는 위엄을 보이며 상벌을 병용할 줄 알았다. 또한 영웅호걸을 부릴 줄 알았다. 과거에는 이러한 점을 충분히 주목하지 못했으며 공정하게 평가하지 못해 '진시황 현상'을 타당하게 해석할 수 없었다. 또 중국 고대의 중요한 역사를 정확하게 풀이하지도 못했다.

진시황 통치 시기의 군신관계

"현명한 결단은 하늘이 내렸고 탁월한 재주로 무수한 인재를 부렸도다明斷自天啟, 大略駕群才"라는 이백李白의 시 구절이 있다. 한당漢唐시대 이래로 수많은 지식인들은 진시황 주변에 대신과 무장이 모여든 것을 보고 그가 인재를 잘 다룬다는 점을 인정했다. 현대의 학자들 역시 이를 학술적으로 논증하기도 했다. 그러나 과연 진시황이 몇몇 인재에만 의존하여 이렇게 많은 업적을 달성할 수 있었을까? 이 문제는 좀더 살펴봐야 할 것이다.

필자는 진시황 통치 시기의 군신관계가 역대 왕조와 비교해볼 때 어떤 유형에 속할까라는 문제를 늘 생각했다. 문헌의 기록이나 고금 학자들의 평론은 모두 진시황은 외곬이고 잔인한 군주이며 전횡을 일삼고 독선적이라고 평했다. 그리고 여러 신하를 의심하며 심지어 심리적인 변태라는 인상마저 있었다. 신하와 백성을 다스리는 방면에서 진시황은 강력한 권력에 의존하고 잔혹한 형벌을 내리며 권모술수를 부려 군신관계를 비정상적인 상황에 처하게 했다. 진나라의 관리는 엉망이었으며 취할 만한 것이 하나도 없었다. 만일 이러한 이야기들이 정말이라면 진시황은 이런 열악한 보좌에 기대어 어떻게 권력을 수십 년간 유지했을까 하는 해석하기 어려운 문제에 직면하게 된다. 또 진의 국가체제를 어떻게 끊임없이 확대시켰으며 안정적으로 정국을 운영하여 수많은 공적을 세웠을까 하는 문제를 풀기 어렵게 된다. "나라를 다스리는 것은 사람의 힘으로만 할 수 있는 것이 아니다"[54]라고 했던가? 만일 진시황이 현명하고 능력 있는 인재를 선발하고 부리는 방면에서 칭송할 만한 점이 없다면 이 사람은 어떻게 정치적 영웅이 될 수 있었고 또 어떻게 위대한 제업을 달성할 수 있었을까?

"왕업을 이루는 것이 어려운 게 아니라 현명한 인재를 얻는 것이 어려운 일이다. 그리고 현명한 인재를 얻는 것이 어려운 게 아니라 그를 쓰는 것이 더 어려운 일이다"[55]라는 옛말이 있다. 현명한 인재를 얻고, 쓰고 임명하는 것은 제업을 달성하는 주요 조건이다. 그러므로 군신관계는 제왕의 자질과 재능, 공로를 평가하는 중요한 지표이다. 역사적 사실로 보면 진시황이 실제로 국정을 장악하고 오랜 시간이 흐르자 군신관계와 관리의 품행이 비교적 정상화되고 그 후에는 상당히 건전한 상태에 이르게 되었다. 진시황은 패왕을 보좌할 책사와 재사를 끌어들이고 구슬려 등용하는 일에 매우 능했다. 그가 여러 신하를 성공적으로 부리게 된 것은 제도를 효율적으로 시행했기 때문이다. 이 제도에 대한 내용은 '제도'편에서 상세하게 소개할 것이다. 또한 진시황은 여러 신하를 부리는 기술을 매우 중시했는데 이는 그 자신과 중요한 보좌 대신과의 관계에 잘 나타나 있다. 객관적으로 분석하고 비교해볼 때 보좌 대신과의 관계를 처리하는 기교와 능력, 마음속 생각을 처리하는 방면에서 진시황은 한나라 고조, 한나라 광무제, 촉한의 유비, 당 태종 등 역대 명군과 비교해볼 때 전혀 손색이 없으며 훨씬 뛰어난 부분도 있다.

먼저 황제 주변의 주요 문무 보좌 대신의 자질과 규모 그리고 공로를 비교해봐야 할 것이다. 자질 면에서 진시황의 보좌 대신 집단은 어느 제왕의 대신들보다 조금도 뒤떨어지지 않았다. 학식, 계책, 통치 등 전방위적인 능력을 보면 진시황의 신하인 이사와 위료는 한 고조의 소하蕭何와 장량張良 그리고 당 태종의 방현령房玄齡, 두여회杜如晦와 필적할 만하다. 군사 전략과 작전 지휘 능력, 실제 전공을 살펴보면 진시황 때의 왕전과 몽염을 포함한 장수들은 한 고조의 한신과 당 태종의 이정李靖, 이적李勣 등과 견줄 수 있다. 규모의 측면에서 볼 때, 진시황 주변에도 현명하고 능력 있는 재사와 책사가 넘쳐났고 간언을 올리는 신하가 북적댔으며 훌륭한 명장이 구름처럼 모여 있었다. 진시황의 능력 있는 신하와 무장들은 한 광무제의 '운태이십팔장雲台二十八將'(남궁 운태각에 그려진 장수 28명의 초상화로 이들은 광무제가 후한을 세우는 과정에서 가장 큰 공을 세웠다)에 버금갔다. 진시황의 공적은 지혜와 계책이 풍부한 패왕이 재사와 전쟁에 정통한 용감한 장수의 보좌를 받으며 성취한 것이었다. 이들은 진나라 정권의 중견이자 중추 세력이었고 특히 대부분 신분이 비천한 평민 출신이었다. 만일 전횡을 일삼고 횡포하며 음모와 권모술수에만 의존했다면, 나아가 합리적인 인사제도와 타당한 시정 방침과 어느 정도의 인간적인 매력이 없었다면 진시황은 이들을 자신의 곁에 둘 수 없었을 것이다.

관료 집단의 전반적인 자질 역시 상당한 수준이었다. 진나라의 행정 효율과 실제 정치 업적을 보면 명확하게 입증된다. 국내외 일부 학자는 진나라의 행정 효율을 매우 높이 평가하고 있다.[56] 진시황 시기의 실무 관리도 상당히 청렴했다.

둘째, 황제와 핵심 보좌 대신 간의 친밀도이다. 친밀도는 신임도를 살펴보는 데 중요한 근거가 된다. 진시황은 신임, 예우, 벼슬, 포상, 통혼, 스승으로 섬기는 등의 수단으로 이사, 왕전, 몽염 등 핵심 보좌 대신과 친밀한 군신관계를 맺었다. 역대의 명군 가운데 진시황과 그의 보좌 대신과의 관계가 가장 친밀했다. 진시황의 측근 이사는 평민 출신이었지만 진시황은 이사를 변함없이 신뢰하며 그의 계책을 받아들였다. 『사기』에 기록된 대부분의 군사 및 정치의 핵심 그리고 중대한 제도의 개정과 토목 건축 사업은 '모두 그의 공로였다.' 임금과 신하는 혼인으로 사돈을 맺기도 했다. 이사의 "아들은 모두 진나라 공주에게 장가들었고 딸은 모두 진나라의 여러 공자에게 시집을 갔다."[57] 이러한 사돈관계는 진시황이 사망할 때까지 별다른 변고 없이 30년 가까이 유지되었다. 촉한 유비와 제갈량의 군신관계 역시 마찬가지였다. 한 고조와 소하, 당 태종과 방현령의 관계가 오히려 훨씬 못 미쳤다. 그들은 시기와 의심 때문에 죄가 없는 주요 보좌 대신을 엄중 처벌했다. 전제 정치에서 권력의 법칙상, 진시황도 이사를 의심하고 감시하며 통제하기도 했다. 사실 유비 역시 제갈량에게 마찬가지로 대했을 것이다. 공신을 예우했다고 하는 한 광무제도 대권을 다른 사람에게 맡기지 않았다. 만일 이사의 정치적 인격이 고상하고 인생 말로가 불행하지 않았다면 군신관계는 단연 으뜸으로 평가받았을 것이다.

재능은 남보다 뛰어나지만 심성이 바르지 못한 이사가 수십 년간 지혜를 짜내고 탁월한 공로를 세운 것을 보면 진시황이 인재를 선발하고 부릴 줄 아는 능력은 매우 비범했음을 알 수 있다. 진시황은 다른 사람에게 조종되거나 속아넘어가는 군왕은 아니었다. 만일 그의 정치적 지혜와 마음에 품은 생각이 뛰어나지 않았다면 이처럼 보기 드문 정치 현상이 어떻게 나타날 수 있었겠는가?

셋째, 황제와 보좌 대신 집단 간의 관계 안정성을 비교해봐야 한다. 현존 사료를 살펴보면 진시황이 파면하여 비정상적으로 사망한 상국은 여불위와 창평군뿐이었다. 여불위는 특수한 정치 투쟁의 희생양이었다. 창평군이 쫓겨난 이유는 불분명하다. 창평군은 훗날 항연이 초나라 왕으로 세웠고 반란 전쟁에서 패배하여 죽었다.(운몽진간『대사기大事記』에 창문군昌文君으로 기록됨.) 이 두 사람이 가진 객관적 조건으로 볼 때 다른 시대의 다른 왕 밑에 있었더라도 그 말로가 좋았을 리 없다. 이외에 진시황과 기타 삼공구경三公九卿 및 장군에 오른 주요 대신 간에는 큰 정치적 충돌이 일어나지 않았다. 『사기』「진시황본기」에 열거된 봉군, 승상, 어사대부 및 구경, 장군 등 고관의 명단을 살펴보면 알 수 있다. 진시황과 이사, 왕전, 몽염 등은 군신관계가 매우 돈독하여 오랫동안 대사를 함께 논의하고 안정적인 관계를 유지한 권력의 핵심이었다. '분서갱유焚書坑儒' 이전에 조정 내부의 정국은 대체로 평온했다. 역대 왕조와 비교해볼 때 진나라의 핵심 권력층이 가장 안정적이었다. 한 무제가 승상을 얼마나 빨리 교체했는지, 보좌 대신과 공경들을 어떻게 죽였는지 살펴보면 진시황이 한 수 위라는 것을 쉽게 알 수 있다. 황제와 주요 보좌 대신 집단의 안정적인 관계라는 측면에서 한 광무제 등 소수 제왕의 통치 시기만 진시황의 통치 시기와 견줄 수 있을 것이다.

넷째, 황제가 공신을 대우하는 방식과 방법을 보자. 공신과 백전노장을 예우하느냐, 숙청하느냐는 군주의 기백, 재능, 능력, 자신감, 군신관계를 판단하는 중요한 지표이다. 예부터 공적이 왕보다 많은 사람에게는 상을 내리지 않았고 "위세가 왕을 떨게 할 정도인 자는 살려두지 않았다."[58] 이는 전제 정치에서 권력의 법칙상 자연적으로 생겨나는 중요한 정치 현상이었다. 개국 공신 대부분은 군왕과 동고동락했지만 권력을 손에 넣게 되면 부귀를 공유할 수 없었다. 공신을 쫓아내거나 처벌하고, 심지어 숙청하는 것은 고대 중국에서 빈번하게 발생했다. 이에 "교활한 토끼가 죽으면 사냥개는 잡아 먹고 높게 나는 새가 사라지면 활을 창고에 넣듯, 적국이 멸망하면 공신은 잊혔다"[59]고 했다. 대표적인 예를 들면 수나라 문제가 공신을 대거 제거한 것을 두고 "초창기의 공신과 무공을 세운 여러 장수들은 죄를 물어, 죽거나 물러나서 남아 있는 자가 거의 없었다"[60]고 했다. 또 한 고조는 한신 등 왕후장상을 숙청하고 명 태조도 공신과 백전노장을 대거 제거했다. 당 태종 역시 공신과 장군을 시기하고 의심하여 쫓아내거나 죽였다. 공신을 합리적으로 대우했다는 측면에서 한 광무제는 대대로 칭송을 받았다. 그는 대다수의 공신들을 정사와 권력의 제일선에서 물러나게 하고 노후를 보장해주었다. 이에 공신과 장수들은 부유한 삶을 영위하면서 형벌을 피할 수 있었다. 송 태조가 배주석병권杯酒釋兵權(주연을 열어 무장의 병권을 해제시킨 것을 일컬음)의 방법을 취한 것 역시 마찬가지였다. 현존 역사 기록을 살펴보면 진시황은 공신과 백전노장을 제거하지 않았을 뿐만 아니라 무장해제시키지도 않았다. 어느 정도의 배포와 자신감이 없었다면 불가능한 일이었다.

위의 네 가지 측면을 비교했을 때 진시황이 공신과 장수들을 예우한 사실은 그다지 주목받지 못했다. 절대다수의 평론가들은 진나라 군신관계의 부정적인 면에만 주목하고 객관적이고 전면적인 분석은 충분히 진척시키지 못했다. 이는 한 역사 인물을 타당하게 평가하는 데 도움이 되지 못할뿐더러 한 시대의 정치적 성과를 전면적으로 평가하는 데도 유익하지 못하다. 또한 단순한 방식으로 폭군과 폭정이라고 비판하는 것은 오히려 이런 포학과 잔혹성을 만들게 된 역사적 근원을 심층적으로 분석

한 고조 유방은 공신을 예우한 진시황과 달리 한신 등의 왕후장상을 가차없이 숙청했다.
『삼재도회』에 실린 한 고조의 모습.

하는 데 불리하다.

　그렇다고 위와 같이 긍정적인 면만 열거했다고 해서 진시황의 부정적인 면을 간과했음을 의미하지는 않는다. 진시황 시대에는 고대의 군신관계의 부정적인 면이 종합적으로 나타났으며 그 정도가 심각했다. 선대 사람들은 이런 현상을 하나도 빠뜨리지 않고 언급했다. 문제의 핵심은 이런 진시황 현상을 타당하게 평가하는 데에 있다.

　연구자들은 『사기』에 기록된 일부 현상을 열거하며 진시황이 권모술수에 능하고 여러 신하를 의심하며 간언을 올리는 신하를 죽이고 전횡을 일삼았다고 비판했다. 예컨대, 위료 등 책사에게 몸을 낮추어 예우해 준 점, 군대를 이끌고 초나라를 공격하러 가도록 왕전을 설득했으면서도 의심한 점, 승상인 이사를 수행하는 수레가 너무 많아서 불만을 표시한 점, 조정 신하를 감시하고 독선적이며 전횡을 일삼은 점 등 수없이 많다. 25사에는 역대 개국 군왕의 본기本紀와 실록에 권모술수를 쓰고 대신들을 의심하며 권력을 전횡한 것 등 각 왕조의 황제가 저지른 병폐가 기록되어 있다. 즉 이는 당시의 정치 환경에서는 매우 일상적인 정치적 행위라고 말해진다. 공인된 군왕으로서의 도리는 자신의 몸을 낮추어 영웅호걸과 결연하고, 통혼으로 보좌 대신을 자기 편으로 끌어늘이며, 예우하여 인재를 불러들이는 것이다. 그리고 벼슬과 녹봉으로 사기를 북돋는 한편, 각종 방식으로 감시하고 대권을 장악하거나 병권을 쥐고 있는 재상과 장군을 견제하는 것이다. 군왕의 도리에는 권모술수도 포함되어 있었다. 수많은 '명군 및 성군'과 비교해볼 때 진시황의 행위에 그다지 특이한 점은 없었다. 진시황이 왕전에게 상을 내린 것과 한 고조가 한신에게 상을 내린 것, 진시황이 위료에게 몸을 낮추어 예우한 일, 유비가 제갈공명에게 삼고초려한 일, 진시황과 이사의 통혼 그리고 당 태종과 방현령의 통혼 등은 그 동기와 성격이 비슷하다. 진시황과 왕전이 권모술수를 부린 일 역시 당 태종과 이적의 권모술수와 별 차이점이 없다. 그러므로 이러한 정치적 행위는 고대 사회의 군신관계에서는 정상적인 현상이라고 봐야 한다.

군신관계를 처리하는 데 있어 진시황에게 문제가 있긴 했다. 즉 아랫사람을 너무 엄격하게 부리고 관리도 엄하고 가혹하다 못해 잔혹하게 했다는 것이다. 관리를 엄격하게 통제하는 것은 행정의 효율성을 제고하는 데 유익하고 탐관오리의 처벌은 합리적인 조치로 긍정적인 면이 있다. 하지만 진시황의 법은 너무 엄격하고 율은 지나치게 가혹하며 벌은 매우 중하여 많은 관리들이 걸핏하면 죄를 받아 변경지역으로 유배당했다. 이는 정치를 안정화하는 데 불리하게 작용했다.

성공한 모든 군왕과 마찬가지로 진시황 역시 군신관계를 처리하면서 뚜렷한 변화 곡선을 보였다. 공을 세운 후에는 초창기만 못했고 말년에는 청년기만 못했다. 진시황의 통치 후기를 보면 사치가 날로 심해졌다. 그는 '마음이 내키는 대로 행동하며意得欲從' 권력을 독점했다. "박사가 70명이나 되었지만 인원수만 갖추었을 뿐 중용하지 않았으며 승상과 대신들은 위에서 결정하는 대로 따라야만 했다. 황상은 형벌과 살육으로 위엄을 세우기를 좋아했고 천하의 관리는 죄를 두려워하며 녹봉에만 연연할 뿐 아무도 충성을 다하려 하지 않았다. 황상이 자신의 허물을 듣지 않으니 날로 교만해지며 신하들은 해를 입을까 두려워 굴복하여 기만하고 안락함만 취했다"[61]고 한다. 이는 비록 공격하고 비난하는 말이며 과장된 면이 있지만 사실과 동떨어진 것도 아니다. 당 태종도 정도의 차이만 있을 뿐 마찬가지였고 다른 개국 군주 역시 이와 비슷한 변화를 보였다. 진시황은 부정적인 방향으로 크게 변해갔다. '분서갱유'는 진시황이

군신관계를 잘못 처리한 대표적인 사건이다. 이때 진나라의 군신관계는
매우 심각할 정도로 비정상적이었다.

秦始皇

4장

통일

—육합六合을 무너뜨리고 천하를 제패하다

QIN SHI HUANG

"**육합**을 휩쓸며 제후를 바라보는 진황의 기세가 하늘을 쩌르는구나!"[1]
정치적 영웅으로서 진시황의 가장 중요한 역사적 성취는 바로 중국 통일의 대업을 완수했다는 점이다. 진시황은 조상에게 물려받은 위력을 기반으로 패왕의 우세를 지켜내면서 뛰어난 능력으로 각 제후국을 끊임없이 공격했다. 진나라의 군대는 가벼운 무장과 날카로운 병기로 중원 지역을 두려움에 떨게 했으며 고목을 쓰러뜨리듯 6국을 평정했다. 한나라 왕 안安, 조나라 왕 천遷, 위나라 왕 가假, 초나라 왕 부추, 연나라 왕 희喜, 제나라 왕 건建이 차례로 포로가 되었다. 6국의 고관대작도 얼마 지나지 않아 진 제국의 신하와 백성이 되었다. 그리고 마침내 진나라가 천하를 평정했다. 중원 지역을 통일한 후 진시황은 남쪽으로 군대를 보내 남월을 공격하고 북쪽으로는 흉노를 정벌했다. 또한 서쪽으로는 천검川黔을 정복하고 동쪽으로는 요동을 항복시켜 중국 역사상 최초로 통일 제국을 건설했다. 진시황의 이 업적은 중국 고대사의 어느 개국 군주와도 필적할 만하다.

중국 고대의 사학가와 정론가들은 이 시기의 역사를 논하면서 다음과 같이 평했다. "진시황에 이르자 조상 6대가 남긴 공적을 이어받아 무력으로 각국을 통치했다. 그리고 동주와 서주를 삼키고 제후들을 멸망시켜 지존의 자리에 올라 육합을 통일했다. 엄한 형벌로 천하를 통치하니 위세가 사해에 떨쳤다. 남쪽으로 백월의 땅을 빼앗아 계림과 상군으로 삼으니 백월의 임금은 머리를 숙이고 목에 줄을 맨 채 진나라의 하급 관리에게 목숨을 맡기게 되었다. 또 몽염을 시켜 북쪽에 장성을 쌓아 변방을 지키게 하고 흉노를 700여 리나 몰아내니 오랑캐들이 감히 남쪽으로 내려와 말을 방목하지 못했고 용사들은 감히 활을 당겨 진나라

에 원한을 갚으려 하지 못했다."[2] 이와 같은 내용을 보면 진시황은 틀림없는 효
웅이었다.

필자는 통일전쟁의 공식적인 시작을 알려주는 지표는 진시황 17년(기원전
230) 한나라를 멸망시킨 때라고 본다. 통일전쟁을 대하극에 비유해보자. 대하극
에는 보통 시작하기 전에 전주와 서막이 있고 끝난 후에는 앙코르와 폐막이 있
다. 통일전쟁의 전주는 소왕, 효문왕, 장양왕 때 매우 웅장하게 막을 올리고 진
시황이 즉위하면서 이 대하극의 서막이 시작되었다. 성을 공격하고 땅을 빼앗는
전쟁의 그림이 펼쳐지고 경쾌한 승리의 북소리가 힘차게 울려 퍼졌다. 6국을 겸
병한 후 진시황은 군대를 곧바로 해제하지 않고 다시 남쪽으로 가서 백월을 정
복했다. 그 후 또다시 북쪽으로 군대를 보내 흉노를 몰아냈다. 이것이 바로 통일
전쟁의 중요한 부분이다.

정치·군사·외교 세 방향의 책략

진시황이 친정하기 전에 진나라의 주요 정사를 주관하던 상국 여불위는 정치·경제·군사·외교·문화 등 각 방면에서 천하 통일을 위한 준비에 적극적이었다. 『사기』와 『전국책』의 기록을 보면 진시황은 성장해가면서 이미 정사에 조금씩 관여하기 시작했음을 알 수 있다. 진시황 6년(기원전 241), 동쪽의 각 제후국이 최후로 합종하여 진나라를 공격했지만 진나라에 무너지고 말았다. 초나라를 수장국으로 한 초·조·위·한·위衛 등 5국이 협력한 군대가 궤멸되었다. 이로써 '합종'이 완전히 와해되었다. 당시에는 "오늘날 산동 지역에 있는 나라의 세력이 약해졌다. 삼진도 땅을 할양해주고 안녕을 찾고자 했다. 동주와 서주는 굽혀 진나라에 편입되었고 연·제·송·초도 이미 굴복했다. 이로써 20년도 못 되어 천하가 모두 진나라 것이 되었다"[3]라고 평가하기도 했다. 이는 통일전쟁의 전주가 이미 시작되었음을 말하고 있다.

진시황의 친정 초기에 위·한·초·제·조 등 제후국은 날로 쇠약해졌다. 6국이 모두 쇠약해진 데 반해 진나라만 부강해지는 일이 거스를 수 없는 대세가 되었다. 진나라가 정치, 군사, 외교 전략에 중대한 잘못을 저지르지 않는다면, 다른 제후국이 사회 안정으로 경제가 회복되거나 재기할 기회를 영영 잡을 수 없다면, 또는 여섯 제후국이 한마음으로 협력하여 진나라에 대항하는 연맹을 맺지 않는다면 필연적으로 제후국은 차례차례 진나라의 수중으로 넘어가게 될 상황이었다. 전국칠웅의 겸병 전쟁은 거의 마지막 단계에 이르렀다.

진시황은 6국을 겸병하고 천하를 통일하겠다는 뜻을 세웠다. 강국인 조나라를 무너뜨리고 전국을 겸병하든, 남쪽으로 남월을 치고 북쪽으로 흉노를 몰아내든 최고 결정권은 진시황 자신에게 있었다. 8년간 전쟁 준비를 마친 후 진시황은 공식적으로 통일전쟁을 일으켰다. 진시황 17년(기원전 230) 한나라의 멸망을 시작으로 진시황 26년(기원전 221) 싸우지 않고도 제나라를 점령하기까지 진시황은 10여 년 만에 동쪽의 각 제후국을 멸망시켰다. 그리고 수년 만에 변경지역을 개척하여 영토를 더 넓힘으로써 통일 대업을 완수했다. 이 통일전쟁에 들어간 자원과 시간은 실로 막대한 규모였고 전쟁이 끼친 영향 역시 매우 컸다. 모든 점에서 진시황의 통일전쟁은 전대미문의 사건이었다. 전체 전쟁 과정을 살펴보면 진나라의 전략전술이 정확했음을 알 수 있다. 정치·군사·외교 분야의 계책이 매우 뛰어났다. 체계적으로 전쟁을 수행했고 별다른 실책을 저지르지 않았으며 적이 한숨 돌릴 틈을 주지 않았다. 이를 보면 진시황은 정치적 수완과 군사 지략이 매우 뛰어난 인물이다. 일각에서는 진시황을 두고 중국 고대의 "걸출한 군사전략가"[4]라고 평하는데, 이는 역사적 사실에 맞는 평가이다.

천하 통일이라는 '전략적 결심'

세력이 우세하다고 승세가 있는 것은 아니며 승세가 있다고 꼭 승리하는 것도 아니다. 인류 역사에서 국가와 국가 또는 군대와 군대 사이의 전쟁이나 전투에서 소수가 다수를 이기고, 약자가 강자를 이기며 패전이 역력했지만 결국 승리하고, 쇠약해졌지만 다시 부국강병해지는 사례는 셀 수 없을 정도로 많다. 어느 정도의 조건이 갖추어지면 수많은 약소국이 협력하여 패권국을 물리칠 가능성이 있다. 은상이 주나라 사람을 중심으로 한 '팔백 제후八百諸候'에게 멸망당했고, 지백智伯[5]이 조·위·한 삼가에게 죽은 것을 그 선례로 들 수 있다. 상대적으로 약한 세력이 큰 세력을 이길 수도 있다. 부차가 구천에게 무너진 것과 훗날의 관도대전官渡之戰,[6] 적벽대전赤壁之戰, 비수대전淝水之戰[7] 등은 모두 약한 세력이 전체 정국의 판도를 뒤바꿔놓은 사례이다.

진시황은 친정하면서 승산이 있다고 자신했다. 하지만 그의 적수는 결코 쉽게 이길 수 있는 무리가 아니었다. 진나라가 자칫 실수라도 하면 오히려 적수에게 넘어갈 정도로 팽팽한 긴장감이 맴돌았다. 궁극적으로 성공하려면 진시황은 반드시 지혜와 자원을 최대한 활용하여 승세를 승리로 바꿔야 했다. 진시황의 능력은 그가 전략 목표를 전환하는 시점을 정확하게 꿰뚫고 천하 통일을 위한 방침을 확실하게 결정한 데에 잘 나타나 있다. 여기엔 전략적인 두뇌가 필요하고 전체를 조망하여 동향을 파악하는 능력이 요구된다. 진시황이 다양한 의견을 수렴하여 내린 판단은 실패한 적이 없었다. 그야말로 그는 장막 안에서 계책을 짜고 천 리 밖의 승패를 결정할 줄 아는 최고의 사령관이었다.

진시황은 친정 시기에 어느 전쟁에서든 통일전쟁의 전략을 짜고 그 단계를 안배하는 일에서는 일정이 이미 계획되어 있었다. 그와 핵심 참모들은 당시의 전략적 동향을 꿰뚫고 있었기 때문에 때를 놓치지 않고 통일 대업을 완수할 수 있었다.

이사는 '옛날 진 목공이 패자가 되고서도 동쪽에 있는 6국을 끝까지 함락시키지 못한 것은 무엇 때문인가? 그것은 제후의 수가 너무 많은 데다 주나라 왕실의 은덕이 쇠하지 않았기 때문이다. 그래서 오패가 번갈아 흥기하여 주나라 왕실을 더욱 존중했던 것이다'[8]라고 생각했다. 즉 당시에는 천하를 통일하는 조건이 갖추어지지 않았다. 그런데 "진나라 효공 이래 주나라 왕실이 쇠약해졌으며 제후들이 잇달아 겸병되면서 관동 지역은 6국으로 줄어들었습니다. 한편 진나라가 상승세를 타고 제후를 부린 것도 벌써 6대가 되었습니다. 오늘날 제후들이 진나라에 복종하니 마치 진나라의 군이나 현처럼 따르고 있습니다." 이러한 형세에서 진나라가 천하를 겸병하는 것은 주부가 부뚜막 위에 앉은 먼지를 훔치듯 손쉽게 할 수 있는 일이었다. 진나라의 세력이 강성하고 다른 전국이 쇠약해진 틈을 타서 '제후를 멸망시키고 황제로서 대업을 이루어 천하를 통일하기에 충분했다. 이는 만 년에 한 번 있을 기회였다.' 좋은 기회는 놓치면 다시 오지 않는 법이다. 진나라는 곧바로 각 제후국을 멸망시키는 통일전쟁을 일으켜야 했다. 그렇지 않으면 "제후들이 다시 강대해져서 서로 모여 합종하기로 약속할 것이고 합종하면 황제黃帝와 같은 현명한 왕이라도 천하를 손에 넣을 수 없을 것이다."[9]

위료의 판단 역시 이사와 같았다. 그는 진시황에게 말했다. "진나라가 강대해지자 제후들은 약해져서 군현의 우두머리와 같아졌습니다. 신은 다만 제후들이 합종하여 군대를 모아 불시에 출병할까 두렵습니다. 지백, 부차, 민왕도 이 때문에 망했습니다."[10] 위료는 역사의 교훈을 열거했다. 예컨대 오나라 왕 부차가 전쟁에서 적국을 물리쳤을 때 곧바로 월나라를 멸망시키지 않아 월나라 왕 구천이 와신상담하여 힘을 쌓았고 결국 오나라를 멸망시켰다. 그리고 진晉나라의 지백이 자신보다 세력이 약한 조·위·한을 과감하게 제거하지 않아서 그들 연합군으로부터 공격을 받아 죽었다. 그리고 제나라 선왕도 연나라를 공격했을 때 겸병하지 않았고 제나라 민왕도 연나라 신하의 도움이 있었는데도 불구하고 연나라를 멸망시키지 않았다. 때문에 연나라 소왕은 현명한 인재를 등용하고 합종하여 제나라를 공격했고 제나라는 거의 멸망하는 지경에 이르렀다는 것이다. 위료는 적국이 쇠약하고 아국이 강성해진 틈을 이용하여 지체 없이 각 전국을 공격해야 한다고 주장했다. 각국이 연합하여 예상치 못한 반격을 사전에 막는다면 진나라의 천하 통일이 막바지 단계에 물거품이 되는 형국을 이룰 수 있다는 것이다.

당시 수많은 정치가의 전략 분석도 마찬가지였다. 한비가 진시황에게 천하를 통일하는 계책을 바친 적이 있다. 그는 진나라가 예전에 승세를 몰아 초·위·조를 멸망시킬 기회를 놓쳐버렸다고 했다. 그래서 이 세 나라가 '망해가는 나라를 일으켜 흩어진 백성을 다시 모으고 사직단의 신주와 종묘를 일으킬 관원을 다시 두어' 진나라의 적국이 되었다고 생각했다. 한비는 이를 전략적인 실패로 보았다. 또한 그는 "오늘날 진나라의 영토를 잘 정리하면 사방으로 수천 리나 되고 천하에 유명한 군사들은 수백만이나 됩니다. 진나라는 법령과 상벌이 엄격하고 명확하며 지리적인 위치도 매우 유리하므로 천하에 어느 나라도 함부로 견줄 수 없습니다. 이러한 우세를 이용한다면 힘들이지 않고도 천하를 겸병하여 차지할 수 있습니다"[11]라고 했다. 이런 형세에서 진나라가 패업을 도모하지 않는다면 크나큰 화근을 남길 터였다. 그 해 제나라가 강성해져 '남쪽으

로 초나라를 무찔렀고 동쪽으로는 송나라를 공격하여 정복했으며 서쪽
으로는 진나라를 정복했고 북쪽으로는 연나라를 공격하여 무너뜨렸다.
또한 중원 지역의 한가운데에 있는 한나라와 위나라를 복종시켜 영토가
광활해졌다. 군대도 강성해져 전투마다 승리하고 다른 나라를 공격하여
땅을 빼앗아 천하를 호령했다.'[12] 그러나 안타깝게도 패업을 달성할 시기
를 놓쳐버려 약소국인 연나라에 패하고 말했다. '전투에서 한 번 졌을 뿐
인데 멸망의 위기에 처한' 것이다. 그러므로 풀을 벨 때 뿌리를 뽑아버려
'근본을 남겨두지 않아야 화가 남지 않는다.'[13] 이는 반드시 명심해야 할
교훈이었다.

　진나라의 군왕과 신하들은 전략적인 평가의 측면에서 공감대를 형성
해 즉각 전쟁을 일으켜 적국을 철저하게 무찔렀다.

　역대 개국 군왕 대부분은 뛰어난 군사전략가였다. 진시황도 그러했
다. 그가 맞닥뜨렸던 적국은 몇백 년간 명맥을 유지해온 나라들로 왕조
가 멸망한 후 생겨났기에 천하 패권을 다투던 군웅보다 정치, 군사, 외
교적 조직력이 한 수 위였다. 즉 역대 통일전쟁의 규모와 치열함을 비교
해볼 때 진나라의 통일이 훨씬 어려웠음을 알 수 있다. 그러나 문헌 기
록을 살펴보면 진시황은 통일전쟁을 훌륭하게 계획하고 조직했고 전략
과 세세한 방침에서 실수를 저지르지 않았다. 또한 전쟁에서도 전술적
인 실책을 저지르지 않았다.(단 초나라와의 전쟁에서 적을 무시하는 오류를
한 번 범함.) 이는 유방劉邦, 유수劉秀, 이연李淵, 주원장朱元璋 등보다 훨씬
뛰어났다고 할 수 있다.

적국이 숨 돌릴 틈을 주지 않다

7~8년간의 전쟁 준비를 마친 후, 진시황은 본격적으로 통일전쟁을 일으켰다. 그와 책사 및 장수들은 당시의 전략 동향을 정확하게 평가하고 공감대를 형성하고 있었기에 위아래가 합심하여 정책을 과감하게 결정하고 철저하게 실행에 옮겼다. 진시황은 이사, 위료, 왕전 등의 책략을 받아들여 정해진 전략 계획에 따라 단계적으로 시행하라고 명령했다. 전체 전쟁 과정을 살펴보면 진시황과 책사들은 정해진 전략과 정책을 흔들림 없이 대담하게 이행했다. 그들은 병력을 동원하고 장수를 파견했으며 병사를 이동시키고 진을 치면서 조금도 물러서지 않았다. 진시황은 여러 해 동안 군대에 정벌 전쟁을 멈추지 말고 속전속결하도록 명령했다. 적국을 공격하고 땅을 빼앗는 것 외에도 왕을 포로로 잡고 멸망시켰다. 진 군대가 일으킨 대규모의 공세는 그야말로 파죽지세였다. 진시황 17년(기원전 230), 군대를 일으켜 한나라를 멸망시켰고 다음해에 병력을 이끌고 조나라를 공격했다. 진시황 19년(기원전 228)에는 조나라의 수도 한단을 공격했고 다음해에 연나라를 공격했다. 진시황 21년(기원전 226)에는 연나라 군대의 주력군을 섬멸시키고 다음해에 초나라를 공격했다. 그 후 승리를 쟁취한 군대가 철군하면서 위나라를 멸망시켰다. 진시황 23년(기원전 224), 군대 60만 명을 동원하여 초나라와 싸웠고 다음해에 초나라를 멸망시켰다. 진시황 25년(기원전 222)에 장강 이남 지역을 평정한 후 곧바로 군대를 북쪽으로 돌려 연나라와 조나라를 소탕했다. 진시황 26년(기원전 221)에는 연나라와 조나라의 군대를 섬멸시키고 남하했다. 제나라는 싸우지 않고 항복해왔다. 진나라 장수들은 '도망가는 잔병마저 잡아 죽이고 화근을 철저하게 없애는' 원칙을 견지하면서 사명

을 완수했고 수천 군대를 소탕했다. 이렇게 진나라는 적국에 숨 쉴 틈조차 주지 않았다.

연횡으로 깨고 원교근공으로 고립시키다

외교에서 진시황과 대신들은 효율적인 원교근공 정책과 연횡책을 지속적으로 시행했다. 즉 외교적 수단으로 각국 간의 국교를 무산시키고 진나라와 멀리 떨어진 대국의 관계를 안정시켰다. 먼저 가까이 있는 진나라의 강력한 적국을 고립시킨 다음 가까운 주변국에서 시작하여 멀리 떨어진 곳까지 하나씩 무너뜨렸다. 합종과 연횡은 전국칠웅이 서로 대결하는 중요한 외교적 수단이었다. 이른바 '합종合從'이란 "여러 약소국이 힘을 합쳐서 강대한 어느 한 나라를 공격하는 것"을 뜻하고, '연횡連衡'은 "강대한 어느 한 나라를 섬기면서 나라를 유지하는 것"[14]을 뜻한다. 강대국이 천하의 패권을 다툴 때 합종과 연횡은 각각 한 시대를 크게 위협했다. 진나라의 최강 지위가 확립되면서 합종은 점차 각국이 진나라에 대항하는 주요한 방법이 되었다. "여섯 나라가 힘을 합쳐 하나가 되어 서쪽 진나라를 치면 진나라는 반드시 질 것이다"[15]라고 했다. 그러므로 진나라는 반드시 연횡에 주력하여 합종을 무산시켜야 했다. 합종책의 최대 약점은 각국 간의 이익이 모순되어 진심으로 협력하기 어렵고 오히려 분열하기 쉽다는 데에 있다. 이를 두고 장의는 "친형제도 재물을 다투는 일이 있는데 강대한 국가들은 어떻겠는가"라고 지적했다. 진나라는 이 약점을 포착하여 연횡책으로 합종책을 깨뜨리거나 이익으로 유인 또는 위협하여 목적을 달성했다.

진시황은 친정한 이후 이사, 위료 등의 보좌 아래 각종 수단을 써서 동쪽 제후국들의 합종을 무력화했다. 그들은 제나라 왕이 식견이 짧고 일시적인 안일을 추구하려는 성향을 이용하여 제나라를 끌어들였고 이로써 합종에 참여하기보다는 중립을 유지하도록 했다. 결국 "진나라가 밤낮으로 삼진三晉, 연, 초를 공격하자 다섯 나라가 각각 스스로 구제책을 찾아야"[16] 하는 정국이 되었다. 이러한 외교적 책략이 성공을 거두면서 진나라는 각 적국을 차례로 무너뜨릴 수 있었다.

매수하고 이간해서 약화시키다

진시황은 적국의 임금과 신하 사이의 결속을 해이하게 만들어 적국 내부의 정치를 어지럽히고 군사 계략을 약화시키는 일을 매우 중시했다. 그는 꼼꼼하게 계획하고 대담하게 정책을 결정하여 막대한 자금과 함께 전문가를 보냈다. 이 방면에서 진시황은 큰 성공을 거두었다.

이사, 위료, 요고 등 책사들은 군사적 공격을 강화해야 할 뿐만 아니라 외교적 분열도 중시해야 하고 적국 내부의 분열을 유도하여 적국을 무너뜨려야 한다고 주장했다. 한비 역시 이와 비슷한 제안을 했다. 위료는 책략을 올리며 말했다. "대왕께서는 재물을 아끼지 마시고 권세 있는 적국의 권신에게 뇌물을 주어서 모략을 방해한다면 불과 30만 금으로 제후들의 계책이나 정책을 와해시킬 수 있습니다."[17] 진시황은 위료의 계략을 따르며 요고와 돈약 등 책사를 보내 이 일을 책임지게 했다. 그들은 풍부한 자금과 재물을 가지고 제후에게 뇌물을 주고 대신들을 매수했다. 또 첩자들과 연락하여 적국을 조여나갔다. 구체적인 수단을 보면 이간책으로 적국의 군신관계를 약화시키고 현명하고 능력 있는 책사가 신임을 얻어 중용되는 것을 막았다. 매수한 책사는 진나라를 위해 일하도록 하거나 중상모략으로 현명한 신하를 해치고 정치를 혼란하게 했다. 또 비상 수단을 써서 적국의 충신과 의로운 책사를 제거했으며 필요할 경우에는 자객을 보내 죽이기도 했다. 『사기』에서는 진시황이 "모사에게 은밀히 황금과 주옥을 주며 가서 제후들에게 유세하도록 했다. 제후국의 명망 있는 사람 중 뇌물로 움직일 수 있는 사람에게는 많은 선물을 보내 결탁하고, 말을 듣지 않는 사람은 예리한 칼로 찔러 죽였다. 또 이간책을 써서 군주와 신하 사이를 갈라놓고 진나라 왕은 훌륭한 장수를 보내 뒷수습을 했다"[18]고 전하고 있다.

이 책략은 6국을 통일하는 전쟁에서 커다란 힘을 발휘했다. 가령, 왕전이 한단을 대대적으로 공격했으나 함락시키지 못하자 진나라는 이간책으로 계획을 바꿔서 조나라 명장 이목李牧을 죽였다. 진나라는 막대한 자금으로 제나라의 재상을 매수했고 제나라는 전쟁을 하지 않고도 항복해왔다.

항복한 지역의 백성을 달래다

옛말에 "7할이 정치이고 3할이 군사"라는 말이 있다. 통일전쟁에서 승리할 수 있었던 근본적인 이유는 성공적인 정치제도와 정치 방략에 있었다. 이사는 진시황에게 '사람을 가벼이 여기는所輕者在乎人民' 정책을 삼가라고 간청했다. 또한 그는 "태산은 흙 한 줌도 양보하지 않았기 때문에 높아질 수 있었고 큰 강과 바다는 작은 물줄기 하나도 가리지 않았으므로 깊어질 수 있었습니다. 왕께서는 어떠한 백성이라도 물리치지 않아야 그 덕을 천하에 밝힐 수 있습니다"라고 지적했다. 이에 군왕은 "땅에는 사방의 구분이 없고 백성에게는 다른 나라의 차별이 없게 하는" 생각을 지녀야 하고, "백성을 해치고 원수에게 이익이 되는"[19] 어리석은 일을 하지 말아야 한다고 했다. 위료 역시 전쟁에서 승리하는 관건은 내정을 잘 정비하는 데 있다고 생각했으며 점령지의 백성을 위로하는 정책을 시행하라고 주장했다. 진시황은 이사와 모초 등 책사들의 보좌 아래 국내 정치를 개선하여 군주와 신하 그리고 군주와 백성 간의 모순을 완화하고 점령 정책을 개선하여 정복 지역을 위로했다.

내정을 살펴보면 진시황은 각 법제와 공로에 따른 벼슬제도를 관철시키고 법령으로 규율을 엄격히 정했고 상벌을 공정하게 했다. 또한 이사, 위료, 왕전 등 중신과 대장수를 예우하여 높은 벼슬과 풍부한 녹봉, 논밭과 택지, 연못을 하사하여 책사와 신하들이 최선을 다해 계책을 마련하게 했다. 그리고 군대의 모든 병력이 충성하고 삼군이 명을 잘 받들 수 있게 했다. 그는 이사의 건의를 받아들여 축객령을 거두고 모사의 충성스러운 간언을 들어 태후에게 예우하고 노애와 여불위를 따르던 하인들에 대한 처벌을 줄여 유배지에서 고향으로 돌아올 수 있게 했다. 이로써 통치 집단 내부의 모순을 어느 정도 완화하고 정치적 이미지를 개선했다. 그는 국가와 백성에 유익한 각종 기초 건설을 중시했다. 수리토목 사업을 일으켜 생산력을 높이고 부국강병을 달성했으며 백성의 삶을 안정시켰다. 현존하는 문헌을 보면 통일전쟁 기간에 진나라 내부의 군신, 군민의 관계는 기본적으로 안정되어 있었다. 번오기樊於期의 반란 사건을 제외하고는 큰 반란도 없었다. 내정이 잘 다스려지면 국가가 강해진다. 이것이야말로 대외 전쟁에서 승리할 수 있는 근본적인 힘이다.

진시황은 전쟁을 일으키는 명분을 적극적으로 홍보했다. 그는 여론을 형성하고 제후를 배반하거나 '맹약을 배반하는 일倍盟' '약속을 어기는 일畔約' '어리석고 문란한 일昏亂' '반란을 일으키는 일欲爲亂' 등을 견책했으며, 자신은 '의로운 군대를 일으켜 적을 주살했다興義兵, 誅殘賊'고 말했다. 또한 '군대를 일으켜 포학한 반도를 주살하고興兵誅暴亂' '전쟁이 끝나기를 기대했다庶幾息兵革'면서 혼란한 국면을 끝내려는 것이라고 주장했다. 당시의 역사적 조건에서 이러한 홍보성 조치는 사기를 북돋우고 민심과 동정을 얻는 데 유리했다.

진시황의 점령 정책 역시 약간 수정되었다. 진나라는 적군의 수급(머리)으로 전공을 산정했기 때문에 대규모의 전쟁마다 수급 수만, 수십만을 베었다. 이렇게 포로를 야만적으로 처치하는 정책은 평민 백성에게 파급되어 적국의 군대와 백성이 합심하게 되었고 진나라에 완강하게 저항하는 등 부작용이 잦았다. 통일전쟁을 일으킨 이후, 진나라 군대의 수급과 관련한 기록이 줄어든 반면 6국의 귀족과 부호를 이주시켰다는 기록은 늘어났다. 당시의 유명한 상공업자들은 강제이주된 포로 신분이었다. 이는 진시황이 점령 정책을 바꿨음을 의미한다. 학살을 줄이고 포로를 이주시키는 정책이 시행되었던 것이다. 이것은 적군의 사기를 무너뜨리고 저항을 줄이며 점령지 백성의 민심을 위로하는 데 매우 유리했다.

중앙 돌파, 융통성과 기동성, 각개 격파

군사적 측면에서 진시황은 주요 공략 지점을 정확하게 선택하고 실행 단계를 잘 구축했다. 그리고 구체적인 상황을 근거로 융통성과 기동성을 고려한 작전 계획을 펼쳤다.

역사학계에서는 동쪽의 6국을 한·조·위·초·연·제 순으로 멸망시켰다고 보고 있다. 그러나 사실 겸병 순서는 다를 수도 있다. 만일 국가를 철저하게 멸망시킨 순서로 본다면 한·위·초·연·조·제여야 한다. 이 순서가 진시황과 신하들이 당초에 세운 계책과 훨씬 부합한다. 즉, 먼저 중간 위에 있는 한나라와 위나라를 공격하여 멸망시키고 남북관계를 끊어버린 다음 남쪽으로 강국인 초나라를 평정하고 북쪽으로는 연나라와 조나라를 멸망시켜 마지막으로 제나라를 항복시킨 것이다.

진시황이 공식적으로 통일전쟁을 일으키기 전에 진나라 군대는 연이어 삼진을 대대적으로 공격하고 한나라와 위나라의 도시를 공격했다. 그리고 국토를 제나라와 인접시켜 중앙 돌파하고 남북을 갈라 산동 6국이 합종하는 전략을 완성했다. 또 조나라를 계속 공략하여 국력을 크게 약화시켰고 마침내 조나라를 무너뜨렸다. 통일전쟁의 1단계 목표는 한나라와 위나라를 멸망시키는 것이었다. 한나라와 위나라는 중원 지역에 위치하여 지리적으로 진나라와 가까웠고 두 나라 모두 국력이 약했다. 진나라는 가까운 나라에서 먼 나라로 목표 대상의 순서를 정했고 이로써 한나라와 위나라를 겸병하기 시작했다. 2단계에서는 중원 지역을 중심에 두고 양 날개를 펴서 초나라를 정복했고 남쪽 지역을 평정했다. 그리고 연나라와 조나라를 공격하여 북쪽 지역을 정복했다. 3단계에서는 대규모 병력이 국경까지 쳐들어가 싸우지 않고 제나라의 항복을 받아냈다. 이로써 동쪽의 각 제후국이 모두 평정되었다. 4단계에서 진나라 군대는 멈추지 않고 수십만의 병력을 집중시켜 남쪽으로 나아가 백월을 평정했다. 이 임무가 완수되자 또다시 북상하여 흉노를 하투河套(오르도스 지역) 밖으로 쫓아냈다.

진시황이 말했다.

"예전에 한나라 왕은 땅을 바치고 옥새를 주면서 번신藩臣이 되기를 청했다가 얼마 안 되어 약속을 어겼소. 그리고 조나라, 위나라와 연합하여 진나라를 배신했기 때문에 군대를 일으켜 그들을 주살하고 한나라 왕을 사로잡았소. 과인이 잘했다 생각한 것은 그 일이 전쟁을 종식시켰기 때문이오. 조나라 왕은 상국 이목을 사신으로 보내 맹약을 맺었소. 그래서 볼모로 있던 그 아들을 돌려보냈소. 하지만 얼마 후에 맹약을 배반하고 태원에서 내게 반기를 들었기에 군대를 일으켜 토벌하고 그 왕을 사로잡았소. 그러자 조나라 공자 가嘉가 자립하여 대왕代王이 되었으므로 군대를 일으켜 그들을 공격해 멸했소이다. 위나라 왕은 처음에는 진나라에 복종하기로 맹세하고 입조했으나 얼마 안 되어 한나라, 조나라와 함께 진을 습격할 것을 도모했소. 이에 진나라 군사는 그들을 주살하고 마침내 쳐부쉈소이다. 초왕이 청양 서쪽 땅을 바쳤으나 얼마 안 되어 약속을 어기고 우리 땅 남군을 공격했기 때문에 군대를 보내어 토벌하고 그 왕을 사로잡아 마침내 초 땅을 평정했소. 연나라 왕은 어리석고 문란하며 그 태자 단은 몰래 형가를 시켜 나를 죽이려 했으므로 군대를 보내 주살하고 연나라를 멸했소. 제나라 왕은 후승後承의 계책을 써서 진나라와 사신의 왕래를 끊어버리고 반란을 일으키려고 했기에 군대가 그들을 토벌하고 그 왕을 포로로 잡아 제나라 땅을 평정했소. 과인은 보잘것없는 몸이지만 군대를 일으켜 포악한 반도들을 토벌할 수 있었던 것은 조상이 돌보아주었기 때문이었소. 이에 여섯 나라 왕이 모두 자신의 죗값을 치르니 천하가 크게 안정되었소이다."[20]

천하 통일 후 진시황은 자신의 공덕이 삼황三皇을 겸하고 오제五帝보다 높으며 삼대를 초월한다고 큰 소리 쳤다. 그러나 화하의 나라를 최초로 통일한 것은 바로 진시황이었기에 그의 말이 근거 없는 과장만은 아니었다.

동쪽의 6국은 모두 수백 년 동안 유지되어온 강대국이었다. 한나라와 연나라가 약소국이었지만 다른 나라는 모두 패주, 최강의 자리를 차례로 차지했었다. 원래 제나라, 초나라, 진나라, 위나라, 조나라 모두 천하를 통일할 가능성은 있었다. 그런데 군웅의 각축 속에서 패권이 진나라 황제의 수중에 들어가버린 이유는 무엇일까? 각국에서 시행된 변법의 실질적인 효과와 대국 간의 계책 대결, 나아가 6국이 멸망하는 역사적 진행 과정이 이 문제에 대한 답을 제시해줄 것이다.

한韓나라의 멸망

한나라는 진시황이 처음으로 삼킨 동쪽의 대국이다. 한나라는 가난한 약소국으로 주변 강대국에 겸병된 대표적인 사례이다.

한나라, 조나라, 위나라는 삼진三晉으로 불렸는데, 이는 이들 국가가 원래 진晉나라의 삼경三卿이었기 때문이다. 진晉의 옛 땅에 나라를 세웠기 때문에 그들 나라는 삼진으로 불렸다. 진晉나라는 오랫동안 국력이 강한 제후국의 대열에 있었으며 혁신 정책을 많이 시행했다. 한나라, 조나라, 위나라가 진나라를 삼분한 이후 진의 정치적 유산을 계승하여 대대적으로 정치 개혁 정책을 실시했다. 그 결과 정치 및 군사적으로 우세한 지위에 서게 되었다. 삼진이 나라를 세운 초기에 각국은 부국강병에 힘쓰고 대외적인 확장에 적극적으로 나섰으며 서로 연맹을 맺어 주변 국가에 공동으로 대처했다. 한때 이들 삼진의 국력이 매우 강성해져 전쟁이 끊이지 않았다.

삼진은 또한 법가의 발상지이다. 저명한 법가 사상가인 이회李悝, 오기吳起, 신불해申不害, 상앙, 한비 모두가 삼진 사람이다. 전국시대의 변법은 가장 먼저 이 지역에서 생겨났다. 위나라 문후, 조나라 열후, 한나라 소후가 잇달아 변법을 시행했다. 삼진이 한때 강성했던 주요한 이유는 정치 개혁에서 앞섰기 때문이다.

진나라가 동쪽으로 세를 확장하자 삼진이 맨 먼저 공격을 받게 되었다. 상앙의 변법이 시행되면서 진나라는 오랫동안 원교근공, 삼진 겸병 정책을 시행했고 점진적으로 삼진의 광활한 영토를 빼앗았다. 전국시대 중후기에 삼진은 진나라와의 전쟁에서 승리보다는 패배를 많이 했다. 영토의 상실과 군사력의 소모로 삼진의 국력은 끝없이 쇠약해져 진나라에 대항할 힘을 잃어갔다. 진나라가 천하를 통일할 기회가 다가오면서 가장 먼저 삼진이 차례로 무너졌다. 그중에서도 한나라의 국력이 가장 약했고 지리적 위치도 불리했다.

한나라의 흥망성쇠

"한나라의 조상은 주나라와 동성으로 성씨는 희씨姬氏이다." 훗날 봉지를 성씨로 삼게 되었다. 한나라 강자康子는 '조나라 양자 및 위나라 환자와 함께 지백을 무찌르고 그의 땅을 함께 나누었다. 땅이 더욱 커져서 삼진 각각의 영토가 제후의 땅보다 컸다.'21 기원전 403년, 한나라 경후景候는 조나라, 위나라와 함께 "제후의 대열에 오르게 되었다."

기원전 362년, 한나라 소후昭候가 즉위했다. 그는 신불해를 재상으로 등용하여 개혁을 단행했다. 소후의 개혁과 제나라 위왕威王의 개혁, 진나라 효공의 개혁이 대략 동시대에 진행되었다.

신불해(?~기원전 337)는 정鄭나라 사람이다. 그는 당시 성공한 여러 정치가와 마찬가지로 군주의 권력 집중, 법치 실행을 주장했으며 법가 가운데 '술術'을 강조한 대표적인 인물이다. 신불해의 개혁이 크게 성공을 거두어 『사기』에서는 "15년 동안 안으로는 정치와 교육을 바로 세우고 밖으로는 제후들을 상대했다. 신불해가 삶을 마칠 때까지 한나라는 제대로 다스려지고 군사력이 막강하여 감히 쳐들어오는 자가 없었다"[22]고 전하고 있다. 그러나 신불해의 개혁을 동시대 상앙의 변법과 비교해볼 때, 제도의 혁신과 법제 구축의 측면은 좀 뒤떨어졌다. 신불해는 정치적 기술을 더 중시했다. 그가 주장한, 신하와 백성을 부리고 문무백관을 감독하며 책임을 지우는 권술은 제도와 법률을 세우는 데 충분한 힘을 발휘하지 못했다. 이점에서 '법法'을 중시한 상앙과 확연하게 대비된다. 그래서 그가 주도한 개혁의 성과는 오랫동안 유지되기 어려웠다. 과도한 각종 음모와 권모술수가 강대국의 기본 통치술이 될 리 없었으며 군왕과 신하가 서로 속고 속이는 작태는 정치 부패를 초래했다.

전국칠웅 가운데 한나라는 영토도 가장 작았고 정치 개혁의 성과도 별로 크지 않았다. 또한 강대국 틈새에 끼어 있었기 때문에 독자적으로 다른 대국에 대항할 만큼 강했던 적이 없었다. 강대국 간의 겸병 전쟁이 치열해지면서 한나라는 주변국의 침략을 끊임없이 받았으며 그때마다 영토를 조금씩 빼앗기고 국력은 날로 쇠약해졌다. 한나라는 진나라의 동진 정책에서 중요한 위치에 있었다. 이에 한나라는 진나라에 대한 두려움으로 침략에 대비하기 위해 여러 차례 합종책에 참여했고 진나라에 대항했지만 그 효과는 매우 미미했다. 기원전 254년, 한나라 환혜왕桓惠王은 결국 굴복하여 진나라에 입조하고 조공을 바쳤다. 진시황이 즉위하면서 한나라는 매우 위태로운 지경에 놓이게 되었다.

간첩 정국과 진시황의 정국거 사업

한나라의 군주와 신하들은 진나라의 동진 정책에서 오는 군사적 압력을 줄이고 망국의 위기에서 벗어나기 위해 '진나라를 약화시키는 계책疲秦之計'을 생각해냈다. 한나라 왕은 간첩 정국鄭國을 진나라로 보냈다. 정국은 유명한 수리토목 사업의 전문가였다. 그는 진나라 땅을 둘러본 후 땅을 파서 경수涇水를 끌어다 관개 수로를 만들면 관중 지역에서 빈번히 일어나는 가뭄을 해결할 수 있다고 제안했다. 이 제안은 합리적이고 현실성이 있으며 관개 수로는 중요한 기반시설이었기 때문에 받아들여졌다. 그러나 수리토목 사업이 진행되던 중 정국의 신분이 발각되고 말았다. 그 사실을 안 진시황은 대로하고 정국을 죽이려 했다. 그러자 정국은 침착하게 말했다. "저는 비록 간첩이지만 관개 수로가 완성되면 진나라에 이로울 것입니다." 진시황은 정국의 말이 틀리지 않다고 생각하여 이 수로를 완성하도록 하고 "정국거鄭國渠"라고 부르도록 명했다. 정국거는 먼저 지양池陽 호구瓠口(산시陝西성 징양涇陽현)에서 시작하여 서쪽에서 동쪽으로 위수渭水의 북부 고원을 가로질렀고 경수와 북낙수北洛水를 연결하여 300여 리를 유유히 흘렀다. 그리하여 알칼리 성분이 높은 관중 지역의 동부 농토 400여만 묘畝에 물을 댈 수 있게 되었다. 정국거로 흐르는 물은 미세한 모래 성분 함량이 높았기 때문에 가뭄을 해갈할 수 있을 뿐만 아니라 이곳 농토의 알칼리 함량을 낮추는 효과도 있어서 '관중 지역이 비옥해져 흉년이 들지 않았다.' 즉 이 일대에서 1묘당 1종鐘을 생산하게 되었다.[23] 그 결과 "진나라가 부강해졌고 제후들을 겸병하게 되었다."[24]

한나라의 계략이 성공을 거두었는지는 회의적이다. 분명히 진나라는 한동안 한나라를 공격하지 않았다. 이런 의미에서 한나라의 계략은 어느 정도 성공하여 한나라가 망하는 시간을 늦춰주었다. 그러나 이 계략은 진나라에 전혀 손해가 없는 유익한 것이었다. 정국거 사업을 진행하는 동안 진나라가 한나라를 멸망시키는 것은 좋지 않았다. 그러나 정국거가 완공되면서 진나라는 더욱 강성해졌고 전략적으로 훨씬 우위에 서게 되었다. 반면 한나라는 망국의 위기에 직면하게 되었다. 이른바 간첩 정국은 "한나라에는 몇 년이라는 시간을 벌어주었지만 진나라에는 만세의 공을 세운"[25] 셈이 된 것이다.

전국시대 마지막 해, 진나라는 선진시대의 가장 유명한 두 가지 대규모 수리 관개 사업을 추진했다. 진나라 소왕 때, 촉군의 태수 이빙李冰이 건설한 도강언都江堰과 진시황 때의 정국거가 바로 그것이다. 도강언과 정국거의 건설로 성도成都 평야와 관중 평야인 '천부天府'와 '노해潞海'는 수천 리에 달하는 옥토로 탈바꿈했고 진나라의 농업생산력이 크게 향상되었다. 당시 각국의 전략가들은 농업기술이 앞서 있고 수리시설이 뛰어난 점을 들어 전국칠웅 가운데 진나라가 우세했다고 평가했다. 진나라와 조나라의 장평대전 이전에 조표趙豹는 조나라 왕에게 진나라를 자극하여 화를 자초하지 말라고 간언했다. 그는 조나라는 진나라를 이길 수 없다고 생각했다. 그 근거 중 하나로 "진나라는 소가 밭을 갈고 운하로 군량을 나르고 있다. 또한 죽음을 각오한 병사들이 수없이 많으며 법령과 행정이 엄격하므로 그들과 싸워서는 안 된다"[26]고 했다. 진나라는 경제가 발달하고 제도가 합리적이며 정치와 법령이 엄격했다. 그리고 장수와 병사들이 명령을 잘 수행했으므로 싸워 이길 수 있는 상대가 아니었다.

한비라는 변수

진시황이 친정하면서 한나라의 상황은 더욱 악화되었다. 한나라 왕은 진나라 대신 이사 등의 한나라 선先정벌론을 전해 듣고 늘 불안에 떨었다. 왕은 그간 중용하지 않았던 한비에게 급히 나라를 구할 방책을 청했다. 한비는 왕의 명을 받들어 진나라에 사신으로 가서 진시황에게 조나라를 먼저 공략할 것을 제안했다. 한비의 책략이 진시황에게 받아들여지면서 한나라에는 몇 년의 시간이 더 주어졌다.

통일전쟁을 일으키기로 결정한 이후, 진나라 내부에서는 전체적인 전략과 제일 공략 목표를 선택함에 있어서 여러 의견이 대두되었다. 특히 두 가지 주장이 첨예하게 대립했다.

첫 번째 의견은 병력을 집중하여 한나라를 먼저 겸병하자는 주장이었다. 이사는 한나라가 진나라가 동쪽으로 나아가는 데 첫 번째 공격 대상이 되는 위치에 있으며 약소국인 것을 감안하여 "한나라를 먼저 취하여 다른 나라를 두려움에 떨게"[27] 하는 전략 전술을 제기했다. 다른 신하들도 이사의 주장에 찬성했다. 진나라와 가장 가까운 한나라가 진나라 군대의 움직임을 심각하게 견제하는 형세는 마치 뱃속에 있는 화근 같은 것이었다. 만일 한이라는 우환을 없애지 않고 제나라와 조나라를 공격하면 이 뱃속의 화근이 수시로 재발할 수 있다는 것이다. 한나라를 멸망시키는 것은 또한 먼저 약소국을 없앤 다음 강대국을 상대하는 전략과 가까운 나라를 공략한 다음 멀리 떨어진 나라를 공략하는 공식에도 부합한다.

두 번째 의견은 조나라를 먼저 물리치자는 주장이었다. 이 주장은 한비의 의견이 핵심을 차지했는데 진나라 내부에서도 찬성하는 사람이 적지 않았다. 한비는 당시의 정세를 예리하게 분석했다. 그는 한나라가 진나라에 신하로서 조공을 바친 지 30년 정도 되었고 군사를 일으켜 진나라를 도와 다른 나라를 공격하기도 했으니 이런 한나라의 정치적 지위는 '군현과 다를 바 없다與郡縣無異'고 생각했다. 그리고 당시 진나라와 조나라 사이에 쌓인 원한이 매우 깊었다. 한비는 조나라가 다른 제후에게 연락하여 전쟁을 준비하고 진나라에 대항하는 것이야말로 진나라의 최대 우환이라고 여겼다. 현재 진나라의 대신들이 한나라를 먼저 멸망시키자고 한 것은 '조나라라는 우환을 두고 신하와 같은 한나라를 배척하는' 것이며 이는 매우 현명하지 못한 일이라고 했다. 한나라는 작지만 백성이 일치단결하여 물리치기도 쉽지 않았다. 만일 한나라를 공격했다가 불안을 느낀 조나라와 위나라가 출병하면 제후국의 합종책을 강화하는 형세가 된다. 이는 "조나라에는 복이 되지만 진나라에는 화가 되는 것이었다."[28] 진나라가 '패왕이 되는' 방책은 반드시 먼저 창칼을 조나라에 겨누며 각종 수단으로 6국의 합병을 무산시키고 초나라와 위나라가 진나라를 섬기게 하는 한편 제나라와 연나라가 진나라와 수교를 맺게 하는 것이다. '조나라를 점령하면 한나라는 멸망한다. 그리고 한나라가 멸망하면 초나라와 위나라는 각각 독립적으로 존재할 수 없다. 초나라와 위나라가 독립적으로 존재하지 못하므로 일거에 한나라를 쳐부수고 위나라를 무너뜨리며 초나라를 압제한 다음 동쪽으로 나아가 제나라와 연나라를 쇠약하게 만드는' 것이었다. 이를 두고 "한 번의 출병으로 삼진을 멸망시키고 합종책을 무산시키는"[29] 것이라고 한다. 한비의 분석은 매우 치밀했고 이사의 주장보다 앞섰다.

책사로서 이사는 한비와 정치적 입장 및 심리적 태도가 매우 달랐다. 이사는 진시황의 측근이고 진나라의 대신이었다. 그는 진나라가 패업을 달성할 수 있도록 모략과 계책을 짜냈지만 한비는 그렇지 않았다. 한비가 계책을 바친 목적은 '한나라를 살려내고存韓' '진나라를 약화시키기弱秦' 위함이었다. 한비의 조국은 한나라였던 것이다. 그는 한나라를 존속시키기 위해 진시황이 받아들일 만한 합리적인 책략을 제안해야 했다. 한비는 정치적 통찰력이 날카로운 사상가였다. 비록 그의 제안에는 자신의 조국이 살아남을 시간을 더 벌어줄 의도가 있었지만 정치, 군사, 외교적 측면을 종합적으로 고려하여 전략을 정확하게 분석한 것이었다. 이사는 자신의 주장을 견지하면서 한비가 바친 책략은 "속임수詐謀"이며 "진나라로부터 이익을 얻기 위한 것釣利於秦"이라고 비판했다. 그러나 현명한 진시황은 숙고한 뒤 한비가 주장한 두 번째 의견을 받아들였다. 그 전략의 목적은 먼저 북쪽 날개에서 조나라를 공격하여 철저하게 무찌르고 한나라와 위나라를 돕지 못하도록 한 후, 진나라가 6국을 하나씩 공략하는 계획이었다.

진시황 친정 초기 몇 년 동안 진나라 전략의 핵심은 통일전쟁을 위한 준비를 마치는 것이었다. 이때 진나라 군대의 목표는 주로 조나라와 위나라, 한나라를 공격하고 무엇보다 조나라를 멸망시키는 것이었다. 진시황 11년(기원전 236)부터 진나라 군대는 연이어 조나라를 집중적으로 공격했으나 조나라의 명장인 이목의 효율적인 방어에 다소 주춤했다. 하지만 조나라의 국력을 크게 약화시키는 데에는 성공적이었다. 조나라 군대가 진나라 군대를 견제하고 관동 지역을 가로막아 한나라와 위나라를 원조할 능력을 잃어버리자 진나라 군대는 곧바로 목표를 수정하여 6국을 통일하는 전쟁을 일으켰다.

결국 진시황의 전략이 정확했다. 조나라가 망하자 6국이 연이어 와르르 무너졌다. 전국시대 후기에 조나라가 중심이 되어 몇 차례 합종책을 펼치며 진나라를 공략했다. 진시황 6년(기원전 241), 조나라, 초나라, 위나라, 연나라가 잇달아 진나라를 공격했는데 이것은 조나라가 수장국이 되어 일어난 전쟁이었다. 나머지 몇 차례 합종하여 진나라를 공격한 것에서도 조나라가 핵심 세력이었다. 조나라가 쇠약해지자 합종책을 이끌 우두머리가 없어졌고 진나라는 제나라, 초나라와 결탁하여 허리의 중심 세력을 잘라버리고 합종 세력을 순식간에 삼켜버렸다. 진시황은 십수만의 병력을 동원하고 유능한 장수를 선발하여 전쟁에 내보냈고 자신이 직접 두 차례 전쟁을 지휘하기도 했다. 그리하여 불과 7, 8년이라는 기간 동안 전쟁의 목적을 달성했다. 전쟁의 결말은 한비가 예상한 대로였다.

화평 요청 거부당한 한나라의 말로

한비의 책략은 분명히 한나라의 수명을 연장시키는 데 크게 기여했지만 동시에 한나라의 처절한 멸망을 운명지었다. 한비가 죽은 후, 한나라 왕은 사신을 보내 진나라에 영토와 옥새를 바치고 진나라의 신하가 되었다. 진시황이 정식으로 봉일전쟁을 준비하는 마지막 단계에서 한나라는 진나라에 굴종하여 왕의 자리를 좀더 유지할 수 있었다. 사실은 명목상으로만 목숨을 부지하는 것에 불과했다.

진시황 16년(기원전 231)부터 진시황은 한나라를 멸망시키려고 했다. 그 해 9월, 진나라 대군은 한나라 국경을 압박했다. 한나라는 살아남기 위해 물불을 가리지 않고 또다시 남양南陽의 국경을 모두 바치며 화평을 요청했다. 하지만 진시황은 남양을 점령한 후, 한나라에게 숨 돌릴 틈도 주지 않고 그다음 해에 내사內史 등騰에게 한나라를 멸망시키라고 명했다. 한나라는 대항할 여력이 없었다. 진과의 전쟁에서 한군은 전멸했고 한왕 안安은 포로로 잡혔다. 진시황은 새로 점령한 한나라 땅에 영천군 潁川郡을 설치했다. 이로써 진시황 17년(기원전 230) 한나라는 영원히 자취를 감췄다.

조_趙나라의 멸망

조나라는 삼진 중 하나이다. 진시황 19년(기원전 228), 왕전이 조나라의 도읍인 한단을 공격하여 조왕 천_遷을 포로로 잡았다. 조나라는 진시황이 삼켜버린 두 번째 대국이었다. 사실 조나라가 멸망한 때가 진시황 25년(기원전 222)이었으므로 그 멸망 시기는 초와 연보다 조금 늦고 제보다 약간 일렀다.

진시황이 각 제후국을 멸망시키는 과정에서 조나라의 저항이 가장 완강했다. 전국시대 후기에 신과 조는 서로 최강국의 자리를 다투었다. 조나라는 진의 제업 달성을 가로막는 장애물이었고 진나라 역시 조나라에 눈엣가시 같은 존재였다. 양국 간에는 사상자가 십수만에서 수십만에 이를 정도로 연이어 치열한 전쟁이 일어났다. 통일전쟁 과정에서 조나라는 매우 특이하게 늘 중요한 역할을 맡았다. 조나라를 무너뜨리는 것은 곧 천하 통일의 절반을 완수하는 것이나 다름없었다. 진시황이 즉위한 이래로 조는 진의 주적이었기 때문에 나머지 세력은 최후까지 살아남을 수 있었다. 10~20년간의 잔혹한 전쟁 끝에 진시황은 드디어 조나라를 손에 쥐게 되었다. 진시황은 조나라를 크게 물리쳐 멸망시킨 후 공식적으로 통일전쟁을 일으켰고 곧 천하가 진나라로 통일되었다.

조나라의 흥망성쇠

"조씨의 조상은 진의 조상과 같다趙氏之先, 與秦共祖." 진나라와 조나라는 상나라에서 주나라로 교체되던 시기의 사람인 비렴蜚廉[30]의 후손으로 두 나라 모두 조보가 조성趙城에 봉읍을 받았기 때문에 성씨가 조씨였다. 조보는 조나라 왕실의 직계 조상이었다. 훗날 진나라 왕실의 직계 선조인 비자非子는 '진영秦嬴'으로 불려 영씨의 공식 계승자가 되었다. 이로써 진씨와 조씨로 갈라지게 되었으며 제각기 나라를 세웠다.

진나라와 마찬가지로 조나라 역시 조상 대대로 말을 잘 키우고 수레를 잘 몰아 가문을 일으켰다. 조보의 후예인 엄보奄父(공중公仲), 조봉趙鳳은 차례로 주나라 선왕, 진晉나라 헌공獻公을 위해 전차를 몰아 전쟁에서 큰 공을 세웠다. 이에 조봉은 대부로 봉해졌으며 그의 후예인 조쇠趙衰, 조순趙盾, 조앙趙鞅(조간자趙簡子), 무휼無恤(조양자趙襄子) 모두 진나라의 대신이 되었다. 조나라 양자는 또 '삼가분진三家分晉'을 일으킨 주역이었다.

조나라는 신흥 국가였다. 제후가 되기 전에 내부적으로 개혁을 단행하여 민심을 얻을 수 있었고 끊임없이 발전해갔다. 조나라 열후烈候는 상국 공중公仲의 정치 변혁을 받아들여 '왕도王道'와 '인의仁義'를 강조하는 한편 '법치法治'를 시행하며 '노련하고 현명한 인재를 뽑아 관리로 임용'했다. 또 '재물을 아끼고 공덕을 살피는' 정책을 펼쳤다.

조나라 무령왕武靈王의 개혁으로 국력은 빠르게 증강했다. 조나라는

'사방으로부터 공격받기 쉬운 평지'에 위치했기 때문에 주변의 강국, 흉노, 임호林胡, 누번樓煩, 동호東胡의 침략을 자주 받았다. 무령왕은 부국강병을 위해 변혁을 시행하기로 결심했다. 그는 "오랑캐의 복장을 하고 말을 달리며 화살을 쏘는 법을 백성에게 가르쳤다."[31] 그리고 북방 유목민족의 복식과 장비를 본떠서 강력한 기마병을 조직하고 군대의 새로운 주력군으로 삼았다. 기마병은 이합집산이 쉽고 빨라서 장거리 기습 등 민첩성이 요구되는 야전에 적합했다. 이 개혁은 역사적으로 큰 의의가 있다. 전국시대 후기에 조나라 군대만이 진 군대에 장기간 대항할 수 있었던 것은 무령왕의 개혁 덕분이었다.

조나라 혜문왕惠文王은 즉위한 후 인상여藺相如, 염파廉頗, 조사趙奢, 악의樂毅 등 명장을 등용하여 대내적으로는 백성을 잘 살게 하고 대외적으로는 강대국인 진나라에 저항했다. 반면, 제나라와 위나라의 땅을 끊임없이 공략하여 경쟁관계의 포식자로서 진나라의 주요 적수가 되었다. 그러나 조나라는 계속되는 대규모 전쟁에서 패하여 쇠망의 길로 치달았다.

진나라와 조나라의 전쟁

진시황이 즉위하기 전에 진과 조 사이에 일어난 대규모 전쟁을 보면 궐여閼與전투와 장평전투, 한단전투 등이 있다. 이 가운데 장평전투는 두 나라의 관계에서 전환점이 되었다. 조왕은 진 대군을 물리치려는 조급한 마음에 진의 이간책에 말려들어 인상여 등 장군의 간언을 물리치고 '탁상공론紙上談兵에 능한' 조괄趙括을 장수로 삼아 참패했다. 그 결과 영토를 바치고 화평을 청해야 했다. 장평대전에서 조나라는 45만의 병력을 상실했다. 그러나 조나라는 수년 후에 위·초 연합군의 도움을 받아 한단전투에서 대승을 거뒀다. 그 직후 승세를 타고 진격하여 진이 과거에 빼앗았던 위나라의 땅 하동과 조나라의 땅 태원 그리고 한나라의 많은 땅을 포기하도록 했다. 또한 진 군대의 동진을 좌절시켰다. 그러나 이 일이 이미 쇠락의 길로 치닫던 조나라에 회생의 발판을 마련해주지는 못했다.

조나라의 합종책과 진나라 공략

소왕 이래로 진나라의 주요 목표는 삼진이었으며 주요 적국은 조나라였다. 하지만 조나라가 완강하게 저항하자 진나라 군대의 진격이 더뎌졌다. 궐여闕與전투에서 진나라 군대는 심각한 타격을 입었고 장평전투에서도 과반수 이상의 병력을 잃었다. 한단전투에서 진은 또 참패했다. 조나라는 적극적으로 합종하거나 참여하여 진을 공략했다. 진 장양왕은 기원전 249년에 약소국으로 전락한 동주를 멸망시켰다. 또한 2년 후에 위와 조가 연과 대전을 치르는 틈을 타서 위와 조를 공격하고 광활한 영토를 빼앗았다. 그러나 위 신릉군信陵君이 다섯 나라의 연합군을 이끌고 조를 구했고 합종하여 진을 공격하자 진 군대는 패배하여 물러났다.

진나라 군대는 반드시 각 제후국 간의 효율적인 연계를 차단해야만 통일전쟁을 원활하게 일으킬 수 있었다. 진시황 원년(기원전 246), 진 군대는 새롭게 공세를 펼쳐서 한나라의 상당군上黨郡을 점령하고 조나라의 진양晉陽을 평정한 뒤 태원군太原郡을 다시 설치했다. 다음해에는 '표공麃公이 병사들을 이끌고 권卷을 공격하여 수급 3만을 베었다.' 진시황 3년(기원전 244)에 진나라의 장수인 몽오蒙驁가 한나라를 공격하여 13개의 성을

빼앗았고 그다음 해에는 위나라의 창暢과 유궤有詭를 공격했다. 진시황 5
년(기원전 242), 진 군대가 두 갈래로 위나라를 공격하여 "산조(허난성 엔
진현延津縣 동), 연(엔진현 동북), 허(엔진현 동), 장평(엔진현 창위안현長垣縣
서북), 옹구(허난성 치현杞縣), 산양(허난성 지아오줘焦作 동남) 등의 성을 평
정했고 끝내 그 지역을 모두 함락시키고 20개의 성을 빼앗았다. 그리고
처음으로 동군을 설치했다."³² 진나라는 위나라와 한나라의 도시를 함
락시키고 중원 지역으로 나아갔다. 동군을 설치하고 더 나아가 전쟁으
로 영토를 확대하여 진나라의 영토가 동쪽으로 더욱 확장되었다. 이로
써 제나라와 국경을 맞대게 되었고 '산동 지역 합종의 허리山東從(縱)親之腰'
를 잘라버렸다. 즉 6국을 남북으로 분할하여 한나라와 위나라를 삼면으
로 포위했다.

진나라 군대의 승리로 각 제후국은 두려움에 떨었다. 조나라의 장수인
방훤龐煖의 지휘 아래 한나라, 위魏나라, 조나라, 위衛나라, 초나라 등 5국
은 전국시대 최후의 합종책을 펼치며 진나라를 공격하기 시작했다. 진시
황 6년(기원전 241), 진 군대는 5국의 연합군을 격퇴하고 위魏나라의 조가
(허난성 기현)와 부용국인 위衛나라를 빼앗았다. 그 후 남북으로 분할된
6국은 더 이상 연합하여 군사행동을 시도하지 않았다. 이 단계에서 전
략적 목표는 기본적으로 달성되었으며 통일전쟁의 여건이 조성되었다.

연을 구한다는 명목으로 조를 치다

장평전투 이후, 조와 연 사이에 전쟁이 일어났다. 진시황 11년(기원전
236), 연나라와 조나라 사이에 또 전쟁이 터졌다. 조나라는 방훤을 장수

로 삼고 군대를 이끌고 나가 연나라를 공격했다. 조나라 군대는 첫 전투에서 성을 공격하고 승리하여 땅을 빼앗았다. 진시황은 조나라의 내부가 비어 있는 틈을 타서 연을 구한다는 명목으로 병사를 두 갈래로 나누어 대규모로 조를 공격했다. 수많은 역사학자들은 이 공격을 진시황이 통일전쟁을 일으킨 것의 이정표로 보지만 필자는 통일전쟁의 전략적 준비 단계로 본다.

진의 장수인 왕전과 환의桓齮, 양단화는 사명을 저버리지 않고 차례로 조나라의 9개 도시를 공격하여 장하漳河 유역의 땅을 빼앗았다. 진 군대는 공세를 이어서 진시황 13년(기원전 234), 환의가 평양과 무수를 공격하여 조나라의 장수 호첩을 죽이고 수급 10만을 베었다. 조는 이목을 대장군으로 삼고 반격하여 진 군대를 물리쳤고 환의는 도망갔다. 진시황 15년(기원전 232), 진군이 다시 두 갈래로 나뉘어 조를 공격했다. 이목이 이끄는 조군이 다시 진을 격퇴했다. 그러나 조군의 손실 역시 매우 컸다. 조나라의 영토는 한단과 부근의 일부 지역밖에 남지 않았다. 상황이 여기에 이르자 '조나라를 쳐부수는破趙' 전략이 완수된 셈이다. 다음해 진시황은 전쟁을 일으켜 한나라를 멸망시켰고 이로써 통일전쟁이 공식적으로 발발했다.

진시황의 이간책으로 명장 잃은 조나라

표면적으로 볼 때 조나라는 군사 패배 때문에 멸망했다. 그러나 패배를 초래한 중요한 원인은 조나라 왕의 무능, 권신의 부패, 여러 장수의 불협화음에 있었다. 진시황의 이간책 역시 이를 더욱 부추겼다. 조나라에는 유능한 명장이 많았다. 하지만 그들의 재능과 지혜는 충분히 발휘되지 못했고 염파, 이목 등의 장수는 도망가거나 피살되었다. 조나라 스스로 장성長城을 허무는데 어찌 망하지 않을 수 있겠는가?

염파廉頗는 중국의 고대 명장 가운데 한 명이다. 조나라가 염파를 신임하지 않은 것은 전쟁에서 패하고 국력이 쇠락하게 된 중요한 원인이었다. 염파는 조군을 이끌고 제, 위, 한 등을 수차례 무찔렀다. '공성전과 야전에서 적과 싸워 큰 공을 세우고' 상경에 올랐다. 진과의 장평전투에서 조나라의 효성왕孝成王은 염파의 계책을 거부해 전군을 몰살시키는 큰 오판을 범했다. 기원전 251년, 조나라는 염파를 장수로 삼아 침략해온 연 군대를 대파하고 연나라는 5개의 성을 조나라에 바쳐 화의를 청했다. 염파는 신평군信平君에 봉해졌고 상국이 되었다. 조나라 도양왕悼襄王이 왕위에 올라 염파 대신 악승樂乘을 장군으로 삼았다. "염파는 크게 화가 나 악승을 쳤고 악승은 도망쳤다." 그리고 염파는 위나라로 달아났다. 진시황 12년(기원전 235), 조나라 왕 천遷이 즉위했고 이때 조정은 곽개郭開의 수중에 있었다. 조나라가 수차례 진군에 패하자 왕은 염파를 다시 등용하고자 했다. 그는 사자를 보내 염파를 여전히 등용할 만한지 살펴보게 했다. "염파는 쌀밥 한 말과 고기 열 근을 먹는 모습을 보여주고 갑옷을 입고 말에 올라타 아직도 건재함을 보여주었다." 하지만 곽개와 염파는 원수지간이었다. 그는 사자에게 뇌물을 주어 염파를 깎아내리게 했다. 사자는 조나라 왕에게 보고했다. "염파 장군은 비록 늙긴 했지만 식사를 잘합니다. 그러나 신과 자리를 같이하는 동안에 세 차례나 측간에 갔습니다."[33] 왕은 염파가 늙고 쇠약해졌다고 생각하여 그를 부르지 않았다. 결국 염파는 타향에서 객사했고 조나라는 명장을 잃어버렸다.

이목은 전국시대의 명장 중 한 명이다. 조왕은 곽개의 중상모략을 곧

이곧대로 믿고 이목을 죽게 함으로써 조나라의 멸망을 앞당겼다. 이목은 전쟁 경험이 풍부하고 지략이 뛰어나 수많은 공로를 세웠다. 그는 15만 대군을 이끌고 북방의 흉노를 방어했으며 적군을 깊이 끌어들이는 유인책을 펴기도 했다. 『사기』에서는 "이목은 기이한 진법을 사용하여 좌우로 날개를 펼치듯이 흉노족을 포위 공격하여 기병 십여만 명을 죽였다. 또한 첨람襤襤을 멸망시키고 동호東胡를 무찔러 임호林胡의 항복을 받아내자 선우가 달아났다. 그 후 10여 년 동안 흉노는 감히 조나라 국경 근처에 접근하지 못했다"[34]라고 전한다. 염파가 조나라를 떠난 이후 이목은 조나라의 핵심 장수가 되었다. 진군을 방어하는 데 수차례 전공을 세웠기 때문에 무안군武安君으로 봉해졌다.

진시황 17년(기원전 230), 조나라에 큰 가뭄이 들어 전국 각지에 굶어 죽는 사람이 늘어났다. 그러자 민심이 동요하기 시작했고 사방에 헛소문이 떠돌았다. 조나라의 민요를 보면 "조나라 사람은 크게 울고 진나라 사람은 크게 웃네. 믿지 못하겠거든 땅에 자라는 묘를 보아라"[35]라고도 했다. 진시황은 이 기회를 놓치지 않고 한을 멸망시킨 후 곧바로 정예병 위주의 대규모 병력을 조직하여 조를 치게 했다. 그는 왕전에게 상당上黨에 있는 진군을 이끌고 정형井陘을 함락시키라고 했고, 양단화에게는 하내의 군대를 이끌어 한단성을 포위하고 강외羌瘣에게는 조나라 공격을 돕게 했다. 조왕은 이목과 사마상司馬尙에게 군대를 이끌고 진군을 막으라고 했다. 명장 왕전과 이목이 진을 친 장면은 '호적수를 만난 형세棋逢對手, 將遇良才'라고 할 만했다. 두 나라의 군대는 대치 상태에서 서로 엎치락뒤치락하는 전쟁을 1년간 지속했다.

이때 진시황은 다시 이간책을 이용했다. 그는 조왕이 총애하는 곽개에게 거금을 주어 조왕과 이목을 이간질하도록 했다. 뇌물을 받은 곽개는 왕에게 이목과 사마상이 전쟁 수행능력이 없어서 모반하고 진나라에 투항하려 한다고 모함했다. 조왕은 곽개의 중상모략을 그대로 믿고 이목 대신 조총趙蔥과 제나라 장수였던 안취顔聚를 장수로 삼았다. 이목은 이 두 사람은 왕전을 대적할 만한 인물이 못 된다고 생각하여 군권을 건네주기를 거부하고 왕의 명령을 거역했다. 어리석은 조왕은 나라를 지키는 장수를 없애버리고 진이 자신을 멸망시키도록 길을 터주었다.

조나라의 말로

군주가 어리석고 아둔하여 간신이 권력을 장악했고 이목과 깉은 명장이 억울한 죽임을 당했다. 조나라의 명장이 모두 떠나자 군대의 기상이 해이해졌다. 진의 장수 왕전은 이 기회를 틈타 조를 쳐서 크게 물리치고 조 장수 조총을 죽이고 한단을 함락했다. 그리고 조왕 천遷과 그의 장수 안취를 포로로 잡았다. 이로써 이목이 죽은 지 채 몇 개월도 안 되어 조나라가 망했다. 조나라 공자인 가嘉가 대군代郡으로 도망가 스스로 대나라의 왕이 되었고 조 왕실의 명맥을 겨우 유지했으나 몇 년 후 진군이 대나라마저 함락시켰다. 이로써 조나라는 완전히 멸망했다.

진시황 19년(기원전 228) 10월, 진시황이 함락시킨 한단성에 가서 예전에 살던 곳을 돌아보았다. 그는 정복자로서 승리의 북소리를 크게 울리는 진군을 사열하고 투항한 조나라 신하들이 무릎을 꿇고 엎드려 절하는 것을 지켜보았다. 그리고 모친과 원수졌던 사람들을 모두 생매장시키라고 명했다.

위魏나라의 멸망

위나라는 진시황이 두 번째로 멸망시킨 강대국이었다. 위나라 역시 삼진 중 하나였다. 전국시대 초기, 위나라는 국력이 강성하여 한때 패주의 자리를 차지하기도 했다. 그러나 내정, 외교, 군사적 실책으로 순식간에 몰락했다. 멸망 직전의 위나라는 한나라와 비슷했다.

위나라의 흥망성쇠

위나라의 조상 필공고畢公高는 주나라와 동성이다. 주나라 초기에 필畢에 봉읍되었다. 진晉 헌공獻公 때 필만畢萬은 전공을 세워 대부가 되었고 위 땅을 봉읍받았다. 필만의 후예인 위魏나라 환자桓子가 삼가분진三家分晉에 참여해서 나라를 세웠다.

기원전 445년, 위나라 문후文侯가 즉위했다. 그는 나라를 잘 다스리고 솔선수범하여 변법을 시행했다. 그는 권력을 잡은 15년간 차례로 이회李

悝, 적황翟璜, 오기吳起, 낙양樂羊, 서문표西門豹, 복자하卜子夏, 전자방田子方, 단간목段干木 등 여러 정치가와 군사 전문가를 등용했다. 위 무후와 혜왕도 개혁을 한층 강화했다.

위나라 재상 이회가 주도한 변법은 전국시대 최초로 이루어진 대규모 정치 개혁이었다. 주요 개혁을 살펴보면 "일하는 자는 먹여주고 공로가 있는 자에게 녹을 주는"[36] 제도를 시행했다. 이는 필연적으로 기존의 세경세록世卿世祿 제도를 타파하는 것이었다. 이때의 위나라는 중앙에 임면권이 있는 재상과 장수를 설치하고 군과 현에는 임면권을 지닌 수와 령을 두었으며 체계적 법전인 『법경』을 제정했다.

경제적으로는 "중농정책盡地力"과 "국가에서 풍년에 약간 낮은 가격으로 사서 저장해놓고 흉년에 파는善平糴"[37] 정책을 택했고, 수리 토목 공사로 하천과 늪을 개발하여 황무지 개간을 독려했다. 또한 풍년에 곡물을 정상 가격으로 수매하여 저장했다가 흉년에 방출, 판매하여 곡식 가격을 조절했다. 이런 조치로 농업생산력이 향상되었다. 군사적으로는 '무졸武卒'이라는 상비군을 창설했다. '무졸'을 선발하는 기준은 전신에 갑옷을 입히고 무게가 12석인 활과 50개의 화살을 메고 손에는 긴 창을, 머리에는 투구를, 허리에는 칼을 찬 나음 사흘 지 식량을 짊어지고 하루에 100리 길(25킬로미터)을 달리게 하는 것이다. 이 시험에서 합격한 자에게는 밭과 집을 상으로 주며 온 가족의 요역을 면제해주었다.[38] 이런 방식으로 군대의 전투력을 강화했다. 위나라는 이러한 변법으로 잇따른 제도 혁신을 거쳐 정치, 군사, 경제적으로 강국으로서의 위상을 확립했다. 위나라 문후는 법과 제도를 엄격하게 밝히고 법령을 시행하여 "공로가 있는 자는 반드시 상을 받고 죄가 있는 자는 반드시 벌을 받게 했다. 강력하게 추진하니 천하를 바르게 하고 위세가 사방 이웃 나라에까지 뻗쳤다."[39]

위 문후와 무후 때, 강력해진 위나라는 삼진 연합과 협력하여 사방을 공격했다. 먼저 진의 하서 지역을 빼앗고 중산국을 멸망시켰다. 그 후 삼진 연합군을 조직하여 제의 장성長城을 공격했으며 초 군대를 수차례 무찔렀다. 위 혜왕 때 위군은 한과 조를 공격하여 광활한 땅을 빼앗았다. 몇십 년간 위의 영토는 급속도로 확대되었고 전략적으로 의미가 있는 넓은 땅을 통제했다. 기원전 344년, 위는 '봉택회맹逢澤之會'(봉택은 오늘날 허난성 카이펑開封 부근)을 주도했고 이 회맹에서 위나라는 왕이라고 호칭했다.

이 '봉택회맹'은 위나라 역사에서 하나의 전환점이 되었다. 패권을 차지할 정도로 위나라의 발전은 절정을 이루었으며 또한 쇠락의 기점이기도 했다. 위가 쇠락한 원인은 다음과 같다.

첫째, 위의 정치 개혁은 철저하지 못하고 반복만 될 뿐이었다. 이는 위가 갈수록 치열해지는 대국의 경쟁에서 쇠락하는 주요한 원인이 되었다. 위 문후와 무후는 복자하, 전자방, 단간목을 '스승師'과 '벗友'으로 존경했다. 그들은 공자의 제자로 '인의'와 '왕도'를 강조했다. 이는 위나라의 정치가 옛 정치적 전통의 영향을 깊이 받았음을 의미한다. 위 혜왕은 상앙을 재상으로 임용하라는 공손좌公孫痤의 천거를 받아들이지 않았다. 당대 최고의 인재를 눈앞에서 놓쳐버린 것 역시 중대한 실책이었다.

둘째, 삼진의 연합은 공고하지 못했다. 삼진은 대외적으로 같은 이익을 공유하지만 상호간에는 대립과 반목으로 전투가 끊이지 않았다. 이것 역시 위가 쇠락하는 데 중요한 원인이었다. 위가 강성해지면 필연적으로 한, 조의 의심과 시기를 사게 되었다. 기원전 370년, 위 무후가 사망하고 여러 공자들이 군주의 자리를 얻기 위해 싸웠다. 한과 조가 이 틈을 타서 위를 공격했고 이때 위는 거의 멸망의 위기에 직면했다. 혜왕이 즉위한 후 위나라는 한과 조를 공격하여 해를 거듭하며 전쟁을 일으켰다. 비록 패배보다 승리가 많았고 성과 땅을 빼앗았지만 이때부터 망국의 그림자가 드리워졌다.

셋째, 위나라는 '사방에서 싸울 수 있는四戰之地' 위치에 있어서 천하의 중추로 불렸다. 사방을 공격할 수도 있지만 반대로 공격받을 수도 있었다. 주변 강대국이 일어나면 위는 첫 공격 대상으로 돌변해버렸다. 제 위왕威王은 정치를 혁신하고 다시 국력을 증강한 후 위나라와 중원을 다투었다. 진 효공 역시 상앙의 변법을 무기로 군대를 이끌고 동쪽을 공격했다. 제와 진이 강성해지면서 위의 발전을 위협한 것이다.

또한 위의 쇠락은 통치 집단이 군사, 정치, 외교 분야에서 실책을 범한 것과 직접적인 관계가 있다. 위 혜왕과 주요 대신인 방연龐涓은 오만한 인물이었다. 그는 자신의 강력함만 믿고 병력을 남용하여 전쟁을 일삼았고 사방에 적을 심었다. 그 결과 위나라는 고립 상태에 빠져버렸다. 위 혜왕은 전략적인 마인드가 약해서 여러 번 좌절했음에도 실패에서 교훈을 얻지 못했다. 이 역시 위나라가 패권 경쟁에서 실패한 주관적 원인이다. 널리 알려진 제와 위의 계릉전투桂陵之戰와 마릉전투馬陵之戰에서 위군은 모두 패배했다. 기원전 341년, 제 위왕은 전기田忌와 진영田嬰을 장수로 삼고 손빈孫臏을 군사軍師로 등용하여 위나라를 공격하고 한나라를 구했다. 제군은 위의 도성인 대량으로 돌진했다. 혜왕은 군대의 주력군을 철군시켜 태자인 신申을 상장군으로 삼고 방연을 군사로 삼아 10만 대군으로 제군을 막았다. 제군의 장수인 전기는 손빈의 제안을 받아들여 '아궁이 수를 줄이는 방법增兵減竈'으로 위나라 군대를 유인했다. 예상대로 방연은 계략에 속아 넘어가 정예병만 이끌고 성급하게 추격했다. 그 결과 마릉에서 제군의 매복 함정에 빠져버렸다. 이 전투에서 방연은 자살했다. 제군은 승세를 타고 위나라의 태자 신을 포로로 잡은 뒤 위의 주력군 10만을 섬멸했다. 위는 제에 양보하여 중원의 패권을 나누는 데 동의했고 상대방을 왕으로 존칭했다. 이는 위나라가 최강의 지위를 상실했음을 의미한다.

동쪽에서는 제, 서쪽에서는 진이 급성장하자 위는 더 이상 위풍을 떨치지 못했다. 위는 제와 진뿐만 아니라 초와 조의 공격도 끊임없이 받았다. 점차 성장하는 진이 위를 계속해서 공격하자 위는 날로 잠식되는 지경에 이르렀다. 진은 하서, 상군, 하동, 하남의 일부 땅을 점령했고 황하라는 천혜의 요새를 수중에 넣었다. 진 소왕 때 위는 진에 항복했다.

위나라가 진에 항복하기까지

인재를 얻은 자가 천하를 얻고 인재를 잃은 자는 천하를 잃는다. 위나라가 패한 주요 원인은 내정이 불안하고 특히 인재의 유실이 심각한 데 있었다. 진 효공의 상앙, 진 소왕의 승상인 범저 모두 위나라에서 뜻을 이루지 못하여 진으로 망명했다. 진시황 때의 위료 역시 위나라 사람이었다. 왕족인 신릉군信陵君 무기無忌조차도 위나라에서 재능을 펼치지 못할 형편이었다. 능력 있는 신하가 등용되지 못하여 일부는 적국의 장수, 재상 또는 공경이 되는데 패하지 않을 수 있겠는가?

신릉군 무기는 위 안희왕安釐王의 배다른 동생으로 전국시대 4공자 중 한 사람이다. 그는 덕망이 높은 사람을 예우하고 널리 인재를 모아 '선비가 사방 수천 리에서 앞다투며 몰려와 공자에게 몸을 의지하여 빈객이 3000명이나 되었다.'[40] 『위공자병법魏公子兵法』을 지은 그는 병법에 밝고 육

육도삼략의 지식이 풍부했다. 또한 여러 차례 제후국 연합군을 이끌고 진군과의 전쟁에서 승리하여 천하에 위세를 떨쳤다. "그 당시 제후들은 공자가 어질고 빈객이 많음을 알고 섣불리 위나라를 공격하려 하지 않았다. 그러기를 10여 년이 흘렀다."[41] 그러나 '위나라 왕은 공자가 어질고 능력이 있음을 꺼려서 그에게 국정을 맡기려 하지 않았기' 때문에 신릉군은 오랜 세월 해외에서 망명생활을 해야 했다.

진시황의 이간책은 매우 효과적이었다. 한때 신릉군이 다시 위군을 이끌었다. 진시황은 적의 명장을 제거하기 위해 사람을 시켜 많은 재물을 위나라로 보내고 신릉군과 원수가 된 사람을 매수해 위왕에게 신릉군을 모함하게 했다. "공자는 밖에서 10년 동안 있었으나 지금은 위 장군이 되어 제후의 장군까지 모두 그의 통솔을 받고 있습니다. 제후들은 위나라 공자가 있는 것만 알 뿐 위나라 왕이 있다는 것은 알지 못합니다. 공자도 이를 이용하여 남면하여 왕이 되려 하고 있습니다. 제후들도 공자의 위세가 두려워 모두 공자를 왕위에 추대하려고 합니다." 진나라는 또 고의로 수차례 사자를 보내 거짓으로 공자 무기가 위왕에 즉위한 것을 축하했다. 이에 위왕은 신릉군을 의심하게 되었고 그의 병권을 박탈했다. 결국 신릉군은 "병을 핑계로 조정에 나가지 않았으며 빈객들과 밤낮으로 술자리를 벌였다. 술과 여자를 가까이하며 밤낮으로 즐기고 마시기를 4년이나 계속하더니 결국 술병에 걸려 죽고 말았다."[42]

진시황 4년(기원전 243), 신릉군과 위 안희왕이 잇달아 사망했다. 다음 해에 진군이 양 갈래로 위를 공격하여 20개의 성을 빼앗았다. 그다음 해에 진군은 5국 연합군을 무찔렀고 위의 조가朝歌(허난성 치현淇縣)와 부용국인 위衛를 함락시켰다. 이때부터 진은 제와 국경을 맞닿게 되었으며 한과 위를 삼면으로 포위했다. 그 후 진군은 계속해서 위나라를 점령했다.

진시황 9년(기원전 238), 진시황은 양단화에게 위나라를 공격하여 여러 성을 빼앗으라고 명했고 양단화는 위 도읍인 대량으로 진격했다.

진시황 22년(기원전 225), 진의 장수 왕분이 초를 공격했고 초군이 크게 패했다. 왕분은 회군하는 도중에 위를 공격했다. 진군은 황하의 제방을 터서 물을 위의 도읍인 대량으로 끌어들였다. 음력 3월, 대량성이 무너졌고 위왕이 항복을 요청했다. 진시황은 "위나라를 정복하고 군현을 두었다."[43]

초楚나라의 멸망

초나라는 진시황이 한과 위를 멸망시킨 후 세 번째로 삼킨 강대국이다. 진시황은 바로 병력을 동원하여 남쪽에 있는 초를 공격했다. 초는 망국의 재앙을 피할 도리가 없었다. 초 역시 조와 마찬가지로 몇 차례 치열한 전쟁을 겪으며 국력이 쇠퇴했고 강력해진 진을 대적할 수 없었다.

초나라의 흥망성쇠

초나라 왕족의 성씨는 미성羋姓이다. "초나라의 조상은 전욱 고양에서 비롯되었다."44 초의 조상인 죽웅鬻熊은 주 문왕 때 왕실에서 공을 세웠기 때문에 주 성왕은 죽웅의 후손을 제후로 책봉했다. 서주시대에 초나라 군주 웅거熊渠는 나라를 잘 다스렸으며 전쟁을 일으켜 여러 나라를 멸망시켰다. 그는 "나는 남만의 민족이기 때문에 중국의 시호를 쓰지 않겠다"45고 말하고 자신의 세 아들을 왕으로 봉했다.

춘추시대 이래로 초나라는 급속도로 성장했고 오랫동안 남만 지방을 다스리며 제, 진晉과 패권을 다투었다. 초는 '남쪽 오랑캐蠻荒'의 땅에 나라를 세우고 끊임없는 정복전쟁에서 살아남았으며 백성은 임금에게 충성하고 무를 숭상하여 왕권이 강력했다. 형초荊楚 지역은 생산물이 풍부하고 영토는 광활하며 인구가 많아서 국가 발전에 매우 유리했다. 또한 이 지역은 중원의 화하 문화와 현지 이민족 고유 문화의 장점이 융합되어 후발국가로서 매우 우세했다. 이점은 초와 진이 비슷하다. 그러나 초는 비교적 이른 시기에 나라를 세웠기 때문에 옛 정치의 영향을 깊이 받았다. 때문에 후발국가로서의 우세가 진에 비해 조금 떨어졌다.

초나라에서도 변법이 시행되었다. 기원전 390년 즈음, 오기는 위에서 초로 가서 초 도왕悼王에게 중용되었다. 1년 후, 그는 초의 영윤令尹이 되어 변법을 주도했다. 오기는 초가 '나라는 가난하고 군대는 약하다貧國弱兵'고 생각했다. 그 이유로 "대신들의 권한이 너무 크고 귀족으로 봉해진 사람은 너무 많아" "위로는 군주를 핍박하고 아래로는 백성을 학대한다"[46]는 것을 들었다. 그는 '법령을 명확하게 고쳐明法審令' 무능한 관직을 없애고 귀족의 특권 일부를 없앴다. 그리고 초의 정치 풍토를 개혁하고 군주의 집권을 강화했다. 오기는 병력을 확충하여 "남쪽으로 백월을 평정하고 북쪽으로 진陳과 채를 겸병하여 삼진을 물리쳤다. 그리고 서쪽으로는 진秦을 쳤다. 제후들은 초가 강성해지는 것을 두려워했다."[47] 초나라의 도왕이 세상을 뜨자 변법에 불만이 있던 귀족과 대신들은 오기를 공격해 죽였다. 오기가 죽은 후 초나라에서 변법은 흐지부지되고 말았다.

초는 제후국 가운데 가장 먼저 칭왕을 했기 때문에 중원을 통일할 가능성이 매우 큰 제후국이었다. 춘추시대에서 전국시대로 넘어갈 무렵, 초의 국력이 가장 강했다. 기원전 307년, 초는 영토 크기가 비슷한 월越

을 멸망시키고 오월吳越의 땅을 빼앗아 국력이 더욱 강화되었다. 당시 각 대국의 영토를 보면 초가 가장 광활했다. 초는 중국의 남부, 동부, 중부의 여러 지역을 점령하고 인문 문화가 발달했으며 문물이 풍부했다. 그래서 군사력과 국력이 강했고 식량도 풍부했다. 위, 제, 진, 조가 강성해지자 초의 우월한 지위가 상대적으로 약화되었지만 합종연횡의 경쟁에서 "연횡책은 진제, 합종책은 초왕橫成則秦帝, 縱合則楚王"[48]이라는 말이 여전히 유효했다.

그러나 전체적으로 볼 때 초나라는 위, 제, 진, 조 등 제후국에 비해 새로운 제도를 정비하는 것이 더뎠다. 초나라는 군현제가 가장 먼저 출현한 나라 중 하나였다. 하지만 오기가 주도한 변법이 오래가지 못하고 흐지부지되어 이회의 변법과 상앙의 변법에 훨씬 미치지 못했다. 그러므로 초의 군사와 정치 대권이 소昭, 경景, 굴屈 3대 귀족의 수중에 놀아나 나라의 체제가 뒤떨어졌고 통치술이 진부했으며 정치가 매우 부패했다. 『여씨춘추』「찰금察今」에서는 시대에 맞지 않은 변법의 어리석음을 각주구검刻舟求劍에 비유하여 "형국(초나라)의 다스림이 마치 이와 같다"[49]고 했다. 초나라 정치의 특징을 엿볼 수 있는 대목이다. 한비는 "초나라는 오기의 변법을 쓰지 않아 혼란스러워졌지만 진나라는 상앙의 변법을 시행하여 부강해졌다"[50]고 생각했다. 당시 강대국의 국력을 비교하는 변화곡선에서 정치경제 개혁의 깊이와 폭은 나라의 흥망성쇠를 결정하는 관건이었다. 초의 국력이 쇠약해지고 진의 국력이 강하다고 한 것은 설득력이 강한 증거이다.

전국칠웅이 천하를 다투는 매우 중요한 시기에 한 어리석은 군주가 등장했다. 바로 초 회왕懷王이다. 그는 정치, 군사, 외교 분야에서 연이어 실책을 저지르면서 초가 강대국 간의 경쟁에서 오랜 세월 유지해온 우세한 지위를 완전히 없애버렸다.

먼저 '벌교伐交'(적을 외교적으로 고립시키는 것)를 당하는 실책을 범했다. 제와 초는 동쪽의 양대 강국으로 두 나라는 한때 연합하여 진을 견제하는 데 성공했다. 기원전 313년, 진은 장의를 보내 초 회왕에게 유세했다. 그는 진이 초에 상商과 오於의 땅 600리를 바칠 테니 제와 단교하라고 회왕을 꼬드겼다. 회왕은 전략적인 안목이 짧았고 작은 이익을 탐냈기 때문에 이를 믿고 제와 단교했다. 하지만 장의는 당초의 말을 바꿔버리고 자신이 봉읍받은 6리의 땅을 초에 바쳤다. 회왕은 크게 노하고 진과 단교했으며 굴개屈丐에게 병사를 이끌고 가서 진을 공격하라고 했다. '서쪽으로는 진에게 화를 사고 동쪽으로는 제와 국교를 끊어버린西起秦患, 東絶齊交' 것이다. 또한 제와 진 두 강대국의 대립은 매우 날카로웠기 때문에 '벌교'의 전략은 크나큰 착오였다.

둘째, '벌병伐兵'(적군과 전쟁에 돌입하는 것)에서 실패했다. 초나라 회왕은 '노하여 군대를 일으켰는데以怒興師' 이는 병가의 금기사항을 범한 것이다. 기원전 312년, 초군과 진군은 단양丹陽(허난성 단수이현丹水縣 북)에서 교전했고 그 결과 초군이 대패했다. 진군은 초나라 장수인 굴개와 부장 수를 포로로 잡고 수급 8만을 베었으며 600리의 땅을 점령했다. 초의 한중군漢中郡(산시성陝西省 동남쪽의 한수이漢水 유역과 후베이성 서북)이 진의 판도에 속하게 되었다. 초 회왕은 부끄러운 나머지 크게 노했으며 그에 따른 결과도 생각하지 않았다. 그는 전국의 군대를 동원하여 진과 난전藍田(후베이성 중시앙현鐘祥縣 서북)에서 싸웠다. 이 전쟁에서 초군은 또다시 대패했고 초의 국력은 크게 쇠약해졌다.

마지막으로 초나라는 정치가 부패했다. '벌모伐謀'(적의 침략 의지를 애초에 없애는 것), '벌교' '벌병'의 실패는 정치의 부패와 밀접한 관련이 있다.

진부하고 낙후된 귀족정치 모델 자체가 정쟁과 부패의 온상이었다. 초 회왕의 주변에도 능력 있는 신하가 있었다. 굴원屈原(굴평屈平)이 가장 널리 알려진 인물이다. 회왕은 한때 굴원을 신뢰하여 그를 좌도左徒에 임명하고 군사 및 국정에 참여토록 했다. 그러나 회왕은 애첩인 정수鄭袖, 권신인 근상靳尙, 상관 대부 등의 중상모략을 그대로 믿고 굴원을 의심하기 시작했다. 기원전 299년, 진왕은 결맹을 미끼로 무관武關에서 회합하자고 회왕을 유인했다. 굴원은 가지 말라고 권했으나 회왕은 영윤令尹 자란子蘭의 말을 듣고 무관에 들어갔는데 진나라 군사에 잡혀서 진에서 객사했다. 『사기』에서는 "회왕은 충신과 그렇지 않은 신하를 구분할 줄 몰라서 안으로는 정수에게 미혹되고 밖으로는 장의에게 속았다. 그래서 굴원을 멀리하고 상관 대부와 영윤 자란을 믿었다. 그 결과 전쟁에서 패한 초군은 6개의 군을 잃어 영토가 줄어들었으며 회왕은 진나라에서 객사하여 천하의 웃음거리가 되었다. 이는 사람을 제대로 알아보지 못해서 생긴 재앙이다"[51]라고 전하고 있다.

회왕 이후에도 초나라의 정치는 호전될 기미가 보이지 않았다. 반면 진은 소왕의 통치 아래 더욱 강대해졌다. 진과 초 사이에 벌어진 수차례의 전쟁에서 진은 승전이 더 많았다. 기원전 280년, 진군은 "초를 공격했고 이 전투에서 초군이 패했다. 이에 상용, 한북의 땅을 진에게 주었다."[52] 기원전 279년, 진나라 장수 백기가 초나라 서릉西陵을 점령했고 기원전 278년, 백기는 초의 수도인 영郢(후베이성 장릉현江陵縣 서북)을 공격하여 초 선왕의 고분인 이릉夷陵을 태워버렸다. 초 양왕은 도읍을 진陳(허난성 화이양淮陽)으로 천도해야 했다. 기원전 277년, 진군은 또 초의 무군巫郡과 검중군黔中郡을 점령했다. 훗날 초군이 일부 잃어버린 땅을 수복하긴 했지만 영토가 크게 축소되어 국력이 예전만 못했다.

이원李園의 반란

　춘신군春申君이 재상으로 집정하고 있을 때 초는 한동안 다시 강성해졌다. 춘신군의 성은 황씨黃氏이고 이름은 헐歇이며 널리 알려진 전국 4공자의 한 명이다. 초 고열왕考烈王을 보좌하여 공적을 세웠고 봉호를 획득하여 재상에 등용되었다. 진과 조의 한단전투에서 그는 군을 이끌고 조를 구했으며 신릉군 등과 연합하여 진을 물리치고 함곡관까지 추격하기도 했다. 몇 년 후 그는 북쪽으로 노나라를 정복했다.

　이원李園의 정변으로 춘신군은 죽고 초의 국력은 회복되지 못했다. 이원은 춘신군의 사인舍人으로 부귀를 탐내어 누이를 춘신군에게 바쳤다. 누이동생이 임신하자 이원은 춘신군을 부추겨서 누이를 초왕에게 바쳤다. 춘신군은 이원의 의견을 흔쾌히 받아들였다. 이에 '초왕은 그녀를 궁궐로 불러들여 아껴주었다. 드디어 이원의 누이동생이 사내아이를 낳자 그 아들을 태자로 삼았다.' 춘신군이 비밀이 새어나갈까 우려하자 이원은 '남몰래 자객을 불러들여 춘신군을 죽이고 그의 입을 막으려 했다.' 이때 누군가 대비책을 마련해야 한다고 했지만 춘신군은 받아들이지 않았다. 그 결과 "마땅히 결단해야 할 것을 결단하지 못하고 우물쭈물하다 해를 당했다."[53] 진시황 9년(기원전 238) 초 고열왕이 사망하자 이원은 궁궐의 극문棘門 안에 매복을 두고 춘신군을 암살했다. 고열왕에 이어 태자가 즉위했다. 그가 바로 초 유왕幽王이다.

　그 후 초나라 내정이 불안해졌고 또다시 위와 진의 연합군에게 공격을 당했다. 진시황 19년(기원전 228) 유왕이 죽고 동생인 유猶가 대신 애왕이 되었다. 그런데 초 애왕哀王이 즉위한 지 두 달 만에 배다른 형인 부추가 그를 죽이고 스스로 왕이 되었다.

왕전을 기용해 초와 월을 멸망시키다

진시황은 한과 위를 멸망시키고 연과 대를 정복했다. 그리고 초군을 수차례 크게 물리쳤다. 초가 망할 시점이 점점 다가오고 있었다. 진시황 21년(기원전 226) 진은 왕분을 장수로 삼고 초를 공격하여 10여 개의 성을 빼앗았다. 진시황은 이 기세로 초를 멸망시키겠다고 결심했다.

초의 멸망과 관련하여 대책을 논의하는 자리에서 왕전과 이신이 내놓은 의견이 너무나 달랐다. 왕전은 진의 주력군을 모두 내보내야 한다고 밝혔지만 이신은 20만의 병력이면 충분히 초나라를 멸망시킬 수 있다고 했다. 이신은 젊고 용맹하여 싸움에 능했다. 그는 이미 수천의 기마병으로 연나라 군대를 무찌르고 태자인 단丹을 포로로 붙잡아 진시황에게 크게 인정받고 있었다. 진시황이 말했다. "왕 장군은 늙었구려. 무엇을 그리 겁내시오! 이 장군이 과감하고 용맹하니 그 말이 옳소."[54] 진시황이 이신의 말을 받아들이자 왕전은 고향인 빈양으로 내려가버렸다.

곧 이신과 몽염이 초나라를 쳐 전투 초반에 크게 승리했다. 이신은 평여平輿(허난성 핑위현平興縣 서북)를 치고 몽염은 침寢(허난성 천치우현沈丘縣 동남)을 쳐서 초군을 크게 물리쳤다. 이신은 또 언鄢과 영郢을 치고 군대를 이끌고 서쪽으로 이동하여 성보城父(안휘성 보저우시亳州市 동남)에서 몽염 군대와 만나려 했다. 이신은 경솔하고 무모한 성격으로 성급하게 1000리 길을 행군했다. 초군은 이 틈을 타서 사흘 밤낮을 추격해 진영 두 곳에 침입하여 도위 7명을 죽이는 등 이신의 군대를 공격했고 진군은 달아났다. 자신의 실책을 인정한 진시황은 곧바로 말을 타고 빈양으로 가서 왕전에게 다시 장수를 맡아달라고 친히 부탁했다.

우여곡절 끝에 왕전은 이신을 대신하여 군사를 이끌고 출정했다. 그가 이끄는 병력의 규모는 진의 주력군 60만 대군이었다. 이들 진군은 중원에서 초의 주력군을 만났다. 왕전은 보루를 굳건하게 쌓고 병사들을 쉬게 하면서 장기전에 돌입했다. 이 방법으로 그는 적국을 지치게 만들었다. 왕전은 초군이 동쪽으로 물러간 틈을 타서 정예병을 이끌고 추격해 장군인 항연을 잡아 죽였다. 진나라 군대는 승세를 몰아 성을 공격하여 땅을 빼앗고 초왕 부추를 포로로 붙잡았다. 그리고 남쪽으로 진격하여 초의 부용국인 월나라를 공격했다. 그러자 월나라 군주는 진나라에 항복했다. 왕전은 겨우 1년 만에 초나라를 완전히 없애버렸다.

연燕나라의 멸망

연나라는 진시황이 네 번째로 삼킨 대국이다. 연나라는 크지만 약한 나라로 한 번의 전쟁으로 멸망했다.

서주 초기, 소공召公이 북연에 봉해졌으며 그의 자손이 이 지역을 조금씩 정복해갔다. 연나라는 희씨 성인 '주나라 문왕과 무왕이 모두 크게 포상하고 봉읍 내린文武所褒大封' 제후 중 하나였다. 춘추전국시대에 연나라는 12제후의 대열에 먼저 들어섰고 훗날 전국칠웅 가운데 하나가 될 정도로 한때 매우 강성했다.

연나라의 흥망성쇠

연나라의 조상은 소공석召公奭이다. 주나라 성왕成王 때 소공과 주공은 함께 유주幼主를 보좌했고 소공의 통치는 백성의 마음을 얻었다. 그가 죽자 백성들은 「감당甘棠」이란 노래를 지어 소공을 그리워했다. 소공이 팥

배나무 아래에서 정사를 행했기 때문이다.

연나라는 800~900년간 지속되었으며 희씨 제후국 가운데 가장 마지막에 멸망했다.

서주와 춘추시대에 연의 국력은 매우 약하여 역사에서 별다른 주목을 받지 못했다. 그러다가 전국시대 이래로 연은 점차 강성해졌다. 하지만 다른 제후국에 비하면 약소했다. 연의 사회 개혁은 다른 제후국보다 늦게 시행되었다. 연나라의 가장 빛나는 공적은 소왕의 변법이었다. 이때 나라가 부강해져 제나라를 망하게 할 수도 있었다.

기원전 약 315년, 연왕 쾌噲가 옛 선양제도를 본받아 왕위를 재상인 자지子之에게 넘겨주었다. 하지만 그 뒤부터 정치가 혼란해졌다. 제 선왕宣王은 맹자의 의견을 받아들여 군사를 일으켰고 연을 쳐서 도읍을 신속하게 함락시켰다. 연왕 쾌가 죽자 자지도 피살되었고 멸망의 위기에 직면하게 되었다.

연 소왕은 즉위한 후, 부국강병에 힘써 선왕의 수치를 씻겠다고 맹세했다. 그는 곽외郭隗를 스승으로 삼고 황금대를 쌓아 죽은 천리마를 사들이듯이 '스스로 몸을 낮추고 남을 예우해서 어진 인재를 불러들였다.' 그 결과 "위나라에서 악의樂毅가 오고 제나라에서 추연이 왔으며 조나라에서 극신이 오는 등 여러 선비들이 연나라로 몰려왔다."[55] 기원전 284년, 연이 다섯 제후국과 연합하여 제를 공격했다. 소왕은 악의를 장수로 삼고 그에게 직접 제의 도읍인 임치臨淄를 공격하라고 명을 내렸다. 반년간 악의는 연이어 70여 성을 무너뜨리고 제를 거의 멸망시켰다.

전국시대 후기에 연은 중원을 호시탐탐 노려 수차례 합종책에 참여했고 진을 공격했으며 제, 조와도 전쟁을 치렀다. 특히 조와의 전쟁이 빈번했다. 비록 연은 전쟁에서 패배를 더 많이 했지만 이것이 조의 쇠락을 앞

당겼다. "순망치한脣亡齒寒"이라고 했던가, 장벽 노릇을 했던 조가 사라지
자 연도 진군의 창끝에 그대로 노출되고 말았다.

진의 어부지리

연과 조의 첫 전쟁은 기원전 251년에 일어났다. 진과 조의 장평전투
와 한단전투에서 조의 손실이 매우 컸다. 연왕 희喜는 정치적 안목이 짧
아 이 틈에 조를 공략하기 위해 군사를 일으켰다. 그는 창국군昌國君 악간
樂間의 만류에도 불구하고 60만 대군을 동원하여 양 갈래로 조를 공격했
다. 조는 염파를 보내 8만 대군을 이끌고 공격해온 연나라 군대를 궤멸
시키고 500리를 추격했다. 염파는 연의 도읍을 포위하고 연에게 땅을 바
치고 화의를 청하도록 압박했다.

진시황의 통치 시기에도 연과 조의 싸움은 계속되었다. 진은 기회를
엿보며 양국의 문제에 개입했다. 진시황 4년(기원전 243) 조왕이 이목을
보내 연을 공격하여 무수와 방성을 점령했다. 다음해 연왕이 극신劇辛을
보내 조를 공격하자 조왕은 방훤龐煖에게 군대를 이끌고 대항할 것을 명
했다. 극신과 방훤은 오랜 친구 사이였지만 각자 주인을 위해 서로에게
칼을 겨눴다. 방훤은 연군 2만을 제거하고 극신을 죽였다. 진시황 11년(기
원전 236) 조나라 장수 방훤이 다시 연을 공격하여 이성貍城과 양성陽城을
빼앗았다. 이에 진시황은 연을 구한다는 명목 아래 왕전, 환의, 양단화
를 보내 조를 공격했고 9개 도시를 함락시켰다. 진과 조 양국의 대결이
마지막 단계에 이르자 연도 매우 위태로워졌다.

태자 단의 귀국과 형가의 암살 시도

진과 조의 전투가 한창일 때, 진에 볼모로 있던 연나라 태자 단丹이 조국으로 도망쳤다. 그는 연을 위기에서 구하기 위해 직접 '형가를 불러 진시황의 암살荊軻刺秦'을 준비했다.

태자 단은 진시황과 어릴 때부터 같이 놀았던 절친한 친구였다. 단은 조나라에 볼모로 있을 때 영정과 유년 시절을 함께 지냈다. 그러나 영정이 진왕이 되고 단이 진에 인질로 온 뒤부터 영정은 단을 홀대하고 예우하지 않았다. 단은 굴욕을 견디며 속으로 분노를 불태우고 있었다.

진시황 15년(기원전 232) 단이 도망쳐 연나라로 돌아갔다. 그는 연이 진에 대항할 수 없고 진이 '천하의 땅을 모두 빼앗고 천하의 왕을 모두 신하로 삼지 않고서는 만족하지 않을 것'[56]임을 알아보았다. 그는 진을 약하게 만들어 복수하기 위해 급히 태보太輔 국무鞠武와 대책을 논의했지만 국무는 성급한 복수로 강국을 건드려서는 안 된다며 단을 만류했다.

얼마 후 진의 장수 번오기가 죄를 얻고 연나라로 도망와 태자 단에 의탁했다. 국무는 '강국인 진이 연에 원한이 있다는 것만으로도 위험한 일이다. 단이 몰래 도망간 것만 해도 원한을 사기에 충분한데 만일 번오기를 받아준다면 분명히 진왕을 매우 자극하는 것'이라고 생각했다. 이는 굶주린 호랑이가 다니는 길에 고깃덩어리를 던져놓는 것이나 다름없는 일이었다. 그는 번오기를 국경 밖으로 보내고 삼진, 제, 초, 흉노와 연합하여 공동으로 진에 대비해야 한다고 주장했다. 단은 이 방책이 성공하기 어렵다고 생각하고 진왕을 암살하기 위해 적극적으로 나섰다. 이런 배경에서 형가가 역사에 이름을 남기게 되었다.

형가는 위나라 사람이었다. 연나라 사람들은 형가를 형경荊卿으로 불렀다. 형가는 '독서와 격투기, 검술을 좋아했고' 계략이 뛰어나며 배포도 매우 컸다. 그는 '제후국을 떠돌면서 한결같이 그곳의 현인과 호걸, 나이 많고 덕을 갖춘 사람들과 교류했다.'[57] 형가는 매우 안타까운 비운의 주인공이었다. 그는 술을 좋아하여 고점리高漸離, 개 잡는 백정과 어울려 연나라 시장에서 술을 마셨다. 술이 얼큰하게 취하면 고점리가 축을 타고 형가는 그 소리에 맞춰 노래를 부르는 등 주변을 아랑곳하지 않고 즐기며 놀았다. 연의 은둔자인 전광田光도 그의 비범함을 알아보고 형가를 잘 대접했다.

진시황이 한을 멸망시키고 조를 공격했다. 이에 연의 정세도 긴박해졌다. 단은 전광에게 대책을 부탁했고 전광은 형가를 천거했다. 태자 단은 형가에게 진왕을 암살해달라고 간곡하게 부탁했다. 그는 '오늘날 진은 한왕을 사로잡고 그 땅을 전부 거두어버렸다. 또한 군사를 일으켜 남쪽으로는 초를 치고 북쪽으로는 조까지 들이닥쳤다. 왕전이 수십만 대군을 이끌고 장과 업을 치고 이신은 태원과 운중으로 출격했다. 조나라는 진나라의 침입을 막아내지 못하고 틀림없이 진의 신하가 될 것이다. 그렇게 되면 그 재앙은 바로 연나라에 미칠 것이다'[58]라고 생각했다. 현재로선 진왕을 찔러 죽이는 것이 연이 살 길이었다. "진나라의 대장들이 나라 밖에서 임의로 통솔하고 있으므로 나라 안에서 변란이 일어나면 군주와 신하가 서로 의심하게 된다. 그 틈을 타서 제후들이 합종할 수 있다면 틀림없이 진나라를 깨뜨릴 수 있을 것이다."[59] 그러나 형가는 완곡하게 거절했다. 태자 단이 계속 머리를 조아리며 맡아달라고 강력하게 부탁하자 형가는 어쩔 수 없이 허락했다. 단은 형가를 상경으로 삼고 후하게 예우했다. 머물 곳과 음식은 최고로만 대접하고 진귀한 보물을 보내주었으며 '수레와 말과 아름다운 여인을 보내 형가가 원하는 것이면 마음껏 하

도록 하여 비위를 맞춰주었다.'

진시황 19년(기원전 228), 왕전이 조나라를 치고 조왕을 포로로 붙잡았다. 진군은 계속해서 연의 남쪽 국경까지 갔고 역수易水를 건너 연을 치려고 했다. 이로써 연나라 전체가 두려움에 떨었다. 단은 형가에게 진으로 갈 것을 촉구했다. 형가는 연의 기름진 땅인 독항督亢의 지도와 번오기의 수급을 요구했다. 그는 진시황이 연의 영토를 빼앗으려고 번오기를 잡은 자에게 현상금으로 '황금 1000근과 1만 호의 식읍을 내걸었으니金千斤, 邑萬家' 이 두 물건을 바치면 진왕의 신임을 얻을 수 있을 거라 생각했다. 단은 그 자리에서 지도를 주겠다고 대답했지만 번오기의 목은 차마 답해주지 못했다. 이를 눈치 챈 형가는 몰래 번오기를 만났다. 진왕에게 복수하려는 마음이 절박했던 번오기는 그 자리에서 자결해 형가를 도왔다.

단은 형가에게 네 가지를 제공했다. 첫 번째는 조나라의 장인인 서 부인徐夫人이 만든 비수였다. 이 비수는 금 100근을 주고 사둔 것으로 매우 날카로웠다. 칼날에 찔리면 그 자리에서 즉사하도록 독약을 묻혀두었다. 그는 형가에게 말하길 지도 속에 비수를 숨겨서 진나라로 가지고 가라고 했다. 두 번째는 연나라 자객인 진무양秦舞陽이었다. 그는 '열세 살 때 사람을 죽였기 때문에 감히 그를 쳐다보는 이가 없었다.'[60] 태자 단은 진무양을 형가의 조수로 삼았다. 세 번째는 죽음을 불사한 사람 20여 명을 준비했다. 그들 역시 형가를 따라 진나라에 갔다. 네 번째는 1000금과 맞먹는 재물이다. 단은 이 재물을 형가에게 주어 연줄을 대는 데 사용하도록 했다.

형가는 함께 갈 사람을 기다렸다. 그 사람은 먼 곳에 살아 아직 도착하지 않았다. 단은 마음이 급해졌고 형가의 마음이 바뀐 것은 아닌지 의심했다. 형가는 화를 냈지만 단의 뜻에 따라 곧 출발했다. 태자와 측근 빈객들은 모두 흰색 옷과 모자를 쓰고 형가를 배웅했다. 역수 가에 이르자 사람들은 술을 올려 전송했다. "고점리가 축을 타고 형가는 여기에 맞춰 노래를 불렀다. 변치의 소리를 내자 사람들이 모두 눈물을 떨어뜨리며 흐느꼈다. 형가가 앞으로 나아가며 노래했다. '바람 소리는 소슬하고, 역수 물은 차갑구나! 장사가 한 번 떠나면 다시는 돌아오지 못하리', 그리고 다시 우성羽聲으로 노래하니 그 소리가 강개하여 듣는 사람들이 모두 눈을 부릅뜨고 머리카락이 관을 찌르듯 쭈뼛 섰다. 형가는 수레를 타고 떠났으며 끝까지 뒤를 돌아보지 않았다."[61]

형가가 진나라에 도착했다. 진왕이 총애하는 신하인 중서자中庶子(왕족의 호적을 관리하는 관직) 몽가蒙嘉에게 연줄을 댔다. 몽가가 진왕에게 나아가 "연왕이 나라를 들어 진의 신하가 되고자 합니다"라고 말했다. 그러면서 각 제후들의 행렬에 참여하여 진귀한 공물을 바치고자 하며, 무엇보다 번오기의 수급을 가져왔다고 아뢰었다. 진시황은 이 말을 듣고 매우 기뻐하며 조정에 나갈 때 입는 예복을 갖추고 예를 베풀어 함양궁에서 연의 사자를 만나겠다고 했다.

형가 일당은 명을 받들어 진시황을 알현했다. 형가는 번오기의 머리가 든 상자를 들고 신무양은 독항의 지도가 든 상자를 든 채 차례로 나아갔다. 그런데 왕위의 계단에 이르자 진무양이 위엄 있는 조정 법도에 압도되어 얼굴빛이 바뀌면서 벌벌 떨었다. 그러자 신하들이 그들을 의심했다. 형가는 진무양을 돌아보고 웃으며 앞으로 나아가 진시황에게 사죄하며 큰 세상을 본 적이 없어서 그러니 무례한 오랑캐를 용서해달라고 청했다. 진시황은 책망하지 않고 지도를 바치라고 명했다. 형가는 침착하게 지도를 펼쳤다. "지도가 다 펼쳐지자 비수가 드러났다." 형가는 왼손으로 진나라 왕의 옷소매를 붙잡아 오른손으로 비수를 쥐고 찌르려

했다. 그러나 '비수가 몸에 닿기 전에 진왕이 놀라 몸을 일으켰고 소매만 찢어졌다. 진왕이 칼을 뽑으려 했지만 칼이 길어서 칼집만 잡혔다. 너무 황급한 데다 꽉 꽂혀 있어서 곧바로 빠지지 않았다. 형가가 쫓아가자 진왕은 기둥을 돌며 달아났다. 뜻밖의 일에 신하들은 모두 놀랐고 어떻게 할지 몰라 허둥댔다.'[62] 진나라 법에 따르면 "전殿 위에서 왕을 모시는 모든 신하는 한 자, 한 치의 무기도 몸에 지닐 수 없다. 낭중들이 무기를 가지고 전 아래에 사열하고 있었지만 왕이 부르기 전에는 전 위로 올라올 수 없다."[63] 사태가 급박하고 신하들의 손에는 무기가 없었으므로 '맨손으로 그를 내리쳤다以手共搏之.' 이때 시의侍醫 하무저夏無且가 급한 나머지 약 주머니를 형가에게 던졌다. 진왕은 당황하여 어찌할 바를 몰랐다. 그는 주변에 있던 신하들의 말을 듣고 칼집을 등에 지고 칼을 뽑아 '형가를 내리쳤고 그의 왼쪽 다리를 베었다.' 형가는 중상을 입고서도 조금도 두려워하지 않고 비수를 진왕에게 던졌지만 구리 기둥을 맞히고 말았다. 진왕은 다시 형가를 쳐서 여덟 군데나 상처를 입혔다. 형가는 암살이 실패했음을 깨닫고 기둥에 기대어 웃으며 두 다리를 벌리고 앉아 큰소리로 말했다. "일을 이루지 못한 까닭은 진왕을 사로잡아 반드시 약속을 받아내 태자에게 보답하려 했기 때문이다."[64] 이때 주위에 있던 신하들이 몰려와서 형가를 죽였다. 진왕은 놀란 가슴을 쓸어내렸지만 '오랫동안 불쾌해했다.'

태자 단이 진왕을 암살하려고 한 것은 하책下策에 속했다. 하지만 이 역시 어쩔 수 없는 선택이었다. 당시의 정세를 살펴보면 형가가 진왕을 암살하려는 시도가 성공했는지의 여부를 떠나서 멸망하는 연의 운명을 돌이키기는 어려웠다. 형가의 암살 시도는 그리 칭송될 만한 일은 아니다. 하지만 형가의 사람됨은 존경받을 만했다. "예로부터 연과 조에 비분강개한 인물이 많았다."[65] 형가는 문무와 지략이 뛰어났으며 의협심이 강한 사람이었다. 하지만 안타깝게도 제대로 등용되지 못하고 자객으로서 세상에 알려졌다. 의분에 북받친 그의 행적은 비탄을 자아냈다. 하지만 어찌됐든 형가 역시 영웅호걸 중 한 명이었다. 태사공 사마천은 "이처럼 의기가 이루어지기도 하고 이루어지지 않기도 했다. 그러나 그들의 목적이 매우 분명하고 자신의 뜻을 바꾸지도 않았으니 그들의 이름이 후세에 전해지는 것이 어찌 망령된 일이겠는가!"[66]라고 했다.

연을 소탕하고 대를 멸망시키다

형가의 시도가 실패로 끝나자 연의 멸망이 앞당겨졌다. 진시황은 대로하여 연나라를 쳤고 연은 대와 연합하여 대항했으나 강력한 공세를 막을 수 없었다. 두 나라의 병력은 왕전, 신승, 이신 등 진의 장수에게 참패하고 사방으로 흩어져버렸다. 진군은 연과 대를 역수의 서쪽에서 쳐부줬다. 그리고 이 승세로 연나라 도읍인 계성薊城(베이징 서남)을 압박했다.

진시황 21년(기원전 226) 10월에 계성이 함락되있다. 연왕 희와 대자 단이 요동으로 물러났다. 이신은 수천의 정예병을 이끌고 추격하여 다시 연군을 무찔렀다. 연왕 희는 대왕 조가趙嘉의 계책을 받아들여 단의 수급을 진에 바치고 용서해줄 것을 청했다.

연왕이 단의 수급을 진에 바친 효력은 그리 오래가지 못했다. 진시황 25년(기원전 222), 진시황은 왕분을 장군으로 삼아 대규모 병력을 이끌고 북쪽 요동을 공격하여 연왕 희를 포로로 잡았다. 그 후 회군하는 도중에 대를 공격하여 대왕 가를 포로로 붙잡았다. 진은 한, 조, 위, 연, 초를 차례로 삼켜버렸다. 진시황은 이를 기념하기 위해 그 해 5월, "큰 잔치를 열어天下大酺"[67] 천하의 신하와 백성에게 술을 실컷 마시게 했다. 다섯 나라가 모두 진시황의 손에 멸망하여 이제 남은 것은 조그만 영토를 차지하고 있는 제나라뿐이었다.

제齊나라의 멸망

제나라는 진시황이 마지막으로 삼킨 대국이다. 제나라는 전국칠웅 가운데 맨 먼저 강국이 되어 가장 오랫동안 그 지위를 유지했고 서주 이래로 영향력이 매우 큰 대국이었다. 제나라의 지리적 위치에 대해선 "태산泰山을 중심으로 한 '해대海岱'의 문화국인 제와 노"라고 불릴 정도로 문명 수준이 매우 높고 정치 개혁도 일찍이 시작되어 경제와 문화가 모두 발달했다. 춘추시대에 제 환공은 명실상부한 첫 번째 패주였고 전국시대에도 제의 국력은 최고 수준이었다. 전국시대 중기에 한때 "진과 제의 전쟁이 장기화"[68]되는 국면이 나타났으며 두 나라가 서로 제왕이라 부를 것을 맹약했다. 그러나 대국이었던 제나라는 싸우지도 못하고 망해버렸다.

제나라의 흥망성쇠

제나라는 본래 강상姜尙(여상呂尙, 태공망太公望, 강자아姜子牙)의 봉지였으며 군주의 성씨는 강씨姜氏였지만 전국시대 초기부터 전씨田氏가 다스렸다.

　춘추시대에 제나라는 제후국의 패주였다. 제 환공은 정치를 개혁하고 패업을 달성하여 '제후를 아홉 번 규합함으로써 천하를 바로잡았다.' 환공의 재위 중 제나라의 명운에 관련된 일이 일어났다. 진여공陳厲公이 사망하자 진陳나라에서는 군주의 자리를 둘러싸고 다툼이 생겼다. 그의 아들 진완陳完은 내란을 피해 제나라로 도망쳤고 환공은 진완을 공정工正(기술직을 관리하는 책임자)에 임명하며 성을 전씨로 바꿔주었다. 여러 세대가 지난 후, 전씨는 명문 귀족으로 성장했다. 전걸田乞, 전상田常(전성자田成子) 부자는 제나라의 내란을 이용하여 제나라 군주인 도荼와 도공悼公을 시해했다. 그리고 전씨는 군주의 자리를 빼앗고 '제齊'라는 국호를 그대로 사용했다. 『사기』에서는 이후의 제나라를 "전제田齊"라고 부른다. 기원전 386년, 전화의 재위 동안 주나라 왕이 전제에 대해 제후의 지위를 인정했다. 여러 역사가들은 이를 춘추시대와 전국시대를 구분하는 분기점으로 본다.

　위왕威王과 선왕宣王 때에 제나라는 매우 강성했다. 제 위왕은 나라를 잘 다스렸다. 추기騶忌를 재상으로 삼고 전기田忌를 장수로 삼았으며 병법가인 손빈孫臏을 군사로 등용했다. 또한 정치를 개혁하고 현명한 인재를 임용했으며 간언을 받아들여 관리들의 부패를 과감하게 정리하는 등 제나라 정치를 새롭게 만들었다. 제는 군대를 일으켜 서쪽으로 조나라와 위衛를 공격하고 조가 빼앗아갔던 영토와 장성을 되돌려받았다. 전기와 손빈은 '위를 포위하고 조를 구하는 계책圍魏救趙'과 '아궁이 숫자를 줄이는 계책增兵減竈'으로 계릉전투와 마릉전투에서 위군을 크게 무찔렀다. 제 선왕은 직하에 학문 분위기를 조성하여 수많은 사상가를 상대부로 임명했다. 기원전 314년, 제 선왕은 연나라에 내란이 일어난 것을 기회로 신속하게 연의 도성을 공격했고 연왕 쾌와 재상 자지를 죽였다. 기원전 301년, 제는 위, 한과 연합하여 초를 공격했고 초군을 수사垂沙(허난성 탕허현唐河縣 서남)에서 크게 물리쳤다. 기원전 298년, 제, 위, 한 3국이 합종하여 진을 공격했으며 진군과 3년간 대치했다. 결국 함곡관을 함락시키고 진에 빼앗겼던 위와 한의 영토 일부를 돌려받았다. 제는 연이어 위, 연, 초, 진을 굴복시켰다. 이때 제의 위세는 제후들을 두려움에 떨게 할 만했다. 기원전 288년, 진 소왕이 "서쪽의 제왕西帝"이라 자칭하고 제 민왕을 "동쪽의 제왕東帝"이라며 존중했다. 얼마 후 제는 이 맹략을 깨고 진에 제왕이라는 호칭을 취소하라고 압박했다. 이는 당시의 제가 진과 동서로 대치하는 양대 강국이었음을 의미한다.

그러나 제나라 역시 이때부터 쇠락의 내리막길을 달렸다. 재앙은 제 민왕이 송나라를 멸망시킨 데에 있었다. 기원전 286년, 민왕은 위, 초와 함께 "송을 멸망시키고 그 땅을 삼분하여 나눴다."[69] 그는 더 나아가 남쪽으로 초의 회북 땅을 침략하고 서쪽으로 삼진을 공격했다. 또한 추鄒나라와 노魯나라에 신하로서 항복하라고 위협했으며 더 나아가 주 왕실을 삼켜버렸다. 그 결과 진, 조, 한, 위, 연 5국이 연합하여 제를 공격했다. 연 소왕은 그 해 세가 언을 공격한 것에 복수하고자 합종책에 적극 참여하고 이를 조직했다. 그는 악의를 상장군으로 임명하고 군대를 이끌고 나가 제나라를 치게 했다. 이 전쟁에서 제는 대패했고 민왕은 거莒로 도망갔으나 얼마 후에 살해되었다. 다행히 전단田單은 죽묵即墨(산동성 핑두현)을 지키고 있다가 연군이 도중에 장군을 교체하는 것을 틈타 소뿔에 칼을 달고 꼬리에 불을 붙이는 화우火牛 전법을 써서 연 장수 기겁騎劫을 죽이고 그 승세로 군대를 추격했다. 또한 각지에 흩어져 있는 제나라 사람들이 반란을 일으켜 잃어버린 땅을 되찾았다.

대혼란을 겪은 전제는 잃어버린 영토를 되찾았지만 다시는 일어서지 못했다.

군왕후가 진을 섬기고 후승이 나라를 망치다

제 민왕이 살해되고 거나라 사람들은 민왕의 아들인 법장法章을 왕으로 세웠다. 그가 바로 제 양왕襄王이다. 양왕의 왕후가 군왕후君王后이며 아들 건建을 낳았다. 5년 후 전단이 연군을 무찌르고 양왕이 임치臨淄로 돌아왔다. 기원전 265년, 양왕이 사망하고 아들 건이 왕위에 올랐으나 국사는 군왕후가 보았다.

군왕후는 진을 섬기는 정책을 펼쳤다. 장평전투가 한창일 때 조나라는 제나라에 식량을 원조해달라고 요청했다. 책사인 주자周子는 조를 도와야 한다고 주장했다. 그는 '입술이 없으면 이빨이 시리다. 오늘 조를 잃으면 내일 제와 초에 재앙이 닥칠 것'이라고 생각했던 것이다. 그러나 군왕후는 이를 듣지 않았다. 『사기』에서는 "군왕후는 현명했다. 신중하게 진나라를 섬기고 다른 제후들에게도 신의를 지켰다. 제는 동쪽으로 바다가 있고 진과는 멀리 떨어져 있었다. 진이 밤낮을 가리지 않고 삼진과 연, 초를 공격하자 5국은 제각기 진의 공격을 막아내느라 다른 일에 신경쓸 틈이 없었다. 그렇기 때문에 제왕 전건이 즉위한 후 40여 년간 침략을 받지 않았다"[70]고 전하고 있다.

제나라의 외교 정책은 진나라의 외교활동에서 매우 큰 영향을 받았다. 진시황은 군대를 일으켜 6국을 침략할 때 제나라와 조나라의 연합을 가장 걱정했다. 그래서 형소荊蘇 등 책사를 제에 사신으로 보내 제와 조의 국교를 끊게 했다. 군왕후가 죽자 후승이 재상이 되었다. 진의 간첩은 많은 재물을 후승에게 바치고 여러 빈객을 진으로 보내라고 꼬드겼다. 또한 진은 많은 재물로 이들 제나라의 사신을 매수했고 그들에게 진을 위해 일하라고 했다. 사신들은 앞다투어 제왕에게 진과 친선관계를 맺으라고 설득했다. 제는 오랫동안 '진나라에 입조했으며朝秦' '전쟁에 쓰이는 방어시설을 돌보지 않았고 진나라를 공략하려는 5국을 돕지도 않았기 때문에 진나라가 5국을 멸망시킬 수 있었다.'

제는 진군의 공격을 받은 다른 5국을 돕거나 스스로 진의 침입에 대비하지 않았다. 진시황 26년(기원전 221), 제는 진의 마지막 적국이 되었다. 제왕 건은 후승에게 전쟁을 준비하도록 촉구했고 "군대를 일으켜 서쪽 국경을 잘 지키고 진이 지나지 못하게 했다."[71] 그러나 망국의 재앙은 성큼성큼 다가왔다.

제의 멸망은 진시황의 확고한 전략이었다. 제와의 친선은 표면적인 전술에 불과했다. 왕전이 연을 멸망시킬 때 진시황은 여러 장수들과 토론했다. "제와 초 가운데 무엇을 먼저 칠까요齊楚何先?" 이신이 말했다. "초는 영토가 광활하지만 제는 영토가 작습니다. 초 사람은 용맹하지만 제 사람은 겁쟁이입니다. 쉬운 것부터 먼저 하십시오."[72] 이신의 주장은 군사적인 측면에 주목한 것이었다. 제나라의 현황을 살펴보면 먼저 초를 멸망시키는 것이 유리했다. 진시황 26년(기원전 221), 진의 장수 왕분은 초를 대파하고 연과 대를 멸망시킨 승세를 몰아 제의 국경에 다다랐다. 제는 재앙을 피할 길이 없었다.

싸우지 않고 항복한 제나라

싸울 것인가 아니면 항복할 것인가? 제나라 내부에서는 항전이냐, 항복이냐를 두고 두 갈래로 나뉘었다. 즉묵 대부, 옹문 사마는 주전파의 대표였다. 즉묵 대부는 진나라와 싸워 이길 가능성이 있다고 생각했다. 그는 "제나라는 영토가 수천 리나 되고 군사도 수백만 명입니다. 삼진의 많은 대부들도 모두 진을 편들지 않고 제의 아阿, 견鄄 땅에서 우리의 결정을 기다리고 있습니다. 왕께서 이들을 수습하여 100만 군사를 보내면 삼진의 옛 땅을 수복함은 물론 진의 임진관臨晉之關까지 거둬들일 수 있습니다. 또 언영, 즉 초나라 대부들도 진으로 가고 싶지 않다 하며 우리의 도읍 남쪽으로 망명해왔습니다. 그 숫자만 수백 명이 됩니다. 왕께서 이들을 수습하여 100만 군사를 보태시면 초에 빼앗긴 옛 땅을 되찾을 수 있을 뿐만 아니라 무관武關까지 차지할 수 있습니다. 이렇게 되면 제는 위엄을 세울 수 있고 진은 멸망하게 됩니다. 그런데도 왕께서 남면하시어 칭제할 수 있는 길을 버리고 도리어 서면하고 진나라를 섬기겠다 하시니 이는 왕께서 하실 일이 아닙니다"[73]라고 간언했다. 당시 제의 국력은 싸우지 못할 정도로 쇠약하지 않았고 군대도 잘 정비되어 있었다. 각국의 귀족들이 제로 망명해와 망국의 한을 갚을 기회를 찾고 있었다. 이 역시 제가 활용할 수 있는 역량이었다. 만일 제왕과 신하가 한마음으로 각국의 인재를 활용하고 전국의 군민을 조직하면 진과 충분히 싸울 수 있었다. 5국이 멸망한 지 얼마 되지 않아 각지에는 진에 저항하는 움직임이 있었다. 일단 제군이 진군을 물리치면 정세를 역전시킬 가능성이 있었다. 그러나 제왕 건과 후생侯生은 진을 섬겨서 투항할 마음뿐이었다. 제는 충분하게 준비되지 않았고 군대와 백성 역시 효율적으로 조직되지 못해서 "진나라 군대가 임치에 이르자 백성은 감히 싸우지 못했다."[74] 이런 나라가 망하지 않을 수 있겠는가?

진시황은 은혜를 베풀기도 하고 때로는 위협을 가하기도 했다. 대규모 군대로 국경을 압박하는 한편 제나라가 투항하도록 유인했다. 사신 진 치陳馳에게 제왕 전건에게 가서 투항하여 신하가 되면 500리의 땅을 봉 읍으로 주겠다고 설득했다. "제왕은 즉묵 대부의 말을 듣지 않고 진치의 말을 들어 진나라에 항복했다."[75] 그러나 진나라는 제왕을 멀리 떨어진 공읍共邑의 송백 숲에 가두어 굶어 죽게 했다. 제나라 사람들이 그 소식을 듣고 "소나무인가! 잣나무인가! 건을 공 땅에 묶어둔 것은 손님인가?"[76] 라는 노래를 지었다. 제왕 건은 아첨을 잘하는 소인배를 등용하고 눈앞 의 이익에 눈이 어두워 급기야 스스로 망국의 재앙을 불러들였다. 이로 써 "천하가 진나라에 통일되었고 진왕을 황제라 부르게 되었다."[77]

영토 개척과 변방 방어

6국을 겸병한 이후, 진시황은 군대를 거둬들이지 않고 영토를 한층 더 확장하고 변방을 공고히 했다. 그는 서쪽으로는 여러 이민족을 포용하고 동쪽으로는 요동을 점령했으며 남쪽으로는 백월을 평정하고 북쪽으로는 흉노를 쫓아냈다. 이로써 최초로 다민족 국가를 통일한 제국이 형성되었다. 이와 관련된 일들 역시 통일전쟁의 범주에 속한다.

남쪽으로 '백월'을 평정하다

'백월百越'은 "백월百粤"이라고도 불린다. 남쪽의 여러 월越 사람들을 가리키는 것으로 명칭이 제각각인 월 사람을 통칭한 것이다. 그들은 중원 지역의 문화와 구분되는 문화적 특징이 있다. 특히 머리카락이 짧고 문신을 하며 구리로 주조한 북 등이 가장 두드러진 특징이다. '백월'이 분포한 지역은 매우 광활하고 여러 부족이 이동하며 생활하기 때문에 활동

범위가 장화이江淮(양쯔강 중하류와 화이허淮河 유역) 평원 남쪽까지 광범위했다. '백월'의 종족, 분포, 갈래에 대해서는 학계에서도 여러 설이 있다.

백월은 일찍이 중원 지역과 활발하게 교류했다. 삼황오제 시기에 중원의 왕권이 이 일대를 통치했다. 오령五嶺 이남 지역(광둥성과 광시성 일대)에 살던 각 부족은 상나라 왕, 주나라 왕에게 진주, 거북이, 상아, 무늬가 있는 무소 뿔, 비취 등 특산물을 조공으로 바쳤다.[78] 『시경』의「대아大雅」편에 수록된 강한江漢을 보면 주나라 선왕이 "다스린 나라의 경계가 남쪽 바다에까지 이르렀다"라고 전하고 있다. 춘추시대에 초의 영토 대부분이 월에 속해 있었던 것이다. 오월於越이 오늘날 저장성 일대에 월나라를 세웠다. 월왕 구천句踐은 춘추시대의 패주 가운데 한 명이었다. 기원전 306년, 초가 월을 공격하여 멸망시키고 월나라 사람 일부를 남쪽으로 이주시켜 오늘날 푸젠성, 타이완臺灣, 하이난섬海南島, 베트남越南 등지로 영역을 확대했다. 이렇게 남쪽의 광활한 지역이 초의 판도에 들어갔다.

기원전 222년, 진이 초를 멸망시킨 후 승세를 몰아 진격하여 "남쪽으로 백월의 군주를 정복했으며",[79] 장화이 평원을 통일하고 남쪽의 백월을 평정하는 서막을 열었다.

진 왕조秦朝가 세워진 뒤 얼마 안 되어 진시황은 50만 대군을 집결하고 길을 나누어 '백월' 지역을 대규모로 공격했다. 진군은 신속하게 동월(동구東甌, 구월甌越이라고도 불림. 오늘날 저장성 남부에 있는 어우장甌江 유역으로 대체로 온저우溫州 일대가 중심을 이룸)과 민월閩越(푸젠성 푸저우福州가 중심임)을 점령했다. 그리고 승세를 이어 계속 남하했다. 이와 동시에 또 다른 군대는 호남湖南에서 오령五嶺 이남 지역까지 남월을 공격하여 반우番禺(광저우 부근)를 함락시켰다. 양 갈래로 진격한 진군은 더 나아가 서구西甌(광시성 일대), 낙월雒越(베트남 북부 지역)을 협공하여 포위했다.

전선이 남쪽 깊숙이 빠르게 전진하면서 전쟁은 갈수록 치열해졌다. 그러던 중 진격하던 진나라의 앞이 크게 가로막혔다. 오령 이남 지역은 구릉이 많고 산과 하천이 복잡하게 엉켜 있으며 교통이 불편했던 것이다. 이는 월나라 사람에게는 싸우기 좋은 조건이었지만 진군에게는 물품 보급에 있어 어려움이 많았다. 월나라 사람은 민첩하고 용맹하여 잘 싸웠다. 그들은 완강하게 저항하며 용맹하게 응전했고 험준한 지형을 충분히 활용했다. 그들은 산 넘고 물 건너 깊은 숲속에 숨어 있다가 진군과 싸웠다. "월나라 땅에 깊이 들어가면 월나라 사람들은 숨어버렸다. 오랜 시간이 지나자 식량이 부족해졌고 월나라 사람들은 이를 기회로 공격하여 진군은 크게 졌다."[80] 진군은 한때 진퇴양난에 빠져 "3년간 갑옷을 벗지도, 활을 풀지도 못하는三年不解甲馳弩"[81] 상황에 처했다.

식량 보급 문제를 해결하기 위해 진시황은 감어사監御史(감찰관에 해당)인 녹祿을 보내 운하를 파는 토목 사업을 조직하도록 했고 '수로를 파서 식량을 운반鑿渠運糧'하게 했다. 또한 장수들을 보내 "배를 탄 병사를 이끌고 백월을 정벌"[82]하게 했다. 마침내 '백월' 땅을 전부 점령했고 진 왕조의 남부 판도가 오늘날 베트남의 '북향호北向戶'에까지 다다르게 되었다.

진시황은 오령 이남 지역의 통치를 공고히 하는 조치를 취했다. 그 주요한 내용을 살펴보면 군郡 설치, 군대 주둔, 백성 이주, 관공서 설치, 도로 건설 등이 있다. 진시황은 이 지역의 남해군南海郡(오늘날의 광둥성으로 군치郡治(지방 관청)는 판위番禺에 있음), 계림군(광시성, 군치는 구이핑 서남), 상군象郡(광시성 남부와 광둥성 서남부, 남쪽으로는 베트남 중부까지 포함) 등에 3개 군을 설치하고 군과 현의 지방 통치 기관을 두었다. 그리고 이 지역을 중앙정부의 직접적인 관할 지역으로 지정했다. 진시황은 임효

任囂, 조타趙佗 등에게 오령 이남 지역을 관리하도록 했으며 잇달아 내지의 수십만 인구를 징발하여 오령 이남 지역 각지에 강제 이주시켰다. 또한 현지 월나라 사람과 같이 거주하도록 하고 황무지를 개간하여 변경지역을 수비하도록 했다. 진 왕조는 점령한 지역에 수많은 도시와 요새를 지었다. 엄관嚴關(광시성), 매관(영남제일관으로도 불리며 다위링大庾嶺 위쪽) 등이 이때 세워졌다. 특히 리엔장連江에 횡포관(광둥성 잉더), 양산관(광둥성 양산현), 황계관(광둥성 양산현 마오티커우)을 세웠는데 지세가 험준하여 "삼관三關"[83]이라고도 불린다. 진시황은 남령南嶺산맥의 장애를 없애 물자의 흐름이나 사람의 왕래, 군대의 이동을 편리하게 하기 위해, 또 이 지역에 대한 통치를 강화하기 위해 도로를 정리하고 넓히도록 명령했다. 그리하여 '새로운 길新道'이 열렸다.

지방관으로 '서남 오랑캐' 제어

서남 지방, 즉 오늘날의 쓰촨성, 윈난성, 구이저우성 일대에 '백월' 이외에도 수십 개의 소수민족이 살고 있다. 당시 중원 지역에 사는 사람들은 그들을 "서남 오랑캐西南夷"라고 불렀다. 고고학계의 발굴로 '서남 오랑캐'는 오래전부터 중원 지역의 각 부족과 긴밀하게 연계되어 있었음이 증명되었다. 상나라에서 주나라로 넘어가는 시기에 이 지역의 일부 부족들은 상나라를 뒤집는 군사행동에 참여하여 서주로부터 상을 받기도 했다. 전국시대에 초나라 위왕은 장수 장교莊蹻를 보내 '파와 검중의 서쪽을 공략'하게 했다. 병사들이 전지滇池 일대에 이르니 "비옥한 평야가 수천 리에 걸쳐 펼쳐져 있었다. 장교는 무력으로 그곳을 평정하여 초나라에 복속시켰다." "진이 초의 파군과 검중군으로 쳐들어와 빼앗는 바람에 길이 막혀 돌아갈 수 없었다." 그래서 장교는 "부하들을 데려가 전지에서 왕이 되어 옷차림을 바꾸고 그곳 풍속을 따르며 그들의 우두머리가 되었다."[84]

진시황이 중국을 통일하기 전에 '서남이'의 일부는 진의 판도에 들어와 있었다. 기원전 316년(혜문왕 9), 진나라는 촉蜀과 파巴를 차례로 무너뜨리고 이곳에 군현을 설치했으며 통치 세력을 오늘날의 윈난성과 구이저우성 일부 지역에까지 점차 확대해갔다. 진은 처음에 파와 촉 땅에 회유책을 쓰고 파군巴郡을 설치하며 부세賦稅를 징수하는 동시에 파나라 왕의 자식과 동생을 '후候'로 봉하고 파의 통치자들을 '군장君長'으로 봉했다. 또한 "남이 군장들은 대대로 진나라 여자에게 장가들었다."[85] 나아가 촉나라 재상에게 중앙정권을 대표하여 파촉을 다스리게 했다.

진시황은 '서남이'에 대한 통치를 한층 강화했다. 그는 이 지역 일대에 통치 관청과 관리를 두고 도로를 만들었다. 『화양국지華陽國志』 「촉지蜀志」의 기록을 살펴보면 진의 촉 땅 태수인 이빙李氷은 낭떠러지를 불태우는 방법으로 북도僰道(쓰촨성)에 길을 통하게 했다. 진시황은 상알常頞에게 이를 기초로 도로를 만드는 토목사업을 하라고 명했다. 이 도로는 중원의 치도馳道보다 훨씬 좁기 때문에 "오척도五尺度"라 불렸다. 이 도로로 사천과 운남의 교통이 편리해졌고 각지의 경제와 문화 교류가 활발해졌다. 또한 변경지역에 대한 중앙정부의 통제를 강화하기도 했다. 『사기』에서는 "상알이 공략해와서 다섯 자 너비의 길을 개통하고 이곳의 여러 나라에 관리를 두었다"[86]고 전하고 있다. 그리고 『한서』의 「사마상여전 하」의 기록을 살펴보면 사마상여가 한 무제에게 "공邛·작笮·염冄·방駹의 땅이 촉 땅에 가까우며 도로가 개통되어 교통이 편리했다. 진나라 때 이곳에 군현이 설치되었지만 한 왕조가 들어서자 없어졌다"[87]라고 말했음을 알 수 있다. 이로써 진 왕조가 이 일대에 군현을 설치하고 관리를 임명하여 전국적으로 통일된 행정 체계에 편입시켰음을 알 수 있다.

북부 변경지역의 관리

진 제국이 일어섰던 동시대에 또 다른 제국이 중국 북방에서 흥기했다. 바로 흉노제국이었다. 흉노족은 중국 북방의 유목민족으로 유라시아 대륙에서 고대의 여러 유목민족 가운데 세력이 가장 막강했다. 흉노제국은 먼저 중국 북부에서 일어나 오랫동안 북방 지역을 차지했고 활동 범위가 광활하여 세계 고대사에서 매우 중요한 역할을 맡았다.

흉노족의 기원과 분류에 관한 문제에 대해서는 세계 학자들의 의견이 분분하다. 일반적으로 하나라와 상나라 이래로 '중국中國'을 드나든 '적狄'과 '융戎' 대부분이 흉노와 관련이 있다고 한다. 장기적으로 흉노족이 중심을 이루는 융적이 "중국을 침략했다."[88] 그들과 중원의 왕실, 북방의 각 제후국은 때로는 전쟁을 하고 때로는 평화관계를 유지하며 통혼관계를 맺고 무역을 했다. 그중 일부 부족은 잇달아 중원 지역에 들어와 화하부족에 융합되었다.

전국시대의 중원은 나라마다 영토를 계속 북쪽으로 확장해가는 형세였다. 조와 진, 연 모두 흉노족과 기타 소수민족의 땅을 공격했다. 진은 그 땅을 끊임없이 잠식해갔다. 진 소왕 때, 선宣 태후는 의거왕義渠王과 오랫동안 사사로이 정을 통하는 방식으로 '의거의 융왕을 속여 감천궁에서 죽인 뒤 군사를 일으켜 의거를 멸망시켰다. 이렇게 하여 진나라는 농서,

북지, 상군을 차지했고 장성을 쌓아 흉노를 방비했다.'[89] 조나라 무령왕
은 풍속을 바꿔 호복을 입고 말타기와 활쏘기를 익혔다. 그리하여 '북쪽
으로는 임호林胡와 누번樓煩을 깨뜨리고 장성을 쌓아 대代에서부터 음산
산맥 기슭을 따라 고궐高闕에 이르는 지역을 요새로 만들었고 운중군,
안문군, 대군을 두었다.' 그 후 연나라의 장수 진개秦開가 동호를 습격하
여 무너뜨렸고 "동호는 1000여 리나 물러갔다. 연나라는 조양에서 양평
까지 장성을 쌓고 상곡군, 어양군, 우북평군, 요서군, 요동군을 두어 흉
노를 방어했다."[90] 중원 지역에서의 제후국과 흉노족의 대립관계는 갈수
록 심해졌다.

　진 왕조가 세워질 무렵 흉노족의 우두머리는 두만선우頭曼單于였다. 두
만선우는 유목 수렵을 하면서 군정이 합일된 흉노제국을 세웠다. 제국
의 형성 과정에서 흉노는 끊임없이 서쪽으로 확장하고 중원의 각 제후국
사이에 전쟁이 치열한 틈을 타서 하투(오르도스) 지역을 공격하고 점령했
다. 그리하여 남쪽으로는 하투, 북쪽으로는 바이칼호에 이르는 광활한
지역을 통제하게 되었다. 용맹한 전사들로 구성된 흉노의 기마병은 바람
이 불듯 자주 내륙을 침략하고 사람과 재물을 약탈하여 중원의 여러 제
후국에 엄청난 위협이 되었다. 이제 막 세워진 유목민 제국과 마찬가지
로 흉노는 큰 야망을 품고 침입했고 파괴력 또한 매우 커서 백성을 살육
하고 목숨을 매우 가볍게 여겼다. 진시황이 중원을 통일한 후, 강성한 흉
노는 진 왕조에 외부적으로 가장 위협적인 존재가 되었다.

　진시황이 6국을 멸망시킨 후, 북방의 위협을 없애고 흉노의 침입을 방
어하는 것이 진 왕조의 변방 문제에서 시급히 해결해야 할 최우선 과제
가 되었다. 진시황 32년(기원전 215), 진시황은 북부 국경 지역을 순시했
다. 그는 정치 군사적 동향을 분석한 후, 흉노에 대한 공격을 결정하고

"장군 몽염에게 30만 군대를 이끌고 가서 북쪽으로 호인을 치게 하고 하남 땅을 공략하여 점령했다."[91] 몽염은 명령을 수행하고 흉노족에 빼앗긴 하투 지역을 되찾았다. 그다음 해 진군은 황하를 넘어서 흉노족을 두만성斗曼城에 버리고 북쪽으로 300여 킬로미터나 퇴각시켰다.

진시황이 흉노에 대해 군사행동을 취한 것은 연나라 사람인 노생盧生이 바친 '도서圖書'에 "진을 망하게 할 자는 호이다亡秦者胡也"[92]라는 참언이 적혀 있었기 때문이라고도 한다. 진시황은 '호'에 망하는 일을 피하기 위해 대규모의 군대를 동원했다. 사실 이러한 참언이 없었어도 진시황은 대군을 동원하여 흉노를 공격했을 것이다. 이때 남쪽으로 백월을 평정하는 일이 완수되었기 때문에 북방의 흉노 문제를 해결할 시기가 점차다가왔다. 진시황과 그의 대신들은 참언을 곧이곧대로 믿고 대규모 전쟁을 일으킬 정도로 어리석지는 않았다. 게다가 당시에 이런 참언이 있었는지에 대해서도 학자들마다 의견이 분분하다. 한발 양보해서 당시 노생이 참언을 바친 일이 있었다고 해도 이는 기껏해야 진시황의 결심을 앞당겼을 뿐이다.

이사는 흉노족에 대한 북벌을 반대했다. 그는 기본적으로 흉노는 유목민족이기에 '새떼가 모였다 흩어지듯이 이리저리 옮겨다니므로 제압하기 어렵고', 또 북방 지역은 오곡이 자라지 못하므로 '흉노 땅을 얻는다해도 이익이 될 만한 것이 없다'고 생각했다. 또한 진나라 군대가 '가볍게 무장하여 적진 깊숙이 쳐들어가면 반드시 식량이 떨어질 것이며' 군량을 계속 보급하는 것은 백성을 혹사시키고 재물을 낭비하는 것이다. 그런 까닭에 군대를 일으키고 백성을 동원하여 "중국을 황폐화시키면서까지 흉노와 싸우는 것은 좋은 계책이 아니다"[93]라는 것이 그의 주요 논점이었다. 이사의 주장은 역대 군신의 간언과 논쟁에서 보이고 있다. 그는 역대 왕조를 괴롭힌 난제를 지적했다. 북방 유목민족의 침략에 어떻게 대처할 것인가? 그들을 몰아내려면 불가피하게 군대를 일으켜 백성을 힘들게 하고 재물을 낭비하게 된다. 또 그들을 축출하지 않으면 끊임없이 침입해오고 심지어는 멸망하게 된다. 당 태종의『금경金鏡』을 읽어보면 역대 중국의 황제들이 이 문제에 대해 둘 중 하나를 선택해야만 했음을 알 수 있다.

사실 이 역시 유라시아의 고대 농경문명이 공통으로 직면해야 했던 숙제였다. 전국시대에 흉노는 진, 조, 연에 엄청난 위협이었다. 진한시대와 위진시대에 흉노제국은 중원의 왕조와 오랜 세월 병존했다. 중원의 왕조와 흉노 간의 전쟁과 화친和親에 관한 기록은 역사에 끊이지 않고 등장한다. 이를 고려하면 진시황이 왜 대규모 병력을 투입하여 흉노 세력에 대응했는지 이해할 수 있을 것이다.

진시황이 동원한 병력에 관하여『사기』는 30만과 10만, 이 두 가지로 기록하고 있다. 「진시황본기」와 「몽염열전」에서는 30만 대군으로 기록했다. 사실상 진 왕조가 흉노를 방어한 총 병력은 약 30만이었을 것이고, 몽염이 첫 번째 전투에서 '하남 땅'을 수복하는 데 동원한 병력이 10만 명이었을 것이다. 한대漢代의 문헌을 보면 40만, 50만이라는 표현이 등장한다. 이 숫자는 과장되었을 가능성이 있다. 전국시대에 조나라 장수 이목은 15만 군대를 이끌고 가서 흉노를 공격했다. 당시 조, 진, 연 3국이 평상시에 흉노를 방어한 군대의 규모는 매우 컸다. 진 왕조의 북쪽 국경은 진, 조, 연의 북쪽 국경을 합친 것이기 때문에 30만 대군은 동원해야 흉노의 침입을 방어할 수 있었을 것이다. 이는 흉노가 보유한 군사력과 비교했을 때 상당한 수준이었다.

이 지역에 대한 진시황의 통치 방침은 다른 국경 지역과 비슷했다. 첫째, 군현을 설치하고 둘째, 군대를 주둔시켰으며 셋째, 도로를 만들었다. 그다음은 도시를 세웠고 백성을 이주시켰다. 진 왕조는 하투 이북, 양산陽山 일대의 지역에 구원군九原郡을 새로 설치하고 몽염에게 10만 대군을 이끌고 가서 북부 변방 지역에 주둔하라고 했다. 그리고 "황하를 따라 현성 44개를 쌓고 죄수들로 이루어진 군사를 이곳으로 옮겨 살게 했다. 나아가 구원에서 운양까지 쭉 뻗은 길을 개통했다. 험준한 산을 국경으로 정하고 골짜기를 이용하여 참호로 삼았으며 보수할 수 있는 곳은 보수하여 임조에서 요동까지 1만여 리에 달하는 대장성을 쌓았다."[94] 진시황 36년(기원전 211) 내륙의 3만 가구를 이주시키고, 북하北河(내몽고 이진휘루어치伊金霍洛旗 북쪽)와 유중楡中(산시성陝西省 위린楡林)에 군대를 주둔시켜 개간하도록 했다. 몽염은 또한 북부 변경을 따라 시세를 이용하여 장성을 쌓았다. 만일 진 왕조가 장성이라는 지형물 없이 30만 대군의 힘에만 기댔다면 민첩성이 매우 뛰어나고 비슷한 규모를 보유한 흉노 기마병을 막아내지 못했을 것이다. 흉노가 몽염을 두려워하기 시작했을 때부터 진시황이 사망할 때까지 북부 국경에서는 별다른 전투가 일어나지 않았다.

당시 진 왕조의 판도는 전에 없이 매우 광활했다. "영토가 동쪽으로는 바다 건너 조선에까지 이르렀고 서쪽으로는 임조와 강중까지 이르렀으며 남쪽으로는 북향호까지 접했다. 그리고 북쪽으로는 황하를 근거지로 요새를 만들어 음산을 아우르고 요동까지 닿았다."[95] 광활한 영토는 진 왕조가 제국을 건설하는 과정을 완성하는 중요하고도 실질적인 표지였다.

진시황이 남쪽으로 백월을 평정하고 북쪽으로 흉노를 방어한 것은 과연 잘한 일일까 아니면 잘못한 일일까? 이 문제에 관해서는 늘 논쟁이 벌어졌다. 오늘날까지 수많은 사람들이 진시황이 병력을 남용하여 전쟁을

당 태종은 즉위 이후 동돌궐을 성공적으로 제압해 변방을 안정시키고 내치에 힘쓸 수 있었다.
『삼재도회』에 실린 당 태종 이세민의 모습.

일삼았다고 비판했다. 심지어는 남쪽으로 백월을 평정하고 북쪽으로 흉노를 방어한 것이 진 왕조를 망하게 한 요인이었다고 했다. 이러한 견해는 당시의 사정에 대한 분석이 제대로 되지 못한 발언이다. 6국을 멸망시키고 남으로는 백월을 평정했으며 북으로는 흉노를 방어한 것 모두 서로 긴밀히 연결되어 있는 사안으로 통일전쟁의 중요한 요건이었다. 통일전쟁의 3단계에서 전쟁에 동원된 병력의 전체 규모는 갈수록 축소되었다. 만일 30만 대군으로 흉노를 방어한 것이 진 왕조를 망하게 할 정도였다면 전국시대에 각 제후국이 수백만 군대를 모아 참혹한 전쟁을 벌였는데도 오랫동안 살아남은 것은 어떻게 설명할 수 있을까? 수십 년간 진나라는 거의 매년 수십만에서 수백만의 대군을 이끌고 서쪽을 정벌했는데 어떻게 국력이 갈수록 강해졌을까? 역사의 경험을 살펴보면 왕조가 흥기하고 군사력이 막강할 때 북방의 위협을 해결하는 것은 그리 어려운 일이 아니었다. 진시황과 당 태종 모두가 성공한 예이다. 한 고조와 송 태종 등은 북방을 물리치고 싶은 마음은 있었지만 그럴 만한 여력이 없었다. 그들은 북방 민족에 패배한 후유증이 매우 컸다. 게다가 북방의 흉노를 방어하는 것은 국방을 공고히 하는 주요한 조치였다. 진 왕조가 세워진 초기에 흉노를 공격하지 않았으면 강성해지고 있던 흉노가 진 왕조를 공격했을 것이다. 진 왕조는 대군을 동원하여 흉노를 몰아내고 방어하는 것 외에 더 좋은 선택이 없었다. 한漢 왕조 역시 장성을 쌓은 후 20여만의 군대를 주둔시켜 땅을 개간하고 흉노를 방어해야 하지 않았던가?

통일을 공고히 한 주요 조치

진시황은 국가의 통일을 공고히 하는 조치를 잇달아 취했다. 중앙집권 정치제도의 정비를 중심으로 군현제도, 관료제도, 등급제도를 골간으로 하는 황제皇帝제도를 정비했다. 그리고 경제와 문화제도를 마련하고 도량형과 화폐, 문자, 도덕 규범과 법률 규범을 통일했다. 함양咸陽을 중심으로 전국 각지로 통하는 육로와 수로 교통망, 통신을 위한 역참망을 구축했다. 또한 일부 험준한 성곽을 부수어 군대의 이동과 국가의 정치 통일을 용이하게 하고 각지의 경제 및 문화적 교류를 활발하게 했다. 그리고 장성 등 중대한 토목 공사를 일으켜 국방을 강화하고 민간에 흩어져 있는 병기를 거두어 함양에서 없앴다. 이렇게 국가를 분열시키고 조정에 맞서는 각종 행위를 사전에 막고 진압했다. 전국을 순시하고 위세를 떨쳐 황하 남북 지역과 장강 남북 지역을 시찰했다. 이들 조치의 구체적인 내용은 앞으로 상세하게 소개할 예정이다. 아래에서는 진시황이 대규모로 백성을 이주시킨 일을 살펴본다.

　대규모 이주는 진시황이 나라를 통일하고 정치를 안정시킨 중요한 정책 가운데 하나였다. 이 정책은 여러 차례 오랫동안 지속되었다. 『사기』의 「진시황본기」를 살펴보면 이와 관련된 기록이 12차례나 등장한다. 이 가운데 한 번에 3만 호 이상의 대규모 이주가 5, 6차례 되었다.

1. 진시황 6년(기원전 241), 진나라가 한, 위, 조, 위衛, 초의 연합군을 무찌르고 위衛나라를 정복했다. 진은 위衛나라의 백성을 대규모로 이주시켰다. "위나라 군주 각이 수하들을 거느리고 야왕野王으로 옮겨 머물면서 산세에 기대어 위나라의 하내 땅을 지켰다." 그 외에도 비슷한 이주는 더 많았을 것이다.

2. 진시황 8년(기원전 239), 왕의 동생인 장안군 성교가 반란을 일으켜 "군관 모두 목을 베어 죽였으며 그 백성은 임臨조로 옮겨 살게 했다."

3. 진시황 9년(기원전 238), 노애가 반란을 일으켜 "4000여 가구의 벼슬을 박탈하고 촉 땅으로 옮겨 방릉房陵에 거주하게 했다." 훗날 이들을 사면시켜 유배에서 풀어주었다.

4. 진시황 12년(기원전 235), 빈객 수천 명이 여불위의 장래를 몰래 치렀다. "그 사인 가운데 장례식에 간 진나라 사람은 내쫓았다. 그리고 사인 중 녹봉이 600석 이상인 진나라 사람은 관직을 빼앗고 다른 곳에 옮겨 살게 했다. 녹봉이 500석 이하인 자로 장례식에 가지 않은 사람은 옮겨 살게 하고 관직은 빼앗지 않았다."

5. 진시황 26년(기원전 221), "전국의 부호를 함양으로 이주시켰는데 모두 12만 호였다."

6. 진시황 28년(기원전 219), 진시황은 "남쪽 낭야산에 오른 후 크게 기뻐하며 석 달 동안 머물렀다. 이때 백성 3만 호를 낭야산 기슭으로 이주시키고 12년 동안 요역을 면제해주었다."

7. 진시황 33년(기원전 214), 진시황은 "예전에 죄를 짓고 도망간 사람, 가난하여 노비가 된 사람, 장사꾼 등을 징발하여 육량 땅을 빼앗고 계림桂林, 상군象郡, 남해南海를 군으로 삼은 후 지키게 했다." 일설에 따르면 당시 50만 명이 오령 이남 지역을 지켰다고 한다. 또 훗날 진시황은 수만 명의 부녀자를 이 지역으로 이주시켰다.

8. 진시황 33년(기원전 214), 진시황은 흉노족의 수중에서 되찾은 땅에 군현을 설치하고 이곳에 죄인을 대규모로 보내 "새로 설치한 현을 보강했다."

9. 진시황 34년(기원전 213), 진시황은 "옥리獄吏 가운데 정직하지 못한 자"를 변경지역으로 이주시켜 그들에게 "장성을 쌓게 하고 남월 땅을 지키게 했다."

10. 진시황 35년(기원전 212), 여산驪山 일대에 왕릉과 이궁離宮(별궁)을 건축하는데 "3만 가구를 여읍으로 이주시키고 5만 가구를 운양雲陽으로 이주시켜 모두 10년간 요역을 살지 않도록 면제해주었다."

11. 진시황 35년(기원전 212), 진시황은 "더 많은 사람들을 징발하여 변경으로 유배시켰다."

12. 진시황 36년(기원전 211), 진시황은 "북하北河와 유중楡中으로 3만 가구를 이주시켰다."

이외에도 기록되지 않은 이주가 다수 있다. 예컨대 『사기』의 「화식열전」을 보면 일부 부호들이 각지로 이주되었다. 위의 기록을 근거로 계산해본다면 진시황이 이주를 명령한 인구가 수백만 명에 달할 수도 있다. 이런 대규모 이주의 원인과 목적은 다음 몇 가지로 나눠볼 수 있다.

첫째, 변방의 국경 지역을 보강했다.

진시황이 대규모로 백성을 이주시킨 곳은 변방지역이었다. 백성을 옮겨 살게 한 곳은 북방 국경, 파촉, 동월, 남월 등지이고 특히 북방 변경지역으로 이주된 인구수가 가장 많았다. 이들 변방은 새로 점령한 곳이었기 때문에 국방을 강화하고 진 왕조의 통치를 공고히 하기 위하여 백성을 옮겼다. 이는 많은 성과를 거두었다. 이주한 백성들은 변경지역에 살면서 대외적으로 군사를 동원할 때 병사가 되기도 하고 물자를 보급해주기도 했다. 원래 경제 및 문화적으로 상당히 낙후된 이들 지역에 수많은 백성들이 옮겨와 살면서 선진적인 농경 기술과 한족의 예악 문화가 전파되었다. 민족 구성이 바뀌었고 목축경제를 농경경제로 바꿔놓았다. 남방에서는 새로 온 백성과 현지 토착민이 함께 살면서 상호 작용하여 지역이 개발되었다. 당시는 중원의 화하 문화가 선진 문화였기 때문에 변경지역으로 백성을 이주시켜 얻은 총체적인 효과는 중화문화권의 확장과 한족 형성의 촉진을 들 수 있다.

둘째, 강대한 호족豪族을 직접적으로 통치했다.

진시황은 천하를 통일한 지 얼마 안 되어 각 제후국의 귀족 및 막강한 세력을 지닌 호족 12만 가구를 경기 지역으로 옮겨 살게 했다. 이들은 모두 6국의 옛 귀족이며 거상이었다. 그들은 한때 한 지역을 제패하고 지방의 권력을 독점하여 백성들을 착취했다. 일부는 진 왕조의 정권과 국가 통일을 위해 정치활동을 적극적으로 계획하기도 했다. 진시황은 그들을 도읍 주변 지역으로 옮겨 살게 했다. 이들은 기존에 지녔던 사회적, 정치적, 경제적 기반과 연계가 끊어져 과거에 떨쳤던 위세를 상실하게 되었다. 또한 중앙정부가 그들을 직접 통제하여 중앙의 손길이 미치지 못하는 문제를 해소할 수 있었다. 이러한 이주 정책은 대규모의 부와 인구 그리고 지혜를 중앙으로 집중시켜 경기 지역을 보강했다. 진시황은 단번에 강력한 세력을 지닌 호족을 감시하고 지방의 적대적인 세력을 약화시키며 경기 지역에 대한 통치를 강화하는 효과를 거두었다.

셋째, 모반자와 죄인들을 처벌했다.

각종 정치범과 기타 죄인, 천민들이 이주의 핵심 대상이었다. 이주 정책은 강제성을 띠었다. 형벌 또는 징벌의 성격이 있는 '귀양謫徙'에 속한 것도 있었다. 중요한 사실은 진 왕조가 강제로 이주된 백성을 보살피고 일부 장려 정책을 취했다는 점이다. 일부 변경지역으로 이주된 백성들은 관작 승진과 요역 면제의 혜택을 누렸다.

넷째, 황제가 특별하게 관리하는 지역을 보강했다.

진시황이 경기 및 낭야, 여읍, 운양 등지에 백성을 이주시킨 것은 이 지역을 보강하기 위한 목적에서였으며 장기적으로 요역을 면제받는 혜택을 주었다. 이들 백성을 이주시키는 정책은 일부 토목 사업과 관련이 있었다.

진시황은 춘추전국시대 최후의 군주였다. 그는 6국을 멸망시키고 천하를 통일했다. 이 정치적 사건은 역사학계에서 춘추전국시대를 마감하는 역사적 지표로 여겨졌다. 이러한 의미에서 진시황은 한 역사의 과정을 종결시킨 장본인인 것이다.

진 왕조 통일의 역사적인 의의에 관해 역대 학자들은 전혀 다른 평가를 내놓았다. 일각에서는 중국 최초의 황제의 붉은색 보좌는 수많은 백성의 피로 물들인 것이라고 지적했다. 이 견해는 역사적 사실에 부합한다. 그러나 이 역시 통일을 위해 치러야 하는 대가이고 그 값비싼 대가는 국가 통일의 중요한 의의를 말해주고 있다. 춘추시대 이후로 제후들은 천하의 패주를 다투고 열국은 서로 웅雄이라고 불렸으며 전쟁이 정치 문제를 해결하는 중요한 수단이었다. 제후들의 열국은 패도를 부르며 천하의 왕 노릇을 하기 위해 군대를 동원하고 군량과 마초를 운반하는 등 전쟁이 끊이지 않았다. 서로 죽이며 성채를 공격하고 땅을 빼앗았다. 또한 도시를 무너뜨리고 나라를 전복시키는 일이 수백 년간 끊이지 않았고 죽은 사람이 헤아릴 수 없을 정도로 많았다. 전체 사회에는 엄청난 불안과 재앙이 몰려들었다. 진한秦漢 제국의 성립으로 이런 혼란스러운 정국이 종결되었기 때문에 역사적인 공로는 마땅히 인정받아야 한다.

또한 진시황의 통일로 폭력적이고 잔혹한 전제제도가 시행되었는데, 이 제도는 통치자에게만 유리하고 백성은 아무런 이득을 얻을 수 없다고 의견을 제기한 학자들도 있다. 이런 관점은 복잡한 역사 현상을 단순화하고 있다. 역사는 선과 악이 복잡하게 엉켜 있는 과정에서 인류의 문명을 발전시켜왔다. 사실 진한시대의 전제제도는 문명 발전의 수준이 상주시대의 군주제도보다 훨씬 높았다. 역사적 대변혁 속에서 구시대의 사회질서가 와해되고 정치적 예속관계가 변화했으며 낡은 경제관계도 바뀌었다. 이는 각종 사회관계를 어느 정도 약화시켰다. 특히 여러 생산관계에서 인신에 대한 지배와 예속, 의존성을 크게 완화시켰다. 진한제국의 전제제도 성립으로 이러한 변화가 완성되었고 전체 사회의 수준이 크게 도약했다. 만일 전제제도가 군주제도보다 훨씬 나쁜 것이라면 당나라의 태평성세를 어떻게 설명할 것인가? 유라시아 대륙에 제국이 형성된 이래로 문명 수준이 제고된 것은 또 어떻게 설명할 것인가?

秦始皇

【5장】

황제
—선진시대 군권君權 관념의 집대성

QIN SHI HUANG

진시황이 확립한 황제제도와 한 무제의 독존유술獨尊儒術이 중국 고대사에 끼친 영향은 매우 크다. 진시황의 황제제도는 선진시대의 정치문화를 집대성하여 그 후 2000년간 유지되며 기본 정치제도를 확립했다. 그리고 한 무제의 독존유술은 유가를 통치 사상의 자리에 올려놓았으며, 그 뒤로 2000년간 주류 문화와 학술 발전의 기조를 이루고 나아가야 할 방향을 설정했다. 이 두 사건은 황제제도와 법의식 형태를 확립했음을 의미한다.

고대 중국에는 정치적으로 '성왕제도聖王制度'와 '신왕제도新王制度'를 중시하는 정치적 전통이 있었다. 새로운 왕조가 세워진 후 신흥 선왕聖王은 반드시 '백성과 함께 변혁與民變革'해야 했다. 구체적인 조치를 보면 다양한 휘호徽號를 정하고 복장의 색깔을 바꾸며 역법을 개정하고 다양한 기계를 사용했다. 또 과거의 예법을 고증하고 도량형을 통일했다. 진시황은 "위대한 성군께서 다스림의 도를 만드시고 법도를 만들어 세우시며 기강을 분명히 밝히셨다"[1]라고 자찬했다. 그는 '신왕개제新王改制' 이야기를 본받아 진 왕조의 존호와 복색, 역법과 예의 등을 과거와 다르게 만들었으며 제도와 법률 제정을 통해 '대일통大一統'의 이념을 기본적인 정치 및 법제도로 구체화했다. 이 제도의 기본 원칙과 틀은 훗날 2000여 년간 유효했다. 이는 진시황의 역사적 위상을 규정하는 중요한 지표이다.

진시황은 전국적으로 '대일통' 사상을 반영하여 사회정치 체계를 확립했다. 이 사회정치 체계는 선진 정치문화를 집대성했다. 그 내용을 보면 제자백가의 통치 사상을 종합하고 군현제와 관료제, 등급제를 통합한 중앙집권 정치제도를 세웠다. 또한 이 제도에 필적하는 법률제도, 경제제도, 문화제도를 세웠다. 진시황은 이 제도가 뿌리내리도록 혁혁한 정치적, 문화적 상징기호를 마련했으니, 그것이 바로 '황제皇帝'라는 호칭이다. 이로써 2000여 년이나 유지될 황제제도가 탄생했다. 수많은 역사학자들은 황제제도의 수립을 새로운 역사 단계의 시발점으로 보았다. 이로써 진시황은 역사의 서막을 여는 상징적인 인물이 되었다.

만일 정치제도와 그 변천 과정을 사회와 정치의 역사적 발전 과정의 주요한 실마리이자 경계로 본다면, 고증할 수 있는 일부 문헌에 나타난 고대 중국의 사회정치사는 중국 군주제도 및 관련 사회관계, 경제관계, 사상 관념의 발전사로 부를 수 있다. 하·상·서주에서 송·원·명·청대에 이르기까지 중국 대륙에는 하나의 정치제도만 존재했다. 그것이 바로 군주제도(이 제도의 각종 변형도 포함됨)였다. 정치 및 각종 관련 제도의 기본 모델에 근거하여 보면 고대 중국의 군주제도는 두 가지 역사적 유형으로 선명하게 구분된다. 첫째는 중국 군주제도의 원형 형태로 '종법 등급형 군주정치'이고, 둘째는 중국 군주제도의 발전 형태로 '중앙집권형 군주정치'로 부를 수 있다. 하·상·서주의 국가 형태가 전자에 속한다면 진한 이래의 국가 형태는 후자에 속한다. 두 유형의 군주정치 모두 각자의 역사 발전 과정이 있었다. 그 가운데 종법 등급형 군주정치의 성숙한 형태로는 서주의 정치제도와 그에 상응하는 사회 형태가 가장 전형적인 의의가 있고, 중앙집권형 군주정치의 성숙한 형태는 당송의 정치제도와 사회 형태에서 대표적으로 찾아볼 수 있다. 종법 등급형 군주정치와 중앙집권형 군주정치라는 두 유형의 역사 사이에는 혼합형 군주정치도 존재했다. 이는 사실상 전자에서 후자로 변천하는 과정에서 생겨난 형태였다. 춘추전국시대의 국가 형태가 이 유형에 속했다. 진 왕조의 성립으로 중국 군주제도 전후의 양대 역사 유형 가운데 길고 긴 역사적 과도기가 끝났다. 정치제도사적 의의에서 볼 때 진시황은 또한 과거의 역사를 계승한 중요한 역사적 인물이었다.

사상의 혁신과 제도의 혁신은 인류사회 발전 과정에서 가장 중요한 역사적 지표이다. 상주시대의 원형 군주제도와 구별되는 황제제도와 그 이론적 기초가 춘추전국시대에 이미 조금씩 생겨났다. 진시황의 역사적 위상과 가치는 '창조자'에 있는 것이 아니라 '총결한 자'라는 데에 있다. 이론적인 원칙과 기본적인 정치, 법률, 경제, 사회, 문화제도적으로 진시황이 독창적인 조치를 취한 것은 그리 많지 않았다. 그는 단지 선인들의 각종 사상, 제도의 창조적인 점을 하나로 통합했으며 그것을 체계화하고 정비한 뒤 규범화했고 엄격하게 시행하여 중국 전역으로 보급했을 뿐이다. 만일 그에게서 창의적인 것을 찾으라면 그것은 '황제'라는 호칭뿐이다. 그는 이 두 글자로 춘추전국시대 이래로 형성된 새로운 정치체제와 상응하는 사회 형태 및 이데올로기를 개괄했다. 또한 이러한 사회정치 형태에 부각되는 문화적 딱지를 붙였다. 하지만 종합과 총결 역시 창조적인 작업이었다. 선대의 모든 것을 종합하려면 집중과 선택, 종합과 일반화가 필요하고 계승, 개정 및 개선을 해야 한다. 통찰력과 현실감이 떨어지고 상상력과 창의성이 부족했다면 이 일을 잘해낼 수 없었을 것이다. 진시황은 이 일을 매우 훌륭하게 완성했다. 그는 황제라는 호칭으로 새로운 제도를 총괄했을 뿐만 아니라 수많은 제도의 구체적인 측면에 창조성을 부여했다. 그가 창건한 '법치제국'은 지금까지, 아니 앞으로도 없을 것이며 중국 고대사에서 매우 특수하고 전형적인 의의가 있다.

어떠한 국가 형태이든 정치, 경제, 문화의 구조가 있다. 실질적인 역사 과정에서는 사상의 혁신과 제도의 혁신이 뒤얽혀 있어서 상호간에 원인과 결과가 되었다. 정치 영역에서 '사상'이 없는 '제도'는 없으며 '제도' 없는 '사상' 역시 없다. 다시 말하면 '사상'은 '제도'의 영혼이고 '제도'는 '사상'을 구체적으로 표현한 것이다. '황제' 호칭과 '황제제도'의 관계가 바로 대표적인 사례이다. 가령 등급 관념과 등급제도는 둘이 하나이고 하나가 둘이며 서로 존재 근거가 된다. 등급제도는 그와 밀접한 관계의 등급 관념이 있으며 피휘避諱(황제의 이름자를 피하는 것)제도가 생기게 되었다. 이에 군주(황제)는 '폐하' 등 피휘제도와 관련 있는 호칭을 갖게 되었다. '폐하' 등의 호칭은 정치문화적 의미를 풍부히 담고 있다. 이는 등급제도의 산물이자 등급제도가 문화 관념에 표현된 것이고 심지어는 일종의 제도가 문화화된 것이라고 말할 수 있다. 그러므로 각종 군주 호칭이 생기는 원인과 문화적 의미를 논할 때 반드시 제도와 연관되기 마련이다. 사실 각종 정치학설 역시 단순한 지식체계나 사상의 형식이 아니라 제도화한 것이다. 선진시대의 법가를 예로 들면 정치권력과 결합하면서 법가는 점차 제도화되고 그 이데올로기를 구현하는 각종 사회 구조와 정치제도의 방식으로 오랜 세월 존재해왔다. 유가, 음양가 역시 마찬가지이다. 일정한 의미에서 볼 때 황제제도는 법가, 유가, 도가, 묵가, 음양가, 명가 등 중요 사상의 정치학설이 끊임없이 제도화한 결과라고 말할 수 있다.

역대 '성왕제도聖王制度'의 활동은 모두 사상과 제도의 상호 과정이었다. 즉 일종의 사상 현상이기도 하고 제도 현상이기도 했다. 진 왕조의 통치 사상, 기본 정치제도, 법률제도는 이미 완전하고 체계적인 구조를 형성하여 분리하기가 어려웠다. 진시황이 '법치국가' 방책을 시행했기 때문에 진 왕조의 정치제도와 행정 관리는 법제화된 특징이 두드러지며 '제도'와 '법률' 역시 둘로 나누기 어려웠다. 객관적인 사물의 고유한 속성과 특징이라는 관점에서 볼 때 사상, 제도, 법률제도를 이등분하는 연구 방법은 좀더 검토해봐야 한다. 하지만 진 왕조와 관련된 사료가 매우 부족하며 진 왕조의 사상 문화와 관련된 사료는 더욱 미비하여 구체적인 연구 대상을 살펴보기 어렵다. 진시황의 단편적인 말에만 기대어 전체 사상체계의 구조와 특징을 해독하기는 어렵다. 그러나 최고 통치자로서 진시황은 제도와 법률에 의지하고 통치했으며 이 제도와 법률로 실현한 통치 의지 및 질서 법칙을 통하여 진시황의 통치 사상에 대해 정성定性 분석과 구조 분석을 할 수 있을 것이다.

제도는 모델화한 행위이다. 좀더 살펴보면 진시황의 '성왕제도'는 개체적인 행위이다. 사실 이런 행위에는 훨씬 더 심층적인 역사 조건과 사회적 배경이 있다. 일정한 경제 모델, 사회 구조가 사회적 기초를 형성하지 않았다면, 광범위하게 존재하는 사회 보편적 의식이 정신적으로 지탱해주지 못한다면, 비교적 성숙한 이론체계가 정치적으로 이끌어주지 못한다면, 군주전제 제도가 발달한 형태로서의 황제제도는 생겨날 수 없는 것이다. 진시황이 시행한 '성왕제도'의 행위를 전면적으로 인식하려면 반드시 전 사회가 장기적으로 축적하여 형성한 공통의 '의식과 행위'에 깊이 자리잡은 원인을 찾아야 할 것이다.

설명의 편의를 위해 진시황의 '성왕제도'에 관한 내용을 황제편, 사상편, 제도편, 사회편, 경제편, 입법편 등 여섯 부분으로 나누어 소개하겠다. 황제편에서는 '황제'의 호칭이 구현하는 군권 관념, 즉 황제제도의 문화적 측면을 분석하는 데 치중한다. 사상편에서는 진 왕조의 통일 사상과 진시황의 정치적 경향, 즉 황제제도의 이론적 측면을 분석한다. 제도편에서는 진 왕조의 기본 정치제도, 즉 황제제도의 제도적 측면을 분석한다. 사회편에서는 진 왕조의 기본 사회관계, 즉 황제제도의 사회적 측면을 분석한다. 경제편에서는 진 왕조의 각종 경제제도, 즉 황제제도의 경제적 측면을 분석한다. 입법편에서는 진 왕조의 법률체계, 즉 황제제도의 법률적 측면을 분석한다. 이 6편에는 공통적으로 황제제도가 탄생하고 존재할 수 있었던 각종 조건 및 기본 틀에 대한 내용이 담겨 있다.

'황제'라는 호칭을 만들다

진시황이 만든 최초의 역사적 창조물은 재위 중인 최고 통치자에게 '황제'라는 호칭을 고안한 것이다. 그 후 '황제'라는 호칭은 역대 왕조의 최고 통치자를 지칭하는 공식적인 존호가 되었다. 그는 승상丞相과 어사御史 등 대신들에게 자신이 6국을 통일한 공훈을 하나하나 열거하면서 다음과 같이 말했다. "과인은 보잘것없는 몸이지만 군대를 일으켜 포악한 반도를 주살할 수 있었던 것은 조상의 혼령이 돌보아주었기 때문이다. 이에 6국의 왕이 모두 자신의 죄를 승복하니 천하가 크게 안정되었다. 지금 호칭을 바꾸지 않는다면 이룬 공적에 걸맞지 않게 후세에 전해질 것이다. 그대들은 제왕의 칭호를 논의하라."² 승상 왕관, 어사대부 풍겁, 정위 이사 등은 공경백관公卿百官을 소집했고 그들은 한 가지 제안을 올리며 진시황의 재결을 기다렸다.

"옛날 오제의 땅은 사방 천 리였고 그 밖의 후복侯服이나 이복夷服의 제후들 가운데 조회에 든 자도 있고 들지 않은 자도 있었으나 천자가 그들을 제어할 수는 없었습니다. 그러나 지금 폐하께서는 군대를 의롭게 일으키시어 남아 있는 적을 주살하고 천하를 평정하여 전국에 군현을 만들고 법령을 통일하셨습니다. 이는 아주 오랜 옛날에도 일찍이 없었던 일로 오제라 할지라도 감히 미치지 못하는 것입니다. 신들이 삼가 박사들과 의론하여 말하기를 '고대에는 천황天皇이 있고 지황地皇이 있고 태황泰皇이 있었는데 그중 태황이 가장 존귀했다'고 했습니다. 신들이 죽음을 무릅쓰고 존칭을 올리오니 왕을 '태황'이라 하십시오. 명命을 '제制'라 하시고 영令을 '조詔'라 하시어 천자가 자신을 지칭할 때는 '짐朕'이라 하십시오." 영정이 대답했다. "'태泰'자를 없애고 '황皇'자를 남긴 후 상고시대의 '제帝'라는 호칭을 받아들여 '황제皇帝'라 부를 것이다. 다른 것은 의논한 대로 하라." 그리고 "장양왕을 태상황으로 추존했으며 백성을 '검수黔首'로 바꾸어 불렀다."[3] 이로써 진시황은 중국 역사상 최초의 황제가 되었다.

'황제'라는 말은 옛날부터 존재했다. 『상서尚書』「여형呂刑」편을 보면 "황제는 백성의 억울한 사정을 불쌍히 여겼다" "황제는 백성의 원망을 분명히 물었다"[4]라는 구절이 있다. 이는 현존 문헌 가운데 '황제'라는 호칭이 사용된 최초의 사례이다. 「여형」편에 적힌 '황제'에 대해 고대의 학자 대부분은 요·순 등 과거의 제왕에 대한 존칭으로 여겼다. 삼황오제의 공덕을 기리는 차원에서 '황제'라는 말을 사용했고 이 호칭이 당대의 임금을 지칭하게 된 것은 분명히 진시황 때부터였다.

'황제'는 명칭이자 군주의 호칭이었다. 통치자가 명칭을 두는 근본적인 목적은 군주제도와 왕권에 대한 백성의 보편적인 신앙을 이용하여 그들을 다스리고 속박하기 위함이다. 진시황 이전에 최고 통치자는 고귀한 호칭을 사용했다. 예를 들면 하나라의 '후后', 상나라의 '왕王', 주나라의

'천자天子' 등이 있었다. 진시황은 이 호칭은 자신의 권세를 개괄하고 공덕을 드러내는 데 충분하지 않다고 생각했다. 이에 그는 신하들에게 다른 존칭을 만들어내라고 명령했고 신하들은 경전을 인용하여 인류사회에서 '태황이 가장 존귀했기泰皇最貴' 때문에 '태황泰皇'을 사용할 것을 건의했다. 하지만 진시황은 부족하다고 생각했다. 그리하여 그는 천황, 지황, 태황의 '황皇'과 상고시대에 최고 통치자를 가리킨 호칭 '제帝'를 붙여서 '황제皇帝'라는 호칭을 만들어냈다.

진시황의 '황제'는 왕권에 대한 새로운 총결로서 권세와 공덕이 모두 '삼황오제'를 초월함을 의미한다. '황제'의 호칭은 군주 호칭을 기반으로 생겨난 것으로 '황' '제' '왕' '천자' '폐하' 등 기타 군주에 대한 호칭과 병용할 수 있었으며, 최고 통치자의 공식적인 호칭으로서 다른 모든 군주의 호칭을 능가했다.

황제는 문화적 기호 및 정치제도를 보여주며 명칭名과 도구器가 서로 연계되어 있음을 보여준다. 진한秦漢 대국은 6국의 예를 받아들여 군주를 높이고 신하를 낮추는 예의제도를 확립했다. 채옹蔡邕의 『독단獨斷』을 보면 "천자의 정식 호칭은 황제이다. 천자가 자신을 지칭할 때에는 '짐'이라 하고, 신하와 백성들이 칭할 때는 '폐하'라고 한다. 천자가 말하는 것을 '제조制詔'라 하고 사관이 기록하는 것을 '상上'이라 한다. 천자의 수레, 말, 의복, 기계 등 백물을 '승여乘輿'라 한다. 천자가 있는 곳을 '행재行在'라 하고 천자가 기거하는 궁궐을 '금중禁中'이라 하고 후后가 기거하는 곳을 '성중省中'이라 했다. 천자의 인장을 '새璽'라고 하고 천자가 가는 것을 '행幸'이라 하며 천자가 들어가는 것을 '어御'라 했다"[5]라고 적혀 있다. 황제의 존엄을 유지하기 위해 매우 복잡한 예의 규범을 정하고 황제의 의식주행에 대해 황권지상皇權至上이라는 인장을 새겼다. 이는 호칭, 제도,

예의, 법률 등 각 측면에서 황제의 지고무상함과 신성불가침을 드러냈다. 제도와 관념의 상호 작용에서 '황제'는 더 이상 단순한 문화적 기호가 아니라 통치 사상과 정치제도를 가장 고도로 표현한 것이었다.

황제의 호칭이 확정된 후 중국 제왕의 정식 존호는 더 이상 바뀌지 않았다. 이유는 간단하다. 중국에서 이보다 더 존귀하고 적합한 어휘를 찾아볼 수 없기 때문이다. 주희朱熹는 "진나라의 법은 왕을 높이고 신하를 낮추는 것이므로 후세에도 바뀌지 않을 것이다. 게다가 삼황의 '황', 오제의 '제', 삼왕의 '왕'이 진나라에 와서 '황제'로 통합되었는데 이를 후세에서 바꾸려고 하겠는가"[6]라고 말했다.

좀더 살펴보면 '황제'라는 호칭을 만든 것은 진시황의 개인적인 결정이었지만 사실 꼭 그렇기만 한 것도 아니다. 황제라는 호칭은 군주의 호칭을 기반으로 뜻을 계속 덧붙여 형성된 것이다. '황제' 호칭과 관련한 군권 관념은 오랜 세월의 역사적 뿌리가 있으며 광범위한 사회적 기반으로 형성된 것이었다. 어떤 의미에서 볼 때 '황제'와 상응하는 황제 관념과 황제제도는 군주제도에 대한 사회 대중의 보편적인 신앙에서 생겨난 것이며 현실사회에서 군주제도가 끊임없이 발전한 것이다. 즉 군권 관념이 끊임없이 확장하는 역사적 조건에서 사회 집단의 정치 관념과 진시황의 개인적인 행위가 선택적으로 결합하여 생겨난 결과였다. '황제'는 군주에 대한 호칭의 모든 문화적 함의를 포함하고 있다. 진시황의 제왕의식을 이해하려면 먼저 '황제'라는 말의 정치문화적 의미를 이해해야 하고, 그것의 정치문화적 의미를 이해하려면 반드시 군권 관념과 상응하는 군주 호칭의 발생 배경, 역사적 발전 과정을 찾아 거슬러 올라가야 한다. 그러므로 각종 군주의 호칭이 의미하는 군권 관념을 하나씩 분석해야 할 것이다.

황제와 검수黔首, 군주와 신민臣民은 모두 정치적 인간관계를 통칭한다. 호칭은 언어와 문자로 표현하는 것이다. 언어는 문화를 표현하고 문화는 언어의 중요한 속성이다. 언어공동체의 모든 구성원이 언어기호의 의미와 그 사이의 관계에 대해 관습적으로 인정한 규정은 집단적인 문화 양식이며 사회적 관례이다. 한자는 형체의 상징성과 표의성을 중시하며 그 문화적 기호의 영향은 더욱 분명하고 직관적形象[7]이다. 문자로 인간관계의 호칭을 표현하는 것은 개인과 사회를 연계하는 문화적 기호이다. 정치적 인간관계의 호칭은 역할, 지위, 규범, 가치 및 이익의 네트워크이다. 각종 호칭은 사회정치 체계와 그와 상응하는 문화 체계의 네트워크이자 개요이다. 정치문화를 전달하는 매개체로서 정치적 인간관계의 호칭은 가장 간단히 사회화된 형식으로 사람들에게 사회정치 구성에 관한 자아의식을 주입하고 사람들이 기성의 사회 규범을 습득하고 수용할 수 있게 도와준다. 복잡한 인간관계의 상호 작용에서 자신의 역할과 위치를 찾아내고 상응하는 역할 규범으로 말과 행동을 가르치는 것이다. 호칭은 제도화, 도덕화, 문화화된 규정이다. 또한 호칭은 종 방향으로는 대대손손 오랜 세월을 거쳐 전수되며 횡 방향으로는 한 사람에서 또 다른 사람으로 진해져 궁극적으로 사회 전체에 퍼져간다. 정치적 호칭은 사람들의 정치 심리와 정치 행위를 규범화하고 심지어 만들어내기도 한다. 또한 사람들의 관념, 취향 및 행위를 통해 기성의 사회정치 제도와 정치문화 체계를 계승, 유지하고 개선하며 지속시켜 나간다. 정치적 인간관계의 호칭은 정치문화를 인식하고 이해하는 중요한 열쇠이다.

제왕(황제)이란 무엇인가? 제왕(황제)은 어떠한 지위와 권력을 지니는가? 중국의 고대 정치문화는 호칭, 명칭, 기물, 제도 및 관련 정치 이론으로 이 문제를 풀고자 했다. 특히 '황제'를 포함한 각종 군주의 호칭은 가장 개괄적이고 직관적이며 제왕 및 상응하는 사회정치 체계에 관한 가장 중요한 문화적 기호이다. 이 모든 것은 전체 사회 집단이 '군주'에게 내리는 정의이다. 대다수의 군주 호칭은 정치 개념이거나 또는 정치 개념에서 전환된 것이다. 이는 전방위적이고 다각적으로 제왕을 정의하고 있으며 사람들을 제왕 숭배로 이끄는 정치적 기능이 있었다.

명분을 중시하는 것은 중국 고대 정치문화에서 보이는 큰 특징이다. 공자가 정명론定名論을 제기한 이후 사람들은 이를 매우 중시했다. 고대인들은 신분과 지위가 다르면 그에 따른 대우와 규범도 다르다는 당시의 도리를 인정했다. 호칭과 명칭은 위로는 귀천으로 구별하고 아래로는 다름으로 구별했다. 명칭이 혼란스러우면亂名 성스럽지 못하고 법이 없으며 예에 어긋나는 것이었다. 이런 관념의 영향 아래 '명분주의名分主義'라는 꼬리표가 붙은 정치제도를 구축했다. 임금이 임금답고 신하가 신하다우며 아버지가 아버지답고 아들이 아들답다는 것은 군주정치의 기반이자 골간이며 핵심이기도 하다. 임금을 높이고 신하를 낮추며 신하가 임금에게 복종하는 군주신종君主臣從의 등급제도에서 제왕에 대한 호칭의 명목은 매우 많았고 제왕 그 자체는 매우 존귀했다.

선진시대에 편찬된 『이아爾雅』는 중국에서 가장 오래된 말의 뜻과 사물의 분류에 따라 만든 사전으로 군주의 호칭을 '천天, 제帝, 황皇, 왕王, 후后, 피辟, 공公, 후侯, 군君' 등 9가지로 열거했다. 오랜 세월을 거쳐 변화하면서 고대 제왕의 호칭이 수십, 수백 개로 많아졌다. 사람들은 군주의 호칭을 동의어나 유사어로 사용한다. 『노자』에서는 성인, 천지, 왕, 후왕, 왕공, 만승지주(왕), 군, 인주, 정, 장, 군자, 관장[8] 등을 다스리는 치자治者로 호칭했다. 『상군서』에서는 성왕聖王, 천자天子, 왕王, 제왕帝王, 군인자君人者, 주主, 인주人主, 신주臣主, 상上, 만승萬乘 등 군주 호칭을 사용했다. 이를 보면 각종 군주의 호칭에 대한 문화적 의미는 결합되어 있었다고 할 수 있다.

황제제도의 확립은 '황제'의 명칭으로써 각종 군주 호칭의 문화적 의미와 군권 개념을 포괄했다. 또한 상응하는 정치적 인간관계의 호칭을 체계적으로 제도화하고 사회의식화했다. 이들 호칭과 기본 함의는 보통의 신하와 백성에게는 당연한 사회 현실이자 정치적 규범이었다. 일반적인 정론政論과 주소奏疏에서는 말할 필요도 없는 기본이자 전제였다. 경전 문헌과 수준 높은 이론 저작물에서도 통상적으로 주석을 붙여 설명했을 뿐, 논리적으로 증명한 것은 매우 적다. 이들 호칭과 기본 함의가 사람들에게는 깊이 숙고하지 않아도 되고 상세하게 논증할 필요도 없는 불변의 원칙이자 공리로 여겨졌다.

중국 고대사회에서 군주에 대한 호칭은 대체로 종법, 권세, 신비적인 요소, 신성화, 예의 등의 다섯 가지와 관련한 것으로 나눌 수 있다. 이 호칭의 대부분은 선진시대에 생겨났으며 진한시대에 정형화되어 근대까지 계속 불렸다. 역사의 변천 과정을 보면 이 다섯 가지 호칭은 차례로 하나씩 더 생겨났다. 최초의 군주 호칭에는 각종 군권 관념을 포함하는 기본 요소기 있었겠지만 왕에게 붙여진 공식적인 명칭 역시 또 하나의 역사 변천 과정이라고 할 수 있다. 이처럼 하나씩 늘어가는 군주의 호칭은 고대 중국 사회에서 군권 관념이 생기고 발전하는 역사적 과정을 생생하게 말해주고 있다. 황제의 호칭은 군권지상의 관념이 최고조에 달했으며 황권이 독점성과 절대성을 지님을 보여주고 있다. 뿐만 아니라 황제가 지상 최고의 존재였음을 집중적으로 표현하고 있다.

황제라는 호칭은 전체 사회에 보편적으로 인정되는 군권 관념을 응집하며 진시황 개인의 제왕 의식을 보여주고 있다. '황제'와 관련한 각종 군주 호칭의 문화적 의미를 해독하는 것은 진 왕조의 통치 사상, 기본 제도 그리고 진시황의 정치적 마인드와 정치 행위를 심층적으로 이해하는 중요한 방법 중 하나이다. 각종 군주 호칭의 문화적 의미에서 진시황의 제왕 의식에는 사회적, 문화적 뿌리가 깊숙하게 자리잡고 있음을 추측할 수 있다. 진시황의 수많은 정치 행위는 당시 전 사회에 널리 인정되었던 군권 관념과 직접적인 관계가 있다. '진시황 현상'과 '황제제도'는 개인이 만들어낸 것이 아니라 사회 집단이 만들어낸 것이다.

황제는 천하일가 天下一家의 가장

고대 최고 통치자의 존호는 종법적인 속성을 명백하게 보여준다. 군주의 종법적인 호칭에는 '후后' '종주宗主' '군부君父' 등이 있다. 이들 호칭은 군권의 종법적인 속성을 잘 드러내며 문화적으로 군주는 천하의 신하와 백성이 부모와 같은 천하일가의 가장이라는 의미를 내포하고 있다. 초기의 군주 호칭에서 보이는 종법적 속성이 고대 중국의 정치문화 저변에 끼친 영향은 매우 컸다.

종법의 속성을 지닌 군주의 호칭이 가장 먼저 생겨났는데 이것은 고대 국가가 형성되는 과정에서 만들어졌다. 중국 고대의 군주제도는 종법제도와 혈육의 관계가 있다. 초기의 왕권은 전형적으로 군주君-가문家-국가國를 삼위일체로 하는 형식이었다. 종법 관념은 사회 구성원들이 보편적으로 수용하는 사회정치적인 관념으로 현실 정치를 그대로 반영했다. 또한 현실적으로 군권의 유일성과 절대성이 직접적으로 인정되었다. '후后'와 같은 종법적인 호칭이 가장 먼저 왕에 붙여진 것은 종법사회의 구조가 정치화된 필연적인 결과였다.

후后: 집안家과 국가國의 일원화

고증된 문헌을 살펴보면 '후后'는 화하족이 '천하공주天下共主'한 최초의 공식 존호이다. 하나라의 계啓가 무력으로 최고의 권위를 빼앗아 "천자의 자리에 올랐는데 그가 바로 하나라 임금인 계이다."[9] 고대 문헌에서 하나라 왕은 "하후夏后"로, 하나라 왕실은 "하후씨夏后氏"로 불렸다. 후后는 후직后稷과 후예后羿와 같은 모든 군주를 통칭하는 데 쓰였다. 제후는 "군후群后"로 불렸다. 최고 통치자가 군후 위에 군림했기 때문에 "원후元后"라고도 불렸다. 상주商周 이래로 후는 계속 군주를 호칭했다. 후와 관련된 복합적인 호칭도 많았다. 예컨대 후왕后王, 후제后帝, 제후帝后, 피후闢后, 군후君后, 황후皇后, 후군后君, 대후大后, 왕후王后, 종후宗后 등이 있었다. 최고 통치자를 의미한다는 점에서 후后는 '왕' '천자' '황제'와 동의어였다.

후는 과연 무슨 뜻일까? 진한시대 이후의 사람들은 명령을 내리는 사람으로 이해했다. 『설문해자』를 보면 "후는 왕위를 이어가는 군주로 사람의 모습을 상형했다. 부수는 구口이다. 『역易』에는 '후는 명령을 내려 사방에 알린다'"[10]라고 풀이했다. 다시 말하면 문자 '후后'의 뜻은 명령을 내리는 자이며 '후後'라고 읽으며 왕위를 이은 임금을 총칭한다. 단옥재段玉裁(청나라 학자)는 『이아爾雅』 『모전毛傳』 등을 인용하며 '후后'는 왕위를 계승하는 임금을 가리킬 때도 있고 모든 군주를 통칭하기도 한다고 지적했다.

본래의 뜻을 살펴보면, 후后는 종법적인 호칭이었다. 후의 본래 글자는 '육毓'이다. 은허에서 발굴된 갑골문을 보면 "육毓"을 "후后"로 쓰곤 했다. 즉 '후'는 '육'이 와전된 것이다. 갑골문에서 '육' 또는 '후'는 여자가 아이를 낳고 있는 모양을 띠었다. '육毓'자는 본래 낳고 키우는 것을 의미했고 '육育'은 양육을 의미했다. 상고시대에 아이를 낳고 키우는 어머니는 한 집안의 가장이었다. 그래서 상고시대 사람들은 어머니에 의존하고 그를 존경 내지 신성화했으며, 차차 '육毓(后)'자는 사회적 권위를 나타내는 문화적 기호로 변모했다. 그러므로 육毓과 육育은 항상 '장長'의 의미를 지니고 있었다. 『광아廣雅』의 「석언釋言」 편을 살펴보면 "육은 어른이다毓, 長也"라고 적혀 있고 『이아』의 「석고釋詁」 편을 보면 "육은 어른이다育, 長也"라고 전하고 있다. '육毓(后)' 등이 우두머리, 수장의 의미를 지닌 것은 부모의 사회적 역할에서 전환된 것이다. 나라가 등장한 초창기에 '후后'는 수많은 원시적 의미에서 벗어나 군주의 존호가 되었다. '후后'가 '왕王'이 된 것은 '가家'가 '국國'이 된 필연적인 결과이다. 『상서』에 보면 "원후는 백성의 부모이다元后作民父母"라고 했는데 이는 문화 관념적으로 '후后'의 본래 의미에 훨씬 가깝다. 천하 만백성의 부모, 이것은 중국 고대사회에서 최고 통치자의 지위와 권력에서 자주 볼 수 있는 해석이었다.

진시황은 스스로 "황제께서 몸소 성덕을 베푸시어 천하를 평정하시고 다스림을 게을리 하지 않으셨다. 아침 일찍 일어나 밤늦게 잠드시면서 천하를 이롭게 할 원대한 계획을 세우시고 가르치는 일과 깨우치는 일에 전념하셨다"고 찬미하고, "백성의 일을 근심하고 가엽게 여겨 아침저녁으로 게으름을 피우지 않았다"[11]라고 했다. 그는 신하와 백성을 키우고 가르치는 통치자이자 보호자임을 자처했다. 이러한 제왕 의식은 "원후는 백성의 부모이다"라는 군권 관념을 직접적으로 계승하고 있음을 보여준다.

종宗: '천하종주天下宗主'와 '천하일가天下一家'

'종宗' '종자宗子' '종주宗主'는 본래 종법제도에서 종족의 웃어른을 부르는 말이며 또한 오래전에 생겨난, 군주를 가리키는 호칭이다. 이들 호칭을 보면 종법적인 속성을 한눈에 알 수 있다.

『이아』「석친釋親」 편을 보면 "아버지의 친족을 종족이라 한다父之黨爲宗族"라고 적혀 있다. 종족의 가장을 '종자'라고 일컫는다. 종자는 조종祖宗(현대 이전에는 군주를 총칭했음)이고 일족의 주인이며 그의 권력은 군주에 버금갔다. 하·은·주 3대에 종족의 조직은 가장 기본적인 사회 조직이었으며 종법제도는 사회 정치제도의 근간이었다. 집안이 곧 나라이고 나라가 곧 집안이라는 관념은 정치적 현실이었으며 사회 관념으로도 널리 인정되었다. 서주의 희성姬姓 종족을 예로 들어보면 주나라 왕실은 희성 종족이 대종大宗(종가)이며 천자는 왕王者이자 종자宗子였다. 희성 제후들은 국군國君이자 종자였으며 주나라 왕실에 대해 소종小宗이었지만 봉읍받은 봉국封國에서는 대종이었다. 경대부卿大夫 이하 역시 이러한 순서대로 계보를 만들어 가장 낮은 등급의 소종까지 뻗어나갔다. 각 등급의 군주는 모두 대종자로서의 명분을 지니며 정치권력을 행사했다. 이러한 상황에서 종, 종자, 종주가 군주의 호칭으로 변해갔고 종법의 권력 역시 군권을 구성하고 뒷받침하는 중요한 요소가 되었다. 당시에 각 등급의 군주는 모두 종주로 자처하며 신하와 백성을 군림했다.『시경』「대아」 편에 실린 「공유公劉」를 보면 "먹고 마시며 임금으로 받들고 존경한다食之飮之, 君之宗之"라는 구절이 있다. 「모형전毛亨傳」에는 "군은 대종이다爲之君, 爲之大宗也"라는 구절이 있다. 이 두 구절에서 군君과 종宗은 동의어이거나 유사어이다. "임금으로 받들고 존경한다君之宗之"라는 글귀는 군주와 종주가 하나임을 잘 표현한 것이다.

'종宗'은 각 등급의 군주를 통칭한 것이다. 천자, 제후, 경대부 모두 종宗으로 불릴 수 있었다. 여러 종宗 가운데에는 존비귀천의 구분이 있었다. 최고 통치자와 그 외 군주를 구별하기 위해 제왕은 "천하종주天下宗主" "천하종天下宗" "군종君宗"으로 불렸다. 『사기』 「초세가」 편을 보면 "부가 공주를 시해하고 세군의 신하가 되었다夫弑共主, 臣世君"라는 구절이 있고, 『사기색은』을 보면 "공주와 세군 모두 주나라가 스스로 부르는 호칭이다共主, 世君, 俱是周自謂也"라는 구절이 있다. 천하공주와 천하종주는 동의어이다. 또한 정치적으로 천하공주는 종법적인 의미의 천하종주였던 것이다.

천하공주가 천하종주가 된 것은 나라와 집안이 합일하는 정치적 현상과 관념에 그 뿌리를 두고 있다. 나라의 일은 집안 문제이고 집안 문제는 곧 나라의 일이었다. 이와 상응하는 정치적 관념이 '가천하家天下' 세 글자로 응집되었다. 한자에서 '국國'과 '가家'를 나란히 써서 '국가國家'라는 단어를 구성한 것은 나라와 집안일을 하나로 합치는 역사적 현상의 문화적 잔존이며 오랜 세월 '가천하' 문화를 부각시켜 사용한 것이었다.

서주의 종법제도가 고대 중국의 정치제도와 왕권 관념에 크게 영향을 미친 것은 다음 몇 가지 제도에서 볼 수 있다. 첫째, 종자宗子 지존至尊 제도이다. 종자는 조상의 제사를 주관하는 권력을 독점하며 종실의 우두머리이자 종실 군대의 최고 통수권자였다. 그는 가족 예법에 따라 친족의 모든 공공 사무를 관리할 권한이 있었다. 친족의 규정을 위반한 자에 대해 종자는 벌을 내리거나 쫓아낼 수도, 죽일 수도 있었다. 종자의 권력은 나라의 군주와도 같았기 때문에 "종후宗后"[12]라고 불리기도 했다. 둘째, 대종과 소종제도가 있었다. 한 조상을 둔 후손 가운데 적손이 대종이고 그 외는 소종이었다. 세대마다 이와 유사하게 분화되었고 대종이 소종을 지배했다. 시조의 적손인 후손들은 영원히 대종자이자 전체 족장이었다. 이로써 계급형 종족 지배 체계가 형성되었다. 총 족장이 모든 종족을 지배했다. 셋째, 적장자 계승 제도이다. 종자의 직위를 적장자가 계승하는 방식으로 시행했다. 모든 아들은 입적立嫡, 입귀立貴, 입장立長, 입현立賢 등의 원칙에 따라 계승 순서가 정해져 있었다. 적장자가 가장 명분 있는 계승자였다. 넷째, 종묘제도이다. 종묘宗廟는 조상의 신위를 모셔두고 제사를 지내는 곳이다. 이곳은 종족의 유대를 강화하며 종자가 조상과 천지신명의 힘을 빌려 종족에게 명령을 내리는 장소이기도 했다. 종법제도와 종법 관념은 종자의 권력과 지위에 제도적이고 문화적인 근거를 제공했다.

이러한 역사적 조건에서 조祖, 종宗, 족族, 적嫡, 주主 등의 문자는 '본시本始' '정종正宗' '존장尊長' '주재主宰' 등의 의미를 부여했다. 『백호통白虎通』「종족宗族」 편을 보면 "종이란 무엇일까? 종이란 바로 존이다宗者, 何謂也? 宗者, 尊也"라고 전하고 있다. 또한 『광아』 「석고」 편을 보면 "적은 임금이다嫡, 君也"라고 전하고 있다. 진 왕조의 신하와 백성이 진시황을 "조룡祖龍"이라고 부른 것 역시 종법적인 군권 관념과 직접적인 연관이 있다.

종법의 정치화와 정치의 종법화는 다음과 같이 군주제도에 기본적인 정치 법칙을 확립해주었다. 첫째, 군주 유일 원칙이다. 한 집에 주인이 두 명일 수 없고 사士에게 왕이 두 명일 수 없다. 군주 유일 원칙은 종자宗子 유일 원칙에서 시작되어 발전한 것이다. 둘째, 군주는 절대적인 권위라는 원칙이다. 종법에서 가장의 권위는 개인의 독단과 절대적인 복종이라는 특징을 보이고 계급에서 부여된 특권으로 이러한 권위를 달성했다. 종자가 족인族人에게, 대종이 소종에게, 부모가 다른 가족 구성원에게 행사하는 특권은 정치의 법칙으로 변형되었다. 이것이 군주 독재와 군주 전제이다. 셋째, 군주가 모든 것을 소유하는 원칙이다. 종법의 가장은 가정의 모든 재산을 점유하고 지배하는 자이다. 처첩, 자녀, 노복奴僕 모두 그의 사유재산으로 나눌 수 없는 부분이었다. 이러한 법칙은 토지와 백성 등 왕의 소유가 아닌 것이 없으며 이는 왕권이 점유하고 모든 것을 지배하는 정치적 원칙으로 변모했다. 넷째, 군권 종법 계승제도이다. 종법의 관념에 따라 아들이 아버지의 뒤를 잇는 것은 당연한 일이며 이는 다시 왕위 세습이라는 정치적 법칙으로 변모했다. 다섯째, 신하와 백성의 절대 의무 원칙이다. 이 원칙은 임금과 아버지는 일체라는 정치적 규범으로 표현되었으며 충효가 정치적 도덕 준칙의 일반적이고 포괄적인 내용으로 자리잡았다. 여섯째, 나라를 다스리는 일은 집안을 올바로 세우는 일과 같다는 원칙이다. 집안과 나라가 하나라는 것은 윤리 정치의 출발점이자 토대이며 집안과 나라의 정치적 규정에 역사적 본보기이자 문화적 뿌리, 현실의 근거라는 의미를 제공했다.

진시황의 통치 이념은 법가의 영향을 많이 받았기 때문에 종법의 성향은 별로 짙지 않았다. 그러나 기본적으로 위에서 설명한 군권 관념은 계승했다. 그는 황세 유일, 군주전제, 중앙집권의 대제국을 건설했으며 전국의 토지와 백성을 자신의 사유재산으로 여겨 "천지 사방이 황제의 땅이며" "사람의 발걸음이 닿는 곳에 신하 아닌 자가 없다"라고 밝혔다. 그는 전국의 신하와 백성에게 충성을 요구했고 그의 가업과 황위를 자손에게 전하며 "짐을 시황제라 부른다. 후세는 수를 세어 이세, 삼세에서 만세에 이르기까지 끝없이 전하도록 하라"[13]고 공언했다. 종법적인 군권 관념은 여전히 진 왕조 통치 사상에서 없어서는 안 될 중요한 부분이었다.

군부君父: 군부일체 및 '왕도삼강王道三綱'

'군부君父'는 고대 문헌에서 사용 빈도가 매우 높은 종법적인 성격의 군주 호칭이다. "효, 경, 충, 절은 군부가 편안해하는 것이다."[14] 그 뜻을 더 살펴보면 이른바 군부는, 즉 아버지로서 임금의 위상을 부여하고 임금으로서 아버지의 위상을 부여하는 것이다. 임금과 아버지는 둘이 아니라 하나라는 의미이다. 군부와 대칭되는 것으로 신하와 자식이 있다. 신자臣子라는 호칭은 자식으로서 신하의 위상을 부여하고 신하로서 자식의 위상을 부여했다. 임금과 아버지가 하나이고 신하와 자식이 하나인 것은 충효일체 사상의 근거가 되었다.

아버지는 '집안의 임금家君'이고 임금은 '나라의 아버지國父'였다. 처음에 아버지와 임금은 동의어였을 것이다. 초기의 군주라는 호칭은 다수가 가장의 호칭에서 변화한 것이다. 『광아』「석친釋親」 편에서 "공은 아버지이다公, 父也"라고 했으며, 『이아』「석고」 편에는 "백은 우두머리이다伯, 長也"라고 했다. 공과 백 역시 분명히 가장을 일컫는 말이다. 옛 문헌에서 아버지와 임금은 같은 뜻의 글자로 해석한 사례가 많았다. 게다가 역대 유학자도 아버지가 임금이고 임금이 곧 아버지라는 점을 누누이 강조했다. 『효경孝經』에서의 군부일체와 충효일체에 관한 서술이 가장 대표적이다.

군부君父와 자민子民 관념은 중국 고대사회의 정치문화에서 볼 수 있는 가장 중요한 특징이다. 유가학파는 군부와 자민 관념을 핵심으로 전체 학문체계를 구축했다. 선진시대의 도가, 묵가, 법가, 음양가, 명가, 잡가 등 제자백가 역시 이러한 문화적 정형화를 완성하고 발전시키는 데 크게 기여했다. 심지어 군부 관념이 형성된 것을 기반으로 한 '군신대의君臣大義'와 '삼강오상三綱五常'은 고대의 가장 중요한 정신적 속박이었다. 모든 종법 문화를 숭배하는 자는 여러 경로로 군부 숭배를 지향할 수밖에 없었다.

진시황의 통치 시기에 '삼강오상'의 이론은 공식적으로 형성되지 않았지만 공자가 강조한 "임금이 임금답고 신하가 신하답고 아버지가 아버지답고 아들이 아들다운君君, 臣臣, 父父, 子子" 관념은 일찍이 사람들 마음속에 깊숙하게 자리잡았다. 『여씨춘추』 「처방處方」 편에 "무릇 나라를 다스리려면 반드시 먼저 명분을 정해야 한다. 임금, 신하, 아버지, 아들, 남편, 부인 각자가 제자리에서 명분을 지키면 지위가 낮은 자가 예법을 초월하거나 지위가 존귀한 자가 제멋대로 행동하지 않는다"[15]라는 구절이 있다. 『한비자』 「충효」 편에서도 선대의 관점을 인용하여 "신하는 임금을 섬기고 자식은 아비를 섬기며 부인은 남편을 섬겨야 한다. 이 세 가지를 지키면 천하가 잘 다스려진다. 이것은 천하가 항상 지켜야 할 노리이다"[16]라고 씌어 있다.

선진시대의 주요 사상 유파는 강상의 윤리에 대한 몇 가지 기본 사항과 공감대를 형성하고 있었다. 진시황은 한비의 이론에 매우 공감하면서 "법도를 바로잡으니 만물에 기강이 생겨났다. 인사를 밝히니 아버지와 아들이 화목해졌다"[17]라고 자찬했다. 그는 신하와 백성에게 충성스러운 신하와 효성 지극한 자식이 되라는 명을 내렸으며 제도를 마련하고 법을 세우는 과정에서 남존여비, 부존부비, 부존자비, 군존신비 등 각종 전제주의 사회법칙을 엄격하게 보호했다.

후, 종주, 군부 등 종법적인 군주의 호칭은 정치적 사유라기보다는 전통적인 사유 방식의 산물이다. 정치적 수준이 낮은 시대에 사람들은 정치 현상에 대해 충분한 인식을 하지 못하여 종족과 국가, 가장과 정치적 수장, 윤리와 정치가 서로 뒤섞여 있었다. 일부 고유의 권위 숭배를 약간 바꾸면 관념적으로 군주정치 체계를 충분히 유지할 수 있었다. 중국 고

대사회에서 종법적 성격의 왕권 관념은 중국 군권의 신앙체계에서 가장 초기의 것에 해당하며 중요한 문화적 요소 가운데 하나였다. 그러나 이렇게 소박하고 우매하기까지 한 관념만으로는 국가를 통치할 수 없었으며 복잡하고 다채로운 정치 현상을 제대로 해석하기는 더더욱 어려웠다. 사회 정치의 발전에 따라 정치에 대한 사람들의 인식과 지식이 갈수록 높아졌다. 이에 새로운 군주의 호칭이 생겨난 것이다.

지고지상과 지존지귀에 관하여

군주는 정치적인 존재이다. 지고무상한 정치적 지위와 권력, 세력에 기대어 대외적으로 정복 전쟁을 벌이고 대내적으로는 온 백성을 상압하는 전제주의를 실행하며 천하를 지배했다. 이것이 바로 왕권의 본질이다. 그러므로 군주의 권세와 지위를 표현하는 문화적 기호를 보면 권세와 관련된 호칭이 그 종류도 많고 숫자도 많았다. 이들 호칭은 다양한 관점에서 볼 때 왕권의 존엄과 내용을 잘 보여주며 이는 곧 정치적, 문화적으로 각종 정치권력이 군주에게 집중되어 있음을 의미한다. 즉 왕권지상주의를 뜻하는 것이다.

왕王: 전쟁과 '왕천하王天下'

'왕'은 천하공주의 두 번째 공식적인 존호이다. 갑골문과 금문 그리고 『상서』와 『시경』에서 상나라와 주나라의 최고 통치자는 모두 "왕"으로 기록되어 있다. 제후국의 군君이 자신의 봉지 안에서 왕으로 불리기도 했다. 예컨대 「산씨반散氏盤」에 새겨진 명문을 보면 열후列侯를 "열왕列王"으로 불렀고 문헌에서 이들 왕은 "왕공王公" "후왕侯王" "왕후王侯" 등으로 불리기도 했다. 진한시대 이후 왕은 귀족 중에서도 최고의 자리에 있었다. 하지만 '왕천하'에서 '왕'은 최고 통치자를 가리켰다. 제후왕상과 구별되는 왕은 또 "천하왕" "천주天主"로 불렸다. 예를 들어 『노자』 87장을 보면 "나라의 상서롭지 못한 것을 감수하는 자가 천하의 왕이 된다受國不詳, 是爲天下王"라고 쓰여 있다. 왕은 다른 군주의 호칭과 함께 사용되어 복합적인 호칭을 수없이 만들어냈다. 가령 제왕帝王, 황왕皇王, 천왕天王, 성왕聖王, 군왕君王, 후왕后王, 왕후王后, 벽왕闢王, 왕군王君, 왕자王者, 왕인王人, 패왕覇王, 왕공王公, 후왕侯王, 왕후王侯, 대왕大王 등이 있다.

'왕'은 본래 부월斧鉞을 뜻하는데 부월은 고대 통치자의 권력을 상징하는 기물이었다. 이는 권력을 상징하고 군주의 호칭으로 군주에게 생사여탈의 권한이 있음을 나타냈다. 왕은 가장 먼저 군주의 권세와 지위를 의미하는 문화적 기호였다. 틀림없이 이 호칭이 생겨난 초기에 권세를 나타내는 호칭이었을 것이다.

갑골문과 금문에서 '왕'은 '월鉞'이 변형된 글자였다. 월鉞은 매우 큰 도끼인데 병기이자 권력을 상징하는 도구였다. 부월은 상고시대의 선민들에게 매우 중요한 도구이며 무기이자 재물이었고 점차 사회적 권위를 뜻하는 문화적 기호로 변화해갔다. 부월의 상징적 의미는 다음과 같다.

첫째, 부월은 부권의 상징이다. 부斧, 부父, 왕王, 이 세 글자 사이에는 내재적인 연관이 있다. 부월은 집안의 가장을 상징했지만 부권에서 군권으로 변화하는 과정에서 통치자를 의미하는 쪽으로 변화하는 것은 당연한 수순이었다. 『이아』의 「석친」 편을 보면 "부는 왕부이고 모는 왕모이다

父之考爲王父, 母之考爲王母"라는 구절이 있다. '왕'의 용법에는 서열이 높다는 의미가 있다. 즉, 왕은 문화적으로 지위가 높은 종주를 의미하기도 한다.

둘째, 부월은 군사적 통솔권을 상징한다. 예기禮器로서 옥월玉鉞은 최초로 양주良渚 문화 유적에서 발견되었다. 하夏 문화 유적에서 기호화된 옥월과 궁전, 도성은 모두 국가 정권을 상징했다. 상주商周의 문화 유적에서 상징적인 의미가 있는 청동기가 대량 출토되었다. 문헌에서 군사 통솔자는 모두 권력을 상징하는 부월을 가지고 있었다. "탕은 즉시 도끼를 들고 곤오를 정복하고 마침내 걸왕까지 정벌하고자 했다."[18] 이는 최고 군사 통솔자가 직접 출정한 사례이다. "주공 단은 큰 도끼를 들고 필공은 작은 도끼를 들고 무왕의 좌우에 섰다."[19] 이는 부월의 모양과 크기 또한 권력의 등급을 구별짓는 주요한 지표였음을 알 수 있다. 이는 군권이 초기 왕권을 뒷받침하는 가장 중요한 요소였음을 말해준다. 정권은 군권에서 변모한 것이었다.

셋째, 부월은 형벌을 내리고 포상을 주는 대권을 상징했다. 고대사회의 정치의식에서는 병兵과 형刑을 구분하지 않았다. 『한서漢書』의 「형법지刑法志」를 보면 "이에 성인은 하늘이 질서를 부여하는 것에 따라 오례를 정했으며 하늘이 벌하는 것에 따라 오형을 만들었다. 가장 큰 형벌에는 무장 군인을 동원하고 그다음 단계에서는 부월을 사용했다. 중간 수준의 형벌에는 칼과 톱을 쓰며 그다음의 형벌에는 끌과 송곳을 썼다. 가장 낮은 형벌에는 채찍과 몽둥이를 썼다. 죄가 큰 자는 그 몸뚱이를 허허벌판에 내다놓고 죄가 작은 자는 몸뚱이를 시장에 던져두었다. 이러한 형벌이 따르게 된 이유는 위에서 살펴본 것과 같다"[20]라는 구절이 있다. 요임금, 순임금, 우임금 시대에 이미 형법이 있었다. 특히 '대벽지형大闢之刑'은 가장 잔혹한 형벌 가운데 하나로, 대벽大闢이란 부월로 참살斬殺하는 것이었다. 『설문해자』에 "참斬은 수레를 이용하여 베는 것으로 그 방법을 거열이라 한다斬以車斤, 斬法車裂也"라는 구절이 있다. 단옥재는 "이것은 수레를 뜻하며 옛날에는 거열을 사용했다. 훗날 사람들은 거열의 뜻을 본받아 부월을 사용했다. 그러므로 글자 또한 차車의 부수에 속한다. 도끼도 부월의 한 종류이다"[21]라고 해석했다. 부월은 병기이자 형구刑具였기 때문에 형법을 상징하게 되었다. 대월大鉞을 가지고는 사람의 몸을 산산조각 내거나 간담을 서늘하게 할 수 있었다. 그러므로 대월은 왕권의 의지와 법제도의 위엄을 상징하게 되었고, 그 이름을 듣고 그 형체를 보고 맹목적으로 숭배하거나 굴종하지 않는 이가 없었다. 이것이야말로 부월이 왕권을 상징하는 본뜻이다.

넷째, 부월은 공공질서와 사회정의를 상징한다. 병형兵刑으로 죄악을 처벌하고 무도함을 타도했기 때문에 당연히 부월은 질서와 정의의 화신이 되었다. 선진시대에 부월의 상징적 의미는 매우 부각되었다. 『사기』「주본기」를 보면 주나라 무왕이 큰 도끼를 쥐고 직접 정벌에 나서면서 "황금으로 장식된 도끼로 주의 머리를 참수했다以黃鉞斬紂頭"는 기록과 검은색 도끼玄鉞로 애첩의 머리를 잘랐다는 기록이 그 전형적인 예이다. 왕의 군대가 향하는 곳을 부월이 가리키고 있다는 것은 정의가 천하에 실현되었음을 의미한다. 그러므로 왕이 직접 '천토天討'(천자가 직접 군대를 보내 토벌함)한 부월은 "천월天鉞"이라 불리기도 했다. 월鉞에서 변천하여 왕 역시 정의와 질서의 화신이 되었다.

다섯째, 부월은 천하공주와 최고 권력을 상징했다. 사람들의 정치 관념에는 예악과 정벌, 대권은 반드시 왕이 하는 것이며 다른 사람은 엄두도 못 낼 일이라는 생각이 지배했다. 부월은 왕뿐만 아니라 제후와 여러 장수도 지닐 수 있었다. 그러나 관념적으로 제후와 장수의 권력은 왕이 부여한 것이었다. 그러므로 천자의 부월과 제후의 부월은 모양과 등급이 다르고 재질도 달랐다. 오직 왕이 지닌 부월만이 최고 권력을 대표했으며 다른 부월은 왕의 권력에서 파생된 것에 불과했다. 최초에 최고 통치자만 왕으로 불릴 수 있었던 것은 아마 이런 이유에서 비롯되었을 것이다. 『의례儀禮』의 「근례覲禮」 편에 "천자는 부의를 출입구와 창 사이에 둔다天子設斧依于戶牖之間"라는 구절이 있으며, 『공자가어孔子家語』의 「관주觀周」 편에는 "부의를 메고 남면하여 제후들을 조회한다負斧扆南面以朝諸侯之圖焉"라는 구절이 있다. 부의斧扆는 병풍 모양의 기물로 도끼 무늬가 수놓여 있으며 천자가 의식을 거행하고 선정善政하는 곳에 놓였다. 그래서 알현하러 들어오는 신하와 백성에게 부월 앞에 있는 사람이 왕이고 온 천하에서 유일하게 왕만이 지고무상한 존재라고 선포했다. 이는 아마 부의의 형상으로 '왕'이라는 문자를 만들어낸 속마음일 수도 있다.

춘추전국시대의 문헌에서 '왕'은 권세를 지닌 사람이었다. 공자는 "예악과 정벌은 천자로부터 나온다"[22]고 말했다. 순자는 "법률과 기율을 엄격히 하는 것이 왕의 일을 다하는 것이다"[23]라고 말했으며 "제후들을 자신의 신하로 만들 수 있다"라고도 했다. 제자백가의 저작을 보면 이와 유사한 말을 자주 볼 수 있다. 간단히 말해서 "왕이란 것은 세력이다. 왕이란 것은 적이 없는 세력이다. 세력에 적이 있으면 왕은 폐위된다."[24]

이와 동시에 왕의 문화적 함축이 더욱 풍부해져 주로 이러한 호칭이 도덕화되고 신성화되었다. 노자는 "공은 왕이고 왕은 하늘이며 하늘은 도이고 도는 오래간다"[25]라고 말했다. 그러나 제자들은 이러한 생각을 따르지 않아 왕은 공, 천, 도와 같은 뜻의 개념이 되었다. 또한 노자는 "그러므로 도, 천, 땅이 크니 왕 역시 크다"[26]라고 했다. 제자들은 이러한 생각에 따라 왕에 '대大'라는 뜻을 포함시켰다. 『광아』「석고」 편에 "왕은 크다王, 大也"라는 구절이 있다. 맹자와 순자 등 유가 학자들도 민심을 얻는 데 왕도와 왕정의 작용을 과대포장했다. 제자들은 이러한 생각을 더욱 발전시켜 "왕은 천하가 향하는 것이다"[27]라고 했다. 이는 진한시대 이후 주류를 차지했던 왕권 관념이다. 『장자莊子』에서 "내성외왕內聖外王" 사상의 명제가 제기된 이후, '왕王'과 '성聖'은 모두 고대 중국에서 가장 중요한 도덕의 범주 중 하나가 되었다.

진시황은 '왕'을 '황제'로 격상시켰다. 진나라 효공과 상앙은 '왕도王道'를 행하여 '왕천하王天下'가 되는 것을 정치적 목표로 삼았다. 그 이래로 진나라의 여러 왕들은 부단히 주변국을 정벌하고 법과 제도를 정비했다. 그리고 왕업을 확충하여 드디어 진시황 대에 제업을 성취했다. 말하자면 진시황은 '왕천하'의 '왕'이었다. 그의 지위와 권세 그리고 관념은 '왕'의 정치문화적 의의를 구체적으로 구현한 것이었다.

군君: 토지와 백성을 지배하며 명령하는 자

'군君'은 가장 빈번하게 사용한 군주의 호칭 중 하나이다. 군君과 주主가 합성된 '군주君主'라는 호칭은 훗날 가장 일반적인 정치적 범주가 되었다. 왕과 마찬가지로 군의 문화적 의의 역시 매우 풍부하다. 가장 중요한 의의를 다음과 같이 세 가지로 나눠볼 수 있다.

첫째, 군君은 명령을 내리고 타인을 지배하는 지존한 존재였다. 『설문해자』에 "군은 존귀하고 윤尹과 구口를 구성하며 구口로써 명령을 내린다君, 尊也, 從尹, 口, 口以發號"라는 구절이 있다. 윤尹은 다스리는 것이며 구口는 명령을 내리는 것이므로 군은 통치자가 명령을 내리는 형상이다. 군의 원뜻은 명령을 내리는 권위와 거만하고 존귀한 자를 나타낸다. 군은 정치권력을 지닌 모든 사람을 칭한다. 천자는 군종君宗과 대군大君, 제후는 방군邦君과 국군國君, 경대부는 봉군封君으로 불렸다. 또한 군주와 군자로 불리기도 했고 군은 모든 지배자를 통칭하기도 했다.

부모를 군君으로 부르는 것 외에도 여자가 고종사촌을, 아내가 남편을, 첩이 본처를 군君으로 불렀다. 고대의 문화 관념에서 모든 지배자는 권력 범위 안에서 절대적인 권위를 지녔기 때문에 군君은 지존至尊으로 통하기도 했다. "아버지는 지존이고 (…) 천자는 지존이다. (…) 군은 지존이며 (…) 남편은 지존이다"[28]라는 구절이 있다. 아버지, 천자, 군君, 남편夫은 각각 아들, 제후, 경대부, 처첩에 대해 지존한 존재였다. 그들은 '가장 지존했기尊中至極' 때문에 사회의 정치관계 모두 군신관계에 속하거나 그와 동일하게 간주했다. 이는 문화 관념적으로 군자君者를 위해 모든 것을 '극진하게至尊' 받들었던 것이다. 군은 일종의 권세를 칭하며 사람과 사람의 권력관계를 규정한 것이었다.

둘째, 군은 토지와 백성을 지배한 자였다. 『의례』 「상복喪服」 편에 "군은 땅이 있는 자를 일컫는다君謂有地者也"라는 구절이 있다. 정현鄭玄(후한의 유학자)은 이 구절에 대해 "천자 및 제후, 경대부는 모두 땅을 지닌 자였으므로 군이라 불렸다"라고 해석했다. 이는 정치적 호칭으로서 군은 군신의 군, 즉 토지와 백성을 지배한 자를 특정적으로 지칭했음을 보여준다.

셋째, 군은 사람을 취합하는 힘을 나타낸다. 『주서周書』 「시법謚法」 편에 "무리를 이루어 따르는 자를 군이라 한다從之成群曰君"라는 구절이 있다. 그리고 『순자』의 「왕제王制」 편에서는 "군자는 잘 모이게 한다君者, 善群也"라고 했다. 여기에서 '군群'은 '군君'의 중요한 뜻 중 하나이다. 이 의미에서 군은 수많은 사람을 모으고 통솔하며 지배한다. '잘 모이게 한다善群'라는 뜻으로 군을 해석하는 것은 군君과 군群을 함께 제기하여 인간관계에서의 군주를 인식하는 것이고 군群과는 구별해야 한다. 정치적으로 군은 만인 지상에 있으면서 지배 권력을 지닌 사람이었다.

위에 소개된 군의 문화적 의의를 종합해보면 군은 권력과 토지, 백성을 차지하고 지배하는 자였다.

이는 정치학적 의미에서 '국가'를 구성하는 세 가지 기본 요소이다. 맹자는 "제후에게는 세 가지 보물이 있다. 토지와 백성, 다스림이 그것이다"[29]라고 했다. 이는 서양에서 제기한 '국가 3요소'설보다 2000년 이상 앞서 있다.

군은 다양한 사회적 영향력을 통칭한다. 각양각색의 군을 구별하기 위해서 사람들은 군과 관련된 각종 복합적인 호칭을 사용한다. 특히 '군주'는 정치적인 군을 호칭하는 데 사용되고 가군家君, 엄군嚴君, 부군夫君 등과 구별된다. 이들 군주의 호칭은 매우 많다. 예를 들면 군왕君王, 주군主君, 벽군闢君, 왕군王君, 군종君宗, 군장君長, 군제君帝, 제군帝君, 군상君上, 대군大君, 군부君父, 군자君子, 천군天君, 군후君后 등이 있다. 이들은 군을 또 다른 군주의 호칭과 호응시켜 호칭의 독점성을 강화했다. 다른 호칭과 결합하여 사용하기도 했다. 즉 사람 인人과 군君이 합쳐져 인人은 백성을, 군君은 주인을 의미했다. 예컨대 '인군人君'은 백성의 주인이고 '군인자君人者'는 백성을 통치하는 사람을 가리켰다. 이렇게 군과 백성의 정치적 관계를 규정한 것이 군주였다. 선진시대에 '군君'과 '군君의 군君'을 구분하기 위해 사람들은 '대군大君'이라는 호칭을 만들어냈다. 『주역』「사괘師卦」 편을 보면 육효사六爻辭에 "대군에게는 나라를 세우고 가업을 계승하는 사명이 있다大君有命, 開國承家"라는 구절이 있다. 여기에서 대군은 군의 군, 즉 최고 통치자를 지칭했다. 대군의 호칭은 대와 군을 같이 써서 군에 대大의 뜻을 부여했다. 『시경』 「대아大雅」 편 「문왕유성文王有聲」에 "황왕을 받드는구나皇王維闢"라는 구절이 있으며 「모형전」에는 "황은 크다皇, 大也"라는 구절이 있다. 또한 이 구절에 대해 공영달孔穎達(당나라 초기의 학자)은 "황은 군이다. 군 역시 크다는 뜻이 있다. 그러므로 크다"라는 주석을 붙였다.

진시황은 틀림없는 '대군大君'이었다. 그는 '법령유일통法令由一統' 제도를 시행하며 '명命을 제制라 하고 영令을 조詔라' 호칭하라고 규정했으며, "해와 달이 비추는 곳과 배와 수레가 다니는 곳 모두 황제의 명을 따르니 뜻을 얻지 못함이 없다. 계절에 맞게 일하는 것은 오직 황제뿐이었다"[30]라고 자찬했다. 그는 또한 "천지 사방이 모두 황제의 땅이다"[31]라고 선포했다. 그가 이렇게 말한 근거는 바로 '군君'이 내포하는 군권 관념에 있었다.

만승: 군사통수권과 부역賦役징수권

'만승萬乘' '천승千乘' '백승百乘'은 모두 군주의 호칭이었다. 춘추전국시대의 문헌을 살펴보면 만승, 천승, 백승이라는 세 가지 호칭으로 여러 정치적 실체를 불렀다. 만승으로 호칭하는 나라에 대해 군주를 "만승지주萬乘之主"라고 부르기도 했다. 『노자』 26장에는 "어찌 1만 대의 수레를 가진 군주가 세상을 가볍게 대하겠는가"[32]라는 구절이 있고, 백서帛書 갑본甲本과 을본乙本에는 "만승지왕萬乘之王"으로 쓰여 있다. 진한시대 이후 만승은 최고 통치자의 호칭이 되었다.

승乘은 고대의 계량 단위였다. 고대의 전차 1대와 갑졸甲卒(무장한 군사)

몇 명이 1승을 의미했다. 이는 병력의 단위이자 군역의 단위였다. 『한서』 「형법지」에 "천자가 직접 관할하는 경기 지방은 1000리이고 100만 정井을 봉하여 세금으로 64만 정을 정하고 군마 4만 필, 전차 1만 승이므로 만승지주라고 불린다"라고 쓰여 있다. 역대 학자들은 1승의 세금 징수 방법과 1승의 군대 병력의 구성에 대해 여러 가지 해석을 내놓았지만 한 가지만은 모두 동의한다. 그것은 즉, 계급의 높고 낮음과 영역의 크기, 호구의 많고 적음 그리고 국력의 강약이 군주가 만승지군인지, 천승지군인지 또는 백승지군인지를 결정한다는 점이다.

"오늘날 무릇 사람이 많고 병력이 강한 것은 제왕의 커다란 자산"[33]이라고 했다. 만승이란 호칭은 왕권의 두 구성 요소를 중점적으로 드러내고 있다. 그것은 군사통수권과 부역의 징수권이다. 부역징수권은 제왕이 토지와 백성을 지배함을 보여주는 것으로 국가 재정의 주요한 출처였다. 또 군사통수권은 왕권을 지탱하는 버팀목이었다. 만승의 호칭은 재정과 군대에 대한 군주의 지배를 의미했고 이는 고대사회에서 가장 중요한 정치적 자원이었다.

이 책의 제도편과 법제편에서 진 왕조의 통치 근간이 되는 군사제도와 경제제도에 대해 상세하게 설명할 예정이다. 진시황은 명실상부한 '만승萬乘'이며 군사통수권과 부역징수권을 굳건하게 장악했다. 그리고 정치적, 군사적, 재정적 실력에 기대어 천하를 손안에 넣고 군림했다.

정장正長: 최고 행정권력의 지배자

'정正' '장長' '관官' '영令'은 모두 군주의 호칭이었다. 이들 호칭을 통해 군주가 최고 행정권력의 지배자라는 점을 알 수 있다.

'정正'은 선진시대 문헌에서 자주 볼 수 있는 군주의 호칭이었다. 『광아』 「석고」 편에 "정은 군이다正, 君也"라는 구절이 있다. 최고 통치자 역시 "천하정天下正"으로도 불렸다. 정은 또한 정政과 뜻이 같았다. 『설문해자』에는 "정은 정이다政, 正也"라고 쓰여 있다. 『설문통훈정성說文通訓定聲』의 「정부鼎部」에서는 많은 문헌을 인용하여 정正과 정政을 풀이하며 정正에는 군君, 장長, 정政 등 여러 가지 뜻이 있다고 지적했다. 이른바 정政은 명령을 내리고出令 바로잡으며匡正 법령을 정비하여刑禁 무리를 통솔하고 백성을 바로잡는 것을 뜻했다. '정正'이 명령을 내리는 것을 두고 '정政'이라 했다. "정政은 군君이 몸을 숨기는 것이다"[34]라고 했다. 군주의 호칭으로서 정正은 정치적, 문화적으로 정사를 주재하는 것을 의미했다.

'장長'은 정正과 같은 뜻으로 또 다른 군주의 호칭이다. 『이아』 「석고」 편에 "정은 장이다正, 長也"라고 쓰여 있다. 장은 정치권력을 지닌 모든 사람을 통칭했다. 차별을 두기 위해 군주의 호칭을 가리키는 장을 장상長上, 군장君長으로 불렀다. 『시경』의 「대아」 편을 보면 「황의皇矣」에 "우두머리와 임금의 자질이 있다克長克君"라는 구절이 있다. 장長, 장상長上, 군장君長의 호칭은 군주의 정치권력을 나타냈다.

또한 정, 장과 같은 의미의 군주 호칭으로 '관官'과 '영令'이 있다. 『광아』 「석고」 편에 "관, 영, 장, 정은 군이다官令長正, 君也"라는 구절이 있다. 삼왕의 시대에 관은 군주의 호칭이었다. '영'은 원래 명령, 호령을 의미했다. 『설문해자』에 "명은 부리는 것이고 입으로 호령한다命, 使也, 從口令"라고 쓰여 있으며, 단옥재段玉裁는 "영자는 호령을 내리는 것으로 임금의 일이다"라고 해석했다. 명령과 호령을 내리는 것은 임금의 특권이었기 때문에 '영'으로 군을 호칭했다. 관은 즉 '다스리는管 것'이고 영은 '명령하는 것'

이다. 군주는 정치적으로 관리자이며 명령과 호령을 내리는 자였다. 군주의 호칭으로서 관과 영은 모두 정치적 권위를 상징했다.

정, 장, 관, 영 등은 모두 '정치적 수장'으로서의 군주를 의미했다. 군주는 또한 "정장正長" "정장政長"으로도 불렸다. 묵가는 이런 호칭을 가장 선호했고 정장正長과 정장政長을 혼용하여 사용한 때도 있었다. 『묵자墨子』에서 정장正長과 정장政長은 위로는 천자를 지칭하고 아래로는 집안의 가장家君을 지칭하는 정치적 우두머리로 사용되었다. 천자는 최고의 정장이었고 그는 '하늘의 뜻과 합치해야' 하는 책임이 있었다.

진시황이 장악한 최고 권력은 가장 대표적인 '하늘의 뜻과 합치해야' 하는 '정장政長'이었다. 그는 삼공구경제도, 군현제도, 관료제도 등을 시행하면서 모든 정치권력을 장악해갔다. 재상과 구경 이하의 관료들은 모두 황제의 신하였다. 진시황을 찬양하는 일각에서는 "신하들은 본분을 지키고 각자 해야 할 일을 알게 되었다"라고 칭송했지만, "승상과 대신들은 이미 결정한 일을 받아들이기만 하며 위에서 결정하는 대로 따랐다"[35]라고 비판하는 사람들도 있었다. 황제는 명실상부한 최고의 행정수반이었다. 진시황의 이런 행위는 당시 통행되었던 군권 관념에 부합했으며, 그가 행정권력을 독점한 것은 사회문화적 기반이 형성되었음을 말해준다.

태상, 원수, 지존, 민주:
천자가 아니면 법을 만들 수 없다

'상上' '원元' '존尊' '주主' 등의 군주 호칭은 군주와 신하 사이의 사회정치 등급관계를 규정하는 유형에 속했다.

'원元'과 '수首'는 모두 군주의 호칭이었다. 『광아』 「석고」 편에 "원과 수는 군이다元首, 君也"와 "원과 양은 장이다元良, 長也"라는 구절이 있다. 원, 수, 양 모두 군장으로 풀이할 수 있다. 원과 수는 원래 머리를 의미했다. 사람이 태어날 때 머리가 먼저 나오기 때문에 뜻의 시작으로 확장되었다. 위두爲頭, 위상爲上, 위시爲始, 위대爲大 등의 의미는 모두 군주를 비유하거나 지칭할 수 있었다. 예를 들면 『이아』에서 '대大' 항목에 형병邢昺이 소疏를 붙인 것을 보면 "군이고 대이다. 선자先者와 시자始者는 앞선 것이 없음을 이른다. 군자는 지존한 호칭이다. 대大는 포함하지 않는 것이 없음이다"36라고 했다. 이렇게 말의 뜻을 결합하고 연관시켜 군주에 주석을 붙이는 방식은 고대 문헌에서 자주 볼 수 있다. 말의 뜻을 모으는 작업의 근거는 사회 대중의 문화적 관념 체계에 두고 있다. 원元, 수首, 양良의 여러 뜻을 광범위하게 연관시켜 사용함으로써 중요한 군주 호칭이 만들어졌다. 원수, 원량, 수장 등은 비슷한 말이 합쳐져 형성된 것이다. 원수는 보통 최고 통치자를 지칭한다. 원량元良은 태자, 제군諸君을 호칭할 때 많이 쓰였다. 지상至上, 존대尊大, 주통主統은 원과 수의 호칭이 지닌 주요한 문화적 의미였다.

'원수元首'는 최고 통치자를 가리키는 호칭 중 하나이다. 이는 주로 문화적으로 지존至尊, 존극尊極을 의미했으며 최고 수뇌를 지칭했다. 원수는 천하의 모든 백성을 지배하는 자였다. 원과 관련한 복합적인 호칭에는 원후元后와 원군元君 등이 있었으며 원수와 똑같이 최고 통치자로서 천하 제일의 왕을 지칭했다. 원수의 호칭은 지배자로서 임금과 신하의 권력관계를 생생하게 규정하고 있다. 이것과 대칭되는 호칭으로 '고굉股肱' '조아爪牙'가 있다. "천자는 밝고 신하들은 어질었다. 그래서 모든 일이 편안했다."[37] 원수는 원래 머리를 뜻했는데 여기서는 임금을 비유하고, 고 굉은 원래 허벅지와 팔을 의미했는데 여기서는 신하를 비유했다. 원수 와 고굉의 비유는 군신관계를 논할 때 늘 사용되는 비유법으로 군신의 상호 보완적인 관계를 입증했다. 또한 머리는 신체에서 결정적인 기관이 다. 이를 정치적으로 볼 때 원수는 지배적인 역할을 했던 것이다. 원수와 고굉의 비유는 불가분의 관계에 있는 군신관계를 적절하게 규정한 것이 었다. 임금은 지배적인 지위에 있었고 신하는 없어서는 안 되는 존재였 다. 머리가 사지와 몸통을 조종하듯이 군주는 신하와 백성을 지배했던 것이다.

'상上'은 고대사회에서 가장 자주 사용된 군주 호칭 중 하나였다. 『광아』 「석고」 편에 "상은 군주이다上, 君也"라는 구절이 있다. 상上과 하下 사이에 는 지배와 복종의 관계가 있었다. 예컨대 『묵자』 「천지天志 상」 편에 "또 의 且란 올바른 것이다. '아랫사람下'을 따라 '윗사람上'이 바로잡히는 일은 없 고 반드시 윗사람을 따라 아랫사람을 바로잡는 것이다"[38]라는 구절이 있 다. 상은 주로 사회적으로 높은 자리에 있는 자를 뜻한다. 윗사람이 명 령과 호령을 내리면 아랫사람은 복종해야 하고 윗사람이 아랫사람을 교 화하면 아랫사람은 무례하게 굴어서는 안 된다. 군상君上 역시 상하 구분 이 있다. 최고 통치자와 기타 군상을 구별하기 위해 천자는 "태상太上"으 로 불렸다. 『신자』 「민잡民雜」 편을 보면 "대군은 태상이다大君者, 太上也"라 는 구절이 있다. 대大는 태太와 뜻이 같고 군君은 상上과 뜻이 같으므로 대 군은 곧 태상이다. 태상은 지상 최고이며 이외에도 상으로 구성된 복합 적인 호칭이 많다. 예를 들면 군상君上, 주상主上, 장상長上, 황상皇上 등이 있다. '상'과 '하'로 임금과 신하를 부르는 것은 군신 간의 등급과 예속관 계를 규정하기 위함이었다.

'지존至尊'은 군주의 또 다른 호칭이다. 『사기』「진시황본기」에는 진시황은 "지존의 자리에 올라 사방 천지를 통치했다履至尊而制六合"라고 쓰여 있다. 여기에서 지존이란 황제를 지칭한다. 태상, 원수, 대군 등의 호칭은 최고 통치자가 지존 중의 지존임을 나타내기 때문에 존극尊極, 사해지존四海至尊으로 부르기도 했다. 지존과 관련하여 최고 통치자의 지위를 나타내는 호칭으로는 구오지존九五至尊, 신극지존宸極至尊 등이 있다.

'주主'는 자주 사용된 군주의 호칭이었다. 『광아』「석고」편에 "주는 군이다主, 君也"라는 구절이 있다. 주는 모든 군주를 통칭했다. 『설문해자』에는 "주는 등불에서 불꽃의 주인이다主, 燈中火主也"라고 쓰여 있다. 이에 대해 단옥재는 "그것의 형태가 매우 미세하지만 한 공간만은 밝게 비춰준다. 신하와 임금臣主, 손님과 주인賓主의 의미로 확장한다"라고 주석을 붙였다. 주는 본래 등불 가운데에 있는 불꽃의 주인을 뜻했다. 그 모양은 작지만 빛이 사람을 비춰주어 그 밝음을 우러러보게 하므로 주재主宰의 주로 뜻이 파생되었다. 『관자』「형세해形勢解」편을 보면 "왕은 사람들이 우러러보아 생긴다"라는 구절이 있고 또한 "인주人主는 천하에 세력이 있는 자이다"[39]라고 했다. 즉 군의 위엄과 세력을 지녀 신하들이 공경하고 우러러보는 것이 마치 불꽃의 주인을 우러러보는 것과 같았다. 군은 천하의 백성을 주재하기 때문에 "인주人主"라고도 불렸다. 또 인주가 위에 있기 때문에 "주상主上"으로도 불렸다. "왕은 나라의 마음이다"[40]라고 했다. 군주는 신하와 백성을 주재했다. 관념적으로 최고 통치자는 '천하지주天下之主'이고 '만국지주萬國之主'였으며 천하의 모든 나라와 백성을 주재했다.

왕의 호칭이 지닌 정치적 속성을 강조하기 위해 사람들은 왕과 관련된 복합적인 호칭을 많이 사용했다. 호칭은 대체로 다음과 같이 세 가지로 구분할 수 있다. 첫째, 두 가지 군주 호칭이 복합되어 형성된 것으로 군주와 주상이 있다. 둘째, 국가 호칭과 주主가 합성되어 만들어진 것으로 천하주天下主, 국주國主, 방주邦主, 사직주社稷主, 종묘주宗廟主 등이 있다. 나머지는 왕과 피통치자의 호칭이 합쳐져 만들어진 호칭으로 인주人主, 민주民主, 신주臣主 등이 있다. 이 가운데 인주가 가장 빈번하게 사용되었다. '민주民主'는 『상서』「다방多方」편에서 "하늘은 이에 백성의 임금을 구했다天惟時求民主"라는 구절에서 최초로 찾아볼 수 있다. 『시경』에서도 여러 번 등장하는 민주는 백성의 주인을 뜻했다. 신주臣主의 용례는 많지 않다. 『상군서』「산지算地」편을 보면 "그러므로 일찍이 만승의 대국은 통치 정책이 실패해도 위태롭지 않으며 군주의 통치 방법이 실패해도 혼란하지 않은 경우는 예전에 없었다"[41]라고 쓰여 있다. 후세에 붙은 주석에서는 군주의 신하가 실패했다고 보기도 한다. 사실 여기에서 이른바 신주, 인주, 민주는 동일한 형식에 속하고 만승대국과 대응하여 군주를 일컫는 호칭이었다. 국가의 호칭 또는 피통치자의 호칭이 합쳐져 만들어진 군주의 호칭은 제왕이 국가와 백성을 주재한다는 '문화적 의미'를 훨씬 더 부각시켰다.

태상, 원수, 지존, 민주 등의 호칭은 군주가 계급 구조에서 가장 높은 자리를 차지하고 유아독존하며 누구와도 필적하거나 비교할 수 없는 존재였음을 나타낸다. "군주이기 때문에 (그는) 관할하고 구분하는 핵심이다."[42] 지존의 제왕은 전체 사회정치의 계급 메커니즘을 통솔하는 사람이었다. 역사 사상가들은 원수, 지존이 계급제도에서 차지하는 지위와 역할에 대해 다양하게 논증했는데, 이 가운데 가장 중요한 것은 "천자가 아니면 예를 논하지도 못하고 법을 만들지도 못하며 글을 상고하지도 못했다"[43]이다. 예는 중국 고대의 사회 정치제도와 행위 규범의 총칭으로 천자만이 제도를 정하고 규율을 세울 수 있었다.

진시황은 계급 피라미드의 꼭대기에 있으면서 왕의 제도에서 부여하는 권력을 장악했다. 그는 백성의 우두머리로서 천하의 백성과 신하가 준수해야 할 행동 준칙, 도덕 규범을 상세하고 구체적으로 규정했다. 진시황은 신하와 백성에게 계급제도를 엄수하도록 영을 내리고 "신분이 높은 사람이나 낮은 사람, 부귀한 사람이나 가난한 사람 모두 자신의 분수를 지키게 했다."[44] 이는 천자가 제도를 정하고 성왕이 법률을 세우는 군권 관념을 계승하고 실천한 것이었다.

벽辟: 형벌과 덕정은 군주의 일이다

'벽辟'은 문헌에서 자주 볼 수 있는 군주의 호칭이다. 『시경』「대아大雅 박朴」에 "거룩하신 임금님을 신하들이 옆에서 모신다濟濟辟王, 左右趣之"라는 구절이 있다. 여기에 정현鄭玄은 "벽은 군왕이다辟, 君王"라고 주석을 붙였다. 벽은 천자를 포함한 각종 군주를 포괄하는 호칭으로 백벽百辟, 군벽群辟이라 불렸다. 벽왕辟王은 최고 통치자로 벽과 관련된 복합적인 호칭은 매우 많다. 예를 들면 벽군辟君, 황벽皇辟, 벽주辟主, 벽후辟后, 벽공辟公, 벽일인辟一人 등이 있다.

벽은 원래 형벌, 법도를 의미하는 글자로 『설문해자』에는 "벽은 법이다辟, 法也"라고 풀이되어 있다. 벽은 대벽大辟의 형벌에서 법률의 총칭으로 파생되었으며 법률을 집행하는 자를 지칭했다. 고대인들은 보편적으로 군주만이 입법의 권한이 있다고 생각하며 "군은 법의 근원이다"[45]라고 했다. 왕은 법의 주인이고 법은 왕의 근본이다. 또한 왕은 법률의 화신이고 질서를 대변하는 등 벽으로써 군주를 호칭하는 의미를 쉽게 찾아볼 수 있다.

벽의 호칭은 형벌과 포상이라는 권한을 뜻하기도 한다. 『상서』「홍범洪範」편에 "오직 벽만이 덕정을 베풀고 형벌을 내리며 미식을 누렸다. 신하는 덕정을 베풀 수도, 형벌을 내릴 수도, 미식을 누릴 수도 없었다"[46]라는 구절이 있다. 제왕이 형벌을 내리고 덕정을 베푸는 주요한 수단은 포상과 형벌이었다. 타인은 감히 이를 범할 수 없었다. 이것은 유가, 법가, 도가, 묵가 등 제자백가의 존군론尊君論이 공감한 부분이었다.

벽왕의 호칭은 문화적으로 임금은 법을 주재한 사람이라는 의미가 있다. 이러한 관념은 정치문화와 법률문화에 깊은 영향을 끼쳤다. 안정적이고 광범위한 내용의 사회 규범으로서 법률은 계통화된 가치 기호였다. 임금이 곧 법이라는 정치적 현실이 있었기 때문에 고대사회에서 법을 만들고자 하는 주체는 군주였다. 군주의 뜻은 바로 법이었다. '임금이 신하에게 죽으라고 했는데 신하가 죽지 않으면 불충한 것'이었다. 사람들이 이러한 신조를 인정한 것은 임금이 곧 법이라는 가치관을 받아들였기 때문이다. 왕명은 곧 왕법이었다. 벽왕의 호칭은 바로 이러한 가치관을 반영하는 문화적 기호였다.

진시황은 고대 중국에서 가장 저명한 '법치' 황제였다. 이 책의 법제편에서 법제 이념과 진 왕조의 법률제도를 상세하게 소개할 것이다. 진시황은 '법으로써 나라를 다스리고' 형벌로써 백성을 다스렸으며 스스로 위엄을 세우고 덕정을 베풀었다. 그는 전형적인 '벽왕闢王'이었다.

어御: 천하를 군림한 주재자

'어御'는 진한시대 이래로 가장 자주 볼 수 있는 군주의 호칭 가운데 하나였다. "어자는 천하를 다스리는 자의 명칭이다. 만일 연약한 법으로 사나운 말을 다스리고자 하면 (…) 진한시대 이래로 어는 지존을 일컫는 말이었다."[47] 무릇 황제와 관련이 있는 사물에는 '어御'자가 붙었다. 예컨대 어의御衣, 어마御馬, 어가친정御駕親征 등이 그렇다. 어마는 황제의 말이다. 어가는 원래 군주의 호칭으로 사용되었다.

어御는 즉 어馭이며 수레와 말을 모는 것을 뜻했다. 『설문해자』에는 "어는 말을 부리는 것이다. (…) 어馭는 어御의 고문이다御, 使馬也. (…) 馭, 古文御"라고 풀이되어 있다. 『광아』「석고」 편에서는 "어는 부리는 것이다御, 使也"라고 했다. 어는 말을 모는 것에서 혹사시키는 것으로 바뀌었으며 다스리는 것으로 파생되었다. 고대의 정치 관념에서 어마御馬, 사민使民은 나라를 다스리는 일과 동일한 유형의 지배 형식이었다.

수레와 말을 모는 일을 나라와 백성을 다스리는 것으로 비유한 것은 중국 고대 정치사상의 큰 특징이다. 선진시대에는 이러한 사유 방식이 매우 보편적이었다. 『주례周禮』「천관총재天官冢宰」 편을 보면 "여러 신하를 부리는 일馭群臣"과 "수많은 백성을 부리는 일馭萬民"을 매우 중요하게 여겼다. 『문자文子』「상의上義」 편에서는 "백성을 다스리는 도리는 조보造父가 말을 모는 것과 같다"[48]고 했다. 여기에서 임금과 백성의 관계는 모는 자와 소, 돼지의 관계로 규정되었고 모든 신하와 백성은 군주의 도구였다. 군주가 나라를 다스리는 것은 바로 온 천하를 채찍질하는 것이었다.

어의 호칭에는 두 가지 문화적 의미가 내포되어 있다. 하나는 국가를 군주의 수레로 비유하여 제왕이 '천하에 군림하는臨御天下' 것을 상징했으며, 나머지 하나는 신하와 백성을 소, 돼지에 그리고 통치술을 재갈과 고삐에 비유하여 신하와 백성에 대한 제왕의 절대적인 지배를 상징했다. 군주가 나라를 다스리는 것은 자신의 수레를 모는 것과 같고 군주가 백성을 다스리는 것은 자신의 소와 돼지에게 채찍질을 하는 것과 같은 일이었다. 어御의 호칭에서 찾아볼 수 있는 문화적 함의는 두 가지가 있다. 하나는 국가를 군주의 수레로 비유하여 제왕이 '천하를 군림'하는 것을 상징했으며, 다른 하나는 신하와 백성을 소와 말에, 통치술을 재갈과 고삐에 비유하여 신하와 백성에 대한 제왕의 절대적인 지배를 의미했다. 국가와 신하, 백성은 모두 군주의 손에 좌우되는 수단이나 물건이었고 어의 호칭은 군주의 권세를 보여주는 것이다.

진시황은 지존으로 불리며 천하를 채찍질하고 신하와 백성을 부려먹어 "천하가 진나라 때문에 오랫동안 곤경에 처했다."[49] 그의 통치 이념과 통치 행위는 황제가 '천하에 군림하는' 것을 매우 사실적으로 보여주었다. 그러나 이러한 그의 통치 행위는 대체로 고대 중국의 군권 관념을 받아들인 결과로 보인다.

천하, 국가, 사직: 군주와 나라의 일체

'천하天下' '국가國家' '사직社稷'은 모두 군주의 호칭으로 사용되었다. 정치에서 천하와 사직은 나라를 지칭할 때가 많았다. '군주와 나라가 하나'라는 관념이 지배할 때, 군주는 나라의 대표이자 화신이 되었다. 천하, 국가, 사직 등의 호칭은 문화적으로 군주가 곧 국가임을 의미함을 한눈에 알아보게 한다.

'국가'는 또 '방가邦家'라고도 한다. 이 단어는 국가의 모든 결과물을 의미했다. 삼왕시대에 천자는 천하를 집으로 삼았고 제후는 방국邦國을 집으로 삼았으며 대부는 봉지封地를 집으로 삼았다. 이들 '나라가 있고 집이 있는 자有國有家者'는 짐朕, 아我 등의 일인칭 대명사로 국國, 방邦, 가家 등과 함께 써서 자신의 세력 범위를 아가我家, 아방我邦, 아국가我國家라고 불렀다. 이는 군주, 집, 국가를 하나로 보는 관념에 문화적 뿌리를 두고 있다.

'천하天下'는 즉 모든 하늘 아래를 말하며 '천상天上'과는 반대말이다. 하늘은 공간적으로 제한이 없으며 지리적으로도 끝이 없다. 천하의 모든 것이 하늘의 주재로 귀결된다. 천자는 상제의 대리인으로서 천하의 모든 땅과 신하, 백성을 지배한다. 천하는 지리적으로 "사방四方"이라고도 불리며 정치적으로 "만방萬邦"이라고도 한다. 관념적으로 천자는 사방의 정장이고 만방의 종주이다. '왕은 천하를 소유한다王有天下'라는 의미에서 '천하'는 국가의 호칭에 속한다. 천하라는 말이 훗날 풍부한 문화적 의미를 내포하게 되었다고 하지만 정치론에서의 천하는 보통 최고 통치자의 관할을 지칭했다.『중용中庸』에서는 "덕으로는 성인이 되고 존귀하기로는 천자가 되며 부귀하기로는 시해를 차지했다"[50]고 했다. 천하가 왕의 소유이고 왕이 천하공주인 것은 군주와 나라가 일체라는 관념의 뿌리 중 하나이다. 천하왕王, 천하정正, 천하주主, 천하종宗 등은 모두 최고 통치자를 일컫는 호칭이다. 천하로써 군주를 지칭한 사람들도 있었다.『문자』「구수九守」편에 "천하공후가 천하일국을 집으로 삼았다"[51]라는 구절이 있다. 여기에서 '천하공후'와 '천하일국'을 동시에 제기한 것을 보면 천하공후에서는 천하와 제후를 지칭하고 천하일국에서는 천하와 방국을 지칭한다. 천하는 천자의 방이며 천자는 천하의 주인이었다. 그러므로 천하는 곧 천자였다.

'사직社稷'은 사社와 직稷의 합성어로 사신社神(토지신)과 직신稷神(오곡의 장)에게 제사를 지내는 건축물을 의미했다. 토지는 가방家邦의 근본이고 오곡五穀은 백성의 하늘이었다. 땅이 있고 백성이 있는 자는 사직을 세웠다. 사직단社稷壇은 사회정치 공동체를 상징했다. 사직과 종묘는 고대 정치생활에서 매우 중요한 위치를 점했다. 무릇 나라가 발전하려면 반드시 사직과 종묘를 세워야 하고 나라가 망하는 것은 분명 사직과 종묘가 무너졌기 때문이다. 상제上帝와 사직 그리고 종묘에 제사를 지내는 것은 정장政長, 영주領主, 종주宗主의 삼위일체를 상징했다. 사직을 지키고 국가를 지키는 것은 동일한 일이었고 사직이 국가를 호칭하기도 했다. 『순자』「부국」 편을 보면 "이롭지만 그것을 이용하지 않고 사랑하나 그것을 사용하지 않는 자가 천하를 얻는다. 이용한 후에 그것을 이롭다고 하고 총애한 후에 그것을 이용하는 자가 사직을 보존한다. 이롭지 못하나 그것을 이용하고 사랑하지 않는데도 그것을 사용하는 자는 나라를 위태롭게 하는 자이다"[52]라는 구절이 있다. 여기에서 천하와 국가, 사직은 동의어이다. "나라의 욕됨을 떠맡는 사람이 사직의 주인이다"[53]라고 했다. 군주는 사직의 제사를 주관하는 사람이므로 사직주라고도 불렸다. 문헌에서 사직으로 군주를 호칭한 예는 매우 많다. 『당율소의唐律疏議』「명례名例」 편 "모반謀叛" 항목에는 "이른바 모謀는 사직을 위태롭게 하는 것이다. (…) 감히 존호를 지적하여 탓할 수 없기 때문에 '사직'이라고 했다"[54]라는 구절이 있다.

천하주는 천하라 불렸고 사직주社稷主는 사직으로 불렸다. 국주와 방주 역시 '국가'로 부를 수 있었다. 이러한 용례는 한나라 때 가장 자주 보인다. 『후한서』「제사지祭祀志 상」 편에 "국가는 태수의 거처인 부사府舍에 머물렀고 제왕은 부중府中에 머물렀으며 제후는 현정縣庭에 머물렀다"[55] 라는 구절이 있다. 여기에서 국가는 한나라의 광무제를 가리킨다.

군주와 나라는 하나라는 관념과 관련한 군주의 호칭은 매우 많았다. 예를 들면 현관縣官과 황여皇興 등이 있었다. 『사기』 「이사열전」에 "재물이 현관縣官으로 들어갔다"라고 쓰여 있으며, 『사기』 「위후주발세가」에는 "현관의 기물을 몰래 팔았다"라고 했고, 『사기색은』에는 "왕기王畿 안의 현은 곧 국도國都이다. 왕은 관천하官天下이므로 현관이라고 한다"고 했다. 현관은 국도 또는 국도의 장관으로 군주를 호칭하여 군주와 나라가 하나라는 관념을 드러냈다. '황여皇興'는 가장 먼저 『초사楚辭』에서 보였다. 굴원은 택반澤畔에서 귀양살이를 하며 "어찌 내 일신의 재앙을 꺼리겠는가? '임금님의 수레皇興'가 엎어질까 두려울 뿐이다"라고 글을 읊었다. 왕일王逸은 "황皇은 임금이다. 여興는 임금이 타는 수레로 나라를 비유한다"[56]라고 주석을 붙였다. 황여는 군과 국이라는 두 가지 뜻을 지닌 쌍관어이다. 황여는 임금으로 나라를 비유하고 나라로 임금을 대표했다. 충군과 애국을 같이 쓴 것 역시 임금과 나라가 하나라는 관념을 표현한 것이다. 이러한 문화적 기호는 정치 관념을 한층 강화했다.

"임금과 나라는 하나이다."[57] 수많은 고대 사상가들은 천하, 국가, 사직이 군주보다 높다고 주장하는 한편 임금과 나라는 하나라고 주장했다. 임금은 곧 국가이고 국가는 곧 임금이었기 때문에 천하의 사해 안에서 오직 군주만이 독존했던 것이다.

임금과 나라가 하나라는 관념은 고대사회의 신하와 백성이 널리 인정한 신념이었다. 짐이 곧 국가라는 말은 전제군주의 공통된 심리였다. 진시황의 심리와 행위는 임금과 나라가 하나라는 군권 관념과 짐이 곧 국가라는 제왕의식에서 정치문화적 근거를 찾아볼 수 있다.

일인一人: 사해 안에서 오직 왕만이 지존

'일인一人'은 신하는 아랫사람이고 군주는 윗사람이라는 뜻으로, '여일인余一人'은 황제의 일인칭 호칭이다. 복사卜辭에서 상나라 왕은 스스로 "여일인余一人"이라고 불렀다. 『예기』「옥조玉藻」 편에서 "스스로 칭하기를 천자는 여일인이다凡自稱, 天子曰予一人"라고 했으며, 『시경』「대아 하무下武」에서는 "이 일인을 사랑하므로 반드시 덕에 힘써야 한다媚玆一人, 應侯順德"라고 했다. 또한 「모형전」에서는 "일인은 천자이다一人, 天子也"라고 했다. 진한시대 이후 일인은 상당히 자주 보이는 군주의 호칭이다. 학자들이 '일인'으로 왕도를 밝히자 정치가는 '일인'에 의거하여 정치를 논했으며 다양한 측면에서 일인의 지위와 권력을 해석했다. '일인'이라는 호칭은 정치문화적으로 사해 안에서 오직 왕만이 지존하다는 것을 의미한다.

일인의 호칭은 삼대 왕권의 원칙을 일원화한 결과물이었다. 최고 통치권은 한 사람만이 가지며 이는 제자백가가 모두 인정한 것이었다. 공자, 맹자, 순자 등 유가는 삼대왕제를 숭상하고 일인 통치는 왕제의 기본 원칙이며, "하늘에는 두 개의 태양이 있을 수 없고 땅에는 두 명의 왕이 있을 수 없으며 집에는 주인이 두 명일 수 없고 높은 것에는 윗사람이 두 명일 수 없다"[58]라고 했다. 묵가는 상동尙同 정치를 고취시키며 천자는 "하늘과 합치해야 한다一同天下之義"고 주장했다. 법가는 군주는 한 명이어야 하고 백성은 군주에게 통일되어야 한다는 정치의 통일을 주장했다. 『장자』「천지天地」 편을 보면 "천하가 비록 크다고 하지만 그 조화는 균등하고 만물이 많다고 하지만 그 다스림은 하나이다. 사람이 비록 많다고 하지만 그 주인은 임금이다"[59]라는 구절이 있고, 『여씨춘추』「집일執一」 편을 보면 "천하에는 반드시 천자가 있어야 하며 이는 천하를 하나로 만들기

三才圖會

人物四卷

主二

孟子名軻字子輿與魯孟孫之後鄒人幼被慈母三遷之教
長受業子思之門人學既通游齊梁間不用退與萬章之
徒設難疑問作書七篇闢楊墨以正人心而仁義之道擴
然大明于世

『삼재도회』에 실린 맹자 상.

위한 방도이다. 천자는 반드시 법술을 장악해야 하며 이는 단결을 위한 방도이다. 하나로 통일되면 다스려지고 둘로 갈라지면 어지러워진다"[60]라는 구절이 있다. 일원화한 정치 구조는 일인의 호칭이 가장 기본적인 정치문화적 의미임을 나타낸다.

'일인'의 호칭은 일인 체제의 문화적 기호이며 각종 제왕의 권세 관념을 종합한 것이다. 천자는 천하의 하나뿐인 원수이며 천하를 통일시킨 그는 절대적인 '일—'이었다. 제왕의 유일무이한 관념은 고대 중국인들의 정치의식에 깊이 뿌리박혀 있다. '일인' '원수' 등의 호칭은 존칭이지만 '고孤' 또는 '과寡'라고 하는 것은 겸양의 표현이다. 하지만 '독부獨夫'와 '민적民賊'은 부정적 의미의 말이다. 어떤 태도로 군주를 평가하든 '유일'하다는 의식이 스며들어 있다. 일인의 호칭은 제왕을 유일무이한 전제적인 지위에 올려놓았다.

진시황은 제도에서 '일인'이 천하를 홀로 다스리는 체제를 새로운 경지로 발전시켜 최고 권력의 독점성을 한층 강화했다. 이점은 군주의 호칭에 드러나는데, 그는 "천자는 스스로 '짐'이라 부른다天子自稱曰朕"라고 명확하게 규정했다. 채옹의 『독단』에서는 "짐은 나 자신이다. 옛날에는 윗사람과 아랫사람이 모두 그렇게 불렀다. 귀천을 구분하지 않고 같은 뜻으로 불렀다. (…) 진나라 때에 이르자 천자만이 부를 수 있게 되었다. 한나라에 들어서도 바뀌지 않았다"[61]라고 했다. 진시황이 정의한 유일한 황제는 스스로 '짐'이라 불렀으며 '위아래 모두 사용했던' 일인칭 지시대명사를 독점하게 되었다. 물론 이는 '일인'의 독점성을 강화하기 위함이었다. 황제제도는 '일인' 정치체제의 극한이었던 것이다.

천명을 받고 그 후손은 신성하다

화하족의 '천하공주天下共主'에 대한 제3의 공식 존호는 신성화된 호칭에 속했다. 즉 서주 이후에 쓰였던 '천자'의 호칭이 그러했다.

예로부터 천신天神, 지기地祇, 인귀人鬼 그리고 조상에 대한 제사의 권리는 중국 왕권의 주요한 근거이자 구성 부분 중의 하나였다. 만일 천신 숭배가 군권은 신이 하사하고 하늘이 왕권을 보유한다는 것을 상징하며 사직신 숭배가 왕권의 정치경제적 기반을 상징한다면, 조상신을 숭배하는 것은 군권을 후손에게 계승하는 근거가 되었다. 고대사회에서 사람들은 신神이 왕권을 보유하고 군권은 하늘이 부여한 것이라고 믿었다. 그러나 신권이 진정으로 왕권을 초월한 것은 아니었다. 신권은 왕권의 도구였다. 신의 독점은 군주전제를 표현하는 형식이자 문화적 근거였다. 이러한 배경에서 신성화된 수많은 군주의 인격과 권력, 지위에 대한 호칭이 생겨났다. 신성화된 호칭의 문화적 의미와 정치적 기능은 대부분 한눈에 알 수 있다. 즉 글자만 봐도 왕권을 신성화한 것임을 알 수 있다.

제, 천, 상제: 하늘과 왕은 하나이다

'제帝' '천天'은 최초로 왕권을 신성화한 군주의 호칭이었다. 이 호칭과 관련된 '천자'는 중국 고대사회에서 최고 통치자에게 자주 사용된 존칭이었다. 제와 천은 원래 가장 높은 신을 부르는 말이며 여기에 왕을 덧붙여서 왕王과 신神을 동일시했다.

일찍이 상나라와 주나라 때 제帝는 최고 신을 일컫는 말이었다. 서주의 문헌을 보면 상제의 별칭이 많이 보인다. 예컨대 천天, 천제天帝, 황皇, 황천皇天, 호천昊天, 호천상제昊天上帝, 황상제皇上帝, 황천상제皇天上帝 등이 있었다. 진한시대 이후 '황천상제'는 최고 신에 대한 공식적인 존호였다. 그런데 천상지존을 왜 제帝라고 불렀을까? 하늘이 언제 최고 신의 호칭이 되었을까? 황, 제, 천, 상, 호 등은 무엇을 의미하는가? 오랫동안 이러한 문제에 대해 학자들은 다양한 해석을 내놓았다. 필자는 이에 대해 논하지는 않겠다. 일반적으로 제와 천은 본래의 뜻 이외에 주재자를 지칭하는 데에만 쓰였다.

제, 천의 호칭은 모두 상주시대에 덧붙여진 것이다. 은나라 '복사卜辭'에서 사망한 왕을 제라고 부르던 때가 있었다. 예컨대 '제정帝丁' '제갑帝甲' 또는 '왕제王帝' '제帝' '하제下帝' 등이 있었다. 훗날 재위 중인 왕 역시 제라고 불렸는데 상나라의 주왕紂王을 "제신帝辛"이라고 불렀다. 서주시대 초기, 왕의 머리에 '천자天子'가 덧붙여졌고 천자를 천왕天王, 천군天君, 제군帝君, 황왕皇王, 황천자皇天子, 황벽군皇闢君 등으로 부르는 호칭이 생겨났다. 또 훨씬 직설적으로 "군은 하늘이다君, 天也"[62]라고도 했다. 이들 호칭은 왕을 신성화한 것으로 군주와 하늘을 동일시하고 왕과 제를 일치시킨 관념이 이미 형성되었음을 의미한다.

『이아』「석고」편에 "하늘은 군이다天, 君也"라는 구절과 『갈관자鶡冠子』「도단道端」편에 "군은 하늘이다君者, 天也"라는 구절이 나온다. 하늘은 곧 군주이고 군주는 곧 하늘이다. 하늘을 군주라 하는 것은 군신관계를 규정할 때 가장 자주 보이는 현상이다. 군주를 하늘과 동일하게 불렀기 때문에 하늘을 표현하는 단어가 제왕에 사용될 수 있었다. 예를 들면 왕위를 '천위天位', 왕권을 '천직天職', 왕이 정사를 듣는 것을 '천청天聽', 왕이 다니는 것을 '천보天步'라고 일컬었다. 만일 하늘이 고대 화하족의 최고 신앙을 대표한다면 왕은 이 신앙체계의 교주인 셈이 된다. 이 교주는 사람과 신神 그리고 위아래를 조화롭게 할 수 있기 때문에 왕권을 손에 넣는 것을 "조황강操皇綱" "집대상執大象" "독단건강獨斷乾綱"이라고 불렀다. 하늘이라는 호칭의 정치적 기능은 상천上天에 대한 신하와 백성의 종교적 감정을 제왕에 대한 신앙으로 전환시켰다.

하늘과 왕을 동일시하고 제와 군을 혼용하여 불렀기 때문에 일각에서는 '상제上帝'의 칭호 역시 인간 세상의 군주에게 바쳤다. 『시경』을 보면 군주를 '상제'로 부르는 예가 매우 많다. 『여씨춘추』「유시람有始覽 무본務本」은 『시경』「대아 대명」의 "상제가 그대에게 있으니 두 마음을 품지 말라"[63]라는 구절을 인용하여 "충신의 도리忠臣之行"를 행하라고 비유했다. 이는 상제로 하제下帝를 비유하거나 지칭하는 뜻이 있으며 상제가 군주의 호칭 중 하나가 되었음을 의미한다. 이는 수많은 신하와 백성에게 군주는 인간 세상의 상제라고 알려주는 것이다.

군주전제 제도가 유일하고 영원히 존재한다는 원칙은 제왕의 의지가 모든 것보다 우월함을 뜻한다. 이 원칙은 어느 정도 역사적 조건과 결합하여 중국에서 신권神權의 숙명을 결정지었다. 군주가 신성화된 호칭을 지니게 되면서 신神은 의식 영역에서 점차 빛이 바래갔다. 춘추전국시대 이래의 천도天道, 자연自然 사조가 넓고 깊숙이 자리잡으면서 정치와 종교가 일치하는 정치적 모델의 문화 기반이 제거되었다. 그러나 왕권은 신권에서 벗어날 수 없었다. 양자 사이에는 모순적인 면이 있었지만 조화로운 일면도 있었다. 신권을 억누르지 않으면 왕권이 일어설 수 없지만 다른 한편으로는 신권이 짓밟히면 왕권도 자멸하게 되는 면이 있었다. '신의 도리로 교화하는神道設教' 객관적 수요로 왕과 신이 경쟁하는 미묘한 현실이 생겨났다. 형식적으로는 상제가 모든 것보다 우월하지만 실질적으로는 천자가 가장 우월했다. 신성화된 호칭이 생겨난 것은 문화 관념상 하늘과 왕의 관계, 사람과 신의 관계를 조정하려는 시도였다. 중국 고대사회에서 천인합일론은 이렇게 조정된 후의 문화 관념이 승화한 것이었다.

진시황의 증조부 때부터 진나라에서 제帝라고 호칭하려는 시도가 있었다. 진과 제가 함께 제라고 호칭했었다. 그런데 당시 진의 실력이 동쪽의 연합 6국이 펼친 대항을 막아내지 못했기 때문에 진은 어쩔 수 없이 제라는 호칭을 포기해야 했다. 진시황이 제로 호칭한 것은 조상의 숙원을 달성한 것이었다. 그는 '왕王'이라 부르지 않고 '제帝'라고 불렀다.

천자: 황천상제皇天上帝의 적장자

'천자天子'는 서주의 최고 통치자에 대한 공식적인 존호였다. 천자라는 호칭은 최초에 서주의 성강 통치기(성왕과 강왕의 통치 시기)의 청동기 명문에서 찾아볼 수 있다. 『정후궤井后簋』의 명문을 살펴보면 "짐의 신하 천자朕臣天子"라는 구절이 있다. 후后, 왕王과 달리 천자라는 호칭은 오로지 최고 통치자에게만 사용되었다. 진한시대 이래로 천자는 황제의 가장 중요한 별칭 중 하나였다. 일반적으로 사람들은 황제를 천자라고 불렀다.

이 호칭을 곰곰이 되새겨보면 천자는 곧 천제天帝의 아들을 의미한다. 천자의 호칭이 내포하는 정치문화적 의미는 최고 통치자의 합법성과 권위를 논증하고 인정하는 주요한 근거였다. 그 주요 내용을 네 가지로 정리해볼 수 있다. 첫째, 상제는 만물의 조상으로 "군의 만물은 하늘보다 크지 않았다."⁶⁴ 둘째, 최고 통치자는 하늘의 적장자이다. 그는 하늘의 명을 받고 뜻을 받들어 계승하며 하늘을 대신하여 백성을 다스렸다. 셋째, 군명君命은 천명이다. 천자는 하늘과 땅과 사람을 통하게 하며 천명을 받들어 인간 세상을 주재한다. 군의 권위는 하늘의 권위와 동급이다. 넷째, 군주가 천하를 다스리려면 반드시 하늘이 정한 법칙을 따라야 한다. 천자는 상제에 복종하고 신하와 백성은 천자에 복종하지만 천자는 사람을 두려워하지 않고 오직 하늘만 두려워한다. 천제는 지고무상하며 천자는 천명을 받든다. 하늘과 사람, 종법은 하나이며 하늘을 대신하여 제왕이 도를 행하는 것이 완전한 종교 관념, 종법 관념, 권세 관념을 하나로 결합한 문화적 논리이다. 그리고 최고 권력의 일원성, 절대성, 신성성을 전면적으로 논증했다.

진시황은 진 왕조의 통치를 유지하기 위해 하늘이 군권을 부여했다는 관념을 절대로 손에서 놓지 않았다. 그는 음양가의 '오덕종시五德終始'설에 의거하여 진 왕조는 '수덕왕水德王'이라 추정하고 스스로 '진명천자眞命天子'라고 주장했다. 그는 또한 상제와 각종 신명神明에 널리 제사를 지내며 영원한 안녕을 기원했다. 그리고 봉선封禪(임금이 흙으로 단을 쌓아 하늘에 제사 지내고 땅을 깨끗이 쓸어 산천에 제사 지내던 일) 의식을 행하여 상제에 대한 경외감을 표현했으며 신하와 백성에게 자신은 하늘의 명을 받았으며 공덕功德 무량無量하다는 것을 과시했다. 이러한 행위는 모두 천자 관념과 직접적인 연관이 있다.

용, 태양, 구오지존: 황권의 신성성과 황은의 망극함

'용龍' '일日' '구오지존九五之尊' 등은 선진시대에 생겨난 군주의 호칭이다. 이런 호칭은 정치문화적으로 최고 통치자의 신비로운 최고 권위와 온 천하에 미치는 무량한 공덕을 과시하는 의미가 있다.

'용'은 숭배받고 경외되는 신물神物이자 가장 세속적이고도 신비로운 군주의 호칭이다. 『광아』「석고」 편에 "용은 군이다龍, 君也"라고 했다. 고대에는 "용이 날다龍飛" "용이 하늘을 날다飛龍在天"라는 표현으로 황제의 등극을 비유했다. 또한 제왕의 겉모습을 "용서龍犀" "용안龍顔" "용체龍體" 등으로 비유하고 제왕의 걸음걸이를 "용행호보龍行虎步"라 비유했다. 여기서 용은 모두 군주를 지칭했다. 용안 역시 군주의 호칭이다. 군주의 세속적 호칭인 '진룡천자眞龍天子'는 용과 천자라는 두 가지 군주 호칭이 합쳐져 생겨난 것이다. 진 왕조의 신하와 백성은 진시황을 "조룡祖龍"이라고 불렀다. 진시황 역시 이 호칭을 묵인했다. 이는 용이 군주를 지칭하는 한 예이다. 용, 용안, 용가龍駕, 진룡천자는 가장 전형적이고 신비한 요소가 가미된 호칭으로 용은 문화적으로 군을 표현한 것임을 알 수 있다.

용이 사회 권위의 상징이 된 것은 매우 오래되었다. 문명의 여명이 대지를 비추자 용은 부족장酋邦君長을 꾸미는 데 쓰였으며, 점차 제왕의 권위를 상징하게 되었다. 신물인 용은 신비로운 힘을 상징했다. 전설에서 삼황오제 대부분이 용과 관련이 있거나, 용의 모습龍體이거나 용사龍蛇를 타고 다니거나, 죽은 후에 용이 되었다. 주나라와 진나라 이래로 최고 통치자는 용으로 불렸고 용으로 장식하며 스스로 용종龍種, 용체龍體라 명명했다. 그래서 오랜 역사를 품은 문화적 전통이 되었다. 수많은 신하와 백성이 제왕을 진룡천자라 부른 것은 일종의 문화적 산물이었다.

용으로 군주를 호칭한 것은 제왕의 신성한 존재, 예측 불가한 권위, 널리 베푸는 공덕을 상징한다. 『주역』「건괘乾卦」와 역대 전傳, 주注, 소疏는 모두 용덕龍德의 다양한 표현 방법과 관련한 제왕의 행위에 유래 깊은 해석 방식을 내놓았다. 특히 구오九五의 효사爻辭에 나오는 "용이 하늘을 날다飛龍在天"와 용구用九 개념의 효사에 "용 무리에 우두머리가 없음을 보다見群龍無首" 등의 글귀는 용덕(천덕天德), 군덕君德, 용의 특징과 군권의 관계를 생생하게 보여준다. 사람들은 "용이 하늘을 날다" 또는 "용이 날다"라는 글귀로 제왕의 등극을 비유하고 "용 무리에 우두머리가 없음을 보다"라는 글귀로 출중한 통치 방법을 비유했다. 이는 오래된 『역경易經』에 문화적 뿌리를 두고 있다. 용은 일종의 신물이다. 신룡神龍이 비를 내려주는 것은 가장 중요한 은덕이었다. 용의 호칭은 용을 중시하고 숭배함으로써 제왕이 유아독존하며 모든 것에 군림한다는 면모를 과시한다. 또한 존재하지 않는 곳이 없고 못하는 것이 없으며 변화무쌍하고 신비로워 예측 불가능한 개인적인 권위를 상징했다. 신체神體, 신위神威, 신비神秘, 신성神聖으로 황제는 '말할 수 없을 정도로 귀한 존재貴不可言'이고 '그의 덕이 천하에 미치지 않는 곳이 없음澤及天下'을 잘 보여준다.

용과 비슷한 것으로 '일日'이 있다. 군주를 태양에 비유하는 것은 중국 대대로 내려오는 문화 방정식이었다. 문헌이 생겨난 이후, 태양으로 군주를 일으키고 태양으로 군주를 일컫는 문화 현상이 존재해왔다. '황皇'은 찬란함, 황백색, 아름다움을 뜻하는데 최초에는 태양을 기리는 뜻이었을 것이다. '황皇'으로 제왕을 호칭한 것은 태양으로 군주를 일컫는 최초의 방법 중 하나였다. 『시경』「소아小雅 소명小明」에 "위에 밝고 밝은 하늘이 있어 언제나 온 세상을 비추네明明上天, 照臨下土"라는 구절이 있다. 정현과 공영달 등은 "왕의 밝기가 해의 중심과 같다"라고 풀이했다. 진한시대 이후에 보이는 "큰 빛이 치우치지 않고 비춘다大明無偏照" "크고 밝다正大光明"라는 글귀는 군주의 덕과 도리가 공평하고 만물에 모두 베풂을 상징했다. '태양'은 군주를 상징하는 것으로 여겨졌기 때문에 군주의 호칭이 되었다. 『광아』「석고」 편을 보면 "태양은 군주이다日, 君也"라는 구절이 있다. 태양으로 군주의 모습, 군주의 덕과 도리를 논하고 태양으로 군주를 호칭하는 것은 모든 제자백가가 그러했으며, 고대인들의 공통된 믿음이었다. 훗날 태양과 관련된 '육룡六龍'과 '육비六飛' 역시 군주의 호칭이 되었다. 군주를 태양, 해, 육룡, 육비로 일컫는 것은 분명히 태양숭배와 직접적인 관계가 있으며 이들 호칭은 신비적 요소가 담겨 있는 것이었다.

'구오지존九五之尊' '구오지존九五至尊' 역시 군주의 호칭이었기 때문에 천자의 등극을 '용비구오龍飛九五'라고 했으며 등극하는 날을 '구오일九五之日'이라고 했다. 이들 호칭은 모두 『역』의 「건괘乾卦」 편에 있는 "구오일에 용이 하늘을 나니 대인을 만나기에 이롭다九五, 飛龍在天, 利見大人"라는 구절에서 비롯되었다. '건乾' 역시 군주의 호칭이다. 『광아』「석고」 편에 "건은 군주이다乾, 君也"라는 구절이 있다. 『주역』과 역대 주석을 붙인 학자들 역시 건은 양陽, 천, 신, 일, 용, 군이라고 지적했다.

'구오'로 군주를 호칭한 것은 고대사회의 숫자 관념과 직접적인 관계가 있다. 홀수는 양이고 천수天數이며 짝수는 음이고 지수地數이다. 천지의 숫자는 일一에서 시작하여 구九에서 끝나며 구九는 양수 가운데 가장 크므로 "양물陽物" "천수天數"라고 불렀다. 『설문해자』에서 "구九는 양陽의 변형이다. 끝까지 구부러지는 모양을 상형화했다"라고 풀이한다. 구는 양의 원래 글자인 '역易'이 변형된 것이다. 구가 용사龍蛇를 형상화한 것이라고 하는 사람도 있다. 구는 양수 가운데 가장 크고 변화무쌍하며 천, 양, 용을 상징한다. "구九는 궁극적으로 만물의 으뜸인 중화中和를 추구한다."[65] 또한 구는 계급제도에서 가장 높고 귀한 것을 상징한다. 그러므로 천자의 숫자는 구척九尺이고 구정九鼎을 사용하며 궁궐은 구중九重, 정전正殿은 구개간九開間을 채택했다. 구九는 원래 군주를 상징했다. 오五 역시 신비로운 색채가 짙은 숫자이다. 오는 양수이며 방위적으로 한가운데를 가리킨다. 오행에서는 흙土을 의미하며 괘상卦象에서는 천위天位를 나타낸다. 구오를 함께 쓰면 양기가 왕성하여 위로는 하늘에 닿는다고 했다. 또는 신룡이 하늘로 높이 치솟아 구름 사이로 숨는 듯하거나 성인이 천덕天德을 지녀 천위에 거처하는 것을 나타낸다. 이는「건괘」의 여러 효爻 중에 구오로 덕이 높고 지위가 존귀함을 나타내며 구로써 성인이 천덕을 사용할 수 있는 문화적 뿌리를 보여준다. 신성한 군주는 건과 한 몸이라고 했는데 이는 유일무이한 태양과 강건하고 정직한 천도와 같은 의미이다.

　건은 특정한 문화적, 이론적 기능이 있다. 즉 음양체계에서 건은 양의 대명사로서 정치에서 주체적이고 지배적인 지위를 차지하는 군주를 뜻한다. 건과 대칭되는 것은 곤坤이다. 건의 괘상은 양, 천, 군, 부父, 남男이며 곤의 괘상은 음陰, 지地, 신臣, 자子, 녀女이다. 하늘은 높고 땅은 낮으며 양은 존귀하고 음은 비천하다. 그리고 건은 강건하고 음은 부드럽고 순종적이다. 이는 군주와 신하의 규범을 정한 것으로 다음과 같다. 군주는 강하고 신하는 부드러우며 군주는 강건하고 신하는 순종적이다. 군주는 귀하고 신하는 비천하며 군주는 주인이고 신하는 하인이다. 또한 군주는 자연스럽고 신하는 인위적이다. 정치생활에서 군주는 기강과 주축을 바로잡고 적극적이고 주도적인 지위에 있다면 신하는 '주인을 섬기고 명령에 순종하며 윗사람이 선창하면 아랫사람이 화음을 넣는'[66] 정도에 불과했다. 건으로써 군주를 호칭하는 것은 이러한 군신관계의 속성을 드러내기 위함이다. 이는 건의 호칭이 군주 호칭의 체계에서 상당한 자리를 차지하는 정치문화적 의미가 매우 크다는 것을 알 수 있다.

  문헌이 충분하지 않기 때문에 진시황이 역리易理에 정통했는지의 여부는 알 수 없다. 그러나 당시 조정에서는 중요한 나랏일에 대해서는 점을 쳤다. 진시황은 『주역』의 도리에 대해 최소한 기본적인 내용은 이해하고 있었을 것이다. 그가 내린 '분서령焚書令'에는 『주역』이 포함되지 않았다. 어쨌든 진시황이 황제의 신성한 권위와 광대한 공덕을 널리 알린 사실은 역사에 분명히 기록되어 있다. 그는 자신은 천명을 받았고 신룡의 후손이라 선포하고 스스로 '조룡祖龍'이라고 믿었다. 또한 "황제의 덕으로 사해 끝까지 안정되었다. 난을 일으킨 자들을 정벌하여 폐해를 제거하고 이로움을 일으켜 복을 이루었다. 노역을 줄여주고 때에 맞추어 일을 조절하니 생산력이 제고되었다. 백성들이 편안해지니 무기를 사용하는 일도 없다. 온 가족이 서로 보살피니 마침내 도적이 없어졌다. 백성들이 기쁘게 교화를 받들며 법령과 제도를 빠짐없이 알게 되었다. (…) 황제의 공덕은 오제를 뛰어넘고 그 은택은 소나 말에까지 미쳤다. 은덕을 받지 않은 자가 없고 모두 평안한 생활을 누렸다"[67]라고 자찬했다. 진시황은 신성화된 각종 군권의 관념을 더욱 신봉했던 것이다.

| 5 |

도덕의 표상이자 문화적 권위

화하족 '천하공주'의 네 번째 공식적인 존호는 '황제皇帝'이다. 진시황은 스스로 "황제" "성인聖人"이라고 불렀다. 그가 황제의 존호를 만든 취지는 '존귀함이 삼황에 비할 만하고尊比三皇' '공적이 오제를 뛰어넘는다는功蓋五帝' 것을 널리 알리기 위함이었다. 황제의 호칭은 최고 통치자의 지혜와 공덕을 드러내고 있으며 신성화한 호칭에 속한다. 고대의 군권 관념에서 모든 황제는 성인이었으며 도와 한 몸인 도덕의 표상이자 지고무상한 문화적 권위였다.

중국은 예로부터 성인을 숭배한 나라였다. 전설의 삼황오제는 우선 문화적 영웅이자 도덕의 모범이었다. 그들은 군주이자 스승이었으며 문명을 창조했다. 서주 이래로 '도道'를 말하고 '덕德'을 중시한 정치사상은 성인 숭배를 한층 더 강화했다. 최초로 신성화한 군주의 호칭은 이런 배경에서 만들어졌다. 춘추전국시대 이후 성왕론은 중국 제왕론의 고정된 모델이었다. 유가의 윤성倫聖, 도가의 도성道聖, 묵가의 의성義聖, 법가의 지성智聖은 왕과 밀접하게 결합되어 있다. 성聖은 왕에게 덧붙여진 가장 찬란한 수식어였다.

　신성화된 호칭의 주요한 특징은 군주를 이성과 지혜, 인품과 덕성 그리고 공덕을 한 몸에 집약했다는 점이다. 만일 종법적인 호칭이 전통적인 사회 풍속을 계승하고 변화시킨 것이고 권세적인 호칭이 정치 현실을 긍정하고 반영한 것이며 신화神化적인 호칭이 신비주의적인 신앙에 치중한 것이라면, 신성화된 호칭은 이성적이고 사변적인 색깔이 짙으며 철학으로 무장한 제왕 관념을 반영한 것이다. 이는 고대 왕권의 가장 견고한 초석이 되었다.

군사: 군과 사를 합일시켜 '관리를 스승으로 삼다'

　'사師'는 최초에 생긴 신성화된 호칭이다. '군사君師'의 호칭은 관념적으로 제왕이 군주와 스승 두 가지의 사회정치적 역할을 맡으며 그는 정치권력과 교화권력을 장악하고 있음을 나타낸다. 취사就師와 군사君師는 교화권력의 관점에서 볼 때 권세적인 호칭에 속한다. '사장師長'은 반드시 덕과 재능을 겸비해야 하고 사師, 군사君師, 사장師長의 호칭은 제왕이 덕행을 베풀고 지혜와 재능을 겸비한 백성의 스승이자 사회 대중의 표상임을 나타낸다. 이러한 의미에서 사, 군사, 사장 등은 신성화된 호칭에 속한다고 할 수 있다.

　『이아』「석고」 편에 "사는 무리이다師. 衆也"라는 구절이 있고, 「석언釋言」 편에는 "사는 사람이다師. 人也"라는 구절이 있다. 사는 원래 많은 사람을 뜻했지만 군려軍旅, 사장師長의 뜻으로 파생되었다. 사장은 곧 많은 사람의 우두머리이다. 고대사회에서 사장자師長者는 모두 다스리는 자이면서 교화하는 자였기 때문에 많은 사람을 통솔하여 사로 불렸다. 『상서』 「태서泰誓」 편에 "상천은 백성을 보호하여 군을 세우고 스승을 세워 백성을 사랑하는 도리를 가르쳤다"[68]라는 구절이 있다. 여기에서 스승師은 최고 통치자를 지칭한다. 『맹자』는 이 구절을 인용했는데 이것이 바로 군사 호칭의 출처이다.

'천지군친사天地君親師'는 고대에 인정된 5대 사회적 권위이며 서로 연관되어 있다. 가르치는 사람이라는 의미에서 부父, 군君, 사師는 동일한 권위에 속했다. 진晉나라의 난성자欒成子는 옛말을 인용하여 "사람이란 세 가지에서 났기 때문에 세 가지를 하나같이 모셔야 합니다. 아버지가 낳아주고 스승이 가르쳐주며 임금이 먹여주었습니다. 아버지가 아니었으면 태어나지 못했을 것이고 임금이 먹여주지 않았다면 자라지 못했을 것이며 스승이 가르쳐주지 않았다면 부족族을 위해 어떻게 살아야 하는지를 알지 못했을 것입니다. 그 때문에 하나로 받들어 모시는 것입니다"[69]라고 말했다. 순자는 "그러므로 예를 따라 위로는 하늘을 섬기고 아래로는 땅을 섬기며 조상을 존귀하게 여기고 군사를 귀하게 여겨야 한다. 이것이 예의 세 가지 근본이다"[70]라고 했다. 사부와 제자는 군신과 부자 같다. 아버지와 형은 아들과 동생의 스승이고 군주와 아버지는 신하와 백성의 스승이다. 가르치는 사람이라는 의미에서 모든 통치자는 사師라고 불렀다.

선진시대에 군사합일君師合一은 수많은 사상가들이 모두 인정한 정치적 이상이었다. 유가는 군사설을 창안하고 숭배했다. 그들은 『시경』『서경』『예기』『역경』의 관련 내용을 발전시켜 현실의 군주가 선현의 성왕을 본받아 도덕의 모범이 되고 천하에 교화를 행하며 온 백성의 표상이 되기를 희망했다. 그래서 윗사람이 행하면 아랫사람이 본받아 태평스러운 세상이 다시 시작되기를 열망했다. 도가 역시 군사론을 주장했다. 『노자』는 군주에게 집도執道를 권고하고 무위無爲를 행하면 "천하가 올바르게 된다以爲天下正"고 보았다. 『문자』 「도덕」편에서는 "천하의 평온함은 한 사람에 달려 있다. 군주는 백성의 스승이다. 윗사람은 아랫사람의 모범이다"[71]라고 했다. 이는 무위 정치의 측면에서 군사론을 해석한 것이다. 법가는 성자聖者가 왕이고 스승인 것은 예부터 그래왔다고 여겼다. 당시 군주는 여전히 천하의 스승이어야 했다. 그 구체적인 방법을 보면 군주가 법령을 제정하고 관리에게 수련과 학습을 명령하여 "법을 주관하는 관리를 두고 천하의 스승으로 삼게 했다."[72] 즉 군주는 법리의 스승이며 법리는 신하와 백성의 스승이고 천하의 백성은 군주의 법령을 따라야 한다는 것이다. 제자백가를 엄금하고 말은 법에 따르도록 하며 관리를 스승으로 삼아야 한다는 법가의 정치적 주장은 틀림없이 군사일체의 관념을 법가적으로 표현한 것이었다.

　장학성章學誠(청의 사학자)은 『문사통의文史通義』에서 "관리를 스승으로 삼는 것은 삼대의 구법이다. 진나라 사람은 옛것을 위배하여 『시경』과 『서경』을 금지하고 오직 법률만 스승으로 삼도록 했다. 삼대가 태평성대를 구가할 때 천하의 배움은 관리를 스승으로 삼았다"[73]라고 지적했다. 유가와 법가가 구별되는 것은 제왕과 관리를 스승으로 삼았는지의 여부에 있는 것이 아니라 배운 내용이 주례周禮인지 아니면 진나라의 법률인지에 있었다. 법률과 법리를 스승으로 삼든 윤리와 윤성倫聖을 스승으로 삼든 둘 다 제왕은 문화를 주재하는 위치에 있었다. 군사의 호칭과 군사합일의 관념은 제왕에게 정치적 권위뿐 아니라 문화적 권위도 있었음을 말해준다. 제왕의 의지는 곧 법령이고 조문이며 학술의 정설이 되었다. 이는 '임금이 독단聖心獨斷'하는 것이며 '임금이 결정하는聖裁" 것이었다. 국법에 따라 통일되건, 삼강오륜綱常에 따라 통일되건 군사는 신하와 백성의 최고 준칙이었고 이단異端과 사설邪說을 근절한 것은 군사합일의 기본적인 정치 지향점이었다. 이는 바로 군사의 호칭이 지닌 가장 중요한 문화적 의미였다.

진시황은 스스로 "군사君師"라고 명명했다. 그는 "큰 뜻을 세우고 각종 기물을 설치하니 신분에 따라 깃발을 만들었다"고 자찬하고, 수많은 신하와 백성에게 "가르치는 일과 깨우치는 일에 전념"하라고 했으며, 이에 백성들은 '경전에 통달한 이치를 가르치니 가까운 곳이나 먼 곳이나 모두 다스려져 성스러운 뜻을 모두 받들었다.' 또한 '밖으로는 제후들을 교화하여 널리 문치의 은덕을 베풀고 대의와 도리를 밝혔다.' 뿐만 아니라 각종 정치적 수단으로 '서로 다른 풍속을 바로잡고匡飭異俗' 신하와 백성을 가르쳐서 '신하들은 본분을 지키고 각기 해야 할 일을 알게 되었으며', '백성의 풍습을 고쳐 가까운 곳이나 먼 곳이나 법도가 같아졌다.' 진시황은 문화적 권위를 과시하며 문화적 전제를 시행했고 '흑백을 구분하여 지존 한 사람이 모든 것을 결정했다.' 진시황은 『시경』과 『서경』을 불태우고 사학私學을 금지했으며 정치 방략을 배우려는 자는 "관리를 스승으로 삼도록以吏爲師"[74] 명령을 내렸다. 이러한 관념과 행위는 분명히 군사 호칭이 내포하는 군권 관념과 직접적인 관계가 있다.

군자, 대인: 사회의 도덕적 모범

'군자君子' '대인大人'은 처음에는 권세적 호칭에 속했을 것이다. 하지만 호칭이 덕과 지위를 겸비한다는 문자의 의미를 지녔기 때문에 일찍이 도덕을 상징하는 기호로 전환되었다. 서주, 춘추시대 이래로 군자와 대인에 점점 더 많은 도덕적 의미를 부여하여 도덕적이고 고상한 사람을 통칭하기도 했다. 이렇게 군자와 대인의 호칭으로 군주를 일컫는 것은 사실상 군주는 곧 미덕美德을 지닌 자와 같음을 표시하는 것이다. 이런 의미에서 군자와 대인은 최초로 신성화된 호칭 중 하나이다.

'군자'라는 말은 『시경』에 처음 나타났다. 군자는 가장 자주 보이는 군주의 호칭이다. 군자가 훗날 도덕화되었기 때문에 도덕을 상징하는 기호로 『시경』을 해석하려는 사람이 많았는데, 『시경』의 일부 구절을 보면 군자는 평민으로 해석해야 한다. 사실상 군자의 호칭은 초기에는 군주만 지칭했다. 이에 대해 여러 연구자가 훌륭한 연구 성과물을 내놓고 있다. 주희는 『시집전詩集傳』에서 「교언巧言」 「저 낙수를 바라보니瞻彼洛矣」 「똥파리青蠅」 「술에 취하여旣醉」 「아름답고 즐거운 군자님假樂」 「고인 물을 뜨다가洞酌」 「굽은 언덕卷阿」 등의 시에서 군자를 모두 천자로 지칭했다. 그리고 「기오淇澳」 「동린東鄰」 「종남산終南」 「기다란 다북쑥蓼蕭」 「뜰의 횃불庭燎」 「비야 끝없이 내려라雨無正」 「청작새蒐鷂」 「콩을 따세采菽」 등의 시에서 군자는 모두 제후국의 군주를 지칭했다. 「콩을 따세」에서 군자는 장수를 지칭했다. 사실 「뜰의 횃불」은 천자가 조회한 것을 노래한 시이고 군자는 제후, 사대부 등 조정대신을 통칭했다. 『광아』 「석고」 편에 "장수는 군주이다將, 君也"라고 했다. 당시의 조정대신과 장수는 대개 봉지를 지닌 군주였다. 군자는 등급이 있는 봉건제도에서 모든 군주를 통칭했던 것이다.

군주와 대칭되는 호칭으로 '야인野人' '천인賤人' '소인小人' 등이 있다. 『좌전左傳』 선공 12년에 "군자와 소인은 지위에 따라 제각각 규정된 의복과 색깔이 있다. 귀한 자에게는 존귀함을 보여주는 제도와 의례가 있으며 천한 자에게 위엄을 보여주는 등급이 있다. 이러한 예는 거스르면 안 된다"[75]라는 구절이 있다. 『묵자』「비락非樂 상」편에 "군주가 관리의 말을 듣고 다스리는 데 노력하지 않으면 형벌과 정사가 혼란해진다. 또한 천인은 생산하는 데 노력하지 않으면 쓸 재물이 부족해진다"[76]라는 구절이 있으며, 『맹자』「등문공 상」편에는 "군자가 없으면 야인을 다스릴 수 없고 야인이 없으면 군자를 먹여 살리지 못할 것이다"[77]라는 구절이 있다. 군자는 정치에 힘쓰고 소인은 농사에 힘쓰며 군자는 마음을 쓰고 소인은 힘을 쓴다. 군자와 소인(야인, 천인)은 정치적 계급 관념을 보여주는 호칭이다.

'대인大人'은 군주의 또 다른 호칭이다. 대인의 호칭은 가장 먼저 『역경』에서 볼 수 있다. 『역경』「혁괘革卦」에 있는 구오九五 효사에 "대인은 호랑이처럼 면모를 일신하니 점 치지 않아도 신망이 절로 드러난다"[78]라고 했다. 여기에서 대인은 왕의 호칭이다. 대인은 소인과 대칭된다. 『광아』의 「석고」편에 "도, 천, 지, 왕, 황 (…) 큼을 말한다道, 天, 地, 王, 皇 (…) 大也"라고 했다. 왕염손王念孫(청의 훈고학자)의 『소증疏證』에서는 『노자』와 『시자尸子』 같은 문헌을 인용하여 천, 제, 황, 왕, 후, 벽, 군, 공은 모두 크다는 의미가 있다고 했다. 왕과 도, 천, 지는 마찬가지로 '세상에서 큰 네가지'이다. 권세가 크고 공덕이 크기 때문에 대인으로 불렸다. 큼大에 상대적인 것은 작음小이다. 『설문해자』에서는 "소는 물건이 작은 것이다小, 物之微也"라고 했다. 신하와 백성은 지위가 낮고 덕이 적으며 비천하여 우맹愚氓, 곽식자藿食者, 검수黔首라 불렸고 소인이라 했다. 대인의 호칭은 군자와 비슷하게 처음에는 덕과 지위를 겸비한 것이었지만 훗날 점차 도덕의 범주로 변화했다. 대인의 호칭은 처음부터 지위가 존귀하고 덕이 높으며 공덕이 크다는 문화적 의미를 내포했기 때문에 군주에 대한 여러 호칭 가운데 제왕의 공덕을 가장 많이 부각시켰다.

대인, 군자의 호칭은 문화적으로 처음에는 권력과 지위로 도덕을 논

했음을 의미했다. 덕과 지위를 모두 갖춘 호칭은 모든 군주에 도덕이라
는 월계관을 씌워주었다. 만일 종법적인 호칭이 부자관계로 군신을 규정
하고 권세적인 호칭이 정치관계로 군신을 규정하며 신화적인 요소가 있
는 호칭이 천인관계로 군신을 규정했다면 대인, 군자의 호칭은 도덕의 관
계로 군신을 규정한 것이었다. 도덕적인 기호로 군주를 부른 것은, 사람
들에게 도덕적인 사람이 권력과 지위를 차지해야 하고 비천하고 우매한
백성은 군주의 교화를 받아들여야 하며 군신관계는 도덕 법칙에 따라
생겨났다는 관념을 널리 알리고 주입시키려 했기 때문이다. 한마디로 군
주는 도덕의 화신이었다.

진시황이 '황제'의 존호를 만든 것은 자신이 "몸소 도덕을 실천했고"[79]
삼황오제와 마찬가지로 도덕적으로 완벽했음을 표방하기 위함이었다.
그는 스스로 "황제"라 부르고 신하와 백성을 "검수"라고 명명했을 뿐만
아니라 도덕적 권위와 모범으로 세상에 나타나 대신과 백성을 가르치는
권리를 행사했다.

성인과 성왕:
군주와 도덕은 한 몸이고 성과 왕은 합일되다

진시황은 문헌 곳곳에서 최초로 자신이 '성인聖人'이며 최고 통치자라고
선포했다. 진시황의 여러 신하는 각지에서 황제의 성덕聖德을 기리는 비
문을 새겼다. 진시황은 공덕을 기리는 이런 비문을 흔쾌하게 받아들였
다. 그는 "황제께서 몸소 성덕을 베푸셨다皇帝躬聖" "진 왕조에 성왕이 나
라에 임했다秦聖臨國"라고 자찬했다. 또한 세상에 "성스러운 지혜와 인의

423

가 도리를 분명히 드러냈다"고 알리고 "성스러운 덕이 넓고 깊어 천하 사람들이 은혜를 입음에 경계가 없게 되었다"[80]고 했다. 그래서 진 왕조의 신하와 백성은 "모두 성스러운 뜻을 받들었다咸承聖志"라고 했다. 다시 말하면 진시황과 여러 신하들은 가장 이상적인 최고 통치자는 군도동체君道同體와 성왕합일聖王合一 해야 한다는 군권 관념을 지녔던 것이다. 진시황이 바로 '성왕'이었다.

'성聖' '성인聖人' '성왕聖王' 등은 가장 전형적으로 신성화된 군주의 호칭이다. 사, 사장, 군사, 군자, 대인 등의 호칭이 군주를 신성화하려면 어느 정도의 해석과 변화가 있어야 했다. 이들 호칭이 신성화된 의미는 한눈에 이해할 수 없었다. 제왕의 현명함聲明을 하나도 빠뜨리지 않고 이해시키기 위해 왕에게 성인이라는 명칭을 덧붙였다. 성과 관련된 복합적인 호칭은 매우 많다. 예컨대 성왕, 성군, 성주聖主, 성상聖上, 성후聖后, 성벽聖闢, 성가聖駕 등 이들 호칭은 성과 왕을 함께 써서 성왕합일의 군권 관념을 나타냈다.

성은 본래 현명하여 사리에 통달하고 재능이 뛰어남을 의미했다. 『중용』에 "힘쓰지 않아도 알맞으며 생각하지 않아도 얻게 되고 서두르지 않아도 도에 알맞으니 이는 곧 성인이다"[81]라는 구절이 있다. 즉 성인은 생각하지 않고 노력하지 않아도 생각과 언행이 자연스럽게 자연과 사회, 인생의 각종 법칙과 법률, 규정에 맞게 된다는 것이다. 성인은 만물을 관찰하고 통하지 않은 것이 없고 일을 하고 못하는 것이 없다. 사리에 통달하여 성聖과 도道가 상호작용하는데 객관적 법칙인 도와 주관적 법칙인 성을 수준 높게 체득한다는 것이다. 성은 도와 한 몸인 초인이다. 이런 인격을 군주로 귀납시켜 신성화한 관념과 호칭이 생겨났다. 성인과 왕은 하나라는 것이 바로 성왕이다.

군주의 호칭으로서 '성인'이 내포하는 군권 관념은 매우 풍부하고 사변적이다. 다른 호칭은 군주를 직접적으로 긍정하고 칭송하고 숭배하는 것에서 시작되었지만, 성왕 관념은 통치계급의 자아인식과 자아비판에서 비롯되었다. 그리고 선왕先王을 현명聖하다고 한 것에서 시작하여 현명聖해야 왕이 되었고 그리하여 다시 모든 군주를 신성화하는 변천 과정을 거쳤다. 이러한 비판과 신성화 작업이 상호작용하여 만들어진 사상 인식의 경향은 주로 사상가들이 앞장서서 완성한 것이었다. 성인의 호칭은 한정적인 명칭이었다. 선왕이 성인이었지만 제한이 없어지면서 모든 군주가 성인이 된 것은 황제제도의 산물이었다. 성인의 호칭은 "성인이 왕이 되기에 가장 적합하다"에서 "제왕이 가장 성인이 될 만하다"라는 문화적 변천 과정을 완성했다. 진한시대 이후의 "황제께서 하늘이 내린 덕을 갖추셨다天縱聖明"라는 글귀는 황제의 공덕을 기리는 관용어로 굳어졌다.

성왕 관념의 핵심은 왕권, 인식, 도덕 그리고 행위 법칙, 가치표준을 하나로 통합하여 군주제도와 군권을 절대화했다는 데 있다. 성과 도의 합일은 정치적으로 왕과 도가 하나라는 것으로 실현되었다. 도는 우주의 근원이자 법칙이고 원칙이며 각종 이상적인 사회정치 규범의 총칭이다. "성인은 도의 최고 경지이다"[82]라고 했다. 성왕은 도를 손에 쥐고 자연과 사회의 각종 필연성을 장악했으며 사회 교화라는 사명을 짊어진 위대한 인물이었다. 성왕론은 성왕합일과 군도합일의 관점에서 성인이 제도를 세우고 성왕이 스승이 되었다고 한다. 즉 군주와 도의, 왕과 성인, 정치와 교화를 고도로 통일한 정치모델에 논리적인 근거를 제공한 것이다. 신성화의 핵심은 절대적인 개인의 권위를 동경하고 신뢰하는 것이다. 성인을 인정하는 것은 궁극적으로 전제 왕권을 신봉하는 것이었다. 성현사상으로 사람들에게 모든 사회가 성인에게 복종하는 것은 논리적 필연이라고 가르쳤던 것이다. 군과 도의 합일화는 문화적으로 매우 풍부한 의미를 지니고 있다. 이러한 명제 또는 관념은 고대사회의 모든 권위의 속성을 제왕에게 바치기에 충분했다. 성왕합일은 정치와 문화 통일에 그 근거를 제공했다.

신성화된 호칭은 정치적인 이성의 측면에서 볼 때, 군권의 필연성과 절대성을 논증하고 제왕을 자연질서, 사회질서를 주재하는 지위에 올려놓았다. 그러나 천하를 통일한 진나라의 영정은 이에 만족하지 못하고 자신의 공덕을 칭송하는 '황제'의 호칭을 스스로 만들어 군의 권위, 존엄, 공덕을 극대화했다.

진시황이 황제의 호칭을 만든 취지는 바로 자신을 신성화하기 위함이었다. 『사기』「진시황본기」를 살펴보면 진시황이 여러 신하에게 "제호를 논하라고" 한 동기는 "공적을 칭송하고 후세에 전하기稱成功, 傳后世" 위해서였다. 공덕을 과시하는 존호를 만든 이후, 그는 황제의 호칭을 이용하여 자신의 공적을 미화했다. 예컨대 "황제의 공은 근본적인 일에 부지런히 노력한 것이다" "황제의 현명함이 사방을 널리 살폈다" "황제의 덕으로 사해 끝까지 안정되었다" "황제께서 덕을 밝혀 천하를 다스리고 보고 듣는 일을 세을리 하지 않았다" "황제께서 천하를 하나로 합치고 모든 일을 두루 들으시니 먼 곳이나 가까운 곳이나 모두 맑아졌다"[83] 등의 구절을 보면 충분히 짐작할 수 있다. 진시황의 이런 관념과 행위는 중국 고대사회의 성현 중심적인 제왕 관념과 꼭 맞아떨어진다. 이런 의미에서 황제의 존호는 전형적으로 신성화된 호칭에 속한다고 할 수 있다.

'황제'는 또한 대표적으로 예의 관념을 담은 호칭이다. 정치권력은 예의 근본이다. 귀천을 구별하는 것이 예의 핵심이고 행위 규범이 예의 모습이다. 통치자는 예의 핵심과 구분의 권력을 장악하여 복잡한 예의로 귀천과 등급별 권위를 밝혔다. 예의의 형식은 본래 군주는 존엄하고 신하는 천하다는 의식을 주입하고 군권 숭배 관념을 심는 도구였다. 예의 역시 문화적인 기호이다. 하·은·주 삼대에 통치자는 예로써 만물을 주재하고 백성들을 부리며 예악과 정벌은 왕에서 나오는 정치체제를 확립했다. "진나라가 천하를 통일한 후, 6국의 예의를 모아 좋은 점은 모두 받아들였다. 비록 성왕제도에 맞지 않아도 임금을 받들고 신하를 억누르며 조정을 엄숙하게 하는 의례는 예로부터 계속되었다"[84]라고 했다. 예를 들면 명호名號(명칭), 관면冠冕(왕이나 관원이 쓰던 모자)과 조복, 궁정, 후비, 조하朝賀(신하가 임금을 알현하고 축하를 드리는 것), 피휘避諱(글을 쓸 때나 말을 할 때 군주나 조상의 이름 글자를 피했던 것), 노부鹵簿(왕을 비롯한 고관대작이 외출할 때의 의장대), 능침(제왕의 무덤), 종묘 등 구체적인 제도가 많이 포함되어 있었다. 한漢 왕조 이후 예의제도의 내용이 늘어나거나 줄어들긴 했지만 기본 정신은 그대로 이어졌다.

최고 통치자의 존호와 정식 명칭으로 황제의 호칭은 예의제도의 산물이자 예의제도를 그대로 따른 것이었다. 기타 예의의 뜻을 갖춘 호칭 역시 동일한 의미와 기능이 있었다. 현존 문헌을 살펴보면 늦어도 서주시대에 예의제도와 관련한 군주 호칭이 나타나기 시작했다. 예를 들면 관면, 조복과 관련된 '곤직袞職'이 있었다. 그 후 피휘와 관련된 '집사執事'와 '폐하陛下'가 있었고 노부鹵簿와 관련된 '승여乘輿'와 '황여皇輿'가 있었으며, 능침과 관련된 '산릉山陵'이 있었다. 진한시대 이후에는 예, 의와 관련된 호칭이 더 많이 나타났다. 그러나 문헌이 충분하지 못해 예와 관련된 호칭 대부분은 생겨난 연대와 근거를 정확하게 말하기 어렵다. 단, 이들 호칭은 모두 오래전에 생겨나 군권을 유지하는 각종 의례제도와 관련이 있었고, 문화적으로 모든 군주는 존엄하고 신하는 낮다는 군권 관념과 관계가 있음은 쉽게 알 수 있다.

즉 황제 관념은 오랜 세월 군주제도의 변천 과정에서 각종 군권 관념이 생기고 쌓이며 재조합되고 응집된 결과물이라고 정리할 수 있다. 황제 관념은 황제제도가 생겨날 수 있었고 지속될 수 있었던 문화적 기반이었다. 만일 이런 제도와 관념을 풍성한 열매로 비유해보면 진시황은 씨앗을 뿌린 사람이라기보다는 수확한 사람이라고 보아야 할 것이다.

황제의 호칭은 정치문화적으로 의미가 매우 풍부하다. 황제는 가장 신성하고 존귀하여 공적이 대대로 전하며 천하를 지배하고 홀로 군권을 행사하여 백성 꼭대기에 군림하고 있음을 의미한다. 황제의 호칭이 군권 관념의 극치라면 황제제도는 제왕 관념을 전방위로 실현한 것이다. 황제의 호칭은 정치, 경제, 법률, 도덕, 문화 등 각종 관련 제도를 내포했다. 즉 황제는 대통일을 의미한다.

황제라는 단어는 각종 군주 호칭의 문화적 의미를 포괄한, 종합적인 성격이 가장 짙은 군주를 나타냈다. 황제라는 호칭이 생겨난 뒤 왕王, 공公, 후侯, 백伯 등은 귀족의 호칭으로 바뀌었으며 '왕천하王天下'의 '왕王'과 같은 기타 군주의 호칭은 황제와 동의어가 되었다. 『백호통』 「호號」편에 "어찌하여 때로는 천자로 일컬어지고 때로는 제왕으로 불리는가? 그가 위, 즉 하늘과 관계될 때 천자라 일컫는다. 그가 천자라는 작위를 수행하며 하늘을 섬긴다는 점을 나타내기 때문이다. 그가 아래, 즉 백성과 관계될 때는 제왕으로 일컫는다. 그의 지위와 칭호가 천하에서 가장 높아서 신하를 호령함을 나타내기 때문이다. 『상서』에 따르면 왕이 '제요가 말하기를 아! 사악이여', '그대들이여, 어서 오라!' 라고 했다. 왜 일인一人이라 일컫는가? 임금이 자신을 낮추기에 스스로 일인이라 일컬었다. 즉 자신의 능력이 한 사람의 몫에 상응할 뿐이라는 점을 말하고자 했다. 예컨대 『논어』를 살펴보면 '만약 백성이 죄를 지었다면 책임은 나 한 사람 一人에게 있다'라고 했다. 신하는 왜 그를 일컬어 일인이라고 하는가? 그 렇게 함으로써 임금을 높일 수 있기 때문이다"라는 구절이 있다. 구체적 인 용법상, 여기에서 각종 호칭은 고유의 뜻이 있어서 특정한 문화적 의 미를 표시했다. 그러나 현실의 삶에서 사람들은 제멋대로 호칭을 사용 했다. 이에 황제라는 말로 각종 호칭의 의미를 통합했다. 군부君父는 모 든 사회의 종법적인 가장이고 천자는 천지신명의 대표자이며, 왕벽은 국 가정권의 원수이고 성인은 도와 한 몸인 사장이었다. 황제는 천지군친사 天地君親師의 권위를 한 몸에 종합했으며, 심지어 우월성, 독점성, 신성성, 절대성을 응축하여 천제天帝, 신불神佛이라고 해도 만족하지 못했다.

여기까지 분석해보니 고대의 군권 관념과 진시황의 제왕의식을 전면 적으로 해석할 수 있게 되었다. 중국 고대 정치문화는 지존至尊, 지상至 上, 지대至大, 지신至神, 지성至聖 등의 문자로 군주의 지위와 권세를 해석 했다. 이는 최고 통치자를 호칭하고 지칭하거나 비유한 것이다. 진시황 이 스스로 "황제"라고 한 것은 이러한 군권 관념을 포괄한 것이었다.

대大, 태太, 상上, 천天, 원元 등은 위上, 큼大, 근본本, 시작始이라는 뜻 을 지닌 문자로 제왕을 수식했다. 이와 상응하여 왕, 황, 제, 군 등의 군 주 호칭 역시 동일한 뜻을 부여했다. 조祖, 종宗, 묘廟, 군 등은 존귀함을 의미하는 문자로 이 모두가 군주를 호칭하는 데 쓰였다. 제, 천, 도道, 극 極 등은 중국 고대 철학에서 최고의 범주 또는 핵심적인 범주이다. 이들 문자 역시 군주와 군위를 호칭하고 가리키거나 또는 비유했다. 제왕의 각종 명호에는 고대의 지혜, 미덕, 공적, 권세의 모든 기호가 붙어 있다.

천인계에서 황제는 천자이고 음양계에서 황제는 태양이며 정치체계에 서 황제는 벽왕이고 종법체계에서 황제는 부모이며 존비체계에서 황제는 원수이고 학술체계에서 그는 사장이었다. 황제는 지존 중의 지존이었다.

제는 지상의 존재이므로 그는 상제로 호칭한다. 천은 지대하여 천지와 필적한다. 또한 도가 지존하여 도리와 필적한다. 그는 신이고 성이다. 신, 성, 왕이 합일하여 황제가 된다.

황제는 천문체계에서 북극성이며 지리체계에서는 산릉山陵이고, 방위체계에서는 중심이며 수문水文체계에서는 바다이고, 신성한 동물로 치면 용이다. 황제는 만물의 종주宗主이기 때문에 신하와 백성은 반드시 정점을 둘러싸고 있는 별이고 태산을 우러러보는 구릉이며 중앙과 관련된 6국이다. 그리고 큰 강과 바다로 흘러드는 물줄기이며 용을 따라다니는 물고기와 같이 황제를 호위, 경모, 그리워하고 알현하며 복종한다.

인정仁政과 덕화德化의 관점에서 보면 황제는 엄격한 아버지이자 자애로운 어머니이고 백성을 키우는 존재였다. 그리고 폭정과 잔혹함의 관점에서 볼 때는 전쟁을 일으키고 먹구름을 일소했다. 광명정대함에서 볼 때 황제는 한낮의 태양처럼 사방을 비추었고 덕을 베푸는 관점에서 볼 때는 신룡이 비를 내리는 것과 같이 그의 덕이 널리 미쳤다. 효제와 충성의 관점에서 볼 때 그는 효자이며 상제를 공경했다. 또한 왕도가 거침없고 평탄했다. 황제는 바로 그러한 왕도의 대명사이자 도덕의 화신이었다.

이러한 문화적 현상은 모든 권위와 존엄, 미덕, 재능과 지혜를 상징하는 문화적 의미를 '황제'에게 집중시켜 황제라는 단어를 통해 제왕은 모든 권력을 향유함을 널리 알렸다.

호칭은 인격의 비유이자 은유이다. 아버지로서 군주를 호칭하는 것은 아버지의 이미지를 이용하여 군주를 인격화하고 평가하는 것이다. 성인으로 군주를 호칭하는 것은 군과 도를 합일하여 인간 세상에서 유일한 존재로 은유한 것이다. 또한 신하에 대한 각종 호칭은 군주의 호칭과 상호 보완하여 만들어졌다. 그러므로 정치적인 호칭체계는 사람들의 정치적인 인격에 직접적으로 영향을 끼쳤다. 철학적 사유와 정치적 관념의 차이 때문에 신하와 백성 중 일부는 이러한 호칭이 보여주는 군권 관념을 허용하지 않을 수도 있다. 그러나 군주 호칭의 상징적인 의미를 인정하면 제왕 앞에서 무릎을 꿇고 절하게 된다. 일반적으로 제왕은 가능한 한 모든 상징적 의미를 차지하려고 한다. 그들은 이 호칭을 받아들이면 틀림없이 유아독존의 심리 상태가 형성된다. 황제라는 단어는 중국 고대사회의 군주와 신하, 양면의 정치적 인격에 많은 영향을 끼쳤다.

황제의 지위, 권세와 관련한 관념은 각종 군주에 대한 호칭의 권력 관념을 종합하여 만들어졌다. 황제의 호칭은 고대의 각종 사회권위가 정치화된 결과이며 정치권위를 인격화한 극단적인 형태이다. 황제제도 아래에 사는 사람들에게 황제의 호칭은 역사가 매우 오래된 문화적 기호이자 뼛속 깊이 파고 들어간 사회적 현실이었다.

황제의 존호와 각종 군주의 호칭은 직관적으로 사람들에게 제왕 관념과 상응하는 신민 관념을 주입시켰고, 정치 행위 주체의 정치의식을 만들어냈다. 제왕 숭배는 집단적인 정치심리 공식으로서 군주전제 제도의 발전에 공고한 사회적 심리 기반을 제공했다. 진시황은 시황제가 되어 중앙집권적인 황제제도를 수립했고 이런 제도를 시행하면서 천하를 군림할 수 있었다. 또한 각종 제국의 행위와 제왕의식을 충분하게 표현할 수 있었던 것은 그가 생존했던 시대가 이러한 사회심리 기반을 갖추었고 물질적인 조건을 갖추었기 때문이다. 황제제도는 황권 관념이 현실사회에 실현된 것이었다.

秦始皇

【6장】

사상

— 법가를 선호한 잡가雜家 군주

QIN SHI HUANG

진한시대 이래로 사람들은 진시황이 법가사상을 신봉하는 황제라고 생각했다. 사실 이런 관점은 겉보기에는 맞는 것 같지만 실은 그렇지가 않다. 정확하게 말하면 진시황의 통치 사상은 법가사상을 주축으로 제자백가의 사상을 종합했다는 특징이 있다. 그는 법가를 매우 선호한 '잡가雜家'적인 군주였다.

장태염章太炎(1869~1936, 청말 한학가, 루쉰의 스승) 이후 여러 학자는 진시황의 '잡가'적인 특징을 인정했다. 일부 학자들은 이에 관한 논문을 쓰기도 했다. 예를 들면, 「10대 비판서, 여불위와 진왕 정에 대한 비판」에서 궈모뤄郭沫若는 진시황의 정신은 가혹한 형법과 법령의 관점에서 보면 법가이고, 미신적인 관점에서 보면 신선가神仙家이며, 강력한 추진성을 보면 묵가라고 지적했다. 그 후 여러 학자가 더욱 세심하게 분석하면서 진시황의 사상에는 유가, 음양가, 도가의 성분이 있음을 지적했다. 이러한 가설은 국내외 여러 학자들도 인정했다.

일각에서는 진시황의 사상이 두서 없고 통일되지 않았다며 그 평가가 극단으로 치닫기도 했다. 그리고 진 왕조를 "이론이 없는 시대"라고 말하기도 했다. 이들의 생각을 발전시키면 진시황은 이론이 없는 황제라는 것이다. 하지만 이러한 가설은 좀더 검토해보아야 한다.

진시황은 천하를 통일하고 황제제도를 세우는 과정에서 중대한 정치적 선택의 기로에 놓이게 되었다. 그의 선택은 정치, 군사, 경제, 문화, 법률 등 각 영역에 직결되어 정책, 책략, 제도 등 여러 영역을 포괄하는 것이었다. 이러한 선택은 불확실성이 매우 컸고 선택하는 과정에서 주관적인 임의성 역시 매우 컸지만, 『사기』 등의 기록을 근거로 보면 진시황의 정책, 책략, 제도의 선택에는 그 저변에

제六장 사상

435

체계적인 정치 이념이 깔려 있었다. 그는 이론을 바탕에 두고 선택하려는 의지가 매우 강했다. 진시황은 이론에 정통한 정치가였다. 그를 보좌한 대신과 책사 중에는 이론에 조예가 깊은 사상가가 많았다. 그러므로 진시황의 수많은 정치적 선택은 당시 가장 유행했던 이론 학설에 대한 이해를 바탕으로 이루어진 것이다. 일부 정치적 선택은 매우 창의적이고 중국의 역사발전 과정에 나아가야 할 방향을 제시하기도 했다. 그의 수많은 공적은 정치제도사, 경제제도사, 사상문화사, 법제사에서 획기적인 의의가 있다. 만일 '이론이 없는 시대'였다면 진시황이 이 정도까지 해낼 수 있었을까?

진 왕조의 통치 사상을 전면적이고 심층적으로 꼼꼼하게 분석하면 출처가 광범위하고 구성이 복잡하며 내용이 풍부하다는 사실을 어렵지 않게 알 수 있다. 기본 내용을 살펴보면 진 왕조의 통치 사상은 한나라의 통치 사상과 질적으로 차이가 없다. 만일 진한시대의 통치 사상에서 구별되는 무엇이 있다면 그것은 구체적인 사상의 내용과 기조가 다르고 종합적인 수준이 다를 뿐이다. 사상사의 주요 저술에서는 금문今文(오늘날의 예서隷書로 한대漢代에는 이것이 통용되었기에 '오늘날의 글'이라는 뜻으로 금문이라 함) 경학이 주축을 이루는 한대의 통치 사상을 거론할 때 종종 "유가, 도가, 법가를 융합했다" "음양가와 형명가를 받아들였다" "왕도와 패도를 함께 사용했다"와 같은 유형의 결론을 내렸다. 사실 이런 결론 역시 진 왕조 통치 사상의 성격을 규명할 때 사용할 수 있다. 즉 구체적인 사상의 형식과 기조가 법가이든 도가이든 또는 유가이든 불가이든 중국 역대 왕조의 통치 사상은 모두 '잡가'적인 성격을 띠었다. 심지어 잡가적인 성격은 중국 고대 주류 문화의 특징이라고도 말할 수 있다. 잡가는 체계가 없는 것이 아니라 통합적인 것이며 그 기본적인 속성은 '왕도와 패도를 함께 사용한雜用王覇' 것이었다.

황제제도의 법률적 원리와 초기 형태

진시황은 사상과 제도적으로 '천하에 다른 뜻을 품는 이가 없고, 평안하게 하는 기술'[1]을 추구했다. 그의 모든 정치활동에는 왕조의 정통성을 확정하려는 의도가 배어 있었다. 그는 "문학과 방술을 하는 선비를 모두 불러 태평성대를 일으키고자 했다." 그리고 존호를 정하여 시호를 없애고 선진시대의 군권 관념을 집대성했으며, '오행의 순환에 맞추어 왕조가 교체된다는 이론에 따라' 진 왕조는 수덕水德을 얻었다고 여기고 수덕에 걸맞은 정치 방략을 확정했다. 또한 훗날 그는 '흑백을 구분하여 지존 한 사람이 모든 것을 결정하도록 하고' 사학을 금지시켰으며, 『시경』과 『서경』을 불태우고 천하에 "관리를 스승으로 삼게 하도록"[2] 명령을 내렸다. 진시황은 사상가가 아니라 황제제도의 정치적 기본 원칙을 세우는 것에 많은 노력을 기울였다. 말하자면 진시황은 법가를 주축으로 제자백가를 종합한 통치 사상과 그에 상응하는 정치적 장치를 마련하고자 했던 것이다.

전제주의 중앙집권 체제의 원칙을 탐구해보면 이런 제도를 유지하는

제六장 사상

437

법률을 정립하는 데는 역사적으로 오랜 세월을 요했다. 이는 사상가들이 사상을 통일하는 방안을 끊임없이 바치고 최고 통치자가 현실을 감안해 이를 끊임없이 선별한 결과였다.

춘추전국시대는 "제후들이 제각기 다른 정치를 펴고 백가들은 제각기 다른 학설을 주장하며",[3] "도술이 천하를 분열시키는"[4]시대였다. 열국의 군웅이 제각각 정치를 펼치는 정국이 독자적인 길을 개척하고 인식의 영역을 더욱 확장했다는 의의가 있다고 한다면, 정치 개혁과 왕제王制의 변혁은 백가쟁명의 정치적 근원이자 주요 동력이라 할 수 있다. 백가쟁명의 주요한 주제는 정치였고 그들이 논쟁한 핵심은 군주였다. 어떠한 국가체제, 군신관계, 시정 방침이 부국강병과 군권을 강화하며 정령政令을 통일시키는 데 유리할까? 어떻게 하면 '하나로 정해지고' '천하를 통치하며' '천하를 통일할 수 있을까?' 당시 사람들은 이러한 정치 현실을 중대하게 인식하고 해결책을 심층적으로 모색했다. 군주들은 책사를 불러 모아 패왕의 영예를 모색하고 지식인들은 경상卿相에게 유세하며 학자들은 한 학설을 웅변했다. 공자는 대표적으로 예치와 인정仁政을, 노자는 자연과 무위를, 묵자는 상동尙同(국가의 안정과 사회의 질서를 위해 사상을 통일해야 한다는 것)과 겸애兼愛(모든 사람이 평등하게 서로 사랑해야 한다는 것)를 주장했다. 또 상앙은 법치를 주장했다. 이로써 예치, 법치, 무위 등 3대 통치 사조가 형성되었다. 왕제와 왕도는 선진시대 제자백가의 정치적 사유에 관한 핵심이었으며 그들 사이에 치열하게 논쟁되었던 토론 주제였다. 선진시대 제자백가의 사변을 보면 제왕 관념이 점차 이론화되고 정형화, 계통화되었다. "천하는 하나인데 생각은 각양각색이고 귀착점은 같은데 가는 길은 다 다르다"[5]고 했다. 전국시대에 제자백가는 자신의 학설로 사상을 통일할 것을 강력하게 요구했다. 각 제후국의 통치자 역시 선호하는 학설을 택했다. 중앙집권 정치가 점차 확립되면서 유가, 도가, 묵가, 법가의 정치학설은 점차 서로 융합되었다. 춘추전국시대에 제왕론이 변천하는 추세가 유형화되고 개성이 뚜렷할 뿐만 아니라 극단적인 이론체계까지 등장했다면, 전국시대 이후에는 백가를 통합한 일가一家가 점차 큰 흐름이 되었다. 『관자』는 여러 글을 집대성하여 어느 정도 시대의 특성을 반영하고 있다. 도가의 『문자』와 황로학은 가장 먼저 종합적인 성격을 띠었다. 『순자』는 유가가 주축을 이루는 가운데 유가와 법가의 융합을 추구하였으며, 다른 학설을 채택함으로써 사상이 풍부하고 충실해졌다.

시대의 큰 흐름에서 이론의 종합과 정치의 통일은 상호작용하며 겉과 안이 된다. 진나라의 상국 여불위는 집권하면서 사상 통일 문제를 주요한 과제로 삼았다. 진나라 왕 영정이 등극하고 한 원제元帝가 집정하기까지 200여 년의 세월이 흘러 황제제도의 정통성을 확정하는 것이 대략 완성되었다. 이러한 역사적 진행을 반영하는 현상들은 매우 많았다. 특히 진한시대 통치자의 4대 정치 실천과 이 기간에 연달아 저술된 4대 정치 명저가 가장 대표적인 사건이다.

진시황부터 한 무제에 이르기까지 진나라 상국 여불위의 『여씨춘추』, 법가 사상가인 한비의 『한비자』, 서한 회남왕 유안劉安의 『회남자』, 한나라 대유大儒인 동중서의 『춘추번로』 등 4대 명저가 세상에 등장했다. 핵심 내용과 지향점을 살펴보면, 이들은 각각 잡가, 법가, 도가, 유가로 분류할 수 있다. 그러나 이들은 모두 선진시대의 전형적이고도 대립적인 각종 제왕론을 극단화하지는 않았다. 오히려 이와 반대로 여러 학설을 융합하고 종합하는 경향이 있었다. 이들 4대 명저는 현실화 가능성이 높았기 때문에 천하를 통일하는 기본 사상이 될 가능성이 있었다. 특히 『여씨춘추』와 『한비자』는 제자백가의 사상을 정선했으며 진의 통일 사상이 내린 선택과 관련이 매우 깊다.

이와 상응하여 진한시대 통치자의 4대 정치적 행위는 사상과 정치를 더욱 통합시켰다. 『여씨춘추』는 통치자가 통일 사상 방안을 선택한 최초의 시도였다고 할 수 있다. 여불위의 권세에 의존하여 『여씨춘추』가 기회를 선점했지만 여불위가 권세를 잃자 제자 학설의 통합 전망은 어두워졌다. 진시황의 현실 정치는 법가가 주축을 이루었다. 법가의 학설에 따라 나라를 세우고 패주를 도모했으며 나아가 천하를 통일하려는 진나라 군주에게 법가의 학설이 매력적으로 보인 것은 어쩌면 당연했을 수 있다. 진시황은 『한비자』를 무척 좋아했고 '법치'에 따라 철저하게 통치했다. 하지만 진 왕조가 급속도로 멸망함으로써 법가의 이미지가 훼손되었고 법을 통일 사상의 핵심으로 여겼던 방안은 폐기되었다. 잡가, 법가에 이어 세 번째로 주축이 되었던 학설은 도가이다. 한나라 초기, 여러 제왕은 진의 멸망을 귀감으로 삼아 자발적으로 황로정치를 펼쳤다. 그리하여 한때 도가가 통치 사상의 주도적인 자리를 차지하기도 했다. 『회남자』는 이러한 현실 정치의 산물이었다. 그러나 도가의 현학적인 도론道論과 무위無爲를 과장하여 점점 '그 말을 이해하기 어려워其辭難知'졌고 모두 허황된 말이 되고 말았다. 이에 도가를 주축으로 한 통일 사상의 방안은 단기간에 생명력을 잃었다. 한 무제 때, 유가를 주축으로 한 통일 사상 방안이 채택되었다. 그러나 이때 이른바 '유술儒術'은 도가와 법가, 음양가를 수용하여 제자백가를 종합하는 특색을 강하게 띠었다.

이러한 과정을 보면 구체적인 정치 형세와 최고 통치자 개인의 선호도가 한 시대의 통치 방략을 선택하는 데 어느 정도 영향을 끼쳤음을 알 수 있다. 하지만 한 역사 시대를 이끈 통치 사상의 기본 틀과 기본 요소의 선택을 확정짓기에는 충분하지 못했음을 알 수 있다. 왜냐하면 여기에는 간과할 수 없는 역사적 요소가 작용했기 때문이다.

일반적으로 진한 이래 역대 왕조의 통치 사상은 유가의 기치를 높이 세우고 있었지만, 사실상 제도적인 측면에서는 법가가 주축을 이루었고 윤리도덕적 측면에서는 기본적으로 유가가 주종을 이루었다. 더욱이 철학적인 측면에서는 도가 사상을 대폭 수용하는 등 실질적인 면에서는 제자백가의 우수성이 모두 녹아들어 있었다. 어떤 의미에서 진시황의 통치 사상과 현실 정치는 황제제도의 법률의식 형태에 가장 기본적인 내용을 주입하고 그 토대를 마련했다고 할 수 있다.

사실상 진 왕조의 통치 사상은 『한비자』를 위주로 한 법가 학설의 내용을 풍부히 담고 있었다. 『사기』, 운몽진간雲夢秦簡 등 현존하는 역사 문헌을 살펴보면 법가의 '법치以法治國'론, 유가의 예의와 교화 및 충효의 도리, 도가의 현학과 방술, 음양가의 '오행설五德終始'과 '오행에 따른 정사四時之政' 등이 진 왕조의 제도, 법률, 정책에 매우 큰 영향을 끼쳤음을 알 수 있다. 통치 집단 내부에서도 때때로 일정한 학술 유파를 배경으로 한 정책 논쟁이 일어나기도 했다. 최고 통치자로서 진시황은 제도와 법률을 정비하고 행정을 돌보면서 진 왕조의 통치에 유리한 정치학설과 사상 관념 및 전통 풍습을 널리 받아들이고 각종 학파에 대해 어느 정도 포용력을 발휘했다. 진 왕조의 치국 방략, 정령의 정립, 공덕을 기리는 비문 제작, 법률 조문에 전통문화의 성분과 제자백가의 정견이 녹아들어 있었다. 진 왕조의 통치 사상 중 일부 내용은 법가 사상에 위배된 것도 있었다. 이는 진 왕조의 통치 사상이 절대로 '법가'로만 개괄할 수 있는 것이 아니며 국가 성격이 '패도'로만 규정할 수 있는 것이 아님을 보여준다. 국가의 규모, 정사의 복잡함, 많은 신하와 백성, 풍속의 차이 등 최고 통치자가 어느 한 학파만으로 '한 가지 풍속一道同風'만 만들 수는 없었던 것이다. 진시황 역시 한 무제와 같이 어느 학파만 독존하도록 하지는 않았다. 이는 진 왕조 통치 사상의 '잡가'적인 면모를 잘 보여준다. 그러므로 진시황의 통치 사상과 현실 정치는 좀더 연구해봐야 할 것이다.

진시황 통치 사상의
주요 출처와 기본 구성

현존 문헌을 살펴보면 진나라 왕은 나라를 세운 시일이 매우 짧았으며 문화적 기반을 구축하지 못했고 공식적으로 어느 학파를 지지하지도 못하여 정통성 있는 이데올로기를 갖추지 못했다. 그러므로 진 왕조의 통치 사상과 진시황의 통치 이념을 분석할 때 『사기』의 기록에만 한정하지 않고 다양한 출처와 구성을 탐색해야 할 것이다.

통치 사상에 대한 몇 가지 철학적 분석

필자는 한 시대의 통치 사상을 연구하려면 반드시 넓은 안목으로 다각적, 다차원적으로 분석해야 한다고 생각한다. 특히 다음의 몇 가지는 꼭 고려해야 한다.

1. 최고 통치자의 정견과 정치적 경향이다. 통치자가 언론, 책, 각종 정치학설과 정견을 듣고 취사선택하는 것은 통치 사상의 속성, 구성, 특

성을 판단하는 가장 직접적인 근거가 된다. 그러나 최고 통치자의 선택은 다양성을 지니며 체계적이지 못하고 심지어 불확실성을 띠고 있어서 관련 역사 기록도 완전히 정확할 순 없다. 통치자의 선호와 선택에 따라 그 사상을 평가하는 것은 따라서 별로 믿을 만하지 않다. 단순하게 그의 언행만으로 통치 사상 전체를 파악하기란 어렵다.

2. 관방학설官方學說이다. 공식 학설은 통치적 지위에 있는 정통성 있는 사상이다. 이는 통치 사상의 철학적 형식과 기조를 결정한다. 예컨대 한 무제는 "유술儒術만 존중한다"고 명확하게 선포했다. 그러나 유학 자체는 한대 통치 사상 전체를 완전히 포용하지는 못했다. 통치 사상의 내용은 공식 학설보다 훨씬 풍부할 때가 많았다. 한 왕조의 통치 사상을 전면적이고 정확하게 파악하기 위해서는 좀더 넓은 시야로 사회의 큰 흐름이 되었던 이데올로기의 내용과 특징도 살펴야 할 것이다.

3. 현행 제도와 정책의 기본 원리 원칙이다. 제도는 관념을 사회적으로 표현한 것이고 정책은 관념에 따라 움직인다. 제도와 정책 모두 '공인된' 관념이다. 관념이 제도와 정책이 되고 제도와 정책을 매개로 존재하는 이론과 사상, 관념과 의식은 사회적 존재와 사회의식에 영향을 끼칠 수 있으며 나아가 규범할 수도 있다. 이는 한때 개인의 선호와 선택, 철학적 형식으로 존재하는 학설 유파보다 훨씬 일반적이고 안정적이며 규정적이다. 진한시대의 통치 사상을 분석하는 것을 예로 들면, 진한 두 왕조의 기본 제도는 비슷하다. 이른바 '한이 진의 제도를 이어받았다漢承秦制'고 하는 것은 두 시대가 근거로 하는 기본 원리 원칙이 동일하기 때문이다. 진시황과 한 무제가 다른 점은 진시황은 법가 학설을 선호했고 한 무제는 유가 학설을 좋아했다는 데에 있다. 그리고 정치사상에서 법가와 유가의 차이점은 주로 기본 제도의 측면이 아니라 실질적인 운영의 측

면에 있다. '오랜 세월 진의 제도를 시행한' 사상적 뿌리는 '진 제도'의 기본 원리 원칙이 바뀌지 않았고 통치 사상의 가장 기초적인 부분이 크게 변화하지 않았던 것에 있다. 그러므로 제도와 정책의 원리는 통치 사상을 분석하는 중요한 소재라고 할 수 있다.

4. 널리 영향을 끼친 사회정치적 사조이다. 이러한 사조는 어느 한 사상가나 학파의 영향보다 훨씬 광범위하기 때문에 주류 정치문화나 또는 시대적이고 안정적인 정치 관념을 만들어낸다. 춘추전국시대의 제자백가는 정치적으로 볼 때 법치, 예치, 무위의 3대 사조로 정리할 수 있다. 법치와 예치, 무위통치는 백가쟁명의 주요한 이슈였다. 3대 사조는 공통되게 '대일통' 이론을 만들어내고 군주전제 제도를 시행하는 것을 지향했다. 대다수 사상가에게 이 세 가지 통치술 가운데 어느 것을 주축으로 삼을 것인지가 문제로 다가왔다.

5. 사회 대중이 보편적으로 인정한 정치적 관념과 신념이다. 이런 관념과 신념은 대중성을 갖추고 있으며 상대적으로 안정적이다. 어느 시대든 통치자들은 이런 사회심리에 의존하여 통치하고자 했다. 그 가운데 일부는 통치 사상의 영향을 받아 형성된 것도 있다. 고대 통치자는 사회 대중이 극도로 높이 사는 학설, 신봉하는 종교, 맹목적으로 믿는 것을 이용하거나 그것에 순응했다. 또한 그들 역시 충실한 신봉자였고 그러한 것을 적극적으로 널리 알리기도 했다. 대중이 보편적으로 인정하는 정치적 관념과 신념은 필연적으로 통치 사상과 상호작용하게 된다. 한 시대의 통치 사상을 분석할 때에는 이점을 충분히 고려해야 한다.

아래에서는 이를 염두에 두고 진 왕조 통치 사상의 몇 가지 주요한 출처와 구성, 내용을 전면적으로 분석했다.

각종 대중적 민간 신앙이 끼친 영향

전국시대와 진한시대는 제사를 올리는 명목이 매우 많았다. 대중은 천지신명과 귀신 등 각종 미신을 신봉했다. 이러한 신앙은 대부분 전통 문화와 관련이 있었고, 일부는 직접적으로 현실 정치에 이용되기도 했으며 정치적인 내용을 다소 포함하기도 했다. 통치자는 자신의 신앙에 따라 또는 '신묘한 도로써 교화를 베푼다神道設敎'라는 필요 때문에 이러한 제사를 적극적으로 장려하고 이에 참여했다. 진 왕조와 진시황 역시 예외가 아니었다. 기록에 따르면 진 왕조가 세워진 후 진시황은 직접 제사를 지냈으며 제사를 명령한 일이 무척 잦았다. 통치자가 인정한 각종 전통문화와 대중 신앙은 통치 사상의 중요한 출처이자 구성 부분이다.

『사기』「봉선서封禪書」를 살펴보면 진 왕조의 국가 제사와 백성의 신앙 중 일부는 진나라 고유의 것이었고 일부는 화하 전통문화에 공통되게 있는 것이었다. 진나라는 옹성에 성신묘星神廟를 짓고 태축太祝이 매년 때에 맞춰 참參·진辰·남두·북두칠성·형혹熒惑·태백太白·세성歲星·전성塡星·28수二十八宿·풍백風伯·우사雨師·사해四海·구신九臣·십사신十四臣·제포諸布·제엄諸嚴·제구지속諸逑之屬 등의 제사를 지냈다. 또한 바람, 천둥번개, 비와 같은 신령에게 제사를 지내기도 했다. 이러한 제사는 약간의 지방색을 띠고 있다. 진 왕조의 제사는 화하 전통문화에서 비롯된 것이 매우 많았다. 진시황은 직접 "예를 다하여 명산대천과 여덟 신령八神에 제사를 지내고 선문羨門 등의 신선들에게도 복을 빌었다"[6]라고 하였다. 팔신이란 천주天主(천제天齊), 지주地主(태산량보泰山梁父), 병주兵主(치우蚩尤), 음주陰主(삼산三山), 양주陽主(지중之罘), 월주月主(지래산之萊山), 일주日主(성산成山), 사시주四時主(낭야琅邪) 등을 말한다. 또한 '팔신은 예부터 있어온 것이었거나 태공 이래로 제사를 지냈다.'[7] 팔신에게 제사를 지낸 곳이 산동반도 끝 쪽인 것을 보면 화하 전통문화의 영향을 받았음을 알 수 있다. 진나라는 통일한 이후 국가적으로 천지신명에게 제사를 지내는 문제에 있어서 체계적인 규범을 정하여 통일 국면에 적응하게 했다. "진나라가 천하를 통일하자 제사관의 지시로 천지와 명산대천의 신령에게 올리는 제사에 질서가 잡혔다. 이에 효산崤山 동쪽의 명산 다섯 곳과 대천 두 곳으로 정리되었다."[8]

진 왕조의 수많은 제사에는 중요한 정치적 기능이 있었다. 동파董巴의 『여복지輿服志』에 따르면, 진시황은 '교사郊社'(천자가 농사의 풍작을 기원하기 위해 교외에서 하늘과 땅에 지냈던 제사)의 예, 즉 사직과 태사太社에 제를 올리는 예가 있었다. 진시황은 또한 상제, 봉태산封泰山, 선량보禪梁父에 제사를 지냈다. 이들 천지신명은 화하의 고대 정치에서 전통을 답습한 것으로 왕권의 신성성을 증명하는 정치적 기능이 있었다.

수많은 학자들은 진시황이 신봉한 상제는 진나라 사람의 상제라고 본다. 이 가설은 좀더 살펴봐야 할 것이다. 춘추전국시대의 여러 사료를 살펴보면 초나라, 진나라 등을 포함하여 화하의 여러 부족이 동일한 상제를 신봉했다. 초나라 장왕은 황하에서 말에게 물을 먹이며 제왕의 자리를 탐내고는 '정鼎의 크기와 무게'를 물었다. 이에 왕손만王孫滿은 "주나라의 덕이 쇠락했지만 천명이 바뀌지 않아 정의 경중을 묻는 것은 불가합니다"[9]라고 대답했다. 초 장왕은 어쩔 수 없이 병력을 퇴각시켰다. 만일 초왕이 화하족의 상제를 신봉하지 않았다면 결과는 달라졌을 것이다. 진나라는 오래전에 주 천자의 부용국이었다. 진나라의 조상 역시 서주의 정통 문화를 계승한다고 자처했다. 각국의 통치자와 마찬가지로 그들의 종교 신앙에는 어느 정도 지방색이 묻어났다. 순수하게 지방 고유의 것도 있었겠지만 그들의 상제는 진나라 사람만 신봉하는 것은 아니었다. 진시황이 만일 진나라 사람의 상제로 진 왕조의 황권을 받았다고 한다면 황하 공주의 신분으로 천하를 통일하기란 어려웠을 것이다. 진 왕조의 황제는 도성의 남쪽 교외에서 상제에 제사를 지냈다. 진시황은 나라의 옥새에 "하늘의 명을 받았으니 영원하리라"라는 글귀를 새기고 태산의 봉선 바위에 "예로써 하늘을 받들다"[10]라는 글귀를 새겨 넣었다. '상제上帝'와 '천天'은 틀림없이 천하가 공동으로 신봉한 존재였다.

진시황은 유신론자였다. 그는 미신을 믿었고 진의 여러 신령을 믿었을 뿐만 아니라 대지의 여러 신령을 모두 받아들여 하나하나 숭배했다. 진시황의 마음속에는 여러 신령이 존재했다. 그는 신선세계가 존재한다고 믿었으며 스스로 신선이 되어 불로장생하는 '진인眞人'을 꿈꿨다. 정치사상 측면에서 진시황은 군권은 하늘이 부여한 것이고 진나라는 수덕을 받았다고 굳게 믿었기 때문에 상제와 여러 신령에게 자주 제사를 지내며 안녕을 기원했다. 그는 화하족이 모두 신봉하는 황천상제로 진 왕조 황권의 합법성을 입증하고자 했고 스스로를 '수덕水德'을 받은 왕으로 여겼다. 진시황은 또한 동남쪽 대지에 퍼져 있는 천자의 기운을 없애기 위해 온갖 수단을 동원하여 천명을 받은 자가 영진족의 천하를 빼앗아가는 것을 막고자 했다.

사람들은 진시황을 '법가 황제'로 규정했지만 법가의 저명한 사상가들은 대개 하늘이 군권을 부여하거나 신령이 군권을 지켜준다고 생각하지 않았다. 법가 사상가 대부분은 자연의 '천도' 또는 객관적인 '도' '리'를 신봉했다. 그들은 군권이 신성하다고 말하지 않았고 하늘이 군권을 부여했다고 하지도 않았다. 『신자』『상군서』『한비자』에서는 신비주의를 찾아볼 수 없다. 세계관의 관점에서 볼 때 진시황과 법가 학설은 매우 대립적이었다.

그의 신앙세계는 일반 백성이나 수많은 유가, 묵가, 방술가와 비슷했다.

진 왕조 정권의 숭배 대상과 진시황의 개인 신앙을 살펴보고 전국시대와 양한시대 백성들이 믿었던 종교 신앙의 주요 특성을 살펴보면 당시에는 일부 명석한 사상가를 제외한 사회 전체가 짙은 신비주의에 휩싸여 있었다.

오랜 세월 형성된 정치적 전통과 경험

진 왕조의 통치 사상 가운데 수많은 내용은 그 역사가 유구한 정치적 풍속과 관례 그리고 각종 경험에서 비롯되었다. 특히 진 왕조에서 시행되었던 수많은 제도의 기본 원리와 주요 구성은 대부분 전통 제도를 이어온 것이며 관련 사상의 뿌리는 하·상·주 시대까지 거슬러 올라갈 수 있다.

중국 고대사회에는 "새로운 왕이 등극하면 제도가 바뀐다新王改制"는 전통이 있다. 신흥 왕조는 '백성과 함께 시작하고' '백성과 함께 변혁하는' 조치를 취하였다. 진시황은 천하를 통일한 후 존호를 황제로 바꾸고 10월을 정월로 바꾸었다. 그리고 검은색을 공식적인 조복색으로 정하는 등 각종 예의제도를 개정했다. 진시황이 천하를 순시하고 태산양부 등에 제사를 지낸 것 역시 매우 오래된 정치적 전통과 관련 있다.

진 왕조에 유행한 도덕 규범은 기본적으로 전통 관념과 경험에서 비롯되었다. 운몽진간에 기록된 『위리지도爲吏之道』는 관리의 도리를 말하며 훈계하는 내용이었다. 이 죽간은 전국시대에 제작된 관리의 교과서로서 처세철학, 기율, 시정施政 규칙, 치민 방법 등의 내용을 포함하고 있다. 이는 후세의 『신궤臣軌』 및 『관잠官箴』과 비슷하다. 철학적인 특징을 살펴

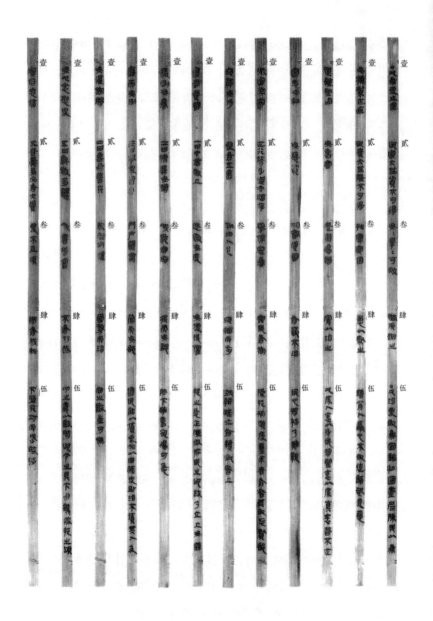

관리가 마땅히 따라야 할 도리를 담은 운몽진간의 『위리지도爲吏之道』.

보면 어느 한 학파에 속하지 않고 오랜 세월 형성된 정치적 경험을 총정리한 것이었다. 『위리지도』의 기본 정신과 원칙은 과거에도 있었고 앞으로도 이어질 것이다. 이는 중국 고대사회의 관리에게 보편적으로 적용된 것이었다.

진 왕조의 수많은 제도 역시 기본적으로 전통 제도를 답습하여 내용을 약간 조정했을 뿐이다. 『사기』 「예서禮書」에 따르면 진 왕조의 예제는 "6국의 의례 가운데 우수한 점을 받아들였다." 한 왕조의 제도는 "대체로 진의 것을 따랐다. 천자의 호칭에서 관리와 궁실 및 관명에 이르기까지 따르지 않은 것이 거의 없다."[11] 이는 진과 한의 예의제도는 기본 원칙과 틀이 '오래전부터 내려온 것이었으며' 기본적으로 전통적인 법령제도를 계승했음을 말해준다. 단지 일부 구체적인 제도에서 '가감했을' 뿐이었다. 진 왕조의 종묘제도, 피휘제도 등은 전통 사상의 일부 관점과 제도를 바탕으로 확정하였다. 이로써 진 왕조에 시행되었던 여러 제도의 기본 원리와 틀은 역사적으로 형성된 풍속, 관례 및 제도에서 비롯된 것이었다. 관련 사상은 정치적 경험을 집대성한 것이자 정치적 관례의 귀납적인 결과로 어느 한 나라나 한 학파에만 속한 것이 아니라 한 시대 내지 일종의 사회 정치적 형태에 속하는 것이었다. 그러므로 진 왕조에 수용된 통치 사상 가운데 역대 왕조와 관련 있는 통치 사상은 중국 고대사회에도 의미가 있는 것이라고 할 수 있다.

전체 사회의 보편적인 정치의식

보편적인 의식은 곧 어느 한 사회에 광범위하게 존재하는 공통된 신앙,

신조, 신념, 심리 상태를 말한다. 사회 전체에 퍼져 있는 각 계층의 보편적인 인식, 특히 사회 일반 성원이 인정하는 정치의식과 사회의식은 곧 사회 분위기가 되고 풍속이 되고 신앙이 되는 지배적인 요소이다. 그런 까닭에 이렇게 형성된 일반적인 '의식—행위' 모델과 사회 인격은 어느 한 시대의 기본 특징으로 나타난다. 이는 시대정신을 보여주는 '엘리트 사상'의 사회적 배경이자 문화적 배경이었다. 그러므로 어느 시대든 통치 사상은 전 사회에 널리 퍼져 있는 정치의식을 토대로 구축되었다. 보편적인 정치의식은 또한 개별적인 정치가, 사상가의 선호도보다 보편적인 의의도 있고 안정적이기도 하다. 만일 어느 한 개별적인 정신을 전 사회의 보편적인 정치의식이라는 틀에 올려놓고 해부해보면 개별적인 관념, 의식, 행위가 시대 및 사회와 연동되는 관계를 정확하게 파악할 수 있을 것이다. 그러므로 전 사회의 보편적인 정치의식을 분석하는 것은 한 시대의 통치 사상과 한 통치자의 통치 이념을 이해하는 중요한 방법 중 하나이다.

진시황의 황권 관념은 주로 보편적인 정치의식에서 비롯되었다. '황제'의 호칭과 제도는 진시황 개인이 만들어냈다기보다는 사회 대중이 군주제도를 보편적으로 신봉하고 군주제도가 현실사회에서 끊임없이 발전해온 산물이라고 해야 할 것이다. 만일 사람들의 군주 관념에 어떤 차이점이 있다면 종법, 권세, 신비화, 신성화라는 네 가지 군권 관념에서 어느 하나가 부각된 것일 뿐이다. 진시황의 황권 관념에서 볼 수 있는 특징은 신성화의 요소가 주축을 이루고 권세적인 부분이 부각되었으며 신비화되고 종법적인 요소도 있었다. 이 가운데 종법적인 성격이 비교적 약했다.

황권과 밀접한 관계가 있는 것은 '대일통' 관념이다. 이 역시 보편 의식이라고 할 수 있다. 유가, 도가, 묵가, 법가, 음양가 등 주요 학파들은 '대일통' 이론을 형성하는 데 매우 중요하게 공헌했다. 진시황이 '대일통' 이론을 신봉했기 때문에 그가 만들어낸 진 제국이 전면적으로 '대일통'을 달성할 수 있었다.

제자백가설과 진 왕조의 통치 사상

진시황의 통치 사상은 제자백가의 개성적인 학설을 수용하고 우수한 장점을 받아들여 비교적 완성도가 높은 통치 수단과 관련 제도, 방략, 정책을 형성하게 되었다.

제자백가 대부분은 군주론을 옹호했다. 문헌을 통해 볼 때 완성도가 높고 체계적인 정치 이론을 보여준 것은 유가, 도가, 묵가, 법가뿐이었다. 정치사상의 영역에서 매우 큰 영향을 끼친 것은 음양가와 명가였다. 이 6대 학파의 정치사상에서 공통으로 보이는 경향은 군주제도를 옹호한 것이었다. 그러나 군주제도를 실현하고 유지하는 방법에 대해서는 6대 학파의 주장이 제각각이어서 치열한 논쟁이 끊이지 않았다.

차이점과 공통점을 비교해보면 선진시대의 각종 제왕론을 크게 여덟 가지로 나눠볼 수 있다. ①유군론有君論, 즉 군주가 있으면 천하가 크게 다스려지고 군주가 없으면 천하게 크게 혼란스러워진다. ②천, 도, 성이 군주를 세운다. 즉 군주제도는 상제, 도의 또는 성인의 의도에 따라 세워진다는 것이다. ③나라의 주인은 두 명일 수 없고 정치는 일원화해야 한다. 즉 최고 권력은 반드시 군주에게 집중되어야 한다는 것이다. ④임금은 존엄하고 신하는 천하며, 근본은 크고 끝은 작다. 즉 계급 면에서 군주는 지존하고 권력 배치에서 군권이 모든 것을 압도한다는 것을 의미한다. ⑤군주는 정치의 근본이다. 즉 일인一人이 나라를 흥하게도 하고 망하게도 한다. 천하의 다스림과 혼란은 군주의 능력에 따라 결정된다. ⑥도의가 군주보다 높다. 즉 최고 통치자는 반드시 군주정치의 기본 법칙을 준수해야 함을 말한다. ⑦군도, 치도의 주요 내용이다. 예컨대 현명한 사람을 임명하고 충직한 간언을 받아들이며 백성을 중시하고 예의를 지키며 법을 집행하는 것 등을 일컫는다. ⑧군도의 취지와 주요 내용의 상호 관계와 구조 방식이다.

위의 내용에서 앞쪽에 위치한 것일수록 많은 제자백가가 동감했고 군주가 없으면 혼란해진다는 것에 대해 사람들은 이구동성으로 찬성했다. 또 군주제도는 불변의 당연한 도리이고 정치권력을 일원화하며 군주는 존엄하고 신하는 천하다, 도가 군주보다 높으며 군주가 다스림과 혼란을 결정한다는 측면에 대해 제자백가는 비슷한 생각을 했다. 제자백가의 치국 논리는 대체로 현명한 인재를 임명하고 충직한 간언을 받아들여 백성의 생계를 중시하고 예법을 지키는 것이었다.

그들의 주장이 갈리는 부분은 군도君道의 목표였다. 유가는 예를 근본으로 보고 예치를 주장한 반면 법가는 법을 근본으로 보고 법치를 주장했다. 한편 도가는 자연을 근본으로 보고 무위 통치를 주장했다. 이러한 논쟁과 철학에서 나타난 차이점은 앞서 소개된 내용의 구체적인 인식에도 영향을 끼쳤다. 예컨대 법가는 강제적인 정치 수단을 중시하여 법제, 상벌, 권술을 나라와 백성을 다스리는 주요 수단으로 삼았다. 유가는 정치의 도덕적인 요소를 중시하여 교화를 중히 여기며 덕을 베푸는 것을 주축으로 하였다. 그리고 형벌을 보조적인 수단으로 하며 어진 정치를 시행할 것을 주장했다. 이러한 인식은 유가와 법가의 정치체제론과 군신 관계론에 큰 영향을 끼쳤다. 또한 철학 사상의 차이로 유가와 묵가는 군주제도가 상제上帝를 정해준다고 했고 도가와 법가는 군주제도는 도의에 따라 확립된다고 주장했다. 기본 문화적 취향을 살펴보면 제자백가의 제왕론이 달라졌다. "천, 도, 성 세 가지 요소가 군주를 세웠다" "혼란은 천자가 없는 것보다 더 크지 않다" "땅에 주인이 두 명일 수 없고 존엄한 존재의 어른이 두 명일 수 없다" "성자가 왕이다" "일인이 나라를 일으켰다" "도는 군주보다 높다" "천하는 공공의 것이다"[12] 등은 제자백가 사이에 공감대가 형성된 부분이다. 이는 공동의 문화체계를 형성하였다. 사람들은 어느 학파를 따르든 모두 이런 점들을 인정했기 때문에 군주제의 기본 요소에 대한 집단적인 취향이 만들어졌다.

사마담司馬談은 "음양가, 유가, 묵가, 명가, 법가, 도가 등은 세상을 잘 다스리기 위한 것을 업으로 삼았지만 말하는 바를 따르는 것이 서로 다르니 어떤 것은 살피고 또 어떤 것은 살피지 않았다"[13]고 했다. 6가의 학설은 제각각 장단점이 있지만 각 학설의 주장을 보면 모두 "백가가 몰려온다고 할지라도 바꿀 수 없고" "백가가 몰려온다고 해도 고칠 수 없으며" "백가가 달려온다 해도 폐할 수 없는"[14] 중요한 내용이 있다. 이는 식견이 매우 높은 부분들이다. 군주제도를 유지하는 것은 6가의 학설이 공통되게 주장한 것이어서 각 학설 모두 군주정치에서 없어서는 안 되는 것이었다.

진시황은 학자가 아니라 정치가다. 각종 전통문화, 사상 유파, 정치 학설의 취사선택에서 그는 철저하게 현실 정치에 따랐다. 진시황은 법가 학설만 받아들인 것이 아니라 기본적으로 통합과 융합 정책을 시행했다. 그의 여러 신하와 박사들 가운데는 각양각색의 제자백가 문하생들이 있었다. 구체적인 정책을 보면 진시황은 실용주의적인 태도로 제자백가의 학설을 대우했으며 정치와 통치에 유익하면 광범위하게 받아들이고 통합했다. 그러므로 진 왕조의 공식적인 사상에는 법가, 음양가, 유가, 도가, 묵가, 명가 등 선진시대 주요 학술 유파의 사상이 모두 한자리씩 차지하고 있었다. 진시황이 사학을 금지하고 '분서갱유'를 저지른 후에도 수용과 통합이라는 기본 방침은 사실 크게 변하지 않았다. 이유는 간단하다. 진시황이 문화적 전제를 시행하는 방략은 모든 것이 황제의 뜻에 따라 이루어진다는 것이 공식 사상이었고 이것은 국가와 황제가 공포한 각종 법률과 정령에 집중적으로 구현되었다. 또한 관련 사상의 출처와 구성은 제자백가를 종합한 것이었다.

(1) 법가

법가 학설은 진 왕조의 정치사상에 가장 크게 기여했다. 특히 법제 지상주의 사상과 중앙집권 정치와 관련된 구체적인 방법이 가상 중심이었다. 진나라 효공 이래로 상앙, 장의, 저리질樗里疾, 감무甘茂, 위염魏冉, 범저范雎, 채택蔡澤, 여불위, 이사 등 진나라의 집정 대신들은 모두 유가가 아니었다. 그들은 공리와 실력, 책략, 경전耕戰 및 법제를 중시하며 '패도霸道'를 서슴지 않았다. 그 정치 이념은 상앙 이후의 전통사상 및 예악 정치와 여러 군데서 불협화음을 냈다. 진시황은 『한비자』를 매우 좋아했으며 이사와 위료 등 책사를 신임했다. 그가 제도를 정비하고 법률을 제정한 근거는 대부분 법가 학설에서 받아들인 것이었고 행정 방식 역시 법가의 영향을 크게 받았다. 이런 의미에서 그는 '법가' 황제라고 말할 수 있다.

'법가를 주축으로 한' 점은 주로 진시황의 주요 정치적 경향과 일부 정치제도 및 일반적인 정치 운영 측면에서 나타났다. 제도와 운영 차원이라고 해도 진시황이 법가의 주장을 맹목적으로 따른 것은 아니었다. 그는 일방적으로 법가만 예우해주지는 않았다.

법가의 대표적인 인물로 신도愼到, 상앙, 신불해, 한비 등이 있다. 이들은 '도道' '리理' '천天'이라는 자연법칙의 속성을 믿었다. 그들의 이론을 보면 충효와 인의의 도리는 거의 이야기하지 않았다. 일부는 충효와 인의에 대해 반감을 품고 있어서 살벌한 수단으로 금지시켜야 한다고 주장하기도 했다. 한비는 군주가 법을 거스르며 '전제專制'하는 것을 반대했다. 엄격한 법가 사상가 가운데에는 복잡한 법률과 가혹한 형벌을 반대하고 최고 통치자의 권력욕과 탐욕을 반대하는 이들이 있었다. 이런 측면에서 최고 통치자인 진시황은 그들과 전혀 다른 입장을 보였다. 그는 하늘이 군권을 부여했다고 믿었고 신령과 방술 등 미신을 떠받들며 충효와 인의를 선양했다. 진시황은 말만 하는 게 아니라 행동으로 옮겼다. 진 왕조의 통치 사상을 보면 수많은 내용이 오로지 법가 학설만 따른 것이 아니라 일부는 오히려 법가의 주장과 위배된 것임을 쉽게 알 수 있다.

(2) 유가

유가 학설은 진 왕조의 통치 사상에 핵심 내용이 된 것이 상당 부분이고 오히려 법가보다 더 많은 공헌을 했다. 진 왕조의 통치 사상은 유가 학설의 본질과 특징에 따라 결정되었는데 첫째, 유가는 '왕천하' '땅에는 왕이 두 명일 수 없다' '하나가 결정한다' '대일통' 등을 고취시키고 군주전제와 계급제도를 주장하며 왕권의 철학적 측면을 다듬어주었다. 그리하여 이론체계의 기본 내용이 황제제도가 요구하는 것에 잘 맞아떨어졌던 것이다. 한漢 왕조 이후 2000여 년의 역사가 이점을 잘 입증해주고 있다. 특히 진 왕조의 정치에 유가 학설이 세운 가장 큰 공헌은 바로 체계화된 '대일통' 이론으로, 이는 진시황의 입맛에 딱 맞아들었다. 둘째, 유가 학설의 특징은 '임금, 신하, 아버지, 아들의 예를 순서로 정하고 부부유별과 장유유별을 내세웠다'[15]는 것이다. 이점은 황제제도에서는 '절대로 바꿀 수 없는 것이었다.' "백가가 몰려온다고 할지라도 바꿀 수 없고 백가가 달려온다 해도 폐할 수 없는" 내용에 대해 진시황과 보좌 대신이 놓칠 리가 없었다. 진 왕조의 예제와 법률, 진시황의 공적을 바위에 새기고 기린 행위, 도덕 규범은 모두 유가 학설의 영향을 크게 받았다. 유가 학설이 진 왕조의 통치 사상에서 차지한 지위와 영향력은 여러 측면에서 분석해야 할 것이다.

첫 번째, 진시황과 진2세가 유학과 유생에 대해 어떤 태도를 보였는지 알아보자.

진 왕조는 줄곧 유학자를 받아들이고 예우하며 한때 유생과 유학을 매우 중시했다. '박사'라는 관직이 있었고 그 아래에는 '제생諸生'을 설치했다. 박사와 제생 모두 '문학사'를 공개적으로 초빙하고 소집하여 충당했다. 진시황은 한때 70여 명의 학자를 불러들여 그에 임명하고 2000여 명을 제생으로 불러 모았다. 여기에서 '문학'이란 유학 경전 등의 문헌을 연구하는 것을 가리킨다. '문학'으로 부름을 받아 등용된 진 왕조의 박사들은 여러 학파에 속했을 것이다. 그 가운데 후세에 이름을 남긴 자는 대부분 유가 학자로 확인되있다. 『싱서』에 정통한 복생伏生, "한 유가의 종주漢家儒宗"라고 불렸던 숙손통叔孫通, 『한서』「예문지」에 유가로 열거된 양자羊子 등을 들 수 있다. '분서갱유' 사건이 발생한 이후, 여전히 유가 학자들은 박사로 등용되었다. 숙손통은 "진시황 때에 문학으로 부름을 받아 박사의 예우를 받았다." 진2세 때에는 "박사로 존중받았다." 그에게는 "100여 명의 유생 제자들이 있었다."[16] 숙손통 등 유가 후계자는 당시의 정치적 삶에서 매우 큰 활약을 보였다.

진 왕조 시대에 정치에 참여한 유가 학자는 매우 많았다. 제도에 따라 박사와 제생은 '고문과 금문에 정통하고' '옳고 그름을 가려 사리를 밝히며' '가르치는 직무를 맡았다.' 그들 박사와 제생은 황제가 여러 대신과 큰 연회를 베풀 때 또는 큰일을 논의할 때마다 참여할 수 있었다. 어떤 이는 경전을 인용하고 유가 학설에 따라 조정의 선악을 가리며 감히 충직한 간언을 올렸다. 심지어는 '옛것으로 진 왕조를 비판하기도 했다.' 하지만 이에 대해 징벌을 받지는 않았다.

한 고조와 마찬가지로 진시황은 유학자를 경멸하는 감정을 드러내기도 했다. 『사기』의 기록을 보면 진시황은 박사를 널리 불러들이고 유생들을 예우하는 등 "존중하고 많은 것을 하사했다." 하지만 훗날 "이로 말미암아 제생을 경멸하고" "시간이 갈수록 제생을 더욱 경멸하여" 결국 분서갱유하는 지경에 이르게 되었다. 중국의 고대사회에서 '속유俗儒'와 '문인'을 경멸한 일은 현실적이고 적극적인 정치가나 사상가(유학자를 신봉한 자 포함)에게 늘 있는 것이었다. 이런 통치자는 매우 많았고 진시황은 그중 한 사람일 뿐이다. 그러나 진시황은 한때 유가와 경학을 매우 중시했고 최소한 스스로 논리를 펼칠 기회를 제공하였다. 진시황이 저지른 실책은 일부 유학자의, 일에 힘쓰지 않고 비현실적이며 진부하기 짝이 없는 일면만 본 데에 있었다. 정치적인 측면에만 치중한 법가 학설보다 사회 대중을 훨씬 더 가까이한 유가 학설을 세심하게 보지 못한 것이 바로 그의 오류이다. 유학은 전통문화에 의존하고 종법사회에 뿌리를 두고 있으며 윤리도덕을 중시하여 눈길을 끄는 화려한 겉옷을 입고 있었고 사회적 기반이 매우 탄탄했다. 또한 문화적 저력과 정치철학이 매우 풍부했기 때문에 유가는 군주제도에 매우 독특하게 작용했으며 이들의 위치는 그 무엇으로도 대체할 수 없을 정도로 독보적이었다. 유가는 복잡한 사회와 정치를 통합하는 데 적합했고 왕조의 유지에 유리했으며 통치 수단 역시 매우 앞서 있었다. 최고 통치자로서 진시황은 유가 학자를 경멸할 수도 있고 그러지 않을 수도 있었다. 하지만 안목이 뛰어나고 실력 있는 유가 학자를 경멸해서는 안 되었다. 이러한 경험적인 교훈을 후세 통치자들은 받아들였던 것이다. 이 실책이야말로 진 왕조의 정치와 당唐나라의 정치가 다른 평가를 받게 된 이유일지도 모른다.

둘째, 법가 학설에 미친 유가 학설의 영향에 대해 알아보자.

진의 정치모델과 통치 방략은 상앙과 한비가 주축이 된 법가 학설의 영향을 많이 받았다. 그런데 법가 학설은 유가 학설의 영향을 받았다. 그런 까닭에 유가 학설의 일부 내용 역시 법가 학설의 대표적 인물의 사상과 언행을 통해 진 왕조의 통치 사상에 왜곡된 영향을 끼쳤다.

문화적 뿌리를 살펴보면 유가와 법가는 뿌리가 같다. 이는 상주商周 문화가 새로운 역사 조건에서 변화하고 재창조된 것이었다. 이 두 학설은 각각 상주의 윤리와 형명 사상을 받아들여 서로 다른 부국강병 이론을 형성했다. 하지만 유가와 법가 모두 존엄과 비천이라는 계급을 인정하고 군권의 존엄을 지키며 "천하를 통치하고" "한 사람이 결정한다"고 주장했다. 유가의 '예'와 법가의 '법' 역시 사회정치적으로 공통점이 많았다. 일부 기본적인 공감대는 필연적으로 두 학설의 사회정치적 주장이 상호 융합할 여지를 주었다. 이 역시 유가와 법가의 주장이 겉보기에는 달라도 사실은 서로 포용할 수 있는 부분이 있었던 것이다. 선진시대 법가 인물 대부분이 유가적 배경을 지녔기 때문에 그들은 한때 유가의 문하생이었다가 법가로 바꾼 이력이 있었다. 『한서』「예문지」를 살펴보면 이회李悝가 쓴 저서의 일부가 법가의 작품 중 대표작으로 손꼽히고 또 다른 부분은 유가로 분류되고 있다. 초나라의 변법을 이끌었던 오기吳起 역시 공자의 수제자인 증자를 섬겼다. 한비와 이사 또한 순자의 문하생이었다. 그들은 유가의 주장을 버렸지만 사상적으로 크든 적든 유가 사상의 영향에서 벗어날 수 없었다. 법가 학자의 저작물을 살펴보면 분명히 유가 사상의 일부가 녹아들어 있음을 알 수 있다. 가장 전형적인 예로『관자』의 법가적 내용에서 예, 인, 충, 효, 의를 중시하고 있는 것을 들 수 있다.『한비자』역시 유가의 영향을 받았다.

셋째, 진 왕조의 현실 정치에 대한 유학의 영향에 대해 알아보자.

진시황은 예제를 중시한 황제였다. 유학은 진 왕조에서 탄압을 받을 때 폐단의 일면을 드러낸 한편 진 왕조의 정치에 영향을 끼치면서 그 장점을 최대한 펼치기도 했다. 유학의 폐단과 장점은 모두 '예禮'에 있었다. 유학은 예학에 의거하여 진 왕조에 부여한 정치제도, 관료제도, 윤리도덕에 매우 큰 영향을 미쳤다.

진 왕조의 제도에 미친 유학의 주요한 영향은 예제에 많이 보인다. "인간됨의 도리는 씨줄과 날줄로 복잡하지만 한 가지 법칙이라도 관통하지 않는 곳이 없다. 바로 인과 의를 알게 하여 사람을 가르치고 형벌로써 사람을 속박한다는 것이다. 이에 후덕한 자는 지위가 존귀하고 녹봉이 많은 자는 영예와 은혜를 입어 세상 사람의 마음을 통일하고 천하 백성을 잘 다스리게 된다. (…) 그러므로 임금과 신하 등 조정에서의 존엄과 귀천의 질서가 아래로 전해져 일반 백성의 의식주행과 관혼상제의 등급이 모두 법도에 맞고 각종 물건의 장식도 절제하게 되었다."[17] 사람들은 이런 사상을 유가의 것으로 간주함과 동시에 공자의 것으로 여겼다. 하지만 사실은 그렇지 않다. 그 사상의 뿌리이든 제도의 원형이든 모두 유가 학설이 만들어지기 전에 이미 존재했다. 다만 이 '예禮'의 사상과 제도를 유가가 가장 체계적으로 증명했으며 설득력 있게 주장했던 것이다. 그러므로 사람들은 자연스럽게 '예'를 유가의 것으로 생각하게 되었다.

진시황의 수많은 언행을 보면 마치 '예치禮治'의 황제 같았다. 진 왕조의 예의제도는 전통 관념과 제도의 영향을 많이 받았고 예치는 유가의 강점이었다. 진시황은 여러 유가를 불러 모아 제사의식인 봉선의 의궤를 논의하도록 영을 내렸고, 진2세도 여러 신하에게 종묘제도를 논하여 정하라고 영을 내렸다. 신하들이 제기한 방안은 유가 경전의 내용과 일치했다. 유가는 '예禮'로써 전체 정치학설의 중심과 기본을 이루었다. 관련 제도 역시 유가 사상의 영향을 크게 받았으며 진 왕조의 예의제도를 정비할 때도 유가의 역할이 매우 컸다.

유가 학설이 진 왕조의 정치에 끼친 또 다른 중요한 영향은 바로 정치윤리였다. 운몽진간의 『위리지도』를 보면 수많은 관리에게 체계적인 도덕 규범과 행위 원칙을 제시했다. 특히 "마음을 넉넉히 하고 충성하고 신의하며 화목하게 지내고 원망하지 말 것" "윗사람을 사랑하고 업신여기지 말며 존경하고 범하지 말 것" "올바르게 행동하고 수양할 것" "백성에게 솔선수범하여 모범을 보일 것" "해로운 것을 없애고 이익을 늘리며 백성을 사랑할 것"[18] 등이 대표적이다. 또한 처세 철학을 중시한 면도 있었다. 예를 들면 "마음이 모가 나서도 안 되고 이름을 드러내기를 좋아해서도 안 된다. 밖을 둥글게 하지 않는 것이 곧 화의 문이다"[19] 등이 있다. 이들 사상은 유가 경전의 주장과 동일하거나 비슷하고 일부 표현은 거의 같다. 예를 들면 『예기』「곡례曲禮 상」편에 "재물에 임할 때는 구차하게 얻지 말며 어려움에 임해서는 구차하게 면하지 말라"[20]는 구절이 있다. 『위리지도』에도 "재물에 임하여 이익을 보고 구차하게 부를 얻지 말고 어려움에 임하여 죽음을 볼 때 구차하게 면하지 말라"[21]는 구절이 있다. 또 "임금이 부끄러움을 알면 신하는 충성하고 아버지가 자애로우면 자식은 효도한다. (…) 임금이 부끄러움을 알면 신하가 충성하고 아버지가 자애로우면 자식이 효도하는 것이 다스리는 일의 근본이다. 뜻이 관철되면 관리가 다스려지고 위가 현명하면 아래가 지혜로워진다. 이것이 바로 다스림의 규율이다"[22]라고 했다. 이러한 철학은 공자, 맹자, 순자 등 선진시대 대유大儒들이 "임금은 예로써 대하고 신하는 충성한다" "아버지는 자애롭고 자식은 효도한다" 등 충효를 근본으로 한 주장과 별다른 차이가 없다. 이런 사상은 틀림없이 유가가 주축을 이루는 전통 관념에서 비롯된 것이다. 법가의 주창자들은 이런 철학을 내세우지 않았다.

유가의 수많은 정치적 가치 역시 진 왕조의 통치자에게 인정을 받았다. 진 왕조는 각지에 새긴 공덕비에서 '인의仁義'를 선양하고 진시황의 '인仁' '의義' '성聖' '덕德' 등을 강조했다. 이들 철학은 유가의 핵심 전통 관념에서 비롯되었으며 진시황, 이사 등은 이러한 철학을 신봉했다. 진 왕조는 일부 유가 가치관의 기준에 따라 진시황의 공적을 평가하여 여러 신하와 백성에게 황제의 공덕을 널리 알렸다. 이런 측면에서 유가 학설이 전 사회적으로 영향을 끼쳤음을 알 수 있다. 진시황은 법률과 율령으로 국가의 강제적인 권력을 동원하여 이러한 도덕 규범과 가치관을 유포시켰다. 운몽진간의 『어서語書』를 살펴보면 태수가 교령을 내리는 방법으로 신하는 충성해야 하고 백성을 잘 다스리는 관리는 충성하고 청렴해야 하며 공평한 마음을 지녀야 하고 스스로 단정할 줄 알아야 한다고 주장했다. 이는 각종 도덕적인 설교 역시 강제성과 예속력이 있었음을 말해준다. 유가의 학설이 진 왕조의 사회정치 체계를 조직하고 유지했다는 면에서 그 영향력을 낮게 평가할 수 없을 것이다.

넷째, 당시 사회문화에 대한 유가의 영향에 대해 알아보자.

문헌을 보면 당시에 유학을 숭배하고 전수하고 수련한 사람이 많았음을 알 수 있다. 진시황이 분서갱유를 일으키기 전까지 유학의 현학적 지위에 도전할 만한 세력은 거의 없었다.

　전국시대의 각 문화 영역에서 유학은 전통적으로 우세한 지역, 즉 제나라와 노나라가 주축이 된 동방의 각 제후국에서 우세했다. 노나라는 주공 희단姬旦의 후예가 봉지로 받은 곳으로 주나라의 예를 지키고 '혈족을 우대하는親親' 정치 풍속과 문화적 전통을 제창했다. 춘추시대에 '예악이 무너진禮崩樂壞' 환경에서 노나라는 서주의 문화를 정통으로 계승한 지역이 되었다. 서주의 문화 전통을 계승하고 발전시키는 것을 자신의 임무라 여겼던 공자가 바로 노나라 사람이었다. 맹자와 순자 등 대유 모두 제나라와 노나라 또는 그 근방 출신의 사람이었다. 유학은 제노齊魯 문화의 결정체였으며 그 영향의 범위는 매우 광대했다. 진 왕조에서 노나라와 제나라 일대는 여전히 유학의 본령이었다. 공자의 9대손인 공부孔鮒(공갑孔甲)는 그 지역의 유력 인사였다. 진시황이 그를 불러들여 노국문통군魯國文通君으로 봉했다. 순자의 제자인 부구백浮丘伯과 진 왕조의 박사인 숙손통 역시 이 일대 출신이었다. 이 지역 출신의 여러 유학자가 적극적으로 정치에 참여하여 관료나 환관이 되었다. 당시에 저명한 유가들은 정치적으로나 학술적으로 꾸준하게 세력을 키워가며 우위를 점해 어느 누구도 능한시할 수 없는 정치 세력을 형성했다. 이 세력은 제나라와 노나라가 중심이 되어 전국으로 퍼졌고 당시의 정치, 학술, 예의, 풍속에 큰 영향을 끼쳤다.

　진시황의 장자인 부소가 유가의 영향에 대해 평가를 내린 적이 있다. 진시황이 '갱유坑儒'를 계획할 때 부소가 "천하는 막 평정되었으나 먼 곳의 백성들은 아직 따르지 않고 있으며 유생들은 모두 암송하며 공자를 본받고 있는데 지금 황상께서는 법을 엄격히 하여 그들을 옭아매니 신은 천하가 안정되지 못할까 두렵습니다. 이점을 살펴주십시오"[23]라면서 간언했다. '암송하며 공자를 본받는' 몇 사람을 죽이자 '천하가 불안해진' 것을 보면 당시 유학을 신봉하는 사람이 얼마나 많았고 사회에 대한 영향력이 얼마나 컸는지 알 수 있을 것이다.

하지만 수많은 유가의 후손이 '옛것으로 현재를 비판하기'를 좋아하여 군현제와 '법치'에 대해 불평불만이 있었지만 유학이 고취한 '왕도' 학설은 진 왕조의 통치체계에 대립하지 않았음을 잊어서는 안 될 것이다. 유학의 이론체계에서 '예'와 '법', '덕'과 '형'은 본래 서로 상반된 개념이 아니었다. 예치와 덕화에 대한 이론의 주요 구성 부분으로서 원래 법제와 형벌에 관한 이론도 있었다. 예를 들면 '왕도'를 구성하는 '예악형정禮樂刑政'을 보면 예악과 함께 형정이 다루어졌다. 또한 왕도의 중요한 법제 원칙인 '덕주형보德主刑輔'(덕이 주이고 형이 보완한다)에서 덕과 형은 상호 보완관계였다. 유학체계에서도 법치와 형명학파를 상당히 중시했음을 알 수 있다. 순자를 비롯한 유가 학자들은 법가 사상을 받아들여 일부 내용을 수정하기도 했다. 순자의 두 제자인 한비와 이사는 유가를 버리고 법가 사상가가 되었다. 유가의 '대일통' 사상은 법가의 주장과 구체적인 방법 면에서는 다르지만 동일한 목표를 지향하고 서로 조화를 이루었다. 진나라 때 유학자가 『상서』를 정리하여 역대 왕의 조서를 역사 순서대로 배열했다. 가공과 정리를 거친 『상서』는 「요전堯典」으로 시작하여 「진서秦誓」로 마무리하였고 진 왕조를 제왕의 정통으로 포함시키는 정치적 기능을 다했다.

3) 음양가

진 왕조의 통일 사상과 정치모델 그리고 일부 제도는 음양가의 영향을 많이 받았다. 음양가의 내용은 크게 두 가지로 나누어볼 수 있다. 첫째, 진시황은 추연鄒衍의 오덕종시설五德終始說(음양오행설)을 받아들여 진 황제가 천명을 받았다고 입증했으며, 이를 근거로 진 왕조의 정치모델과 구체적인 제도를 정비했다. 둘째, 진 왕조의 정치규범 역시 음양오행설의 영향을 깊이 받았다.

음양오행설을 가장 먼저 제창한 사람은 추연이다. 그는 제나라 사람으로 음양가의 대표적 인물이다. 제 위왕과 선왕 때에 활동한 추연은 '오덕五德의 시작과 끝을 논했고' '음양주운陰陽主運으로 제후에게 나타났다.' "진나라가 천하를 통일하자 제나라 사람이 그것을 바쳤으며 진시황이 그것을 받아들였다."[24] 오덕종시설은 당시에 매우 유행했던 학설로 각 제후국 통치자들의 환심을 샀다. 여불위는 이 학설을 『여씨춘추』에 포함시켜 널리 알렸다. 진시황 역시 이 학설을 깊게 믿고 진 왕조의 통치 사상에 반영했다. 이로써 오덕종시설은 진시황 황제제도의 이데올로기를 구성하는 주요 요소가 되었다.

'오덕종시설'의 기본 요점은 금·목·수·화·토의 '오덕'이 사회 정치의 역사 변화를 통제한다는 것이다. "오덕이 차례로 움직여 각 시대에 알맞은 국가의 정치가 이루어지며 길하고 흥한 조짐이 이에 부합되고 상응한다."[25] 왕조마다 특정한 덕이 지배하고 이 덕의 속성이 각 왕조에 가장 알맞은 정치모델을 결정하며 덕의 성쇠에 따라 각 왕조의 흥망이 결정된다는 것이다. "오덕이 차례로 바뀌는 것을 이길 수 없다. 우虞는 흙, 하夏는 나무, 은殷은 쇠, 주周는 불의 덕이다."[26] 우나라의 순임금은 '흙의 덕으로 왕이 되었고' 하나라의 우임금은 '나무의 덕으로 왕이 되었으며' 상나라의 탕왕은 '쇠의 덕으로 왕이 되었다.' 그리고 주나라의 문왕은 '불의 덕으로 왕이 되었고' 주나라를 이기고 흥한 자는 '물의 덕으로 왕이 될 것이다.' 그 후에도 흙이 물을 이기고 나무가 흙을 이기며 금이 나무를 이기고 불이 금을 이기며 물이 화를 이기는 순서는 끝없이 반복된다. 왕조가 교체될 때 한 덕이 쇠락하면 다른 덕이 일어난다. 자연에도 반드시 이와 상응하는 길조가 나타날 것이다. 이러한 현상을 "부응符應" "부서符瑞"라고 불렀다. 신흥 왕조는 반드시 정치모델을 바꾸고 과거의 정치 방식에 있었던 결함을 보완해야 하며 또 자신이 속한 덕을 이에 상응시켜야 할 것이다. 『여씨춘추』「응동應同」편을 보면 "제왕이 곧 흥할 것帝王之將興"이라는 징조에 대해 상세하게 논하고 있다.

'오덕종시설'은 왕조 교체의 필연성과 정치 개혁의 필연성을 논증했다. 또한 사람들에게 왕조의 교체는 '천명'과 '주운主運'에 부합하고 물의 덕을 받은 왕조가 불의 덕으로 일어난 주나라를 교체한다고 알려주었다. 뿐만 아니라 신흥 왕조는 반드시 다스리는 법을 바꾸어야 하고 물의 덕에 부합한 '법치'로 불의 덕을 입은 '예치'를 바꾸어야 한다고 전했다. 이러한 오덕종시설, 즉 음양오행설은 진시황이 매우 필요로 했던 것이다.

그가 황제로 등극할 즈음에 '오덕종시설'을 제기한 사람이 있었다. 그는 "황제黃帝가 흙의 덕을 얻은 것은 지렁이가 황룡을 만난 것과 같다. 하나라가 나무의 덕을 얻은 것은 청룡이 근교에 머물러 초목이 무성해진 것과 같고 은나라가 쇠의 덕을 얻은 것은 은이 산에 넘쳐난 것과 같다. 주나라는 불의 덕을 얻어 붉은 까마귀의 부신符을 지니게 되었다. 이제 진나라가 주나라를 이어받아 물의 덕이 올 때이다. 옛날 진 문공은 사냥할 때 물의 덕이 주는 상서로움을 의미하는 흑룡을 얻었다"[27]라고 말했다. 즉 물의 덕을 입은 왕조가 불의 덕을 입은 주나라를 교체할 것이 틀림없으며, 진나라 조상이 '물의 덕이 주는 길조'를 얻었기 때문에 진이 주를 대신할 것이라는 말이다. 진시황은 이러한 음양오행설을 받들고 구체적인 조치를 취하며 새로운 왕조와 제도라는 정치적 사명을 완수했다.

진시황은 스스로 "이제 물의 덕이 시작된다"라고 하며 물의 덕에 따라 역법과 제도를 바꾸었다. 음양오행설에서 물은 음陰, 방향은 북쪽, 계절은 겨울, 색깔은 검은색, 숫자는 6, 음조는 우羽조를 나타낸다. 진시황은 황하의 명칭을 '덕수德水'로 바꾸고 겨울인 10월을 일 년의 시작으로 하여 음력 10월(해월亥月)을 정월로 정하였다. 그리고 '조정의 하례를 모두 10월 첫날에 시작'하도록 명령하고 검은색을 진 왕조의 색채로 정하여 '의복, 정절旌節(사신使臣이 가지고 다니는 깃발), 모절(의장의 한 가지) 모두 검은색을 사용하게 했다.' 또 '숫자는 6을 쓰게 했다. 부절과 사법관의 관모는 모두 6촌이고 수레는 6척으로, 6척은 1보步이며 말 6필이 몰게 하였다.' 음악은 대려大呂를 첫 번째 음으로 삼았다. 진시황은 물은 음에 속하고 음의 주체는 형살刑殺이며 수덕에 따른 통치는 법치로 이루어지며 형벌이 주가 된다고 생각했다. 그 결과 그는 "강하고 엄하며 매몰차고 깊이 있게 모든 일을 법에 따라 결정하고 각박하게 인애, 은혜, 조화, 감정이 배제되어야 오덕의 수에 부합한다고 생각했다. 이에 법을 엄격하게 시행하여 법을 어긴 자는 오랜 기간 사면되지 못하게 했다."[28]

진시황이 법제를 중시하고 옥리를 중용했으며 형벌을 선호하고 은덕을 베푸는 데 인색했다는 점, 진 왕조가 수덕으로 세워졌다고 믿었으며 그의 통치술이 '오행설五德之數'과 직접적인 관계가 있었다는 점은 간과해서는 안 된다. 이와 관련한 관념과 행위를 모두 법가의 것으로 돌릴 수는 없다. 진의 통치는 원래 수덕의 통치와 비슷했다. 진시황은 음양가의 '오덕종시설'을 맹신했기 때문에 나갔다. 그 결과 수덕에 따른 가혹한 통치의 폐단이 더욱 악화되었다.

진 왕조가 수덕을 입어 황제라 칭하고 천하를 통일하며 이와 관련된 통치술을 펼쳤다는 데에는 이의를 제기할 여지가 없다. 진시황은 조복의 색깔을 검은색으로 정하고 백성을 검수라고 불렀다. 검黔은 검은색을 의미한다. 고고학적인 발굴 역시 진 왕조의 색깔이 검은색이었음을 입증한다. 진의 도읍인 함양 유적지의 건축물과 인물화를 보면 대개 검은색이 주를 이룬다. 진 왕조의 숫자가 6이라는 것을 보여주는 증거는 훨씬 많다. 진의 병부와 사법관 관모의 크기가 6촌이고 수레의 궤도와 보장步長(거리를 재는 단위) 모두 6척이며 6필의 말로 수레를 몰았다. 진 왕조의 각종 정치제도 역시 6의 배수로 이루어졌다. 예를 들면 '천하를 36군으로 나누었고' '쇠붙이로 만든 사람의 상을 12개 만들었으며' '천하의 부호 12만 호를 함양에 강제 이주시켰다.' 또한 제사를 지내는 제단을 세울 때 '너비를 모두 12장丈으로 했다.' 진나라는 돌에 새길 때 3구절에 1운韻, 한 구절에 4자, 3구절에 12자를 새겨 넣었다. 돌비석에는 108자를 새겨 넣었다. 태산, 지부芝罘, 동관東觀, 봉산峯山의 비석에는 모두 140자로 새겨 넣었다. 진시황이 천하를 통일한 후 양릉陽陵 호부虎符(군사를 일으킬 때 사용하던 병부)에 새긴 부절의 명문을 보면 "갑병甲兵의 부절符節이니 반은 황제에게 있고 반은 양릉에게 있다"[29] 등 총 3구절 12자가 새겨 있다. 하지만 진이 천하를 통일하기 전에 새겨진 '신처호부新郪虎符'와 '진국두호부秦國杜虎符'에 새겨진 부절의 명문은 다르다. 이로써 진시황이 수덕에 따라 제반 제도를 바꾸었음을 알 수 있다.[30]

음양가의 '시정時政'론은 진 왕조의 통치 사상에도 영향을 끼쳤다. 시정時政이란 사계절의 통치를 말한다. 이와 관련한 정치 관념과 행위는 매우 오래되었는데 단지 음양가가 그 내용을 집대성했을 뿐이다. 최초로 시정을 이론적으로 체계화한 것은 『월령月令』이다. 『월령』은 음양가의 중요한 경전이다. 『여씨춘추』 전문에 『월령』을 수록하고 유가도 『월령』을 『예기』에 포함시켰다. 이를 보면 이와 관련한 관념과 이론은 중국 고대사회의 통치 사상을 구성하는 중요한 부분이었음을 알 수 있다.

사계절의 통치는 농경 문명과 직접적인 관계가 있다. 음양가는 오랜 세월 축적된 지식과 인식을 정치에 응용하여 체계적인 이론을 내세웠다. 『월령』의 저자는 태양을 우주를 구성하는 최고의 차원으로 보았다. 태양의 운행으로 봄, 여름, 가을, 겨울 사계절이 형성되었으며 각 계절을 3개월 단위로 구분했다. 음양과 오행은 사계절과의 조화 외에도 생산, 정령政令 등 각종 행위를 제어하고 이끌었다. 생산의 측면을 보면 봄에 씨를 뿌리고 여름에 키워 가을에 수확하고 겨울에는 저장했다. 정치의 측면에서도 이와 상응하는 조치를 취해야 했다. 예를 들면 봄은 나무의 덕에 속해 만물이 싹 트는 때이므로 정령은 기본적으로 덕을 베풀어야 했다. 여름은 불의 덕에 속해 만물이 번성할 때이므로 정령은 예와 악을 중시해야 했다. 가을은 쇠의 덕에 속해 만물이 시드는 때이므로 정령은 상무와 형벌을 실천해야 했다. 끝으로 겨울은 물의 덕에 속해 만물이 문을 닫고 숨기 때문에 정령은 치안을 강화해야 했다. 이와 함께 사계절에 상응하는 금기사항이 있었다. 예를 들어 봄에는 벌목과 살생을 금지하고 여름에는 토목 사업을 불허했다.

문헌을 살펴보아도 사계절의 다스림이 진나라의 정치에 어떤 영향을 끼쳤는지 알려주는 상세한 기록을 찾아보기 어렵다. 단, 운몽진간에 있는 「전율田律」을 보면 진나라의 법률과 정치가 관련 사상을 받아들였음을 알 수 있다. 특히 농업 생산 분야에서 『월령』의 각종 금기사항을 그대로 옮겨놓았다. 구체적인 내용은 법제편에서 상세하게 소개할 예정이다.

진시황이 '오덕종시설'을 이용하여 진나라 통치의 정통성을 증명하고 물의 덕으로 진나라의 통치를 규정했으며 사계절에 따른 통치와 관련 법률을 마련한 것은 '오덕종시설'이 진시황과 보좌 신하의 정치적 신앙이자 대중이 믿는 신앙이었기 때문이다.

음양오행 사상의 기원에 관해 학계에서는 여러 가설만 있을 뿐 아직 결론난 것은 없다. 그러나 여러 사료를 보면 관련 사상의 요소가 오래전에 생겨났음을 알 수 있다. 음陰과 양陽이라는 상반된 철학적 카테고리가 중국 고대철학의 핵심 개념이다. 『역경易經』은 이런 사유 방식을 보여주는 뿌리 중 하나이다. 춘추전국시대에 음양에 대한 해석이 우주의 만물로 확장되었다. 즉 자연, 사회, 인생의 모든 것에서 대립하고 통일하는 현상을 해석했다. 또한 음양 학설을 연구한 음양가는 당시 가장 중요한 6대 이론 학설 중의 하나로 커갔으며 유가, 도가, 묵가, 법가, 잡가, 병가 등 각종 유명 사상가와 『노자』『주역』『묵자』『맹자』『손자병법』『장자』『순자』『여씨춘추』『한비자』등 선진시대의 사상 명저 모두 제각각 음양 이론을 이해한 것을 바탕으로 제자백가의 학설을 제기했다. 오행 학설 역시 마찬가지였다. 오행 역시 매우 오래된 철학 카테고리 중 하나였다. '오행'이라는 단어가 최초로 보이는 문헌은 『상서』「감서甘誓」편이다. 그러나 일각에서는 「감서」에 나온 '오행'은 금·목·수·화·토를 지칭하지 않았다고 한다. 하지만 이러한 가설에 동의하지 않는 학자도 있다. 어쨌든 서주시대에 저명한 사상가인 백양보伯陽父는 음양 학설, 오행사상을 이용하여 정치의 흥망, 임금과 신하의 보완적인 관계를 판단하기 시작했다. 백양보는 주나라 유왕幽王의 태사로 사백史伯으로도 불렸다. 그는 금·목·수·화·토의 순서대로 '만물이 생성되며' 군주는 반드시 신하의 간언을 받아들여야 한다고 주장했다. 또한 음양의 질서가 무너지고 천재가 끊임없이 일어나며 다른 요소를 근거로 서주가 망하고 제나라와 진晉나라, 초나라와 진秦나라가 흥할 것[31]이라고 예상했다. 그 후 수많은 사상가 역시 음양과 오행 사상을 인용하여 사회, 정치, 군사 등을 설명했다. 진한

시대에 이르러 음양오행설은 모든 사회에 퍼진 주요한 신앙 중 하나가 되었다. 구제강顧頡剛은 음양오행설을 "중국인의 사상 법칙"[32]이라고 칭하기도 했다. 판원란范文瀾은 아미타불의 손바닥에서 벗어날 수 없는 손오공처럼 중국인은 음양오행설의 영향에서 벗어나지 못한다고 비유했다.[33] 이러한 사회사상에 기반을 둔 정치 이론과 대중 신앙은 천하 통일 이후의 진나라 통치 사상에 포함되지 않을 수 없었다.

(4) 묵가

묵가는 전국시대에 명성을 떨친 학문 중 하나로 많은 문하생을 배출했으며 그 영향력도 매우 컸다. 묵가가 유행하게 된 것은 사회 하층인 민중의 염원을 대변해주었기 때문이다. 묵가의 상현尚賢, 비공非攻, 겸애兼愛, 절용節用, 상동尙同 사상은 통치자가 원하는 것이 아니었다. 심지어 묵가는 민주, 평등, 박애를 주장했다고 보는 학자도 있다. 하지만 이런 관점은 묵가의 사상과 현실이 군주정치와 상대적으로 대립하지 않았다는 사실을 간과하고 있다. 묵가의 학자는 진나라를 포함한 일부 나라의 군주에게 예우를 받았다. 당시의 역사적 조건에서 군주전제 제도를 부정한 학설은 유행할 수 없었으며 군주의 관심을 끌지도 못했다. 묵가의 정치사상 체계를 꼼꼼하게 살펴보면 묵가의 구체적인 주장은 통치자가 원하는 것이 아닐 수도 있지만 그 정치사상은 진한 이래의 통치 사상과 본질적으로 대립하지 않음을 알 수 있다. 한마디로 묵가는 정치적으로 전제주의에 속했다.

묵가가 주장한 상동尙同의 요점은 여섯 가지로 정리할 수 있다. 첫째, 반드시 군주제도를 시행해야 한다. 묵가는 예로부터 임금이 없으면 "천하의 혼란이 짐승과 같아진다"[34]라고 했다. '자애自愛' '자리自利' '일인일의

一人一意'로 인한 혼란을 막기 위해 겸애兼愛와 교리交利(이익을 나눠 가지는 경제적 평등)를 실현하고 반드시 '정장政長'과 천자를 두고 '형정刑政'을 실행하여 최고 통치자가 '상동'을 달성해야 한다고 했다. 둘째, 천자인 정장은 존귀해야 하고 현명해야 한다. 묵가는 '존귀하고 현명한' 사람이 '비천하고 우매한' 사람을 다스리는 것은 뒤바꿀 수 없는 근본 법칙이라고 보았다. 천자는 하늘이 현명한 사람을 선택해서 세워진 것이며 하늘을 도와 천하를 다스린다. 그러한 천자는 인간 세상에서 가장 존귀하고 부유하며 가장 지혜로운 사람이다. 인간 세상에서 천자는 최고의 절대 권위였다. 셋째, 천자가 각 등급의 정장을 선발하고 임명한다. 묵가는 천자혼자서 천하를 다스릴 수 없기 때문에 반드시 현명한 사람을 뽑아 삼공三公을 세우고 제후에 봉하여 위에서부터 아래로의 정장체계를 구축해야 한다고 보았다. 또한 각급의 정권政權을 세워야 한다고 하였다. 셋째, 정장은 각 단계에 상동해야 한다. 즉 각 단계의 정장은 반드시 상급에 책임을 져야 하고 상동해야 한다. 가장은 집안에 헌령憲令을 알려야 하고 이장里長에 상동해야 한다. 이장은 향장鄕長에 상동하고 향장은 국군國君에 상동해야 하며 국군은 천자에 상동해야 하고 천자는 하늘에 상동해야 한다. 천자는 하늘의 뜻에 따라 헌령을 배포하여 '뜻을 하나로 화합해야 했다.' 넷째, 하급은 상급에 절대 복종한다. 묵가는 상하급 간에 절대적인 예속관계가 있어 하급은 상급에 간언할 수 있지만 상급에 절대 복종해야 했다. "윗사람이 옳다고 한 것은 반드시 옳다고 해야 하고 윗사람이 그르다고 한 것은 반드시 그르다고 해야 했다."[35] 다섯째, 상벌을 내려 정령政令을 확실하게 실시했다. 묵가는 상벌을 정치의 근본이라고 보았다. 정장체계는 형벌로 다스려지며 '아랫사람과 친해져 윗사람을 비난하는 사람이 있을 경우, 윗사람이 그러한 자를 알게 되면 곧 그를 처벌해야 한다.'[36] 천자는 천하의 모든 착한 자에게 상을 내리고 착하지 않은 자에게는 벌을 내려 '천자의 가르침을 감히 어지럽히는 자가 없게 했다.' 여섯째, 계급제도를 유지했다. 묵가는 "군신, 상하, 장유의 예절이 없어지고 부모와 형제의 예의가 없어지면 천하는 크게 혼란스러워진다"[37]고 보았다. 모든 것이 천자에 상동하는 제도와 조직 원칙은 묵가의 정장체계가 법제화한 중앙집권 군주전제 제도에 속한다는 사실을 말해준다. 즉, 통일 후의 진나라 제도와 조직 원칙은 기본적으로 묵가의 정치 이론에 부합했다.

묵가는 겸애, 상현, 절용, 비공非攻을 주장했다. 이러한 정치적 주장은 진한시대 이래로 통치자의 치국 전략과 근본적인 대립은 없었다. 묵가가 주장한 내용 가운데 일부는 진나라 통치자의 입맛에 맞기도 했다.

상현尚賢을 예로 들면 묵가는 분봉과 혈족을 우대하는 세경세록제도를 반대하고 성왕이 천하를 다스릴 때는 오직 현명한 인재를 등용해야 하며 신분의 귀천을 가리지 말아야 한다고 주장했다. 그는 "비록 농업이나 상공업에 종사하는 사람일지라도 능력이 있으면 등용해야"[38] 한다고 했다. 따라서 천자는 현명한 사람을 "후하게 대하고 귀하게 여기며 공경하고 칭송하며", "어리석은 자"에 대해서는 "가난하게 하고 지위를 낮추어 천하게 대했으며 또한 일꾼으로 삼았다."[39] 이렇게 하여 '관직에 있다고 해서 항상 귀한 경우도 없고 일반 백성이라고 해서 언제나 비천한 경우도 없게 했다.' 사실 효공 이래로 진나라의 공훈 및 벼슬제도는 묵가의 정치적 주장을 충실하게 실천으로 옮겨왔다. 그런데 진시황을 포함한 최고 통치자가 묵가의 상현을 꺼릴 리가 있겠는가?

전국시대와 진한시대에 여러 학자가 묵가의 학설에는 군주정치에 유리한 내용이 포함되어 있다고 지적했다. 『여씨춘추』는 묵가 학자들을 수용하여 절장節葬과 상검尚儉 사상을 받아들였다. 사마담司馬談, 사마천司馬遷, 유향劉向, 반고 등의 역사가는 묵가의 장점을 인정하여 일부 정치적 주장에 '백가가 달려온다 해도 폐할 수 없음'이 있다고 시인했다. 한나라 때의 『회남자』 역시 묵가를 무척 높이 샀다. 이 사실은 묵가가 당시의 통치 사상과 결코 대립하지 않았음을 말해준다.

묵가는 진나라의 통치 사상에도 세 가지 방식으로 영향을 주었다.

첫째, 묵가와 진나라 통치자의 왕래가 빈번했다. 『여씨춘추』의 기록에 따르면 진 혜왕과 묵가 학자의 교류가 잦았고 「거사去私」 편을 보면 진 혜왕이 묵가의 거자鉅子인 복돈腹䵍을 특별하게 예우해주었다. 거자는 "거자巨子"로도 불리는데, 즉 묵가 단체의 우두머리를 의미한다. 「수시首時」에는 묵가의 전구田鳩가 진 혜왕을 알현한 이야기가 실려 있다. 전구는 또한 진왕에게 '탕무의 현명함湯武之賢'과 '걸주시대'에 '천하를 얻는 도리'를 알려주었다. 「거유去宥」에서는 진나라의 묵가 학자인 당고과唐姑果와 동쪽의 묵가 학자인 사자謝子가 총애를 다툰 이야기를 싣고 있다. 이들 기록은 묵가의 학자가 진나라에서 어느 정도 정치적 지위를 얻고 영향력을 발휘했는가를 말해준다. 일부 연구자는 묵가가 진나라의 미움[40]을 샀다고 지적하기도 한다. 묵가의 학자가 진나라 정치에 참여한 것은 역사적 전통이었다. 진시황의 통치 시기에도 일정 수의 묵가 학자가 정치에 참여하기도 했다.

둘째, 묵가는 법가 등의 학파에 영향을 끼쳤다. 학술사에서 묵가의 군주집권 사상, 현명하고 능력 있는 인재를 등용해야 한다는 철학, 법제 및 형정 철학 등은 법가의 학설이 발전하는 데 어느 정도 영향을 주었다. 유가는 묵가와 여러 정견에서 대동소이했다. 일부 유가 학자가 주장한 '기초를 강화하고 지출을 줄이는 철학强本節用'은 묵가와 비슷했다. 이는 묵가의 일부 주장이 다른 학문을 통해 통치 사상으로 녹아들어 갔음을 말해준다.

셋째, 통치자가 자발적으로 묵가를 받아들였다. 진나라 상국 여불위는 『여씨춘추』에서 묵가의 기초를 강화하고 지출을 줄이는 철학을 묵가의 주장 중 '버릴 수 없는' 중요한 사상으로 선택했다. 진시황은 자신감이 충만했기 때문에 '절용節用' 정책을 시행하지 않았지만 "농업을 숭상하고 상업을 억제하여 백성을 풍요롭게 하고" "농절기에는 노역勞役을 줄여 모든 산업을 번성하게 하라"[41]고 선포했다. 진시황은 역대 황제와 마찬가지로 '기초를 강화하고 지출을 줄이는' 정책을 적극 시행했다. 진한시대 이후 여러 황제는 묵가의 절용, 절검 사상을 조서와 저작에 포함시켰으며, 심지어 자신의 언어도 『묵자』를 그대로 사용하여 표현했다. 당 태종의 「제범帝範」이 대표적인 사례이다. "기초를 강화하고 지출을 줄이는" 항목은 고대 통치 사상의 골격이었으며 이런 측면에서 묵가의 공헌은 매우 컸다.

(5) 도가

문헌이 충분하지 않기 때문에 도가가 진시황에게 직접적으로 어떤 영향을 끼쳤는지 믿을 만한 기록을 찾기는 어렵다. 그러나 도가가 통일 진제국의 통치 사상에 영향을 미쳤음은 확신할 수 있다.

도가 학파는 매우 복잡하다. 선진시대의 도가 가운데 일부는 무군론無君論 경향을 보이기도 했지만 다수의 도가 학자들은 군주전제 제도의 시행을 주장했다. 특히 전국시대에서 진한시대로 넘어가는 과도기에 황로사상은 정치적으로 매우 중요했으며 일부 통치자의 관심을 크게 샀다. 황로사상은 황제제도의 정통성 확립에 크게 기여하기도 했다. 선진시대의 도가는 통일 진나라의 통치 사상에 네 방면으로 영향을 미쳤다.

첫째, 지역문화가 매개체가 되었다. 도가 학파는 초나라 사람, 초나라, 초나라 문화와 밀접한 관계가 있어 초나라를 중심으로 한 남방 문화에 큰 영향을 끼쳤다.

이 지역은 법가의 영향을 크게 받은 진秦과 진晋 두 지역 및 유가의 영향을 깊이 받은 제나라와 노나라 지역이 대립하고 있었다. 도가 학설은 중요한 지역문화를 통해 대중의 심리 상태와 현실 정치에 영향을 미쳤고 많든 적든 통일 진나라에 영향을 끼쳤다.

둘째, 기타 학파를 통해 전파되었다. 도가 학설은 선진시대에 무위 통치를 주장한 대표 주자로 널리 영향을 미쳤다. 도가의 "신하는 반드시 능력이 있어야 하지만 군주는 아무것도 하지 않아도 된다"는 무위 통치론은 기본적으로 유가와 법가에 수용되어 군주론의 핵심을 이루었다. 특히 법가의 무위 통치술에 관한 기본 철학과 내용은 도가의 학설에서 받아들인 것이다. 『여씨춘추』와 『한비자』 등은 도가 철학을 깊이 받아들였다. 통일 진나라의 제도와 진시황의 행위를 살펴보면 여러 면에서 접목되고 있다. 진시황은 "도를 나타내며 덕을 실행하여 존경스러운 호칭이 크게 이루어졌다"⁴²고 표방했다. 군주가 도道를 터득하고 지키며 몸소 행해야 한다는 철학은 제자백가가 모두 공감하는 부분이었다.

셋째, 도가가 지니고 있는 고유의 학술적 우위이다. 선진시대에 도가의 형이상학적 철학은 단연 독보적이었다. 도가 경전인 『노자』는 가장 큰 영향을 끼친 정치철학서이다. 『노자』는 역대 통치자들이 모두 선호했다. 법가의 대표적 인물인 신도, 신불해, 한비의 철학 사상은 노자 철학에서 많은 영향을 받았다. 신도는 철학적으로 도가로 귀의했지만 정치적으로는 법가에 속했다. 신불해가 '도道'로써 '술術'을 논한 것이 가장 특징적이었다. 『한비자』「해로解老」편은 현존하는 최초의 『노자』해석서이다. 한비가 주장한 자연의 도리로 법도를 완전히 지키는 '인도전법因道全法'과 철학은 도가에서 비롯됐다. 바로 법은 도에서 나온다는 '도생법道生法' 사상의 영향을 받았다. 이러한 학술적 교류를 통해 사람들은 점차 감화되었고 사유 방식에도 많은 영향을 미쳤다.

넷째, 도가 스스로 이론을 발전시켰다. 전국시대에 여러 도가 학파는 통합을 지향했다. 『관자』에 소개된 도가 저서는 법가와 유가를 수용하여 도, 의, 예, 법의 통일을 주장했다. 『문자』 역시 이와 비슷했다. 황로 일파는 도가를 중심으로 백가를 종합하여 체계적으로 정견을 발표했다. 이 일파의 학설을 살펴보면 문무文武, 덕형德刑, 강유剛柔의 병용을 주장하고 도가의 자연, 음양가의 음양, 유가의 도덕, 법가의 법지, 명가의 형명刑名 등을 통합하여 체계적인 군주 집권론을 내놓았다. 『경법經法』『십육경十六經』『도원道原』『칭稱』 등의 황로파의 저서는 법치와 형명으로 집권을 실현할 것을 주장했다. 여러 학자들은 이를 "도법가道法家"라고 부른다. 기본적인 주장을 살펴보면 이들 철학은 통일 진나라의 통치 사상과 대체로 맞아떨어진다.

(6) 명가

선진시대의 명가名家는 '형명학刑名學'을 중시하는 것으로 알려져 있다. 형명학은 통일된 철학 유파나 정치사상 유파가 아니다. 그러나 유가, 묵가, 법가 등이 모두 형명학을 중시했는데 명가는 바로 이처럼 형명의 관계를 중시한 학자를 일컫는다. 형명학으로 정치를 토론한 학자는 대부분 '형명'에 관한 철학을 '형명' '명분' '정명' 등의 정치 문제와 결부시켰다. 예를 들어 『정석자鄭析子』의 「무후無厚」편을 보면 예치, 정령, 작호, 의식

등 사회 규정적인 제도를 명이라 했으며 특히 법이 가장 권위적이라고 했다. 정치적으로 '정명'의 권한은 군주에 속하여 '현명한 군주가 하나를 살피면 만물이 스스로 정해진다'[43]고 했다. 명가의 구체적인 주장을 보면 '군주의 일'과 '신하의 일'을 명확하게 구분했다. 군주가 명분을 잡고 '명성이 실제와 상응하는지 살펴본다循名責實.' 그리고 신하는 그 실제를 따르고 '법을 받들며 영을 널리 알려야 한다.' 명가의 이러한 철학은 기본적으로 법가, 유가, 도가에 흡수되었으며 법치론, 예치론, 무위 통치론을 더욱 발전시켰다.

진시황은 형명 통치술을 잘 활용하여 정명正名을 살펴보았고 법률과 명분을 정하며 '명성이 실제와 맞는지 살펴보는' 일을 매우 중시했다. 이는 명가가 '명분에 의거하여 실질을 비판하고 명분과 실질이 서로 호응하여 진실을 잃지 않는 것을'[44] 매우 중시했음을 알 수 있다. 진시황이 직접적으로 명가를 받아들이지는 않았겠지만 진의 통치 사상의 한 부분을 구성했음은 틀림없다.

위와 같은 분석을 보면 진 제국의 통치 사상은 서한시대 통치 사상의 기본 구성 및 지향과 대동소이하다. 다른 점이 있다면 황제제도의 정치적 지향점이 미숙하고 정통성이 확보되지 못했으며 진 제국의 통치 사상이 성숙하지 못했다는 정도다. 또 진의 정치적 전통과 진시황과 보좌 대신의 정치적 경향에서 영향을 받았다는 점이다. 즉 법가사상의 색채가 짙었다. 이에 반해 한 무제 이후에는 유가사상이 오랜 세월 통치 사상으로 선택됨으로써 완성도가 더욱 높아져 주도적인 위상을 확립했다. 어찌됐든 진한 두 시대의 기본 정치제도와 통치 방식은 동일한 유형에 속했으며 두 시대의 통치 사상은 근본적으로 차별받지 않았다. 진한시대의 통치 사상을 일치시켰던 것은 바로 '대일통'에 있었다.

'대일통_{大一統}' 관념의 전면적인 실현

진시황의 공적과 과실에 대해 어떤 평가를 내리든 중국사에서 진시황
이 최초로 영토, 제도, 문화를 명실상부하게 '대일통'했다는 점은 인정하
지 않을 수 없다. 진시황의 대일통 관념과 관련 제도는 이러한 정치 관념
과 정치제도의 본보기라 할 수 있다. 그러므로 대일통은 진시황과 '진시
황 현상'을 평가할 때 빼놓을 수 없는 화제이다.

'왕천하'에서 '대일통'에 이르기까지

여러 학자가 '대일통' 제도와 사상을 통일 진나라의 역사적 현상이라
고 말한다. 진시황의 황제제도가 있었기에 '대일통'과 군주 독재가 있었
다는 것이다. 그렇기에 그들은 대일통 제도의 공적과 과실을 모두 진시
황에게 돌린다. 사실 이는 실제 역사와는 일치하지 않는다. 객관적이고
공정하게 말해 대일통의 이론과 제도 모두 진시황이 만들어낸 것이 아

니다. 진시황의 역사적 공헌은 최대 규모의 대제국을 세웠고 황제제도를 확립하였으며 최초로 전면적이고 명실상부하게 대일통을 실현했다는 점이다.

이 단어는 『공양전公羊傳』에 처음 보였다. '대大'는 크게 함을 의미하는 말이고 '일통一統'은 하나로 합침을 뜻한다. 즉 대일통은 크게 하나로 합친다는 말이다.

중국 고대의 대일통을 역사라는 큰 강에 비유한다면 선진시대는 강물이 처음 불어난 때일 것이다. 하·상·주 시대의 '왕유천하王有天下' 관념은 대일통 관념의 시초였다. 당시 천하공주의 통치 방식은 왕권지상의 대일통 사상이 형성되는 토대가 되었다. 대일통의 기본 이론과 제도는 전국시대에 어느 정도 그 규모를 갖췄다. 진시황이 세운 황제제도는 이런 모든 것을 집대성한 것이다.

선진시대의 대다수 사상 유파와 사상가가 대일통 관념을 이론화하고 제도화했다. 특히 공자의 사상은 후세 학자들의 왕권지상, 정치 일통을 논하는 데 중요한 이론적 근거가 되었다. 공자는 대일통 이론을 만든 첫 번째 인물이었다. 이 이론을 최종적으로 완성한 인물 역시 공자의 제자였다. 노자를 대표로 한 도가가 '도道'와 '일一'의 철학을 대일통 이론에 녹여서 '천대天大'와 '도대道大'로 '왕대王大'를 주장했다. 그 후 사상가들은 이러한 논법을 더욱 발전시켜 '일一'로써 우주와 사회, 정치를 논하는 풍조가 널리 퍼졌고 이는 곧 고대 정치철학의 특징이 되었다. 유명한 여러 법가 책사들이 전제주의 중앙집권제도라는 정치를 설계하고 구축했음은 틀림없다. 그들은 대일통 제도의 확립을 위해 많은 노력을 기울였다. 묵가의 상동론 역시 전형적인 대일통론이었다. 전국시대의 정치제도도 모두 대일통의 통치 방식에 속했다. 어느 학파가 통치 사상의 주도적인 자리를 차지했든, 어느 나라가 천하를 통일했든 모두 대일통이라는 세 글자에서 크게 벗어나지 않았을 것이다.

정치적으로 대일통은 국가 통일, 중앙집권, 군주전제 등 여러 가지를 의미했다. 당시의 역사적 조건에서 이러한 의미는 내재적으로 일치했다. 일통一統은 다원多元과 상대되는 말이었고 통일은 분열과 상대되었다. 그러므로 '대일통론'은 기본적으로 둘이 아니라 하나를 지향하며 나뉘지 않고 합쳐진 것을 지향했다. 대일통을 유지하기 위해 사상가들은 일一과 이二, 합合과 분分, 본本과 말末의 관계를 논증했다. 예컨대 군주는 반드시 보좌관輔貳을 두어 정사를 분담했다. 그러나 천하의 나라는 둘이 아니고 최고 권력도 둘이 아니며 제왕의 통치와 문화적 가치도 둘이 아니라고 하였다. 그러면서 많은 학파와 다수의 사상가들은 대대로 가장 바람직한 경지를 추구하였다. 대일통의 의미는 '군주전제'의 의미보나 훨씬 풍부했기에 단순히 군주전제와 동일한 것으로 볼 수 없었다. 그러나 특정한 역사 조건에서 대일통과 군주전제는 서로 복잡하게 얽혀 있었다. 대일통을 추구하는 것은 중앙집권을 추구하는 것이고 중앙집권화는 군주전제를 강화하는 것이었다. 그리하여 왕권 일통은 곧 군주전제를 의미하게 되었다.

앞으로 대일통의 관념과 황제제도를 분석할 때, 편의상 '가치 전제주의'와 '제도 전제주의'라는 두 개념을 사용할 것이다. 가치 전제주의란 전제주의의 가치체계를 일컬으며 정신적 측면의 현상이다. 제도 전제주의란 전제주의의 제도체계를 일컬으며 물질적 측면의 현상이다. 실제 역사의 변천 과정에서 두 개념은 대체로 보완적이지만 완전히 분리할 수는 없다. 관념 형태에 속하는 가치 전제주의는 즉각적 또는 전면적으로 제도로 구현되지는 못한다. 특히 일부 이상주의적인 부분이라고 해서 원래 그대로 현실화될 수 없으며, 가치를 추구한다는 것은 분명히 순수한 관념 형태가 아니다. 전제주의의 가치 목표를 논증하고 인정하며 추구하는 것은 필연적으로 어느 한 차원의 실천, 어느 한 측면의 실천, 어느 정도의 현실화를 포함한다. 하지만 전제주의를 전면적으로 실천하고 정치 제도화하려면 필연적으로 이 가치체계를 더욱 발전시키게 된다.

만일 대일통 관념을 '가치 전제주의'로 본다면 황제제도는 '제도 전제주의'로 볼 수 있다. 이 두 가지는 보완적으로 상호작용한다. 전제주의의 가치체계는 매우 오래전에 형성되었다. 선진시대에 이미 유가, 도가, 묵가, 법가 등에서 고도로 이론화되었다. 오랜 세월 역사의 변천을 거쳐 진시황 통치 시기에 '가치 전제주의'가 전면적으로 '제도 전제주의'로 변모했으며 양자는 서로 겉과 안이 되어 황제제도의 기본이자 핵심을 구성했다. 황제제도는 대일통 관념과 제도를 유기적으로 결합하여 가치와 제도의 통일을 실현했다. 그 후 중국적인 전제주의가 정신적으로나 물질적으로나 점차 최고봉을 향해 나아갔다.

'대일통' 이론의 원뜻과 통일 진나라의 경우

계통화한 이론체계에서 '대일통'의 내용은 매우 풍부하며 국가와 통치에 관한 주요 철학을 포괄하고 있다. 주요 내용을 살펴보면 우주 일통이 대일통의 철학적 토대이고 정치 일통은 대일통의 핵심 내용이며 왕권 일통은 대일통의 기본 취지였다. 그리고 천하 일가는 대일통의 사회적 이상이었다. 대일통론은 구체적으로 다음과 같이 나눠볼 수 있다.

(1) 천도일통天道一統

천도일통은 대일통의 철학적 토대이다. 『노자』는 "도가 하나의 기운을 낳았다道生一"고 했고 『장자』와 『한비자』는 도道는 하나一, 하나는 곧 도라고 했다. 『여씨춘추』는 '태일太一'로 도를 정의했고 제자백가 모두 '하나一'로써 천도와 도를 논했다. 하늘이 곧 도이고 도가 곧 하늘이라고 했든, 도가 하늘을 낳고 하늘은 도를 본받는다고 했든, 모두 '하나'를 천도, 도의 본질로 간주했다. '하나'는 우주의 기본 법칙으로 이것은 사회의 기본 형태이자 법칙으로 여겨졌다.

선진시대의 여러 사상가들은 천도는 사람의 도리를 결정하고 하늘의 '하나'에서 왕의 '하나'가 파생되었다고 보았다. 『노자』 62장을 보면 "도는 만물의 오묘함이다道者, 萬物之奧"라고 하면서 반드시 "천자를 세우고 삼공을 두어立天子, 置三公" 도의道義를 지켜야 한다고 했다. 『주역』에서는 "일음일양一陰一陽"(한 번이 음이면 다음은 양)의 원리로 인간 세상의 귀천을 논증했다. 『묵자』는 '천天'으로써 '사람'이 의를 세우도록 하여 반드시 천자는 '하늘과 뜻이 합치해야 한다'고 했다. 『한비자』 「양권揚權」 편에서는 "두 개의 도는 없다. 그러므로 하나이다道無雙, 故曰一"라고 하면서 중앙집권을 주장했다. 인류 사회의 정치 일통과 왕권 일통은 천도 일통에 부합하여 하늘에 통일하려면 반드시 먼저 왕에게 통일해야 한다. 그러므로 군주가 천하를 군림하는 것을 두고 "득천통得天統"[45]이라고 일컬었다.

진시황은 철학자는 아니었지만 이런 영향을 크게 받은 철학에서 자유로울 수 없었다. 또한 이런 정치철학으로 황제가 일통을 시행하는 제도를 반대하지도 않았다. 진시황의 여러 관념과 행위는 그가 '하나一'에 관한 정치철학을 확고하게 믿었음을 말해준다.

(2) 강산일통江山一統

강산일통은 대일통을 국가적 차원에서 말한 것이다. 강산일통을 구체적으로 살펴보면 정권, 토지, 백성 모두가 최고 통치자에게 속한 것임을 말한다. 공자 이래로 "천자만큼 귀해지면 천하를 가진 것만큼 부유하다"[46]라고 받아들여졌다. 강산일통의 핵심은 황제가 천하의 땅을 차지하고 더 나아가 정치와 문화의 일통을 실현하는 것을 말한다.

진시황은 "천지 사방이 모두 영토이다. 서쪽으로 유사流沙를 건너고 남쪽으로는 북호北戶의 끝에 이르렀다. 동쪽으로는 동해를 포함하고 북쪽으로는 대하大夏를 지났다. 사람의 발자취가 닿는 곳이라면 신하 아닌 자가 없다" "해와 달이 비추고 배와 수레가 다니는 곳마다 모두 황제의 명이 닿는다"[47]라고 자찬했다. 그는 전국의 영토를 효율적으로 지배할 권리를 획득했으며 최초로 화하의 땅에 명실상부한 '대일통'을 실현했다.

(3) 통치권 일통治權一統

통치권 일통은 대일통을 정치 구조 차원에서 본 내용이다. 최고 권력을 나눌 수 없다는 점이 대일통의 핵심이다. 일인 정치를 시행하는 관점에서 볼 때 유가, 묵가, 법가, 잡가, 도가의 정치적 인식은 일치된 입장을 보였다. 그들은 모두 체계적으로 이론을 발전시켰다. 특히 공자가 "하늘에 해가 두 개일 수 없고 땅에 임금이 두 명일 수 없다"라고 한 것은 가장 영향력 있고 권위적인 표현이었다. 일인 정치를 정상적으로 운영하기 위해 계급제도에서 천자의 지존한 위상을 공고히 하고 임금은 존귀하고 신하는 비천함을 보여주는 각종 조치를 취했다. 그리고 권력 배치에서는 신하에 대한 천자의 효율적인 지배를 확실하게 나타냈다. 이를 두고 "하나로 통일하면 다스려지고 둘로 나눠지면 혼란해진다"[48]고 했다. 법가,

묵가, 도가 모두 이와 비슷한 관점을 보이고 있다. 통치권 일통은 통치권을 분화시키는 모든 통치 방식을 거부했다. 그러므로 대일통은 기본적으로 중앙집권을 지향한다.

통치권 일통을 실현하는 핵심은 중앙을 강화하고 지방을 약화시키는 것이다. 즉 지방에 대한 중앙의 통제와 지배를 강화하는 조치를 취했다. "나라를 세울 때는 근본을 크게 하고 말단은 작게 해야 견고할 수 있다"[49] 라고 했다. '근본을 크게 하고 말단을 작게 한다'는 무엇을 뜻할까? 당시에는 두 가지 방안이 있었다. 여러 학자는 전통적인 관념을 따라 분봉제를 시행할 것을 주장했다. 또한 "한 나라에 두 임금을 감당할 수 없다"[50] 라면서 천자의 직할 영지는 제후의 영지보다 훨씬 많아야 하고, 중앙정부가 "큰 것으로 작은 것을 부리게 하고 무거운 것으로 가벼운 것을 부리게 하며 많은 것으로 적은 것을 부리게 하지" 않으면 "세에 대적할 자가 있으면 왕은 폐위될 것이다"라고 했다.[51] 이외에 또 다른 주장은 훨씬 강경했다. 분봉제를 철폐하고 군현제를 실행한다는 것이었다.

진시황은 "전국에 군현을 두고 법령을 통일하였으며 이것은 아주 오랜 옛날부터 일찍이 없었던 일로 오제라도 감히 미치지 못했다"[52]고 자부했다. 그는 천사-제후-대부의 시대를 종식시키고 전국에 군현제를 실시하여 천자가 직접 백성을 다스리는 시대를 열었다. 그래서 중앙을 강화하고 지방을 약화시키는 정치적 과제를 해결했다. 이는 제도적으로 통치권의 일통을 달성했음을 보여준다.

(4) 법령의 일통政令一統

정령일통은 대일통의 정치적 운영을 지칭한다. 예로부터 이런 정치 이념과 운영 방식은 법가에서 비롯되었다고 보고 있다. 하지만 사실은 그렇지 않다. 정령일통은 보편적인 정치 의식에서 비롯되었으며 유가, 묵가, 도가 등 선진시대의 주요 정치사상 유파의 정견과도 부합한다.

공자는 서주시대의 왕제王制와 왕정王政을 높이 샀다. 공자는 서주시대의 왕권이 지닌 특징은 천자가 최고 권력을 지니고 제후 이하는 천자에게 복종하는 것이라고 생각했다. 그는 "천하에 도가 있을 때에는 예악이나 정벌이 천자로부터 일어나고 천하에 도가 없을 때에는 예악이나 정벌이 제후로부터 일어난다. (…) 천하에 도가 있으면 정치는 대부의 손아귀에 있지 않고 천하에 도가 있으면 백성은 정치를 비판하지 않는다"[53]라면서 중요한 정치적 가치 기준을 제시했다. 최고의 정치권력이 최고 통치자에게 집중되는 것을 두고 '천하에 도가 있다'고 했으며 그렇지 않을 경우는 '천하에 도가 없다'고 했다. 이러한 공자의 사상은 훗날 대일통의 중요한 이론적 근거가 되었다.

법령의 일통은 천자가 유일한 입법권자인 것으로 나타난다. 『상군서』「정분定分」 편을 보면 "군주는 위에서 법을 만들고 백성은 아래에서 그것을 논하는데, 이는 법령이 정해지지 않아서 백성들이 군주의 역할을 대신하는 것이다"[54]라고 했다. 군주가 법을 세우고 신하는 법을 지키며 백성은 법을 따르고 법령에 대해 비판하지 않는 것이 바로 여러 학파가 공감대를 형성한 대목이다. 천자가 권력을 손에 쥐고 홀로 국가 대사를 결정하고 법령을 만들어 반포하며 천하에 군림했다. 진시황이 '법령을 하나로 통일한法令由一統' 통치 이념과 정치 운영 방식은 대일통에 완전히 부합한 것이었다.

(5) 제위일통帝位一統

제위일통은 '대일통'의 주체를 규정한 것이다. 『공양전』의 저자는 '군통

君統'은 대일통을 달성하는 기본 조건이라고 생각했다. 군주와 나라는 일체임이 구체적으로 표현된 것 중의 하나는 왕위를 세습하는 것이다. "나라와 군주가 왜 일체인가? 국가의 군주는 국가를 몸으로 삼는다. 제후는 대대로 나라를 세습하므로 국과 군은 일체이다"[55]라고 했다. '대일통'의 기본 특징은 군주, 집안, 나라를 일체로 간주하는 것으로, 군권을 세습하는 것이야말로 최고 권력의 정통성을 확보하는 것이라 하였다. 일반적으로 왕위를 합법적으로 계승할 수 있는 사람이야말로 정통 후계자였다. 이는 중국 고대사회의 절대다수가 인정하는 정치적 관념이다.

제위일통은 대일통의 핵심이다. 제위일통에 대해 법가를 포함한 여러 학파는 유가만큼 충분하지도, 치밀하지도 못했다. 하지만 진시황은 제위일통에 관한 매우 중요한 문제를 간과하지 않았다. 그는 제위일통을 기본 제도로 삼고 수차례 살펴서 신하와 백성에게 "짐을 시황제라 부른다. 후세부터는 수를 세어 2세, 3세, 만세에 이르기까지 끊임없이 전하도록 하라"[56]고 선포했다. 진시황의 이러한 행위는 '대일통'의 관념에 일치하는 것이다.

(6) 왕도일통王道一統

왕도일통은 대일통의 정치적 원칙이다. 사람들은 '군주'는 '왕제王制'를 세우고 '왕정'을 실시해야 하며 '왕도王道'로써 천하를 하나로 통일하고 바르게 다스려야 한다고 생각했다. 이는 대일통의 중요한 정치 원칙을 확립한 것으로 제왕은 반드시 왕도를 통치 사상으로 삼아야 함을 뜻했다.

진시황은 최소한 겉으로 도의道義를 따른다고 밝혔다. 이른바 "성스러운 지혜와 인의가 도리를 분명히 드러냈다." 그리고 "황제께서 몸소 성덕을 베풀어서 이미 천하를 평정하고 다스림을 게을리 하지 않았다"[57]고

했다. 통상적으로 이 '법치' 황제 역시 관련 있는 정치 원칙에 따라 나라를 다스렸던 것이다. 진시황이 어떠한 정치 원칙도 따르지 않았다고 생각하는 것은 매우 고립된 의견으로 역사적 사실과는 거리가 있다.

(7) 문화일통文化一統

문화일통은 '대일통'의 사상 문화적 측면을 가리킨다. 사상 문화의 통일은 나라의 통일이고 백성의 마음을 얻었음을 뜻하는 중요한 지표이다. 문화일통의 이론은 제자백가가 공동으로 만들어냈다. 그들 대부분은 현명한 사람聖者이 왕이며 스승이라고 주장했다. 도가는 한 나라의 왕侯王이 '집일執—'해야 한다고 하고, 유가는 왕은 "하나로 정해질 것定於—"이라고 주장했다. 그리고 묵가는 천자가 "천하의 뜻을 하나로 통일할 것—天下之義"이라고 했으며 법가는 군주의 '입법作—'을 주장했다. 『여씨춘추』는 "천자는 반드시 법술을 장악天子·必執—"해야 한다고 했다. 여기에서 '일—'은 모두 문화, 사상, 학술의 통일을 의미한다. 이론적으로 '일'이 가리키는 것은 '성인聖人' '성왕聖王' '천자'이며 구체적으로는 최고 통치자이다. 순자는 "성인은 윤리를 다했고 왕은 법도를 다했으니 두 가지를 다하면 천하에서 가장 큰 덕을 다한 것이다. 그러므로 학자가 성왕을 스승으로 삼고 성왕의 법제로 법을 삼았다"[58]고 했다. 이로써 형성된 문화일통은 문화적 전제주의를 지향할 수밖에 없었다. 유가, 도가, 묵가, 법가 모두 국가권력으로 학술과 사상을 통일하라고 주장했다. 심지어 소각燒, 벌罰, 처형誅 등 행정적인 수단으로 '비판을 금지하고禁言' '다른 생각을 하는 것조차 금지禁心'했다.

진시황은 '흑백을 구분하여 지존 일인이 모든 것을 결정하는' 정치를 구현하여 문文 일통의 정치적 염원을 이뤘다. 그는 심지어 전횡적으로 '분

제
六
장

사
상

489

서'를 일으키기도 했다. 진시황의 규범과 통치로 문화적 전제가 특징인 문화일통이 현실화되었다. 진시황의 문자 통일과 풍속 통일은 중화문화 공동체의 발전에 역사적으로 크게 기여했다.

(8) 화이일통 華夷一統

화華와 이夷의 구별은 대일통 이론에서 매우 중요한 내용 중 하나이다. 공자와 그 제자들이 주도적으로 화이를 구별하기 시작했다. 『공양전』과 이것의 역대 해석자들은 예와 의가 화하華夏의 핵심이고 화하족과 이민족을 구별하는 것이 관건이라고 하였다. "주나라 왕실을 높이고 오랑캐를 물리친다尊王攘夷" "화하가 오랑캐를 다스려야 한다華必統夷" "화하로 오랑캐를 변화시켜야 한다以夏變夷" 등은 '춘추대의春秋大義'의 내용이다. "왕실을 높이고 오랑캐를 물리친다"는 존왕양이의 목적은 화하 왕권이 천하공주가 되어 화하 문명을 지향하는 '대일통'을 유지하기 위함이다. 화이일통은 정치적 통일에서 문화적 통일과 민족의 통일로 점차 확장되는 것이다. 궁극적으로 천하일가를 이루고 중심과 변방이 통일되는 경지가 가장 이상적이다. 이러한 대일통의 인식은 타자를 포용하고 민족의 통합에 유리하게 작용했으며, 중화민족과 다민족이 한나라를 형성하는 데 매우 긍정적인 영향을 끼쳤다. 그러나 당시의 역사 조건에서 주요 취지는 왕권과 왕도의 중요성을 증명하고 왕권 일통이 도달해야 하는 최종적인 목표를 관철시키는 것이었다.

진시황은 6국을 멸망시킨 후에도 전쟁을 멈추지 않았고 영토를 남북으로 더욱 확장했다. 이러한 전쟁의 직접적인 동기는 국가 안전과 관련이 있겠지만, 진시황의 정치의식에 화이일통이라는 관념이 자리잡고 있었기 때문에 "모든 이가 복종하는"[59] 정치적 염원을 천하에 실현하기 위함이었다. 진시황의 주관적인 목적이 무엇이었든 그는 정치적 공적을 세워 다민족 국가를 통일했다.

(9) 천하일가天下一家

대일통의 '왕제王制'란 궁극적으로 "천하의 땅이 한집과 같은"[60] 경지를 실현하는 것이다. 사람들은 이상적인 정치가 거론될 때마다 "성스러운 황제가 위에 계시고 은덕이 천하에 흐르고 있습니다. 제후들은 복종하고 위엄은 사방 오랑캐에까지 떨치고 있습니다. 사해 밖까지 마치 자리를 깔아놓은 것처럼 이어져 있으며 그릇을 엎어놓은 것처럼 안정되었습니다. 천하가 태평하고 합쳐져 한집을 이루었습니다"[61]라고 말했다. 하늘 아래 온 세상을 아울러 거리가 멀든 가깝든, 규모가 크든 작든 한 임금을 모시고 한 나라가 되어 한 가족을 이루는 이상적인 경지는 그야말로 모든 것의 통일이다. '천하일가'는 대일통의 궁극적인 경지일 것이다.

진시황이 대일통을 전면적으로 실현한 것은 획기적인 의의가 있다. 황제의 공적을 기념하며 진 왕조의 신하는 "옛날 삼황오제는 알고 있는 것과 가르치는 것이 달라서 법도가 분명하지 않았다. 그래서 귀신의 위세를 빌려 먼 곳을 속이니 실제가 명분과 달랐다. 그런 까닭에 오래가지 못하였다. 몸이 미처 죽기도 전에 제후들이 배반하고 모반하여 법령이 실행되지 않았다. 지금 황제께서 천하를 통일하고 군현을 만드시니 천하가 평화로워졌다"[62]라고 기렸다. 이러한 평가는 역사적 사실에 매우 근접한 것이라고 할 수 있다.

대일통의 정치적, 역사적 의의

만일 황제 관념이 황제제도의 정치문화적 기반이라고 한다면 대일통은 황제제도의 정치 이론적 기반이다. 이러한 문화적 기반은 선진시대 대다수의 사회 구성원이 다같이 만들어낸 것이고, 이론적 기반은 선진시대 많은 사상가가 함께 구상한 것이다. 전제주의 중앙집권 정치가 성장하면서 이러한 문화와 이론이 점차 현실화되었다. 진시황이 대일통의 제국을 세운 것은 개인적인 행위가 아니라 당시 시대가 요구하는 집단적인 행위였다. 전국시대에 각 제후국의 정치체제는 모두 대일통을 추구했다. 어느 나라든 천하를 통일하는 것은 곧 대일통의 제왕제도를 수립하는 것이나 다름없었다. 사실상 이는 역사적 변천 과정이 보여주는 큰 흐름이었다. 제도의 변천 과정에서 국가 통일과 정치 안정을 달성하고 유지하는 것은 자발적이고 내재적인 추진력이었다. 중국 고대사회의 특정한 역사 환경에서 이러한 추진력의 정치적 목표는 '땅에 두 임금이 없는 경지'와 중앙집권이었고, 결과적으로 대제국을 건설하여 제왕제도를 세우는 것이었다. 진시황이 '오제도 미치지 못한' 존재가 된 것은 영토 확장에 있는 것이 아니라 제도에 있었다. 진시황이 확립한 황제제도는 대일통을 전면적으로 이뤄낼 수 있었던 근본적인 토대였던 것이다.

진시황은 중앙 왕권의 법령과 군령을 훨씬 광활한 판도에 보급하고 통일시켰으며 또한 대규모 이주 정책을 실시하고 변경지역을 개척하여 문화를 사방에 전파시켰다. 대일통 체제는 급속도로 각 지방 사이의 다양한 '이異'를 없애고 정치 제도, 법령, 도덕, 문자, 화폐, 수레 폭 등을 모두 통일시켰다. 통일된 제국, 제도, 문화가 통일된 나라와 민족을 만들었다. 광활한 영토에서 사람들은 동일한 문자로 쓰여진 책을 보고 동일한 폭의 수레를 타며 동일한 도량형을 쓰고 동일한 문화를 누리며 동일한 영토 안에서 살았다. 문화적, 민족적 응집력이 국가의 응집력을 더욱 강화시켰다.

왕권의 끊임없는 강화와 중앙집권 체제의 계속된 정비는 국가 통일을 유지하는 제도적 장치였다. 또한 대일통 이론은 이러한 제도의 정비 및 강화에 중요한 작용을 했다. 왕권과 중앙집권 체제의 발전은 지방 행정 제도를 변화시켰는데, 전체적인 발전 동향을 살펴보면 지방에 대한 중앙의 통제가 점점 더 엄격해졌음을 알 수 있다. 이런 제도는 대개 사회 안정과 경제 발전에 유리하게 작용했지만 그 결과 왕권이 과도하게 강화되어 수많은 정치적 폐단을 낳기도 했다.

대일통과 인과관계에 있는 왕권제도가 중국 고대사회의 발전에 긍정적으로 작용했다는 점은 부인할 수 없는 역사적 사실이다. 대일통은 수천 년간 중화문화를 실제적 의의가 있는 통일 문화로 성장시켰으며 한당의 태평성대를 이룰 수 있게 했다. 어떤 의미에서 대일통 이론에 따라 만든 정치, 경제, 문화는 초유의 규모로 통일된 중화제국이 없었다면 광활한 영토와 엄청난 인구, 유구한 역사를 품은 중국은 오랜 세월 다민족 통일 대국을 유지할 수 없었을 것이다. 또한 염제와 황제의 자손이라고 할 수도 없었으며 사람들에게 화하 고대문명으로 높이 평가받지도 못했을 것이다.

한당漢唐 이후 명청明淸 이전, 중국은 문명 수준과 인구와 경제 규모, 과학기술 발전 등의 측면에서 세계에서 절대적으로 우세한 위치를 점했다. 스타브리아노스L.S. Stavrianos의 관점이 가장 대표적이다. 그는 "중국은 중세에 비약적으로 발전했고 세계적으로 가장 풍요롭고 인구가 많으며 여러 방면에서 가장 선진적인 문화의 나라였다. (…) 이점은 부정할 수 없는 사실이다. 무려 1000년 동안 중국의 문명은 끈질긴 생명력을 이어왔고 인류 유산의 발전에 기여한 바는 단연 세계 최고였다"라고 말했다. 또한 그는 당시 중국이 세계 발전에 가장 큰 공헌을 한 것은 바로 과학기술이라고 덧붙였다. "14세기 중반, 중국은 기술혁명의 중심에 우뚝 서 있었으며 유라시아 대륙과 기타 지역에 수많은 발명품을 전파했다."[63] 기술이 인류 문명의 발전에 결정적으로 작용했다는 점은 누구나 공감하는 부분이다.

세계 4대 고대 문명 가운데 메소포타미아 문명, 고대 이집트 문명, 고대 인도 문명은 인종 또는 종족이 바뀌면서 중간에 자연적인 역사 과정이 단절되어버렸다. 오직 중화 문명만이 각 역사 단계를 거치면서 오늘날까지 발전해오고 있다. 중화 문명은 수천 년간 명맥을 유지해오면서 선도적이고 우세한 지위를 2000여 년이나 이어왔다. 세계의 고대 문명사에서 중화 문명의 통일성과 연속성, 역사적 성취는 단연 독보적이다.

황제제도는 중화 고대 문명이 유지해온 정치제도였다. 이 문명의 역사적 기여는 황제제도와 직접적으로 관련이 있다. 중국의 황제제도를 해부하고 그 잔혹함을 비판하는 것은 좋지만, 그것이 인류 역사상 가장 위대하고 오래 지속되어왔으며 가장 찬란한 문명이었다는 역사적 사실을 간과해서는 안 된다. 객관적 사실과 일치하지 않는 결론을 내릴 수도 있기 때문이다.

당시의 역사 환경에서 대일통은 군주를 존중하는 이론이었다. 대일통에 따라 세워진 국가 체제는 전제주의적인 왕권의 기본이 되었다. 그러므로 대일통이 역사 발전 과정에서 미친 부정적인 영향 역시 부정할 수는 없을 것이다.

秦始皇

【7장】

제도

─ 중앙집권제를 확립한 성왕聖王 (1)

QIN SHI HUANG

진시황의 또 다른 창조적 공적은 "황제제도"로 불리는 정치체제를 구축했다는 것이다. 황제제도는 사회적 통제와 결합되어 진나라 전체의 체계적인 통치 시스템으로 자리잡았다. '통일'과 '일통一統'이 이 제도의 기본적인 특징이다.

진시황은 정치의 규범화, 제도화, 법제화를 매우 중시하여 제도 수립에 많은 노력을 기울였다. 『사기』 「진시황본기」를 살펴보면 제도를 만드는 것에 대한 내용이 매우 풍부하다는 것을 알 수 있다. 예컨대 진시황은 정치제도, 등급제도, 경제제도, 군사제도, 문화제도, 법률제도 등을 정비했다. 다른 역사 문헌과 출토된 문물을 살펴보면 이들 제도의 갖가지 상세한 내용이 잘 기록되어 있다. 이 중대한 제도를 둘러싸고 조정에서는 끊임없는 논쟁이 벌어졌다. 이 역시 기존 세력의 저항이 완강하고 제도 혁신이 얼마나 어려웠는지를 보여준다. 진시황은 역사의 경험을 되새기면서 진나라 제도를 주축으로 6국의 제도에서 좋은 점을 받아들였으며 이를 보완하고 개정하여 새로운 제도를 만들어냈다. 진 왕조의 정치제도는 춘추전국시대 이래의 중대한 제도에서 개혁에 성공한 부분을 대부분 수용했다. 또한 각 방면에서 구체적인 제도를 하나하나 세우고 이들 제도와 함께 완성도 높은 제도의 체계를 구축했다. 이러한 제도는 대부분 법제화되었다. 역대 왕조와 비교해볼 때 진 왕조의 정치 구조는 종법관계의 영향을 가장 적게 받았다. 황권 부분 이외에 기본적으로 정치 구조에서 종법제도의 영향력을 제거했다. 이 점은 진 왕조의 특징을 잘 보여주는 부분이다.

진시황이 제도와 법률을 정비한 성과는 당시의 역사적 환경에서 도달할 수 있는 최고의 수준이라고 할 수 있다. 그는 세계 최초로 진정한 국가와 법에 관한 이론, 즉 법가 학설을 전면적으로 실천했다. 진시황이 살았던 시대에 제왕제도를 세우고 이 제도로 통치되는 대제국을 확립한 것은 유라시아 대륙 국가들의 거시적인 흐름이었다. 이러한 공통의 흐름에는 역사적 합리성이 있었다. 제국을 건설하는 것 역시 인류 문명의 발전 과정을 구분하는 역사적 지표 중 하나였다. 다음 시대의 세계 대제국에서 보였던 정치 이론과 정치를 비교해볼 때, 진 왕조의 제도가 성공적이었음은 어렵지 않게 알 수 있다. 모든 백성에게 실시한 공훈에 따른 벼슬제도, 상대적으로 유동성이 있었던 등급제도, 문자 통일과 윤리 통일의 문화제도 등은 당시에도 매우 합리적이었다. 이 제도는 중화 고대 문명에 활력을 불어넣었으며 전성기로 가는 토대를 마련해주었다.

진시황이 확립한 황제제도는 전제주의 중앙집권제도에 속한다. 군권지상의 법률은 황제제도에서 가장 기본적인 법칙이었으며 구체적인 제도에서 모두 이러한 원칙이 반영되었다. 이 황제세도에는 세 가지 기본 특징이 있다. 첫째, 최고의 권위는 황제 한 사람만 차지할 수 있으며 종신제와 세습제를 실시했다. 둘째, 최고 권력은 나눠 가질 수 없으며 황제 한 사람만 모든 최고 권력을 독차지했다. 그는 천하의 모든 영토와 백성의 주권 그리고 입법권, 최고 행정권, 최고 사법권, 최고 감찰권, 군사통수권 및 국가재정 권한을 모두 지녔다. 셋째, 지방은 절대적으로 중앙에 예속되었다. 이상의 원칙으로 황제는 정치의 중추에 있었으며 국가 제도의 인격적인 존재가 되었다. 각종 국가 조직이 모두 군주의 조직이었고 재상 이하의 공경 백관들은 모두 군주의 신무자였다. 군권지상의 법칙은 종횡으로 각종 관계를 하나로 통합하여 지고무상한 개인의 권위를 형성했다.

진시황은 실천가이자 행동가였다. 그는 다각적인 방식으로 '대일통' 이론을 행동에 옮겼다. 진 왕조의 황권은 독점적이고 배타적이었다. 이러한 황권의 속성은 '황제'라는 존호와 관련된 각종 군권 관념으로 인정되었으며 모든 제도를 뒷받침하게 되었다. 진 왕조의 황제제도는 정치-경제-문화 구조였고 정치체제의 측면에서 살펴보면 세 가지 기본 제도로 나누어볼 수 있다. 즉 관료제도, 군현제도, 등급제도가 그것이다. 이들은 상호 보완적이며 경제, 사회, 문화, 법률적 제도가 이들을 뒷받침해주었다.

황권 지배 하의 '삼공구경' 제도

중앙 권력기구의 정비, 특히 재상(재집宰執)제도는 진시황이 제도를 세우면서 많은 노력을 기울였던 부분이다. 중앙에서 지방에 이르기까지 관료제도가 내부적으로 상호 견제하는 정치체제를 확립한 것 역시 심혈을 기울인 부분이다. 진시황은 각 제후국의 관료정치 경험을 통합하여 직권 분화, 상호 견제, 기관 감찰 등의 원칙에 따라 최초로 재상 한 명이 총괄하는 행정기구, 군사 행정기구, 감찰기구가 각각 상대적, 독립적으로 운용되게 했다. 그리고 직접 삼공, 즉 승상, 태위, 어사대부를 총괄했다. 제도적으로 삼공은 서로 견제하게 되어 있어 어느 누구도 감히 황권을 넘볼 수 없었다. 특히 상대적으로 어사 감찰기관의 독립된 지위와 그 수장의 지위를 제고한 점은 제도 혁신이라는 의의가 있다.

황권과 재상권의 기본 관계 원칙

'재상권'이란 재상과 그에 준하는 관직의 권력을 말한다. '재상'은 군주를 도와 국가 대사를 주재하는 관직을 통칭한다. 재상이라는 호칭은 『장자』「도척盜跖」편과 『한비자』「현학」편에서 최초로 보인다. 요遼나라 때 '재상'이 공식적인 관직으로 불린 것을 제외하고 다른 왕조에서 비슷한 관직에 대한 정식 명칭으로는 재상이 사용되지 않았다. 진나라 재상은 "상방相邦"과 "승상丞相", 초나라 재상은 "영윤令尹"이라 불렸다. 재상은 '백관의 우두머리百官之長'다. 이러한 관직은 '도를 논하고 나라를 경륜하며 음양을 섭리'했고 '천자를 보좌하여 백관을 총괄하며 모든 일을 다스렸다.'[1] 품계와 권세가 높아 "일인지하 만인지상"이라 불렸다. 재상의 직권은 매우 커서 정부의 수뇌와 흡사했다. 그러나 관념적으로나 이념적으로, 또 제도적으로 재상은 단지 군주를 보좌하는 사람일 뿐 명분과 실제 모두 정부의 수뇌는 아니었다. 군권(황권)과 재상권의 관계는 군주(황제)와 문무백관의 권력 분배 관계와 군권의 지고무상한 속성을 반영한다.

군주는 반드시 법령을 직접 추진하는 조력자가 있지 않으면 고립무원의 존재로 전락할 위험이 있었다. 군주를 보좌하다보면 최고의 권력을 탐내어 최고 통치자의 지위와 권위를 위태롭게 할 수도 있다. 군권과 재상권의 관계와 배치는 군주 통치의 안정과 효율에 직접 관계되므로 이 문제는 선진시대 제자백가가 모두 주목했던 이슈 중 하나였다. 그리하여 기본적인 공감대가 이루어졌다. 군주와 재상, 군권과 재상권의 관계는 다음의 몇 가지 측면에서 규정되었다.

첫째, 군주와 재상은 임금과 신하처럼 엄격하게 구별했다. "임금은 존귀하고 신하는 비천하다"라는 구절은 군신관계를 규정하는 가장 기본적인 원칙이었다. 이 원칙에 대해 유가, 도가, 묵가, 법가, 명가, 음양가 모두 충분하게 논증했으며 이와 관련한 설명도 셀 수 없을 만큼 많다. 이 가운데 가장 대표적인 것이 『주역』「계사繫辭 하」편에 나오는 "하늘은 높고 땅은 비천하다天高地卑"라는 자연적 질서론이다. 이를 통해 임금은 존귀하고 신하는 비천하다는 관념을 설명했다. 또한 『한비자』「양권」편에서는 "도는 둘이 아니다道無雙"라는 구절로 "임금은 여러 신하와 같이할 수 없음"을 말했다. 재상이라는 호칭 자체가 군주보다 지위가 낮음을 보여준다. 재상을 포함한 관직의 호칭은 처음에는 지위가 낮은 사람을 일컫는 말이었다. 선진시대에 재상은 '재宰' '태재太宰' '총재冢宰'라고 불렸다. 『설문해자』를 보면 "재宰는 죄인으로 지붕 아래서 일을 맡아 처리하는 사람宰, 罪人在屋下執事者"이다. 하인 또는 하인을 책임지는 사람을 지칭한 것이다. 후세에 와 재상의 명칭으로 '사도司徒' '사공司空' '사마司馬' '상서尙書' '시중侍中' 등이 있었는데, 이는 원래 가신 또는 환관을 가리켰다.

따라서 재상은 막료의 우두머리로서 권력이 막강해 '재천하宰天下'(재상이 천하를 다스린다)라 했지만 군주 앞에서는 고개를 숙이고 스스로 "대죄한 재상待罪宰相"[2]이라고 말했다. 진 왕조의 승상인 왕관王綰과 어사대부 풍겁馮劫 등이 진시황의 공적을 칭송하고 존호를 바치며 "신 등이 죽음을 무릅쓰고 존호를 올리나니臣等昧死上尊號"라고 한 것에서 황제와 재상의 존비관계를 엿볼 수 있다.

둘째, 재상은 군주를 보좌한 사람이었다. 문헌을 보면 재상이라는 직함엔 "보좌한 사람"이라는 주석이 붙는다. 『논어』「계씨」편에선 "위급할 때 잡아주지 않고 엎어지면 돕지를 않으니 장차 저 사람을 재상으로 쓰겠는가"[3]라고 했다. 즉 상相은 보좌하는 사람, 협력하는 사람이고 재상은 권력자를 돕는 사람으로 반드시 주인에게 충성하고 위급한 상황

에서 구해줘야 했다. 진나라는 재상을 승상으로 불렀다. 승丞은 승承이
고 상相은 돕는다는 것을 의미했다. '승상丞相'은 황제의 명령을 받고 황제
를 도와 국정을 총괄했다. 『사기』 「진승상세가」에 널리 인용되는 '재상宰
相'에 대한 정의가 있다. "재상이란 위로는 천자를 보좌하며 음양을 다스
려 사계절을 순조롭게 하고 아래로는 만물이 제때에 길러지도록 하는 것
이다. 그리고 밖으로는 사방 오랑캐와 제후들을 진압하고 어루만지며 안
으로는 백성을 친하게 하여 복종하게 하고 경대부에게 제각각 직책을 맡
기는 것이다."[4] 재상은 군주를 돕기 때문에 "넓적다리股와 팔뚝肱과 같은
신하"라고 불리기도 했다. 진시황과 이사의 군신관계에서 주재와 보조의
관계는 황제와 재상의 정치적 관계를 보여주는 전형적인 사례이다.

셋째, 재상은 군주가 임면한다. 『상서』 「설명說命」 편에 "왕은 그를 재상
으로 임명하고 곁에 두었다"[5]라는 구절이 있다. 『주례』의 「천관天官」 편에
는 "천관총재(재상)로 임명하여 모든 관원을 통솔하고 왕국과 소속된 나
라를 다스리는 일을 관장하게 한다"[6]는 구절이 있다. 『순자』 「왕패王覇」 편
은 "군주의 직책은 현명한 재상을 선택하여 백관을 통솔하는 것"[7]이라
고 했다. 『한비자』 「현학」 편에는 "현명한 군주의 관리를 살펴보면 재상은
반드시 지방관리에서 발탁되었고, 맹장은 반드시 병졸에서 기용되었음
을 알 수 있다"[8]라는 구절이 있다. 재상은 군주의 관리로 오직 군주만이
선발하여 임면한다. 재상은 권력도 매우 크지만 군주에게 속해 있었으
며 반드시 군주의 명령에만 복종하고 군주에 대해 책임을 져야 했다. 군
주는 재상을 임의로 임면하고 책임을 묻고 처벌할 권리가 있었기 때문에
재상과 그 가족의 운명은 황제에게 달려 있었다. 우승상 풍거질, 좌승상
이사, 장군 풍겁은 요역의 부담을 줄여달라고 요청한 사실만으로 황제를
화나게 했다. 진2세는 그들을 체포하라고 명령했다. 풍거질과 풍겁은 죽

임을 당하고 이사는 멸문지화를 당했다.

넷째, 군권은 재상권보다 높았다. 재상은 군주에 버금가는 권력자일 뿐이었다. 사실 춘추전국시대에는 재상권이 가장 컸으며 심지어 "천하의 일은 모두 상군이 결정하는"[9] 현상이 나타났다. 그러나 당시의 여러 사상가는 재상은 단지 군주를 보좌하는 사람일 뿐 군권이 재상권을 지배한다고 했다. 『관자』「군신君臣 하」편을 보면 "군자는 근본을 장악하며 재상은 근본의 핵심을 잡고 대부는 법을 집행하여 여러 신하를 다스린다"라 하였고, "군주가 그것을 계획하면 재상이 그것을 지키고 재상이 그것을 계획하면 관리가 그것을 지킨다. 관리가 그것을 계획하면 백성은 그것에 힘썼다"[10]라고 했다. 군주야말로 최고 행정장관이고, '핵심을 장악執要'하는 재상은 반드시 '근본을 장악執本'한 군주에게 복종해야 했다. 이러한 사고방식에는 보편적인 의의가 있다. 재상권은 군권에서 파생되었으며 군주가 바로 재상을 주재하는 사람이었다. 진시황은 국가 대사를 독단적으로 결정하여 "승상과 대신들은 모두 이미 결정한 일을 받아들이기만 했고 위에서 결정하는 대로 따르기만 했다."[11]

다섯째, 군주는 반드시 재상의 역할을 중시해야 했다. 재상의 지위와 능력은 직접적으로 군주의 지위와 권력, 명성에 위협이 되었기 때문에 군주는 늘 재상을 의심하고 시기했다. 그래서 재상의 역할이 정상적으로 발휘되지 못할 때가 많았다. 여러 사상가는 재상이 맡는 직무의 중요성을 강조했다. 『순자』「왕패」편에 "나라를 지킨다는 것은 반드시 혼자 할 수 있는 일이 아니다. 그렇다면 나라의 부강과 영욕은 재상을 취하는 것에 달려 있다"[12]라는 구절이 있다. 현명한 재상을 뽑아 임명하여 정사를 보좌하도록 하면 군주는 '지키는 바가 지극히 간략하면서도 상세하며 일은 지극히 한가하여도 공이 있게'[13] 된다. 이러한 순자의 지적은 재상의 역할이 얼마나 중요한지 알려준다. 진시황의 정치 행위에서 재상을 의심하고 질투하는 사례도 있지만 재상의 역할을 매우 중시한 부분도 있다. 그는 이사를 매우 높이 평가하고 신뢰했다. 이사 또한 진시황에게 입은 은덕을 갚기 위해 자신의 맡은 바 역할에 진력을 쏟았다.

여섯째, 반드시 재상권을 제한해야 했다. 『한비자』「애신愛臣」 편에 "신하의 지위가 너무 높아지면 반드시 군주의 자리를 빼앗아 갈아치우게 된다"[14]라는 구절이 있다. 만일 중신이 인권, 재물권, 병권 및 형벌에 관한 대권을 장악하면 군주는 덕망과 위엄을 잃어버리게 되고 심지어 권위와 임금의 자리도 잃어버리게 된다. 이러한 철학은 제도적으로나 점진적으로 재상권을 없애는 이론의 근거가 된다. "관리를 문관과 무관으로 나누는 것은 왕의 두 가지 통치술이다"[15]라는 말이 있다. 최초의 재상은 문관과 무관을 겸직하여 권력이 매우 컸다. 전국시대 국정을 총괄한 대신은 재상과 장수로 구별되었다. 이는 재상제도에서 나타나는 중대한 변화이다. 제도적으로 재상은 더 이상 군사행정권과 지휘권을 지니지 못했기 때문에 정치 구조에서 그 지위와 역할이 크게 줄어들었다. 그래서 진시황은 '삼공三公'을 설치하여 제도적으로 재상권을 한층 더 분화시켰다.

진시황은 위의 군권과 재상권에 대한 기본 관계의 법칙을 잘 파악하고 있었기 때문에 재상을 포함한 공경 대신을 능숙하게 임명하고 부리며 나아가 중추 권력을 확고하게 장악했다. 또한 재상이 황제를 보완해주는 제도를 더욱 정비하여 재상권에 대한 황제권의 통제를 더욱 강화했다. 이와 관련된 중앙정부의 권력기구는 '삼공구경' 제도로 포괄할 수 있다.

진 왕조의 삼공구경과 중앙정부 기구

진 왕조의 중앙정부 제도는 양부兩府의 병설, 서로 대등한 권한을 갖는 삼공, 5권 견제, 구경의 분업, 박사의 의정 등으로 정리해볼 수 있다. 진 왕조에서는 재상과 공경 등 황제를 돕는 관직을 "삼공구경三公九卿"이라고 불렀다. 이 제도와 '박사와 기타 의정에 참여하는 관리'를 합치면 진 왕조의 중앙권력 기구와 관료체계의 기본 윤곽을 그려볼 수 있다.

양부란 승상과 태위, 어사대부를 일컫는다. 권력의 분배에서 삼공은 대등하게 제각기 맡은 바 본분을 다하고 승상과 어사대부는 서로 보완하면서 견제하기도 한다. 어사대부는 지위가 낮고 녹봉이 적지만 독립적으로 활동하기 때문에 고유의 권력이 있었다.

5권이란 행정, 감찰, 군사, 사법, 재정 등 다섯 가지 권력이 제각각 독립적인 기구와 관직을 가지며 서로 협력하기도 하고 견제하기도 했다. 입법권은 황제에게만 있었기 때문에 중앙정부에는 의사제도만 있었을 뿐 입법기구는 없었다.

구경이란 공경에 해당되고 주요 정부기구를 나누어 관장하는 관리로 봉상奉常, 낭중령郎中令, 위위衛尉, 태복太僕, 정위廷尉, 전객典客, 종정宗正, 치속내사治粟內史, 소부少府 등이 있었다. 운몽에서 출토된 진간秦簡의 기록을 살펴보면 구경 이외에도 소부少府, 사공司空, 중작중위主爵中尉, 전속방典屬邦 등 중요한 기구 및 관직이 있었음을 알 수 있다. 각 기구와 관직은 제각기 직책을 맡아 각 분야의 행정 관리 기능을 책임졌다.

또한 진 왕조의 중앙정부 기구는 박사와 기타 관리 및 삼공구경이 함께 국가 대사를 의정하는 제도를 두었다. 진 왕조의 박사는 문화교육에 종사했을 뿐만 아니라 조정의 대사에 적극 참여하여 당시에는 매우 중요한 관료였다.

(1) 삼공과 정위

진 왕조의 중앙정부에서 가장 중요한 관직은 승상(상국), 태위, 어사대부, 정위였다. 그들은 각각 황제에 대해 책임을 지는 최고 행정장관, 최고 군사행정장관, 최고 감찰장관, 최고 사법장관이었다. 특히 승상, 태위, 어사대부를 삼공이라 했고 정위는 구경에 속했다. 진 왕조에서 최고 사법기관의 책임자인 정위의 실제 지위와 권력은 매우 높았다. 진시황의 최측근이었던 이사가 오랫동안 이 직무를 맡았다. 삼공과 정위는 각각 행정, 군사, 감찰, 사법 등 네 가지 핵심 권력과 관련된 중앙기구를 대표했다. 이를 분석하면 전국시대의 제도를 개선하고 정비한 진시황의 업적이 지니는 가치를 알 수 있을 것이다.

승상과 중앙 행정체계

진 왕조의 최고 행정권은 황제에게 있었다. 황제의 최측근은 승상이었다. 『한서』「백관공경표百官公卿表 상」을 보면 "상국과 승상은 모두 진나라의 관료이다. 금인자수金印紫綬(관료의 등급을 표시하는 허리 장식)이며 황제를 도와 정부기구를 총괄한다"[16]라는 구절이 있다. 승상은 삼공의 우두머리로서 금인과 자수를 허리에 매고 만석의 녹봉을 받았으며 직접 황제의 명에 따르는 문관의 수장이었다.

진 왕조는 통상적으로 두 명의 승상을 두어 좌승상과 우승상으로 구분하였다. 진나라에서는 좌左가 항상 우위였기에 좌승상은 '제1승상'이었다. 진 왕조에서 이 제도가 시작되어 초기의 두 승상은 각각 외상隈狀과 왕관王綰이 맡았다. 『사기색은史記索隱』에는 안지추顔之推가 "수나라 개국 초기, 수도에서 저울이 발견되었다. 이 저울에는 진시황 때의 도량형과, 승상인 외상과 왕관 두 사람의 이름이 새겨져 있었다. '상狀' 모양으로 생긴 글자는 시령이 쓰고 직접 자세히 살폈다"[17]라고 한 말이 인용되어 있다. 이사, 풍거질 등은 각각 진 왕조에서 최후에 좌승상과 우승상을 맡았다. 『전진문全秦文』권1에 실린 진 왕조의 비문을 보면 승상 외림隈林(狀), 승상 왕관 또는 승상 이사, 승상 풍거질 등의 서명이 새겨져 있음을 알 수 있다. 이로써 일반적으로 진 왕조에는 두 명의 승상이 있었음을 알 수 있다. 진 왕조 마지막 해, 승상제도에 변형이 있었다. 진2세가 조고趙高에 과도하게 의존한 것이다. 조고는 환관으로 당시에는 "중관中官"으로 불렸는데, 조정을 전횡하였기 때문에 이 환관 재상을 "중승상中丞相"이라고 불렀다.

승상은 모든 관료를 총괄했으며 주로 황제를 보필하고 군사 및 대정에 참여하여 재보宰輔회의와 백관회의를 주재했다. 또한 모든 기구를 총괄하고 중앙정부 기구의 경상 업무를 주관했으며 백관을 주관하여 관리를 선발, 지휘, 감찰했다. 뿐만 아니라 지방에서 올라오는 보고를 받고 관련 업무를 주관했다. 승상 아래에는 승상부 및 하급기관과 관직을 두었다.

군권과 재상권의 구체적인 관계는 제도적 규정에 예속되었고 실제 정치 정세와 관련되기도 했다. 특히 군주와 승상의 정치적 재능이나 위엄과 관련이 있었다. 진시황 부자는 각각 극단적인 모습을 보여주었다. 진시황은 능숙하고 근면했으며 강직했다. 그는 최고 권력을 확고하게 통제하면서 여러 조정 대사를 직접 처리했다. 훗날에는 "박사가 70명이나 되었지만 인원수만 갖추었을 뿐 중용하지 않았으며 승상과 대신들은 결정한 일을 받아들이기만 하고 위에서 결정하는 대로 따르는"[18] 정국이 펼쳐졌다. 그는 또한 대신을 잘 통제하여 은덕과 위엄을 조정할 줄 알았다. 제도의 예속과 개인의 견제가 잘 결합되어 진시황은 평생 권력의 최고 자리를 안정적으로 지켜냈고 공경 대신들도 이에 복종했다. 현존 문헌을 살펴보면 진시황이 천하를 통일하고 황제라 칭한 이후 대신이 감히 공개적으로 황권에 대항한 기록이 없으며, 공경 대신과 변경지역의 관료 역시 진시황에 대항한 기록이 없다. 반면 진2세는 무능하고 국정에 게으르며 전횡을 일삼아 권세를 남용하고 방종하여 이사를 포함한 공경대신을 제멋대로 처치하고 심지어 그 가문을 멸문지화시켰다. 또한 그는 재상권을 조고에게 위임하고 그의 꼭두각시가 되어버렸다. 조고는 '지록위마指鹿爲馬'라 하며 권력을 농락하고 황제를 속이며 조정을 전횡했을 뿐 아니라 공공연하게 황제를 시해하고 황권을 찬탈하려고 했다.

진 왕조에서 승상의 지위와 권력은 상대적으로 컸다. 사실 각종 중요한 권력을 빼앗을 수도 있었다. 그런 까닭에 당나라 이후 중앙기구의 핵심적인 변혁은 재상권 축소에 있었다.

태위와 중앙군사 행정체계

진 왕조의 최고 군사통수권은 황제에게 있었다. 태위는 무관의 우두머리이고 황제를 도와 군사 행정을 책임졌다. 『한서』「백관공경표 상」에 "태위는 진나라의 관료이다. 금인자수이며 군사를 맡았다"[19]는 구절이 있다. 태위는 삼중 가운데 하나였고 지위는 승상과 비슷했지만 서열은 승상 다음이었으며, 품계는 금인자수로 만 석의 녹봉을 받았다. 태위는 황제의 영을 직접 듣는 최고 무관이었고 군대를 이끌 수는 있지만 병력을 이동시킬 권한은 없었다.

태위는 관료를 문관과 무관으로 나누어 생긴 관직이다. 전국시대에 각 제후국은 제후가 최고 군사통수권자였으며 군대의 조직, 이동, 정벌 등의 권한은 제후가 독점했다. 각 제후국은 관료를 문관과 무관으로 나누고 재상과 장수로 구분하는 제도를 시행했다. 제, 조, 연, 위魏나라에서는 장수, 상장군, 대장군이 군대를 통솔했다. 초나라에서 무관의 우두머리는 주국柱國, 상주국上柱國이었다. 진나라에서 무관의 우두머리는 대량조大良造였고, 진 소왕 때 장군을 두기 시작했으며 훗날 국위國尉를 두었다. 국위는 진의 최고 군사행정장관으로 위료尉繚가 그 관직을 맡았다. 각 제후국 역시 무관의 우두머리 이하에 해당되는 무관을 상당히 체계적으로 두었다. 예를 들면 조나라는 좌사마左司馬와 도위都尉를 두었고 제나라는 사마司馬를 두었다. 진나라는 도위都尉, 중위中尉, 위위衛尉를 두었고 각 제후국은 군郡에 도위를 두었다. 진시황은 관련 제도를 더욱 강화하여 최고 무관인 국위와 태위를 더 두었다.

진 왕조에서 태위를 구체적으로 임명한 기록은 찾아볼 수 없다. 수차례의 중대한 군사행동에서도 '태위'라는 직함으로 출전한 인물은 찾아볼 수 없다. 이를 근거로 여러 학자는 진 왕조에는 태위라는 관직이 없다고도 하며, "역사 기록을 보면 진나라와 진 왕조에는 이 직무가 없으며 이 직무와 비슷한 국위國尉가 있을 뿐이다. 황제는 군대의 최고 통수권자이기 때문에 진과 통일 진 왕조에는 군대를 책임지는 최고 무관은 없었으며, 또한 진시황 때 조정에 태위라는 관직은 없었다"[20]라고 지적했다. 그러나 일각에서는 이에 대하여 회의적인 입장을 취하며[21] 『한서』의 기록에 동의하는 학자도 여럿 있다.

필자는 역사를 연구하면서 각종 문헌에 의거하여 '있음(있거나 있을지도 모름)'을 논증하는 것은 쉽지만 '없음'을 논증하기란 어렵다는 것을 깨달았다. '역사 기록이 없다는 것'만을 근거로 '역사에 그런 일은 없다'고 단정하는 고증 방식은 문제가 있어서 믿을 것이 못 되며 오류를 범하게 한다. 인류의 역사는 매우 풍부하고 다채롭기 때문이다. 이 때문에 각종 기록은 인류의 삶에 비하면 매우 단편적이고, 문자 기록은 여러 가지 이유로 전해지지 않기도 한다. 매우 중요한 일도 문헌에 기록되지 않을 수 있다.

여기에서는 진 왕조에 '태위'라는 관직이 있었는가 없었는가를 사례로 들어본다. 진시황의 후비后妃에 관하여 특히 왕후(황후)의 성명, 사적은 현전 문헌에서 확실하고 구체적인 기록이 남아 있지 않다. 중국 25사史 체계에서 '천하의 어머니가 된母儀天下' 황후는 보통 기록이 남아 있고 심지어 일대기도 전한다. 진시황이 재위 기간 중 수많은 자녀를 두었다는 역사적 사실은 자신할 수 있다. 그는 분명히 후비제도에 따라 배우자를 얻었는데 정처와 편비偏妃를 두었으며 처첩도 많았을 것이다. 그러나 그들의 성명, 출신, 사적은 전부 역사에 기록되지 않았고 고증할 방법도 없다. 진시황의 장자인 부소扶蘇와 진2세의 어머니 성씨도 기록에 보이지 않는다. 『사기』 등 문헌에서 진시황의 사적을 기록한 것을 살펴보면, 만일 진시황이 후비 문제에서 비정상적인 문제를 일으켰다면 대서특필했을 것이다. 역사에서 기록하지 않았더라도 한나라 초기의 사람들은 '성스러운 제도에 맞지 않다不合聖制'라는 문제를 제기했을 것이다. 그러므로 진시황은 이 방면에서 사람들의 비판을 살 만한 특이한 행동을 하지 않았음을 추측할 수 있다. 기록이 충분하지 않다고 해서 진시황에게 배우자가 없었다고 할 수 있을까? 왕후(황후)가 있었다고 추측하는 것이 사실에 훨씬 더 가까울 것이다.

최근의 여러 고고학적 발견을 보면 문헌에 기록되지 않았던 내용이 많이 확인된다. 일부 고고학적 발견으로 수많은 학자들이 '없다' '거짓이다'라고 했던 가설이 스스로 무너졌다. 예컨대 유래가 깊은 선진시대 도가의 저작물인 『문자』와 병가의 『손빈병법』의 유무 및 진위 논쟁은 관련 문서가 출토됨에 따라 결론이 내려졌다. 또한 운몽에서 출토된 진간의 발견으로 우리는 원래 문헌에 기록되지 않았거나 잘못 기록된 역사의 진상을 이해하게 되었다.

'진 왕조에 태위가 있었는지'에 관한 역사학계의 난제에 대해서는 확실한 증거를 찾기 전에는 섣불리 단언할 필요가 없으며 의문을 남긴 채 보류해두는 것이 좋다. 유와 무, 두 가능성을 그대로 남겨두는 것이다. 진 왕조에서 태위라는 관직과 그 관직을 맡은 인물에 대한 문제는 다음의 몇 가지 가능성이 있다.

첫 번째 가능성은 진 왕조에는 태위라는 관직이 있었으며 태위를 맡은 사람도 있었지만 단지 역사 기록이 충분하지 않거나 상세하지 않아서 고증할 수 없다는 것이다. '태위'가 '위尉'로 간략화되었거나 기존의 '장군'으로 기록되었을 수도 있다. 『사기』 「진시황본기」에 따르면 우승상 풍거질, 좌승상 이사, 장군 풍겁은 진2세에게 간언했기 때문에 죄를 얻어 하옥되었으며 풍거질과 풍겁은 "장군과 재상은 욕되지 않는다將相不辱"는 관념에 따라 자결했다. 이 장군과 승상은 함께 의정에 참여하여 황제에게 간언을 올릴 때에도 "장상將相"으로 자처했다. 이들은 장군이 아닐 수 있으며 '태위' '대장군'의 관직에 상당할 수도 있는 것이다. 진 왕조에서는 일부 '위尉'가 대규모의 병력을 통수하여 천지 사방의 전쟁에 참가했다. 예컨대 위라는 자가 대규모의 병력을 통수하여 남월을 공략했다. 그들이

'태위'인지 아니면 독자적인 '도위'인지는 고증할 길이 없다. 진한 교체기, 일부 장령將領이 태위의 직함으로 군대를 이끌었다. 이 직함은 틀림없이 진 왕조의 관직제도를 계속 사용했을 것이다. 위의 기록은 모두 믿을 만한 실증 사료가 발견되지 않아서 진 왕조에 태위라는 관직과 이를 맡은 사람이 없었다고 쉽게 결론내릴 수 없음을 말해준다.

두 번째 가능성은 진 왕조는 천하를 통일한 이래로 태위라는 관직을 두었지만 여러 이유로 이를 맡은 사람이 없었을 수도 있다. 예로부터 "삼공은 반드시 갖추어야 하는 것은 아니다. 오직 그 사람과 일만 할 수 있으면 된다"[22]고 했다. 그러므로 적합한 사람을 선발하지 못했기 때문에 진시황은 태위를 임명하지 않았을 수도 있다. 진나라에 본디 국위가 있었다는 것은 확실한 역사 사료에서 입증할 수 있다. 국위의 품계와 녹봉이 여러 숙련된 장군보다 낮았을 수도 있지만 이 직무의 설치는 정치제도사에서 중요한 의의가 있다. 국위는 무관의 시작으로 그것의 존재는 무관이 문관과 분리되었으며 군사행정 체계가 상국이 지휘하는 행정체계에서 분리되기 시작했음을 의미한다. 보편적으로 전국시대에 장군과 재상은 병립하였고 이러한 제도는 중앙집권에 유리했다. 필자는 진나라의 국위는 宋나라 추밀원의 추밀사와 비슷하다고 생각한다. 이러한 기구와 관직을 두어 군대를 통솔하게 한 것은 군주가 군권을 독점하는 데 훨씬 유리했다. 진시황이 천하를 통일한 후 이러한 제도를 없앨 하등의 이유는 없었다. 진시황의 일 처리 방식을 보면 국위와 비슷한 관직은 제도적으로 보류되었을 뿐만 아니라 권한이 더 큰 호칭으로 바뀌었을 가능성도 있다. '황제'와 '어사대부'의 호칭이 바로 그러한 예이다. 즉 국위 또는 태위는 새로운 제도의 합리성을 보여주지만, 진나라에 '국위'라는 관직이 이미 있는데도 한나라 때 '태위'라는 진나라의 관직이 분명히 기록되어 있는 것을 보면 이는 진 왕조에 이와 유사한 관직이 없다는 것을 증명하는 확실한 증거이다. 진 왕조가 관제官制에 이 관직을 두었을 가능성이 비교적 크다.

세 번째 가능성은 진 왕조에서는 태위를 두지 않았고 태위를 맡았던 사람도 없다는 것이다.

필자는 첫 번째 가능성에 무게를 둔다. 세 번째 가능성은 완전히 배제할 수는 없지만 그럴 리가 없다고 단정할 수는 있다. 진시황이 군권을 계속 장악하기 위해 일부러 태위를 임명하지 않았다는 가설은 좀더 살펴봐야 한다. 모든 군사이동권이 군주에게 속하도록 한 것은 중앙집권제도에서 확립한 것이다. 진시황은 군권을 독점했기 때문에 태위를 임명할 때 별다른 문제는 없었을 것이다.

구체적인 상황이 어떠하든 진 왕조의 관직체계를 보면 문무가 나뉘어 있고 군권과 재상권이 분리되었다는 점은 사실이다. 관제에서 최고 관료를 문과 무로 분리하고 관직을 세분하고 제약하는 권력은 재상제도가 거쳐온 커다란 변화이다.

어사대부와 전임 감찰체계

진 왕조의 최고 감찰권은 황제에게 속했다. 어사대부는 직접 황제의 명을 듣는 감찰 관료의 수장이었다. 『한서』의 「백관공경표 상」에 "어사대부는 진나라의 관직이다. 지위는 상경에 해당한다. 은인청수이며 부승상이다"[23]라는 구절이 있다. 어사대부는 삼공 중의 하나이며 실제 권력과 지위는 승상에 버금가지만 품계는 높지 않아 은인청수이며 녹봉

2000석을 받았다.

어사대부는 주로 감찰을 책임지며 독립적으로 관청을 설치할 수 있었고 여러 어사들의 우두머리였다. 어사대부의 관청과 승상의 관청을 "이부二府"라고 불렀다. 어사대부의 관청 하위기관과 소속 관원은 상당히 많았다. 어사중증御史中丞은 녹봉 1000석을 받았으며 어사대부의 오른팔로 아래에 하급어사를 몇 명 두었다. 그들은 중앙 감찰기관에서 파견된 기관 및 관리로서 각급 군현의 관리를 감찰했다. 이로써 중앙에서 지방에 이르기까지 감찰체계가 완성되었다.

전국시대의 역사를 기록한 문헌을 보면 진나라와 동쪽의 여섯 제후국은 어사라는 관직을 두고 있었지만 어사대부라는 관직은 나타나지 않았다. 이러한 관직의 기록은 진시황 때에 처음 보이기 시작했다. 진시황 26년, 황제 호칭을 의논하는 자리에 어사대부 풍겁이 참여했었다. 진2세 원년 "어사대부인 신이 듣건대御史大夫臣聽"라는 구절이 있었다. 일부 학자는 이 구절로 말미암아 "어사대부가 분명히 진의 천하 통일 이후에 설치되었음을 증명할 수 있다"[24]고 생각했다. 감찰기관과 관원을 책임지는 우두머리를 '어사대부'로 명명하고 그 지위를 삼공의 위상으로 올린 주인공은 틀림없이 진시황일 것이다. 이러한 조치로 감찰기구와 감찰 관직은 상대적으로 승상 이하의 행정조직에서 독립되어 재상권의 분화 및 권력의 분권과 견제라는 취지를 달성했다.

진 왕조에 있었던 어사대부의 작위와 품계는 승상보다 낮지만 실질적인 권력은 승상에 버금갔다. 그는 '부승상을 맡았으며' 국가 대사를 의결하는 자리에 참여하여 승상이 문무백관을 총괄하는 일을 도와 여러 정사를 처리했다. 어사대부는 부재상의 신분으로 승상의 일부 권력을 나눠 가졌으며 승상이 처리할 권한을 지닌 정무에 어사대부도 참여하고 질문할 수 있다. 또한 감찰과 탄핵, 기밀문서 관리, 법전과 법률 등과 같은 승상에게 없는 여러 직권을 지니고 있었다.

어사대부는 황제의 추기樞機(중추中樞가 되는 기관) 비서로 국가 기밀문서를 관리하고 전국에서 올라온 문서를 열람했다. 이는『한서』「백관공경표」에 명확하게 기록되어 있다.『한서』와 거연한간居延漢簡(간쑤성 북부의 에티나 하천 유역에서 발견된 약 1만 편의 한나라 목간)의 기록에 따르면 한대의 여러 중요한 조령詔令(천자의 명령)은 승상과 어사대부가 공동으로 서명해야 했다. 문서의 하달 절차는 황제가 어사대부에게 건네주고 어사대부가 다시 승상에게 처리하도록 했다. 황제가 지방의 조詔, 고告, 명命, 령令 등 정령과 법령을 반포할 때는 일률적으로 어사대부가 승상에게 하달하고 다시 녹봉 2000석을 받는 조정 관리와 군수郡守에게 하달되었으며 또다시 여러 관리에게 전해졌다. 이 과정이 생긴 지는 매우 오래되었고 진 왕조 역시 이를 따랐다. 이 제도와 관련한 권력 때문에 어사대부는 중추 권력체계에서 특수한 위치를 차지하게 되었다.

어사대부는 진 왕조의 법제체계에서도 매우 중요한 자리에 있어 법률을 제정하고 법률 문서를 보관하며 법률을 해석하는 직책도 맡았다. 운몽에서 발굴된『수호지진간睡虎地秦簡』「위잡尉雜」편에 "해마다 어사에서 법률을 바로잡았다歲讎辟律於御史"라는 규정이 있다. 즉 정위廷尉는 매년 어사부에서 형률을 대조하고 확인해야 했다. 이 법률은『한서』「백관공경표」의 관련 기록을 증명했다. 진시황은 법리를 중용하여 여러 중대한 형사사건을 어사에게 심리하도록 했다. '갱술사坑術士(갱유)' 사건과 '검수각석黔首刻石' 사건에 대해 진시황은 어사를 파견하여 조사하고 처리하도록 했다.

어사대부는 '사史'라는 관리에서 변화한 것이다. 어사는 본래 군주의 문서를 관리하는 사람이었다. 비록 관직은 미천했지만 군주의 측근만이 이 자리에 임명되었다. 군주는 재상과 외국 출신의 신하를 경계해야 했지만 그렇다고 모든 일을 직접 할 수는 없기 때문에 측근 관리를 중임하는 일이 많았다. 심지어 자신의 측근으로 새로운 권력의 중추를 구성하기도 했다. 중국 고대의 정치제도사에서 추기비서와 같은 관직이 재상과 같은 관직으로 발전한 것에는 보편적인 의의가 있다. 어사가 문서를 관리하는 말단 관리에서 군주의 대변인으로 발전하고 또한 감찰권을 지닌 관료로 발전하여 궁극적으로 삼공 중의 하나로 성장한 것이 가장 전형적인 사례이다.

어사대부는 기본적으로 승상의 제약을 받지 않았다. 그는 승상의 직책을 돕고 감독할 수 있었으며 승상을 탄핵할 권리가 있었다. 승상이 관직에서 물러나면 그가 자연스럽게 후임자가 되었다. 이렇게 승상과 부승상 사이에는 분권, 협력, 견제하는 정치적 관계가 형성되었으며 재상 간의 상호 균형체제가 이루어졌다.

어사대부라는 관직을 둔 것은 매우 큰 의의가 있다. 이는 진시황이 모든 것을 꿰뚫어보면서도 무위의 통치술을 발휘하고 신하를 부리는 도리를 잘 보여주고 있다. 상앙의 법가에는 "이해관계가 서로 다른 자들을 선왕께서는 상호 보증의 대상으로 삼았다"[25]는 중요한 철학이 있었다. 삼국시대의 하후현夏侯玄은 이러한 제도를 설치한 주요 철학에 대해 정확하게 해석하고 있다. "진나라부터 성도聖道를 이행하지 않고 관리를 신뢰하지 않았다. 관리들이 비리를 저지를까 우려하여 감찰관리를 두고 감독하게 했다. 또한 감독하는 관리가 비호할까 우려하여 사찰관리를 두어 감시하게 했다. 또한 태수와 자사를 두었다. 자사와 태수의 직권이 겹쳐 있어서 감사와 사찰 관료에게 서로 견제하도록 하였다. 그래서 관리들이 서로 한마음을 품지 못하게 하였고 한나라가 이를 이어받아 바꾸지 않았다."[26] 이러한 사상을 제도화한 것이 바로 진시황의 큰 공헌이다.

진시황의 제도 수립 철학 가운데는 '양모陽謀'가 있다면 '음모陰謀'도 있었다. 이른바 양모란 역대 제도의 성패와 이해득실에 따라 문무로 구별하고 재상권을 분화하며 법 제도를 중시한 것, 그리고 감찰을 강화하고 효율을 제고한 철학을 제도에 현실화했으며 기구와 관직의 분업, 협력, 감찰과 제약관계를 충분히 활용하여 안정적인 권력 구조와 순조로운 권력 운영을 확보한 것이다. 또한 이른바 음모란 신하를 다스리는 문제에 관한 제자백가의 관련 권술權術 사상을 각종 방식으로 응용했으며 여러 신하 사이의 이익과 모순을 적극 활용하여 그들 스스로 상호 견제하도록 한 것이다. 양모든 음모든 당시의 역사적 환경에서 이러한 제도는 오랫동안 안정적으로 통치하고 황제의 권력을 공고히 하는 측면에서는 성공적으로 작용했다. 그러므로 사람들이 진시황을 두고 '성도聖道를 따르지 않았다' '음침하다陰' '사사롭다私' '간사하다奸' '독재적이다獨'라고 비판하지만, 진 왕조의 제도를 수립하는 기본 원칙은 역대 왕조의 정치제도에서 2000여 년간 '변하지 않았다.'

수隨·당唐 그리고 남북송시대의 재상제도와 비교해볼 때, 진 왕조의 재상제도는 분명히 정교하지 못했다. 진한 두 제국의 재상이 지닌 권세는 매우 컸다. 황제가 평범하거나 어리면 권신이 전횡하거나 심지어 황제의 최고 권력을 찬탈하기도 했다. 진 왕조에서 조고가 임금을 시해하고 서한 때에는 왕망이 황위를 찬탈했으며 동한 때에는 조조가 독재했다. 양한시대에서 위진남북조에 이르기까지 외척이 전권을 일삼았고 권신이 황위를 찬탈하는 현상이 끊이지 않았다. 그 결과 "위진시대 이래로 상국과 승상이 보통의 관직을 넘어선"[27] 현상이 일어났다. 군권과 재상권 관계 문제는 수백 년간 변천하면서 수당시대에 이르러 제도적으로 적절하게 처리되었다.

정위와 최고 사법기구

진 왕조의 최고사법권은 황제에게 있었다. 정위는 직속 황제의 최고 사법관리로서 전국 최고 사법기관의 우두머리다. 『한서』「백관공경표 상」을 보면 "정위는 진나라의 관직으로 형법을 관장한다. 정감과 좌감, 우감이 있으며 녹봉 1000석을 받는다"[28]라는 기록이 있다. 중국 고대사 회에서는 병법과 형법이 구분되지 않아 형옥刑獄을 관리하는 정위는 원래 군사직을 맡았던 '위尉'에서 변화한 것이다.

정위는 관직명이자 기관명이다. 최고 심판기관으로서 정위는 법률 절차에 따라 조정의 큰 사건이나 지방에서 해결할 수 없는 난제를 처리했으며 전국의 사형사건을 재심했다. 또한 각 지방의 상소를 받아 정기적으로 미해결 사건을 처리하였다. 관직으로서 정위는 정위기구와 그에 속하는 관리를 주관했으며 황제가 파견한 '잡치雜治', 즉 심의에 참여했다.

정위는 훗날 '구경九卿'에 포함되었다. 구경의 대열에서 정위의 품계와 서열은 그리 높지 않았다. 그러나 정위는 황제 아래에 있는 국가 최고 사법기구의 대표였기 때문에 그는 국가 권력체계와 실제 정치에서 매우 중요한 위상을 차지했다. 진 왕조에서 정위의 권세는 여러 공격대부보다 위였다. 황제의 호칭을 정할 때 승상 왕관, 어사대부 풍겁, 정위 이사 등이 여러 관료를 대표하여 백관회의의 결과를 보고했다. 낭야琅琊(산둥성에 있음)에 비석을 세우면서 경에 속한 이사의 서열이 승상 왕관에 버금가는 것을 보면 그의 정치적 지위가 매우 높다는 것을 알 수 있다. 이사는 오랫동안 정위 또는 어사대부의 신분으로 국가 대사를 구체적으로 논의하는 자리에 참여하여 법제 관련 직관 및 기구가 진 왕조의 제도와 정치에서 차지한 특수한 지위를 보여주었다.

기타 제경諸卿과 기구

진 왕조의 중앙정부에서 삼공 이외에도 제경諸卿의 이름으로 주요 정부기구를 주관한 고위급 관리들이 있었다. 바로 봉상奉常, 종정宗正, 낭중령郎中令, 위위衛尉, 태복太僕, 정위廷尉, 전객典客 등으로 "구경九卿"이라고 불린이들이다.

진 왕조의 주요 정부기구와 주관하는 관직을 보면 봉상은 종묘의례를 관장하고 문화교육을 책임졌으며 구경의 우두머리를 차지하는 중요한 관직이었다. 종정은 황족과 외척을 관리하는 관직으로 황실의 귀족이 맡았다. 황족의 범죄는 종정이 황제에게 보고하여 처리했고 기타 사법기관은 책임을 물을 수 없었다. 낭중령은 궁궐의 출입문을 관장했다. 위위는 진 왕조 초기에 설치되어 궁내의 무사를 총괄하고 궁의 출입문 내부를 호위했다. 태복은 진 왕조에 설치되어 국가의 마정馬政을 주관하였고 황제의 외출 및 수레와 말의 순서를 지휘하고 직접 황제의 수레를 몰았다. 중위는 도성 내부, 궁문 외부의 경위를 책임지고 황제가 출행할 때호위를 받았으며 의장대를 지휘했다. 전객典客은 진나라에 설치되었으며천지 사방의 '귀의한 이민족歸義蠻夷'의 조공, 행례行禮, 접대 등의 의전을받았다. 장작소부將作少府는 궁전, 종묘, 능침의 보수와 전국의 중요한 토목공사를 책임졌다. 치속내사治粟內史는 진 왕조에서 경의 지위에 올랐고 천하의 지세地稅와 전국의 재정 수입 및 지출을 관리했다. 소부는 진 왕조에 설치된 관직으로 산림과 연못의 세수와 관시關市(교통 요지에 열린 시장)를 관리하고 황실의 비용을 공급했다. 소부 아래에는 황실의 의식주를 책임지는 기구를 두고 있었다. 제경 가운데 소부의 기구가 가장 크고 관리 수도 가장 많았으며 관장하는 재정 역시 치속내사보다 많았다. 진 왕조는 소부를 경의 지위에 올려놓았다.

| 2 |

중앙집권과 순수 군현제도

진시황이 전제주의적인 중앙집권제도를 확립하는 데 가장 큰 공헌을 한 것이 바로 군현제도의 강화이다.

진시황의 각종 제도와 법률을 보면 순수 군현제도를 시행했다는 점에서 이견이 가장 많다. 조정에서 이 문제를 둘러싸고 치열한 논쟁이 잇달아 일어났다. 반대와 지지의 두 의견이 첨예하게 대립했다. 일부 신하는 진시황의 면전에서 "옛것에서 배울 것이 없다事不師古"고 비판하기도 했다. 널리 알려진 '분서焚書' 사건은 이것이 도화선이 되어 일어난 것이다. 진한 교체기에 사람들은 이구동성으로 순수 군현제를 시행한 것이 진 왕조의 멸망을 자초한 주요 원인이며 이로써 진나라의 정치가 '성인의 제도에 맞지 않다'고 단정했다. 그 후 진시황이 군현제를 시행한 일이 올바른 것이었는지에 대한 논쟁은 역사에서 끊이지 않았다. 신흥 왕조의 초창기에는 진나라 제도의 좋은 점과 나쁜 점 그리고 진 왕조가 빠르게 멸망한 교훈을 인용하며 분봉제도의 시행을 주장하는 사람들이 나타났다. 이로써 조정에서는 제도와 정책에 관한 논쟁이 끊이지 않았다. 사상계, 학술계에서의 진나라 제도에 관한 논쟁은 진시황이 단순히 군현제를 시행했다는 문제를 둘러싸고 벌어졌다. 여러 저명한 사상가들은 진시황이 '성왕의 제도'를 위배했고 진나라 제도는 '매우 사사롭고大私' 진나라 정치는 '형편없다苟簡'며 가장 조잡한 통치 방식에 속한다고 비판했다. 반면 다른 사상가들은 진시황은 시대에 뒤떨어지지 않았으며 진 제도는 '매우 공정한大公' 원칙을 달성했고 군현제도는 국가의 통일과 현명한 사람을 선발하여 등용하는 데 유리하게 작용했다고 높이 평가했다. 진 제도의 좋은 점과 나쁜 점을 둘러싸고 전개된 '분봉'과 '군현'의 논쟁은 정계, 사상계, 학계에 파급된 중요한 역사적 현상이었다.

'군현'과 '분봉'에 관한 논쟁

『사기』「진시황본기」에는 조정에서 '군현'과 '분봉'을 둘러싸고 일어난 두 차례의 대규모 논쟁과 진시황의 최종 결단이 기록되어 있다. 명확한 문헌 기록이 있는 군현제에 관한 첫 번째 논쟁이다.

이 논생은 진시황이 천하를 통일한 지 얼마 되지 않아서 일어났다. 진시황 26년(기원전 221), 진 왕조가 '왕천하'를 달성하면서 진시황과 여러 보좌 대신 앞에는 중대한 정치적 과제가 놓여 있었다. 그것은 어떤 정치 체제를 실행해야 진 왕조의 통치를 공고히 하고 오랫동안 지속할 수 있느냐 하는 과제였다. 진시황은 한 고조, 한 광무제, 당 태종, 명 태조 등의 황제들과 마찬가지로 이 중대한 정치 과제를 여러 신하들과 논의했다.

승상 왕관 등은 정치적 전통과 관례에 의거하여 전국시대 이후의 제도와 경험을 종합했다. 그리고 "제후들이 막 무너졌지만 연나라, 제나라, 초나라는 거리가 멀어서 왕을 두지 않으면 그들을 다스릴 수 없습니다. 자제분들을 세울 것을 청하오니 황상께서 허락해주십시오"[29]라고 제안했다. 그는 변방지역에서 상주 이래로 왕족을 왕으로 봉하던親親封王 방식을 계승하여 몇몇 제후국을 세우고 황자를 제후왕으로 봉했다. 그리고 변방에 군대를 주둔시켜 중앙을 안전하게 지키고 '가천하家天下'를 유지할 것을 주장했다. 왕관 등은 사실상 군현과 봉국이 병존하는 혼합적인 제도를 주장했다. 이 역시 당시 사람들이 가장 쉽게 생각할 수 있는 '왕천하'의 방식이었다. 당시에는 '대일통'을 유지하는 역사적 경험이 부족했기 때문에 대다수 사람들의 정치철학은 서주시대의 왕제도와 춘추전국시대 이후의 정치적 경험 안에 박혀 있었다. 그래서 여러 신하들이 의견을 내 서로 대립하고 방안이 난무하는 정국이 형성되었다. 『사기』에서는 이를 "진시황이 신하들에게 이 사안을 논의하도록 하자 모두 이를 따랐다"[30]고 전하고 있다.

이에 이의를 제기한 사람은 정위 이사였다. 그는 "주나라 문왕과 무왕이 분봉한 자제들은 동성이 매우 많았으나 이후의 후손들은 (친척) 사이가 멀어져서 마치 원수같이 싸웠습니다. 제후들은 멈추지 않고 서로 죽이고 정벌했지만 천자는 이를 막을 수 없었습니다. 지금 천하가 폐하의 신령으로 통일되어 모두 군현으로 삼았으니 자제들이나 공신들에게 그곳의 부세로 후한 상을 내리신다면 매우 쉽게 통제할 수 있을 것입니다. (이렇게 하여) 천하에 다른 마음을 품는 이가 없다면 이것이 천하를 안정시키는 방법입니다. 제후를 두는 것은 부당합니다"[31]라고 밝혔다. 이사의 주장은 매우 설득력 있었으며 진나라의 정치적 전통 및 현행 제도와 기본적으로 조화를 이루었기 때문에 황제에게 높은 평가를 받았다. 진시황은 이사의 주장을 받아들이면서 "천하에 전쟁이 멈추지 않아 모두

523

고통받고 있는 것은 제후왕이 있었기 때문이다. 종묘의 힘을 입어 천하가 막 평정되었는데 또다시 제후국을 세우는 것은 전쟁의 조짐을 싹 틔우는 것이니 안녕과 휴식을 구하는 것이 어렵지 않겠는가! 정위 이사의 의견이 옳다"[32]고 말했다. 그리하여 진시황은 '천하를 나누어 36개 군을 만들고 군에는 수守, 위尉, 감監을 두었다.' 훗날 진시황은 새로 정복한 지역에 군현을 더 설치했다. 이렇게 진나라는 제도를 전 중국에 시행했으며 단순한 군현제도를 시행한 중앙집권 국가를 확립했다. 이른바 군현제도는 봉군과 식읍이 없음을 의미하는 것이 아니라 지방 정치가 '모두 군현'이며 봉군과 식읍이 사실상 군현에 가까웠음을 가리킨다.

진시황이 군현제도를 시행한 이래로 조정과 재야에서 이에 의심을 품는 사람, 비난하는 사람, 규탄하는 사람이 들끓었음을 보여주는 흔적은 매우 많다. 진시황의 결정은 기득권 세력의 반대에 부딪혔을 뿐만 아니라 황제에 충성하는 여러 신하 사이에서도 뜨거운 논쟁을 일으켰다. 유가 경전에 정통하고 서주의 왕제를 숭배하는 학자들은 진시황이 제후국을 세우지 않고 분봉分封하지 않은 결정에 큰 불만을 드러냈다. 절대다수의 사람은 비공개적으로 반대 의견을 펼쳤다. 일부는 도의에 대한 집착, 조정에 대한 책임, 황제에 대한 충성에서 자신의 주장을 감히 공개적으로 밝혔다. 이들 논쟁과 불만은 결국 조정에서 또 한 차례의 격렬한 논쟁으로 이어졌다.

진시황 34년(기원전 213) 어느 날, 진시황이 '함양궁에서 주연을 베풀어' 여러 신하를 초대했다. 백관들이 황제에게 축하주를 올렸으며 '박사 일흔 명이 앞에 나와 장수를 기원했다.' 복야 주청신周青臣이 나서서 진시황의 공덕을 기리고 장수를 기원하며 말했다. "예전의 진나라 땅은 사방 1000리에 지나지 않았으나 폐하의 신묘한 영기와 성덕에 힘입어 천하를 평정하고 오랑캐를 쫓아버려 해와 달이 비추는 곳이라면 복종하지 않는 자가 없었습니다. 제후국을 군현으로 삼으시니 사람마다 절로 안락하고 전쟁의 근심이 없어져 만세에까지 전하게 되었습니다. 상고시대부터 어떤 군주도 폐하의 위엄과 덕망에는 미치지 못했습니다."[33] 이에 진시황은 매우 기뻐했다. 주청신의 축배사는 아첨의 의도가 있었지만 그렇다고 틀린 말도 아니었다. 하지만 그가 "제후국을 군현으로 삼았다"는 말을 진시황의 주요한 공덕으로 기린 것은 당시로서는 격렬한 논쟁의 불씨가 되기에 충분했다. 박사 순우월淳于越이 나아가 말했다. "신이 듣건대 은주 왕조가 1000여 년간 건재할 수 있었던 것은 자제나 공신들을 제후로 봉해 자신의 버팀목으로 삼았기 때문입니다. 지금 폐하께서는 천하를 가지셨지만 자제들은 평민에 불과합니다. 갑자기 제나라의 전상이나 진나라의 육경 같은 신하가 나타나면 보필할 인물이 없으니 어찌 도울 수 있겠습니까? 일을 할 때 옛사람을 본받지 않고 오랫동안 유지될 수 있다는 이야기를 들어본 적이 없습니다. 지금 주청신이 눈앞에서 아첨하며 폐하의 잘못을 무겁게 하니 그는 충성스러운 신하가 아닙니다."[34] 진시황은 순우월의 직설적인 간언이 불쾌했지만 일리가 있다고 생각했다. 그는 순우월을 견책하지 않았고 곧바로 옳고 그름을 가리지도 않았으며 여러 대신에게 이 문제를 '논의하라고 하교했다.'

　문헌의 기록이 충분하지 않기 때문에 여러 신하들의 논쟁이 상세하지 않다. 후대의 왕조에서 이와 비슷한 정국에 관한 기록을 남긴 것을 보면 이 논쟁은 틀림없이 매우 격렬했을 것이다. 이번에도 이사가 적극적으로 반대 의견을 펼치며 말했다. "오제의 정치는 서로 달랐으며 삼황의 정치도 서로 답습하지 않고 각자 달리 천하를 다스렸습니다. 이것은 서로 반대해서가 아니라 시대가 달라졌기 때문입니다. 이제 폐하께서 대업을 이

제七장 제도

루시고 만세의 공덕을 세우셨으니 이는 진실로 어리석은 유가들이 알 수 없는 것입니다. 하물며 순우월이 말한 것은 삼대의 일인데 어찌 본받을 만한 것이겠습니까?"[35] 그는 정치체제에 관한 이 문제를 학계의 사상과 결부시키면서 "지금 유생들은 현재의 것을 본받지 않고 옛것을 배워 이 시대를 비난하면서 백성들을 미혹하고 어지럽히고 있습니다"라고 비판했다. 진시황은 이사의 주장을 받아들였고 그 결과 '분서' 사건이 초래되었다. 그 후 감히 공개적으로 제후국과 제후를 둘 것을 주장하는 사람은 없었다.

당대 사학계의 여러 학자는 이러한 논쟁을 보수적인 기득권 세력과 진보적인 정치세력의 논쟁으로 결론짓는다. 역사 발전의 과정을 살펴보면 이러한 관점이 어느 정도 일리는 있다. 분봉제도와 군현제도는 각각 화하華夏의 옛 왕제와 중화中華의 새로운 황제제도로 후자가 전자보다 훨씬 합리적이다. 여러 학자들은 이러한 논쟁을 유가와 법가의 논쟁으로 정리했다. 이러한 관점 역시 일리가 있다. 유가는 "요순을 근본으로 삼고 문무를 본받는다祖述堯舜, 憲章文武"라면서 "성왕의 제도聖王之制를 확신하며 혈족을 친하게 하고 귀한 사람을 예우하는 것尊尊"을 중시했다. 그렇기 때문에 다수의 유가 후손들은 감정적으로 서주의 왕제에 연연하고 정견의 관점에서도 분봉제도에 치우치는 경향이 있었다. 법가는 시대의 환경에 맞게 종법 정치를 버렸으므로 그들의 정치 설계는 분봉제의 철저한 폐기를 지향했다. 여러 학자는 이러한 논쟁을 집권제와 분권제의 논쟁이라고 정리한다. 실제 정치 내용을 살펴보면 이 관점 역시 일리가 있다. 군현제는 분명히 권력 집중에 유리하지만 분봉제는 권력을 잃어버릴 수도 있다. 그러나 필자는 실제 정황은 위의 간단한 이분법적인 상황보다 훨씬 복잡했을 것이라고 생각한다. 어떤 의미에서 또는 어떤 조건에서 이러한 논쟁은 진보와 보수의 논쟁도 아니고 유가와 법가의 논쟁도 아니다. 권력집중 제도와 분권제도의 논쟁은 더더욱 아니다. 이런 논쟁을 더 광범위한 역사적 배경과 시공간의 차원에서 살펴보면, 물론 학술적 배경이 어느 정도 있겠지만 시비곡직이 없는 것도 아니고 정쟁에서 권력 투쟁의 성격까지 복잡하게 섞여 있다. 그러나 대개는 각종 실제 정치적인 생각과 관련되어 있다. 이 문제를 전면적이고도 정확하게 이해하기 위하여 이와 관련한 각종 논쟁을 아래에 간단히 소개하겠다.

중국 고대사회에서 분봉은 "봉건封建"이라 불렸다. '봉건'과 '군현'은 역사적으로 양대 주류의 국가 통치 구조였다. 서주의 분봉제는 '봉건'의 전형이었으며 구체적으로 천자가 직접 관할하는 경기 지방의 토지 이외의 것을 친척과 공신에게 분봉하고 제후로 삼았다. 천자의 직속 영지와 각 봉국 안에서도 단계별로 분봉이 이루어져 세습적인 성격의 지방 정권을 각각 형성하게 되었다. 이들 지방 정권은 정장, 영주, 종주의 삼위일체 제도를 시행했다. 각 제후국은 독립적인 왕국에 가까웠으며 대부의 봉읍 역시 상대적으로 독립적이었다. 진 왕조는 군현제의 전형으로 구체적인 시행 방법을 살펴보면 천하를 수십 개의 군으로 나누고 군 아래에는 현을 두었다. 군현은 중앙에 직속되었고 황제가 관리를 파견하여 다스리게 했다. 이 양대 국가의 통치 구조는 서로 다른 역사적 배경에서 형성되었다. 하지만 분봉제와 군현제의 목적은 모두 천자의 권위와 가천하를 유지하는 것이었다. 일반적으로 군현제는 훨씬 고차원적인 국가 통치 방식이었고 기본적으로 봉군은 토지, 백성, 권력에 의존하여 중앙정부에 맞서는 문제를 단절시켰기 때문에 중앙집권과 정치 통일에 훨씬 유리했다. 역사적으로 '봉건'과 '군현'이라는 두 체제에 관한 논쟁은 국가가 중앙과 지방, 전체와 부분의 관계에서 취해야 할 통치 방식과 중앙과 지방의 권력 분배 문제를 둘러싸고 전개되었다. 또한 이 문제는 정치 영역의 여러 문제와도 결부되었다. 이 문제를 토론하는 글에는 '봉건론'이라는 표제가 사용되었다.

서주, 춘추시대에는 보편적으로 분봉제가 시행되었고 춘추 중후반에 들어서서 군현제의 싹이 트기 시작했다. 이를 후대의 '군현과 분봉이 혼합된 통치체제'와 구별하기 위해 초기 분봉제라고 부를 수 있다. 초기 분봉제의 목적과 기본 원칙은 주로 다음과 같다.

첫째, "혈연관계에 있는 자에게 분봉하여 주나라 왕실을 보위하도록 했다."[36] 당시에는 보편적으로 친척에게 분봉하여 국가와 종족을 지키도록 하는 것을 당연하게 받아들였다. 이런 통치 방식은 혈족과 공신을 예우할 수 있고 재산과 권력을 분배하여 혈족의 제후국이 천자를 보호하게 할 수 있었다. 뿐만 아니라 함께 외부의 침략을 막을 수 있었다.

둘째, 급에 따라 분봉했고 친소에도 등급이 있었다. 분봉제의 기본 원칙은 '천자입국天子立國', 즉 제후에게 분봉하고 '제후입가諸侯立家', 즉 경대부에게 분봉하며 "경은 측실側室을 두고 대부는 이종貳宗을 둔다."[37] 즉 소종小宗을 두어 사士로 간주했다. 단계별로 분봉하게 되면 필연적으로 혈연의 친소관계에 따라 귀천의 분명한 등급이 형성되었다. 천자는 천하의 임금이고 제후는 한 제후국의 임금이며 경대부는 봉읍의 임금과 같은 존재였다. 이로써 가천하의 범위에서 계단식 등급 군주제도가 형성되었다.

셋째, 근본은 크고 말단은 작아야 하며 몸통은 강하고 가지는 약해야 한다. 분봉하는 자의 직속 영지는 반드시 분봉을 받은 자의 봉지보다 커야 부용국에 대한 종주의 지배력이 생긴다. 즉 "국가가 세워지려면 근본은 크고 말단은 작아야 한다. 그래야 견고해질 수 있다"[38]라고 했다. 천자가 분봉한 제후국은 크기, 존귀, 지위에 따라 공公, 후侯, 백伯, 자子, 남男 등으로 구분되었다.

넷째, 천자는 지존으로 제후를 호령했다. 관념적으로는 '천자에게서 예악과 정벌이 나왔고', 제도적으로는 왕이 천하의 '공주共主'였다. 제후의 권력은 왕권에서부터 명을 받은 것이며 천자에게 보고하고 천자를 알현하며 조공과 부세를 바치고 왕에게 변고가 있을 때 군사를 일으켜 왕을 보호하는 등의 의무를 이행했다.

여기에서 분봉은 실질적인 분권이었지만 관념적으로 당시에는 권력을 부여하여 일을 맡기는 것으로 간주했다. 분봉은 단지 최고 권력을 실현할 수 있는 방식이었을 뿐 최고 권력을 분화하는 성격은 없었다. 이런 관념은 후대의 관련 이론에 큰 영향을 미쳤다.

경제가 낙후되고 인구가 적으며 교통이 불편한 역사적 조건에서 '봉건'은 천자의 권위를 유지하고 가천하를 효과적으로 달성할 수 있게 하였다. 그러나 역사의 조건이 변화하면서 분봉제는 점차 '주나라 왕실을 보위하는' 본래의 취지에서 괴리되었으며 봉국은 독립적인 정치적 주체로 변화했다. 복잡하고 피비린내 나는 권력 투쟁에서 중앙집권 체제가 나타나기 시작하였다. 각 제후국은 앞다투어 관료를 파견하여 직접 통치하는 '현' '군' 등의 지방 행정구역을 설치했다. 이와 상응하여 선진시대의 제자백가는 중앙과 지방의 관계에 많은 관심을 보였다. 제자백가는 이구동성으로 지방은 반드시 중앙에 복종해야 하고 반드시 최고 통치자가 정치를 통일해야 한다고 주장했다. 그들은 분봉에 반대하지 않았지만 정치적인 경향과 일부 구체적인 문제에서는 서로 다른 길을 택했다.

일반적으로 유가는 혈족을 우대하는 분봉 원칙을 지지했다. 공자는 서주시대의 봉건왕제를 높이 샀다. 맹자는 '자신이 천자이고 동생이 필부이면' '친애親愛'할 수 없다고 생각했다. 순자는 분봉은 종법윤리 원칙을 실현하는 것이라고 생각했다. 공자, 맹자, 순자 모두 어진 이를 숭상하는 상현尚賢을 주장했으며 이는 세습을 하는 세경세록제도와 충돌했다. 법가는 중앙집권을 주장했지만 대부분이 분봉제의 수혜자였다. 상앙, 오기 등은 군을 분봉받은 봉군이었다. 그들은 봉군의 특권을 추구하는 데 열중했다. 법가는 혈족을 우대하는 분봉과 세경세록에는 반대했지만 이론적으로 분봉제를 폐지하는 문제를 명확하게 제기하지도 않았다. 그들의 주장을 정리해보면 현명하고 능력 있는 인재를 등용하고 공적에 따라 녹봉을 내리며 분봉 규모를 통제하여 봉군의 권력을 제한해야 한다는 것이다. 『한비자』 「애신愛臣」 편을 보면 분봉은 반드시 "분봉하는 크기가 적당해야 하며" "봉군은 신하나 사졸에게 분봉을 하여" "시중에서 위엄을 부릴 수 있게 빌려주어서는 안 된다"고 하였다. 여기에서 법가의 대표 인물도 적절한 봉건은 반대하지 않았음을 주목해야 한다.

후대의 분봉과 군현의 논쟁은 사실상 춘추전국시대로 거슬러 올라갈 수 있다. 신구 제도를 교체하고 분봉과 군현이 병존하는 정국에서 유가 대다수는 서주의 왕제를 재건할 것을 주장했고 법가는 구제도를 개혁할 것을 주장했다. 유가와 법가의 정견은 대립하는 양극을 대표했으며, 후대 사람들은 이들 양쪽 주장을 논쟁의 근거로 인용했다. 그러나 만일 이를 근거로 분봉과 군현의 논쟁을 유가와 법가의 논쟁으로 치부해버린다면 이 역시 역사적 사실과 맞지 않다. 유가 경전을 그대로 따르는 사람은 전면적인 분봉제 시행을 주장하고 법가의 영향을 크게 받은 사람은 순수한 군현제의 시행을 주장하는 경향을 보였다. 사실상 대부분의 사람들은 학술적 배경이 어떻든 유가와 법가 사이에 있었다. 여러 법가의 대표 인물이 적절한 봉건에 반대하지 않았고 유가의 여러 사상가들이 중앙집권을 주장한 것처럼 관련 정견에 대한 학술적 배경의 영향은 상대적이었다.

여기에서 주목해야 할 점이 있다. 선진시대의 제자백가 가운데 분권제의 관점에서 분봉제를 주장한 사람은 한 사람도 없었으며 공통적으로 '대일통'을 지향했다는 것이다. 만일 이러한 논쟁이 정치 이론상의 집권제와 분권제의 논쟁이었다고 속단해버리면 믿을 만한 역사적 근거를 찾을 수가 없다. 일반적으로 역대 통치 사상의 대변인에게선 유가와 법가를 막론하고 모두 현대 정치학적 의미에서 '분권'의 관념을 찾아볼 수 없었다. 그저 "일을 나누는 것分事"이라고만 표현했다. 필자가 중국 고대의 정치사상사를 여러 해 동안 연구하면서 역대 문헌을 여러 번 통독했지만 조정에서 '분권제' 이론과 운영 방안을 바쳤다는 기록은 발견하지 못했다. 역대 조정에서 전개된 분봉과 군현의 논쟁은 대개 집권제와 분권제의 논쟁이라는 의미를 지니지 않았다고 할 수 있다. 이들 논쟁은 황권 지상의 체제에서 두 가지 서로 다른 통치 운영 방법에 관한 것에 속했다. 훗날 여러 황제들이 논쟁의 쌍방을 모두 충신으로 여겼다는 것이 명백한 증거이다. 이러한 논쟁은 순수한 군현제의 실시를 주장한 사람은 있지만 분봉제를 전면적으로 부활시키자고 주장한 사람은 없다는 특징이 있다. 승상 왕관 등 신하들은 '자제분을 세울 것을 청하여' 멀리 떨어진 지역을 지키라고 했을 뿐이었다. 순우월은 단지 "자제들이 평민이어서 갑자기 전상이나 육경 같은 신하가 나타나면 보필할 인물이 없는데 어찌 도울 수 있겠는가"라며 우려했을 뿐이다. 그들은 서주시대의 왕제를 맹목적으로 답습하자고 주장하지는 않았다. 후대의 봉건제를 주장한 사람도 대부분 이러한 특징을 보였다.

진한시대 이후 제후에게 분봉할 것인지, 분봉한다면 어떻게 할 것인지는 조정과 재야에서 논쟁이 끊이지 않았던 문제였다. 진시황 때의 논쟁이 발단이 되어 후대 왕조가 교체되거나 천하에 동란이 일어날 때마다 이러한 논쟁은 이론적인 측면에서 정책적인 측면으로 옮아갔다. '봉건'의 문제는 국가 제도, 황위 계승, 군신관계, 종법 윤리와 결부되었다. 제왕은 반드시 나라와 집안을 모두 고려해야 했고 중앙과 지방, 집권과 분권, 군신관계 등을 처리해야 했기 때문에 이 문제는 항상 최고 통치자를 괴롭혔던 난제였다. 황제제도 자체가 '공천하'와 '가천하'라는 이중적인 속성을 지니고 있어 문제를 더 어렵게 했다. 서주시대의 왕제와 비교해볼 때, 황제제도는 고도로 정치화된 것이고 사회 공직에서 인재를 등용하고 권력을 분배할 때 기본적으로 혈육을 우대하는 원칙은 폐지되었다. 또 어느 정도 현명하고 능력 있는 인재를 등용하여 '상을 내릴 때는 사적인 감정을 개입시키지 않았다.' 이른바 '공천하'를 달성한 것이다. 그러나 황권이 세습되어 천하는 황제 집안의 가산이었다는 점은 '가천하'의 관념이 실현된 것이다. 이에 두 제도의 선택에서 어려움이 생겨났다. 분봉과 군현의 대립적인 논쟁이 이러한 제도의 미묘함을 잘 보여주었다.

분봉을 지지하는 세력의 공통된 논점은 종친에게 분봉하면 중앙의 권위를 공고히 하는 데 유리하다는 것이다. 황제는 나무줄기이고 제후는 나뭇가지로 황제와 제후는 줄기와 가지처럼 협력하는 관계이며 같은 집안사람이 중앙과 지방 권력을 통제하면 다른 사람은 감히 모반할 수 없다는 것이 핵심이다. 비록 중앙의 황권에 문제가 생겼다고 해도 지방에 있는 동성 제후왕이 역할을 대신하거나 이어갈 수 있는 것이다. 분봉을 반대하는 세력의 대다수는 분봉을 정면으로 부정하지 않지만 친족에게 분봉하는 것을 우려하기도 했다. 즉 오랜 세월이 흐르면 친족 간의 관계가 소원해져 서로 적이 되고 반란을 일으킬 수 있다는 것이다. 그들의 주장에 따르면 분봉은 '백성의 풍속이 달라지고 나라에 다른 정치가 행해지는' 현상이 나타나 정치 통일에도 불리했다. 황권과 중앙의 권위를 강화하는 측면에서 볼 때 분봉을 반대하는 세력이 훨씬 우세했다. 가천하의 측면에서 보면 분봉을 지지하는 세력의 주장도 일리가 없는 것은 아니었다. "나라가 망하는 것을 막으려면 제후를 두는 것이 가장 좋고 작은 것도 잡아내려면 지방관을 두는 것이 가장 좋다."[39] 황제의 입장에서 볼 때 대립하는 두 주장 모두 일리가 있어서 취사선택은 그야말로 이러지도, 저러지도 못하는 난제였다.

진시황, 한 고조, 진晉 무제武帝, 당 태종, 명 태조 모두 이 난제에 직면했다. 군현제의 시행이 황제의 집권에 유리하다는 것은 누구나 다 알고 있다. 그렇기 때문에 군현제를 폐지하려는 황제는 없었다. 그러나 그들은 가업을 어떻게 지켜내느냐의 문제를 고려하지 않을 수 없었기 때문에 두 가지 주장을 모두 중시했다. 대립적인 두 체제의 논쟁 목적은 왕권을 강화하기 위해 적당한 방법, 수단, 제도를 찾는 것이었다. 가천하라는 관념이 존재하는 이상, 관련 이론과 정책의 논쟁은 멈추지 않을 것이고 구체적인 정치적 실천도 수없이 반복될 것이다.

진시황은 군현제를 선택하고 끝까지 관철시켰다. 그러나 그의 마음속에 근심이 없는 것은 아니었다. 특히 조정의 두 번째 격렬한 논쟁에서 순우월은 주청신의 축원을 강력하게 비판하며 비판의 칼끝을 진시황이 제정한 군현제를 향해 겨누었다. 심지어 왕조가 오래갈 수 없다고 경고하기도 했다. 진시황은 곧장 판단하지 않았고 여러 신하에게 재차 논의하도록 명했다. 훗날 그는 이사의 주장을 받아들였고 기존의 제도를 바꾸지 않았지만 순우월의 주장은 그의 마음을 움직이게 했다.

군현제를 시행하는 목적은 국가 구조에서 황권이 모든 토지와 백성에 대한 주권을 확보하기 위함이었다. 황권지상의 원칙은 중국 고대사회의 황제제도에서 가장 기본적인 통치 법칙이었다. 그러므로 행정관계를 결정하는 횡적인 지역 구조에서 지역의 정권기구 사이에는 공통의 절대적 통일만 있었지 제도적으로 권력을 제약하는 관계는 존재하지 않았다. 권력관계를 결정하는 종적인 차원에서는 위에서 아래로 중앙이 영원히 지방을 제약하고 상급이 하급을 영원히 제약하는 단계적인 관할관계만 있었다. 황권지상 법칙은 또한 종횡의 각종 관계를 통합하여 지고무상한 개인의 정치적 권위를 형성하기에 이르렀다. 국가 통일, 권력 집중 모두 황제의 통치 지위에 구체적으로 나타났다. 군현제는 제도적으로 황권 지상을 효율적으로 유지하고 군주는 존엄하고 신하는 천하다는 관념을 구현했다. 그러므로 군현제는 전국시대 및 진한시대 이래로 역대 왕조의 기본적인 정치제도 중 하나가 되었다.

진 왕조의 봉군식읍제도

신 왕조에서 봉군식읍제도가 완전히 사라진 것은 아니었다. 이 제도는 토지 분봉제도와 세경세록제도에서 탈피하여 변화한 것이다. 상주시대에 작위, 정권, 토지, 신하, 백성이 모두 분봉되어 제후에서 대부까지 각 단계의 봉군은 봉지 안에서 입법권, 행정권, 사법권, 종법권을 향유했다. 각 봉지는 상대적으로 독립된 왕국이었고 각 봉군은 각자의 봉지 안에서 명실상부한 세습 군주였다. 춘추시대 이래로 정치적 혼란은 이 봉군제도로 만들어진 정치 구조와 직접적인 관계가 있었다. 그러므로 사회 정치적 대변혁의 주요한 내용 가운데 하나가 토지분봉제도와 세경세록제도를 개혁하는 것이었다.

춘추전국시대에 토지 분봉은 정치적 관습이었으며 권력을 추구하는 것은 시대의 흐름이었기 때문에 집권만 중시하고 분봉을 하지 않거나 분봉만 중시하고 집권을 중시하지 않은 통치자는 매우 드물었다. 리우저화 劉澤華 교수는 "당시의 역사 조건에서 제후, 경대부는 분봉을 옹호했으며 집권한 당사자였다." "집권과 할거는 동전의 양면과 같아서 분봉제에 있는 사람은 모두 이중적이었다. 단지 조건이 달라서 부각된 면이 다를 뿐이다"[40]라고 지적했다. 당시의 사람들은 이중적이었다. 즉 공훈을 세워 옛 제도에서 벼슬封爵과 채읍采邑을 얻으려 하는 한편, 고의든 그렇지 않든 옛 제도를 현실에 맞게 개혁하고자 했다. 상앙은 적극적으로 새로운 중앙집권 체제를 설계했지만 자신의 관작과 벼슬에 매우 만족했다. 그는 당시 사람들의 전형이라고 할 수 있다. 제도 변화의 거시적 흐름은 중앙집권을 지향했고 현실 정치에 적극적으로 참여한 사람에게 보편적으로 존재하는 '이중적인 경향' 때문에 토지 분봉, 세경세록이라는 구제도를 일거에 철폐할 수 없었다. 그 결과 새로운 봉군식읍제도는 구제도에서 탈피하여 점차 변화하였다.

새로운 봉군식읍제도에는 옛 제도의 기본 틀은 남아 있지만 내용은 실질적으로 개혁되었다. 그 개혁 과정은 점진적으로 이루어졌다. 옛 틀에 끊임없이 새로운 내용이 주입되었기 때문에 신구 제도 사이에는 여러 과도기 형태의 내용이 존재했다.

전국시대에 각 제후국에는 새로운 내용의 봉군식읍제도가 나타났다. 제후국 모두 봉군이 존재했다. 문헌 기록과 청동기 명문, 출토된 죽간에 기록된 각 제후국의 봉군은 수백 명에 달했다(실제로는 이보다 훨씬 많았을 것이다). 특히 문헌 기록에 보이는 진나라의 봉군은 22명(진나라에 의

탁한 봉군은 포함하지 않음)이었다.[41] 그러나 봉군식읍의 구체적인 방법과 내용에는 많은 변화가 있었다. 특히 가장 큰 변화는 봉군은 기본적으로 봉지 안에서의 통치권이 인정되지 않았다는 점이다. 신구新舊의 두 가지 봉군식읍제도가 다른 점은 관작이 통합되었던 것이 관과 작으로 분리되었고, 땅에 대한 권리를 녹祿으로 내렸던 것에서 조세를 녹으로 하사한 것으로 바뀌었다는 것이다. 또한 주로 혈족에게 하사되던 것이 공신에게 내려졌으며, 보편적으로 각급 관리들이 식읍을 하사받던 것이 각각의 작위에 따라 채읍이 하사되었다. 그리고 오랫동안 세습하던 것이 이제는 그리하기 어렵게 되었다. 이 가운데 진나라의 제도 개혁이 가장 철저했다.

진시황은 선대의 제도를 이어받아 분봉을 하지 않았기 때문에 진 왕조에는 토지를 내리는 봉군식읍제도가 존재하지 않았다. 벼슬을 내렸지만 나라를 내리지 않았고 식읍만 있는 왕공의 나라만 있을 뿐이었다. 그러나 각급 관료들은 관직과 작위를 지녔다. 이 가운데 20등급의 공적에 따른 작위의 최고 등급은 '철후徹侯'로 벼슬과 식읍을 모두 하사받아 봉군의 범주에 속했다. 진시황의 통치 시기에 『사기』 「진시황본기」에 기록된 봉군은 십여 명으로 문신후文信侯 여불위, 장신군長安君 성교成蟜, 장신후長信侯 노애嫪毐, 창평군昌平君, 창문군昌文君, 무성후武成侯 왕전王翦, 통무후通武侯 왕분王賁, 이사李斯(열후列侯), 건성후建成侯(윤후倫侯) 조해趙亥, 창무후昌武侯(윤후倫侯) 성成, 무신후武信侯(윤후倫侯) 풍무택馮毋擇 등이 있었다.

진시황 때의 봉군식읍제도는 다음의 몇 가지 특징이 있다.

첫째, 최고의 작위만 식읍을 누릴 수 있었다. 진 왕조의 공훈작제도에서 최고 등급인 '철후(열후)'만 식읍을 가졌다. '벼슬이 열후보다 낮은' 윤후는 봉군이라는 명분만 있을 뿐 식읍은 없었다. 원래 진나라 제도의 기본은 이보다 훨씬 관대했다. 여기서 진시황이 통치한 때에는 봉군 자격의 문턱을 한층 높였음을 알 수 있다. 그 결과 봉군의 숫자가 크게 줄어들었다.

둘째, 장수와 재상이라고 해서 꼭 봉군되는 것은 아니었다. 「낭야각석郎邪刻石」에 기록된 명단을 살펴보면 외림隗林과 왕관王綰, 두 승상 모두 서열이 다섯 명의 후작侯爵 뒤에 오는데 따로 품계가 거론되지 않아 그들의 품계가 후작보다 낮았음을 알 수 있다. 진나라 때에는 상국의 다수가 봉군이었지만 통일 진 왕조에서는 여러 장수와 재상이 봉군되지는 않았다. 이는 한 왕조와 크게 다르다. 삼공구경은 관직이 높고 권력이 중했지만 봉후와 식읍을 하사받지는 않았다. 열후 봉군은 작위가 높다고 해서 꼭 대권을 장악한 것은 아니었다. 이는 작위와 관직이 기본적으로 다른 두 등급과 권력의 서열로 구분되었음을 의미한다.

셋째, 공자와 왕손이라고 해서 봉군되지는 않았다. 역사 기록을 살펴보면 진 왕조의 공자와 왕손 가운데 봉군된 사람은 드물었다. 진시황은 "자제들이나 공신들에게 그곳의 부세로 후한 상을 내리라는" 이사의 주장을 받아들여 친아들에 대해서는 여러 차례 재물을 하사했지만 왕으로 세워지거나 나라를 받지는 못했으며, 공을 세우지 못한 자식은 아예 벼슬을 받거나 봉후되지 못하여 '자제가 필부가 되어' 비웃음을 샀다. 왕자가 왕후에 봉해지지 않았고 종실의 다수가 벼슬이 없었다. 이는 진 왕조의 제도에서 보이는 큰 특징이다.

넷째, 결코 쉽게 제후를 봉하지 않았다. 왕전이 명을 받아 초나라를 멸망시키러 갈 때 진시황은 그를 직접 배웅했다. 그 틈에 왕전은 대량의 전답과 좋은 집을 요청하며 "대왕의 장수였을 때 공을 세웠으나 늘 제후에 봉해지지 못했다"[42]라고 그 이유를 댔다. 왕전은 결국 큰 공을 세워 제후에 봉해졌다. 이 부분에서 진시황이 벼슬과 식읍을 내리는 기준을 매우 엄격하게 관리하여 쉽게 제후를 봉하지 않았음을 알 수 있다.

다섯째, 봉군의 세습은 매우 어려웠다. 『사기』「이사열전」에 따르면 조고는 "궁궐에 들어와 일을 맡은 지 20여 년이 되었다. 그동안 진나라에서 파면된 승상이나 공신 가운데 봉토를 2대에 걸쳐 이어받은 사람을 보지 못했다"[43]고 밝혔다. 그는 "오랫동안 봉후의 지위를 유지하고 고孤(옛날 군주와 제후를 부르는 호칭)라고 불리려면" 반드시 대권을 장악하는 지위에 있어야 한다고 했다. 이는 진 왕조에서 봉군의 세습이 매우 어려웠음을 의미한다.

여섯째, 진 왕조에서 제후에 봉해진 자는 명실상부한 관료였다. 진 왕조 제도의 중요한 원칙 중 하나는 신하를 모두 군주의 명에 따르고 군주의 녹봉을 받는 관료로 바꾸는 것이었다. 진 왕조에서는 봉군식읍제도를 완전히 철폐하지 않고 관료제도의 범주에 일부 편입시켰다. "진한 제국의 제도에서 열후와 봉군은 조세를 거두었으며"[44] 이들이 거두어들인 '조세'는 국가 부세의 상당 부분을 차지했다. 사실상 일종의 '봉록俸祿'이었다고 할 것이다. 식읍을 내렸다고 해서 통치권을 부여한 것은 결코 아니었다. 봉군의 삭위와 그의 관직은 별개의 깃이다. 이러한 제도를 보면 분봉제도의 일부를 유보했음을 알 수 있다. 그렇기 때문에 봉군식읍제도를 보류한 것과 '봉건을 철폐하고 군현을 설치한 것'은 모순된 것이 아니었다.

진 왕조의 봉군식읍제도는 통일 전 진나라의 제도를 이어받았고 진나라의 봉군은 이미 관료화되어 있었다. 다시 말해 진나라는 진시황 이전에 분봉제도를 철저하게 개혁했다. 원나라의 역사학자 마단임馬端臨은 『문헌통고』「봉건」편에서 "진나라의 법을 살펴보면 땅을 사람에게 주지는 않았다. 이사의 제안이 있지 않았어도 훗날 봉건제를 폐지했을 것이다"[45]라고 지적했다. 이 주장은 일리가 있다. 진시황의 공헌은 '봉건제의 폐지'에 있는 것이 아니라 제도적으로나 정책적으로 '봉건제를 폐지하여' 얻은 각종 성과를 한층 공고히 했다는 데 있다.

진 왕조의 정치제도를 평가할 때, 진시황이 군현제를 확립한 측면에서의 역사적 공적을 과장해서는 안 된다. 뿐만 아니라 진 왕조의 군현제와 후대의 관련 제도의 차이를 과장해서도 안 된다. 전국시대 이래로 군현제는 역대 왕조의 기본 제도 중 하나였다. 각각의 왕조와 시대에 실권이 더 많은 제후국이 출현한 것 이외에 기본적으로는 모두 군현제의 범주에 속했다. 만일 다른 점이 있다면 왕후라는 직함이 있으면서 지방정권을 장악하지 못하는 황족과 공신이 누리는 특권 정도였다. 진 왕조에서 특징적인 것은 진시황이 봉군의 등급, 수량, 특권을 엄격하게 제한했으며 심지어 자제도 예외가 될 수 없었다. 이렇게까지 엄격히 제한했던 목적은 중앙집권을 강화하여 천하를 '용이하게 통제'하고 더 이상 '전쟁을 일으키지樹兵' 않으려는 데 있었다. 여기서 진시황의 강력한 권력욕이 드러난다. 그러나 역사 현상을 평가할 때 이런 권력욕을 과장할 필요는 없다. 진 왕조의 제도는 단지 극단적인 방식으로 군현제의 기본 정치 원칙을 실현했을 뿐이다. 역사상 어떠한 황제라도 관련된 정치 문제를 고려할 때 예외 없이 황권을 강화하여 천하를 '용이하게 통제'하려고 한 것이 핵심 의도이자 기본적인 지향이었다. 진시황의 권력욕이 진 왕조의 제도에 끼친 영향을 과장하는 것은 황제제도의 원인, 특징, 본질을 심층적으로 파악하는 데 불리하다. 오히려 진 왕조의 제도와 관련된 일부 역사 현상을 황제제도가 성숙하지 못한 것으로 간주하는 것이 좀더 객관적일 수 있다.

진 왕조 군현제의 내용과 특징

진 왕조의 지방정권은 두 가지로 나뉜다. 하나는 중앙정부의 직할 지역인 수도에 내사內史가 설치된 것이고, 다른 하나는 전국 각지에 수십 개의 군郡이 설치된 것이다. 내사는 수도와 경기 지역에 위치하며 황제가 거주하고 종묘가 있어서 지위가 매우 중요했다. 지방 행정기구도 기타 군현과는 구별되었다. 내사의 행정장관 역시 "내사內史"로 불리며 보통 황제가 가장 신뢰하는 대신이 맡았다. 지방의 행정기구에는 군과 현을 두었다.

진 왕조의 군에는 군정郡廷 조직과 관련 기구를 두었다. 주요 관직에는 "수守, 위尉, 감監"[46]을 두었는데, 수는 백성을 다스리고 위는 병사를 관장했으며 감은 관리를 감시했다. 수, 위, 감은 모두 중앙정부에서 임명 또는 파견했으며 수시로 임면되었다.

각 군에는 한 명의 수守를 두었다. 군수郡守는 "수守" "태수太守"로도 불렸다. 학계에서는 '태수'의 호칭이 한나라 때 시작되었다고 보고 있다. 그러나 운몽진간의 『봉진식封診式』에 있는 「천자遷子」 첫머리 一目에 "태수太守"가 기록된 것을 보면 이 호칭이 진 왕조에 있었음을 알 수 있다. 군수는 군의 우두머리이며 군의 최고 행정장관이다. 그는 군에서 이뤄지는 민정, 재정, 사법, 군사, 시험, 감찰, 선거, 교육 등 모든 사항을 책임졌다.

군수는 군정 조직, 보좌 관리와 속리屬吏를 지휘했다. 진 왕조에서 활동한 군수의 직권에 관한 기록은 여기저기 흩어져 있는데, 전체적으로 말해 군수의 권력은 대단했다. 그는 법에 따라 지방 정령을 반포하고 스스로 법규를 두어 풍속을 단속했다. 그리고 인재 선출, 속리 임면, 소속 현 감찰, 관리의 파면 및 처벌, 형사사건 심판 등의 임무를 맡았으며 군

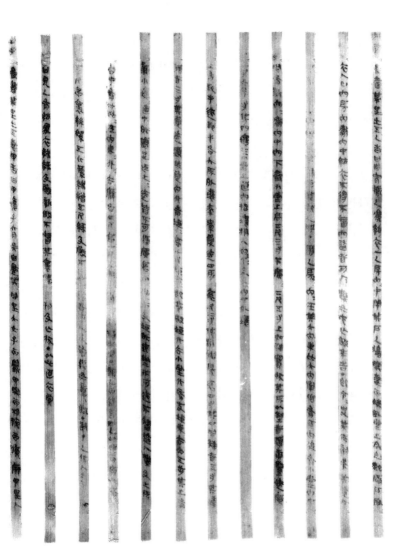

판사의 사건 심리 및 각종 진술서, 기록, 보고서 등의 구체적인 규정 및 각종 판례에 관한 내용을 기록한 운몽진간의 『봉진식封診式』.

대를 장악하고 재정을 지배했다. 그러나 군수는 중앙정부가 임면하여 반드시 중앙정부에 책임을 지고 매년 조정에 전체 정무를 '보고上計'해야 했다. 군수는 반드시 법에 따라 정사를 돌보고 사건을 판결해야 했지만 사형을 내릴 권리는 없었다. 또한 그는 스스로 군위郡尉, 군승郡丞, 장사長史 및 각 현령縣令과 현승縣丞 등을 임면할 권한도 없었다.

운몽진간의 『어서語書』 『편년기編年記』 등은 진나라 때 군수의 권력을 연구하는 데 믿을 만한 사료를 제공했다. 진시황의 명을 받들어 '남군에서 경계한南郡備警' 남군군수 등騰은 분명히 군사지휘권이 있었다. 한 군의 우두머리로서 그는 군의 최고 행정권을 지니고 있었다. 『어서』는 진시황 20년(기원전 227) 4월 초이튿날, 남군군수 등이 군의 각 현과 도에 반포한 공문서이다. 전문은 총 14간簡으로 이루어졌다. 이것은 군수가 소속 현과 도의 관리에게 정령을 반포한 공문서로, 지방관이 국가의 통일된 법령을 근거로 현지 지역의 구체적인 상황에 따라 정령과 법령 형식으로 반포하고 있다. 『어서』의 취지는 법률을 널리 알리고 법규를 배포하여 소속 현과 도의 관리에게 국가 법령을 관철시키고 백성을 교도하며 '나쁜 풍습을 없애기除其惡俗' 위함이었다. 이는 군수에게 국가 법률과 정령을 근거로 지방 법규를 반포하고 지방 백성을 다스리는 권력이 있었음을 보여준다. 남군군수는 소속 관리에게 반드시 법을 지키고 성실하게 정무에 임하여 '나쁜 관리惡吏'가 아니라 '좋은 관리良吏'가 되어야 한다고 강조했다. 또한 군수는 "사람을 보내 순시하고 법령을 따르지 않는 자를 조사하여 법에 따라 처분하며 영과 승에 대해서도 마찬가지로 처분한다"[47]고 밝혔다. 이는 군수가 군내 대소 관리를 감찰하는 권한을 지녔음을 의미한다. 그러나 군수 이하 각급 관리 가운데 녹봉 200석 이상인 자는 모두 중앙정부에서 임명하여 조정에서 파견한 관리에 속했다. 군수는 현령과 현승 등을 처벌하려면 조정에 보고하여 승인을 받아야 했다. 군수의 인사권은 크게 제한되었다. 기타 속리는 모두 군수가 독립적으로 해임하고 사람을 뽑아 임명하는데 보통 현지 군에 거주하는 사람들만 기용했다. 후대와 비교해볼 때 진 왕조에서 활동한 군수의 인사권은 상당히 컸다고 할 수 있다.

군수를 보좌하는 주요 관리는 군승(변방의 군에는 장사長史를 둠)과 군위였다. 군승은 600석의 녹봉을 받고 군수를 도와 전체 군의 정무를 관리했다. 운몽진간의 기록을 살펴보면 군승의 주요 직책은 전체 군의 사법을 처리하는 것이었다. 군위는 2000석 정도의 녹봉을 받고 주로 군사방면에서 군수를 보좌했다. 군위의 지위는 군수에 상당하여 일반적으로 관청과 속관을 단독으로 두었는데, 구체적으로는 군내의 모든 군사, 치안을 책임지고 실권을 지녔다. 군수 이하에는 여러 기구와 관직이 있었다. 예컨대 토목공사를 관리하고 형을 받은 사람의 관리를 책임지는 군사공郡司空(방사공邦司空)이 바로 그것이다.

이외에도 군현에는 중앙정부에서 파견한 기구와 관직이 더 있다. 이 가운데 가장 중요한 관직이 감찰어사이다. 진 왕조의 군은 행정구역이면서 감찰구역으로 행정 계통(군수, 현령)과 감찰 계통(감찰어사, 현어사)이 각각 감찰을 책임졌다. 진 왕조에서는 어사대부에 예속된 감찰어사를 설치하여 군을 감찰하는 일을 맡고 황제를 대신하여 군수를 포함한 군내 모든 관리를 감찰하였다. 이른바 "통치와 관직의 강등과 승진 여부를 살펴보았다."[48] 감찰어사의 품계는 낮았지만 권력은 매우 컸다. 군수를 감찰하고 군대를 감시하며 군대를 이끌고 토목공사를 주관할 수 있었다. 이외에 도관都官 역시 중앙기구에서 파견된 매우 중요한 관직일 가능성이 크다. 운몽진간에 있는 「구원율廐苑律」(말과 소의 관리 규정), 「창율倉

律」(창고관리 규정), 「금포율金布律」(세금을 거두어 관리하는 규정), 「사공司空」(토목사업 관리 규정), 「치리율置吏律」(현, 도관 12군의 관리를 임면하거나 결원을 보궐해야 하는 일에 관한 규정), 「내사잡內史雜」(현 내부의 관리 규정), 「효율效律」(현과 도관의 물자 장부를 조사하는 상세 규정) 등에는 모두 도관에 관한 내용이 실려 있다. 도관은 영승과 함께 진간에 여러 번 언급되었다. 도관은 조정에 직송되어 군현에 머물러 지냈으며 주로 관리와 재정, 경제와 관련된 일을 책임졌다.

군 아래의 하급 행정구획과 기구에는 현縣, 도道, 철후식읍徹後食邑이 있었다. 도와 철후식읍은 현급의 행정기구에 가까웠다. 도는 소수민족이 거주하는 지역에 설치되었고 일부 군에는 현과 도가 함께 설치되기도 했다. 진 왕조의 철후식읍은 "국國(방邦)"으로 불렸다. 국(방)은 군에 직속되어 현급 편제에 상당하는 수준이었다. 각종 현급 행정기구는 모두 군이 총괄했다. 현과 도의 행정 우두머리는 현령縣令(현색부縣嗇夫)과 도령道令(도색부道嗇夫)이다.

현령과 이를 보좌하는 주요 관리인 현승과 현위는 모두 중앙정부에서 임면하였다. 진 왕조에서 현급 기구와 관직은 군급 관련 관직 및 기구와 상응할 가능성이 있다. 현의 주요 관직에는 현령, 현위, 현어사가 있는데 그 직권의 성격은 대체로 군의 수, 위, 감과 비슷하다. 현령은 현의 우두머리로 현의 각종 정부를 주관했다. 현위는 군사와 치안을 책임지며 현어사는 감찰을 책임졌다. 수호지睡虎地 11호 진나라 묘의 주인인 희喜는 '안육어사安陸御史'를 맡았다. 이는 현급에도 감찰을 맡은 어사 계통의 관직이 있었음을 알려준다. 현령을 보좌하는 주요 관직에는 현승이 있었다. 현승은 현령을 도와 형옥, 창고 등을 관리했다. 그리고 현령은 영사令史와 같은 속리를 두었다.

운몽진간의 기록을 보면, 진 왕조에는 현급 경제 관리기구가 매우 많았으며 상당히 유기적이고 체계적이었다. 일부 중요한 기구와 주요한 일을 살펴보면 현의 토목사업을 관장하는 현사공縣司空(사공색부司空嗇夫), 군마軍馬를 관리하는 현사마縣司馬(사마색부司馬嗇夫), 정亭을 관장하는 정색부亭嗇夫, 창고를 관장하는 고색부庫嗇夫와 전정田政을 관장하는 전색부田嗇夫 등이 있다.

　현 아래에는 향鄕을 두고 그 아래에는 리里를 두었다. 향과 리는 국가 최소 단위의 정권 조직으로 국가의 부역과 지방의 교화, 형옥, 치안 등을 향리의 관리가 직접 책임졌다.

　진 왕조의 군현제는 다음의 몇 가지 특징이 있다.

　첫째, 지방 행정기구는 군과 현(도)을 두고 현 아래에는 향과 리 등 최소 단위의 정권 조직을 두었다. 진 왕조는 기본적으로 군현제를 시행했다. 봉군식읍의 '국國'은 매우 적었으며 사실상 현급 편제에 해당되었다. 중앙정부 아래에 수십 개의 군을 두었고 지방 최고 행정구획인 군의 규모는 상대적으로 작았다.

　둘째, 군현의 핵심 관리는 모두 중앙정부에서 임면하고 기타 중요한 관리의 임면권도 중앙정부의 수중에 있었다. 각급 관리의 기본 직책과 행정 행위는 주로 국가의 법규에 따라 정했다. 모든 지방관은 관료제도에 속한 관료이며 그들은 반드시 국가와 상사의 법령 및 정령에 복종해야 했다. 또한 정기적으로 상급 정부에 정무를 보고하고 평가를 받아야 했다. 중앙은 지방에 전문 파견기구를 설치하여 군현의 관리를 감찰하고 관련 업무를 직접 관리하기도 했다.

　셋째, 국가는 각종 중대한 권력을 중앙정부에 집중시켰다. 국가 대사 방침의 결정권, 국가 법규 및 제도의 제정권, 각급 주요 관리의 임면권,

병력 이동권, 최고 사법권, 최고 감찰권, 재정 관리권 등을 국가가 장악하여 군현에 대한 통제를 강화했기 때문에 지방은 중앙에 대항할 정치 세력을 형성하기 어려웠다.

넷째, 지방 관리 제도에는 분권과 견제, 균형이라는 체제가 어느 정도 형성되어 있었다. 군에는 군수, 군위, 감찰어사가 행정, 군사, 감찰을 나누어 관장하였고 군사와 감찰 권력은 어느 정도 독립성을 유지했다. 그러나 이 방면은 좀더 개선하거나 정비해야 했다.

다섯째, 중앙이 지방에 상당한 실권을 부여해 지방은 후대의 군현보다 더 큰 자주권이 있었다. 각급 정권 기구는 기본적으로 행정, 사법, 군사, 재정, 감찰 등 여러 방면의 권력을 행사했다. 군수와 현령에게는 지방 법규와 정령을 제정하고 하위 관리와 속리를 선발, 임명하는 권력이 있었다. 각급 행정기구에는 권력의 중심이 하나뿐이었으므로 행정 수장의 권력이 매우 컸다. 지방이 향유하는 권력은 직권 범위에 속하는 각종 일상적인 일을 맡기에 충분했다. 필요할 경우 군수는 조건부로 군사력을 포함한 각종 자원을 집중시켜 위기에 대응하기도 했다.

정치사 및 정치제도사에 관한 여러 글에서는 진 왕조가 멸망한 원인 중 하나가 진시황이 과도하게 권력을 중시하여 중앙에만 권력을 집중시켰고 이로써 지방 권력이 너무 작아졌기 때문이라고 하였다. 이와 같은 주장은 좀더 살펴봐야 한다. 중국 고대 정치제도 발전사를 살펴보면 진 왕조에서 군현급 지방 정권과 행정장관의 실제 권력은 매우 큰 축에 속했다. 당시 역사 조건에서 과대한 군현 지방정부의 권력은 문제를 낳기 쉬웠다.

역사 발전의 측면에서 볼 때, 진 왕조에서 군현제의 주요 폐단은 크게 다음의 두 가지이다. 첫째, 지방정부 우두머리에게 권력이 과도하게 집중되어 있었다. 진 왕조의 존속 기간이 얼마 되지 않기 때문에 이 문제는 내부적으로 충분히 드러나지 않는다. 하지만 반란이 일어날 때 항우, 유방 등 호걸이 수령의 인신印信(도장이나 관인)만 빼앗으면 세력을 형성할 수 있었다. 이것만 봐도 확실히 문제점은 있었다. 둘째, 지방의 최고 행정 구획의 규모가 너무 작았다. 전국을 40여 개의 군으로 나누었기 때문에 중앙이 직접 관리해야 하는 지방정권 기구가 대단히 많았다. 관리 측면에서 볼 때도 문제가 있었다. 군급의 행정 구획이 너무 작으면 통치 역량이 지나치게 분산된다. 만약 국가에 위기가 발생하면 각 군현의 역량만으로는 효율적인 대응 조치가 어렵고 중앙 권력의 영향도 미치기 힘들다. 진나라 말기, 천하가 혼란에 빠졌을 때 이 폐단이 그대로 드러났다. 이러한 폐단이 생겨난 것은 군현제가 아직 자리잡지 못했던 것과 관련 있으며 제도 발전의 큰 흐름은 이 두 문제를 해결하는 방향으로 나아갔다. 이외에 '가천하'의 정치 구조를 안정시키는 측면에서 볼 때, 특히 천하 통일 초창기의 진 왕조는 구정치 체제를 인정하는 전통 세력이 여전히 강성한 상태였다. 진시황이 중요한 지역에 진나라 영씨의 제후를 몇 명분봉했다면 정치적으로 좀더 유리했을 것이다. 이렇게 했다면 여론의 비판과 '옛것으로 오늘을 비판하는' 사람이 더 적었을 것이며, 영진 왕조의 가천하를 유지하는 데 유리하게 작용하여 전체 국가의 정치적 상황은 비교적 안정적이었을 것이다.

秦始皇

【8장】

제도
—중앙집권제를 확립한 성왕聖王

(2)

QIN SHI HUANG

"**주나라의** 힘이 약해지면서 관직의 기능이 상실되어 백관이 혼란해졌다. 전국시대에 각 제후국은 서로 다투고 제각기 제도를 바꾸었다. 진나라가 천하를 통일하고 황제의 칭호를 만들었으며 백관의 관직을 세웠다."[1] 진시황은 국가 정권 기구와 관련한 기본 제도를 확립했으며 인사 관리 및 감독과 관련한 제도를 정비했다. 이러한 제도는 정권을 운영하는 데 많은 힘이 되었다.

관료제도 및 법제화된 행정

관료제도는 황제제도의 기초로 세경세록제도에 대립하여 등장했다. 관료제도의 기본 특징을 보면 군주 이외에 모든 국가의 공직은 세습할 수 없고 각급 관료는 모두 군주 또는 군주가 정한 기구가 임면한다. 그리고 각급 관료는 봉록을 받으나 모든 관료가 조세, 땅, 백성이 있는 봉군이 되는 것은 아니다. 이러한 관료제도는 중앙집권, 우수한 인재 선발, 실력 있는 관료의 등용, 통치 기반의 확대에 두루 유리하다. 또한 사회구조 및 등급관계를 개혁하는 의의도 있다.

진 왕조에는 실력 있는 관료들이 많았는데 이들을 황제 주변에 두는 제도가 바로 관료제도였다. 이 제도는 춘추전국시대에 수립되었으며 진시황의 재위 기간에 한층 강화되었다. 이때의 진나라가 과거와 다른 점이 두 가지 있다. 첫째, 모든 국가의 공직 관리가 관료였다. 소수의 관료가 봉군으로 분봉되긴 했지만 사실상 정치적 지위는 '관료'에 속했다. 둘째, 행정체계가 높은 수준으로 제도화되어 여러 행정 관리가 법제화를 이루었다. 당시의 역사적 조건에서 이러한 제도는 관직에 있는 관리의 능력을 크게 향상시킬 수 있었고 행정 효율을 제고했기 때문에 진시황이 여섯 제후국을 통일하여 제국을 만들고 널리 알려진 기적을 이뤄낼 수 있었던 것이다.

입사 및 관리선발 제도

사료의 부족으로 진 왕조의 관리선발 제도는 상세하게 알 수 없다. 그러나 전국시대 및 한나라 초기에 시행했던 제도로 진 왕조 정치의 특징 및 진시황과 관련된 행위를 종합하면 대략적인 내용을 알 수 있다.

(1) 입사 자격

다른 왕조와 비교해볼 때 진 왕조의 입사入仕(벼슬한 뒤에 처음으로 그 벼슬자리에 나아감) 자격으로는 '능력'을 가장 중요시했다. 진 왕조의 통치자에게 이른바 능력의 핵심은 바로 '지혜'였다. 능력을 검증하고 지혜를 판단하는 주요한 기준은 언변이 아니라 행동이었다. 지혜의 핵심이 되는 능력은 반드시 '사용'해야 했고 '공적'을 세워야 했다. 그러므로 진 왕조에서는 관리를 선발할 때 '공적'을 중시했으며 제도화된 조치로 관철시켰다. 서주시대에는 '혈육'의 친소에 따라 관리를 선발했지만 진 왕조에서는 공적에 따라 관리를 선발했고, 한나라 이후에는 주로 '학문'을 기준으로 관리를 선발했다. 역대 왕조와 비교해볼 때 능력과 공적을 강조한 점은 진 왕조의 두드러진 특징이었다. 전국시대 각 제후국의 변법은 '능력에 따라 관직을 제수한다는 것'이 주요 내용이었고 진나라가 이 방면에서 가장 철저하게 실행했다. 선진시대에 제자백가는 현명한 인재를 관리로 등용하는 것을 군주의 무위 통치의 핵심이자 비결 중 하나로 여겼다. 특히 법가가 이점을 가장 강조했다. 법가는 능력과 도덕, 공적과 충성 가운데 능력과 공적을 훨씬 높이 평가했다. 그리고 "지혜가 천하에 넘쳐나면 혜택이 그 군주에게 미치고 충성이 천하에 넘쳐나면 해로움이 그 나라에 미친다"[2]라면서 재능에 따라 광범위하게 인재를 불러들이고 잘하는 자를 기용하고 못하는 자를 버리라고 주장했다. 법가는 '현명한 자를 등용'할 것을 주장했으며 '현명함'의 기준은 도덕이 아니라 능력이라고 여겼다. 즉 "관직은 능력을 시험할 수 있는 솥에 해당되며 사람에게 일을 맡겨보면 우둔한지 그렇지 않은지 알 수 있다"[3]고 했다. 인재를 검증하는 믿을 만한 방법은 큰 솥을 들게 하여 힘을 측정하고 역사를 뽑는 것처럼 '일을 맡겨보면' 한눈에 알 수 있다. 그러므로 각종 인재를 '관직에 두고 그 공적을 보며' 실적과 공적을 근거로 선발하고 단계별로 승진시켰다. "그래서 현명한 군주의 관리를 보면 재상은 반드시 지방관리에서 발탁했고 맹장은 반드시 병졸에서 기용했다."[4]

진시황은 한비자가 말하고자 하는 요지를 잘 이해했기 때문에 그가 등용한 유능한 신하와 무장은 '능력' '지혜' '공적'이라는 세 가지 조건에 부합했고 한 단계씩 승진하여 장수와 재상이 되었다. 운몽진간의 「제리율除吏律」을 살펴보면 "쇠뇌를 쏘는 관리發弩嗇夫가 과녁을 맞추지 못하면 2갑으로 파면한다"[5]는 규정이 있다. 해당 관직의 능력을 갖추지 못한 관리는 반드시 파면되었다. 이를 보면 진 왕조의 제도와 진시황의 인재 활용의 기본 방향은 높이 살 만하다.

능력에 따라 관직을 주고 공에 따라 승진시킨 것으로 보면 진 왕조는 전체적으로 제도를 잘 정비하고 철저하게 준수했음을 알 수 있다. 효공 이래 진나라는 경전耕戰과 법제를 중시했으며 공로와 능력을 평가하는 기준을 '법法' '전戰' '경耕' 세 글자에 두었다. 이 세 가지 측면을 전면적으로 고려하면 진 왕조의 임관 자격에 '학문'과 '도덕'이 더 있었음을 어렵지 않게 알 수 있다.

'법法'이란 법령을 통달하는 것을 말한다. 『통전』「선거전選擧典」을 살펴보면 "진나라는 효공이 상앙의 변법을 받아들여 부국강병을 국가의 본분으로 삼았다. 벼슬에 나가려면 땅을 개척하거나 싸움에서 적을 이겨야 했다. (이 때문에) 진시황에 이르러 천하를 평정했다"[6]라는 구절이 있다. 이 견해는 대체로 사실에 가깝지만 안타깝게도 가장 중요한 법가를 빠뜨렸다. 이들은 문무를 겸비한 인재로, 농부나 전사보다는 관직에 나간 사람이 훨씬 많았다. 진나라와 진 왕조는 '법치'로 널리 알려졌고 대부분의 고관대작들은 법률, 모략, 권모술수에 정통하여 실용주의와 효용을 매우 중시했다. 특히 이들은 노련한 인재이자 나라를 다스리는 고수였다. 진나라의 역대 장수와 재상 그리고 진시황의 장수와 재상 가운데 여불위, 이사, 위료가 가장 대표적이라 하겠다. 이들은 '법가'에 속했다. 법치를 관철시키려면 고관대작이 법술에 정통해야 하며 각급 관리들도 법을 배우고 법을 잘 꿰뚫어 법대로 집행할 줄 알아야 했다. 중하급 관리들이 법률적인 자질을 갖추지 못한 채 구체적으로 정무를 운영하면 법치 원칙은 관철시킬 수 없다. 진 왕조는 각급 정부에 많은 법리法吏를 갖추고 각급 정부의 주요 관리는 사법의 직무를 맡고 있었다. 이는 '법령을 통달明達法令'하는지의 여부가 입사 또는 승진 자격 중 하나가 되었다. 법리는 또한 사람들에게 '옥리獄吏'로 폄하되었다. 진시황은 법리를 핵심으로 진 왕조의 관료체계를 정비하였다. 당시에는 "오로지 옥리만 중용하니 옥리는 친애와 총애를 얻었다"[7]고 비판하기도 했다. 법률에 정통하는 것은 관직에 나갈 수 있는 중요한 수단이었다. 조고는 출신이 매우 비천하였으나 '법률에 정통'했기 때문에 진시황은 그를 중용하였다. 진 왕조의 법률에 법리의 양성, 배치, 발탁에 관한 규정이 있다. 진시황은 "법령을 배우려거든 옥리를 스승으로 삼을 것"을 영으로 내렸다. 법률에 정통한 것이 관료가 되는 가장 중요한 조건이었다.

'전戰'이란 군사적 자질과 전공을 의미한다. 진 왕조의 관리는 전공으로 작위를 획득했다. 즉 전공이 클수록 작위와 관직이 높았다. 그러므로 진 왕조의 고관은 군사적 능력이 뛰어나고 전쟁에 나가면 장군이 되고 전쟁이 끝나면 재상이 될 수 있는 인재가 대부분이었다. 그 중 왕전 부자, 몽염 형제가 가장 대표적이다. 통일전쟁에서 천민 노예를 포함한 신하와 백성이 전공으로 작위를 받았고 작위에 따라 벼슬길에 나갔다. '전戰'은 진 왕조에서 관료가 될 수 있는 주요한 방법 중 하나였다.

'경耕'이란 황무지를 개간하고 농사에 능한 것을 의미한다. 진한시대에 조정은 황무지 개간을 독려하기 위해 '벽전闢田'과 '역전力田'은 관직을 얻는 방법 중의 하나임을 분명히 규정했다. 진한시대 모두 곡식을 바쳐 작위를 얻는 방법이 있었다. 하지만 이것만으로는 고관이 되기 어려웠다. 문헌 기록을 보면 뛰어난 농부라는 이유로 공경에 오를 수 있었던 사람은 없었다.

벼슬길에 나갈 수 있는 방법은 또 있었다. 바로 '학문'이다. 춘추전국시대부터 많은 사인士人이 벼슬에 나간 것을 보면 '학문'은 중요한 입사 방법이었다. 진 왕조에는 70명의 박사가 있었다. 이들의 품계가 높고 많은 녹봉을 받을 수 있었던 이유는 '문학' 등의 분야에서 지식을 갖추고 능력이 있었기 때문이다. 진 왕조의 재상은 대부분 이사와 조고처럼 학식이 풍부한 사람이었다. 운몽진간의 「내사잡」을 보면 전문성이 강한 관리는 반드시 '학실學室'에서 전문적으로 훈련을 받아야 한다고 규정하고 있다. 진시황과 남군군수 등騰은 직무를 수행할 능력을 갖추기 위하여 모든 관리에게 법률을 열심히 배우도록 명령했다. 관리들의 학문적 소양을 매우 중시했음을 말해준다.

이외에도 '덕德'이 있다. 한신韓信은 그 해 "가난하여 한 것이 없어서 관리가 되지 못했다"[8]고 했다. 운몽진간의 『위리지도』 『어서』는 모두 관리의 도덕 준칙에 대해 엄격하게 요구하고 있고 모든 관리에게 충신이 될 것을 당부했다. 운몽진간의 「제리율除吏律」 「내사잡」은 모두 폐관廢官(직책은 있지만 벼슬이 없거나 벼슬은 있으나 직책이 없는 자)과 죄인을 등용해서는 안 된다고 명확하게 규정하고 있다. 가벼운 형벌을 받은 사람은 하위 관리도 될 수 없었다. 「행서율行書律」에도 "성실하지 않고 어질지 못한 자에게 공문을 들려 보내지 말라"[9]고 규정하고 있다. 진 왕조에서 '덕'이 어떤 의미가 있는지는 좀더 연구해야 할 것이다.

진 왕조에서 관리에 대한 근무 조건은 재산, 직업, 신분, 학식, 연령 등의 제한이 있었을 것이다. 예를 들면 「내사잡」에 "좌佐를 임명하려면 반드시 장년 이상의 사람을 써야 한다"[10]고 했고 새로 호적을 옮긴 청년을 관리로 등용하는 것을 금지한다고 규정하고 있다.

(2) 입사 방식

진 왕조의 관리 임용 방식은 전국시대의 것을 집대성하여 더 넣은 것도 있고 뺀 것도 있다. 그러나 구체적인 조치는 한나라와 비슷하다. 주요 입사 방식은 여섯 가지로 다음과 같다.

첫째, 징벽徵闢은 위에서 아래로 발탁하는 방식으로 황제 또는 삼공이 관리를 선택하는 제도이다. 보통은 황제가 직접 발탁하며 특채하거나 초청하는 방식으로 뛰어난 인재를 중앙정부의 관리로 발탁하는 것이다.

이러한 인재 등용의 목적은 유명 인사를 널리 모아 정치와 교화에 도움이 되기 위함이었다. 직접 황제에 발탁되어 관리가 되는 것은 당시 가장 영예로운 입사 방법이었다. 황제의 요청을 받은 자는 대부분 빈례賓禮를 받고 고관으로 임명되어 많은 녹봉을 받았다. 단, 징벽으로 초청받은 자는 황제의 명을 받았다고 해서 꼭 응해야 하는 것은 아니었다.

진시황 때의 많은 박사가 이런 방식으로 관계에 진출했다. 숙손통은 문학으로, 왕차중王次中은 예서隸書[11]로 황제의 부름을 받았다. 한나라 초기의 '상산사호商山四皓'(진시황 때에 난리를 피하여 산시성陝西省 상산商山에 들어가서 숨은 네 사람으로 동원공, 기리계, 하황공, 각리 선생을 일컬음) 역시 진 왕조 때 황제의 부름을 받아 벼슬에 나갔다. 또 다른 하나는 공부公府, 군현郡縣에서 관리를 선발했다. 즉 중앙기구의 장관과 군현의 장관 그리고 기타 고위 관리가 국가 규정을 근거로 속리屬吏와 좌리佐吏를 독립적으로 뽑는 것을 말한다. 특히 이 방면에서 승상의 권한이 가장 컸다. 공부, 군현의 속리는 시험 삼아 기용되었다가 장리長吏의 추천과 평가를 거쳐 승진될 수 있었다. 그 가운데 공부의 속관은 지위는 낮았지만 출세하기는 쉬웠다. 당시 이 방식은 중요한 입사 방법이었다. 각 군현에서 능력이 뛰어난 사인은 이 방법으로 벼슬길에 나갔다. 이 가운데 많은 사람이 시험 삼아 기용되었다가 더 높은 직위로 추천되어 중앙 관리나 지방의 장리長吏로 승진했다. 진나라 재상인 이사 역시 이런 방식으로 성공했다. 그는 상국 여불위의 속리에서 시작해 정계까지 진출했다.

둘째, 아래에서 위로 인재를 천거하는 제도를 시행했다. 천거(찰거, 선거, 추택 모두 동일한 의미임)는 자주 볼 수 있는 관리 선발 방식으로 현직 관리가 주로 추천했다. 운몽진간의 『법률문답法律問答』에 쓰인 자료를 살펴보면 현직 관리는 동급 또는 하위급 관리를 추천할 수 있고 자기보다 관직이 높은 직무에 종사하도록 추천할 수도 있었다. 그러나 추천인의 법률 책임 문제와 관련된 법률 조항도 있었다. "다른 사람을 승으로 추천했는데 그 승이 면직되었다. 그리고 사후에 본인이 영이 되었다. 만일 원래 추천받은 사람에게 죄가 있다면 영은 면직되어야 하는가? 아니다. 면직되지 않는다."[12] 단 추천한 사람이 불찰로 파면되면 특정한 상황에서만 책임을 물었다. 이 법률은 "진나라의 법에서 등용한 사람이 일을 잘하지 못할 경우, 각자 그 죄로써 처벌한다"[13]라고 규정한 문헌 기록이 이를 증명한다. 피추천자가 죄를 저지르면 추천인과 피추천인 모두 동일한 죄로 처분될 수 있었다. 진나라 재상 범저가 이 법률 조항을 위반해 재상과 해당 관직에서 파면되고 사형당했을 가능성이 크다. 이러한 법률 규정은 당시에 천거가 매우 중요한 입사 방법이었음을 입증해준다. 때문에 관련 행정법규를 규정해야 했다. 진 왕조는 각급 정부 및 주요 관리가 중앙에 인재를 추천하는 제도를 마련했을 것이다.

셋째, '전공'으로 진 왕조에서 공훈에 따라 작위를 내리는 제도는 전공을 세운 사람을 포상하기 위함이었다. 나라가 오랫동안 전쟁을 치렀기 때문에 조정에서는 전쟁을 수행할 여러 군관을 필요로 했다. 그래서 군공을 세운 사람이 작위를 받고 작위로 관직을 얻게 한 것은 당시에 자주 볼 수 있었던 관리가 되는 방법이었다. 진율秦律에 따르면 노예와 천민도 전공에 따라 작위를 얻을 수 있었다. 이를 근거로 진 왕조의 관료에는 원래 신분은 낮았지만 큰 전공을 세운 사람이 있었음을 추측할 수 있다.

넷째, 납속納粟(곡식을 바침)이다. 진나라 때에는 "백성이 곡식 1000석을 바치면 작위 1등급을 올려주는"[14] 정책이 있었다. 작위가 있어야 관리가 될 자격이 있었다. 곡식을 바쳐 작위를 얻는 것은 사실상 매관육작賣官鬻爵(매관매직)이었다. 그러나 당시의 이런 방법은 농경을 장려하려는 의도가 있었기 때문에 후대의 매관매직과는 차이가 있다.

다섯째, 자천自薦(자신을 천거함)이다. 춘추전국시대 이래로 자천은 관리가 되는 흔한 방법이었다. '모수자천毛遂自薦'의 이야기는 여전히 회자되고 있다. 여러 사인士人이 각 제후국을 다니며 유세하여 관리가 될 기회를 찾았다. 일단 유세가 받아들여지면 말단 관리가 될 수 있었고 객경客卿(다른 나라에서 와서 높은 지위에 있는 사람)에서 장수 또는 재상이 될 수 있었다. 진나라의 재상 장의, 범저, 채택 등은 모두 이런 방법으로 관료가 되었다.

여섯째, 임자任子(조상의 훈공을 갚기 위하여 그 자손에게 벼슬을 내림)이다. 임자란 고위 관료가 자제를 관리로 추천한 것을 말한다. 진 왕조에서 임자 역시 흔하게 관리에 오를 수 있는 방법으로 이 제도는 선진시대부터 시작되었다. 세습 관념이 지배했기 때문에 중국 고대사회에선 성행한 제도다. 운몽진간의 여러 곳에서 "보자葆子"라는 표현이 보인다. 관리의 자제를 위해 '제자적弟子籍'을 두기도 했다. 보통 '제자적'에 들어가면 어느 정도 특권을 누릴 수 있었다. 또한 일정한 조건에서 아들은 전사한 아버지의 공훈과 작위를 계승할 수도 있었다. 「내사잡」에는 '사史'가 있는 자제만 직무를 계승시키기 위해 '학실學室'에서 교육을 받게 했다는 규정이 있다. 몽염이 처음 벼슬할 때도 문음門蔭의 덕을 본 것이다. 진나라 상국인 이사의 아들 여럿은 고위 관리였는데 모두 개인의 재능과 공로로 얻은 것이 아니었다. 이렇게 관리가 되는 방법은 세습 관념의 영향이 매우 컸다. 이는 오직 능력과 공로만으로 선발하는 원칙을 거스르는 것이었지만 후세의 역대 왕조에 비하면 진 왕조의 관리선발 제도는 봐주기식 편의가 많지 않았다. 진 왕조에서 오로지 조상의 은덕에 힘입어 고위 관료가 되기는 매우 어려웠다.

(3) 임용제도

임면제도를 시행하는 것은 관료제도에서 중요한 특징 중 하나이다. 또한 관료제도의 '관리'가 세경세록제도에서의 '관리'와 가장 다른 점은 관료제는 언제든지 임면할 수 있고 종신제가 아니며 세습을 할 수 없다는 것이다. 진 왕조에서 관리의 임면은 제도화되고 법제화되어 관련 정무는 대부분 분명하게 법률 규범으로 정해져 있다. 특히 임용 자격, 임용 방식, 추천자의 책임 등 모두 구체적인 법률 조문으로 규정하고 있다. 이는 관료제도가 성숙했음을 보여준다.

진 왕조에서 관리를 임명하는 것을 "배拜" "제除"라고 불렀다. 정식 임명은 '영令'으로 하달되었다. 운몽진간을 살펴보면 최소한 정식으로 현령과 현승 이상에 임명된 각급 관원은 모두 관인을 받았다. 관인은 관리가 되었음을 입증하는 증거였다. 관리가 되면 관인을 받고 파직되면 관인을 반납해 다른 신입 관원에게 전해졌다. 관리의 임면권은 황제에게 있었기 때문에 중앙 및 지방의 각급 주요 관원은 모두 조정에서 임명했다. 『사기』에 명칭이 보이는 진 왕조의 고위 관리는 모두 군왕이 임명했다. 황제는 백관을 일일이 임명할 수 없었다. 그러므로 진 왕조에서는 아마 한대漢代와 마찬가지로 품계가 낮은 관리의 임명과 이동에 대한 구체적인 권한을 삼공구경에게 내렸을 것이고, 중앙정부가 이를 승인하여 정식으로 임명했을 것이다. 공부, 군현 등 관할 기구의 낮은 등급의 속리는 장관이 법에 따라 독자적으로 선발하고 임명했다.

운몽진간을 보면, 행정과 재무를 맡은 관리의 임면을 규정한 「치리율」, 군사 관리의 임면을 규범한 「제리율」, 고위 관료의 자제에 대한 교육과 임용을 규범한 「제제자율除弟子律」 등 관리의 임면에 관한 행정법규가 있었다. 또한 군공과 작위를 규범한 「군작율軍爵律」과 공로의 보고를 규정한 「중노율中勞律」 등은 관리의 임용제도와 관련된 법률이었다. 이를 보면 진 왕조의 관리 임면제도가 법제화되었음을 알 수 있다. 이들 법률과 법규는 관리의 자격, 임면, 평가, 상벌 및 관련 정무 등에 대해 구체적이고 엄격하게 규정하고 있다. 예컨대 「치리율」을 보면 현縣, 도道, 군郡은 원칙적으로 매년 12월 초에서 다음해 3월 말까지 속리를 임면해야 한다고 규정하고 있다. 만일 사망이나 그 외의 이유 때문에 결원이 생기면 "이를 보충하기 위해 임명 시기를 반드시 지키지 않아도 되었다." 현내 각 관부의 색부嗇夫 등 속리가 면직된 후 현령과 현승은 2개월 내에 반드시 후임자를 임명해야 했다. 관리는 반드시 공식 위임되어야 임직 또는 파견할 수 있었다. 관리는 임명되면 절대적으로 파견에 복종해야 했다. 만일 이러한 규정을 위반하면 '법률에 따라 처분하였다以律論之.' 「치리율」은 또한 색부 등 주관 관리가 다른 직책으로 옮겨갔을 때 "원래 관부에서 일하던 좌리를 신임 관부로 이동시켜 임명할 수 없다"고 규정했다. 즉 부하와 함께 부임할 수 없음을 명시한 것이다. 이러한 법률을 정한 목적은 지방관이 붕당을 만드는 일을 방지하고 권력의 남용을 막기 위함이다.

(4) 관리의 등급

진 왕조의 관리 등급은 분명하였다. 관리는 관료체계에서 주로 권위, 작위, 품계에 따라 등급과 지위를 확정하며 관리의 지위와 권력을 표시하는 조치를 두기도 했다. 이렇게 해서 관리 내부의 권력관계와 등급제도가 만들어졌다.

권위란 권력체계에서 실제 지위를 말하는데, 진 왕조는 보통 직무로 권력의 범위와 크기를 확정했기 때문에 권위는 관직에 따라 달랐다. 실제 정치에서 권력의 크기는 오로지 직무의 높낮이에 따라 정해지는 것이 아니었다. 황제의 측근인 대신의 실제 권위는 보통 직무 자체가 부여하는 권력보다 훨씬 높았다. 진시황 10년(기원전 237)에 '이사가 권력을 장악한' 뒤부터 진시황 28년(기원전 219)까지 그의 신분은 여전히 '경卿'이었다. 승상이 되기 전에도 이사의 실제 권위는 매우 높았다. 진시황의 이런 인사 방식은 중국 고대사회에서 흔히 있는 일이었다.

권위는 관료 간의 상하관계를 보여주는 중요한 지표이다. "벼슬아치는 두렵지 않으나 그가 휘두르는 공권력이 두렵다"[15]고 했다. 당시 상하관계에선 강력한 인신 종속이 심했으며 상사와 부하의 관계는 마치 군주와 신하관계에 버금갔다. 속리는 반드시 주인主官을 '군君'으로 여겨야 하고 신속의 의무를 지켜야 했다. 이러한 현상은 세경세록제도에서 기인한 것으로 당시 사회에 널리 받아들여졌으며 도덕적으로도 아무 문제가 없었다. 또 현실 제도가 밑받침이 되어 위진시대 이후에도 여전히 존재했고 진 왕조에서도 마찬가지였다.[16]

작위란 공훈에 따라 부여된 작위의 높고 낮음에 따라 등급을 확정하는 것을 의미한다. 진 왕조는 작위로 개인의 정치사회적 지위를 표시했기 때문에 작위의 높낮이는 관료 지위의 높낮이를 보여주는 중요한 상징이었다. 예컨대 진나라 때의 낭야 비석을 보면 신하들의 서열이 열후列侯, 윤후倫侯, 승상丞相, 경卿, 오대부五大夫 순서로 새겨져 있다.

품계는 녹봉으로 관리의 서열을 확정했다. 운몽진간과 『한서』「백관공경표」의 기록을 살펴보면 진 왕조는 식량으로 관리의 봉급과 품계를 표시했다. 즉, 품계는 '1000석 관리' '100석 관리' '50석 관리' 등이 있었다. 품계는 관계官階로, 이에 따라 내려진 녹미祿米가 실제 녹봉이었다. 사료의 부족으로 인해 진 왕조의 각급 관리에 대한 구체적인 품계는 설명하기 어렵고 대략 한대와 비슷할 것으로 추측해본다. 예컨대 승상은

1만 석, 군수는 2000석, 현령장은 1000~500석 등일 것이다. '석石'은 녹봉의 수량을 의미하는 도량형이기도 하지만 관계官階의 높낮이를 표시하기도 한다. 품계는 관료 등급을 나누는 중요한 근거 중 하나였다.

진 왕조에서 고위급 관리, 중급 관리 및 저급 관리를 확정하는 주요한 근거는 품계였다. 운몽진간 『법률문답』을 보면 "현대부顯大夫란 무엇인가? 관료가 된 자 가운데 왕이 알고 있고 녹봉이 600석 이상인 자가 모두 현대부이다"[17]라는 구절이 있다. 600석 이상인 자는 '현대부'로서 "대리大吏"로도 불렸으며, 100~600석인 자는 "유질리有秩吏"라고 불렸다. 그리고 100석 이하인 자는 '소리少吏'로 '품계는 두식斗食, 좌리佐史였다.' 진시황은 여불위의 장례를 몰래 치른 사건을 처분할 때 양형의 기준을 '600석 이상' '500석 이하' 등 두 가지로 정했다. 진 왕조의 현대부에는 황제의 측근과 품계가 600석 이상인 관리가 포함되어 있었다. 일반적으로 중앙정부의 삼공구경 및 주요 좌관佐官, 박사博士, 의낭議郎, 낭중郎中, 군급 행정 기관의 군수郡守, 군위郡尉, 군승郡丞, 장사長史, 현급 행정기관의 600석 이상인 현령과 기타 관직이 모두 '현대부'에 속했다. 각급 관리의 정치적 지위와 법률적 지위에는 모두 명확한 차이가 있었다. 예컨대 운몽진산의 「금포율」에 따르면 품계가 있는 관리는 1인당 취사해주는 사람이 한 명 배정되었고, 하루 식량이 1두斗인 관리는 10명당 취사해주는 사람이 한 명 배정되었다.

인수印綬는 관인, 즉 수대綬帶를 말한다. 인수는 관리의 관계, 등급, 직무 및 권한을 상징한다. 인수는 다스리는 관리가 군왕에게 명을 받은 사람임을 표시하고 관인官印의 재료, 수대의 색깔, 관인에 새겨져 있는 문자 등을 통해 관리의 등급과 직권 범위를 나타내는 정치적 기능이 있었다. 실제 생활에서 사람들은 '사방 1촌인 관인과 길이가 2장인 끈'[18]으로

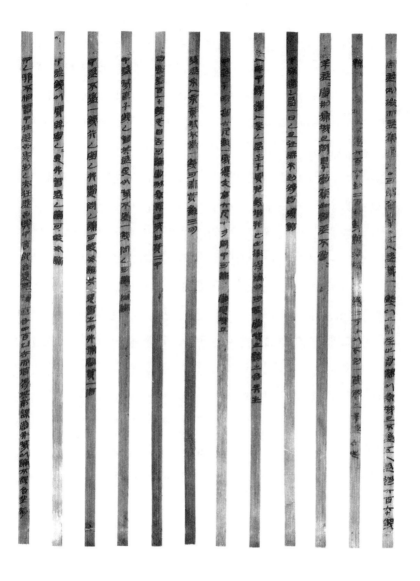

중요한 법률에 있어서 하나하나 예를 들며 문답 형식으로 그 적용의 뜻을 분명히 밝힌
운몽진간의 『법률문답法律問答』.

관리의 지위를 판별했다. 관인은 행정 과정에서 직권을 행사하는 증표였으며 공문서의 서한을 봉하고 창고를 봉하는 데 쓰였다. 한나라 때 승상·태위 등은 금인자수, 어사대부 등 품계가 2000석 이상인 관리는 은인청수, 품계가 600석 이상인 관리는 동인흑수, 품계가 200석 이상인 관리는 동인황수였다. 진 왕조 역시 대체로 마찬가지였을 것이다.

관복과 수레에 대해 알아보면 역대 왕조와 마찬가지로 진 왕조에도 복잡한 수레와 관복제도가 있었다. 수레의 규격과 관면복식의 양식, 색깔, 장식을 통해 관리의 품계, 문무, 직권 등을 표시했다. 거기에는 존비를 드러내고 등급을 판별하며 명분을 보여주는 정치적 기능이 있었다.

조위朝位는 관료가 입궐해서 황제를 대할 때 위치해야 하는 배열 순서이다. 진 왕조의 조위제도는 자세히 알 수 없다. 진시황은 6국의 예를 받아들여 조정의 예의를 제정했는데, 특히 조위에 대해 상세하게 규정했을 것이다. 한나라와 마찬가지로 작위, 권위, 품계, 인수 등을 종합적으로 고려하여 확정했을 것으로 보인다.

(5) 휴가 및 치사致仕(나이가 많아 벼슬을 사양하고 물러남)

진 왕조의 관리에게는 휴가제도기 있었다. 이사의 아들 이유李由는 삼천군수로 있을 때 "휴가를 얻어 함양으로 돌아왔다."[19] 유방은 정장으로 있을 때 "자주 휴가를 내고 시골집으로 갔다."[20]

진 왕조의 관리는 한 왕조와 마찬가지로 재직 기한을 두지 않았지만 종신제를 시행하지는 않았을 것이다. 현존 사료를 분석한 결과, 진 왕조는 세 가지 특징이 두드러졌다. 첫째, 관료의 승진은 나이와 등급의 제한이 엄격하지 않았지만 직무 범위는 매우 엄격했다. 그러므로 관료의 실질적 처우에 있어서 기복이 컸다. 평범한 신분에서 고관대작으로 일약

출세한 사람이 있는가 하면 경상에서 평민, 죄인으로 몰락한 사람도 있었다. 둘째, 임기 제한을 분명하게 두지 않았다. 당시에 각급 관리의 임직 기간은 상당히 길었지만 인사 이동이 빈번하지는 않았다. 한 관직에 오랫동안 일한 사람이 있는가 하면 몇 개월 만에 파직된 사람도 있었다. 셋째, 종신을 보장하지 않았다. 재직하고 있을 때에만 관리였고 재직하지 않을 때에는 평민이었다. 어떤 관직에서 일하든 어떤 봉록을 받든 품계는 누적되지 않고 관직의 지위는 오를 수도 있고 내려갈 수도 있었다. 제도의 이런 특성 때문에 관료의 부침沈浮은 흔히 있는 일이었으므로 관리가 출세하고 몰락하는 것은 사회적으로도 늘 있는 일로 받아들여졌다. 이런 제도에서 관리는 임기의 보장을 받을 수 없고 종신제의 보장이 없었기 때문에 원하는 자리에 재직하려면 그에 걸맞아야 했다. 또한 승진하려면 실적이 있어야 하고 부귀영화를 원하면 혁혁한 공로를 세워 관직을 지켜내야 했다. 이런 제도를 실행함으로써 관리는 더욱 분발하게 되었지만 반면에 다양한 폐단을 낳기도 했다. 관리의 이동과 강등이 실적 평가에 달려 있었던 것은 합리적이지만 당시의 정치체제에서 평가는 우두머리의 의지와 감정의 영향을 받았기 때문에 필연적으로 부작용이 생겨났다. 일정한 자격이 누적되지 않고 상응하는 처우 보장이 없는 것은 관리에게 부정적인 영향을 끼쳤다. 이런 현상은 진 왕조의 관료제도가 미완성된 것임을 말해준다.

법제화된 행정관리

사마천은 진시황의 정치와 통치에 대한 특징을 "모든 일이 법에 따라 결정된다"[21]라고 개괄하였다. 이 말은 반드시 법에 따라 나라를 다스려야 한다는 뜻이다. 법에 따른 통치의 취지는 법에 의거한 행정과 공정한 재판 두 가지이다. 행정관리를 법률로 정한 것이 진 왕조의 정치제도에서 가장 두드러진 특징이다.

(1) 초기 형태의 행정법규 체계

행정은 국가의 조직활동이며 행정법규는 각급 정부의 행정 행위를 규범하는 법률이다. 운몽진간에는 행정 관리와 직무 행위를 규범하는 법규가 상당히 많다. 예를 들면 정위기구의 행정관리에 관한 「위잡」, 치속내사기구에 관한 「내사잡」, 사공기구에 관한 「공율工律」, 공거사마기구에 관한 「공거사마렵율公車司馬獵律」, 호적에 관한 「전율」, 요역에 관한 「요율」, 문서 전달에 관한 「행서율」, 변방 사무에 관한 「둔표율」, 술戌 지역 관리에 관한 「술율」, 역참 음식물의 공급에 관한 「전식율」, 국경 출입에 관한 「유사율游士律」, 소수민족에 관한 「속방율屬邦律」 등 많은 성문화된 단행 행정법규가 있다. 관련 법률의 내용은 경제, 군사, 외교, 사법, 사회 치안, 감옥, 호적, 교통, 문화, 교육 등의 분야까지 아울렀다. 이들 자료를 보면 진 왕조는 각종 행정관리와 관련된 법률과 법규를 두고 '법지依法治國'의 법행정依法行政'을 구현했다고 추측할 수 있다.

진 왕조의 행정법규 규범은 완성도가 높고 구조가 치밀하며 규정이 명확했다. 운몽진간의 「요율」을 예로 들면, 현령은 금원禁苑 주변에 농토를 가지고 있는 백성을 징발해서 방어를 위한 토목사업을 시킬 권리가 있었다. "신분의 귀천을 구분하지 않고 농지의 크기에 따라 다소 달랐다." 또한 현급 정부기구는 관아 등 공공기관을 재건하려면 반드시 상급에 보고해야 했고 수리를 위한 토목공사에 대해서는 반드시 작업량을 정확하게 계산해야 했다. 만일 계산이 사실과 다르면 작업량을 계산한 자를 법으로 처분했다. 이는 현급 정부기구가 요역을 징발할 때 할 일, 할 수 있는 일, 반드시 해야 할 일, 해서는 안 되는 일, 규정 위반으로 생기는 뒷일 등에 대해 명확하게 규정하고 있다. 규범의 유형을 살펴보면 권한 위임형 규범, 의무형 규범, 금지형 규범, 징벌형 규범 등을 포함한다. 진 왕조의 행정법규는 대부분 확정성 규범에 속하며 규칙의 내용, 적용 조건 및 제재의 척도에 대해서 구체적으로 명확하게 규정되었으며 심지어 계량화하는 데까지 도달했다. 개별적인 법률에서는 관리에게 정황을 참작하여 처리하도록 허용하고 변통할 만한 여지를 남겨두었다. 상당히 체계적인 행정법규는 '의법 행정'을 가능하게 했다.

진 왕조의 관법官法과 관규官規는 진시황이 법으로 관리를 다스리려는 법치 이념과 행정관리를 법제화하려는 의도를 충분히 구현하고 있다. 또한 내용이 광범위하고 규범이 엄격하여 조문이 구체적이고 처벌이 매우 중했다. 진 왕조의 행정법규에서 규정한 법률 제제로는 경제적 제제, 행정 강제, 행정 처벌, 형사 처벌이 있다. 진 왕조에서는 관리가 행정법규를 위반하면 가혹하게 처벌했다. 일부 혹독한 요역에 처한 행정 처벌은 형사 처벌과 다름없을 정도였다. 관리가 법규를 위반하면 걸핏하면 구두로 처벌을 내렸으며 '자순貲盾' '자갑貲甲'은 일상적인 형벌에 속했다. 심한 경우에는 '자요貲徭' '자술貲戌' '면免' '폐廢'를 처분하기도 했다. 법을 위반한 관리를 변방에 유배 보내어 고역에 종사하도록 한 처분은 자주 있었다. 중벌주의의 형벌 원칙은 관료들에게도 똑같이 적용되었다.

(2) 관료의 정치 규범

주나라나 한나라와 비교해볼 때 진 왕조는 관리를 다스리는 법을 가장 엄격하게 적용했다. 이점은 관리에 관한 규정과 법률이 매우 많으며 엄격하고 단호하게 관철시킨 데서 잘 알 수 있다. 진 왕조의 관료 규범에는 두 가지 근원이 있다. 첫째, 국가가 제정한 기본 제도, 행정법규, 관련 정령, 조례 등이다. 이들은 강제성을 띤 행정 규범이고 법률 규범이다. 둘째, 당시에 성행하던 관리 행동 규정은 사회적으로 통행되는 도덕적 규범이었다.

진시황은 '법法'을 나라를 다스리는 유일한 방법으로 삼았고 크고 작은 정무를 규정에 따라 집행하려고 했기 때문에 각종 행정법규는 각급 관료의 실무 행위를 규범하는 주요한 수단이었다. 관련 규정의 직책은 분명하고 상세했으며 구체적이고 엄격했다. 공로가 있는 자는 상을 받고 잘못이 있는 자는 벌을 받는 등 상벌 모두 법에 따랐다.

진 왕조의 법률은 관리에게 요구하는 바가 다양했다. 『법률문답』을 보면 관리는 반드시 직책을 이행해야 하며 오로지 백성을 위하고, "백성을 위해 일하지 않고 악행을 저지른" 관리는 유형流刑에 처했다. 또 관리에게 정령에 복종하며 법에 따라 일하도록 하여 기강을 엄격하게 세웠다. 또한 "하지 말라고 했는데 하면 이를 '범령犯令'했다고 하고 하라고 규정했는데 하지 않은 것을 '폐령廢令'이라고 한다"고 명확하게 규정하여 범령과 폐령을 저지른 자에 대해 법률을 근거로 처분을 내렸다. 『진율잡초秦律雜抄』는 관리에게 군주의 명령을 성실하게 집행하고 불경한 마음을 품으면 안 된다고 강조했다. 겉으로는 황제의 정령을 받드는 것처럼 보이나 실제로는 거스르고 집행하지 않는 자에 대해 '변방에 유배 보내 척후병으로 삼는 벌耐爲候'로 처벌했다. 황제의 명령을 낭독할 때 태도가 불경한 자는 파면하고 영원히 기용하지 않았다.

법을 거스른 관리는 민사, 행정, 형사의 책임이 있었다. 관리가 공정하게 법을 지키고 진심으로 백성을 위해 일하도록 하기 위해 진 왕조의 법률은 각종 직무상 과실과 근무태만 죄를 엄격하게 규정했다. 민사책임 측면에서 직무상의 과실로 국가 재산에 손실을 입히면 일률적으로 배상하도록 했다. 행정책임 측면에서 근무에 태만한 자는 면전에서 호되게 꾸짖거나 벌금을 내게 했고 관직과 직책을 강등하거나 파면시켰다. 능력이 부족한 관리는 면직시켰으며 죄가 심각한 자는 관리의 대장에서 제적시키고 영원히 등용하지 않았다. 형사책임 측면에서 직무상 범죄에 속할 경우 일률적으로 형사책임을 지고 중한 형벌에 처했다. 『법률문답』 등의 규정에 따르면, 직무상의 편의를 이용하여 공금을 횡령한 자에 대해서는 "도둑과 같은 죄與盜同罪"를 적용했다. 관리가 사건을 잘못 처리하면 형사책임을 져야 했다. 만일 고의로 사건을 불공정하게 처리하면 국경으로 유배시키는 중형에 처했으며, 추천을 받아 관리가 된 사람이 죄를 범하면 추천한 자도 함께 책임을 졌다. 진 왕조의 법률 가운데는 뇌물수수에 대한 처벌이 매우 엄격했다. 『법률문답』의 해석에 따르면 뇌물을 주면 "얼굴 묵형黥城旦罪"에 처해졌다. 뇌물을 받은 자에 대한 처벌도 매우 무거웠을 것이다.

　일반적인 도덕 규범으로 관리를 훈계하는 것 역시 진 왕조에서 관리를 다스리는 중요한 수단이었다. 진시황은 공적을 기리는 여러 비석에서 여러 관리의 도덕 규범을 제기했다. 운몽진간의 『위리지도』와 『어서』 등도 도덕 규범이 관리를 다스리는 데 많은 영향을 끼쳤음을 잘 보여준다.

　『위리지도』는 한 장의 교령敎令처럼 보이지만 도덕 지침서이기도 하다. 4자를 1구로 하거나 민요 형태의 운문으로 내용을 기록했다. 그 내용에는 관리의 처세 도리, 규칙, 계율과 백성을 다스리는 관리의 각종 행위에 대한 시비와 선악의 기준 등이 있다. 『위리지도』는 진나라에서 금하는 것을 많이 기록했다. 아마도 춘추전국시대에 각국으로 전해져서 오랫동안 유행하던 관리 잠언집이었기 때문일 것이다. 진시황의 법리法吏가 이 책을 베껴 기록하고 소장한 것을 보면 당시 얼마나 영향력이 컸는지 잘 알 수 있다.

『위리지도』에 "군주가 품으면 신하는 충성하고 아버지가 자애로우면 아들은 효도한다. 이것이 바로 다스림의 근본이다. 뜻을 관철시키면 관리가 다스려지고 윗사람이 밝으면 아랫사람이 지혜로워지는 것이 다스림의 기율이다"[22]라는 구절이 있다. 이 책은 정치윤리와 시정 이념에서 출발하여 관리가 반드시 준수해야 하는 각종 준칙과 주의해야 할 사항을 체계적으로 나열했다. 『위리지도』를 당나라 무측천武則天의 저서『신궤臣軌』와 비교해보면 기본 내용이 매우 비슷하다는 것을 알 수 있다.

도덕과 품성의 측면에서『위리지도』는 모든 관리에게 청렴정직, 신중함, 꼼꼼함, 공정함, 온화함, 가혹하지 말 것, 치우침 없는 상벌, 관용을 요구하고 있다. 또한 관리는 매사에 엄격하나 난폭하지 않으며 청렴결백하고 남을 해치지 않아야 하고 위세로 남을 괴롭히지 않고 감정을 자제해야 했다. 이러한 도덕 규범은 후대 관리 지침의 전신이 되었다.

정치에서『위리지도』는 상하관계를 규정하였다. 아랫사람에게 "윗사람을 공경하고 범하지 말며敬上勿犯" 명령에 복종하고 매사에 신중히 처리하여 직분을 다할 것을 요구했다. 상사에게는 "아랫사람을 자애하며 업신여기지 말고慈(慈)下勿陵" 백성의 모범이 될 것을 요구했다. 그리고 권력을 행사할 때에는 신중하게 사람을 잘 살펴 적재적소에 사용하고 능력에 따라 인재를 등용하도록 했다. 속리에게는 정사를 잘 돕게 하고 그들이 관직과 녹봉에 만족하지 못하게 하며 정령을 정확하게 시행하고 조석변개하지 못하게 했다. 또 등급제도를 지켜 백성의 헛된 욕망을 억제하고 사악한 무리를 압제하라고 하였다. 백성에 대해서는 "그 능력과 역량을 정확하게 파악하여" "해로움은 없애고 이로움을 살려 자애하고" "행하여 기쁘게 하고 공경하여 일으키고 은혜를 베풀어 모으고 관용을 베풀어 모은다." 구체적인 조치를 살펴보면 다음과 같다. 시정을 베풀 때에는 광명정대하게, 사건을 재판할 때에는 공정하게 한다. 불충하고 의롭지 못한 사람에게는 벌을 내리고 고아, 독거노인, 노약자는 구제한다. 황무지를 개간하여 논밭을 확장하고 요역과 부세의 균형을 맞추고 무죄한 사람에게 죄를 씌우지 말아야 한다. 부세 징수를 가혹하게 하지 말고 백성의 힘을 남용하지 말고 백성을 두렵게 하지 말아야 한다. 또 백성을 고의로 괴롭히지 말고 거드름 피우지 말고 백성에게 화내지 말도록 당부했다. 이들 도덕 규범은 후세의 "임금에게 충성하고 나라에 보답한다忠君報國" "백성을 자식처럼 사랑하라愛民如子" 등과 매우 비슷하다.

도덕 수양의 측면에서 『위리지도』는 모든 관리에게 "행실을 올바르게 하라"고 하였다. "처신을 재계齋戒하듯 하고 언행은 맹세하듯 하며, 나가면 공손하고 기강을 준수하며 밝기가 빛이 있는 것과 같이" 할 것을 요구하고 있다. 모든 관리에게 항상 조심하는 마음을 잃지 말고 "써버린 재물은 돌이킬 수 없으니 경계하고 경계하라. 계략은 되돌릴 수 없으니 조심하고 조심하라. 내뱉은 말은 따라잡을 수 없으니 신중하고 신중하라. 먹어버린 것은 되돌려줄 수 없으니 지극하고 지극하라"를 깊이 새기도록 했다.

처세 철학의 측면에서 『위리지도』는 모든 관리에게 "마음이 모가 나서도 안 되고 이름을 드러내기 좋아해서도 안 된다. 밖을 둥글게 하지 않는 것이 곧 화의 문禍之門"임을 마음속 깊이 새기고 "화가 나도 기뻐할 줄 알고 즐거워도 슬퍼할 줄 알며 현명하지만 바보처럼 굴 줄 알아야 한다. 그리고 힘이 세지만 약할 줄 알고 용감하지만 굴복할 줄 알며 강하지만 유약할 줄 알고 어질면서 참을 줄 알며 횡포해서는 안 된다"는 것을 명심하라고 했다. 또한 "편안하고 즐거울 때 반드시 조심하여 후회할 일을 만들지 말라"고 당부했다. 재물 앞에서 구차하게 얻으려 하지 말고 어려움을 당하였을 때 구차하게 모면하려고 하지 말라며, "부자가 된 것을 기뻐하지 말고 가난하게 된 것을 꺼리지 말며 몸가짐을 올바르게 하면 화는 가고 복이 온다"는 점을 명심하도록 했다. 아울러『위리지도』는 관리에게 충성과 정직을 강조하고 "앞으로 나아갈 때 신중하고 물러설 때 조심"해야 하며 자기 자신만 위하지 말고 절제 있게 행동해야 "화는 가고 복은 남는다"고 당부했다.

당시에 널리 퍼졌던 관리 지침서이자 조항을 보면『위리지도』는 법령의 강제력은 없었지만 도덕적 구속력이 있었음은 분명하다. 특히 일부 내용은 정령과 법규에 포함되기도 했다. 그 중『어서』가 대표적이다.『어서』는 군수가 속한 현과 도의 관리에게 배포한 조항으로 정령 법규의 성격이 있었다.

태수가 배포한 교령教令을 살펴보면 '신하된 자'는 '충성'해야 하고 '좋은 관리良吏'는 충직하고 온후하며, '청렴廉潔'하고 '공정有公心'하며 '스스로 올바르게 처신能自端正'해야 한다. 그리고 '법률과 법령을 잘 알며' 권리와 이익을 다투지 않아야 한다고 밝혔다. '나쁜 관리惡吏'는 법령을 모르고 정무를 익히지 않으며 구차하고 게으르며 시비를 조장하고 교언영색하다. 또한 자만하고 명리를 다투고 허위를 날조하며 뇌물을 받고 법을 어기는 특징이 있다. 군수가 배포한 교조에서는 나쁜 관리는 법으로 엄단해야 한다고 밝혔다. 이러한 각종 도덕 규범은 구속력이 있었다.

진 왕조 말기에 천하가 혼란해지자 백성들은 시정과 관리를 비판하며

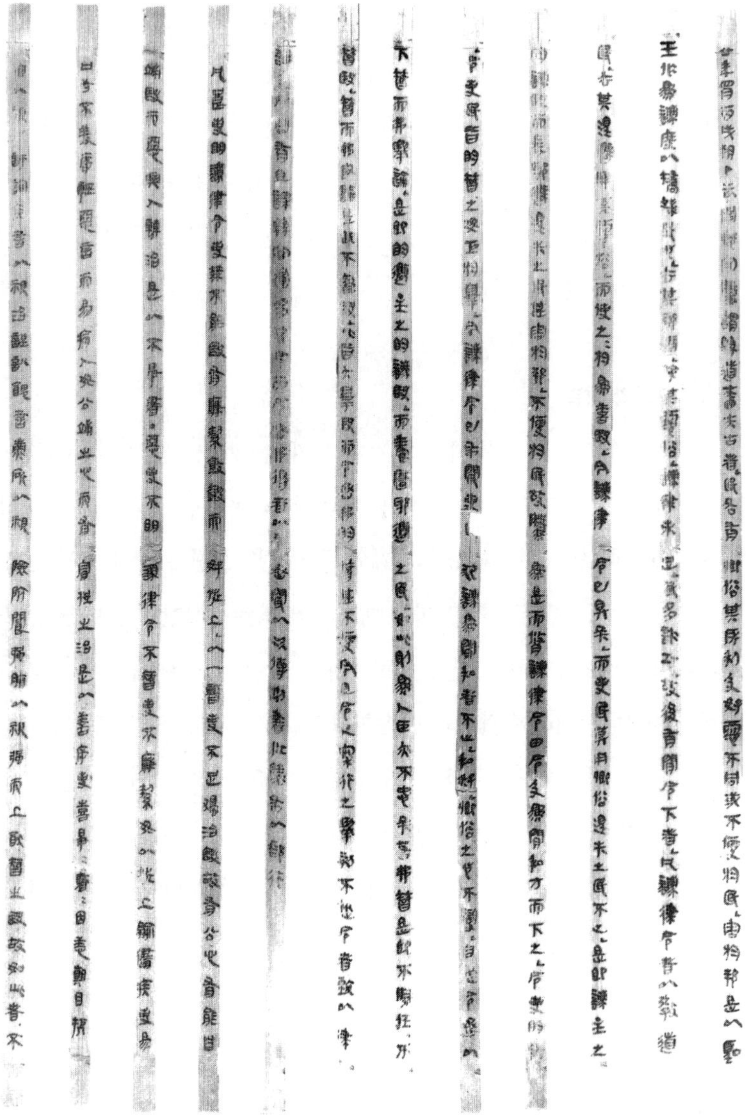

진나라 때 군수의 권력을 연구하는 데 있어 믿을 만한 사료를 제공하는 운몽진간의 『어서語書』.

진나라의 정치가 폭압적이고 법과 관리가 가혹하다고 했다. 하지만 진나라의 관리가 탐욕스럽다고 한 사료는 극히 적었다. 이런 사실로 미루어 보면 진시황 통치 시기의 관리는 상당히 청렴했음을 알 수 있다. 진시황의 관리는 게으르지 않았으며 효율성도 매우 높았다. 관리의 품행과 치적이 투명했다는 점은 진시황이 천하를 통일하고 제업을 달성할 수 있었던 중요한 이유 중 하나였다.

(3) 고과와 상벌

진 왕조 때 각급 관리에 대한 평가는 상계上計제도를 통해 이루어졌다. 상계제도는 진 왕조의 중앙 조정이 지방정부와 관료를 통제하고 관리하는 중요한 제도였다. 이 제도는 황제와 중앙정부가 전국 각지의 인구, 토지, 자원, 수입, 치안 상황을 파악하고 통제하는 중요한 수단이었다. 또한 문무백관을 감찰하고 실적을 평가하여 잘한 것에 대해 상을 내리고 못한 것에 벌을 내리며 관리를 단속하고 부세와 요역을 징수하는 중요한 수단이었다. 상계제도의 형식은 관리 평가가 주가 되었으며 지방의 각급 관리를 통제하려는 목적이 있었다.

상계제도란 각급 지방정부가 정기적으로 상급 정부에 관할 지역의 기본 상황을 보고하는 제도이다. '계計'는 곧 '장부(계부計簿)'를 의미한다. 각급 정부는 정무상의 필요 때문에 반드시 기구와 관직을 두어 호구, 토지, 작황, 재정, 치안 등의 내용을 부적簿籍(관아의 장부나 문서)에 기록하여 부세와 요역을 징수하고 지출을 계획하며 정책을 마련하는 근거로 사용했다. 이것이 바로 '계計'이다. 각급 정부는 규정에 따라 관련 상황을 상급 정부에 보고하였는데 이것이 바로 '상계上計'이다. 상계는 하급이 상급에 정무를 보고하고 상급이 하급의 정무를 평가하는 기능이 있었다.

이 제도는 군현제가 수립되면서 함께 생겨났다.

진시황은 이런 상계제도를 더욱 강화했다. 진 왕조는 10월을 정월로 정했기 때문에 상계 기간은 대체로 8, 9월에 이루어졌다. 한 왕조는 진 왕조의 제도를 받아들였는데 한 고조 때에는 승상부에 "영주군국상계領主郡國上計"[23]만을 책임지는 전문 관리를 두기도 했다. 진 왕조 역시 이러한 제도, 기구, 관직을 두었을 것이다. 매년 연말 각군에서는 반드시 관리를 조정에 보내 호구, 황무지 개간, 조세 등을 중앙정부에 보고해야 했다. 상계하는 자는 반드시 관련 장부를 지녀야 했다. 즉 「금포율」에 소개된 것처럼 "함께 보고했다." 각군이 상계하기 전에 소속된 현에서는 먼저 정기적으로 보고할 내용을 수집했다. 각급의 말단 관리는 직책에 따라 평가한 다음 현령이 해당 현의 상황을 수집하여 군에 상계했다. 군에서는 상계 내용을 장부와 대조하여 실적에 따라 가장 낮은 '전殿' 등급과 가장 높은 '최最' 등급을 평정했다. 군에서는 각 현에서 상계한 내용을 종합한 다음 조정에 보고했다. 중앙정부는 평가 결과에 따라 각 군의 등급을 정했다. 사실 상계제도는 매년 전체 관리를 전면적으로 조사하고, 단계별로 아래에서 위로 정무를 보고하며 위에서 아래를 평가하는 제도였다. 평가 자료는 문서로 보관되었고 평가 결과에 따라 좌천과 강등, 상벌이 결정되었다. 평가에서 '최最' 등급을 받은 자는 승진하고 잘못과 과실이 있는 자는 징벌, 강등, 작위 취소 등의 처분을 받았다.

진 왕조에서는 법제를 중시했기 때문에 관리가 법을 알고 이를 지키며 잘 집행하는지에 대한 여부가 평가에서 중요한 내용이었다. 운몽진간의 『어서』가 그런 사례를 잘 보여주고 있다. 『어서』 중 군수의 교계敎誡에는 소속된 각급 관리에 대한 공문서가 있는데 여기서 관리는 법을 알고 이를 지키며 집행한 상황은 감찰 및 평가의 중요한 내용이라고 분명하게 밝히고 있다. 법령을 잘 아는 자가 좋은 관리이며 법령을 잘 모르는 자가 나쁜 관리였다. 법률을 모르는 관리는 필연적으로 부도덕하고 무능하며 불충하고 불의하여 벌을 받지 않을 수 없었다. 또한 관리가 법률을 잘 배우지 않거나 범령犯令한 자를 잡지 못할 경우, 또는 소속 관리와 백성이 법을 어겼는데도 이를 알지 못한 경우 모두 처분을 받았다. 만일 영과 승에게 이러한 문제가 있다면 군수가 상급 정부에 보고하여 처리했다. 또한 『어서』는 행정체계에 따라 위에서 아래로 감찰하고 평가했다는 정보를 알려주고 있다. 군수와 현령은 군과 현의 소속 관리를 감찰하고 평가하며 처분했다. 현관에게 잘못이 있으면 군수가 위에 보고하고 처리할 권한이 있었다. 행정체계는 중앙정부-군-현-향의 단계별로 감찰하고 평가하는 제도로 구성되어 있다.

통제 시스템의 강화와
감찰·간관제의 보완

진시황은 정치제도의 발전에 크게 공헌했다. 특히 감독통제 관련 제도를 전면적으로 강화했다. 시황제는 기존의 행정체계와 정치 감독, 통제, 감찰 이외에 상대적으로 독립적이고 자체의 체계를 지닌 감찰기구와 직관체계를 세웠다. 그리고 언관을 늘려 언간言諫제도를 한층 강화했고 국가의 감독통제 제도를 정비하여 행정감찰과 사법감독 활동을 크게 제도화하고 법제화했다.

이런 직능은 행정 관원, 감찰 관원, 간의諫議 관원이 각각 본분을 나누어 책임졌다. 정규 행정체계에서 각급 행정기구에 행정을 감독 통제하는 직능이 있었으며, 승상에서 군현의 우두머리에 이르기까지 정무를 보고하고 상사에게 직간하며 부하 관리를 감찰하고 백성을 살피는 직책이 있었다. 그 외에도 승상, 군수, 현령 등으로 구성된 감독통제, 감찰체계가 있었다. 예를 들면, 군수 겸 군령은 군내 각급 관리의 직책을 감찰하여 매년 속현을 순시하고 속리 및 백성과 널리 접촉하여 지방의 실상을 고찰하며 백성을 두루 살펴 중앙정부에 보고했다. 운몽진간의 『어서』는 바

로 이에 대한 믿을 만한 실증 사료를 전하고 있다. 또한 제도화된 상계上
計 기능도 있었다. 정규 행정체계 이외에 진시황은 정치 상황을 감독통제
하고 백관을 감찰하는 일만 담당하는 기구를 두었다. 진시황은 어사대
부를 부승상으로 삼아 독립적인 관청을 두고 중앙에서 지방에 이르기까
지 오직 감찰만 담당하는 직무체계를 설치했다. 어사기구 계통은 직접
황제에 대한 책임을 졌고 백관 감찰 및 정치 상황을 감독하고 통제하는
일을 맡았으며 전체 관료체계에서 상대적으로 독립성을 지녔다. 진시황
은 조정에서 토론하는 의사議事제도를 중시했다. 그는 전국시대의 관련
제도를 이어받아 더 발전시킴으로써 다른 관직과 겸직하게 하거나 전문
언관의 숫자를 늘렸다. 진 왕조에서 간의직관 체제는 이제 막 형성되었
으나 전문 간관은 이미 존재했다. 간관의 설치는 기왕의 조정 의사제도
와 결합하여 간의諫議제도를 강화했다. 간의제도 및 관련 제도의 발전은
중앙정부의 정책결정 제도를 한층 강화시켰고 정치의 감독과 통제, 관리
의 감찰을 강화하는 데 중요한 채널과 수단이 되었다. 진한시대 이후 감
찰제도와 언관제도의 발전은 중앙집권 정치의 변화 발전에서 중요한 부
분을 차지했다. 진시황은 바로 감찰제도와 언관제도의 첫 단추를 끼운
인물이있다.

다음은 진 왕조와 관련 있는 제도의 역사적 뿌리, 이론적 근거, 구체
적인 내용을 소개하고자 한다.

간의제도, 감찰제도의 역사적 뿌리

중국 고대의 간의제도, 감찰제도의 역사적 뿌리는 매우 깊다. 왕권이

끊임없이 강화되면서 황제제도와 함께 이 간의제도도 발전했다. 문헌의 기록에 따르면, 전설의 요순과 우임금 때에도 이러한 정치제도가 있었으며 중앙집권 정치가 생겨난 초기에 전문 기구와 관직이 나타나기 시작했다. 황제제도 아래서 간의제도와 감찰제도는 진한 때 어느 정도 규모를 이루었고 수당시대에 가장 발전했다. 간의제도와 감찰제도는 중국식 군주전제 제도가 각종 권력기구와 권력자에 대한 감독 및 통제를 강화하기 위해 스스로 설치한 것으로, 이런 제도가 점차 무르익으면서 함께 발전했다. 즉 간의제도와 감찰제도는 역대 군주가 자신의 실책을 사전에 막고 정치 형세를 통제하지 못할 것을 우려하여 특별히 설치한 것으로 군주와 관리, 백성을 감시하는 여러 정치적 기능이 있었다. 특히 간의제도는 군주를 감시하는 기능이 뚜렷했고 감찰제도는 관리를 감시하는 것이 주요한 업무였다. 현실 정치를 살펴보면 포부가 큰 황제는 이런 제도에 힘을 실어주었고 관련 시스템과 법적인 절차를 어느 정도 존중했다. 진시황도 예외는 아니었다. 그는 간의와 감찰제도를 훌륭하게 이용했으며 이들 제도가 발전하도록 역사적인 기여도 했다. 단지 진시황의 폭압을 강조하고 진나라의 제도가 전횡적인 점을 과장하는 바람에 이들 제도에 대한 심층적인 분석을 하지 못했고, 정확하고 전면적인 평가를 하지 못했을 뿐이다. 진나라 제도의 원리, 내용, 특징을 깊이 연구하고 분석해보면 중국 고대의 군주제도를 깊이 있게 인식하는 데 도움이 될 것이다.

간의, 감찰제도는 대체로 상호 보완적이고 서로 밀접한 관계가 있다. 두 종류의 관직은 언관의 범주에 속하여 "언로관言路官"으로 불리기도 했다. 언로言路라 자처하고 언간言諫에 종사하는 언관은 군주의 귀, 눈, 혀가 되었으며 법도를 바로잡고 감찰하는 관리였다. 그들은 군왕에게 직간하고 백관을 감찰하며 정정을 감독하고 통제하는 중임을 맡았다. 간의 관, 감찰관 체계는 직능은 비슷하지만 서로 예속하지 않고 분업하여 상호 보완했다. 언관의 주요한 일은 군주에게 간언을 올리고 관리를 올바르게 단속하며 백성의 풍습을 바로잡는 일이었다. 그들은 관직은 낮았지만 막강한 권한을 지녀서 예로부터 온갖 고초를 겪지만 없어서는 안 되는 요직이었다. 언관을 둔 목적은 결국 왕권지상의 정치체제와 일가일성—家—姓의 왕조를 유지하기 위해서였다. 언관의 설치는 군주가 자아를 어떤 한계 밑으로 예속시키고, 그 안에서 자아를 조정하고, 감독하는 방식으로 군주전제를 실현하고 달성하는 것이 핵심적인 의의였다. 언관은 유명무실할 때가 많았지만 군주정치에는 매우 중요했다. 그리하여 최소한 당송시대 이전에 관련 체제가 날로 강화되면서 정비되었으며 관련 관직이 계속 늘어났다. 심지어 '전횡' '폭압'적이라는 악평을 받은 진시황도 관련 제도를 정비하는 데 많은 기여를 했다. 이는 연구해볼 만한 역사적 현상이다.

일부 학자는 중국의 고대 감찰제도를 국가 정권 내부의 "만리장성"[24]으로 비유하기도 했다. 즉 국가와 군주는 감찰제도가 관리를 통제하고 기강을 단속하는 방어장치라고 여겼던 것이다. 사실 간의제도도 이렇게 비유한다면 감찰제도보다 훨씬 중요할 수 있다. 만일 이런 비유가 성립된다면 진시황은 국가와 황제를 위해 두 개의 '만리장성'을 구축한 셈이다. 즉 하나는 군사적 토목공사로 흉노족을 막기 위해 쌓은 만리장성이고, 나머지 하나는 정교한 통치 수단으로 내란을 방어하기 위한 정치적 장치였다.

진시황이 선대의 군왕이 남겨놓은 방어체계를 기반으로 만리장성을 수리, 강화하고 확장한 것처럼 정치 감독통제 체제 역시 진시황이 과거 진나라에서 계승한 각종 정치적 장치를 토대로 정비하고 확충한 것이다. 문헌을 살펴보면 감시통제, 감찰제도의 전설은 삼황오제 시대로 거슬러 올라갈 수 있다. 황제黃帝는 명대明臺에서 나랏일을 논의했고 당요唐堯는 구실衢室에서 백성의 뜻을 물어보았다. 우순虞舜은 비방지목誹謗之木을 두었는데 이는 자신의 그릇된 정치를 지적받기 위해 궁궐 다릿목에 세운 나무이며, 하우夏禹는 '감간하는 북敢諫之鼓'을 궁궐 문 앞에 설치해 잘못된 정치가 있으면 지위의 높고 낮음을 막론하고 두드릴 수 있게 했다. 감간은 감히 임금에게 간한다는 뜻이다. 상나라 탕임금은 큰길 가에 있는 정자에서 백성이 하는 말을 들었으며 무왕은 영대靈臺를 세워 보고를 들어 백성의 뜻을 잘 살폈다. 이들 정치적 장치는 모두 선왕과 성군이 언로를 활짝 열어놓고 비판을 들으며 백성을 잘 살피기 위해 둔 것이다. 당시에는 조정에서 이루어지는 토론과 사악四嶽(천지 사방의 제후)이 하는 토론, 백성의 토론 그리고 감찰하는 관리와 언관인 간관도 두었다. 삼황오제와 하상주 삼대의 왕들은 민의를 받아들여 조정을 이끌었으며 정무를 감독하고 백관들을 감찰했다. 이런 전설은 결코 근거 없는 것이 아니라 상고시대 군주정치의 특징을 어느 정도 보여준다. 기존의 연구 성과를 살펴보면 학자들은 하상주 시대에는 간언과 논쟁을 전임한 관련 기구와 관직이 없었으며 관련 법률 절차도 없을 것이라 보고 있다. 또한 일부 정치적 기능은 주로 각종 정치적 관례, 의사제도, 신하의 정치적 의무, 비제도적인 채널로 달성되었다고 보고 있다. 실제 상황이 어떻든 관련 정치적 전설과 전통은 모두 제도가 형성되고 발전하는 역사적 뿌리이다.

『상서』『시경』『좌전』『국어』『주례』 등 문헌의 기록을 살펴보면, 서주시대와 춘추시대의 삼공三公, 사보四輔, 경사卿士, 좌관佐官 모두 직간과 논쟁을 할 수 있는 권한과 의무를 지녔다. 또한 일부 기구와 관직은 민의를 수집하여 성실하게 황제에게 바치고 정정을 감시하고 통제하는 역할을 맡았으며 여러 정치적 관례가 되었다. 『상서』의 「주고酒誥」 편은 옛말을 인용하여 "사람은 물에 비추어 볼 것이 아니라 백성을 거울로 삼아야 한다"[25]고 주장했으며 『시경』 「대아 민로」 편에서는 "왕이 그대를 보배처럼 여기니 크게 간한다"[26]라고 노래했다. 이는 기록 가운데 가장 일찍이 나타난 '간諫'이라는 문자이며 간언의 사상과 행위를 보여준다. 당시 사람들은 바람직한 정책 결정 방법이란 '천자가 정황을 듣고 공경을 비롯하여 열사에게는 시를, 소경에게는 노래를, 태사에게는 사서를, 소사에게는 잠箴을 바치는 것이라 했다. 그리고 수에게 시를 읊게 하고 몽에게는 문을 암송하게 했다. 가까이 있는 신하는 바른말을 간하는 데 최선을 다하고 임금의 친척들은 임금의 잘못을 살펴 옳고 그름을 잘 판단하게 해야'[27] 한다고 생각했다. 즉 언로를 크게 열고 박사들이 올린 의견을 두루 듣고 널리 받아들인 다음 "왕이 신중히 고려하여 결정했다."[28] 이것이 바로 '선왕先王의 정치'이고 '성왕聖王의 제도'였다고 한다. 『주례』에도 정치적 감독과 통제, 행정감찰의 기능이 있는 정치적 장치와 직관의 직책을 기록하고 있다. 주 여왕은 위무衛巫에게 "비방을 감시監謗"[29]하게 했다. 이로써 무사巫史와 같은 관식은 간언과 논쟁, 감찰 직능을 맡았으며 이는 매우 오래된 정치적 전통임을 추측할 수 있다. 이들 전통과 관련된 사상, 장치, 제도는 중국 고대의 간의제도, 감찰제도를 확립하는 데 역사적인 근거와 문화적 바탕 및 경험과 교훈이 되었다.

춘추전국시대에 각종 감시 및 통제, 감찰의 메커니즘은 점차 제도화되었다. 이때의 문헌을 보면 군주가 언로를 열어 간언을 받아들이고 신하도 적극적으로 간언을 올리는 한편 감찰을 강화한 기록이 곳곳에서 보인다. 정나라의 집정인 자산子産은 향교를 허물지 않았으며, 제나라 위왕은 간언하는 언관을 중용하였고 다른 많은 권세가가 사士를 양성하여 정사를 논의하는 것 등이 오랜 세월 전해졌다. 제 환공은 '책실嘖室을 두어 논쟁을 하게 하고' '직언極言'을 경청했으며 동곽아東郭牙를 보내 '대간大諫'을 맡게 했다. 또한 그에게 간언을 올리고 현명한 인재를 뽑는 일을 책임지게 했다.[30] 책실은 아마도 전문 기관일 것이다. 환공은 재상 아래에 대전大田, 대행大行, 대간大諫, 대사마大司馬, 대리大理 등 '오관제도五官制度'를 두었다. 특히 대행은 조회와 제사의 의례 규칙에 대한 감독을 전담했으며 그 직능은 진한시대 이후의 시어사侍御史, 전중어사殿中御史와 비슷했다. 대간은 군주에게 간언을 올리는 일을 책임졌으며 그 직능은 후대의 간의대부諫議大夫와 유사했다. 전국시대에도 전문 감찰기구와 관직을 두었다. 진, 한, 조, 위魏 모두 백관의 감찰을 맡은 어사를 두었고 직간과 논쟁을 맡은 낭관郎官(중랑中郎, 낭중郎中, 의랑議郎 등)을 두었다. 초나라의 잠윤箴尹과 사잠간司箴諫, 조나라의 좌우사과左右司過, 제·조·진의 내사內史 등은 모두 간언과 감찰에 속하는 관직 또는 직책이었다. 각 제후국의 지방 감찰제도 모두 어느 정도 형성되었고 간의제도도 마찬가지였다. 이는 언관이 중심을 이루는 정치 감시통제 제도가 점차 발전되었음을 보여준다. 전국시대에 진나라의 제도와 각 제후국의 관련 제도는 모두 통일 진 왕조 제도의 역사적 뿌리가 되었다.

선진시대 제자백가의 감시통제 이론

간의諫議 이론을 중심으로 한 정치 감시통제 이론은 관련 제도와 메커니즘이 완성되는 데 있어 정치문화적, 이론적 바탕이 되었다.

간의론諫議論은 가장 중요한 정치 감시통제 이론이다. 간의체제와 군주정치와의 관계는 일상적으로 매우 밀접했다. 정책 결정이나 정치적 감시통제 및 군주와 신하의 교류와 연관이 있었다. 조정에서 정사를 토론할 때 각종 정치 이론은 간의의 근거였고, 나아가 다양한 수준에서 간의를 통해 정치 조절 기능을 발휘하기도 했다.

정치문화로서 간의 관념은 군주정치와 함께 생겨나서 함께 발전하고 또 함께 무너졌다. 간諫의 관념과 이론은 매우 오래전에 시작되었다. 요순 임금은 비방지목誹謗之木과 감간지고敢諫之鼓를 두고 우임금은 사악四嶽에게 문의했다. 이들 전설은 후대의 간의 이론에 크게 영향을 끼쳤다. 서주 초기의 정치 문고文誥 가운데 「주고酒誥」「목서牧誓」「소조召誥」 등 여러 글에서 간의를 경청하기를 권하는 글이 있었다. 이들 철학적 자료는 간의론의 중요한 근거가 된다. 주 유왕의 태사 백양보伯陽父(사백史伯)는 '화和'와 '동同'의 철학을 이용하여 군주가 간언을 받아들여야 할 필요성을 주장했다. 이는 늦어도 서주 말기에 간의는 이미 정치 이론이 되었음을 말해준다.

춘추전국시대에 간의는 공인된 정치 규칙이었으며 계통적인 이론이 되었다. 이 간의론은 주로 네 가지 특징이 보인다. 첫째, 제자백가 모두 제각각의 간의 이론을 제시했다. 이들 이론은 여러 각도에서 간의의 정치적 기능과 필요성을 논증했고 간의가 실행되는 기반을 완성했다. 둘째, 간諫은 공인된 정치 미덕이 되었다. 사상가들은, 군주가 간의를 수용하는지의 여부는 왕조의 흥망성쇠에 직결되고 신하가 간의를 적극적으로 올리는지의 여부는 충신과 간신을 구분하는 기준이라고 주장하며 일치된 입장을 보였다. 여러 사상가와 정치가는 간의가 활성화되었는지를 근거로 각 제후국의 정세를 판단했다. 셋째, 간의체제는 정치에서 중요하게 작용했고 간의만 맡는 기구와 직관이 나타나기 시작했다. 넷째, 간언을 올리고 받아들이는 기술이 날로 성숙해졌다. 『논어』『맹자』『순자』『한비자』 등은 간의에 대한 군신의 미묘한 관계와 행위규범에 대해 언급했다. 특히 『한비자』의 「세난說難」 편은 이 주제를 다룬 명문이다. 여러 사상가가 다양한 의견을 듣고 독단하는 관계와 군주가 충언을 듣는 정치적 기술을 논했다. 『국어』『좌전』『전국책』 등은 여러 군주가 간언을 좋아하고 신하는 비판과 충언에 능숙했던 사례를 전하고 있다. 제나라 왕이 추기의 간언을 받아들인 것을 비판하고 촉용觸龍이 조趙 태후太后에게 유세를 한 것은 지금도 널리 알려진 역사 이야기이다.

이러한 역사적 배경에서 몇 가지 기초적인 간의 이론이 차례로 제기되었다. 고대 정치사상사에서 널리 인용되는 간의 이론은 주로 네 가지이다. 즉, 화합을 지향하는 화동론和同論, 도로써 군주를 보필해야 한다는 이도사군以道事君론, 다양한 의견을 들어야 한다는 겸청론兼聽論 그리고 소통론이다. 이들 이론은 모두 선진시대에 생겨났으며 철학, 윤리, 정치, 여론 등 여러 측면에서 간의의 필요성과 정치적 기능을 전면적으로 검증하여 후대에도 여전히 유효한 간의 담론의 기초가 되었다.

화동론은 철학적인 관점에서 군신이 서로 화합하는 필요성과 간의를 올리고 받아들이는 중요성을 말했다. 화동론이 최초로 보이는 문헌은 『국어』「정어鄭語」 편이다. 사백史伯은 '화和'와 '동同'으로써 국가의 흥망과 군신관계를 논했다. '화'는 사물이 서로 섞이고 조화를 이루는 것을 일컫는다. '동'은 사물이 획일적이라는 것을 의미한다. 사물은 서로 섞이고 조화를 이루며 보완해야 생기가 넘쳐나는 법이다. 이것은 자연과 사회의 일반 법칙이다. 예를 들면 오행이 서로 섞여야 만물이 생기고 다섯 가지 맛이 조화를 이루어야 맛이 나는 법이다. 사물이 단조로우면 아무런 가치가 없다. 또한 음조가 하나뿐이면 좋은 음악이 아니며 맛이 하나뿐이면 맛있는 음식이 없게 된다. '화'를 강조하고 '동'을 버리는 것은 정치에서 임금과 신하가 화합하여 좋은 점은 발전시키고 나쁜 점은 고쳐 나가는 것이다. 가장 좋은 방법은 군주가 '현명한 인재를 등용하고 간언을 받아들여 신하의 비판적인 의견을 널리 청취하는 것'이었다. 만일 군주가 간언을 거부하고 잘못을 감추며 간사한 신하를 등용하여 충언을 배척하면 망국의 길로 향하게 된다. 서주의 왕권이 몰락한 원인이 바로 여기에 있었다. 춘추시대에 제나라의 대부인 안영晏嬰은 화동론을 펼쳐 신하는 군주에게 간언을 올릴 때 "가능한 것을 바치고 불가하고 옳지 못한 일을 고쳐가야 한다"[31]고 했다. 안영은 절대 복종하는 군신관계를 날카롭게 비판했다. 그는 '동'은 차별이 없으며 단일하거나 동일한 물건이며 '화'는 각종 사물이 서로 조화를 이루고 보완하는 것이라고 생각했다. '화'는 마치 물, 불, 소금, 매실 등에 고기를 넣고 국을 끓여 '섞어서 맛을 보아 모자라는 것은 더 넣고 많은 것은 덜어내어'[32] 불 조절과 재료가 적당해야 맛을 낼 수 있는 것과 같다. 군주와 신하의 관계 역시 국을 끓이는 것과 마찬가지로 서로 조화를 이뤄야 한다. 만일 일방적으로 '동'을 강조하면서 군주가 옳다고 하면 신하도 옳다고 할 것이다. 반대로 군주가 옳지 않다고 하면 신하도 옳지 않다고 할 것이다. 이는 맹물에 고기만 넣고 끓이면 어느 누구도 먹을 수 없는 것과 같은 이치이다. 올바른 군신관계는 군주가 옳다고 할 때 옳을 수도 있고 옳지 않을 수도 있으므로 신하는 반드시 그 가운데 옳지 않은 것을 지적하여 옳은 것을 행하도록 조력해야 한다. 또한 군주가 옳지 않다고 할 때 옳지 않을 수도 있고 옳을 수도 있으므로 신하는 그 가운데 옳은 것을 지적하여 옳지 않은 것을 고쳐가야 한다. "옳은 것을 바쳐 옳지 못한 것을 고쳐야 한다獻可替否"는 말이 바로 간언의 필요성을 역설한 것이다. 공자는 '화'와 '동'을 더욱 광범위하게 해석했다. 그는 "군자는 다름을 인정하고 다른 것끼리의 조화를 도모하지만 소인은 다름을 인정하지 않고 같게 하거나 같아지려고 한다"[33]고 지적했다. 이후로 "군주와 신하가 조화를 이루는 것은 짠 소금과 신 매실과 같다" "옳은 것을 바쳐 옳지 못한 것을 고쳐야 한다" "군자는 다름을 인정하고 다른 것끼리의 조화를 도모한다" 등은 간의를 주장하는 주요한 근거가 되었다. 화동론의 핵심은 철학적인 방식으로 신하가 군주에 대해 정치적으로 감독해야 한다는 필요성을 논증했다.

도로써 군주를 보필해야 한다는 '이도사군론吏道師君論'은 사직이 군주보다 중하고 도의가 권세보다 높다는 점을 근거로 군주와 신하의 규범을 논했다. 간의하면서 "예로 군주를 바로잡는다" "요순 같은 임금이 되게 한다"고 주장했다. 도로써 군주를 보필해야 한다는 주장은 간언을 올리는 것이 신하의 법도이고 지극한 충성이라 했으니 사실상 일종의 정치도덕론이다. 가장 먼저 "도로써 군주를 섬겨야 한다"고 제기한 사람은 공자이다. 『논어』 「선진先進」 편을 보면 "이른바 대신은 도로써 군주를 섬겨야 하고 불가할 때에는 물러나야 한다"[34]라는 구절이 있다. 간諫은 군주를 보필하는 도리이다. 군주에게 잘못이 있으면 대신은 반드시 직간을 계속해야 하고 도무지 받아들여지지 않을 때에만 입을 닫을 수 있다. 『맹자』 「이루 상」 편을 보면 "군주의 그릇된 마음을 바로잡아야 한다"[35]라는 구절이 있다. 즉 도의와 원칙으로써 군주의 사심과 잡념을 바로잡아야 한다는 것이다. 『순자』 「신도」 편에서는 "임금을 따르지 말고 도리를 따르라從道不從君"라고 하면서 충언이 받아들여지면 괜찮지만 그렇지 않을 때 떠나는 간신諫臣, 죽음을 무릅쓰고서라도 군주의 잘못에 대해 바른말로 간하는 쟁신爭臣, 군주를 설득하고 나라의 환난을 해결하며 임금을 존중하고 나라를 안정시키는 보신輔臣, 임금의 명령에 항거하고 임금의 권력을 절취하여 임금이 하는 일에 반대함으로써 나라의 위태로움을 안정시키고 임금의 치욕을 제거하여 그의 공로가 나라의 큰 이익을 이룩하는 불신拂臣이 될 것을 주장했다. 국가의 이익과 군주의 존엄을 지키기 위해 필요하다면 신하는 군주의 권력을 절취하고 군주의 명령에 반대할 수도 있는 것이다. 간신, 쟁신, 보신, 불신이야말로 "사직의 신하이며 군주의 보배이다"[36]라고 했다. 공자, 맹자, 순자가 각각 주장한 바는 후대에 간을 논할 때 주요한 사상적 근거가 되었다. 후대의 학자들이 이 사상을 더욱 발전시켜 '이도사군以道事君'은 신하의 도리에 관한 규범의 주류가 되었다.

다양한 의견을 들어야 한다는 겸청론兼聽論은 정치 운영의 기술이라는 측면에서 간의의 필요성을 논증했다. 군주는 천하의 일을 모두 알 수 없으며 매사를 전부 치밀하게 고려할 수 없기 때문에 반드시 신하의 현명한 지혜를 받아들여야 한다. 또 다양한 의견을 널리 모아 광범위하게 자문한 것을 바탕으로 나랏일을 판단해야 한다는 것이 기본 사유 방식이다. 『상서』의 「홍범洪範」편에서 군주가 정치에서 정책을 결정하는 최선의 방식은 정치적 난제에 직면했을 때 반드시 여러 신하 및 백성과 대책을 논의하고 점을 친 다음 결정해야 한다는 것이다. 군주의 생각이 신하, 백성, 점복과 일치할 때에 이를 '대동大同'이라고 했다. 즉 군주가 결정할 때 널리 많은 의견을 듣고 다수의 사람에게 동의를 구할 수 있어야 가장 바람직한 정치적 효과를 거둘 수 있다는 것이다. '조의朝議' '정의廷議'는 바로 이러한 결정 방식을 제도화한 것이다. 순자와 한비 모두 의견 수렴에 대해 심층적으로 고찰했다. 순자는 의견 수렴의 기능을 통해 군주는 "직접 보지 않아도 볼 수 있고 직접 듣지 않아도 들을 수 있으며 직접 숙려

하지 않아도 알 수 있다. 또한 직접 움직이지 않아도 일할 수 있으며 홀로 태연히 앉아 있어도 천하가 한 몸처럼 따른다"고 주장했다. 또한 "널리 정사를 한결같이 밝힘으로써 천하가 돌아오면" "최고의 정교"[37]를 달성할 수 있다고 했다. 한비의 기본적인 사유 방식을 보면 군주 한 사람의 지혜와 능력은 한계가 있고 소수로 다수를 다스리는 것은 힘으로는 대적할 수 없기 때문에 "수준이 낮은 군주는 자신의 능력을 다하고 중간 수준의 군주는 타인의 힘을 사용하며 높은 수준의 군주는 타인의 지혜를 동원한다. 마찬가지로 한 사람의 힘을 쓰기보다는 나라를 동원해야 한다"[38]라고 생각했다. 구체적인 방법이 바로 다양한 의견을 수렴하는 것이었다. 간언을 받아들이고 의견을 널리 구하여 수렴하면 군주가 직접 보고, 듣고, 생각하지 않고도 신하의 눈과 귀를 통해 천하의 일을 두루 알 수 있게 된다. 신하의 지혜를 동원하여 국가 대사를 결정하며 측근의 신하에게 대신 정치와 백관을 감시하고 통제하게 하는 것이다. 한비는 "충언은 귀에 거슬리는데도 현명한 군주가 그것에 귀를 기울이는 것은 그 효과를 알기 때문이다"[39]라고 말했다. 그는 재차 군주에게 다양한 의견 수렴의 정치적 기능을 중시하여 여러 신하에게 각종 의견을 내놓게 함으로써 "대정大庭에서 말할 수 있게"[40] 하라고 권고했다.

소통론은 여론을 소통시키고 상하의 의사소통, 정치의 감시 및 통제, 민의를 경청하는 측면에서 간의체제가 사회와 정치에서 중요한 의미가 있음을 보여줬다. 가장 먼저 소통론을 제기한 사람은 서주의 소목공邵穆公이었다. 그는 "백성의 입을 막는 것은 강을 막는 것보다 어렵다"[41]고 했다. 치수사업에서 가장 중요한 일은 길을 터주는 것에 있다. 홍수를 막기만 하다가 제방이 터지면 많은 사람이 다치는 것처럼 비판 의견은 억누를 수 없는 것이다. 막힘없이 잘 통하게 하여 백성이 불만을 표출할 수 있으면 군주 역시 그 속에서 정치의 이해득실을 알게 되어 제때에 정책을 조정할 수 있게 된다. "그러므로 치수를 잘하는 것은 막힌 물길을 터주어 잘 흐르게 하는 것이며 백성을 잘 다스리는 것은 백성이 하고 싶은 말을 할 수 있게 유도하는 것이다."[42] 여론을 소통시키고 비판적인 말을 잘 듣는 구체적인 방법은 언로를 크게 열어두는 것이다. 정자산鄭子産의 "조금씩 터서 통하게 하자小決使導"는 주장과 '향교를 없애지 않은' 것 역시 소통론의 중요성을 잘 알려주는 유명한 이야기이다. 공자는 이러한 철학을 매우 높이 샀다. 『여씨춘추』의 「달울達鬱」「옹색壅塞」「귀직貴直」「직간直諫」「자지自知」 등은 군주가 간언을 받아들이지 않는 것은 스스로 옹졸하고 답답하다는 것을 보여준 셈이라고 지적했다. 통하면 생하고 우울하면 패하는 것이 자연, 사회, 인생의 일반 법칙이다. 물은 막히면 썩고 나무는 통하지 않으면 좀벌레가 생기며 사람은 소통하지 않으면 병이 생긴다. 군주와 신하, 위아래가 소통하지 않으면 "나라가 통하지 않는다國鬱"고 했다. 나라가 막혀 있으면 온갖 재난이 몰려든다. 그러므로 군주는 반드시 언로를 활짝 열어 인재와 충신을 등용하고 그들의 직언을 경청하여 막힌 것을 터줘야 한다. 자기를 아는 것은 현명한 행동이고 간언을 받아들이는 것은 바로 지기를 아는 것이다.

언로를 크게 공개하는 것은 절대다수의 사상가, 정치가들이 공통되게 주장한 내용이었으며 군주가 언로를 크게 여는 주요 목적은 바로 정치의 감시 및 통제를 강화하는 것이었다.

정치를 감시, 통제하는 이론은 갈수록 무르익었으며 정치문화에도 널리 영향을 끼쳤다. 사람들은 간언을 거부하면 나라가 망하고 간언을 받아들이면 나라가 흥한다고 생각했다. 그래서 군주가 간언을 받아들이는지의 여부가 정치의 성쇠에 직결되므로 간언을 올리고 받아들이는 것은 각각 군주의 도리와 신하의 도리에서 중요한 부분이라고 여겼다. 간언을 받아들이는 것은 모든 제왕이 보편적으로 수용한 정치의 원칙이 되었다. 사상가들은 다양한 측면에서 군주가 간언을 받아들여야 할 필요성과 그 정치적 기능을 논증했다. 군주가 간언을 받아들이는 것은 다양한 의견을 수렴하고 책략을 정하며 정치의 강도를 조절하고 또한 신하를 지배하고 정치의 중추 기구를 장악하는 중요한 수단이었다. 제왕에게 간언을 받아들이도록 권고하고 군주가 잘 듣는 기술, 간언을 받아들이는 기술을 가르치는 글도 셀 수 없이 많았다. 다양한 의견과 비판적인 간언을 널리 듣고 자신의 잘못과 부족한 점을 보완하여 백성의 아픔을 잘 헤아리는 것, 간사한 자의 기만을 막고 충신과 간신을 분별하며 중상모략을 없앨 것 등을 주장했다. 심지어 군주는 스승을 존경하고 도를 중시하며 신하를 스승처럼 모셔야 한다고 역설했다. 이에 상응하여 신하가 간언을 올리는 이론도 끊임없이 발전했다. 『역경』의 "군왕과 신하는 충직해야 한다", 안영의 "신하는 임금에게 옳은 일을 권하고 악한 일을 하지 못하게 한다", 공자의 "도로써 군주를 보필한다", 맹자의 "임금의 그릇 된 마음을 바로잡는다", 순자의 "간신, 쟁신, 보신, 불신", 『예기』의 "임금과 신하가 서로 바른 도리를 지켜야 한다", 『효경』의 "임금의 잘못에 대해 바른말로 간하는 신하" 등은 모두 간언을 올리는 중요한 철학적 토대가 되어 널리 인용되었다. 간의론과 관련한 제도는 최고 권력을 제약하여 균형을 이루는 군주전제 제도를 보완하여 설계된 것이다. 간諫은 독단과 다양한 의견을 결합한 산물이다. 간언을 받아들이는 것은 군주의 도리이고 간언을 올리는 것은 신하의 도리이다. 이는 군주의 지배적 지위를 인정하고 유지하는 것을 기본 전제로 하며 일상적인 군주의 정치에 효율적인 수단이 되었다. 제왕의 도리로 간언을 받아들이는 것은 군주가 정권을 통제하고 신하를 다스리는 중요한 수단이었다. 신하의 도리로 간언을 올리는 것은 분명히 군권을 위한 것이었다. 간의의 영향으로 전제적이고 독단적인 정치 방식을 스스로 감독하고 스스로 그것에 예속시키는 메커니즘이 형성되었다. 이는 감시와 통제를 강화하고 잘못된 정치적 판단을 줄이는 데 모두 유리했기 때문에 보편적으로 중시되었다.

진시황은 간의 문제를 어떻게 처리했을까? 현존하는 문헌이 부족하여 고증하기는 어렵다. 그러나 진시황은 전 사회에 보편적으로 인정되는 정치문화와 제자백가가 공통으로 주장하는 정치 이론을 무시할 수는 없었을 것이다. 뿐만 아니라 이들 이론을 취사선택하여 관련 기술을 습득하고 하나하나 실천에 옮겼을 것이라고 확신할 수 있다. 진시황의 통치 시기에 간의체제가 더욱 발전하고 감찰제도도 한층 강화된 것은 분명히 최고 통치자의 강력한 의지 덕분이었을 것이다. 진시황이 간의를 대하는 태도와 관련 정치적 심리 상태의 변화곡선 역시 간언을 적극 수용한 당 태종과 매우 유사하다. 이들 황제의 정치 행위의 뒷면에는 그에 상응하는 정치적 이념이 지배하고 있었다.

간의 이론 외에도 선진시대에 제자백가의 '관리를 다스리는 법治吏'과 관련한 사상 역시 진 왕조의 정치적 감시통제, 감찰제도 및 체제를 정비하는 데 중요한 이론적 근거가 되었다. 이 방면에서는 법가의 공헌이 가장 컸다. 법가는 법法, 세勢, 술術을 중심으로 정치 이론을 구상하여 술로써 나쁜 짓을 막고 법으로써 나쁜 짓을 다스리는 등 체계적인 정치 설계를 주장했다. 법가는 군신관계는 권력관계이고 이해관계이며 매매관계라고 지적했다. 군주와 신하 사이에는 "하루에도 전쟁이 100번 일어난다一日百戰"라고 했으며, 권세가 있는 신하는 호랑이와 같은 두려운 존재이고 시시각각 최고의 권좌를 노린다. 법가는 관리를 다스리는 것이 백성을 다스리는 것보다 훨씬 중요하다고 생각했다. 한비는 "위에 못된 관리가 있으면 아래에는 멋대로 놀아나는 백성이 있다고 들었다. 어지러운 백성 위에 그 직분을 다하는 관리가 있었다는 말은 듣지 못했다"[43]고 했다. 이를 근거로 그는 "현명한 군주는 관리를 다스리지 백성을 직접 다스리지 않는다"고 주장했다. 또한 법가는 신하를 규제하고 정치를 감시통제하기 위해 치밀한 방략을 짜냈다. '술術'은 교활한 책략일 수도 있지만 적극적인 감찰과 평가이기도 했다. 즉 '술'로써 지방 세력을 약화시키고 중앙을 강화하고 능력 있는 인재를 등용하여 관직을 부여했다. 또한 다양한 의견을 수렴하고 간언을 받아들이며 형체와 이름을 비교하여 검증하고 상벌을 분명히 했다. 한비 등 법가는 군주에게 신하의 지혜와 신하의 눈과 귀를 어떻게 활용해야 여러 신하를 다스리고 정치를 통제할 수 있는지 그 방법에 대해 많은 글을 남겼다. 사실상 선진시대의 유가와 도가 역시 이 방면에 많은 공헌을 세웠다.

진 왕조의 감시통제 제도와 진시황의 공헌

황제제도의 정치적 감시통제 제도, 행정 감찰체제는 주로 두 기본 제도와 상응하는 관직으로 구성되었다. 즉 하나는 어사제도(감찰관)이고 다른 하나는 언간言諫제도(간관諫官)였다. 어사제도는 백관에 대한 행정감찰이 주요한 역할이었고, 언간제도는 제왕의 잘못을 올바른 길로 이끌어가는 것이 주요한 역할이었다. 두 관직의 직책과 권한은 교차된 부분이 있었고, 이들 관직은 서로 제약하면서 상호 보완하여 전면적으로 입법, 행정, 사법감독, 감찰체제를 구성했다. 그리고 정책 결정에 참여하고 군주에게 충언을 올리며 조서詔書의 잘못된 점을 반박하고 주소奏疏를 심사했다. 또한 과실을 규탄하고 불법을 고발하며 억울한 사건을 해결하고 민의를 수집하는 등의 방식으로 힘을 발휘했다. 여기에 상응하는 관직은 그 뿌리를 선진시대에 두고 있으며 진 왕조 때 형성되었다. 진 왕조 시기 어사제도는 이미 체계를 이루었고 상대적으로 전통적인 행정체계에서 떨어져 나가 독립적으로 역할하기 시작했다. 그리고 신하가 황제를 직접 알현하여 간언을 올리는 제도 역시 어느 정도 궤도에 올랐다.

(1) 진 왕조의 감찰제도

진 왕조의 감찰체제와 제도는 과거와 비교했을 때 비약적으로 발전했다. 진시황은 기존의 각종 제도를 더욱 발전시키고 정비했는데 다음 몇 가지로 나누어볼 수 있다.

첫째, 행정체계 자체의 감시통제와 감찰 기능을 더욱 강화하여 중앙에서 지방까지 승상 공경, 군수, 현령 등 각급 행정관리로 구성된 내부의 감시, 감찰체계가 구성되었다. 이 체계는 전대에서 계승하여 발전시킨 것이다. 『사기』와 운몽진간의 『어서』 등 사료를 참조하고 서한시대의 관련 제도를 살펴보면, 진 왕조 때 이 체계는 정치적 감시통제 및 행정감찰에서 중요하게 작용했음을 알 수 있다. 이 체계는 진 왕조의 감찰제도를 구성하는 핵심 내용 중 하나이다.

둘째, 어사와 같은 관직의 정치적 지위와 역량을 더욱 부각시켰고 어사 감찰제도를 강화했다. 또한 어사체계의 책임 관리를 부승상으로 승격시켜 상대적으로 독립적인 중앙과 지방의 입법, 행정, 사법감독, 감찰체계를 형성했다. 진시황은 이렇게 상대적으로 독립적인 감찰체계를 이용하여 직접 행정을 지배했다. 어사체계는 특히 백관을 감시하고 통제했으며 이는 진 왕조 감찰제도의 핵심이었다.

셋째, 간의 대부 등 간언과 논쟁만 책임지는 관직을 설치했다. 각종 의사제도와 각종 언간 관직이 서로 보완하면서 공통적으로 입법, 행정, 사법에 대한 감독과 감찰체제를 더욱 체계적으로 완성했다.

진 왕조의 감찰제도는 행정체계, 어사체계 및 언간言諫체계, 나아가 관련된 각종 구체적인 제도로 구성되었다. 이 역시 진한시대 이후 역대 왕조에서 공통되게 보이는 특징이다.

중국 고대의 감찰제도가 체계적으로 발전해가는 측면에서 진시황이 기여한 가장 큰 역사적인 공헌은 어사체계를 기본적으로 행정체계에서 분리했다는 점이다. 그 주요한 조치로는 어사대부를 부승상으로 승격시켜 독립적인 관청을 두고 감찰을 책임지게 하여 감찰기구와 관직이 전체 정치체계에서 차지하는 지위와 역량을 크게 제고했다는 점을 들 수 있다.

진 왕조의 어사감찰 기구와 관직은 간언을 바치고 황제의 눈과 귀가 되어 감찰하는 직무를 수행하였으며, 이는 법에 따라 임명되었다. 그 주요한 직무는 정치의 이해득실을 간언하고 통치와 행정 집행의 감독, 불법 탄핵, 과오 검거, 풍습과 기율 단속, 관리 단속 등을 담당하는 것이었다. 감독과 감찰을 시행하는 각종 방식과 수단 가운데 정책 결정에 참여하고 군주에게 간언을 올리며 조서의 잘못된 점을 비판하는 것 등은 입법, 정책 결정을 감독하는 기능이었다. 또한 주소奏疏를 검토하고 과오를 규탄하여 불법을 조사하는 등의 행정 감찰 기능이 있었으며, 억울한 사건을 해결하고 민의를 수집하는 등 사법 감독의 기능도 있었다.

어사감찰 기구와 관직의 권력 지위는 다음 몇 가지에서 구현되었다. 첫째, 국가 법률을 제정하는 데 참여했다. 진시황은 '법도를 밝히고 율령을 정할 때'마다 승상, 어사대부 등을 소집하여 논의하도록 했다. 한나라는 진 왕조의 제도를 수용하여 어사가 "율령을 정하는 일을 의논"[44] 하는 규정과 사례가 있었다. 둘째, 백관을 사찰하고 불법적인 일을 탄핵했다. 어사체계의 관직은 모든 정무, 기구, 관직을 감독할 권한이 있었다. 신고와 탄핵의 범위에서 위로는 승상과 공경, 아래로는 백관과 말단 관리까지 모두 포함되었다. 셋째, 여러 신하를 평가하고 인재 선발에도 참여했다. 어사체계의 관직은 평가와 상계를 책임지거나 참여하기도 했다. 장창張蒼은 "진나라 때 어사로 임명되어 주하(궁전)에 머물며 전국 각지에서 올라오는 문서와 책을 관리했고" "천하의 도서, 재정, 호적에 밝았다."[45] 각 군에서는 매년 연말에 어사에게 업무 실적을 보고해야 했고 상부에 보고한 장부를 "상계적上計籍"이라 불렀다. 감찰기구는 각급 관리의 실적 평가를 근거로 우열을 평정할 권한이 있었다. 한나라의 재상 소하蕭何는 진 왕조 때 사수泗水의 낮은 관리로 있으면서 일을 매우 잘했다. "진나라 어사가 군의 정사를 감독하러 와서 소하와 함께 일했는데 소하는 늘 이치에 맞게 잘 처리하였다." 소하는 평가에서 '최最' 등급을 받아 '제일第一' 서열을 받았고 진나라 어사는 그를 중앙정부에 추천하려고 했다.[46] '법고法考'는 진시황이 '법치'를 이행한 방법 중 하나였다. 넷째, 형사사건을 바로잡고 억울한 사건을 재심사했다. 어사체계의 관직은 허용된 권한 범위 안에서 관리들의 직무 범죄와 관련 있는 사건 처리 등 사법권을 누렸다. 다섯째, 국가 법률 문서를 관리했다. 감찰기구는 국가 법제 통일을 유지하고 국가의 각종 정령을 철저하게 시행하도록 감독해야 할 책임이 있었다. 진 왕조의 법률은 사법 및 행정 관리에게 자신의 관리가 본분과 관련 있는 법률을 베껴놓고 대조 확인하는지 정기적으로 감찰하도록 했다. 여섯째, 황제의 눈과 귀가 되었다. 감찰 관리를 설치한 것은 신분이 낮은 사람이 높은 사람을 감찰하도록 하는 의도가 있었다. 어사와 같은 관직은 품계가 낮지만 권한은 막중했다. 어사체계에 있는 관직의 중요한 직책 중 하나는 각지의 정정과 백관을 감시 및 통제하고 관련 정보를 곧바로 중앙정부와 황제에게 보고하는 것이었다. 황제는 언간을 올리는 관리에게, 특히 어사에게 '실제 근거가 없어도 소문만으로風聞防知 조사할 수 있게 했다風聞奏事.' 즉 문무백관을 탄핵할 때 자료의 출처를 조사한 뒤 그것을 제보한 사람의 이름을 밝히지 않아도 되었다. 한나라 때에도 이런 규정이 있었다. 이를 통해 진 왕조의 어사 역시 이러한 특권이 있었을 것이라고 추측할 수 있다.

어사체계의 관직에서 보이는 가장 큰 특징은 품계는 낮지만 권력이 막강하다는 점이다. 어사중승御史中丞, 시어사侍御史는 조정의 감찰 및 법 집행을 파악했다. 진시황은 상징적인 의미로 그들에게 초나라의 왕관을 하사했다. 시어사는 품계는 높지 않았지만 황제가 허락한 특수한 권한이 있었다. 그들은 머리에 해치관獬豸冠(해태의 뿔 모양을 만들어 붙인 관)을 쓰고 조정에서 공경백관을 탄핵했다. 그들은 마치 법을 지키는 수호신처럼 '곧지 않은 사람을 들이받고抵觸不直者' '시비곡직을 변별했다.' 시어사는 여러 백관과 관료를 두려움에 떨게 할 만큼 권세가 있었고 재상과 공경도 무시하지 못했다. 진 왕조에서 각군에 설치한 감군어사는 품계가 불과 600석이었지만 2000석의 녹봉을 받는 군수를 포함한 각급 관리를 감찰할 권한이 있었다. 감군어사의 품계는 아주 낮아 '현대부顯大夫'에 불과했는데, '현대부' 중에서도 품계가 가장 낮았다. 그렇지만 흠차대신欽差大臣으로서 감군어사는 군수 등 고위 관리와 동등한 지위에서 분권 통치할 수 있을 뿐 아니라 그들을 감독하고 탄핵할 권리가 있었다. 또한 감군어사는 관리 평가, 인재 추천, 군대 통솔 및 전쟁 수행, 토목수리 사업 등에도 참여했으며 황제와 중앙정부가 위임한 다른 일도 처리할 권한을 지녔다. 감군어사는 황제와 중앙정부에 대해서만 책임을 졌고 변방의 고위 관리와는 예속관계가 없어서 기본적으로 아무런 제약을 받지 않고 자신의 직책을 수행할 수 있었다. 어사체계의 관직에 있는 관리는 위로는 군주에게 직간을 올리고 아래로는 백관을 감찰할 수 있어서 그들이 전체 권력체계에서 차지하는 위치는 매우 중요했다.

진시황은 또한 어사 감찰체계가 과오를 저지르는 것을 방지하기 위해 이 체계를 효율적으로 감시 통제했다. 이런 통제는 주로 네 가지 측면에서 이루어졌다. 첫째, 어사 감찰체계의 관직은 황제가 임명하고 직권은 황제가 부여했다. 황제의 눈과 귀 역할을 하는 어사체계의 감찰 관리 권력은 기본적으로 고발하고 탄핵하는 것에 제한되었고 최종적인 처분권은 황제에게 있었다. 둘째, 그들의 행위는 국가 법제에 따른 규범의 영향을 받았다. 진시황은 '법치'를 통해 관리를 다스리는 각종 법률을 정비하여 어사감찰 기구 역시 '법으로 관리를 다스리거나' 황제의 명령을 받들어 처리했다. 어사 감찰 관리는 반드시 법률의 예속을 받았으며 그들의 활동 역시 관련 조령, 법규를 준수해야 했다. 셋째, 각종 기구 및 관리가 서로 감찰했다. 진 왕조는 각종 관리가 상소를 올려 비판하는 것을 허용했기 때문에 어사 감찰 체계의 관직 역시 다른 관직으로부터 견제를 받았다. 넷째, 어사 감찰 관리의 선발 기준을 엄격하게 관리했다. 그들은 언관이기도 했지만 동시에 특수한 법리法吏이기도 했다. 중국 고대의 정치체제에서 언관은 대대로 매우 중시되었으며 황제는 항상 신중하게 언관을 선발했다. 중국 역대 왕조 모두 감찰 관리는 반드시 문화적 실력이 우수하고 실제 정치 경험이 풍부한 인재를 선발하여 임명하도록 규정하고 있다. 이들은 관직의 품계는 낮지만 권력이 막강하여 예우를 받았으며 실질적으로 근무 수준이 뛰어났기 때문에 '백관의 모범'으로 존중되었다. 진 왕조도 예외는 아니었다. 진 왕조에서 법리의 지위가 얼마나 특별한지는 잘 알 수 있다. 역사의 기록을 살펴보면, 진 왕조의 어사도 다른 시대와 마찬가지로 입신출세를 위해 거쳐야 하는 엘리트 과정이었다. 당시에도 낮은 등급의 언관과 법리(어사)에서 중간 등급의 언관과 법리(어사중승, 위위 등), 그리고 어사대부와 승상으로 승진되는 과정을 거쳤다. 일반적으로 이들은 정치적 자질이 매우 뛰어났고 황제의 신임을 받았으며 자제력 역시 상당했다. 통상적으로 위의 네 가지 기반이 갖춰졌기 때문에 황제는 어사체계를 완전히 장악할 수 있었다.

어사체계는 주로 관리를 감시하기 위해 설치되었다. 이러한 낮은 신분의 관리가 높은 신분의 관리를 감찰하고 중앙의 관리가 지방의 관리를 감찰하는 제도와 관직은 황권을 강화하고 안정적인 통치를 실현하는 데 매우 중요하게 작용했다. 어사체계의 상대적인 독립성과 날로 강화되는 체계성은 전제주의 중앙집권 체제가 한층 발전했다는 역사적 지표 중 하나이다.

(2) 진 왕조의 간관제도

진시황은 강인하고 판단력이 뛰어난 사람이었다. 반면 그는 독재와 전횡을 일삼고 심지어는 괴팍하고 독선적이기까지 했다. 그러나 그는 미래를 주도면밀하게 구상할 줄 알았기 때문에 언간제도를 강화하여 해당 관직의 숫자를 늘렸다. 이는 후대에 상대적으로 독립적인 간의제도가 정착되는 데 실마리를 제공했으며 이점에서 그의 업적이 크다고 할 수 있다.

진 왕조의 언간제도는 크게 두 부분으로 나뉜다. 하나는 상당히 체계적인 의사議事제도이고, 다른 하나는 전문적인 간관을 포함하여 언로와 관련된 관직을 여럿 설치한 것이다. 진 왕조의 의사제도는 중국 왕권의 오랜 전통을 토대로 세워졌고 제도적으로 한층 강화된 것이었다. 일반적으로 황제가 이 제도를 존중하고 활용하여 전쟁과 같은 국가 대사를 결정하기도 했다. 진시황의 현명함을 엿볼 수 있는 점은 감찰관을 책임지는 어사체계가 독립적인 조직을 만들 수 있게 했으며, 또한 군주에게 간언을 올리는 관리를 선발하는 일에 주목하기 시작했다는 것이다. 간관과 어사는 모두 언간의 관직에 속했으며 비슷한 직책이었지만 서로 다른 분야를 나누어 맡았다. 간관의 두 눈이 '군주'를 바라보고 있다면 어사의 두 눈은 '관리'를 지켜보고 있었다. 진시황이 '간諫'을 위해 기타 간의와 관련된 관직을 설치한 것은, 간의체제가 제도로 정착하는 과정이 시작되었음을 의미한다.

진 왕조는 간관을 낭중영하郎中令下에 설치하고 대부大夫라고 통칭했다. 『한서』「백관공경표」를 살펴보면 "대부는 논의를 책임졌다. 태중대부, 중대부, 간대부 모두 규정 인원을 두지 않았지만 그 수가 수십 명에 이르렀다"[47]라는 구절이 있다. 간의대부는 간관의 일종으로 "진나라 때 간의대부가 설치되었다. 이들은 논의를 책임졌으며 규정 인원을 두지 않았다. 많게는 수십 명이었으며 낭중령에 속했다."[48] 대부의 정원을 두지 않은 것을 보면 이런 제도가 아직 초기 단계에 있었음을 알 수 있다. 그리고 간의대부가 많을 때에는 수십 명에 이르렀다는 점은 이런 정치적 장치가 점차 중시되었음을 의미한다. 또한 '간대부'를 둔 것은 관직을 설치해 직능을 규정함으로써 간관제도가 분명히 어느 정도 본궤도에 올라서기 시작했음을 보여준다.

'간諫'을 위한 관직은 매우 중요한 의의가 있다. 이 관직을 보면 황제가 이 관리를 임명하게 된 주요 목적은 보통의 '논쟁'을 허용한 것도 아니고 구체적인 정무를 '논쟁'하기 위함도 아님을 알 수 있다. 간관은 군왕에게 귀에 거슬릴 만한 충언을 바쳐 군왕의 잘못을 일깨워줘야 했다. 간은 타이르고 권고하는 것으로 비판, 설득, 제안 등의 방법으로 타인이 잘못된 선택을 하지 않고 옳은 길로 가도록 하는 것이다. 조정에서 특별히 간관을 두었을 때 '간'의 대상은 오직 황제였다. '간' 관련 관직은 최고 통치자가 제도적으로 이 방면의 체제와 직능을 강화하고자 하는 의지가 있음을 보여준다. 간관을 둔 시점은 춘추전국시대로 거슬러 올라갈 수 있으며 진시황이 이를 제도화했다는 점은 긍정적으로 평가해야 할 것이다.

진 왕조에는 쟁론과 의론을 주관하는 관직 이외에 간언과 쟁론을 겸하도록 직책을 더 부여하는 제도가 있었다. 이러한 제도의 목적은 다른 관직에 직함을 더 부여함으로써 간언을 책임지게 하기 위해서였다. 진 왕조의 급사중給事中은 간의諫議를 겸직하는 관직으로 규정 정원이 없었다. 보통 대부大夫, 박사博士, 의랑議郞 등 측근에게 겸직하도록 했다. 급사중의 직책을 더 부여받은 관리는 그만큼 더 큰 의정권을 지녔다. "해가 뜨면 조회에 나가 황제를 알현하고 평소에는 공문서와 상소문을 관장했으며 좌우조로 나뉘어졌다. 유사시에는 궁전에 있었기 때문에 급사중이라 불렸다."[49] 남북조시대 이후, 급사중의 지위는 점차 올라가 중요 직책인 간관으로 정립되었다. 당나라 때 급給(급사중給事中), 사舍(중서사인中書舍人), 대臺(어사御史), 간諫(간의대부諫議大夫) 등이 문하성門下省(왕명의 출납을 맡아보던 관서), 중서성中書省(일반 행정을 심의하던 중앙 관청), 어사대御史臺(관서를 감찰하던 기구) 등에 각각 봉직했으며 이들 기구 중 일부는 언간을 담당하기도 했다. 그 뿌리를 거슬러 올라가보면 진시황이 시작이었음을 알 수 있다.

진 왕조에는 중요한 언로가 또 있었다. 그것은 곧 신하와 백성이 상서를 올리는 것이었다. 일반적으로 모든 신하와 백성은 이 방법으로 진정하고 제안을 올리며 정책의 이해득실을 논할 수 있었다. 이 언로 역시 오랜 정치적 전통에서 비롯되었다. 상주시대 이후 각 제후국에서는 관련 전문 기구와 관직을 두고 있었다. 진 왕조에서는 신하와 백성이 황궁의 문 앞에 있는 공거公車에서 상서를 올릴 수 있었다. 이와 관련된 일은 위위衛尉에 속한 관리인 공거사마령公車司馬令이 책임졌으며 '천하의 상서'는 모두 이 관직이 주관하여 황제에게 전달했다. 진2세 때의 승상인 조고가 진시황 때 이 공거사마령을 맡았다. 신하와 백성이 직접 상서를 올리는 이 언로에는 백성의 진상을 알 수 있고 간쟁을 받아들이며 억울한 재판을 해결하고 권세를 억누르는 등의 정치적 기능이 있었다. 또한 황제가 정정을 감시 및 통제하고 백관을 다스리는 데 유리했기 때문에 대대로 중시되었다. 진 왕조에서는 '간악한 신하를 고발하는' 것을 독려하는 정책과 법률을 두고 있었다. 그래서 역대 왕조와 마찬가지로 신하와 백성이 직접 상서를 올리는 언로를 매우 중시하였다.

진 왕조의 제도는 중국 고대 제왕제도의 초기 단계에 있어서 성숙하지 못하고 미완성된 부분이 상당했다. 언간제도 역시 많은 약점을 안고 있었다. 그중 가장 두드러진 약점을 꼽아보면 다음과 같다. 하나는 언간 기구가 독립적이지 못하고 승상이 주관하는 기구에 부속되었다. 그리고 나머지 하나는 전임 간관에 규정된 인원이 없었으며 언간을 맡은 관직이 대부분 다른 관직을 겸하고 있었다. 이들 문제는 몇백 년 후에야 해결될 수 있었다.

수당시대와 남북송시대의 언간제도와 비교해볼 때, 진한시대의 언간 제도는 매우 조잡한 수준이었다. 그러나 진 왕조 때 언간제도가 시작되었음은 반론의 여지가 없다. 진 왕조 때에 언간제도의 토대와 그 취지 및 구체적인 철학이 확립되었다. 수당시대와 남북송시대의 급給, 사舍, 대臺, 간諫 등 4대 언간 관직 중 세 가지 관명이 이미 진 왕조 때 등장했던 것이다. 진시황의 제도 입법을 통해 중국 고대사회는 어사, 간의대부, 급사중을 주축으로 한 언간, 감찰제도의 기본 틀이 마련되었으며 입법, 행정, 사법 등 3권을 종횡으로 감독, 감시, 통제하는 체제가 한층 강화되었다.

세계 고대사를 살펴보면 중화제국의 정치 감시 및 통제제도, 특히 감찰제도가 가장 잘 정비되었음을 알 수 있다. 당시의 고대 제국 가운데 어느 곳에서도 중국의 감찰제도에 버금갈 만한 제도를 찾아볼 수 없다. 오랜 역사의 변천 과정에서 정교한 구상과 치밀한 구조를 이루어 나갔고 중화 왕권은 점차 완성도 높은 제도를 세워갔다. 관료체계 내부에 정치적 감시 및 통제, 정치적 제약과 균형을 갖춘 기구가 형성되었던 것이다. 이러한 정치적 구성의 핵심 취지는 분명히 왕권지상의 '가천하家天下' 체제를 유지하기 위해서였다. 물론 각급 정권과 관리를 통제하는 것이 주된 목적이었겠지만 정치 안정의 유지라는 측면에서 긍정적인 작용 역시 간과할 수 없다. 특히 일부 제도의 원리 원칙은 현대사회에도 적용할 수 있는 것이다. 이런 사실을 미루어보면 중국 고대 정치가 가운데 가장 대표적인 인물인 진시황의 정치적 지혜는 마땅히 인정받아야 할 것이다.

9장

사회

─등급 질서를 재편한 국가 원수

秦始皇

QIN SHI HUANG

국가문명의 서광이 비치기 시작하면서 중국 고대사회에서는 등급제도가 일관되게 기본적인 사회 구조를 이뤘다. 등급제도는 군주제의 가장 기본이 되는 사회적 바탕이며 가장 중요한 정치제도이기도 했다. 군현제도, 관료제도, 등급제도는 전제주의 중앙집권 정치를 이루는 3대 기본 제도였다. 이들은 서로 균형을 이루며 지고무상한 황제를 뒷받침해주었다. 황제는 사회적, 정치적 등급의 피라미드에서 가장 높은 자리를 차지한 국가 원수이다. 등급제도와 상응하는 등급 관념은 계속해서 황제의 권력과 권위의 주요한 출처였다.

등급이 분명한 사회에서 그것은 계급을 구별하는 하나의 중요한 표현이다. 등급관계는 계급관계와 다르다. 계급관계는 가장 기본적인 사회관계로서 물질 생산과 직접 연관된 생산관계 또는 경제관계를 통해 형성되었다. 이런 의미에서 계급관계는 '물질의 사회적 관계'에 속한다. 그것은 각종 사회관계에서 가장 기초적이며 객관적으로 존재하는 것으로, 사람의 의지로 옮겨질 수 있는 것이 아니다. 등급관계는 결국 계급관계의 복합적인 표현 방식인 것이다. 중국 고대사회에서 사람들은 계급관계의 존재를 명확하게 인식하지 못했고 주로 등급관계에 따라 사회를 구성하고 유지했다. 동시에 사람과 사람 사이의 각종 사회관계도 등급관계에 따라 인식했다. 등급은 계급과 동일한 개념이 아니며 계급과 엄격하게 대응하는 것도 아니다. 일부 상황에서는 두 개념이 뒤바뀔 수 있지만, 계급은 주로 등급으로 구현되며 등급관계는 대체로 계급관계로 나타난다. 등급관계는 또한 사회적이기도 하고 정치, 법률, 관념적이기도 하며 또한 경제관계와 어느 정도 연관되었다. 등급관계는 주로 사람의 의식 구조를 통해 유지되었다. 이런 의미에서 등급관계는 전형적인 '사상의 사회관계'이기도 했다. 등급제도는 등급관계를 제도화한 것으로 사람들이 의식적으로 만든 것이다.

중국 고대의 사회적 관념과 정치적 관념에 따라 사람들은 대개 최고 통치자는 등급 질서를 만들고 유지시키는 주체라고 생각했다. 최고 통치자로서 진시황은 등급제도의 '원수元首' '태상太上' '지존至尊'으로 자처했고 온 세상의 신하와 백성에게 '최고 존재立極'로서 '대의를 수행하기立義' 위해 온 힘을 다했다. 그는 등급제도의 구축을 매우 중요하게 여겼다. 정치, 사회, 도덕, 법률 등 각 방면에서 관련 규범을 강화하고 스스로 "신분이 높은 사람과 낮은 사람, 부귀한 사람과 가난한 사람 모두 차등을 두지 않"는 사회 질서를 마련했다고 자찬하기도 했다. 진시황과 여러 신하가 보기에 '큰 뜻을 세우고 각종 기물을 설치하니 신분에 따라 등급이 새겨진 깃발을 만든' 것은 진시황 제도가 이룬 큰 성과물이다. 그리고 '귀함과 천함이 분명해지고 남자와 여자는 예의에 따랐으며 성실히 직분을 받들게 되어 남자는 밭에서 즐거워하고 여자는 집안일을 정돈하며 일에 각각 질서가 잡혔다.' 이것은 진시황이 정립한 제도의 통치 방법이었다. 또한 "신하들이 본분을 지키고 각기 할 바를 알아 일에 대한 의심과 의혹이 사라졌으며 백성들은 풍습을 고쳐 가까운 곳이나 먼 곳이나 법도가 같아지니 나이 들 때까지 죄를 짓지 않게 되었다."[1] 이는 진시황 제도의 공덕이었다.

진 왕조의 등급제도는 중국 고대사회에 등장한 등급제도와 같은 점도 있지만 구별되는 점도 있다. 상주시대에 혈족을 우대하고 윗사람을 존중하는 것을 취지로 '예禮'로써 엄격하게 규정한 등급제도가 형성되었다. 춘추전국시대에는 사회 대개혁에 발맞추어 현실의 정치 구조와 사회 구조가 크게 개혁되면서 많은 사상가들도 예제禮制의 개혁을 주장했다. 특히 공자의 '손익損益'(시대에 맞춰 형식을 변화시키는 것)의 관점과 상앙의 '역례易禮'가 대표적이다. 각 제후국의 변법에서 중요한 내용 중 하나는 새로운 정치 구조, 사회 구조와 상응하는 등급제도를 확립하는 것이었다. 진시황은 춘추전국시대 이후에 기존의 등급제도를 개혁한 각

종 성과물을 종합하여 중앙집권 체제에 상응하는 등급제도를 확립했고 등급 원
칙을 사회생활의 각 영역에 관철시켰다.

황제, 관료, 백성의 3대 정치 등급

중국 고대사회에서 상하, 귀천, 존비를 구별하는 것은 등급제도의 기본 취지이자 핵심 내용이었다. 정치적으로 등급제도는 주로 정치관계를 규정하고 정하기 위해 설치되었다. 정치 등급은 주로 정치적 신분과 정치자원(조직자원)의 실질적인 점유 상태에 따라 확정되어 한 개인의 정치적 지위와 권리, 이와 관련한 규범이 결정되었다. 행정 권력이 사회를 지배하는 역사적 조건에서 정치적 신분은 계층을 구분하는 중요한 근거였다. 한 개인의 정치적 신분은 등급의 지위를 확정하는 결정적 요소였다. 정치 등급은 크게는 개인의 경제자원, 문화자원의 점유 상태를 결정하기도 했다. 그러므로 실제 정치 신분에 따라 확정된 정치 등급에는 강제적인 의미가 있었다. 정치 등급제도는 전체 사회체계의 근간이 되었다.

황제, 관료, 백성의 등급 재편과 보편의식

중앙집권제의 확립으로 크게는 중국 고대사회의 정치관계가 간소화되었다. 하상주시대의 등급 군주제도에서 정치관계는 상당히 복잡했다. 군신관계를 예로 들면 천자는 제후를 신臣으로 봉하고 제후는 경대부를 신으로 봉했으며 경대부는 사士를 신으로 봉했다. 그리고 사는 경대부를 군주君로 보필하고 경대부는 제후를 군주로 보필했으며 제후는 천자를 군주로 모셨다. 명의상 천자는 천하의 군주이고 제후는 일국의 군주이지만 그들은 '배신陪臣'(제후의 대부가 천자를 상대할 때 자칭하는 말)을 실질적으로 지배하지 못했다. 즉 천자는 제후의 신하인 경대부를 실제로 지배하지 못했고 제후는 경대부의 신하인 사士를 진정 지배하지 못했다. 중앙집권제에서는 정치관계를 상대적으로 간소하게 정리했다. 진 왕조에서는 군현제와 관료제가 같이 시행되었기 때문에 등급제도 역시 철저한 군주집권제로 바뀌어 천하에는 오직 군주, 즉 황제만 존재했다. 이렇게 군주, 신하, 백성은 규정이 명확한 3대 정치 등급을 구성하게 되었다. 최고 통치자인 황제는 군주, 각급 관료는 신하, 기타 정치 신분이 없는 사람은 백성으로 정의했다. 천하는 황제 한 사람의 천하이고 신하와 백성은 황제 일인의 신하와 백성이며 황제는 천하의 신하와 백성에게 유일한 군주였다. 신하는 신하일 뿐, 관료화된 철후봉군徹侯封君, 공경백관, 군수와 현령 모두 군주이자 신하였던 정치적 신분을 잃고 더 이상 이중적이지 않은 존재가 되었다. 서민庶民은 여전히 서민이었다. 정치관계를 간소화하여 정치 등급제도에도 변화가 있었다. 나아가 이 제도와 상응하는 등급 관념이 예전의 것을 대신하게 되었다. 새로운 제도와 관념은 기존의 것을 기반으로 생겨났지만 그 본질이나 기본적인 법칙은 전혀 달랐다. 일부 제도, 규범, 관념이 기존의 것을 상당 부분 계승했지만 실질적인 사회정치적 내용은 크게 바뀌었다.

이렇게 피라미드식 정치 계층의 구조를 새롭게 정비하였다. 먼저 '군주' 계층에는 한 사람만 존재했다. 즉 최고 지배자 계층을 극도로 축소해버렸다. 이는 전제주의 중앙집권제의 성과물이자 중앙집권, 군주전제를 유지하기 위한 것이었다. 둘째, '신하' 계층의 규모가 확대되었다. 신하의 절대다수는 토지 지주이고 그들은 다른 자영민, 상공인과 함께 고대 계층구조에서 중간층을 형성했다. 춘추전국시대에 그들은 사회 개혁을 주동했던 계층이기도 했다. 인류 문명사에서 중간층의 확대는 문명 수준이 발전하는 것을 보여주는 중요한 지표이다. 중간층의 규모가 확대될수록 사회 자원의 배치가 더욱 합리적으로 바뀌고 사회 전체가 상대적으로 더욱 안정되었다. 춘추전국시대를 살펴보면, 당시 신하와 기타 중간계층이 팽창한 것은 객관적 요소인 역사의 자발적 변화와 주관적 요소인 통치자의 제도 안배, 사회 정책이 함께 작용한 결과였다.

진 왕조에서 군주(황제), 신하(관료), 백성(검수黔首)은 기본적인 3대 정치적 신분이자 정치 등급이었다. 이 3대 등급은 각각 군주와 신하, 군주와 백성, 관료와 백성이라는 세 가지 정치관계를 형성했다.

진 왕조에서 황제는 최고 통치자였다. 진시황은 천하를 통일한 후 제왕의 호칭을 '황제'로 바꿨다. 관념적으로 황제의 권위는 중국 고대의 각종 절대적 권위의 속성을 응집시켰던 것이다. 실제 정치에서 황제는 가장 존귀한 지위를 차지하고 지고무상한 권력을 행사하며 모든 신하와 백성을 다스리는 존재였다.

군주와 신하는 상대적으로 상위에 있는 자가 군주이고 하위에 있는 자가 신하이다. 갑골문, 금문金文을 살펴보면 '군君'은 명령을 내려 시행하게 하는 자를 상형한 것이고 '신臣'은 굴복하고 순종하는 자를 상형한 것이다. 이 두 상형자는 군주와 신하의 지위와 기능에 큰 차이가 있음을 보여주고 있다. 문헌에서 나타나는 '신臣'이라는 호칭은 매우 복잡한 의미를 띠며 주로 다음과 같이 네 가지로 나뉜다. 첫째, 신하의 본래 뜻으로 가신, 노복 또는 부곡部曲(특수 천민 집단)을 의미했다. 둘째, 모든 신하와 백성을 통칭적으로 가리켰다. 셋째, 정치적 신분이 있는 관료와 귀족이었다. 군신관계와 신하의 도리를 정하는 부분에서 대부분 '신臣'을 사용했다. 넷째, 군신관계에서 '신'의 지위로 간주되거나 이와 비슷한 경우에 쓰였다. 예를 들면 부자父子, 부부夫婦와 같은 비슷한 개념에서 군신은 하위에 있는 자가 "가군家君" "엄군嚴君" 또는 "군부君父"로 불렸고 "신" 또는 "첩妾"으로 자칭했다. '신'의 가장 기본적이고 안정적인 문화적 의미는 '노재奴才'(노복, 가복)였다. 전제주의 체제에서 피지배적이며 노역을 강요받는 사회적 지위에 있는 자는 모두 "신"으로 불렸다. 각종 정론政論을 펼치는 글에서 신하는 보통 군주(황제), 백성(서민)과 대칭되는 관료를 일컬었다.

관료(신하)는 주인이면서 노예였고 귀하면서도 천한 존재였다. 군주와의 관계에서 그들이 아랫사람이고 노복이고 신하였다면 백성과의 관계에서 그들은 윗사람이고 주인이며 부모였다. 그들은 밖에 나가면 거마가 있고 안으로 들어오면 좋은 집이 있었다. 또한 권세가 하늘을 찔렀다. 하지만 군주와 우두머리 앞에서는 고개를 숙이고 명령에 복종해야 했다. 사실 '관료' '관환官宦'이라는 호칭 자체가 이러한 이중적인 정치적 지위를 잘 드러내고 있다. '관官'은 원래 관청, 관아를 뜻했고 의미가 관리로 확장되어 권력자, 관리자를 호칭했다. 『광아』 「석고」 편을 보면 "관은 군주이다官, 君也"라고 풀이되어 있다. 관은 최초에는 군주의 호칭이었지만 훗날 천자 이외에 모든 국가의 공복公僕을 통칭하게 되었다. "그 제후 이하

삼공과 사에 이르기까지 전반적으로 관이라 불렀다. 관이라는 것은 관리한다는 것을 의미했다."[2] '료僚'와 '환宦'은 본래 노예와 하인을 의미했다. '환'은 곧 집안의 하인을 뜻했다. 갑골문에서 '환' 자는 집 아래에 있는 하인을 상형한 것이었다. 『좌전』에서는 사람을 10등급으로 구분했는데 그중 "예隸의 신하는 료僚이고 료의 신하는 복僕이었다." 즉 료는 노예에 속했다. 신료臣僚의 지위는 매우 비천했다. 관과 료를 결합한 것은 군주제도의 역사가 발전한 결과물이었다. 중앙집권 정치의 형성 과정에서 군주는 가상家相과 여러 료를 관으로 승격시켰고 제후와 경대부를 료로 격하시켜 관료를 만들어냈다. 또한 주인인 동시에 노복이며 귀한 존재이면서 비천한 집단을 만들어냈다. 관과 료가 결합하여 이 집단의 문화적 기호가 만들어졌다. 관료는 군주의 신하로, 군주는 그들을 "신공臣工"으로 불렀고 그들은 군주 앞에서는 신이라 자칭했다. 그러므로 각종 정치 이론서에서 신의 대다수는 관료를 가리켰다. 관료는 정치적으로 통치계급에 속했고 경제적으로는 대다수가 상류층에 속했다. 또한 그들은 군주의 통치 대상이기도 했다.

군주와 신하를 '육식자'로 비유한다면 백성은 '곽식자藿食者'(콩잎을 먹는 사람), '채식자'였다. 경전의 주석과 정치 논저에서 "백성은 어리석다氓" "아래 백성은 더불어 도모하기 어렵다"라고 한 것을 자주 볼 수 있다. 여기에서 백성은 우매하고 무지한 집단으로 간주되었다. 군주와 관료는 "대인" "군자"로 불렸지만 서민은 "소인" "야인野人" "우맹愚氓" "서인庶人" 등으로 불렸다. 진시황은 천하를 통일한 후 "백성을 '검수黔首'라고 바꿔 불렀다. 검수는 관면冠冕을 쓰지 않아 검은 머리카락이 그대로 드러난 사람을 가리켰다. 정치적 신분이 없는 평민 백성을 검수라고 부른 것은 적합한 칭호였다. 법률적으로 '민'은 "서민庶民"으로 불렸는데 정치적 신분이 없는 일반 중생을 가리켰다. 고대 법전에 따르면 백성은 양민良民과 천민賤民으로 구분되었으며, 양민은 평민 지주와 자영농을 지칭했고 곡부와 노비 등은 천민에 속했다. 민사사건에서 노예 등 천민은 짐승이나 재산으로 간주되었다. 백성은 계급의 범주가 아니라 정치적 지위에 따라 사회 등급을 구분한 개념이었다. 세력이 큰 호족과 부귀한 거상, 지방의 마을을 실질적으로 지배하며 부를 일궜지만 정치적 공명을 얻지 못한 자는 서민에 속했다. 백성은 정치적으로 피통치계급에 속했다. 백성의 대다수가 노동자였고 특히 대다수 사람이 경제관계에서 피착취계급에 속했다.

중국 고대사회에서 군주, 신하, 백성의 3대 정치적 지위에 대한 규정이 널리 인정되어 이와 관련한 정치적 관념이 사회 보편의식으로 자리잡았다. 역대 사상가들은 관련 정치 관념을 이론으로 발전시켰다. 이에 군주(황제), 신하(관료), 백성(서민)의 3대 정치적 역할은 문화뿐 아니라 제도적으로도 확립되었다. 이와 관계된 각종 정치적, 법률적, 도덕적 규범 모두 이런 기존의 정치 등급제를 뒷받침해주고 있었던 것이다. 진 왕조 역시 마찬가지였다.

진시황은 군주, 신하, 백성이라는 정치관계를 어떻게 인식하고 정의했을까? 관련 사료가 충분하지 않기 때문에 현재로서는 그가 높이 평가한 정치 이론서와 그가 제정한 제도, 법률, 정책 및 관련 행위로 추측할 수밖에 없다. 진시황이 주목한 제자백가설과 그가 확립한 '대일통'의 정치제도 및 정치적 호칭과 규범, 법률적·도덕적 규범을 근거로 군주, 신하, 백성의 관계에 관한 진시황의 관념은 전국시대에 형성되어 널리 인정받은 정치 이데올로기와 이론에서 비롯되었다고 단언할 수 있다. 그러므로 진 왕조의 정치 등급제도를 심층적으로 연구할 때 먼저 이에 대한 당대의 관념과 학설을 이해할 필요가 있다.

군주, 신하, 백성에 관한 제자백가의 학설

군존신비君尊臣卑 관념은 오랜 세월 전해온 중국 고대 사회정치의 기본 원칙이었다. 이 관념의 역사적 뿌리는 하상주 삼대로 거슬러 올라간다. 이와 상응하는 관념 역시 형성되어 있었다. 군주는 존엄하고 신하는 천하다는 관념은 여러 신하와 백성이 모두 인정했을 뿐만 아니라 유가, 도가, 묵가, 법가, 명가, 음양가 등 제자백가도 수없이 논증하여 체계적인 이론이 형성되었다.

내용이 더욱 확충된 정치 등급제가 춘추전국시대에 형성된 것과 마찬가지로 내용이 확충된 정치 등급 이론 역시 선진시대의 제자백가가 공통으로 이룩한 것이었다. 정치관계를 중시한 논쟁은 고대 정치사상에서 볼 수 있는 큰 특징이었다. 제자백가가 사회 구조, 정권 구조, 통치 수단 및 관리 방법을 논쟁할 때에는 먼저 군신, 군민, 관민의 관점에서 신하를 거느리고 백성을 다스리는 방략과 정책을 탐구했으며, 정치체계의 안정을 유지하고 정상적으로 운영할 수 있는 기술과 방법을 제기했다. 그것이 바로 나라를 다스리는 도리이고 군주의 도리였다.

군주, 신하, 백성이라는 통칭은 원래 세 가지 정치적 역할과 기본 정치관계를 정하고 정의한 것이었다. 군주는 천하를 다스리는 최고 통치자였고 신하는 군주가 책봉하거나 임명했으며 사회적 등급이 매우 높았다. 또한 일정한 정치적 직위가 있었고 실질적으로 권력을 집행했다. 백성은 체계의 밑바닥에 있으며 국가에 공물과 부세를 바쳤지만 어떠한 정치적 권리도 누리지 못했다. 이러한 관계에 대해 이의를 제기한 제자백가는 아무도 없었으며 오직 다각도로 군주론을 논증했을 뿐이었다.

춘추시대 이전에 원시적인 3대 정치적 계층이 형성되었다.『상서』『시경』『국어』『좌전』의 수많은 사료를 살펴보면, 왕과 기타 집권자, 서민은 여러 정치 등급에 속했으며 다양한 정치적 권리를 누렸음을 알 수 있다. 동주東周시대의 내사內史인 과過는 "많은 사람의 우두머리가 되어 백성을 부리는 도"를 논할 때『하서夏書』의 "백성에게 임금이 없으면 누구를 받들 것인가? 임금에게 백성이 없다면 더불어 나라를 지킬 자가 없다"라는 구절과『탕서湯誓』「반경盤庚」의 '여일인余一人'(군주의 일인칭) 철학을 인용하여 "옛날 선왕들은 천하를 가졌으면서도 (…) 제후는 봄가을로 왕으로부터 직임을 받아 백성을 다스렸고, 대부와 사는 날로 공손하게 위저位著에서 그 직무를 받아 공경을 다해 관직을 수행했으며, 서인과 공상은 각각 그 맡은 일을 지켜 물건을 만들어 윗사람에게 공급했다"[3]고 지적했다. 이는 군주, 신하, 백성의 관계를 명확하게 규정해준다.

제자백가는 전통적인 군신, 군민의 관념을 대부분 계승하면서 이를 새로운 역사 조건과 현실에 맞게 강화하거나 바꾸는 수준에 머물렀다. 유가는 전통적인 정치문화를 직접적으로 계승했다. 공자는 "예악과 정벌은 천자에게서 나온다" "정치는 대부에게 있지 않다" "백성은 쟁론하지 않는다"라는 것을 "천하에 도가 바로 세워졌는지"[4] 보여주는 기준이라고 주장했다. 이러한 공자의 사상은 최고 통치자, 기타 집정자, 서민의 관계와 그 권리를 분명하게 정하고 있다. 맹자와 순자 역시 천자에게는 천하, 제후에게는 국가, 사대부에게는 전읍田邑, 관리에게는 녹봉과 벼슬이 있지만 백성에게는 군자를 봉양하고 고단한 노동의 의무만 있을 뿐이라고 생각했다. 이런 사상은 진부하지만 모든 유가가 주장하는 바의 토대였다. 선진시대의 법가는 정치관계를 매우 분명하게 정의했다. 『관자』「임법任法」편을 보면 "법을 만드는 사람이 있고 법을 지키는 사람이 있으며 법을 본받아 행하는 사람이 있다. 법을 만드는 사람은 군주이고 법을 지키는 사람은 신하이며 법을 본받아 행하는 사람은 백성이다"[5]라는 구절이 있다. 즉 군주는 정령을 법률로 정하는 제정자이고 신하는 법을 집행하는 자이다. 그리고 백성에게는 법을 지키고 명령에 복종하는 의무만 있다는 것이다. 묵가, 도가 및 기타 유파의 정론을 보면 이와 비슷한 주장을 찾아볼 수 있다. 즉 제자백가는 군주는 정치를 주관하는 주체이고 신하는 군주의 명령을 집행하는 도구이며 백성은 정치적 의무만 있을 뿐 권리는 없는 피통치자라는 공감대가 형성되었다. 이는 '하늘天' 또는 '도리道'가 규정한 것이며 각 등급 모두 제각각 본분을 다해야 했다. 하늘의 도리에 따라 관료는 최고 권력을 탐해서는 안 되고 백성은 정치적 권리가 조금도 없으며 영원히 군주의 지배를 받고 혹사당할 수밖에 없었다. 그렇지 않으면 이는 도의를 거스르는 것이고 하늘에서 재앙을 받게 된다. 선진시대 제자백가의 정치적 계층 이론이 제기하는 기본 원칙은 한마디로 군존신비였다.

이런 군존신비론은 대체로 군주 지상론과 신민 비천론으로 구분된다. 군주 지상의 관념과 관련한 이론은 앞에서 상세하게 소개했기 때문에 여기서는 신민 비천론을 중심으로 보자. 만일 신하와 백성이 비천하다는 관념이 구조적으로 정립된다면 신하와 백성은 대부분 기능적 위상만을 갖는다고 할 수 있다. 구조적으로 비천한 지위는 기능적으로 도구적인 속성을 결정짓고, 기능적으로 도구적인 속성은 다시 구조적으로 비천한 지위를 말해준다. 중국 고대 정치학에서는 여러 형식으로 제왕과 신하 및 백성에 대한 위상을 정했으며, 각종 위상은 구조적 위상과 기능적 위상을 모두 포함하고 있다. 이것이 하늘의 질서이고 하늘의 명에 따라 정해진 자연의 섭리이며 인지상정이라고 한다. 이러한 이론과 관념은 제왕과 신민 모두의 정치의식에 큰 영향을 끼쳤다.

선진시대의 군존신비 관념과 이론의 내용 및 유형은 매우 다양하지만 여기에서는 정치적 비유를 통해 그 관념의 특징을 분석하고자 한다. 제자백가는 제왕과 신민의 관계를 설명할 때 다양한 비유를 들었다. 이러한 비유는 사회에서 널리 인정받기도 했고 심지어 문화적 기호로 정착되기도 했다. 가장 자주 볼 수 있는 사례는 다음과 같다.

제왕은 하늘이고 신민은 땅이다. 『관자』「명법해明法解」 편에서 "군주와 신하가 함께 있어도 높고 낮음이 하늘과 땅의 차이와 같다"[6]라고 하였다. 제왕은 지존무상한 자리에 있고 신하와 백성은 가장 천하고 낮은 자리에 있으며 높고 낮음이 하늘과 땅처럼 다르기 때문에 군주는 신하의 하늘이라고 했다. 『주역』「계사繫辭」 편에는 "하늘은 귀하고 땅은 천하니 건과 곤이 정해졌다. 낮고 높음으로써 베풀었으니 귀천의 자리가 있다"[7]라는 구절이 있다. 하늘은 높고 땅이 낮다는 것은 역대 군주제도와 등급제도가 바로 하늘은 높고 땅이 낮은 자연계를 모방했음을 의미한다. 이와 비슷하게 군신관계를 비유한 것은 더 있다. 기러기 떼가 날아가는 모양에서 선두에 있는 기러기와 그 뒤를 따르는 기러기 떼, 젖을 먹이는 어미 양과 젖을 먹는 새끼 양 등이 그 예이다. 고대 중국은 이렇듯 '자연의 섭리'로 사회 질서, 규범의 필연성, 합리성, 절대성 등을 표현하길 좋아했다. 하늘과 땅 그리고 자연에 비유하는 것은 신민 비천론의 중요한 근거 중 하나였다. 군존신비는 '불변의 진리'였다.

군주는 부모이고 신민은 자식이다. 『상서』에서 제왕은 "백성의 부모이다作民父母"라고 했다. 이러한 관념은 고대 문헌에서 가장 자주 보이는 위상 이론이다. 여기에는 기본적으로 윗사람과 아랫사람이 모두 동일한 가족관계에 속한다는 생각이 자리잡고 있다. 그렇기 때문에 사람들은 제왕의 위상을 '군부君父'로 삼고 신하와 백성의 위상은 '신자臣子' '자민子民'으로 여겼다. 즉 천하는 한 집안이고 집과 나라는 하나이며 군주와 아버지는 같고 충과 효가 같은 것이다. 이는 중생을 포괄하는 '정치라는 대가족'에서 제왕은 나이에 상관없이 영원히 부모이고 신하와 백성은 자식이다. 이러한 관계의 위상은 변함이 없다. 제왕과 신민의 실제 연령과 연배는 중요한 것이 아니었다. 여러 신하와 백성은 제왕이 낳아 키우고 보호하며 교화시키고 지배하는 대상이었기 때문에 자식인 신하는 충효를 다할 뿐이고 명령에 따라야 했다.

군주는 원수이고 신하는 고굉股肱(팔다리)이었다. '머리와 두덕首德'으로 군주를 비유했고 '고굉'으로 신하를 비유하는 이러한 관념의 뿌리는 하상주 삼대로 거슬러 올라갈 수 있다. 서주시대의 금문에 이러한 비유가 있는데 역대 문헌을 보면 원수元首와 고굉의 비유가 가장 많았다. 그리고 군주를 '원수'로 부르고 보좌하는 신하를 고굉으로 부르는 것이 일종의 문화적 기호로 자리잡게 되었다. 사람들은 군주를 주인, 신하를 보좌, 백성을 근본으로 여겼으며, 제왕에게 손발을 다치지 말고 팔다리의 살을 베는 어리석은 일을 저지르지 말라고 했다. 머리는 위에 있으면서 사지의 움직임을 지배하며 팔과 발은 아래에 있으면서 머리에 물건을 집어주고 온 세상을 다닐 수 있게 한다. 머리와 발의 비유는 제왕 앞에서 신하와 백성의 비천한 지위와 수단적 속성을 잘 보여준다.

군주는 급소이고 신하는 아홉 구멍九竅(사람 신체기관의 구멍)이다. 『문자』「상덕上德」 편에서는 "왕은 나라의 심장心이다"라고 했다. 심장은 생명을 좌우하는 기관 중 하나이다. 심장과 대칭되는 것은 아홉 구멍이고 팔다리이다. 심장이 인체의 중추라면 아홉 구멍은 부속된 것이었다. 그러므로 심장 또한 군주에 비유된 것이다. "몸에서 심장은 군주의 위치와 같고 아홉 구멍은 관직과 같다. 심장이 올바른 도를 따르면 아홉 구멍이 그 이치를 따른다"[8]라고 했다. 심장, 아홉 구멍, 팔다리는 한 몸을 이루며 어느 하나도 떼어낼 수 없다. 이와 마찬가지로 군주 역시 홀로 다스릴 수 없으며 몸에도 발톱, 이빨, 눈, 귀가 있어야 하듯이 반드시 여러 관리를 두어야 한다. 현명한 신하와 훌륭한 보좌는 군주의 눈과 귀처럼 제왕을 대신하여 천지 사방을 보고 들을 수 있다.

제왕은 수레를 모는 자이고 신하와 백성은 수레와 말이다. 사상가들은 나라와 백성을 다스리는 것을 수레와 말을 모는 것으로 비유했다. 『공자가어』「집비執轡」 편에서 신하와 백성 그리고 통치술을 소와 말 그리고 재갈과 고삐로 비유한 것이 가장 전형적이다. 소, 말, 매, 개를 신하와 백성으로 비유한 사례는 자주 보인다. 특히 뛰어난 장수와 현명한 인재를 좋은 활, 사냥개, 사냥매, 천리마로 비유했다. 이러한 비유는 생동감 있으며 적절하다. 제왕은 사냥꾼이 사냥을 할 때 매를 애지중지하는 것처럼 신하를 중시하였고 수레꾼이 무거운 짐을 짊어지고 먼 길을 갈 수 있는 소와 말을 키우는 것처럼 백성을 아꼈다. 이렇듯 신하와 백성은 단지 도구를 인격화했을 뿐이었다.

군주는 배이고 신하와 백성은 물이다. 『순자』「왕제王制」 편에 "군주는 배이고, 백성은 물이다. 물은 배를 띄울 수도 있지만 배를 뒤집을 수도 있다"고 했다. 백성은 군주를 선택하고 옹립할 수 있지만 한편으로는 군주를 버리고 죽일 수도 있다. 이는 마치 물이 배를 띄울 수도 있고 배를 뒤집을 수도 있는 것과 같다. 배와 물의 관계가 주는 교훈은 그 후 오랜 세월 전해지면서 군권의 상대성을 보여주며 민본사상을 키웠고 백성을 중시하는 정책이 힘을 얻게 되었다. 그러나 물은 영원히 물이고 배는 영원히 배이다. 물이 이 배를 띄우지 못하면 다른 배를 띄우듯이, 백성이 이 군주를 옹호하지 않으면 다른 군주를 옹호하게 된다. 배와 물의 비유는 백성의 비천한 지위와 도구적 속성을 바꾸지는 못한다는 것을 암시한다. 군주는 양陽이고 신하와 백성은 음陰이다. 제왕과 신하와 백성의 관계를 음양의 법칙에 입각하여 하늘이 정한 질서에 비유하는데, 이는 가장 철학적인 군존신비론이다. 많은 사상가들이 도(자연의 섭리)는 우주에서 가장 높은 존재이고 음양은 천지간에 가장 보편적인 규칙이라고 생각했다. 만물 가운데 유형의 것은 도에 뿌리를 두고 음양에서 생겨났다. 음양은 상호작용하면서 천지 만물의 생성과 소멸, 변화를 주관한다. 음양은 우주에서 대립하는 모든 사물과 현상의 배후에 존재하며 앞뒤, 시작과 끝, 정과 동, 암흑, 상하, 진퇴, 왕래, 개폐, 가득 참과 공허함, 생성과 소멸, 강약, 존비, 귀천, 표리, 정면과 뒷면, 순방향과 역방향, 존망, 득실, 출입, 관직에 나가고 물러나는 것 등 모두 구체적으로 '한 번 음이 되면 한 번 양이 되는—陰—陽' 법칙의 구현이었다. 음양의 법칙은 모든 사물이 지닌 대립성을 추상화한 것이며 사물이 지닌 대립성을 보여주는 보편적 근거이기도 하다. 즉 실체로서 음양은 만물을 생성시키지만 음양은 모든 사물 속에 속성으로서 존재하기도 한다. 음양은 형이상학적이고 보편적 연계의 범주이며 자연, 사회, 인생의 모든 대립하고 통일하는 현상을 설명할 수 있는 개념이다. 이렇게 음양은 모든 사물의 위상과 성질을 설명하는 이론적 수단이 되었다. 음양은 도이거나 도를 확립시켜주는 법칙이다. 하늘의 도는 음이고 양이다. 하늘과 땅은 커다란 음양이고 남녀, 부부, 부자, 군신 모두가 음양의 관계이다. 그러므로 음양의 법칙에 따라 사회적 역할은 '하늘의 질서'로 받아들여지는 것이다. 『역전易

傳」에서는 군주, 아버지 등이 양에 속하고 신하와 아들은 음에 속한다고 했다. "사람을 만드는 것은 양이고 사람이 만드는 것은 음이다."[9] 이러한 위상은 음과 양의 속성과 형식에 근거한다. 음과 양은 각각 두 가지 서로 다른 사물을 대표한다. 양은 고귀하고 강하고 완벽하고 적극적이며 음은 낮고 천하며 유약하고 부족하며 피동적인 것이다. 제왕은 양이고 신하와 백성은 음이다. 존귀한 자는 양이고 비천한 자는 음이다. 이는 군주와 신하를 구분하고 귀천의 구분을 영속화했다. 군존신비의 지위는 바뀌지 않고 신하와 백성은 영원히 비천한 지위에 머무를 뿐이다. 지배 관계에서 주도하는 자는 양이고 종속된 자는 음이다. 양은 강하고 음은 약하며 양은 움직이고 음은 정지해 있어서 군주의 도리는 강하고 엄격하며 신하의 도리는 유약하고 순종적이라고 결론내렸다. 『주역』「곤괘坤卦」에서는 "곤의 도가 그처럼 순하다" "땅의 도는 이룸이 없다"[10]라면서 신하의 도를 펼쳤다. 즉 신하는 군주를 넘어설 수 없고 비천함은 존귀함을 뛰어넘을 수 없음을 강조하여 신하와 백성은 스스로 주장할 수 없지만 최소한 독립적으로 움직이는 주체임을 밝혔다. 하늘의 도와 땅의 도, 음과 양, 건과 곤 등으로 군주와 신하의 상하관계를 규정한 것이 군존신비, 군주신종君主臣從 개념의 철학적 근거가 되었다. 이런 음양론은 철학적인 차원에서 제왕은 영원히 존귀하고 강건하며 주체적인 지위에 있고 신하와 백성은 비천하고 유약하며 순종적인 지위에 있다고 설파했다. 이는 하늘이 정한 뜻이고 도의 본질이며 상제의 율령 또는 자연의 법칙이므로 어느 누구도 거스를 수 없다고 했다.

군신관계와 관련한 비유는 이것 말고도 더 있다. 제왕을 용과 호랑이에 비유하고 신하와 백성을 바람과 구름에 비유했다. 또 제왕을 태양, 신하와 백성을 해바라기에, 제왕을 봉황에 신하와 백성을 온갖 조류에 비유했으며 제왕은 북극성에, 신하와 백성은 수많은 별에 비유했다. 또한 신하와 백성을 하늘에 붙어 있는 일월성신, 대지를 장식하는 산천과 대산, 하늘 높이 날아가는 백조의 날개, 거대한 고래가 헤엄치는 바다, 모피옷을 만드는 여우의 겨드랑이 가죽, 바다로 흘러드는 하천으로 비유하기도 했다. 어떠한 것이든 제왕을 비유하는 것은 주체적이고 주도적인 것이며 신하와 백성을 비유하는 것은 부속적이고 도구적인 것이었다. 또한 제왕을 원천으로 보고 신하와 백성을 흐름으로 보며 제왕이 그릇이면 신하와 백성은 그릇에 담는 액체이며, 제왕이 장인이면 신하와 백성은 장인이 만들어내는 물건이고 제왕이 대장장이면 신하와 백성은 대장장이가 제련할 광석이었다. 또 제왕이 도공이면 신하와 백성은 흙이었다.

중국 고대 사상가들은 각종 방식으로 신하와 백성의 지위와 기능을 해석했다. 신하와 백성은 계층상 비천하고 아래에 있으며 정치체계에서 신하이고 백성이며 종법체계에서는 아들이고 딸이었다. 또한 학술체계에서 그들은 배우는 사람이었다. 그들은 천문체계에서 수많은 별과 같이 북두칠성의 주위를 맴돌고 수문체계에서는 하천처럼 큰 바다로 흘러들어갔다. 또한 그들은 지리체계에서 모래, 자갈, 진흙처럼 큰 산을 우러러봤다. 그들은 용을 따라다니는 물고기와 새우이고 봉황을 알현하는 수많은 새이며 털이 있는 동물에 비유하면 기린 옆에 있는 수많은 짐승이다. 제왕이 성인이라면 신하와 백성은 우매한 사람이고 제왕이 대인이라면 신하와 백성은 소인이며, 제왕이 임금이라면 신하와 백성은 종이며 제왕이 지극히 귀한 존재라면 신하와 백성은 지극히 천한 존재였다. 이 모든 비유는 신하와 백성은 정치에서 객체이자 대상이며 정치의 주체가 될 수는 없다는 사실을 알려준다.

선진시대 제자백가가 높은 평가를 받는 이유는 그들이 군존신비라는 관계가 바뀌지 않는다는 전제 아래 한 몸인 군주, 신하, 백성의 관계에 대해 명확하게 인식하고 심층적으로 탐구했기 때문이다. 일부 무군론無君論을 주장하는 사람을 제외한 대부분의 사상가는 군주, 신하, 백성을 하나로 보았다. 정치에서 세 주체는 하나라도 빠질 수 없으며 각각 공동체를 구성했다. 군신론, 군민론, 관민론의 내용은 제각각이지만, 핵심적인 쟁점은 군주가 주인이고 신하는 보좌하며 백성은 순종하는 일반적인 원칙의 확립에 있었던 것이 아니라, 이미 존재하는 이 원칙을 어떻게 관철시키느냐에 있었다.

유가, 도가, 법가 모두 신하와 백성을 중시했다. 공자의 인仁, 노자의 자慈, 상앙의 애민愛民 등은 모두 군신관계, 군민관계를 유지하는 방략을 설계하면서 신하와 백성을 비천하고 도구적인 지위에 고착시키려고 했다. 이런 측면에서 가장 전형적인 것이 '우민통치愚民之術'와 '약민통치弱民之術'였다. 공자는 "백성은 도리를 따라 행하게 할 수는 있어도 도리의 원리를 일일이 알게 하기는 어렵다"[11]고 했다. 이는 고증할 수 있는 문헌 가운데 가장 먼저 유가에서 백성이 우매하다고 주장한 것이다. 노자의 '성인 통치'의 강령은 "백성의 마음을 비게 하고 그들의 배를 채워주며 그들의 의지력을 약화시키며 그들의 신체를 강건하게 하는 것이다. 언제나 백성을 무지, 무욕의 상태에 두게 한다. 비록 지혜와 수완을 지닌 자가 있을지라도 감히 재주를 부리지 못하게 한다"[12]는 것이다. 이는 가장 철저한 약민통치일 것이다. 상앙은 "백성이 나약하면 국가가 강성해진다. 국가가 강성한 것은 백성이 나약하여 법을 준수하기 때문이다. 그러므로 통치술을 장악한 국가는 백성이 법을 지키도록 나약하게 만드는 데 온 힘을 다한다"[13]라며, 최선책은 신하와 백성을 순박하고 우매한 상태에 두는 것이라고 했다. 유가, 도가, 법가의 우민통치와 약민통치는 놀라울 정도로 비슷하며 그 근본 목적은 신하와 백성을 쉽게 지배할 수 있는 비천하고 도구적인 지위에 두기 위함이다. 이런 측면에서 진 왕조의 통치사상은 사실상 당시 제자백가의 사상을 두루 받아들였다고 할 수 있다. 진시황은 신하와 백성을 다스리는 각종 제도나 정책에 법가, 유가, 도가가 제기한 수단을 대부분 수용했는데 다만 법가의 색채가 더 짙었을 뿐이다.

진시황은 군주, 신하, 백성을 어떻게 규정했나

춘추전국시대의 개혁 흐름에서 정치계층의 재편은 중요한 부분이었다. 이 과정에서 각 제후국 통치자의 개혁이 매우 중요하게 작용하긴 했지만, 정치계층의 재구성은 관련 정책을 변화시키고 제도를 혁신한 것의 결과물이었다. 또한 중앙집권 정치에 적응하고 일련의 정치, 사회, 경제, 문화 개혁을 단행함으로써 완성될 수 있었다. 정치계층의 개혁에는 뿌리 깊은 역사적 원인이 있었지만 통치사가 실질적인 필요에 의해 주관적으로 설계하고 적극적으로 시행한 덕분에 그 영향력이 매우 컸다.

정치관계의 상대적인 간소화에 대해선 진시황과 보좌 대신 모두 동의하고 적극 실천에 옮겼다. 그중 매우 부각되는 내용은 세 가지이다. 첫째, 그들은 옛날 오제와 삼황과는 처한 상황이 달랐기 때문에 '전국에 군현을 설치하고 법령을 통일하는' 새로운 제도를 필요로 했다. "제후가 조회에 들어오든, 들어오지 않든 천자는 그들을 제어할 수 없었다." 이런 옛 제도의 약점을 보완하여 '사람의 발길이 닿는 곳이라면 신하 아닌 자가 없게'[14] 만든 진시황과 보좌 대신은 진 왕조의 정치적 성취에 매우 만족하고 자랑스러워했다. 그들에게 진시황이 전국을 통합한 것은 전대미문의 엄청난 일이었고 "상고 이래 일찍이 없었던 일로 이것은 오제도 하지 못한 것이었다."[15] 이는 진시황이 새로운 정치 등급제를 매우 긍정했음을 의미한다. 둘째, 진시황은 제왕의 호칭을 '황제'로 바꾸고 백성을 '검수'로 바꾸어 불렀으며 귀족과 공경, 백관은 모두 관료로서 '신臣'이라 부르게 했다. '황제'라는 호칭을 정한 목적은 군주의 지고무상함과 유일성 및 신성성을 강조하기 위함이었다. 유일무이한 '황제'라는 말은 관료, 검수라는 호칭과 함께 관념적으로 군주, 신하, 백성으로 구성되는 3대 정치 등급 및 상호 관계를 분명하게 규정하는 효과가 있었다. 셋째, 각종 제도를 정비하고 새로 도입한 '대일통'의 정치 구조와 그 관계를 뒷받침했다. 또한 관련 규범과 제도 모두 군주, 신하, 백성이라는 3대 정치 등급과 등급 간의 상호 관계의 의미와 기능을 분명하게 규정했다. 진시황이 이들 제도의 역사적 의의를 인식했는지의 여부를 떠나서 그의 '제도' 정비는 사실상 새로운 역사적 조건에서 3대 정치 등급의 정치적 호칭과 규범 및 상호 관계를 윤리화, 제도화, 법제화했다는 데에 그 의의가 있다. 진 왕조는 화하 민족의 역사에서 최초로 군주 한 사람의 천하 통일을 달성했고, 이러한 현실 정치에서 새로운 정치 등급 제도를 전면적으로 확립한 역사적 힘을 보여줬다.

위의 세 가지 사실은 진시황이 정치 등급제를 구축하는 일에 매우 적극적이었고 또한 많은 성취를 이루었음을 말해주고 있다. 진시황이 확립하고 의존한 제도와 수단을 살펴보면, 그는 군존신비 관념을 적극 구현하기 위해 제도적으로 신하와 백성을 비천한 지위에 두었다. 기본적인 정치 등급제와 관련하여 진 왕조에는 구체적인 등급제도가 마련되어 있었다. 예컨대 공훈작功勳爵 제도와 관료의 품계 및 인수제도, 각종 의례 제도 등이 대표적이다. 이들 제도는 정치적일 뿐 아니라 사회, 경제 각 영역과도 관련되어 있었다. 이로써 황권을 중심으로 등급이 분명한 사회 구조가 성립되었다.

| 2 |

공훈 10등급 작위제도

진 왕조는 공훈에 따라 10등급으로 구분하는 작위제도를 시행했다. 진 왕조의 각종 등급제 가운데 공훈작 제도는 새로운 정치 등급제와 가장 밀접한 관계에 있었다. 이는 정치제도이자 신하와 백성의 정치적 지위와 등급에 따른 특권을 규정하는 중요한 제도였으며 또한 새로운 경제제도와도 매우 긴밀한 관련을 맺고 있었다.

공훈작 제도는 신하와 백성이 국가와 백성에 기여한 공로에 따라 작위를 확정하고 그에 따라 토지, 전답, 식읍 및 각종 특권을 부여하는 것이었다. 뿐만 아니라 신하와 백성의 지위를 확정하는 주요한 근거이기도 했다. 공훈작 제도는 관료제, 요역제, 경제, 법률 등과 밀접하게 맞물려 돌아갔기 때문에 일반적으로 작위가 있어야 관리가 될 자격이 있었다. 작위에 따라 정치적 지위가 달라졌고 법이 정한 사회적 권리와 경제적 권익 또한 달라졌다. 한 사람의 작위가 바뀌면 등급체계에서의 지위(정치, 사회, 군사, 경제, 법률적인 것을 모두 포함)도 따라서 오르내렸다. 중요한 각종 지위, 권리, 가치, 이익의 분배 방법과도 관계가 있었던 것이다.

공훈작 제도의 성립과 발전

공훈작 제도는 진 왕조의 황제제도와 상주시대의 왕제를 구별하는 지표 중 하나이다. 이 작위 제도의 성립은 대변혁이었으며 춘추전국시대와 진한시대의 사회정치 구조의 개혁에 직접적이고 중요한 영향을 미쳤다. 정치제도로서 공훈작은 토지를 지급하는 봉건제도와 세경세록제도를 대체했다. 이것은 근본적으로 군주 이하의 각급 국가 관리의 선발과 임명 및 승진 방법을 개혁했으며 분봉제도를 와해시키고 관료제도를 발전시켰다. 또한 공훈작은 새로운 정치체제가 성장할 수 있는 튼튼한 사회적 기반을 마련했다. 이것이 있었기에 "재상은 반드시 지방 관리에서 발탁되고 맹장은 반드시 병졸에서 기용되는"[16] 것이 점차 현실화되었다. 공훈작은 정치적 지위와 사회 자원을 분배함에 있어서 능력 중심의 원칙을 더욱 강화했고 토지 분봉제보다 훨씬 '공정'하고 '합리'적이었으며, 행정의 효율성을 제고하는 데 유리했을 뿐만 아니라 공정한 사회를 실현하는 데 어느 정도 도움이 되었다. 또한 능력의 원칙은 상대적으로 신분 원칙을 약화시켜 사회 신분계층의 상하 이동을 크게 촉진시켰다.

중국 고대사회에서 식읍 작위제도는 오랜 세월 시행된 것이다. "옛날 현명한 군주는 덕이 있는 자에게 작위를 주고 공로가 있는 자에게 봉록을 주었다"[17]고 했다. 『사기』에도 하상주 때 각종 공로를 세워 작위를 얻거나 지위가 올라간 이야기가 다수 전하고 있다. 특히 작위가 높은 수많은 사람들은 처음에는 노예와 하인이었다. 그들은 오로지 공을 세워 주왕에게서 포상을 받았고 신하와 백성, 대부, 제후라는 신분의 계단을 하나하나 밟아 올라가 집안과 나라를 세웠다. 춘추전국시대에 전공을 세워 집안을 일으킨 경대부가 셀 수 없을 정도로 많았는데, 진晉나라의 육경六卿이 대표적이다. 그러므로 봉읍을 지급하고 작위를 하사하는 일이 시작된 이후 공로를 세워 작위를 얻은 사람이 많아졌다. 이것이 바로 공훈작 제도의 역사적 뿌리이다. 그러나 춘추시대 이전에 혈족을 귀하게 예우하고 땅을 지급하며 작위를 내리는 녹봉제와, 전국시대 이래로 실시된 '관계가 가깝고 먼 것을 구별하지 않고 귀천을 가리지 않으며 공로에 따라 상을 내리고 능력에 따라 벼슬을 받는'[18] 공훈작제는 크게 달랐다. 새로운 공훈작 제도가 실시되면서 작위는 주로 공로에 따라 얻게 되었고 작위가 있는 자 가운데 다수가 봉군은 아니었다. 또 작위가 높은 봉군도 관료로 바뀌기 시작하여 더 이상 "밭에서 나오는 조세를 받아 쓰고 가신을 통해 지배하며 자손이 식읍을 세습하는 일"[19]은 불가능해졌다.

공훈작은 춘추전국시대에 들어와 성립되었다. 춘추전국의 역사는 한 편의 전쟁사와 같다. 패권과 겸병을 위한 전쟁의 시대에 전차와 말이 달리는 소리, 전투를 알리는 북소리, 화살이 날아가는 소리가 끊이지 않았다. '힘의 논리'가 지배하는 시대에 생존하기 위해 공로에 따라 작위를 부여하는 새로운 방식이 싹텄다. 역사가들은 진晉나라의 대부 조간자趙簡子가 정나라의 군대를 크게 무찌른 전투를 벌이기 전에 한 서약을 자주 인용한다. 조간자는 큰 전투를 앞두고 병사들의 사기를 진작시키기 위해 상벌에 관한 조례를 선포했다. "적을 이기고 난 뒤에 상대부는 현읍을 받을 것이고 하대부는 군읍을 받을 것이며 병사는 논밭 10만 묘를 받을 것이고 평민과 상공인은 모두 작위를 받게 될 것이다. 남의 가신이나 종들도 모두 해당될 것이다."[20] 즉 전공을 세우면 대부와 병사는 승진과 포상을 받고 평민과 상공인은 관리가 될 수 있으며 남의 가신이나 종은 모두 노예의 신분에서 해방되는 것이었다. 그러나 당시에는 임시 정책에 불과해 제대로 정착되지 못했던 이 정책은 새로운 내용을 담고 있었고 그 효과 역시 매우 컸다. 이러한 전례가 있었기 때문에 낡은 시스템이 와해되기 시작하고 그 자리에 새로운 시스템이 들어서기 시작했던 것이다. 전국시대에 각 제후국은 다양한 수준과 규모로 공로에 따라 작위를 부여하는 방식을 잇달아 도입했다.

진나라의 공훈작은 진 효공 때 상앙의 주도로 공식적으로 시작되었다. 초기에는 주로 전쟁에서 이기기 위해 전공을 세우도록 독려하는 것이 목적이었다. 그래서 훗날 작위 명칭과 작위 하사 기준 및 절차 등이 손질되고 점차 정비되는 과정을 거쳤다. 그리고 진시황 때에 무르익어 공훈에 따른 10등급 작위제를 실시할 수 있었다. 운몽진간의 「군작율軍爵律」을 보면 이 제도의 본질과 내용이 군작軍爵이라는 두 글자로는 전체 내용을 아우를 수 없음을 알게 된다. 최소한 진시황이 통치하던 당시에는 공훈작이 각종 사회정치적 기능을 크게 발휘하고 있었다.

여러 역사서에서 이 새로운 작위제도는 "군공작제軍功爵制"로 불렸다. 이는 일정 부분 사실을 반영하기는 하지만 정확한 명칭은 아니며 '공훈작제功勳爵制'로 부르는 것이 정확하다.

진나라의 10등급 작위제의 주요 목적과 본질은 작위를 하사하는 방법으로 공로를 포상하는 것이었다. 시행 초기 진나라의 정치적 이슈는 전쟁이었다. 부국강병이 전쟁의 본질이었기 때문에 작위를 부여하는 대상은 주로 전공을 세운 장수와 전사였다. 이런 의미에서 군공작제라고 부를 수는 있다. 이런 특징은 각 제후국의 유사한 제도에도 적용된다. 그러나 공훈작이 시행된 초기부터 작위를 얻고 등급을 올린 방법은 전공에만 국한되지 않았고 국가에 대한 다른 공헌 역시 똑같은 대우를 받았다. 역사를 보면 전국칠웅이 공훈을 세운 사람에게 내린 작위가 전공에만 한정되지 않았음을 알 수 있다. 법가는 정치적 공적을 세웠고 책사는 언간과 책략을 바쳐 공을 세웠으며 종횡가는 외교활동으로, 왕조와 왕실 종친은 타국에 질자質子(인질)로 감으로써, 고발자는 범죄를 적발해서, 간첩과 자객은 군주를 위해 특수한 임무를 성공시켜 공을 세웠다. 그리고 투항한 지휘관이나 장수는 새 주인에게 영지와 부하를 바쳐 공을 세웠고 간신배 역시 군주의 총애를 얻어 공을 세웠다. 뿐만 아니라 곡식을 바친 백성에게도 작위를 하사했다. 농경을 장려하는 중요한 조치로서 공훈작 제도는 황무지 개간이나 농사에 정통한 농부에게도 적용되었던 것이다. 농민은 국가에 곡식을 바쳐 공을 세울 수 있었고 국가의 명에 따라 변경지역으로 이주하여 황무지를 개간함으로써 공을 세울 수 있었다. 여러 학자가 지적한 것처럼 다양한 공로를 세우면 작위를 얻을 수 있었다. 새로운 작위 등급제에는 "사실상 일반적인 공적도 포함되었다."[21] 이는 역사적 사실과 일치한다.

'공로'의 내용은 국가와 군주가 명령과 현실 정치에 따라 확정했고 '작위'는 공로에 따라 부여되었다. 정치의 중심이 전쟁에 있을 때는 전공戰功이 많은 데 반해 일반 공적은 적었다. 그러나 정국이 바뀌면 공훈의 내용과 순서 역시 바뀌었다. 진 왕조가 몰락한 후, 한 왕조 역시 이 제도를 받아들였고 국가의 통치가 오랜 세월 안정되면서 '공훈'의 내용도 크게 바뀌어갔다. 그러므로 '공훈작제'라고 부르는 것이 훨씬 정확하다.

20등급 작위제의 기본 원칙과 내용

동쪽의 여섯 제후국에서 시행된 공훈작제의 구체적인 내용은 사료가 충분하지 않아 상세히 알 수 없다. 그러나 진 왕조의 그것은 상당히 상세하게 알 수 있다. 일부 기록은 포괄적이지 못하고 누락된 부분이 있을 뿐만 아니라 역사의 변천 과정을 거쳤지만, 진나라와 6국의 관련 기록을 종합해보면 당시 공훈작제의 기본 원칙, 주요 내용, 현저한 특징 등에 관한 일부 구체적인 규정을 대략 이해할 수 있다. 운몽진간과 『사기』, 『상군서』 「경내境內」[22] 등을 토대로 다음과 같이 정리할 수 있다.

원칙 1: 모든 백성을 대상으로 한다

공훈작의 기본 특징은 오직 공로에 따라 논공행상했다는 것이다. 노예를 포함한 전체 신하와 백성이 모두 공로에 따라 작위를 받을 수 있었다. 운몽진간 「군작율」에 "적군의 수급을 벤 부하에겐 공사의 작위를 부여한다"는 구절이 있다. 수호지睡虎地 진묘 4호에서 출토된, 진나라 병사가 집에 계신 어머니께 보낸 서신을 보면 "편지를 받으면 우리 형제가 얻은 작위가 하사됐는지 답장으로 알려주세요"[23]라고 쓰여 있다. 이를 보면 사회 하층에 있는 사람도 분명히 전공을 세워 작위를 얻을 수 있었음을 알 수 있다. 이는 공훈작이 세경세록과 구별되는 점이다. 여러 유가 학자의 눈에 이런 제도는 심히 거슬려 "전에서 이르기를, '제후가 관량을 설치하고 백성이 작위와 녹봉을 얻은 것은 승평의 시대(전쟁과 태평성세의 중간)에 시작된 것이 아니라 대체로 전국시대부터 시작되었다"[24]라고 지적되기도 했다.

이 원칙이 관철되자 진나라 사회 전반에서 변화가 나타났다. 이것은 정치제도, 정치관계, 등급관계와 경제관계를 전방위로 개혁하는 효과를 불러일으켰으며 중국 고대사회의 진로에 커다란 영향을 끼쳤다. 심지어 '일반 백성에게 작위와 녹봉을 하사한 것'은 그것이 공훈작제를 통해 달성되었든 과거제도를 통해 달성되었든 전국과 진한 이래 중국의 가장 중요한 특징 가운데 하나가 되었다. 이는 어느 정도 '공정한 경쟁'을 펼칠 수 있는 환경을 제공했다. 또한 왕조의 통치 기반을 확대시켰고 관리의 전쟁 수행 능력을 개선시켰으며 계층의 상하 이동을 촉진하여 전체 사회에 생기와 활력을 불어넣었다. 진 왕조의 위대한 업적과 한나라와 당나라의 태평성세는 모두 이 원칙을 관철시킨 것과 밀접한 관계가 있다.

원칙 2: 공을 세우면 얻고 세우지 못하면 얻지 못한다

공훈작의 작위 부여 조건은 오직 하나, 공을 세우는 것이었다. 「군작율」을 보면 "전쟁에 나가 공을 세우면 포상과 작위를 내렸다"고 명확하게 규정하고 있다. 공로가 있으면 평가를 거쳐 기준에 따라 포상과 작위를 받을 수 있었다. 『상군서』「경내」 편에는 당시에 "군작軍爵"과 "공작公爵"의 구별이 있었다고 전한다. 진나라의 법秦律에는 「군작율」만 있었다는 사실이 진나라의 공훈작 제도가 '군작軍爵'과 '공작公爵'을 구별했음을 말해준다. 제도의 목적과 정치 현실 모두 공로를 전공에만 국한하지 않았을 것이다.

『법률문답』을 보면 "작위가 없는 왕족 종실 자손"에게 법률을 적용할 때 구체적인 규정이 있다. '내공손內公孫'은 왕족의 종실, 귀족의 후손을 지칭하고 '무작자毋爵者'란 작위가 없는 사람을 의미한다. 이 규정에서 당시 왕족이나 귀족의 후손 가운데 작위가 없는 사람이 많았음을 알 수 있다. 황제의 종친이라고 해도 공을 세우지 못하는 한 작위를 받을 수 없다는 규정이 제도화, 법제화되었으며 그것도 매우 철저했다.

원칙 3: 공로에 따른 작위의 강등

전공을 예로 들면 보통 병사에게는 적군의 수급 하나를 베면 포상으로 작위 한 등급을 올려주고, 하급 군관에게는 적군의 수급 33개 이상을 벤 자에게 작위 한 등급을 특진시키며, 고위 장수의 경우에는 '전쟁에서 승리한全功' 자에게 작위 3등급을 특진시킨다"[25]라고 법령으로 규정했다. 「군작율」은 작위를 내리는 구체적인 절차도 법률로 정했다. 작위를 하사할 때는 대체로 '노작勞爵' '논영論盈' '사작賜爵' 등의 절차를 거쳤다. 공적을 실사하고 공로를 평가한 후에 작위 등급과 기타 포상을 결정했던 것이다. 공로의 크기는 직접적으로 작위의 등급을 결정했기 때문에 공로가 클수록 작위도 높았다. 이러한 원칙은 앞의 두 원칙을 구체화하고 더 발전시킨 것이다.

원칙 4: 작위에 따른 관직

작위와 정치적 지위 및 관직은 직접적으로 연계되어 있었다. 『한비자』 「정법定法」 편을 보면 "상군의 법에는 '적군의 수급 하나를 벤 사람은 1등급을 특진시키고 그 사람이 만일 관리가 되고자 하면 봉록 50섬의 관직에 임명한다. 적군의 수급 둘을 벤 사람은 2등급을 특진시키고 관리가 되고자 하면 봉록 100섬의 관직을 준다'고 되어 있다"[26]라는 구절이 있다. 작위가 있으면 관리가 될 수 있었고 작위가 높으면 관직도 높았다. 진나라의 장수 백기와 왕전은 전공에 따라 제후에 봉해지고 장군으로 임명된 대표적인 사례이다. 수호지 진묘 11호의 묘주墓主인 희喜는 19세에 말단 관리생활을 시작하여 전쟁에 나가 공을 세웠고 현어사, 현령사 등의 관직에 임명되었다. 이는 보통 사람이 전공을 세웠거나 일반 공로를 세워 작위와 관직을 얻은 사례였다. 또 작위가 높을수록 정치적 지위도 높았다. "진나라 백성은 작위가 공대부 이상 되는 사람은 영승과 동등한 예로 대우했다."[27] 심지어 일부 철후와 윤후가 받은 예우와 지위는 삼공보다 높았다.

작위가 있어야 관리가 될 자격이 있었고 관리가 되어야 정치권력을 행사할 수 있었다. 또한 작위가 높을수록 높은 관직에 오를 수 있었고 받을 수 있는 봉록도 많았다. 관리가 될 수 있는지의 여부와 관직과 봉록의 크기는 작위의 유무 및 그 높고 낮음에 따라 결정되었다. 작위의 취득은 신분의 제약을 받지 않았기 때문에 관리가 될 수 있는 길이 사실상 모든 백성에게 크게 열려 있었다. 공훈작이 시행된 이후 수많은 평민과 천민이 작위를 얻고 벼슬길에 나아가면서 옛 귀족이 차지했던 권력과 부귀를 누릴 수 있게 되었다.

이것은 필연적으로 '평민이 장수와 재상이 될 수 있는布衣將相' 사회 분위기를 조성했다. 공로에서 관직으로 연결되는 이 원칙이 관철되어 각급 관리의 능력과 자질이 크게 향상되었다. 오랫동안 진나라의 장수와 재상 중 다수가 비천한 신분 출신이었다. 장의, 진진陳軫, 범저, 채택, 이사를 포함한 재상과 백기, 왕전 등 장수 모두가 포의장상이었다. 공훈작이 시행되면서 어느 정도 '능력이 있는 사람이 관직을 차지하게 되었다.' 이는 당시까지의 역사 발전을 고려하면 매우 가치 있는 일이었다.

원칙 5: 작위에 따라 등급과 특권 결정

작위의 등급은 또한 정치부터 법률까지 모든 특권과 연계되었다. 이 특권에 대해 진 왕조는 명확하게 성문법으로 규정했다. 한 등급을 포상할 때마다 "1경의 농지를 더 주고 9묘의 택지를 더 주며 작위 1등급마다 서인庶子 한 명을 배속시켰다."[28] 여기에서 서자는 상으로 주어지는 농민을 가리킨다. 그들은 매월 주인을 위해 6일 동안 일하고 부름을 받으면 언제든지 가서 일해야 했다. 일부 등급의 작위에는 '세읍稅邑' '사세賜稅' '사읍賜邑 '수객受客' 등 큰 포상을 내리기도 했다. 작위가 높을수록 포상도 더 컸으며 따르는 특권 역시 컸다. 작위가 '불경不更' 이상이면 요역인 '경졸更卒'에서 면제'되었다. 작위가 '공승公乘' 이상이면 '공가公家'의 수레를 탈 수 있었다.' 작위가 높은 자는 그것이 없거나 낮은 자를 지배할 수 있었다. 예컨대 '좌경左更' '중경中更' '우경右更' 등의 명칭은 '경졸을 거느리며 그들을 부린다'는 것을 의미했고, '소상조少上造' '대상조大上造' 등의 명칭은 '모두 상조의 사士를 거느렸음'을 의미했다. 또 '사거서장駟車庶長'이란 명칭은 "4필의 말이 끄는 수레를 타며 중장衆長이라는 것"[29]을 의미했다. 운몽진간의 「전식율傳食律」(지방관리의 식량조달 규정)에 따르면, 작위의 유무 또는 작위의 고하가 식량 조달 및 대우의 기준을 결정했다.

진율에 따르면 작위가 있는 사람의 법적 지위가 없는 사람보다 높았고, 작위가 높은 사람의 법적 지위는 낮은 사람보다 높았다. 진나라 사람들은 작위에 따라 벌을 받거나 또는 작위로 인해 부모나 부인을 예신隸臣(남자 노예)과 예첩隸妾(여자 노예) 신분에서 풀려나게 해줄 수 있었다. 예컨대 「군작율」의 규정에 따르면 "작위 2등급을 반환함으로써 예신첩의 형벌을 받은 친부모 중 한 명"의 죄를 속죄할 수 있었다. 예신의 신분에 있는 사람이 공로를 세워 공사公士 작위를 얻으면 자신의 작위를 내놓아 아내를 노예의 신분에서 풀어줄 수 있도록 허용했고, 작위가 있는 사람이 죄를 저질러 강제 노역을 해야 할 때 우대를 받을 수도 있었다. 예컨대 「사공율司空律」의 규정에 따르면 작위를 지닌 사람이 죄를 저질러 감옥에 갇히면 일정한 장소에서는 죄수복을 입지 않고 형구를 차지 않아도 되었다.

작위는 명예일 뿐 아니라 정치적 권리, 신분적 특권, 경제적 이익과 직접 연관되었기 때문에 공적을 세우면 명예는 당연히 따라오는 법이라 할 수 있었다. 이러한 원칙이 관철되면서 여러 신하와 백성은 국가와 군주를 위해 온 힘을 다하고 매사에 적극적이었다. 오직 공을 세워야만 부귀영화를 누릴 수 있었던 것이다. 공훈작은 분명 분봉제보다 훨씬 합리적이었다.

공훈작 제도 정착의 역사적 의미는 매우 크다. 작위를 내리면 필수적으로 토지를 함께 주었기 때문에 대규모의 토지 소유자를 양산했다. 또한 토지는 계승되었기 때문에 토지 소유자를 다양하게 분화시키는 계기가 되었다. 분화된 토지 소유자들은 대규모 사회 중간층을 구성했고 이러한 토지 소유 형식은 토지사유제로 변모하기 쉬웠다. 역사를 살펴보면, 이들은 굉장히 적극적으로 활동한 전국시대의 주인공이라고 해도 과언이 아닐 것이다.

원칙 6: 작위가 높을수록 포상을 많이 받는다

공훈작 제도에 규정된 포상은 분명히 등급에 따라 차별이 있었다. 『상군서』「경내」편에 따르면 군대가 성을 포위하여 공격해서 적군의 수급 8천을 베거나 또는 진을 펼친 야전에서 적군의 수급 2천을 베면 모두 전공으로 간주했다. 전공을 세운 '군대의 관리로 자조급교自操及校 이상'은 모두 포상을 받았다. 특히 작위가 높은 자는 풍성한 포상을 받고 작위가 낮은 자는 포상도 적었다.

이 원칙은 등급제도의 일반 법칙일 뿐 아니라 공훈작 제도의 논리에 어긋나지 않았고 어느 정도 합리성도 있었다. 일반적으로 최고 지휘관과 각급의 군관이 전쟁에서 더 큰 영향력을 발휘했기 때문이다. 또 최고 지휘관이 전투를 결정지을 때도 있었다.

원칙 7: 포상을 내리기도 빼앗기도 했다

공훈작은 신상필벌을 관철시킨 결과물이다. 진 왕조의 통치 정책은 백성들에게 은혜를 베풀기도 했지만 엄격하게 다스렸으며 공로를 엄격하게 밝혀 포상하고 책임을 물어 벌을 내렸기 때문에 상벌이 공정했다. 이는 공훈작의 기본 원칙 중 하나인 상벌 병행에 해당되었다. 작위를 내리는 것은 공로에 따른 포상이었고 작위를 빼앗는 것은 잘못에 따른 벌이었다. 작위로 부모, 부인, 자식을 노예의 신분에서 풀어줄 수 있도록 허용했기 때문에 작위의 강등 또는 상실이 나타났다고 보기도 한다. 어쨌든 이러한 이유로 신분의 상하 이동이 생기는 것은 필연적이었다.

진 왕조의 통치 기간 동안 죄를 저질러 작위를 강등당하거나 빼앗기는 현상은 빈번했다. 치열한 정치 투쟁이 끝난 후에는 대규모로 작위를 박탈하는 현상이 나타났다. 노애의 반란이 평정된 후, 그의 사인舍人 4000여 가구가 작위를 박탈당하고 촉 땅으로 강제 이주되었다.

원칙 8: 관리를 임명하고 직책을 책임진다

공훈작제는 국가의 통치 목표를 달성하는 것과 직결되었고 여러 신하와 백성의 실제 이익에도 매우 중요하게 작용했다. 국가는 전담 기구와 관련된 직책을 관리하는 관직도 설치했다. 진 왕조의 중앙정부에서 작위를 내리는 일을 주관하는 관리는 주작중위主爵中尉였다. 진나라는 작위의 부여, 계승, 박탈 등에 대해 법제화된 절차와 규정을 두고 있었다. 관련 법률 내용이 상세하며 실제 운영 가능성도 매우 컸다.

진 왕조의 공훈작은 20등급으로 구분된다. 『한서』「백관공경표」에 따르면 "작위는 다음과 같다. 1급은 공사, 2급은 상조, 3급은 잠뇨簪裊, 4급은 불경, 5급은 대부, 6급은 관대부, 7급은 공대부, 8급은 공승, 9급은 오대부, 10급은 좌서장, 11급은 우서장, 12급은 좌경, 13급은 중경, 14급은 우경, 15급은 소상조, 16급은 대상조, 17급은 사거서장, 18급은 대서장, 19급은 관내후, 20급은 철후라 한다. 모두 진나라의 제도로서 공로에 따라 포상했다."[30]

고대의 역사가와 학자들 다수는 진 왕조의 20등급 작위가 상앙의 변법에서 시작되었고 효공 이래로 변함없이 시행되었다고 보고 있다. 현대의 학자들도 상앙에게서 시작된 작위제도는 후대에 부단히 개선되었으며 진 왕조가 천하를 통일한 후에 최후로 확정되었다고 본다.[31] 일각에서는 관련 사료를 근거로 상앙의 제도와 진 왕조 제도의 차이점을 상세하게 나열하며 두 제도는 작위의 종류, 명칭, 등급, 서열, 작위를 획득한 자의 권익 등의 측면이 다르다고 지적했다. 상앙의 변법 이후, 20등급의 작위제에 보이지 않는 작위 명칭이 나타나기도 했다.[32] 일부 구체적인 문제는 더 연구해야겠지만 대체로 진나라의 공훈작제는 끊임없이 개혁과 정비 과정을 거쳤다고 말할 수 있다.

진시황이 공훈작 제도를 관철시킨 특징

진시황의 통치 시기에 공훈작 제도에는 구체적으로 새로운 특징 몇 가지가 나타났다.

첫째, 왕족의 종실이라도 공로가 없으면 작위를 주지 않는 규정을 철저히 견지했다. 이 원칙은 조금도 동요하지 않았으며 약간의 변칙도 없었다. 진시황은 자식에게 왕국을 분봉하지 않았으며 친자식이라도 공로를 세우지 못하면 엄격하게 작위를 내리지 않는 원칙을 지켰다. 그는 '부세賦稅로써 후한 상을 내려' 풍족하게 살 수 있게 해주었지만 작위와 식읍을 내리지는 않았다. 이 때문에 진시황은 여러 차례 신랄한 비판을 받아야 했다. 진시황에게도 수십 명의 자식이 있었다. 호해胡亥를 포함한 여러 자녀가 약간의 땅도 분봉받지 못했으며, 이들 왕족의 작호와 식읍에 대한 기록은 전혀 없다.

고대 정치사상에 따르면 "어질고 현명한 군주는 가깝다는 이유로 봉록을 주지 않고 공로가 많은 자에게 상을 주며 능력 있는 사람에게 그에 맞는 일을 맡긴다. 그래서 사람의 재능을 살펴 관직을 주는 자가 성공한 군주였다."[33] 효공 이래로 진나라는 이 원칙을 지켜왔다. 왕족과 귀족의 자손들도 공을 세우지 않으면 부유하게 살 수는 있지만 귀한 신분은 얻지 못했다. 진시황의 통치 시기에 이 원칙은 굳건하게 견지되어 대신들도 "지금 폐하께서는 천하를 가지셨지만 자제들은 평민"[34]이라며 공개적으로 비판했다. 이점에서는 진시황을 포함한 진나라의 군주는 '현명하고 어진 군주' '성공한 군주'라고 할 만하며, 심지어 '예전에도 없었고 앞으로도 없을' 것이라고 할 수 있다. 서한과 동한시대 이후의 왕조에서는 왕족에게 작위를 내리고 가까운 친족에게 봉록을 주는 제도가 시행되었다. '능력을 살펴서 그에 맞는 관직을 주는' 측면에서 진 왕조는 역대 왕조와 비교해볼 때 가장 철저하고 성공적이었다. 황위와 작위를 대를 이어 계승하도록 한 것 이외에, 종법제도 및 관념이 진 왕조의 정치제도에 미친 영향은 크지 않았다. 이는 진 왕조의 정치가 긍정적으로 평가받아야 할 부분이다.

진시황의 행적이 '대공大公(공정함)'에 속했는지, '대사大私(사사로움)'에 속했는지 하는 문제는 고대 학자들이 끊임없이 논쟁한 주제였다. 어쨌든 '능력을 살펴 그에 맞는 관직을 주는' 측면에서 진 왕조의 제도는 '대공'의 기준에 가장 근접했다.

둘째, 기타 공로에 따라 작위가 올라간 사람의 비율이 점차 확대되었다.

공훈작 제도는 주로 전공을 독려하기 위해 설치된 것이라 이사가 말한 대로 "투사에게 벼슬을 주고 공신을 존중하여 그들의 작위와 봉록을 높였다."[35] 진 왕조의 각급 관리들 중에는 전공을 세워 작위를 받은 사람이 다수였고 이는 역대 신흥 왕조에서 나타난 공통점이었다.

하지만 백성을 다스리고 제도를 정비하는 일은 전쟁과는 별개의 문제였다. 전쟁에 능한 사람이라고 해서 정치를 잘하는 것은 아니다. 이 문제는 일찍이 몇몇 사상가가 지적한 부분이다. 『한비자』 「정법」 편에서 진나라는 상앙의 변법을 시행하여 "관직의 직급이 적군의 수급을 가져오는 공로와 비례했다"[36]라며 그 문제점을 지적했다. 적군의 수급을 가져오는 공에는 용맹이 필요하지만 통치와 관직에서 요구되는 것은 지혜와 능력이었다. 용맹하고 힘이 있는 자가 지혜와 능력을 요하는 관직을 맡은 것은 마치 병사에게 목수나 의사를 시키는 것과 같아 집도 완성하지 못하고 병도 치료하지 못할 것이다. 통치의 도리와 국가 운영에 정통한 군주인 진시황이 이 문제를 몰랐을 리가 없다. 진시황 때에는 곡식을 바쳐서 작위를 받은 현상이 보편적으로 나타났다. 진시황 4년(기원전 243) '10월 경인일에 메뚜기가 동쪽에서 와서 하늘을 뒤덮었다. 천하에 역병이 돌았다.' 진시황은 재정 수입을 늘리기 위해 '백성이 곡식 1000석을 바치면 작위 1등급을 수여한다'는 영을 내렸다.[37] 이외에도 수레와 말이 다니는 치도馳道를 정비한 자, 명을 받들어 또는 자발적으로 변경지역으로 이주한 자에게도 작위를 수여했다. 이런 식으로 작위를 받은 사람이 매우 많았다. 예컨대 진시황 36년(기원전 211) "북하와 유중의 3만 가구를 이주시키고 집집마다 작위를 한 등급씩 하사했다."[38] 이러한 공로는 전공이 아니라 국가의 정치적 필요에 따른 것이었다.

셋째, 공훈작 제도가 민작民爵제도로 바뀌어갔다.

진 왕조에서 관직(정치권력, 품계와 녹봉, 기타 정치적 특권 포함)과 작위가 분리되는 경향은 갈수록 두드러졌다. 그 결과 공훈작의 성격, 기능, 내용에도 변화가 생겼다. 당시 작위를 받는 대상과 범위가 끊임없이 확대되어 백성 중 작위를 받은 사람이 상당수였다. 심지어 변경지역으로 유배간 사람들도 원래의 작위를 그대로 갖고 있거나 새로 작위를 얻었다. 특히 신하와 백성이 대규모로 작위를 받는 현상이 날로 늘어난 것에 주목할 필요가 있다. 수만 가구의 백성에게 작위를 내렸다가 이내 더 많은 사람에게 부여했다. 예를 들면 진시황 27년(기원전 220)에 "작위 1등급을 하사했다"[39]는 기록이 나오는데 이때 작위를 받은 대상은 광범위했을 것이다. 하지만 이들 대부분은 벼슬길에 나갈 수 없었다. 이는 필연적으로 '민작民爵' 현상이 나타나는 계기가 되었다. 이와 상응해 관직과 작위의 밀접성도 크게 떨어졌다. 관직은 높은데 작위가 낮거나 작위는 높은데 관직이 낮으며, 작위는 있는데 관직이 없고 작위는 없는데 관직이 있는 현상이 늘어났다. 공훈작 제도는 더 이상 정치권력을 분배하는 막중한 책임을 감당할 수 없음이 분명해졌고, 기능적으로 정치적 지위를 정해주던 정치 등급제가 단순히 사회적 지위를 정해주는 사회 등급제로 바뀌게 되었다. 이로써 공훈작 제도에 있던 기존의 여러 정치적 기능이 점차 변화해 관료 등급 및 권익만 정해주는 직위, 품계 및 봉록제도가 발달하게 되었다. 이러한 변화는 선진시대에 시작되었고 진 왕조에 와서 많은 변화를 거쳐 서한시대에 거의 완성되었다. 중국의 고대 정치제도사에서 이는 매우 중요한 변화이다.

가정의 위계를 보호한 진시황

고대에 각 가정의 내부에는 명확한 계층관계가 존재했다. 진 왕조 역시 마찬가지였다. 운몽진간, 『사기』 『한비자』가 제공하는 관련 제도와 법률 및 사상을 살펴보면 전국시대와 진한시대의 가정 구성은 대동소이했기 때문에 주요 특징을 알 수 있다.

종법적인 가정 구성 및 정치적 기능의 중대한 변혁

가정은 친족관계로 구성되었으며 재산을 공유하는 친족 집단이다. 가정은 가장 기본적인 사회 단위이자 경제 단위이고 정치 단위였다. '호戶' 단위로 존재하는 가정은 기본적인 생산 단위였고 재산상의 권리와 의무를 이행하는 주체였다. 가장과 기타 구성원, 부모와 자식, 어른과 어린이, 남자와 여자, 부부, 주인과 노비 간에는 존비와 계층의 구분이 분명했다. 마찬가지로 종족宗族 내부에도 존비의 구분이 존재했다. 가장인 아버지는 기타 구성원에 대한 통치권을 가졌으며 심지어 생사여탈의 지배권을 지니기도 했다. '족族'과 '호戶'에는 또한 법에 따라 연대 형사책임이 부여되기도 했다. 가정 내부의 이런 기본적인 계층 구조는 기타 중요한 사회계층 구조의 근원이었고, 가정의 통치 방식은 국가 통치 방식의 축소판이었으며 가정의 윤리 이념은 사회 도덕의 기초였다. 이러한 상황에서 가족, 가정제도는 중요한 정치 현상이었으며 실질적으로도 정치체계에서 중요한 구성 단위였다.

진 왕조에서는 주나라 및 한나라와 마찬가지로 종법관계로 구성, 유지되는 가정이 가장 기본적이었지만 그 내부의 구조, 구체적인 내용, 정치적 기능은 크게 변화했다.

종법 가정 내부의 계층제도와 통치 질서는 원시사회 말기의 가부장제 가정에서 시작되었다. 가부장과 구성원 사이에 노예제, 농노제와 동일하거나 비슷한 노역관계가 존재했다. 이러한 가족제도는 전제주의의 시원始原 중 하나이다.

춘추전국시대에 일어난 중요한 역사적 변혁 중 하나는 가정 조직의 변화였다. 이는 크게는 정치적으로 '국가'를 개혁한 결과였다. 구체적으로 말해 왕권이 사회를 지배하고 특히 정치가 경제를 지배한 결과였다. '국가'의 개혁은 '가정'의 개혁을 불러일으켰다. 왕권은 주로 세 가지 방법으로 가정의 성격 및 기능을 바꾸어놓았다.

첫째, 왕권이 정치 구조를 개혁하여 가족의 정치적 속성과 기능이 변화했다. 정치의 발전은 필연적으로 국가 제도를 점차 종법이라는 구각舊殼으로부터 탈피시켰다. 중앙집권제의 구축으로 '가정'이 정치에서 차지하는 지위와 역할은 대폭 줄어들었고 그 결과 실질적으로 국가의 성격을 지닌 정치 가족이 일반 가족으로 변화했다. 분봉제의 몰락, 세경세록제의 와해, 이와 상응하는 봉군 귀족의 관료화로 '가정과 국가가 하나'라는 의미를 지닌, 가정과 '나라(봉지)'와 가문을 모두 지닌 '가군家君'의 숫자가 크게 줄어들었다. 진시황이 천하를 통일한 후 이런 가정은 황족 하나만 남았고 이러한 가군은 황제 한 명만 남았다. 나머지 가군은 가정에서 정치적인 군주의 신분과 지위를 상실하게 되었다. 또한 진 왕조에서 국가 대사와 황실의 일이 점차 분리되기 시작했다.

둘째, 왕권이 경제관계를 바꾸어 가정 내부의 경제관계도 크게 변화했다. 정치체제의 변화 과정에서 왕권은 토지 통제 방식을 바꾸었다. 춘추전국시대에 각 제후국의 통치자는 보편적으로 '농토를 부여하는 제도'를 시행하여 토지를 호적에 등재해 '공민公民'으로 불리는 농민에게 분배했다. 제후국의 군주들은 논밭과 택지를 신하에게 상으로 내리고 인재를 불러들였으며 심지어 공훈작 제도에 따라 택지, 토지, 부속 농민을 하사하는 일을 제도화하고 정책화했다. 국가는 부역제와 호적에 등재한 농민, 기타 토지 점유자를 통해 새로운 경제관계를 형성했다. 이는 객관적으로 가족, 특히 가족의 경제적 역할을 바꾸었다. 경제관계 및 경제 속성의 변화는 질적 차원의 변화이다. 한 가족이나 한 가구가 소농화되는 경제 환경의 형성과 발전은 가정 내부에 큰 영향을 미쳤다.

셋째, 왕권은 가족 규모를 바꾸었다. 이는 왕권이 가족에 대해 목적과 계획을 세우고 정책적으로 직접 관여한 결과였다. 진나라는 상앙의 변법 이래로 옛 가족제도를 바꾸는 정책을 시행했다. 특히 '호戶'의 규모를 축소해 대가족을 핵가족으로 독립시키고 한 가족, 한 가구라는 소농경제를 발전시킴으로써 소농경제의 거대한 바다를 만들어갔다. 이는 전제적 중앙집권제에 유리한 경제체제이자 가족 형태였다.

위의 세 가지 방법은 상호작용하여 한 가정과 한 가문의 서열이 국가

체제의 변화에 들어맞게 함으로써 전제주의 중앙집권제를 뒷받침하는 사회적 기반이 되었으며 그 결과 문명 수준이 향상되었다. 하지만 위의 변화는 종법제가 와해되고 종법 관념이 점차 옅어졌음을 의미하는 것은 아니다. 단 종법제와 관념이 새로운 역사 조건에서 새로이 변화했다는 점은 지적되어야 한다. 그것은 여전히 진 왕조의 체제를 지탱하는 중요한 기초이자 기둥이었고 그 내용 및 기능은 변화했다는 말이다.

여러 진나라 연구자가 진 문화의 특징이 공리를 중시하고 윤리를 경시한다고 개괄한다. 특히 진의 문화는 엄격하게 종법제를 따르지 않았고 종법 관념이 희박하다고 보는 사람이 대부분이다. 심지어 진나라 사람은 주례周禮를 반대하고 종법을 경시하며 윤리를 버렸다고 보는 이도 있다. 그들은 관련 역사 현상을 예로 들어 설명했는데, 예컨대 진나라 사람은 다신 숭배의 색채가 짙고 조상 숭배를 중시하지 않았다고 했다. 또한 『급취편急就篇』 등의 문헌을 보면 실제적인 일 처리를 윤리나 도덕보다 훨씬 중시하는 경향이 있고 왕위 계승도 적장자 계승 원칙을 엄격하게 관철하지 않았다고 한다. 진나라는 사회의 기초인 분봉제와 병전제並田制를 종법제를 통해 시행하지 않았고 왕족이 국정을 도맡는 정치적 전통도 없었다. 또 순자는 진나라의 "부자지의, 부부유별이 제나라와 노나라보다 못했다"[40]고 기록했고, 한나라의 가의賈誼는 진나라는 "예의와 윤리를 버렸다"[41]고 비판했다. 일각에서는 이를 진 문화의 가장 기본적인 특성이라고 본다. 그리고 진 왕조가 급속도로 멸망한 원인은 진시황이 종법제를 완전히 폐지한 데에 있다고 주장하는 사람도 있다. 심지어 여러 학자들은 이를 근거로 진 문화가 주 문화보다 낙후되었다고 단정한다. 학자들은 이런 현상이 나타난 원인이 유목 민족의 특색을 지닌 영진족 고유의 문화에서 기인했고, 영진족이 주나라의 종법 문화를 완전히 받아들이지 않은 결과라고 했다. 또한 관중 지역에서 지내면서 종법을 중시하지 않은 융적과 긴밀한 관계를 맺었기 때문이라고 지적하는 사람도 있다.

일부 증거는 분명히 역사적 사실과 위배되지만 위의 학자 가운데 일부는 진 문화의 일부 현상과 특징에 주목하고 있다. 그들은 진의 철학이 전혀 일리가 없는 것은 아니기 때문에 좀더 살펴봐야 한다는 사실을 인정했다. 사실 진나라에서 엄격한 종법제가 시행되지 않았다는 가설은 역사적 사실에 위배된다. 여러 현상을 살펴보면 진나라의 종법제는 당시 동쪽의 여섯 제후국과 본질적으로 차이가 없음을 알 수 있다. 이 문제는 진시황의 역사적 지위와 정치 행위를 어떻게 인식하느냐와 관계되기 때문에 좀더 지켜볼 필요가 있다.

종법제도와 관념은 일종의 세계사적인 현상으로 원시사회 후기의 부계씨족사회의 가부장 제도에 기원을 두고 있어 세계 각지의 고대 사회에서 통행되었다. 종법제도와 종법 관념은 고대 세계를 지탱하고 있던 중요한 사회적 기반으로 고대 농경문명 지역에서 더욱 현저히 나타났고, 군주제도를 시행하는 지역에서도 군주제도를 뒷받침하는 가장 중요한 사회 기반 중 하나였다. 하지만 세계 각지의 종법제도와 종법 관념이 구체적으로 나타나는 형식은 크게 다르다. 이러한 차이가 만들어진 원인으로는 두 가지를 들 수 있다. 하나는 시대적 차이로 문명의 발전 수준과 관계 있으며, 다른 하나는 문화 전통의 차이로 민족 또는 지역 특성과 관계 있다.

고대 중국에서 종법제도와 관념은 오랜 전통에서 비롯되어 보편적으로 받아들여진 사회 규범이었다. 특히 서주에서는 가정과 국가를 동일시하는 체제인 종법을 전면적으로 정치화하고 종법 정치 형식을 최대한 발전시켰다. 전국시대와 진한시대 이후에도 이것은 황제제도를 유지해주는 중요한 사회적 기반이었으며 등급제와 황족의 세습 통치를 정당화하는 기본적인 제도였다. 이런 맥락에서 최소한 문명의 서광이 비칠 무렵, 영진족의 조상(기타 '융적'도 포함)에게는 이미 종법에 기초한 가정제도와 상응하는 관념이 있었다고 추측할 수 있다. 수많은 역사적 사실 또한 정치적으로 진나라가 종법의 영향을 크게 받았음을 말해준다. 최소한 영진이 서주의 부용국이 되면서부터 그들은 서주의 종법 정치문화의 영향을 크게 받았을 뿐 아니라 춘추시대에 들어와서 영진 왕실은 기본적으로 종법과 관련된 서주의 예악제도를 수용했을 것이다. 진 효공 이후, 진나라는 각 제후국과 마찬가지로 정치에 대한 종법의 영향력을 약화시켰다. 또한 진시황은 종법제를 폐지했으며 정치, 법률, 사회적 수단을 동원해 개혁된 종법제도와 관념을 적극 유포시켰다. 그 구체적인 내용은 다음의 몇 가지와 같다.

첫째, 영진족은 조상을 숭배했다. 춘추시대 이전, 영진족의 선조가 조상을 숭배한 구체적인 정황을 고증하기는 어렵다. 그러나 세계 각 민족은 농경 민족이든, 유목 민족이든 문명의 첫발을 내딛을 즈음에는 조상을 숭배하는 단계를 거쳤다. 영진족과 진나라 땅에 있던 융적도 마찬가지였다. 그들 모두 각자의 방식으로 조상을 숭배하는 전통이 있었다. 제후로 봉해지고 나라를 세운 후, 진의 통치자는 '종묘의 힘을 입고賴宗廟' 또는 '종묘의 신령에게서 힘을 얻었다賴宗廟之靈'고 여러 차례 주장하고 '사직을 받들기 위해서奉祀' 정치를 한다고 했다. 고고학적 발굴에 따르면, 춘추시대에 진나라의 종묘제도와 제사에 쓰는 희생犧牲은 약간 다르긴 했지만 기본적으로 주례에 부합했음이 증명되었다. 진나라와 진 왕조 종묘 제사의 예의는 복잡하고 화려했으며 제사를 주관하는 전문 관직을 두었고 조정의 제사를 보호하는 율조律條를 제정하기도 했다. 진시황은 "직접 종묘에 제사를 지내 조상을 공경하는 도를 분명히 밝혔다."[42] 진2세는 유생의 간언을 받아들여 주나라의 묘제廟制를 모방하고 천자의 칠묘七廟를 세웠다. 이는 기본적으로 한나라가 계승했다. 진시황을 포함한 천하 통일 전후의 역대 진나라 군주가 조상 숭배를 중시하지 않았다는 증거는 아직까지 발견되지 않았다. 진나라에는 조상숭배와 종묘제도가 있었고 이는 화하 문화에 속한 것이었다.

둘째, 진나라는 엄격한 종실 계승제를 시행했다. 진의 왕위 계승은 원칙적으로 주나라의 예를 따랐다. 먼저 영진족이 성씨를 얻으면서부터 영정이 왕위에 등극하기까지 진나라에는 36명의 군주가 있었다. 그중 아버지가 사망한 후 아들이 계승하는 원칙에 따라 왕위가 승계된 사례가 서른 번(부친 사망 후 아들 계승이 스물다섯 차례, 태자가 일찍 죽어 그 아들 계승이 세 번, 막내아들 계승이 두 번)이었다. 영진 선대부터 무공武公까지 대부분의 태자는 부친이 사망하면 적장자가 왕위를 계승하는 원칙을 엄격하게 관철시켰다. 이런 사실로 미루어보면 영진족이 건국 초창기에 적자嫡子를 폐위하는 일과 관련해서는 주나라 왕실과 의견을 조정한 후 타협책을 택했음을 알 수 있다. 이는 당시 제후와 부용들이 보편적으로 주나라가 확립한 정치 원칙을 받아들였음을 의미한다. 적장자가 사망하면 적손자가 계승하는 것은 주례를 엄격하게 유지한 대표적인 사례이다. 이런 사례를 보면 영진족이 나라를 세운 초기부터 부친이 사망하면 아들이 계승하는 것은 기본 제도이자 정치적 원칙이었다.(적장자를 세우는 원칙이 있었다는 가능성을 배제할 수 없음.) 훗날 진나라에 변고가 일어나 다른 왕족이 왕위를 계승한 경우는 겨우 여섯 번 있었고, 이 가운데 형제가 계승한 경우는 다섯 번이었으며 이런 경우도 대부분 특수한 정치적 원인이 있었던 까닭에 비정상적인 계승이었음을 확인할 수 있다. 이런 왕위 계승은 동쪽의 제후국에서도 자주 나타났기 때문에 이를 근거로 진나라에 '형종제급兄終弟及'(형이 죽으면 동생이 이어받는다) 제도가 있었다고 주장하기는 어렵다. 게다가 형종제급도 역시 종법의 범주에 속하는 것이다. 기록이 부족하기 때문에 진나라의 군주 중 적장자가 왕위를 계승하지 않은 숫자를 통계내기는 어렵지만 적장자 계승 원칙을 반영한 사례는 매우 많았다. 태자의 아들이 왕위를 계승한 세 차례는 적장자 계승 법칙을 유지한 것에 속한다. 진 소왕은 안국군을 태자로 세우기 전에 큰아들을 태자로 세웠지만 위나라에서 사망하는 바람에 다른 아들을 태자로 세워야 했다. 그리고 안국군은 자초子楚를 태자로 세우기 전에 먼저 법으로 자초를 큰아들의 지위로 확정했다. 또한 호해胡亥가 황위를 찬탈할 때에도 적장자 계승 원칙을 위배했다는 이유로 질책받을까 우려했다. 중국 고대사회 전체를 통틀어 볼 때, 주례를 위반한 왕위 계승은 매우 많았고 그 원인도 매우 복잡했다. 그래서 단순히 왕위 계승이 어떻게 이루어졌는지 그 실상만으로는 이 나라가 주례를 엄격하게 지키지 않았음을 증명할 수는 없다. 제 환공이 패왕이 된 후 제후들과 맺은 맹약 중 하나가 적자를 폐위시키고 서자를 세우는 것을 금지한 것임을 보면 동쪽의 제후국도 주례를 위반했음을 알 수 있다. 전체적으로 볼 때, 진의 왕위 계승은 주례에 부합했다고 할 수 있다. 특히 헌공 이후 주례에 부합하는 종친 계승 원칙을 엄격하게 시행했고 현재까지 진시황이 주례에서 규정한 왕위 계승 제도를 폐지했다는 증거는 발견되지 않고 있다.

셋째, 진나라의 정치제도에 종법이 매우 큰 영향을 미쳤다. 종묘와 왕위 계승 이외에, 정치에 대한 종법의 영향은 주례와 관련된 등급제, 예법, 세경세록제, 정전제 등에 나타나 있고 이는 당시의 각 제후국과 비슷했다. 전국시대 이래로 진나라에서는 등급제도를 개선하고, 예법을 법제화했다. 『사기』에 따르면 진나라에서도 왕족 몇 명을 군君으로 봉했다. 이를 보면 다른 봉군도 분명히 존재했을 것이다. 이는 진나라에도 종실에게 봉군하고 세경세록을 부여하는 현상이 있었음을 말해준다. 상앙이 변법을 시행한 주요 목적도 서주의 정치적 영향력을 제거하여 정치를 예치에서 법치 위주로 개혁하고 봉군제를 혁신하며 종실의 관련 특권을 박탈하고 정전제를 폐지하는 것이었다. 이는 변법 이전의 진나라 정치가 기본적으로 서주의 영향을 많이 받았음을 말해준다.

진의 종법 문화는 분명히 서주의 종법 문화와 구별된다. 하지만 진나라의 그것이 서주의 것과 다르다면 이는 지역의 문화적 차이와 발전 수준의 차이 때문이지 결코 제도의 '엄격함'과 '느슨함', 관념의 '후함'과 '박함'의 차이가 아니다.

나라를 세울 즈음 영진족의 문명 수준은 상대적으로 낙후되어 있었다. 당시 서주가 훨씬 선진적이었고 체계적이었으며 예의와 규범 역시 훨씬 세밀하고 치밀했기 때문에 서주의 문명이 훨씬 삼엄하고 경직되어 있었다. 동쪽의 제, 노, 진晉, 정, 위衛는 희성姬姓 대국으로 이들 지역은 서주 정통 문화의 영향을 깊이 받았다. 관중 지역에 있던 진나라는 '오랑캐夷狄' 풍습의 영향을 많이 받았기 때문에 종법제도와 관념에 있어서도 동쪽 제후국과 차이가 있었다. 그 차이점은 신분의 구별이나 명분과 법도가 별로 엄격하지 않았고 특히 정치에 대한 종법의 영향이 상대적으로 '크지 않았다'는 것이다. 이는 진의 종법 문화가 형성되는 데 어느 정도 영향을 주었을 것이다. 사실 도덕, 풍속 방면에서 오랑캐 풍습의 영향을 깊이 받은 것은 동쪽 제후국도 마찬가지였다.

그러나 춘추전국시대 이래로 진 문화와 서주 문화가 구별되는 주요한 차이점은 종족이나 지역적인 것이 아니라 시대적인 것이었다. 여기서 시대적이라 함은 이러한 차이가 만들어진 근본적인 원인이 문화의 본질적인 속성을 결정하는 경제, 사회, 정치 구조에 큰 변화가 일어났다는 뜻이다. 서주 문화의 현저한 특징은 종법 원칙을 사회정치의 각 영역과 등급에 관철시켰다는 점이다. 그러나 역사의 큰 방향은 종법의 영향을 점차 축소·약화시키는 쪽이었다. 그렇기 때문에 춘추시대 이래의 서주 문화는 상대적으로 낙후되어 몰락해버렸다. 훗날 진의 사회정치 수준이 상대적으로 앞섰기 때문에 진의 종법제도와 관념은 크게 변화하여 시대적 특징을 받아들일 수 있었던 것이다. 이러한 현상은 다른 제후국에도 보편적으로 존재했다.

앞서 설명했듯 진나라는 기본적으로 종친에게 분봉하는 역사 단계를 거치지 않았고 공실 봉군과 기타 봉군으로 구성된 강력한 귀족 세력이 형성되지도 않았다. 또한 종실 왕족을 중용하여 국정에 참여하게 하는 정치적 전통도 없었다. 이런 현상은 특정 역사 조건이 작용한 것이고 시대의 결과물이었다. 결코 '종법을 중시하지 않았다'거나 '종법이 엄격하지 않았다' 또는 '종법을 폐지했다'라고 해석할 수 없는 것이다. 오히려 새로운 정치 구조에 맞추어 종법이 영향을 미치는 범위와 종법 관념의 구체적인 형식에 변화가 일어났다고 해석해야 한다. 새로운 정치적 요소들은 새로운 문화를 만들어냈다. 이러한 문화적 특징은 다른 제후국에도 점차 선명하게 나타났다. 단지 다른 제후국들은 기득권 세력이 진나라보다 훨씬 컸기 때문에 후발국 진나라에서 새로운 시대의 색깔이 훨씬 선명하고 철저하게 나타났을 뿐이다.

진나라에서는 법령에 따라 가족의 규모에 상한선이 있었다. 즉, 최소의 인원만 유지할 수 있었기 때문에 아들이 자라 성인이 되면 반드시 독립해서 분가해야 했다. 부자간의 경제 문제(주로 재산)와 상응하는 법률이 변화함에 따라 도덕도 변화했다. 인류 문명사에서 핵가족은 문명 수준이 향상된 것을 보여주는 중요한 지표 중 하나이다. "부자지의, 부부유별이 제와 노보다 못하다"[43]는 말은 곧 진 사회가 그만큼 발전했다는 것에 다름 아니다. 그렇다고 진나라가 등급의 귀천을 구분하고 부자와 부부관계를 규정하는 종법을 중시하지 않았다는 의미는 아니다. 이와 반대로 상앙과 진시황 모두 군신이나 부자 및 부부관계를 규정하는 윤리 강상綱常을 매우 중시했고 사상, 제도, 법률적으로 이런 기율을 유지하고자 노력했다.

문화는 역사적 범주이고 시대성과 유동성이 매우 강한 개념이다. 시대성을 벗어나서 문화를 해석하면 잘못된 가설을 제기하기 쉽고 심지어 문화결정론의 오류에 빠질 위험이 있다. 진 문화의 지역적 특징은 춘추시대에서 전국시대로 넘어가는 접점에 형성되었고 당시 진 문화는 '선진'적인 것이었지 '낙후'된 것이 아니었다. 하지만 진 문화가 낙후되었든 선진적이었든 진나라 사람이 종법을 시행하고 그 관념을 유지했다는 사실은 결코 바뀌지 않는다.

이 시점에서 전국시대 이래로 각 제후국의 주류 정치 문화에는 주례의 일부 원칙과 내용을 폐기하는 사건이 보편적으로 나타났음을 지적해야 할 것이다. 고염무顧炎武는 "춘추시대에는 예禮를 존중하고 신信을 중시했지만 칠웅은 결코 예와 신을 말하지 않았다. 춘추시대에는 주왕을 받들었지만 칠웅은 결코 왕을 말하지 않았다. 춘추시대에는 제사를 엄격히 지내고 빙향聘享('빙'은 제후들의 상호 방문, '향'은 천자에 대한 공물 헌납)을 중시했지만 칠웅은 그런 일이 없었다. 춘추시대에는 종성 씨족을 논했지만 칠웅은 그에 관하여 한마디도 하지 않았다. 춘추시대에는 연회를 열고 부와 시를 읊었지만 칠웅은 그런 것을 듣지 않았다. 춘추시대에는 사람의 죽음을 알리는 부고와 기록이 있지만 칠웅은 그렇지 않았다. 나라 사이에 교류가 정해지지 않고 땅은 주인이 정해지지 않았다. 이 모두가 133년간 변했으나 역사 기록이 부족하여 후대 사람이 추측할 뿐이다. 그 후 진시황이 천하를 통일하고 문무의 도리를 다했다"[44]라고 지적했다. 서주의 제도를 버리고 개혁된 제도를 시행하는 것은 시대적인 현상이었다.

여러 학자들은 가의의 말을 인용하여 진나라 사람이 윤리를 중시하지 않았다고 말하는 것을 좋아한다. 여기엔 중요한 해석상의 오류가 있다. 가의는 "상앙은 예의와 윤리를 저버리면서 작정하고 쳐들어갔다. 그렇게 빼앗은 지 2년이 지나자 진나라의 풍속이 날로 나빠졌다. 진나라 사람은 아들이 있으면, 부잣집에서는 성년이 된 후 분가시키고 가난한 집에서는 데릴사위로 보냈다. 자기 아버지에게는 김맬 호미 하나 빌려주고서 덕 있는 척 생색을 내고 어머니가 표주박이나 빗자루를 가져가려 하면 곧 책망했다. 며느리가 자식을 안고 젖먹이면서 시아버지와 나란히 걸터앉고 시어머니와 사이가 나쁘면 입술을 삐죽거리고 눈을 흘겼다. 제 자식만 사랑하고 이익을 탐하니 짐승과 별반 다를 것이 없어졌다"라고 했다. 그러나 그들은 가의의 취지가 한나라에 '진나라의 유풍과 풍습이 남아 있지만 아직 바뀌지 않고 있음'을 강조하기 위한 것이라는 사실과 심지어 한나라에서도 "오늘날 심할 경우 부모와 형을 죽이는"[45] 일과 같은 심각한 현상이 나타났음을 간과했다. 이러한 지적은 윤리의 타락 현상에는 시대성과 보편성이 있었고 이런 현상이 나타난 책임을 단지 진나라와 단명한 진 왕조에 돌릴 수만은 없음을 보여준다. 이는 가족 구조에 발생한 커다란 변화가 구체적으로 도덕에 반영된 것일 뿐이다. 유학자의 눈에 이것은 퇴폐한 풍속일 뿐 아니라 도덕과 윤리에 위배되며 역사가 후퇴하는 것으로 보였을 것이다. 하지만 사회와 역사의 변화라는 관점에서 볼 때 이러한 현상은 전국시대와 진한시대의 역사적 대변동의 결과이지 그 시대 사람들이 종법과 윤리를 저버렸음을 의미하는 것은 아니다.

상앙 이래로 진의 통치자는 국가의 강제력으로 중앙집권 및 경제 윤리를 세우고자 온 힘을 다했다. 상앙의 변법은 아버지와 아들, 형제가 독립하여 분가하도록 강제하고 "부친과 아들이 구별 없이 한집에서 함께 거주하는 융적의 문화"[46]를 개혁했는데, 그 의도 중 하나는 '한 세대에 한 가장'이라는 소농경제에 적합한 윤리를 만들고자 함이었다. 경제는 사회의 기초이고 가정은 사회를 구성하는 세포이며 경제와 가족의 변화는 필연적으로 도덕의 변화를 불러일으킨다. 새로운 경제와 가족 역시 새로운 도덕을 필요로 한다. 아들이 성장해서 독립하고 분가하는 소가족 제도는 문화가 낙후되어 나타난 것이 아니라 사회가 변화 발전한 결과라고 하는 것이 옳을 것이다.

가부장의 특권을 유지하기 위한 주요 조치

진 왕조의 정치에서 종법의 지위나 기능 및 역할은 과거와 비교해볼 때 현저히 약화되었다. 그러나 당시에도 여전히 '가천하家天下'라는 관념이 유지되고 있었으며 종법적인 가부장제를 중심으로 한 사회도 건재한 상황이었다. 사회를 구성하는 세포이자 국가를 이루는 기초로서 종법적인 가정은 여전히 정치, 경제의 단위였으며 종법의 기본 원칙은 여전히 가정 내부의 등급관계를 떠받치고 있었다. 그러므로 이런 가정, 가족제도를 유지하는 것은 필연적으로 진 왕조의 정치 및 법률의 주요 내용이자 임무 중 하나였다.

진 왕조에서 친소와 귀천을 구별하고 밝히는 것은 여전히 종법의 기본 취지이자 가족 조직의 기본 법칙이었으며 또 그런 일을 가능케 하는 일부 구체적인 방법에는 시대적인 특징이 담겨 있었다. 사회적으로 아버지와 아들, 남편과 부인, 남자와 여자, 어른과 어린이 간의 존비관계가 널리 인정되었다. 사상적으로 윤리 강상이 더욱 발전함에 따라 후세의 '삼강오륜'의 기반이 형성되었다. 유가 세력이 더욱 강성해져 종법 사상과 윤리 강상의 이론이 널리 영향을 끼친 것은 더 이상 설명할 필요도 없다. 법가는 어떤 측면에서는 한 수 위였다. 『한비자』「충효」편에서는 "부모에 대한 효도와 형제간의 우애, 충신의 도리"를 강조하여 "자리를 안정시키고 가르침을 하나로 하기 위한 도"라고 했는데, 그 근거는 "신하는 임금을 섬기고 자식은 부친을 섬기며 아내는 남편을 섬기는 법이다. 이 세 가지가 순조로우면 천하는 다스려지고 반대의 경우에는 천하가 문란해진다. 이것은 천하의 마땅한 도리이며 군주나 신하가 아무리 현명해도 쉽게 바꿀 수 없다"[47]는 점이었다. 진시황과 대신들은 이러한 관념, 사상, 이론을 법제도에 관철시켰다. 그것은 "인사를 밝혀 부친과 이들이 화목해지고, 귀천이 분명해져 남녀가 예의에 따르며 성실히 각자의 직분을 받아들여, 남자는 밭에서 즐거워하고 여자는 집안일을 정돈하며 일에 각기 질서가 있게 하기 위함"[48]이었다. 이는 종법적인 가족을 유지하는 것을 중요한 법률 원칙으로 정해두었음을 말해준다.

진 왕조에서 가부장의 권력은 가장 먼저 가족 재산에 대한 지배권으로 나타난다. 가족의 재산은 가부장이 소유하고 가장의 명의로 관리되고 사용된다. 법률적으로 세대(가정) 역시 국가 및 다른 사람과 마찬가지로 채무, 매매, 부동산 처리 등 경제 행위는 가장만이 할 수 있었다. 운몽진간의 『법률문답』을 살펴보면 '가죄家罪'를 해석할 때 "아버지와 아들이 함께 거주하면서 아들이 아버지의 노비와 가축을 훔쳤다. 아버지가 죽자, 어떤 사람이 아들을 고발했지만 수리되지 않았다. 이를 '가죄'라고 한다"[49]고 해석하고 있다. 여기서 알 수 있는 것은 아들이 어떤 형식으로든지 부친의 재산을 침범하는 것은 위법이라는 것이다. 하지만 부친이 사망한 후, 아들이 사실상 재산을 계승하므로 관련 죄행에 대해서 책임을 지지 않을 수 있다. 반면에 "아버지가 아들의 것을 훔친 것은 도둑질로 간주하지 않는다"[50]는 성문 규정이 있었다. 아들이 분가한 이후, 부모는 여전히 아들의 재산권을 좌우할 권리가 있으므로 '도둑질盜'로 간주하지 않고 법정에서도 관련 고소를 수리하지 않았다. 하지만 아들이 부모의 재산권을 침범하는 경우는 '도둑질'에 해당되어 형사책임을 져야 했다. 이로써 부친은 법률적으로 분가하여 독립한 자녀에 대한 재산을 지배할 권리가 있었다. 이 사실은 진 왕조에서는 가부장의 재산권이라는 기본 원칙을 유지하면서 분가를 강제한 법령과 상응하는 법률을 제정한 것이었다. 이것이 바로 시대적인 변화이다.

가부장의 권리는 주로 인신지배권으로 나타났다. 진 왕조의 법률은 가장이 임의로 친자식을 죽이거나 심하게 체벌하는 것을 금지했는데 이는 시대적인 변화가 반영된 것이었다. 그러나 법률은 동시에 가장이 이런 가혹 행위를 해서 누군가가 고발을 해도 공식적으로 소송을 수리하지 않는 '가죄'로 규정했다. 고발한다고 해도 법정에서 받지 않았던 것이다. 만일 만류를 받아들이지 않고 고소를 고집하면 '고소한 자가 유죄告者有罪'가 되었다. 또한 진 왕조의 법률에는 '불효不孝'죄가 있었다. 일부 사례를 보면, 자녀가 효도하지 않는 것은 중죄에 속했고 죄의 경중에 따라 '옥족

釱足'(발에 형구를 매다는 벌), 유배, 심지어 사형에 처해졌다.

노예는 가족 구성원 내부에서 최하층에 속했으며 아무런 권리도 없었다. 특히 노예는 인신의 자유가 없었다. 그는 주인이 점유하는 물건으로서 법률적으로 재산의 범주에 속했다. 『봉수封守』「원서爰書」 편을 보면 '노복 누구, 시비 누구'[51]와 같이 주인의 재산 목록에 올라 있다. 노예는 반드시 주인을 위해 일해야 하며 주인의 말에 복종해야 했다. 『고신告臣』「원서爰書」 편을 보면 노예 누군가가 거만하고 난폭하여 논밭 일을 하지 않고 명령에 복종하지 않아 형사책임을 진 기록이 있다. 그 대신 노예는 가족의 법적 책임을 연대하여 지지 않았다. 『법률문답』을 보면 "세대가 같다는 것은 함께 거주하는 것을 말한다. 하지만 노예가 죄를 저지르면 주인은 연좌되지만, 주인이 죄를 저질렀다고 해서 노예가 연좌되지는 않는다"[52]라는 부분이 있다. 진나라에서는 연좌법에 따라 '함께 살고同居' 세대가 같을同戶' 경우 법적 책임을 연대하여 져야 했지만 노예는 예외였다. 아무런 권리가 없기 때문에 아무런 책임도 없었던 것이다. 또한 진 법률은 주인이 노예를 임의로 살육하고 형벌을 내리는 것을 금지하고 있는데 이 역시 시대적인 변화를 반영했다. 그러나 이 또한 '가죄家罪'로 보아 법정에서 고소를 수리하시는 않았다. 그리므로 노예의 생명권은 여전히 보장받지 못했다.

『법률문답』 등에 나오는 법률 조문과 해석을 살펴보면 부친과 아들, 부부, 주인과 노예의 법률적 지위는 현저히 달랐다. 부부관계에서 진 왕조의 법률은 공식적으로 등기된 혼인관계만 보호했고 부권을 훨씬 더 보호했다. 부인이 남편을 배신하고 도망가는 것을 분명하게 금지했다. 이를 어긴 자는 이유를 막론하고 모두 처벌되었다. 그러나 부인의 권리를 보호하는 내용이 후대 왕조의 법률에 비해 훨씬 많았다. 예컨대, 남편이 임의로 부인을 구타하는 것을 금지했고 부인이 잘못을 저질러 구타했을 때는 정도가 가볍다고 해도 형사책임을 져야 했다. 부인이 다른 여자와 간통한 남편을 살해한 경우에는 형사책임을 지지 않았다. 이점은 매우 특이하다. 그리고 주인과 노예관계에서는 주인이 노비에게 개인적으로 벌을 줄 권리를 보호하고 또한 노비가 주인의 인신과 재산을 침해하면 어떠한 것도 중죄에 해당된다고 분명하게 규정했다. 위의 내용으로 미루어 진 왕조의 국가 법률이 가정법의 일부 내용을 제한하고는 있지만 가장이 가정 내부에서 행사할 수 있는 통치권을 강력하게 보호해주고 있음을 알 수 있다.

진 왕조의 법률에 나타난 다양한 신분

진 왕조의 법률에서 정치, 경제, 혈연관계 및 기타 사회관계에 따라 사람들은 여러 신분으로 구분되었고 형사, 민사 법률에서 신분에 따라 지위가 달랐다. 신분은 실제로 각종 등급을 기반으로 형성되었기 때문에 법률적 지위는 어떤 측면에서는 전체 사회의 등급을 구현하고 있는 셈이었다.

진 왕조에서 황제는 형법과 민법의 규제 대상에서 제외되었으며 그의 각종 특권은 법률에 따라 치밀하게 보호받았다. 형법에서 관료와 평민, 작위가 있는 사람과 없는 사람, 가장과 기타 가족 구성원, 주인과 노비의 법률적 지위는 현격하게 구별되었고 관료, 작위가 있는 사람, 가장, 주인 등의 특권은 구체적으로 보호되었다. 민법에서 황제 이외에 각종 사회 구성원의 신분과 권리는 대체로 네 가지 유형으로 구분되었다. 즉 민사법상 권리가 완전함, 민사법상 권리가 일부 제한됨, 민사법상 권리가 불완전함, 민사법상 권리가 전혀 없음 등이다.

민사법 권리가 완전한 신분

관리나 작위가 있는 사람 및 평민 백성 등은 민사법상의 권리를 완전히 갖추고 있었다. 법률적으로 이들은 황제에게 신하와 백성으로서의 의무를 이행하는 것 이외에 타인의 노비나 재산이 아니라면 법률이 부여한 기타 인신상의 권리를 누렸다. 그들은 관리로 임명될 권리, 단독으로 분가할 권리, 완전한 재산상의 권리, 혼인할 권리를 지녔다. 민법에서 그들에게는 완전한 민사법상의 권리를 부여했을 뿐만 아니라 차별적으로 규정하는 조항도 없었다.

민사법 권리가 일부 제한된 신분

여기에는 작무作務(수공업자), 상인, 데릴사위, 계부 등이 속했다. 작무나 상인은 상공업자에 속한다. 데릴사위, 계부 중 다수는 가난한 사람들이었다. 이들은 신분상으로 다른 사람의 노비와 재산에 속하진 않았다. 이들 가운데 일부 대작무와 대상인은 매우 부유하고 대규모의 재산과 노비를 소유했다. 그들은 원래 평민의 범주에 속해야 했지만 국가 정책 및 기타 사회적인 원인으로 차별을 받아 법률적으로도 차별 대우를 받아야 했다. 운몽진간의 「위호율魏戶律」을 보면 작무, 상인, 데릴사위, 계부 등에 적용된 차별적인 규정을 알 수 있는데, 예를 들면 분가할 수 없고 경작지와 가옥을 지배할 수 없으며 관리가 될 수 없었다. 그들의 증손은 관리가 될 수 있었지만 반드시 호적에 조상의 신분을 명기해야 했다. 또한 위魏나라 왕은 '종족宗族의 형과 아우昆弟'를 징발해서 군역에 종사하도록 할 경우 불쌍히 여길 필요가 없다고 영을 내렸다. 이런 법은 진 왕조에서도 마찬가지였다. 진시황은 이들을 변경지역에 대규모로 이주시키기도 했다. 이런 규정을 보면 작무, 상인, 데릴사위, 계부 등의 법적 지위가 일반 평민보다 낮았음을 알 수 있다.

민사법상 권리가 불완전한 신분

이들의 신분은 노예와 일반 백성 사이에 있었다. 관청에 예속된 남녀 노예 및 주인에 예속된 인맥人貊이 대표적이었다. 관청에 예속된 첩은 평생 형역刑役을 복역해야 하고 그 자손도 마찬가지였다. 하지만 그들은 법률적으로 재산을 소유할 권리는 있었다. 「창율倉律」「금포율金布律」을 보면 관청은 예신첩이 관청에 있는 동안은 식량을 책임져야 했고, 의복을 배분할 때 반드시 원가만큼만 돈을 받거나 사정을 감안해 비용을 받아야 했다. 법률에 따르면 그들은 재산을 소유하고 가정을 꾸리며 '개인적인 일에 종사할 수 있는' 여건이 허용되었다. 또한 그들은 독립하여 세대를 만들 수 있고 '명적名籍'을 지닐 수 있었다. '인맥'은 개인의 노예와 비슷했다. 그들의 자손도 독립해서 세대를 만들 수 있고 합법적으로 혼인할 권리가 있었지만 반드시 주인을 모시는 의무를 이행해야 했고, 심지어 주인에게 식량을 제공해야만 법률의 제재를 받지 않았다. 그들은 분명히 독립적으로 경작할 수 있는 토지가 어느 정도 있었으며 법률에 의거하여 확인된 일정 한도의 재산상의 권리를 지녔다. 그들 중 일부는 노예와 농노 사이에 있는 신분이었다. 법률적으로 이러한 신분의 사람은 더이상 국가나 주인의 재산에 속하지 않았지만 국가나 주인에 대해 강력한 인신적 의존관계가 있어서 법률적 지위는 평민보다 훨씬 낮았다. 그러나 그들은 독립하여 세대를 만들 권리가 있다는 점에서 작무, 상인, 데릴사위, 계부 등보다는 우월했다.

민사법상 권리가 전혀 없는 신분

진 왕조에는 매우 많은 사람들이 노예 신분에 속했다. 그들은 관청이나 개인의 노비였다. 법률적으로 이들은 국가 또는 주인의 재산에 속했고 의복이나 가축과 같은 취급을 받았다. 국가나 주인은 그들을 매매할 수 있었고 법정 가격과 시장 가격이 매겨지기도 했다. 주인이 죄를 저지르면 집안의 노비가 대신 복역했다.

사회계층 구조와
상대적으로 유동적인 등급 질서

진 왕조의 각종 등급제도는 종합적인 사회계층 구조를 형성했다. 정치적 지위를 위주로 경제, 정치, 사회 등 각종 요소를 종합했으며 특히 정치, 경제, 문화 부문의 자원 점유를 기준으로 나누면 진 왕조에는 대체로 다음 열 가지의 사회계층이 존재했다. 즉 1) 군주(황제), 2) 귀족과 고위 관료, 3) 기타 대지주와 대상공인, 4) 중·하급 관료 및 중간 등급의 작위를 지닌 자, 5) 정치적 신분이 없는 중소 지주, 6) 중소 상공인, 7) 자영농 및 기타 사유 노동자, 8) 국가에서 경작지를 받은 농민 및 기타 각종 형식의 예속 농민, 9) 고용농 및 각종 전공佃工, 10) 각종 관청 및 개인의 노예 또는 노예 신분에 가까운 노동자 등이다. 여기에서 1~3은 사회 상층부에 속했고 4~6은 중간 계층에 속했으며 7은 중하층이었다. 8~10은 하층민이었는데, 특히 10은 최하층에 속했다. 주나라 및 춘추전국시대와 비교해볼 때 최상층과 최하층의 인원수 비율은 대폭 축소되었고 중간에 속하는 사람의 비율이 크게 증가했다. 하지만 여전히 대다수의 사람들은 하위층에 속했으며 그들은 인신상의 의존성과 예속성이 낮아

진 각종 노동자들이었다. 각종 사회계층의 사회적 지위는 다음과 같은 특징이 있다.

1) 황제

대표적인 인물이 진시황과 진2세였다. 정치적으로 황제는 최고 통치자이고 나머지 사람은 모두 그의 신하와 백성이었다. 가족 내부에서 황제는 황족의 족장이자 자녀와 처첩의 가부장이었다. 경제적으로 황제는 전국의 토지를 지배하는 자로서 대규모의 국유지를 점유할 뿐만 아니라 기구를 통해 직접 경영하고 임의의 방식으로 모든 신하와 백성이 점유한 토지를 처분할 권리를 지녔다. 각종 제도, 정령政令, 법률에서 황제와 그의 특권을 치밀하게 보호했으며 제한 규정은 전혀 없었다. 피라미드 구조의 사회 등급제도에서 황제는 맨 꼭대기에 있었으며 오직 '한 사람―人'만 있을 뿐이었다.

2) 봉군과 고위 관료

이 계층에 드는 사람에는 철후徹候, 윤후倫候 등 봉군과 조정의 공경公卿 및 고위 관료, 황제 측근의 시종 그리고 장군과 교위 및, 변방지역에 봉해진 대리大吏, 군수郡守, 현령縣令 등이 있었다. 대표적으로 왕전, 이사 등 역사에 이름을 남긴 유능한 신하들이 이 계층에 속했다. 정치적으로 그들은 귀족이고 중신이며 고관이었다. 그들 중 일부는 관직이 가장 높고 권세가 하늘을 찔렀으며 지위는 황제에 버금갔다. 경제적으로 그들은 거대한 경작지와 재산을 소유해 논밭이 끝없이 펼쳐져 있었으며 문객과 심부름꾼이 셀 수 없을 정도로 많았다. 이러한 재물은 황제가 하사한 것이며 봉록으로 받은 것이었다. 그들은 부세와 요역에서 면제받을 특권을 지녔고 각종 특권을 이용하여 더욱 부를 축적했다. 높은 작위와 높은 품계의 관직을 받을 수 있었고 하인과 예속된 농민들의 주인이었다. 또한 봉록이 600석 이상인 현령은 고위 관리에 속했다. 그들은 봉군보다 존귀하여 지닌 권세 또한 매우 컸다. 한비자는 존귀한 현령의 지위에 대해 "현령이 사망해도 자손은 대대로 수레를 타고 다니기 때문에 사람들이 그들을 중하게 여겼다"[53]라고 지적했다. 이런 기록으로 현령 이상 고위 관료의 지위를 상상할 수 있을 것이다.

3) 기타 대지주와 대상공인

이 계층은 정치적 신분은 없었지만 거대한 경제력을 장악한 덕분에 사회적 지위가 높았으므로 사회정치적 영향력이 컸다. 특히 이들 중 일부는 권세를 잃어버린 기존의 귀족 세력이었다. 그리고 일부 대지주와 대상공인은 실질적으로 권세가 큰 호족豪族이었다. 그들은 정치적으로는 평민인 '검수'에 속했지만 관리와 결탁하여 지방 세력가가 될 능력이 있었다. '천금을 모은 자는 한 군을 차지한 군주에 맞먹고 수만萬의 부를 지닌 자는 왕과 즐거움을 같이한다'[54]라고 할 만하여 "소봉素封"이라 불렸다. 그들의 실질적인 사회적 지위는 피라미드 형태의 등급 구조에서 상층을 차지했다. 이 계층에 있는 사람은 많지 않았으며 특히 대상공인의 급성장은 사회적 개혁과 밀접한 관계가 있었다. 『사기』「화식열전」을 보면 춘추전국시대에 무역을 하여 부를 쌓은 '도주공陶朱公' 범려范蠡와 백규白圭, 소금 장사로 부를 쌓은 의돈猗頓, 야철로 부자가 된 곽종郭縱과 탁씨卓氏, 정씨程氏, 완공씨宛孔氏 집안이 있었다. 그들 모두 엄청난 부를 축적하여 왕에 견줄 정도였다. 진시황은 중농억상 정책과 호족을 억누르는 정책을 시행하는 한편 이 계층의 사회적 지위를 승인하고 보호하기도 했다. 진 왕조의 오씨현烏氏縣 사람인 나倮는 목축과 무역으로 부자가 되었다. 그는 가축이 골짜기에 가득 차서 셀 수 없을 정도로 많았다. 진시황은 군으로 봉한 자들과 똑같이 예우하여 정해진 때마다 대신들과 함께 조회에 들게 했다. 또한 파촉에 사는 한 과부가 단사丹砂가 나는 동굴을 발견하였는데 '그 이익을 여러 대에 걸쳐 독점하여 재산이 헤아릴 수 없이 많았다. 진시황은 그 과부를 정조 있는 부인으로 여겨 빈객으로 예우하고 그녀를 위해 여회청대를 지었다.[55] 훗날 한나라의 재상이 된 왕릉王陵도 "처음에는 한 현의 호족"[56]으로 지방 세력이었다. 사마천은 멀리 떨어진 시골뜨기 목장 주인과 외딴 산골의 과부가 "만승의 황제 같은 대우를 받고 그 이름을 천하에 떨친 것은 부유했기 때문이 아니겠는가"라고 했는데, 그의 평가는 매우 정확했다. 거대한 부는 이 계층의 사회적 지위를 뒷받침해주는 기둥이었던 것이다.

4) 중·하급 관료와 중·하급 작위를 받은 사람

정치적으로는 조정의 관리, 중앙 또는 지방 정부의 속리屬吏가 있었고 그들 중 일부는 전공으로 작위와 토지를 획득한 사람이었다. 작위를 받은 사람 가운데 관직은 없지만 각종 특권을 향유할 권리를 지닌 사람도 있었다. 사회적으로 그들 절대다수는 작위를 받은 사람들이었다. 경제적으로 그들은 상당한 양의 토지와 그 토지에 예속된 농민과 노비를 보유했다. 이 집단 중 일부는 "호리豪吏"로 불렸는데 훗날 한나라의 재상이 된 소하蕭何, 조참曹參은 원래 현령의 속리로 각각 패현沛縣의 리연吏掾(하급관리) 및 옥연獄掾이었다. 『사기』에서는 그들을 "현의 호리였다"[57]라고 전하고 있다. 그들은 진 왕조 통치의 근간 세력이자 지방의 실세였다. 그들 역시 사회 중상층에 속했다.

5) 정치적 신분이 없는 중소 지주

이 계층에는 다양한 사람이 속해 있었다. 고관 귀족의 서자와 혼외 자손, 몰락한 귀족의 후예, 상공업에 종사하여 부자가 된 사람, 낮은 계층에서 신분이 상승한 사람 등이 있었다. 이들의 공통점은 자신의 토지를 가지고 있다는 점이었다. 그들은 소작농, 고용농, 축노蓄奴(노예) 등을 활용해 부를 축적해서 하층 민중과 노비를 어느 정도 지배할 수 있었다. 운몽진간에 전해지는 여러 민사사건 가운데 일정한 토지를 지닌 피해자가 이 계층에 속했다. 그들은 사회 중간계층이었고 정치적으로는 검수였지만 통치계급에 속했다.

6) 중소 상공인

이 계층의 사람 역시 매우 많았다. 그들의 경제적 지위는 정치적 신분이 없는 중소 자영농과 비슷했다. 그러나 국가 정책과 법률 및 사회적 편견 때문에 그들의 사회적 지위는 점차 낮아졌다.

7) 자영농 및 기타 자유 노동자

전국시대 이래로 자영농과 기타 자유 노동자가 끊임없이 발전했다. 이들의 특징은 자기 소유의 땅, 농구 또는 기타 자급자족할 수 있는 생산요소를 소유하고 있었다는 것이다. 각종 농민과 노동자 가운데 그들은 인신의 자유를 상당히 누리는 계층에 속했다.

8) 공전을 경작하는 농민과 기타 각종 형식의 예속 농민

이들은 당시 일반적인 노동자의 대다수를 차지하고 있었는데, 전형적으로 호적에 등재된 농민이었으며 국가에서는 100묘에서 300묘까지의 토지를 받아 경작했다. 각 세대가 조세를 내고 부역을 져야 했으며 임의로 거주지를 옮기지 못했다. 또한 언제든지 황제가 토지와 함께 봉군, 공신에게 하사할 수 있었다. 사실상 그들의 지위는 국가의 농노에 해당하는 것이었다. 특히 일부는 전농佃農으로 "사인私人"이라 불리기도 했다. 그들은 '대부호의 땅을 경작하고 십분의 오를 지대로 바쳤다.'[58] 사실상 지주와 농노의 관계였다. 수전농受田農과 비교해볼 때 주인에 대한 예속 정도는 더 심했다.

9) 고용농과 각종 고용노동자

그들은 "머슴으로 고용되어 씨앗을 뿌리고 경작하는 사람"[59]으로 "용개傭客" "용부傭夫" "맨손으로 먹고사는 사람持手而食者"으로도 불렸다. 그들은 고용농에 속했고 육체 외에 아무것도 가진 것이 없었으며 노동력으로 생계를 유지했기 때문에 농민 중에서도 지위가 가장 낮고 매우 빈궁한 집단이었다. 훗날 초나라를 세운 진승陳勝은 고용농 출신이었다.

10) 공노, 개인 노예 및 각종 노예와 비슷한 사람들

진 왕조에는 수많은 노예 또는 노예에 상당하는 사람들이 있었다. 역사서를 보면 "노奴" "노예奴隸" "포로捕虜" "복僕" "신臣" "첩妾" "수豎" "동僮" "예신隸臣" "예첩隸妾" "인맥人貉" 등의 기록이 자주 나타나고 고위 관리나 부호, 지주와 함께 수천 명의 노복이 등장하기도 한다. 문헌을 보면 "집안에 하인이 수만 명이었다"라는 기록이 매우 많다. 관영 상공업자들은 이런 노동자를 활용해 부를 창출했고 수많은 지주, 상공업자들도 이들을 생산활동에 동원했다. 진 왕조의 법률 규정에 따르면 죄인을 노예로 삼을 수 있었으며 이 죄수들은 한때 수백만 명에 이르기도 했다. 그들은 주인에 대한 예속이 매우 심했으며 정치 등급이나 법률적 지위는 매우 낮았다. 민사법에서 이들은 재산으로 간주되어 일부는 인신의 자유가 전혀 없었다.

여기서 진 왕조의 노예 대다수가 전형적인 노예제도의 '노예'가 아닌 점에 주목해야 한다. 특히 수많은 사람에게 많든 적든 법적으로나 사회적으로 인정된 인신의 권리와 기타 권리가 있었음을 볼 때, 이들은 사실상 일종의 천민이었다. 진 왕조의 법률에는 채권자가 강제로 채무자를 인질로 삼는 일이 금지되어 있었고 노예를 전매하는 것에 관한 규정과 사례만 있을 뿐 서민을 노예로 파는 일과 관련한 규정과 사례는 없다. 이는 채무자가 강제로 노예로 전락할 가능성은 아주 낮았음을 의미한다. 노비와 같은 노예 또는 천민은 공훈작 제도 덕분에 작위를 얻거나 대가를 지불하여 신분을 되찾고 주인이 허락하면 노예의 신분에서 벗어날 수 있었다.

사회계층 구조는 한 국가의 문명 수준의 전반적인 발전 단계를 잘 보여준다. 그 형식이 복잡한가 단순한가, 중간계층의 수가 많은가 적은가, 계층 간의 이동성이 큰가 작은가 등은 사회의 발전도를 판단하는 중요한 근거가 된다. 또한 한 사회의 문명 수준을 심층적이고 본질적으로 보여준다.

유라시아 대륙의 기타 고대 문명의 등급사회, 특히 유럽 중세시대의 봉건제도와 비교해볼 때, 중국에서는 전국시대와 진한시대 이래로 등급제도의 유동성이 매우 컸다. 반면 유럽 봉건제도에서 등급은 전혀 변하지 않았다. 전쟁과 정쟁 등으로 국가가 흥망하고 귀족이 몰락하며 등급간 변화가 생기긴 했지만 일반적으로 전체 사회의 등급 구조가 복잡하고 정치 등급제도가 엄격해서 개인의 등급과 지위는 안정적이었고 사회 각 등급 간의 빈번한 상호 이동은 일어나기 어려웠다. 심지어 고착되어버린 듯한 느낌을 주는데, 봉건주와 농노 사이에는 극소수의 변동만 있을 뿐이었다. 그야말로 등급은 삼엄했다. 이는 중국 상주시대의 상황과 매우 비슷한 것이었다. 하지만 전국시대와 진한시대 이래의 상황은 크게 달라졌다. 등급 구조가 대체로 안정적이었고 등급에 대한 규범도 매우 엄격했지만 개인의 등급과 지위는 늘 변동하여 사회계층 간의 유동 폭이 매우 컸고 유동 인구도 많았으며 유동 빈도도 매우 높았다.

그 이유는 대체로 다음의 몇 가지다. 전국시대부터 정치 등급이 모든 것을 결정하는 분위기가 잦아들고 경제적 요소가 사회 등급을 확정하는 데 점차 크게 작용하기 시작했다. 진한시대에는 관직, 민작, 재산 등 상대적으로 독립적인 3대 등급이 나타났다. 둘째, 등급 지위가 불안정했다. 언제든지 상승할 수도 강등될 수도 있었다. 날마다 정치적 신분의 변화, 관직과 작위의 강등, 토지 재산의 변동 등으로 사회적 지위가 바뀌는 사람이 있었다. 셋째, 신분 이동의 폭이 매우 컸다. 이것이 가장 큰 경우는 군주가 신하가 되고 신하가 군주가 되는 것이다. 관념뿐만 아니라 현실에서도 황제 역시 변동 가능한 등급에 불과한 것이었다. '공천하公天下'론에서 말하는 군주의 지위는 천하의 공기公器라는 주장, '혁명'론의 독재자와 매국노를 제거하자는 주장, 음양오행설, 삼통삼정三統三正(하상주)설의 정치 윤회설 등 모두 이론적으로 군주와 신하 교체의 필요성과 합리성을 긍정하고 있다. 이렇듯 통치자와 피통치자의 대류, 신분 및 등급이 높은 자와 낮은 자의 이동이 매우 빈번하게 이루어졌다. 또한 군현제도 역시 기본적으로 정권과 토지권을 분리시켜 토지와 정권이 한 귀족 가문에 고정되기 어려웠다. 이로써 귀족은 각종 이유로 평민으로 몰락할 수 있었다. 이를 두고 '군자君子의 은택도 3대가 지나면 끊어진다'[60]

라고 했다. 권신은 주마등과 같았다. 권세를 얻어 만인 위에 있는 재상이 되고 지평선이 보일 정도로 광활한 토지를 가진 권신도 어느 날 실세하여 관직에서 물러날 수 있고 토지의 주인도 바뀔 수 있었다. 공훈작 제도와 훗날의 과거제도는 신분이 낮은 사람도 관직에 오를 수 있는 통로를 열어준 것이며 이를 기회로 수많은 '포의장상'이 나타났다. 노예도 합법적인 방법으로 세도가의 대열에 합류할 수 있었다. 토지제도의 변화와 여러 아들의 재산 분배, 토지 매매 역시 사람들의 경제적 지위를 끊임없이 변화시켰다.

　서주시대의 계층 구조와 비교해볼 때, 진 왕조의 계층 구조는 상대적으로 단순화되어 중간계층에 있는 사람들이 훨씬 많아졌고 각 계층 간의 이동성도 현저히 커졌다. 이는 진 왕조의 문명 수준이 상나라보다 훨씬 높았음을 의미한다. 즉 황제제도와 그에 상응하는 사회정치 제제의 정립은 전체적으로 사회 발전으로 이어졌다. 진 왕조의 사회정치 체제를 평가할 때 진시황의 전횡과 폭압이라는 일면만 보아서는 안 되는 이유가 바로 여기에 있다.

秦始皇

QIN SHI HUANG

【10장】

경제
— 천하를 손에 넣은 최고 통치자

"강력한 정부와 풍부한 조세라는 말은 동일한 개념이다"라는 명언이 있다. 진시황은 당시에 가장 강력한 정부를 세웠다. 이런 통일된 고효율 체제를 유지하기 위해서는 방대한 관료 집단과 군대가 있어야 했고 이에 상응하는 토목공사를 시작해야 했다. 진시황은 모든 신하와 백성에게 경제적으로 강제성이 막대하고 부담이 매우 큰 부역을 부과하고 기타 조세를 거둬들여 황제제도를 운영하는 데 가장 기본이 되는 재정 기반을 마련했다. 그는 재정과 경제를 운용하는 각종 제도를 정비하는 데 많은 노력을 쏟았으며 관련 조치를 법제화했다.

제도화, 법제화된 재정 운영

진시황은 여섯 제후국이 각각 시행한 경제제도를 폐지하고 통일된 경제를 확립했다. 재정, 경제 운영을 어느 정도 법제화한 것은 진시황 통치와 진 왕조의 법률제도에서 나타나는 중요한 특징 중 하나였다.

1) 도량형의 통일

도량형의 통일은 진시황이 국가 통일을 공고히 하기 위해 시행했던 중요한 조치였다. 도량형은 경제활동의 중요한 도구로, 전국시대에도 각 제후국에서 도량형의 기준을 통일시키려는 움직임이 나타났었다. 진시황 26년(기원전 221) "법률, 도량의 무게와 길이를 통일한다"[1]는 조령이 선포되었다. 진시황은 도량형을 통일하고 통일된 도량형 단위와 자릿수 법칙을 규정했다. 이 법령을 관철시키기 위해 중앙에서는 각급 지방정부에 통일된 규격으로 제작된 표준 측량기를 배포했다. 측량기를 제조하면 황제가 반포한 조서의 전문을 새겨 넣어야 했다. 글씨를 새길 수 없는 도자기는 나무 도장을 찍었다. 현존하는 진나라의 측량기를 살펴보면, 진시황은 상앙이 변법을 시행했을 때 확립한 도량형 표준을 전국에 시행했으며 진나라의 표준을 기준으로 각기 달랐던 각 제후국의 표준을 통일했음을 알 수 있다.

이런 조치는 고고학 발굴로 출토된 수많은 유물에서 입증되었다. 『고고도考古圖』를 보면 당시 사람들이 접했던 진 왕조의 저울銅權 두 개에 "각각의 저울 높이 2촌, 직경은 1촌9분, 허용 중량은 6량이다"[2]라고 쓰여 있다. 두 저울 중 하나에는 "26년, 황제가 천하의 제후를 통일시키자 백성이 크게 평안해졌고 제호를 황제라 불렀다. 그리고 승상인 외상隗状, 왕관王綰에게 길이와 부피의 표준을 제정하도록 했고 진나라와 일치하지 않고 의심이 가는 것은 모두 하나로 통일하라고 명령했다"[3]라는 명문이 쓰여 있다. 대대로 전해지는 상앙의 방승方升은 효공 18년(기원전 344)에 주조되어 중천重泉(산시성陝西省 푸청현蒲城縣)에 표준 측량기로 반포되었는데, 진시황이 도량형을 통일할 때 그것을 함양으로 다시 가지고 와서 점검한 다음 새로운 조령을 새기고 임현臨縣에 표준 측량기로 배포했다. 1964년 아방궁 유적지에서 출토된, 청동으로 만들어진 고노화석권高奴禾石權은 진 소왕 때 주조되어 고노(산시성陝西省 엔안현延安縣 동북)에 반포된 것으로, 진시황이 그것을 함양에서 점검한 다음 조령을 새긴 후에 다시 고노로 보냈다.

또한 진시황은 표준 도량형을 법률로 제정했다. 운몽진간의 「효율」에 따르면 "저울추가 부정확하여 오차가 16량 이상이 나면 해당 관청의 색부를 1갑甲의 벌금형에 처한다. 오차가 8량 이상, 16량 이하이면 1순盾의 벌금형에 처한다"[4]라는 규정이 있다. 이외에도 부피를 측량하는 통桶, 두斗, 승升, 근斤의 오차가 일정 수준을 벗어나면 모두 법에 따라 처벌받았다.

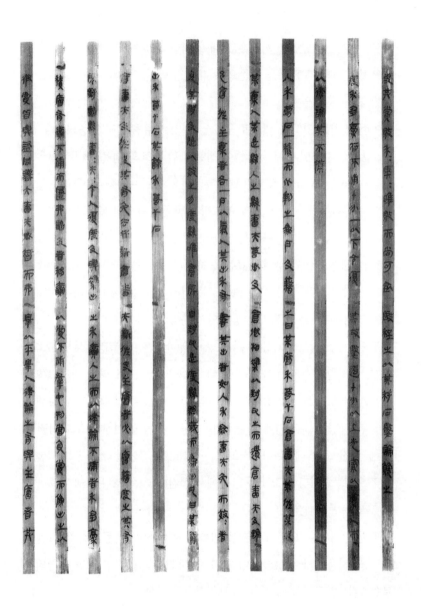

현과 도관의 물자장부를 조사하는 상세한 규정을 적어놓은 운몽진간의 「효율效律」.

2) 화폐 통일

진시황은 화폐도 통일했다. 전국시대 제후국들은 화폐본위제를 실시했지만 단위나 화폐의 무게, 크기, 형태 등 모든 것이 제각각이었다. "진나라에 이르러 전국의 화폐가 두 가지로 정리되었다. 일鎰을 단위로 세는 황금을 상폐, 반량半兩이라는 글씨를 새긴 동전을 하폐로 정했다. 주옥, 귀패龜貝, 은, 주석 등과 같은 것은 장식물이나 재물에 속하는 것으로 화폐로는 사용하지 않았다."[5] 진시황은 법령에 따라 화폐를 통일하고 화폐 관리를 강화했으며 현존하는 중국 최초의 화폐 금융 법규인「금포율」과 관련 법규를 제정했다. 진 왕조는 화폐 관리 측면에서 다음의 몇 가지 중요한 규정을 마련했다.

첫째, 화폐본위제로 통일했다.

진시황은 황금을 상폐, 동전을 하폐로 정하고 둘을 전국에 통용되는 법정금속화폐로 선언했다. 나머지 물품은 더 이상 화폐로 쓰지 못하게 했다. 진시황은 법정화폐인 황금, 동전, 포백布帛 삼본위제를 황금과 동전 이본위제로 개혁했고 주옥, 귀패, 은, 주석 등은 법정화폐에서 제외시켰다. 이는 금속화폐의 지위를 더욱 강화하고 제도적으로 실물을 이용한 물물 거래의 관습을 없애기 위한 것이었다.

둘째, 동전의 형태를 통일했다.

각 제후국에서 통용되었던 다양한 형태의 화폐를 폐지하고 일률적으로 주진周秦제도를 따라서 가운데 사각형 구멍이 있는 둥근 모양을 채택했다. 이후 역대 왕조에서도 사각형 구멍이 있는 둥근 동전을 사용하게 되었다.

셋째, 상폐의 단위 중량과 태환율을 통일했다.

진시황은 상폐인 황금의 단위를 '근斤'에서 '일鎰'(24량, 일설에는 20량이라고도 함)로 바꾸었다. 하폐인 동전은 단위를 '반량半兩'으로 정하고 표준에 부합하는 각 동전의 무게도 반량으로 정했으며 동전 표면에 '반량'이란 글씨도 새겼다. 「금포율」에는 화폐의 규격과 가격 비율에 대해 분명히 규정하고 있다. 진나라에서 통행되는 화폐를 보면 '전錢(주폐鑄幣)' '포布' '금金(귀금속)' 등 세 가지가 있었다. 「금포율」에 따르면, "포의 길이는 8척, 폭 너비는 2척 5촌이다"[6]라는 규정이 있다. 또한 포의 품질과 너비가 규격에 맞지 않으면 유통을 금지시켰다. 이외에도 「금포율」은 전과 포의 거래 가격 비율을 11 : 1로 정했다. 화폐 태환은 반드시 법률 규정에 따라 이루어졌는데, "만일 전을 황금 또는 포로 환산하려면 반드시 법률 규정에 따라야 한다"[7]고 했다. 진 왕조 성립 이후, 포는 더 이상 법정화폐로 유통되지 않았지만 민간에서는 여전히 화폐로 사용되었다.

넷째, 화폐 주조를 통일했다.

진율에 따르면 화폐의 주조권은 국가가 장악하며 개인이 화폐를 주조하는 것은 위법 행위에 속했다. 운몽진간의 『봉진식封診式』을 살펴보면 개인이 주조한 화폐와 동전 주형을 압수 및 몰수하고 "몰래 주조한盜鑄" 자를 관청으로 압송하여 죄를 다스린 사례가 기록되어 있다. 진 왕조는 화폐의 주조권을 중앙정부에 귀속시키고 민간에서 개인이 동전을 주조하는 것을 엄격하게 금지시켰다. 이는 과거나 후대와는 다르다. 화폐 주조를 통일시킨 것은 진시황이 재정 금융에 대한 관리를 강화한 중요한 조치였다.

다섯째, 법에 따라 화폐의 유통과 관리를 강화했다.

화폐의 유통을 규제하기 위해 「금포율」에 국가에서 주조 및 발행한 화폐는 품질에 상관없이 모두 정상 유통된다고 규정했다. 관부에서 징수한 화폐는 '동전의 품질이 좋든 나쁘든 모두 한곳에 담았다.' 민간에서는 '백성들이 거래할 때 사용하는 동전은 품질이 좋든 나쁘든 모두 사용하게 하여'[8] 좋은 것만 고르는 행위를 금지했다. 또한「금포율」에 따르면 관리, 상인이 유통 조건에 부합하는 화폐를 거부하는 것을 금지했다. 누군가 동전과 포 중 어느 하나를 선택하려 하는 것은 형법을 거스르는 행동이었다. 이를 보고도 고발하지 않는 오장伍長과 엄격하게 조사하지 않는 관리가 있다면 모두 죄를 물었다.

경제 행정 관리의 법제화

진시황은 제도로 정비되고 법제화한 각종 경제행정 관리 조치를 계승하고 더욱 발전시켰다. 진 왕조의 각급 정부에는 경제를 관리하는 행정기구가 설립되었고 경제를 관리하는 법규를 제정하여 경제생활을 광범위하게 관리, 통제, 간섭했다.

진 왕조 중앙정부의 내사內史, 소부少府, 태창太倉, 대내大內, 대전大田 등의 기구는 모두 경제를 관리하는 기능이 있었고 일부는 경제의 특수 부문만 전문적으로 관리했다. 운몽진간을 살펴보면 현급에는 재정을 주관하는 소내색부少內嗇夫, 토지 정책을 주관하는 전색부田嗇夫, 목축을 관리하는 원구색부苑廐嗇夫, 도료 생산을 관리하는 칠원색부漆園嗇夫, 금원을 관리하는 금원색부禁苑嗇夫, 식량창고를 관리하는 창색부倉嗇夫, 가죽(피혁)을 관리하는 장색부藏嗇夫, 군사창고를 관리하는 고색부庫嗇夫, 수공업을 관리하는 공실색부工室嗇夫, 채광과 야금을 관리하는 채산색부採山嗇夫 등을 두었다. 이들 기구와 관직은 각각 주요 경제 부문과 관련 있으며, 부문별로 중앙에서 지방으로 수직 관리하는 제도가 만들어졌다.

진 왕조 정부의 경제관리 기구는 매우 많았고 상당히 잘 정비되었다.

이와 상응하여 진 왕조에는 경제를 관리하는 행정법규 역시 많았다. 운몽진간에 「전율」「구원율」「창율」「금포율」「관시율關市律」「공율」「공인정工人程」「균공율均工律」「효율」「장율」 등이 있었다. 이들 기구 및 법률은 대부분 국가의 경제행정과 직접적인 관계가 있었고, 일부 법규는 경제활동을 관리하는 행정기구를 규제하는 단일 법규였다. 이는 진 왕조의 전체 경제에서 관영경제가 차지하는 비중이 매우 크고 국가가 관영경제에 부문별로 집중적이고 일괄적인 관리를 했음을 보여준다. 또한 진의 여러 법률이 민간 경제활동에 직접적으로 간섭한 것을 보면 진 왕조가 중요한 경제 영역에 대한 통제를 매우 엄격하게 시행했음을 알 수 있다.

'중농억상' 정책과 상공업 관리

역대 진나라 군주와 마찬가지로 진시황도 '농업을 숭상하고 말단인 상업을 없애 백성을 부유하게 하는' 정책을 시행했다. 그리고 "백성이 가정에서 농사에 힘쓸 수 있게"[9] 노력했다. 그는 법률을 제정하여 상공업에 대한 억제와 규제를 강화했다.

1) 국영 수공업의 관리

진 왕조의 관영 수공업 규모는 매우 컸다. 많은 장인이 국가에 소속되어 있었기 때문에 장인은 각종 제조업에 종사하여 정부와 황제가 필요로 하는 것을 공급했다. 상공업에 대한 지배를 강화하기 위해 진 왕조는 '칠원색부' '사공색부' '채철색부' 등의 관직을 설치하고 「공율」「공인정」「균공율」「효율」 등 풍부한 내용의 구체적인 법규를 제정했다. 기타 법률에서도 관련 규정을 두고 있다. 이들 법률은 노동 정액, 제품 규격, 제품의 품질, 장인의 훈련 등에 대한 내용을 담고 있다. 「공인정」을 보면 계절, 신분, 성별, 연령, 노동 숙련도, 기술 수준 등에 따라 장인과 일꾼의 작업량을 구체적으로 정해놓았다. 「공율」에는 "제품은 동일하게 만들어야 한다. 크기, 길이, 너비 모두 동일해야 한다"[10]라며 규격을 통일하여 생산하도록 규정했고 제조 표준을 임의로 바꾸는 것을 엄금했다. 제품의 품질이 떨어지는 경우에는 처벌했다. 「사공」에는 수레를 고치는 데 사용되는 아교 등 재료의 용량을 구체적으로 명시해두었고 「금포율」에는 각종 죄수복을 만드는 재료와 가격을 구체적으로 제시했다. 또한 진나라의 법률은 관련 기관과 주무 관리에 대한 평가 및 상벌에 대해서도 상세하게 규정했다. 평가는 관리와 생산 책임을 이행하는 것과 관련되어 있고 제품의 품질을 관리하며 원자재의 소모를 줄여 경제의 효율성을 제고시켰다. 평가는 정기적으로 시행되며 하등으로 평가될 경우에 영令, 승丞, 좌佐 등의 책임자와 실무자가 모두 처벌받았다. 몇 년간 연속해서 하등으로 평가될 경우, 주무 색부는 파직당하고 다시는 관직에 등용되지 못했다. 「균공율」에 따르면 장인의 책임자工師가 새로운 장인 교육 및 신기술 교육을 장려하여 기술을 향상시켜야 하고 "노비 신분일지라도 기술이 있으면 장인이 될 수 있다. 그런 자는 수레를 몰거나 취사 일을 시키지 말아야 한다."[11] 이처럼 진 왕조의 법률은 관영 수공업을 매우 구체적으로 규정하고 있었다.

2) 민영 상업의 관리

운몽진간에 따르면 진 왕조는 직접적으로 상업을 경영하지 않았거나 정부가 직접 경영하는 상업의 규모는 매우 작았던 것으로 보인다. 진의 역대 군주와 지방 수령은 시장의 확립과 관리를 중시했다. 그들은 시장 제도를 정립하고 도시에 상설시장을 두어 시장 무역과 관련한 화폐금융 및 도량형에 대해 법제화된 관리 조치를 마련했다. 당시의 민영 상업은 상당히 발달하여 수많은 민간 상인이 무역활동에 종사했다.

진 왕조의 법률은 합법적인 상업활동을 보호하면서 모든 불법적인 활동을 금지하고, 특별히 권한을 부여받지 못한 정부기구 및 관리, 농민이 상업 경영에 종사하는 것은 일률적으로 위법 행위로 단속했다. 「전율」은 농민이 술을 파는 것을 금지했다. 「구원율」은 공공의 수레와 말을 사용하는 관리가 죽은 말의 고기와 가죽을 판매하는 것을 금지했고 이러한 물품은 반드시 현급 정부가 일괄적으로 처리해야 했다. 「금포율」에 따르면 모든 관리에게 처리해야 할 물품을 임의로 판매하는 것을 금지하고 일괄적으로 대내大內 또는 현縣으로 보내 처리해야 했다. 『진율잡초』의 법률에 따르면 하급 관리가 자신에게 배치된 말과 심부름꾼을 개인적인 일에 이용하는 것을 금지했고 이를 어기면 중형인 유배에 처해졌다.

또한 상품의 가격 제한, 공정거래 보호, 밀수 금지 등의 규정을 두고 있다. 「금포율」을 보면 가격이 1전인 미미한 상품을 제외하고 판매자는 반드시 정찰 가격을 표시해야 했다. 「사공율」에 따르면 식량 가격은 1담擔에 30전이고, 노동력의 가격은 "하루에 8전, 관청에서 음식을 먹는 자는 하루에 6전"12으로 정했다. 『법률문답』에서는 다른 나라의 상인은 반드시 경영 증명서를 확인받아야 했고 백성이 불법으로 외국 상인과 거래하는 것을 금했다. 주옥 등 귀중품은 '방객邦客' '여인旅人' 등 다른 나라의 상인에게 파는 것을 불허했다. 획득한 밀수 보물은 반드시 내사內史에 바쳐야 하고 내사가 상황을 참작하여 포상을 내렸다.

국유지는 어떻게 관리했는가

토지제도와 관련한 진시황의 업적은 매우 컸다. 진시황 31년(기원전 216)에 "백성에게 자발적으로 점유하고 있는 토지를 보고하라"[13]는 영이 내려졌다. 즉 토지를 점유한 사람은 자발적으로 실제 점유 토지 면적을 보고하여 규정에 따라 부세를 바쳐야 했다. 이 법령은 각종 토지를 실질적으로 점유하고 있는 현실을 인정한 것으로, 사유지 면적이 끊임없이 증가하고 있었음을 알려준다. 또한 진시황은 지역마다 "토지를 측량하는 방법이 제각기 다른" 것에 대해 토지 측량 도량형을 통일시켜 6척尺을 1보步, 240방보方步를 1묘畝로 정했다. 이러한 토지측량 제도는 수천 년간 변함없이 전해 내려온 것이다.

황권 지배체제에서의 토지 점유 형식

진 왕조의 토지소유제에 관하여 학계에서는 각기 다른 학설을 제기하고 있다. 이 가운데 대표적인 주장을 세 가지로 나누어보면 첫 번째는 토지 국유제,[14] 두 번째는 지주의 토지사유제가 지배적이고,[15] 세 번째는 국유제, 대토지 사유제, 영세 토지 사유제 등이다. 이 세 가지 소유제는 모두 중요하다.[16]

현존 사료를 살펴보면, 진 왕조의 토지제도는 국가 소유가 대부분이고 기타 각종 소유 형식 역시 행정권력의 지배를 받았음을 알 수 있다.

첫째, 운몽진간에 따르면 당시 대규모의 국유 토지가 있었고 이것의 사용과 관리를 규정하며 개혁한 법률이 있었다. 둘째, 진 왕조 이전 및 진 왕조의 토지 매매를 기록한 사료가 매우 적다. 셋째, 진 왕조에는 정치적 신분과 상관없는 토지 주인이 많다는 것을 증명할 수 있는 사료가 없다. 넷째, 진 왕조에 비국유 토지의 사용, 이전, 매매를 규정하고 개혁하는 데 적용된 확실한 법률이 발견되지 않았다. 게다가 더 중요한 것은 당시의 역사 조건은 순수한 의미의 토지사유제가 존재할 수 있는 환경이 아직 조성되지 않았다는 점이다. 최소한 행정권력이 토지와 같은 재산에 지배적인 영향력을 행사하는 상황은 없어질 수 없었다. 토지사유제가 발전했다고 해도 현대적인 의미의 사유제는 아니었다.

군주와 나라가 하나라는 황제제도는 독특한 국가 형식이다. 황권의 지배 아래서 정치권력과 경제권력은 불가분의 관계에 있었으며 국가 주권과 소유권은 통합되어 있었다. 주권이 곧 소유권이었다. 군신관계의 제도 아래서 정치적 신분과 경제적 의무가 결합되어 있었으므로 신하와 백성은 각종 의무를 이행해야 했다. 사실상 신하와 백성, 토지 권리를 포함한 모든 재산은 국가와 황제라는 최고 권력에 종속되었다. 이는 본질적으로 당시에는 관념, 사실, 제도, 법률적으로 현대적 의미의 토지사유제가 존재하지 않았음을 의미한다.

현실에서 국가와 황제가 지닌 소유권의 대상은 매우 광범위했다. 운몽진간과 『사기』 등을 살펴보면, 기본적인 생산 재료 및 각종 시설은 거의 국가 소유였다. 해양, 하천, 산맥, 숲과 호수, 황무지 모두 법적으로 국가 소유였다. 정부는 직접 경영하는 토지 이외에 일부 땅은 공로를 세운 신하와 백성에게 나눠주고 나머지 땅은 수전제授田制를 실시하여 직접 서민에게 분배하고 경작하게 했다. 그리고 국가는 토지점유권과 사용권을 얻은 신하와 백성에게 지대와 세금을 합친 부세를 징수하여 지배권 또는 소유권을 행사했다. 국가는 전국의 경작 가능한 토지에 대해 실제적으로 최고의 주권을 보유했던 것이다. 또한 국가는 대규모의 기타 생산 자료와 생활 자료를 보유했다.

국가와 황제 사이에도 제도적으로 공사를 구분했다. 재정 관리를 담당하는 두 부서가 있었다. 하나는 정부의 고유 재산을 관할하는 치속내사治粟內史와 관련한 기구였고, 다른 하나는 황실의 개인 재산을 관리하는 소부少府와 관련한 기구였다. 치속내사는 국가의 부세를 징수하는 기관으로서 토지세의 징수를 책임졌고 세수는 국가로 귀속되었다. 『사기』에서는 이를 "대용大用" "대장大藏"이라 불렀다. 소부는 황실의 세수기구로 인구세, 산천임택山川林澤의 세금을 징수했다. 이들 세수는 황제 개인에게 귀속되었다. 『사기』에서는 이를 "소용小用" "소장小藏"이라고 표현했다. 공과 사로 구분하여 두 세금징수 기관을 두었지만 사실상 공사의 구분은 없었다. 『한서』「백관공경표」에 따르면, 말을 관리하는 일養馬의 경우 태복太僕의 속관에는 "대구大廐, 미앙未央, 가마家馬 등 3명의 영令이 있다." 안사고顔師古는 이에 대해 "가마는 천자가 개인적으로 사용하고 천지 제사와 종묘 제사, 전쟁 수행, 군대와 나라를 다스리는 데 사용하지 않기 때문에 가마라고 부른다"[17]라고 주석을 붙였다. 국가의 일에 쓰는 것을 공용이라 하고 황제 개인적으로 쓰는 것을 사용이라 하며, 크게는 재정에서 작게는 말을 관리하는 일까지 각각의 관리 기구를 설치하여 공사를 분명하게 구분했다. 그러나 국가의 곳간과 말의 처분권은 분명히 최고 통치자에게 있었고 광대한 토지 역시 황제가 상으로 내리고 증여 또는 박탈했다. 황제가 최고 지배권을 장악한 사회에서 국가 공유와 황제 사유 간에는 본질적인 차이가 없었다. "온 세상이 천자의 것이다"라고 한 것은 결코 아첨하는 말이 아니었다.

전국시대 이전에 토지는 일률적으로 왕에게 속하든 군주에게 속하든 국유 재산이었다. 사실상 천자는 직속된 영지에 대해서만 토지 지배권을 지녔을 뿐 전국의 토지는 천자, 제후, 경대부 등 각급의 봉군이 여러 단계에 걸쳐 점유했다. 선주의 봉건제도가 가장 전형적이었다. 춘추전국시대 이래로 이 제도는 정치제도의 변화에 따라 바뀌었고 점차 각 등급의 군주가 토지를 소유하는 제도는 사라졌다. 진 왕조에 들어서 토지를 다양하게 점유, 소유 또는 사용하는 제도를 통일했으며 이 가운데 일부 점유 형식은 사유제의 특징을 보이기도 했다. 이때의 토지제도를 보면 토지의 실질적인 점유 형식에 주목할 만한 중대한 변화가 일어났으며 그로 인해 소유제에도 곧 변화가 생겼다.

진 왕조에서는 이미 토지사유제가 점차 발전하는 움직임이 있었지만 사유화의 정도 및 그것이 지배적이었는지 등은 좀더 연구해야 할 것이다. 관련 연구에 관하여 기존의 역사에서는 확실하고 직접적인 증거를 내놓지 못하고 있다. 각종 보완 증거 역시 확실한 고리를 구성하기에는 부족하여 이를 근거로 정확한 결론을 내리기 어렵다. 예컨대 학자들이 운몽진간의 「전율」에 나온 관련 규정을 근거로 당시에 토지국유제가 지배적이었다고 주장했다. 하지만 이들 자료 역시 지방관이 각종 토지의 점유 형식에 대해 일상적인 행정 관리를 한 것으로 해석할 수도 있다. 또한 일각에서는 『법률문답』에서 토지 경계를 임의로 옮기는 것을 금지한 규정을 국가가 토지사유제를 인정하고 보호한다는 중요한 근거로 삼고 있다. 하지만 토지의 경계는 사유하고 있는 토지를 구분하는 경계일 수도 있고 국유 토지를 구분하는 경계일 수도 있다. 사유제이든 국유제이든 임의로 토지 경계를 변경하는 것은 기존의 사회 질서를 무너뜨리는 행위이다.

필자는 기존의 사료를 보면서 진 왕조의 경우 국유제가 지배적이었다는 생각이 강하게 들었다. 운몽진간에 재산관계를 규정하는 상당수의 법률과 사례가 남아 있지만 토지소유권과 관련한 법률 조항은 발견되지 않았다. 땅의 경계를 변경하는 것과 관련된 법률은 타인의 토지사용권이나 사유권의 방해를 금지하는 것 이외에 사유하고 있는 토지의 이전, 매매, 반환, 배상과 관련한 민사법 조문과 사례는 없었다. 운몽진간의 소지자는 '법치'를 표방하고 모든 것은 법과 형식이 있다고 외치는 시대에 살았던 법리法吏였다. 그가 소장한 개인 문서와 기록에서 토지 사유를 규정하는 민사법 조문과 사례를 찾지 못했다는 것은 최소한 이러한 법률이 당시에는 그리 중요하지 않았음을 말해준다.

여기에서는 전국의 토지에 대한 황권의 각종 통제 방식을 중점적으로 논하고자 한다. 황권이 지배하는 사회는 군신관계라는 틀 안에서 국가가 최고의 토지소유권을 지닌다는 전제로 진 왕조는 국가소유제 위주의 토지 정책을 시행했지만 실제로는 다양한 점유, 소유, 사유 형식이 병존했었다. 주요한 특징을 보면 국가가 토지점유권, 소유권 또는 사용권의 주요 권리를 부여하거나 박탈했다. 토지는 국가가 대부분 차지했고 '사전私田'이라 해도 법리적으로 완전한 소유권을 획득하지 못했다. '소유권'이 있었다 해도 제한적이었다. 국가 통제 형식과 점유권, 사용권의 취득 형식에 따라 다음의 몇 가지로 구분된다.

1) 국가가 하사한 땅, 봉토한 땅을 점유한 자

황제는 신하에게 작위와 토지를 하사했다. 특히 공훈작 제도에 따라 작위와 땅을 내린 것은 일상적인 정무였다. 법과 제도에 따라 공로가 클수록 작위가 높았고 포상으로 내려진 땅도 많았다. 진시황은 제도 이외에 정치적인 필요와 개인적인 선호에 따라 종실, 대신, 측근에게 농지와 택지, 식읍을 하사했다. 왕전이 명을 받들어 군대를 이끌고 초나라로 출병할 때 진시황에게 많은 농지와 택지를 요구했고 진시황은 그의 요구를 수락했다. 이 일은 당시에 매우 빈번하게 일어났다. 국가가 직접 대규모의 국유 토지를 장악해야 언제든지 신하와 백성에게 하사할 수 있었으므로 이는 국가가 전국의 토지를 임의로 지배할 권력을 보유했음을 보여준다. 이로써 신하와 백성에게 하사하는 토지는 틀림없이 국유제에 속했음을 알 수 있다.

이와 동시에 군왕은 작위와 토지를 박탈할 권리도 지녔다. 상국인 여불위가 가졌던 토지는 매우 광활하여 지평선이 보일 정도였고 집안에는 하인이 수만 명이나 있었다. 승상인 이사 역시 최고의 권세와 부귀영화를 누렸고 몽염 형제도 황제의 은총을 받아 그 권세가 막강했다. 그들 모두 관료이자 대지주였다. 그러나 군왕이 하사한 토지와 재부는 조령만 내려지면 모두 압수될 수 있었고, 심지어 멸문지화를 당할 수도 있었다. 그밖에 나라에 불충하거나 정직하지 못한 관리 역시 작위를 박탈당하고 변방지역으로 유배당하거나 부귀와 토지를 모두 빼앗겼다. 어떠한 형식으로든 신하와 백성이 점유, 소유, 사용한 토지는 최고 통치자의 뜻에 따라 부여되기도 하고 박탈당하기도 했다.

2) 국가 수전제 및 토지 사용자

운몽진간을 살펴보면, 당시에 국가는 대규모의 경작지를 보유하고 직접 경영했다. 토지는 국가의 각급 정부가 직접 통제, 경영했으며 소유권도 국가에 속해 있었다. 국가가 직접 관할하는 경작지는 주로 수전제授田制라는 경영 방식을 채택했다. 수전제란 인구에 따라 토지를 분배하는 것이다. '수전자受田者'는 국가 규정에 따라 세금(지대 포함)을 바쳤다.

국가가 경작지를 분배하면 농민은 농토를 받았다. 이렇게 분배된 토지의 소유권은 국가에 속했지만 사용권은 분배받은 수전 농민에게 있었다. 전국시대와 진한시대의 사료를 보면 당시에 국가의 수전제는 대체로 각 농민에게 100묘를 분배하는 것으로 제한했다. 문헌에서 "5인 가족五口之家" "100묘의 토지를 관리한다治田百畝" 등의 기록은 대부분 수전제에 따라 분배받은 토지 사용자를 지칭하는 것이었다. 수전제는 부역제와 함께 토지에 대한 국가의 경영 방식이었으며 군민관계의 구체적인 모습이었다. 국가와 토지를 분배받은 농민 사이의 경제관계는 지주와 소작농租佃의 관계였다. 이러한 군민관계는 이중적인 속성을 띠었고 정치관계(황제와 백성)이자 경제관계(지주와 전농)였다. 이중적인 지배관계에서 신하와 백성은 사실상 농노였다.

3) 기타 국가가 직접 경영하는 경작지와 경작자

정부가 직접 통제하는 토지는 두 가지 경영 방식으로 관리되었다. 하나는 '예신隸臣'이 경작하고 다른 하나는 백성에게 소작을 주는 것이었다.

운몽진간의 「창율」에 "관부에서 복역하는" 예신에게 공급하는 식량 기준이 언급되어 있다. 특히 '경작하는 예신'에게는 농번기에 매월 반 석의 식량을 더 공급했다. 이를 보면 예신을 활용하여 국유 토지를 경작하는 것은 당시에 결코 개별적인 상황이 아니었음을 말해준다. 진 왕조는 노예 또는 노예에 가까운 예신을 각종 노동에 동원할 수 있었고 여기엔 토지 경작도 포함되었다. 이는 당시에 중요한 국유경제 경영 방식이었으며 또한 매우 낙후된 생산 방식이었다. 이러한 토지는 국가 소유, 국가 사용의 유형에 속했다.

정부가 국유 토지를 백성에게 소작으로 주는 경영 방식은 발전된 생산 방식이었다. 『법률문답』을 보면 "부좌部佐"가 "민전民田"을 은닉한 문제에 관한 사법적인 해석이 있다. 백성에게 토지세를 거두고 상부에 보고하지 않은 것을 '은닉전匿田'으로 처리하고 토지세를 징수하지 않은 경우에는 은닉전으로 처리하지 않았다. 이 법률은 정부가 조전租佃 형식으로 직접 경영한 토지와 관계가 있다. 각종 조전의 발전은 생산관계가 크게 변하고 있었음을 의미한다. 이러한 토지는 국가가 소유하고 소작농이 사용하며 소유자와 사용자는 조전관계에 속했다. 국가의 토지를 경작하는 농부는 세금 이외에도 부역제도에 따라 국가에 각종 요역 의무를 이행해야 했다. 그들의 정치적 지위는 수전제에 따라 분배받은 농민과 농일했지만 경제적 지위는 좀 달랐다.

또한 「창율」에는 파종 수량에 대한 엄격한 규정이 있고, 「구원율」에는 "공우마公牛馬"를 사용하는 경작에 관한 규정이 있다. 이들 법령은 국가와 각급 정부가 대규모의 토지를 직접 관리하고 경영했음을 입증하는 증거이다.

4) 국가가 직접 경영하는 기타 토지

국가가 직접 통제하는 토지에는 짐승을 사육하는 정원과 연못, 산과 강, 호수가 있다. 『위리지도』에서는 "짐승을 사육하는 정원과 연못苑囿園池"이 언급되어 있는데 국가의 목장, 왕실의 정원, 군주의 사냥터인 위장圍場 등이 포함되었을 것이다. 「구원율」에서는 국가의 "구원廐苑"에 대한 관리를 규정하고 말과 소를 키우는 문제에 관한 비판과 말과 소를 사용하는 것에 대한 규정이 있다. 「요율」은 "금원禁苑" "공마우원公馬牛苑"의 보수 및 "원리苑吏"에 대한 요구 사항을 담고 있다. 이 내용을 보면 당시의 원유苑囿는 해자와 비슷한 수로, 담장, 울타리 등으로 둘러싸여 있고 이 유원의 관리를 전담하는 관료를 두었음을 알 수 있다. 『사기』『한서』 등을 살펴보면, 진한시대 황제의 정원은 상당수에 달했으며 면적도 무척 넓어 대규모의 경작지와 숲과 강, 호수를 점유했음을 알 수 있다. 이러한 토지는 모두 국가가 소유했다. 진 왕조는 과거의 역사를 계승하여 법률로 산과 강, 호수를 황제의 소유로 정하고 그 사용을 제한했으며 세금을 거두어들임으로써 소유권을 행사했다.

5) 사유와 비슷한 점유 방식

춘추전국시대 이래로 자영농에서 대지주 등 사유와 비슷한 점유 방식이 끊임없이 늘어났다. 이는 틀림없는 역사적 사실이다. 공로를 세워 토지를 포상으로 받고 그 후손이 계승하면 쉽게 사유제로 전환되었다. 이로써 토지 이전, 매매, 조전租佃 등이 사유의 속성을 강화했다. 진 왕조에서 사유와 비슷한 토지 점유 방식은 그 소유권이 매우 제한되었다. 이러한 토지는 국가의 직접적인 통제에서 벗어나지 못했다. 진시황이 호족을 대규모로 강제 이주시킨 것은 국가가 각종 형식으로 점유된 토지를 박탈할 권리가 있었음을 의미한다. 그러므로 사유와 유사한 각종 점유는 법률적으로 완전한 소유권이 있음을 뜻하진 않았다.

운몽진간의 「전율」에는 6개 조항의 법률이 있다. 「전율」은 모두 토지 및 농업에 관계된 규정으로, 관련 관리는 반드시 제때 각종 재해 및 농작물의 생장 상태를 상부에 보고해야 한다고 명시하고 있다. 또한 산림과 강의 사용, 조세 납부, 관부의 소와 말을 사용하는 것에 관한 규정과 백성이 술을 파는 것을 금지하는 내용이 있다. 「전율」은 전색부, 부좌, 농민에 대해 관리와 생산 책임을 구체적으로 규정했다. 이들 기록은 국가가 일률적으로 토지를 소유했음을 충분하게 증명할 수는 없지만 당시의 정부가 전체 또는 대규모의 토지에 대해 통제를 강화했고 심지어 직접 관리하거나 경영하기도 했음을 보여준다. 이 역시 최고 지배권과 소유권을 실현하는 것이었다.

위의 각종 통제 방식은 사실상 전국의 토지를 국가와 황권이 지배하고 통제한다고 간주하는 것이었다. 진 왕조의 부역제도는 국가가 최고 토지 소유권을 실현하는 수단이었다.

토지 관리 제도

진 왕조는 대규모의 국유 토지를 효율적으로 통제하고 관리하기 위해 체계적인 토지 관리 정부기구와 관직을 설치하고 법률을 제정했다. 운몽진간의 『어서』를 살펴보면 「전령田令」이 각급 정부가 중시했던 법률 문서였음을 알 수 있다.

관련 관직으로는 대전大田, 전색부田嗇夫, 부좌部佐, 전전田典, 우장牛長

등이 있었다. 대전은 관직명으로 농사일을 관장했고, 제나라에 이 관직이 설치되었다고 한다. 『한서』「백관공경표」에는 진 왕조에 이 관직이 만들어졌다는 기록은 없지만 「전율」을 보면 진 왕조에도 "대전大田"이라고 하는 기구와 관직이 있었음을 알 수 있다. 지방의 관련 정부는 반드시 대전에게 보고해야 했다.

「전율」『진율잡초』등에는 토지 관리와 관련한 법규가 명시되어 있다. 주요 내용은 다음과 같다.

1) 국가의 소유권을 명확하게 밝힘

「전율」은 관련 규정을 통해 직접적이고 효율적으로 관리하고 조세를 징수하여 토지에 대한 소유권을 명확히 하였다. 국가의 허락을 받지 않고 광산, 칠원(옻나무 밭), 기타 물산을 몰래 가질 수 없었다. 이들 법률 규정과 국가의 부세제도로 전국의 토지에 대한 황제의 최고 지배권이 전면적으로 유지될 수 있었다.

2) 각급 관리의 토지 관리 책임에 관한 규정

진 왕조는 '대전' '전색부' '부좌' 등의 관리를 두어 농전 관리를 전담하게 했다. 「전율」의 규정에 따르면 토지 관리 직책을 맡은 지방 관리는 반드시 서면으로 중앙정부에 비가 내린 후 토양의 습도, 농작물의 이삭이 나오는 상황, 미개간된 황무지의 규모 등 토지 사용 현황을 보고해야 했다. 만일 가뭄이나 홍수, 메뚜기 떼의 습격 등 재해가 발생하면 신속하게 피해 면적도 보고해야 했다. 「구원율」역시 밭 가는 소의 관리, 사육 및 평가 등에 대해 구체적으로 규정하고 있다. 만일 경작에 쓰이는 소의 사망률이 삼분의 일을 넘으면 하등급으로 평가되어 전색부나 이전里典은 형

제
十
장

경
제

699

사책임을 져야 했다. 『법률문답』에서도 전관田官은 수지의 규모 및 활용 현황을 은닉해서는 안 된다고 규정하고 있다.

3) 국유 토지 사용자의 의무 명시

「전율」 등에 따르면 국유 토지의 사용자는 경작을 하든 하지 않든 일률 적으로 "분배받은 면적만큼" 국가에 조세를 바쳐야 했다. 「창율」 역시 벼, 삼, 보리, 기장, 콩 등 각종 농작물의 단위 면적당 파종 수량을 규정하고 "토지의 면적만큼 사용하지 못할 경우" 법에 따라 처벌했다. 「전율」에 따 르면 "농촌에 거주하는 백성"은 술 판매를 할 수 없으며 색부, 부좌 등이 감독하는데, 영을 따르지 않는 자에게는 죄를 물었다. 또한 「전율」은 농 민이 농작물을 훼손하거나 제방의 물을 임의로 막는 것을 금지했다.

4) 토지 관리 법령 숙지 의무화

군수의 행정 공고문인 『어서』는 하급 관리에게 법령을 "분명하게 알리 도록明布" 명령하고 백성에게 "법, 율, 영, 전령을 잘 따르고" 엄격하게 준 수할 것을 요구했다. 특히 전령이 중시되었다. 「전율」과 각종 전령이 중요 한 것은 이로써 당시 국유 토지의 규모를 규정하고 각종 토지에 대한 국 가의 지배권과 관리권을 행사한 데에 있다.

5) 점유권과 사용권에 대한 법적 보호

진시황은 "백성에게 자발적으로 경작하고 있는 토지를 보고하라고 영 을 내리고" 일부 토지의 점유권 또는 사유권을 인정했다. 『법률문답』에 는 "도사봉盜徙封, 속내贖耐"라고 규정되어 있다. 즉 토지의 경계를 몰래 바꾸면 남자의 경우 귀밑머리와 수염을 깎이는 형벌을 받아야 했다. 그러나 벌금을 내면 풀려날 수 있었다. 토지의 경계는 토지에 대한 권리 범위를 나타낸다. 몰래 토지 경계를 바꾸는 것은 타인의 권리를 침범하는 것이다. 토지의 권리를 보유한 자의 신분이 점유자(소유자)이든 사용자이든 토지의 경계로 그 권리와 이익의 범위를 정했다. 이 규정을 둔 취지는 국가가 허락한 합법적인 권리를 보호하기 위함이었다.

6) 농업 생산 조건과 자원을 보호

「전율」에 따르면, 봄에 벌채와 물길을 막는 것을 금지했고 여름이 되지 않았는데 풀을 태워 비료로 만드는 일과 갓 싹이 난 어린 식물을 채집하고 새끼 들짐승과 날짐승을 포획하는 것을 금지했다. 또한 사냥 금지 기간에 물고기와 자라를 죽이는 일을 금하고 날짐승과 들짐승을 잡기 위해 그물을 설치해서는 안 되었으며, 기타 자원을 파괴하는 행위를 단속했다. 이는 진 왕조의 법률이 전통적인 '계절에 맞는 정치四時之政'의 합리적인 부분을 계승했음을 의미한다. 관련 법률은 실제로 환경과 자원을 보호하는 데 큰 역할을 하여 농업 생산력 향상에 도움이 되었다.

| 3 |

세금을 거두는 법 규정은 어떠했는가

중국 고대 부세제도의 성격은 매우 복잡했다. 부세는 주로 국가의 재정과 관련이 있기에 현대 사회의 '세금'의 범주에 속한다. 징세는 국가의 존재 기반을 마련하는 경제적인 방법이었고 각종 세수는 국가 재정의 주요 수입원이자 경제적 기반이었다. 그러나 부세는 단순한 재정 행위가 아니었다. 부세는 현대적인 의미의 '지대租' 개념도 포함하고 있었다. 국가가 토지 소유권을 전제로 수취한 지대 및 기타 세금은 토지 소유권을 실현하는 경제적 방식이었다. 그러므로 부세는 지대와 세금이 합쳐진 개념이었다. 또한 부세는 경제적 수단을 넘어선 강제적인 성격도 매우 짙었다. 부세는 단순한 경제 행위가 아니라 국가와 군주가 전국의 토지, 자원에 대한 점유권 및 신하와 백성에 대한 각종 인신 지배권을 행사하고 강제 수단까지 포함한 것이었다. 부세제도는 국가 세수, 물권에 대한 지대, 강제적인 징수를 합친 것이기 때문에 구체적인 부세 징수 항목들은 명확하게 분류하기 어려워 통합되기 일쑤였다.

부세제도가 경제적 측면에서 사회 통제를 이루기는 했으나 단순한 경제 행위는 아니었다. 부세의 부과는 군주제도에서 가장 중요한 정치 행위 중 하나였다. 정확하게 말하면, 부세제도는 군주와 신하와 백성 간의 경제관계와 정치관계를 하나로 통합한 제도였기에 경제제도이자 또한 정치제도였던 것이다. 부세제도는 정치관계를 바탕으로 성립된 국가 재정 제도의 중요한 구성 요소였으며 실제로 정치제도의 범주에 속하기도 했다. 부세제도는 군주 전제 국가와 신하 및 백성 간의 경제관계를 실현했고 또한 군신관계의 경제적 내용이기도 했기 때문에 경제제도로 연구할 수도 있다. 중국 고대 부세제도를 연구할 때에는 반드시 이러한 성격과 특징에 유의해야 한다.

이렇듯 중국의 고대 부세제도는 다중적인 성격으로 인해 그 내용도 매우 복잡하다. 부세는 지대와 세금, 요역을 포함한다. 전국시대와 진한시대에 부세는 직물, 곡식, 노동 등의 방식으로 징수되었고 기타 세수도 포함되었다. 특히 국가가 백성의 노동력을 무상으로 동원한 점을 볼 때 강제성도 매우 강했음을 알 수 있다.

부역제도의 역사적 뿌리

그 외 각종 기본 제도와 마찬가지로 진 왕조의 부세제도 역시 춘추전국시대의 사회와 역사의 대변동에 기인하여 생겨난 제도이다.

그런 까닭에 이와 관련된 저작물은 춘추전국시대의 정책과 제도의 중요한 변화에 주목했다. 특히 '세묘稅畝' '세전稅田'의 출현과 보급이 특징이었다. 학자들은 이를 "토지세 징수제도의 기원"이라고 일컬으며 토지세의 탄생과 토지 사유제도의 발생을 연계시켜 토지 사유제도는 토지세 징수의 원인이라고 보고 있다. 사실 이런 가설은 정확성을 충분히 획득하고 있지 못하다.

'세금稅'은 국가가 존재할 수 있는 재정적 기반이며 징세와 납세는 국가의 출현과 동시에 생겨났다. 또한 토지는 고대 사회에서 가장 중요한 정치적 자원이자 가장 주요한 재산이었다. 그러므로 토지를 대상으로 한 세금(정부의 신분으로 징수)과 지대(토지 소유자의 신분으로 징수)는 오래전에 생겨났다. 토지세 징수제도의 탄생과 토지소유제의 성격은 무관하다. 춘추시대 전후에 다른 점이 있다면 그것은 징수와 납부의 방식이 바뀐 데에 있으며, 그렇게 변화한 이유는 경제관계(토지소유제 포함)의 변화와 관련이 있다. 많은 사료를 살펴보면 춘추시대 이전에 세금과 지대는 주로 노동력으로 징수, 납부했다. 노동력을 바치는 것이 대부분이었기 때문에 "공전의 경작을 도우면 다른 세금을 거두지 않았다."[18] "공전을 백성의 힘에 의지하여 경작할 뿐 사전私田에 대한 조세는 받지 않은"[19] 것이다. '조세를 거두지 않는다不稅'는 것은 현대적 의미에서 세금과 지대를 납부하지 않음을 의미하는 것은 아니었다. 춘추시대 이래 제, 진晉, 노 등 제후국은 관련 세법을 개혁하기 시작했다. 기원전 594년, 노나라는 '초세부初稅畝'라는 소세제도를 시행하고 부세제도로 "토지 면적에 따라 과세하는"[20] 정책을 시행했다. 학계에서는 이 제도의 시행을 중요한 역사적 사건으로 본다. 이것은 새로운 지대 납부 방식으로 옛 방식인 '노동력 제공'을 점차 대체했음을 의미한다. '조助'는 '力'과 '且'로 구성되어 있고, '조租'는 '禾'와 '且'로 구성되어 있다. 즉 '조助'는 노동력을 공납하는 것이고, '조租'는 현물을 공납하는 것이었다. 징납 방식의 변화는 일부 토지제도의 변화와 밀접한 관계가 있을 것이며, 더욱 직접적인 계기는 토지 소유자와 생산자의 노동관계가 변화한 데에 있다. 즉 소유자는 보편적으로

'조租'의 방식으로 생산자와 경제관계를 맺기 시작한 것이다. 새로운 제도에서 가장 중요한 특징은 실물로 내는 조세와 요역이 병행되었다는 점이다. 춘추시대에서 전국시대로 넘어가는 과도기의 문헌을 살펴보면 당시에 '상징常徵' '상역常役'이 병행된 부역제도가 있었음을 알 수 있다. 전국시대 이래로 각 제후국에서는 이러한 제도가 시행되었다.

진 왕조의 주요 조세 부과 항목

진 왕조의 조세 징수에서는 토지 조세가 핵심이었다. 진 왕조의 부역제도에는 지대와 세금이 구분되지 않는 성격이 있었기 때문에, 습관적으로 쓰는 '토지세' '토지세 징수제'라는 용어를 택하지 않고 '토지 조세 부과제도'라는 개념을 사용했다. 진 왕조의 조세 부과 내용은 매우 풍부했다. 주요 항목은 다음과 같다.

1) 토지 조세

토지 조세란 토지 임대료와 각종 전무세田畝稅를 말하며 징수 대상은 국가의 농경지를 경작하는 생산자였다. 진 왕조의 토지 조세로는 전조田租, 추고芻稿가 있었다. 이들 조세의 납부는 모두 실물로 이뤄졌다. '전조'는 농작물의 열매에 부과했다. '추고'는 목초와 곡물, 줄기에 부과했다. 곡물, 추고는 모두 농작물의 수확물에 속했다. 푸른 벼, 목초를 '추芻(청고靑稿라고도 함)'라 하고, 곡물의 줄기를 '고稿'라고 하는데 주로 짐승 사육과 건축 재료로 쓰였다. 추고세는 오래전부터 있었으며 '선왕의 제도'에 속했다. 『상서』「우공」, 『국어』「노어魯語 상」, 『의례儀禮』「빙례聘禮」편에 이러한 공부貢賦가 기록되어 있다. 국가와 각급 정부에는 사육해야 할 가축이 많이 있었고 농작물의 줄기는 각종 토목 건축사업에 대량으로 쓰였기 때문에 백성은 반드시 "나라에 쓰이도록 추고세를 바쳐야 했다."[21]「전율」,「창율」 모두 추고의 징수, 보관에 관한 일을 규정했다. 예컨대「전율」에서는 "토지 면적 1경당 바쳐야 할 추(짐승의 사료)와 고(농작물의 줄기)는 분배받은 토지 면적에 따른다. 경작을 했든 하지 않았든 면적 1경당 추는 3석, 고는 2석을 바쳐야 한다"[22]라고 규정했다.

2) 인두세

진 왕조에서 인두세는 구전口錢과 산부算賦 두 가지가 있었는데, 인두세의 징수 대상은 연령으로 규정했다.

'구전'은 사람 수를 계산하여 세금을 징수하는 방법이었다. 이 제도의 기원에 관하여 학자들은 여러 가설을 내놓고 있다. 이와 유사한 제도는 예전부터 있었을 것이다. 진 왕조의 제도는 전국시대의 제도를 그대로 이어 받은 것이 많다. 한 왕조의 문헌에도 진 왕조에서 '구전'을 부과한 사실이 기록되어 있다. 구체적인 징수 방법은 알 수 없지만 한대의 제도를 살펴보면, 구전의 징수 대상은 일정한 연령 이상에서부터 부역 연령에 해당되지 않는 사람들이었다. 누구나 매년 구전을 약간 내야 했는데(연령과 액수에 관한 구체적인 규정은 바뀌었음) 진 왕조에서도 마찬가지였을 것이다.

'산부'는 구전 이외의 또 다른 인두세였으며 징수 대상 연령은 구전과 맞물려 있었다. 산부의 징수 대상은 주로 부역 연령에 해당되는 사람들이었다. 『문헌통고』「호구고戶口考」 1편에 실린 "부역에 나간 자가 세금도 냈다"라는 기록이 특징적이다. 산부와 유사한 제도가 어디서 기원했는지는 고증할 수 없고 『후한서』 「서남이열전」에 진 소왕이 공로를 세운 소수 민족에 산부를 면제한 내용이 실려 있을 뿐이다. 진 왕조의 제도 역시 마찬가지였을 것이다. 산부의 부과 방법은 "집집마다 돌며 식구 수대로 세금을 거둬들이는 것이었다."[23] 「금포율」에서는 "관청에서 돈을 받는 자는 1000전을 한 삼태기에 넣고 해당 기관의 승과 령이 확인 도장을 찍고 봉인한다"[24]고 규정했다. 즉 산부는 관리가 삼태기를 들고 각 세대를 돌며 거둬들이고 1000전을 단위로 돈을 담은 다음 관부에서 보관했다. 진 왕조에서는 "집집마다 식구 수대로 세금을 거둬들여 소부에 보냈다."[25] 이 수입은 최고 통치자 개인이 차지했다.

3) 기타 부세

진 왕조에는 관시關市, 산택세山澤稅, 관세, 시조市租, 주세 등 상업세, 염철 등의 특산물에 대한 조세와 민간 수공업에 부과하는 공세工稅 등이 있었다.

춘추시대 이래 민간 수공업이 급속도로 발달하여 도붓장사와 앉은장사들이 시장에서 거래했다. 국가는 상품 매매에 대해 영업세, 통관세를 징수하기 시작했는데 이것이 관시의 징수였다. 당시 각 제후국의 검문소와 시장에는 관리가 이들 조세를 징수했기 때문에 관시 징수는 상징이 되었다. 관세와 시조市租 등도 점차 국가 재정의 중요한 원천으로 자리잡아갔다.

문헌 기록에 따르면, 진나라의 상업이 매우 발달하였고 함양과 여러 대도시에 정부가 설치한 상품 집산지가 있었기 때문에 시장에 점포가 들어서는 등 매우 번창했다. 『신씨삼진기辛氏三秦記』에는 "진시황이 지하 도시를 만들자 산 사람과 죽은 사람이 거래했다. '산 사람은 죽은 자를 속이지 말라'는 영을 내리자 시장의 관리가 진시황에게 고했다. '죽은 자가 산 자를 농락합니다. 산 자가 시장에 들어가면 (죽은 자가) 말 등을 잘라버립니다.' 이에 사람들은 진나라 땅의 시장에는 잘린 말이 있다고 한다"[26]라는 이야기가 기록되어 있다. 이 일화는 물론 꾸며낸 것이지만 『삼보황도三輔黃圖』 권2를 보면 진 문공이 '직시直市'를 설치하여 물건의 가격을 일치시키고, 노인과 어린이도 속이지 말라고 요구했다는 이야기가 나온다. 이 이야기는 꾸며낸 것이 아니라 진 왕조가 시장의 관리 및 이와 관련한 세수를 중시하여 전감 관리를 두고 관련 법령을 반포했음을 알려 주는 기록이다. 주세酒稅의 징수는 국가의 경제 정책과 관련이 있었다. 상앙은 "검문소와 시장의 부세를 중시했다"라고 했다. 그는 '중농억상 정책을 펼치고 사치하며 빈둥거리는 풍습을 금했으며 술에 무거운 세금을 부과했다.' 또한 술과 고기의 가격을 올리고 그에 대한 조세를 무겁게 하여 원가의 열 배가 되게 했다.[27]

진 왕조의 관세와 시조市租의 구체적인 징수 방법에 관해서는 상세하게 고증하기 어렵다. 어쨌든 「관시율」「금포율」을 살펴보면 '시조市租'와 관련한 죄명이 규정되어 있고 시장 관리자와 경영자의 행위를 다스렸다. 이로써 낭시 관시의 징수에 대해 명확하고 상세한 법률 규정이 있었고 이를 위반하면 형률에 저촉되었음을 추측할 수 있다.

산택세에는 염철세 및 산해지택세山海池澤稅 등이 있었다. 산택세, 염철세는 예로부터 있었던 것인데, 진한시대에 산해지택은 국유 재산이었기 때문에 '산과 택의 이익'은 모두 황실의 지배에 속했다. 즉 "산해의 이익과 드넓은 소택지의 자원은 천하의 보물창고로서 모두 마땅히 소부에 속했다."[28] 전국시대에 각 제후국에는 염철에 대한 조세를 거둬들이는 염관, 철관이 있었다. 상앙은 "백 배의 이익을 남길 수 있는 사업을 시행하고 산림과 소택지沼澤地에서 거둬들였다"[29]고 한다. 진나라는 민간 염철업이 매우 발달하여 국가에서 징세한 세율 역시 매우 높았다. 진시황은 선대 왕의 제도와 정책을 이어받아 염철업을 발전시키는 것을 중시했다. 여섯 제후국을 통일하는 과정에서 진시황은 중원의 염철업 경영이 뛰어난 호족을 파촉 땅에 강제 이주시켜 이 지역의 염철업은 더욱 발달하게 되었다. "진시황이 여섯 제후국을 평정한 후, 대규모의 부호를 촉 땅으로 이주시켜 우리 땅을 풍요롭게 했다. 집집마다 소금과 구리에서 나는 이익을 얻게 되었고 산천에서 나는 자원의 혜택을 입어 사람들이 쓰는 데 부족함이 없었고 매우 부유해졌다"[30]라는 기록이 있다.

진 왕조 때 백성의 각종 조세 부담은 매우 컸다. 대략 "수확물의 삼분의 이에 가까운 부세를 거둬들였다.(안사고의 주에 따르면 태반이란 삼분의 이라 하고, 삼분의 일은 소반少半이라 했음.)"[31] 이러한 비율은 전체적인 부담이었을 것이다. 정상적인 상황에서 백성은 1년간 고되게 노동하여 거둬들인 수확물의 대부분을 아무런 대가도 받지 못하고 박탈당했다. 그러므로 백성들은 매우 신산스러운 처지에 놓였을 것이다.

법제화된 요역제도

요역은 국가가 행정적인 강제 수단으로 신하와 백성을 동원한 방식 중 하나이다. 요역을 징발하는 것은 지방정부의 기본 임무 중 하나였다. 요역 관리를 강화하기 위해 진시황은 정령과 법률을 반포했다. 운몽진간에는 「전율傳律」「요율」 등 전문 단일 법규가 있으며 요역에 대한 행정 관리를 규정하는 법률도 있었다. 이들 법률은 요역을 복역하는 시작 연령과 끝나는 연령, 요역 면제 조건, 요역에서 도망간 자에 대한 처벌, 각급 정부의 관련 직책 등을 분명하게 규정했다.

진 왕조에서 요역은 경졸지역更卒之役, 정졸지역正卒之役, 수졸지역戍卒之役 세 가지가 있었고, 이 요역에 동원된 사람들을 "경졸" "정졸" "수졸"이라 불렀다. 진 왕조 때에는 "1개월이 지나면 경졸, 1년간 요역하면 정졸, 1년간 군역하면 수졸"[32]이라고 했다. 요역에 동원되면 대체로 경졸을 한 다음 정졸, 수졸 요역을 하고 그 후 요역이 면제되는 연령까지 경졸을 계속한다.

경졸은 자신이 사는 군에서 요역한다. 경更이란 교체한다는 말이다. 요역에 동원된 사람은 규정된 기간이 끝나면 다음 사람으로 교체되었기 때문에 경졸로 불렸다. 진 왕조에서는 요역 연령 기간 내에 작위가 없거나 혹 작위가 있어도 불경不更 이하인 사람은 매년 자신이 거주하는 군현에서 1개월간 요역한다고 규정했다. 요역에 나온 사람들은 주로 도성의 토목, 도로, 수로, 궁궐 등 대규모 토목공사에 동원되었고 또한 물자 수송, 말 사육, 소금과 야철 산업 등 각종 잡무에도 동원되었다. 정졸은 정역正役(군역)의 성격이 강했으며 경사京師, 내부內郡에서 병역의 잡일을 담당하고 1년간 복무했기 때문에 그렇게 불렸다. 수졸은 변경지역의 요역이었다. 『좌전』『사기』『관자』『위료자』등을 살펴보면, 춘추전국시대의 수졸 요역 기간은 1년이었다. 진 왕조의 술수戍守제도(변경지역의 수비제도)는 전국시대의 제도를 이어받은 것이었다. 역대 수졸 요역이 진행된 내용을 살펴보면 1년이라는 기한은 엄격하게 집행될 수 없었다. 기한이 지나도 요역을 할 수밖에 없었던 심각한 상황이 자주 있었다. 수졸 요역의 주요 임무는 변경지역을 수비하고 적의 침입을 막는 것이었고, 구체적으로는 봉수烽燧, 정후亭侯, 역참郵驛, 둔전 등의 임무를 맡았다.

진시황 통치 시기에 요술徭戍 이외에도 적술謫戍제도가 시행되어 '발적 發謫'의 형식으로 수많은 사람을 징발해서 변방을 수비하도록 했다. 이런 발적은 오래전부터 있었던 것으로 진시황이 처음 시행한 것은 아니었다. 하지만 진시황이 이 제도를 자주 활용한 것은 사실이다. '발적'의 대상은 죄를 저지르거나 사회적 지위가 낮은 사람들이었다. 여기에 징발된 사람은 다섯 유형으로 구분할 수 있다. ① 예전에 죄를 짓고 도망간 사람으로 진율의 관련 조문을 보면 이들 가운데 일부는 '절도盜'죄를 저질러 도망간 사람이었고, 유배지에서 도망친 사람, 도망 노예, 요역에서 도망친 사람, 사사로이 정을 통한 남녀, 남편을 버리고 도망간 여자 등 기타 사회적 이유 때문에 도망친 사람 등이 이 범주에 해당되었다. ② 데릴사위, 결혼해서 데릴사위가 된 가난한 사람이다. 이들은 독립적으로 세대를 구성할 수 없고 토지를 분배받을 수 없으며 관리도 될 수 없어 천민이나 다름없었다. ③ 상인으로 그들은 국가의 중농억상 정책과 사회적 편견 때문에 차별을 받았다. ④ 직무상 범죄를 저지른 관리이다. ⑤ 기타 죄수로 일정 기간에 발적의 형식을 취한 징발이 매우 빈번했고 강제 이주된 인구도 매우 많았다. 이렇듯 변경지역 요역은 그 성격을 구별할 필요가 있다. 하나는 징발에 속하는 천민 요역이고 다른 하나는 '징벌謫罰'이다. 이는 '과적科謫'(유배)이라고도 했는데 죄를 물어 강제 이주시키는 성격이기 때문에 순수한 의미의 요역은 아니었다.

요역의 징발은 각급 정부가 행하는 일상적인 행정 사무였다. 국가의 중대 이익에 관련되었기 때문에 제도는 체계적으로 법제화되어 있었다.

1) 전적傳籍제도

전적제도는 현대의 호적제도에 해당된다. 호구 정리는 법령의 제정, 요

제
十
장
경
제

❀

711

역의 징발, 부세의 부과 및 징수, 등급 판별, 권력 분배에 있어서 매우 중요한 근거이며 국가가 농민을 호적에 편재하는 것은 부역을 징발하고 치안 관리를 강화하는 중요한 수단이기도 했다. 진 왕조 때 호적제와 십오什伍편제를 법제화했다.

헌공 이래 진의 호적관리제가 점차 정착되었다. 상앙의 변법에서 중요한 내용은 호적 관리를 강화하고 백성을 십오什伍 단위로 편제하는 것이었다. 전국의 인구를 남녀 불문하고 호적에 등재하여 "살아 있는 자는 호적에 올리고 죽은 자는 호적에서 삭제했으며", 임의로 거주지를 옮기는 것을 금지했고 거주지를 옮긴 호구는 반드시 관청에 가서 신고해 "백성이 조세로부터 도망갈 수 없게 하고 들판이 황무지가 되거나 잡초가 무성해지는 일이 없게 했다."³³ 각지의 백성은 십오什伍로 편제되어 다섯 가구가 오伍를 구성하고 열 가구가 십什을 구성하며 열 개의 십什이 1리里를 구성했다. 리 이상은 현, 향 같은 행정기구를 구성했다. 향리의 주민이 서로 감시, 보증하고 연대 책임을 져서 좋은 일이든 나쁜 일이든 반드시 관청에 보고하는 십오연좌 책임제였다. 한 집이 죄를 지으면 나머지 네 집이 함께 신고하고, 아홉 집이 서로 고발해야 했다. 그렇지 않으면 열 집이 모두 연좌되어 처벌을 받았다. 『법률문답』을 보면 "오인伍人" "사린四隣" "십오什伍"에 관한 법률 규정이 있었고 또한 "같은 십오 편제에 있는 사람의 신고는" 반드시 사실과 일치해야 하며, "같은 십오제에 있는 사람이 고발하지 않으면" 죄가 되고 관리는 연좌 책임에 해당되지 않는다 등의 규정이 있다. 『법률문답』에 따르면 대부의 작위를 얻은 자는 십오제의 연좌 책임에서 제외되고 십오연좌제도는 일반 백성에게만 적용된 것 같다.

진시황은 호적제를 정비하여 더욱 엄격하게 시행했다. 진시황 16년(기원전 231) "처음으로 남자의 나이를 기록하라는 영을 내려"³⁴ 전국의 남자에게 법에 따라 연령을 기록하게 했다. 운몽진간의『편년기』의 저자는 이 해에도 "자점년自占年"이라는 세 글자를 기재했다. 즉 정부에 자신의 연령을 신고했다는 것이다. 이전까지는 요역을 징발하기 위해 주로 키를 재서 요역의 연령이 되었는지의 여부를 판단했었다. 하지만 그 후 요역 징발은 신뢰할 수 있는 호적에 신고된 연령에 근거하게 되었다. 진시황은 법령의 형식으로 전국의 남자는 반드시 호구와 연령을 신고해야 하고 호적에 기록할 때는 숨기거나 허위로 신고해서는 안 된다고 규정했다. 현존 사료를 분석해보면 진 왕조의 호구책에는 호주의 성명, 원적, 신분, 가족 인원수, 삼대 조상의 출신과 호주 및 가족 구성원의 연령, 키, 건강 상태 등을 상세하게 명기해야 했다. 호적에는 아마 백성의 호적과 '종실적宗室籍' '환적宦籍' '제자적弟子籍' 등의 구별이 있었을 것이다.

진 왕조에는 전적을 규정하는 법률, 즉「전율」이 있었다. 이에 따르면, 호구 등기는 '백성'이 자발적으로 신고하고 마을의 전典과 오의 노老가 대조 및 확인을 했다. 전노는 신고 내용이 사실과 다른 점을 발견하면 반드시 상급 관청에 보고해야 했고 그렇지 않으면 처벌을 받았다. 호구를 등기할 때는 반드시 성명, 연령, 질병, 상해 정도 등을 신고해야 했다. 백성이 요역을 면제받을 연령이 되어서도 관청에 면제를 신청하고 승인을 받아야 했다. 그렇지 않으면 '거짓爲詐僞'으로 처벌받을 수 있었다. 법률은 호구 등기, 속임수, 요역에서 도망가는 행위 등 어떠한 불법도 금지했다. 이러한 상황이 나타나면 관련자는 법률에 따라 처벌받고 이를 신고하지 않은 동오同伍(이웃), 전, 노 역시 처벌받았다.

2) 요역 징발 관리

요역을 징발할 때 진 왕조에서는 '전傳'과 '면免' 제도를 두었다. 전은 전적傳籍을 가리키며 남자가 일정한 연령이 되면 반드시 요역 명부에 기록되어 요역하기 시작했다. 면은 면로免老를 가리키며 요역 전적에서 면제되는 나이가 되어 더 이상 요역을 하지 않아도 됨을 의미한다.

진 왕조 때 요역에 동원되기 시작한 연령에 관하여 역사학계에서는 '20세' '23세' 등의 주장을 제기했다. 이들 주장은 "한나라가 진나라의 제도를 계승했다"는 기록을 근거로 한다. '20세'는 한 경제景帝 때의 제도를 근거로 한 것이고, '23세'는 한 소제昭帝 이래의 제도를 근거로 한 것이다.[35] 운몽진간이 출토된 이후, 요역을 시작한 나이가 각각 "만 17세"[36], "만 15세"[37]라는 주장이 나왔다. 이들 주장은 모두 역사 기록을 근거로 제기한 것이다. 이 가운데 만 17세가 상당히 믿을 만하다. 이 주장은 『편년기』의 관련 기록에서 추산한 것인데 이는 다수의 학자가 인정한 것이기도 하다. 진 왕조에서의 요역 면제 연령에 관하여 『한관구의漢官舊儀』 권하에는 "진나라에는 20등급의 작위제도가 있다. 남자에게 작위 1급 이상을 하사하고 죄를 지으면 작위를 깎았다. 나이가 56세가 되면 면제했다. 작위가 없는 자는 일반 병졸로 나이 60세가 되어야 요역에서 면제되었다"[38]라는 기록이 있다. 한나라에서는 이 제도를 계속 시행했다. 즉 진 왕조에서 요역이 끝나는 연령은 등급에 따라 차등을 두었는데, 작위가 있는 자는 56세에 요역이 끝났고 작위가 없는 자는 60세에 끝났다. 특히 작위가 '불경不更' 이상인 자는 경졸更卒의 요역에서 면제되었다. 작위가 오대부五大夫 이상인 자는 수졸의 요역에서도 면제되었다.

일반적으로 모든 신하와 백성은 요역의 의무를 지녔고 작위가 없는 일반 백성은 17세에서 60세까지 요역에 징발되었다. 요역을 회피하는 각종 행위에 대해 진 왕조는 명확한 법률로 처벌 방법을 규정했다. 예컨대 현급 관리가 자신의 자제를 요역에서 면제시키기 위해 '자식의 나이를 속이

거나' 또는 '가족을 호적에 올리지 않으면' '위尉는 2갑의 벌금형으로 파면되고 령令은 2갑의 벌금형에 처해졌다.'[39]

또한 진 왕조에는 요역과 관련된 행정 업무에 관한 법률도 있었다. 요역 관련 법규를 보면, 관리의 행정에 대해 권한 위임, 준용할 수 있는 규정, 의무 및 금지 규정을 두고 있으며 각종 위법 사항에 대한 책임을 규정하고 처벌 수단과 양형 기준도 정해두었다. 운몽진간의 「술율戌律」은 "동거무병행同居毋幷行"이라는 규정을 두어 한 집의 남자가 동시에 수졸 요역에 징발되지 않도록 하고 있다. 만일 현색부나 현위가 불법으로 수졸을 징발하면 '2갑의 벌금형에 처했다.' 수졸이 성벽 보수 등 중노동에 동원될 때에는 다른 노역에는 동원되지 않았다. 그렇지 않으면 주무 관리가 처벌을 받았다. 「요율」에 따르면, 권한을 위임한 지방관은 금원禁苑(궁궐의 화원)을 보수하는 토목공사를 위해 요역의 징발 대상, 구체적인 방법 등을 명확하게 규정했다. 또한 토목공사를 주관하는 관리가 공사 규모를 정확하게 계산하고 공사의 진행 상황에 따라 필요한 요역을 징발하도록 규정하고 있다. 만일 계산에 착오가 있어서 '시공 기간이 2일 이상 초과하거나 또는 2일 이상 먼저 끝날 경우에는 불찰不察로써 처분했다.'[40] 「효율」은 조정이 운송을 위해 징발한 '노동력輸者'을 지방관이 다른 용도로 전환하는 것을 엄격하게 금지했고 이를 어길 경우 '율로써 처분했다.' 또한 진 왕조는 농번기의 중요성에 주목했다. 「사공율」에 따르면 노역으로 채무를 갚아야 하는 사람도 농번기에는 "집에 돌아가 농사를 짓도록 했으며 파종 및 볏모를 관리할 수 있도록 각각 20일이 주어졌다."[41] 만일 한 집에 두 사람이 동시에 노역으로 배상하거나 속죄 또는 빚을 갚아야 할 처지에 있다 해도 반드시 한 사람은 농사일을 하도록 돌려 보내야 했다. 하지만 돌려 보내진 기간만큼 노역이 면제된 것은 아니었다. 이 규정으로 미루어보면 진 왕조가 농번기에 백성의 노동력을 귀중히 생각했음을 엿볼 수 있다. 이러한 법률을 제정한 목적은 국가가 요역을 집중적으로 관리하기 위함이고 군현에 요역이 넘치는 것을 방지하기 위함이었다. 진 왕조의 통치자는 요역이 백성의 정상적인 생산과 일상생활을 어렵게 한다는 것을 잘 알고 있었기에 관리가 허위로 백성을 억압하는 것을 법률로 엄격하게 금하고 집집마다 남자가 농업 생산에 종사할 수 있도록 했다.

4) 요역의 관리

진 왕조의 법률을 보면 백성들에게 수준 높은 요역 노동이 요구되었음을 알 수 있다. 「요율」에 따르면 징발 명령이 내려졌는데 제때에 출발하지 않거나 목적지에 도착한 시간이 지연되었을 경우 모두 처벌했고 도착 시간이 늦어질수록 처벌의 강도는 더 높아졌다. 요역으로 완성된 결과물은 1년 이상 문제가 없어야 했다. 만약 1년도 안 되어 이상이 발생하면 해당 토목공사를 주관한 행정 및 기술 책임자에게 죄를 물었고 그 공사에 동원되었던 사람들은 다시 공사해야 했으며, 이때 소요되는 시간은 요역 기간에 포함시키지 않았다. 『진율십초』의 관련 규정을 보면, 토목공사의 평가에서 하등급, 건축 자재 낭비, 가축 손상 등의 평가가 나오면 모두 법에 따라 처벌되었다.

5) 복제제도

'복제復除'(노인, 병자, 학자, 군인 등에 부과한 부역이나 조세를 면제하던 일)는 원래 '자비를 베푸는 일 또는 시사施舍'를 의미했다. 즉 군주의 조령 또는 법률 규정을 근거로 백성이 바쳐야 할 조세와 요역을 면제해주던 것을 가리킨다. 국가와 제왕은 부세와 요역을 '사赦' '복復' '복제復除'의 방식으로 '은덕을 베풀었기' 때문에 "시사施赦"라고 불렀다. 일반적으로 진 왕조는 모든 백성을 요역(병역 포함)의 징발 대상으로 보았다. 신하와 백성이라면 국가에 요역으로 동원되어야 했고 고관대작의 아들이라고 해서 예외가 아니었다. 하지만 일정한 작위 이상의 사람에게는 요역을 면제해주는 특권을 부여했다.

복제는 '사복賜復' '매복買復'의 구별이 있었다. 복제의 목적과 대상은 다음과 같이 정리할 수 있다. ① 공적을 세워 포상으로 내려졌다. "남녀노소 힘을 합쳐 밭 갈고 베 짜는 일을 본업으로 삼고 곡식과 베를 많이 바치는 자에게 부역을 면제했다."[42] 농사일을 열심히 해서 수확을 많이 거둔 사람은 본인의 부역을 면제받았다. 이러한 복제제도를 둔 목적은 농전農戰(병농일치) 정책에 부합하는 사람을 포상하기 위함인데, 그는 현대의 '모범적인 노동자'와 비슷했다. ② 공신을 포섭하기 위한 수단이었다. 『사기』「감무열전甘茂列傳」에 따르면, 진나라는 가족들의 부역을 면제해주는 방식으로 당시 제나라의 공신이었던 감무를 감동시켜 진나라로 돌아오게 했다. ③ 백성을 모으기 위함이었다. 상앙은 삼진의 백성을 진나라로 오게 해서 황무지를 개간하도록 하여 진의 사병이 군무에 전념할 수 있도록 했다. 이를 위해 "그들에게 농지와 집을 주고 3대까지 부세와 요역을 면제해주었다."[43] 이런 복제의 목적은 경제적 이익을 미끼로 국가 정책을 달성하고자 하는 것이었다. ④ 강제 이주한 백성을 포상하는 성격도 있었다. 진시황은 "백성 3만 호를 낭야산 기슭으로 이주시키고 12년 동안 요역을 면제해주었으며 3만 가구를 여읍으로, 5만 가구를 운양으로 이주시키고 모두 10년간 요역을 면제해주었다."[44] 이런 복제의 목적은 대규모로 강제 이주한 백성이 국가에서 부여한 각종 임무를 마칠 조건을 충분히 갖추도록 하기 위함이었다. ⑤ 변경지역을 안정시켰다. 진 소왕은 변방지역의 소수민족을 우대했다. "이인夷人들이 경작하는 1경의 농지까지는 조세를 거두지 않으며 처가 10명이 되어도 인두세를 거두지 않았다."[45] ⑥ 곡식을 바쳐 부역을 면제받았다. 곡식을 바치면 작위를 얻을 수 있고 작위가 일정 수준이 되면 요역이 감면되는 혜택을 받을 수 있었다.

상세, 상역 상태에서 백성의 부담

진 왕조의 상세常稅, 상역常役 정책 아래 놓인 백성이 부담해야 할 것은 주로 두 가지였다. 하나는 전조와 인두세였고 다른 하나는 각종 요역이었다. 진 왕조 백성의 부담이 막중했다는 사실은 의심의 여지가 없었고 이것이 바로 진 왕조가 멸망한 주요한 원인이었다. 그러나 '부세로 다 거두어들여 노동력이 고갈되었다'[46]는 문제는 과연 상세, 상역 상태에서 초래된 결과인지 아니면 비상 사태에서 어쩔 수 없었던 상황이었는지는 좀 더 연구해봐야 할 것이다.

중국 역대 왕조가 쇠락하고 멸망한 과정을 살펴보면 경상적인 상세, 상역 상태에서 백성의 부담이 매우 무거워졌음을 발견하게 된다. 그러나 한편으로는 세금 부담이 적은 제도를 시행한 왕조도 없었고 상세, 상역 때문에 멸망한 왕조도 없었다. 심지어 기본적으로 상세, 상역을 견지한 황제는 모두 '태평성세'를 이뤘다고 할 수 있다. 하지만 조세와 요역이 점점 무거워지는 것은 문제였다. 즉 가혹하게 거둬들이는 여러 잡세와 빈번하게 동원되는 각종 요역이 바로 진 왕조의 문제였던 것이다.

한나라의 학자인 동중서는 진 왕조의 폭정을 날카롭게 비판하면서 그 예로 상세와 상역을 언급했다. "수확물의 삼분의 이를 조세로 바치고" "요역이 옛날보다 30배나 힘들어"[47]졌다. 그러나 수확물의 삼분의 이를 조세로 바친 것은 사실이었지만 요역이 옛날보다 30배나 힘들었다고 한 것은 과장이다. 이 글에서 동중서는 한나라의 제도가 진나라의 것을 답습했음을 비판하는 데 초점을 맞추었다. 서한의 동중서, 동한의 순열荀悅과 같은 학자들은 한 왕조가 수확물의 삼분의 이를 조세로 바치고, 태반을 부역으로 실어 날랐음을 비판했다. 이는 진한시대의 상세, 상역 부담도 별로 다르지 않았음을 보여준다. 진 왕조의 문제는 '수확물의 삼분의 이를 조세로 바친 것'은 아닌 것 같다.

동중서의 주장에 따르면 막중한 세금은 진시황 때부터 시작되었다. 그러나 이러한 주장은 사실이 아니다. 춘추시대에 이미 "백성이 수입을 삼등분하여 삼분의 이는 조정에 바치고 삼분의 일로만 먹고 입는 데 쓰는"[48] 현상이 나타났다. 당시에 이는 매우 무거운 세율이었다. 전국시대에 이런 세율이 각 제후국에 성행했다. 집집마다 황무지를 개간하여 생산 면적이 확대되고 단위 면적당 생산량이 크게 증가했기 때문에 백성은 이 무거운 세율을 대체로 받아들일 수 있었다. 그러므로 진 왕조는 이 제도를 이어받았으며 "한나라가 흥하여 이 제도를 바꾸지 않고 따랐다."[49] 이로써 이 제도는 전국시대와 진한시대에 모두 성행했음을 알 수 있다. 진나라의 전조田租 세율은 "사실상 여섯 제후국의 옛 제도를 계승했을 뿐 가중시키거나 경감하지 않았다"[50]는 지적도 있었다. 요역 역시 마찬가지다. 문헌을 살펴보면 전국시대에 각 제후국에서 시행된 요역은 시작 연령이 보통 15세부터 50세 이하였고 끝나는 연령이 최고 65세였다. 진 왕조에서 요역이 끝나는 연령은 60세로 전국시대와 비슷하거나 낮았다. 진 왕조의 요역 시작 연령에 관하여 학계에서는 다양한 주장을 제기한다. 15세, 17세, 20세 등 어떤 설을 적용해도 모두 부담이 가중되는 문제는 없었고 오히려 백성의 부담이 경감되었을 가능성이 있다. 만일 진 황제가 세금을 가혹하게 거둬들였다 해도 백성이 감당할 만한 한계치를 초과하지 않았다고 할 수 있다. 진시황은 이런 제도를 시행하여 천하를 정복했는데 어떻게 이런 이유로 멸망했겠는가?

또한 진 왕조의 요역이 매우 잔혹했다는 주장이 있다. 예컨대 수졸이 "기한을 어기면 법에 따라 모두 참수했다"[51]는 것이다. 「요율」의 관련 규정을 살펴보면, 징발된 수졸은 목적지에 도착하는 시한을 지체하면 안 되었다. 만일 3~5일 늦으면 경고를 받았고 6~10일 늦으면 순盾에 처해졌으며 10일 이상 늦으면 갑甲이라는 처벌을 받았다. 만일 비가 내리면 이는 부역 날 수로 계산되지 않았다. 그러나 한 왕조의 기록은 이와 크게 달랐다. 요역 도착지에 시한보다 늦게 오면 가벼운 처벌에 그쳤을까 아니면 모두 참수에 처했을까? 이 두 처벌은 그야말로 천양지차였다. 현존하는 진 왕조의 법률은 단편적이기 때문에 이 문제를 자세하게 고증하기는 어렵지만 법률 조문 대다수는 구체적인 상황의 경중에 따라 형량을 결정했음을 알려준다. 그래서 "기한을 놓치면 법에 따라 모두 참수"한다는 한대의 기록은 통상적인 입법 원칙과는 맞지 않다. 물론 진2세가 가혹한 법률을 만들어 형벌을 가중시키거나 법률을 존중하지 않고 형벌을 남용했을 가능성도 있다.

진 왕조의 부역제도는 백성의 삶을 심각하게 위협했지만 이 제도는 진 왕조 이전에도 존재했다. 전국시대의 칠웅은 이를 기반으로 오랜 세월 제후국을 다스렸고 진나라 역시 부국강병을 달성했다. 진 왕조가 세워질 즈음, 제도적으로 요역의 부담은 경감되었다. 그렇기 때문에 진 왕조가 멸망한 원인은 '제도'이기보다는 '정치'에 있다. 문제는 제도 이외에 빈번하고 가혹하게 동원된 부역에 있었던 것이다. 특히 무절제하게 요역을 동원한 것이 문제였다. 『묵자』 「사과辭過」 편에 따르면 백성은 무거운 요역을 힘들어한 것이 아니라 "호화로운 공사를 위해 백성을 가렴주구한 것을 힘들어했다."[52]

입법과 집행은 별개의 것이다. 현대사회에서 민주와 법치를 주장하는 국가라고 해도 행정권력이 사회를 지배하는 현상을 피할 수는 없다. 중국 고대사에서 황제나 관료의 불법적인 시정은 매우 빈번했다. 진2세는 이미 요역을 면제받은 빈민인 '여좌閭左'를 요역에 동원했으며 관련 제도와 법령은 유명무실해졌다. 일반 백성은 '상역常役' 이외에 빈번한 징발에 시달렸으며 동원되지 말아야 할 사람들도 요역에 징발되었다. 진나라와 수나라가 멸망한 교훈을 살펴보면 문제는 요역을 제멋대로 동원한 것에 있었다.

秦始皇

11장

법제

—중국 고대 사회의 으뜸 '법치', 제왕

QIN SHI HUANG

진시황은 중국 고대사회에서 으뜸이라고 할 수 있는 '법치' 황제였다. 그가 통치했던 진 왕조는 세계 고대사에서도 최고의 법치 왕조였다. 진시황은 군주와 법이 단일한 권위를 누리는 지배 원칙을 세우고자 했다. 그는 모든 면에서 법치의 원칙을 관철시켜 법치의 수준을 최고로 발전시켰다. 어떤 의미에서는 진 왕조의 '법치'는 과거에도 없었고 앞으로도 없을 치적이었다고 말할 수 있다.

진 효공과 상앙의 변법 이후, 진나라의 정치와 법률은 법가의 영향을 크게 받아 정치의 규범화, 제도화, 법제화 수준이 끊임없이 향상되었다. 그 후 진나라의 군왕들은 정해진 법제와 법치 원칙을 강조하는 주장과 표현을 크게 존중했다. 이는 진이 '전쟁의 시대'에 최후의 승리를 거둘 수 있게 했다.

진시황은 선왕의 정치적 전통을 이어받아 '법령이 한 사람에게서 나오는法令出一' 정치제도를 견지하고 모든 일이 법에 따라 결정되는 치국 방략을 받들었다. 진 왕조의 주요 행정은 모두 법률에 따랐으며 어느 정도 법치행정을 달성했다. 진시황은 오직 옥리만 중용했고 사법 관리의 양성, 등용, 선발을 중시했으며 사법활동에 대한 통제, 감독, 사찰을 강화하여 가혹한 형벌을 규제하고 사법기관의 부패를 처벌했다. 법령을 통일한 정치제도, 상세하고 구체적인 법률 조문, 법률에 해박한 법리 집단, 엄격한 사법 감독은 어느 정도 공정한 판단과 처리를 뒷받침했다. 진시황은 학문을 국가 법령의 근본으로 삼도록 선포했다. 진 왕조의 각급 정부는 행정 수단으로 법제 교육을 강화하고 "관리와 백성이 모두 숙지하여 법을 거스르는 일이 없게 했다."[1]

진시황의 법치 이념과 진 왕조의 법률제도, 주요 형식, 기본 내용에 관하여

『사기』『한서』 등 초기 역사 문헌은 자세하게 전하지 않고 일부 단편적인 것만 기록하고 있을 뿐이다. 1970년대 이전의 관련 연구는 『사기』『한서』 등이 남긴 단편적인 기록을 단서로 전국시대 또는 한 왕조의 제도를 참조하여 진 왕조의 법률제도를 추측했고, 법가의 주장을 근거로 진시황의 법치 이념을 추정했으며 문헌에 기록된 단편적인 내용을 근거로 진시황의 관련 통치 행위를 분석하고 평가했다. 이는 어쩔 수 없는 것이었다. 진 왕조 법률의 초석이 되었던 전국시대의 법률과 진율을 기반으로 정립된 한나라 「구장율九章律」의 원문은 현재 전하지 않는다. 실증된 사료가 없으니 한나라 때 일부 감정이 실린 표현과 비난조로 작성된 기록의 영향을 받아 당시 진 왕조의 법률제도 및 진시황의 법제 이념에 대한 이해는 체계적이지 못하고 구체적이지 못했으며, 심지어는 역사적 사실과 정반대되는 결론이 도출되기도 했다.

그러던 중 1975년 12월, 중국의 문물고고학자가 운몽현 수호지에서 진나라의 죽간(학계에서는 운몽진간 또는 수호지진간으로 부름)을 발굴했다. 이는 고고학자가 발견한 최초의 진나라 간독이다. 수호지 11호 고분의 묘주 이름은 '희喜'인데, 고분에서 출토된 『편년기』를 근거로 희는 진 소왕 45년(기원전 262)에 태어나 대략 진시황 30년(기원전 217)에 사망한 것으로 추정된다. 그는 진시황 때에 안육어사安陸御史, 안육영사安陸令史, 언영사鄢令史, 언鄢의 옥리 등 사법과 관련한 관직을 맡았다. 또한 그는 진시황이 외지 순시를 나갈 때 대행렬을 직접 목격했을 것이다. 진시황 때의 이 관리는 정치, 사법과 관련한 내용의 죽간을 자신의 무덤에 함께 묻었다. 정리 및 복원 작업을 거친 결과, 그의 묘에 안장된 죽간은 총 1155줄(80편은 조각난 부분)이었으며, 내용은 『편년기』『어서』『진율秦律 18종』「효율」『진율잡초』『법률문답』『봉진식』『위리지도』『일서日書』 갑종, 『일서』 을종 등 열 가지였다. 이들 진나라 간독 대부분은 법률과 공문서로 진율의 주요 내용을 발췌한 것 외에도 율문을 해석한 문답 형식, 감옥을 다스리는 것과 관련한 공식 절차가 포함되어 있었다. 중국 역사학계의 거장들로 구성된 '수호지진묘죽간연구팀'의 정리와 고증 및 주석으로 운몽진간은 분명히 진시황 통치 시기에 남겨진 유물임이 입증되었다.[2] 운몽진간의 법률은 대개 과거의 것을 계승했다. 그리고 일부 법률은 진시황 때에 제정된 것으로 확인되었다. 예컨대 일부 율문에서 향관을 "전典" "노老" 즉 이전里典, 오로伍老라고 불렀다. 이전은 본래 '이정里正'이었지만 정正을 전典으로 고쳐 부른 것은 진시황의 이름을 피휘하기 위함이었다. 언제 생겨난 것이든 운몽진간의 소지자가 진시황 때의 법리였다는 사실에서 이들 법률은 진시황 때에도 유효했음을 추측할 수 있다. 이는 운몽진간이 진 왕조의 역사, 특히 진 왕조의 법률제도를 연구하는 데 있어 내용이 풍부하고 신뢰할 만한 사료임을 입증해주는 증거인 것이다.

운몽진간은 중국 고대 성문법을 집대성한 현존하는 최초의 기록이며 같은 시기 세계사를 살펴봐도 이만큼 다양하고 상세한 성문법은 찾아보기 어렵다. 이 간독이 개인의 기록이든, 정부 문서를 베낀 것이든, 국가 법령을 발췌한 것이든 간에 사관이 재단하고 문인이 윤색한 역사서보다 훨씬 실제적이고 객관적이다. 이런 운몽진간은 다행히 주인과 함께 묻혔기 때문에 분서 및 진나라 말기의 혼란을 피해 살아남을 수 있었다.

운몽진간의 사료를 각종 문헌 기록과 비교하면서 진 왕조의 각종 제도를 체계적이고 심층적으로 연구한 결과에 따르면 '진나라에 없다'고 여겼던 것이 분명히 존재했고, 한대에 창안했다고 생각했던 것이 원래 '진의 제도를 계승한 것'임이 드러났다. 또한 진 왕조가 법치 왕조이고 진시황은 명실상부한 법치 황제였음을 증명할 수 있었다.

진시황의 법치 이념과 통치 방식

진 왕조의 정치는 고도로 법제화되었다. 이는 진시황의 법치 이념 및 법률 시행과 직접적으로 연관이 있다. 진시황은 법가의 법치 이상을 전면적으로 행동에 옮겼는데, 이러한 이상은 선진시대의 법치 사조가 발달한 결과였다. 법치 황제인 진시황은 사실상 영향력이 매우 컸던 정치 사조의 대표적 인물이다.

선진시대 법치 사조와 법가의 법치 이상

법치 사조는 예치, 무위 통치와 함께 선진시대의 3대 정치 사조 중 하나였다. 법제와 법치가 부각된 것은 춘추전국시대에 발생한 사회 변혁 중 매우 현저한 현상이었다. 종법화된 예치에서 정치화된 법치로 발전하고 신비적인 요소가 짙은 예치에서 공개적인 법치로 발전했으며, 예에 종속된 형벌체계에서 모든 것을 규범화하는 법률체계로 발전했고 관습에 따른 죄형 판단에서 성문법에 따른 죄형 판단 등 모든 정치 행위가 점차 규범화, 법제화되었음을 의미한다. 이에 상응하여 사상계에서도 법치 사조가 큰 영향력을 형성했다.

유가 중 다수가 법치 사조를 흡수하여 이론을 더욱 발전시켰다. 순자처럼 유가와 법가를 종합하고 예치와 법치를 합친 학설이 가장 대표적인 사례이다. 인의를 주장한 맹자 역시 '형刑'이 정치적으로 차지하는 위상과 작용을 긍정했고 묵가는 '형정刑政'과 법제 강화를 주장했다. 도가 가운데 황로학파는 법은 도가 체현한 것이며 입법 행위와 법을 집행하는 것은 위정의 근본이라면서 법치와 법에 따른 판단을 주장했다. 『정석자鄭析子』 『윤문자尹文子』 등 명가의 대표적인 저작물은 군주는 정명正名과 법치로써 "만물을 스스로 정해지게 했萬物自定"음을 밝히고, 철학적이고 사변적인 방식으로 한때 성행했던 형명사상에 철학적 근거를 제시했다. 음양가 역시 정치, 법률이 도를 근거로 생겨나고 도로써 정해진다고 생각했다. 그들의 '사계절에 맞는 정치'는 가을의 '쇠의 덕金德'으로 형벌을 세우고 송사를 판결하여 죄 있는 자를 주륙하는 필연성과 필요성을 논증했다. 추연의 음양오행설은 살기가 충만한 "물의 덕水德"에 따른 통치를 주장했다.[3] 이렇듯 선진시대의 정치 사조는 체계적인 법치 원칙을 제시했고, 특히 법가에서 구상한 법치 왕국은 가장 전형적이고 완벽하며 이상적이었기 때문에 최고의 자리를 차지하게 되었다.

법가 사상가들은 가장 전형적인 법치론자였다. 그들은 기본적으로 다섯 가지 논점에 역점을 두었다. 첫째, 엄격한 법에 따른 통치는 역사 발전의 필연이었다. 『상군서』 「개색開塞」 편, 『한비자』 「오두」 편에서는 고대 백성의 풍습은 순박했기 때문에 덕치를 할 수 있었지만 오늘날의 백성은 간교하기 때문에 법치를 해야 한다고 지적했다. 둘째, 나라를 안정적으

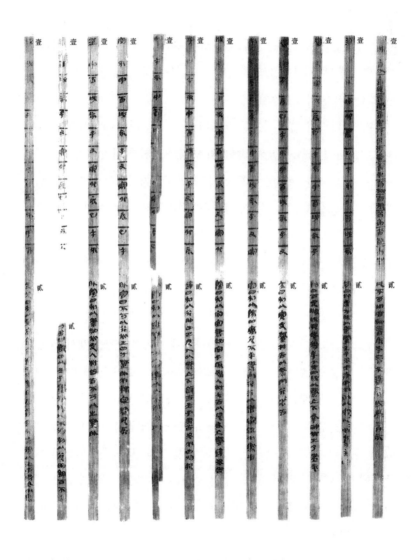

운몽진간의 『일서日書』. 『일서』 역시 법률과 공문서로 갑종과 을종으로 나뉜다.

로 다스리는 데 법이 없으면 안 되었다. 『상군서』「정분定分」편에서는 법은 "백성의 목숨이고 통치의 근본"이며 나라를 다스리는 데 법이 없는 것은 굶주리는데 먹을 것이 없고 추운데 입을 옷이 없는 것과 같다고 했다. 『신자』「위덕威德」편에서는 "법은 최선은 아니지만 없는 것보다는 낫기 때문에 사람의 마음을 다스리는 것과 같다"[4]고 지적했다. 또 악법이라도 법이 없는 것보다는 낫기 때문에 "나라를 다스리는 데 법이 없으면 혼란해진다"고도 했다. 셋째, 덕은 법에서 생겨난다. 『상군서』「개색」편을 보면 "덕은 형刑에서 나온다" "천하의 백성을 이롭게 하는" 것이 법치보다 훨씬 중하다고 했다. 인의仁義와 예악禮樂은 모두 법의 산물이고 법제의 공덕을 극대화한 것이다. 넷째, 법을 숭상하고 현자는 숭상하지 않는다. 법가는 정치에서 일반 규정인 법에 비해 사람은 우연적인 요소라고 여겼다. 『한비자』「용인」편을 보면 "법과 술을 버리고 마음 내키는 대로 정치하면 요임금과 같은 성군도 나라를 바르게 다스리지 못한다"[5]고 했다. 현명한 군주라도 법을 버리면 나라를 다스릴 수 없다. 그런데 세상에는 그렇지 못한 평범한 사람이 대다수이다. 『한비자』「수도守道」편은 법치는 평범한 군주를 위해 있는 것으로 걸왕과 주왕이라고 해도 "법률을 지키면서 권세를 누리면" 천하를 다스릴 수 있다고 했다. 다섯째, 모든 것을 법에 따르는 것이 곧 천하가 다스려지는 것이다. 『관자』「임법任法」에 따르면 "법을 밝히고 그것을 굳게 지켜" "군주와 신하, 윗사람과 아랫사람, 귀한 사람과 천한 사람 모두 법을 따르는 것을 다스린다고 한다."[6]

법가의 법치 이상은 군권지상, 중앙집권, 법치국가, 공천하 등으로 정리할 수 있다. 사실상 이 네 가지는 선진시대의 많은 사상가가 공통으로 주장한 핵심이다. 뛰어난 유가 사상가 역시 법의 역할을 강조했다. 유가와 법가가 논쟁한 점을 든다면 그것은 '법法'을 '예禮' 위에 두어야 하는지에 관한 것이었다. 법가 사상가가 "법가法家"로 불린 이유는 바로 법의 지위와 역할을 가장 높이 두었기 때문이다.

법가는 철학, 역사, 왕도, 정치라는 시각에서 법치 이론과 법치 이상을 체계적으로 제시했다.

첫째, 법을 근본으로 하는 왕도정치를 시행했다. 법가는 도道가 우주의 본원이고 만물이 생겨난 법칙이며 정치의 근거라고 여겼다. 그러므로 도는 법의 근거이고 법은 도가 인격화, 사회화된 것이었다. 도는 만물을 포용하고 법은 모든 인간 세상을 포용하며 도는 우주의 만물을 차별 없이 대했다. 또한 법은 세상만사를 차별 없이 대했다. "법은 왕의 근본으로"[7] 군주는 반드시 "도를 기본 윤리로 삼고 도를 근본으로 삼아야"[8] 했다.

'왕도'는 법가정치의 이상이었다. 『상군서』에는 왕도라는 관점으로 법치를 개괄하고 성왕의 공통점은 시대에 뒤떨어지지 않고 법치를 엄격하게 행한 것이라고 명시되어 있다. 법가에 따르면 법치 역시 패도覇道의 핵심이고, 패도를 행하는 것은 비록 "은주殷周에 행해진 도덕에 필적할" 수는 없겠지만 왕천하의 수단이며, "한 국가가 그것을 시행한다면 그 국가는 잘 다스려질 것이다. 두 국가가 그것을 시행한다면 전쟁이 잠시 중단될 것이다. 전하의 모든 국가기 그것을 시행하면 지극한 덕이 다시 수립될 것이다"[9]라고 했다. 법가의 눈에는 '덕이 지극히 높은' 왕도정치가 최고의 이상이며 그 특징은 법치를 시행하는 것이었다.

고대 사상가들은 보편적으로 천天과 도道를 왕도와 법치의 근본으로 생각했고 천도 개념으로 왕도와 예제의 합리성 및 신성함을 말했다. 예치가 도에 근거한다는 사상 역시 예법을 정립하는 기본 원칙으로 받들어졌다. 이에 따라 법가는 체계적인 입법론을 제시했다. 예컨대 천도를 따르고 계절의 변화에 따르며 민심을 따르고 사리를 존중하며 가능성을 가늠하는 등의 여러 방법이 있었다.[10] 유가 역시 이와 비슷한 예를 들어 원칙을 제시했다.

둘째, 군주를 두고 법률을 정하며 명분을 정해 싸움을 그만두게 했다. 법가에 따르면, 법의 주요 목적과 기능은 공의公義를 세우고 명분을 정하여 싸움을 그만두게 하는 것이었다. 법가는 만약에 산토끼가 시장에 들어가면 100명의 사람이 앞다투어 쫓아갈 것임을 예로 들며, 명분을 정하지 않으면 싸움이 그치지 않는다고 했다. "명분을 정하는 것이 다스림의 도리이고 명분을 정하지 않는 것은 혼란의 시작이다."[11] 그들은 공의를 세우며 명분을 정하고 법률을 제정하는 방식으로 사회의 다툼을 종식시키자고 주장했다. 법가 사상가들은 "나라에 군주가 없으면 다스려진다고 할 수 없다"[12]면서 명분을 정하고 법률을 세우려면 반드시 군주를 세워야 한다고 강조했다.

'분分'은 다양한 의미를 내포하는데 각종 사회계층에 상응하는 권리, 의무를 뜻했다. 국가에는 군주와 신하, 윗사람과 아랫사람, 신분의 귀천, 천자, 제후, 대부 등이 있고 각각의 작위 모두 참월僭越해서는 안 되었다. 또한 가정에서는 아버지와 아들, 적자와 서자, 어른과 어린이를 구별하며 부부, 친자식, 형제 등 각각 명분이 있어서 질서가 잡혀야 했다. 사회 역시 직업의 구분이 있으며 '사士는 관직을 겸해서는 안 되고 공工은 다른 일을 겸해서는 안 되었다.' 또한 정치를 함에 있어서는 공적과 죄, 상벌의 구분이 있으며 "상을 정하고 재물을 나눔에 있어서는 반드시 법에 따라야 했다."[13] 그리고 관리는 직책과 권한의 구분이 있으며 대소 관료들은 "직책이 관직을 넘어서면 안 되었다."[14] 이 모든 것이 반드시 법에 따라 분명하게 규정되어야 했다.

군주를 두고 법률과 명분을 정하여 다툼을 멈추게 하는 것 역시 선진시대 주요 사상 유파의 공감대였다. 유가의 사상가들은 군자는 '예'로써 명분을 정하고 다툼을 멈추게 하여 군신유별, 귀천의 차등이 있게 했고, 나아가 "군주는 군주다워야 하고 신하는 신하다워야 하며 아버지는 아버지다워야 하고 아들은 아들다워야 한다"고 했다. 또한 "농사꾼은 농사를 짓고 선비는 벼슬살이를 하며 공인은 물건을 만들고 상인은 장사를 해야 한다"[15]고 했다. 묵가는 천자, 정장政長이 '의義'를 세워야 천하의 국가에 전쟁이 없어진다고 주장했다. 이 방면에서 그들의 기본 철학은 법가와 동일했다.

셋째, 군주가 입법권을 지니고 권세를 독점했다. 법가는 입법권이 오로지 군주에게 속한다고 주장했다. "힘을 다해 법을 행하는 자는 백성이고 죽음을 각오하고 법을 지키는 자는 관리이며 도로써 법을 바꾸는 자는 군주이다."[16] 군주의 입법은 '작일作一'이라고도 했다. 작일은 이른바 법령, 제도, 사상, 이익을 취하는 정책을 통일·제정하고 관철시키는 것을 가리킨다. 왕도는 한마디로 "몸소 한 방면에 종사하는 것뿐이었다."[17]

성군이 법을 만들고 형벌을 내리는 것은 제자백가가 모두 공감하는 부분이었다. 유가에 따르면 "예의법도란 것은 성인이 생겨난 근거"[18]였다. 즉 법은 성인이 세우는 것이며, 오직 군주만이 법률을 제정할 권한이 있었고 이는 양도할 수 없는 군주의 권력이었다.

넷째, 모든 것은 법에 따른다. 법가는 법제지상주의를 믿었고 법률은 제정되면 절대적인 권위를 지녀야 한다고 생각했다. 법률이 있으면 "법에 따라 다스려야 했다."[19] 그들은 법의 유효성을 확신했기 때문에 변법變法에서 법의 적용 범위를 부단히 확장해갔다. 전국시대 이래 각 제후국은 체계적인 형법전과 관련 행정, 군사, 경제, 문화 방면의 각종 법규를 제정했다. 이는 법가의 영향과 직접적인 관계가 있다. 법제지상주의를 주장한 것은 법가의 특징이다. 그러나 유가의 예禮지상주의, 묵가의 의義지 상주의에도 비슷한 사상적 요소가 포함되어 있음을 쉽게 알 수 있다.

다섯째, 시대정신이 반영된 입법, 신뢰를 얻는 정령政令이다. 시대에 뒤 떨어지지 않는 입법과 기존의 풍속 및 문화를 바꾸는 사상은 예전부터 존재해왔다. 『상서』「여형呂刑」편을 보면 "형벌은 가벼울 때도 있고 무거울 때도 있다"고 했다. 즉 형세와 치안 상황에 상응하는 형법과 대책을 채택 한 것이다. 춘추전국시대의 사상가들은 보편적으로 정치를 개선하고 제 도를 개혁할 만한 방법을 내놓았다. 공자는 예제를 가감할 것을 주장했 고 법가는 변법을 크게 중시하여 법령은 "시대에 따라 변하고 풍속에 따 라 변해야 한다"[20]고 주장했다. 기타 유파의 사상가 역시 동일한 의견을 내놓았다.

법가는 변법을 주장하는 동시에 법률의 통일과 안정을 유지할 것을 강 조했다. 『관자』는 법령은 하늘과 땅과 마찬가지로 안정적이어야 하고 별 자리와 마찬가지로 정확해야 하며, 해와 달과 마찬가지로 선명해야 하고 사계절과 마찬가지로 신뢰가 있어야 한다고 재차 주장했다. 한비는 "옛 것을 배우는 것만이 언제나 옳다고 할 수 없다고"[21] 역설하는 한편, "도 를 터득한 군주는 안정을 중하게 여기고 변법을 중시하지" 않아야 하며 "큰 나라를 다스리면서 법을 자주 바꾸면 백성이 고통받게 된다"[22]고 지 적했다. 이 역시 법가 사상가들이 공감대를 형성한 대목이다.

여섯째, 금지 사항을 분명히 밝혀 천하에 반포한다. 법가는 법은 형 벌과 명분을 분명하게 밝혀야 하고 간명하고 이해하기 쉬워야 하며 모 든 백성에게 공포해야 한다고 주장했다. 상앙은 관료가 법령을 잘 알고 있어야 할 뿐 아니라 우매한 백성들도 잘 알아야 한다고 생각했다. 백성 이 법률 문제를 자문하면 관리는 반드시 사실대로 대답해주어야 했다.

그렇지 않아 백성이 법을 거스르게 되면 관리는 반드시 연대 책임을 져야 했다. 또한 국가는 법제 설명을 강화하여 "법관과 속리를 설치하고 그들을 백성의 스승으로 삼게 하여 백성이 법령을 알 수 있도록 이끌어 주었고" "온 세상의 관리와 백성 중 법을 모르는 자가 없게"[23] 했다. 이로써 법률은 모든 사람이 잘 알고 준수해야 하는 강제적인 사회 규범이 되었다.

일곱째, 모든 일을 법에 따라 판단하고 법을 근거로 신상필벌한다. 법가는 법의 공개성, 객관성, 엄격함을 주장하여 "백성이 군주를 통해 하나가 되며 모든 일이 법으로써 결단되니 이것이 나라의 큰 도"[24]라고 했다. 법가는 "법은 귀한 사람에게 아첨하지 않고" "형벌에 등급을 두지 않으며", 법 앞에서는 모든 사람이 평등하고 "잘못을 벌할 때에는 높은 벼슬의 신하도 예외가 될 수 없다고 하였다. 그리고 선행한 사람에게 상을 줄 때는 평범한 농사꾼도 빼먹지 않아야 한다"[25]고 했다.

또한 법가는 법에 따라 죄를 정하고 법에 따라 사람에게 형을 내리며 "정해진 틀 밖으로 끌어내지 않고 또 정해진 틀 안으로 밀어 넣지 않으며" "사람들에게 법에 저촉되는 죄를 짓지 않게 할 것"[26]을 주장했다. 이러한 사싱은 '죄형법정주의'와 매우 비슷하다.

여덟째, 모든 사람이 법을 지키면 신하와 백성은 스스로 다스려진다. 법가에 따르면 법률은 최고의 가치 척도이며 군주, 관리, 백성은 모두 법률을 준수해야 했다. 법으로 모든 일을 결단한다는 의미에서 '법도가 있는 나라에서는 일을 처리할 때 군주의 의견을 들을 필요가 없고 백성은 관리의 말을 따를 필요가 없다.' 시비를 판단하는 주체는 '군주' '이장' '가장' '마음' 등으로 나눠볼 수 있다. '가장의 판단家斷'은 주변 사람을 놀라게 하지 않고 '이장의 판단里斷'은 관리에게 알릴 필요가 없으며 더욱이

'군주가 판단君斷'할 필요도 없다. 그러므로 '국가가 잘 다스려지면 백성이 가정에서 시비를 판단할 수 있고 국가가 혼란스러우면 군주가 시비를 판단한다. 국가를 다스리는 데는 하층에서 판단하는 것이 중요하기' 때문에 모든 일을 법에 따라 판단하는 최고의 경지는 모든 사람이 '마음에 따라 판단心斷'하고 모든 일을 '날마다 판단할 수日斷' 있는 것이다. 만일 사회의 기층 조직에서 시비를 법에 따라 지체하지 않고 그날 안에 처리할 수 있다면 이것은 '그날 안에 판단日斷'하는 것이며, "그날의 일을 낮에 모두 처리하는 국가는 천하의 왕 노릇을 할 수 있게 된다"[27]는 뜻이다.

'심판'하는 것은 모든 사람이 스스로 법률에 따라 자신을 규율하는 것을 가리킨다. 군주가 '입법하면作一' 백성은 '스스로 다스려지며自治' 백성이 스스로 법에 따라 일을 하게 되므로 정치는 이상적인 경지에 도달하게 된다.

아홉째, 군주가 법을 지키면 천하가 공정해진다. 법가에서는 국가의 이익을 '공公'이라 하고 개인적인 이익(군주의 개인적인 이익도 포함)을 '사私'라고 했다. 그들은 '상공尙公' '귀공貴公'을 주장하고 군주를 포함한 모든 개인은 사적인 의도로 법을 버려서는 안 된다고 보았다. 공정함을 이루고 유지하는 효율적인 유일한 방법은 군주가 법을 만들고 그 법을 지키며 군신 상하 모두 엄격하게 법에 따르며 일하는 것이다. 입법은 공정함을 확립하는 기준이므로 법령이 행해지면 사사로운 도는 버려진다. 그러므로 군주도 법령을 존중하고 "공정하게 임명하며 사사롭게 임명하지 말아야"[28] 한다. 법을 행하고 지켜야만 공정함을 지켜낼 수 있는 것이다.

법가는 "법이 지켜지지 않고 위부터 그것을 범한다"[29]라면서 법치 이상을 실현하는 열쇠는 군주가 법을 지키는 것이라고 보았다. 공정함을 숭상하려면 사사로운 것을 버려야 하고 법을 만들려면 '법을 지켜야 하며守一', 법을 행하려면 법을 받들어야 한다. 그들에게 공정함은 군주를 현명하게 하는 것이고 사사로움은 군주를 혼란하게 하는 것이었다. 오제五帝, 삼왕三王, 오패五覇가 성왕과 명군이 될 수 있었던 것은 그들이 "천하의 이익을 사사로이 하지 않았기" 때문이다. 법가 학자들은 군주가 사욕을 채우고 법을 혼란시키는 것을 비난하며 "오늘날과 같이 혼란한 시국의 군신은 겨우 한 나라의 국익만 중시하고 자신이 장악한 권력만 채우려 하는데, 이것이 국가가 위기에 빠진 원인이다"[30]라고 했다.

국가의 공적 이익은 지고무상한 것으로 군주가 사욕을 행하면 나라는 혼란해진다. 『신자』「위덕」편을 보면 "옛날에 천자를 세우고 그를 존귀하게 받들었지만 결코 천자가 사욕을 취하도록 하지는 않았다. 그렇게 되면 천하에 존귀한 군주의 존재는 없어지고 나라의 법령이 행해질 수 없게 된다. 법령이 행해지고 효력이 있어야 천하를 잘 다스릴 수 있다. 그러므로 천자를 세우는 것은 천하를 잘 다스리기 위함이지 온 세상이 천자 한 사람을 위해 존재하기 때문은 아니다. 국가에 군주를 세우는 것은 국가를 잘 다스리기 위함이지 국가를 세워 군주 한 사람을 위하려 하는 것은 아니다"[31]라는 구절이 있다. 즉 군주보다는 천하와 국가가 중하고 천하의 정의와 국가의 공익을 실현하는 깃이 목적이며, 군주를 세우는 것은 그 목적을 달성하기 위한 수단일 뿐이다. 이것은 이론적으로 천하와 천자, 국가와 군주를 구별한 것이다. 법가 사상가들에게는 군주를 세우는 것이 당연한 일이었다. 군주를 세워야 공정해지고 군주가 없으면 천하의 공리를 달성할 수 없었다. 만약 군주가 권세와 지위를 이용하여 사욕을 취한다면 이는 군주를 세워 천하를 다스리는 본래의 취지를 위배하는 것이다.

선진시대의 기타 학파 가운데 '공천하公天下' 철학 역시 발전을 거듭했다. 유가는 사직이 군주보다 중요하다는 관념을 발전시켜 백성을 위해 군주를 세운다는 관점에서 천하의 공공성을 말했다. 맹자는 "백성이 가장 귀하고 국가는 그다음이며 임금은 중요치 않다"[32]고 했다. 맹자의 지적은 이러한 철학을 잘 보여준다. 『여씨춘추』「귀공貴公」 편에서는 선진시대의 공사公私에 대한 각종 철학과 이론을 종합했다. 사상사를 연구하는 많은 학자들은 『맹자』『여씨춘추』의 관련 철학은 높이 평가했지만 『신자』『상군서』의 것은 저평가했다. 이점은 극복해야 할 과제이다.

열째, 도와 법을 몸소 실천한다. 도는 군주보다 높다. 공천하 사상 및 군주도 법을 지켜야 한다는 철학과 함께 법가는 도의가 군주보다 높다고 주장했다. 법가의 이상적인 왕국은 군주만이 존귀하고 독재하는 법치 사회이다. 이러한 왕국의 기본은 "일은 사방에 있고 중요한 핵심은 중앙에 있다. 성인이 요점을 잡고 있으면 사방에서 찾아오는"[33] 것이었다. 이른바 "성인이 요점을 잡고 있으면"에서 '요점'이란 도道, 일一, 법法을 말한다. 도는 최고의 법칙이고 법은 도의 화신이므로 도의와 법제가 군주보다 높은 것이다. 법가들은 "도가 군주보다 높다"는 명제를 수도 없이 말했지만 여기에서는 한비의 주장만 살펴보고자 한다.

"도가 군주보다 높다"는 말의 첫 번째 의미는 군주는 반드시 '도의 포용성을 귀하게 여겨야 한다'는 것이다. 한비에 따르면 군주는 반드시 "도는 둘이 아니다" "군주와 신하의 도는 다르다"라는 보편적인 법칙을 따라야 하며 유일무이한 절대적 권위를 세워야 했다. 군주에게는 "핵심은 중앙에 있다"에서 말하는 법제를 정립하는 일이 도를 실천하는 첫 번째 사명이었다.[34]

"도가 군주보다 높다"는 말의 두 번째 의미는 군주는 반드시 '도에 따라 법을 완전히 지켜야 한다'이다. 한비는 '독단獨斷' '독제獨制'를 주장했지만 "전제專制"[35]는 반대했다. 법을 위배하는 통치는 전제에 속했다. 한비는 군주가 도를 집으로 삼고 "도에 따라 법을 완벽히 지키기를"[36] 기대했다. 군주는 도와 법에서 도출된 정치 원칙을 준수해야 했고 도의가 자신보다 높다는 사실, 즉 법제가 자신보다 우월하다는 사실을 명심해야 했다.

"도가 군주보다 높다"는 말의 세 번째 의미는 군주는 반드시 공사를 분명히 구분해야 한다는 것이다. 한비는 공사는 결코 양립할 수 없는 것이라고 생각했다. "현명한 군주의 도리는 반드시 공사의 구별을 분명히 하고 명제를 명시하며 사사로운 은덕을 버려야 한다는 것이다. 요컨대 명령은 반드시 이행하게 하고 금지된 것은 꼭 지키게 하는 것이 군주로서의 공의이다."[37] 법을 지키는 것은 공의를 받는다는 것이며, 법을 버리는 것은 법을 이용하는 것이다. 도의가 군주보다 높다는 것은 공리가 군주보다 높음을 의미한다.

"도가 군주보다 높다"는 말의 네 번째 의미는 군주는 반드시 법술 인재에게 자신을 보좌하게 해야 한다는 것이다. 한비는 군주를 보필하는 신하의 역할을 매우 중요시했으며, '패왕을 보좌하는 신하'가 되려면 '패왕의 도리'를 실천하여 "패왕의 명성"[38]을 이뤄야 한다고 주장했다. 군주가 법술과 왕도에 정통한 신하를 중용하는 것은 도의를 따르고 법치를 받들어 실천하기 위함이었다.

"도가 군주보다 높다"는 말의 다섯 번째 의미는 "도로써 자신을 바르게 해야"[39] 한다는 것이다. 도로써 자신을 바르게 하는 방법에 대해 한비는 상세하게 설명하지 않았다. 『관자』「법법法法」편을 보면 군주는 반드시 "법을 정하여 스스로 다스리고 의를 세워 스스로 바르게 해야" 한다고 했다. 법가는 군주의 수신과 양성養性을 강력히 주장하지는 않았지만 군주에게 법을 지키고 공의를 받들며 스스로 다스리고 바르게 하여 은덕을 천하에 베풀어야 한다고 요구했다. 이는 유가의 주장과도 겹치는 부분이다.

"도가 군주보다 높다"는 말의 여섯 번째 의미는 도의가 있는 자는 천하를 얻고 도의가 없는 자는 천하를 잃는다는 것이다. 한비는 도의를 따르는 것은 보편적으로 적용되는 사회규범이라고 지적하며, "도리에 따라 일하는 자는 이루지 못할 것이 없다. 이루지 못할 것이 없는 자는 크게는 천자나 제후의 권세를 능히 이룰 수 있고 작게는 경상이나 장군의 은상과 봉록을 얻을 수 있다"[40]고 했다. 또한 한비는 역사의 경험과 교훈을 인용하며 제왕에게 "전전긍긍하면서 하루하루 그날을 조심하십시오. 진실로 그 도를 삼가면 천하를 얻을 수 있습니다"[41]라며 도리를 깨달을 것을 권고했다. 도를 얻는 것이 왕천하에서 없어서는 안 되는 조건이므로 도는 틀림없이 군주보다 높았다.

법가의 법치 이상은 즉 성왕의 개념에 법치를 더한 것이다. 법가는 '인치人治' '신치身治'를 분명히 반대했다. 그런데 이런 법가의 법치론에는 치명적인 결함이 있다. 그것은 군주를 유일한 입법자라 생각하고 법을 군주의 정치 수단으로 여긴 점이다. 법가는 조금도 주저하지 않고 입법의 권력을 군주 한 사람에게만 부여했다. 이는 곧 군주가 법 밖에 존재하며 법 위에 군림한다는 것을 의미한다. 사실상 군주는 법률의 유효한 제약을 받지 않았고 이는 필연적으로 인치人治의 전철을 다시 밟은 것이었다. 법가의 법치는 사실상 또 다른 '인치'였다. 인치는 이념적으로 군주를 법률 위에 군림하게 하고 법률 밖에 두는 동시에 법을 '제왕의 도구'로 만들어버렸다. 이로써 법치는 군주 전제와 함께 많은 원칙을 관철시키지 못하게 되었고 진정한 의미의 법치를 달성하기 어렵게 되었다.

그렇다 해도 법가의 법치는 유가의 인치와 달랐다. 법가의 주장은 국가와 법을 체계적으로 논한 역사상 최초의 이론이었다. 법가의 사상은 합리적인 정치 이념을 담고 있으며 특히 일부 원칙은 현대사회에서도 여전히 유효하다는 점에서 높이 평가받아야 할 것이다. 아쉽게도 역사 조건의 제한으로 법가의 법치 이상은 일종의 유토피아적인 왕권전제일 수밖에 없었다.

진시황의 법치 방략

진시황은 전면적으로 법가의 법치 이념을 행동에 옮겼다. 진 왕조의 많은 대신은 "황제께서 제위에 오르시어 제도를 만들고 법을 밝히시니 신하들은 몸을 닦고 근신하였다. (…) 치국의 도가 행해지자 천하의 모든 일이 마땅해지며 모두 법식을 차리게 되었다"[42]라고 칭송했다. 후대에 들어서는 "법이 번잡하고 형벌이 엄격하여 천하가 두려움에 떨었다" "엄격한 법률과 폭압, 반란을 평정하여 천하가 복종했다"[43]라면서 진시황을 비판하기는 했지만, 진시황은 선진시대의 법치 사상의 성과물을 받아들여 기본적으로 관련 법치 이념을 현실 정치에 관철시켰다.

진시황은 "도에 따라 법을 완전히 지켜야 한다"는 이론을 실천한 황제였다. 이점은 세 가지 중요한 사실로 추측해볼 수 있다. 첫째, 진시황은 한비의 정치사상을 매우 선호했고 한비는 도는 '만물의 시작'이자 '옳고 그름에 관한 기율'이고 국가 법제, 치국의 도리, 상벌의 방법 등을 확신하며 도에 따라 법을 완전히 지켜야 하고 도에 따라 행동해야 한다고 생각했다. 둘째, 진시황은 음양가의 '음양오행설'을 굳게 믿었고 '수덕水德'에 따라 진 왕조의 정치와 제도를 확정했다. 또한 음양가는 모든 것이 도에 근원을 두고 있고 '음양오행설'은 천도가 정치에 구체적으로 드러나 운영된 것이라고 주장했다. 셋째, 진 왕조의 삼공, 구경, 박사 대다수가 법가 또는 유가의 배경을 지녔고 법은 도(천도)에 따른다고 믿었다. 백가쟁명 이래로 천(천도)은 일관되게 정치철학의 최고 범주였고 필연적으로 역대 통치자들에게는 모든 정치를 행하는 최고의 근거로 인용되었다. 진 왕조 역시 마찬가지였다.

진시황은 변법을 매우 중시한 황제였다. 진시황과 보좌 대신들은 "옛날 오제와 삼황은 알고 있는 것과 가르치는 것이 달라서 법도가 분명하지 않게 되자 귀신의 위세를 빌려 먼 곳을 속이니 실제가 명분과 달랐다. 이 같은 이유로 오래가지 못했다"[44]라고 하면서 천하를 통일한 후, 진시황은 옛 왕제를 본받아 제도와 법률을 정하고 전국시대 이래로 개혁된 각종 제도·법규를 종합하고 정리 및 개정하여 새로운 제도와 법전을 만들어냈다. 그들은 "진 왕조에 성왕이 임하셔서 처음으로 형벌의 명칭을 정하고 옛 제도를 시행하셨다. 처음으로 법칙을 공정하게 하고 맡은 직책을 구분하여 영구 불변한 기초를 세우셨다"[45]라고 자찬했다. 또한 "성스러운 법령을 일으켜 안으로는 국가의 정치를 깨끗이 정리하시고 밖으로는 난폭한 자들을 주살하셨다"[46]라고 했다. 그들은 '처음으로 형벌의 명칭을 정했기' 때문에 '성스러운 법령을 일으켰다'면서 스스로를 치켜세웠지만 진시황은 분명히 시대를 앞서간 인물이었다. 진 왕조가 제도, 법률을 개혁하고 혁신했음은 역사적 사실이다.

진시황은 법률 제정과 제도의 정립을 중시한 황제였다. 그는 선진시대의 법학 이론과 법제 경험을 집대성하여 점진적으로 '법령을 통일'하는 제도를 구축했다. 진시황은 크고 작은 정무가 "모두 법도를 갖추게 되었다"고 했으며 "의혹을 없애고 법령을 제정하니 모두가 피해야 할 바를 알았다"고 말했다. 이사 역시 진시황에 대해 "법률과 제도를 밝히고 율령을 만드는 일은 모두 시황제 때에 처음 생겼다"[47]라고 칭송했다. 더 나아가 진시황은 관련 법률 규정이 사회, 정치, 군사, 경제, 문화제도에 미치게 했다. 이러한 법률제도는 매우 체계적이었다. 현존하는 운몽진간의 구체적인 조문과 기타 역사 문헌을 살펴보면, 진 왕조의 중요한 제도와 정무는 모두 근거 법령이 있었으며 일상적인 업무에도 전문 법률 규정을 두고 있었다. 진 왕조의 입법은 개괄적인 방법을 택하지 않았고 사례별로 규정하는 방법을 취했다. 관련 규정이 상세하고 구체적이었기 때문에 실행 가능성이 매우 컸다. 이는 진 왕조의 입법활동이 매우 발달했고 대단히 체계적인 수준에 도달했음을 말해준다. 운몽진간의 필사자가 진시황 30년에 사망했기 때문에 그 후 진 왕조의 법률이 더욱 체계적으로 정비되었다고 추측할 수 있지만 상세한 내용은 알 길이 없다.

진시황은 법제의 보급에 열중한 황제였다. 진 왕조의 법제는 공개적이라는 특징이 있다. 진율은 신하와 백성은 법에 따라 의무를 이행해야 한다고 규정했다. 먼저 위반자에 대한 처벌 수단과 양형 기준을 금지 내용에 대한 사전 경계 및 위협의 방식으로 밝힌 다음, 신하와 백성에게 의무 이행을 촉구했다. 『어서』는 진 왕조의 각급 정부에 성문법의 공포 및 국가 법제의 알림, 교육 작업에 주목하도록 신뢰할 수 있는 사례를 제공하고 있다. 「내사잡」에는 관련 관리는 반드시 제때에 직책 범위 안에서 필요한 법률을 필사해야 한다고 규정했다. 그리고 『법률문답』에서는 관리는 백성들이 법률에 관해 질문할 때 반드시 제때 정확히 대답해주어야 하고, 관리의 잘못으로 백성이 법을 어겼을 때에는 연대 책임을 질 수 있다고 규정했다.

진시황은 법에 따른 시정에 능한 황제였다. 진 왕조의 정치가 '오덕의 수에 부합하기合五德之數' 위해 그는 '강하고 엄하며 매몰차고 깊이 있게 모든 일을 법에 따라 결정'했다. 그리고 진시황은 법제를 관철시키기 위해 법을 집행하는 관리를 주축으로 관료체계를 구축했다. 역대 왕조와 비교해보면 진 왕조의 법리체제와 법리책임제는 매우 큰 특징이 있다. 진 왕조는 법치를 시행했기 때문에 제도가 세밀하고 치밀했다. 심지어 '분서갱유'와 같은 진시황이 저지른 폭정 역시 기본적으로 정해진 제도와 법률에 따른 것이었다. 당시 정치적인 반대파는 진시황을 "형벌과 살육으로 위엄을 삼는다" "전적으로 옥리만 중용하여 옥리는 친애와 총애를 얻었다"[48]라고 신랄하게 비판했지만, 이는 어떤 측면에서 진시황이 법에 따른 통치를 매우 중시했음을 증명하는 말이다. 진시황의 폭정은 '법도 없고 하늘도 없는 데無法無天' 있는 것이 아니라 진나라 법의 가혹함에 있었다. 가혹한 법률에 따라 정치를 펼쳤기 때문에 법률에 따르는 것이 폭정이 될 수밖에 없었다. 진나라 정치의 득실은 모두 '법'과 관련하여 발생했다.

진시황은 어느 정도 죄형법정주의를 실천했다. 그동안 진시황과 진 왕조의 정치에 대한 인식은 단편적이고 단순하여 그가 살육을 즐기고 제멋대로 형벌을 판단했다는 오해를 낳았다. 또 법가가 "각박하고 은혜를 배제해야" 한다고 주장했고 진시황은 '포악무도'했으므로 진 왕조의 '법치' 정치는 결과적으로 '진나라를 멸망시킬 정도로 난폭'하고 법이 복잡하며 형벌이 극도로 가혹하여 이성적이라고 할 만한 것이 없다고 했다. 그러나 사실은 그렇지 않다. 진시황은 오만하고 잔혹한 황제이긴 했지만 법에 따라 죄와 형벌을 정하는 것을 중요한 법률 원칙으로 삼은 점은 어느 정도 '법에 따른 통치'의 이상을 실현한 것이었다.

일부 학자는 신뢰할 만한 사료를 근거로 진 왕조에서는 죄형법정주의가 실행되었다고 지적했다. 먼저 '진 왕조에는 관습법을 인정하는 흔적이 전혀 없었고', 둘째 『법률문답』에 따르면 국가가 사면과 특사를 베푼후에는 사면받은 죄는 더 이상 추궁하지 않았다. 이로써 '진율 역시 소급적용되지 않았음'을 알 수 있다. 셋째, '진율에서 규정된 형벌은 모두 구체적이고 고정적이며 늘리거나 줄이는 일이 전혀 없었다.' '판례廷行事'의존재에 대해서는 유사한 사건에 적용하는 원칙을 배제하지는 않았지만'절대다수 형사사건에 대한 정죄와 형벌은 사전에 공개적으로 공포하고시행한 성문법 또는 관청에서 인가한 판례에 근거했다.' 현대의 죄형법정주의에는 네 가지 기본 원칙이 있다. 첫째는 정죄와 양형은 정해진 성문법에만 근거하고 관습법과 도덕 관념에 근거를 둘 수 없다. 둘째는 형법은 소급 적용될 수 없고 셋째는 오직 법에 따라 정기형定期刑을 판결할 뿐부정기형不定期刑을 판결할 수 없다. 마지막으로 법률은 성문 규정이 없는사항에 대해 유추 적용을 금지했다. 진 왕조의 형사법과 현실 사법이 관습법과 법률의 소급 적용, 무기징역을 배척하고 있다는 점은 바로 현대의죄형법정주의에 부합하는 것이다.[49]

진시황의 네 번째 기준은 현대 법치국가에서도 철저하고 완벽하게 시행한 사례를 찾아보기 어렵다. 이런 사실을 감안하면 진 왕조의 법치 이념과 현실은 기본적으로 죄형법정주의에 부합했다. 단지 문제는 '황권'에 있었다.

과거의 연구자들은 군주전제 제도에서 죄형법정주의를 주장하는 법률 이론 및 그와 관련한 행위는 있을 수 없다며 오직 임의로 죄형을 판결하는 일이 횡행했다고 보았다. 이러한 주장은 진 왕조를 너무 단순하게평가한 것이다. 인류 문명사를 살펴보면 고금의 역사에서 죄형법정주의는 오랜 발전 과정을 거쳤으며 결코 '민주주의 사회'만이 독점하는 제도가 아니라는 사실을 알 수 있다. 죄형법정주의는 '법률'이라는 사회제도가 자발적으로 요구한 것 중 하나였다. 법률이 생겨나면서 많든 적든 죄형법정 이념이 생겨났고, 이러한 이념은 법률과 법률 사상의 발전에 따라 함께 성장해갔다. 고대사에서 '법치'와 중앙집권을 주장한 사상가나 정치가는 죄형법정주의를 인정하는 경향을 보였다. 이는 죄형법정주의가 제멋대로 죄형을 정하는 것에 대립하고 법치 이념에 부합할 뿐만 아니라, 각급 영주나 관리가 어느 정도 사법권을 조정하고 남용하는 것을 방지할 수 있었으며 중앙정부가 정령과 법제를 통일하는 데 유리하게 작용했다. 통일된 법제를 시행하고 국가가 형명과 형벌을 명확하게 정하며 각급 관리에게 일률적으로 법에 따라 사건을 판결하게 한 것은 중앙집권 체제나 군권지상주의를 유지하는 중요하고 믿을 만한 수단이었다. '법치'와 '집권'이라는 두 가지 요소의 결합은 죄형법정주의와 비슷한 이론과 실천을 낳았다. 춘추전국시대 이래로 죄형법정 사상은 중앙집권적 정치와 함께 발전했고 진나라 때 전면적으로 시행되었다. 그 이유는 진 왕조가 강력한 중앙집권을 실시하고 법치를 매우 강조한 왕조였기 때문이다.

그러나 당시의 상황에서 법률에서든 실제 적용에서든 죄형을 임의로 판단하는 것을 철저하게 배제하지는 못했을 것이다. 이론적으로나 제도적으로 군주는 각종 법률적 특권을 누렸다. 특히 '권權' '권단權斷'이라고 한 조항의 경우 "권력으로 규제하는 것을 군주가 독단했다."[50] 이러한 특권은 오로지 군주에게만 속했다. 『당율소의』에 따르면 오직 군주만이 '상황에 따라 처분할 수 있었다量情制敕.' 이는 최고 통치자에게, 성문법의 구속을 받지 않고 정무와 형옥을 결단할 권리가 있었음을 인정한 것이다.

역사적 사실을 살펴보면, 실제 적용에서 죄형법정 원칙이 훼손된 일이 많은데, 군주의 전횡이든 관료의 법 왜곡이든 모두 죄형을 제멋대로 판결했음을 알 수 있다. 하지만 진 왕조의 법제는 최소한 이론이나 규정에 명시된 성문법이 최고라고 공포하고 법의 엄숙함과 적용의 보편성을 강조했다. 뿐만 아니라 법에 따라 송사를 듣고 율에 근거하여 죄를 논하며 법전에 따라 형벌을 내릴 것을 주장했다. 또한 진 법률은 각급 관리에게 법과 다른 판결을 내릴 권리가 없음을 규정하였다. 이는 한나라와는 크게 다른 점이다. 한나라 때에는 '의義에 따른 형사 결단'을 표방하여 각급 관리에게 '춘추결옥春秋決獄' '의에 의거한 법 집행' '상황에 따른 처분' 등을 강조했고 이러한 특징은 법리적으로 진나라와 크게 달랐다. 진 왕조 때 죄형을 임의로 결단하는 현상과 한 왕조에서 죄형을 임의로 결단하는 현상이 발생한 원인은 매우 다르다. 전자는 전제 정치의 본질과 법제의 폐단에서 비롯되었고, 후자는 여기에 유가 경학과 윤리 강상의 폐단이 더해진 결과였다. 유가화한 한대의 법제사상은 죄형법정 원칙을 크게 훼손하여 법률 조문이 남용되고 형명이 복잡하며 죄형을 임의로 결단하는 현상이 진 왕조보다 훨씬 심각했다. 이는 법률제도의 발전이라는 관점에서 볼 때 커다란 후퇴였다.

진 왕조의 죄형법정주의는 법률제도 곳곳에서 전면적으로 표현되었다. 입법을 책임지는 진시황은 '모든 일에 법률 기준이 마련되도록' 노력했고, "의혹을 없애고 법령을 제정하니 모두가 피해야 할 바를 알아야 한다"고 강조했다. 이점은 운몽진간을 통해 입증되었다. 진율의 규정은 매우 구체적이다. 구타와 상해죄를 예로 들면 흉기나 피해 상황 등을 근거로 구체적으로 명확한 형벌을 규정하고 피해 상황을 '머리카락 뽑기拔髮' '수염과 눈썹을 전부 뽑기拔須眉' '상투 자르기斬人髮結' '이빨 부러뜨리기

斷齒'·'코 베기斷鼻'·'귀 후비기抉耳'·'팔다리 절단하기斬肢'·'살인殺人' 등으로 세밀하게 구분했다. 진율의 조문은 구체적이어서 죄형법정에 유리하다. 그러나 개괄 능력이 부족하기 때문에 '간략한 것으로 복잡한 것을 제어하거나, 유사한 것으로 복잡한 것을 행하거나, 한 가지로 만 가지를 대신할 수'[51] 없었으므로 법이 복잡해지는 폐단을 피하기 어려웠다. 법이 복잡하면 가혹하기 쉽고 조문이 아무리 상세해도 삼라만상을 포괄할 수는 없다. 입법 과정에서 남겨진 공백은 죄형법정 원칙을 훼손할 가능성이 다분했다.

진시황은 법에 따라 관리를 엄격하게 다스린 황제였다. 그는 법을 어긴 권문귀족이나 관리를 가차없이 엄벌에 처하고 "가깝든 멀든, 귀하든 천하든 구별하지 않고 법에 따라 단죄한다"[52]는 원칙을 관철시켰다. 그래서 법률 앞에서는 모두가 평등하고 법을 위반하면 귀천과 친소를 불문하고 제재를 받아야 했다. 이는 매우 긍정할 만한 부분이다.

진시황은 기본 정치 방식을 '법치'·'법리'·'법교法教'로 통일시켰다. 학자들은 진시황이 근본적으로 도덕의 가치와 역할을 부정했다고 보는데 이런 가설은 좀더 검토해보아야 한다. 진시황이 정치에서 도덕의 역할을 제거한 것은 분명히 '유법론唯法論'의 영향 때문이라고 보아야 한다. 그러나 그는 도덕 규범의 법률화를 중시했으며 또한 도덕을 법률체계에 편입시켜 법률, 정령으로 풍속을 바꾸려 했다. 진시황은 법률이 우위이고 도덕이 그에 종속된다고 생각했다. 그러므로 그는 단지 정치에서 도덕의 위상을 약화시키고 법률의 위상을 높인 것뿐이다. 오늘날에도 이러한 철학은 여전히 합리적인 것으로 인정된다.

정치 이념에서 법제 및 법치를 중시하고 강조한 면으로는 역대 어느 황제보다 진시황이 훨씬 뛰어났다. 현실 정치에서 진나라 이전에 법에 따른 통치 역시 전범이 되었다고 할 수 있다. 한나라 이후, 역대 왕조에서는 유가 학설을 통치 사상의 근간으로 받들고 예, 덕, 인을 중심으로 한 통치를 주창하면서 정치에서 법의 위상과 역할을 크게 약화시켰다. 이런 점에서 진시황은 중국 고대사의 유일한 법치 황제였다.

진시황이 '공천하'나 '도가 군주보다 높다'라는 관념을 받아들였느냐에 관한 문제는 좀더 깊이 연구해봐야 한다. 상식에 비춰보면 '가천하'의 전횡과 폭압을 일삼은 전제군주가 어떻게 '공천하'와 '도가 군주보다 높다'라는 관념을 받아들였겠느냐고 생각할 수 있다. 그러나 역사에 비춰볼 때 진시황은 '공천하'의 관념을 받아들였을 가능성이 매우 높다. 최소한 표면적으로라도 받아들였을 것이다. 선진시대부터 명청대까지의 통치 사상과 수많은 황제의 저작과 발언을 살펴보면 '공천하'와 '도가 군주보다 높다'라는 관념은 늘 통치 사상의 기본 틀에 포함되어왔다. 사상가들은 기꺼이 이런 관념을 받아들였고 제왕과 재상과 장수들도 '공천하' 관념을 항상 염두에 두었다. 그중에는 전횡과 패도를 일삼은 군주도 포함된다.

선진시대의 법가들을 '절대 군권'을 주창했지만 집권과 독단을 매우 중시한 이들도 처음에는 사직을 군주보다 중요한 것으로 생각했고 세월이 흘러 국가 이익을 천사보다 더 중시하는 '공천하'론을 발전시켰다. 『여씨춘추』「귀공貴公」편에는 "천하는 한 사람의 천하가 아니라 천하의 천하이다"라는 말이 나온다. 맹자도 "천하란 천하의 천하이고 한 사람의 사유가 아니다"[53]라고 했으며, 『주역』에서는 "군주는 마땅히 천하와 대동해야 하며 홀로 한 사람이 사사롭게 함은 군주의 도리가 아니다"[54]라고 말했다. 이렇듯 '공천하' 사상은 중국 고대 제왕론에서 오랫동안 수용된 신념 중 하나였다. "도로써 군주를 보필한다" "도는 군주보다 높다"는 이론을 가장 먼저 체계적으로 제기한 사람은 공자, 맹자, 순자 등 대유(관련 사상적 요소는 늦춰 잡아도 상주시대로 거슬러 올라갈 수 있음)였다. 앞서 말한 바와 같이 법가를 집대성한 한비의 "도가 군주보다 높다"는 철학 역시 잘 정비되어 있었고 법가의 이런 사상 역시 유가와 비교해도 전혀 손색이 없었다.

조정의 논쟁에서는 공천하 사상이 자주 인용되었고 일부 황제들은 중요한 좌우명으로 삼기도 했다. 수 양제煬帝는 "천하가 한 사람을 받드는 것이 아니라 한 사람이 천하의 주인인 것이다"[55]라고 했고, 당 태종 역시 "천하가 한 사람을 받드는 것이 아니라 한 사람이 천하를 다스리는 것이다"[56]라면서 같은 입장을 보였다. 수 양제는 역사에서 잊히지 않는 폭군이고 당 태종은 역사를 빛낸 명군이었지만 두 사람 모두 동일한 계명을 받아들이고 있었다. 베이징 고궁의 몇몇 전각을 보면 청의 옹정제와 건륭제가 쓴 "오직 한 사람만이 천하를 다스리는 것이지 어찌 천하가 한 사람을 받들겠는가"[57]라는 글귀를 볼 수 있다. 이는 전제정치를 시행하고 '가천하'를 고집하는 황제들은 '공천하'를 꺼렸음을 보여준다. "천하는 모두의 것이어야만 천자에게 기쁨이 있게 된다."[58] 전통의 논리에 따르면 '천하가 모두의 것'이라는 구절과 '천자에게 기쁨이 있다'라는 구절은 서로 모순되지 않고 오히려 상호 보완적이다. 천하에는 사심이 없는 모두를 위한 성군聖君이 있어야 한다. 천자에게 기쁨이 있어야 천하가 모두의 것이 되며, 천하가 모두의 것이어야 천자에게 기쁨이 있을 수 있다.

진시황이 수 양제, 당 태종과 같이 '천하가 모두의 것'이라고 생각했는지의 여부는 확인할 길이 없다. 만일 『설원』「지공至公」에서 진시황과 포백령이 나눈 대화 가운데 오제가 '천하를 공적인 것으로 본' 이야기가 사실이라면 진시황이 공천하를 인정한 중요한 근거가 된다. 어찌됐든 진시황은 상앙, 한비 등의 저작물을 모두 열독하고 굉장히 선호했다. 한비와 진시황은 처음 만난 자리에서 도를 논하고 첫 장부터 진나라의 정치를 공개적으로 비판했다. 한비는 "진실로 그 도를 삼가면 천하를 가질 수 있다"고 했다. 진시황은 이러한 한비를 인정했을 것이다. 진시황 역시 당대의 보편 관념을 공개적으로 억압하지는 않았을 것이다. 자신의 통치를 좋은 이미지로 꾸미기 위해서라도 말이다.

하지만 수 양제나 당 태종과 마찬가지로 진시황도 공천하를 진실로 실천하지는 못했을 것이며 도가 군주보다 높다는 신조를 항상 마음속에 두지 못했을 것이다. 즉, 있는 그대로 법가의 법치 이념에 따라 통치하지는 못했을 것이다.

법률제도는 일종의 사회 현상으로 실제 사회관계를 표현하는 것이지 한 개인이 임의로 어찌할 수 있는 것이 아니다. 법치를 실행하려면 어느 정도 관련 원칙을 준수하고 관철해야 했으며, 당시의 용어로 말하자면 어느 정도 '공公'을 달성하고 '도道'를 준수하며 '법法'을 지켜야 하는 것이다. 진시황의 경우 '공'의 이념을 구현하고 '도'를 지키려는 행동을 많이 했음을 어렵지 않게 알 수 있다. 진 왕조에서 중요한 정치, 사회, 경제관계가 법률로 규정된 덕분에 각종 규범이나 풍속과 관습에 따라 정치와 사회를 바꾸려는 시도에서 벗어날 수 있었다. 이는 정치사회의 제반 문화가 발전하고 있음을 보여주는 중요한 증거 중 하나이다.

진 왕조가 놓친 것은 '법치'라기보다는 '정치와 제도政制'라고 하는 것이 옳을 것이다. 황제가 최고의 입법권과 사법권 및 행정권을 모두 장악한 정치제도는 '법치'의 이성을 물거품으로 만들기 쉬울 뿐 아니라 폭군의 독선적인 수단으로 전락하는 일이 잦았다.

진 왕조 법률의 큰 그림과 작은 그림

법률은 통치계급의 의지를 집중적으로 표현한 것이며 통치 행위를 옹호하는 중요한 수단이다. '법치' 황제인 진시황은 법률이라는 수단으로 자신의 권력을 유지했다. 진시황과 그가 확립한 황제제도를 이해하려면 반드시 진 왕조의 법률제도와 그 형식 및 법률의 기본 원칙을 연구해야 한다.

진 왕조 법제의 기본 제도

진 왕조의 법률제도에 나타난 기본적인 특징은 입법권과 사법권이 분리되어 있지 않았다는 점이다. 즉 입법권과 최고 사법재판권 모두 최고 통치자에게 속했다. 또한 행정과 사법이 분리되지 않았다. 다시 말해 각급 사법 조직이 기본적으로 행정 조직과 하나였고 각급 행정 책임자와 요직에 있는 관리는 사법에 관련된 일도 겸하여 관리했다. 그리고 정위는 중앙의 최고 재판기관의 책임자로서 구경 중 하나이며 국가 형옥을 주관하고 황제에게 책임을 졌다. 국내 정치는 오로지 옥리獄吏만 중용했으며, 법리를 주축으로 한 관료체계를 구축하여 법률이 정치에서 차지하는 비중이 매우 중요하게 되었다. 국가 입법을 통해 소송, 재판, 감옥제도를 정립하고 사법이나 형옥을 주관하는 각급 관리의 행위를 법률로써 명확하고 구체적으로 규정했다. 이렇게 형법을 중심으로 내용이 풍부한 법률체계를 세워 정치, 경제, 사회의 법제화 수준을 어느 정도 끌어올렸다. 또한 중앙에서 지방의 군현에 이르기까지 감옥을 세우고 그곳에서의 안전, 생활, 노역에 대한 관리 역시 법제화했다.

최고 입법권, 행정권, 사법권이 분리되지 않았다는 점은 진 왕조의 정치 및 법률제도에서 가장 현저한 특징 중 하나이다. 입법권을 독점한 황제는 최고 행정수뇌이자 최고 재판관이었다. 그는 사법 행위에 있어 최고 결정권자이며 최고 재판관, 각급 법 집행 관리의 임명권, 사면권을 부여받았다. 전국의 각급 사법기구는 모두 황제에게 책임을 졌다. 또한 황제는 직접 사건을 재판했는데, 『한서』는 진시황이 "법가의 법제를 중용하여 전횡을 일삼고 독단적으로 각종 일을 처리했다. 낮에는 형법과 관련한 일을 판결하고 밤에는 책을 읽었다"[59]라고 전하고 있다. 『사기』「진시황본기」에 따르면 당시 발생한 중대한 정치 사건은 진시황이 직접 재판하거나 법리를 파견하여 처리했다. 황제의 핵심 측근인 승상이나 어사대부 모두 사법 책임을 지고 있었지만 승상부, 어사부는 사법을 전담하는 기구가 아니었다. 그들은 황제의 명령을 근거로 중대한 사건을 심리할 뿐 최종 결정권은 황제에게 있었다. 중앙기구에서 법 집행과 관련한 체계는 두 가지가 있었는데, 하나는 사법을 전담한 정위 계통이고 다른하나는 어사 계통으로 주로 감찰 직능과 관련한 사법활동을 책임졌다.

행정과 사법이 분리되지 않은 것도 또 다른 특징이다. 진 왕조에서는 조정, 군, 현 이렇게 행정기관 자체가 3급 법원체계였고 행정부의 각급 우두머리는 사법 분야의 직책도 맡고 있었으며, 황제를 중심으로 중앙에서 지방까지 수직적인 사법체계와 이에 상응하는 법리체계를 구성해놓고 있었다. 각급 지방장관은 사법 직책도 겸직하여 처리했으며 관할 지역에서 최고 사법 책임자였다. 당시에 이미 현, 군, 정위 3심 사법제도와 다심 사법재판 절차가 마련되어 있었다. 『법률문답』은 "군수는 정廷이다"라고 규정하고 있다. 즉 군은 1심 법원으로 소송을 수리했다. 군 범위에서 군수는 수석 재판관이었다. 진 왕조에서 최하급 법정은 현리縣里에 설치되었다. 운몽진간의 『봉진식』에 따르면 형사, 민사사건의 1심 재판은 대부분 현에서 이뤄졌다. 현령이 이를 맡았다. 범양령范陽令은 임기 10년 동안 "남의 아버지를 죽이고 남의 아들을 고아로 만들며 사람들의 다리를 베고 이마에 먹물을 들이는 것과 같은 일을 헤아릴 수 없을 정도로 많이 했다"[60]고 한다. 이 기록을 보면 그 권세가 얼마나 대단했는지 알 수 있다. 각급 행정장관의 측근 역시 사법과 관련한 일을 했다.

위와 같은 두 가지 특징은 진 왕조의 사법체계가 기본적으로 행정체계와 분리되지 않는 데 결정적인 역할을 했다. 즉 진 왕조의 '법치'는 사실상 행정권력이 사회를 지배하는 중요한 수단이었다.

진 왕조의 법률 형식과 내용

진의 법률은 종류가 복잡하고 형식이 다양하며 내용도 매우 풍부했다. 알려진 진 왕조의 법률 형식과 내용을 소개하고자 한다.

1) 정령

진나라의 법률은 주로 정령政令의 형태로 제정, 반포되었다. 정령은 중앙정부와 황제가 내렸다. 황제는 '명命을 제制라고 하고 영令을 조詔라고' 했으며 이 모두가 진 왕조 법률의 주요 형식 중 하나였다. 『사기』에 따르면 진시황이 직접 반포한 제, 조, 법, 령은 그 내용이 제도와 관련한 중대한 것이었다. 관련 국가의 기본 정치제도의 법규와 '분서령焚書令' '협서령挾書令' 등 수많은 단일 법규를 모두 정령의 형식으로 선포했다. 제制나 소詔는 최고 상위법이었다. 『법률문답』은 "범령犯令" "폐령廢令"이라는 두 가지 죄명을 언급하였다. 범령이란 '영에서 하지 말라고 했는데 이를 어긴 것'을 말하고, 폐령은 '영에서 하라고 했는데 하지 않은 것'을 뜻했다. 일반적으로 '율律'은 과거에 제정된 것으로 대부분 선왕이 반포한 것을 말하며, '영'은 후대에 반포된 것으로 당시 군주의 의지를 담고 있었다. 영은 율을 강화 또는 개정한 것으로 법리적으로 어느 정도 합법성이 있었다. 한대에는 "선대 왕이 만든 것이 율이고 후대 왕이 만든 소를 영이라 한다"[61]는 말이 있었다. 진나라에서 영을 율보다 상위법으로 본 것은 당시 황제의 권위를 유지하기 위함이었다.

이외의 정령은 지방성부와 지방장관이 내리는 것이었다. 『어서』는 남군南郡의 군수인 등騰이 부하 속리에게 내리는 경계성 법률 공문서이다. 『어서』는 죽간에 쓰여 있던 본 제목으로 총 40줄로 된 간독이다. 간독 서문은 "20년 4월 초이틀, 남군의 군수 등騰이 각 현과 도의 관리에게 공문서를 보냈다"[62]라는 말로 시작된다. 이 군수는 정령의 형식으로 속리들에게 국가 법령을 관철할 것을 요구했고 '법과 율령, 전령 및 교활하고 간사한 자를 처벌하는 법규를 정리하여 백성에게 알리고자 했다.'[63] 이는 진 왕조에서는 지방관리가 직권 범위 내에서 관할 지역의 사정에 따라 정령의 형식으로 지방 법규를 제정하고 반포할 수 있었음을 의미한다.

2) 식

운몽진간에는 98줄로 구성된 『봉진식封診式』이 있다. 간독은 2절로 나뉘어 있고 각 절의 첫 구절마다 「치옥治獄」「신옥訊獄」「유국有鞫」「봉수封守」「복覆」「도자고盜自告」 등 소제목이 달려 있다. 내용을 보면, 판사의 사건심리 및 각종 법률 문서(진술서, 기록, 보고서 등)의 구체적인 규정 및 각종 판례에 관한 것이다. 『봉진식』에는 각각 "신옥訊獄"과 "치옥治獄"이라는 부분이 있는데 사법관에게 법에 따라 고문을 허락한다는 내용이다. 하지만 '매질笞掠'과 같은 고문은 반드시 문서에 기록해야 하고 그 이유를 설명해야 했으며, 고문 없이 범죄를 밝혀내는 것이 최선이고 고문을 이용한 방법은 최하이며 위협으로써 하면 사건 해결에 실패한 것이었다. 법률적으로 진 왕조에서는 사법 관리에게 고문을 이용해 자백을 강요하는 것을 독려하지 않았다.

3) 형법전과 기타 조문

진 왕조의 법률은 주로 율전과 기타 조문으로 구성되었다. 진 왕조의 형법전은 '육율六律'로 「도율盜律」「적율賊律」「수율囚律」「포율捕律」「잡율雜律」「구율具律」을 포함했다. 상앙은 이회가 지은 『법경法經』의 '육법六法'을 '육율六律'로 바꾸었고 진의 형법전은 율전으로 불렸다. 여기서 「도율」은 절도죄를 처벌하는 법률 규정이고, 「적율」은 구타, 상해, 살인 등을 처벌하는 규정이다. 「수율」은 소송, 정찰, 심문, 판결, 형벌 집행 등에 관한 규정이고, 「포율」은 범인을 체포하는 것과 관련한 규정이다. 그리고 「잡율」은 "사기, 도박, 사치, 월성越城"[64] 등 가벼운 범죄를 처벌하는 규정이고, 「구율」은 형명에 관한 규정으로 죄명과 양형 기준을 구체적으로 규정하여 현대의 형법 총칙 같은 역할을 했다. 『법률문답』은 형법의 대략적인 내용과 육율을 함께 해석했으며 해석된 조문의 출처는 진대의 형법전일 가능성이 크다.

율전 이외에도 구체적인 문제에 관해 제정한 단일 법률과 그와 관련한 구체적인 조문 대부분이 율로 불렸다.

운몽진간의 『진율십팔종秦律十八種』은 총 201줄로 18가지의 율명이 있다. 즉 「전율田律」「구원율廐苑律」「창율倉律」「금포율」「관시율」「공율」「공인정」「균공율」「요율徭律」「사공율司空律」「군작율軍爵律」「치리율置吏律」「효율效律」「전식율傳食律」「행서율行書律」「내사잡內史雜」「위잡尉雜」「속방율」등이 있다. 이들 죽간은 모두 진대의 법률 조문이다. 각각의 죽간 모두 해당 율령의 전문은 아니고 필사자가 필요에 따라 진율에서 베껴 썼을 가능성이 크다. 『진율십팔종』의 내용은 매우 광범위하며 국가의 경작과 목축의 경영과 관리, 국영 수공업 관리, 국가 곡식창고의 관리, 화폐와 시장 관리, 요역의 징발, 관리의 임면 및 직책, 작위의 포상 등 중요한 제도와 관련 법규를 다루고 있다. 특히 관련 법률 규정은 상세하고 구체적이며 명확하다.

운몽진간의 「효율」은 총 60개의 간簡으로 구성되어 있다. 「효율」의 제목은 원본인 간독에서 볼 수 있어서 시작과 끝이 갖춰진 조문일 것이다. 이 법률은 현縣과 도都의 관리가 관리하는 각종 물품을 검수하는 제도와 법규에 관한 것이다. 특히 병기, 갑옷, 피혁 등 군용 물자에 대해 매우 상세하게 규정하고 있다. 나아가 도량형기의 정밀도에 대해 오차 한도를 명확하게 규정하고 있다.

운몽진간의 『진율잡초』는 총 42줄로 되어 있고 일부의 제목에 율명律

名이 표기되어 있기도 하지만 그것이 없는 부분도 있다. 율명은 운몽진간 정리 연구팀이 간독 내용을 근거로 명명한 것이다. 율명에는 「제리율除吏律」「유사율」「제제자율除弟子律」「중노율中勞律」「장율藏律」「공거사마렵율」「우양과牛羊課」「부율傅律」「곽표율敦表律」「포도율捕盜律」「술율戌律」 등이 있다. 『진율잡초』에 들어 있는 11종의 율명은 『진율십팔종』과 결코 중복되지 않는다. 필요에 따라 진율에서 요약한 것이겠지만 베껴 쓸 때 요약하거나 삭제하기도 했다. 이들 간독문의 영역은 광범위하고 내용이 풍부하며 관료제도, 군사제도, 부역제도 등을 규정하고 있다.

위의 사료를 살펴보면, 진나라에 법률이라곤 오직 형법만 있다는 주장은 사실에 부합하지 않는다. 진 왕조의 법률은 형법이 주축이지만 여기에 한정되지 않고 민법, 행정법, 경제법, 군법, 소송법 등 다른 많은 법률이 있었다. 특히 행정법과 경제 관리에 관한 법규가 진 왕조체계에서 중요한 위상을 차지하고 있고 그 내용 역시 매우 풍부하고 체계적이다. 그리고 진 왕조에는 민사 분쟁을 조정하는 민법과 민사소송법도 제정되어 있었다. 이로써 진 왕조의 법률체계는 분명히 당시로서는 가장 선진적이었으며, 중국 고대 법률제도에 있어 역사의 이정표라고 할 만한 수준이었음을 알 수 있다.

4) 법률 해석

운몽진간의 『법률문답』은 총 210개의 간簡으로 되어 있고 187조의 법률 해석이 담겨 있다. 문답 형식으로 소송 절차, 법전 중의 용어, 조문 및 관련 문제를 해석해놓고 있으며 범죄, 형벌, 형벌 적용 원칙에 관한 규정과 설명도 포함하고 있다. 그 내용은 범죄 구성, 양형 기준, 형사 책임, 공범, 범죄 미수, 범죄 중지, 자수, 재범, 병과주의, 손해배상, 혼인의 성

제
십
일
장

법
제

759

립과 해소, 재산 승계 등 일련의 이론과 개념뿐 아니라 소송 권리, 사건 재조사, 무고, 거짓 신고, 실형失刑, 부직不直(양형을 제대로 판결하지 않음), 종수縱囚(죄인을 무죄로 판결하여 석방함) 등 소송 분야의 이론에 관한 내용도 담고 있다. 진 왕조의 법제 원칙을 근거로 생각해보면『법률문답』은 법률에 대한 개인적인 이해가 아니라 전 국가 차원의 통일된 해석이었으며 당시에 법률로서의 효력도 지녔다고 판단된다.『법률문답』은 그 지위와 영향력이『당율소의唐律疏議』의 소의疏議와 유사하다.

『법률문답』은 진나라 법 가운데 주요 부분인 형법을 해석한 것이다. 해석 내용의 범위는 대체로 도盜, 적賊, 수囚, 포捕, 잡雜, 구具 등 진율 6편과 같았고 일부 내용은 소송 절차에 관한 것이었다.『법률문답』과 기타 사료를 살펴보면, 진 왕조의 법률은 범죄자의 신분에 따른 지위를 구분하고 공동 범죄와 단독 범죄를 구분했으며, 고의적인 범죄와 과실에 대한 범죄를 구분했다. 그리고 범죄 행위의 위해 정도, 형사 책임 능력, 범죄 인정 태도를 구분하고 병과주의, 사면되기 이전의 범죄를 더 이상 추궁하지 않기 등 법률 적용 원칙을 세워두었다. 이들 원칙의 제기 및 관철은 진 왕조의 형법제도가 과거보다 훨씬 구체적이고 체계적이며 선진적이었음을 보여준다. 진 왕조에서 왕소의 법률 해석은 조문과 마찬가지로 법률로서의 효력을 지니고 있었다. 이러한 '문답' 형식의 법률 해석은 법률에 주소注疏를 붙이는 시발점이 되었다.

5) 정행사(오늘날의 판례)

'정행사廷行事'는 법정에서 과거의 사건을 사례로 정리한 것으로 성문법을 보완하는 형식이었다. 진나라 법률의 특징은 상세하고 구체적이며 명확했지만 삼라만상을 전부 포괄할 수는 없었기 때문에 현실에서는 성문 규정이 없을 경우 다른 사건의 판결을 유추해 해결해야 했다. 이렇게 형성된 판례 역시 훗날 법정에서 참고할 수 있도록 기록을 남겨놓았다.

진 왕조에서는 지난 사건의 사례를 인용하여 사건을 판결할 수 있었다. 『법률문답』 여러 곳에서도 "정행사" "행사行事"를 언급하고 있다. 예컨대 "색부의 인장을 위조한 경우에 어떻게 처벌할 것인가? 판례에 따라 관인 위조죄로 처벌한다"[65]라는 조문이 있다. 정행사가 생겨난 원인으로는 다음의 세 가지를 들 수 있다. 첫째, 성문법의 규정이 명확하지 않고 구체적이지 않아 정행사의 방법으로 보완할 수밖에 없었다. 둘째, 성문법의 규정이 합리적이지 못해서 정행사를 활용해 실질적으로 법률을 개정했다. 셋째, 정부의 형사 정책이 바뀌어 정행사의 방법으로 조정해야 했다. 그리고 일부 정행사를 둔 것은 기존의 성문법을 옹호하기 위함이었다. 이들 정행사는 모두 법률로서의 효력을 지니고 있었으며 실제 재판에서 인용될 수 있는 법률의 한 종류였다. 정행사는 주로 실제 재판을 통해 경험과 교훈을 수집하고 관청이 인정한 판례를 '유추' '비부比附'(인율비부引律比附의 준말로, 어떤 죄에 맞는 적합한 조문이 없을 때 사정과 조리를 고려하여 비슷한 조문과 비교하여 죄를 정하는 것)하여 성문법의 부족한 점을 보완했다. 현대 국가도 성문법을 견지한다고는 하지만 판례가 상당한 지위를 차지하는 것을 볼 때 이런 법률 형식은 죄형법정주의를 위배하지는 않는다.

전국시대와 진한시대의 법률체계는 상주시대의 법제에서는 탈피한 것이지만, 아직 초창기였기 때문에 진 왕조의 법률에서는 과도기적인 특징이 현저하게 나타난다. 진 법률은 점진적으로 축적 과정을 거쳤다. 운몽진간을 보면, 율명과 법률의 세목은 상앙의 변법에 비해 대폭 늘어났고 율 외에도 '정程' '과課' '식式' '비比' 등 법령을 발전시키거나 조문을 보완했

제
십
일
장

법
제

761

다. 법률 형식과 내용에 분명히 결함이 있지만 높이 평가받아야 할 점도 있다. 창조적이고 발전적인 부분이 많고 후대에서도 이룩하지 못한 성과를 거두기도 했다.

한漢·위魏 시대 이래로 학자들은 한나라의 재상 소하가 진나라 법 6편에 호戶, 흥興, 구廐 등 3편을 추가하여 한나라의 「구장율」을 만들었다고 보았다. 한때 정설로 받아들여진 이 주장은 운몽진간의 출토로 더 이상 신뢰를 받지 못한다. 운몽진간의 「구원율」「전율傳律」은 호율戶律에 해당되고 「제리율」「제제자율」「요율」 등은 흥율興律에 해당되었다. 이로써 소하가 추가했던 세 가지 율문律文도 원본이 있었던 셈이다. 그는 세 가지 율문을 더욱 다듬어 완성하고 규범화했을 뿐이다.

진 왕조 법률체계의 병폐는 복잡, 가혹, 세밀, 잔혹하다고 정리할 수 있다. 사회의 각 측면을 '모두 법으로 규정'하기 위해 진시황은 엄격하고 세밀한 법망을 설치했다. 그러나 개념이 명확하게 서지 못했고 형명이 정형화되지 못한 것이 문제였다. 예컨대 진 왕조의 기본 법전을 "율律"이라 불렀는데, 역참의 먹을거리를 규정하는 장정章程(「전식율傳食律」) 역시 "율"이라 불렀던 것을 보면 혼잡하고 체계적이지 못했음을 알 수 있다. 관련 법률 해석 역시 수도면밀하지 못했다. 『법률문답』에서 "동거同居" "가죄家罪" 등의 개념에 대해서 서로 다른 해석을 하고 있으며, "아내가 남편의 절도를 알았을 때妻知夫盜" 등 죄명에 대한 양형 역시 해석을 일관성 있게 하지 못했다. 진 왕조의 법률 조문은 체계적이지 못하고 성격이 비슷한 조문이 서로 다른 법률에서 보이며 동일한 사물을 규정한 법률이 많이 있었다. 예를 들면, 제조 분야를 규정한 법률 규정이 「공율」「균공율」「공인정」 및 기타 법규에서도 보인다. 법망이 너무 세밀하고 법 규정이 단편적이어서 소의 무게가 1촌 빠지고 도둑질한 물건의 가격이 1전 부족한 경우 등 아주 세세한 상황들이 모두 법률의 다스림을 받았다. 법이 번잡하면 가혹해지고 법망이 너무 세밀하면 신하와 백성은 쉽게 어기게 된다. 즉 사소한 위반으로도 가혹한 형벌을 받았으니 오죽했겠는가? 이러한 결함으로 "진나라의 법령은 가을 잡초보다 더 복잡해졌고 법망은 엉겨붙은 기름덩이보다도 더 촘촘해졌다."[66] '제도'의 실종은 잘못된 '정치'를 초래하게 된다. 진나라의 정치가 가혹했던 것은 법률제도의 결함과 직접적인 관련이 있었다.

역사 발전과 비교라는 관점에서 볼 때, 진 왕조의 법률은 긍정할 만한 점이 많다. 특히 진 왕조가 법에 따라 관리를 다스리는 것을 중시했다는 점은 매우 긍정적이다. 진 왕조의 법률 가운데 주축은 형법이었다. 이 역시 중국 역대 왕조들의 법률제도에서 볼 수 있는 공통점이다. 법령 조문과 관련된 구체적인 내용은 형법에 속할 뿐만 아니라 행정법규의 성격도 있었다. 특히 관리의 행위를 규정한 행정법규와 법규를 위반한 관리에게 부여하는 형벌의 내용이 매우 풍부했다는 점은 진 왕조가 법률에 따라 관리를 규율하고 규제했음을 잘 보여준다. 이런 점은 위의 율명에서도 명확히 알 수 있다. 행정법규에 속하지 않은 법률 가운데 관리자, 사법자에 대한 법률 제한이 자주 보였다. 진 왕조가 법으로써 관리를 다스리는 것을 중시한 것은 성문 법전에 관리의 행위를 규정한 조문이나 법령이 많은 것으로 드러나며, 이런 법률은 실제 재판에서 매우 엄격하게 집행되었다. 진시황이 다수의 탐관오리를 걸핏하면 변방 지역으로 유배 보낸 것을 보면 당시 독직죄瀆職罪(관직의 명예를 더럽힌 죄)를 저지른 관리가 매우 많았음을 알 수 있다. 진 왕조의 법률은 백성을 억압하는 수단이었을 뿐만 아니라 관료와 귀족의 머리 위에 매달려 있는 날카로운 칼이기도 했다. 관리가 법을 어기고 백성의 이익을 침해하는 것을 정부가 엄격

히 금지한 조치는 정치를 안정시키는 데 유리했으며 수많은 백성을 어느
정도 보호하는 효과도 있었다. 진 왕조 법률의 최종적인 목적이 황제의
권위를 유지하기 위함이라는 점을 감안하더라도 법률이 너무 가혹했다
는 비판을 피해갈 수는 없겠지만, 법에 따라 엄격하게 관리를 다스린다
는 철학은 긍정적으로 평가받아야 한다.

경제활동의 법제화를 중시한 것 역시 긍정할 만한 부분이다. 경제 법
규의 제정, 관련 법규 내용이 풍부하고 체계적이며 법률로 경제관계의
너비와 깊이를 조정한 점 등 진 왕조의 성취는 전에는 찾아볼 수 없는 것
이었다. 이런 면은 한나라 및 후대 여러 왕조도 이룩하지 못한 일이었다.

또한 진시황은 사회생활을 법의 테두리 안에 두고 싶어했다. 그 결과
진 왕조의 법률은 민사 법규를 포함하게 되었다. 특히 혼인과 가정에 관
한 법규가 주목할 만한데, 여기에는 혼인의 등기와 해제가 포함되어 있
다. 가정사를 처리할 때 윤리 강상을 중시하고 종법 도덕을 옹호한 한·당
의 법률보다 '법치'를 중시한 진시황이 선택한 방법이 훨씬 합리적이었다.

진 왕조 법제의 죄명과 형벌체계

진 왕조의 법률에서 법정 죄명은 매우 많다. 현존 문헌만 해도 약 200
종이나 된다. 예컨대 황권침범죄의 경우 '모반죄' '비방죄' '옛것으로 오늘
을 비난하는 죄以古非今' '방술이 효험을 발하지 못하는 죄方術不驗' 등이 있
고, 기타 정치 범죄에는 '나랏일을 성실하게 처리하지 않은 죄操國事不道'
'서적을 사사로이 소장한 죄挾書' '짝을 지어 시와 서를 논하는 죄偶語詩書'
'사람을 미혹시키는 사악한 말을 하는 죄妖言' 등이 있었다. 공공의 안전

을 위해한 죄에는 방화죄, 실화죄失火 등이 있고, 경제질서를 파괴한 죄에는 '땅을 숨긴 죄匿田' '호구를 숨긴 죄匿戶' '아이를 숨긴 죄匿敖童' '요역에서 도망친 죄乏徭' 등이 있었다. 인신을 침범한 죄에는 '살인죄' '도둑질하다가 상처를 입힌 죄賊傷' '싸우다 상처를 입힌 죄斗傷' 등이 있고, 재산을 침범한 죄에는 각종 주체, 형식, 종류, 시간의 '절도죄盜', 사회질서를 훼손한 죄에는 '투서죄投書' '간악한 자를 숨겨준 죄匿奸' '모함죄誣人' 등이 있었다. 혼인 및 가정을 깨뜨린 죄에는 '아들이 아버지의 재산을 훔친 죄子盜父' '아버지가 아들의 재산을 훔친 죄父盜子' '자식을 죽인 죄擅殺子' '백부가 조카를 죽인 죄伯殺侄' '부모를 구타한 죄毆父母' '큰아버지와 큰어머니를 구타한 죄毆大父母' '남의 부인이 되어 도망친 죄爲人妻去亡' '이혼했으나 관청의 허가를 받지 않은 죄棄妻不書' 등이 있고, 관리 독직죄에는 '영을 위반한 죄犯令' '영을 집행하지 않은 죄廢令' '직무를 다하지 못한 죄不勝任' '알지 못한 죄不智' '형량을 제대로 판결하지 않고 무겁게 하거나 가볍게 판결한 죄不直' '청렴하지 않은 죄不廉' '죄인을 무죄로 판결한 죄縱囚' '형벌을 집행하지 않은 죄失刑' '정해진 기한을 놓친 죄失期' '적을 유리하게 한 죄譽敵' 등이 있었다.

진 왕조의 법률에는 잔혹한 형벌이 규정되어 있다. 『사기』와 진 간독에 나오는 수많은 형벌 중 주요한 것은 다음과 같다.

1) 사형

사형은 죄인의 생명을 앗아가는 형벌로 극형의 범주에 속했다. 진 왕조의 사형제도는 백성을 경계하려는 목적이 컸고 중형주의 원칙을 집중적으로 구현하는 것이었다. 집행 방법은 매우 다양했으며 야만적이고 잔혹했다. 관련 형벌은 하상시대 이래로 계속 시행되었고 한대에도 계승되었다.

사형의 집행 방식은 다음과 같았다.

① 참斬: 도끼와 같은 날카로운 도구로 죄인의 목을 베어 죽였다. 진시황의 아우인 장안군長安君 성교成蟜가 군대를 이끌고 반란을 일으켰을 때 그의 군관들을 모두 목을 베어 죽였다.

② 요참腰斬: 고대 참형의 대다수는 허리를 베는 방식이었기 때문에 "요참"이라 불렸다. 『진율잡초』에 따르면 "불충한 자를 고발하지 않음不告奸" 등의 죄는 요참형에 처한다고 했다. 진2세는 이사에게 요참형을 내려 죽였다.

③ 기시棄市: 사람이 많은 시장에서 사형에 처했다. "감히 짝을 지어 시와 서를 말하는[67] 자에게 기시형을 내렸다.

④ 효수梟首: 범인의 머리를 벤 다음 그 머리를 나뭇가지에 매달아 사람들에게 보여주었다. 진시황은 노애의 반란을 진압한 후 그의 일당인 위위 갈, 내사 사, 좌익 갈, 중대부 영제 등 20명을 모두 효수했다.

⑤ 육사戮死: '생육生戮'이라고도 한다. 『법률문답』에서는 "살려둔 채 사람들 앞에서 모욕을 준 다음 목을 베는 것을 말한다"[68]고 했다. '적군의 상황을 과장하여譽敵 군대를 혼란하게 한 자는 이 형에 처했다. 이와 상응하는 형벌은 '육시戮屍'로 죄인이 형벌을 받기 전 이미 사망한 경우 시체를 훼손했다. 진시황의 동생 성교가 군대를 이끌어 반란을 일으키자 진시황은 사망한 반란군 병사들의 '시체를 갈기갈기 찢었다戮其屍.'

⑥ 파磔: 죄인의 사지를 찢는 방식으로 사형에 처했고 그 시체를 사람들에게 보여주었다. 『법률문답』에 따르면 미성년자에게 절도와 살인을 교사한 자에게는 파형이 적용되었다.

⑦ 거열車裂: "오마분시五馬分屍"라고도 불렸다. 죄인의 머리와 사지를 수레에 묶고 다섯 방향으로 몰게 해서 온 몸을 갈기갈기 찢는 형벌이었

다. 노애 등의 일당이 수레에 찢겨 백성들에게 구경거리가 되었다.

⑧ 갱坑: "생매장生埋"이라고도 불렸다. 죄인을 산 채로 매장시켜 죽였다. 『법률문답』에 따르면 "생매"의 형벌이 있었다. 진시황은 '조나라에서 태어났을 때 외가와 원한이 있던 사람들을 나중에 모두 묻어 죽였다.'[69] 그리고 술사도 묻어서 죽였다.

⑨ 구오형具五刑: 각종 육형肉刑을 먼저 집행한 다음 사형을 집행하고 효수해 백성에게 보여주었고, 그다음에 시체를 조각내서 시장에 내던졌다. 『한서』「형법지」에 따르면 한나라 초기 삼족을 멸하라는 영令이 내려졌다. 영에 따르면 "삼족은 먼저 몸에 먹으로 죄명을 새기는 묵형과 코를 베는 의형에 처하고, 오른발과 왼발을 베고 매질을 한 다음 효수에 처하고 뼈와 고기를 절여서 시장에 내던졌다. 이를 비방하고 욕하는 자에게도 혀를 자르는 형을 내렸다."[70] 이런 가혹한 형벌은 족族형을 받는 죄인에게 적용되었다. 또한 진시황은 "옛것으로 현재를 비난하는 자는 일족을 멸하십시오. 관리로서 이를 보거나 알면서도 잡아내지 않는 자는 같은 죄로 다스리옵소서"[71]라는 주청을 받아들였다. 이 법률을 거스른 자는 모두 '구오형'에 처했다. 이사 역시 '구오형'을 받고 죽었다.

⑩ 족族, 멸기종滅其宗, 삼족지죄三族之罪: 이들은 연좌 형벌로서 가장 중요한 형벌이다. 일반적으로 죄인의 죄가 무거울수록 연좌의 범위도 커졌다. 노애, 이사도 모두 멸족을 당했다.

⑪ 정살定殺: 죄인을 물속에 던져 익사시켰다. 『법률문답』에 따르면 "나병에 걸린 자癘者가 죄를 지으면 정살에 처한다"고 되어 있다.

⑫ 사사賜死: 사실상 자살을 강요한 형벌이었다. 이는 황친, 귀족, 공신에게 적용되었다. 호해가 황위를 찬탈하기 위해 진시황의 조서를 위조하여 태자인 부소와 몽염을 사사시켰다.

법정 형벌 이외에 통치자는 사형私刑을 동원하기도 했다. 『설원』에 따르면, 진시황은 "낭박囊撲"의 방식으로 모친이 낳은 사생아 두 명을 죽였다. 낭박은 사람을 자루에 넣은 다음 강에 던져 익사시키는 방법이었다. 『한서』 「형법지」에 따르면, 진 왕조에는 "착전鑿顚"(정釘으로 머리를 쳐서 죽이는 형벌), "추륵抽肋"(늑골을 빼서 죽이는 형벌), "확팽지형鑊烹之刑"(가마에 넣어서 삶아 죽이는 형벌) 등이 있었다. 이들 형벌은 법정 형벌은 아니었을 것이다.

2) 육형

진 왕조는 오래전부터 시행된 많은 육형을 답습했다. 몸에 먹으로 죄명을 새기는 묵형黥, 코를 베는 의형劓, 발꿈치를 베는 월형刖, 남자의 고환을 떼는 궁형宮, 매질을 해서 죽이는 형벌 등이 있었다. 이들 형벌은 '사람의 사지를 베고 정으로 몸을 찌르는'[72] 방식으로 집행되었는데 극도로 잔혹하고 폭력적이었다. 진율을 살펴보면 "경위성단黥爲城旦"(묵형에 처한 후 매일 아침 성을 쌓게 한 형벌), "경의위성단黥劓爲城旦"(앞의 것에 의형을 더함), "발을 벰斬趾" 등의 형벌을 자주 볼 수 있다. 『염철론』 「제성諸聖」 편에는 "진나라 때 발이 잘린 사람이 수레에 가득 찼다"고 했으며, 『삼보고사三輔故事』에는 "진시황 때 구형과 유배형을 받은 사람이 72만 명으로 거세된 남자의 고환이 산을 이루었다"[73]고 했다. 이들 기록은 과장되었을 가능성도 있지만 실제로 진 왕조에서는 월형과 궁형을 자주 시행했다. 운몽진간을 보면 "궁예宮隷" "궁균인宮均人" "궁경인宮更人" "궁교사宮狡士" 등의 육형 호칭이 보이며 이들 대다수는 궁형을 받은 죄인일 것이다.

3) 도형

진 왕조에서 도형을 내리는 명목은 매우 많고 적용 범위도 굉장히 넓었다. 노역의 내용과 기간에 따라 다음과 같이 몇 가지로 구분해보겠다.

① 예신첩隸臣妾: 관청에서 각종 잡역에 종사하는 도형이다. 남자 죄인은 "예신", 여자 죄인은 "예첩"이라 불렀다. 사실상 '예신첩'은 무기징역으로 기타 형벌이 부가되었다. 진시황은 노애의 일당, 여불위의 식객에게 '그 집안의 후손은 관리가 되지 못하게 했다籍其門.' 즉 도예徒隸로 기록되면 그 후손들은 관직에 오를 수 없었다.

② 성단용城旦舂: 각종 고된 노역에 종사해야 하는 형벌이었다. '성단城旦'은 날이 밝기 전에 일어나 해가 질 때까지 고된 노역을 해야 하는 도형으로, 주로 건축물의 개보수 및 성벽 쌓는 일 등 중노동을 하며 남자 죄인에게 적용되었다. '용舂'은 쌀을 찧는 일을 말한다. 여자 죄인에게 적용된 것으로, 물론 쌀을 찧는 일만 하진 않았다. 형기는 일반적으로 5년이며 육형이 시행되지 않은 사람은 4년이다. 이 가운데 육형이 가해지지 않은 죄인을 "완성단完城旦" "완위성단完爲城旦"이라고 하며, 육형이 가해진 자는 "형성단刑城旦" "형위성단刑爲城旦"이라 불렀다. 육형이 처해진 종류에 따라 "경위黥爲성단" "경의위黥劓爲성단" 등으로 불렀다. 진시황은 분서령을 내리면서 "분서령이 내려진 후 30일간 불태우지 않는 자는 묵형과 성단형에 처한다"[74]고 분명히 밝혔다. '성단형'은 중형에 속했기 때문에 다른 중형과 마찬가지로 친척들도 연좌되곤 하였다.

③ 귀신백찬鬼薪白粲: 종묘의 제사를 위한 노역에 동원되는 형벌이다. 형기는 일반적으로 3년이다. '귀신'은 남자 죄인에게 적용되며 땔감을 채취해오는 노역이었고, '백찬'은 여자 죄인에게 적용되며 주로 곡식을 고르는 일 등의 노역에 종사했다. 귀신백찬 역시 '수염을 뽑은 후 귀신형에

처함耐爲鬼薪' '육형을 받은 후 귀신형에 처함刑爲鬼薪' 등 다른 형벌을 부과했다. 귀신형의 예로는 노애가 반란을 일으키자 "그의 사인 가운데 죄가 가벼운 자에게는 귀신형을 내렸다"[75]는 기록을 들 수 있다.

이외에도 진 왕조의 도형에는 '사구司寇'(도적을 정탐하는 노역), '용사구舂司寇'(여자 사구), '후候'(변방지역에서 이민족을 정탐하는 노역), '하리下吏' 등이 있었다. 형기는 보통 2년이었다.

4) 유배형

유형流刑은 유배를 보내는 것으로 '천遷' '적謫'으로 약칭되었다. 죄인은 통상 가족과 함께 유배를 갔다. 진 왕조에서는 천遷이 광범위하게 시행되었고 형벌을 받은 뒤 대거 유배에 처해지곤 했다. 노애의 반란이 평정된 후, 이 사건에 연루되어 4000여 가구가 작위를 박탈당하고 촉 땅에 유배되기도 했다. 법률을 위반한 관리도 파면에 그치지 않고 작위를 박탈당하고 유배되었다. 여불위가 음독하고 자결하자 수많은 문객들이 몰래 조문을 했다. 이에 진시황은 "조문한 사람 중 녹봉이 600석 이상인 자는 작위를 박탈하고 유배하라"는 영을 내렸다. 또 진시황은 변방지역을 개척하고 죄를 지은 관리를 대규모로 유배 보냈다. 진 왕조에서 기록에 보이는 '천遷'이 매우 많은 것을 보면, 이 형벌에 처해진 사람들 대부분은 사회 상류층으로 주로 권신, 관리, 권세가 및 그들의 하인이었을 것이다. 여기서 진시황의 통치가 엄격할 뿐만 아니라 잔혹했음을 엿볼 수 있다.

5) 교형

중국에는 오랜 옛날부터 '교형敎刑'이 있었다. 이것은 매질, 모욕 등의 방식으로 죄인에게 벌을 주고 경계한 것을 말한다. 이런 형벌에는 '수誶' '태笞' '곤髡' '내耐' 등이 있었고 통상적으로 경미한 범죄에 적용되었다. 수형은 질책하고 꾸짖는 것으로, 목적지에 도착해야 하는 기한을 3~5일 어겼을 때에 내렸다. 태형은 대나무나 목판으로 죄인을 때리는 형벌이었고 치욕을 줘서 잘못을 가르치려는 목적이 있었다. 이 형벌은 가법家法(봉건시대에 가장이 몽둥이로 벌주는 것)과 비슷했다. 곤형, 내형은 죄인의 머리카락과 구레나룻 수염을 자르는 형벌이었다. 고대 중국에는 "몸과 머리카락과 피부는 부모님에게서 받은 것이니 감히 훼손하지 않는 것이 효의 시작이다"[76]라는 관념이 있었다. 죄를 지어 머리카락과 수염을 잘리는 것은 개인과 가족의 수치였다. 곤형과 내형은 치욕형의 성격을 띠었기에 다른 형벌에 부가하여 적용되었다.

6) 벌형 및 속형

진 왕조에는 '자형貲刑'이 있었다. 이는 벌금형 혹은 노역형으로 감옥에 수감되지는 않았다. '자'에는 자금貲金, 자물貲物, 자작貲作 등이 있었다. 자금은 벌금을 내는 것을 의미했고, 자물에는 자갑貲甲과 자순貲盾 등이 있었으며, 자작(노동으로 대신하는 것)에는 자술貲戍, 자역貲役, 자요貲徭 등이 있었다. 이러한 형벌은 자주 내려졌다. 진 왕조에서는 속형贖刑이 널리 적용되었다. 일반적으로 각종 등급과 형벌은 금전으로 속죄받을 수 있었다.

진 왕조의 법률체계에서 형명은 매우 많고 형벌도 잔혹했다. 각종 형벌은 겸해서 사용되어 죄명이 많은 경우에는 여러 형벌이 동시에 적용되었다.

가벼운 죄에도 중벌을 내려라

진 왕조는 중형주의가 성행했던 시대였다. 진시황은 특히 이것을 중시했다. 그의 중형주의 법제 사상은 다음의 네 가지 중요한 법률 원칙에 잘 나타나 있다.

첫째, 진 왕조는 가벼운 죄에도 중벌을 내리는 원칙을 유지했다. 가혹한 형벌로 백성을 다스리는 사상은 오래전부터 내려온 것이었다. 춘추시대 이래로 법제를 중시한 사상가와 정치가 대다수가 중형을 주장하고, 정치는 사나워야 하며 형벌은 위엄을 지녀야 백성이 두려워한다고 강조했다. 공자와 맹자는 "소인이 법을 어기는 일을" 엄격히 금지하고 죄질이 심각한 자는 "군주의 교명을 기다리지 않고 죽일 수" 있다고 주장했다. 법가에 따르면 법률은 "백성의 근본을 만드는 것이며" 법제 사상에서 "형刑으로 형刑을 없애는 이형거형"과 엄격한 형벌로 반역을 못하게 할 것을 주장했다. 또한 가벼운 죄도 중벌로 다스릴 것, "장차 과오를 범하려고 할 때 형벌을 사용하고" "작은 과오라도 빠뜨리지 않을 것"을 주장했다. 형벌을 적용할 때에는 연좌제를 실시할 것도 주장했다. 이는 진 왕조의 법제에 커다란 영향을 끼쳤다.

『법률문답』에 따르면 진 왕조에서는 다섯 사람이 함께 1전 이상을 훔치면 왼쪽 발을 베는 형에 처했다. 도둑이 훔친 뽕나무 잎이 1전이 안 되어도 형벌로 30일간 노역해야 했다. 또한 절도를 하려다가 중도에 그만두거나 공구로 문을 비틀기만 했을 뿐 열지 않아 미수에 그쳤어도 형벌을 받아야 했다. 이 모두 '장과將過' '세과細過' '미간微奸' '소간小奸' 등 경범죄에 속했지만 중형이 선고되었고 전혀 용서받지 못했다. 만일 절도를 예방하고 조사하는 일을 책임졌던 관리인 '헌도憲盜'와 '구도求盜'가 절도죄를 범하면 마찬가지로 중형에 처해졌다.

둘째, 도적에 대한 처벌이 매우 엄격하고 가혹했다. 고대에서 생존할 수 있는 가장 기본적인 조건은 사유제도였기 때문에 가장 빈번히 일어나는 것은 사유재산을 침범하는 범죄였다. 그 가운데 가장 발생 빈도가 높은 것이 '도적'이었다. 이회의 『법경』에 따르면 "왕의 정치에서 가장 우선되어야 할 것은 도적을 잡는 일이었다."[77] 이회의 『법경』은 6편으로 구성되어 있는데, 죄에 따라 형벌을 정하고 가혹한 형벌과 엄준한 형법을 적용하는 것이 특징이었으며 '도법盜法'과 '적법賊法'으로 시작된다. 전국시대의 법전과 진한시대의 법전은 이회의 『법경』에서 많은 영향을 받았다. 진 왕조의 법률은 각종 공공재산과 사유재산을 침범하고 인신의 안전을 위해한 행위에 대해 형식과 정도에 따라 죄명과 형벌을 상세하게 규정했다. 그렇기 때문에 조문이 상세하고 구체적이었다. 도둑질이 미수에 그치거나 훔친 물품의 가치가 '1전도 안 되는' 뽕잎, 돼지 염통, 돼지 콩팥 등일 때도 형벌이 내려졌다. 1전도 안 되는 장물을 받아도 1000전의 가치가 있을 재물을 훔친 주범과 마찬가지로 논죄되었다. '훔치려 했으나 훔치지 못한 경우' 역시 사실상 아무런 피해를 주지 않았어도 처벌을 받아야 했다. 제사 용품을 훔친 것은 일반 절도죄보다 훨씬 무거운 처벌을 받았다. 죄질이 심하지 않아 일반 절도죄로 벌금형 이하로 판결되어야 하는 자도 모두 내예신耐隷臣의 형을 받았다.

셋째, 정치범을 엄하게 처벌했다. 정치범죄는 일반 형사범죄보다 훨씬 심각한 범죄였고, 군주에 대한 범죄는 일반 정치범죄보다 무거운 범죄였다. 또한 죄명도 많았고 형벌도 잔혹했다. 진 왕조의 형사법에서 국가를 위해하고 군주를 침범한 죄에 대해서는 극형으로 다스렸다. 『사기』에 기재된 죄명에는 "나랏일을 하면서 도를 지키지 않은 죄" "혼란시킨 죄" "모반죄" "모역죄" "비방죄" "나쁜 소문을 퍼뜨린 죄" "옛것으로 오늘을 비방한 죄" "감히 짝을 지어 시와 서를 말한 죄" "불온서를 숨긴 죄" 등이 있었다. 또한 운몽진간에는 불종 또는 군령에 불경한 죄, 진나라 사람이 외국으로 도망가도록 자금을 지원한 죄, 왕실의 물품을 훔친 죄, 불충한 간언을 올린 죄, 배반하고 도망간 죄, 적군을 칭찬한 죄, 적군에 투항한 죄, 익명의 서신을 쓴 죄 등이 있었다. 진시황의 통치 후기와 진2세의 통치 시기의 법률은 더욱 가혹해져 '짝을 지어 말하는 사람'마저 주살했다. 관련 형벌을 보면 시체를 갈기갈기 찢는 벌, 효수, 거열, 가문을 멸하는 벌, 삼족을 멸하는 벌 등이 있었다. 형벌이 산혹할 뿐만 아니라 연좌제까지 널리 시행되었다. 이러한 것들은 왕권을 유지하기 위한 고대 법제의 본질을 잘 보여주고 있다.

넷째, 가족, 이웃, 동료가 연대 책임을 지게 했다. "연좌連坐"는 "연좌緣坐" "종좌從坐" 등으로도 불렸으며, 한 사람이 죄를 지으면 죄를 저지르지 않은 연관된 사람들도 같이 형벌을 받았다. 연좌제는 국가 법제가 생겨난 초기에 처음 시행된 제도였다. 진나라는 이런 제도를 답습하여 범죄의 성질과 내용을 근거로 삼족, 가족, 동오同伍, 이전里典, 동료 등 다양하게 연좌 범위를 정했다. "같은 집에 살면 연좌되고同居所當坐" "같이 도둑질을 하면 연좌되고與盜同法" "같이 죄를 지으면 연좌되고與同罪" 등의 벌률 조문이 있다. 정치범이나 절도범, 재범에게 벌을 가중시키고 요역을 거짓으로 신고하는 등의 범죄는 가족에게 연좌제를 적용했다. 심각한 정치범은 종족을 처벌하거나 심지어 삼족을 멸했다. 이웃 연좌제는 주민을 십오제로 조직한 사회제도와 관련이 있다. 진나라 법률은 이웃이 서로 보증하고 감독하도록 규정하고 있다. 한 집이 죄를 지으면 주변의 네 이웃이 반드시 고발해야 하고 그렇지 않으면 연좌되었다. 주민 조직에서 오장伍長과 이전里典은 주민 감시가 철저하지 못하면 역시 연좌되었다. 상황을 알고 있으면서 신고하지 않으면 인리隣里 연좌제를 적용했다. 모든 죄에 이웃 연좌제가 시행된 것은 아니었다. 살인죄, 상해죄, 무고죄, 뇌물제는 연좌제를 적용하지 않았다. 동료 연좌제는 주로 상하급이나 동급 동료에게 적용한 연좌제였다. 「효율」에 따르면 현위縣尉 밑에 있는 관리가 죄를 저지르면 현위와 현위부에 소속된 다른 관리와 상급인 현령, 현승 모두 연대 책임을 져야 했고, 예속관계의 친소에 따라 형벌이 다르게 판결되었다. 이는 행정, 군사, 경제 등 각 분야에도 적용되었다. 인사 방면에서 동료 연좌제가 적용되어 사형에 처해질 때도 있었다. 연대책임제를 시행하는 주요 목적은 이해관계를 인위적으로 만들어 상호 감시, 고발을 강요하고 통치를 강화하기 위함이었다. 물론 중벌주의 원칙은 중국 고대사회 전체에 관철되었다는 점을 염두에 둬야 한다.

진 왕조의 중형주의는 크게 세 가지에서 시작되었다.

첫째, 오랜 옛날부터 시행되어온 형벌 전통이었다. 춘추시대 이전의 형벌은 야만적이고 잔혹했는데 이러한 전통이 이어진 것이다. 특히 각종 사형과 육형은 기본적으로 오래전부터 시행되어온 것이었다. 총체적으로 말하면 진 왕조의 형벌은 상주시대의 형벌보다는 가벼웠다.

둘째, '음양오행설'에 따라 확립한 통치 방략이었다. 진시황은 진 왕조가 수덕을 얻었다고 확신했다. 그래서 물은 주음主陰이고 음은 형살刑殺이므로, 수덕을 받은 왕조는 반드시 엄한 형벌과 법률로 다스려야 '오덕의 수'에 부합한다고 생각했다.

셋째, 선진 제자백가들의 형벌 사상, 특히 상앙과 한비가 제시한 중벌주의 사상이었다. 진법의 창시자인 상앙은 '이형거형以刑去刑'을 주장했고 "왕은 9할은 형벌을 내리고 1할은 포상을 내려야 한다"[78]고 생각했다. 이러한 법가 사상의 영향을 크게 받은 진시황은 형벌을 경감하는 문제를 생각하지 않았을 뿐만 아니라 입법 과정에서 과거 각 제후국의 형벌을 집대성하여 방대한 법목과 형명을 보완하였다.

이 세 요소가 상호작용하여 진 왕조의 법률은 폭압적으로 변했다. 진시황은 강하고 엄하며 모든 일을 법에 따라 매몰차고 깊이 있게 결정하는 사람이었다. 진2세가 즉위한 이후 "법의 운용이 더욱 각박하고 심해졌다."[79] 가벼운 죄에 중벌을 내리는 것은 진 왕조가 멸망하고 수백 년이 지난 후에야 조금씩 완화되었다. 그것은 시대적 한계였던 것이다.

필자는 한대 이래의 각종 기록과 평론은 고의든 그렇지 않든 진나라 법의 잔혹함을 과장했지만 역사적 사실과는 맞지 않다는 점을 지적하고자 한다. 예컨대 진나라에는 고간告奸, 연좌법이 있고 풍부한 포상과 무거운 형벌이 있었던 것은 사실이다. 이를 증명하기 위해 사마천은 『사기』에서 "간사한 자를 고발하지 않는 자는 요참형에 처하지만 간사한 자를 고발한 자는 적군의 수급을 벤 것과 똑같은 포상을 내렸다. 그리고 간사한 자를 숨겨준 자는 적군에게 투항한 자와 동일한 죄를 물었다"라고 전했다. 『염철론』 「신한申韓」 편은 법가를 폄하하고 진나라 법의 공포스러움을 널리 퍼뜨리기 위해 법을 둔 목적이 "죄를 두어 사람을 함정에 빠뜨리기" 위함이라고 했다. 또한 "무고한 사람을 죄에 빠뜨리고 죄가 없는 사람까지 연루시켜 자식의 죄로 아버지까지 연좌되고 아우 때문에 형까지 처벌되니, 한 사람이 죄를 얻으면 그가 사는 주리 전체가 뒤집혀 이웃의 열 집이 달아나게 되었다"[80]라고 전한다. 하지만 운몽진간을 살펴보면 진나라 법률에서 명시한 간자奸者를 고발한 자에 대한 포상과 연좌되는 벌이 이 정도까지는 아니었음을 알 수 있다. 살인범을 고발한 간자는 황금 2냥을 포상으로 받았을 뿐 작위를 하사한다는 언급은 없었다. 연좌제를 적용받은 가족 역시 죄인이 저지른 죄에 해당되는 동일한 형벌을 받았을 뿐이었다. 죄인을 고발하지 않은 동호同戶, 동오同伍, 오로伍老, 이전里典은 각각 다른 대우를 받아서 감형되었고 벌금형으로 물건을 바치면 그만인 경우도 있었다. 그러나 일률적으로 요참형에 처한다는 규정은 없었다. '한 집에 사는' 주인이 죄를 저지르면 노예는 연좌되지 않았다. 진나라 법에서 어가의 말을 상해한 경우, 상해 정도가 가벼운 자는 '1순의 벌금형賣一盾' '2순의 벌금형'을, 상해 정도가 심한 자도 '1갑의 벌금형賣一甲'을 받았을 뿐이다. 하지만 국가의 제사에 쓰이는 공물을 훔친 자에게는 '내예신'형이 판결되었다. 또한 『당율唐律』에서 보면 죄명이 중한 경우에는 매우 불경하여 '십악十惡'의 죄에 속하므로 참형에 처하고 사면되지 않았다. 죄질이 가벼운 경우에도 "2500리 바깥으로 유배"[81]에 처해졌다. 이 두 최고 형벌을 비교해보면 진나라의 법률이 오히려 가벼웠음을 알 수 있다.

진 왕조에서는 어느 정도 '신중을 기해 형벌을 내린' 철학이 있었음을 간과해서는 안 된다. 이러한 법률 원칙은 다음과 같다.

첫째, 형사책임 연령이 규정되어 있다. 미성년자는 죄를 저질러도 형사책임을 지지 않거나 감형받았다. 『법률문답』을 보면, 키가 "6척 미만"이고 키우는 말이 "남의 곡식을 1석 먹은 경우"에는 처벌하지 않고, "소를 훔칠 때 키가 6척이어서 1년 동안 투옥된 후 다시 키를 재어 6척 7촌이면" 법에 따라 처벌했다.[82] 진대의 제도와 법률에 따라 남자는 키가 6척 5촌, 여자는 5척 2촌이 되면 성인으로 대우했다. 키가 6척인 남자는 대체로 연령이 15세(집에서 세는 나이)로 이는 미성년에 속하므로 형사책임을 지지 않았다. 이러한 규정은 정형양죄定刑量罪를 인지 및 행위능력과 연계시켰다는 큰 의의가 있다. 이는 대체로 중국의 현행 법률 규정과 비슷하다.(14세 미만인 자는 형사책임을 지지 않음.) 이로써 진나라 법의 합리성을 엿볼 수 있으며 당시 형법 이론의 발전 수준을 가늠할 수 있다.

둘째, 자수한 자에게는 가벼운 형벌을 적용했다. 『법률문답』 『봉진식』을 살펴보면 "도자고盜自告" "망자출亡自出" "선자고先自告" "내자고來自告" 등의 사례가 있다. 이들 자수 행위에 대한 범죄를 양형할 때는 가벼운 처벌을 내렸다. 재물을 훔친 범죄자는 원래 '내위예신'에 판결되어야 하지만 자수하면 가벼운 '자이갑貲二甲'에 판결되었다.

셋째, 무고죄에는 연좌제를 적용하지 않았다. 진 왕조의 법률은 '간사한 자를 고발'하는 것을 독려했나. 그러나 타인을 무고한 것도 범죄에 속한다고 규정했다. 일부러 사실을 날조하여 사법기관에 타인을 고발한 경우, 무고한 자에게 고지죄를 더하지만 상황에 따라 죄질이 중한 경우에는 처벌했다. 즉 무고와 고발한 내용이 사실인지에 대해 엄격하게 구별했다.

넷째, 고의와 과실을 구별했다. 『법률문답』에 따르면 소를 훔쳤다거나 타인에게 상해를 입혔다고 신고를 당한 경우, 과실이면 처벌을 약하게 했다. 사법 관리의 판단에 잘못이 있을 경우에도 고의적이었는지 과실이었는지를 구별했다. 과실로 '실형失刑'죄를 범한 경우에는 '부단위不端爲'에 속했고, 고의로 해를 입혔거나 의도적으로 비호했으면 '부직不直' 또는 '종수縱囚'에 속했다. 진율에서 관리가 '부직'하면 처벌이 매우 중했고 '종수'는 훨씬 더 무거웠다.

진 왕조의 소송법을 보면 '신형愼刑' 관념이 스며 있다. 진 왕조에서 소송의 기본 원칙은 '유죄추정'이었고 또한 '무죄추정'한 사건도 일부 있었다. 예를 들면 법률에서는 형사 피고인에 대해 체포 및 투옥 등 강제적인 조치를 취하여 반드시 사전에 충분한 증거를 확보해야 한다고 규정하였다. 사법 관리는 증거를 다방면으로 수집하고 활용할 권리가 있고 형사 피고인의 진술은 죄를 정하는 최후의 증거가 되지 못했다. 진술 내용에 대해 사실인지 조사해야 하며 재판관이 고문을 가해 자백을 강요하는 것도 제한되어 있었다.

중국 고대 법제사에서 수나라와 당나라 이전의 법률제도는 모두 중형주의의 범주에 속했음을 주목해야 한다. 『순자』「정명」편을 보면 "형벌에 있어서 상왕조의 법을 그대로 따를 것"[83]을 주장했다. 이는 춘추전국시대의 죄명과 형벌은 상 왕조의 형벌에서 커다란 영향을 받았음을 보여주며 진 왕조의 가혹한 형벌은 매우 깊은 역사적 뿌리가 있음을 알 수 있다.

과거의 역사가는 진나라와 한나라를 대조하면서 진나라의 법이 '성제에 맞지 않고不合聖制' 한나라의 법은 '성인지제聖人之制'에 부합한다고 했다. 사실 형벌의 잔혹함은 진한의 법률제도 모두에서 보이는 공통점이다. 진 왕조의 각종 죄명, 형벌은 한나라의 문헌에서도 대부분 찾아볼 수 있다. 진 왕조와 한 왕조의 법률에 다른 점이 있다면, 진 왕조에서는 중형주의를 주장하는 법가를 지도 이념으로 받들었고, 한 왕조는 유가 사상을 통치 사상으로 간주하여 '덕德'이라는 문자를 중시했다는 것이다. 그래서 얼핏 보기에 엄격하고 잔혹한 형벌은 반대하는 것처럼 보였다. 한 왕조의 고조, 혜제, 문제, 경제 등의 황제는 모두 형명을 간소화하고 형벌을 감형하는 조치를 취했고 부분적으로는 성과를 거두었다. 그러나 이들 대다수는 일시적인 조치였고 수많은 법정 죄명과 형명은 훗날 제자리로 돌아왔다. 설령 감형되었다 하더라도 여전히 잔혹한 형벌에 속했다. 한 문제文帝는 '수노지법收孥之法'(처자식에게 연좌제를 적용하는 법)을 폐지했지만 얼마 안돼서 '이삼족夷三族'(3족을 멸함)을 복구했다. 문제는 육형을 폐지하는 개혁을 내놓았지만 사실상 사형의 적용 범위가 확대되었을 뿐이다. 사마천은 이에 대해 "겉으로는 감형의 명분이 있었지만 안으로는 실제로 사람을 죽였다"[84]고 평가했다. 한 왕조의 수많은 재상들은 중형주의를 독려하고 옹호했다. 『사기』『한서』를 살펴보면, 당시 '이삼족' '구오형'이 성행했고 정치범에 대한 처벌은 더욱 참혹했다. 실제 사법의 죄명을 보면 '비의조서非議詔書' '비소의언非所宜言' '비방誹謗' '저기詆欺' '기만欺謾' '불경不敬' '부도不道' '대불경大不敬' '대역부도大逆不道' 등이 있었다. 주소奏疏를 논의하는 신하들은 형벌의 그물망을 피해갈 수 없었다. '비방'죄를 서시른 자는 먼저 혀를 자른 다음 사형에 처했다. 심각한 징치범에 연루된 자가 걸핏하면 1만 명 이상이었고 많을 경우에는 3만 명에 달했다. 잔혹함의 정도는 진시황의 통치 시기보다 훨씬 심했다.

한 무제의 '독존유술獨尊儒術' 이후 유가의 '선덕후형先德後刑' 주장이 통치적 위상을 차지했지만 형벌은 전혀 가벼워지지 않았고 날로 가중되었다. 한 무제 때 '율령은 359장, 대벽형에 해당하는 조문은 49조이고 이에 판결된 것은 1812건, 사형으로 판결된 것은 1만3472건'[85]이었다고 한다. 한 성제 때 '대벽大辟 형벌에 해당하는 조문은 1000여 개의 조항'으로 진율을 훨씬 초과했다. 이후 갈수록 더욱 심해져서 "군과 국에서 형을 받아 사망한 자가 한 해에 1만 명이나 되었다. 천하에 감옥이 2000여 곳이 있는데 억울하게 죽은 자는 엄청나게 많았다."[86] 한 왕조에서는 '경의經義에 따라 투옥을 결정'하는 일이 성행하여 각종 유가 경전과 해석은 법률로 인용되었기 때문에 죄명이 헤아릴 수 없을 정도로 많았고 형벌은 매우 무거웠다. 한 왕조의 유가는 '주심誅心(마음 죽이기)이라는 두 글자를 중시했다. 일부 죄명은 심지어 제멋대로 사람에게 남용되어 적용되지 않는 것이 없을 정도였다. 한 왕조에서 적용한 참혹한 형벌은 실제 사법에서 진 왕조와 크게 다를 것이 없었다.

한 왕조의 수많은 유가가 진 왕조의 가혹한 형벌을 비판한 내용은 대부분 사실이었다. 유가사상의 지배 속에서 한 왕조가 진 왕조보다 완성도가 떨어졌다는 것 또한 역사적 사실이다. 가혹한 형벌은 역사적인 현상이었으며 진 왕조는 단지 전형적이었을 뿐이다. 진시황과 진 왕조의 제도, 정치를 평가할 때 이점을 직시해야 한다.

문자 통일과 예서隸書의 시행

진시황은 규범화, 제도화, 법제화한 행정 관리를 광범위한 영역으로 확대해갔다. 이번에는 행정 관리와 관련 있는 진 왕조의 법령과 법규를 소개하려고 한다.

진시황은 무력으로 천하를 정복하고 정치 영역의 울타리를 무너뜨렸으며 통일된 정치제도를 정립했다. 그는 이에 그치지 않고 다채로운 문화 영역으로 시선을 옮겨 '대일통'의 사상 문화를 구축하는 데 온 힘을 쏟았다. 진 왕조가 세워진 지 얼마 안 되어 진시황은 다양한 영역에서 통일정책을 시행했다.

문자 통일

문자 통일과 서체의 간소화는 진시황이 문화를 통일하는 데 있어 가장 중요한 조치였다. 진시황은 황제로 호칭한 지 얼마 안 되어 "서체를 통일하는"[87] 영을 내렸다. 그는 각 제후국의 '문자 형태가 제각각인' 상황에 주목하고 문자의 형태와 서체를 통일했다.

먼저 소전小篆(진전秦篆)을 시행했다. 소전은 진나라 문자를 기반으로 서주 이래로 주나라와 진나라에서 통행되었던 『사주史籀』의 대전大篆을 원본으로 삼고 제와 노에서 통행되었던 과두문자(고대 서체 중의 하나로 글자의 획 모양이 올챙이 같아 붙여진 이름)의 간소한 필획을 받아들여 만든 것이었다. 진시황은 이사, 조고, 호원경胡元敬 등에게 소전으로 편찬한 『창힐편倉頡篇』『원력편爰歷篇』『박학편博學篇』을 표준 문자의 본보기로 삼게 했다. 이사 등이 만든 '소전'은 "진전"으로도 불렸다. 진전의 형태는 정연하고 둥글며 필획이 간소했기 때문에 공식적인 표준 문자로서 전국에 반포되고 시행되었다.

진시황의 문자 통일이 거둔 또 다른 성과는 바로 예서隸書의 시행이었다. 운몽진간이 발견되기 전에 "진시황이 문자를 개혁한 더 큰 공적은 예서를 사용한 데에 있다"[88]라고 제기한 학자가 있었다. 훗날 운몽진간의 발굴로 이 주장에 더욱 힘이 실렸다.

예서의 탄생은 중국 문자 역사와 서법 역사에서 일대 사건이었다. 예서는 고체 한자의 전통을 무너뜨리고 서체의 효율을 높였으며 해서의 기반을 마련했다. 또한 한자의 자형이 합리적인 방향으로 발전해가고 있음을 의미했다. 진 왕조에서는 정막程邈의 예서를 전파시켰다. 옥리였던 정막은 죄를 지어 감옥에 수감된 후 훨씬 쓰기 쉬운 문자를 만들어냈다고 한다. 예서는 둥글게 굴려 쓰는 소전에서 탈피하여 좌우로 직선인 사각형 모양으로 썼다. 진나라 사람은 법치를 중시하여 형사사건이 많이 제기되었기에 수많은 공문서를 써야 했다. 시간을 절약하고 문자를 간소화하는 서법이 필요했기 때문에 예서가 탄생하게 되었다. 형사사건은 도예徒隷와 관련 있었기에 예서라는 명칭을 얻었다. 사실상 예서는 고예古隷에서 탈피한 것이었다. 일각에서는 춘추시대부터 진의 문자 서체는 동쪽 제후국과 달랐다고 지적해왔다. 전국시대 초기 진나라 기물에 새겨진 문자는 예서와 크게 달랐고 진 소왕 때의 기물에 새겨진 문자의 형태가 점차 예서와 가까워졌다. 진시황 때의 수많은 병기에 새겨진 명문 중 현존하는 것을 살펴보면 4년, 5년, 8년에 상국 여불위가 전쟁에 나갔다. 그리고 5년, 6년, 10년, 12년 상군의 군수가 전쟁에 나갔다 등의 문자 서체가 "진나라의 간독과 비슷한 부분이 많다는 점을 발견할 수 있다. 이는 예서의 시작이 전국시대 후기로 거슬러 올라감을 의미한다."[89]

진 왕조 때 예서가 통행되었다는 것은 사료로 입증되었다. 수호지 진묘 11호 묘주인 희喜는 진시황 30년에 사망했다. 진시황 때 법리의 묘에 보존된 각종 법률, 문서 필사본 등은 예서로 쓰여 있었다. 4호 묘에서는 전방에 있는 두 병사가 집에 보내는 서신이 출토되었다. 그중 하나는 200여 자, 다른 하나는 100여 자로 쓰여 있다. 이 목독木牘에 쓰인 문자 역시 예서체였고, 내용으로 미루어보면 이 두 병사는 초나라 정벌전쟁에 참가했다. 위의 사실은 예서가 진간秦簡에서 사회적으로 통용되었던 서체임을 보여준다. 조정의 법리가 쓰는 공문서와 기록, 평민과 병사가 쓴 편지 모두 예서로 쓰여 있다. 진시황 때에 쓰인 운몽진간의 글씨가 전체적으로 분명하게 예서로 쓰여 있는 것을 보면 당시에 예서가 매우 발달했음을 알 수 있다. 그러므로 정막의 공로는 예서를 창안한 데 있는 것이 아니라 이미 있는 서체를 더욱 규범화하고 널리 보급했다는 데에 있다.

진시황이 한자를 간소화하고 문자 형태를 통일한 것은 중화문화의 발전에 큰 영향을 끼쳤다. 중국은 영토가 광활하고 지역마다 방언이 있어서 쓰는 언어가 제각각이었다. 하지만 한자의 표의성表意性이 매우 강해

문자가 통일되면 각 지역의 경제문화 교류에서 방언과 사투리의 장벽을 어느 정도 극복할 수 있었다. 문자의 통일은 정치 통일과 경제 교류를 촉진했다는 적극적인 의의가 있을 뿐 아니라 한족의 형성을 촉진했다는 점에서 매우 높게 평가된다.

윤리 통일

'윤리 통일'은 문화심리를 통일했음을 의미한다. 진시황은 정령政令, 법률 등으로 도덕과 법률 규범을 통일했다. 법에 따라 교화했고, 무절제와 방탕을 금지했다. 진 왕조의 정부는 각지에 교화를 전담하는 향관鄕官인 '삼로三老'를 설치했다. 진시황의 공덕을 칭송하는 진대의 비석에는 '윤리 통일行同倫'과 관련한 정치적 조치가 새겨져 있다. 그러나 진시황이 구체적으로 어떻게 '윤리 통일' 정책을 시행했는지에 대해서는 상세한 기록이 전하지 않는다.

운몽진간의 발견은 부족한 문헌 기록을 어느 정도 보완해주었다. 『위리지도』는 당시의 도덕 규범을 잘 나타내고 있고, 『어서』는 지방정부가 진시황의 통치 의지를 관철시킨 사례를 보여주었다. 『어서』는 남군의 군수인 등이 관할 현, 도의 색부에게 반포한 정령이다. 여기에는 국가 법령으로 사상을 통일하고 민심을 바로잡으며 풍습을 바꿔야 한다고 명확하게 밝히고 각급 관리에게 '법과 율령을 밝혀明法律令' 각종 정무를 잘 시행하라는 내용을 담고 있다.

『어서』의 첫머리에는 "옛날 백성에게 제각각의 풍습이 있어서 좋아하는 것과 싫어하는 것이 모두 달랐다. 어떤 것은 백성에게 이롭지 못하고 나라에 해롭기까지 했다. 그러므로 성왕께서는 법률로써 백성의 사상을 바로잡아 사악한 행위와 나쁜 풍습을 없애고자 하셨다. 법률이 제대로 정비되지 않았기 때문에 백성들 가운데 많은 사람이 간사하게 나쁜 수단을 이용하여 법령을 어지럽혔다. 모든 법률과 정령은 백성을 교화하여 방탕하고 무절제한 행위를 없애 나쁜 관습과 습관을 일소해야 한다"[90] 라는 요지가 쓰여 있다.

이 남군군수의 지적에 따르면 남군의 현황은 썩 좋지 않았다. 법령이 정비되었지만 일부 관리와 백성이 지키지 않아 무절제하고 방탕하며 방자한 사람을 잡아들이지 못했다. 법과 율령, 전령, 간사한 자를 처벌하는 법규를 정리하여 관리는 이를 사람들에게 공포할 것을 명했지만 그것이 공포된 후에도 폐단은 그치지 않았다.

남군의 현황을 개혁하기 위해 이 군수가 취한 조치를 세 가지로 나누어 정리하면 다음과 같다. 첫째, 각종 법률을 사람들에게 알려 남군의 모든 관리와 백성이 법을 알고 이해하며 준수하게 했다. 둘째, 소속 관리에게 법률을 밝히는 좋은 관리가 되도록 요구하고 법률을 밝히지 않는 나쁜 관리가 되지 말 것을 촉구했다. 셋째, 조사를 강화하고 '사람을 보내 순시하여 법령을 따르지 않는 자를 신고하게 하고 법에 따라 처벌했다.'[91] 그리고 각 현과 도의 주요 관리를 조사하여 어느 지방이든 법을 위반한 자가 많은데 영과 승이 조사 판결하지 않으면 그들을 상부에 보고하여 처리했다. 『어서』는 진나라가 여섯 제후국을 통일하기 전에 공포되었다.

진시황은 법률로써 후세에 "삼강오상"이라 불리는 윤리도덕을 추진하고 유지하고자 했으며, 통일 국면에 맞추어 천지신령에게 제사를 지낼 때에도 일괄적인 규범을 적용하고자 했다. 진시황은 정령政令으로 각종 제사를 올리는 천지신령을 규정했다. 진 왕조의 법령은 어떤 신령에게 언제 제사를 지내야 하는지, 어떠한 의식으로 제사를 지내는지 등에 대해 법률로 규정했다. 국가가 사당을 짓고 상제를 중심으로 여러 신령의 제사를 주관하는 관리를 파견했으며, "군현에서 멀리 떨어진 곳에 사당이 있는 경우에는 백성이 각자 자발적으로 제사를 지내고 천자의 축관을 거느리지 않았다."[92] 물론 그렇다고 해서 국가가 종교 신앙과 각종 민간 제사를 방임하고 관리하지 않은 것은 아니었다. 이에 대해 엄격한 행정 관리가 있었다. 『법률문답』의 한 조항을 보면 "임의로 기사奇祠를 모실 때에는 2갑의 벌금형에 처한다"는 해석이 있다. 기사란 무엇인가? 왕실은 제사를 지내야 한다고 한 규정은 이미 있다. 이외에 함부로 신위를 세우는 것을 기사라고 하며 다른 것은 금지시켰다." 즉 '기사'란 법에 맞지 않는 사당을 가리키며 후대에는 "음사淫祠"라 불렸다.

진시황이 반포한 "일법도형석장척一法度衡石丈尺"(법도로 부피, 무게, 길이를 통일함), "거동궤車同軌"(수레의 폭을 통일함)[93] 등의 법령도 문화를 통일하려는 의도와 정치적 기능을 지녔다. 진시황은 제후국마다 제각각이었던 수레 폭을 6척으로 통일시켰다.

진시황이 시행한 문자, 수레 폭, 화폐, 윤리 통일 정책은 통일된 생활 양식과 심리를 밑바닥에서부터 형성하는 데 유리하게 작용했다. 정치 통일은 문화 통일에 반드시 필요한 외부 조건을 만들어주었고 문화적 통일은 또한 정치적 통일을 촉진시켰다.

법리를 스승으로 삼고 법으로 교화하다

진 왕조 초창기에 진시황은 사상과 문화를 통일하는 작업을 매우 신중하게 진행했다. 문자를 통일할 때 이를 여러 차례 개정했던 것이 대표적인 예다. 진시황이 사회 풍속의 규범화를 대규모로 폭력적이고 강제적으로 시행했다는 기록은 없다. 사상, 학술을 대할 때에도 의견을 널리 수렴하는 정책을 시행했다. 그러나 훗날 갑자기 '법으로 교화하고以法爲敎' '법리를 스승으로 삼게以吏爲師' 되었고 백성들이 『시경』과 『서경』, 제자백가의 사상을 읽는 것을 금지시켰다. 심지어는 분서, 주살, 멸족 등의 수단을 써 극단으로 치달았다. 이러한 조치는 문화와 사상의 전제를 강화했다. 분서갱유에 관한 문제는 뒤에 소개할 예정이다.

중국 법제사에서 진시황의 역사적 지위

중국 고대의 법제에서 예와 법의 결합은 눈에 띄는 특징 중 하나이다. 예와 법이 결합된 통치 방식은 춘추시대 이전에 생겨나 춘추전국시대에 형성되어 진한시대에 정형화되었고, 수당시대에 무르익어 송원명 시대에 지속적으로 발전했다. 예와 법의 결합은 역사의 변천 과정을 거쳤고 시기마다 다른 역사적 내용이 담겨 있다. 진 왕조의 법제는 예법 결합의 통치가 형성되는 과정에서 매우 중요한 단계에 속한다.

춘추시대 이전에 예와 법이 결합한 기본 특징은 예가 곧 법이고 형으로서 스스로를 관철시켰다는 점이다. 주로 풍속과 관습이었던 예가 통치자의 뜻으로 제도화, 정치화된 것이 특징이다. 국가는 예로써 모든 것을 규범화하고 예에 따라 형을 정하며 형으로써 예를 유지했다. '예禮'는 보편적으로 적용되는 행위 규범으로서 도덕적, 법률적 형식이 정비되어 있었다. '예'에 속했던 '형刑'은 임의적이고 잔혹했다. 형벌이 잔혹했던 것으로 널리 알려진 상주시대의 법률은 후세의 법률에 커다란 영향을 끼쳤다. 서주시대의 '주공제례周公制禮' '여후제형呂侯制刑' 그리고 이로써 형성된 '덕을 밝히고 벌은 신중하게 내리며明德慎罰' '덕을 위주로 하고 형은 보완적인 수단으로 이용하는德主刑輔' 철학은 예와 법이 결합되는 기본 방향을 제시했다.

춘추전국시대에는 정치와 법률에 대한 인식이 끊임없이 심화되면서 예와 법이 이론과 형식으로 구별되기 시작했다. 제자백가는 법에 대한 개념, 기원, 본질, 기능 그리고 정치, 경제, 윤리, 풍속과의 관계를 체계적으로 검토하여 고대 법학의 이론적 기반을 마련했다. 이와 동시에 각 제후국은 성문법전을 제정했고, 법률은 갈수록 복잡해졌으며, 이법치국以法治國 사상이 널리 퍼지면서 법이 정치에서 차지하는 지위가 크게 제고되었다. 법가는 가장 먼저 '법치'를 분명히 주장하고 예와 법이 섞여 있던 상태에서 점차 법률을 분리시켰다. 이 시기의 법학과 법전의 구축은 오늘날 법의 기틀을 마련해주었다.

예와 법의 분리와 법리의 부각은 상대적인 것일 뿐 예법이 결합된 통치의 종결을 의미하지는 않는다. 유가가 이론적으로 예법이 결합된 사상을 발전시켰다고 하지 않았고, 법가의 대표자 역시 이론적으로 입법과 제례制禮, 변법과 역례易禮를 곧잘 함께 논했으며 입법에서 수많은 예의 규정을 법선에 수록했다. 각 세후국의 법률 조문은 모두 유가와 법가를 통합하고 예를 법에 포함시켰다는 특징이 있다. 예와 법이 결합된 통치 방식은 새로운 역사 조건에서 더욱 변모하며 발전하였다.

진한시대와 위진시대는 정형기定型期이다. 진시황은 선진시대의 법제를 집대성하고 창조적으로 발전시켰다. 겉보기에 진 왕조의 법제 사상과 체계는 예와 법이 결합되는 방향과 부합하지 않는 것처럼 보이지만 사실은 그렇지가 않다. 그 이유는 첫째, 앞서 말한 바와 같이 진 왕조의 통치 사상은 제자백가의 다양한 의견을 수렴했음이 분명하고 현존하는 진율의 조문을 살펴보아도 진 왕조는 예와 법이 결합한 특징이 매우 두드러짐을 알 수 있다. 둘째, 진 왕조는 법률로 사회, 경제, 정치를 개혁하는 것을 중시했다. 『사기』에서는 이를 두고 "법식이 없는 것이 없다"고 했다. 상주시대에 '예치'를 근본으로 삼았고 당송시대에 예와 법을 고도로 종합 발전시키는 과정에서 대체적인 법제의 정비는 없어서는 안 될 중간 단계였다. 셋째, 한·당의 법제는 기본적으로 진 왕조의 법제를 계승했다. 법가가 제시한 수많은 사상은 조금도 사라지지 않고 통치 사상에 스며들었다. 역대 왕조에 법을 중시한 사상가와 제왕, 장수와 재상이 있었음은 말할 필요도 없다. 호를 '순유純儒'라고 한 주희 등 송명 이학자들도 모두 '겉으로는 공자와 맹자처럼 말하지만 사실은 신불해와 한비처럼 행동했다.'

필자는 선진시대 법가의 성격, 특징, 역사적 지위는 좀더 연구해야 한다고 생각한다. 지면의 제한으로 독일의 정치학자인 로만 헤어초크Roman Herzog(통독 후 첫 대통령)의 관점과 필자의 견해를 참고로 간단히 이야기해볼까 한다.

헤어초크 박사는 법가의 학설을 현존하는 '세계 최초의 진정한 국가 이론'으로 보며, '서양에서는 16세기에서야 이러한 이론을 볼 수 있었다'고 지적했다. 그는 진시황의 제도가 이 이론의 실행 가능성을 증명했고 한 왕조의 황제들이 전반적으로 진 왕조의 제도를 계승했다고 보았다. 법가 학설은 민주 선거의 내용도 없고 엄격하고 잔혹하다는 폐단이 있지만, '법이라는 새롭고 현대적인 의미의 개념이 내재하여 각종 요구의 핵심을 분명하게 구성했다.' 그가 보기에 법가 학설은 마키아벨리즘과 함께 논할 수 없는 것이었다. 이 두 사상은 "기본적으로 두 가지 면에서 다르다. 첫째, 법가는 국가 권력을 증강시키는 모든 것을 평화와 질서 구축에 사용했다. 둘째, 법가는 무한한 권력을 지닌 국가를 요구한 것이 아니라 법제 국가 건설을 요구했다. 오랜 세월이 흐른 뒤에야 국가 이론을 연구하는 서양의 전문가들은 법제 국가의 문제에서 이 수준에 도달했다."[94]

위의 관점을 보기 전에 필자는 수많은 정치학 교과서의 오류에 대해 느끼는 바가 있어 다음과 같은 글을 쓴 적이 있다. "일반적으로 고대 희랍의 아리스토텔레스는 최초로 윤리 문제와 정치 문제를 구별한 서양의 정치학자로 간주된다. 그는 정치학을 독립된 학문으로 발전시켰다. 아리스토텔레스는 윤리학은 개인의 선을 연구하고 정치학은 집단의 선을 연구한다고 지적했다. 그러나 그는 국가를 '최고의 선'으로 말하고 정치를 윤리의 목적으로 귀결시키며 도덕을 정치와 혼동했다. 중세시대에 서양의 정치 학설은 줄곧 신학의 시녀였다. 근본적으로 종교의 교의와 윤리의 속박에서 벗어날 수 없었다. 세계의 다른 지역에서도 상황은 마찬가지였다. 고대 중국에서도 절대다수의 정치학 유파는 정치와 윤리를 하나로 논했다. 그러나 예외도 있었는데 바로 선진시대의 법가였다. 선진 법가는 세계 최초로 정치 윤리를 도덕 관념의 질곡에서 벗어나게 한 정치학 유파였다. 법가, 특히 상앙 일파는 비도덕주의적 성향이 매우 짙었다. 그들은 현실적인 태도로 사람과 사람의 권력관계를 주시했고, 정치적 지위는 도덕, 시비, 충효, 신의 등에 따라 정해지거나 유지되는 것이 아니라고 생각했다. 그들은 정치권력을 모든 사회생활을 결정하는 역량으로 보았다. 이를 근거로 그들은 군주는 유일한 존재이고, 법으로 나라를 다스리는 것을 핵심 명제로 삼아 법法·술術·세勢를 주요 개념으로 정했다. 그리고 정권 조직을 설계하고 정부기구를 계획했으며 폭력 기관을 두었다. 그들은 군주전제 정치의 탄생, 형식, 권력 등의 문제를 체계화했다. 법가 역시 도덕에 대해 논했지만 그들에게 도덕은 단지 정치의 수단이었지 목적은 아니었다. 법가 학설의 내용을 어떻게 평가하는지와는 별개로 이러한 정치적 사유 방식 자체가 매우 귀중한 것이다. 중국 고대사회에서 이러한 정치적 사유 방식은 영향력이 매우 큰 학술 유파로 형성되었다."[95]

진 왕조가 멸망한 원인은 '법치'에 있는 것도 아니고 '법이 복잡하고 형벌이 가혹法繁刑酷'했기 때문도 아니었다. 원인은 다름 아닌 통치자에게 있었다. 국가의 근본을 흔드는 진2세의 정치적 실패가 원인이었고 법 이외의 폭정을 남발한 것이 원인이었다.

오랜 기간 역사를 연구하면서 한 가지 깨달은 점은 전국시대, 진한시대, 위진시대의 정치를 평가할 때 학자들이 그동안 지나치게 단순화했다는 것이다. 법가 학설은 수성守成에 불리하다는 널리 퍼진 관점 역시 좀더 살펴봐야 한다. 전체적으로 이 시기는 학설, 제도, 형법, 세법 모두 전제적이고 독재적이며 가혹하고 복잡했다. 그러나 일반적으로 이것이 왕조를 멸망으로 이끌었다고 하기에는 부족한 면이 있다. 즉 당시의 정치 흥망을 분석할 때 제도, 법률 내의 요소를 간과할 수는 없지만 정상적인 것 바깥에도 매우 큰 요소가 있었다. 만일 법가 학설, 군주 전제, 촘촘한 법망이 진 왕조가 멸망한 원인이라고 단순화한다면, 진나라가 이 제도를 실시하면서 어떻게 강대국으로 성장할 수 있었는지 설명이 되겠는가? 어째서 한 왕조가 '진 왕조의 제도를 계승'했음에도 불구하고 오랜 세월 국가를 유지할 수 있었는지 설명이 가능한가? 또 '법이 간단하고 형벌이 관대한' 왕조가 어째서 순식간에 멸망했는지 설명이 가능한가? 현존 기록을 살펴보면 수 양제의 「대업율大業律」은 중국 고대 법제사에서 형벌이 가장 가벼운 법전이다. 그러나 수 양제는 왕조를 멸망시킨 군주가 되었다. 그 이유는 간단하다. 수 양제는 자신이 제정한 관대한 법을 깡그리 잊어버리고 백성의 노동력을 함부로 사용하였으며 요역을 마구 징발하고 사람의 목숨을 가볍게 여겨 중형을 남발했기 때문이다. 진 왕조의 법제에서 드러난 장단점 역시 마찬가지다.

秦始皇

12장

토건

— 공전의 토목공사를 일으킨 황제

QIN SHI HUANG

진시황은 직접 대규모의 토목공사를 일으켰다. 정국거鄭國渠, 영거靈渠, 치도馳道(직도直道 포함), 장성長城, 함양궁咸陽宮(아방궁阿房宮 등), 여산릉驪山陵(병마용 포함) 등을 그가 직접 지휘했다. 정국거 외에 이들 토목사업은 모두 진시황이 황제라고 칭한 이후에 시작되거나 완성되었다. 이들 토목사업은 지금까지 누구도 해본 적이 없는 것으로, 수많은 성과물이 세계의 미스터리로 불릴 만하며 만리장성은 오늘날까지도 그렇게 불리고 있다. 진시황은 명실상부한 토건사업의 황제였다.

진시황이 일으킨 토목공사는 그에게 명성을 안겨주기도 했지만 명예를 실추시키기도 했다. 이에 대한 학자들 사이의 논쟁은 지금도 끊이지 않는다. 사실 이들 토목공사는 당시에는 전형적인 '제국주의적 행위'였고 대부분이 정상적인 통치활동에 속했다. 이들 사업은 공통적으로 제국을 완성하는 중요한 물질적 지표였다.

유라시아의 대제국에는 모두 이와 유사한 토목공사가 있었다. 대규모 군사방어 시설, 전역에 분포되어 있는 역참망, 각종 거대한 공공시설, 궁정 및 황제의 능묘 등이 그것이다. 로마제국은 북부 변경지역의 포스 만Firth of Forth부터 클라이드 강River Clyde에 이르는 곳에 중국의 장성과 비슷한 기능을 지닌 대규모의 방어시설을 건설했다. 로마제국, 페르시아제국의 도로 교통망은 진 왕조의 치도와 견줄 만하다. 페르시아제국의 '어도御道'는 페르시아 만 북쪽에 있는 수사라는 도시에서 서쪽으로 티그리스 강까지 이어지고, 다시 여기에서 시리아와 소아시아를 거쳐 에게 해 연안에 있는 에페스Efes까지 총 길이 2700킬로미터에 달하며, 수백 개의 역참을 설치했다. 훗날 제국의 영역이 확대되면서 갈림길이 개척되어 서쪽으로는 이집트로 통하고 동쪽으로는 인더스 강 유역으로 통하여 제국 영토에 분포한 육로 역참망이 형성되었다. 아케메니드 제국의 2600여 킬로미터 되는 왕실 도로와 마우리아 왕조의 2000킬로미터 되는 왕실 도로 역시 마찬가지의 정치적 기능을 지녔다.

진시황이 시행한 대부분의 토목공사는 선조들이 시작한 사업을 기반으로 확대한 것이다. 예컨대 전국의 육로와 수로의 교통망, 장성이 상징하는 군사시설체계, 함양 도성과 궁궐의 신축 및 재건 등은 화하 문명의 발전사와 중화제국 형성사의 역사 정보를 풍부하게 담고 있다. 기타 건축물도 기본적으로 화하의 예제, 왕권 관념을 근거로 세워진 것이다. 진시황의 토목사업이 매우 훌륭하다고 하는 것은 건축의 목적과 내용에 있는 것이 아니라, 사업의 규모가 거대하고 심지어 그 호화로움이 전무후무한 수준이었기 때문이다.

이것은 잘한 일일까 잘못한 일일까? 이 장에서는 이 문제를 구체적으로 분석하고자 한다. 진시황의 토목사업은 긍부정적인 면이 모두 있다. 어찌되었든 모두가 통치질서를 유지하기 위한 것이었고 지배, 노역, 착취, 찬탈 등과 직접적인 관련이 있다.

장성長城이 상징하는 군사시설 체계

"장성이 처음 구축되고 1만 리나 되는 변경이 안전해졌다."[1]

사람들은 성城(성벽城壁, 성지城池)을 인류 문명의 지표로 여겨왔다. 문명의 실질적인 내용은 바로 국가 정권의 탄생이다. 그러나 상고시대의 인류 유적은 건축물, 생활용품, 벽화가 대다수이다. 그 결과 고고학계에서는 취락 규모, 문자, 방어도시, 대규모의 공공시설 등을 통해 사회 조직이 문명시대로 들어섰는지의 여부를 추정할 수 있을 뿐이다. 대다수의 학자들은 방어도시를 국가 문명이 갖추어야 할 지표적 성격의 문화 유적으로 여긴다.

도시의 발전은 또한 문명의 발전 수준을 판단하는 중요한 역사적 지표이다. 최초의 도시들의 경우는 성벽이 상징하는 바가 컸고, 성벽과 성지(도시를 방어하는 연못)는 최초의 군사방어 장치였다. 한 문명이 발전하고 확장되면 그에 속했던 성벽과 성지 역시 확장되었다. 먼저 도시와 성벽이 확장되면 각각의 성지가 확산되고 성지화된 국경이 생겨났다. 제국화 과정에 따라 도시는 폐쇄적인 사각형 또는 원형 성벽의 모습을 이루었고

제
십
이
장

토
건

799

다양한 규모의 사각형 또는 원형 성벽의 조합으로 확산되었다. 또한 사각형이나 원형이 점선을 이루어 최종적으로는 매우 길고 곡선화된 대성벽으로 변했다. 이 대성벽은 제국의 무수한 성지를 둘러싸고 있다. 중국 고대의 장성은 이러한 성격을 지닌 대성벽이었다.

장성의 출현은 화하문명이 제국화되었음을 보여주는 중요한 지표이다. 진시황은 최종적으로 1만 리나 이어지는 장성을 완성했다. 만일 진 왕조의 제도를 기록한 문헌을 의심하는 이가 있다면 만리장성을 한번 볼 것을 권한다. 이 웅장한 대장벽은 진시황이 화하문명의 제국화를 완성했고 진 왕조가 틀림없이 황제제도를 시행했음을 입증해준다.

진 왕조의 군사시설은 조상이 이룩한 문명의 기반 위에서 끊임없이 발전했으며 이를 재정비하고 확장하여 점진적으로 형성된 것이다. 춘추시대 이전에는 제후국의 도읍과 각 도시의 성보城堡 이외에 더 많은 방어시설을 재건할 여력이 없었다. 일반적인 성읍과 요새에는 방어시설이 없었다. 그런 까닭에 한 국가의 군대가 적국 또는 타국의 영토를 통과할 때 1000리를 진군해도 통행을 가로막지 않았다. 춘추시대에 각 제후국은 국경에 요새를 짓기 시작했다. 그러나 인력과 물력 등의 이유로 군대를 주둔시켜 수비하긴 어려웠다. 그 결과 다른 제후국의 병사가 영토를 드나드는 일이 마치 주인 없는 땅을 지나는 것과 같았다. 전국시대에 각 제후국은 크고 작은 성읍과 요새에 방어시설을 짓기 시작했다. 기병과 보병을 주축으로 하는 야전이 전투의 중심이 되면서 지정학적으로 중요한 지역을 쟁탈하기 위한 전투가 승패를 결정했다. 그래서 각 제후국은 잇달아 변경에 요새를 지어 군대를 주둔시키고 방어했다. 진나라의 함곡관이 가장 유명하다. 경제 발전 역시 군사시설을 세우는 데 물질적 재원을 제공함으로써 큰 힘이 되었다. 각 제후국은 정亭, 장鄣, 봉수烽燧 등 군사시설을 대규모로 지었다. 정亭은 감시 기능을 하는 시설로 매우 높은 곳에 설치되었다. 장障은 규모가 큰 성보였다. 그리고 봉수烽燧는 경계의 기능을 하는 곳으로 적군의 동향이 파악되면 정해진 규칙에 따라 연기를 피워 신호를 알렸다. 대일통의 정책에는 대일통의 군사방어 시설이 있어야 한다. 천하를 통일하는 과정에서 진시황은 전략적 요지에 유사한 군사시설을 많이 구축했다.

'말에 올라 타 천하를 얻은馬上得天下' 진시황은 방어시설의 중요성을 충분히 인식하고 있었다. 천하 통일을 공고히 하고 북쪽의 흉노를 방어하며 남쪽의 백월을 막기 위해 그는 장성, 직도直道 및 이와 관련한 요새, 정장, 봉수, 역참 등을 재건하거나 신축하여 제국 전체의 군사방어 체계를 정비했다. 이 가운데 장성은 진 왕조에서 가장 웅대한 군사 토목사업이었다.

장성은 영구적인 대규모 군사방어 시설에 속했다. 인류는 오래전에 '성城' '성보城堡'의 형식으로 군사방어 시설을 구축했다. 사실 '장성'은 확대된 의미의 성보였다. 장성은 지형 건축물을 이용한 참호, 성벽, 방어 성격의 작은 도시를 점진적으로 연결하여 만든 것이다.

중국에서 현재까지 알려진 장성 가운데 최초의 장성은 춘추전국시대의 초나라 때 만들어진 것이다. 초나라는 친수灈水, 비수沘水의 제방을 연결하고 제방을 높여 견고하게 만들었다. 이 장성은 동쪽 노관魯關에서 시작하여 남쪽 비양沘陽까지 이르는 시설로 "방성方城"이라 불렸다. 이런 시설은 끊임없이 재건되었다. 진나라는 황하와 낙수의 제방을 이용하고 방어 성격을 지닌 토목사업을 일으켰다. 이런 사업은 제방을 보강할 수 있었고 군사방어 시설로도 쓰일 수 있었다. 제나라, 위魏나라, 조나라, 연나라 역시 동일한 방식으로 군사 및 수리 양용의 토목공사를 일으켰다.

각 제후국도 잇달아 변방에 장성을 세웠다. 진 소왕은 농서隴西, 북지北地, 상군上郡에 장성을 쌓아 흉노 세력을 방어했다. 이러한 장성은 산과 물의 지리적 조건을 활용하고 대부분 흙과 돌을 이용해 쌓았다. 최근 들어 허난성에서 초나라의 장성 유적지가 발견되었다. 이 가운데 난자오현南召縣 반산핑진板山坪鎭에서 발견된 초나라의 장성은 돌을 쌓아 축조된 것으로 20여 킬로미터 구불구불 이어져 산을 따라 6개의 산봉우리가 연결되어 있다. 전체 성벽은 외곽성, 내성, 옹성甕城으로 구성되어 있다.

전국시대에는 각 제후국이 모두 장성을 쌓았다. 이 가운데 제나라 장성의 규모가 매우 컸다. "제 선왕이 산봉우리를 이어 장성을 지었는데, 동쪽으로는 동해에 이르고 서쪽으로는 제주濟州에 이르러 그 길이가 약 1000리나 되었고 초나라를 방어하는 데 사용했다"[2]라고 했다. 위나라는 중원 지역에 있어 수비할 만한 요새가 없었기 때문에 장성을 지어 장벽으로 삼았다. 연나라는 남쪽과 북쪽에 장성을 쌓았는데 남쪽의 '이수易水장성'은 진나라, 조나라, 제나라를 방어했으며 500여 리나 되었다. 북쪽의 장성은 흉노, 동호東胡, 산융山戎 등을 방어했고 상곡上谷에서 요양遼陽까지 200여 리가 구불구불 이어져 있다. 조나라 역시 남쪽과 북쪽에 장성을 쌓았다. 장수漳水 북쪽에 있는 장성은 주로 위나라와 진나라를 방어하는 데 쓰였고 조나라의 북쪽 장성은 총 1330여 리로, 연나라와 흉노 등 3호를 방어하는 데 쓰였다. 한韓나라의 장성은 원래 정나라의 것이었다. 한나라는 정나라를 멸망시킨 후 도읍을 정鄭으로 옮겼다. 이 장성은 확장되어 한나라가 진나라를 방어하는 장벽으로 쓰였다. 중산국도 장성을 쌓아 사면의 강대국을 방어했다.

전국시대에 흉노족을 방어하기 위해 진나라, 조나라, 연나라 등 3국 모두가 국경에 장성을 쌓았다. 진 소왕은 의거義渠를 함락시킨 후 "농서,

북지, 상군을 차지했고 장성을 쌓아 흉노를 방비했다. 그리고 조나라 무령왕도 풍속을 바꿔 호복을 입고 말타기와 활쏘기를 익혀 북쪽으로 임호와 누번을 깨뜨렸다. 또한 장성을 쌓아 대代에서부터 음산산맥 기슭을 따라 고궐에 이르는 지역을 요새로 만들어 운중군, 안문군, 대군을 두었다. (…) 연나라에서는 조양에서 양평에 이르는 장성을 쌓고 상곡군, 어양군, 우북평군, 요서군, 요동군을 두어 흉노를 방어했다.”[3]

진 왕조의 군대가 하투(오르도스 지역), 음산陰山 일대를 되찾은 이후 흉노의 범위는 북쪽으로 옮겨갔지만 여전히 내륙에 매우 위협적인 존재였다. 흉노 기병이 남하하는 것을 막기 위해 진시황은 흉노가 중원으로 남진하는 길목에 인공 장벽을 횡으로 구축했다. 몽염 장군이 군대 30만을 이끌고 북쪽으로 가서 융적을 쫓아버리고 하남을 차지한 후 “장성을 쌓았는데, 지형과 산세의 기복에 따라 요새를 만들었으며 이는 임조에서 요동까지 1만여 리나 되었다. 그런 후에 몽염은 황하를 건너 양산산맥을 차지하고 구불구불 북쪽으로 올라갔다.”[4] 새로운 장성은 각 제후국이 세웠던 옛 장성을 기반으로 재건되고 확장되었다. 이 장성은 동서를 관통하여 진 왕조 북부 변경에 우뚝 서서 명실상부한 ‘만리장성’이 되었다.

군사방어 시설로서 장성은 요새, 성대城臺, 성벽, 봉수 등으로 구성되어 있다. 요새는 국경에서 가장 높고 험한 곳에 자리잡고 있으며, 요충지를 보호하면서 “한 사내가 관문을 지키고 있으니 천군만마도 공략하지 못한다”[5]고 할 정도로 매우 중요하게 작용했다. 성벽은 산과 물을 포함한 지형적 요소와 불편한 교통을 적극 활용해 흉노의 기병이 대규모로 침투하지 못하도록 효율적으로 방어할 수 있었다. 성벽에는 약 500미터마다 주둔하는 병사들이 수비하는 적루敵樓가 설치되어 있었다. 적루에는 경보에 쓰이는 봉수가 갖춰져 있었다. 장성에는 무장한 병사가 주둔

제
십
이
장

토
건

803

해 있고, 그 주변에 대규모의 백성을 이주시켜 군민이 장성의 각종 군사 시설을 이용하여 신속하게 흉노의 침입을 막을 수 있게 했다.

장성을 쌓고 허무는 작업은 동시에 진행되었다. 진시황은 기나긴 변경에 장성을 축조하는 동시에 동쪽의 제후국들이 제각각 쌓았던 성곽의 참호와 불필요한 요새 및 그 외의 참호를 모두 해체하도록 했고 국가를 하나로 통일하기 위해 큰길을 텄다. 이러한 토목공사의 주요 목적은 교통의 편리성을 향상시키고 군대 이동을 신속하게 하며 반란자와 지방 할거 세력이 옛 군사시설을 이용하는 것을 막기 위함이었다. 갈석산의 문에 새겨진 비문인 「갈석각석碣石刻石」의 내용을 보면, "성곽을 허물고 하천 제방을 터서 통하게 하며 험하고 막힌 길을 없애셨다. 땅의 형세가 평탄해졌으므로 백성의 요역이 없어지니 천하가 두루 평안해졌다"6라고 새겨져 있다.

만리장성 축조에는 오랜 시간이 소요되었을 것 같지만 불과 수년 만에 완공되었다. 여기엔 설계자, 건축자의 현명한 지혜도 있었지만 엄청난 노동력과 물적 자원이 동원되었기에 가능한 일이었다. 장성을 축조하는 데 투입된 노동력은 크게 셋으로 나눌 수 있다. 첫째, 몽염이 이끈 30만 상주 군대와 전국 각지에서 징발한 수졸戍卒(변경으로 동원된 요역)이었다. 둘째, 주변에서 요역으로 징발된 백성들이었다. 셋째, 유배 온 죄인들이었다. 만리장성에 동원된 사람들이 가장 많을 때에는 50만 명에 달했을 것이다.

장성은 강제적인 병역과 요역에 힘입어 축조되었다. 진나라의 통치는 법을 숭상했고, 그 법률은 엄준하고 가혹했으므로 각종 노역의 강도, 토목공사의 기한에 대해 매우 엄격한 규정을 두었을 것이다. 한 예로 영거靈渠를 뚫을 때 공기工期가 지연되었다고 해서 장수 두 명이 사형에 처해지기도 했다. 다른 공사 역시 이와 비슷했을 것이다. 장성의 축조는 험준한 지역에서 이뤄졌기에 노동 조건이 열악했을 뿐 아니라 군민이 크게 다치거나 사망하는 등 공사 현장은 매우 참혹했을 것이다. 진나라 사람이 남긴 「장성가」에 "사내아이를 낳거든 키우지 말아라. 계집아이를 낳거든 육포로 주어라. 저 장성 밑을 보아라. 수북이 쌓인 백골이 떠받치고 있도다"[7]라는 노랫말이 있다. 맹강녀孟姜女가 울부짖으며 죽은 남편을 찾아 장성을 뒤진 널리 퍼진 이야기는 민간에 떠도는 전설이지만 장성 축조에 동원된 백성의 슬픔과 분노를 어느 정도 보여준다.

사람들은 진시황이 장성을 축조한 것에 대해 백성의 힘을 가벼이 여기고 함부로 동원했다며 부정적인 평가를 내렸다. 사마천은 "나는 북쪽 변방 지역에 갔다가 지름길로 돌아왔다. 길을 가면서 몽염이 진나라를 위해 쌓은 장성의 요새를 보았다. 산악을 깎고 계곡을 메워 지름길을 통하게 했으니 진실로 백성의 힘을 가벼이 여긴 것이 분명하다"[8]라고 했다.

엄청난 규모의 토목공사로 재정을 낭비했다는 사실은 분명히 진 왕조가 단명한 주요 원인이다. 전국시대의 전란으로 황폐화된 토지와 민심을 바로잡는 일이 시급하며 전후 안정화 조치와 경제회복이 필요한 때에 대규모의 토건사업을 일으키고 사치와 방탕을 일삼아 재정을 낭비하며 백성의 힘을 가벼이 여기는 일은 정치에서 금기 사항이었다. 그런데 진시황은 이렇게 중요한 금기를 위반했다. 그러나 이를 근거로 진시황이 폭정을 했다고 판단하는 것은 사실을 너무 단순하게 평가하는 것이다. 각종 제국의 토목사업은 '합리적인 일'과 '불합리한 일'로 구분해야 하고, 무조건 '백성의 힘을 가벼이 여겼다'고 싸잡아서 비난해서도 안 되지만 공로와 과실을 단순하게 평가해서는 더욱 안 될 일이다. 진 왕조의 일부 토목사업은 최소한 기본적으로는 합리적이었으며, 그것도 시급하게 완성해야 하는 일이었다. 그리고 대부분은 기존에 추진했던 공사를 확장한 것이었다. 수입을 늘리고 지출을 줄이는 효과가 있는 토목사업도 있었으며 경제 발전에 도움이 되는 사업도 있었다. 필자는 대대로 논쟁이 끊이지 않았던 장성과 치도의 토목사업은 모두 이러한 유형에 속한다고 본다.

장성을 축조하는 일은 합리적인 사업이었다. 첫째, 궐기하고 있는 흉노제국이 중원을 침입하는 것을 막는 일은 최우선 과제였다. 그런 면에서 장성 축조는 반드시 완수해야 했다. 그렇지 않았다면 흉노의 침입 때문에 발생했을 군비와 노역의 부담 및 생명과 재산의 손실이 장성 축조로 발생하는 손실과 부담보다 훨씬 컸을 것이다. 둘째, 장성은 기존의 장성을 확장한 것이었다. 규모가 매우 웅대하기는 했지만 전체적인 부담은 여섯 제후국의 성벽 축조와 군사시설을 유지하는 데 드는 부담의 총합을 넘지는 않았을 것이다. 진시황은 30만 군대를 동원하여 흉노족의 20~30만 기병을 방어했다. 이러한 병력 동원이 합리적이었던 것과 마찬가지로 진시황이 시행한 장성 축조에 들어간 재정 지출은 대체로 합리적이었다. 셋째, 장성이 축조된 이후 흉노족을 방비하는 데 들어가는 비용을 줄일 수 있었고, 경제가 발전해 재정수입을 늘릴 수 있었다. 진 왕조와 흉노 사이에 10여 년간 전쟁이 일어나지 않은 것을 보면 장성 축조사업은 수지가 맞았다고 할 수 있다.

한 고조는 군사 20여만 명을 동원하여 흉노족을 방어했고, 한 혜제는 병력 규모를 그대로 유지하면서 15만여 명에 가까운 사람을 동원하여 장성을 보수했다. 이 역시 진시황이 10만 명으로 장성을 보수, 축조한 것이 필수적인 사업이었음을 보여준다. 역대 왕조가 막대한 재정을 들여 장성을 보수 또는 재건한 것도 주목할 만하다. 치도를 닦고 운하를 뚫고 수로를 정리하는 등의 토목사업은 경제적, 사회적 이익이 막대한 토건사업에 속했으며, 이는 모두 진시황의 치적에 포함되어야 한다.

중국 고대사에서 대규모의 토목사업을 일으킨 황제는 두 명 있다. 한 명은 만리장성을 쌓은 진시황이고 다른 한 명은 대운하를 개통시킨 수양제이다. 이 두 황제가 시작한 토목사업은 모두 '자신의 시대에는 화근이 되었지만爲禍一時' '자손 만대의 복이 되었다造福萬代.' 장성과 대운하 사업을 백성을 학대한 죄와 왕조를 멸망시킨 원인으로 보는 것은 객관적이지 못하고 공정하지도 않다. 두 황제의 죄과는 사회에 무익하고 백성에 유해한 사업을 일으키며 막대한 노동력과 재원을 낭비한 데에 있다. 장성이든 운하든 필수적인 사업이며 추진할 능력이 있는 토목사업도 백성에게 피해를 줄 수 있다. 만일 진시황이 화려한 궁궐과 무덤을 세우고, 천지신령에게 제사를 지내는 일이나 선약仙藥을 구하는 데 막대한 노동력과 물적 자원을 투입하지 않았다면 '장성을 쌓아 오랑캐를 막은' 일은 그의 공적으로 끊임없이 칭송되었을 것이다.

최근 들어 중국의 사합원四合院(전통 가옥)은 작은 성벽이고 중국의 장성은 커다란 성벽이며, 사합원과 장성은 중국 문화가 선천적으로 폐쇄적이었음을 보여주는 상징이라는 우스꽝스러운 말을 한다. 이런 가설은 터무니없다. 장성은 군사적 목적에서 축조된 것이지 경제, 문화, 인구의 교류를 막기 위해 쌓은 것이 아니다. 사실상 그렇다고 해도 중화문화권이 장성 안쪽으로 봉쇄되지도 않았으며 외래 문화를 장성 밖으로 배척하지도 않았다. 장성이 생겨난 시대는 고대 문명의 상승기였고 진한시대와 수당시대의 문화적 개방성은 의심의 여지가 없다. 청 왕조의 쇄국정책에서 분명한 폐쇄성이 드러나지만, 그 당시 강희제는 오히려 북방의 각 민족을 단결시키는 난제를 훌륭하게 해결했다는 점에서 장성 축조를 주장하지 않은 왕이었다. 이렇듯 장성은 문화적 폐쇄성과 아무런 관계가 없는 역사적 현상이다. 세계사를 살펴보면, 근대 이후의 서양 문화는 틀림없이 어느 정도 개방성을 지니고 있다. 하지만 로마제국이 남겨놓은 장성의 유적과 서유럽 봉건시대의 축성을 보면서 서양 문화가 선천적으로 폐쇄적이었다고 단언할 수 있겠는가? 여러 봉건 귀족의 성은 거석을 쌓아 축조되었고 대다수의 성이 높고 험준한 지역에 자리잡고 있으며 이러한 고립무원의 성은 유럽 각지에 분포해 있다. 중세 유럽 성의 폐쇄성은 중국의 성읍과 사합원을 훨씬 초월한다.

치도와 역도의 전국적인 설치

진 왕조가 세워진 후 첫 번째 중대한 교통 토목사업은 바로 전국에 역도驛道를 체계적으로 설치한 것이었다. 당시의 역도는 세계적으로도 으뜸가는 인공 육로 교통망이었다.

대규모의 도로망을 구축하는 것은 제국주의의 전형적인 통치 행위이다. 도로망은 천하의 동맥이고 우전郵傳은 "천하의 혈관"으로 불렸다. 큰길, 역참, 우전으로 구성된 도로망은 군사, 정치, 민간 부문이 모두 활용하는 대제국이 갖춰야 할 공공시설이었다. 통구通衢(큰길)와 역참망의 형성은 제국의 통일과 안정, 발전을 유지하는 데 매우 중요한 정치, 군사, 경제, 문화적 의의가 있었다.

진 왕조의 육로 교통체계 역시 과거의 인프라를 기반으로 확장한 것이었다. 전국시대에 각 제후국은 물자 운송에 편리한 도로망을 구축했고 그중 일부 도로는 군사적 목적을 위해 정비되었다. 예컨대 진나라는 파촉을 공격하기 위해 험준한 바위 벽에 구멍을 뚫고 다리를 설치하여 '1000리나 되는 잔도를 만들어 촉한 땅과 통하게'[9] 했다. 또한 각 제후국의 도로를 서로 통하게 하여 더 큰 도로망을 만들었다. 당시 중원에 있던 위, 조, 제 등의 제후국은 종횡으로 복잡한 큰길을 닦고 "오도午道"라 불렀다. 넓고 곧게 뻗은 오도를 이용하여 수백 리를 다녔고 "사람이 발로 뛰고 말을 타고 달려서 피곤해지기 전에 도착"[10]할 수 있었다. 이들 오도는 진나라와 초나라의 오도와 통했으며, 이 가운데 널리 알려진 '성고지로成皐之路'는 동쪽의 제후국들이 합종하여 진나라를 공격할 때 전략적으로 자주 사용했다.

진시황 27년(기원전 220) 여섯 제후국을 멸망시킨 지 얼마 안 되어 진시황은 '치도 정비治馳道'령을 내렸다. 지형적 장애물을 뚫기 위해 "성곽을 허물고 제방을 터서 통하게 하라"[11]는 영도 내렸다. "천하에 치도를 정비하여 동쪽으로는 연나라와 제나라에 이르렀고 남쪽으로는 오나라와 초나라에 이르렀다. 치도는 강과 호수를 지나 바닷가의 아름다운 곳이라면 모두 지났다. 치도의 너비는 50보步(69미터)이고 도로 양쪽으로 주변 석 장丈마다 푸른 소나무를 심고 금속 재료를 써 양쪽으로 노견을 만들었다"[12]고 했다. 치도는 수도 함양을 중심으로 전국에 종횡으로 분포되어 있었는데, 폭은 50보이고 길 양쪽에 철을 박아 튼튼하게 하고 또 나무도 심어 아름답게 조성해야 했다. 치도는 주로 정치, 군사적 목적에서 정비되었으며, 국가의 중요한 인프라였기 때문에 당시 사람들은 "천자의 길天子之道"이라고 불렀다. 진 왕조의 사통팔달한 치도는 분명히 기존에 있던 도로를 정비한 것이었다.

진 왕조의 도로망은 끊임없이 확대되었다. 진시황은 국사에 필요한 까닭에 국방 통도通道를 정비했다. 예컨대 운귀雲貴 지역으로 통하는 '오척도五尺道', 남중국해로 통하는 '양월신도楊越新道', 북쪽 변경으로 통하는 '직도直道' 등이 그것이다. 진시황은 파촉과 서남쪽 변경지역과의 연계를 한층 강화하기 위해 상알常頫을 보내 운귀 지역으로 통하는 큰길을 정비하게 했고 그 유적은 오늘날까지도 남아 있다. 이 도로는 산을 뚫어 개통되었고 폭이 대략 5척이었기 때문에 "오척도"라고도 불렀다. 또 백월을 평정하는 과정에서 진시황은 치도의 기준에 따라 양월신도를 만들라는 영을 내렸다. 이 도로는 중원과 호남, 강서, 광동, 광서를 지나 남중국해까지 뚫렸다. 진시황 35년(기원전 212), 진시황은 흉노족을 방비하기 위해 다시 '구원직도九原直道'를 만들라는 영을 내렸다. 이 도로는 함양에서 시작되어 상군, 운양, 구원에 이르며 산과 바위를 뚫고 요새를 부수고 만든 것으로 2년 반 만에 완공되었다. 이 도로는 "1800리에 걸쳐 산을 깎고 골짜기를 메워서"[13] 만들어졌고 함양에서 구원군의 관청인 치소治所(오늘날 내몽골 바오터우시包頭市 서남)까지 이어졌기 때문에 '직도'라 불렀다.

또한 진시황이 직접 도로와 다리를 만드는 일에 참여했다고도 한다. 『수경水經』「제수주濟水注」에 따르면, 진시황이 동쪽을 순시할 때 길에서 강을 만나 가로막혔는데 길도 다리도 없었다. 그는 직접 신하를 이끌고 각자 돌덩이를 실어 날라 강을 메워 길을 텄다고 한다. 이는 진시황이 동쪽 순시를 하다가 만들었기 때문에 "진량秦梁"으로 불렀다.

대제국과 마찬가지로 국가적인 도로망 정비사업과 동시에 역참망 구축도 진행되었다. 1980년대 이후 나라 안의 치도 유적을 고찰한 수많은 학자들이 도로 옆에 지어진 역참 건물 유적을 발견함으로써 진나라의 역참망에 대한 실질적인 증거가 확보되었다. 교통망과 정보망은 밀접한 관련이 있다. 말을 타고 달리는 역졸驛卒과 신사信使는 중앙정부의 명령이나 지방정부의 보고를 신속하게 전달할 수 있었다. 이런 대형 역참·우전망은 방대한 제국 통치에 없어서는 안 되는 것이었다.

    진시황이 육로 교통망을 구축한 목적에 대해서 문헌에서는 순행巡幸
설과 용병설을 제시했고, 또 일부는 천하 유람과 무력 남용의 일환이
며 재정 낭비라고 비판했다. 그러나 이는 협소한 생각으로 제국주의 통
치 행위를 해석하는 틀이 되지 못한다. 도로를 만든 직접적인 동기로 순
행설과 용병설은 어느 정도 일리가 있지만 이들의 목적은 분명히 종합적
인 것이었다. 도로는 문명의 발전 단계에서 필연적으로 나타나는 결과
물이었다. 로마가 팍스로마나를 이룰 수 있었던 것은 큰 도로를 만든 데
에 있었다. 각 도로의 표준과 품질이 뛰어났기 때문에 "모든 길이 로마
로 통한다"는 말이 생겨날 정도였다. 세계의 다른 제국도 마찬가지였다.
제국은 큰길을 정비했고 큰길은 제국을 만들어주었다. 큰길이 흩어져
있는 작은 길과 합쳐지면 문명은 한 단계 올라선다. 도로를 만든 사람의
목적이 무엇이든 도로는 정치 통합과 군사 동원에 기여했을 뿐만 아니라
경제 발전, 무역과 문화 교류에 도움이 되었다. 전국에 퍼진 도로망은
국가를 하나로 이어주었고 그리하여 도로망은 그 국가의 중요 부분이
되었다. 현존하는 기록을 살펴보면 진시황 때의 육로, 수로 교통망 건설
은 기본적으로 효율성이 매우 높은 공공 토목사업이었음을 알 수 있다.
수레와 배로 물자를 운송함으로써 병력과 운송 비용을 크게 절감했기
때문이다. 치도사업을 진시황의 큰 과오, 심지어 진 왕조를 멸망으로 이
끈 원인으로 보는 시각은 재고되어야 한다.

| 3 |

영거와 장강 남북을 이은 수로 교통망

고대 농경사회에서 수리시설을 정비하는 것은 국가의 중요한 사업이었다. 원시 중국에서는 수리사업을 매우 중시했다. 우 임금이 막힌 물길을 터서 흐름을 유도하며 치수를 했기 때문에 『사기』에서는 "제후국들이 평안히 지낼 수 있었던 것은 삼대三代의 공이 있었기 때문이다"[14]라고 기록했다. 그 후 중원에서는 형양榮陽(허난성)에서 황하를 끌어다가 만든 홍구鴻溝가 제수濟水, 여수汝水, 회수淮水, 사수泗水를 연결했다. 초나라는 수로를 터서 한수漢水와 운몽云夢을 연결하고 강수江水와 회수를 연결했다. 오나라는 수로로 삼강三江(송강松江, 누강婁江, 동강東江)과 오호五湖(태호의 별칭)를 연결했고 제나라는 운하로 치수菑水와 제수를 연결했다. 진나라에서는 도강언道江堰을 만들어 성도成都에서 비강郫江과 유강流江의 지류를 뚫었다. "이 수로는 깊어서 배가 다닐 수 있었고 물이 많아서 농토에 물을 대어 백성이 많은 이익을 누렸다."[15] 이외에도 위나라가 장수漳水를 끌어서 업군鄴郡에 관개한 토목사업을 일으켰고, 진나라는 경수涇水와 낙수洛水를 연결하는 정국거鄭國渠를 개통했다. 운하를 개통해서 병력과 군

제
십
이
장

토
건

813

수물자를 수송한 선례가 있다. 위에서 언급한 운하도 대부분 순수하게 민용으로만 개통된 것은 아니었다. 춘추시대 오왕 부차가 중원을 빼앗기 위해 기원전 486년 한구邗溝를 뚫어 장강(양쯔강)과 회하를 연결했고, 기원전 482년에는 송나라와 노나라 사이의 회하에 운하를 뚫어 장강 수계와 황하 수계를 연결하였다. 이로써 부차 역시 수로를 이용하여 장강 유역에 있는 오나라 땅에서 황하 유역인 중원으로 병력과 군량을 수송할 수 있었다. 전국시대에는 중원의 홍구가 가장 이름을 떨쳤다. 홍구의 주요 수원인 황하는 각 제후국의 수로 교통망을 연결하는 역할을 했다. 진시황은 누선樓船으로 병력과 군량미를 원거리로 수송하기 위해 영거靈渠를 뚫어 상강湘江 수계와 계강桂江의 지류인 이강漓江 사이의 교통을 편리하게 했다. 또한 진시황의 통치 시기에는 정국거, 홍구 등 중요한 수리 토목사업이 착공되거나 완공되었다. 다른 기록에 보이는 진 왕조의 토건사업에는 통릉강通陵江, 누라강淚羅江, 흥성거興成渠, 진거秦渠, 비파구琵琶溝 수로 등이 있었다. 위의 인공 운하는 각지에 분포한 자연의 물길과 연결되어 황하, 회하, 장강, 주강珠江 등 주요 수계의 물길을 연결하여 수로 교통망을 형성했다. 이러한 교통망은 통일국가를 유지하고 경제 발전을 촉진시키며 문화 교류를 활성화하는 데 많은 영향을 끼쳤고 긍정적인 의의가 있었다. 이 운하 교통망은 역대 통치자들이 적극적으로 유지, 보수하여 중국 고대에 매우 중요한 수로 교통시설로 자리잡았다.

영거 수로는 사실 군사 목적으로 만든 대규모 시설이었다. 진나라 군대가 영남嶺南(오령五嶺 이남 지역, 광둥성·광시성 일대) 지역으로 진군할 때 공사가 시작되어 진시황 33년(기원전 214)에 완공되었다. 진군은 초를 멸망시킨 지 얼마 안 되어 다시 남하하여 백월을 평정했다. 당시 영남 일대는 산길이 험준하여 군대와 군수물자를 수송하기에 매우 불편했다. 이에 진나라 군대의 진군과 물자 수송 문제를 해결하기 위해 진시황은 감어사監御史인 사록史祿에게 "수로를 파서 군량미를 조달하고"[16] 누선으로 병력을 수송할 것을 명했다. 그 결과 사록은 상수와 리수 중간에서 운하를 파기 시작했고 결국 수로를 만들어 군량미를 조달할 수 있었다.

영거는 또한 흥안興安 운하라고도 불리며 상강 상류인 바닷가(광시성 싱안현興安縣 동남)에서 시작된다. 이 일대에서 상수와 이수의 거리는 겨우 1.5킬로미터에 불과하고 수위 차는 6미터도 안 된다. 두 물길 사이에는 나지막한 구릉이 몇 개 있을 뿐이고 상대 고도는 20~30미터에 불과하다. 그러므로 영거를 파는 공사는 시행 가능성이 있었다. 사록은 실제 조사를 거쳐 적당한 위치를 선택해서 운하를 파기 시작했다. 그는 지형을 적극 활용하여 화제鏵堤(물길을 나누는 시설물), 대소천평大小天平(자동으로 수량을 조절하는 시설), 남거南渠, 북거北渠 그리고 진제秦堤(영거를 보완하는 시설), 설수천평洩水天平(수량 조절 시설), 두문陡門(수위를 조절해서 배가 다닐 수 있게 하는 시설) 등을 설치하는 공사를 진행했다. 사록은 사람들을 동원하여 이 지역의 강에서 쟁기날처럼 생긴 돌제방石堤을 축조하여 상수를 남북거南北渠로 나누고, 물의 7할은 북거(약 4킬로미터)를 거쳐서 상수로 들어가게 하고 3할은 남거(약 30킬로미터)를 거쳐서 이수漓水 상류인 대용강大榕江과 합류하게 했다. 강물이 지나는 곳은 모두 지대가 높은 곳이어서 물은 쉽게 인공적인 운하를 따라 흘렀다. 운하는 우회하여 경도를 낮춤으로써 물의 흐름을 완만하게 했다. 운하 중간에 두문斗門 몇 개를 설치해 배가 운행할 수 있도록 수위를 조절하면 남북으로 왕래하는 배가 '벼랑을 따라 높이 올라갔다가 물이 아래로 흐르면서 배도 따라 내려오는'[17] 신기한 장관이 펼쳐졌다. 이 인공 운하는 총 34킬로미터로 상수와 리수를 연결하여 장강 수계와 주강 수계를 연결하였다.

영거가 완성되자 진나라 군대는 신속한 기동력으로 마침내 남월과 서구西甌를 평정했다. 효용성은 이에 그치지 않았다. 영거는 '삼초三楚와 양월兩粵 지역(삼초는 서초, 동초, 남초, 양월은 남월과 민월)의 중심 교통로'가 되었으며 남북을 이어주는 교통의 중추이자 물을 끌어오는 관개수로의 역할도 했다.

진나라 때 만들기 시작한 도강언, 정국거, 영거 등은 오늘날에도 매우 중요한 시설로, 그 이로움으로 볼 때 '만대에 걸쳐 복이 되었다'고 할 수 있다. 특히 영거는 세계 해운 토목 역사상 매우 뛰어난 위상을 차지하고 있다.

칼날과 화살촉을 녹여 종을 만들다

『사기』에서는 "진시황은 즉위하면서 여섯 나라를 겸병하고 칼날과 화살촉을 녹여 종과 종걸이를 만들었다"[18]고 전하고 있다. 이것은 진시황이 여섯 제후국을 통일하고 진 왕조의 통치를 공고히 하기 위해 추진한 또 다른 사업이었다. 이 거대한 규모의 사업은 '칼날과 화살촉을 녹이는 것'과 '종과 종걸이를 만드는 것'의 두 단계로 구분된다. 이 상징적인 사업의 성과물이 바로 널리 알려진 '12 동인상金人'이다.

진시황 26년(기원전 221) 제나라가 멸망하면서 천하가 통일되었다. 진시황은 왕조의 중요한 제도들을 정립하면서 "천하의 병기를 수집하여 함양에 모아놓고 그것을 녹여서 종과 종걸이를 만들게 했으며, 무게가 각각 1000석인 동인상 12인을 만들어 궁궐의 뜰에 두도록"[19] 영을 내렸다. '소봉銷鋒'은 수많은 병기를 거둬들여서 녹이는 것을 말하고, '종거鑄鐻'는 이들 폐기된 병기를 녹여 궁궐에서 사용하는 종걸이와 같은 각종 동기銅器를 대규모로 제작하는 것이다. 특히 '12 동인상'은 당시에 주조된 최대의 청동 기물이었다. 엄청나게 큰 청동 인물상은 이 사업의 규모를 매우 화려하게 입증해준다.

이 일을 시행한 목적에 관해서는 몇 가지 가설이 제기되었다.

첫째, '미병彌兵설'(전쟁을 멈춤)이다. 한 왕조 초창기에 엄안嚴安은 고조에게 글을 올려 시정을 논하면서, "진나라 왕은 천하를 삼키고 전국을 무찌른 후 황제라 일컬으면서 천하의 정권을 잡고 제후의 성을 파괴했습니다. 그리고 그들의 무기를 녹여 종과 종걸이를 만들어 다시는 무기를 쓰지 않는다는 것을 보여주었습니다. 선량한 백성들은 이제 불안에서 벗어나 현명한 천자를 얻어 저마다 다시 태어났다고 생각했습니다"[20]라고 썼다. 즉 무기를 녹여 종을 만든 것은 '칼을 녹여 쟁기를 만들고鑄鑅爲犁' '말을 남산에 방목시켜 전쟁을 일으키지 않았다放馬南山'는 의미가 있었다.

둘째, '약민弱民설'이다. 이 가설은 진시황의 통치 방략이라는 관점에서 볼 때 '천하의 병력을 몰수하는收天下兵' 정치적 목적을 강조했다. '약민'은 '미병'과 정반대의 개념으로, 동일한 역사 현상에 대해 정반대로 해석한 것이다. 한대의 가의와 사마천은 이 가설을 견지한 대표적 인물이었다. 『사기』 「진시황본기」에서 사마천은 가의의 『과진론過秦論』을 인용하여 진시황의 잘한 점과 잘못한 점을 평가했다. 그들은 진시황이 '채찍을 휘둘러 천하를 제압한' 상태를 유지하기 위해 '선왕의 법도를 없애고 백가의 책을 태워 백성을 어리석게 만들었다. 또한 유명한 도성을 무너뜨리고 호걸들을 죽였으며, 천하의 무기를 거두어 함양에 모은 후 녹여서 종과 종걸이를 만들고 사람 모양을 한 동인상 12개를 만들어 백성의 힘을 약화시켰다'[21]고 지적했다. 즉, 이러한 것들을 진 왕조의 통치에 저항하지 못하도록 백성들을 무력화시킨 방편으로 보았다. 많은 사람들이 이 설에 공감하여 종을 만든 조치를 '이법치국' '분서갱유'와 함께 거론하면서 진시황의 실정으로 단정했다. 그리고『한서』에서는 "진나라가 천하를 통일하고 왕도를 폐지하여 독재를 일삼고『시경』과『서경』을 불태우고 법령을 최고로 여겼다. 인의를 버리고 형벌을 일삼았으며 또한 유명한 도성을 무너뜨리고 제후들을 죽였으며 천하의 무기와 칼날을 녹여버렸다"[22]고 했다. 이러한 주장은 후대의 학자들 상당수가 그대로 받아들였다. 그리하여 "동인상을 만들고 백성을 변경지역으로 유배 보낸"[23] 조치는 진시황의 죄상 중 하나가 되었다.

셋째, '부서符瑞설'(상서로운 조짐)이다.『한서』「오행지 하지下之 상」편을 보면 "진시황 26년 길이 5장, 신발 크기가 6척이며 모두 오랑캐의 복장을 하고 있는 12명의 대인을 임조에서 볼 수 있었다. 천계에서 이르기를 오랑캐의 것을 배우지 말라. 재앙을 받을 것이라고 하였다. 그 해에 진시황은 여섯 제후국을 겸병했고 천하 통일을 상서로움으로 여기고 천하의 병기를 녹여 오랑캐 모양을 한 열두 개의 동인상을 만들었다"[24]라는 구절이 있다. 즉 진시황은 자연재해와 기이한 자연현상을 부서符瑞로 생각했다는 것이다. 그리하여 칼날과 화살촉을 녹여 종과 종걸이를 만든 목적은 상서로운 부서가 내려졌다는 것과 진 왕조의 합법성 및 천하를 통일한 공적을 널리 알리기 위함이었다는 것이다. 이렇게 본다면 '12 동인상'은 특수한 정치적 의미가 있다고 할 수 있다. 이들이 모두 '오랑캐의 복장을 하고 있는 것'에 대해 여러 문헌에서는 "동적銅狄" "금적金狄"이라 불렀다. 부서와 상서祥瑞는 원래 터무니없는 참언에 속했지만 당시의 정치 현실에서는 매우 중요하게 작용했다. 진시황은 상제를 우러러보고 천명을 믿었던 황제다. 임조臨洮의 지방관이 '부서'를 보고할 때 그는 전혀 의심하지 않고 천하를 통일한 상징이라고 확신했고 이에 '12 동인상'을 주조하여 널리 기념하고자 했다. '부서설'을 지지한 수많은 고대 학자들은

이 설을 확신하며 진시황을 크게 비난했다. 그들에게 진시황은 '천계天戒'
나 '천벌天譴'을 '부서'로 여긴 인물이었고 그들은 이를 진시황이 무도하다
는 근거로 삼았다.

넷째 '옹중翁仲설'이다. 『회남자』 「범론훈氾論訓」에 붙여진 고유高誘의 주
석에는 "진시황 26년, 처음으로 천하를 통일했다. 임도에 높이가 5장,
신발 크기가 6척인 사람 모양의 동상이 있다. 그 형상에는 사람의 모양
을 본떠 주조되었다고 쓰여 있다. 옹중, 그대는 누구인가"[25]라고 쓰여 있
다. 이는 동인상을 옹중과 연계시킨 것이다. 『사기』 「진시황본기」에 대한
『사기색은』 주석은 『후한서』를 인용하여 "동인상은 옹중인데 옹중은 그
이름이다"[26]라고 했다. 수많은 문헌 중 『산당사고山堂肆考』, 『광우기廣宇記』
「섬서임조부명환陝西臨洮府名宦」, 『고금도서집성』 「곤여전坤興典」 편 등에 옹
중에 대한 기록이 있다. 기록마다 표현은 조금씩 다르지만 기본적으로
수록된 내용은 동일하다. 옹중의 성은 완씨阮氏인데 키가 매우 크고 용모
가 위풍당당한 사람으로 진시황의 장군이었다. 진 왕조가 세워진 후 진
시황은 완옹중阮翁仲에게 임도臨洮에 주둔하여 수비하도록 명했다. 그는
혁혁한 전공을 세웠고 흉노족을 무찔렀기에 '진나라 사람은 이를 상서로
움으로 여겼다.' 완옹중이 사망한 후 진시황은 그의 형상에 따라 동인상
을 주조하여 함양궁 사마문司馬門 밖에 세워둘 것을 명했다. 동인상의 생
김새는 살아 있는 인물이라는 착각을 일으킬 정도로 생생하여, 흉노족
이 그것을 보면 옹중이 아직 살아 있는 것으로 착각하여 더욱 예를 갖추
었다. 그러나 이러한 기록은 직접적으로 옹중의 동인상을 '12 동인상'과
연계시키지는 않는다. '옹중설'은 진시황이 동인상을 주조한 목적을 국경
밖에 이름을 떨친 장수를 기념하고 멀리 떨어져 있는 흉노족을 경계하기
위한 것으로 해석했다.

다섯째, '방효성왕仿效聖王설'(성왕을 본받음)이다. 이 설은 일본의 중국 학자인 다키가와 가메타로瀧川龜太郎(1865~1946) 박사가 제기한 것이다. 그는 "진시황이 무기를 거둬들여 녹인 것은 주나라 무왕이 소와 말을 방목한 것을 본받은 것이고, 12 동인상을 주조한 것은 하나라 우 임금이 구정을 주조한 것을 모방한 것이다"[27]라고 주장했다.

여섯째, '폐기동병廢棄銅兵설'이다. 궈모뤄가 이 설을 제기했다. 그는 진시황의 이러한 조치는 상징적인 역사적 사건이고, "청동기시대에서 철기시대로 넘어가는 전환점임을 의미한다"[28]라고 했다. 강엄江淹(남조南朝시대의 학자)은 「동검찬서銅劍贊序」에서 전국시대 이래로 병기에 대한 수요가 많았기 때문에 "청동을 주조하기는 어렵고 철기는 구하기 쉬웠던 까닭에 청동무기는 줄어들고 철제무기가 점점 많아졌다. 그러다 양한시대에 이르자 청동무기는 보기 드물어졌다"[29]고 지적했다. 이는 역사적 사실이다. 철기로 만들어진 무기가 보편화된 것은 한대의 일이지만, 그 이전부터 철제병기가 늘어나면서 청동기로 만들어진 무기는 도태되었다.

위의 가설들은 모두 어느 정도 일리가 있다. 전체적으로 볼 때 '칼날과 화살촉을 녹여 종과 종걸이를 만든' 조치는 정상적인 통치 행위였다. 특정한 역사적 조건에서 그 규모가 전무후무했을 뿐이다. 바로 그 특정한 역사적 배경은 전후 처리 문제를 해결하고 병기 관리를 강화하기 위함이었다. 그리고 천하의 병기를 거둬들인 것은 진나라의 제도와 관련이 있다. 운몽진간을 살펴보면, 진나라에서 병기는 모두 국가가 소유한다는 전통이 있었다. 이 제도에 따르면 평상시에 국가가 일괄적으로 병기를 제조하고 보관했으며, 군대를 동원할 때는 국가가 이를 발급하고 명부에 등록했다. 퇴역하면 일괄적으로 병기를 회수했으며, 등기된 내용이 사실과 맞지 않을 때에는 반드시 가격대로 배상해야 했다. 귀족과 관리에게 부여한 소량의 패검 등 의례적인 병기 이외에 전쟁에 쓰이는 병기는 모두 국가가 보관했으며 개인은 평상시에 무기를 보유할 수 없었다. 이는 아마도 매우 오래된 제도였던 것 같다. 이로써 전쟁이 끝난 후에 정부는 필연적으로 대규모의 병기를 국고의 소유로 귀납시켰을 것이다.

진시황이 병기를 녹인 또 다른 주요한 이유는 병기의 총량이 과잉 상태였기 때문이다. 진시황이 거둬들인 병기는 여섯 제후국에서 몰수한 것으로 수거된 병기의 총량은 엄청난 것이었다. 전국시대 말기, 대국 간의 겸병전쟁이 갈수록 치열해져 각 제후국의 전체 병력이 수백만에 이르렀다. 당시 사병이 갖춰야 할 무기는 최소한 3개였다. 만일 민간에 흩어져 있는 병기까지 합친다면 병기의 총량은 수천만 개는 되었을 것으로 추정된다. 천하가 통일된 후, 전국 군대의 총 규모가 대폭 줄어들면서 거둬들인 병기와 훼손되거나 흩어져 있던, 또는 과잉 생산된 병기는 적절하게 처치해야 했다. 대규모의 병기를 수거하고 녹이는 일은 반드시 해야 하는 일이었다. 병기 관리를 강화한 데에는 통치질서를 확실히 다지고 백성의 저항을 사전에 막으려는 의도도 있었다. 또한 통일 후 병기를 녹여버리는 조치는 전쟁을 그만두고 교화를 강화하려는 의도도 있었다. 성왕聖王의 이야기를 본받고 따르고자 했을 수도 있는데, 여기에는 역사적 선례가 있었다. 노나라의 계무자季武子는 제나라의 병기를 거둬들여서 "임류의 종林鐘을 만들어 노나라의 공로를 새겼다."[30] 전쟁이 끝난 후, 무기를 대규모로 거둬들인 것은 자주 있었던 일이다. 진시황이 '병기를 녹인' 조치는 기존의 제도와 관련이 있으며 국가 통일과 사회 안정에도 유리한 시도였다. 이 사건을 평가할 때, '천하 백성의 힘을 약화시켰다'는 식으로 과장할 필요는 없을 것이다.

수천 수만의 병기가 수도 함양에 모여들자 '산더미처럼 쌓였다堆積如山'

라는 말로도 그 규모를 충분히 표현할 수 없었다. 진 왕조는 적절한 방법으로 쓸모없어진 병기를 처리해야 했다. 당시에 병기는 청동기로 만들어진 것이 대부분이었는데 청동은 매우 귀한 금속이었다. 그래서 자주 병기를 녹여 재차 활용해왔다. 상주시대 이래로 역대 통치자들은 대형 청동기물을 만들어 권위와 부귀를 자랑했었다. 진시황 역시 마찬가지였을 것이다. 이런 배경에서 진시황은 이 귀중한 청동을 사치스러운 궁정 용품으로 주조하기로 결정했다. 특히 그는 기념비적이고 상징적인 대형 기물을 만들었다.

진시황이 '12 동인상'을 주조한 목적은 분명히 부서符瑞와 연관이 있다. 이는 동인상의 형상을 근거로 추정할 수 있다. 12개의 동인상은 '임도장인臨洮長人'의 체격과 생김새에 따라 주조되었으며 모두가 '오랑캐의 복장을 하고 있다皆夷狄服.' 이것은 '부서설'의 신빙성을 더해주고 있다.

진시황이 녹인 병기로 주조한 기물은 분명히 '12개의 동인상'만은 아니었을 것이다. 진 왕조의 궁궐에는 수많은 청동기물이 있었다. 여러 문헌을 살펴보면, 진나라 사람이 1000석이나 되는 종鍾을 주조한 기록을 곳곳에서 찾아볼 수 있다. 이 기물 가운데 일부는 역사를 계승한 것도 있고 진시황이 직접 제작한 것도 있다. 유흠劉歆의 『서경잡기西京雜記』 권3에 따르면 한 고조 유방劉邦이 처음으로 함양궁에 들어갔을 때 "창고를 둘러보니 금옥 등 진귀한 보물이 말로 형언할 수 없을 정도로 많았다. 특히 놀라울 정도로 기이한 것도 있었다."[31] 예를 들면 "열두 청동인이 앉아 있는데 모두 앉은키가 3척이며 연회 석상의 모습으로 배열돼 있었다. 손에는 커다란 금琴, 축築, 우竽, 생笙 등 각종 악기가 들려 있었다. 모두 화려하고 품이 넉넉한 수대綬帶를 차고 있었으며 마치 살아 있는 것처럼 생동감이 넘쳤다. 그 옆에는 청동 파이프가 있었는데 파이프 위쪽 입구의 높이가 수 척이나 되었다. 이 가운데 한 파이프는 가운데가 비어 있어서 안으로 손가락 굵기의 밧줄을 넣을 수 있었다. 한 사람이 가운데가 비어 있는 파이프를 불 때 또 다른 사람이 파이프 안에 있는 밧줄을 잡아당기면 청동인 손에 들린 악기에서 소리가 났다. 진짜 악기와 다를 바 없는 소리였다"[32]라고 쓰여 있다. 내용을 보면, 이는 분명히 대형 청동악대였을 것이다. 여기에서 제기된 "동인상 12개銅人十二枚"가 '12 동인상十二金人'인지는 알 길이 없다. 그 형상과 크기를 살펴보면 아마 '12 동인상'은 아닐 것이다. 하지만 대형 청동악대는 진시황이 처음 만든 것은 아니라는 점을 반드시 짚고 넘어가야 한다. 1978년에 후베이성 수이현隨縣에서 전국시대의 증후曾侯 을乙 묘가 발굴되었다. 고분에 있던 대형 편종編鍾은 육구六具가 청동인 제작을 위탁한 것이었다. 『삼국지』의 배송지裴松之 주석을 보면 『위략魏略』을 인용하여 위나라 명제明帝가 청동기 재료를 대규모로 운반해 『위지魏志』의 부족한 점을 보완했다고 밝혔다. 즉 "『위략』에 따르면, 이 해에 장안에서 여러 종걸이, 낙타, 청동인, 승로반(하늘에서 내리는 장생불사의 감로수를 받아 먹기 위하여 만들었다는 쟁반)을 옮겨왔다. 반盤은 끊어지고 청동인은 무거워서 감히 옮길 수 없었다. 청동으로 12개의 동인상을 만들어 옹중이라 부르고 사마문 밖에 세워두었다. 또한 황룡과 봉황을 만들었으며 황룡은 높이가 4장, 봉황은 3장 남짓했다"[33]라고 쓰여 있다. 이런 사료는 진한시대의 궁궐에 대형 청동기물이 많았을 뿐만 아니라, '옹중'과 같은 동인상을 주조하고 궁궐의 적당한 곳에 설치한 것이 자주 있었던 제왕적 통치 행위였음을 말해준다. 이러한 사료를 바탕으로 추정해보면, 진시황은 천하를 통일하자마자 녹인 병기를 사용하여 수많은 기물을 제작했고 이 가운데 '12 동인상'이 가장 유명했다. 훗날 '옹중'과 같은 대형 기물을 계속 주조했을 수도 있다.

'12 동인상'은 분명히 아방궁에서 가장 눈에 띄는 자리이자 아방궁의 전전前殿 앞에 두었을 것이다. 옹중은 공문 밖에 세워졌다. 이들 동인상은 아방궁을 더욱 아름답고 장엄하게 장식했을 것이다. 이러한 의미에서 진시황의 조치는 함양 도성의 토목사업과 궁궐 건축사업을 구성하는 부분으로 볼 수 있다.

이러한 토목 건축사업의 규모는 대략 추정해볼 수 있다. '12 동인상'의 높이에 관한 문헌 기록은 모두 제각각이다. 입상은 5장, 좌상은 3장이라는 등 각기 다르다. 5장이라고 한 기록은 『사기』「진시황본기」와 『한서』「오행지」로 내용이 너무 간단하여 추정하기 어렵다. 이 기록을 근거로 동인상은 입상이고 높이는 5장이라고 추정하는 사람도 있다. 『삼보황도三輔黃圖』에는 "앉은키가 3장이다坐高三丈"라고 기록되었지만, 12 동인상 가슴에 새겨진 명문을 보면 "진시황 26년에 처음으로 천하를 겸병하여 제후국을 군현으로 바꾸고 법률과 도량형을 통일했으며 대인을 만들어 임도에서 볼 수 있게 했다. 대인의 크기가 5장, 족적은 6척이다"[34]라고 쓰여 있다. 당시에는 후대와 다르게 보통 바닥에 무릎을 꿇고 앉았다. 그렇다면 키 높이는 5장, 무릎 꿇은 자세의 앉은키 높이는 3장이 비율에 맞다. 『삼보구사三輔舊事』와 『수경주』는 모두 이 치수를 따르고 있다. 이 책에서도 앉은 자세가 3장이라는 설을 따르기로 하겠다. 진나라에서 1척은 약 23.1센티미터였다. 동인상의 앉은키가 3장이라면 7미터가량 된다. 동인상의 무게에 관하여 『사기』「진시황본기」에서는 "무게가 각각 1000석이다各重千石"라고 전한다. 진나라 때 1석은 약 60킬로그램으로 1000석은 약 60톤에 해당된다. 이를 근거로 계산해보면 12개의 동인상의 총 중량은 720톤 정도 된다. 실제로 높이 7미터의 앉아 있는 동인상을 만들려면 총 중량이 6만 킬로그램은 되어야 한다. 『사기』「진시황본기」의 '정의'는

『삼보구사』를 인용하여 "천하의 병기를 모아 12개의 동인상을 주조했다. 동인상의 무게는 각각 24만 근이었다. 한대에는 이것을 장락궁 문에 세워두었다"[35]라고 했다. 일설에는 '34만 근'이라고 했다. 이렇듯 동인상의 무게는 배로 늘어났다. 동인상의 키 높이, 중량 모두 그 수치가 작다 해도 그 주조사업의 총량은 상당한 규모였다. 수거와 운송, 건조建造공장으로의 이동, 녹인 후 거푸집에의 주입, 제련, 주조, 정교한 마감과 장식, 완성한 동인상을 궁궐에 설치하기까지 모든 공정의 규모는 상상해볼 수 있을 것이다. 이외에도 무게가 1000석이나 되는 수많은 종鍾, 거대한 옹중 동인상, 각종 척동 금수상, 거마, 기명器皿, 장식물 등 칼날과 화살촉을 녹여 '종과 종걸이를 만든' 공정에 투입된 노동력과 물적 자원의 엄청난 규모 역시 미루어 짐작할 수 있을 것이다.

진시황의 이 사업은 역사에 길이 빛날 업적일 수도 있고 나라를 멸망시킨 과오가 될 수도 있다. '칼날과 화살촉을 녹인 것'은 당시에 반드시 시행해야 했던 것이므로 단순히 '평화의 시대를 가장粉飾하고' '백성을 압박했다'고 폄하할 수는 없다. 그러나 진시황은 녹인 청동으로 쟁기를 만들지 않고 호화로운 궁궐 장식물을 만들었다. 이러한 장식물은 국가 경영과 백성의 생계에 아무런 이익이 되지 않을 뿐 아니라, 백성의 고혈을 짜는 일이었다. 수많은 고대 사상가들이 이를 두고 진시황을 비판하는 것은 어느 정도 일리가 있다.

진 왕조가 멸망한 후, '12 동인상'은 여기저기에 흩어져서 어디론가 사라져버렸다. 문헌의 기록이 부족하여 '12 동인상'이 어떻게 되었는지는 상세하게 고증하기가 어렵다. 핵심은 한대 이후의 문헌에서 거론된 '금인金人' '동인銅人' '금적金狄' 등이 진시황이 만든 '12개의 동인상'인지의 여부는 정확하게 말하기 어렵다는 것이다. '12 동인상'이 훼손되는 과정을 상상해보면, '진 왕조가 멸망하고 아방궁은 불에 탔을 것이고 동인상은 폐허 속에 버려졌을 것이다. 그리고 유방이 한 왕조를 세운 후, '12 동인상'을 장락궁의 대하전大夏殿에 옮기고 옹종상은 사마문 밖에 세웠을 것이다. 서한 때도 이것들은 거의 훼손되지 않았다. 서한에서 동한으로 넘어가는 과도기에 왕망王莽이 정권을 찬탈하여 '신新' 왕조를 세웠다. 그의 악몽 때문에 '12 동인상'은 몸체가 훼손되었다. 『한서』「왕망전王莽傳 하」를 살펴보면, 어느 날 왕망의 "꿈속에서 장락궁의 청동인 다섯 개가 서 있었다. 그것이 싫었던 왕망은 동인상에 '진시황이 처음으로 천하를 통일했다'라는 구절이 있는 것을 보고는 상방공에게 꿈에서 봤던 동인상의 가슴에 새겨진 명문을 지우라고 했다"[36]라는 기록이 있다. 여기에서 동인상은 아마 '12 동인상'이었을 것이다. 왕망은 이들 동인상 가슴에 새겨진 문구를 상방감尙方監의 장인工匠에게 시켜 전부 제거했다. 동한 말기 천하가 다시 혼란해져 여러 지방에서 군웅이 할거했다. 이때 동탁董卓이 황제를 협박하여 권력을 전횡했다. 한 헌제獻帝 초평初平 원년(190), 동탁은 화폐제도를 개혁하여 "오수전五銖錢이 나빠져 소전으로 바꿔 주조했다. 낙양과 장안의 동인상, 종걸이, 비렴(전설의 동물, 털이 길고 날개가 있음), 청동말 등을 취합해서 소전을 주조하는 데 충당했다."[37] 이러한 재난으로 '12 동인상'은 대부분 훼손되어 두 개만 남았다고 한다. 삼국시대 위나라 명제가 장안의 대형 청동기물을 낙양으로 옮기고자 했다. 여기엔 동인상도 포함되어 있었지만 계획은 불발되었다. "금적이 우는 것 같아서 장안(패성)에 남겨두었다"라고 기록되어 있지만 실제로는 "동인상이 너무 무거워서"[38] 운송하는 데 어려움이 있었고 결국 목적지에 이를 수 없었다. 명제는 어쩔 수 없이 동인상 옹종 두 개를 새로 주조하여 궁궐 앞에 세워야 했다. 오호십육국五胡十六國 중 하나인 후조後趙의 황제 석계룡石

季龍은 동인상을 업도鄴都로 옮겼다. 훗날 전진前秦의 황제인 부견苻堅이 다시 동인상을 장안으로 옮겨와 녹여버렸다. 이때 '12 동인상'이 완전히 훼손되었다.

당시 '12 동인상'은 최대 규모의 청동기로 부피와 중량이 전무후무했다. 이러한 규모의 주조 능력, 수준 높은 제련 및 정교하고 아름다운 예술적 조형미는 중국 고대 수공업사에서 가히 최고 수준이라 할 만했다. 하지만 유감스럽게도 정교하고 아름다운 종과 종걸이, 동인상은 한 왕조의 정치적 필요에 따라 만들어졌으며 또 다른 왕조의 정치적 필요 때문에 훼손되었다. 동인상이 당초에 지녔던 특수한 정치적 의미는 더 이상 존재하지 않았기 때문에 후대의 황제에게는 쓸모없는 물건에 불과했다. 진시황의 사치, 왕망의 어리석음, 동탁의 탐욕으로 귀중한 대형 청동예술 작품이 버려진 것은 매우 안타까운 일이다.

아방궁과 도성 함양의 확대

대제국에는 웅장하고 화려한 수도와 그에 걸맞은 정치적 건축물이 있다. 진시황의 제국 역시 웅대한 도성과 화려하고 아름다운 궁궐이 있었다.

진나라의 역대 선왕들은 오랫동안 관중 지역을 통치하면서 이미 방대한 도읍과 궁궐을 만들어왔다. 특히 진 효공 이래로 6대의 군주를 거치면서 도성 함양은 거대하고 아름다워졌다. 그러나 진시황은 그것으로 만족하지 않았다. 그는 궁궐의 정원인 원유苑囿를 지속적으로 확장했다. 『사기』「진시황본기」를 근거로 하여 진시황이 함양과 궁궐을 대규모로 확대한 과정을 세 단계로 구분해 살펴볼 수 있다.

첫째, 여섯 제후국을 통일한 즈음이다. 당시에 "여러 종묘 및 장대궁章臺과 상림원上林이 모두 위수의 남쪽 언덕에 있었다. 진나라는 제후국을 쳐부술 때마다 그 궁실을 모방하여 함양의 북쪽 산기슭에 궁궐을 지었다. 남쪽으로는 위수에 닿아 있고 옹문에서부터 동쪽으로는 경수와 위수에까지 이르렀으며 궁전 사이는 구름다리와 주각으로 이어져 있었다.

그리고 제후들이 바친 미인과 종, 북으로 그곳을 채웠다."[39] 이 건축물은 모두 각 제후국의 왕궁을 본떠서 만들었으며 각 제후국에서 포로로 잡아들인 궁인과 기물을 두었다. 이들 궁전은 '초궁楚宮' '위궁衛宮'과 같이 제후국의 국명으로 명명했을 것이다.

둘째, 천하를 통일한 직후이다. 진시황 27년(기원전 220)에 '위수 남쪽에 신궁信宮을 지었다. 얼마 후 신궁의 이름을 극묘極廟로 바꾸었다. 이는 북극성을 상징하기 위함이었다. 극묘에서부터 여산酈山까지 길을 뚫고 감천궁의 전전前殿을 지었다. 용도甬道(길 양쪽에 담이 있는 도로)를 함양에서부터 죽 쌓았다.'[40] 이 단계에서 가장 중요한 건축물은 극묘였다. 극묘는 궁전 양식으로 지은 종묘로 천상의 북극성에 견주어 태극묘太極廟라고도 불렀다. 중국 고대사회에서 북극성은 천극天極, 제좌帝座, 자미제궁紫微帝宮이었으며, 움직이지 않고 수많은 별자리가 받드는 형상으로 가장 존귀한 별자리였다. 황제는 인간 세상에서 천국에 있는 상제의 지위에 상당한다는 것을 바로 극묘가 상징했던 것이다. 훗날 진2세가 극묘를 시황묘始皇廟로 바꾸고 '황제의 시조묘'라며 높이 받들었다.

셋째, 진시황의 말년이다. 진시황 35년(기원전 212) '함양에 인구는 많은데 선왕의 궁전이 너무 작다'[41]는 이유로 진시황은 함양성을 내규모로 재건하기로 결정했다. 그는 궁실의 중심을 서주의 도읍지인 '풍豊과 호鎬 사이'에 정했다. "이에 위수 남쪽 상림원 일대에 궁전을 지었다. 먼저 아방阿房에 전전前殿을 만들었는데 동서로 500보, 남북으로 50장으로, 위쪽에는 1만 명이 앉을 수 있고 아래에는 5장 높이의 깃발을 세울 수 있었다. 사방으로 말이 달릴 수 있는 길을 만들어 궁전 아래에서부터 남산까지 곧장 이르게 했다. 또한 남산 봉우리에 궁궐 문을 세워 지표로 삼았다. 다시 길을 만들어 아방에서 위수를 건너 함양까지 이어지게 했는데,

이는 북극성과 각도성閣道星이 은하수를 건너 영실營室까지 이르는 것을 상징했다. 아방궁이 완성되면 이름을 선택하여 다시 명명하려고 했으나 끝내 완성되지 못했다. 아방에 궁전을 지었기 때문에 온 세상이 그것을 아방궁이라고 불렀다."[42]

진시황이 도성과 궁실을 대규모로 재건한 주요 목적은 다음과 같다.

첫째, 천하에 위엄을 떨치고자 했다. 한 고조가 황제라고 칭하고 승상 소하가 미앙궁未央宮을 재건하여 '동궐, 북궐, 전전, 무기창고, 식량창고를 지었는데' 그 규모가 매우 웅장했다. 고조는 소하에게 "세상이 여러 해 동안 전란을 겪어 흉흉하고 어려워 승패를 알 수 없는데 어찌 궁실을 과하게 지었는가"라며 책망했다. 하지만 소하는 "천자는 온 세상을 자기 집으로 삼아 웅장하고 화려함으로 천하를 억누르지 않으면 훗날 자손들이 넘어서지 못할 것입니다"[43]라며 자신의 생각을 말했다. 소하의 의견을 들은 고조는 매우 기뻐했다. 황권의 천하에서 견줄 자가 없는 당당한 기세, 천하를 군림하는 위엄, 황실의 존귀함을 구현하는 것이 진시황을 포함한 역대 제왕이 궁궐을 재건한 주요 취지였다.

궁정제도는 황권의 물질적 지표였다. 궁정제도에는 지리적 위치, 건축물의 양식, 환관 조직 및 그와 관련된 제도 등이 포함되어 있었다. 관념적으로 황궁의 내원內院은 황제가 제가齊家하는 부분이고, 조당朝堂의 대전大殿은 제왕이 평천하하는 곳이며, 도읍과 도성은 국가 정치의 중심이었다. "왕은 북극성에 머무는 지존이다"라고 말하듯이 천하 제일의 집은 '신극宸極'(북극성)을 모방했다. 즉 "궁이라는 것은 하늘의 자미궁을 말하는 것이고 임금이 이를 모방하여 '궁'이라 했다."[44] 산시성陝西省 청청현澄城縣 양저우촌良周村에서 출토된 전국시대 진한 제왕이 행궁한 모습이 그려진 기왓장瓦當에는 "하늘이 주는 것은 무한하다與天無極"라는 명문이 새겨져 있다. 이는 궁정제도의 물질화된 정치문화적 의미를 고도로 표현한 것이다. 천우天宇, 천구天衢, 천궐天闕, 천읍天邑, 신극宸極, 황주皇州, 황향皇鄕 등 궁정의 각종 호칭은 모두 천자를 받들기 위한 것이었다. 각종 건축물 역시 정치적 기능과 상징적 의미를 지녔다. 건축 설계를 보면 공간과 색채의 대비가 바뀌면서 부귀하고 숭고하며 존엄한 기세를 조성했다. 웅장한 궁궐, 거대한 문루와 성벽, 광활한 광장, 화려한 전당은 하교河橋, 망주석, 금룡, 석수石獸로 장식되어 있고 백옥, 유리 기와, 붉은 벽돌로 색깔을 입혀 화려하면서도 웅장하며 엄숙하면서도 압도적인 경지를 창조했다. 또한 신성하면서 위엄 있고 매우 복잡한 대전의궤大典儀軌가 있었다. 이러한 경지와 분위기에서 황제는 '천하를 공가로 여긴官天下' 권력을 행사하며 '가천하'의 가장 역할을 맡았다. 사람들은 황제를 극도로 숭상할 뿐 누가 감히 두 마음을 품을 수 있었겠는가?

둘째, 공덕을 널리 알리기 위함이었다. 진시황이 극묘를 세운 일은 황제의 호칭과 함께 각 제후국의 궁실을 모방함으로써 여섯 제후국을 통일한 무공을 널리 전파하기 위함이었다. 함양성을 대규모로 재건한 것은 실제적인 필요와 어느 정도 관계가 있었겠지만 삼황오제를 초월하는 분위기를 한층 강화하는 것이 주요 목적이었다.

셋째, 극도의 탐욕이다. 진 왕조의 황실 건축물은 당시 기술과 예술의 집대성이었고, 보기 드문 건축예술의 진귀한 보물이었다. 진 왕조의 궁실 건축은 원유와 원림園林과 함께 주변에는 산과 강이 배치되어 그 구도가 장엄하고 정취가 있으며 웅장한 기세를 뽐냈다. 또한 진시황은 각지에 분포한 각 제후국의 왕궁과 이궁을 자기 것으로 만들었다. 그러나 진시황은 엄청난 규모를 자랑하고 아름다운 궁실이 있었음에도 여전히 만족하지 못하고, 진 혜왕 때부터 시작된 아방궁을 재건했고 각지에 수많은 이궁을 축조했다. "관중 지역에 300여 개의 궁실이 있었고 관외에는 400여 개나 있었다. 그리고 동해의 구산胸山에 비석을 세워 진나라의 동문으로 여겼다."[45] 이렇듯 대규모를 자랑하는 궁전, 원유와 각지에 분포한 이궁은 예제의 규정과 호화로운 제왕의 일상생활에 필요한 수준을 훨씬 초과했다.

넷째, 신선의 도리를 수련하기 위함이었다. 진시황은 술사인 노생盧生의 말을 굳게 믿었다. '진인眞人'을 보기 위해 스스로 궁궐秘官에서 은둔했다. 이러한 특수한 필요성 때문에 "명을 내려 함양 부근 200리 안에 있는 궁전 270곳을 복도와 용도로 연결하고 휘장, 종고, 여인들로 채우고는 각각의 부서에서 옮기지 못하게 했다. 행차하여 머무르는데 황제의 거처를 말하는 자가 있으면 사형에 처했다."[46]

아방궁을 중심으로 한 진 왕조의 궁실 규모는 그야말로 막대했고 건축물도 극도로 호화로웠다. 아방궁은 진 혜문왕 때 세워지기 시작하여 진시황 때에 이르러 대규모로 재건되었다. 진시황이 사망할 때까지도 아방궁의 핵심 공사인 전전이 완공되지 못했다. 이외에 진시황은 양산궁梁山宮, 곡대궁曲臺宮, 장락궁長樂宮, 난지궁蘭池宮, 의춘궁宜春宮, 망이궁望夷宮, 남궁南宮, 북궁北宮, 흥락궁興樂宮, 임광궁林光宮 등을 세웠다. 최근의 고고학 발굴에서 관련 기록이 출토되어 이들 궁궐의 축조가 고증되었다. 궁실과 능묘를 재건하기 위해 진시황은 '궁형과 유배형을 받은 70여만 명을 나누어 아방궁을 짓거나 여산에 능묘를 짓게 했다. 북산에서 석재를 채취하고 촉과 형 땅에서 목재를 운반해 관중까지 옮겼으며, 3만 가구를 여읍으로 이주시키고 5만 가구를 운양으로 이주시켜 모두 10년간 요역을 살지 않도록 면제해주었다."[47]

도성과 궁실, 원유를 전무후무하게 대규모로 축조한 것은 백성의 노동력과 재산만 빼앗았을 뿐 아무런 이익도 없었다. 이것은 진시황의 악정이며 진 왕조의 생명을 단축시킨 중요한 요인이었다고 할 수 있다. 당시에는 "아방, 아방이 진시황을 죽이리라阿房, 阿房, 亡始皇"라는 민요도 있었다. 당시의 통치를 질책하는 풍자의 말은 현실이 되었다. 진 왕조가 멸망하자 이들 궁전도 대부분 불타버렸다. 『삼보황도』 서序에는 "진시황이 여섯 제후국을 통합시켰다. 부강한 국력만 믿고 더욱 오만하고 사치하여 도성과 궁궐을 조성하느라 천하의 재원을 소진했다. 항우가 입관하여 진나라의 궁궐을 태워버렸는데 3개월 동안 계속 불탔다"[48]라고 전한다.

병마용과 화려함의 극치인 여산릉

화려하고 사치스러운 능묘는 황권을 유지하고 통치를 강화하는 수단
이었다. 세계 어느 곳이든 제국이 있는 곳이라면 제왕의 능묘가 있다. 일
반적으로 제국이 강성할수록 제왕의 능묘도 그에 비례해서 웅장해졌다.
이러한 대규모의 토목사업은 예전에도 그랬고 훗날에도 마찬가지였다.
진시황 역시 예외가 아니었다. 그러나 "예로부터 장례가 진시황처럼 화
려한 적은 없었다."[49] 중국 역사를 통틀어 진시황 여산릉의 크기와 투입
된 재원의 규모는 전무후무할 정도였다. 진시황릉의 발굴로 『사기』의 기
록이 사실로 고증되었다. 1987년 진시황릉은 유네스코 '세계문화유산'
으로 지정되었다.

상고시대의 인류는 영혼불멸을 믿었고 이러한 관념이 현재까지 이어
지고 있다. 그러므로 권문 귀족들은 거의 예외 없이 하늘을 동경하고 귀
신에 대한 미신이 있었으며 존엄을 유지하고 부귀를 널리 알리고자 능묘
를 조성하고 많은 부장품을 같이 묻어 순장했다. 중국에서 성대한 장례
를 치르는 풍습은 오래전부터 있었으며 '사후를 생전과 같이' 치르는 예

제가 형성되어 있었다. 고고학의 발굴에서 출토된 상나라 왕과 후비, 귀족의 묘가 그 선례였다. 춘추전국시대 이래, 성대한 장례를 치르는 풍습은 더욱 성행했고 여기에 봉토封土를 더욱 올려 산릉山陵이 조성되었다. 최근 들어 발굴된 진공 대묘, 증후 을묘 등 모두가 당시 왕후들이 치렀던 성대한 장례 풍습을 이해하는 데 실증적인 자료가 되고 있다. 『사기』에서는 "오왕 합려가 예를 거스르고 장례를 성대하게 치렀다"[50]고 했고, 그후 "진나라의 혜문왕, 무왕, 소왕, 엄양왕 등 다섯 명의 왕도 모두 구룡丘隴을 크게 만들고 순장했다"[51]고 기록하고 있다. 진시황의 능묘는 이 모든 수준을 훨씬 능가한다.

군주가 생전에 미리 능묘를 조성하는 것은 아마도 춘추전국시대에 시작되었을 것이다. 고대의 제도에 따르면 "천하의 부세를 삼등분하면, 하나는 종묘를 위해 쓰고 다른 하나는 빈객을 위해 쓰며 나머지는 능묘를 조성하는 데 썼다."[52] 진한시대에 정부 재정과 황실 재정은 분리되었지만 그렇다고 해서 황제가 국가의 재정을 자신을 위해 쓰는 것은 문제가 되지 않았다. 그러므로 명분상 진시황이 자신의 수입을 자기 능묘를 조성하는 데 썼다는 말은 사실상 백성의 고혈과 국가의 요역이 투입된 것이다.

진시황은 12세에 왕위에 오르면서 자신의 여산릉을 조성하기 시작했지만 사망한 후에도 완공되지 못했다. 『사기』에서는 "진시황은 막 제위에 올라 여산을 뚫어 다스렸고 천하를 통일하여 전국에 70여만 명을 이주시켰다. 땅을 깊이 파게 하고 구리 물을 부어 틈새를 메운 다음 외관을 설치했다. 그리고 궁관, 모든 관원, 기이한 기물, 진귀하고 특이한 물건들을 만들어 가득 채우게 했다. 기술자에게 자동으로 발사되는 활과 화살을 만들도록 명했으며 그곳에 접근하여 파내려는 자가 있으면 즉시 발사하게 했다. 수많은 개천, 큰 강, 넓은 바다를 만들었고 기계에 수은을 넣어 흐르게 했다. 위로는 천문을 갖추고 아래로는 지리를 갖추게 하였다. 물고기 기름으로 만든 사람 모양의 초를 두어 오랫동안 꺼지지 않도록 계획했다"[53]라고 전하고 있다.

진시황의 능원陵園은 남쪽으로는 여산이 있고 북쪽으로는 위수가 있으며 멀리서 바라보면 우뚝 솟아 있는 구릉처럼 보인다. 중국 역사상 최초이자 가장 호화로운 황제의 능원이었다.[54] 이것은 전국시대 군왕의 능묘제도를 기반으로 조성되었지만 새롭게 창조한 것도 있었다. 여산릉의 봉수封樹(능 주위에 나무를 심음), 능읍陵邑(능을 관리하기 위해 부근에 만든 도시), 능침陵寢 등은 제왕의 능묘제도 형성에 매우 커다란 영향을 끼쳤다.

진한시대 제왕들의 능묘 가운데 진시황의 여산릉 봉토가 가장 크다. 진시황은 자신의 능총陵塚을 '산山'이라 호칭하도록 했다. 봉封은 흙을 쌓아 산을 만든다는 봉토를 의미하며 식植은 소나무와 측백나무를 널리 심는 것을 말한다. 봉수는 산처럼 흙을 쌓고 나무를 심는다는 뜻이다. 봉토의 크기와 고저는 묘주가 생전에 누렸던 등급과 지위를 상징한다. 죽은 사람의 뇌를 먹는다는 괴물 망상罔象을 물리치기 위해 소나무를 심기 시작했다는 말이 있다. 진시황의 능총은 말斗(곡식을 재는 도구)을 뒤집어놓은 형상을 하고 있는데, 이는 동원된 인부들이 인공적으로 흙을 쌓아 산을 만들었던 것이다. 능총의 높이는 50장(약 115미터), 동서 길이는 약 485미터, 남북의 너비는 약 515미터이다. 2000여 년간 온갖 비바람과 침식, 인위적인 파괴를 당했지만 오늘날까지 높이 76미터, 너비 350미터, 길이 345미터라는 대규모의 구릉이 보존되어 있다.

진시황은 능읍과 원침園寢제도를 수립했다. 그는 "3만 가구를 여읍으로 이주시켜"[55] 관동 지역의 수많은 백성을 능원 부근에 거주하게 했다. 이들 주민의 임무는 황제의 능원을 재건, 유지하는 것이었다. '여산원驪

山園'은 도읍지를 모방하여 조성된, 안팎이 이중으로 둘러싸인 능원이었다. 고고학의 발굴에 따르면, 능총 주위에 직사각형의 내성과 외성이 에둘러 쳐져 있었고, 그 규모는 한대보다 훨씬 컸음이 입증되었다. 내성과 외성 사면에 문이 있었으며 문 위에는 궐루闕樓가 설치되어 있었다. 능총의 북쪽과 서쪽에는 넓은 지반에 건축물이 세워져 있었는데, 이 건축물은 생전에 생활했던 궁전의 '전조후침前朝後寢'(앞에는 집무 공간, 뒤에는 생활 공간을 둠) 제도를 모방했다. 또한 능원 관리를 전담하는 관직도 설치되어 있었다.

진시황의 능읍, 능원, 능총, 침전, 지하궁, 사리사寺吏舍(진시황릉 내성과 외성 사이에 있는 건축물), 배장묘陪葬墓 및 각종 배장갱陪葬坑(병마용이 세워진 곳)은 천지, 국가, 황관皇官, 정부, 군대, 신하와 백성, 원유苑囿 등을 모방하여 완전한 사후 제국을 형성했다. 지하궁에는 일월성신, 산과 개천, 강과 바다, 숲과 들짐승, 날짐승을 상징하는 각종 그림과 장식물이 있었으며 모든 관원이 서열대로 배치되어 있고 각종 진기하고 기이한 보물과 궁궐 기계 장치가 설치되어 있었다고 한다. 곳곳에는 고래기름을 넣어 불을 켜는 장명등長明燈이 배치되어 있었다. 그리고 수많은 순장품도 묻혀 있었다. 1974년 능총 동쪽으로 1.5킬로미터 떨어진 곳에 배장된 병마용갱이 발견되었다. 3개의 용갱俑坑에 실물 크기의 병마용 8000여 점이 매장되어 있었다. 이들 병마용은 매우 사실적으로 제작되었고 방대한 군대의 대오를 이루고 있었으며 매우 웅장하고 위풍당당한 기세를 드러냈다. 1980년 말 능총 서쪽에서 7미터 떨어진 능도陵道 부근에서도 정교하고 아름다운 청동 수레와 말이 출토되었다. 이 수레와 말은 황제가 출행할 때 탔던 천자의 수레인 난여鑾輿였다. 이외에도 궁궐 원유를 상징하는 마구갱, 진귀하고 기이한 날짐승과 들짐승의 배장갱이 발견되었다. 이들 출토품은 황릉의 일부를 발굴한 결과일 뿐 아직 묻힌 것이 숱하다.

진시황의 여산릉은 약 40년에 걸쳐서 조성되었다. 능묘 조성에 동원된 이들은 유배형을 받은 사람과 장인 기술자들로 수십만 명에 달했다. 진시황은 각지의 장인 기술자와 초나라의 목재, 북산의 석재를 동원하여 목란木蘭으로 들보를 만들고 자석磁石으로 문을 만들었으며 구리 물로 틈새를 메우고 쌀뜨물을 발라 장식했다. 당시의 민요를 보면 "돌을 감천 입구로 운반하니 위수는 흐르지 못하네. 천 명이 노래하니 만인이 흥얼거리네. 금릉의 돌이 모래 더미만큼이나 크구나"[56]라는 내용이 있다. 사람의 손으로 밀어서 집채만 한 거석을 하나씩 운반했던 것이다.

아방궁, 여산릉에만 장기간 70만 명이 투입되었다. 이 인력 소모는 북방의 흉노족을 방어하고 남쪽으로 백월을 정벌할 때 동원된 인력의 총합에 해당하는 엄청난 규모였다. 한대의 가산賈山은 이렇게 기록한다.

"천자로서 가장 귀한 분이고 천하를 소유한 가장 부유한 분이지만 여러 차례 무거운 부세를 징수하여 백성은 각종 부역과 요역에 시달렸다. 진나라의 거리에는 죄를 지은 사람들로 북적거렸고 산에는 도적떼가 창궐했다. 진나라의 사람들은 눈을 치켜뜨고 지켜보고 사람들의 말을 경계하며 들을 정도로 불안하게 살았다. 이에 한 사람이 크게 호령하자 천하가 따르니 진승陳勝이 대표적이다. 이뿐만이 아니었다. 함양에서 일어나 서쪽으로 옹성에 이르렀지만 300개의 이궁에는 종고와 휘장이 그대로 있었다. 아방궁이라고 하는 궁전의 높이는 10인仞, 동서로 5리里나 되며 남북으로 1000보步나 되었다. 수레를 따르는 무사와 천자의 순행을 호위하는 무사, 그리고 4필의 말이 천자의 수레를 몰아 힘차게 달려 깃발이 크게 펼쳐졌다. 진나라 궁실의 화려함은 이 정도로 극에 달했지만 후세에서는 궁궐에 머물지 못했다. 천하에 치도를 만들어 동쪽으로는 연나라와 제나라에 이어지고 남쪽으로는 오나라와 초나라에 이르렀으며 강과 호수를 지나고 바닷가까지 이어져 경관이 아름다운 곳마다 치도가 만들어졌다. 치도의 너비는 50보(약 69미터)이며, 3장(약 7미터)마다 나무를 심고 치도 양쪽에 담을 쌓았고 쇠붙이를 박아 튼튼하게 하였으며 푸른 소나무를 심었다. 치도의 아름다움이 이 정도로 극에 달했지만 후세 사람들은 그 도로를 달려보지 못했다. 진시황이 사망한 후 묻힐 여산릉을 조성하기 위해 관리와 유배자를 포함한 수십만의 사람이 동원되었고 10년 내내 일해야 했다. 땅을 깊이 파게 해서 금속과 석재를 채취하고 구리 물을 부어 틈새를 메웠다. 외관은 도료를 칠한 후 주옥과 비취로 장식하고 중간에 볼거리와 인공 숲을 만들었다. 여산릉에서 진시황의 장례를 치렀지만 그 후세의 능은 잡초로 무성해졌다. 진나라는 곰과 같이 강력한 국력과 호랑이와 늑대 같은 마음으로 제후국을 집어삼키고 온 세상을 병탄했지만 예와 의를 돈독하게 하지 않았기 때문에 하늘의 재앙이 내려졌다."[57]

현존하는 진시황의 능묘가 지닌 문화유산의 가치는 당시의 진시황을 평가하는 것과는 별개의 일이다. 당시의 시각에서 볼 때 제왕이 능묘를 조성하는 것은 당연한 일이었다. 삶과 죽음이라는 일상생활이 아니라 예제와 정치에 관한 국가 대사였다. 제도에 걸맞고 어느 정도의 한계선을 넘어서지 않으면 이런 토목사업은 예와 법에 부합하고 공정하며 천리에 어긋나지 않는 것이었다. 맹자, 주희 등 예치禮治와 인정仁政을 주장한 역대 대유들도 이 문제에 대해 많은 글을 썼다. 이러한 관념은 수많은 신하와 백성에게 인정받았다. 그러나 진시황의 여산릉은 분명 제도를 크게 넘어섰다. 어떤 기준으로든 방탕하고 사치스러운 조치였으며 극도로 탐욕스럽고 폭압적이며 백성을 잔혹하게 착취한 것은 의심의 여지가 없다.

진시황은 당대 최고의 영웅호걸이라 할 만했지만 여산릉이 완성되지 못하여 그 패업은 물거품이 되어버렸다. 그 후 2000여 년간 여산릉은 끊임없이 파괴되었다. 먼저 초나라 패왕인 항우가 땅 위의 건축물을 모두 불태워버렸고 그 후에도 한대의 어느 양치기의 실화失火로 지하 건축물 일부가 불에 탔다. 황소黃巢의 난이 발생한 당나라 말기에 진시황릉이 발굴되었다. 청나라의 원매袁枚가 쓴 「진시황에 대한 노래始皇陵咏」를 보면 "살아서는 장량張良의 철퇴와 형가의 칼을 맞았으며 죽어서는 황소가 파헤치고 항우가 불태웠네. 아직은 임동臨潼 교외에 있지만 황토는 헛되이 높아만 가는구나"[58]라는 구절이 있다. 진시황이 지하에서 알았다면 어떻게 감상했을지 모를 일이다.

秦始皇

13장

생활

─ 존칭을 향유하는 천자

QIN SHI HUANG

최고 통치자인 진시황은 왕이자 천자이며 황제였다. 예제에 따르면 진시황은 존칭을 향유할 권리가 있었다. 진시황의 정치적 지위와 사회적 신분은 일반인과 달랐고 가정생활과 정치활동을 포함한 일상은 보통 사람과 같지 않았다. 그는 지극히 특수하면서도 평범한 사람이었다. 진시황은 보통 사람과 같으면서도 달랐고 다르면서도 같았다. 진시황의 가정생활과 의식주, 사회생활, 일상 정무를 보면 중국 황제제도의 특징과 개인의 인격을 알 수 있다.

고대 제왕의 가정제도와
진시황의 사생활

진시황은 제왕의 가정에서 태어났다. 중국 고대사회에서 가정은 하나의 정치 단위였다. 정치적 시각을 벗어나서 고대 가정의 본질을 파악하기란 매우 어렵다. 제왕의 가정은 전형적인 정치적 가정으로 전통적이고 독특한 가정제도에서 유래했다. 여기서 모든 친속관계는 고도로 정치화되어 있어 가족 구성원 대부분은 특정한 역할이 있었다. 가장인 황제는 천하를 군림했고 안주인인 황후는 천하의 어머니였다. 황제의 처첩은 관직을 지닌 관료였으며 자녀는 황태자이거나 귀족이었다. 처갓집은 황제의 사돈으로 대부분 고관대작이었으며 집안의 노예도 벼슬이 있는 관료였다. 제왕의 가정생활은 정치의 중요한 일부분이었다.

옛날부터 환난은 내부에서 일어난다는 말이 있다. 부자가 서로 의심하고, 자식들은 서로 다투며, 임금을 죽이고, 부친을 살해하며, 황후가 정치에 간섭하고, 외척이 정권을 독점하며, 환관이 정권을 잡는 등 중대한 정치 재난은 모두 내부의 분쟁으로 일어난 것이다. 옛날 제 환공은 계구의 회맹에서 패자의 신분으로 천자의 권리를 대행했으며 참가한 제후들과 오무五冊(다섯 가지 금기 사항)를 맺었다. 오무 가운데, 적자를 쫓아낼 수 없고 첩으로 처를 대신할 수 없으며 부인이 정치에 관여해서는 안 된다는 세 가지 조항이 군주의 가정생활과 관련 있었다. 제왕의 '가家'는 항상 국란의 근원이었다. 진시황이 친정하기 전에 태후가 정권을 장악하고 형제와 환관이 반란을 일으키는 등 가정 내부에서 정치적 혼란이 발생했다. 집정하면서 진시황은 무정한 듯하면서도 조심스럽게 가정의 내부 질서를 옹호했다. 역대 제왕과 비교하면 진시황이 대권을 장악했던 황가 내부의 상황은 상당히 안정적이었다. 처첩과 환관을 잘 관리했고 부자와 형제관계가 매우 안정적이었다. 그러나 진시황이 세상을 떠나자마자 내부에서 난이 일어났다. 진 왕조의 국난은 집안 분란에서 시작된 것이다.

군신관계를 규정한 가정생활

진시황의 가정생활을 분석하기 전에 당시 제왕의 가정생활에 어떤 준칙과 규범이 있었는지 간단히 살펴보고자 한다.

고대의 '가家'의 개념은 복잡한 관념과 관계로 구성되어 있다. 이런 체제에서 제왕의 지위는 매우 특수하고 복잡하다.

당시 사람들은 우주를 하나의 가정으로 인식했다. 천天(상제上帝)은 우주의 최고 주재主宰자이고 천지는 만물을 낳은 부모이자 전 인류의 조상이며 가장이었다. 그러므로 우주에서 천은 천상의 임금이고 인간의 왕은 살건 죽건 상제의 신하였다. 우주라는 대가정에서 천지는 만물의 부모이며 왕은 반드시 부모를 잘 모셔야 했다. 묵자는 「법의」 편에서 "인간은 어리든 나이가 많든, 귀하든 천하든 모두 하늘의 신하이다"[1]라고 했다. 임금같이 하늘을 받들고 부모처럼 천지를 모시는 규범은 천명天命 관념의 산물이다. 제왕이 천지에 제사를 지내고 하늘의 신하를 자처하는 것은 이런 규범에 동의하여 실천하는 것이다. 천자는 천지의 적장자이며 천하 백성의 부모이다. 제왕의 가족을 포함한 천하 백성은 신분의 귀천과 나이가 많고 적음을 불문하고 군왕을 '군부君父'라고 불러야 한다. '천지'라는 가정에서 제왕은 신하인 동시에 군주이고 자식이면서 아버지의 역할을 맡는다.

당시 사람들은 '천하일가天下一家'라는 대가정에서 제왕을 가장이자 군주라고 인식했다. 그러나 신하와 백성이 제왕의 자식이라 하더라도 군주에게는 반드시 스승이 있어야 한다고 생각했다. 그리고 나이든 자를 공경하고 어진 선비를 예우해야 한다고 했다. 스승과 제자는 부자와 같고 사제관계는 군신관계 또는 부자관계와 비슷했다. "스승 섬기기를 부모 섬기듯이 하라"는 원칙은 모든 사람에게 적용되었다.[2] 제왕이라도 도덕적으로는 반드시 신하인 스승을 부모로 받들어야 했다. 진시황이 여불위를 "중부仲父"라 부르고 왕전王翦, 모초茅焦를 스승으로 섬긴 것이 그 예이다.

제왕의 가정도 신하들과 마찬가지로 부자, 부부, 장유, 형제의 구별이 있어서 상응하는 사회규범을 지켜야 했다. "비록 천자라도 반드시 더 귀한 분이 있는 것이니 부친이 있음을 말하는 것이다."[3] 당시 통용된 도덕으로 보면 아버지와 아들은 임금과 신하 같고, 임금과 신하는 아버지와 아들 같았다.

군주는 나라에서나 가정에서나 임금이었다. 상주시대 이후 군주는 나라의 임금(왕, 천자, 황제)이며 한 가정의 가장이었기에 그를 둘러싸고 형성된 가정관계는 모두 군신관계와 친속관계라는 이중적인 의미가 있다. 제왕의 각종 친속관계는 군신관계의 제약을 받기 때문에 제왕의 가정생활은 특수한 정치생활이라 할 수 있다. 조상을 모시고, 어른을 받들며, 노인을 공경하고, 결혼하여 아이를 낳고, 적자를 택하여 후사를 정하고, 혼인관계를 맺는 등 제왕의 활동은 국가 대사였다. 제왕의 의식주 역시 정치와 무관하지 않았다.

진시황은 가정에서 조상의 자손이며 조상의 신민이라는 복잡한 역할을 수행했다. 시대를 풍미하고 유아독존이었던 진시황도 증조부 소왕, 조부 효문왕, 부친 장양왕의 신하이며, 자식으로 모후의 감시와 보호를 받았으며, 조상과 어른 앞에서는 반드시 신하의 예를 다하고 자손의 의무를 다해야 했다. 이런 전통에 따라 왕위를 계승하는 순간부터 진시황은 진나라의 임금이자 백성의 부모이며 진나라 영씨 일족의 장長이었다. 친정하기 전에 모후 조희가 태후의 신분으로 아들을 감호하면서 국정을 장악하고 대리가장의 역할을 맡았기 때문에 진시황과 모친의 관계는 더욱 복잡했다. 집정 후 진시황은 진이라는 대가족(국가)과 영진 왕족이라는 '가족'(종족 가족) 및 자기의 '소가족'(핵심 가정)을 책임지는 정식 가장이 되어야 했다. 나이가 많건 적건 진나라 영씨 가족과 백성은 진시황을 높여 군부로 삼아 자식과 신하의 의무를 다해야 했으며 나이 많은 사람들도 신하로 칭해야 했다. 진시황 역시 신하의 규범을 지켜 천제를 군부로 섬기고 스승을 아버지처럼 섬겨야 했다.

이러한 관계는 진시황의 운신에 심각한 영향을 미쳤다. 항상 그에게 어려운 선택을 강요하고 심지어는 도덕적 곤경에 빠뜨리기도 했다. 진시황의 친척은 혈연으로는 가족이지만 정치적으로는 군신이었다. 친속관계로 말하면 감정적 요소가 진했지만 군신관계로 말하면 권력의 법칙에 따라 가족을 이성적으로 대해야 했다. 갑자기 감정과 이성이 충돌하여 모순이 생기면 진시황은 이러지도 저러지도 못하는 진퇴양난의 처지에 놓였다.

진시황 집안의 어른과 형제

진시황의 직계존속은 진나라의 선공 선왕이었다. 그는 증조부인 진소왕의 재위 기간에 태어났고 당시 진시황의 부모는 조나라에서 인질생활을 하고 있었다. 진시황 개인의 삶은 여기서부터 시작된다.

기록으로 추측해보면 증조부인 소왕이 죽을 때까지 조나라에 있었던 진시황은 증조부를 만나보지 못했을 것이다. 조부인 효문왕은 53세에 즉위하여 돌아가신 모친 당팔자唐八子를 당태후唐太后로 추존했다. 당태후는 진시황의 친할머니로 본래 소왕의 첩실이었으나 효문왕은 그녀를 소왕과 합장했다. 진시황의 부친 자초가 태자가 되자 조나라는 즉각 예의를 갖추어 조희와 진시황을 돌려보냈다. 그러나 조부는 왕이 된 지 3일 만에 죽어 수릉에 안장되었으니 진시황이 조부의 얼굴을 직접 보았는지는 알 수 없다. 부친 장양공이 즉위하고 적통 장자 진시황이 진나라의 태자가 되었다. 4년 후 진시황은 왕위에 올라 12세의 어린 나이에 존칭을 향유하는 생애가 시작되었다.

진시황은 "종묘의 예를 지키고 조상에게 제사를 지냈다"[4]고 자랑했는데 이것은 기본적으로 사실이다. 종가의 맏아들이자 후계자인 진시황은 종묘에 제사를 지내고 노인을 잘 공경했다. 그는 자손의 의무를 잘 지켜 어른들의 장례식을 주재하여 성대하게 발상하고 안장했다. 이런 일들은 당시 국가 대사였으며 『사기』 「진시황본기」에 하나하나 기록으로 남아 있다.

첫 번째는 진시황의 아버지인 장양왕 자초에 관한 내용이다. 기원전 247년 5월 병오에 장양왕이 35세의 나이로 세상을 떠나자 후계자이며 장자인 영정은 예법에 따라 아버지를 양릉에 안장했다.

두 번째는 진시황의 친할머니인 하태후에 관한 내용이다. 하태후는 효문왕의 첩으로 장양왕의 생모이다. "어머니는 자식으로써 높아진다"는 예법에 따라 장양왕은 적모 화양왕후를 화양태후로 높이는 동시에 친어머니 하희를 하태후로 높였다. 하태후는 진시황 7년(기원전 240)에 죽었다. 예법에 따르면 하태후의 남편 효문왕은 적실 부인인 화양태후와 합장해야 했기 때문에 하태후는 죽기 전에 남편의 수릉과 아들의 양릉 사이 두동杜東에 묘지를 골라놓았다. 그녀는 무덤의 위치에 매우 만족하여 "동으로 아들을 바라보고 서로 남편을 보니 100년 후 무덤 옆에 1만 가의 고을이 생길 것이다"[5]라고 말했다. 진시황은 소원대로 하태후를 이곳에 안장했고 주민이 날로 늘어나 160여 년 후에 한나라 선제가 이곳에 두릉을 세웠고 이 황릉 주위에 수만 호가 사는 마을이 생겼다.

세 번째는 그의 적통 조모 화양태후이다. 화양태후는 효문왕의 왕후이며 장양왕의 적통 모친이다. 그녀가 화양부인의 신분일 때 자초子楚를 계승자로 삼았다. 그녀의 선택이 없었더라면 진시황 부자는 왕위에 오르기 어려웠을 것이다. 이런 이유로 장양공과 진시황은 그녀의 은혜에 감사하여 특별히 예우하고 살아서나 죽어서나 예제에서 벗어나지 않았다. 진시황 17년(기원전 230) 화양태후가 죽자 진시황은 그녀를 조부와 수릉에 합장했다.

네 번째는 생모인 태후 조희이다. 진시황과 모후 조희의 관계는 비교적 복잡하며 중대한 우여곡절을 겪기도 했다. 모자가 조나라 수도 한단에 머물 때, 어린 영정은 어머니와 함께 고난을 겪었고 어머니의 보호 아래 성인이 되었다. 부친이 왕위를 계승한 이후 모친은 왕후가 되고 영정은 태자가 되어 모자가 모두 귀한 사람이 되었다. 그러나 문제는 모후가 수렴청정할 때 발생했다. 조희가 노애와 정을 통하고 모의하여 영정을 제거하려 한 것이다. 당시의 모자관계는 말하지 않아도 충분히 짐작할 수 있다. 진시황은 노애의 반란을 평정하고 분노하여 모후를 연금시켰다. 엄밀하게 말해 모자관계가 악화된 것은 모후의 잘못이었고 진시황에겐 책임이 없었다. 이후 진시황은 신하 모초의 간언에 따라 모친을 함양의 감천궁에 데려와 관계를 회복했다. 대략 10년 후, 진시황 19년(기원전 228) 진의 장수 왕전이 한단을 격파했다. 이때 초나라 영토를 대부분 빼앗았고 조왕을 포로로 잡았다. 진시황은 친히 조나라 한단으로 가서 어머니 가족과 원한이 있는 자들을 모두 묻어 죽였다. 그는 함양으로 돌아와 어머니에게 이 일을 아뢰었는데 아마도 조희는 매우 만족했을 것이다. 얼마 후 태후가 죽었고 진시황은 예에 따라 지양止陽에 부왕과 합장했다.

기록에 따르면 진시황의 친형제는 단 세 명뿐이다. 진시황이 장자였고 형제 세 명은 동생이자 그의 신하였다. 그러나 진시황의 삼형제는 모두 비명에 죽었다.

진시황의 동생 성교成蟜는 반란을 일으켰다가 사망했다. 그는 진시황의 동포同胞 형제로 어린 나이에 장안군으로 봉군되었다. 진나라 법에 따르면 공이 없는 자는 왕실 종친이라도 예외 없이 작위를 주지 않았다. 만일 부모나 형이 편애하여 특별히 상으로 봉군한 것이 아니라면 성교는 공을 세워 봉작을 얻었을 것이다. 『사기』 「진시황본기」를 보면, 진시황 4년(기원전 243) "진나라 인질이 조나라에서 돌아오고 조나라 인질인 태자가 귀국하였다"는 기록이 있다. 인질이 성교였다면 국가를 위해 인질이 되었으므로 공을 세운 것이라는 가정이 성립된다. 또한 성교는 봉군이면서 장수이기도 했다. 진시황 8년(기원전 239) 장안군 성교는 진군의 총사령관으로 임명되어 군대를 이끌고 조나라로 진격했다. 그가 이끄는 부대는 전쟁터에서 반란을 일으켰다. 구체적인 원인은 자세하게 기록되어 있지 않으나 군신관계와 다른 권력자의 관계에까지 영향을 미쳤고 그의 형과도 직간접적으로 관계가 있었을 것이다. 반란은 진압되었고 성교는 "둔류屯留에서 죽었다. 군리軍吏는 모두 참형을 당했고 백성은 모두 임조臨洮로 강제 이주되었다." 죽은 사람도 많고 처벌도 무거웠으며 연좌된 사람도 많았던 것을 보면 이 사건은 진나라 내부적으로 매우 중요한 정치적 사건이었던 듯하다. 아마도 진시황의 친정과 깊은 관계가 있었을 것이다. 형제는 군신이지만 군신 간의 의리가 형제의 정보다 중요했고, 형제간에 모순이 있건 없건 반란을 일으킨 성교는 죽거나 도망을 가야 하는 두 가지 길밖에 택할 것이 없었다.

진시황의 다른 두 동생도 진시황에게 처형당했다. 두 동생은 이복형제로 태후 조희와 환관 노애가 통정하여 낳은 사생아다. 조희와 노애는 통정한 사실이 들통날까 두려워 이 사생아들을 숨겼다. 진시황 9년(기원전 238) 노애가 반란을 일으켜 진시황을 죽이려 했으나 반란은 신속하게 진압되었다. 진나라 법에 따라 노애는 거열에 처해지고 삼족을 멸하는 형을 받았다. 진시황의 두 동생은 어리고 죄도 없었지만 연좌제에 묶여 처형되었다.

후세의 여러 역사학자와 정치평론가는 이 사건이 진시황의 잔인함을 드러내는 증거라고 한다. 노애를 거열형에 처하고 두 동생을 박살撲殺할 필요가 없는데 이렇게까지 한 것은 인륜에 어긋나고 매정한 짓이라는 것이다. 이런 견해는 '누군가에게 죄를 씌우려는 어떤 구실 같다'는 느낌이 들게 한다. 노애는 태후 조희의 정부라 진시황과 어떤 혈연관계도 없으므로 부자관계라 할 수 없다. 가정에서의 의미이건, 정치에서의 의미이건 둘의 관계는 적대적 성질이며 둘의 모순은 죽기 살기의 결사적 투쟁을 일으킬 것이었다. 설령 노애가 선수를 치지 않았어도 황제의 후궁에서 태후와 음란한 짓을 했다는 죄만으로도 법률이나 도덕적으로 죽음밖에 다른 길이 없었는데 반란까지 일으켜 모반을 계획했으니 두말할 필요도 없다. 당시 진시황이 노애를 죽이고 일족을 멸한 것은 법이나 이치로 따질 여지가 없으며, 혈연으로 따지면 두 동생은 확실히 같은 어머니 태생이지만 이로써 논하기는 어려웠다. 두 동생은 태후가 간통을 한 인적 증거로 진나라 왕실뿐 아니라 진시황 개인의 명망과 존엄에까지 영향을 끼치기 때문에 살아남기 어려웠다. 그들은 임금을 속여 반란을 꾀한 난신적자의 친자식이었다. 노애가 삼족을 멸하는 죄를 지음으로써 그의 삼족이 모두 죽게 되었는데 친자식이 어디로 빠져나가겠는가! 그 시대의 '예' '법' '도덕'에 따르면 '성왕'이 제위에 있더라도 그들은 죽어 마땅했으며, 죽이지 않으면 '군신 간의 대의'를 밝힐 수 없었고 '윤리 도덕'을 바로잡을 수 없었다고 말할 수 있을 것이다. 만일 이런 방법이 포악하다고 한다면 시대가 포악한 것이라 할 수 있다. 그렇지만 진시황의 심리 상태가 비정상적이고 인정이 없으며 잔인하다는 말은 설득력이 매우 부족하다.

진시황에겐 세 명의 아버지가 있었다. 합법적인 결혼으로 사회적 공인을 받은 아버지인 부왕 자초가 있었고, 부모가 동의하고 종법관계가 인정한 의부인 중부 여불위(그는 진시황의 생물학적 아버지일 가능성이 있다), 모친의 불법적인 성관계로 맺게 된 계부이자 태후의 총신인 노애가 있었다. 이 세 명의 아버지는 각각 왕, 상국, 환관이었으며 진시황의 생모 조희와 밀접한 관계를 맺은 남편, 전남편, 정부였다. 진시황은 세 부친과 자식관계인 동시에 군신관계라서 매우 곤혹스럽고 곤란한 입장이었다.

장양왕이 죽었을 때 진시황은 겨우 12세였다. 이로 미루어볼 때 둘의 부자관계는 어떤 문제도 없이 정상적이고 매우 친밀했을 것이다. 진시황은 예에 따라 아버지를 안장하고 정기적으로 제사를 지내 신하와 자식의 도리를 다했다. 그리고 적계 조모 화양태후와 친생 조모 하태후를 예법에 맞게 공양하고 예우하여 혈연관계의 친소를 따져서 조상의 제도를 어지럽히는 일은 없었다. 진시황이 적통 조모를 모시는 방법은 주례와 완전히 일치해 순수 유학의 가치 척도로 보더라도 높이 찬양받을 만했다. 이리하여 그는 조정을 안정시키고 개인의 위망威望을 높였다.

진시황과 중부 여불위의 관계는 매우 복잡하고 난해했다. 일반적인 판단으로 둘은 매우 친밀한 관계였다. 여불위는 자초와 영정 부자에게 베푼 은덕은 말할 것도 없고 둘을 군왕이 될 수 있게 보좌하여 상당히 큰 정치적 업적을 쌓았다. 장양왕은 여불위를 전적으로 신임하여 상국이라는 중책을 맡겼고 또 아들에게 중부仲父라고 높여 부르게 했다. 진시황의 유년 시절에 여불위는 상국이며 나이 어린 임금을 보좌하는 탁고대신託孤大臣의 신분으로 진시황을 가르치고 도왔다. 그러면서 태후 조희와 특별한 관계에 있었으므로 진시황과 큰 문제는 없었을 것이다. 명분상으로는 부자관계로 여불위가 존중받아야 하는 위치였지만 실제로는 군신관계로 진시황이 높은 위치였다. 군왕과 상국은 본래 지극히 미묘한 권력관계였다. 진시황이 성인이 되자 상국은 실권을 황제에게 돌려줘야 했다. 이에 정견이 충돌하고 권력을 다투었을 것이며 나아가 군신이 서로 대립하는 지경에 이르렀을 것이다. 여불위가 나라를 찬탈하려는 야심을 품었을까? 군신 간에 격렬한 권력투쟁이 있었을까? 그들의 정치적 분쟁은 어느 정도였을까? 현존하는 기록으로는 판단하기가 매우 어렵다. 그러나 진시황과 여불위의 관계는 매우 심각했음이 틀림없다. 현존 문헌에서 실마리를 찾아보면, 진시황은 이성과 감정적 요소의 중간 단계에서 여불위를 처리했다. 처음에 진시황은 여불위의 봉지만 빼앗았고 후에 여불위를 죽였으나 종족은 죽이지 않았고 여불위의 최측근 신하만 죽였다. 이것은 노애를 처리한 방식과 뚜렷한 차이를 보인다.

셋째, 진시황이 노애와 두 동생을 처리한 방식을 도덕이나 개인적 성향으로 분석하기에 믿을 만한 방증을 찾기가 쉽지 않다. 이 세 사람은 다른 황제 아래에 있었더라도 별다른 결론을 찾기 어려웠을 것이다. 사실 가정이나 혈연이라는 관점으로 이 문제를 처리할 수 있느냐 하는 문제는 고려해볼 가치가 있다. 만일 진시황의 모친이 여기에 개입되지 않았다면 이는 단순한 정치 문제에 지나지 않았을 것이다.

마지막으로 진시황의 모자관계를 살펴보자. 책임의 대부분은 명백히 어머니에게 있다. 이런 상황에 직면한다면 누구라도 어쩔 수 없었을 것이다. 끓어오르는 분노를 억누르기도 어려울 것이다. 진시황도 정장공鄭莊公과 감정적으로 유사한 난관에 부딪혔으므로 그와 비슷한 해결 방법을 찾았다. 진시황의 해결 방법이 정상적인 인정과 도리로 이해하기 어려운 행위는 아니었기 때문에 진시황의 심리 상태와 도덕적 인격을 부정적으로 평가하기는 어렵다. 모친의 죄를 처리하면서 진시황은 희로애락을 느끼는 보통 사람 같았고, 나아가 자아를 잘 조절하는 마음이 넓은 사람처럼 보였다.

후비제도 및 진시황의 황후와 비빈

남존여비에는 제왕가도 예외는 없었다. 당시의 후비제도에 따라 진시황은 수많은 처첩을 둘 수 있었으며 실제로도 그러했다. 진시황과 황후 비빈의 관계는 가정적으로 부부이면서 정치적으로 군신인 이중관계였으며, 남권男權, 부권夫權, 군권君權 세 가지를 손에 쥔 진시황은 황후와 비빈들 위에 군림하였다.

상주시대에 왕은 일부일처다첩제一夫一妻多妾制를 시행했다. 상주의 무정武丁은 처첩이 수십 명이었고, 서주는 잉혼제媵婚制를 실시해 천자는 12명의 여자를, 제후는 9명의 여자를 부인으로 두었다. 왕(천자)의 정실은 왕후였고 천자의 후비희첩后妃姬妾은 매우 많았으며 대부분 작위와 녹봉, 칭호, 관직이 있었다. 이 제도는 하상주 삼대에 형성되어 진 왕조 때 완성되었다. 진 왕조의 후비희첩 여관女官제도와 호칭은 한 왕조에 전승되었고 한 무제 때 더욱 발전했다.

진시황 후궁의 비빈은 1만여 명이었다고 한다. "진나라는 천하를 통일한 후, 스스로 우쭐대며 거만하게 굴었으며 육국의 미녀와 보물을 빼앗아 진궁으로 옮겼고 작위를 8등급으로 나누었다."[6] 이처럼 진시황은 조, 초, 연, 제의 미녀를 빼앗아 진궁을 채웠다. 『삼보구사』에 따르면 "진시황은 황하河를 진 왕조의 동문이라 하고 견하汧를 진 왕조의 서문이라 했다. 궁전이 145개였으며 후궁이 1만여 명이었고 기상이 하늘을 찔렀다."[7] 이런 묘사는 과장되었지만 진시황이 얼마나 교만하고 사치스러우며 방종하고 방탕했는지를 잘 보여준다. '작열팔품'은 후비희첩을 황후, 부인, 미인, 양인, 팔자, 칠자, 장사, 소사라는 명칭으로 구분했고 칭호에 따라 녹봉의 차이가 있었다. 『한서』「외척열전外戚列傳」에 따르면 "한 왕조를 세우고 진 왕조의 호칭을 이어받아 황제의 모친을 태후라 하고, 부인을 황후라 하며, 첩을 부인이라 하였다. 첩에는 또한 미인美人, 양인良人, 팔자八子, 칠자七子, 장사長使, 소사少師라는 호칭이 있었다."[8] 황후는 정실 부인이고, 부인은 지위가 비교적 높은 희첩이다. 진시황은 각지를 순행할 때 희첩을 데리고 다녔다. "염관鹽官현에 진연산秦延山이 있다. 진시황이 이곳을 순행할 때 수행했던 미인이 죽어 산 위에서 장사지냈고 그곳에 미인묘를 조성했다."[9] 순행에 따라갔던 미인의 지위는 매우 높았을 것이다.

진 왕조에서 궁정 여관을 선택하는 방법과 후비희첩의 작위, 녹봉 등은 현재로서는 상세하게 알 수 없다. 한나라는 진의 제도를 계승하였으므로 한 왕조의 것을 참고할 수 있다. "한나라가 세워진 후, 호칭은 진 왕조를 따랐으므로 여관제도는 조금도 벗어나지 않았고 (…) 한 왕조는 항상 8월에 세금을 매기는 법이 있었기 때문에 중대부와 액정승, 상공을 낙양과 향중으로 보냈다. 그리고 나이가 13~20세의 자색이 단정하고 아름다우며 궁중에서 정한 외모에 맞는 양갓집 규수를 골라 후궁에 보내면 살펴서 가부를 결정한 후 어전에 올렸다."[10] 한 왕조 때 황후는 지위가 황제에 필적하였고 후궁의 정사를 책임지고 주재했다. 다른 비첩은 순서에 따라 '지위는 승상에 버금가며 작은 제후왕에 상응했고' '상경에 버금가며 열후에 상응했다.' 또한 '2000석에 의거하며 관내후에 상응한다' '2000석에 의거하며 대상조에 상응한다' '2000석을 따르며 소상조에 상응한다' '백석을 따른다' '유질과 두식을 따른다'[11]까지 이르렀다. 그 작위와 녹봉 등급 서열은 대체로 조정 백관의 체제를 따랐다. 진 왕조의 제도와 기본 원칙이 같았고 구체적인 방법에도 별 차이가 없었다.

진시황은 분명 성대하고 장중한 혼인식을 올렸을 것이다. 예제에 따르면 왕자의 혼인식은 매우 성대했다. 혼인은 부모가 있으면 부모의 명을 따라야 했고 없으면 군주가 스스로 정했다. 왕자王者의 배필은 반드시 양 갓집 소녀로 자색이 단정하고 아름다우며 궁중에서 정한 외모에 맞아야 했다. 황제가 신부를 맞이하는 절차에는 복잡한 의식이 있었으며 대략 납채, 빙례, 청기, 영취의 순서로 진행하였다. 납채納采는 중매인이 여자 의 집안으로 가서 혼담을 꺼내는 것이고 빙례聘禮는 혼인을 약속하는 것 이었다. 청기請期는 길일을 골라 결혼 날짜를 정하는 것이었고 영취迎娶는 가마를 대동한 대신을 파견하여 신부를 맞이하는 것이었다. 그다음 신 부가 궁에 이르면 동뢰례同牢禮를 행하고 합근주合卺酒를 마신다. 신부가 시어머니를 보는 예를 하고 친구가 모두 가서 축하를 한다. 결혼 후 3개 월이 지나 신부가 조상의 묘당에 배례를 하면 혼례 절차가 모두 끝난다.

진시황의 많은 부인 중에서 단연코 황후가 지존이었다. 황후의 궁은 중궁中宮이라 불렀고 중궁에는 상설 관속이 있었다. 현존하는 문헌을 보 면 진시황 후궁에는 첨사詹事, 장행將行 등의 관직이 있었다. 서한西漢시대 의 첨사(중소부中少府)는 궁내 사무를 총괄했고 장행(나중에 대장추大長秋로 개명)은 궁 바깥의 사무를 주관했다. 이외에도 거마車馬와 여복輿服을 다 루는 중태복中太僕, 경호를 담당하는 중궁위위中宮衛尉 등 관료와 대량의 궁정 사무에 종사하는 환관과 궁녀가 있었다. 진나라의 제도는 대략 이 와 같았을 것이다.

진시황의 황후가 누구였는지는 역사의 수수께끼이다. 황후에 대한 기 록이 남아 있는 문헌도 없으며 진시황릉에도 그녀를 위한 묘지가 없다. 진시황이 정실을 취했음은 의심할 여지가 없다. 처를 얻는 일은 부모가 책임졌고 나이가 어렸기 때문에 진시황 개인의 바람은 반영되지 않았을 것이다. 진시황과 부인과의 관계에는 별다른 문제가 없었던 듯하다. 그 렇지 않았다면 부인에 관한 사건 기록이나 추문이 민간 전설에라도 남았을 것이다.

진시황의 후비처첩이 청사에 이름 없이 사라진 것은 진시황의 정치 이념과 관계가 있다. 『상서』「목서牧誓」에 "암탉이 울면 집안이 망한다"[12]고 했다. 후비가 정치에 간여하면 항상 나쁜 결과를 초래했다. 진나라 태후가 섭정한 관례를 보면 진시황이 피해를 보기도 했다. 후비나 외척의 정치 참여를 막는 유가, 법가 사상의 영향도 있었지만 진시황은 몸소 체험했던 만큼 후비의 정치 참여를 강력하게 제한했다. 진 왕조 황후처첩의 이름이 역사에 나타나지 않는 것도 이와 무관하지 않을 것이다. 후비는 대부분 지체 높은 집안 출신이었다. 외척은 제왕의 성이 다른 친족으로 태후나 왕후에 붙어 세력을 형성하여 권력을 장악했다. 진나라에도 외척이 전횡했던 선례가 있었으나 진시황 통치 시기에는 후비의 이름조차도 사적에 보이지 않고, 후비 본가의 부모나 형제도 경전에 전하지 않고 묻혀버렸다. 이것이 진시황 재위 기간 중 혼인의 특징이다.

진시황과 자녀의 혼인

진시황은 처첩이 많았기 때문에 자녀도 많이 두었다. 종법 가족제도에 따르면 가장은 혼인을 포함하여 자녀의 모든 일을 주관했다. 그러므로 자녀의 혼인으로 많은 친척이 생겼다.

진시황에겐 수십 명의 자녀가 있었는데 정확히 몇 명이었는지는 확실치 않다. 아들은 20여 명으로[13] 『사기』에 등장하는 황자는 장자인 부소扶蘇, 공자 장려將閭, 공자 고高, 호해胡亥 네 명이다. 열여덟째 아들 호해가 진2세이다. 공주는 10명이 넘는다.

진시황과 아들의 관계에서 다음의 세 가지를 확실하게 알 수 있다. 첫째, 진시황은 아들을 봉군하지 않았으므로 부자군신의 관계도 상대적으로 단순했다. 둘째, 장자 부소는 신임을 얻었고 지위도 특수했다. 후에 '술사를 묻어 죽이지 말라'고 간언하다 질책을 받아 상군上郡의 감군으로 파견되었다. 진시황은 죽기 전에 부소에게 함양으로 와서 장사에 참여할 것을 명했다. 셋째, 호해는 진시황의 사랑을 받아 사부를 따로 두었고 법률도 가르쳤으며 순행에도 데리고 가서 황위를 찬탈할 수 있었다. 이중 첫 번째는 제왕 가정의 일대 변혁이었으며 진 왕조에만 있는 특별한 현상이었다.

진시황은 공신이나 공자, 왕손 그리고 자신의 황자, 황손에게도 예외 없이 분봉제를 철저하게 폐지하고 공훈작제도를 관철시켰다. 자식들에게 조그만 토지도 봉하지 않았고 자손과 친척에게 '공부세를 상으로 주는' 정책을 시행하여 부귀영화를 누리게 했다. 임종 때도 "자식을 왕으로 봉하는 조서는 없었다."[14] 지위가 특별했던 부소 외에 다른 황자는 모두 직함이 없었다.

자식들이 평민인 데다 제자諸子들이 정치에 참여하지 않았으며 부자군신의 관계가 상대적으로 간단했기 때문에 역사에는 부자간 권력 투쟁이나 처벌의 기록이 없다. 장자 부소가 갱유를 저지하다 처벌을 받은 것 외에 황자나 황손이 정사를 묻는 일은 없었다. 훗날 진2세가 심한 저항 없이 10여 명의 형장兄長을 일망타진하듯 모두 죽였다는 기록은 황자들이 아무런 권세를 지니지 않았던 것과 직접적인 관계가 있다. 그러나 한 고조는 진시황의 사례를 교훈으로 삼아 종친형제들을 대거 봉하여 권세를 주었으나 똑같이 형제간에 죽고 죽이는 일이 벌어지지 않았던가? 당시의 역사적 조건에서 군신관계의 제약을 받는 친속 문제를 다루는 일은 이토

제십삼장 생활

록 어려웠다.

자식 중에 진시황에게 중용된 것은 부소가 유일했다. 첫째, 종족 계승제도에 따르면 장자는 명실상부한 황위 계승자였고 장자를 세우는 것은 최고 권력을 안정적으로 승계하는 최고의 선택이었다. 진시황이 부소를 계승자로 삼으려던 선택은 공인된 정치 준칙에 부합했다. 둘째, 부소는 정치적 소질이 뛰어나 부황으로부터 높은 평가를 받고 있었다. 간신 조고는 음모로 부소를 살해했지만 그조차도 부소를 평하여 '장자는 강직하고 과감하며 무용이 뛰어나고 사람을 신뢰하며 사인의 사기를 높여주는 사람이다'[15]라고 했다. 부소의 행위를 살펴보면 정치적 안목이 있어서 '자주 상에게 직간하여' 충신과 효자라는 표준에 들어맞았다. 둘째, 진시황이 중요한 임무를 맡겼다. 진시황은 몽염에게 북으로 흉노를 막게 하고 부소는 군대를 감독하도록 했다. 진시황이 진 왕조의 최고 정예 변방군을 그들에게 맡긴 것을 보면 부소가 가장 인정받는 황자였고 몽염이 가장 신임받는 장수였음이 틀림없다. 이것은 가장 큰 신임이었다. 몽염이 "폐하는 밖에 계시며 아직 태자도 세우지 않으셨습니다. 신에게 30만 군사로 북쪽 변방을 지키게 하고 공자를 감군으로 삼으셨습니다. 이는 천하의 중임重任입니다"[16]라고 했다.

진시황은 일찌감치 부소를 선택했다. 부소에게만 신경을 썼고 직임을 맡겨 혼자만 두드러지게 한 것이 이를 증명한다. 진시황은 임종 전에 특별히 부소에게 옥새를 전하며 "군대를 몽염에게 맡기고 함양으로 가서 장례에 참여하라"고 명했다. 조고의 분석대로 진시황은 죽으면서 '자식들을 왕에 봉하는 조서 하나 없이 오직 장자에게만 글을 보냈다.' 이것은 부소를 "후사로 임명함"[17]을 의미하는 것이다.

그러나 진시황은 적절한 시기에 부소를 태자에 책봉하지 못하는 치명

진시황 평전

적인 실수를 범했다. 역사의 우연으로 조고의 찬탈 음모는 성공했고 진 왕조는 갑작스레 멸망했다.

진시황은 왜 이런 실수를 했을까? 이에 대한 추측은 무성했다. 개인의 권세를 지나치게 탐내서일까? 아니면 신선이 되어 장수하리라 자신했던 것일까? 부소의 어머니가 미움을 받아서일까? 부소가 직언을 한 것에 불만을 품어서일까? 부소가 정치적으로 성숙하지 못하다는 것을 통감해서일까? 한 가지 확실한 것은 부자관계가 군신관계의 영향을 받았다는 점이다. 중국 고대 국가에서 계승자를 세우는 것은 지극히 중요한 국가 대사로 골치 아픈 정치 문제였다. 일찍 세우든 늦게 세우든, 적통을 세우든 골라서 세우든, 세우지 않든 바꾸든 모두 정치 문제를 일으켰을 것이다. 진시황은 망설이며 적시에 결단을 내리지 못해 결과적으로 혼란을 야기했다. 훗날 진시황이 죽자마자 내란이 일어났고 자손들은 대부분 호해의 손에 죽었다.

자녀의 혼인에 있어 진시황은 가장으로서 동의한 후 매개인의 소개를 거쳐 자녀를 혼인시킬 권리를 지녔다. 자녀의 혼인은 모두 정치적 혼인이었다. 그중 가장 중요한 인척은 진시황의 신하인 이사였다. 역사에 따르면 이사의 "아들은 모두 진의 공주를 맞이했고, 딸은 모두 진의 공자에게 시집갔다."[18] 그다음 인척은 왕전이었다. 그는 진시황의 유능한 부하로 통일전쟁에서 세운 공로가 가장 컸고 봉작도 최고였으며 조정에서의 서열도 첫 번째였다.

화양공주가 왕전에게 시집간 것은 역사에서 유명한 이야기이다. "화양은 부평현에서 동남쪽으로 30리에 있다. 진시황 23년 이신이 초나라를 치러 갔다가 패하고 돌아왔다. 당시 왕전은 병을 핑계로 삼아 집에 머무르고 있었다. 진시황이 급히 수레를 몰아 빈양으로 가서 손수 상장군의 인을 왕전의 몸에 매달고 60만 군대를 주었다. 3일이 지나 왕전이 빈양을 출발했다. 진시황은 화양공주를 내려 보내며 간궁의 미녀 100명을 잉첩으로 딸려 보내 북으로 가는 도중에 왕전을 만나는 곳에서 혼례를 하라고 조서를 내렸다. 왕전이 50리를 가서 공주의 행렬을 만났다. 군대를 둥글게 세워 성벽으로 삼고 중간에 비단 천막을 설치하여 혼례를 올렸다. 그곳에 이틀을 머무르고 공주는 왕전을 따라 도에 들어갔다. 그리고 조서를 내려 빈양에 별도로 공주의 집을 두도록 했다. 지금도 왕전과 공주가 만난 곳을 화양이라 부른다."[19]

진시황은 사방을 순행하면서 처첩을 데리고 다녔고 처첩도 아마 자녀를 데리고 다니거나 도중에 자녀를 낳기도 했을 것이다. 진시황이 동쪽으로 순행할 때 "곡부현에서 북으로 20리 떨어진 지점에 여릉산이 있었다. 그곳에는 죽은 딸에 대한 전설이 있다. 『태평환우기』를 보면 '진시황이 동쪽으로 순행하다 딸이 죽자 이곳에 묻었다고 전해진다'라고 기록되어 있다."[20]

진2세와 항우의 대학살로 진시황의 자손은 거의 다 죽었으나 일부 혈통이 여러 경로로 살아남아 후세를 이었다고 한다. 공자 부소의 자손이 여기저기 떠돌다 일본으로 흘러가서 양잠업에 종사하며 번창했다고 전해오기도 한다.[21]

환관제도와 진시황의 노예

환관은 제왕의 가문에서 반드시 갖추어야 할 구성원이었고, 궁정제도와 후비제도가 있다면 반드시 환관제도도 있어야 했다. 환관은 제왕과 후비를 위한 전문적인 관원 및 가족 노비 등을 일컫는 총칭이다. 그중에 엄환閹宦(고자 내시)은 특별히 후비희첩을 위하여 설치되었으며 엄환을 둔 목적은 후비의 정절을 보장하기 위한 것이었다. 늦어도 상주商周 때부터 엄환이 궁에서 일했다. 전한 이전에 환관은 사인士人, 엄인을 같이 썼다. 진시황은 전통 제도를 계승하여 많은 환관을 가노家奴로 양성했다.

『주례』의 기록에 따르면 주나라 왕궁에는 이미 상당히 정비된 환관제도가 있었다. 왕궁에는 팔관八官이 있었는데 궁정宮正, 궁백宮伯, 궁인宮人, 내재內宰, 내소신內小臣, 혼인閽人, 사인寺人, 내수內豎 등 여러 종류의 환관을 엄인이 맡았다. 그중에 소신은 왕후의 명을 맡았고, 혼인은 왕궁 중문의 경계를 맡았으며, 사인은 왕의 나인과 여궁의 금령을 맡았다. 또한 내수는 내외의 통령을 맡았고 저급 환관과 하층 근무자도 예외없이 엄인이 담당했다. 그들도 관의 범주에 들어가므로 작록과 직무가 있었다. 진 왕조의 환관제도는 아마 이보다 더 완벽했을 것이다.

노예와 노비는 가족 구성원이었으며 사회적 지위가 매우 낮아서 재산으로 취급되었다. 그러나 진시황의 가노는 일반 노예와는 달랐다. 그들은 최고 권력자의 노예로 창공蒼穹에서 황제 자리 옆에 뜬 네 개의 환관별처럼 군주 신변에서 수행하면서 관료가 되기도 했고 나아가 최고 권력을 맛보기도 했다. 환관의 권력은 군권의 연장이자 변형이었다. 군주가 환관을 제어하지 못하면 정권을 잡은 환관이 군권을 위협하기도 했다. 비천한 노비가 군권을 환권으로 억누르면 정치가 혼란해졌고 그들은 군주를 속여 동란을 일으키기도 했다. 춘추전국시대에는 환관의 난정이 수시로 일어났다.

진시황 통치기에 역사에 추한 이름을 남긴 환관으로는 노애와 조고가 있었다. 환관 노애는 내전에서 음탕한 일을 벌이고 모반을 꾀하여 진시황을 죽이고 진나라의 강산을 빼앗을 뻔했다. 그리하여 진시황은 가노를 통제하는 것에 주의를 기울였다. 친정을 시작하고 환관의 난정은 없었다. 그러나 사후 환관 조고가 황자와 황제의 약점을 이용하여 조정을 독점하고 기강을 어지럽혔다. 조고는 계략을 꾸며 정권을 빼앗아 임금을 시해하고 영진 가와 진 왕조를 단명시킨 장본인이었다. 진 왕조는 어리석은 자식과 가노의 손에 망했고 망국의 화는 집안에서부터 일어났다.

궁정생활과 일상 정무활동

진시황은 제왕으로서 궁정에서 정무를 보는 것이 가장 중요한 생활이었다. 12세에 즉위했고 22세에 친정했으며 50세에 세상을 떠났으니 그 많은 업적과 일들을 고려해볼 때 인생의 대부분을 일상 정무에 할애했다고 보아도 과언이 아니다.

황제의 일상과 밀접한 예의제도

고대 군주의 정무활동과 일상생활은 예의제도와 밀접한 연관이 있다. 정치권력은 예의 '근본'이고 귀천을 구분하는 것은 예의 '본질'이며 행위 규범은 예의 '의식'이다. 통치자는 번잡한 의식으로 신분의 귀천을 구별하고 지위나 신분에 상응하는 위의威儀를 밝히니, 예의 형식은 본래 제왕의 존엄을 유지하고 신민의 행위를 규제하는 도구였다.

진시황은 이미 '법치'의 황제이며 '예치'의 황제였다. 하상주부터 점차

적으로 형성된 각종 천자의 권위를 유지하는 궁정 예의를 거의 완전하게 계승했고 각국의 장점을 채택해 완성하고 발전시켰다.

이 예의제도는 아래와 같이 다양하고도 구체적인 제도를 포함하고 있다. 명호名號, 관면조복冠冕朝服, 조의朝儀, 궁정, 후비, 조하朝賀, 피휘避諱, 노부鹵簿(천자나 고관대작의 행차), 능침陵寢, 종묘宗廟, 봉선封禪, 제사祭祀 제도 등이 있다. 뒤에 숙손통이 진 왕조의 예를 약간 바꾸어 한례漢禮를 제정했다. 한대 이후에는 예의제도에 약간의 변동이 있었지만 기본 정신은 대체로 진한대를 따랐다. 이런 의미로 진시황은 황제제도와 관련한 각종 예의제도 원칙과 구조를 확립했다. 일부 제도는 이 책의 다른 장을 참조하기 바란다. 여기서는 진시황의 일상생활과 관련한 제도를 간단히 설명하겠다.

1) 명호제도

명호제도는 황제의 존호尊號, 휘호徽號, 시호諡號, 묘호廟號, 연호年號와 친속의 명호를 포함하고 있다. 천하를 통일한 지 오래지 않아 진 왕조의 명호를 구체적으로 정했다. 이것은 상세히 전하지 않으나 『사기』의 기록에서 전국시대와 전한의 제도를 종합하면 대체적인 내용을 알 수 있다.

'황제皇帝'는 최고 통치자의 정식 존호이고 황제라는 호칭은 존호를 높인 산물로 대전大典이나 조고詔誥 같은 정식 문서에서 사용한다. 황제 친속의 호칭은 전국시대의 선례를 따랐고 '왕王'을 '황皇'으로 고쳤다. 예를 들면 황제의 아버지는 태상황太上皇이고 모친은 황태후皇太后이며 정실 부인은 황후이고 아들은 황자(공자)라 했다. 그리고 딸은 공주이며 손자는 황손이다.

고대에는 제왕이나 귀족이 죽으면 시법諡法으로 일생을 개괄하여 호칭을 부여했는데 이것이 시호이다. 예를 들면, 찬양의 뜻인 '문文' '무武'가 있었고 폄하의 뜻인 '유幽' '려厲' 등이 있었다. 시호는 서주시대에 시작되었고 '시법諡法'은 주공이 만들었다고 한다. 이는 군주의 일생에서 성공과 실패를 평가하는 기능이 있었다. 진시황은 "짐이 듣기로 태고에 군왕은 명호만 있고 시호는 없었으나 중고中古에는 명호도 있고 죽으면 시호를 붙였다 하오. 이것은 자식이 아버지를 평가하고 신하가 군주를 의론하는 것으로 매우 그릇된 것이니 짐은 그리하지 않겠소. 지금부터 시법을 폐지하겠노라. 그리고 짐은 시황제가 되고 후세는 대대로 2세, 3세, 만세까지 끝없이 전하리라"22라고 했다. 이는 사실 시호를 폐하고 호만 있는 고대의 제도를 회복한 것이었다. '시황제始皇帝'는 살아서의 존호인 동시에 죽어서의 시호, 묘호이다. 진시황이 시호를 폐지한 목적은 자식이 부모를 평가하고 신하가 군주를 평가하는 것을 방지하여 황제 사후의 존엄을 지키려는 것이었다. 이 행위는 각종 비평을 막으려는 진시황의 생각이 표출된 것이기도 했다.

진나라는 고대의 제도를 계승했지만 연호를 세우지는 않았다. 운몽진간『편년기』에는 소왕, 효문왕, 장왕 뒤에 "금원년今元年"이라 했으니 진왕 정의 원년이다. 시황제 26년(기원전 221) 천하를 통일한 뒤 연호를 쓰지 않았으며 원년도 확립하지 않고 계속 원래의 편년 연호를 사용했다. 예를 들면 통일 후 두 번째 해를 '시황 27년'이라 기록했다.

2) 면관조복제도

면관조복제도는 매우 오래전에 만들어졌다. 일찍이 서주 때에 천자는 곤직袞職이라는 대칭代稱이 있었다. 『시경』「대아 민」 편을 보면 "주 선왕이 직책을 다하지 못하자 신하 중산보가 그것을 대신 메웠다"23라고 했다.

「모형전」에서는 "곤袞과 면冕은 군주의 복식이다"라고 했다. 곤은 왕자가 입는 용포이고 직은 천자가 잡은 정권이다. 또한 곤의袞衣는 천자의 예복이다. 곤면袞冕 왕권은 최고 통치자만이 누리는 것이고 곤직은 제왕을 칭하는 것으로 피휘避諱 호칭으로 많이 사용했다.

진시황은 제도를 정하고 입법하는 과정에서 복식제도에도 규정을 만들었다. "의복 모정(제사 때 쥐고 귀신을 인도하는 용구)과 절 휘장은 모두 검은색을 최상위로 했다. 숫자는 6을 기본 수로 두고 부절과 법관을 모두 6촌으로, 수레의 넓이를 6척으로, 6척을 1보로, 수레는 말 여섯 마리가 끄는 것으로 규정했다."[24] 시황은 또 6국 국왕의 관면을 각기 다른 관직의 관원에게 나누어주었다. "진나라가 천하를 통일하고 수레와 복식을 거두어 황제께서 골라 먼저 어전에 공급하고 다음으로 백관에게 하사했다."[25] 모양과 의복의 색으로 존비상하를 구별하는 것이 예의제도의 취지였다. 『독단獨斷』『속한지續漢志』『통전通典』『중화고금주中華古今注』 등의 기록에 따르면 진나라 황제의 통상복은 통천관通天冠이었다.

3) 새, 부, 절 제도

진시황은 조령詔令을 내리거나 흠차대신欽差大臣을 파견하고 군대나 장수를 파견하는 일에 모두 옥새玉璽나 부절符節을 증표로 삼았다. 새, 부, 절로 증표를 삼은 역사는 매우 오래되었다. 전국시대에 왕과 백관은 모두 새인이 있었고 병사를 보내거나 장수를 파견할 때 호부를 사용했다. 각국은 대소 성읍城邑, 관새關塞, 정장亭障이나 변방의 중요한 곳에 대개 방어시설을 갖추었으므로 일반적으로 성읍이나 관새를 통과하려는 자들은 반드시 정부에서 발급한 증표로 통행증을 삼아야 했다. 진시황은 이 제도를 더욱 강화했다.

"진나라 이전의 백성은 모두 금옥으로 인을 만들고 용호 모양으로 손잡이를 만드는 것을 좋아하였다. 진 왕조부터 천자만이 인印을 새璽라 하고 홀로 옥玉을 사용하였으며 신하는 감히 쓰지 못했다."[26] 진시황은 황제의 존엄을 높이기 위해 인을 새라고 불렀다. 황제의 인신만 '새'라고 할 수 있고 옥에 조각하며 신민은 반드시 이를 지키라고 명확히 규정했다. 이때부터 황제의 도장을 "옥새玉璽"라 불렀다. 진시황이 새긴 전국새傳國璽는 중국 황제의 첫 번째 옥새이다. 진황새는 전국새라고도 한다. 전설에 따르면 진시황은 유명한 화씨벽을 조각하여 새를 만들었다.(일설에는 남전수창옥藍田水蒼玉이라 하며 진시황 남전 옥새라고도 한다.) 이 새는 방으로 4촌이며 뿔 없는 용으로 손잡이를 만들고 윗부분에는 다섯 마리 용이 서로 꼬여 있었으며, 이사가 조충서鳥蟲書(춘추 말기부터 전국 초기에 유행했던 회화적 색채가 강한 글씨체. 새 모양의 조전鳥篆 또는 조서, 벌레 모양의 충서, 이 둘을 합하여 조충서라고 부름)로 글을 썼다. 글의 내용은 "하늘에서 황명을 받았으니 영원히 창성하리라"[27]이다. 전국새 외에도 '승여육새'가 있었다고 한다. 『진서晉書』「여복지」에 "승여육새乘輿六璽는 진 왕조의 제도이다. 황제행새皇帝行璽, 황제지새皇帝之璽, 황제신새皇帝信璽, 천자행새天子行璽, 천자지새天子之璽, 천자신새天子信璽라고 했다"는 내용이 나온다. 육새는 각기 다른 용도로 쓰였다. 조정에 '행부새사行符璽事'라는 전문 관직을 두어 황제의 부새를 관리했다. 진황새는 황권의 상징이며 증표였다. 진 왕조가 멸망하고 한 고조가 이것을 수중에 넣었다. 한 왕조의 황제는 이 옥새를 대대로 전하여 지녔기 때문에 전국새라고 불렀다. 이로부터 천하를 다투는 자는 반드시 이 옥새를 빼앗거나 스스로 가짜 옥새를 새겨야 했다. 진晉 이후 전국새의 진위가 의심되었고 송대 이후 행방이 묘연해졌다.

진나라 부절제도는 전국시대부터 시작되었다. 호부와 절은 군주가 최고 군사지휘권을 장악하는 중요한 수단이었다. 장수는 황제의 조서와 호부를 증표로 삼아 병권을 받거나 군대를 움직이는 권한을 행사했다. 황제가 군령을 내릴 때는 반드시 전용 새를 찍어야 했다. 먼 곳으로 군사를 이끌고 나갈 때에는 부절이 통행 수단이 되었다. 호부는 동으로 만들었고 호랑이 형태로 등에 명문을 새겼다. 호부는 둘로 잘라 반은 황제가 갖고 나머지 반은 지방관이나 군대를 통솔하는 장수에게 주었다. 어떤 군대가 파견되더라도 황제가 보낸 사신의 부절이 맞아야 효력이 발생했다. 세상에 전하는 '신처호부新郪虎符'는 전국시대 말기에 진왕이 신처에 주둔하는 장군에게 발급한 병부이며, 그 명문에는 "군사의 부는 왕이 오른쪽 것을 가지고 신영의 장수에게 왼쪽 것을 준다. 군사 50인 이상을 동원하려면 반드시 왕부와 합치해야 감히 행할 수 있다. 만일 봉화에 불이 오르면 비록 부를 합하지 않아도 무리를 모을 수 있다"[28]라고 되어 있다. 진시황이 천하를 통일한 후 '양릉호부'의 명문에 "병부의 오른쪽은 황제가 가지고 왼쪽은 양릉 수령이 가진다"[29]라고 새겼다. 이와 같은 사실로 미루어보면 전국시대에 군주가 군대를 제어했고 진 왕조 건립 이후에 제도가 더욱 엄격해졌음을 알 수 있다.

4) 조의제도

조의는 조례라고도 하며 신하가 군왕을 알현하는 예의로 '군신의 의를 밝히는 데' 사용했다. 역사가 매우 길며 진시황이 각국의 제도를 두루 수집하여 진 왕조의 조의제도를 제정했다. 그 가운데 매년 한 번씩 하는 '원회의元會儀'가 가장 성대했다. "조의는 모두 10월 초하루부터"[30]라고 했으니 매년 정월 초하루에 시행되었다. 봉군, 삼공, 조정백관, 군계리, 외국 사자와 황제가 총애하는 신하 등이 참가했다. 주로 '군신이 함께 즐기고' '강토와 백성의 일을 아뢰고', 예물을 진공하고 관리의 고과를 평가했다. 이외에 월조와 일조가 있었다. 월조月朝는 매월 초하루에 조회한 것인데 공경 이하 백관이 '연회'를 열어 임금을 알현하고 국가 대사를 함께 논의했다. 일조는 아침에 조회를 열어 공경의 상주를 받고 일상 정무를 처리하는 것이었다.

진 왕조 때의 조의제도는 구체적으로 알기 어렵다. 한편 한 고조 7년 (기원전 200) 10월 초하루의 조의대전에 관한 기록은 매우 생동감 있고 상세하게 남아 있다. 숙손통은 진대 조의를 원본으로 이 제도를 만들었으나 한 고조 유방이 복잡한 걸 싫어하고 단순한 것을 좋아했기 때문에 단순화된 부분이 있었다.

"한 고조 7년 장락궁이 완성되자 제후와 군신이 모두 10월 조회에 참가했다. 의식은 다음과 같았다. 먼저 날이 밝기 전에 알자가 예를 주관하고 백관이 순서대로 인도하여 궐문으로 들어왔다. 궁정 가운데에는 차, 기병, 경위병이 서 있었고 각종 병기가 늘어서 있었으며 수많은 깃발이 휘날렸다. 궁전 내에 영을 전하여 '추趨'(좁은 보폭으로 빨리 걸어 공경을 나타냄)라고 외친다. 낭중이 궁전 앞의 계단 양옆으로 늘어섰는데 계단에 수백 명이 있었다. 공신, 열후, 수많은 장군, 군리는 서열에 따라 계단 서쪽에 서서 동쪽을 향했고 문관, 승상 이하의 관원은 동쪽에서 서쪽을 향해 섰다. 대행이 구빈의 자리를 안배하고 황제와 백관의 말을 전했다. 황제가 수레를 타고 방에서 나오니 백관과 집직이 정숙하라고 소리를 지르고 제후왕부터 시작하여 600석 관원까지 순서대로 축하를 올렸다. 제후왕부터 모든 관원들이 두려워하며 태도를 조심하고 공손히 하였다. 모든 의식이 끝나고 다시 예식용 술이 나왔다. 황제를 모시고 대전 위에 앉은 자들은 몸을 앞으로 숙이고 고개도 숙인 채 관직 순서에 따라 황제에게 축수를 했다. 술이 아홉 차례 돌자 알자가 '파주罷酒'(음주를 마침)를 선언했다. 어사와 집법이 예에 부합하지 않는 자가 있으면 바로 잡아 끌어냈다. 조회가 끝날 때까지 술을 마셔도 감히 소란을 피우거나 예를 잃는 자가 없었다."[31]

제도에 따르면 군신은 매번 조하朝賀나 봉참奉參할 때 황제에게 삼궤구개三跪九磕(두 무릎을 땅에 세 번 대고 땅에 머리를 아홉 번 조아린다. 무릎을 꿇을 때마다 세 번 머리를 조아림)를 행하고 '만세 만세 만만세萬歲萬歲萬萬歲'를 외쳐야 한다. 또한 황제가 순행하면 그곳의 백성들은 반드시 '만세'를 외쳐야 한다. 『시경』 「대아 운한」의 "소목공 호虎가 머리를 조아리며 천자 만세를 외쳤다"[32]는 말이 바로 조배 예의의 기원이었다. 진한 이후 신민이 황제를 알현할 때 만세를 세 번 외치는 것이 예의의 기본으로 자리잡았고, 만세萬歲나 만세야萬歲爺는 황제의 별칭이 되었다. 만세를 세 번 부르는 의식과 만수무강이라는 찬미는 군권의 신성함과 더불어 왕은 높고 신하는 낮음을 널리 알리는 중요한 수단이었다. 이런 조의제도는 마치 신도들이 상제나 귀신을 공양하는 것과 흡사했다. '만세'라고 불리는 황제는 하루아침에 신민이 맹목적으로 숭배하는 우상이 되었다. 이로써 야망을 품은 제왕은 자기 맹신에 너무 쉽게 빠져들었다.

5) 피휘제도

피휘제도는 등급이나 명분, 제왕의 존엄을 유지하는 중요한 수단이다. 피휘의 규정은 상당히 번잡하지만 그중에도 '국휘國諱'가 가장 엄격하다. 일반적으로 신민은 황제나 자기 아버지의 이름을 직접 부르거나 쓸 수 없었다. 이를 어기는 것은 바로 대역무도에 해당되었다.

역대 왕국과 마찬가지로 진 왕조도 엄격한 피휘제도를 적용했다. 운몽진간 『어서』는 진시황 통치 기간의 정부 공문서이다. 이 문서의 몇 곳에서 "정正"을 "단端"으로 고쳤는데 이는 영정의 이름을 피휘하기 위한 것이었다. 진 왕조가 "정월正月"을 "단월端月"이라 하고, "이정里正"을 "이전里典"이라고 한 것도 바로 이 때문이다. 진 왕조의 명문은 황제에게 아뢸 때, 반드시 "목숨을 걸고 아룁니다昧死言"라는 말을 써야 했다. 설령 신하가 존호를 부르거나 공덕을 기릴 때라도 "목숨을 걸고 아룁니다"라는 말을 해야 했다. 이것은 피휘와 직접적인 관련이 있다. 피휘제도에 상응하여 '폐하'라는 호칭이 생겼다. 『일지록』 「폐하」에 다음과 같이 적혀 있다.

"채옹은 『독단』에서 폐는 계단이며 올라가는 것이다. 천자는 근신近臣이 있는데 무기를 들고 계단 양쪽에 서서 갑작스런 일을 대비한다. 폐하라고 한 것은 신하가 천자와 이야기할 때 감히 직접 천자를 부를 수 없어서이다. (…) 이에 근거해서 보면 폐하는 상대방에 대한 경칭인데 후세 사람들이 답습했고 마침내 지존의 호칭이 되었다."[33] 선진시대 군주를 칭하여 집사執事(상대방에 대한 경칭)라 하였고 나중에 천자를 폐하라고 한 것은 제왕을 직접 부르는 것을 피하기 위함이었다. 예를 들면 곤직, 사직, 승여, 산릉 같은 황제의 많은 별칭은 피휘해야 할 장소에도 쓸수 있었다. 피휘 호칭을 사용하는 것은 황제와 연관된 사물로 황제를 대신 가리키고, 금기를 피하며, 황권에 대한 경외를 드러내려는 의도를 지녔다.

6) 숙위제도와 노부제도

숙위제도를 보면 황제가 출입할 때 경비를 삼엄하게 하고, 행인을 통제하며, 궁 안에 있든 순행을 하든 모두 군대가 호위해야 했다. 진나라의 군대는 황제의 근위군, 경기의 위수衛戍부대, 지방 부대와 국경 부대 이렇게 네 가지가 있다. 그중에 근위군은 금중숙위禁中宿衛와 황제친군 둘로 나뉘고, 금중숙위는 전부 군관으로 '낭郎' '낭중郎中'이라 하여 낭중령郎中令이 지휘하고 황제의 신변을 호위한다. 황제의 친군은 위사衛士 또는 위졸衛卒이라 하는데 위위衛尉가 통솔하며 황궁 사방에 주둔하면서 황궁의 호위를 책임진다. 경기 위수부대는 중위가 통솔하며 경성 안팎과 부근 지역에 주둔하면서 진나라의 주력 상비군이 되었다. 이 부대는 평상시에 수도와 중앙기구의 안전을 책임지며 전시에는 원정을 가서 국가 전략 기동 부대가 되기도 한다. 이처럼 경기 지역의 군대를 셋으로 나누어 책임을 분담하고 직무를 수행하면서 서로 예속되지 않고 견제했다. 동시에 경기 지역은 항상 수량, 질량, 장비에서 우수한 군대를 유지하여 중앙이 지방을 조정할 수 있게 해야 했다. 국경이나 지방에 일이 생기면 진군 주력부대는 사방팔방으로 뻗은 치도馳道를 이용해 신속하게 전선으로 보내졌다.

황궁을 호위하는 숙위는 매우 힘겨운 직업이었다. 어느 날 진시황이 신하를 불러 연회를 열었는데 날이 흐려 비가 내렸고 '계단에 방패를 든 숙위들은 모두 비에 젖어서 떨고 있었다.' 풍자에 뛰어난 난쟁이 우전優旃은 호위병의 처지를 동정하여 그들을 도와주려 했다. 그래서 숙위와 때가 되면 협조하기로 약조했다. 얼마 후 대전에서 만세를 부르는 소리가 들렸다. 우전이 이 틈을 타서 기둥에 기대어 큰 소리로 호위를 "폐순랑陛楯郎" 하고 불렀다. 호위들이 일제히 대답하니 우전이 고의로 목소리를 높여서 "너희들은 덩치가 아무리 커도 이런 빗속에선 아무 소용이 없다. 나는 비록 작아도 이렇게 비를 피하여 있다"라고 하였다. 진시황이 이 광경을 보고 "숙위를 절반으로 나누어 교대로 근무하도록 하라"[34]는 영을 내렸다.

황제가 출행을 하면 난가鸞駕와 의장대儀仗隊 그리고 호위대가 있어야 하므로 노부제도가 생겼다. 노부는 황제가 외출할 때 이용하는 수레와 수행원을 가리키며 의장제도로 진 왕조에서 시작했다. 채옹은『독단』하권에서 "옛날 제후는 2거 9승이었으나 진이 9국을 멸망시키고 수레와 복식을 병합했으므로 어가를 시종하는 수레가 81승이었다. 상서, 어사 등이 탔으며 마지막 수레에 표범 꼬리를 매달았다. 앞의 수레는 모두 피헌皮軒인데 호피로 장식한 수레였다"[35]라고 하였다.

채옹의『독단』, 응소의『한관의漢官儀』,『후한서』「복여지輿服志」 등의 문헌에 근거해 보면, 천하를 통일한 후 진시황은 삼대의 예를 참고로 하여 노부제도를 확정했다. 황제의 승여는 금근거金根車였다. 금근거는 금과 옥으로 장식했고 검은 깃발에 검은 장식을 달았다. 그리고 말 여섯 필이 수레를 끌었고 태복이 친히 수레를 몰았다. 대가를 수행하는 속차는 81승이었다. 금근거 외에도 오색안거五色安車, 오색입거五色立車, 경거耕車, 융거戎車, 엽거獵車 등이 있었으며 말은 모두 네 마리였다.『중화고금주』를 보면 "진시황이 동쪽을 순행할 때 황제의 행렬 앞에 맹수가 나타났다. 이때 한 무사가 살쾡이 얼굴의 모자를 쓰고 있었는데 맹수가 보고 두려워 피하였다. 이로써 의장대는 살쾡이 모자를 써서 뜻밖의 상황에 대비했다."[36] 노부 행렬의 앞에는 봉황합극鳳凰閤戟이 있었다. 경기의 안전을 책임진 주관이 인도했고 뒤에는 수행하는 부거副車가 있었다. 수행하는 공경은 노부에 포함되지 않고 별도의 의장이 있었다. 이것은 방대한 대열이었다. 진시황릉에서 출토된 청동 거마는 아마도 대가 노부의 부거일 것이며, 1호 청동수레는 오색입거이고 2호 청동수레는 오색안거였을 것이다.

황제의 의장은 천자의 존엄과 특권을 상징했다. 황제가 군신을 거느리고 순행하면 수레가 1000승에 이르고 말은 1만 필에 이르며 깃발이 하늘을 가리고 의장대의 활과 창이 수풀처럼 서 있었다. 진시황릉에서 출토된 청동 거마 등의 문물은 진 왕조의 노부제도를 엿볼 수 있는 실물 증거이다. 위의가 넘치는 행렬은 비할 데 없는 황제의 존귀함과 신성불가침한 존엄을 드러낸다. 『사기』에 초 패왕 항우와 한 고조 유방은 모두 진시황의 신민으로 제왕의 노부를 목격하고 깊은 감동을 받았음이 나온다. 이로부터 황제의 존엄이 어떠했는지 조금이나마 짐작할 수 있다.

고대인은 항상 거가車駕, 승여乘輿, 황여皇輿, 가駕 등 노부제도와 관련된 단어로 황제의 호칭을 대신했다. "황여"라는 칭호는 굴원의 『이소』에 등장하며 이외에 "성가聖駕" "어가御駕" "용가龍駕" 등의 호칭도 많이 보인다.

진시황의 일상 궁중생활

진시황의 궁중생활은 역사 기록으로 거의 남아 있지 않다. 한계가 있으나 자료를 토대로 간단히 소개하도록 하겠다.

1) 조당 의정

진시황은 주로 조의제도로 각종 정무를 결정했으므로 조당朝堂 의정議政이 중요한 일상생활이었다. 진시황은 정무에 충실한 황제로 사무와 관련된 제도를 잘 준수했다. 항상 각종 형식의 조의나 조신회의를 거쳐 정무를 결정했으며 조서로 반포하고 실행했다. 구체적인 방법은 대략 세 종류이다.

첫째, 조의朝議이다. '조'는 조당이나 궁정을 뜻한다. '조의'는 제왕이 조당에서 군신을 소집해서 일을 의논하는 어전회의이다. '조'는 사실 어느 특정한 건축 공간에 구애받지 않는다. 일반적으로 제왕이 도달하는 곳은 조당 건물이든, 말 앞이든, 들판이든 상관없이 제왕을 중심으로 하는 '중조' '중정'을 구성한다. 제왕이 군신을 모아 정무를 의론하면 장소를 불문하고 모두 조의를 열었다. 협의의 '조의'는 어전회의를 말하고, 광의의 '조의'는 조정의 각종 회의를 말한다. 규모로 보면 소형, 중형, 대형의 구분이 있다. 중소형 조의는 황제가 소집하여 주관하는데 참가자는 황제가 지정하는 조정 중신과 친신 및 관계 인원이었다. 회의에 참석한 군신은 건의하고 비평할 권리가 있으며 기회를 잡아 간언을 올리거나 서로 의견을 다투는 '정쟁廷爭'이 있었고 최종 결정권자는 황제였다. 진 왕조의 많은 국가 대사는 소형 어전회의에서 결정되었다. 조의의 의제는 대부분 기밀 정무였고 참가자는 거의 황제의 최측근이나 내시들이었다. 예를 들면 진시황은 이사, 위료 등과 6국의 통일 방략을 결정했다. 중형 조의는 대부분 여러 사람의 지혜가 필요한 정무회의이며 일반 관원과 전문 지식이 있는 사람이 참가하여 인원이 비교적 많았다. 예를 들면 봉선, 국가 예제나 대전 같은 전례의식으로 승상, 보신 및 전장제도에 정통한 유림들이 회의에 참석하였다. 역대 왕조에서 통행되던 관례로 추측해보면, 진 왕조는 중소형 어전회의를 제도화하였을 것이고, 이는 군신들이 매일 어전에서 황제를 조견하는 '상참常參'의 성질이 있으며 일상 사무제도에 속했을 것이다. 대형 어전회의라면 제도화된 특징이 있었을 것이다. 이런 회의를 정기적으로 개최하는 것은 황제의 일상적인 일이었으며, 참여 인원도 훨씬 많고 월초 회의에 참여하는 관원이라면 모두 참여권이 있었을 것이다.

『사기』「진시황본기」를 보면 진시황은 중요한 정무에서는 신하들의 정쟁을 허락했고 백관들 사이에 논쟁이 있는 의제는 토론을 허락했다. 예를 들면 군현제를 실행하는 문제를 여러 차례 조당에서 쟁론했다.

둘째, 보정대신 회의이다. 승상이 소집하여 주재했으며 '삼공구경三公九卿' 등 조정의 중신과 정부기관의 관원이 참가했다. 이런 회의에는 정해진 인원이 참가했고 아울러 의제 관련자들이 참여해서 의견을 피력할 수 있었을 것이다. 의제는 황제가 제시하고 신하들이 의견을 내면 황제가 결정했다. 통상적으로 황제는 "의견에 동의하노라制曰可" 하는 방식으로 신하들의 의견을 비준했다. 신하들의 의견이 다를 때 황제는 자신이 좋아하는 방안을 택했다. 때로는 의견을 수정하기도 하고 완전히 뒤집기도 했다.

셋째, 백관회의이다. 백관회의는 일반적으로 황제가 조서를 내려 거행하는데, 승상이 주재하며 거의 모든 조신이 참가한다. 예를 들어 진시황이 '황제'라는 호칭을 논하여 정할 때 이런 방식을 택했다. 먼저 명호를 바꾸는 의제를 제출하여 승상이 군신회의를 소집하였다. 진시황은 제호를 '황제'라고 바꾸는 군신들의 방안에 기본적으로 동의했다. 분봉제를 실시하는 문제는 "군신들에게 의제를 논의하도록 하라"며 백관회의에 쟁론을 보냈다.

어떤 의정 방식이건 황제는 최종 결정자로서 회의 결과를 받아들일 수도 있었고 그러지 않을 수도 있었다. 결국 '다양한 의견을 듣는 것兼聽'도 황제가 '독단獨斷'하기 위한 것이었다.

2) 신하의 의견을 보고 평가하다

신하의 의견을 듣고 평가하는 비열주장批閱奏章은 진시황이 국가 대사를 결정하는 방식으로 황제의 중요한 일상생활이었다. 후생, 노생 등의 술사는 진시황이 '권세를 탐닉하고 천하의 크고 작은 일을 모두 황제가 결정하며 공문서를 무게로 계산하여 매일 밤낮으로 양을 정해서 처리하였고 양에 차지 않으면 쉬지도 않았다'[37]라며 배후에서 비난했다. 이 말은 진시황 만년의 정치 상황을 반영한다. 당시 진시황은 노생 등 술사의 현혹에 빠져 신선이 되려 하고 궁정 깊숙한 곳에 머무르며 군신을 만나지 않았다. "신하들의 보고를 받고 결정을 내리는 곳은 항상 함양궁"[38]이었다. 이러한 방식에선 황제가 친히 많은 분량의 공문을 읽어야 했으므로 황제가 공문을 읽지 않으면 국가의 정무에 심각한 영향을 받았을 것이다. 국가 중추 권력을 조정하기 위해서 진시황은 스스로 독촉해야 했으며 일정한 수량의 공문을 읽지 않으면 설 수도 없었다. 황제에게 올리는 각종 문서는 죽간이나 목간에 쓰여졌기 때문에 진시황은 매번 저울로 무게를 달아서 일정 수량을 처리했다.

황권에는 독점성과 배타성, 독단성이 있다. 권력이 남에게 넘어가 자신이 해를 입거나 권신이 정치를 어지럽히는 일을 방지하기 위해 황제는 반드시 직접 나서서 부지런히 정무를 봐야 했다. 이 때문에 야망을 품은 황제는 황권에 극단적으로 집착했고 우매하고 나약한 군주는 종종 대권을 남에게 넘겨주었다. 진시황은 독단적인 군주로서 정무를 듣고 관리를 임용하며 형벌과 상을 내리는 대권을 굳건하게 유지했다. 신하의 보고서를 열람하고 송사를 판단하고 조서를 초안하는 일 등은 진시황이 친히 결정했다. 진시황은 또 '법치' 황제였으므로 정치의 틀을 규범화하고 형식화하려면 대량의 문서가 필요했다. 그가 이처럼 고생을 한 것은 정말 '권력을 탐닉한' 결과이기도 했지만 실제적인 정치의 요구도 있었다. 고대 정사에 충실했던 황제들과 비교해본다면, 특히 청나라 옹정제雍正帝가 매일 보았던 문서의 수량을 비교해본다면, 진시황의 부지런한 정무 태도는 매우 바람직한 국가 원수의 행동이라 할 수 있다. 진시황은 대권을 장악한 수십 년 동안 문서를 열람하는 일에만 전념했다.

3) 궁정 연회와 무용

궁정 연회와 무용은 황제가 누리는 궁중생활의 일부이며 궁정 예의의 일부분이었다. 궁중 연회와 음악 무용은 항상 동시에 진행되었다. 진시황은 항상 군신과 "함양궁에서 술을 마시며"[39] 연회를 즐겼다. 황제가 연회를 열어 맛있는 음식을 먹는 것은 황제의 지위를 향유하면서 '군신이 함께 즐기기 위함'이었다. 천하를 소유한 황제가 연회를 열었다면 그 호화로움은 어렵지 않게 상상할 수 있으리라. 진시황은 각국의 악곡과 기녀 배우 등을 두루 모집했다. 문헌을 보면 진 왕조 궁정의 악기는 매우 많았고 당시 궁정에는 대형 악대와 뛰어난 기예를 갖춘 악사가 많았다. 진시황릉 부장굴(부장품을 함께 묻는 곳)에서 반라의 백희용百戲俑(고대의 음악, 무용 등 잡기를 하는 인형)이 출토되었다. 인형의 얼굴색은 모두 옅은 분홍색이고 색깔이 있는 두껍고 짧은 치마를 입었으며 나머지 부위는 모두 나체였다. 자세는 각양각색이었고 활발하고 살아 있는 것 같은 모습은 궁정의 연회 장면을 반영한 것이다. 이외에 『한서』 「예악지」의 진 왕조 궁정 악무에 오행무五行舞, 소무韶舞, 수인악壽仁樂, 소용악昭容樂, 예용악禮容樂, 소악韶樂이 보인다. 『태평어람』 권571을 보면 진시황은 "낙수의 물이여, 푸르고 창창하도다. 큰 못에서 제사를 지내나니, 갑작스레 흘러 남쪽에 이르렀네. 낙수 물가에서 술을 뿌리며 축수하네. 하늘에는 해, 달, 별 삼광이 함께 떠 있네"[40]라며 군신과 노래를 불렀다. 그는 일찍이 사람을 시켜 「진선인시眞仙人詩」를 쓰고 천하를 순행하는 악장을 노래하기도 했다. 『삼보황도』권1에서는 진 왕조의 궁정에서 항상 가무와 연회를 거행하여 "수레 가득 술을 나르고, 기병이 음식을 운반하고, 천인이 노래하면 만인이 화답하는구나!"라고 했다.[41] 이것으로 당시 궁중 가무와 연회의 장면을 어렵지 않게 상상할 수 있다. 진시황은 아방궁에 술을 두고 수백에서 수천의 공경 백관을 초청했다. 삼공은 따로 앉고 군신이 순서대로 좌석을 정했다. 전차로 술을 운반하고 기병이 요리를 날랐다. 궁녀는 앞에서 노래하며 춤을 추었고 백희는 옆에서 재주를 부렸다. 연회가 한창 달아올라 흥이 오를 때 황제가 노래를 하고 군신이 화답하니 만중이 환호하여 온 천지가 울렸다.

4) 유엽 원유

늦어도 서주시대에는 전문적인 활쏘기射禮와 사냥畋獵제도가 있었다. 이 제도에는 천자가 신하와 활쏘기 시합을 할 수 있고 교외로 자주 사냥을 나갈 수 있다는 규정이 있었다. 이 활동은 일종의 궁정 오락으로 몸과 정신을 단련하고 무예를 익히며 군사를 검열하는 데 목적이 있었다.

역대 왕조와 마찬가지로 진시황은 원유苑囿에서 사냥하는 것을 좋아했다. 진 왕조 황실의 원유는 그 수도 많고 넓었는데 기록에 따르면 상림원, 의춘원, 려산원, 양산원 등이 있었다. 이 원유는 산천이 어우러져 있고 누대에서 멀리 바라보면 수풀이 무성하고 새들이 지저귀며 꽃들이 앞다퉈 아름다움을 선보였다. 야생의 새와 짐승 외에도 호랑이를 키우는 후원이나 사자원을 두어 진귀한 동물을 많이 사육했고 황제는 구경하거나 사냥했다. 국가는 원유에 관리를 두고 법률을 제정하여 엄격하게 보호했다. 그중 상림원上林苑에는 상대적으로 독립된 원유가 수십 곳 있었고 상림원 안에 아방궁 등 대형 건축물이 자리를 잡았다. 자연 환경이 빼어났으며 어마어마한 규모에 궁정과 원유가 결합된 황실의 원림이었다. 상림원은 진한 역사상 가장 유명한 원림으로 당시 궁정 건축과 원림 예술을 집대성한 것이기도 했다. 황제는 상림원 안에서 "강노로 새를 잡기도 하고 사냥개로 토끼를 잡기도 했다."[42] 또한 국사를 처리하기도 했는데 "주방장을 이동시킬 필요가 없었고 후궁을 데려올 것도 없이 백관이 구비되어 있었다."[43] 상림원에서는 수레를 몰고 활을 쏠 수도 있었고 전쟁의 포진을 연습할 수도 있었다. 진시황은 이곳을 여름 별장으로 삼아 피서를 즐기거나 신선도를 구하는 장소로 사용했다.

이 원유는 대부분 이전 시대의 것을 계승했으며 진시황이 일부 확충하기도 했다. 『삼보황도』에는 "장양궁 안에는 수양버들 수천 묘畝가 있어 이것으로 궁의 이름을 지었고 문에 사웅관이라고 썼다"[44]라고 되어 있다. 진시황은 기러기 사냥을 즐겨 여기에 40여 장丈(1장은 10척이며, 약 3.33미터)의 높은 건축물을 짓고 위에 누각을 두어 '황제가 일찍이 대 위에서 날아가는 기러기를 쏘았으므로 홍대鴻臺라고 불렀다.'[45] 하지만 진시황은 여기에 만족하지 않고 원유를 '동으로 함곡관까지, 서에서 옹雍과 진창陳倉까지' 더욱 확장하고자 했다. 우전優旃이 진시황의 계획을 풍자하며 말했다. "좋습니다. 그 안에 금수를 많이 풀어놓으면 동쪽에서 도적이 많이 쳐들어오더라도 사슴이 도적을 받아버리면 됩니다."[46] 그리하여 진시황은 방대하게 원유를 확장하려던 계획을 포기했다.

고대 황제는 항상 수렵으로 군대를 검열하고 기마와 활쏘기를 훈련시키며 실전 연습을 했다. 선진의 「석고문石鼓文」과 서한 사마상여의 「상림부上林賦」, 양웅의 「습렵부習獵賦」 등은 모두 황제의 원유와 수렵활동을 생동감 있게 묘사했다. 천자의 유렵은 포진이 삼엄하고 말발굽 소리가 울리며 화살을 쏘아 사슴과 새를 맞추는 등 그 장면이 매우 장관이라고 표현했다.

진시황은 항상 궁정 원유에서 "각저角抵와 광대놀이를 관람했다."[47] 각저는 씨름과 유사한 오락으로 맨손으로 격투를 훈련할 수 있었다. 전란을 방지하기 위해 진시황은 각저를 군사 훈련의 한 방편으로 삼았다고도 한다. 율령에도 보면 황제가 군대를 검열할 때 각저는 중요한 항목이라고 명백하게 규정했다.

진시황은 미행을 좋아했다. 진시황 31년(기원전 216)에 "시황이 무사 네 명과 밤에 함양으로 미행을 나갔다가 난지蘭池에서 도적을 만나 위험에 빠졌는데 무사가 도적을 죽였다. (그 후) 20일간 관중을 크게 수색했다."[48] 난지는 진시황이 파도록 한 인공 호수로서 배를 탈 수도 있었고, 봉래산, 선어석 등 그 경관이 뛰어났을 뿐 아니라 난지궁도 있었다. 도성에서 멀지 않고 쉴 수 있는 이궁이 있었으므로 진시황은 이곳을 종종 돌아다녔을 것이다.

천하를 순행하며 두루 유람하다

진시황은 정무를 매우 열심히 보았다. 『사기』「진시황본기」를 보면 천하를 통일하기 전, 진시황은 항상 전선에 친히 나가서 독전하고 열병하며 병사들을 위로했다. 진시황 13년(기원전 234)에는 하남으로 갔는데 장군 환의桓齮가 진나라 군대를 이끌고 조나라 평양 등의 지역을 맹렬히 공격했다. 진시황 19년(기원전 228)엔 왕전이 조나라를 격파하자 한단邯鄲으로 가서 살펴보았고, 진시황 23년(기원전 224) 왕전이 초나라를 무찌르자 영진郢陳을 방문했다. 진시황은 천하를 통일한 후 10여 년간 다섯 차례에 걸쳐서 장기 순행을 했으며, 이러한 순유는 진시황 통치 생애에서 매우 중요한 부분을 차지한다.

순행제도의 정치적 의의

맹자가 말했다. "천자가 제후를 찾아가는 것을 순수巡狩라 합니다. 순수란 제후가 다스리는 곳을 천자가 순시하는 것입니다."[49] 순수는 통치자의 중요한 정무였다. 정벌하고 제사를 지내는 것으로 국가를 세우던 시대에 최고 통치자는 군대를 이끌고 자기 세력 범위를 항상 순시, 시찰하며 신명에게 제사를 지내고 각종 통치활동을 해야만 했는데 이것을 순수라고 한다. 전설에 삼황오제는 항상 멀리까지 순수했다고 한다. 『상서』「요전」에서는 순수제도가 요순 시기까지 거슬러 올라간다고 했으며 이는 전혀 근거 없는 말은 아니다. 상나라 갑골문 여러 곳에 "왕이 모처에 있다王才(在)某" "왕이 모처에 갔다王步於某"라는 명문이 있다. 주나라 동기銅器에도 "왕이 모처에 있다王在某" "왕이 모처에 갔다王至某"라는 명문이 있다. 문헌 중에도 많은 제왕이 "천하를 두루 다니다周行天下" "천하를 두루 다스리다環理天下" "제후들과 모이다合諸侯" "강토에 나아가다勤疆土"라는 기록이 있다. 최고 통치자의 이러한 활동은 순수 범위에 속하며 주 목왕, 주 소왕 등은 모두 순수에 힘썼던 전형적인 인물이다.

순수는 군사, 행정, 제사, 유람을 하나로 겸한 통치 행위이며 그중 일부 활동은 점차 제도화되었다. 상주 이래 순수제도는 날이 갈수록 정형화되었고 최고 통치자가 특수한 정치 수요에 따라 확정하는 순수활동 외에도 제도화된 순수활동이 있었다. 『상서』「요전」, 『사기』「오제본기」「봉선서」, 『예기』「왕제」에 왕자는 동으로 순수하는 예가 있고(동순수지례東巡狩之禮 또는 대종지례岱宗之禮) 그 외에도 남순수지례, 서순수지례, 북순수지례가 있다. 그중 '대종지례'를 가장 중요하게 여겼다. 서주의 여러 왕이 동해 대종으로 순수하러 가서 태산에서 제사를 지냈는데 이것은 제도화된 통치 행위였다.

순수제도의 주요 내용과 정치 기능은 대략 세 가지로 분류할 수 있다. 바로 행정, 제정祭政, 군정이며 핵심 목적은 최고 통치자의 지위를 확립하고 천명하며 유지하려는 것이었다.

순수는 우선 영지, 속국, 맹방을 제어하는 목적이 있었다. "선왕은 제후에 대한 제도를 정하여 5년에 네 번 제후가 천자에게 신하를 파견하고 한 번은 제후가 친히 천자를 알현하도록 했다. 끝나면 함께 모여 예의를 익히고 작위의 존비를 바로잡으며 작위가 같을 경우 나이의 순서를 따르고 상하의 법도를 추구하며 공납의 표준을 확정했다."[50] 천자는 순수활동으로 제후와 회맹하고 맹약을 맺어 각종 정령을 반포하고 각지의 정치를 고찰했다. 또한 신하의 분규를 조정하고 제후의 조근朝覲(제후들이 조정에 나아가 천자를 뵙던 일), 정치 보고, 공헌을 받았다. 교통과 통신이 불편하여 각자 정치하는 조건에 맞게 봉군했으므로 순수는 매우 효과적인 행정이었다.

순수의 내용은 제정을 실시하는 것으로 일명 제천祭天이라 한다. 동쪽으로 태산에 가서 천제에게 '대종岱宗의 예'로 제사를 지내는 것은 최고 통치자의 특권이었다. 이것은 당시에 천제가 왕권을 부여했음을 선언하며 재난을 막고 복을 기원하는 정치적 의의가 있었다. "천자는 천하의 명산 대천에 제사를 지냈다."[51] 사방의 명산대천에 제사를 지내는 것도 군주의 정치적 특권으로, 목적은 비와 바람을 기원하며 신민의 지지를 얻는 것이었다. 『국어』「노어 하」에서 공자는 "산천의 신령들은 천하를 주재할 수 있는 자이다. 산천을 지키는 자는 신神이고, 사직을 지키는 자는 공후公侯이다. 이들은 모두 왕자王者에 속한다"[52]고 했다. 산천의 신과 제후의 지위는 대등하다. 천자가 산천의 신에게 제사를 지내는 것은 천자가 제후를 관할하는 것과 같은 이치이다. 이처럼 산천을 지키는 여러 신에게 제사를 지내는 방법으로 사방의 귀신조차도 천자의 통치질서에 포함시켰던 것이다. 제왕의 순수는 인간사와 관련된 것이지만 신선이나 귀신과의 소통도 매우 잦았다. 많은 순수활동의 취지와 내용은 예를 들면 봉선, 제천, 신선에게 기도하고 선왕을 추모하며 재난을 피하는 일들이라서 오늘날이라면 굉장히 황당한 것이었다. 때로 이런 일이 순수의 주요 목적이 되었다. 그러나 '제사와 전쟁이 국가 대사'이던 시대에 이런 활동은 국가의 중대한 정무이므로 상징적이면서도 실질적인 효과가 있었다.

순수는 항상 군사 정벌의 형식이나 빌미가 되었다. 순수의 '수狩'는 본디 무력이나 포획과 관계가 있다. 문헌에 요, 순, 우, 탕의 순수는 대부분 정벌의 성질이 있었다. 주 목왕의 서순, 주 소왕의 남순은 각기 서융과 형초를 정복하려는 것이었다. 대부분 순수는 고의적인 정벌전쟁이 아니면 지방을 탄압하거나 사방을 위협하려는 의미가 있었다. 순수는 항상 군대를 모아 정벌하는 외교 언어로 사용하였으므로 그 본래의 뜻과 직접적인 관계가 있다.

순수는 또 최고 통치자의 기타 원행활동을 뜻할 수도 있다. 순巡이 있으면 반드시 유游가 있었으므로 순수하던 제왕은 자연스럽게 많은 곳을 여행했다. 주 목왕은 토벌하는 여가에 여행을 잊지 않았고 마침내 그 재미에 빠져서 벗어나지 못하는 전형적인 인물이 되었다. '춘추필법'에 따르면 매우 난감한 출행조차도 "순수"라고 기록할 수 있었다. 예를 들어 진문공이 신하의 신분으로 주 양왕을 회맹에 불렀는데, 『춘추』는 이를 피휘하여 "천자가 하양에 순수했다天子狩於河陽"라고 기록했다.

춘추시대 이후에 순수제도는 천자와 함께 쇠퇴했으나 진시황이 천자의 지위에 오르면서 이 제도도 회복되었다. 진시황의 순수활동은 매우 빈번하였다. 진시황의 순수는 매번 특정한 목적이 있었으나 총체적으로 보면 이전의 천자가 지녔던 목적이나 내용과 대동소이하다. 군현제를 확립하고 나서 분봉제도에서 필요했던 대부분의 통치활동은 이미 필요가 없어졌다. 그리하여 진시황의 순수는 형식적인 내용이 많아지고 실제적인 효용은 많이 줄어들었다. 그러나 당시의 역사에서 진시황은 순수제도를 이용하여 업적을 하늘에 고하고 공덕을 기리며 실력을 자랑했고, 사방을 탄압하며 정치를 고찰하고 풍속을 바로잡았다. 이런 활동은 황제의 위업을 수립하고 국가 통일을 공고하게 하며 국경을 강화하는 데 유리했다.

절제 없는 순수는 당시 6대 폐정의 하나였고 진시황은 중국 역사상 가장 유명한 순수 황제였다. 10년간 다섯 번 원정 순행했고 순수의 시간도 전에 없이 길었다. 천자의 출행은 군대와 백성을 동원했으므로 국비와 민력을 낭비했다. 그리고 귀신에게 제사를 지내고 불사약을 구하며 왕기를 누르기도 했다. 이 때문에 실제 효용 면에서 보면 순수의 대부분은 불필요한 것이었으며 나라와 백성을 망치는 활동이었다.

첫 번째 순수

진 왕조 2년, 즉 진시황 27년(기원전 220)에 동방 각국을 멸망시키자마자 진시황은 첫 번째 원거리 순수를 시작했다. 제국의 서쪽 변경인 농서隴西 일대였다. 이 순수에 대해『사기』「진시황본기」에는 단 몇 자만 기록되어 있다. "시황은 농서 북지北地를 순행했는데 계두산鷄頭山을 넘어 회중回中을 지났다."[53]

현지 정무를 시찰하고 서부 국경을 안정시키는 것이 진시황 순수의 주요 목적이었다. 통일 전에 여러 해 동안 그의 관심은 동방을 향했고 끊이지 않는 전쟁으로 서쪽을 돌아볼 겨를이 없었다. 동방이 안정되자마자 서방을 순찰한 것은 그 때문이었다. 서방은 원래 영진 가계의 발상지였으므로 진시황은 아마 이곳에서 성대한 의식을 거행했을 것이다.

두 번째 순수

진시황 28년(기원전 219), 진시황은 중신을 거느리고 두 번째 순수를 시작했다. 이번 순수의 주제는 대업의 완수를 하늘에 고하고 공덕을 찬양하는 것이었다. 각종 활동의 주된 목적은 황제 권위의 전면적인 확립이었고 주된 활동은 태산에 제사를 지내고 비석을 세워 공덕을 기리는 것이었다. 태산에서 가장 성대한 봉선대전인 '대종지례'를 거행하려 했기 때문에 수행 인원이 매우 많았고 지위가 높은 사람들도 대거 동행했다. 진나라 통치집단의 중요 인물들은 대부분 왕의 행차를 따라왔다. 열후 무성후 왕전王翦, 열후 통무후 왕분王賁, 윤후 건성후 조해趙亥, 윤후 창무후 성成, 윤후 무신군 풍무택馮毋擇, 승상 외림隗林, 승상 왕관王綰, 경 이사李斯, 경 왕융王戎, 오대부 조영趙嬰, 오대부 양규楊樛 등이 동행했다. 동순 후 이어서 남순했기 때문에 순수의 여정과 시간이 굉장히 길었다.

진시황 일행은 함양에서 출발하여 위수 남쪽 대도를 따라 기세 높게 함곡관을 나와서 낙양을 지나 추의 역산에 도착했다. 역산은 '평지에 홀로 불쑥 솟은 돌산'이었다. 진시황은 공자의 고향이기도 한 이곳에 머물렀다. 진시황이 공자의 후예 공부孔鮒를 '노국문통군魯國文通君'으로 높인 것도 아마 이때의 일일 것이다. 이사에게 대전으로 입석에 명문을 새기게 했다. 이것이 바로 동순 도중에 처음 돌에 공을 기록한 「역산각석嶧山刻石」이다. 그 내용은 다음과 같다.

"황제의 나라는 옛날부터 조상 대대로 이어져 내려와 왕이라 칭했다. 사방으로 제후를 물리치고 위세가 멀리 사해를 진동하여 무의가 만방에 드높았다. 장군들이 조서를 받들고 전장으로 나아갔고 오래지 않아서 육국을 멸망시켰다. 시황 26년 황제께서 이 사실을 종묘에 고하여 조상께 효를 다했다. 이미 큰 공업을 아뢰었고 백성에게 은혜를 두루 내렸으며 먼 곳까지 친히 순수하셨다. 군신과 함께 역산에 올라 오랜 역사를 돌이켜보았다. 난세를 돌아보니 땅을 쪼개 분봉하여 나라를 세우고 나서 서로 이익을 다투었다. 전쟁이 하루도 끊이지 않고 벌판에 피가 흐르는 것은 태고부터 시작된 것이었다. 오랜 세월 전쟁이 그치지 않아 오제라도 이것을 멈추게 할 수 없었다. 그러나 지금 황제께서 천하를 한 집안으로 통일하시니 전쟁이 다시는 일어나지 않으리라. 모든 재해를 없애니 백성이 평안해지고 이익과 은택이 영원무궁하리라. 이에 군신이 황제의 지략을 칭송하고 비석에 새겨 법도로 삼고자 하노라."[54]

이후에도 진시황은 각지에 유사한 비석을 세웠다. 이러한 방식으로 여러 곳을 순행하면서 비석을 세우고 공을 기록하여 천하에 알렸다. 옛날부터 중국에는 덕과 공이 있는 자만이 천하를 얻어 다스리며 "덕이 있으면 오래 지속될 것이고 공이 있으면 대업을 이룰 수 있을 것이다"[55]라는 보편적인 관념이 있었다. 덕과 공은 황제를 칭하는 중요한 근거이며 뛰어난 재능과 계략 또는 싸우면 반드시 이기거나, 사해를 통일하거나, 천하를 크게 다스리거나 하는 등은 역대로 비범한 천자의 상징이었다. 그러므로 역대 제왕은 모두 강렬한 성명천자라는 의식이 있었다. 그중에 '혁명' 등의 방법으로 천자가 된다는 자의식이 특히 강했다. 진시황은 그 가장 전형적인 인물로 사방을 순수하며 도처에 비를 세워 공덕을 새기고 자신의 '성지인의聖智仁義'와 '공이 오제를 앞선다功蓋五帝'는 것을 선전했다.

진시황은 군신과 봉선대전의 예의를 정한 후 '오악독존五嶽獨尊'의 태산에 올라 친히 대전을 주재했다. 예를 모두 마치고 비석에 진의 공덕을 기리는 글을 새겼다. 이것이 「태산각석泰山刻石」으로 내용은 다음과 같다.

"황제께서 즉위하시고 제도와 법을 만드시니 신하들이 엄격히 지켰다. 황제 재위 26년에 천하를 통일하시니 굴복하지 않는 자가 없었다. 친히 순수하시어 먼 곳의 백성을 돌아보시고 태산에 오르셨으며 동쪽 끝까지 두루 돌아보셨다. 신하들이 황제의 업적을 근본부터 기억하고 무한한 공덕을 칭송했다. 국가를 다스리는 정책과 조치가 순조롭게 실시되어 모든 산업이 조화롭고 사회가 모두 법도에 들어맞았다. 아름답고 빛나는 덕은 후세에 전하여 대대손손 영원토록 변치 않으리라. 성덕을 지니신 황제께서 천하를 평정하신 후에도 정사를 게을리 하지 않으셨다. 매일 일찍 일어나 늦게까지 천하를 위한 계책을 세우고 오로지 백성을 교화하기에 애쓰셨다. 국가의 법률과 제도로 교화하니 멀리까지 전해져서 원근이 모두 황제의 뜻을 받드는구나. 귀천이 분명하고 남녀가 예를 지켜 구별이 있고 직분을 성심껏 지킨다. 내외가 분명하고 곳곳이 평안하여 후세에도 덕정이 계속되리라. 교화가 끝없이 이르고 선대의 조서를 받들어서 영원히 받들지어다."[56]

전설에 따르면 진시황은 산에서 내려오다가 "풍우가 갑자기 몰려와서 어떤 나무 아래에서 쉬었다. 그 뒤로 이 나무를 오대부五大夫로 봉했다"[57]고 한다.

봉선 후 진시황은 무리를 거느리고 계속 동쪽으로 나아갔다. 임치를 지나고 황현과 수현을 넘어 발해의 해변에 이르렀다. 그는 '성산成山의 꼭대기까지 올랐고 지부之罘산에 올라 진의 공덕을 새긴 비석을 세우고 떠

났다.'[58]

출행 과정에서 진시황은 제신의 활동을 계속하여 천자가 제사를 지내야 하는 신명을 모두 배향했다. 진시황은 임치에서 천주天主에게 제사를 지내고 양보에서 지주地主에게 제사를 지냈으며 동평에서 병주兵主 치우에게 제사를 지냈다. 그리고 삼산에서 음주陰主에게 제사를 지냈으며 지부에서 양주陽主에게 제사를 지내고 래산에서 월주月主에게 제사를 지냈다. 또 성산에서 일주日主에게 제사를 지내고 낭야에서 사시주四時主에게 제사를 지냈다. 무릇 명산대천에 모두 제사를 지낸 셈이다. 이 인간 세계의 지배자는 모든 신에게 경건하고 공손했으며 예절에 빈틈이 없어서 흠잡을 것이 없었다.

진시황은 동쪽 연해지역을 여행하면서 남으로 낭야(산둥 교남膠南 경내)에 올랐다. 낭야 일대는 바닷가로 풍광이 빼어났다. 홀로 우뚝 솟아 있어 멀리 바라보면 하늘과 바다가 맞닿은 수평선을 볼 수 있었다. 그리고 길게 이어진 암벽에 파도가 부서져서 장관을 이루었다. 때때로 바다에 신기루 현상이 나타났다. 전설에 따르면, 먼 바다에 봉래 선경이 있고 그곳에 신선이 살고 있는데 신선은 불사약을 가지고 있어서 인간이 약을 먹으면 불로장생한다고 했다. 만일 신선의 지도를 받으면 신선이 될 수 있다고도 했다. 진시황은 아름다운 선경에 도취되어 돌아갈 것을 잊고 여기에서 3개월을 머물렀다.

진시황은 명을 내려 '백성 3만 호를 낭야대 아래로 이주시키고 그들의 요역을 12년 동안 면제했다.' 또 낭야대를 짓고 대 위에 신묘를 만들어 신선에게 제사를 지내는 곳으로 사용했다. 그 옛날 월왕 구천이 이곳에서 대를 만들고 바다를 바라보며 패주가 되어 제후들과 회맹하였으니 진실로 일세의 영웅이었다. 그러나 어찌 구천을 진시황과 비교하겠는가? 진시황은 현재를 더듬어 옛날 일을 추억하자 감개가 무량하여 이곳에 '비석을 세워 진의 공덕을 칭송하고 자신의 뜻을 밝혔다.' 이것이 바로 「낭야각석琅琊刻石」으로 내용은 다음과 같다.

"재위 28년 황제로 등극하여 새로운 시대를 열었다. 법도와 만물의 질서를 바로잡으니 인간의 관계가 명백해지고 부자가 조화를 이루었다. 성스런 지혜와 인의로 도리를 명백하게 하였다. 동쪽 땅을 아우르고 병사들을 살폈다. 대사가 모두 끝나고 이 바닷가에 이르렀다. 위대한 황제의 공덕으로 모두 부지런히 본업에 종사한다. 농업을 장려하고 상업을 억제하니 백성이 부유해졌다. 하늘 아래 모두 일념으로 황제의 뜻에 순종했다. 기물의 규격을 통일하고 문자를 통일했다. 해와 달이 비추고 배와 수레가 닿는 곳에 왕명을 따르지 않는 자가 없고 모두 천수를 누리고 만족한다. 모두 사시에 순응하여 행하니 이것은 모두 황제 덕택이네. 서로 다른 풍속을 교정하고 물길을 만들고 땅을 정리한다. 백성을 불쌍히 여겨 밤낮으로 쉬지 않는다. 의심스러운 것을 없애고 법을 제정하니 모두 금하는 것을 알게 되었다. 지방 수령이 각기 일을 맡으니 모든 다스림이 쉬워졌다. 조처가 합당하니 그림처럼 명백하다. 황제의 맑은 지혜로 사방을 살핀다. 존비와 귀천이 제자리를 떠나지 않고 간奸과 사邪를 용납하지 않으며 모두 정正과 량良에 힘썼다. 크고 작은 일을 가리지 않고 전력을 다하니 감히 태만하지 못한다. 먼 구석까지 엄숙하고 근엄하며 정직하고 충실하니 사업에 변함이 없다. 황제의 덕이 사방에 두루 미친다. 세상을 어지럽히는 자를 제거하니 천하에 복리가 증진된다. 때와 절기에 맞추니 만물이 번식하고 백성이 편안하여 병기를 쓸 일이 없다. 친척이 서로 도우니 마침내 도적도 없다. 가르침을 기꺼이 받아들여 제도를 모두 안다. 육합六合이 모두 황제의 땅이니 서쪽으로 사막까지 이르고 남쪽으로 북호北戶(창문을 북쪽으로 낸다는 의미로 남방 지역)까지 이르고 동쪽으로 동해, 북으로 대하까지 이른다. 사람의 발길이 닿는 곳이라면 신하 아닌 곳이 없으니 그 공덕은 오제를 능가하고 은혜는 짐승에까지 이른다. 만물이 은혜를 받지 아니한 자 없으니 각기 제자리를 찾았다.

천하를 통일한 후, 진왕은 황제라 칭했으며 동부 영토를 여행하며 낭야에 이르렀다. 열후 무성후 왕리(왕전), 열후 통무후 왕분, 윤후 건성후 조해, 윤후 창무후 성, 윤후 무신군 풍무택, 승상 외림, 승상 왕관, 경 이사, 경 왕융, 오대부 조영, 오대부 양규 등이 동행했다. 이들은 해변에서 황제의 공덕을 논의했다. 옛날 제왕은 영토가 사방으로 천 리를 넘지 않았고 제후는 자신의 봉토를 지키면서 입조하건 그렇지 않건 제각각이었다. 침략전쟁을 그치지 않으면서도 자신의 업적을 금석에 새겼다. 옛날 삼왕과 오제는 정교가 달랐고 법도도 달랐으며 귀신의 위세를 빌려 원방을 속여서 이름과 실제가 부합하지 않았으므로 그 지배하는 것이 오래갈 수 없었다. 제왕이 죽기도 전에 제후가 반란을 일으켜 법령이 행해지지 않았다. 지금 황제께서 해내를 하나로 통일하시고 전국에 군현을 세우시니 천하가 화평해졌다. 종묘에 대업을 아뢰시고 도덕을 체득하여 행하시고 황제라는 존호에 맞는 큰 공업을 이루셨다. 이에 군신들은 황제의 공덕을 칭송하고 금석에 새기어 후세의 모범으로 삼고자 한다."[59]

낭야를 순행하는 동안 제나라 사람 서복徐福(서불徐市이라고도 한다) 등은 상소를 올려 "동해에 삼신산이 있는데 이름은 봉래, 방장, 영주라 하고 그곳에 신선이 삽니다"[60]라고 했다. 그래서 진시황은 서복 등을 파견하여 선인을 찾고 불로초를 구하도록 했다.

돌아오는 길에 진시황은 팽성(장쑤성 쉬저우시)을 지나게 되었다. 그는 분명 일부러 그곳에 갔을 것이다. 진 소왕이 주나라를 멸망시키던 당시 구정을 빼앗았으나 여덟 개만 얻었다. 전설에 따르면, 정을 사수에 빠뜨려 잃어버렸다고 한다. 우禹가 정을 만들어서 구주를 상징하고자 했으므로 구정이라고 한다. '중요한 보물'로 여겨진 구정은 최고 권력을 상징했다. 이는 하상주에 걸쳐 대대로 전해져 진국보기鎭國寶器가 되었다. 진시황이 비록 황제의 업을 이루었다 하나 천자의 권력을 상징하는 구정 중 하나가 부족했기 때문에 큰 아쉬움이 있었다. 잃어버린 정을 찾고자 하는 그의 간절한 심정은 상상해보면 알 수 있다. 그래서 봉선이 끝나고 팽성을 지나 사수가에 이르렀다. 진시황은 '재계한 후 제사를 올리고 주의 정을 찾기 위해 사수를 뒤졌다.'[61] 수천 명이 잠수하여 찾았으나 터럭만큼의 소득도 없이 불만스럽게 떠나야 했다. 남으로 회수를 건너 형산과 남군으로 갔고 장강을 타고 상산사에 이르렀다. 이곳에서 진시황은 '신을 괴롭히는欺神' 행동을 보였는데 사람들은 이를 죄상으로 기록했다.

상산사湘山祠는 순의 두 왕비에게 제사를 지내기 위해 건립한 곳이다. 요 임금은 딸 아황과 여영을 순 임금에게 시집보냈다. 순이 남방을 순행하다가 창오蒼梧에서 병사했다. 두 비는 망부를 찾으러 왔으나 찾지 못하고 비통하게 울다가 피를 흘렸다고 한다. 그리고 그 피가 대나무에 묻어 마침내 강에 빠져 자살했다. 그래서 후세 사람들은 반죽斑竹을 상비죽이라 불렀고 "반죽 한 가지에 눈물 천 방울"[62]이라는 노래도 지었다. 현지 백성은 두 비를 죽은 곳에 묻고 사당을 세워 제사를 지냈으며, 그 산은 상수湘水에서 가깝고 사당은 산의 남쪽에 있었기 때문에 상산사湘山祠라고 했다. 요순은 모두 천하의 제왕이었고 두 비는 제왕의 자식이면서 제왕의 부인으로 사후에 신령으로 추존되었다.

진시황이 배를 타고 이곳을 건너고자 했으나 태풍이 불어 강을 건너지 못할 뻔했다. 진시황이 수행하던 박사에게 물었다 "상군은 어떤 신인가?" 박사가 대답하기를 "요의 딸이자 순의 처로 여기에 묻혔다고 합니다" 하였다. 진시황은 크게 화를 내며 '죄수 3000명을 시켜 상산의 나무를 모두 베어내고 민둥산으로 만들었다.'[63] 또한 사람을 시켜 상산사를 태워버리고 의기양양하게 남양에서 무관을 거쳐 함양으로 돌아왔다.

청산과 신녀가 무슨 죄가 있었겠는가? 그저 상산 신녀가 자신의 여정을 방해한다 의심하고 권력을 남용하여 3000명 죄수를 동원해 온 산의 나무를 모두 잘라버렸다. 제왕의 신분으로 신명을 공경하지 않았으니 이것은 당시의 관념에 따라도 전형적인 폭군의 행동이었다.

진시황은 제왕의 딸이자 제왕의 부인이며 신녀인 아황과 여영에게 왜 감히 이런 대접을 하였을까? 이것은 제왕의식과 직접적인 관계가 있다. 많은 학자들은 이를 단순하게 해석하여 진시황이 신과 어리석은 싸움을 한 것은 오만했기 때문이라고 본다.

그러나 당시 진시황은 결코 이유 없이 거만을 부린 것이 아니라 먼저 이들이 누구인가를 명확하게 물었고 순 임금의 부인에 지나지 않는다는 말을 듣고 화가 나서 그런 것이다. 중국 고대의 많은 사람들은 우주질서를 이해할 때 천제는 지고지상이고, 천제의 적통 장자인 천자는 천지天地 이외의 신보다 항렬이 높다고 여겼다. '왕자는 천지를 부모로 모시고 일월은 형제와 같았다'[64]고 하니 일월과는 형제자매로 어깨를 나란히 할 수 있었으며 나머지 신들은 천자보다 아래였다. 그리고 명산대천이라면 단지 인간 세상의 제후나 왕공의 지위에 해당되었다. 제왕은 뭇 신에서 항렬도 높고 지위도 특수했다.[65] 왕은 천과 지의 중간에서 천지인을 소통하게 하므로 왕王, 천天, 도道, 지地를 '세상에서 가장 큰 네 가지域中四大'라 했다. 이른바 "군위신주君爲神主"라는 것이다. 이는 천자가 신명에게 제사를 주재하므로 신도 군주에게 의지한다는 말이다. 이런 관념은 제왕이 스스로 신성화하던 중요한 문화적 근거이다. 제왕의 지위에 있는 진시황은 스스로 '공덕이 오제를 앞선다'고 여겼으니 소상의 여신은 당연히 그에게 대항해서는 안 되었다. 나무를 모두 잘라 민둥산을 만든 것은 어리석다기보다는 제멋대로라고 해야 맞을 것이다. 큰 신이든 작은 신이든 황제는 예로써 공경해야 했다. 그러나 이때의 진시황은 득의양양했고 누구보다 뛰어났으며 거만하여 걸핏하면 권력을 남용했다. 보통 신민은 군왕을 거역할 수 없었을 뿐만 아니라 아주 작은 신명이라도 그에게 죄를 지으면 재난을 만났으니 누구라도 그의 뜻을 위배할 수 없었다. 소상 신녀에게 한 행동과 다른 일월성신 및 명산대천에게 했던 진시황의 태도는 완전히 대비된다. 이것은 천하 통일 후, 태산에 봉선을 하고 진시황의 심리 상태가 심하게 비틀어지기 시작했음을 알 수 있는 사건이다.

진시황은 이번 순행에서 먼저 동쪽으로 갔다가 다시 남쪽으로 갔으며 마지막에 '남군에서 무관을 거쳐 돌아왔다.' 운몽진간『편년기』에는 같은 해에 "금과안육今過安陸"이란 기록이 있다. 금은 '금왕今王'이고 '금상今上'의 약칭으로 진시황을 가리키는 것이다. 이 문구는『사기』의 기록이 정확했음을 증명한다.

세 번째 순수

진시황은 함양으로 돌아오고 얼마 지나지 않아 다시 부대를 거느리고 순행했다. 진시황 29년(기원전 218) 봄의 세 번째 순수다. 행선지는 여전히 동해 연안의 지부 낭야로 지난번과 같았고, 아마도 불사약을 찾는 것과 밀접한 관련이 있었을 것이다.

진시황은 일행과 함께 함곡관을 나와 곧바로 지부로 향했고 한, 위의 옛 땅을 지나갔다. 수년 전에 반란이 일어났던 곳으로 진시황은 이곳에서 자객을 만나 목숨을 잃을 뻔했다.

자객은 장량이 구한 어느 대역사였다. 장량은 한韓나라 사람으로 조부 장개지는 '한 소후, 선혜왕, 양애왕 때 재상을 지냈고' 아버지 장평은 '리왕釐王, 도혜왕悼惠王의 재상을 지냈다.' 그의 가문은 5세에 걸쳐 한나라에서 재상을 지냈으며 노예 300명을 거느린 한나라의 귀족이었다. 진 왕조가 한나라를 멸망시켰을 때 장량은 나이가 어려서 출사할 수 없었다. 원수를 갚기 위하여 장량은 "동생이 죽었는데 장사도 지내지 않고, 재산을 모두 털어 진시황을 암살할 자객을 구했다."[66] 장량은 함께 진시황을 죽이려는 대역사를 찾았고 역사에게 120근의 철추를 만들어주었다. 진시황이 순행을 한다는 소식을 듣고 미리 박랑사(허난성 중머우현 북쪽)에 매복했다. 황제의 노부 행렬이 이곳을 지날 때, 기습적으로 철추를 날려 진시황의 수레를 부숴버렸으나 아깝게도 그것은 진시황이 탄 수레가 아닌 부관이 탄 수레였다. 진시황은 대경실색하고 분노하여 전국에 자객 수배령을 내렸다. 장량은 어쩔 수 없이 이름을 바꾸고 하비에 숨었다.

연안 지역에 도착한 진시황은 다시 지부에 올라 비를 세워 공을 기록했는데 이것이 「지부각석之罘刻石」이다. 내용은 다음과 같다.

"진시황 29년에는 바야흐로 중춘中春이라 따뜻한 기운이 올라온다. 황제는 동쪽으로 순행하여 지부에 올라 바다를 바라본다. 수행한 신하들은 성상의 빛나는 덕을 되새기고 위업을 찬양했다. 위대한 성군이 다스려 법도를 확립하고 천하의 근본을 밝혔다. 밖으로 제후를 교화하고 은혜로운 덕을 베풀어 바른 이치를 밝혔다. 육국의 임금은 바르지 않고 끊임없이 이익을 탐하고 살육을 멈추지 않았다. 황제께서 백성을 가엽게 여기시어 마침내 토벌하여 무덕을 떨치셨다. 정의로운 처벌, 진실한 행동, 불같은 위엄이 두루 미치니 굴복하지 않는 곳이 없었다. 강폭한 자를 없애시고 백성을 구하시어 사방을 평정하셨다. 공정한 법을 두루 펼치시어 천하를 다스리시니 영원한 준칙이로다. 위대하도다! 천하가 성상의 뜻을 받드는구나. 군신들은 공덕을 칭송하며 돌에 새기어 후세의 귀감으로 삼기를 청했다."[67]

뒤이어 진시황은 지부의 「동관각석東觀刻石」에 공을 기록했는데 내용은 다음과 같다.

"진시황 29년, 황제께서 봄에 순유를 떠나 먼 곳을 시찰하셨다. 바닷가에 이르러 지부산에 올라 아침 해를 보셨다. 아름다운 광경을 바라보며 신하들은 모두 태양같이 지극히 밝은 성상의 공덕을 떠올렸다. 성스러운 법도가 처음 실행되어 안으로 누습疆을 정리하고 밖으로 난폭한 이를 토벌했다. 위세가 사방으로 떨쳐나가 사해를 울려 6왕을 사로잡았다. 천하를 통일하여 재해를 막고 전쟁을 근절시켰다. 황제의 밝은 덕으로 천하를 다스려서 보고 듣고 조금도 게으름을 피우지 않았다. 대의를 세우고 각종 기물을 분명히 정비함에 모두 제도를 정했다. 신하들은 직분을 준수하며 각자의 임무를 맡아 망설임이 없었다. 백성은 교화되어 모두 같은 법도를 지키고 옛날처럼 우를 범하지 않았다. 일상의 직분이 모두 정해지고 자손이 계승하고 성스런 치세를 계속하리라. 군신이 공덕을 찬양하고 열성을 찬송하며 지부산에 비를 세울 것을 청했다."[68]

일이 끝나고 진시황은 항산을 지나 상당을 넘어 함양으로 돌아왔다.

네 번째 순수

진시황 32년(기원전 215), 다시 순수를 시작했다. 진시황은 당초 각국이 적을 방어하고 화를 이웃 나라에 전가시키기 위해 국경과 황하 양쪽에 방어시설이나 제방을 쌓았음을 발견했다. 이 시설들은 교통을 방해하고 수재를 일으키므로 통일 후에는 백해무익했다. 그래서 진시황은 교통과 물의 흐름을 방해하는 모든 "성곽을 부수고 제방을 터서 물길을 통하게"[69] 하라는 명령을 내렸다.

진시황은 동쪽 갈석碣石으로 가서 창해를 바라보며 이곳에 공을 기록한 각석을 남겼는데 이것이 바로 「갈석각석碣石刻石」이다. 다음은 그 내용이다.

"황제가 군대를 일으켜 무도한 자를 처벌하니 반역이 근절되었다. 군대로 포악한 역도를 무찌르고 선정으로 죄 없는 자를 보호하니 백성이 마음으로 모두 복종한다. 공로에 따라 소, 말과 토지, 성읍으로 은상을 실시했다. 황제께서 위엄을 떨치고 덕으로 제후를 아울러 천하를 통일하셨다. 도처의 성곽을 파괴하고 막힌 하천을 뚫고 험준한 요새와 장벽을 제거했다. 성곽을 부수고 제방을 터서 막혔던 지형이 평탄해졌다. 지세가 정해지니 백성은 요역이 줄고 천하가 모두 평안해졌다. 남자는 밭두둑에서 기꺼이 농사짓고 여자는 가사를 돌보니 일에 질서가 있다. 황제의 은덕이 만물에 고루 미치니 진에서 대대로 살던 이나 새로운 농민이나 모두 경작에 힘쓴다. 군신이 공업을 찬송하고 비에 새기기를 청하여 준칙으로 후세에 남으리라."[70]

이번 동순의 주요 목적은 두 가지였다. 하나는 선인을 찾아 불사약을 구하는 것이었다. 진시황은 연인燕人 노생을 보내어 선문과 고철이라는 두 명의 선인을 찾으려 했다. 또 한종韓終, 후공侯公, 석생石生 등을 보내 신선의 불사약을 구했다. 또 다른 목적은 흉노를 물리쳐 북부 국경을 공고히 하기 위함이었다. 돌아오는 길에 진시황은 동쪽에서 서쪽으로 제국의 북부 국경을 순시하고 상군을 거쳐 함양으로 왔다. 얼마 후 노생이 수도로 귀환해 신선 찾는 일을 보고했다. 자신의 일이 순조로우며 신선은 결코 거짓이 아님을 표명하기 위해 노생은 예언을 기술한 '도서圖書'를 날조해 진시황에게 바쳤다. 이 도서에는 "진 왕조를 망하게 하는 자는 호이다亡秦者胡也"라는 예언이 기록되어 있었다. 진시황은 신선을 믿고 참언에 빠져서 날조된 거짓말에 동요했다. 이에 진시황은 북쪽의 흉노를 막으려는 결심을 굳히고 장군 몽염에게 군대를 거느리고 흉노가 점령한 하남을 빼앗으라고 명령했다. 또 훗날 백성을 대규모로 이주시켜 남북의 국경선을 공고하게 했다.

함양으로 돌아온 진시황은 북쪽으로 흉노 공격을 막고 장성을 축조하느라, 또한 사방으로의 백성 이주, 능묘 확충, 분서와 갱유 등 중요한 정무를 처리하느라 3~4년간 순수할 수 없었다.

다섯 번째 순수, 그리고 사구에서 죽다

진시황의 다섯 번째 순수는 자못 부득이한 것 같았으나 터무니없는 일도 많았다. 진시황 36년(기원전 211), 심기를 어지럽히는 일이 잇달아 일어났다. 그것은 신비한 자연현상 및 인간사와 관련한 일들이었다.

첫 번째 사건은 '형혹熒惑이 심수心宿(전갈자리)를 침범한 것'이다. 형혹은 화성이고 심수는 전갈자리다. 화성은 옛날부터 '벌성罰星'이라 하여 우환, 죄악, 사망을 주관하는 별이었다. 고대인의 관념에 심수는 천왕天王이 정치하는 장소로 전갈자리에서 가장 큰 별이 천왕이다. 하늘에서 심수의 위치는 인간 세상에서 제왕의 조정에 해당된다. "형혹이 심수를 침범하면 나라에 재앙이 있다"[71]고 했으니 매우 심각한 일이었다. 이런 자연현상은 최고 통치자에게 무척 불리했다. 이것은 천자가 실각하거나, 대신이나 제후가 반란을 일으키거나, 한재가 들거나, 심하면 천자가 죽고 역신이 반란을 일으켜 백성이 유랑하는 것을 의미했다. 진시황은 미신을 매우 신봉했는데 이러한 자연현상을 바라보는 그의 심정이 어떠했는지는 상상해보면 충분히 알 수 있을 것이다.

두 번째 사건은 운석이 떨어진 것이다. 즉 '유성이 동군에 추락했고 땅에 떨어져 돌로 변했다.'[72] 이것도 일종의 재난 현상이었다. 운석이 땅에 떨어지는 것은 가까운 시일 안에 전쟁이나 기근이 발생함을 의미했다. 진시황을 더욱 분개토록 한 것은 누군가가 운석 위에 "진시황이 죽고 천하가 분열할 것이다"[73]라는 표어가 새겨졌기 때문이었다. 황제는 이 말을 듣고 어사를 파견해 조사했다. 현지 백성은 시치미를 뚝 떼고 아무도 책임을 지거나 범인을 고발하지 않았다. 분노한 진시황은 운석을 부수고 '돌 근방에 사는 사람을 모두 잡아 죽였다.'[74]

세 번째 사건은 천문을 보고 점을 치는 관리가 진시황에게 "동남쪽에 천자의 기운이 있다東南有天子氣"고 보고한 것이다. 이 기운은 기이한 구름으로 본래 자연현상인데, 당시에는 구름 아래에 왕자가 있어서 진 왕조를 대신할 수도 있다고 보았다. 만일 제때에 기를 제거하지 않으면 왕조가 바뀌는 것을 피할 수 없을 것이라고 여겼다. 이런 위험을 없애는 방법 중 하나는 현지 풍수를 파괴하거나 혹은 재위 천자가 기가 생기는 땅에 친히 가서 억누르는 것이었다. 진시황 주변의 수백 명의 점성가가 항상 '동남에 천자의 기가 있다'라는 보고를 했기 때문에 이 일은 자주 논의되었고 진시황은 다시 동남 방향으로 순행할 생각을 하고 있었다.

이런 불길한 조짐 때문에 우울했는데 더욱 불쾌한 네 번째 사건이 일어났다. 진시황은 울적한 마음을 가다듬고 조절하기 위해 박사들에게 「선진인시仙眞人詩」와 천하순수를 시로 지어 읊게 했고 악인에게 음악에 맞춰 곡을 쓰고 연주하며 노래하게 했다. 가을 바람이 불 즈음에 또 불쾌한 소식이 들려왔다. 내용은 다음과 같았다. 관동에서 함양으로 돌아온 어떤 사자가 '밤에 화음華陰 평서平舒를 지날 때' 이상한 일을 겪었다. 밤중에 어떤 사람이 벽옥을 들고 사자를 가로막으며 "나 대신 이 벽옥을 호지군滈池君에게 전해주시오"라고 했다. '호지滈池'는 함양 부근으로 호지군은 호지의 신이었다. 사자는 벽옥을 호지의 신에게 주라는 말을 듣고 이상하게 생각했다. 여러 차례 반문을 하자 이상한 사람은 "올해 조룡祖龍이 죽을 것이다"라고 말했다. 사자가 몇 가지 더 물으려고 했는데 갑자기 그 사람은 어둠 속으로 사라지고 벽옥만 남았다. 사자가 벽옥을 가지고 황상을 알현하면서 사정을 자세하게 털어놓았다. 시황은 한참 동안 생각하다가 "산 귀신은 단지 1년의 일만 알 뿐이다"라고 했다. 조회를 마치고 돌아오는 길에 시황은 "조룡이란 인간의 우두머리이다"[75]라고 자문자답했다. 어부궁리御府宮吏의 식별을 거쳐서 이 벽옥이 8년 전 진시황이 배를 타고 강을 건너며 수신에게 제사를 지낼 때 강에 던진 것임을 알았다. 진시황은 이 사건도 불길한 조짐으로 보았다. 조는 사람의 선조이고 용은 임금의 상징이므로 '조룡'은 진시황 자신을 이른 셈이다. 만일 강신의 예언이 정확하다면 자신이 곧 죽는다는 말이었다.

역사가는 유언비어라며 잘못 기록했지만 이 사건은 허구가 아니며 어

제
십
삼
장
생
활

떤 사람이 눈속임으로 불만을 토로한 것이리라 생각된다. 이런 사건이 정말 있었는지의 여부를 떠나 앞의 세 가지 특이한 자연현상과 나쁜 조짐은 진시황에게 근심을 안겨주었다. 진시황은 각종 이상 현상과 유언비어를 사실이라 믿고 재앙을 피할 방법을 찾으려고 점을 쳤다. 태복이 신명에게 고하고 점을 치며 삼역에 근거하여 '여행하거나 이사하는 것이 길하다는 괘를 얻었다.' 여행이나 이사로 재앙을 피할 수 있다는 암시를 받았으니 아무리 진시황이라도 어떻게 신의 명령을 거역하겠는가? 한편 '북하北河와 유중楡中으로 백성 3만 가를 옮겨서' 이사하라는 괘를 실행하고 또 '작을 한 등급 올려주어' 널리 은혜를 베풀어 재앙을 소멸시키고자 했다. 동시에 즉각 순수 채비를 해서 조정을 떠나 '여행'을 실행하려고 했다.

이번 순수의 동기와 주된 활동은 천명과 신선과의 관계가 가장 커서 여행을 하며 재앙을 피하고 해상의 선인을 찾아 불사약을 구하며 몸소 동남쪽에 가서 천자의 기운을 누르려는 것이었다. 나이가 들어 기력이 약해진 진시황은 원래 경성에서 휴식을 취하며 치료를 하고 양생을 하면서 덕정을 하고 장기적인 통치를 구상했어야 했다. 그러나 연이은 자연현상에 놀라 화를 면하고 장생불사를 얻으려고 길고도 바쁜 순수의 길에 올랐다. 이런 터무니없는 거동으로 진시황은 목숨을 잃었고 결과적으로 진 왕조는 멸망했다.

진시황 36년(기원전 211) 10월 계묘에 순유를 시작했다. 좌승상 이사는 어가를 수행했고, 우승상 풍거질은 경성에 남았다. "막내 호해는 진시황의 총애를 받았는데 따라가기를 원해서 상이 허락했다."[76] 아마 진시황은 전화위복이 되리라고 지나치게 확신했기 때문에 특히 황위 계승자를 확정하는 문제 등에 대해 어떠한 응급조치도 마련해놓지 않았을 것이다. 이런 정치적 실수의 결과는 전혀 만회할 방법이 없었다.

그 해 11월, 진시황은 운몽에 도착해 구의산九疑山에서 순에게 망제를 지냈다. 그 후 장강을 타고 내려가서 적가籍柯를 바라보고 해저海渚를 건넜다. 단양丹陽을 지나 전당錢唐에 이르렀다. 진시황은 회계산에 올라 우왕에게 제사를 지내고 남해(현재의 동해)를 바라보며 비석을 세워 진 왕조의 공덕을 찬양했다. 이것이 바로「회계각석會稽刻石」이며 내용은 다음과 같다.

"황제의 위대하고 빛나는 덕으로 천하를 통일하시니 그 공덕과 은혜는 길이 뻗치리라. 시황 37년에 천하를 순수하시어 원방을 두루 살피셨다. 회계산에 올랐고 습속을 두루 살피시니 백성이 모두 삼가 공경의 예를 올렸다. 군신들이 황제의 공덕을 칭송하며 그 치적을 회고하고 고명하신 공덕의 근원을 회고했다. 진나라 성왕께서 나라를 다스리심에 처음에는 형명을 정하고 옛 제도를 밝히며 법식을 분명히 하고 직책을 명백하게 구별하여 변치 않는 기강을 세우셨다. 6왕이 전횡을 일삼으며 이익을 탐하고 사나운 행동을 일삼아 백성을 부려 강성해지고자 했다. 포학하고 제멋대로 하고 힘을 믿고 교만하고 걸핏하면 군대를 동원했다. 서로 몰래 통하여 이간질을 하고 합종을 획책하여 행위가 정도를 넘어섰다. 안으로 속임수를 쓰고 밖으로 국경을 침범하여 재앙이 그치지 않았다. 의로운 위엄으로 그들을 토벌하고 패덕한 자들을 죽여 없애고 난신적자를 없앴다. 황제의 성덕이 넓고 깊어 육합 안에 막힘없이 고루 적셨다. 황제께서 우내를 통일하시고 만사를 두루 다스리시니 원근이 모두 밝고 깨끗하였다. 만물을 이치대로 운용하고 사실을 규명하여 각기 합당한 위치를 찾았다. 귀천상하가 서로 소통하여 선악을 앞에서 모두 토로하여 아무도 진실을 숨기지 않았다. 과거에는 허물을 숨기고 의로운 척하고 자식이 있는데도 재가하고 죽은 남편을 배반하고 정절을 지키지 않았으나, 이제 내외를 엄격하게 구분하고 음란을 금지하니 남녀관계가 명확하고 깨끗했다. 행실이 바르지 못한 남자를 죽여도 죄가 없으니 남자가 부덕을 지켰고 여자가 재가를 하면 자식이 어미로 여기지 않아서 여자가 감화되고 깨끗해졌다. 이처럼 성상의 정치가 습속을 개선하니 천하가 풍속을 받들고 아름다운 공덕을 누렸다. 모두 규범을 준수하고 화합하고 근면하며 따르지 않는 이가 없었다. 백성이 깨끗하고 사람마다 즐겁고 법규를 함께하여 태평을 구가한다. 후세에 삼가 법을 받든다면 잘 다스려져서 다함이 없을 것이니 정치가 동요하지 않으리라. 신하들은 공덕을 칭송하여 이 비석을 세우고 아름다운 이름을 길이 전하리라."[77]

진시황은 여행 도중 닿는 곳마다 천자의 기氣와 왕자의 세勢가 있는 곳을 뒤졌고 박사 또는 방사들이 문제가 있는 곳이라 여기면 각종 방법을 강구하여 일일이 제거했다. '종산에 용이 똬리를 틀고 석두에 호랑이가 웅크리고 있다'고 호칭하는 금릉金陵(난징시)의 경우 죄수들에게 북산을 파고 장롱長壠을 절단하여 왕자의 기를 끊으라고 명령했다. 또 금릉을 말릉秣陵으로 바꾸어 눈으로 보이는 문자의 가치를 깎아버렸다. 주방朱方(장쑤성 단투진)에서 3000명의 죄수들로 하여금 경현남갱京峴南坑을 파서 절단하도록 명령하고 지명을 단도로 개명했는데, 이는 붉은 죄수복을 입은 죄수의 고향이라는 의미다. 운양(장쑤성 단양현)에서 죄수를 동원하여 북강北崗을 잘라 끊고 모든 직선도로를 구불구불한 길로 만들고 지명을 곡아曲阿로 바꾸었다. 추리에서 10만의 죄수로 하여금 땅을 깊이 파고 지명을 수권囚拳으로 바꾸었다. 진시황은 섬산剡山에 왕기가 있다는 말을 듣고 산맥을 파서 끊어 분을 풀고 이름을 섬갱산剡坑山으로 바꾸었다.

'동남의 천자 기운'을 해소하는 임무를 마치고 풍속을 바로잡도록 명한 후 진시황은 발해의 해변으로 가서 신선을 찾았다. "오吳 지방을 지나 강승江乘(건강성 동북쪽)에서 강을 건너 해안을 끼고 북으로 올라가서 낭야에 도착했다." 도착하자마자 서둘러 선약을 구하는 일의 진전을 탐문했다. 방사 서복 등 많은 사람이 매년 바다를 건너 약을 구하러 가면서 엄청난 인력과 물자를 소비했으나 아무것도 얻지 못했다. 그들은 견책을 받을까 두려워 진시황에게 거짓말을 꾸며댔다. "봉래산의 선약을 얻을 수는 있으나 항상 큰 상어가 방해하여 그곳에 접근할 수 없습니다. 활을 잘 쏘는 궁수와 같이 가서 만나면 연노로 쏘고자 합니다."[78] 이때 진시황은 이상한 꿈을 꾸었다. 그는 꿈에 흉악한 해신과 싸웠는데 해신은 사람의 모습과 비슷했다. 진시황을 수행하던 박사는 그 꿈을 다음과 같이 풀이했다. "수신을 눈으로 볼 수 없으므로 대어나 교룡을 징후로 보아야 합니다. 지금 폐하께서 제사를 빠짐없이 성실히 지내셨는데 이 악신이 나타났으니 당연히 제거해야 합니다. 그러면 신선이 나타날 것입니다."[79] 이에 진시황은 바다로 나가는 사람은 고래를 잡는 어구를 가지고 가도록 하고 대어가 수면으로 올라오면 연노로 쏘아서 잡도록 친히 준비했다. 선단은 '낭야에서 북상하여 영성산으로 갔으나 대어를 만나지 못했다. 지부에 이르러 대어를 발견하고 한 마리를 사살했다.'[80] 진시황의 선약을 구하는 일은 바쁘기만 하였고 결국 아무런 성과 없이 돌아왔다. 배에서 내려 상륙하고 해안을 따라 서쪽으로 가서 돌아오려고 하였다. 출발 전에 진시황은 포기하지 못하고 서복에게 계속 신선과 선약을 찾으라고 했다.

　　평원진에 도착한 진시황은 병에 걸렸다. "진시황은 죽음이란 말을 싫어해서 군신들은 누구도 죽음에 대한 이야기를 감히 입 밖에 꺼내지 못했다."[81] 그러나 그는 8~9개월 동안 수천 리 길을 바쁘게 뛰어다녀서 몸과 마음이 지칠 대로 지쳐 있었다. 여행 도중이라 의료 조건도 열악했기 때문에 병을 치료할 수 없는 상황에 처했다. 행렬이 사구에 도착하자 진시황의 병은 악화되어 더 이상 앞으로 나갈 수 없었다. 이곳은 옛날 조나라의 영토로 전대에 남은 이궁이 있었다. 거의 죽을 때가 되어서야 일어날 수 없음을 알고 서둘러 뒷일을 준비했다. 이런 지체가 대사를 그르쳐서 결국 나라와 가정을 모두 망치고 말았다.

진시황은 조나라에서 태어나서 그곳에서 죽었다. "(진시황 37년) 7월 병인, 진시황은 사구 평대에서 죽었다."[82] 천고일제千古一帝는 천고에 작별을 고하고 인생 여정을 여기에서 마감하였다.

진시황의 죽음은 너무나 많은 아쉬움을 남겼다. 눈을 감자마자 '사구정변沙丘之變'이 발생했고 사후 1년 만에 대택향에서 무장 반란이 일어났다. 그리고 세상을 떠난 지 3년여 만에 손수 세운 진 제국이 연기처럼 사라졌다.

왜 이런 역사적 현상이 일어났을까? 다음 장에서는 진시황과 진2세의 행위를 종합하여 이 문제의 답을 중점적으로 찾아보도록 하겠다.

秦始皇

14장

교만과 사치

─한 시대에 화를 미친 포학 군주

QIN SHI HUANG

옛날부터 교오驕, 사奢 두 글자는 나라를 망치기에 충분한 글자였다. 지고무상의 황제가 교만하고 사치하면 반드시 포학하게 변한다. 사치와 교만은 제왕의 일반적인 폐단으로 한 혜제惠帝, 한 문제文帝, 당 문종文宗 등 소수를 빼면 당 태종 같은 명군도 '교만하고 사치했다'는 조롱을 면하기 어렵다. 진시황의 교만, 사치, 방종, 방탕은 진 왕조의 백성에게 끝없는 근심을 안겨주었다. 그는 포학함으로 유명한 군주였다.

진시황은 천부적으로 총명하고 타고난 성격이 강직하며 지극히 미세한 것까지 살피고 일 처리에 있어서도 결단력이 있었다. 또한 법도를 중시했고 단호하게 밀고 나가 만세에 남을 공을 세웠다. 그는 "일개 제후로 천하를 통일했고 그가 원하면 모든 것이 이루어지므로 상고 이래 자신을 따를 자가 없다"[1]고 자부했다. 교만한 마음은 여기서부터 생겨나기 시작했다.

진시황은 통치 기간에 무절제하게 궁실을 확장하고 기준을 초과하며 능침을 건축했고 장기간 빈번하게 순수했다. 뿐만 아니라 성급하게 봉선대전을 거행했으며 대규모로 신선과 불사약을 구했고 시시비비를 따지지 않고 분서를 감행했으니 이것이 바로 6대 폐정이다. 이 폐정은 날로 교만해지고 사치를 즐기는 진시황의 마음과 직접적인 관계가 있다. 지금의 시각으로 보면 황제가 궁정을 짓고 능을 만들며 순수, 봉선 거행, 신선 찾기, 책을 불 태우는 것 등은 모두 포학한 행위이다. 당시 그런 일은 예의에 부합해 비난할 여지가 없었지만 한도를 벗어나면 바로 '무도無道'한 '혼군昏君'의 행위였다.

사회적, 시대적, 제도적, 개별적 포학

진시황의 '포학'은 세계적으로 유명하다. 이것을 어떻게 해석하느냐가 '진시황 현상'을 해석하는 중요한 과제이다. '포학'을 구체적으로 분석하지 않으면 그 시기의 역사와 역사 인물을 객관적이고 공정하게 평가하기 어렵다. 진시황의 '포학'을 대충 비평했다가는 중국 고대 황제제도와 일련의 역사 현상을 전면적으로 인식하기 어려울 뿐 아니라 전제주의 정치를 깊이 있게 비판하기도 어렵다.

진시황의 '포학' 행위는 대략 세 가지 근원으로 구성되어 있다. 첫 번째 포학은 수구 세력에 대한 공격이다. 서주의 왕제와 비교하면 진 왕조의 황제제도는 사회 변혁의 산물이다. 관중, 이회, 상앙, 오기 등이 정치 변혁을 일으킨 이후, 사람들은 옛날의 가치 척도로 그들이 '왕제王制' '성도 聖道'에 부합하지 않는다고 끊임없이 질책하며, '패覇' '사私' '폭暴' '잔殘'이라 비난하고 홍수나 맹수처럼 여기며 "호랑虎狼"이라 비유했다. 당시의 사회 변혁은 확실히 폭력으로 완성한 것이다. 진시황은 확고한 변혁파로 이미 구舊제왕제도의 반역자이면서 새로운 황제제도를 완성한 대표 인물이었다. 그래서 그의 개혁은 포학이라는 딱지를 뗄 수가 없었다. 이런 포학은 사회 문명의 진보를 촉진한다. 두 번째 포학은 당시의 사회정치 제도에 근원을 두고 있다. 사람이 사람을 지배하고 억압하고 착취하는 사회관계를 기초로 건립된 모든 정치제도와 마찬가지로 군주전제 제도의 본질은 포학이다. 이 제도는 폭력으로 유지하고 포학으로 보호하며 때때로 각종 폭행을 만들어낸다. 예를 들면 군주 독재, 가혹한 형벌, 과도한 징수 등이다. 이는 모든 군주에게 적용된다. 현대의 가치관과는 별개로 이것은 역사적으로 합리적인 존재 가치가 있었다. 세 번째 포학은 순수하게 진시황 개인의 책임이다. 개인의 저급한 정욕으로 교만, 사치, 방종, 방탕, 정적의 제거, 죄 없는 사람을 마구잡이로 죽이는 등의 만행을 저질렀다. 근원이 다른 세 가지 포학은 때로는 섞여서 명확하게 구분할 수 없지만 역사를 인식하거나 해석할 때는 반드시 구별해야 한다. 이것을 사회적 포학, 시대적 포학, 제도적 포학 그리고 개별적 포학으로 나눠서 살펴보자.

사회적 포학은 지배, 노역의 성격을 띠는 사회관계의 규범에 근원을 두고 있다. 중국 고대의 대유는 진심으로 "인이란 남을 사랑하는 것이다 人者愛人"라고 선언하여 인의교화를 고취하면서 동시에 윤리도덕을 위반하는 '소인' '여자' '이적'을 "금수禽獸"로 보았다. 각종 '금수'를 중죄로 다스려야 한다고 한 것이 전형적인 사례이다. 사실 이런 현상은 사회 구조 자체가 포학의 속성을 지니며 이런 사회 구조를 유지시키는 관념, 도덕, 제도, 법률이 아무리 우수한 내용을 포함하더라도 피할 수 없는 논리적인 오류와 현실적인 위선이 존재한다. 이것이 바로 사회적 포학이다. 이런 사회 구조는 '덕정'을 실행하는 군주, '효자孝慈'를 중요시하는 가장 또는 '애인愛人'을 주장하는 학자라도 '포학'이라는 두 글자에서 벗어날 수 없었다. 하물며 덕정을 행하지 않고 효자를 중요시하지 않으며 인애를 주장하지 않는 사람은 말할 것도 없다.

오늘날의 입장에서는 이런 포학을 반드시 비판해야 한다. 그러나 당시 사회에서 이런 포학 행위는 대부분 합리적인 형식으로 존재했다. 예를 들면 중국 고대 종법사회에서 유가의 '군군君君, 신신臣臣, 부부父父, 자자子子' '삼강三綱과 오상五常' 및 '천리天理'로 만들어낸 많은 행위는 모두 사회적 포학이다. 아비가 자식에게 죽으라고 하면 자식은 감히 죽지 않을 수 없고 임금이 신하에게 죽으라고 하면 신하는 죽지 않을 수 없다. 사회적 포학은 집단적 행위이므로 때로는 모든 사회 성원이 개입하여 잘못된 것이라고 생각하지 않는다.

시대적 포학은 일정한 시대의 특정한 사회 형태와 관련 있는 포학을 가리키며, 그것은 각기 다른 역사 시대에 사회적 포학으로 표현된다. 인류 사회문명은 시대적 변천을 거쳤는데, 즉 노예노동(어떤 것은 노예노동과 아주 비슷하다)이 주도적 위치에 있거나 비교적 중요한 시기, 농노나 농민 노동이 주도적 위치에 있던 시기, 고용노동이 주도적 위치를 점유하는 시기 등 세 가지 사회 형태가 순서대로 출현했다. 시대에 따라 사회 구조가 변했기 때문에 사회적 포학의 성질과 형태도 변화했다. 자본주의 이전 시대와 자본주의 시대의 사회적 포학은 범위, 정도, 형식, 내용을 막론하고 매우 다르다.

진한의 황제제도는 상주의 왕제에 비하여 훨씬 문명화되었다. 춘추 이전과 이후를 비교하면 사회, 경제, 정치, 문화 등 각 영역에서 전 시대가 더욱 야만적이고 잔인했다. 서주의 '예치'가 진대의 '법치'보다 더 인도적이라는 견해는 역사적 사실과 매우 거리가 멀다. 당연히 진의 포학은 주의 포학보다 약하다. 이점을 보지 못한다면 객관성이 부족한 결론을 얻게 될 것이다. 많은 학자들이 진의 폭정을 비판할 때 이런 부분을 소홀히 한다.

제도적 포학은 기본적인 정치제도의 특질로부터 조성된 것이다. 특정한 사회와 시대에는 특정한 제도가 있다. 제도적 포학은 역사적 범주이기도 해서 지배적이거나 노역에 가까운 정치제도 및 그와 관련된 정치적, 법률적 규범을 근원으로 한다. 당시에는 이런 포학이 '합법적'으로 존재했다. 맹자나 주희 같은 대유학자는 군왕이 예법을 기초로 궁전을 짓고 능묘를 만들며 후비를 취하고 부역을 시키는 것은 '천리'에 부합한다고 생각했다. 또 중국 고대 법률은 "자식이나 신하는 충과 효를 다해야 한다"[2]며, 신하와 자식은 임금과 아버지를 위해 일해야 하고 말을 함부로 하거나 금기를 어기는 등 조금이라도 신중하지 못하면 '대불경죄' '황제 비방 죄'를 범하는 것임을 밝히고 있다. 제왕이 죄를 뒤집어씌운 것만 아니라면 '대불경죄'를 지은 사람을 죽이는 것은 당연한 일이라고 생각했다.

개인적인 포학은 순수하게 개인의 인격과 불법 행위 때문에 발생하는 포학이다. 예를 들면 불공정한 입법이 일으킨 포학은 사회성, 시대성, 제도성의 성격을 띠지만 사법의 부패는 항상 어떤 개인의 정욕, 탐욕, 심리와 직접적인 관계가 있다. 개인적인 포학은 오늘날에도 포학한 것에 속하지만 당시에도 포학한 행동이라고 보았다. 예를 들어 임금과 아버지가 충신과 못난 자식을 마구잡이로 죽이고 관리가 불법으로 백성을 괴롭히는 일 등이다. 중국 고대에 관리가 법을 왜곡하여 백성에게 피해를 주는 것은 유교 도덕에서는 '불충불의'이고 국가 법률로는 '이익을 탐하여 백성을 괴롭히는 행위'이다. '무도한 임금無道之君' '포학한 임금暴虐之主' '독부민적獨夫民賊'이라는 질책은 통상적으로 이런 폭행을 가리키는 것이다.

지금이라면 세계문명사에서 어떤 지역, 어떤 민족의 어떤 사회 형태, 국가 제도나 통치자라도 '포학'이라는 평가를 벗어날 수 없다. 그러나 역사상 구체적인 인물, 특히 통치자의 포학한 행위를 분석할 때, 위의 네 가지 다른 성질의 포학을 구분해야 하며 그렇지 않으면 고인에게 너무 가혹하다는 평가를 면하기 어렵다.

수 양제를 예로 들면 사회 문명의 정도가 높아지면서 수당 이후 법제는 상대적으로 형벌이 가벼운 시대로 진입했고, 수 양제의 『대업율大業律』은 중국 고대 사상 형벌이 가장 가벼운 법전이었다. 『대업율』의 형벌은 진한위진 법전에 비해 매우 가벼웠을 뿐 아니라 그의 아버지인 수 문제의 『개황율開皇律』과 당 태종의 『정관율貞觀律』보다도 가벼웠다. 이런 점에서 수 양제는 제도적 포학을 상대적으로 약화시켰으며 사회적, 시대적 포학도 약화시켰다. 즉 이런 관점에서 그에게 긍정적인 면이 있다. 그러나 수 양제는 후에 자신이 제정한 법률제도를 지키지 않고 법외로 형을 시행하여 무고한 사람들을 남살했다.

봉선

진시황은 주변을 고려하지 않고 봉선 대전을 무리하게 진행해서 잘못된 결과를 초래했는데, 그 책임은 바로 자기 자신에게 있었다.

진시황의 6대 폐정 중에서 봉선, 구선, 분서의 영향은 매우 컸으며 서로의 관계도 무척 밀접했다. 봉선에서 구선까지, 구선에서 분서까지 진시황은 날이 갈수록 사치하고 포학, 방종하며 방탕했다. 어떤 의미에서 봉선은 구선을 불렀고 봉선과 구선으로 빚어진 정치 심리는 여러 차례의 대규모 순수 및 궁전과 능묘의 확대를 불렀다. 전횡의 극치는 '분서갱유'였다.

봉선의 유래와 정치적 의의

'봉선'은 천자가 천지에 행하는 가장 성대한 제례이다. '봉封'은 태산 정상에서 제단을 쌓아서 하늘에 제사를 지내는 것으로 '하늘에 공功을 보고하는 것'이다. '선禪'은 양보산에서 땅에 제사를 지내는 것으로 땅에 공을 보고하는 것이다. 양보梁父산은 태산 아래에 있는 작은 산이다. 먼저 하늘에 제사를 지내고 땅에 제사를 지내며 '봉'과 '선'은 한 대전의 두 절차이므로 합하여 '봉선'이라 한다.

봉선에는 중요한 정치적 의의가 있다. "역성혁명으로 왕이 된 국왕은 반드시 태산과 양보에 제사를 지내는 의식을 행해야 한다. 왜 그래야 하는가? 천명으로 왕이 되어 온 천하를 다스리니 하늘에 태평을 고하고 군신에게 공을 보고한다."[3] 관례에 지존의 위치에 오른 사람은, 특히 '혁명'을 일으킨 임금은 봉선의 형식으로 천지와 여러 신에게 공을 보고할 자격이 있어서 광대한 신민에게 자신이 하늘의 명을 받아 천지에 부합함을 선언한다. 이것은 최고 통치자의 특권이며 무상한 영광이므로 천자가 되어서도 봉선대전을 할 수 없다는 것은 제왕 평생의 유감인 것이다. 이 때문에 "자고로 천명을 받은 제왕이 어찌 봉선을 하지 않았겠는가? (…) 태평성세마다 봉선으로 보답했으나 난세가 되면 중단했다."[4]

『상서』「요전」은 요가 봉선의 예를 제정했다고 굳게 믿고 있다. 전하는 바에 따르면, 제 환공이 봉선을 거행하려고 했는데 관중이 강력하게 반대했다. 관중은 "옛날에 태산에서 봉을, 양보에서 선을 거행한 제왕은 72명이었다고 합니다만, 제가 기억하고 있는 것은 12인에 불과합니다"[5]라고 했다. 관중은 무회씨無懷氏, 복희伏羲, 신농神農, 염제炎帝, 황제黃帝, 전욱顓頊, 제곡帝嚳, 요堯, 순舜, 우禹, 탕湯, 주 성왕成王 등 12명의 봉선에 관한 이야기를 예로 들고 그들 "모두 천명을 받고 봉선을 행했다"고 했다. 후세에 공자 등 대유들은 경전에 주석을 달 때, "역성혁명으로 왕이 된 자로 태산과 양보에 봉선을 한 자는 70여 왕"이라는 고사를 굳게 믿었다. 최근 학계에서는 대체로 위의 서술은 믿을 수 없고 봉선은 서주시대에 만들어진 것이라고 본다. 필자는 유사한 정치적 기능으로 천지와 여러 신에게 제사를 지내던 의식은 일찍부터 있었다고 본다. 서주의 제도는 확실히 더 오랜 연원이 있을 것이다. 실제로 고대에는 천제를 지내서 공을 알리는 행위가 많았으나 구체적인 장소나 예의 절차는 달랐을 것이다. 서주부터 봉선의 예가 정형화되고 규범화되었으며 장소가 고정되어 관념이나 이론이 끊임없이 발전했다. 공자, 맹자 등의 정리를 통해 최고 통치자만이 봉선할 자격이 있다는 관념이 널리 퍼지게 되었다. 역대 진나라 왕공들이 천지에 제사를 지내고 노나라 계씨가 '배신陪臣'의 신분으로 태산에 오른 것은 모두 분수에 넘치는 행위로 보았는데 사실 이는 봉선과 유사한 행위였다. "70여 명의 왕이 봉선을 거행했다"라는 말은 신빙성이 떨어지나 고대의 많은 왕들이 이러한 행동을 했다는 것은 사실이다.

첫 봉선은 황제의 중대 실책

진시황은 역사상 첫 번째로 봉선을 행한 황제이다. 진시황 28년(기원전 219)은 대업이 막 완성된 때였다. 천명을 받고 상서로운 조짐이 나타났으며 공업을 완성하고 천하를 평정했으므로 황제가 된 지 3년 만에 서둘러 태산에 올라 천지에 봉선을 거행했다.

주 천자가 몰락한 후, 오랜 시간 봉선이 끊겨 상세한 내용은 인멸되어 듣고 기록할 수 없었다. 이 성대한 대전을 잘 치르기 위해 진시황은 '제, 노 지방에서 유생 및 박사 70인을 불러 모아 태산 아래에 당도하여'6 봉선의 예를 함께 상의했다. 여기에 모인 유가들은 경전을 인용하여 활발하게 토론을 했고 또 각자 자신의 의견을 고집하여 논쟁이 끊이지 않았다. 그들이 제시한 견해는 진부하다기보다는 너무 번잡하여 실행하기 어려웠다. 어떤 사람은 산에 올라 제사를 지낼 때 수레바퀴를 부들로 감싸서 태산의 초목을 보호해야 한다고 주장했다. 그리고 봉선할 때 바닥을 쓸어야 하며 방석도 반드시 띠풀로 짜서 경건함을 보여야 한다고 역설했다. 그러나 당당한 진시황이 어찌 시골뜨기들의 의견을 따랐겠는가! "진시황은 이에 관한 여러 가지 의견을 들어보았으나 서로 엇갈리고 시행하기도 어려워 마침내 유생들을 물리쳤다."[7]

유생을 물리친 뒤 도로를 만들었으며 제단을 쌓았고, 진나라가 상제에게 제사를 지내던 예의를 참조하여 전례의궤典禮儀軌(행사의 예의 표준)를 설계했다. 그는 친히 수레를 타고 수행하는 중신과 함께 태산 남쪽으로 올라갔으며 꼭대기에 이르자 단에 올라 제사를 지냈고 아울러 '시황제의 덕을 칭송하는 비석을 세워 자신이 봉을 거행한 뜻을 밝혔다.' 그러고 나서 산 북쪽으로 내려와 양보에서 땅에 제사를 지냈다. 진시황은 처음으로 봉선대전을 거행한 황제이며, 이는 중국 역사상 신뢰할 만한 문헌에 기록된 첫 번째 봉선대전이었다. 진 왕조는 이 예의 절차를 엄격히 비밀에 부쳤기 때문에 세상 사람들은 그 상세한 내용을 알 수 없었다.

무심코 보면 봉선은 폐정인 데다 대세와 별 관계가 없어 보인다. 하지만 사실은 그렇지 않다. 그것은 역사에서 매우 상징적인 사건이다. 봉선을 서둘렀던 결과는 매우 부정적이었으며 진 왕조의 정치를 쇠퇴로 이끈 화근을 묻어놓은 것이었다.

사마천은 진시황이 장성을 쌓고 직도를 건설한 것을 비판했다. 그는 진이 제후를 모두 멸한 후 천하의 민심이 아직 안정되지 않고 상처 입은 곳이 아직 치유되지 않은 상황에서 응당 '백성의 위급한 생활을 구제하고 노인과 고아를 보살피며 백성의 화합을 도모해야지 "비위나 맞추며 대대적인 공사를 벌어서는"[8] 안 된다고 생각했다. 이런 생각은 봉선에 대한 가장 적절한 비판이었다. 일대 혼란이 이제 막 끝나고 그동안 방치되고 지체되었던 각종 일들이 모두 시행되기를 기다리고 있는 상황에서 진시황은 급할 것 없는 봉선대전 같은 일을 서둘러 성대하게 거행했다. 이 것은 대단한 실책이었다.

봉선의 방대한 규모, 높은 규격, 엄청난 비용은 승리의 성과를 일시에 날려버렸다. 제왕이 노부를 거느리고 백관과 함께하는 장거리 순수는 본래 지방 백성을 괴롭히고 재물을 심각하게 낭비하는 거동이었다. 봉선대전에는 전체 중신과 속국의 임금도 참여하도록 했기 때문에 호송 인원이 상당히 많았다. 봉선은 연관된 공사를 하고 기이한 보물을 바치고 일련의 대형 활동을 거행해야 했다. 이를 위해 끌어모은 사람들과 호송하는 군대의 크기는 갈수록 대단해졌다. 물품, 공사, 여행, 접대, 보안, 선물, 회의 등 각종 비용은 어마어마하여 비교적 큰 전쟁과 맞먹었으나, 헛되이 쓰기만 했고 백성에게 실질적이며 가치 있는 어떤 것도 남기지 못했다. 그래서 역대 학식 있는 선비들은 황제는 봉선의 예를 신중하게 행해야 한다고 했고 '천하가 안정되지' 않으면 절대로 하지 말라고 주장했다. 한 문제는 '순수와 봉선의 예를 계획했으나' 끝내 저지되었다.

당 태종 또한 그렇게 했다. 당 왕조 개국 10여 년, 당 태종 재위 5년에 '정관의 치貞觀之治'는 큰 효력을 보였다. 그래서 공경과 대신은 봉선을 청했고 당 태종도 조건이 갖추어졌다고 생각했다. 하지만 위징魏徵은 그렇게 여기지 않았다. "폐하의 공은 높지만 백성은 아직 은혜를 받지 못했고 덕은 비록 두터우나 은택이 두루 흐르지 않았습니다. 나라가 비록 안정되었다고 하나 직분을 다한 것은 아닙니다. 먼 이족이 의를 흠모하여도 욕구에 다 응할 수 없습니다. 상서로운 조짐이 나타났다고 해도 법망은 아직 빽빽하고 여러 해 풍년이 들었으나 창고는 아직도 비어 있기 때문에 소신은 삼가 불가하다고 하는 것입니다."⁹ 그는 구체적인 형상으로 비유했다. 오랫동안 병상에 있던 사람이 치료하자마자 피골이 상접한 채 먼 길을 떠날 수 없는 것처럼 당시 당 왕조는 투병생활을 오래하다가 막 일어난 사람과 같아서 봉선대전을 거행할 수 없다는 것이었다. 당 태종을 설득하기 위하여 경제상의 손익을 내실 있게 지적했고, "평범한 사람의 방자한 의견이라 여겨 무시한다면 후회해도 소용없게"¹⁰ 될 것이라고 강하게 말했다. 당 태종은 하는 수 없이 물러났다. 이런 조처를 보면, 진시황이 6국을 멸한 후 서둘러 봉선을 진행한 처사가 얼마나 큰 실책인지 알 수 있다.

혼군은 대부분 지능이 낮은 임금이 아니라 교만하고 사치스러운 마음이 팽창한 임금이다. 교만하고 사치하면 필연적으로 냉정을 잃고 냉정을 잃으면 원대한 계략이 부족하고 자신의 공적을 과시하게 된다. 또한 독단적으로 일을 처리하고 비평을 듣지 않아 정치에 폐단이 생기는 것이다. 폐정이 생기면 일세를 망치는 혼군이 등장한다. 진시황의 봉선은 절대 작은 실수가 아니라 커다란 폐정이었다.

황제라는 호칭을 논의에 부친 순간부터 진시황의 가슴속에는 교만하고 사치하는 마음이 고개를 들기 시작했다. 서둘러 치른 봉선대제는 성공을 자랑하고 만족을 내세우려는 심리의 산물이었고, 그 교만하고 사치한 마음이 말과 표정에 드러났다. 봉선은 왕권을 신격화한 것이고 제왕을 성인화하는 중요 수단이다. 이러한 활동은 교만과 사치를 조장할 뿐이다. 하늘에 제사를 지내 공을 알리는 행위는 상제나 여러 신들과 대화하는 것인데 너무도 쉽사리 황제를 뭇 신과 동격으로 보게 한다. 순수, 봉선, 제신祭神을 대대적으로 진행한 진시황은 분명히 이와 유사한 마음이 생겨났을 것이다. 천명을 받든다는 자부는 모든 제왕이 공유한 자아 신격화 방식이다. 봉천승운奉天承運 의식은 천명, 천자, 제왕운세 관념과 최고 통치자의 마음에서 주관적으로 호응한다. 봉천승운은 재위한 황제가 천명을 받들고 운명에 응하여 옥좌에 앉았으니 천명의 계승자이면서 천의天意의 인격을 실현한 것이다. 그러므로 하늘 아래 절대 권위자가 되는 것은 당연하다. 황제는 '천자'라 자부하니 '하늘'을 똑같이 모방하여 천당과 인간 세상을 연결하는 유일한 사람이면서 천제의 권위를 대행하는 유일한 대리인이라 명명했다. 이런 모방은 절대 권위와 만상을 지배한다는 권력의식, 지극히 존귀한 권세를 지녔다는 심리 상태를 심어준다. 봉선한 후 진시황은 일련의 의식을 거행하고 도처에 비를 세워 공을 기록했다. 무수한 신민들이 포복하면서 배알하고 공덕을 기리자 진시황은 더욱 교만하고 사치했다. 진시황은 더욱 흥분하여 쓸데없는 일에 정신을 쏟았다. 이런 상태는 막 건립된 진 왕조에 좋을 것이 없었다.

셋째, 진시황이 유생과 유가 경전을 경시하게 되었다.

황제라 칭한 초기에 진시황은 '법가'를 숭상하면서 '유가를 존중'하기도 했다. 선진 제자백가 중에서 유가는 임금을 높이고 신하를 낮추는 '예'를 중시했으므로 어떠한 왕조에게도 없어서는 안 될 존재였다. 그래서 진시황은 몇몇 대유를 불러서 박사로 삼고 의론했으며 그들이 진 왕조의 문화 건설에 많은 공헌을 하기를 바랐다. 진시황은 '예치'를 중시하여 군신상하, 조야내외를 규범하는 '예'를 만들었다. 이 예는 매우 엄격했다. 유가는 전문가로서 예를 제정하는 데 공헌하는 바가 컸지만 형식을 너무 중시했고 봉선대전도 마찬가지였다. 유가는 봉선대전의 적극적인 선동자였다. 진시황이 먼 길을 서둘러 가서 봉선을 진행한 것에는 아첨꾼 문인들의 선동이 크게 작용했을 가능성이 높다. 산동에 이른 후 진시황은 공자가 살던 집을 참배하고 그 후예에게 작위를 내리고 제와 노 지역의 유생들을 불러 모았다. 순식간에 유가의 바람이 불어 유가들이 영광을 누리는 것같이 보였다.

그러나 태산 아래 신나게 떼를 지어 모였던 유가들은 유학의 폐단, 부유腐儒의 무능, 속유俗儒의 천박함을 남김없이 드러냈다. 진시황은 분노하여 유가를 모두 내쫓고 스스로 전례의식을 확정하기로 결정했다.(진시황뿐만 아니라 한 무제도 유가를 내쫓고 봉선 전례의식을 스스로 결정했다.)

유가는 태생적으로 3대 폐단이 있었다. 전통을 고집하여 창조력이 부족하고 허례허식이 많아서 실행하기 어렵고 도덕을 설교하여 허위적이었다. 또한 유가의 경전, 유파, 교수법이 잡다하여 많은 병폐가 있었다. 역대 유학자 집단에서는 확실히 창조적인 사상가와 모사에 능한 정치가를 배출했으며, 일부는 중용되지 않고도 충정이 변하지 않아 존경받는 사람이나 호연지사가 되었다. 그러나 대부분은 태산에서 예의 논쟁에 참여했던 부류에 속했다. 순자, 숙손통을 대표로 하는 역대 유가의 정종, 한 고조를 대표로 하는 역대 제왕, 제갈량을 대표로 하는 정치가는 그들을 "속유俗儒" "소유小儒" "적유賊儒" "부유腐儒" "비유鄙儒" "무행문인無行文人"이라고 비난했다. 이런 사람들은 경전을 고집하고 자신의 학설을 굳게 지켰으므로 변론에는 뛰어났으나 임기응변이 없어서 하나도 쓸모가 없었고, 도덕적으로 조리 정연했으나 명성과 이익을 추구하는 마음이 안팎으로 넘쳐흘렀다. 그래서 진시황이 진심으로 봉선에 대한 가르침을 청했을 때 이들은 4막극을 연출했다. 제1막은 성인의 도를 강론하며 봉선을 촉구했고, 제2막은 경전을 뒤적였으나 아무런 결론도 없었고, 제3막은 각기 자신의 의견을 고집하여 하나로 절충할 수 없었고, 제4막은 황제를 노하게 하여 산 밑으로 쫓겨났다. 이 희극은 여기서 끝나지 않았다. 유가들은 신나서 달려와 황상에게 찬물을 끼얹었다. 진시황이 봉선 도중에 폭풍우를 만나자 유가는 불만을 배출할 기회를 찾았다. "많은 유생은 이미 쫓겨나서 봉선의 예에 참여할 수 없었는데 진시황이 비바람을 만났다는 것을 알고 조롱했다."[11] 그들 중에 한 사람이 아마도 유언비어를 날조하여 "진시황이 태산에 올랐으나 폭풍우를 만나 봉선을 거행하지 못했다"[12]고 했을 것이다.

한 무제도 유사한 일이 있었다. 후세 제왕과 마찬가지로 한 무제는 이런 평범한 '속유'를 거들떠보지도 않았고 자신을 존중하는 '박학한 대유학자博學鴻儒'를 성은聖恩으로 돌보았다. 왜냐하면 유학은 어디까지나 황제가 친히 정한 공식 학설이면서 신앙이었기 때문이다. 그러나 진 왕조의 상황은 달랐다. 진시황은 본래 유학에 대한 믿음이 없었다. 통치 사상의 틀을 전면적으로 구상할 때 제와 노의 유가를 정성껏 믿고 신뢰했으나 성대한 예식을 거행할 때 크게 실망하고 말았다. 그래서 속유를 무시하는 형세는 모든 유학에 대한 기본 계획에 영향을 미쳤다. 봉선을 재촉하던 유가는 진 왕조의 정치를 망쳤을 뿐 아니라 유학의 명성과 자신의 형상마저도 망치고 말았다. 훗날 진시황의 '분서'는 전제 정치의 전횡과 진시황의 편견이 합쳐져서 일어났는데, 보수적인 유학과 무능한 유가도 분서의 중요한 원인이면서 도화선이 되었다.

넷째, 봉선으로 신선과 불사약을 찾는 대규모 활동이 일어났다.

봉선을 위해 멀리 순수를 한 진시황은 갖은 고초를 겪으면서 동해에 도착했다. 당시 제나라와 노나라 일대에는 인의의 도와 방선의 도라는 양대 문화가 있었다. 이곳은 중국 공자의 학문과 선학의 발원지였다. 유가와 술사, 유학과 신선학은 크게 다르면서도 서로 통하는 점이 있었다. 황당무계한 봉선과 신선이 그중 하나였다. 한 무제 때에는 이소군李少君

이라는 큰 사기꾼이 있었다. 그는 각종 사기술로 한 무제에게 신선을 찾으라고 설득했다. 그는 "조왕신에게 제사를 지내면 물이 이르고, 물이 이르면 단사를 녹여 황금을 만듭니다. 황금으로 그릇을 만들어 먹고 마시면 명이 길어지고, 명이 길어지면 동해에서 봉래 선인을 볼 수 있습니다. 그를 보고 봉선을 하면 죽지 않으니 황제가 바로 그런 분입니다"[13]라고 말했다. 결국 한 무제는 속고 말았다. 진시황도 봉선 거행 전후에 많은 사기꾼을 만났고 비슷한 말을 듣고 똑같이 넘어갔다. '봉선'은 진시황을 제와 노의 땅으로 이끌었고 엄청난 수의 유가와 술사가 각자 끊임없이 재주를 팔았다. 그래서 발해와 산동지방에 유행하던 방선술과 신선술이 황제의 귀를 가득 채우게 되었다. 유가가 천대받고 술사가 총애를 받게 된 것은 진시황의 동순이 불러온 가장 나쁜 결과였다. 이리하여 진 왕조는 대규모로 신선과 불사약을 찾는 폐정이 하나 더 늘었다. 이는 아무 이익 없이 소모만 극에 달한 행위로, 무절제한 순수와 '술사를 묻어 죽이는坑術士' 결과를 초래했다.

봉선은 그 자체 커다란 폐정이면서 다른 크고 작은 폐정을 동반했다. 봉선은 진 왕조의 정치가 내리막길을 걷기 시작했음을 의미한다. 일정 부분 진시황의 성급한 봉선은 진 왕조 멸망의 원인이라 할 수 있겠다.

신선을 찾고 불사약을 구하다

불사약을 구했던 것은 진시황의 6대 폐정 중 하나이다. 만일 작게 벌였다면 지나친 질책은 받지 않았을 것이다. 옛날부터 신神, 도道, 불佛에 아첨한 제왕은 셀 수 없이 많았다. 일대의 명군이라는 당 태종도 단약을 먹고 죽지 않았던가? 그러나 진시황은 이와 달리 불사약을 찾는 일을 국가의 중대한 정무처럼 여겼으니 예삿일이 아니었다.

신선을 찾고 불사약을 구하는 일에는 대량의 재물을 들여야 했기 때문에 옛날부터 부귀한 사람의 사업이었다. 황제가 불사약을 구하는 일은 더욱 대단했다. 그는 국고를 동원할 수 있고 백성을 부역에 참여시키고 더 나아가 군대를 동원할 수도 있었다. 만일 최고 통치자가 불사약을 구하는 일에 빠진다면 백성의 고난은 끝을 볼 수 없었다.

신선에 대한 학설은 선진시대에 생겨났고 '방선도方仙道'는 연나라, 제나라 등의 연해 지역에서 가장 유행했다. 연나라와 제나라 일대에는 발해만에 봉래, 방장, 영주라는 세 개의 신산이 있는데 이곳에 신선이 모여 산다고 널리 알려져 있었다. 대략 전국시대 초기에 송무기宋毋忌, 정백교正伯僑, 충상充尙, 선문고羨門高 등이 귀신을 빌려 일부러 신비한 것처럼 꾸미고 전설 속의 신선을 모방하여 방선도를 획책했다. 현지의 많은 사람들은 그들이 죽어서 형체가 사라지고 신선이 되었다고 믿었다. 이에 흉내내는 자들이 날이 갈수록 많아져서 '괴이하고 아첨하며 비위를 맞추는 무리들이 일어나기 시작하여 셀 수 없이 많아졌다.'[14] 이런 전설은 사방으로 퍼져서 책에서도 언급되었다. 『장자』에 신인에 대한 이야기가 있다. 신인은 멀리 신산에 살면서 "오곡을 먹지 않고 바람을 들이마시며 이슬을 마시고 구름을 타며 비룡을 몰고 사해 밖에서 노닌다"[15]고 했다. 선과 도가 결합하여 후세 도교의 원형이 되었다.

일찍이 진시황 이전에도 불사약을 구하는 사람은 있었다. 제나라 위왕과 선왕, 연나라 소왕 모두 사람을 발해에 보내 봉래, 방장, 영주를 찾아 불사약을 구하려 했다. 『전국책』「초책」에 어떤 사람이 초왕에게 불사약을 바쳤다는 기록이 있다. 『한비자』「외저설좌상」에는 "어떤 사람이 연소왕에게 죽지 않는 방법을 가르쳤다"[16]라고 기록되어 있다. '신선술' '불사약' '불사술' 등은 일찌감치 있었고 이런 것으로 부귀를 추구하는 술사도 있었다. 이런 방술지사들은 군주를 속이고 세상 사람을 속여서 삼신산이 발해만을 떠돌아다니므로 인간 세상에서 매우 가깝다고 주장했다. 만약 위험한 일이 생기면 바람을 타고 사라진다고 했고 어떤 사람은 신산에 가까이 가서 여러 신선과 불사약이 모두 거기에 있다고 했다. 황금과 은으로 산 위에 궁궐을 지었고 사물과 금수 등은 모두 은백색이라고 했다. "도달하지 못해서 바라보면 구름 같고 도달하면 삼신산이 거꾸로 물 밑에 있으며 가까이 가면 바람에 밀려가서 끝내 도달할 수 없었다"[17]고 했다. 제 위왕, 제 선왕, 연 소왕 등이 듣고 대단히 부러워했지만 어쩔 수가 없었다. 진시황도 아마 통일 전에 이런 전설을 듣고 마음속으로 무척 가고파 했을 것이다.

"진시황이 천하를 통일하고 동해 해상에 이르니 방사의 상주가 셀 수 없이 많았다."[18] 진시황은 발해 태산 지방에 도착하자마자 방선술을 하는 술사들에게 둘러싸여 급속도로 빠져들었다. 진시황은 유신론자로 제나라 음양가 추연의 '오덕종시五德終始'설을 채택했고 제·노 유학자의 봉선설을 채택했으며 제·연 도가 술사의 신선설을 채택했다. 이렇게 각양각색의 신명에 빠져서 자연스럽게 신선설을 의심할 수 없었다. 발해 해변의 성산 꼭대기와 지부에 올랐으며 안개가 끝없이 펼쳐진 망망창해를 멀리서 바라보았고 기이하고 다채로운 해상 신기루를 목도했다. 그리고 많은 사람들이 떠드는 봉래선경을 들으면서 신선설은 거짓이 아니고 불사약을 구할 수 있으리라 굳게 믿었다.

고금동서를 막론하고 어느 누가 장수를 바라지 않겠는가? 미신에 빠진 사람 중에 어느 누가 영생을 바라지 않고 천국과 극락세계에 가려 하지 않겠는가? 그래서 진시황도 청산유수 같은 술사들의 말재주에 빠져서 한 번 또 한 번 불사약을 찾는 황당한 연극을 연출하게 되었다. 계속 속으면서도 끝내 깨닫지 못했고 결국 술사를 즐겁게 하고 백성을 괴롭히며 국가 대사를 망치고 말았다.

술사 가운데 최대 사기꾼으로 제나라 서복徐福(서불徐市)을 꼽을 수 있다. 진시황이 처음 순수를 시작하여 동해에 도착했을 때, 서복 등은 황제를 충동하여 신선을 찾아서 불사약을 구할 것을 상서했다. 진시황은 진짜라 믿고 그들에게 "바다로 나가서 선인을 찾도록"[19] 했다. 1년 후 진시황은 다시 동해에 왔으나 서복은 아무것도 구하지 못했다. 술사들은 모두 바람으로 핑계를 대기로 약속했다. 다들 바람 때문에 가지 못했다고 하자 진시황은 꾸짖지 않고 계속 찾도록 했다. 또 3년이 지났고 진시황은 세 번 동순했으나 술사는 여전히 빈손이었다. 진시황은 이에 의심이 생겨서 사실을 밝히려 했으나 교활한 서복은 더 큰 거짓말을 했다. 자신이 '바다의 신'을 보았는데 황제의 사자라며 "불사약을 구하고자 한다"고 했다. 그러나 신은 "진왕의 예가 보잘것없어서 보여주긴 하겠지만 줄 수는 없다"고 답했다. 서복은 신을 따라 봉래산에 올라가서 "지초芝로 만든 궁궐을 보았고 하늘의 사자가 있었는데 피부는 동색이며 용처럼 아름답고 빛이 하늘을 향해 뻗쳐 있었다"[20]고 생동감 있게 묘사했다. 서복의 계속된 간청으로 해신은 공품만 풍성하다면 불로장생초를 주는 것을 생각해보겠다고 했다. 진시황은 선약을 구할 수 있다는 말로 알고 매우 기뻐했다. 그래서 사실을 확인하지도 않고 사람과 물자를 내어주고 대량의 공품을 주며 서복이 계속 불사약을 찾을 수 있도록 원조했다. 수년 후 진시황은 최후의 동순을 시작했다. 진시황은 나이가 많고 체력도 쇠약해져 오래 살 수 없음을 이미 알고 있었기 때문에 대단히 절박하게 삼신산의 영약을 얻으려고 했다. 서복은 또 얼버무릴 대책을 생각해내어 진시황에게 영약을 구하는 데 방해가 되는 거대한 고래를 죽여줄 것을 청했다. 진시황은 다시 속아서 친히 군대를 이끌고 바다에 나가 어렵게 고래를 찾아 잡아 죽였다. 돌아오는 길에 진시황은 또 서복의 대책을 믿고 다시 그를 바다에 나가도록 했다. 진시황은 다른 사람에게 서복을 위하여 동남동녀와 다양한 기술자를 징집하게 하고 대량의 선박과 대량의 공품, 재물, 오곡의 종자를 준비했다. 서복 일행은 바다로 항해하여 다시는 육지로 돌아오지 않았다. "서복은 넓고 기름진 평원을 찾아서 정착하여 왕이 되어 돌아오지 않았다"[21]고 전해진다.

　진시황이 거듭하여 속은 것은 당시의 사회적 분위기와 밀접한 관계가 있었다. 진시황 31년(기원전 216) 12월 섣달을 '가평嘉平'이라 개명했다. 이 일은 널리 알려진 전설에서 시작한다. 그 해 9월 경자에 모영茅盈이란 술사는 자신의 증조부 모몽茅濛(모초성茅初成)이 "화산에서 구름 위에 올라 용을 타고 대낮에 승천했다"[22]고 떠들었다. 이전에 그의 고향에 민요가 유행하여 "신선이 된 모초성은 용을 타고 올라가서 태청泰淸에 들어가고 때때로 현주玄州에 내려와 적성에서 노닐었고, 대를 이은 것은 나 영盈이니 황제가 배우고자 한다면 동짓달을 가평으로 바꾸어야 한다"고 했다. 이 황당한 이야기는 모영 등이 날조한 것이 틀림없으나 당시 백성들은 대부분 이런 괴담을 믿었다. 이 일은 진시황의 귀에도 들어갔다. "진시황이 민요를 듣고 그 까닭을 물으니 부로父老가 이것은 선인에 대한 민요로 황제께 장생의 술을 구할 것을 권하는 것이라고 대답했다. 진시황은 매우 기뻐하며 신선을 찾으려고 했다." 아울러 매년 12월에 거행하는 납제(음력 섣달에 여러 신을 모아서 지내는 제사)를 '가평'이라 고쳤다. 신선에 대한 공경과 부로에게 감사를 표하기 위해 진시황은 "백성에게 1리당 쌀 6석과 양 두 마리를 하사했다."[23]

다른 유명한 사기꾼은 연나라 노생이다. 그는 서복보다 더 나쁜 사람이었다. 서복은 신선술로 진시황에게서 부귀를 위한 금전을 갈취하고 군대와 백성을 동원했으며 불사약을 찾아 백성을 괴롭히고 재물을 낭비하여 그 화가 백성에게까지 미치게 했다. 노생 역시 같은 죄를 지었을 뿐 아니라, 진 왕조의 정치를 더욱더 망쳐놓았다. 노생은 어떤 왕조에서든 간사하고 아첨을 잘하는 부류였을 것이다.

『사기』「진시황본기」 기록에 따르면 노생에게는 다음의 네 가지 악행이 있었다.

첫 번째는 방선도로 나라를 망친 죄이다. 진시황 32년(기원전 215) 황제가 동쪽 갈석碣石에 도착하자 술사 노생이 서복이 한 짓을 따라하여 신임을 얻었다. 진시황은 노생에게 신선 선문羨門과 고서高誓를 찾도록 했다. 또 같은 무리인 한종, 후공, 석생에게 신선과 불사약을 찾게 했다.

두 번째는 도참을 바쳐 정치를 어지럽혔다. 노생은 경성으로 돌아와서 신선을 찾는 도중에 얻었다는 도서를 바쳤는데 그 안에 "진을 망하게 할 자는 호이다"라는 참언이 있었다. 이 일 때문에 진시황이 흉노를 공격했다. 흉노를 공격한 것이 정확한 사실인지 아닌지는 여기서 논하지 않겠다. 노생은 개인의 부귀를 위하여 신선설과 도참 예언을 날조하여 정치를 혼란에 빠뜨렸다. 이는 악행이란 말 외에 달리 표현할 방법이 없다.

세 번째는 무술로 임금을 기만하고 정치를 망쳤다. 진시황 35년(기원전 212), 노생은 진시황에게 불사약을 구하는 방략을 올리면서 "신 등이 불사약과 신선을 구하여도 항상 구하지 못하는 것은 어떤 악귀가 방해하는 것이 있어서입니다. 방술 중에 임금께서 때로 미행을 하시어 악귀를 막는 것입니다. 악귀를 피하면 진인이 이를 것입니다. 임금께서 머무시는 곳을 신하가 알면 입신에 해가 될 것입니다. 진인은 물에 들어가도 젖지 않고 불에 들어가도 타지 않으며 구름을 타고 다니면서 천지와 함께 오랜 삶을 누립니다. 지금 황상께서는 천하를 다스리시면서도 생활이 안정되거나 고요하지 않습니다. 원컨대 폐하께서 거처하시는 궁을 사람들이 알지 못하게 한다면 불사약을 얻을 수 있을 것 같습니다"[24]라고 말했다. 노생은 불사약을 찾는 데 실패하는 이유가 진시황의 정무 때문이므로 궁중 깊숙이 숨어서 군신을 만나지 말 것을 주장했다. 또 '진인'을 날조하여 진시황이 방선도에 빠져들도록 유인했다. 진시황은 이런 허튼 소리를 믿고 "나는 진인을 흠모하므로 '진인'이라 칭하고 '짐'이라 칭하지 않겠다"고 했다. 진시황은 또 '함양 부근 200리 안에 있는 궁궐 270곳을 복도와 용도로 연결하여 그곳을 휘장과 악기, 미녀로 채웠고 그 물건들을 지정된 장소에서 옮기지 못하게 했다. 그리고 자신이 머무는 장소를 누설하면 사형에 처했다.'[25] 한번은 진시황이 양산궁에 머무르면서 산상에서 승상 이사의 수종과 수레가 많은 것을 보고 불쾌감을 표했다. 누군가 이 사실을 승상에게 알렸고 승상은 서둘러 수종하는 수레를 줄였다. 그러자 진시황이 대로하여 "이중에 누군가 내 말을 누설했다"며 근신을 조사했으나 아무도 자복하지 않았다. 이에 진시황은 '자신의 주변에 있던 자를 모두 잡아 죽이도록 명했다.'[26] 먼저 엄령을 내린 후 죽여 법적인 근거가 있었다 해도, 무고한 사람도 연좌되었으므로 잔인한 행위였다고 할 수 있다. 이 사건 이후 어느 누구도 감히 황제의 거처를 말하지 않았고 역사에서는 '이후 소재를 아는 사람이 아무도 없게 되었다'[27]고 기록하고 있다. 군신의 보고를 받고 처결하는 곳은 항상 함양궁이었다. 노생의 계책은 여러 가지 나쁜 결과를 초래했다. 진시황은 신선술에 더욱더 빠져들었고 행적을 감추기 위하여 궁실을 확장했으며 더 많은 호화 행궁을 두었다. 이 때문에 진시황은 다시는 조정에서 정사를 보지 않았으며, 각종 정무는 한 사람이 주장을 보고 일을 처리했고 신하는 황상은 보지도 못하고 명령만 듣고 일을 처리해야 했다. 진시황은 깊은 궁궐 속으로 들어가 국가 정세를 이해하거나 합리적 대책을 찾을 정보 통로를 스스로 끊었다. 이런 행위는 진 왕조의 정치에 상당한 불이익을 가져다주었다.

네 번째는 겉으로는 복종하는 척하고 속으로는 따르지 않아서 '술사를 묻어 죽이는 사건'을 일으켰다. 속임수로 부귀를 추구하던 술사의 무리는 도덕이나 양심은 조금도 없었다. 그들은 황제가 의심하여 친히 술사들의 허실을 조사하려 한다는 것을 알고 당황하여 어쩔 줄 몰라 했다. 진 왕조의 법률에 따라 그들의 속임수가 드러나면 극형에 처해질 것은 당연지사였다. 이에 후생과 노생은 함께 상의하여 달아나려 했다. 그들은 진시황의 사람됨과 정사에 대하여 크게 공격하고 몰래 달아났다. 이 술사들은 진시황을 심한 곤경에 빠뜨렸다. 진시황은 그들에게 관록, 부귀, 신임을 주어 엄청난 비용을 낭비했으나 아무것도 얻지 못했다. 이뿐만 아니라 지극히 악랄한 말로 비방하고 인사도 없이 떠나버렸다. 진시황은 이에 대로하며 철저하게 조사하도록 하고 그 유명한 '갱술사' 사건을 일으켰다.

진시황이 불사약을 구한 행위는 순수하게 개인의 욕망을 채우기 위한 것이어서 국가 민생에 아무런 도움이 되지 못했고 나아가 여러 폐정을 일으키고 심화시켰다. 6대 폐정 중에 다섯 가지가 불사약을 찾는 일과 직간접적으로 관계가 있었다. 봉선, 순수, 궁실 확장, '갱술사'와 불사약을 구하는 일의 관계는 앞서 이야기했다. 여기서는 여산릉을 확대한 일과 선약을 구했던 일의 관계를 집중적으로 분석하겠다.

선약을 구하는 일은 영생을 얻어서 권세, 명예, 부귀를 영원히 누리는 것이 목적이었고, 능침을 확장한 것은 사후 후한 장례를 거쳐서 저세상에서도 권세, 명예, 부귀를 영원히 유지하려는 뜻이 있었다. 영생을 추구하면서 사후를 대비하는 일은 아무런 상관이 없는 것 같지만 심리 상태나 행위 면에서 보면 매우 긴밀한 관계가 있다.

신선은 중국 문화의 특이한 산물이다. 중국의 신은 신 같으면서도 신 같지 않고, 사람 같으면서도 그렇지 않다. 신이란 글자는 부수가 '시示'이고 자연에서 나온 것이다. 선이란 자는 '인人'이 부수이며 사람이 변해서 만들어진 것이다. 선은 일반 사람이 수련을 통해 신의 성질을 얻은 것이라서 신선은 사람이면서 사람과 다르고 신에 속하면서도 신과는 다른 것이다. 이것이 『태평광기太平廣記』에서 신과 신선을 두 가지로 나누는 이유이다. 중국 문화에서 신계는 직책도 있고 법률도 있지만, 선계는 구속이 없어 생사의 한계도 없고 신통의 변화가 있으면서 제멋대로 하고 끝없는 환락을 향유한다. 선인은 신명에 비하여 훨씬 자유롭다. 진시황이 신선을 찾은 것은 범인을 넘어 장수하면서 영원히 권력을 누리는 소요유의 경지를 추구한 것이었다. 그러나 신선이 되기를 갈구할수록 자신이 범인임을 인정하는 셈이다. 신선이 되고자 하는 이유는 자신이 결코 신선이 아니라 생로병사와 육욕칠정이 있는 속인에 속하기 때문이다. 권세와 재물로 신선을 구하는 것은 끝없는 욕망과 권력을 추구하는 것이다. 이는 확장된 인간의 욕망이고 팽창된 존경으로, 의식적이든 무의식적이든 자아가 신과 다르다는 속성을 부정하고 있다. 인간이라면 누구나 죽는다. 호화로운 능묘는 사후를 위해 일부러 준비한 것이다. 진시황은 자신을 위해 신선과 능묘, 두 가지를 준비했다.

대규모로 불사약을 찾는 일은 10여 년간 계속되었고 그 가운데 두 가지 사건으로 국력의 낭비 정도를 대략 계산할 수 있다. 첫째, 낭야대를 짓고 신에게 제사 지내고 신선을 찾는 것과 관련한 활동을 위하여 진시황은 '3만 호 백성을 낭야대 아래로 이주시키고 12년간 그들의 요역을 면제해주었다.'[28] 이것은 3만 호 백성이 국가에 납부해야 할 12년의 부세를 완전히 황당한 사업에 투입했음을 의미한다. 둘째, 서복의 마지막 출항이다. 서복은 한 번에 3000명의 동남동녀와 각종 기술자 외에도 필요한 군대 선원을 데리고 갔는데 인원 총수가 대략 수천에서 1만 명을 넘을 거라 여겨진다. 이런 방대한 인원을 태울 선단과 배에 실은 각종 공품, 물자 등을 예상하면 엄청난 국고를 썼을 것이다. 불사약을 찾는 활동은 기록에 보이는 것뿐만이 아니므로 전체 소비가 어느 정도였는지 상상조차 하기 어렵다. 진시황이 신선과 관련하여 사용한 황당한 비용을 대략 추산해보면 태산 봉선, 신명에 대한 제사, 왕기를 누른 일을 포함한 전체 비용이 장성을 수축한 비용보다 적지는 않았을 것이다. 그나마 백성의 피해는 계산할 수 있었지만 정치에 끼친 피해는 계산조차 할 수 없었다. 진시황 일생의 마지막 몇 년 동안 명철한 정치적 조치는 거의 찾아볼 수 없었고 황당한 행위는 하나씩 꼬리를 물고 이어졌다.

　종교, 신명, 신선과 관련된 폐정은 중국 역대 왕조에 빠짐없이 있었다. 하상주 통치자의 대규모 제사 기복활동이 바로 이런 폐정의 기원이었다. 진시황과 한 무제는 중국 역사상 불사약을 구하려 한 가장 유명한 황제 이다. 그들은 국가 정권의 힘을 소진시켜 불사약을 구했다. 한 무제의 구 선활동은 성세聲勢와 규모에서 진시황 이상이었다. 동한 이후 불교가 들 어오고 도교가 발전하기 시작했다. 역대 황제 대부분은 도교를 좋아하 거나 부처를 숭배하며 기복신앙을 가졌다. 양梁(남조) 무제武帝는 불교 때 문에 나라를 망친 대표적인 군주이다. 송명대의 일부 황제는 도교에 빠 져 나라와 백성을 망쳤으니 송 휘종('도군황제道君皇帝')과 명 신종이 도교 로 나라를 망친 전형이다. 당 태종이나 당 고종 등은 신선설이 허망하며 진시황과 한 무제를 거울로 삼겠다고 했으나 불사약을 구하는 것에 서로 앞다투어 몰려갔다. 황제가 단약을 먹고 죽은 기록도 역사에 끊이지 않 는다. 당 왕조만 해도 태종, 헌종, 목종, 무종, 선종 다섯 황제가 금단의 독에 목숨을 잃었다. 중국 황제들이 신명의 보호를 받고 천국에 가며 영 생을 얻고 신선이 되려는 욕망을 얼마나 강하게 품었는지 여기에서 볼 수 있다.

분서와 갱술사

진시황 34년(기원전 213), 황제는 전국 각지에 대대적으로 도서를 불태우라고 명령했고 이로써 진귀한 고대 문헌이 소리 없이 사라졌다. 1년 후 국가 기구에서 일하던 술사와 학자들이 산 채로 묻히거나 유배되었다. 이 두 사건을 역사에서는 '분서갱유焚書坑儒'라고 한다. 분서갱유는 진시황이 자신의 업적에 흠집을 낸 일 중 가장 잔인한 횡포였다. 이것은 진시황을 역사적으로 평가할 때 가장 논쟁이 되는 사건이다.

분서가 중국 문화를 심각하게 훼손한 사건이라는 것은 논쟁의 여지가 없는 역사적 사실이고, 갱유는 전제정치의 포학과 전횡을 생동감 있게 보여주었다. 그러나 이 책에서는 분석과 비판을 종합한 태도로 이 사건을 보려고 한다. 사건 발생의 구체적인 과정을 보면, 진시황은 완전히 '제멋대로 온갖 악행을 저지른 것無法無天'은 아니다. '진시황이 문화를 경멸한 것'이라고 간단하게 단정할 수 없고, 더욱이 '지식인을 대규모로 진압했다'고 성급하게 결론 내려서도 안 된다.

분서는 왕조 건설과 문화 전제가 얽힌 산물이다. 갱유는 '갱술사'라고

제십사장 교만과 사치

939

해야 정확한 표현이다. 갱술사라면 황제가 불충한 신하를 처리한 것이다. '분서'와 '갱유'는 서로 독립적인 정치사건이다. 비록 서로 일정한 관련이 있더라도 시비곡직은 따로 분석하는 것이 마땅하다.

분서의 원인

'분서'의 기원은 『사기』「진시황본기」에 상세하게 기록되어 있다. 아래에 핵심 부분만 인용해보자.

지금은 황제께서 천하를 통일하시고 흑백을 가려 일체의 결정은 황제 한 사람에게서 나옵니다. 그런데도 사사로이 학문을 전수하며 서로 법교를 비난하고 법령이 나온 것을 들으면 각자 자기가 배운 것으로 기준을 삼아 따집니다. 그들은 조정에 들어오면 마음속으로 그것을 비난하고 나가면 거리에서 떠들어대며 군주의 득실을 비평하는 것을 자신의 명예로 삼고 군주와 의견을 달리함으로써 자신의 학식을 높다고 여겨 백성들을 선동하며 비방하는 말을 퍼뜨리고 있습니다. 이런 것을 금하지 않으면 군주의 권위가 실추되고 아래에 당파가 형성되니 금하는 것이 좋습니다. 신은 청하오니 진의 기록이 아닌 것은 모두 태우도록 하시고 박사관이 아니면서 감히 『시』와 『서』 그리고 백가의 저서를 소장하고 있으면 모두 수, 위에 바치게 한 후 수, 위에 함께 태우라고 하십시오. 감히 『시경』과 『서경』을 토론하는 자는 공개처형하고 옛것을 들먹여서 현재를 비방하는 자는 멸족에 처하십시오. 만약 관원이 그것을 알고도 거행하지 않는 자는 같은 죄로 처벌하십시오. 이 법령이 하달된 후 30일이 지나도 책을 불태우지 않는 자는 묵형에 처하고 성 쌓는 노역을 시키십시오. 제외되는 것은 의약, 복사, 농업과 관계된 책뿐입니다. 그리고 만약 법령을 배우고자 하는 사람은 관리를 선생으로 삼게 하십시오." 그러자 황제가 "그리하라"고 윤허했다.[29]

1) 사건의 기원

사건은 진 왕조 정치에 대한 평론에서 시작되었다. 조정의 황제 앞에서 두 가지 완전히 다른 평가가 나와 격렬한 쟁론이 벌어졌다. 쟁론의 내용은 주 왕조와 진 왕조의 정치 형태를 비교한 것이었다. 복야 주청신周靑臣은 진시황이 천하를 통일하여 공덕이 천고를 뛰어넘었다고 칭송했다. 그러나 박사 순우월은 진시황이 자식에게 분봉을 행하지 않은 것은 잘못이고 이런 행정은 칭송할 것이 아니며 망국의 우려가 있다고 생각했다. 순우월은 흥망으로 정치를 논하고 일을 처리할 때 옛 교훈을 배우지 못하면 국가의 안정이 오래가지 못할 것이라고 단언했다. 이는 기본적으로 진 왕조의 정치 형태와 진시황의 공덕을 부정한 것이다. 이 쟁론의 실질은 춘추전국시대 이래 신구의 두 정치 형태와 철학, 그 가치체계에 대한 논쟁을 이어받은 것이다. 주청신은 아첨을 한 혐의가 있고 순우월은 직언을 한 명분이 있다. 하지만 중국 역사의 실제 과정을 보면 순우월이 근거로 삼던 정치 이론과 가치 척도는 별로 취할 점이 없어 주청신의 논조가 사실에 매우 근접한다.

순우월은 확실히 충심에서 진 왕조의 장기적 치안을 도모했고 이는 가치 있는 의견이다. 그는 의심할 바 없는 공자의 신도이며 충직한 신하였다. 그의 의견도 완전히 무시할 것은 아니다. 당시의 정치 형세에서 적당하게 분봉을 실시하거나 일정한 형식으로 왕족 자제에게 더 많은 정치적 특권을 주었다면 영씨의 가천하를 유지하는 데에 유리했고 사회 대중의 광범위한 정치적 심리에 영합할 수도 있었으며 진 왕조의 신정에 대한 비평도 줄어들었을 것이다. 훗날의 역사 과정이 증명하는 것처럼 만일 진시황이 새로운 체제의 기본 원리와 법칙을 유지하는 동시에, 약간의 변통과 배치를 행했더라면 진 왕조는 그처럼 빠르게 멸망하지는 않았을 것이다.

2) 황제의 반응

순우월이 제시한 것은 구체적인 정책 문제가 아니었고 '작은 시비'가 아닌 '큰 시비'를 가리는 문제였다. 이는 진 왕조의 정치체제와 진시황 개인의 공과시비를 총체적으로 언급한 것이고, 더 나아가 진의 기본 제도와 통치 방략에 대한 평가까지 들어 있었다.

사상사의 관점에서 보면 '진제秦制'와 '진정秦政'이라는 새로운 정치체제는 춘추전국시대에 생산되었다. 이후 제자백가는 이에 대하여 의론이 분분했다. 청나라가 멸망할 때까지 이와 관련한 이론은 끊이지 않았다. 사람들은 '진제'와 '진정'을 평가할 때마다 '주제周制' 및 '주정周政'과 비교했다. 두 제도의 주요한 차이는 '친친親親' 지상과 '존존尊尊' 지상의 차이이고, '예치禮治(德化)' 지상과 '법치法治(形威)' 지상의 차이이며, '봉건'과 '군현' 제도의 차이이다. 진의 정제를 부정하는 사람은 '군현'과 '법치'를 공격했다. 진시황이 군현제도를 행한 것은 사적인 '전권專權'이라서 성인의 제도에 부합하지 않았고 왕도를 행하지 않았다는 평가가 역대 문헌에 가득하다. 군현에 대한 논쟁은 구체적인 제도에 관한 논쟁이 아니라 신구 정치제도의 형태를 다투는 것임을 볼 수 있다. 그러므로 순우월이 제시한 문제는 당시 사람들에게 중요한 정치 문제였다.

순우월의 관점은 유가의 특권이 아니었으며 당시 다수의 학파와 학자들에겐 '요순을 숭배하고 따르며 문무를 본받는다'[30]는 학풍이 있었다. 일반적으로 이러한 학풍에 속한 사람은 유가, 묵가, 도가, 명가, 음양가 어디에 속하든 모두 유사한 정견을 제시할 수 있었다. 분봉제 시행을 주장하는 사람은 강인한 기득권 세력을 대표했다. 전통에 기대어 이끌어내는 주장은 통상 많은 대신의 동의를 얻어냈다. 순우월의 관점은 대표성은 있지만 그저 명사 기질과 충성스런 품격을 갖추어 용감하게 직언을 했을 뿐이다. 군신과 사인들 사이에 의론이 분분했던 문제가 마침내 순우월을 거쳐 조정에 공표되고 황제 앞에 폭로되었다.

이렇게 중대한 정치 문제가 이같이 첨예한 방식으로 이처럼 중요한 장소에서 제시된 것은 어느 시대의 어떤 정권이나 집권자도 무시할 수 없는 일이다. 진시황의 당시 반응은 자못 제왕의 기개가 있었다. 역사에서 "시황은 신하들에게 논의하라고 하교했다"[31]고 한다. 바꾸어 말하면 진시황은 기분이 나빴으나 화를 내지는 않았고 현장에서 논죄하지 않았으며 (이후에도 순우월을 처분한 기록은 보이지 않는다), 정상적인 의사제도를 거쳐서 군신회의에 넘겼다. 그러나 정책을 결정할 때 보였던 반응은 오히려 부당했다.

3) 정책 결정

진시황은 이사의 분서령과 협서령을 반포했는데, 사관과 민간에서 소장한 『시경』과 『서경』, 백가의 말을 일률적으로 지방관에게 보내어 모두 태워버리고 '의약서, 점서, 농서' 이외의 책을 개인이 소장하는 것을 엄격하게 금지했다. 또한 옛것으로 현재를 비방하는 일을 엄금했는데 특히 『시경』과 『서경』은 토론하는 것조차 허락하지 않았다. 서적의 소장과 학술 토론에 관해서 '박사관博士官에서 일하는' 범위로 엄격하게 한정했다.

진시황은 또 정치를 배우고자 하는 사람은 조정 관원을 교사로 삼으라고 명확하게 규정했다.

『사기』에 기록되어 있는 금서 목록의 범위는 약간의 과장이 있는 것 같다. 『한서』 「예문지」 등 한대의 문헌에 나오는 진시황의 금서는 주로 『시경』 『서경』과 각국의 역사서였다. 동한 왕충은 "진 왕조가 비록 무도했으나 제자백가의 책을 태우지 않았으므로 제자의 서적이 모두 남아 있다"[32]고 했다. 『주역』 등 유가의 기타 경전과 『맹자』를 포함한 제자의 저작은 불태우지 않았다.

4) 정치적 목적

'유생들이 새로운 시대를 따르지 않고 옛것을 배워 현실을 비난하며 백성을 어지럽히고 있으므로' 약간의 금지 조치를 취했다. '법령이 한곳에서 나오며 백성은 집에서 농사와 수공업에 힘쓰고 선비는 법령과 금법을 학습하는' 국면을 유지하고, '천하가 어지럽게 흩어져서 통일할 수 없는' 전철을 다시 밟지 않으려 했다. 결론적으로 황제와 국가 법령의 존엄을 유지하기 위한 것이었다.

5) 집행 방식

정치와 학술이 엇갈렸으므로 최고 통치자가 '흑백을 가려 황제 한 사람이 결정하는' 행정 법률의 수단으로 '옛것으로 현실을 비난하는' 사상적 근거를 뿌리뽑았다. 이후 '사사로이 학문을 전하여 서로 법교를 비난하는' 상황이 다시 발생하는 것을 방지했다. 이러한 시정 방식은 전제주의라고 규정할 수 있다. 불과 칼로 사상과 학술 문제를 해결하여 신하들이 '조정에 들어오면 마음속으로 그것을 비난하고 나가면 거리에서 떠들어대는'[33] 것을 명문화하여 법령으로 금지시켰다. 이는 다른 모든 정견을 제거하고 모든 비평을 완전히 금지하는 방식으로 주권의 존엄을 유지하려는 것이었으므로 가장 극단적인 문화 전제주의에 속한다.

분서령의 집행

황제의 조서가 내려오자 각지에서 분분하게 금서를 태우는 일이 일어났고 30일도 지나지 않아 민간의 서적 대부분은 잿더미가 되었다. 황실 도서관에만 비교적 완전한 장서가 남았을 뿐이다. 진시황은 중국 고대 사상에서 전례 없는 문화적 재난을 일으켰고 사람들은 이 재난을 "진화지액秦火之厄"이라 했다.

만일 뒷날 항우가 입관하여 진을 멸한 후 불을 지르지 않았다면 아마 이 재난이 불러온 엄청난 손실을 조금이나마 막을 수 있었을 것이다. 왜냐하면 진시황은 문화 서적을 완전히 없애버린 것이 아니라 황실 도서관에 고금의 도서를 보관하여 '성인의 모든 경전을 보존했고',[34] 각국의 역사서도 남아 있었다. 그러나 애석하게도 몇 년이 지나 독서를 싫어하는 '서초패왕西楚覇王'이 다시 출현했다. 무력을 숭상하며 허명을 추구하는 신 패주는 단지 재물을 약탈하고 미인을 겁탈할 줄만 알았고 동쪽 고향으로 돌아가기 전에 진나라 궁실과 능묘를 모두 불살라버렸다. 그리하여 진 황실 도서관에 소장되어 있던 문화 전적을 모두 잿더미로 만들었다.

진시황은 이런 서적을 없애버리려던 의도를 품었던 것은 아니다. 다만 많은 신민들이 이 서적을 이용하여 진시황과 그가 세운 왕조를 반대하는 것을 허락하지 않았을 뿐이다. 그러나 진 왕조에서 유가 경전과 일부 선비들을 불태우고 묻어버린 것은 사실이므로 진시황의 죄는 결코 가볍지 않다.

현존하는 문헌을 꼼꼼히 분석해보면 진 왕조와 진시황은 문화 건설을 상당히 중시했음을 알 수 있다. '분서'는 진시황의 기존 국책이 아니었다. 이유는 간단하다. 문화는 방대한 제국을 유지하는 데 필요한 것이었으므로 대야망을 품은 황제가 이에 대한 견해가 없을 리가 없었다. 일정 정도 진시황의 분서에는 우연성이 있었다. 즉 특정한 감정에서 시작하여 정치적 견해로 다툼이 격화되어버린 결과라고 하겠다. 저명한 사학자 젠보짠翦伯贊이 지적한 대로 6국 통일로부터 '분서갱유' 사건이 발생하기까지는 8~9년이 걸렸다. 8년 동안에는 분서도, 갱유도 없었다. "진나라의 것이 아닌 고전 문헌은 시비곡직을 가리지 않고 불사른다"[35]는 것은 기존 국책이 아니었다. 영정 재위 34년 동안 잔혹한 수단으로 문화적 전제를 추진한 구체적인 사례는 없었다. 진시황이 분서령을 내릴 때 누구의 저작은 보호하라거나 누구는 멸종시켜야 한다는 특별한 관심을 두고 명문화한 법률은 없었다. 훗날 갱유 때에도 누구 혹은 어느 학파의 학자가 싫으니 죽여야 시원하다고 명확하게 지적하지 않았고 단지 구체적인 '범죄'에 따라 형에 맞게 죄를 정했다. 갱유 이후에도 유가 학자가 포함된 각 박사 제생이 조정에서 일을 했다.

여기서 지적해야 할 것은 '이단을 금지하는 것'과 '관리를 스승으로 삼는 것'이 어느 한 집안이나 파의 주장이 아니라는 것이다. 드물게 예외도 있었으나 선진에서 유가, 묵가, 도가, 법가를 막론하고 적극적인 치세를 주장하던 사상가는 대부분 사상의 통일을 주장했다. 법가는 심지어 "시와 서를 불태워서 법령을 밝히고"[36] 각종 법치에 불리한 학파에 대하여 강제적 수단으로 "행동을 금하고, 무리를 깨고 그 당을 해산시킬 것"[37]

을 주장했다. 이런 맥락을 따랐다면 매우 간단하게 가혹한 수단으로 사상을 억제하고 비판을 금지하는 길로 들어섰을 것이다.

진시황의 문화적 전제는 통일을 유지한다는 명확한 목적이 있었다. 진시황 이전에 공자가 소정묘少正卯를 죽여서 이단을 제거한 것과 훗날 한무제가 '독존유술獨尊儒術'로 사상을 통일한 것처럼 이런 행위는 전에도 있었고 후에도 있었다. 행정 수단으로 사상을 통일하고자 강행한 것이 너무 쉽게 '분서'를 향하여 갔다. 이런 의미에서 보면 진시황의 분서는 필연성이 있었다.

진시황의 분서는 사상을 통일하기 위한 것이었다. 이것은 전형적인 제국의 행위로 세계적 역사 현상이었다. 세계 고대사에서 강제 수단으로 이단을 소멸하고 사상을 통일시키는 것은 흔히 있는 일이었다. 서구 중세의 기독교 정교합일 정권은 무력으로 '이단異端' 신앙을 금지하고 유관 서적을 태워버렸으며 '마녀사냥' 방식으로 이교도를 잔인하게 죽였다. 아랍인은 알렉산드리아 성을 공격한 후 이슬람교 교리를 지키기 위하여 도서관을 불살랐다. 사람을 죽이거나 책을 태우는 방식으로 사상을 통일하는 것은 의심할 여지 없이 포학 행위이다. 진시황은 본래 더욱 적당한 방안과 수단을 선택할 수 있었으나 가장 취해서는 안 될 방법을 택했다.

진시황의 분서는 사상을 통일하거나 비평을 금지하려는 목적을 달성하지 못했고 오히려 사상 통일에 불리하게 작용했다. 분서 후 진의 통치 방략은 날로 경색되고 정권 체제 내부에서 황권, 방략, 정책을 자동 조절하는 능력을 잃어버렸다. 진 황제의 통치 수단은 갈수록 단순해졌으며 거칠었고 전횡하다가 결국 조절 불능에 이르렀다. 또한 분서령이 내려지자 더욱 많은 반대파가 생겨났다.

분서 사건은 진시황의 교만, 사치, 방종, 방일이 이미 한계점에 도달했으며 이미 지혜로운 정치 영웅에서 전횡과 포학을 일삼는 '무도한 군주'로 변했음을 보여준다. 진 왕조 패망의 조짐은 여기서부터 드러나기 시작했다.

갱술사

'갱유'라는 표현은 정확하지 않고 '갱술사'라고 해야 한다. 한대 이후에는 유교만을 중시했다. 사람들은 역사를 평가할 때 습관적으로 '유법투쟁儒法鬪爭'의 관점에서 진시황이 "시와 서를 불태우고 술사를 묻어 죽였다"[38]고 하며, 이 두 사건을 일정한 연관성이 있는 것으로 정하고 오로지 유가를 처리하기 위해 발동한 것으로 본다. '분'은 유가 경전을 조준한 것이고 '갱'은 일부러 유생을 겨눈 것으로 여긴다. 그러므로 분과 갱은 함께 붙여졌고 '서'와 '유'에도 특정한 함의가 있다. 많은 이들이 '분서갱유'란 단어를 잘못 이해하여 간단하게 '법가를 높이고 유가를 반대하는尊法反儒' 것이 진시황의 정치 이념이며 정치 행위라고 규정했다. 분서갱유이든, 존법반유이든 이런 개괄은 맞는 것 같으면서 그렇지 않고, 그렇지 않은 것 같으면서 그러하다. 간단하게 말하면 정확하지 않다. 진시황의 정치 이념이 법가 학설과 더욱 가깝다는 것은 사실이고, 경전을 불태우고 술사를 묻어 죽이면서 유학이 받은 손실이 가장 심각하다는 것도 모두 사실이다. 그러나 유학과 유가만을 겨눈 것은 아니다.

진시황 35년(기원전 212)에 발생한 '갱술사' 사건의 기원은 『사기』「진시황본기」에 상세하게 남아 있다.

(진시황) 35년 (…) 후생과 노생은 서로 다음과 같이 의논했다. "시황은 천성적으로 남의 말을 듣지 않는 사람이다. 일개 제후 출신으로 천하를 통일했고 원하는 것을 모두 이루고 나서 상고 이래 자기를 따를 만한 사람이 없다고 자부했다. 오로지 옥리만 신임하여 그들만 총애를 받고 있다. 조정에 비록 박사가 70명이 있다 하나 자리만 채우고 있을 뿐, 그들의 의견을 듣지 않는다. 승상과 여러 대신들도 모두 결정된 것을 지시받을 뿐이다. 황제가 형벌과 사형으로 위엄을 세우기를 좋아하니 모든 사람이 죄를 무서워하여 자리만 지키고 아무도 감히 충성을 다하는 사람이 없다. 황제는 자신의 과오를 지적하는 사람이 없어 나날이 교만해지고 신하들은 두려워하여 황제를 기만하면서 총애를 받으려 한다. 진의 법령에 한 사람이 두 가지 이상의 방술을 겸하지 못하게 했고 만약 그 방술이 효험이 없으면 즉각 처형한다는 규정이 있다. 그러므로 별星과 기氣를 관찰하는 훌륭한 전문가가 300명이나 있어도 비위를 거스를 것이 두려워 아첨만 하고 있을 뿐, 감히 시황의 과오를 직언하지 못한다. 천하의 크고 작은 일을 모두 황제가 처결하며, 심지어 그는 공문서를 무게로 계산하여 매일 밤낮으로 자신이 처리할 문서의 양을 정해두고 그 양이 차지 않으면 쉬지도 않는다. 이렇게 권세를 탐하니 이런 사람을 위해 선약을 구하는 것은 마땅치 않다"며 도망치고 말았다. 달아났다는 말을 들은 시황은 크게 분노했다. "내가 전에 천하의 서적을 거두어 쓸데없는 것은 모두 없앴지만 많은 학자와 방사들을 빠짐없이 불러들인 것은 태평을 구현하고 방사들이 선약을 구해올 것을 기대했기 때문이다. 이제 한중은 떠난 후 돌아오지 않았다고 하며 서불 등은 수만의 비용만 쓰고 끝내 불사약을 얻지 못한 채 단지 부정하게 이득만 취하고 있다는 보고를 매일 들었다. 노생 등은 내가 대단히 후대했는데 지금 나를 비방하고 내 부덕함을 늘리는구나. 사람을 시켜 함양에 있는 제생들을 사찰해보니, 유언비어를 퍼뜨려 백성을 현혹시키는 자가 있다고 한다." 시

황이 어사를 시켜 제생들을 심문하자 그들은 서로 돌아가며 끌어들여 고했기 때문에 범죄를 저지른 자의 무리에서 460여 인을 가려서 모두 함양에 파묻어 죽이고 이 사실을 천하에 알려 다시는 그런 일이 없도록 경고했다.[39]

1) 사건 발생의 원인

술사, 후생, 노생 등은 전형적인 정치사기꾼이다. 이 술사들은 불사약으로 진시황을 속여서 신임과 관작, 재물을 얻었으나 근본적으로 이 황당한 임무를 완수할 수 없었다. 그들은 임금을 속인 죄를 범하여 법률에 따라 처형당할 것을 알았기 때문에 입으로는 포학한 진시황을 위해 일할 것을 거절했지만, 사실은 책임을 회피하기 위한 것이었다. 그들은 인격, 정책, 제도와 시정 방식 등에서 진황, 진정, 진제를 모두 부정했고 불사약을 구하는 중대한 폐정만 질책하지 않았다. 그리고 '별과 기를 살피는 자'를 '양사良士'로 간주했다. 이 술사들은 각종 폐정을 일으킨 원인 제공자였다. '승상과 여러 대신이 모두 결정된 일을 통보받는' 등의 폐정은 노생 등이 진시황을 궁중에 은거하도록 유혹하여 '진인'을 바라게 한 것과 직접 관계가 있었다. 그러므로 설령 상술한 의론이 진 왕조 정치의 몇 가지 폐단을 이야기했으나 사실을 확대했기에 정당한 비평으로는 볼 수 없다. 후생 등의 행위는 어느 시대건 전형적이고 악의적인 공격에 속한다.

2) 황제의 반응

진시황은 모든 사실을 알고 크게 화를 냈다. 후생은 한종韓終(한중), 서복 등 방술사와 마찬가지로 신선술과 불사약으로 진시황을 속여서 의심을 사지 않았다. 진시황은 이 때문에 방사들을 단련하여 기약奇藥을 구하고자 했다. 그래서 후생 등을 후하게 높이고 많은 것을 하사하여 관작, 녹봉을 주었을 뿐 아니라 대량의 자금을 들여 대불사약을 찾는 눈속임을 계속하게 했다. 하지만 결과적으로는 번번이 속아서 한중은 떠나서 돌아오지 않았고 서복 등은 엄청난 비용을 쓰고도 결국 약을 얻지 못했다. 진시황은 그렇게 매일 부정하게 이득만 취하고 있다는 소식을 들었다. 다른 사람도 아니고 정부에서 관직과 녹봉을 받는 함양의 제생 중에 유언비어로 백성을 어지럽히는 자가 있다는 사실을 알게 되었다.

보통 사람도 이런 상황을 접하면 분노를 억누르기 어려운데 거만하고 독단적인 진시황은 어떠했겠는가? 진시황은 자신을 우롱하고 비방했다는 말을 듣고 크게 화를 냈다.

3) 정책 선택

진시황은 법에 따라 처벌하여 대량 살상을 하겠다고 결정했다. 장자 부소가 아버지에게 정치적 파급에 주의를 기울이라고 권고했다. "신은 천하가 막 통일되었으므로 먼 곳의 백성은 아직 따르지 않고 유생은 모두 공자의 가르침을 배우는데 지금 상께서 중벌로 다스린다면 천하가 불안해질까 두렵습니다. 상께서 잘 살펴주시옵소서."[40] 진시황은 충고를 거절하고 고집대로 했다.

아무 거리낌이 없어서일까 아니면 합리적이고 합법적이기 때문이었을까? 유가가 제창한 윤리나 법리를 포함한 중국 고대 법률 규정이나 도덕 규범에 따르면 진시황의 행위는 합리적이고 합법적이었다. 우선 합리적인 면을 보면, 당시 도덕 규범에 따르면 후생 등의 범죄는 사실이 명백하여 중죄에 속했다. 유가의 군신대의로 판단하더라도 후생 등은 소인이고 간신배이자 임금을 속이고 대역무도한 죄를 지은 자였다. 비록 한 왕조 유가들의 경의결옥經義決獄(유가 경전의 내용을 직접 인용하여 안건을 처리하는 근거로 삼는 재판법으로 춘추결옥이라고도 부른다)에 따라 형을 정하더라도 그들은 '사면받지 못하고 사형'을 받아야 했다. 합법적인 면을 보면, 역대 왕조에는 모두 유사한 법률과 안건이 있었다. 『당율소의』 「명례」에 "인륜을 어기고 관리의 체면을 훼손하는"[41] 십악불사죄는 반드시 엄하게 처벌해야 함을 논증하기 위하여 유가 경전을 인용했다. "『공양전公羊傳』의 안건에 보면 '신하는 장차 반역을 해서는 안 된다. 만일 반역을 저지르면 반드시 죽인다'고 했다. 장차 반역의 마음을 먹고 군부를 해치고자 하는 자는 반드시 죽임을 당한다." 즉 군부를 해치고자 하는 마음만 있어도 반드시 죽이는 것이다. 진, 한, 수, 당, 원, 명, 청 등의 역대 법전 율조에도 이러한 행위는 모두 '죽여 사면치 않는' 중죄인데 엄격한 진법에 따른다면 더 말할 나위가 없다. 진나라 법에 관원이 직분을 지키지 못하고 불충 행위를 처벌하는 율조가 있었고 '고간告奸' '연좌連坐'의 조목도 있었다. 나중에 '감히 『시경』 『서경』을 토론하는 자는 기시棄市(시가지 안에서 본보기로 죽임)한다' '옛날 일로 현실을 비평하는 자는 족멸한다' '관리가 보고도 잡지 않는 자는 같은 죄로 처리한다'라는 새로운 율령을 추가했다. 그러므로 진시황의 '갱술사'는 법에 의거한 것이므로 그가 신봉하던 법치 원칙을 결코 위배하지 않았다.

4) 정치적 목적

진시황의 정치적 목적은 불충한 자를 처벌하고 간사한 자를 제거하며 사회적 소요를 피하는 것이었다. 사실 이것은 핑계일 수도 있다. 이 일에 연좌된 자는 매우 많았다. 역사에서 보기 드물 정도로 잔인했고 폭력으로 비평을 금지했으며 여론을 탄압했다는 비난을 피하기 어렵다. 그러나 갱술사만으로 진시황이 귀에 거슬리는 말을 듣지 않는 지경에 이르렀다고 단정하기는 어렵다. 시황이 들은 것은 귀에 거슬리는 말이 아니라 악의적인 공격이었다.

필자의 견해는 다음과 같다. 진시황이 갱살한 대상은 정부에서 일하는 '제생' 중 군주를 기만한 자와 유언비어로 백성을 현혹시킨 자였고 방사, 유사, 술사를 가리지 않고 금법을 어긴 자는 죽였다. 군주를 기만한 이들 중에는 당연히 방선도에 종사하는 자가 많았고, 백성을 현혹하는 자라면 아마도 다른 학파였을 것이다. '공자를 칭송하고 모방하는' 자가 진 왕조의 정치를 많이 비난했으나 공자의 학문을 배우는 자들이 모두 '순유純儒'는 아니었을 것이다. 전국, 진, 한의 역사를 보면 '송법공자'는 유가 학파에 국한되지 않는다. 많은 음양가, 명가 학자는 구체적인 정치 주장에서 공자의 영향을 받아 유가 학자와 비슷했다. 따라서 '갱유'라는 말은 성립되지 않는다.

5) 집행 방식

첫째는 법에 따라 일을 했다. 진시황은 안건을 백관을 전문적으로 규찰하는 어사에게 보냈고, 어사가 제생을 자세하게 심문했다. 둘째는 가차없이 엄벌에 처했다. 금법을 어긴 자 460여 인을 모두 함양에서 묻어 죽였다. 셋째는 일벌백계이다. 문서로 사건의 시말과 처리 상황을 사방에 통보하여 같은 일이 또다시 일어나지 않도록 경계했다.

가장 큰 문제는 이 460여 명이 전부 미리 만들어놓은 율조에 저촉된 것은 아니라는 점이다. 만일 원래 죄가 없거나 혹은 죄가 죽임을 당할 정도로 심각한 것이 아니라면 당시 도덕과 법률로 보아도 진시황의 행위는 '폭정'이라 할 수 있을 것이다.

6) 사건의 성격

갱술사의 성격을 전형적으로 '황제가 노하자 천하에 옥사가 일어났다'[42]라며 정견이 다른 사람이나 학술상의 다툼으로 연결시킨 것은 억지스럽다. 역대 모든 제왕이 엄격하게 법을 집행하고 '불충'을 처벌하며 '간신'을 처리하는 이야기는 있었지만, 갱술사 사건은 우선 사람을 너무 많이 죽였고 방법 또한 매우 잔인했다. 그리고 무고한 자가 수없이 연좌되었다. 갱살당한 사람은 세 가지로 분류할 수 있다. 첫째는 후생, 노생 등 죽어 마땅한 술사들이다. 둘째는 적대 세력인데, 그들을 진압하는 것은 정상적인 통치 행위이다. 셋째는 연좌된 사람이다. 그들은 조정을 비방하지도 않았고 적대 세력도 아니며 악의적으로 공격하지도 않았다. 그들을 죽이지 않을 수도 있었으나 진법에 따르면 죽일 수 있었다. 군주전제 정치에서 '합법'과 '전횡'은 본래 짝을 이루어서 분리하기 어렵다.

필자는 전횡적이고 포학한 군주정치에서 '갱술사'는 정상적인 통치 행위라고 생각한다. 전횡적인 포학은 일목요연하게 해석하거나 분석할 필요가 없다. 그것이 정상적인 통치 행위인 이유는 당시의 정치 규칙에 의거하여 논리도 있고 법도 있으며 조당에서 항상 익숙한 일이었기 때문이다.

중국 고대의 예제와 도덕은 "지위가 낮으면서 윗사람에 대하여 말하는 것은 죄이다"[43]라고 명확하게 규정했다. 유가 경전에 보이는 말에 대한 금지는 다음과 같이 여러 가지가 있다. 군부君父의 잘못을 떠들지 말고 "생각이 자신의 위치를 벗어나서는 안 되며", 신하는 "위에서 말하지도 않았는데 동의해서는 안 되고" 직간하여서 반드시 "불가하면 그쳐야 한다" 등이다. 요컨대 '예가 아니면 말하지 말라非禮勿言'는 것이다. 이에 상응하여 역대 법률은 모두 명목이 많은 사상, 언론에 대한 죄를 명확하게 규정했다. 대략 네 가지로 나뉘는데 조정에 대하여 논의하거나, 요사한 말로 백성을 현혹하거나, 웃어른에게 무례하거나, 군왕을 존경하지 않는 것이다. 어금語禁이 있으면 반드시 언죄言罪가 있었고, 언죄가 있으면 반드시 구화呵禍가 있었다. 역대에는 군왕에게 간쟁하거나 조정을 비판하다 죽은 사람이 많았다. 진한시대의 이런 법률은 더욱 번잡하고 가혹했으며, 사실 한대 유가의 예법으로 '마음을 죽이는 술誅心'은 진대의 형법으로 '마음을 금하는 술禁心'보다 훨씬 더 심했다. 그것은 관용과 인이라는 외투를 뒤집어쓴 잔인함이었다. 이런 포학은 사회성, 제도성 포학이며[44] '갱술사'는 각종 포학의 집합체였다.

갱유에 또 다른 견해도 있다. "진이 이미 분서를 하고 나서 천하가 법을 따르지 않을까 두려워 영을 내렸다. 오는 제생은 모두 랑으로 삼는다고 하니 그 수가 대략 700명에 이르렀다. 또 몰래 영을 내려 겨울에 여산 능곡의 온천 근처에 오이瓜를 심게 했다. 오이가 익자 사람을 시켜서 상소를 올려 오이가 겨울에 열렸다고 했다. 박사 제생들에게 이 일에 대하여 말하니 사람마다 의견이 달라서 모두 가서 확인해보기로 했다. 진시황은 군사를 미리 매복시켰고 제생들은 모두 도착했으나 서로 결론을 내지 못했다. 이때 기회를 봐서 흙으로 묻어버리니 모두 깔려서 죽자 조용해졌다."[45] 이는 비교적 널리 알려진 전설로 『문헌통고』「학교고」에서 이것을 인용했다. 그러나 많은 학자들은 이것이 날조된 것이라고 했다.

갱술사의 정치적 결과는 매우 심각했다. 만일 진시황이 공자 부소의 의견을 따라 일부 기군망상자欺君罔上者만을 죽였더라면 진의 통치에 유리하게 작용했을 것이다.

진시황의 정치 인격

진시황 일생의 주요 경력을 소개했으니 이제 그의 개성을 분석하고 자 한다. 인격이나 심리 분석에는 반드시 과학적인 측정 수단이나 비교 적 상세한 기록이 필요하다. 그러나 진 왕조, 진시황과 그의 부모, 신하 의 역사 기록은 상당히 간략하며 대부분 부정적인 색채가 강하다. 이는 사료나 과정의 묘사 속에서 명확하게 나타난다. 역대 역사가들은 단명한 왕조에 대해 과실을 많이 기록하고 더 나아가 죄악을 확대하기도 했고 업적을 줄이거나 아예 묻어버리기도 했다. 이런 포폄은 '객관' '정확' '공 정'성을 잃어버리기 마련이다. 사마천의 『사기』도 그러하며 이 경우 진 왕 조는 수 왕조와 유사하다. 그러므로 2000년 전의 역사 인물인 진시황의 심리를 정확하게 분석하는 것은 어려운 과제이다. 하지만 진시황의 정치 인격, 정치 재능과 소질은 대략 파악할 수 있을 것이다.

진시황의 모습과 개성

진시황 형상에 대한 기록은 두 가지이다. 하나는 『사기』「진시황본기」에 보이는 목격자의 증언이다. 진시황의 중요 보좌인 위료尉繚는 다음과 같이 말했다. "진시황은 코가 오똑하고 눈이 길며 가슴이 발달했고 목소리는 늑대 같았다. 인정도 많지 않고 호랑이나 늑대와 같은 마음을 지니고 있었다. 어려울 때는 남에게 겸손하지만 성공하면 남을 가볍게 잡아먹을 것이다." 매우 부정적인 이 묘사는 현존하는 가장 믿을 만한 사료이기도 하다. 여기서는 외모와 개성을 결합시켰고 개성에서 모습을 파악했다. 이대로라면 진시황은 기질과 품위가 일반인과 달랐고 눈은 크고 눈썹은 길었다. 그리고 가슴이 발달했고 목소리는 깨끗하고 성격은 거칠었으며 생각이 깊었다. 이런 모습은 진시황의 맹수 같은 개성을 표현한 것으로, 모습은 매 같고 마음은 호랑이 같으며 교활하기가 여우 같아서 노려보고 공격하며 삼키고 용맹스러움 속에서 교활함을 드러낸다. 외형이나 기백만으로 말한다면 걸출한 인물이다. 이런 기질과 개성은 일련의 정치 행위와 이미 성취해놓은 공업이 증명해주고 있다.

어떤 학자는 진시황의 유년생활이 불안정했던 것과 '오똑한 코蜂準' '새 가슴摯鳥膺' '승냥이 소리豺聲' 등의 모습을 결합하여 말 안장 같은 코, 곱사병, 기관지염 같은 질병을 앓아서 생리적인 결함이 많다고 단정했다.[46] 많은 진시황 전기들은 이러한 의견을 따랐다. 그러나 사실 이는 성립되기 어렵다. 정무에 충실하고 사방을 순행하며 연합과 분열을 꾀하고 풍부한 계략과 완벽한 결단으로 보면, 진시황은 건강하고 정력이 넘치며 웅대한 포부를 품고 자기 제어에 뛰어나서 병약한 사람으로 보이지 않았으며 심리 질환은 말할 필요도 없다. 진시황의 업적은 어려서부터 각종 심리장애를 겪은 사람이 이룰 수 있는 것이 아니다. 그는 폭군 기질이 있었지만 이것은 주로 사회적, 정치적 요소가 만들어낸 것이다.

다른 전설도 있다. "진시황의 이름은 정이고, 호랑이 입에 이마가 둥글게 돌출했고 눈이 크고 코가 오뚝하며 키가 8촌 6척에 허리가 7위圍였다. 손에 무기와 화살을 잡았으며 조룡祖龍이라 불렀다."[47] 이 기록은 정면 묘사로 진시황이 제왕의 상임을 증명하려고 애썼으니 과장이 없지 않다. 그러나 이는 위료의 묘사와도 대체로 부합하므로 믿을 만하다. 그는 진시황의 모습과 기질을 "영민하고 용맹스러운 임금英武之主"이라고 형용했다.

사실 또 다른 중요한 사료로 진시황의 모습과 기질을 추측해볼 수 있다. 진시황의 생물학적 아버지가 기품이 범상치 않은 공자 자초이든, 지략이 풍부한 여불위이든 유전 인자는 모두 비교적 뛰어나다. 어머니는 출중한 미모에 노래와 무용에 뛰어났으며 몸매도 아름다웠다. 이점은 역사에 분명히 기록되어 있다. 정상이라면 좋은 유전자를 이어받아 신체에 장애가 있거나 지능에 문제가 있을 가능성은 매우 낮다. 어린 시절 왕손 신분으로 태자가 되고 왕위에 올랐으며 진나라 제도에 따라 왕자의 신분에 걸맞은 교육과 훈련을 받았다. 그러므로 진시황은 초라한 모습에 재주는 평범하며 도량이 협소한 사람은 아니었을 것이다.

만일 진시황의 능을 발굴할 때 유상이나 유체가 나온다면 현대 과학으로 청장년부터 늙어 죽을 때까지 단계별로 체형과 모습을 구현할 수 있을 것이다. 때가 되면 진시황의 외모에 대한 문제는 곧 풀릴지도 모른다.

진시황의 정치적 자질

진시황을 슬쩍 본다면 '호랑이나 승냥이의 마음'으로 천하를 빼앗아 '황음하고 잔혹'하게 통치했다는 인상을 받을 것이다. 중요한 신하인 이사 등은 악랄하고 비열한 소인에 속한다. 실제로 진시황은 정치적으로 황음무도하며 이사 등은 악랄하고 비열한 행동을 일삼았다. 그러나 이 사람들은 그 시대의 웅대한 공업을 세웠다. 조금만 더 생각해보면 다음과 같은 결론을 얻을 수 있을 것이다. 국가의 제도와 정책이 더 합리적이어야 최강의 지위에 올라 장기간 유지할 수 있다. 군신관계가 비교적 협조적이고 군민관계가 비교적 안정적이어야만 국가가 날로 강성해지고, 통치 집단의 정치적 지혜가 더욱 출중해야 계획하고 교섭하고 싸우는 군사 투쟁에서 적수를 이길 수 있는 것이다. 진시황을 한 고조, 한 광무제, 당 태종, 명 태조와 비교했을 때 다른 점이 있다. 당시 진시황이 직면한 것은 이미 붕괴한 왕조가 아니었고 소멸시킨 것은 난세의 영웅들이 아니라 이미 수백 년을 경영해오던 강대국이었던 것이다. 그래서 진시황이 당면한 어려움은 훨씬 더 컸다. 『사기』를 읽어보면, 진시황이 지휘한 6국의 통일전쟁 과정은 굉장히 유창하고 변화에도 놀라거나 막히지 않아서, 사가에게 제공할 만한 우여곡절도 없었고 후인이 음미할 승패나 득실도 없다는 것을 알게 될 것이다. 초나라를 멸망시킬 때 군사적 배치에 약간의 착오(처음에 적을 너무 가볍게 여겼다)를 범한 것을 제외하면 진시황의 지휘와 관리는 거의 완벽했다. 만일 높은 식견의 군주와 뛰어난 모사가 조정에서 책략을 세우지 않았다면 진나라 대군이 매번 천 리 밖의 승부를 결정짓고 실수가 없을 수 있었겠는가? 이를 '황음과 잔혹' '악랄과 비열'이라 개괄할 수 있을까?

1) 광대한 학식으로 성현임을 자부

진시황은 어려서부터 총명했고 일관성 있는 교육과 훈련을 받았다. 개인적인 학식도 넓고 정치, 문화적 자질이 뛰어났으며 큰일을 과감하게 결단하고 권술을 운용했다. 또한 진시황은 『한비자』를 읽고 예찬했으며 정무에 충실하여 매일 대량의 공문을 보고 처리했다. 정치적 경험에만 의지하더라도 높은 지능과 필수 지식이 없다면 할 수 없는 일이었다.

재주도 뛰어나고 공도 큰 사람은 쉽게 자만에 빠진다. 진시황이 그 좋은 예이다. 천하를 통일한 후, 재능을 믿고 오만을 부려서 "자고로 나만한 사람이 없다고 생각한다"[48]고 했다. 각지를 돌며 돌에 공덕을 새길 때에도 반복해서 자신의 '성聖'과 '공功'을 강조했다. 조당에서 의정할 때 공덕을 찬양하는 말을 좋아했고, 심지어 시호를 폐지하고 시서를 불사르며 비난을 금지하는 방식으로 비평을 막으려 했다.

2) 적극적인 진취성과 지나친 과시

전국과 진한 시기의 역사 문헌을 살펴보면 영웅이 끊임없이 배출되는 시대였음을 알 수 있다. 많은 사람들이 과감히 생각하고 말하고 실천했으며 진취적이고 실속 있게 임기응변을 펼쳤다. 또 모략에 뛰어나고 용감하게 일하며 과감하게 싸웠고 '자천自薦'과 '과시'를 부끄럽게 여기지 않았다. 와신상담臥薪嘗膽, 변법變法, 제도 개혁, 호복기사胡服騎射, 합종연횡縱橫捭闔, 현량자혈懸梁刺血, 모수자천毛遂自薦, 강개비분, 조당에서의 대책, 전쟁터에서 공을 세우는 고사 등의 이야기가 끊이지 않았다. 큰 야망을 품고 적극적으로 나가며 공리를 중요하게 여기고 창조에 용감한 것 등이 시대정신이 되었다.

이 시대에 나타난 정치 영웅 진시황은 개척정신과 진취적 정신을 지닌 전형적인 인물이다. 그의 대단한 업적은 이전에는 없었고 수많은 사업은 세계에서 유일했다. 비록 많지는 않지만 오늘날 남아 있는 진대 유물로 보면 규모와 그 장엄한 기세가 전에도 없었고 후에도 찾아보기 어렵다. 만리장성의 거대함, 아방궁의 장려함, 진 황릉의 기세, 또 병마용의 진용은 모두 후세에도 이를 수 없는 것이었다. 강렬한 진취심과 공명심이 없었다면 10년이라는 짧은 기간 동안 이러한 공업을 완성한다는 것은 상상조차 할 수 없었다. 그러나 진취성이 한도를 넘으면 과시하게 된다. 진시황은 기이한 상상을 하며 대사를 일으키고 대역을 시작했으며 대량의 인력을 파견하여 허망한 선약을 찾기까지 했다. 사가들이 진의 정치에 대해 평가하기를, 공업을 지나치게 과시하고 민력을 남용하고 재물을 낭비했다고 했다.

이것은 역사 현상이다. 만일 믿지 못한다면 한 무제를 보라. 그는 '남으로 두 월나라를 공격하고 동쪽으로 조선을 공격했으며 북으로 흉노를 쫓았고 서쪽으로 대완을 정벌했다.'[49] 그뿐 아니라 장성을 건설하고 능묘를 만들었으며 불사약을 찾았고 똑같이 기발한 상상력으로 대사를 시작하여 대역사를 일으켰다. 유가의 인의정치를 신봉하던 황제를 두 번째 진시황이라 칭하기도 했다. 수백 년 후 또 수 양제가 출현해 똑같이 만대의 복을 지으면서 일세의 화를 만들었다. 이처럼 제왕의 공업은 사람들을 감탄하게 만들지만 그들의 포학은 머리칼이 곤두설 만큼 잔혹하다.

3) 정무에 충실하고 권세를 탐함

몸소 정사를 처리한 진시황은 역사상 근면한 군주 가운데 한 명이었으며 이 때문에 권세를 탐했다는 조롱도 면하기 어려웠다. 진시황은 "몸소 문장을 짓고 낮에는 옥사를 판결하며 밤에는 문서를 열람했고, 스스로 처리할 공문의 양을 1석으로 정했다."[50]

정무에 힘쓰는 것과 권세를 탐하는 것은 확실히 깊은 관계가 있다. 정무에 힘쓰는 것은 '하루에 1만 가지' 국무의 실제 수요이며, 그것은 칼자루를 남에게 주어 권력이 넘어가는 것을 피하기 위함이었다. 권세를 탐하던 군주는 정무에 바쁘지만 신하를 다루는 무위지술을 제대로 운용한다면 국정을 잘 볼 수 있었다. 진시황 통치의 전반기는 이런 상태였다. 그러나 진시황 통치 후기는 대권을 꼭 붙들고 천하의 크고 작은 일을 모두 황상이 처리하여 승상과 여러 대신은 결정된 일을 받았다. 이는 권세에 탐욕을 부렸던 것이다.

4) 과감한 결정과 독단

『사기』「진시황본기」,『전국책』등 현존하는 사료에서는 "진왕대노秦王大怒" "시황대노始皇大怒" "형벌로 위엄을 세우길 즐겼다" 등의 기록을 자주 볼 수 있으며, 진시황이 "가슴을 내밀고 앞으로 전진했으니 성격이 거칠었다" "강인하고 거친" 등의 표현을 보면 그의 외모와 성격은 모두 강렬하고 거친 사람이었던 것 같다. 진시황의 인격적 특징과 핵심은 '강렬함剛烈'이었다.

노생은 "시황은 사람됨이 천성적으로 강렬하고 독선적이다"라고 했는데 이는 악의로 가득 차 있고 과장한 감이 있다. 천성이 강렬하다고 독선적인 것은 아니다. 재위 수십 년 동안 진시황은 거의 항상 강인했지만 독단적이지는 않았다. 두루 들으면서도 독단을 숭상했고 항상 군신의 지혜와 모략을 써서 대사를 결정했다. 그리고 스승의 가르침을 듣고 널리 의견을 구하며 기꺼이 간언을 받아들였던 때가 많았다. 일반적으로 중대한 정치 결정은 조의 혹은 대신이나 모신과 상의하여 두루 듣고서 '독단'

했다. 과감한 결단은 보통 쉽게 부정적인 효과가 나타나는데, 그 효과란 바로 독단이었다. 시황제가 된 영정은 항상 이런 심리를 드러내어 잘못을 듣지 않고 날로 교만해졌고 신하는 두려워하며 속여서 총애를 받으려는 상황이 나타났다.

5) 엄격한 법 적용과 각박함

전국시대부터 진한시대까지의 문헌은 '호랑'이란 단어로 진인秦人, 진군秦軍을 많이 형용했다. 확실히 무를 숭상하여 전투에 능하며 정령이 엄격한 국민이자 국가였다. 본성이 어떠한지 논할 필요 없이 제도로써 진시황의 성격을 '은혜는 적고 호랑이나 승냥이의 마음'이라 했다. 그러나 많은 사료를 살펴보면 진시황의 본성이 호랑이 같다는 것은 입증하기 어렵다. 능력 있는 신하와 장수를 주변에 두는 일은 '은혜는 적고 호랑이나 승냥이 같은 마음'으로 해낼 수 없는 것이다. 이런 사람은 '은덕과 위엄을 동시에 사용'하는 요령을 터득했을 것이다. 그러나 강인하고 난폭한 성격, 덕이 날로 쇠하는 통치, 일을 법에 따라 결정하는 통치술과 득의만만한 심리 상태가 결합하여 법치 정치를 부정적인 방향으로 이끌었다. 법제정에만 급급하여 따로 가혹한 형을 만들어서 무고한 사람을 함부로 죽인다면, 필연적으로 '천하가 죄를 지을까 두려워하여 봉록을 받으며 감히 충성을 다하지 않는'[51] 상황을 초래한다. 진 왕조의 법제도는 바로 이런 식으로 무너졌다.

진시황은 채찍과 당근을 동시에 사용했고 그 행동은 '인'이라 평가할 수도 있지만 하찮은 원수라도 반드시 갚는 성격이 있었다. 대표적인 예로 직접 한단에 가서 원수 집안을 묻어 죽인 것을 들 수 있다. 이는 진시황이 호랑이 같은 마음이 있어서라기보다는 사회 풍속과 제왕의 권력이 결합해서 나온 산물이라고 하는 편이 더 낫다.

춘추, 전국, 진한 시기는 보복과 보은이 성행해서 '원한과 은혜를 반드시 갚는 것恩惠必酬'이 사회 기풍이었다. 당시의 사서는 역사에서 유명인이 원수를 갚는 심리와 사건을 기록했다. 오자서가 채찍으로 초 평왕의 시체를 채찍질하여 부형의 원수를 갚았고, 장량은 자객을 구하고 진시황을 저격하여 국가의 원수를 갚고자 했다. 진의 재상 범저는 사람됨이 "밥한 그릇의 은혜도 반드시 보상하고 사소한 원한도 반드시 갚았으며",[52] 연나라의 승상 난포欒布의 성격은 "일찍이 은덕을 입으면 후하게 갚고 원한이 있으면 반드시 법으로 멸했다."[53] 『사기』「유협열전」의 기록은 한 관점으로 이런 사회 풍조를 반영했다. 진시황이 유년 시절에 살았던 삼진 일대는 "보복이 분수를 넘는"[54] 풍속이 성행했다. 이런 풍속이 생긴 원인에는 여러 가지가 있다. 혈연 보복 관념에서 왔거나 대중의 광범위한 인정을 받은 가방家邦, 주군, 부형, 친구, 지기에 대한 충효절의 또는 협객의 의리에서 왔을 것이다. 그 외에도 강렬한 보복, 보은의식은 막강한 자존의식과 서로 작용하여 형성되었다. 당시 사람들은 강렬한 자존의식이 있어서 모욕당하지 않으려 했다. 그리하여 많은 사람들이 자연스럽게 복수를 다짐하고 때를 기다려 원수를 갚았다. 보복은 점차 유행하여 하나의 풍속이 되었고 대중의 의식과 행위에 깊은 영향을 주었으며 국가를 위해, 주군을 위해, 부모를 위해, 친구를 위해, 자녀를 위해 자신을 모욕한 자에게 보복하는 일은 끊이지 않았다.

진시황이 보여준 전승자의 기세와 군림자의 권세로 원수의 집안을 갱살하고 사소한 원수도 갚는 모습은 확실히 넓은 도량에 속한 행동은 아니었으나 당시 풍속과 밀접한 관계가 있었다. 쉽게 말하면 진시황은 속좁은 사람이 아니라는 것이다. 진시황이 이사, 위료, 왕전 등 패왕의 참모를 다루는 수완을 보면 그는 정치 도량이 넓었다. 그렇지 않았다면 그를 효웅梟雄이라고 부르기에는 부족했을 것이다.

6) 인재 예우와 뛰어난 권모술수

어떤 사람은 진시황이 인재를 예우했다고 하고, 어떤 사람은 권모술수에 뛰어났다고 한다. 예를 들면 위료에게 대등한 예를 취하고 왕전을 스승으로 삼으며 이사를 신용하고 몽염을 총애한 일 등이다. 사실 이는 이상할 것이 없다. 덕망 높고 어진 사람을 예의와 겸손으로 대하는 것에는 본래 권술의 성격이 있다. 많은 논자는 왕전의 평가를 인용하여 진시황은 본성이 의심이 많아서 군신을 신임하지 않았다고 했다. 즉 "진시황은 교만하고 사람을 믿지 않는다"[55]는 것이다. 실제로 당시 진시황의 심리 상태는 매우 복잡해서 인재를 우대하는 성격도 있었을 것이고 권모술수의 성격도 있었을 것이다. 강인하고 과감하면서도 부드러운 술수를 잘 썼고, 의심하면서도 과감하게 임용했으며 계략이 뛰어나면서도 중요한 이치를 잃지 않았으니, 이것이 바로 효웅이다. 그렇지 않았다면 그는 '진시황'이 아니라 '진2세'가 되었을 것이다.

"어려울 때는 남에게 겸손하지만 성공하면 가볍게 잡아먹을 것이다"라는 위료의 분석은 매우 정확하다. '남에게 겸손하다出人下'라는 것은 강하면서도 부드러우며 거칠면서도 매끈하고 사나우면서도 관용이 있어서 자신의 강인한 성격을 잘 조절함을 뜻한다. '남을 가볍게 잡아먹을 것輕食人'이란 하려는 것을 얻었을 때 본분을 잊으면 거리낌이 없으므로 '독단'의 본성이 남김없이 나타남을 말한 것이다.

다른 제왕과 마찬가지로 진시황의 정치 심리에는 분명한 변화 곡선이 있었다. 천하를 통일한 이후 그는 득의양양하고 날로 교만해져, 타고난

총명함은 교만으로 바뀌었고 강인한 기질은 거만한 독단으로 변했으며 명확하게 시비를 가리던 것은 의심으로 변했다. 또한 과감성은 독단으로 변했고 법제를 중시하던 것은 세도로 변했으며 진취적 기상은 과시로 바뀌었다.

중국 황제의 역사를 살펴보면 포부가 큰 황제일수록 '존비의 테크놀로지'에 뛰어났다. 역대 개국 황제의 용모, 인품과 행위는 거의 차이가 없으나, '어려울 때는 남에게 겸손하지만 성공하면 남을 가볍게 잡아먹는 것'은 그들의 공통된 정치 인격이었다. 영웅들과 천하를 다툴 때, 중국 황제들은 강적에게는 자신을 낮추고 참모는 극진한 예로 대했다. 그러나 '그는 본래 중산의 늑대이므로 뜻을 이루면 미쳐 날뛰었다.'[56] 적수가 없어진 상태에서 남면하게 되면, "침대 옆에 어찌 다른 사람이 코를 골며 자게 둘 수 있는가"라며 적국은 쳐서 없애고 공신은 죽였다. 정도나 수단의 차이가 있을 뿐, 명군이라던 당 태종도 진시황의 정치적 심리 변화와 유사하게 나타난다. 위징의 「십점소十漸疏」를 읽어보면 분명히 알 수 있다. 만일 권신의 손바닥에서 놀던 허수아비 황제가 친정을 하고 적에게 투항했던 어린 황제가 패업을 이루었다면, 그들은 노예 같은 태도를 일시에 바꾸고 내가 천하제일이라는 주인의 모습을 드러냈을 것이다.

많은 학자는 진시황이 어릴 때 고난과 굴욕을 겪으면서 심리 상태에 변화가 있었을 것이라고 단정한다. 그러나 사실은 그렇지 않다. 중국 고대사에서 각지를 떠돌며 남에게 얹혀살고 사람들에게 굴욕을 당하던 제왕들이 성공한 군주가 된 예는 많았다. 한 고조, 한 선제, 한 광무제, 수 문제, 명 태조 등이 대표적이다. 이들은 군신관계의 미묘한 점을 알았기 때문에 임금의 도리에 더욱 정통했다.

통치자는 복잡한 성격과 효웅의 기질이 있어서 반드시 정치를 마음대

로 해야 한다. 그러나 군주정치의 본질은 포학하기 때문에 제왕 집단에
서 항상 볼 수 있는 정치 인격의 특징은 제멋대로이고 교만하고 사치스
러우며, 방종하고 나태하며 독단적이고 의심이 많으며 잔인하다. 고대
에 통용되던 가치 기준으로 보더라도 이런 인격은 정상이 아니다. 그러
나 이 비정상적인 인격은 자주 출몰해 진시황의 발호, 한 무제의 교만과
사치, 북제 선무제의 잔인함, 수 양제의 편집증 등을 낳았다. 포부가 큰
제왕은 모두 이런 경향이 있었고 때때로 유년기의 성격과 큰 차이를 보였
다. 이런 인격의 특징은 군주제라는 정치생태계가 만든 것이다. 즉 제왕
관념과 제왕 통치술의 산물이다. 제왕 집단에서 이것은 비정상이라기보
다는 정상이라고 해야 맞을 것이다.

【15장】

결말

— 2대 황제에서 멸망한 진 제국

QIN SHI HUANG

중국사에서 진시황은 최초로 국가의 정치 통일을 달성하고 최초의 중앙집권적인 대제국을 세웠으며 최초로 황제가 되었다. 그가 이룩한 모든 것은 '최초'였다. 진시황이 죽은 지 얼마 지나지 않아 또 최초의 황권 쟁탈을 위한 정변이 일어났고 최초의 서민혁명이 발발했다. 결국 최초의 대제국이 멸망했다. 이처럼 수많은 '최초'가 만들어진 원인은 크든 작든 진시황 본인에게 있다.

사실 진 제국의 근간은 안정적이지 못했고 진시황도 이점을 잘 알고 있었다. 그는 진 왕조의 기반을 '진시황'을 기점으로 '2세, 3세에서 만세에 이르기까지 끊임없이 전하도록' 하기 위해 제도, 사상, 정책에 관련된 조치를 취했다. 그가 정한 수많은 정책은 높은 평가를 받아 역사에 기록되었을 뿐 아니라, 후대의 법령에도 많은 영향을 끼쳤다. 하지만 오만, 방탕, 사치, 가렴주구, 잔혹한 형벌, 분서갱유 등은 사회 모순을 악화시켜 오히려 정치 안정에 부정적인 영향을 끼쳤다. 그러므로 진시황은 진 왕조가 단명한 책임에서 벗어나기 어렵다.

진시황의 최대 정치적 실패는 정치 후계자를 정하지 않아서 정치를 불안하게 했다는 데 있다. 그가 급병에 걸려 죽자 황제제도에서 최초로 '탈적의 난奪嫡之禍'(적장자의 자리를 빼앗는 정변)이 일어났다. 황제의 보좌에 오르려는 꿍꿍이가 있었던 진2세는 비정상적인 정치 수단을 발휘하여 군신, 군민관계를 전면적으로 악화시켰고 국정을 매우 불안하게 만들었다.

대택향大澤鄕의 한 남자가 먼저 제창하니 수많은 사람들이 반란에 가담했다. 이것이 바로 황제제도에서 발생한 최초의 서민 혁명이다. 이때 진 왕조의 조정은 이미 일어설 수 없을 정도로 쇠약해져 있었다. 진 왕조에는 현명한 군주도 없었고 군주를 보좌할 만한 현명한 신하나 장수도 없었다. 적을 막아낼 유능한 장수도 없었으며 민심도 진나라에서 떠나 있었다.

바로 이때 황제제도 아래서 최초로 환관의 전횡이 일어났다. 진 왕조의 최고 환관인 조고趙高가 전횡을 일삼았고, 훗날에는 군주를 시해하고 권력을 찬탈했으며 스스로 황제가 되고자 했다. 이것이 중국 역사상 최초로 일어난 황권을 둘러싼 정변이었다. 그리고 순식간에 대제국이 먼지처럼 사라져버렸다. 진시황이 사망한 지 불과 3년도 안 된 때였다.

진시황 통치 말기의 정세

각종 복잡한 정치적 원인이 엉켜 있었기 때문에 진시황 통치 말기의
국가 정세는 매우 불안했고 언제든 반란이 일어날 가능성이 내재해 있
었다.

다양한 정치적 적수

어느 왕조에서든 공개되거나 혹은 잠재된 정치적 경쟁자와 적대적인
세력이 있기 마련이다. 새로 들어선 왕조에는 매우 큰 위협이 도사리고
있었다. 진 왕조가 맞닥뜨린 적수는 매우 복잡했다. 그들은 강력한 정치
반대파를 형성했다. 경쟁자와 적대 세력이 형성된 원인에 따라 반대파를
구분해보면 다음과 같다.

첫째 유형은 '여섯 제후국의 잔존 세력六國余孽'이다.

이 적대 세력은 사실상 전국시대의 오래된 경쟁자가 면모를 드러낸 것

이다. 왕조 교체 시기마다 옛 나라를 그리워하고 새로운 왕조를 적대시하는 망한 왕조의 충신이 있게 마련이다. '여섯 제후국의 잔존 세력'이 바로 그들이었다. 그들은 원래 여섯 제후국에서 통치 집단의 구성원, 종실이나 친척, 봉군되었던 귀족, 경상대부, 옛 주인에 충성을 다했던 사대부 등이었다.

그런데 통일전쟁 과정에서 각 제후국의 귀족 세력과 깊은 원한관계가 생겨났다. 진시황은 제후국의 귀족과 호걸을 살육하거나 강제 이주시키고 또는 노복으로 신분을 강등시켜 엄격하게 통제했다. 한나라를 멸망시키고 귀족 반란을 평정한 후에 한나라 왕 안安을 죽였다. 조나라를 무너뜨리고 직접 도읍지 한단에 가서 그를 괴롭혔던 조나라 귀족을 생매장했고 위나라를 멸망시킨 후, 투항한 위나라 왕 가假와 여러 공자를 죽였다. 그중 한 사람이 용케 살아남아 도망쳤는데 진시황은 그마저 죽이고자 현상금으로 많은 돈을 내걸었다. 초나라를 평정하고 귀족 세력을 죽임으로써 그들의 자제는 훗날 반진反秦 세력의 중심 인물이 되었다. 연나라를 멸망시킨 후, 태자 단을 죽이고 도처에서 그의 문객을 수배했다. 그리고 제나라 왕 건建을 항복하도록 유인하고는 신의를 버리고 그를 굶어 죽게 해서 제나라 신하와 백성의 원한을 샀다. 가족의 원수와 국가적인 원한을 품은 수많은 사람들이 진 왕조의 숙적이 되었다. 이들의 가족과 문객, 옛 관리도 가담했다. 그들은 죽지 않고 마음만 있다면 언젠가는 기회를 잡아 진나라를 뒤흔들 수도, 반란을 일으킬 수도 있었다. 진시황 21년(기원전 226), 한나라의 옛 귀족이 옛 도읍지인 신정新鄭에서 대규모의 반란을 일으켰다. 진 군대가 반란 세력을 진압하고 화근을 없애기 위해 연금되었던 한나라 왕 안安을 죽였다.

잔존 세력은 매우 많았다. 진이 제를 멸망시키기 전에 수천만의 초楚·

한韓·위魏 등 제후국의 사대부들이 제나라로 피난 와 있었다. 삼진의 대부들도 모두 진나라를 위해 일하려고 하지 않아서 제나라의 아阿, 견鄄 땅에 수백 명이 모였고, "언鄢과 영郢, 즉 초나라 대부들도 진나라를 위해 일하기를 꺼려 성남城南으로 건너온 자가 수백 명이 되었다"[1]고 한다. 그들은 모두 나라를 재건하려는 의지가 있었기 때문에, 제나라 책사가 볼 때 이들은 도움을 받을 수 있는 매우 중요한 정치적, 군사적 역량으로 보였다. 각지에 흩어져 있던 이런 사람들이 수만 명은 되었을 것이다. 진 왕조가 세워진 후, 그들은 이름을 숨기고 뜻을 품은 채 기회를 기다리며 미미한 실마리라도 있으면 순식간에 반란을 일으켜 목적을 달성하고자 했다. 이들 가운데 일부는 주동적이고 공격적인 성향이 매우 강했다. 그들은 목숨을 잃고 멸족의 위험을 감수해서라도 적극적으로 기회를 찾으며 행동했다. 장량張良의 일격이 가장 대표적이다.

잔존 세력들은 정치적 영향력과 어느 정도의 경제력을 갖추고 있었으며 정치와 군사 경험이 풍부했다. 특히 장군이 될 만한 인재나 책사가 많았기 때문에 가장 위협적인 정치적 적수였다. 훗날 군대를 일으켜 진 왕조를 멸망시킨 여섯 제후왕과 중요한 측근 대다수가 '여섯 제후국의 잔존 세력'에 속했다. 특히 대표적인 인물을 살펴보면 다음과 같다.

첫번째는 장량이다. 그는 한나라 귀족의 후예로 육도삼략六韜三略을 익혔으며 용기와 학식이 풍부했다. 장량은 황석공黃石公에게 『태공병법太公兵法』을 얻어 '늘 익히고 외워가며 읽었기' 때문에 왕의 스승이 될 만한 인재였다. 진시황을 암살하기 위해 그는 전 재산을 바쳐 직접 사지에 뛰어들었다. 반진反秦 반란에서 장량도 '젊은이 100명을 모아' 반란에 가담했지만 훗날 유방의 수하로 들어갔다. 그는 "진영의 장막 안에서 계책을 운영하여 1000리 밖에서 승부를 결정하는"[2] 등 군정의 능력을 발휘했다.

제
十
五
장

결
말

두 번째는 항량項梁과 항우項羽(우羽는 자이고 이름은 적籍임)이다. 그들은 숙질관계로 초나라 귀족의 후예다. "항씨는 대대로 초나라 장수였는데 항 땅에 봉해졌으므로 그것을 성으로 삼았다."[3] 항량은 항우의 작은 아버지였고 항량의 부친은 초나라의 장수인 항연項燕이었다. 진이 초를 멸망시킬 때 항연과 왕전이 결전을 벌였고 이에 패전하여 항연은 자결했다.(일설에는 피살되었다고 함.) 항량과 항우는 오래전부터 큰 뜻을 품고 반란을 준비했다. 그들은 오중吳中에 머물며 오중 땅 사대부들 사이에서 매우 큰 신망을 얻었다. 오중에서 항량은 대규모의 요역과 상사喪事가 있을 때마다 항상 주도해서 일을 처리하고 '암암리에 병법에 따라 빈객과 젊은이들을 배치하고 관리하니 사람들이 점차 그의 능력을 알게 되었다.' 항우는 '키가 8척이 넘고 큰 솥을 들어올릴 수 있을 만큼 힘이 넘쳤다. 재주와 기량이 다른 사람을 능가해 오중의 젊은이라면 모두 항우를 두려워했다.' 그는 글씨를 배웠으나 좋아하지 않았고 검술도 배웠지만 이루지 못했다. 그는 "글은 이름과 성을 적을 수 있으면 됩니다. 칼은 한 사람을 대적하는 것이므로 배울 만하지 않으니 저는 1만 명을 대적하는 법을 배우겠습니다"라고 했다. 그래서 항량은 항우에게 병법을 가르쳤다. 진시황이 회계를 유람하고 절강을 건널 때 항량과 항우가 진시황의 행차를 바라보았다. 항우가 입을 열었다. "저 자리를 빼앗아 대신할 수 있습니다."[4] 훗날 항량과 항우는 천하가 혼란해지자 회계의 군수를 죽이고 정예병 8000명을 이끌고 반란을 일으켜 진나라를 멸망시킨 주력군 중 하나로 성장했다.

세 번째는 위표魏豹, 전담田儋, 한나라 왕인 신信 등이다. 위구魏咎, 위표 형제는 모두 '옛 위나라의 공자'였다. 위구는 위나라에서 영릉군寧陵君으로 봉해졌으나 진이 위를 멸망시키면서 서인庶人으로 강등되었다. 진승

陳勝이 왕이라고 칭하자 위구는 그의 휘하로 도망쳤다. 위나라 땅을 공격하여 차지한 후에 진승이 위구를 위나라 왕으로 세웠다. 그러나 위구는 패전하여 자살하고 위표는 초나라로 도망갔다. 초나라 회왕은 위표에게 수천 명의 군대를 주어 위나라의 20여 개 성을 공략하게 하고 위왕으로 세웠다. 적인狄人인 전담田儋과 그의 사촌인 전영田榮, 전횡田橫은 제나라 전씨 왕가의 사람이었다. 전씨 형제는 모두 호걸이고 가문이 대단하여 사람을 얻을 수 있었다. 천하가 혼란해지자 그들은 적령狄令을 죽일 계획을 세우고 반란을 일으켜 군대를 이끌고 제 땅을 평정했다. 전담, 전영, 전횡은 잇달아 제나라 왕이 되었다. 한나라 왕 신信은 옛 한나라 양왕襄王의 서손庶孫이었다. 처음 군사를 일으켰을 때 항량은 한나라 공자 횡양군橫陽君을 왕으로 세웠지만 훗날 유방은 유능한 장수인 "신을 한왕으로 세웠다."[5]

두 번째 유형은 진나라에 원한을 품은 '의협심이 강한 협객'이다.

그들은 진 통치자에게 매우 큰 원한을 가진 사람들로 의협심이 아주 강했다. 넓은 의미에서 볼 때 그들도 '여섯 잔존 세력'의 범주에 속할 수 있다. 다른 점이 있다면 그들은 평민 출신이고 진나라에 원한을 품은 이유가 주로 '정의' 때문이라는 것이다. 정치적 이념이나 감정이 개입되었을 수도 있지만 주로 개인적인 이유 때문에 진나라에 대한 반감을 품었다. 그들은 주로 진 왕조의 황제 개인에게 원한을 품었다. 그리하여 '정의'라는 이름으로 극단적인 방법을 동원하여 원한을 갚으려 했다. 그 가운데 거문고를 이용해서 진시황을 암살하려고 했던 고점리高漸離가 대표적이다.

고점리는 연나라 사람으로 형가荊軻의 막역지교였다. 고점리가 축을 타고 형가는 여기에 맞춰 비통한 노래를 불렀다. 역수 강가에서 고점리와 형가가 비파 연주에 맞춰 노래를 부르자 주위에 있던 사람들이 따라서 부른 이야기는 널리 알려져 있다. 형가가 진시황을 시해하려던 시도가 불발로 그치자 고점리가 연루되었다. 진 왕조를 세운 후, 진시황은 '태자 단과 형가의 식객太子丹, 荊軻之客'에 대한 수배령을 내렸다. 고점리는 성과 이름을 바꾸고 송나라에서 숨어 살았다. 주인은 고점리의 음악적 재능을 알아보고 '그를 불러 축을 타보게 했는데 자리에 있던 사람들이 모두 감탄하며 술을 따랐다.'⁶ 그리하여 고점리를 상객上客으로 모셨다. 늘 축을 타며 노래했으므로 사람들은 그가 뛰어난 음악가임을 알아보았다. 시간이 지나면서 이 소문이 진시황에게까지 전해졌다. 진시황은 고점리를 궁정악사로 임명했으며 그의 연주를 몹시 좋아했다. 얼마 후 고점리를 아는 사람이 그를 알아보고 고발했지만 "진시황은 그의 축 타는 솜씨를 아까워해 용서하고자 했다." 사형을 면케 한 대신 진시황은 그의 두 눈을 멀게 했다. 진시황이 고점리에게 축을 타게 하면 그 소리를 칭찬하지 않은 적이 없었다. 고점리는 나라, 친구, 자신의 원수를 갚기 위해 몰래 축 속에 납덩이를 감추어 넣었다가 진시황을 저격할 기회를 찾았다. 어느 날 진시황이 감동적인 음악에 잠겨서 고점리에게 다가갔다. 고점리는 이때를 틈타 납덩이를 넣어둔 축을 진시황을 향해 던졌지만 안타깝게도 빗나갔다. 결국 고점리는 사형당했다. 그 후 진시황은 "평생 제후국에서 온 사람들을 가까이하지 않았다."⁷ 고점리는 진 왕조에 원한이 있는 사람이라기보다는 의협심이 강한 강직한 사람이라고 하는 것이 맞다. 친구에 대한 '의리'를 타인의 '은혜'보다 훨씬 중하게 여겼기 때문에 기회만 있으면 오랜 친구와 나누었던 약속을 이행하고자 했을 뿐 개인적인 이해득실은 없었다.

　　진나라에 원한을 품은 '협객'은 자객의 모습으로 물불 가리지 않고 개인적으로 또는 돌발적으로 행동했다. 진시황에게는 이들이 가장 위험한 적수였다. 이러한 위험은 도처에 도사리고 있어서 항상 조심해야 했다. 훗날 진시황은 의심이 가는 사람은 전혀 가까이하지 않을 정도로 예민해졌다.

세 번째 유형은 옛 제후국을 그리워하는 수많은 신하와 백성이다.

그들은 새로운 왕조의 신하와 백성이 되었지만 감정적으로는 여전히 옛 제후국의 임금을 그리워하며 분열 경향을 매우 뚜렷하게 나타냈다. 항량, 항우의 책사인 범증范增이 정국을 분석할 때 이 현상을 거론했다. "진나라가 여섯 나라를 멸망시켰으나 초나라는 전혀 죄가 없었다. 회왕이 진나라에 들어가 객사해 돌아오지 못하자 초나라 사람들이 그를 가엽게 여겨 지금에 이르렀다. 그리하여 초남공(초나라의 음양가)은 '초나라가 세 집만 남았더라도 진을 멸망시킬 나라는 분명 초나라였다'라고 말했다. 지금 진승이 가장 먼저 봉기했으나 초나라의 후손을 세우지 않고 스스로 즉위했으니 그 세력이 오래가지 못할 것이다. 지금 당신이 강동에서 군대를 일으키면 초나라 사람들이 벌떼같이 몰려와 모두 다투어 당신에게 의탁하겠지만, 이는 당신이 대대로 초나라의 장수였으므로 다시 초나라 후손을 왕으로 세울 수 있다고 생각해서이다."[8] 각 제후국의 옛 땅에서도 상황은 모두 비슷했다. 만약 신왕조의 정책이 신하와 백성을 점진적으로 복종하게끔 바꾸어갔다면 이들 집단이 반항하는 일은 없었을 것이다. 그들은 '여섯 제후국의 잔존 세력'으로 간주할 수는 없지만 잔존 세력의 대중적 기반이 될 가능성이 매우 컸다. 일단 옛 나라를 되살린다는 명분으로 군사를 일으키면 그들은 폭발적으로 호응하여 반진 세력의 기반 집단으로 성장할 터였다.

네 번째 유형은 각종 기타 원인으로 집권자에게 원한을 품은 사람들이다.

역대 왕조마다 이런 유형의 사람들이 적지 않았다. 그들의 공통점은 황제 또는 기타 집권자 개인에게 불만을 품고 있다는 것이다. 예컨대 '갱유사' 사건을 일으킨 후생, 노생 등의 사람들과 봉선 의례에 직접 참여하지 못했던 제, 노 유생들이 대표적이다. 그들은 진시황의 신임을 얻었지만 각종 이유로 처벌받거나 총애를 잃었다. 그들은 이런 불만을 가슴속에 품고 흉흉한 소문을 퍼뜨렸다.

다섯째 유형은 정치적 야심을 지닌 사람으로, 이들은 조정에 큰 원한도 없었고 별다른 악감정도 없었지만 기회만 있으면 부당한 수단으로 자신의 목적을 달성하려고 했다. 혹 개인적인 원한이 섞여 있으면 그들의 행동은 훨씬 거칠어졌다. 이런 유형의 사람 가운데 조고가 가장 대표적인 인물이었다.

조고는 조나라 왕족 조씨의 먼 일족이었다. 그의 아버지는 궁형을 당했고 어머니는 관노비로 전락했다. 일설에 따르면, 조고의 어머니는 부적절한 관계로 아들을 낳았고 모두 조씨 성을 따랐다고 한다. 그러므로 조고의 형제는 여러 명이었지만 모두 거세되어 환관이 되었다. "그의 어머니도 형을 받았으므로 대대로 비천한 신분이었다." 진시황은 조고가 매우 뛰어나며 형법에 정통하다는 말을 듣고 중거부령(수레를 관리하는 관직의 책임자)으로 등용하고, 공자 호해의 사부로 임명했다. 조고가 큰 죄를 지었을 때 진시황은 몽의에게 법에 따라 다스리라고 명령했다. 몽의는 법의 규정에 따라 사형을 판결하고 그를 환관 명부에서 지웠다. 그러나 진시황은 조고를 아꼈기 때문에 '그를 용서하고 그의 관직과 작위를 회복시켜주었다.' 그러나 조고는 재능은 있었지만 덕이 없는 사람으로 부귀영화를 위해 수단과 방법을 가리지 않았다. 훗날 그는 진시황이 순시 도중에 병사한 것을 기회로 중거부령 및 행부새령사行符璽令事(황제의 명령과 병력 이동에 관한 증명서를 관장)의 직책을 이용해 "승상 이사, 작은 아들 호해와 몰래 모의하여 호해를 태자로 세웠다."[9]

이런 유형의 인물은 은밀하게 잠복하고 있다는 특징이 있다. 일반적으로 그들은 복종적인 신하와 백성의 모습을 하고 신하와 백성의 의무를 성실히 이행하며 심지어는 통치자의 공적을 치하하고 아첨하기도 했다. 만일 기회가 주어지지 않았다면, 그들은 평생 보통의 신하와 백성에 불과했을 것이다. 그러나 기회만 주어지면 그들은 정치적 야심을 드러내어 겁 없이 행동하며 황제와 왕조에 불리한 행동을 취했을 것이다. 역사를 살펴보면 이런 사람들을 경계하기가 가장 어려웠다.

여섯째 유형은 '재야의 영웅'이다.

문헌에서는 이들을 "도둑盜" "도적盜賊"이라고 불렀다. 그들은 각종 이유로 세상을 떠돌면서 영웅 호걸을 규합하여 후대의 놀림거리가 된 '녹림 호한綠林好漢'에 속했다.

춘추시대의 도척盜跖이 이들의 원조이다. 전하는 바에 따르면 그들 '1만 명이 죽음을 각오하고 싸우면 천하를 마음대로 휘저을 수 있었다'[10]고 한다. 진 왕조는 법률과 형벌이 매우 복잡하고 가혹하여 걸핏하면 묵형을 받고 노예로 전락하거나 성단城旦으로 끌려가 강제노역을 했다. 그러니 수많은 사람들이 도망쳐 재물을 약탈하며 생계를 이어갔다. 이 가운데 영웅호걸도 꽤 있었다. 이들은 작은 기회만 있어도 대거 몰려들어 '천 리 땅을 차지하고 제각각 왕을 칭했다. 유방 휘하의 장수인 팽월彭越과 영포英布가 대표적이었다. 팽월이 도둑이 된 이유는 자세히 전하지 않는다. 팽월은 유민들을 모아 부잣집을 털었는데 "늘 거야택(연못 이름)에서 무리를 지어 도둑질했다."[11] 훗날 팽월은 용맹한 장수가 되었고 유방은 그를 양왕梁王으로 봉했다. 영포는 형을 받은 사람으로 경포라고도 불렸다. 그는 여산으로 보내져 진시황의 능묘 작업에 참여하게 되었다. 그때 "여산에는 형벌을 받은 죄수가 수십만 명이나 있었다. 경포는 그 죄수들의 우두머리나 호걸들과 사귀었다. 이후에는 그 사람들을 이끌고 장강 부근으로 달아나서 떼를 지어 도둑질을 일삼았다."[12] 천하가 혼란에 빠지자 영포는 '파군을 만나서 그의 부하들과 진나라에 반기를 들고 병사 수천 명을 모았다. 훗날 그는 항우의 휘하에 들어갔다가 다시 유방의 장수가 되었고 공을 세워 회남왕淮南王으로 봉해졌다.

일곱 번째 유형은 다른 정견을 지닌 인사이다.

일반적으로 이들 대다수는 재야에 은신하며 지냈다. 유명한 사람으로 장이張耳, 진여陳餘 등이 있다. 그 둘은 대량大梁 사람이었다. 장이는 '젊을 때 위나라 공자인 무기無忌의 빈객이 된 적이 있었다. 훗날 위나라에서 벼슬하여 외황外黃의 현령이 되었다. 진여는 유가의 학문을 좋아했고 그는 장이를 아버지처럼 섬겼으며 두 사람은 목숨을 잃어도 마음이 변하지 않을 만큼 깊은 교분을 맺었다. "진이 위를 멸망시킨 뒤 여러 해가 지났을 때, 진은 장이와 진여가 위나라의 이름 있는 선비라는 소문을 듣고 장이에게는 1000금, 진여에게는 500금의 현상금을 걸고 잡으려 했다. 그래서 장이와 진여는 이름과 성을 바꾸고 함께 진陳으로 가서 어느 마을의 문지기 노릇을 하며 생계를 이어갔다." 진시황은 여러 차례 현상금을 걸고 이 두 사람을 찾았지만 장이와 진여는 모르는 척 문지기 신분으로 그 조서를 마을에 전했다.' 그들은 끝까지 진 왕조를 위해 일하기를 꺼렸다. 진승이 거병하자, 장이와 진여가 휘하로 들어가 책사로 활동하며 진陳나라 사람인 무신武臣을 보좌하여 병사를 거느리고 북쪽 조나라를 쳤다. 그들은 능력에 따라 적재적소에 임용할 줄 알고 책략에도 능했기 때문에 반진 전투에서 크게 활약했으며, '그들의 빈객과 종들까지도 천하의 준걸이 아닌 사람이 없어서 제각기 살고 있는 나라에서 경상의 자리를 얻었다'고 한다. 그러나 훗날 "그들이 나라를 움켜쥐고 권력을 다투게 되자" 마침내 두 사람은 서로 원수가 되었다.[13]

이외에도 진 왕조의 현행 정책에 불만을 품고 다른 정견을 지닌 사람이 있었다. 예를 들면 진시황의 분서갱유 때 그들 중 일부는 뜻을 굽히고 조정에서 관리로 지낸 사람도 있었다. 그러나 대부분은 탄압과 가혹한 형벌을 피해 깊은 숲속에 은거하며 학문 연구에 몰두했다. 한 왕조 초기에 『시경』을 전한 부구백浮丘伯, 신공申公, 복생穆生, 백생白生, 『역경』을 전한 전하田何, 『예기』를 전한 고당생高唐生, 『춘추』를 전한 공양公羊 등이 대표적이다. 이들 가운데 공자의 후예인 공갑孔甲 등 일부 유학자는 훗날 진나라에 반기를 든 거병에 가담했다. 『사기』에서는 "진섭이 왕이 되자 노나라의 여러 유생이 공자의 예기禮器를 가지고 그에게 귀순했다. 이렇게 해서 공갑은 진섭의 박사가 되었다가 결국 진섭과 함께 죽었다. 진섭은 필부의 몸으로 일어나 변경을 수비하는 수졸을 모아 한 달 만에 초나라 왕이 되었으나 반년도 못 되어 멸망했다. 이러한 것은 아주 보잘것없는 일인데, 유생들이 공자의 예기를 가지고 가서 예물을 바치고 신하가 된 이유는 무엇이었을까? 진秦나라가 그들의 서적을 불살라버린 데서 쌓인 원한을 진陳나라 왕에게 발산시키려 했던 것이다"[14]라고 전한다.

여덟 번째 유형은 '여리검수閭里黔首'(마을과 향리의 일반 백성들)이다.

진 왕조의 여리검수는 주로 사회적 약자로, 정치적으로는 피통치계급이었으며 경제적으로는 피착취계급이었고 사회적으로는 차별받는 사람들이었다. 그들은 정치적 권리도 없고 법률적 지위도 없으며 사회적 지위도 낮았다. 또한 국가에 무거운 부세를 바쳐야 했다. 특히 노예, 노비 등 사회 최하층 천민은 사람으로서의 권리와 존엄을 철저하게 박탈당했다. 검수와 국가(황제) 간의 모순은 당시 사회의 큰 문제였다. 이는 그들이 자연스럽게 현 질서의 정치적 반대파가 될 수밖에 없었던 이유였다. 애초에 그들은 황권에 순종하거나 황제를 경외했으며 현명한 황제에게 많은 기대를 걸기도 했다. 살아남을 수만 있다면 그들은 정치에 개입하려 하지 않았고 반란은 꿈도 꾸지 않았다. 그러나 반란을 일으키려 하지 않아도 관리가 핍박하면 백성은 저항하게 된다. 정치가 복잡하고 가혹하며 부세가 견디기 힘들 정도로 무겁고 요역이 빈번하게 일어나며 자연 대재해가 유행처럼 발생하면 백성은 살아남을 수 없게 된다. 그들은 어쩔 수 없이 생존을 위해 들고일어날 수밖에 없다.

이중에도 다양한 인재가 많았다. 진나라에 반기를 들고 가장 먼저 거병한 진승, 오광이 바로 검수 가운데 뛰어난 인물들이었다.

진승陳勝은 양성陽城 사람이며 자는 섭涉이다. 오광吳廣은 양하陽夏 사람이며 자는 숙叔이다. 진승은 어려서부터 큰 뜻을 품었다. 젊었을 때는 다른 사람 집에서 머슴살이를 하며 밭을 갈았다. 어느 날 그는 이런저런 생각을 하다가 밭갈이를 멈추고 논두렁에서 다른 머슴들에게 말했다. "만일 부자가 된다면 서로 잊지 말자." 다른 머슴들이 비웃으며 대답했다. "너는 머슴으로 밭갈이를 하는데 부귀가 웬 말이냐?" 진승은 크게 한탄하며 말했다. "아, 제비나 참새 따위가 어찌 큰 기러기와 고니의 뜻을 알까?" 훗날 진승과 오광은 수졸의 둔장屯長이 되었다. 『사기』에서는 "오광은 평소에 사람들을 아껴주었으므로 사졸들 대다수는 오광이 시키는 대로 했다"고 전한다. 사실 진승과 오광은 정치적 두뇌가 뛰어났고 조직을 이끄는 능력도 매우 탁월했다. 상황이 어려울 때는 '깨진 항아리의 주둥이로 창을 만들고 새끼줄로 문지도리를 맬 정도로 가난뱅이에다가 고

용살이하는 전농'들이었으니, 이들이 들고일어나 '둔하고 산만한 백성들을 규합하여 몇백 명의 무리를 이끌고 방향을 돌려 진나라를 공격했다.' 그들은 "나무를 베어 무기를 만들고 대나무 장대를 들어 깃발로 삼았다. 천하 사람들이 구름처럼 몰려들어 메아리가 울려 퍼지듯 그들을 지지하고 식량을 진 채 그림자가 따르는 것처럼 추종했다. 효산 동쪽의 호걸들도 함께 병사를 일으켜 진나라 족속들을 멸망시켰다."[15]

한 고조 유방 역시 여리검수의 범주에 속했다. 그는 평민 출신으로 '성인이 되자 시험을 봐 관리가 되었으며 사수泗水 지역의 정장亭長으로 일했다.' 그는 함양으로 요역을 자주 갔는데, 도성을 둘러보며 진시황의 의장儀仗을 본 후 "아, 대장부란 마땅히 이래야 하는데"라고 탄식했다고 한다. 어느 날 유방은 "현의 정장 신분으로 죄수들을 여산酈山으로 호송했는데",[16] 그만 도중에 죄수들이 도망가는 일이 발생했다. 유방은 이미 많은 죄수들이 도망가서 보고하기 곤란해지자 아예 죄수들을 풀어주었다. 그리고 그는 죄수 몇몇을 이끌고 재야로 숨었다. 천하가 크게 혼란해지자 그는 고향에서 병사를 모아 패공沛公을 자처했다. 진나라에 반기를 든 각 진로에서 유방이 가장 먼저 함양을 공략했다. 훗날 유방은 항우와 초한전을 펼쳐 중원을 다투었고, 해하垓下(안후이성 링비靈璧현 동남)에서 항우를 무찌르고 다시 한번 중국을 통일했다.

대대적으로 반기를 든 '평민'들은 막을래야 막을 수 없는 정치 세력이었다. 역사를 살펴보면 여덟 번째 유형인 평민이 반기를 들면 전국 방방곡곡이 들불처럼 타오르게 된다. 그러면 통치자가 아무리 많은 세력을 모아도 이미 기울어진 대세를 되돌리기 어렵다.

"천하가 진나라에 반기를 들고 있다. 능력 있는 사람이 먼저 왕이 되는 때이다"[17]라고 했다. 또한 역사에서 천하가 크게 혼란해지면 훌륭한 관리와 백성도 반기를 든 세력에 가담했음을 볼 수 있다. 서한의 첫 번째 상국인 소하蕭何와 두 번째 상국인 조참曹參도 본래 진 왕조의 지방관리였다. 그들 모두 유방과 고향이 같았다. 소하는 "패현의 하급 벼슬아치인 주리主吏였고", [18] 조참은 '패현의 하급 벼슬아치인 옥연獄掾'이었으며 모두 "현에서 위세 있는 관리"[19]이자 능력 있는 관리였다. 정상적인 정국에서 그들은 진 왕조를 유지하는 핵심 세력이었다. 조참의 후임으로 승상을 맡은 왕릉王陵은 패현 사람이었다. 그는 "처음에는 패현의 호족"[20]이었고 유방이 한때 그를 형처럼 섬겼다. 평소라면 그 역시 사회적 지위가 비교적 높은 백성이었을 뿐, 반란에 가담하지는 않았을 것이다. 하지만 정국이 혼란해지자 소하, 조참, 왕릉은 자신보다 신분이 훨씬 비천한 유방과 군신관계를 맺고 진나라에 반기를 든 핵심 세력으로 변모했다.

사실 위의 '역심을 품은' 사람들은 두려워할 집단이 아닌, 충분히 경계할 수 있는 사람들이었다. 새로운 왕조에는 늘 이러한 적대 세력이 있었고 그에 상응하는 정치적 폐해를 안고 있었다. 통치자라면 이런 정치적 문제와 형형색색의 정치 반대파, 음모자, 야심가 및 기타 적대적인 세력과 맞닥뜨려야 했다. 그들의 운명은 일반 백성들이 정치를 대하는 태도에 따라 결정되었다. 선진시대 사상가들은 '지도자의 한마디에 나라가 망하고 흥한다'는 관점을 제기했으며, 백성이 '배를 띄울 수도 있고 전복시킬 수도 있다'는 현상도 경험했다. 최고 통치자만 제대로 서 있으면 백성은 모반에 가담하거나 정치에 개입하지 않았다. 그러므로 형형색색의 반대파 역시 크게 성공하기 어려웠다.

천하의 고통이 너무 오래되었다

진 왕조가 세워진 지 10여 년 만에 "천하 사람들이 진나라에 고통받은 지 오래다"[21]라는 말이 돌았다. 여기서 '고통'은 천하 통일 이전의 여섯 제후국 밑에서 백성이 견뎌야 했던 고통과 통일 후 진 왕조에서 받은 고통으로 나눠볼 수 있다. 전국시대 칠웅이 오랜 세월 치열한 전쟁을 벌일 때 진나라 군대는 승승장구하여 전국을 물리쳤다. 여섯 나라의 귀족을 괴롭히고 각 제후국의 백성을 더욱 고통스럽게 했다. 진 왕조 성립 이후 사람들은 고진감래를 기대했지만 고통은 가중되었고 "진나라에 고통받은 지 오래다"라는 탄식마저 나왔다. 아래에서는 진시황의 통치 시기에 백성이 받은 고통을 네 가지로 나누어보았다.

첫째, 전쟁이 끊이지 않았다.

진시황이 친정하기 이전에도 겸병전쟁은 장구하게 진행되었다. '하루도 싸우지 않는 날이 없다不一日而無兵'고 할 정도였다. 진시황의 통일전쟁은 10~20년간 격전이 지속되었다. 이러한 전쟁이 합리적이든 비합리적이든 백성들의 고통은 무거웠을 것이다. 수졸은 가장 견디기 힘든 요역이었다. 수졸의 징발 대상은 매우 광범위했다. 사회계층을 불문한 수많은 신하와 백성이 징발 대상에 포함되었고 특히 빈곤한 백성은 피해갈 도리가 없었다. "흥해도 백성은 고통받고 망해도 백성은 고통받는다"[22]고 했다. 어느 왕조든 흥하게 되면 '하루도 싸우지 않는 날이 없었다.'

많은 사람들이 진시황은 병력을 남용하여 전쟁을 일삼았다고 말한다. 그러나 이러한 평가는 공정하지 못하다. 통일전쟁(여섯 제후국을 무찌르고 북쪽의 흉노족을 물리쳤으며 남쪽의 백월을 정복함)은 기본적으로 합당한 것이었다. 싸우지 않으면 안 되는 전쟁이었고 언젠가는 싸워야 하는 것이었다. 전쟁에 나아가면 승리해야 '전쟁으로 전쟁을 그칠 수 있고' 또 '미병弭兵'(전쟁을 멈추다)의 목적을 달성할 수 있었다. 이 전쟁에만 한정한다면, 진시황의 공적은 높이 살 만했고 통일전쟁은 진 왕조가 멸망한 근본적인 원인은 아니었다. 몽염이 30만 대군을 이끌고 10여 년 동안 국경에 주둔한 것을 두고 후대 사람들은 끊임없이 질책했지만 이 부담은 꼭 필요한 것이었다. 전국시대에 조나라는 10여만 대군을 이끌고 흉노족을 방어해야 했다. 진과 연을 방어한 군대까지 합치면 더욱 많았다. 남쪽의 백월 정복 역시 여섯 제후국을 물리친 것과 마찬가지로 '전쟁으로 전쟁을 끝내는' 효과를 거두었다. 그 결과 이 지역에는 전쟁의 압력이 크게 해소되었고 경제 발전에 유리하게 작용했다.

진 왕조의 국방에 대한 부담이 매우 무거웠다고는 하지만 그렇게 심한 것은 아니었다. 천하가 통일되기 이전, 전국시대 칠웅의 병력 규모는 10만에서 100만 정도였으며 천하의 병력을 모두 합치면 300~400만 정도였다. 이에 비해 진 왕조의 전체 병력 규모는 대체로 수십만 명을 초과하지 않았다.

다른 '전쟁의 황제'(개국 황제 다수가 해당됨)가 일으킨 전쟁의 규모, 범위, 시간 등과 비교 대조해보면 '전쟁이 끊이지 않는 것'이 진 왕조의 멸망을 초래한 직접적인 원인이 아니라는 결론에 이르게 된다. 백성들은 '사방에서 반기를 들고 대항할' 정도에 이르지는 않았다. 이것은 다른 요소와 겹쳐졌을 때에만 왕조를 무너뜨리는 요인이 되었던 것이다.

둘째, 토목공사 규모가 엄청나게 컸다.

이로 인해 재정 낭비가 심했던 것이 진 왕조가 단명한 주요 원인이었다. 전쟁이 끝난 지 얼마 되지 않았고 겨우 정국이 안정되었으므로 백성들이 빨리 생업에 종사할 수 있게 해주어야 했다. 하지만 진시황은 공적을 선호하고 사치와 탐욕을 일삼아 재정을 낭비하고 백성의 힘을 가벼이 여겨 함부로 동원하였다. 그렇다 해도 필요한 공사와 불필요한 공사를 구별할 필요가 있다. 모조리 싸잡아서 비난해서는 안 될 것이다. 앞 장에서 강조했듯이 만리장성의 전체적인 수지는 합리적이었다. 치도 정비, 운하 개통, 수로 정리 등은 모두 경제적 수익과 사회적 효익이 매우 큰 토목사업에 속했다. 하지만 백성을 혹사시키고 재정을 낭비한 토목공사도 있었다. 예를 들면 황릉 조성, 태산에서 봉선을 행한 일, 신령에게 제사를 지낸 일, 신성이 되는 약을 구한 일, 왕기王氣를 누른 일 등과 관련한 대규모의 토목공사가 여기에 해당되었다. 대략적으로 계산해봐도 진시황이 해마다 무익한 공사와 의례에 동원한 노동력이 평균 100만여 명은 되었다.

셋째, 가렴주구가 갈수록 심했다.

진시황은 한때 "형벌을 낮추고 부세를 가볍게 하는"[23] 정책을 시행했다. 그러나 전쟁과 대규모 토목사업으로 가렴주구가 심각해 백성의 부담을 줄여주는 조치는 현실성이 크게 떨어졌다. 이에 관하여 수많은 역사서에서는 진시황 통치 시기에 강제 이주, 징발, 적술謫戌된 인구가 약 2000만 명이라고 전한다. 그중 남쪽 백월을 평정하고 오령五嶺을 술수戌守하기 위해 50만 명이 징발되었고, 만리장성을 축조하는 데 40~50만 명이 동원되었으며, 궁궐과 황묘를 조성하는 데 70~80만 명이 동원되었다고 추산한다. 게다가 병역과 다른 잡역을 더하면 "전체 규모는 300만 명보다 적지 않으며 전체 인구의 15퍼센트를 차지한다. 진나라 백성은 부세와 요역, 병역의 고통에서 완전히 헤어나지 못했다."[24] 이러한 추산은 정확하지 못하므로 좀더 살펴봐야 할 것이다. 먼저 남북의 양대 방어선은 동시에 이렇게 대규모의 병역을 징발하지 않았다. 위에 소개된 대략의 수치, 특히 전체 인구에서 차지하는 비율은 과장되어 있다. 그리고 인구 문제를 연구한 전문가들은 '진 왕조의 인구 하한선은 4000만 명이며 사실상 좀 많을 수도 있다'고 보고 있다. 심지어 6000만 명으로 보는 사람도 있다.[25] 만일 이 주장이 역사적 사실에 부합한다면 매년 부역 상태에 있는 사람이 전체 인구에서 차지하는 비중은 큰 폭으로 떨어진다. 그러나 계산 결과가 어떻든 진 왕조의 요역과 부세는 매우 복잡하고 무거웠다는 것은 사실이다.

넷째, 형벌이 매우 가혹했다.

이점에 관해서는 법제편에서 설명했다. 당시 함양 부근에 궁궐과 능묘를 조성하는 데 동원된 죄수가 70여만 명이었고 수많은 사람들이 유배되었다. 형벌의 가혹함은 상상만 해도 알 수 있을 것이다.

필자는 진시황이 백성을 다스리는 데 실패한 이유는 요역이 매우 복잡했고, 요역이 복잡하고 무거워진 주요 원인은 백성을 혹사시키고 재정을 과도하게 낭비한 토목공사와 의례에 있다고 본다. 진시황이 동원하지 말았어야 할 요역은 궁궐, 능묘, 신선이 되는 약을 구하는 일 등이었다. 만일 이러한 목적의 요역을 크게 줄였다면 그 당시의 문명 단계에서는 '인정仁政'을 펼쳤다고 할 수 있을 것이다. 각종 요역을 징발한 것은 전국적으로 농업 생산을 황폐화시킨 인위적인 요소였다. "한 사람이 요역을 나가면 온 집안이 파산했다."[26] 백성이 안심하고 살 수 없으면 내란이 일어나기 마련이다. 당나라의 오긍吳兢은 백성의 힘이 고갈되면 "그들은 원망하고 배반하며, 도적이 모여 들끓는 것만으로도 나라가 즉시 망하지 않은 적이 없었고, 그때 군주가 후회하고 고친다고 해도 안정을 되찾은 자는 없었다"[27]고 지적했다. 진나라와 수나라가 망한 것이 대표적인 사례였다.

외환보다는 내환이 훨씬 더 우려되는 상황이었다. 말년의 진시황은 가혹한 형벌로 천하의 식자들을 학대했고 백성을 다스려 적대 세력이 끊임없이 늘어났다. 초나라 땅의 민요를 보면 옛 나라를 그리워하는 백성의 속마음을 표현했음을 알 수 있다. 장량張良이 박랑사博浪沙(허난성 우양현武陽縣)에서 철퇴로 내리친 것은 분명히 정치 반대파의 일격이었고, 동군東郡에 떨어진 유성에 누군가 진시황을 저주하는 말을 새긴 것은 반기를 든 백성의 속마음이었다. 진시황은 정국이 심상치 않음을 의식했지만 백성의 부담을 줄이고 사회적 모순을 완화할 수 있는 효율적인 조치를 취하지 않고 오히려 왕기를 억누르는 방법으로 새로운 왕의 등장을 막았다. 그리고 관련 있는 사람을 죽여서 여론을 억누르고자 했으며 신선이 되는 약을 구해 자신의 통치를 연장하고자 했다. 하지만 그의 선택은 전혀 다른 결과를 낳았다.

천하가 크게 혼란해지고 신생 왕조인 진나라가 곧 무너질 위험에 봉착했다. 이때 매우 어리석은 태자가 황위에 올랐다. 그의 악행은 진나라의 기반을 통째로 흔들었다.

'탈적奪嫡의 재앙'과 황권의 변질

"진나라는 일찍이 부소를 태자로 정하지 않아 호해가 속임수로 황위에 올랐고 이로써 사직이 무너졌다."[28] 진시황 37년(기원전 210) 7월, 황제가 순수 도중에 병으로 사망했다. 이때 각종 우연의 요소가 함께 생겨나 환관인 조고의 책략으로 '사구지변沙丘之變'이 성공을 거두어 '탈적奪嫡'(서자가 적자의 지위를 빼앗는 일)의 재앙이 일어났다.

진 왕조의 황제는 진시황과 진2세 두 명뿐이었지만 두 황제의 정치적 재능과 공적은 확연한 대조를 이룬다. 진시황과 아들 호해는 극과 극이었다. 진시황은 효웅이었지만 호해는 벌레만도 못한 인물이었고, 진시황은 웅대한 재능과 지략을 지닌 정치인이었지만 호해는 우매하고 무능한 인물이었다. 진시황은 수많은 명장과 명신을 수하에 거느렸지만 호해는 권신의 손바닥 위에서 농락당했다. 진시황은 제국의 기반을 창건했지만 호해는 나라를 망하게 했다. 진나라가 멸망한 주요 책임은 진2세에게 있었다.

사구지변

진시황은 순행 도중 쓰러지자 장남 부소에게 편지를 보내 함양에서 장례를 치르라고 유언을 남겼다. 그러나 "밀봉한 편지가 사자에게 전해지기 전에 시황제가 세상을 떠났다. 편지와 옥새는 모두 조고가 가지고 있었다. 시황제의 막내아들, 승상 이사, 조고 및 시황제가 아끼던 환관 대여섯 명만이 시황제가 죽은 사실을 알 뿐, 다른 신하들은 전혀 몰랐다. 이사는 황제가 밖으로 돌아다니던 도중에 죽었고 아직 태자가 정식으로 세워지지 않았기 때문에 이 일을 비밀에 부쳤다."29 이러한 상황에서 진시황의 유조遺詔가 왜곡되었다.

음모를 계획한 자는 조고였다. 그는 공거부령公車府令과 행부새령사行符璽令事를 겸직했으며 항상 황제의 순행을 수행했다. 조고는 야심이 큰 인물이었다. 황위 계승 문제는 그 자신의 이해관계와 매우 밀접했다. 조고와 호해는 스승과 제자 관계였기 때문에 조고는 호해로부터 큰 신임을 받았다. 호해가 등극하면 조고는 틀림없이 중용될 수 있었다. 몽의는 조고를 사형에 처하라고 한 적이 있기 때문에 조고는 그에게 원한을 품고 있었다. 그리고 공자인 부소는 몽염과 오랜 세월 같이 일했기 때문에 부소가 황위에 오르면 몽씨 형제가 중용될 가능성이 매우 컸다. 이 특수한 정세는 조고를 매우 불안하게 만들었다. 조고는 정변을 연출하여 부소를 제거하고 호해를 황제의 자리에 앉히기로 결심했다.

먼저 조고는 호해를 찾아갔다. 이 정변이 성공할 수 있는 열쇠는 호해의 태도에 달려 있었다. 호해가 동의하지 않는다면 조고의 계산은 물거품이 되고 마는 것이었다. 조고가 호해에게 말했다. "황상께서 숨을 거두셨지만 조서를 내려 여러 아들을 책봉하여 왕으로 삼지 않으시고 맏

아들에게만 글을 내렸으니 맏아들이 오면 곧바로 즉위하여 황제가 될 것입니다. 그러면 공자께서는 한 치의 땅도 가질 수 없습니다. 이 일을 어찌하시겠습니까?" 그는 호해에게 천재일우의 기회를 이용하여 황위를 빼앗으면 남의 지배를 받지 않을 것이고 그렇지 않으면 죽음의 화를 불러일으킬 수 있다고 했다. 호해는 "현명한 군주는 신하를 잘 알고 현명한 아버지는 자식을 잘 안다"며 아버지인 진시황이 여러 아들을 왕으로 책봉하지 않은 조치는 반드시 그 이유가 있으며 이에 복종해야 한다고 대답했다. 그는 "형을 물러나게 하고 아우가 오르는 것은 정의롭지 못한 일이다. 아버지의 유조를 받들지 않고 죽음을 두려워하는 것은 효성스럽지 못한 행동이다. 자신의 재능이 보잘것없는데 억지로 남의 공로에 의지하는 것은 할 수 없는 일이다. 이 세 가지는 덕을 거스르는 일이므로 세상 사람들은 복종하지 않을 것이고 몸은 위태로우며 사직의 제사를 받들지 못할 것이다"[30]라고 말했다. 그러나 거듭되는 조고의 부추김에 호해는 결국 넘어가고 말았다.

조고는 다시 이사를 찾아갔다. 승상인 이사는 실권을 장악하고 있었다. 혹 그가 황위를 찬탈하기 위해 유조를 바꾸는 일을 반대하면 호해와 조고의 음모는 성공하기 어려웠다. 이사는 조고의 음모를 듣자마자 "나라를 망치는 말, 이것은 신하로서 논해서는 안 될 일이다"라고 질책했다. 그가 말했다. "내가 듣건대 '진에서는 태자 신생을 폐했다가 헌공, 혜공, 문공 삼대에 걸쳐 나라가 평온하지 못했고 제나라 환공의 형제들은 왕위를 다투다가 공자 규가 피살되었으며, 은나라 주왕은 친척을 죽이고 간언하는 사람의 말을 듣지 않아서 나라가 잿더미가 되었고 끝내 종묘 사직을 위태롭게 했다'라고 했소. 결국 이 세 사람은 하늘의 뜻을 거슬러 종묘에 제사 지낼 수 없게 되었소."[31] 이사는 재차 황제가 자신의 재능을 알아봐준 은덕을 저버릴 수 없고 신하된 도리를 거스르고 역모에 가담할 수 없다고 밝혔다. 조고는 이사를 앞에 두고 이해득실을 따졌다. 조고의 지적 가운데 이사를 움직였던 것은 진시황의 재위 기간 동안 '진나라에서 파면된 승상이나 공신들 중 봉토를 양대에 걸쳐 이어받은 사람을 보지 못했다. 결국 그들은 모두 목이 베였다'는 점이고, '큰아들 부소는 강직하고 용맹스러우며 남을 믿고 선비들을 떨쳐 일어나게 하는 분이다. 만일 그가 즉위하면 몽염을 기용하여 승상으로 삼을 것이다. 그러면 승상께서는 결국 통후의 인수를 내놓고 고향으로 돌아가게 될 것이 분명하다'는 사실이었다. 이사는 개인적인 권세를 욕심 내고 가족의 이해득실을 비교해본 결과, 봉후의 지위를 유지하여 후손 대대로 전하기 위해, 그리고 "재앙이 자손에게까지 미치는"[32] 일을 피하기 위해 조고와 공모하기로 결정했다.

호해, 이사, 조고는 치밀하게 계획을 짠 후, 진시황의 유조를 두 가지로 만들기로 했다. 하나는 승상 이사에게 "호해를 태자로 세우라"고 지시하는 것이었고, 다른 하나는 부소에게 보내는 것이었다. 첫째, "부소는 아들로서 불효하여 칼을 내리니 스스로 목숨을 끊어라." 둘째, 몽염에게는 "신하로서 충성하지 못하였기 때문에 스스로 목숨을 끊어라"라고 명했으며 셋째, 북쪽 변방의 군권은 "비장인 왕이王離에게 맡기도록"[33] 하는 내용이었다. 그리고 호해는 자신의 측근을 사자로 보내 부소에게 자살을 독촉하고 이사의 사인을 호군護軍으로 임명하여 군권을 통솔하게 했다.

조고의 음모가 성공하기 위해서는 공자인 부소의 역할도 필요했다. 부소는 적장자로서 대규모 병력을 장악하고 있었다. 그가 제대로 응대했다면 호해 일당의 음모를 제거할 수 있었다. 그러나 부소는 어질고 유약한 사람이었다. 그는 거짓 유조를 받아 들고 진위를 가리지 않은 채 자살하려 했다. 몽염은 부소를 극구 말리면서 "폐하께서 궁궐 밖에 계시며 태자를 세우지 않으셨습니다. 저에게 대군 30만 명을 이끌고 변경을 지키게 하고 공자를 시켜 군을 감시하도록 하셨습니다. 이는 천하의 중대한 임무입니다. 지금 사자 한 명이 왔다고 스스로 목숨을 끊으려 하시면 어찌 이 편지가 거짓이 아님을 알겠습니까? 청컨대 다시 한번 용서를 빌어 보십시오. 다시 용서를 구한 뒤에 목숨을 끊어도 늦지 않습니다"[34]라고 했다. 부소는 어질고 너그러운 사람이었고 '아버지가 아들에게 죽으라고 하면 아들은 죽을 수밖에 없다'는 원칙을 지키려 했다. 게다가 옆에서 호해가 보낸 사자가 재촉하여 자살할 수밖에 없었다. 부소가 죽자, 호해가 황위에 오르는 것을 제대로 막을 수 있는 사람은 없었다.

중국 고대사회에서는 적장자 등 황위를 합법적으로 계승할 수 있는 사람이 계승권을 박탈당하거나 찬탈당하여 생기는 재앙을 "탈적奪嫡의 재앙"이라고 불렀다. 이러한 혼란은 역대 왕조마다 끊이지 않았다. 주나라 유왕이 적장자를 폐하고 서자를 태자로 세우면서 나라가 망한 것, 진晉나라 헌공이 태자를 바꾸면서 나라가 혼란해진 것이 대표적이다. 큰아들 부소는 진시황의 합법적인 후계자였다. 호해가 부소의 권리를 빼앗은 것 역시 '탈적의 재앙'에 속했다.

탈적했다고 해서 나라가 망하지는 않는다. 대개 탈적의 주체는 정치적 자질이 있었으며 대다수는 정치력 내지 영향력이 큰 강자였다. 일정한 조건이 갖춰지면 탈적한 행위가 오히려 왕조를 더 발전시키기도 했다. 당 태종, 명 성조 모두 군대를 일으켜 탈적했고 조정의 기강을 뒤흔들었지만 그들 개인과 보좌 대신의 정치적 자질이 뛰어났기 때문에 왕조는 오히려 더욱 발전했다. 그러나 호해의 탈적은 그렇지 않았다. 호해는 '거짓으로 세워졌고詐立' 정치적 능력도, 재능도 없었다. 그의 핵심 측근인 조고 역시 정치적 비전이나 도덕적 지조가 없는 인물이었다. 호해와 조고의 권력 찬탈은 필연적으로 정치적 혼란을 가중시켰다. 탈적 행위 자체도 정국을 혼란시키기 충분했으나 황위 등극으로 혼란은 가중되었다.

국본을 뒤흔든 진2세의 폭정

진시황 37년(기원전 210) 9월, 호해는 진시황을 여산릉에 안장했다. 10월 무인戊寅, 호해가 등극하여 진2세가 되었다. 그는 조고를 낭중령郎中令으로 임명했다. 호해는 황위만을 지키려 했고 조고는 더 큰 권세를 얻는 데에만 몰두해 두 사람에게는 제국의 미래를 경영할 청사진이라는 것은 아예 없었다.

호해는 자신의 정당성과 권위를 증명하고자 위협이 될 수 있는 모든 세력을 억눌렀다. 진2세는 즉위하자마자 조고에게 "보고 듣고 싶은 것을 모두 즐기고 종묘를 편안히 하며 백성을 즐겁게 하는 법과 천하를 길이 소유하고 타고난 명을 누릴 수 있는"35 방법을 물어보았다. 그는 조고를 매우 신뢰했지만 조고의 책략에는 합리적인 면이 전혀 없었다. 조고의 입에서는 엄청난 방략들이 쏟아져나왔다.

첫째, 형제자매를 모조리 죽였다.

탈적으로 획득한 황제의 권력은 종실을 억누르거나 아니면 아예 죽여야 했다. 종실, 특히 여러 황자들도 황위를 계승할 가능성이 있었다. 그들은 "가까운 곳의 위협적인地近势逼" 사람이었다. 정상적인 상황에서도 황제는 반드시 자신의 친아들을 포함한 종실을 경계했다. 그런데 호해는 비정상적인 방법으로 황위에 올랐다. 조고는 "사구에서 꾀한 일을 여러 공자와 대신들이 의심하고 있습니다. 여러 공자는 모두 폐하의 형제들이며 대신들은 선제께서 등용했던 사람들입니다. 폐하께서 즉위하자 그들은 이를 못마땅하게 여겨 마음으로 복종하지 않고 있으니 반란을 일으킬까 우려됩니다"라고 지적했다. 사실 이런 현상이 나타나는 것은 지극히 정상이었고 이에 대한 대책을 마련하는 것 역시 정상이었다. 그러나 조고의 음모와 호해의 결정은 타당하지 못했다. 진 왕조에서는 종실의 정치적 지위가 매우 낮았다. 황친은 기본적으로 실권이 없었기 때문에 경계만 하면 별다른 위협이 되지 못했다. 이는 다른 왕조와 굉장히 구별되는 점이다. 그러나 조고는 형제자매를 모조리 죽이라고 주장했다. 그는 "법을 준엄하게 하고 형벌을 가혹하게 하며 죄 있는 자는 연좌제를 실시하여 죄를 지으면 그 일족을 모조리 죽이십시오. 그리고 선제 때의 대신들을 물러나게 하고 폐하의 형제들을 멀리하십시오"라고 조언했다. 이는 매우 수준 낮은 하책에 속했지만 어리석은 호해는 조고의 말을 따랐다. 그 결과 '공자 12명을 함양의 시장에서 죽이고 공주 10명을 두현杜縣에서 나무에 묶어 창으로 찔러 죽였으며 그들의 재산은 모두 거둬들였는데, 여기에 연루된 자가 헤아릴 수 없을 만큼 많았다.'36 공자인 고高는 도망가려 했지만 온 가족이 모두 죽임을 당할까 두려워 스스로 목숨을 끊기로 하고 진시황릉에 순장할 수 있도록 청하는 상서를 올렸다. 호해는 크게 기뻐하며 고의 요청을 받아들여 "10만 전을 내려 매장해주었다."37 한편 '공자 장려將閭의 형제 세 사람은 내궁에 갇혀 그 죄를 논하느라 처형이 늦어졌다.' 호해는 사람을 보내 장려와 그 형제들에게 "신하의 도리를 다하지 않았으므로 사형이 마땅하다"라고 했다. 장려는 "궁중의 예법으로 나는 일찍이 빈찬賓贊의 지시를 따르지 않은 적이 없

진시황평전

었다. 조정에서도 나는 일찍이 예절을 어긴 적이 없었다. 또 명을 받들어 말할 때에도 나는 실언을 한 적이 없었다. 어찌하여 신하된 도리를 다하지 못했다고 하는가? 죄명을 듣고 나서 죽고자 한다"[38]라고 항변했다. 하지만 사자는 호해의 명을 받들 뿐이었다. 사자는 장려와 그 형제들에게 자살을 재촉했으며 그들의 해명을 듣지 않고 범죄 사실을 선포하지도 않았다. 장려는 죄가 없었으므로 하늘을 향해 대성통곡했다. 형제 세 사람은 모두 눈물을 흘리며 칼을 뽑아 스스로 목숨을 끊었다. 이러한 재난을 겪으면서 진시황의 혈통은 완전히 끊어졌다.

진2세는 형제자매를 모조리 죽여 권위를 세우고 황위를 공고히 하고자 했으나 의도와는 반대로 가천하의 근본을 뒤흔든 결과가 나타났다. 호해는 여러 대신의 간언을 듣지 않고 무고하게 살인을 일삼았기 때문에 "종실이 두려움에 떨었다. 신하들도 간언하는 것을 비방이라 여기자 고관들은 녹봉을 유지하기 위해 구차하게 아첨하려고만 했고 백성은 겁을 먹었다."[39] 이러한 국면은 황제의 권위를 강화하는 데 도움이 되지도 못할뿐더러 왕조의 안정에도 불리하게 작용했다.

둘째, 반대 세력을 대규모로 제거했다.

옛말에 "천자가 바뀌면 신하도 바뀐다"는 말이 있다. 황제가 바뀌면 선제가 등용한 옛 중신들이 물러나고 새로운 측근을 선발했다. 탈적으로 황위에 오른 황제도 반대 세력을 제거하고 정적을 진압했다. 권력 구조의 안정화라는 관점에서 볼 때 반대 세력을 무차별적으로 제거한 것이 아니면 어느 정도 타당한 면도 있었다. 그러나 호해와 조고는 매우 악랄했다. 그들은 시비곡직을 따지지 않고 반대파를 대규모로 제거했고 무고한 사람마저 없애버렸다. 호해와 조고는 '대신들이 따르지 않고 관리들의 세력이 강력한' 문제를 해결하고자 했다. 조고는 "돌아가신 황제의 대신들은 모두 여러 대에 걸쳐 천하에 명망을 떨친 귀인들로서 공적을 쌓고 대대로 고생하여 서로 전해져 내려온 지 오래되었습니다"라고 지적했다. 이들은 황제 곁에서 호가호위하는 조고에 대해 불만이 많았고 '겉으로는 신을 따르지만 마음속으로는 복종하지 않았다.' 조고는 '군현의 수守나 위尉 중에서 죄를 지은 자를 심문해 죽인다면 위로는 천하에 위엄을 떨치고 아래로는 평소에 못마땅하게 여기던 자들을 없앨 수 있으니', 그런 후에 중앙과 지방의 고관高官을 새롭게 선발하자고 주장했다. 호해는 이 방법이 좋다고 생각하고 "즉시 대신과 여러 공자를 죽이고 죄와 허물로 연루시켜 임금을 가까이 모시는 신하와 삼랑(중랑, 외랑, 산랑)을 체포했다. 이로써 자리에 있는 자가 없게 되었다."[40]

먼저 죽임을 당한 사람을 보면 진시황의 측근이었던 몽염과 몽의 형제가 있다. 몽씨 형제는 뛰어난 충신이었고 진 왕조의 동량이었다. 부소가 죽자 호해는 몽염을 사면시키려 했다. 그러나 조고는 몽씨가 다시 존귀해져 권력을 잡으면 자신을 미워할까 두려운 나머지 몽씨를 죽이려고 거짓 소문을 퍼뜨렸다. 그는 몽의가 진시황이 호해를 태자로 세우는 것을 반대했다고 무고하여 호해에게 몽의를 죽여 없앨 것을 권했다. 호해는 조고의 거짓 참언을 믿고 몽염을 계속 가두고 몽의도 체포했다. 조고는 밤낮으로 몽씨를 헐뜯고 그들의 죄와 허물을 들추어내서 탄핵했다. 자영이 진2세에게 "충신을 죽이고 지조와 덕행이 없는 사람을 세우는"[41] 어리석은 일을 저지르지 말라고 간언을 올렸지만 호해는 듣지 않았다. 그는 '불충'한 죄로 몽의를 사형에 처하고 몽염에게는 반란죄를 물어 스스로 목숨을 끊으라고 했다.

당시 호해와 조고 때문에 죽거나 파직된 대신은 셀 수 없을 정도로 많았다. 즉 진시황의 통치를 보좌했던 핵심 세력이 기본적으로 모두 숙청

되었다. 현명한 인재를 박해하면 국력이 크게 훼손되고 중신을 무분별하게 죽이면 황제는 인심을 잃게 된다. 또한 반대 세력을 대규모로 제거하면 백성의 반란을 불러일으킬 수밖에 없다. 호해의 폭정은 국가의 근본을 뒤흔드는 어리석은 일이었고 나아가 진 왕조의 전체적인 통치체계가 큰 충격을 받아 무너져버렸다.

셋째, 진시황의 여산릉을 확장했다.

황위 계승자이자 아들로서 후계자가 의례에 따라 시신을 안장하고 제사를 지내는 것은 당시의 정치 규범에 부합하는 행동이었다. 그러나 호해는 자신이 진시황의 정당한 후계자임을 증명하기 위해 상례喪禮의 규모를 확대하고 여산릉과 종묘를 대대적으로 확장하기로 했다. 호해는 "선왕의 후궁 중 자식이 없다 하여 밖으로 보내는 것은 옳지 않다"라고 선포했다. 그래서 진시황의 후궁 가운데 자식이 없는 자는 모두 생매장되었다.[42] 뿐만 아니라 황릉의 장치를 누설할까 우려하여 시신을 안장하는 데 참여했던 기술자를 모두 능묘에 가둬 나오지 못하게 했다. 이 사건은 호해가 일으킨 대규모 살인사건이었다. 진2세는 또한 "시황제의 침묘에 바치는 희생 및 산천에 올리는 온갖 제사의 예물을 늘렸다. 그리고 여러 신하에게 시황제의 묘를 받드는 문제를 의논하라"는 명을 내렸다. 그는 천자 칠묘七廟의 옛 제도를 근거로 가감하여 '시황제의 묘가 가장 숭고한 묘이므로 전국의 온갖 공물을 바치게' 했고, '천자께서는 예법에 따라 마땅히 시황제의 묘에만 잔을 받들어 올려 제사를 지내야 한다'고 규정했다. 또한 "여러 신하들에게 예로써 제사를 드리게 하고 시황제의 묘를 높여 황제의 시조묘로 삼게 했으며 황제께서도 스스로 '짐'이라 호칭했다."[43] 이로써 진 왕조의 종묘제도가 공식적으로 확립되었다. 진시황의 묘는 "시황묘始皇廟"로 불렸고 이 묘는 진 왕조 '황제의 시조묘帝者祖廟'가

되었다. 이렇듯 진시황릉과 종묘를 확장하고 제례 기준을 대폭 강화함으로써 백성의 부담이 더욱 무거워졌다.

넷째, 백성의 부담을 가중시키는 대규모의 순행을 시행했다.

호해는 즉위하자마자 조고와 함께 순행하여 권위를 떨치고자 했다. 진2세가 말했다. "짐이 나이가 어린 데다 이제 막 자리에 올라 백성들이 아직 복종하지 않소. 돌아가신 황제께서는 군현을 순행하심으로써 국력의 강대함을 과시하고 위엄으로 천하를 복종시켰소. 그런데 짐이 편안히 지내면서 순행하지 않는다면 나약하게 보여 천하를 다스릴 방도가 없게 될 것이오." 진2세 원년(기원전 209) 봄, 호해는 승상 이사, 풍거질, 어사대부 덕德 등을 이끌고 군현을 수행하였다. 동쪽으로 갈석산에 이른 뒤, 남쪽으로는 회계산에 도착하여 "시황제가 글씨를 새긴 배석의 측면에 수행한 모든 신하의 이름을 새기고 선왕이 이룬 공적과 성대한 덕을 밝혔다."[44] 진2세는 이러한 방식으로 황위를 계승한 정당성을 널리 알리고자 했다. 그러나 이렇게 과시하는 어리석은 행위는 백성의 부담만 가중시킬 뿐이었다.

다섯째, 아방궁을 확대했다.

진2세 원년 4월, 호해가 함양으로 돌아왔다. 호해가 수레에서 내리자마자 말했다. "선제께서는 함양 조정이 작다고 생각했기 때문에 아방궁을 지어 궁전으로 삼으려 하셨소. 미처 다 짓지 못했는데 돌아가시자, 짓는 것을 그만두고 여산에서 판 흙을 다시 여산의 묘지에 덮어야만 했소. 여산의 일이 완전히 끝났는데 지금 아방궁을 버려두고 완공하지 않는다면 이는 선제께서 거행한 일이 잘못이었음을 밝히는 것이오." 그가 보기에 진시황이 추진했던 각종 정책과 정무를 계속 관철시키는 것이 선황의 유지를 이어받음을 뜻하는 것이고 자신의 정당성과 권위를 증명할 수 있는 일이었다. 그러나 그의 선택은 진시황의 정책을 효율적으로 조정할 가능성을 완전히 배제한 것이었다. 호해의 선택은 진 왕조의 통치에 매우 불리했다. 진2세는 '아방궁을 다시 지었고 힘센 병사 5만 명을 징발한 후 함양에 주둔시켰다. 뿐만 아니라 그들에게 활쏘기를 연마하도록 하고 개, 말, 날짐승과 들짐승을 조련하게 했다.' 호해는 또한 군대의 군량과 사료가 부족하다며 "각 군현에 곡식과 사료를 조달하라고 명하고, 이를 운반하는 사람은 스스로 식량을 휴대하게 하여 함양 300리 안에서는 이 곡식을 먹을 수 없게 했다."[45] 이 또한 백성을 혹사시키고 재정을 낭비하는 일이었다.

여섯째, 사치와 탐욕이 극에 달했다.

호해는 '보고 듣는 즐거움을 모두 누리고자 했다.' 이에 조고가 아첨하며 말했다. "그것은 현명한 군주만이 할 수 있는 것으로 어리석은 군주는 할 수 없는 일입니다." 호해는 사치스럽고 탐욕스러우며 경거망동했다. 이사는 간언하려 했지만 오히려 문책을 받았다. 사람들이 요와 우임금이 소박하고 힘써 일한 것을 칭송한 것에 대해 호해는 "그러한 것은 어리석은 자나 하는 일이지 현명한 사람은 힘쓰지 않는다. 어진 사람이 천하를 손에 넣게 되면 오로지 천하를 자신에게 맞도록 할 뿐이다. 이것이 바로 천하를 다스리는 일을 중하게 여기는 것이다"[46]라고 하였다. 이사는 재앙을 피하기 위해 황제에게 글을 올려 비위를 맞추고자 했다. 그는 신불해의 명언을 인용하여 "천하를 차지하고도 자기 뜻대로 행동하지 못한다면 이것은 천하를 질곡으로 삼는 것입니다. 더없는 즐거움을 다 맛볼 수 있어야 현명한 군주"[47]라고 치켜세웠다. 이사는 자신과 가족의 목숨을 유지하기 위해 호해, 조고와 한통속이 되었고 이것은 진2세의 방자함을 더욱 조장했다.

일곱째, '독책지술督責之術'을 엄격하게 시행했다.

사치스럽고 탐욕스러운 자는 필연적으로 독책지술(백성을 혹사시키는 정치)을 시행했다. 조고, 이사 등은 호해에게 '독제獨制'와 '독단獨斷'을 부추겼다. 이사는 황제는 반드시 '홀로 천하를 통제하고 남에게 제어되는 일이 없어야' 한다고 여겼다. 그는 '현명한 군주와 성스러운 왕이 오래도록 존귀한 지위에 있으면서 큰 권세를 잡고 천하의 이익을 독점할 수 있었던 까닭은 무슨 특별한 방법이 있어서가 아니었다. 홀로 결단을 내리고 죄상을 면밀히 살펴 반드시 엄한 형벌을 내림으로써 천하 사람들이 감히 죄를 짓지 못했기 때문이다'라고 생각했다. 이에 그는 가벼운 죄도 무거운 형벌을 내려야 하고 "오직 현명한 군주만 가벼운 죄를 엄하게 다스릴 수 있다"고 주장했다. 호해는 이사의 글을 읽고 매우 기뻐했다. 그 결과 호해는 "처벌을 더욱더 엄격히 하고 백성에게 세금을 많이 징수한 자를 현명한 관리"라고 했다. 또한 "사람을 많이 죽인 관리를 충신"[48]이라 했다. 이와 같은 폭정은 군주전제 제도에서 발생하는 고유한 폐단을 더욱 악화시켰다.

여덟째, 법을 운용하는 방법이 더욱 각박하고 잔혹해졌다.

호해는 조고 등 주변 신하의 제안을 받아들여 형벌의 강도를 높여 더욱 잔혹하게 했다. 그래서 "법을 운용하는 것이 더욱 각박하고 잔혹해졌다."[49] 진나라 법률에서는 요역을 하는 자가 기일보다 늦게 목적지에 도착하면 가벼운 처벌을 받을 뿐이었지만 진2세 때에는 "기한에 늦으면 모두 참형에 처한다"[50]고 새롭게 규정했다. 심지어 그는 불법적으로 폭정을 일삼았다. 이로써 종실과 중신, 문무백관, 백성이 모두 두려움에 떨었다. 진나라 전국에 공포 분위기가 조성되어 '위험을 느끼고 모반하려는 자가 많아졌다.'

아홉째, 과실을 숨기고 간언을 거부했다.

호해는 조고와 이사의 의견을 받아들여 "현명한 군주는 홀로 결정하기 때문에 권력은 신하에게 있지 않다"고 주장했다. 그는 '군주가 신하를 다스리는 방법으로 따르는 신하를 제어하기로' 했다. 호해는 '존중받고 자신의 권력을 확고히' 하기 위해 '검소하고 절약하며 어질고 의로운 사람이 조정에 서는 것' '간언이나 이치에 맞게 말하는 신하가 군주 곁에 서는 일' '열사가 절개를 위하여 죽는 일이 세상에 드러나는 것' 등을 모두 허락하지 않았다. 이는 모든 충고와 제약을 막아버리는 행위였다. 황제 한 사람이 '초연하게 하고 싶은 대로 행동해도 감히 거스르는 자가 없게 되었고' 신하들은 절대적으로 복종했다. 심지어 사회 전체의 여론과 풍속도 오직 황제의 지시에 따라야 했다. 이를 통해 호해는 '군주와 신하의 도리'를 확신했고 "제왕의 길이 갖추어진다고帝道備"[51] 생각했다. 사실이 같은 주장은 조정에서의 논쟁, 간언, 인재를 중시하는 제왕의 공인된 통치술을 온통 거스르는 것이었다. 호해는 신하의 모든 충고를 거절하고 심지어 국가의 위험한 정세를 사실대로 보고해도 사형에 처했다.

열째, 깊은 궁궐에서만 지냈다.

조고는 호해의 총애를 받아 권력을 제멋대로 휘둘렀다. 그에게 살해되거나 파면 또는 강등된 사람이 매우 많았다. 그는 '대신들이 조정에 들어가 정사에 대하여 논의하다가 자기를 헐뜯을까' 두려워했다. 그래서 조고는 호해에게 '궁중 깊숙한 곳에 팔짱을 끼고 있으면서 소리만 들을 뿐 얼굴은 볼 수 없게' 하여 신하들에게 존귀한 이미지를 심어주도록 권했다. 그 이유로는 황제의 나이가 어려 '반드시 모든 일에 두루 능통할 필요가 없으며', 만일 대신들과 조정에서 논쟁하다보면 정확하지 못한 말을 할 수도 있고 옳지 못한 정책을 내릴 수도 있음을 들었다. 그러면 대신들의 비웃음을 사서 황제의 '신성함과 영명함을 천하에 보일 수' 없기 때문이라는 것이다. 조고는 진2세에게 궁궐 깊숙이 머물면서 각종 정무를 자신과 다른 시종에게 처리하도록 하면 "대신들이 감히 의심스러운 일을 말하지 못하여 천하가 훌륭한 군주라고 칭찬할 것"이라고 말했다. 호해는 이 말을 흔쾌히 받아들이고 그 후부터 '조정에 나가 대신들을 만나지 않고 궁궐 깊숙한 곳에 머물렀다.' 그는 모든 정사를 조고를 포함한 환관에게 위임함으로써 "모든 일이 조고의 뜻에 따라 결정되는"[52] 정국이 만들어지게 했다.

진2세는 포학하고 음탕하다기보다는 아둔하고 우매한 사람이었다. 그는 군주의 도리를 몰랐기 때문에 좋게 말할 것이 전혀 없었다. 이 황제는 '천하를 차지하고도 자기 뜻대로 행동하지 못한다면 이것은 천하를 질곡으로 삼는 것이다'라는 관점에 찬성하여 각종 전제정치의 극단론을 모두 받아들였다. 그는 '천하를 홀로 제어하고獨制天下' '남이 나를 따르게 하고 以人徇己' '더없는 즐거움을 다 맛보는 것窮樂之極'만 마음에 두고 자기 반성, 자아 절제의 필요성을 알려 하지 않았다.

진시황은 수많은 공적을 세웠고 법령과 형벌을 엄격히 시행했다. 물론 황당한 조치를 취하기도 했지만 그는 규범을 따랐고 정치적 이념은 기본적으로 군주의 도리에 합당했다. 진시황의 통치 기간에는 개인의 위엄, 뛰어난 보좌 대신, 정비된 제도를 통해 효율적으로 국가의 대권을 장악하고 정국을 확실하게 통제했다. 전체적으로 볼 때, 진시황의 통치 시기에 황권은 정상이었다. 그러나 진2세는 각종 군주 독재를 극대화했다. 『상군서』와 『한비자』를 자세히 읽은 이라면 상앙과 한비가 호해, 조고, 이사의 주장에 동의하지 않았을 것임을 어렵지 않게 알 수 있을 것이다. 진2세의 통치는 황권을 크게 변질시켰다. 후세의 정치 비판에서 자주 오르내린 '진나라의 정치秦政'는 사실상 진2세의 정치를 개괄한 것이었다. 어리석고 무능하고 우매한 진2세는 가족을 모조리 죽이고 진 제국의 사직마저 무너뜨려버렸다.

진 왕조의 멸망

"진시황은 죄악을 일으키고 호해는 죄악을 극대화했다"[53]라는 말이 있다. 진2세의 우둔함과 무능함으로 진 왕조는 정치를 개혁할 기회를 잃어버렸다. 각종 폭정을 전면적으로 실시하니 정세가 매우 급박하게 변화했다. 진시황의 시신에서 온기가 사라지기도 전에 진승과 오광이 대택향에서 반기를 들고 일어섰다. 산동 지역의 호걸들이 궐기하면서 엄청난 속도로 전국에 퍼져나갔다. 이런 상황에서도 어리석은 진2세는 향락을 즐겼고 심지어는 '도둑떼가 봉기했다群盜蜂起'는 정보조차 받아들이지 않았다. 국난이 눈앞에 닥친 순간에도 진2세는 측근인 조고의 거짓말만 믿었고 승상인 풍거질을 죽게 하고 이사의 일가족을 모조리 죽였다. 조고의 전횡은 정국을 더욱 혼란에 빠트렸고 심지어 그는 정변을 일으켜 진2세를 독살해버렸다. '강물은 터지면 다시 막을 수 없고 물고기는 썩으면 다시 돌려놓을 수 없는'[54] 법이다. 진시황이 세운 제국은 한순간에 무너지고 말았다.

대택향大澤鄕의 봉기

진2세 원년(기원전 209) 7월, 역사에 기록된 대택향의 봉기가 일어났다. 때는 진시황이 사망한 지 불과 1년밖에 지나지 않은 시점이었다.

진승陳勝, 오광吳廣은 본래 평범한 백성이었다.『사기』에서는 그들을 '변방의 부역戍卒'에 징발된 '여좌閭左'(가난한 사람들의 거주지)에 살았던 사람들이라고 하였다. 진2세가 '여문의 왼쪽에 거주하는 자를 징발한' 것에 대해 두 가지 해석이 있다. 하나는 "여좌란 여리의 왼쪽에 거주하는 사람을 일컬었다. 진나라 때 요역에서 면제된 자가 여좌에 거주했다. 오늘날 요역은 여문의 왼쪽에 사는 사람 중에서 모두 징발하였다"라는 해석이고, 다른 하나는 "부자는 오른쪽, 빈곤한 자는 왼쪽에 살았다. 진나라의 요역은 군역이 많았다. 요역을 할 부자들이 소진되면 빈궁한 사람들도 동원했다"[55]라는 해석이다. 어찌됐든 당시의 제도에 따라 진승과 오광을 포함한 사람들은 징발되지 않아야 하는 사람에 속했다.

그 해 7월, '여문 왼쪽에 거주하는 빈궁한 자들을 뽑아 어양에 요역하도록 했는데' 900명의 수졸이 대택향(안후이성 수현宿縣 시스포샹西寺坡鄕)에 머물렀다. 때마침 큰비가 내려 길이 막혀버렸다. 날수를 헤아려보니 이미 수역지에 도착해야 할 기한을 넘겨버렸다. 진2세의 개정 법률에 근거하여 '기한을 넘기면 법에 따라 모두 참형에 처해져야' 했으므로 900명은 모두 죽을 목숨이었다. 둔장屯長을 맡았던 진승과 오광은 서로 대책을 논의했다. "지금 달아나도 죽고 봉기를 일으켜도 죽습니다. 똑같이 죽을 바에는 나라를 위해 죽지 않겠습니까?" 이에 진승이 말했다. "천하의 사람들이 고통받은 지 오래되었습니다. 제가 듣건대 2세 황제는 막내아들이므로 제위를 이어받아서는 안 되며 제위를 이어받아야 할 자는 큰아들 부소라고 합니다. 그런데 부소가 여러 차례 간언했다는 이유로 황상은 그에게 병사를 이끌고 외지로 나가게 했다 합니다. 지금 어떤 이가 부소에게는 죄가 없는데 2세가 그를 죽였다고 합니다. 소문에는 부소가 어질고 재능이 있다고 하지만 그는 벌써 죽었는지도 모르는 일입니다. 항연이 초나라의 장군이 되어 여러 번 공을 세웠으며 병사를 아꼈으므로 초나라 사람들은 모두 그를 가엾게 생각합니다. 어떤 사람은 그가 죽었다 하고 어떤 사람은 그가 도망쳤다고도 합니다. 지금 우리가 스스로 공자 부소와 항연이라고 거짓으로 일컬어서 천하를 위해 일어선다면 호응하는 자가 많을 것입니다." 결심이 서자 그들은 적극적으로 봉기할 계획을 짰다. 또한 (부소와 항연의) 귀신인 척해서 '먼저 세를 얻었다先威衆.' 진승과 오광은 비단에 '진승왕陳勝王'이란 글씨를 써서 물고기의 뱃속에 넣었다. 잠시 후 수하 수졸들이 이 물고기를 삶아 먹으면서 물고기 뱃속의 글씨를 보게 되자 괴이하게 여겼다. 또한 진승은 오광에게 주변 사당으로 가서 밤에 불을 피우고 여우 소리를 내면서 "위대한 초나라는 흥하고 진승은 왕이 된다"라고 말하게 했다. 이로써 수많은 수졸들은 진승을 특별하게 모시기 시작했다. 또한 진승과 오광은 수졸을 통솔하는 장위將尉 두 명을 죽인 후, 부하들을 불러 모아 앞으로의 일과 이해득실을 설명했다. 진승은 "하물며 장사壯士는 죽지 않으면 그만이다. 만약 죽으려 하면 바로 커다란 명성을 남겨야 한다. 왕후장상이 어찌 씨가 따로 있겠는가!"[56]라고 말했다. 900명의 수졸들은 모두 자원하여 명을 받들었다. 그들은 거짓으로 공자 부소와 항연의 군대라고 일컬으며 일어서서 민심을 영합해갔다. 진승은 스스로 장군이 되고 오광은 도위都尉가 되어 "오른팔을 드러내며 위대한 초나라"[57]라고 일컬었다. 전국적인 민중 봉기가 중국 역사상 최초로 일어났다.

진승은 사람들을 이끌고 '나무를 베어 무기를 만들고 대나무 장대를 들어 깃발로 삼으며', 대택향을 점거하고 곧바로 기현蕲縣(안후이성 수현 남쪽)을 공략했다. 반란군은 '무도한 군주를 토벌하고 폭력적인 진나라를 제거한다'는 명목으로 백성에게 호소하여 광범위한 호응을 얻었다. 그들은 도성을 공격하고 전략 거점으로 파죽지세로 나아가 진군陳郡의 관아가 있는 진현陳縣(허난성 화이양淮陽)을 점령했다. 이때 날로 강성해졌던 군대는 600~700대의 수레, 기병 1000여 명, 보병 수만 명을 보유하고 있었다. 진현에서 진승은 정권을 세워 왕이 되었고 국호를 장초張楚라 하였다. "그때 여러 군현은 진나라의 관리로부터 고통을 받고 있었는데 장리를 모두 잡아들여 형벌을 내리고 죽이자 진섭에게 호응했다."[58] 진승은 부장部將을 나누어 보내 전면적으로 출격했다. 그 시점에 항량項梁, 유방劉邦, 팽월彭越, 영포英布, 왕릉王陵 등도 제각각 각지에서 거병하여 제후나 왕으로 불리는 자가 셀 수 없을 정도로 많아졌다. 그중 널리 알려진 자로는 조趙나라 왕 무신武臣, 위魏나라 왕 위구魏咎, 제나라 왕 전담田儋 등이 있었다.

　　진승이 대택향에서 봉기한 사건은 우연히 일어난 것이지만, 이 우연한 사건에는 내재적인 필연성이 있었다. 진시황 통치 시기에 천하 사람들이 고통을 받은 지 이미 오래되었고, 진2세가 등극한 이후 수많은 신하와 백성들은 호해의 정통성을 의심했다. 이미 정치적 위기가 감돌고 있었던 것이다. 진2세의 정치가 폭압에 폭압을 거듭하자 백성의 고통과 불만은 훨씬 심해졌다. 심지어 종실과 경상, 문무백관들도 도탄에 빠져 살아야 했다. 진2세의 폭정은 대택향 봉기의 직접적인 도화선이 되었다. 만일 진2세가 백성의 '빈곤한 사람閭左'까지 징발하지 않았다면, 만일 '목적지에 도착하기로 한 기일을 놓친 자를 모두 참형에 처할' 정도로 가혹하지 않았다면, 진승 등 '가난한' 백성들이 수졸을 하지 않아도 되었다면, 그들이 궁지에 몰려 위험한 결단을 내리는 일은 없었을 것이다.

진승이 진나라에 반기를 들고 봉기했다는 소문이 함양까지 전해지자 진2세는 그제야 박사와 여러 유생을 불러 반란을 평정할 대책을 의논하도록 했다. 박사와 유생 30여 명 가운데 '어떤 자는 반란을 일으킨 것이라 하고 어떤 자는 도적이라 했다.' 그들은 "남의 신하된 자는 사사롭게 병사를 보유해서는 안 됩니다. 사사로이 병사를 보유하면 그것이 바로 역적이니 그 죄는 죽어 마땅하며 용서할 수 없습니다. 폐하께서는 급히 군대를 동원하여 그들을 치시기 바랍니다"라고 말했다. 진2세는 이 말을 듣고 얼굴빛이 바뀌었다. 그때 숙손통이 말했다. "여러 유생들의 말은 모두 옳지 않습니다. 진나라는 천하를 통일하여 한집이 되었으며 각 군과 현의 성을 허물고 무기를 녹여 다시는 그 무기를 쓰지 않겠다는 뜻을 천하에 보였습니다. 또한 위로는 밝은 군주가 있고 아래로는 법령이 갖추어져 있어 사람들은 각자 자기 직업에 충실하고 사방에서 사람들이 모여들고 있는데 어찌 감히 반란을 일으키는 자가 있겠습니까? 이것은 단지 쥐나 개가 물건을 훔쳐가는 데 지나지 않습니다. 이야기할 가치도 없습니다. 지금 군수와 군위가 그들을 잡아들여 죄를 다스릴 텐데 어찌 걱정하십니까?"[59] 이에 진2세는 어사에게 명하여 '유생 가운데 반란을 일으킨 것이라고 말한 자'를 체포하여 "언급하지 말았어야 하는 것을 언급한非所宜言"[60] 죄에 처하도록 했다. 훗날 사태는 점점 더 악화되었다. 어느 날 동쪽에 사절로 나갔다가 돌아온 알자謁者(황제의 사령을 전달하는 관리)가 각지의 호걸들이 봉기한 상황을 황제에게 보고했다. 진2세는 그 보고를 듣고는 대로하여 그를 법에 따라 처벌하라고 명령했다. 그 후 다시는 황제에게 감시 현황을 사실대로 보고하는 자가 없었다. 사자가 돌아올 때마다 진2세에게는 "도적떼는 각 군의 수나 위가 한참 추격하여 다 잡아들였고 지금은 걱정할 것이 못 됩니다"[61]라고 보고했다. 진2세는 뛸 듯이 기뻐했다.

진2세 2년(기원전 208) 겨울, 진승의 부장인 주장周章은 장초張楚의 주력군 수십만 명을 이끌고 서쪽으로 향하여 진나라를 공략했다. 주장의 군대가 함양에서부터 불과 100여 리 떨어진 희戱에 이르렀다. 진2세가 크게 놀라자 소부少府 장한이 말했다. "도적은 벌써 도착했고 병력이 강성하여 지금 가까운 현에서 군대를 징발해도 때가 늦습니다. 여산에 죄수들이 많으니 그들을 사면하시고 무기를 주어 도적을 무찌르십시오." 진2세는 즉시 천하에 대사면을 내리고 장한에게 사면된 죄수로 구성된 대군을 이끌고 반격하게 했다. 장한은 주장의 군대를 물리치고 조양에서 주장을 죽였다. 진2세는 또 장사長史 사마흔司馬欣과 동예董翳를 파견해 장한을 도와 도적을 무찌르게 하여 "진승을 성보城父에서 죽이고 항량을 정도定陶에서 무찔렀으며 위구를 임제臨濟에서 죽였다. 초나라 도적이었던 이름난 장수들을 죽이고 나서 장한은 곧바로 북쪽 황하를 건너 거록鉅鹿에서 조왕 헐歇의 무리를 공격했다."[62]

바로 이때 조정 내부에서는 더 심각한 정치적 위기가 나타났다. 조고가 위아래를 기만하고 진2세의 위세를 빌려 몇몇 장군과 재상을 잇달아 제거하고 조정의 대권을 농락했던 것이다.

'지록위마'와 호해를 시해한 조고

진2세는 스스로 '홀로 천하를 제압한다'고 착각했지만 그는 조고의 꼭

두각시켰을 뿐이다. "맹수가 출몰하는 숲의 명아주 잎과 콩잎은 아무도 따러 들어가지 않으며 곧은 신하가 버티고 있는 조정에는 간사한 무리가 모의하는 것을 잠재운다"[63]라는 옛말이 있다. 진2세는 조고의 말을 듣고 형제자매와 현명한 인재를 죽이고 공신들을 제거하여 조고에게 정치적 적대 세력이 될 만한 사람을 모두 제거하라고 명했다. "보검(태아)은 거꾸로 들어서는 안 된다太阿不可倒持(남에게 권력을 넘겨주고 자신은 도리어 위험에 처한다는 뜻)는 옛말이 있다. 대택향 봉기가 일어난 후, 조정의 백관들은 두려움에 떨며 적극적으로 대책을 마련했지만 정작 진2세는 여전히 깊숙한 궁궐에 기거하면서 향락을 즐겼다. 승상인 이사가 간언을 올렸다. "옛날 조이(상나라의 현신)는 시와 서를 멀리하고 음악과 여색에 탐닉하는 것을 걱정했습니다. 작은 잘못이라도 쌓이면 재앙이 된다는 사실을 무시하고 방자하게 향락에 젖은 생활을 지속하여 주왕은 나라를 망치고 죽었습니다."[64] 그러나 진2세는 듣지 않았고 훗날 이사가 여러 차례 간언을 올리려 했지만 만나려고도 하지 않았다.

진2세 2년(기원전 208), 사태는 날로 악화되었다. 우승상 풍거질, 좌승상 이사, 장군 풍겁이 간언을 올렸다. "관동 지역에서 도적떼가 일어나자 진나라가 군대를 일으켜 토벌하니 죽거나 도망치는 자가 매우 많았습니다. 그러나 여전히 멈추게 하지는 못했습니다. 도적들이 많아지는 것은 전부 수역戍役을 살거나 수송하는 일이 고달프고 부세가 많기 때문입니다. 청컨대 아방궁 짓는 일을 잠시 멈추시고 변방의 요역과 운송을 줄여주십시오." 그들은 곧바로 정책을 조정하여 백성의 부담을 덜고 위기를 완화시킬 것을 주장했다. 또한 이사는 황제에게 조고가 권력을 찬탈하고 정사를 혼란케 한다고 일깨우려 했다. 진2세는 조고의 말을 맹신하고 말했다.

"무릇 천하를 얻어 귀하게 된 자는 뜻대로 하고 싶은 것을 모두 할 수 있으며 군주가 엄중히 법을 밝히면 아랫사람들이 감히 그릇된 행동을 하지 않아서 천하를 제어할 수 있는 것이다. 은나라와 하나라의 군주는 고귀하여 천자가 되었는데도 몸소 수고하여 곤궁하고 고단한 현실에 처해서 백성을 위해 희생했으니 무엇을 본받겠는가? 짐은 지극히 존귀한 만승의 천자이나 그 실질적인 것이 없으니 천승의 어가와 만승의 군속을 만들어 내 이름과 칭호를 충족하려 하는 것이다. 또한 선제께서는 제후 출신으로 일어나 천하를 겸병하고 천하가 안정되자 밖으로 사방 융족을 물리쳐서 변방을 안정시키셨으며 궁실을 지어 뜻을 얻었음을 밝히셨으니, 그대들도 선제가 남기신 업적들을 보았을 것이다. 지금 짐이 즉위하고 2년 사이에 도적떼가 일어났는데도 그대들은 막지 못했고 이제 와서는 선제께서 손대신 사업을 버리려 하니 이것은 위로는 선제께 보답하지 못하고 아래로는 짐에게 충성을 다하지 않은 것인데 무엇 때문에 자리에 있는 것이냐?"[65]

조고는 수단을 발휘하여 이들 조정 중신을 제거하고자 했다. 진2세는 조고의 참언을 믿고 풍거질, 풍겁을 체포하여 날조한 죄명으로 엄하게 다스리라고 명령했다. 풍거질과 풍겁은 "장상은 모욕을 당하지 않는다 將相不辱"[66]라고 하며 스스로 목숨을 끊었다. 이사와 아들 삼천군三川郡의 군수인 이유李由 역시 모반죄로 체포되었고 조고가 심문을 맡았다.

이사는 붙잡혀 감옥에 갇혔고 하늘을 우러러보며 탄식했다. "아, 슬프구나! 도리를 모르는 군주를 위하여 무슨 계책을 세울 수 있겠는가? 옛날 하나라 걸왕은 관용봉을 죽이고 은나라 주왕은 왕자 비간을 죽이고 오나라 왕 부차는 오자서를 죽였다. 이 세 신하가 어찌 총명하지 않았을까마는 죽음을 피하지 못한 것은 충성을 다한 군주가 도리를 몰랐기 때문이다. 지금 내 지혜는 세 사람만 못하고 2세 황제의 무도함은 걸왕, 주왕, 부차보다도 더하니 내가 충성하였기 때문에 죽는 것은 당연하다. 장차 2세 황제의 다스림이 어찌 어지럽지 않을까! 지난날 그는 형제를 죽이고 스스로 일어섰으며, 충신을 죽이고 미천한 사람을 존중하며 아방궁을 짓느라 천하 백성에게 무거운 세금을 거두어들였다. 내가 간언하지 않은 것이 아니라 간언을 받아들이지 않았던 것이다. 대체로 옛날 훌륭한 왕들은 음식에 절제가 있었고 수레나 물건에도 정해진 수가 있었으며 궁실을 짓는 데도 한도가 있었다. 명령을 내려 어떤 일을 하는 경우에도 비용만 들고 백성에게 보탬이 되지 못하는 일은 금하여 오랫동안 평안하게 다스릴 수 있었다. 그런데 지금 형제에게 도리에 어긋난 일을 하고도 그 허물을 반성할 줄 모르고 충신을 죽이고도 다가올 재앙을 생각하지 않으며, 궁궐을 크게 짓느라 천하 백성에게 무거운 세금을 물리며 비용을 아끼지 않는다. 이 세 가지 나쁜 일이 시행되니 천하의 백성은 복종하려 하지 않는다. 지금 반역자가 벌써 천하의 절반을 차지했는데도 2세 황제는 아직 깨닫지 못하며 조고를 보좌로 삼고 있으니 나는 도적이 함양에 들어오고 고라니와 사슴이 조정에서 노는 꼴을 보게 되겠구나!"[67] 이사는 진2세가 깨닫기를 희망하면서 글을 올려 30여 년간 자신이 세운 공적을 나열하고 반역하고자 하는 마음이 없음을 밝혔다.

조고는 이사의 가족과 빈객을 모두 체포하여 이사의 상소를 가로채고 이사를 심문하면서 '채찍질을 1000번 넘게 했다榜掠千餘.' 이사는 고문을 이기지 못하고 없는 죄를 자백했다. 이사가 자백을 번복하는 것을 막기 위해 '조고는 10명 남짓 되는 자신의 식객을 시켜 거짓으로 어사, 알자, 시중으로 꾸미고 번갈아가며 이사를 심문하게 했다. 이사가 번복하여 사실대로 대답하면 사람을 시켜 다시 매질을 가했다.' 나중에 진2세가 사람을 시켜 이사를 심문하자 이사는 '이전과 같이 하리라고 생각하여 끝내 번복하지 않고 죄를 시인했다.' 진2세는 이사의 진술이 사실이라고 착각하고 기뻐하며 "조고가 아니었다면 승상에게 속을 뻔했소"라고 말했다. 진2세 2년(기원전 208) 7월 이사에게 '오형을 갖추어具五刑' 그 죄를 논하고 '삼족을 멸하라夷三族'는 판결이 내려졌다. 이사는 함양시에서 허리를 잘리는 요참형에 처해졌다. 권력을 탐했던 그는 결국 자신이 옹립한 황제의 명으로 단두대에 보내졌다. 형이 시행되기 직전, 이사가 아들에게 말했다. "너와 함께 다시 한번 누렁이를 끌고 상채 동문으로 나가 토끼 사냥을 하려고 했는데, 이제는 그렇게 할 수 없겠구나!"[68] '상채와 누렁이'에 대한 탄식은 훗날 집권자들이 경계하는 말이 되었다.

이사가 죽자, 진2세는 조고를 중승상中丞相으로 삼아 "크든 작든 모든 일은 조고가 결정하게 되었다."[69] 조고는 환관(중관)이자 승상이었기 때문에 "중승상"으로 불렸다. 조고의 전횡은 환관과 권신에 걸쳐졌기 때문에 그 폐해는 더욱 심각했다. 대표적인 예가 '지록위마指鹿爲馬' 사건이다.

진2세 3년(기원전 207), 초 회왕懷王이 군대를 일으켜 북상했다. 초나라의 상장군인 항우가 결사의 각오로 솥을 부수고 배를 침몰시킨 후 춘개를 이끌고 거록鉅鹿을 구했다. 치열한 전투 끝에 진나라 군대가 패했고 장한의 부대는 싸움에서 매번 퇴각해야 했다. 진2세는 사람을 보내 장한을 질책했다. 장한은 장사 사마흔을 함양으로 보내 지원을 요청했지만 조고는 장한을 포함한 사람들을 아예 믿지 않고 만나지도 않았다. 사마흔은 도망쳐서 회군해버렸다. 사마흔은 장한에게 "조고가 궁중에서 정사를 장악하고 있으니 장군께서는 공이 있어도 죽을 것이고 공이 없어도 죽을 것입니다"[70]라고 말했다. 진여陳餘 역시 장한에게 서신을 보내 이해 등식을 따져본 후 항복할 것을 권했다. 장한은 섣불리 결정을 내리지 못했고 항우가 진나라 군대를 기습하자 투항했다. 항우는 투항한 진나라 병사 20여만 명을 모두 생매장했다. 진2세는 이 소식을 듣고 조고에게 여러 차례 사람을 보내 문책했다. 조고는 쫓겨나거나 사형당할까 두려워 모반을 꾀했다.

조고는 음모를 꾸몄다. 그는 먼저 "사슴을 바치면서 말이라고 했다. 2세 황제가 좌우에 있는 사람들에게 "이것은 사슴이지?"라고 물었다. 좌우에 있던 사람들이 모두 "말입니다"라고 대답하자 진2세는 크게 놀라서 스스로 정신이 이상하다고 생각했다.[71] 그는 점을 치는 관리인 태복을 불러 점을 치게 했다. 그리고 태복의 말을 믿고 '상림원으로 들어가 재계하였다.' 진2세는 종일 사냥을 하면서 지냈는데 마침 지나가던 사람이 상림원으로 들어오자 활을 쏘아 그들을 죽였다. 조고가 진2세에게 말했다. "천자가 아무런 까닭 없이 죄 없는 사람을 죽이는 것은 하늘이 금하는 일입니다. 귀신도 폐하의 제사를 받지 않을 것이며 하늘은 재앙을 내릴 것입니다. 그러므로 궁궐에서 멀리 떨어진 곳으로 가서 재앙을 물리치는 기도를 드려야 합니다." 호해는 계략에 빠져들어 "궁궐을 떠나 망이궁에 머물렀다."[72] 며칠 후 조고는 거짓으로 도적떼가 쳐들어온다고 말하면서 측근에게 병사 수천 명을 불러들이라고 하였다. 조고의 사위인 함양령咸陽令 염락閻樂 등은 사람들을 이끌고 망이궁으로 쳐들어갔다. 염락은 진2세를 문책하며 "그대는 교만하고 방자하며 사람을 죽이는 일에 무도하여 천하가 모두 당신을 배반했으니 당신 스스로 잘 생각해보시오"라고 말했다. 이에 호해는 "나는 군 하나를 얻어 왕이 되길 바라오"라며 "만호후萬戶侯가 되고 싶다"고 청하였다. 마지막에는 "아내와 자식과 함께 백성이 되어 여러 공자와 똑같이 대우받고 싶소"[73]라고 청했다. 하지만 염락은 모두 거절했다. 진2세는 위협을 받으며 스스로 목숨을 끊을 수밖에 없었고 조고는 서둘러 황제라 칭했다. 그는 황제의 옥새를 차고 등극 의례를 거행했지만 '곁에 따르는 신하가 한 명도 없었다左右百官莫從.' 그가 궁전에 오르자 궁전이 크게 흔들렸다고 한다. 조고는 "자신이 황제가 되는 것을 하늘이 허락하지 않고 신하들도 받아들이지 않음을 알고"[74] 어쩔 수 없이 포기해야 했다. 그는 사람을 보내 초나라 회왕과 조약을 맺어 "진나라의 종실을 멸망시키고 관중에서 왕 노릇을 하려고"[75] 도모하는 한편 임시변통으로 종실에서 황위 계승자를 뽑았다.

조고는 모든 대신과 공자를 불러 모아 호해를 처단한 상황을 알리며 말했다. "진나라는 이전에는 왕국이었고 시황제가 천하에서 임금 노릇을 했기 때문에 '제帝'라고 불렀소. 이제 여섯 나라가 다시 스스로 일어나 진나라의 영토가 줄었으니 '제'라고 하여 이름을 헛되게 해서는 안 될 것이오. 마땅히 예전처럼 '왕'이라 해야 합당하오."[76] 조고는 진2세의 조카인 자영子嬰을 진나라 왕으로 삼았고 진2세를 평민의 신분으로 강등시켜 두남杜南의 의춘원宜春苑에서 장사를 지냈다.

멸망의 문

의례에 따라 자영은 재계하고 종묘에 알현한 다음 옥새를 받아야 했다. 자영은 조고를 제거하지 않으면 진나라의 재앙은 끝나지 않는다는 사실을 잘 알고 있었다. 이 사악한 자는 조만간 또 나라를 뒤흔들 것이었다. 그는 아들과 조고를 제거할 계책을 의논했다. 종묘에 알현하는 날, 자영이 병이라 칭하고 일어나지 않자 조고는 여러 차례 재궁으로 사람을 보내 재촉했다. 하지만 자영은 여전히 움직이지 않았고 어쩔 수 없이 조고가 직접 왔다. 바로 그때 자영은 재궁에서 조고를 찔러 죽이고 삼족을 처형했다.

자영이 왕위에 오른 지 46일 만에 초나라의 장수 유방이 군대를 이끌고 무관武關으로 진입하여 패상覇上에 당도했다. 그는 사람을 보내 자영에게 항복을 요구했다. "자영은 즉시 인장 매는 끈을 목에 걸고 흰말이 끄는 흰 수레를 타고 천자의 옥새와 부절을 받들고 지도 근처에서 투항하였다."77 그 후 한 달 남짓 만에 여러 제후와 맹주인 항우가 대군을 이끌고 함양에 진입했다. 항우는 스스로 서초 패왕이 되어 제후들에게 분봉해주었다. 특히 진나라의 옛 땅을 셋으로 나누어 진나라에 투항한 장수인 장한과 사마흔, 동예를 '옹왕雍王, 새왕塞王, 적왕翟王이라 이름하고 삼진三秦이라 불렀다.' 항우는 "자영과 진나라의 여러 공자와 종실을 살해했다. 마침내 함양을 점령하여 궁실을 불태웠고 자녀들을 잡아들이고 진귀한 보물과 재물을 몰수하여 제후들과 나눠 가졌다."78 이로써 진 왕조는 철저하게 멸망했다.

항우와 유방은 최고 권력을 둘러싸고 '초한전쟁'을 시작했다. 5년 후, 한 고조 유방이 천하를 통일하고 서한 왕조를 세웠다. 황제로 칭한 지 얼마 안 되어 유방은 조서를 내리며 말했다. "진 황제(영정), 초 은왕(진승), 위 안리왕, 제 민왕, 조 도양왕 모두 후손이 끊겼다. 진시황의 묘지기로 20집, 초·위·제에 각각 10집, 조나라와 위나라 공자인 무기(신릉군)에게는 각각 5집을 주어 무덤을 살피게 하고 그 일을 다른 이에게 맡기는 일이 없도록 하라."79 거대한 제국에 묘지기 몇 집만 남기게 한 것이다.

진시황의 나라는 멸망하고 종묘는 무너졌으며 후손도 끊어져버렸다. 그의 궁궐은 불타버렸고 그의 능침마저 훼손되었다. 그의 정치제도는 끊임없이 폄하되고 그의 정치 이념도 비난을 받았으며 정치 행위도 계속 공격받았다. 그의 명예 역시 끝없이 훼손되었다. 진 왕조, 진 제도, 진 정치, 진 황제 등 모두가 최악의 정치를 의미하는 대명사가 되었다.

그러나 실상 진시황의 정치제도는 전혀 훼손되지 않고 보존되었다. 역사서를 살펴보면 "한나라는 진의 제도를 이어받았다"라고 한 평가가 많다. 기본 제도에서 한 왕조의 통치자는 진의 제도를 그대로 따랐다. 진한 제도의 기본 원리와 구조, 방략은 모두 2000여 년간 전해 내려왔으며 더 나아가 후세들은 오랜 세월 진 왕조의 제도를 논했다.

그러므로 진시황은 긍정적, 부정적 평가를 모두 받은 역사 인물이었다. 그를 칭송하는 사람은 "천고의 황제千古一帝"라 하고 그를 폄하하는 사람은 "폭군" "학주虐主"라고 불렀다. 진정 셀 수 없을 정도로 많은 고금의 일들이 후세의 평가를 기다리고 있다고 할 만하다.

오랜 세월 진의 정치제도와
법령을 시행하다

"용과 호랑이는 흩어지고 바람과 구름은 잦아들었다. 오랜 세월의 한을 누구에게 기대어 말할까?"[80]라는 시 구절이 있다. 진시황은 죽고 진 왕조는 멸망했지만 진시황과 진 왕조는 천 년의 여한을 남기고 천 년의 오명을 남겼다. 하지만 진시황이 세운 제국과 진의 제도가 역사에 끼친 영향은 광범위하고 심층적이었다.

진 왕조의 제도를 이어받은 한나라

진 왕조가 중국 역사에 끼친 가장 큰 영향은 바로 통치 방식에 있었다. 이를 직접적으로 계승한 주체는 바로 한 왕조였다. "한나라의 법제는 대체로 진나라를 따랐다"[81] "한 왕조는 진나라의 제도를 따랐다"는 평가를 자주 볼 수 있다. 운몽진간을 살펴보면, 한 왕조에서 만들었다는 수많은 제도와 관련 호칭은 모두 전대前代에서 계승된 것임을 알 수 있다.

이것은 먼저 '황제' 호칭과 제도, 제왕의 관념을 계승한 것에서 나타났다. 이는 진 왕조 통치 방식의 기본 틀과 핵심 내용이었다. 이것이 바뀌지 않으면 모든 수정, 변경, 갱신은 큰 의미가 없다.

군현제는 중앙집권을 유지하는 기본 제도였다. 한나라 초기에는 진나라의 행정구역을 계속 사용했다. "한나라는 흥하자 진의 제도를 따랐다. 은덕을 숭상하며 간단하고 쉽게 시행하여 천하를 위로하였다."[82] 한 고조는 제후에게 분봉하였고 군현제를 중심으로 하고 봉국封國을 겸한 군국제도郡國制度를 채택했다. 얼마 후 한 고조는 기본적으로 이성異姓 제후왕을 제거했다. 한 경제, 한 무제는 삭번削藩 정책을 펼쳐서 후왕侯王은 봉지의 조세만 받아야 했다. 이는 사실상 봉국을 군현의 지위로 다시 강등시킨 조치였다. 한 무제 이후의 제도는 진 왕조와 크게 다르지 않았다. 반고班固의 『한서』에서는 "한 왕조는 진나라의 제도를 계승하여 군현을 세웠고 군주는 자신의 독점적인 권위를 세웠지만 신하는 100년을 유지할 수 있는 권력을 지니지 못했다"[83]라고 전하고 있다. '봉건'이든 '군현'이든 후대에 이와 관련한 논쟁이 꾸준히 일어났고 구체적인 방법도 반복되었다. 하지만 전체적으로 볼 때, 군현제는 중국 황제제도의 기본이고 점점 진시황 때의 순수한 군현제와 비슷해졌다고 할 수 있다.

한 왕조는 기본적으로 진 왕조의 관직제도를 계속 따랐다. 반고는 "한나라의 제도는 진나라 것을 바로 고친 것도 있고 그대로 따른 것도 있다. 대략 관직과 해당하는 사람을 열거한다"[84]라고 썼다. 한 왕조의 수정을 거쳐 삼공구경제도가 더욱 체계적으로 정비되었다. 양한과 위진남북조 이래로 중앙기구와 관직이 끊임없이 개선되었지만 기본 철학은 진시황으로 거슬러 올라갈 수 있다. 즉 재상권의 분화, 감찰 기능의 강화, 간언과 간쟁의 정비, 법제도의 정비 등 이 모든 것의 뿌리는 진시황에게 있었다.

전체적인 흐름은 중앙과 황제 권력이 날로 강화된 것으로 흘렀다. 일반적으로 후대의 황권은 진 왕조보다 훨씬 전제적이었다.

한 왕조의 부세제도 역시 진 왕조의 것을 계승했다. 동중서는 진 왕조의 세금 징수가 매우 무거웠다고 비판하면서 "역역力役이 옛날과 비교했을 때 30배나 더 많았다. 전조와 구부, 염철에서 나오는 이익은 옛날의 20배나 되었다. 어느 누가 부호의 땅을 경작하더라도 소출의 10분의 5를 세금으로 내야 했다"[85]라고 했고, "한나라가 일어났어도 이런 상황은 그대로 답습되어 고쳐지지 않았다"고 지적했다. 반고는 더 나아가 "동중서가 죽은 후 공리功利와 노역, 재정 부담은 더욱 심해져 천하의 재부가 텅 비었고 사람들이 다시 서로 잡아먹게 되었다"[86]라고 지적했다. 한나라 초기의 '백성을 쉬게 한' 것은 정책적인 완급 조절에 속한 것이지 제도의 기본 내용을 바꾼 것은 아니었다. 한 무제 이래로 한나라의 세금이 날로 무거워졌고 그 무거움은 결코 진시황의 통치 시기보다 가벼웠다고 할 수 없었다.

한 왕조의 의례儀禮제도는 대부분 진 왕조의 제도를 답습했다. 구체적인 내용은 바뀌었지만 기본은 크게 바뀌지 않았다. 『한서』 「예악지禮樂志」에 따르면 "한나라가 일어나 난리를 평정하여 바로 세우고 쉬는 날이 하루도 없었다. 숙손통에게 예의를 정하여 군신의 지위를 바로잡게 했다. 고조가 탄식하며 '나는 오늘에야 천자의 존귀함을 알았다!'고 말했다." 그리고 "고조 때, 숙손통은 진나라의 음악을 관리하는 악인을 따라 종묘악을 정했다"고 언급했다. 이를 보면 군주를 높이고 신하를 낮추는 조당, 종묘 의례 원칙은 전혀 바뀌지 않았고 의례를 간소화하고 악무樂舞의 곡조와 명칭을 바꿔 황제의 취향에 맞추는 구체적인 세부 사항만 일부 바뀌었을 뿐이다. 예컨대 '고묘의 종묘악에는 무덕무武德舞, 문시무文始舞,

오행무五行舞가 있었다. 무덕무는 고조 4년 때 만들어진 것으로 천하의 악樂이 직접 무를 행하여 난을 없애는 것을 본뜬 것이었다. 문시무란 본래 순 임금의 초무招舞라 불리는 것이었는데 고조 6년에 문시로 바뀌 불러 서로 답습하지 않았음을 보인 것이다. 오행무는 본래 주나라의 춤이었다. 진시황 26년에 오행이라고 바꿨다. (…) 무인무악舞人無樂이란 지존 앞에 나아가 감히 즐길 수 없다는 것을 의미하고 출용악出用樂이란 춤이 절도를 잃지 않으면 끝까지 즐겁다는 뜻이다. 대체로 모두 진나라의 고사에서 나온 말이다.' 『한서』 「교사지郊祀志」에 따르면, 한나라의 제사제도 역시 대부분 진나라를 따랐다. 사실상 한나라의 종묘제도, 궁실제도, 궁정 내부의 수많은 제도 모두 진나라의 제도를 답습했다. 관련 예의禮儀 및 "천자의 호칭에서 관리와 궁실의 관명에 이르기까지 거의 바뀌지 않았다."[87]

한 왕조 초기에는 심지어 진나라의 덕운德運, 정삭正朔, 역법까지 답습했다. "승상 장창은 율력을 잘했는데 한나라가 수덕을 입어 강물이 터지자 쇠로 만들어진 제방을 쌓는 것이 수덕에 부합한다고 생각했다. 한 해는 겨울 10월에 시작하고 색깔은 외조에서는 검은색, 내조에서는 붉은색으로 정하니 덕과 상응했다."[88] "장창은 율력을 잘하여 한나라의 재상이 되었고 오직 진나라의 『전욱력顓頊曆』을 따랐다."[89] 1972년 산둥성 린이현 인췌산 한묘에서 출토된 『원광원년역보元光元年曆譜』가 이를 실증해주었다.

한 왕조의 풍속 역시 진나라 것을 따랐다. 가의賈誼는 진 왕조의 풍속에 대해 "의와 예를 잃고 인과 은덕을 버렸다"며 통렬하게 성토하고 당대인 한나라도 날카롭게 비판했다. 그리고 "예전에 진나라의 천하가 지금은 바뀌어 한나라의 천하가 되었다. 그러나 유풍과 풍속은 여전히 바뀌지 않았다"[90]라고 말했다. 동중서의 생각 역시 유사했다. 동중서는 "예로부터 지금까지 어지러움에 어지러움을 더하여 천하의 백성에게 큰 손해를 끼친 나라는 진나라가 제일이었습니다. 진나라가 남겨놓은 해독과 풍속은 현재까지도 사라지지 않아 습속이 각박하고 백성이 방자하게 날뛰며 범죄를 저지르고 관에 반항하는 행위를 일삼으니 이렇게까지 심하게 썩은 나라는 없었습니다"[91]라고 말했다. 한 왕조가 진나라의 풍속을 따랐음은 당시에 공인된 사회적 인식이었다.

고대의 여러 학자와 역사가는 진나라와 한나라의 통치 방식이 크게 다르다는 것을 강조하려 했다. 또한 진 왕조에 법가(패도)라는 꼬리표를 붙이고 한 왕조에는 유가(왕도)의 꼬리표를 붙이려고 했다. 그래서 이를 근거로 진 왕조에 대해서는 신불해와 한비의 통치술을 따라 예와 의를 버린 정치를 했다고 비판하는 한편, 한 왕조에 대해서는 성인聖人의 학문이 활성화되고 인과 덕의 정치가 베풀어졌다고 칭송했다. 진한시대의 통치 사상은 분명히 변화했다. 한나라 초기에는 황로사상에 기반한 정치가 특징적이었다. 한 무제 때, 유가만 존중하는 독존유술을 펼친 것은 상징적인 의미가 있는 역사적 사건이었다. 그러나 진 왕조의 통치 사상이 법가 또는 패도만으로 포괄할 수 없는 것처럼 한 왕조의 통치 사상 역시 유가 또는 왕도만으로 개괄할 수 없다. 진한의 통치 사상을 보면 기본 틀과 주요 내용은 대체로 일치했다. 두 시대에서 드러나는 차이점이 아무리 크다고 해도 신불해와 한비 그리고 공자와 맹자의 이론적 차이보다는 작았다. 한나라의 통치 사상은 사실상 유가화된 '잡가雜家'였다. 한 선제宣帝는 "한가漢家엔 나름대로 제도가 있어 본래 패도와 왕도를 함께 썼는데 어찌 덕의 교화에만 맡겨서 주나라의 정치를 쓰겠는가!"[92]라고 공포했다. 여러 정치가들은 "진나라는 10가지 잘못을 했는데 그중 하나가 아직도 남아 있으니 바로 법을 다스리는 관리이다"[93]라고 지적했다. 한대에는 이와 비슷한 정치 평론이 매우 많았다. 그 뿌리를 찾아 거슬러 올라가보면 공자의 유가 자체가 '패도가 섞였다'는 특징이 있다. 전국시대에서 진한시대 그리고 청대까지 모두 기본적으로 패도를 아우른 통치 방식에 속했다. 역대 유가를 숭상하는 통치자 대부분이 암암리에 한비의 이론을 채택했다. 송나라의 이학理學은 공맹의 도리를 최대한으로 발전시켰고 '패도'가 가장 나쁜 정치라며 비판했지만, 사실상 주희 등 송명시대의 대유학자들은 '말은 공자와 맹자를 언급하지만 행동은 신불해와 한비를 따르지' 않은 사람이 없었다. 마치 청나라 초기 저명한 사상가인 왕부지王夫之가 "후대의 군자라고 하는 자들 가운데 10명 중 9명은 신불해나 한비였다"[94]라고 한 것과 같았다.

오늘날 전해지는 고대의 정치 이론이나 역사 평론이 극단적인 철학에 치우쳐 있는 경우가 많았다는 점은 주의해야 한다. 즉 대립하지 않는 것을 대립하는 것으로 말하고 상호 포용할 수 있는 것을 서로 포용할 수 없는 것으로 치부하며, 대립적인 것을 절대 양립할 수 없는 것으로 곡해했다. 진한시대의 통치 방식에 대한 평가 대부분이 이러한 문제를 안고 있다. 사실상 진나라와 한나라는 차이점보다는 공통점이 훨씬 많은 시대였으며 통치 방식 역시 마찬가지였다.

한이 진의 제도를 이어받은 것은 발전적인 계승이었다. 이는 진나라가 시작했다면 한나라는 완성했음을 의미한다. 한 왕조는 진의 제도를 더욱 체계적으로 정비했다. 이점은 수당과 비슷하다. 수많은 평자들은 한나라와 당나라는 진나라와 수나라의 도리에 반대하여 성세를 이뤘다고 한다. 그러나 이러한 주장은 역사적 사실과 맞지 않다. 실제로는 한나라와 당나라는 기본적으로 진나라와 수나라의 통치 방식을 계승했고 진나라와 수나라 정치의 실패와 잘못을 충분히 반면교사로 삼았기 때문에 태평성세를 이룰 수 있었다. 한당성세漢唐盛世는 진나라와 수나라에서 시작된 각종 기본 제도의 덕을 본 것이다.

한나라가 진의 제도를 계승한 데에는 체계성이 있다. 크게는 기본 정치제도, 작게는 수많은 구체적인 규정, 위로는 사상 이론, 아래로는 사회 풍속 등 사회의 하부 구조 및 상부 구조와 관련되고 정치, 경제, 군사, 사회, 문화, 도덕 그리고 각종 예의, 문자, 도량형 등에도 관계되었다. 이는 진나라에서 한나라에 이르기까지 전체 정치제도 및 관련된 사회문화 체계가 계승관계에 있음을 말해주며, 주요한 분야에서 진나라와 한나라가 단절되지 않았음을 뜻한다. 그 이유는 진 왕조가 전국시대의 제도를 계승했다는 점에서 찾을 수 있다. 전국시대에 이미 정치제도를 핵심으로 한 각 제후국의 사회문화 체계가 기본적으로 하나로 수렴되는 경향을 보였으며 정치, 경제, 사회 등은 점점 같은 방향으로 발전했다. 천하를 통일한 국가라면 어느 제후국이든 비슷한 제도를 세웠을 것이고 비슷한 사회문화 체계를 이뤘을 것이다. 다시 말하면 진나라의 제도는 각 제후국의 제도 및 문화를 대표했을 뿐이다. 다른 한 원인은 역대 선왕과 진시황의 끊임없는 통합을 거치면서 진 왕조의 제도는 새로운 정치 방식의 특징과 우위를 집중적으로 드러내 보였다는 점이다. 즉 진나라를 뒤이어 일어난 신흥 왕조는 진나라보다 훨씬 창의적이고 완성된 제도를 만들어내지 못했을 것이며, 최소한으로 진나라의 제도를 개선하고 체계적으로 정비하여 통치에 필요한 점을 수용했을 뿐이었다.

한나라는 진의 제도를 계승했으며 위진魏晉 이후에는 기본적으로 한나라의 제도를 계승했다. 이러한 기반에서 황제제도는 끊임없이 정비되었고 수당시대와 송나라에 이르러 절정에 이르렀다. 재상권의 분화, 군현제의 실시, 감독과 통제 강화 등의 측면에서 진시황이 확립한 제도의 원칙에 점점 더 부합하게 되었다. 훗날 명나라는 재상제도를 철폐했고 청나라는 사실상 군현제를 시행했다. '한승진제漢承秦制'는 기본적으로 2000년간 유효했다.

한나라의 역사학자인 사마천과 반고는 진나라의 창조와 변혁에 대해 "정치 강령을 제정하여 후대 왕에게 전한"[95] 점은 긍정적으로 평가했다. 당나라의 사상가인 유종원은 "진의 군현제가 정확하다는 사실은 명백해 졌다. 한나라를 뒤이어 황제가 된 자라면 수백 년이 지나도 군현제가 우월하다는 점은 알 수 있다"[96]라고 지적했다. 청나라의 사상가인 왕부지는 "군현제는 2000년간 바뀔 수 없었다"[97]라고 말했으며, 근대의 사상가인 탄쓰통譚嗣同은 "2000년간 지속된 정치는 진의 정치이며 모두 큰 도둑이었다"[98]라고 말했다. 현대의 마오쩌둥은 "수백 대에 걸쳐 진나라의 정치와 법령이 시행되었다"[99]라고 말했다. 그들은 비판적이든 긍정적이든 대체로 진나라를 그들 시대의 기원으로 인식했다.

진시황과 그가 창시한 제도는 '선善'과 '악惡'의 문제로 단순하게 평가할 수 없다. 진시황을 평가하는 것은 진2세를 평가하는 것과는 별개의 문제다. 진2세는 한마디로 중국 고대사의 흐름을 방해한 장본인이라는 욕을 들어도 합당하지만 진시황은 그렇지 않았다. 어떤 의미에서 진시황을 완전히 긍정하면 기본적으로 군주전제 제도를 긍정할 수 있다. 진시황을 철저하게 부정하면 기본적으로 중국 고대문명을 부정하는 것이다. 객관적이고 공정한 평가는 완전한 긍정도 아니고 철저한 부정도 아닐 것이다. 그 중간에서 여러 문제와 관련된 여러 사실을 인정하고 과정을 분석하며 행위를 해석해야 한다. '진시황'이라는 세 글자에는 수많은 역사적 요소가 응축되어 있다. 아마도 이는 진시황의 평가에 관하여 오늘날까지 제각각의 의견이 나오고 하나의 결론을 내릴 수 없는 이유일 것이다.

【16장】

역사의 평가

― 진시황 현상을 어떻게 볼 것인가

진시황은 이미 죽었고 진 제국도 멸망했다. 그러나 진시황 일생에 대한 평가는 시종 의견이 분분하고 일치하지 않는다.

최고 통치자의 특수한 지위와 행위는 줄곧 전통적인 역사 이야기와 정치적 사유의 중심 내용이었다. 그들의 언행은 줄곧 정치와 역사 평론의 초점이었다. 진시황도 예외는 아니다.

진시황이 살던 시대와 진 왕조의 부침은 그를 가장 논쟁적인 역사 인물로 만들었다. 진시황은 사회혁신적 정권 교체를 이루었으므로 일반적인 개국 군주는 아니었다. 만일 진시황을 철저하게 부정한다면 이런 사회 변혁을 정확하게 다룰 수 없고 그가 개국할 수 있었던 이유를 풀 수 없을 것이다. 진 왕조는 금방 무너졌고 진시황도 폭군 내지는 망국의 임금이라 할 수 있기 때문에 부정해야 할 부분이 매우 많을 것이다. 역사에서 많은 사람들이 '진제秦制'를 부정했다. 그러므로 진시황과 황제제도의 역사적 위치를 긍정하고자 할 때는 모든 부정적인 면을 깨끗이 해명하고 정리해야 한다. 이렇듯 학술 연구와 평가를 진행하려면 표준과 한도를 잘 포착해야 한다.

완전한 부정과 '폭군'의 상징

중국 고대사회에서는 소수 정론가나 사학자만 진시황을 분석적 시각으로 바라보았고 대부분은 그를 폭군의 전형으로 보았다. 이것은 진시황의 특수한 역사적 지위를 말하는 것이며 역사 속에서 그의 또 다른 존재 방식이다.

진정秦政 비판 풍조와 진시황이라는 문화 상징

문화체계는 모두 자발적이든 그렇지 않든 문화적 전형을 창조한다. 즉 역사나 현실에서 대표 인물을 골라 문화적으로 가공하여 고도로 이상화된 인물을 만들든가 아니면 반사회적인 악의 상징을 만든다. '요순堯舜' '공자孔子' '걸주桀紂' '진시황秦始皇'이 대표적인 예다. 문화적 상징에 인격을 부여하는 것은 특정한 문화가치 체계가 존재하는 방식이므로 역사나 현실의 실제 인물과는 종종 큰 차이가 있다. 한대 이후 진시황은 점차 중요한 문화의 상징이 되었고 그 이유와 과정은 대체로 다음의 몇 단계로 분석할 수 있다.

진시황을 상징화한 문화적 원인은 선진 정치의 가치체계와 제왕에 대한 평가 방식에서 기원했다. 중국은 옛날부터 폭군과 폭정을 비판하는 전통이 있었다. 『상서』『시경』 등에 이와 관련된 문장이 남아 있다. 춘추전국시대에 오면 유도有道와 무도無道 형식의 군주평가 체계가 등장한다. 유, 법, 도, 묵을 막론하고 선진 제자백가는 폭군과 폭정을 격렬한 언어로 공격했다. 이런 비판은 대부분 역사 분석이 결여되어 있고 개인의 죄과를 지나치게 추궁하여 그 허물을 개인의 인격으로 돌렸다. 폭군을 저주하는 것은 항상 명군을 존경하는 것과 결합되었기 때문에 점차 이론 형태를 갖춘 가치 표준을 형성했으며 '왕도'와 '도' '도의'는 최고의 총괄이었다. 도의적 가치는 항상 인격 형태로 나타났는데 '요순지도堯舜之道'가 바로 그것이다. 요순의 도는 선왕의 도, 성왕의 도, 성인의 도라고도 했다. 제자백가는 선왕의 도를 각자의 특징에 따라 이해했으므로 어떤 관점에서는 서로 절대 용납할 수 없었다. 요순의 도, 성왕의 도라는 모습으로 출현한 형형색색의 도의 가치는 큰 차이가 있었으나 그 주체와 내용은 거의 동일했다. 바로 이상적인 군주전제 제도를 동경하고 유지하는 것이었다. '요순의 도'를 척도로 여기고 '유도-무도'로 결론을 내려 품평한다면 역대 폭군을 '독부獨夫' '백성의 적民賊'으로 보아야 한다. 그래서 성왕의 성치와 폭군의 폭정이라는 인격화된 두 정치문화의 이미지가 완성되었다.

선진시대에 임금의 도리를 언급하기만 하면 사람들은 반드시 '요순'과 '걸주'를 말했다. 선진 백가는 모두 요순을 말했지만 취사선택은 달랐다. 사실 요순-걸주의 이야기는 이미 정형화되어버린 '유도-무도' '성주-폭군'이라는 취지를 반복해서 사용할 뿐이다. '요순'은 당요唐堯, 우순虞舜으로 공인된 성군과 명주의 형상이다. '걸주'는 하걸夏桀, 상주商紂를 말하며 그들은 공인된 폭군의 전형이다. '요순'과 '걸주'는 모두 실제 역사를 충실하게 모방한 것은 아니지만 한 종류의 문화 형상을 추상화한 것이며 이념적 도구를 개념화한 것이다. 전자는 성왕聖王과 현군賢君을 지칭할 수 있으며 후자는 모든 독부獨夫와 민적民賊을 나타낼 수 있다. 그러나 정치 개념으로 사용한다면 '요순'과 '걸주'는 일반적으로 공인된 역사 인물을 가리킨다. 전자는 주로 신농神農, 황제黃帝, 요堯, 순舜, 우禹, 탕湯, 문文, 무武 등 삼황오제를 말하고 후자는 걸, 주, 려厲, 유幽 등을 가리킨다. 역사 인물로 보면 요순의 부류는 모두 '흥왕興王'으로 대부분 개국 군주이며 성공한 사람으로 찬미를 하고, 걸주의 부류는 모두 '삭주削主'에 속하여 대부분 망국의 군주이며 실패자로 사람들에게 욕을 먹는다. 정반대의 두 가지 교훈으로 제왕의 도를 설명하는 것이 가장 확실한 증거이다. 이것은 극단의 인식 구조와 가치 척도를 형성했다. 요순은 고대문화의 모든 이상을 두루 갖춘 성군이었고 걸주는 고대문화의 금기 사항을 모두 갖춘 폭군이었다. 전자가 문화의 본보기라면 후자는 경계해야 할 교훈이었다. 이런 의미에서 '요순-걸주'라는 원형은 완전히 상반된 구조로 당연과 부당, 유도와 무도의 형식으로 중국 고대 정치문화, 도덕문화의 핵심을 이루었다. 진 왕조는 2세에서 망했기 때문에 사람들은 진시황을 품평할 때 너무 쉽게 걸주의 부류로 간주한다.

진시황이라는 문화적 아이콘은 진 왕조의 폭정을 근거로 삼는다. 진시황은 독특한 왕조 교체를 이루었다. 오랜 교체 과정은 내부의 개혁이든 외부에 대한 정벌전쟁이든 주로 폭력으로 완성되었다. '폭'은 시대 정치의 모습이었으므로 이런 역사적 사명을 완성하는 자가 누구라도 '폭'이란 평가를 벗어날 수 없었다. 진 왕조 건립 후, 진시황이 확립한 정치 양식은 전통의 양식과는 다른 점이 많았기 때문에 어떤 사람은 '예'의 '왕도'라는 가치체계로 진 왕조의 정치를 심사하여 '폭'이라는 결론을 내렸다. 폭정과 폭행을 실시한 것은 분명하므로 이에 근거하여 폭군이라고 하는 것은 지나치지 않다. 『한서』를 쓴 반고는 "세속에서 진시황은 죄를 저질렀고 호해는 극악하다고 하는데 이는 당연한 것이다"[1] 라고 했다. 사람들은 진 왕조의 급속한 패망이 진시황과 관련 있고 더 나아가 그를 "망국의 임금亡國之君"이라고 평가했다. "나라가 새로 일어나면 백성이 고난에 빠지고 나라가 망해도 백성은 고통에서 벗어나지 못한다." 고통에 빠진 백성들이 "천하가 진을 고통스러워한 지 이미 오래이다"라고 성토한 것은 직접 겪은 자의 집단적인 평가이므로 의심할 여지가 없는 사실이다. 위에 열거한 '폭'은 역사 평론과 정론에 많은 소재를 제공해준다. 특정한 정치와 문화 환경에서는 완전히 부정적인 형식의 비판이 아주 쉽게 형성된다. 이런 비판은 모든 공적과, 옳음과, 선을 무시하고 과실, 그름, 악을 확대한다. 이것이 진시황을 '폭정'의 대명사로 만들었다.

이런 평가는 대부분 진의 정치적 반대파의 입에서 나왔다. 한 왕조가 건립된 후 통치자와 신민은 왕조 교체의 합리성을 입증하고 신왕조의 공덕을 기리며 또 진 멸망의 교훈을 거울 삼고자 나쁜 것만 말하고 장점은 언급하지 않았다. 통계에 따르면 『사기』의 내용 중에서 한나라 사람이 진 왕조에 대한 교훈을 논한 부분이 "81곳이고 그 가운데 진시황이 폭정을 했다고 질책한 곳이 67곳"[2] 이다. 질책과 비난 속에서 사람들은 고의건 그렇지 않건 역사를 왜곡하여 극단적인 폭군을 전형화했다. 전형을 만들어야 형상화할 수 있다. 수천, 수백 년 동안 진시황 세 글자는 많은 이들의 머릿속에서 즉각 흉악한 형상으로 나타났을 것이다.

한대 정론가의 비판적인 분석은 진시황의 문화적 상징성을 크게 강화시켰다. 서한 초기의 정론가는 대부분 정치가, 사상가와 공경대신이다. 육가陸賈의 『신어新語』, 가의賈誼의 『지언至言』, 환관桓寬의 『염철론鹽鐵論』, 오피伍被, 조착晁錯, 동중서, 주부언主父偃 등의 대책과 상소는 모두 사론의 성격을 띠었다. 이들은 역사적 사실로 역사와 현실을 평가했고 일부는 진을 교훈으로 삼아 현실 정치를 비판하고 바른길로 이끌었다. 그들은 주로 진의 멸망과 한 건국의 역사적 경험을 둘러싸고 비판성 강한 토론을 전개했다. 단지 일부 정론가만 진시황의 천하 통일과 민생 안정을 역사적 공적으로 긍정했고 대부분은 진제, 진정과 진시황을 철저히 부정했다. 정론가들은 진의 실정을 하나씩 분석하여 저작에 죄목을 하나하나 나열했다. 주로 아래의 것들이다.

첫째, '선왕의 도를 폐지'한 것이다. 이것은 진의 정치에 대한 강령성 비판이다. 선왕의 제도를 고치고 선왕의 정치를 어지럽혔다는 것이다. 한대 정론가들은 이것을 진시황의 첫 번째 죄상으로 보고 각종 구체적인 행위를 거론했다. "그래서 진은 천하를 통일했으며 왕도를 폐지하고 사사로운 의론을 세웠으며 시와 서를 불태우고 법령을 최우선으로 내세웠습니다. 그리고 인애와 은덕을 없애고 형벌을 사용했으며 이름난 성을 부수고 호걸을 죽였으며 무기를 녹여 없애고 칼끝을 잘라버렸습니다. 그 후에 백성들은 농기구로 서로 치고 찔러서 범죄는 더욱 많아졌고 도적이 말할 수 없이 많아졌습니다. 죄수복을 입은 자들이 길을 가득 메웠고 온 산에는 도적으로 가득하여 결국 난이 일어나 망했습니다."[3] 육가, 가산, 가의, 조착, 동중서 등도 비슷한 글을 썼다. 당시 이것은 거의 표준화된 비평이었다. 이들은 대부분 유가이며 이들이 말하는 '왕도'는 공자의 도를 가리키는 것이었다. 유가와 법가의 싸움을 배경으로 했기 때문에 이 시기의 진시황에 대한 비판은 수당 시기의 수 양제 비판과는 차이가 있다. 한대 유가는 '선왕제도의 폐지'를 매우 강조했다. 그들은 진시황을 졸렬하게 비판하고자 했고 법가의 형상을 타파하려 했기 때문에 언사는 격렬하고 분석은 부족했다. '선왕제도의 폐지'는 폭정의 근원이었고 폭정은 '선왕제도 폐지'의 구체적인 표현이었다. 이 한 가지만으로도 진시황에게 유죄를 판결하기는 충분했다.

둘째, '백가의 서적을 태운 것'이다.

한대 정론가는 진시황이 서적을 불태우고 술사를 묻어 죽인 목적이 선왕의 도를 근절하여 선왕의 제도를 폐지하려고 한 것이라 생각했다. 많은 유가는 이것이 오로지 유가 학설만을 조준한 포학한 행위라고 보았다. 동중서는 "유가 학설을 금지시켜 책을 가질 수 없게 했고 예의를 버리고 듣는 것을 싫어했습니다. 그 목적은 선왕의 도를 모두 없애고 오로지 자기 마음대로 간략한 정치를 하려는 것이었습니다"[4]라고 말했다. 매복梅福은 "진이 도를 없애버렸기 때문에 중니의 흔적은 약해지고 주공의 공은 사라졌으며 정전제와 5등급의 작위제도는 폐지되었다. 그리고 예악을 없애버려서 왕도가 통하지 않아 왕도를 행하려는 자가 있어도 공을 이룩할 수 없었다"[5]고 말했다. 고대 정치 비판에서 오직 진시황만 "선왕의 도를 완전히 없애려고 하였다"라는 평가를 받았다. 바꾸어 말하면 진시황은 '무도'할 뿐 아니라 '대역부도大逆不道'했다. 양웅은 "진의 법도가 성인의 법도를 저버렸으며 진이 천지의 도를 크게 어기니 천지도 진을 크게 저버렸다"[6]며 인과응보를 역설했다. 역대 유가는 많은 폭군을 비판했지만 진시황에게 퍼부은 것이 가장 심했다.

셋째, '5등급 작위제도를 폐지한 것'이다.

분봉제는 3대 기본 정치제도이며 선왕이 '공천하'를 실시한 중요 조치였으나 진제에서 선왕의 도를 폐지했기 때문에 분봉제는 철저히 폐지되었다. 한대의 많은 정론가는 진시황의 가장 큰 죄는 "주나라의 제도를 약화시켜 마침내 제후에게서 빼앗고 천하를 나누어 군현을 세웠으며 한 척의 땅도 분봉하지 않고 전대 성인의 후예를 모두 없애버려서 아무것도 남기지 않은 것"[7]이라고 생각했다. 상관걸上官桀은 "옛날에 진이 천하를 통일하여 남면했고 일세의 명을 제정하고 사방의 이적을 굴복시켰다. 골육을 약화시키고 이족을 드러내어 중하게 하고 도를 폐지했으며 형벌을 사용했고 종실에 은혜를 베풀지 않아서 후손 위타尉佗는 남이의 땅에 들어가서 나라를 세웠다. 또한 진섭은 대택향에서 반란을 일으켰고 조고가 난을 일으키자 내외에서 함께 들고일어나 진나라 조趙씨의 제사마저 끊기고 말았다"[8]고 했다. 진시황은 역대 왕조의 정치 전통을 위배하고 6국의 후예를 다시 세우지 않았다. 이는 도덕에 어긋나는 일이었다.

넷째, '정전제를 폐지한 것'이다.

정전제는 삼대 성왕의 기본 제도인데 진은 이를 폐지해 성왕의 토지제를 무너뜨렸다. 동중서는 "상앙의 법을 실행하여 제왕의 제도를 고쳤고 정전을 없애니 백성이 토지를 매매할 수 있었다. 부자는 밭이 천백仟佰(무수히 많음)에 이르고 가난한 자는 송곳을 세울 땅도 없었다. 또 천택의 이익을 독점하고 풍요로운 산림을 관리하여 황음하고 제도를 뛰어넘어서 서로 사치를 다투었다. 읍에는 인군人君의 존엄이 있고 리에는 공후公侯의 부가 있으니 백성이 어찌 곤궁하지 않을 수 있겠는가?"라고 했다. 진이 상앙의 정치를 행하여 정전을 폐지하고 천맥을 열어서 부국강병을 이룰 수 있었으나 "정전제가 없어지고 허위와 거짓이 끝이 없었다. 백성 중에 부유한 자는 재산이 수만을 헤아렸으나 가난한 자는 술찌끼마저 배부르게 먹을 수 없게"[9] 되었다는 것이 한대 정론가들의 생각이었다. 이것은 토지 겸병, 빈부 격차, 사치 풍조 같은 사회 문제를 일으켰고 이어서 계급 불평등, 가혹한 법률, 지나친 부세 등의 문제를 일으켰다.

다섯째, '예의를 버린 것'이다.

일찍이 전국시대에 "예의를 버리고 인애와 은덕을 유기한 것"[10]은 진 정치를 비난할 때 가장 자주 나타나는 견해이다. 한대 이후 법제와 법치를 중시하는 진시황의 정치 운용은 모두가 공인하는 무도한 행동이었다. 한대 유가는 3대 성왕은 예로 나라를 다스렸고 공자는 교화를 앞세울 것을 주장했는데 "진 왕조는 그렇지 않았다. 신불해, 상앙의 법을 스승으로 삼고 한비의 학설을 실행했으며 제왕의 도를 증오했다. 탐욕과 잔인함이 풍속이 되어 백성을 도덕으로 교화할 수 없었다"[11]고 생각했다. 예의를 버리고 "인의를 중시하지 않는다"[12]는 것은 한대 유가가 진시황에게 내린 엄청난 죄상이었다. 한대 이래로 절대다수의 유가는 진 왕조의 정치는 단 하나도 옳은 것이 없다고 여겼다. 이것은 비판자가 속한 학파와 가치체계에 따라 결정되었다.

여섯째, '형벌과 가혹한 학대'이다.

당시 역사에서 법치를 시행하려면 반드시 법리를 중용해야 했고 복잡한 법과 무거운 형벌을 주장했기 때문에 '형벌은 가혹해야만 했다.' 진시황의 법치와 연관된 폐정은 한대 정론가의 주요 공격 대상이었다. 진의 정치를 언급하면 반드시 진법이 가혹하다고 말했다. 가의는 "진왕이 천하에 법령과 형벌만 남기고 덕택을 하나도 남기지 않았기 때문에 원망과 악독함만 천하에 가득 찼고 백성은 원수같이 증오했다. 화가 진시황 자신에게 미치고 자손이 끊어졌으니 이는 천하가 함께 목도한 사실이다"[13]라고 하였다. 이는 진시황의 통치술을 비판한 것이다. 노온서路溫舒는 "신이 듣건대 진 왕조에 10개의 실정이 있었는데 아직도 하나가 남아 있으니 옥사를 다스리는 관리입니다. 진 왕조 때에 고대 서적을 싫어하고 무력을 좋아하였으며 인의의 선비를 죽이고 옥리를 귀하게 여겼습니다. 바른말 하는 것을 비방한다 하고 허물을 아뢰면 유언비어라고 했습니다. 그래서 유가는 세상에 쓰이지 않았고 충량忠良의 직언은 가슴에 쌓였으며 아첨하는 소리만 매일 귀에 가득하였습니다. 아름다운 가상에 마음이 현혹되었으나 실제로 화가 가득 찼으니 이것은 진이 천하를 잃어버린 이유입니다"[14]라고 말했다. 이는 진시황이 법리를 중시한 것을 비판한 것이다. 조착은 "좋아하는 대로 마음껏 상을 내리고 노한 마음을 풀기 위해 함부로 죽였다. 법령은 번잡하고 형벌은 잔혹했으며 인명을 가볍게 죽이고 몸소 사살하기까지 했다. 결국 천하 사람들이 돌아서고 자신의 거처를 불안하게 여겼다. 사악한 관리는 문란한 법을 이용해 위엄을 부렸고 옥관이 판결할 때 생사를 마음대로 결정했다. 이리하여 상하관계가 와해되고 각자 하고 싶은 대로 하게 되었다"[15]라고 하였다. 이것은 진 왕조의 법치 상황을 비판한 것이다. 문학을 하는 선비는 "조고는 가혹한 법령으로 안에서 죄를 판결하고 백관은 밖에서 엄격한 법으로 결정했다. 시체들을 나란히 누이고 죄수는 서로 바라보았다. 백성은 곁눈질하며 발이 꼬여 앞으로 나가지 못했고 춥지 않은데도 두려움에 떨었다"[16]라며 당시를 묘사했다. 이것은 법치의 말로를 비판한 것이다. 상술한 내용은 한대에는 흔한 것이었다.

일곱째, 부세에 한도가 없었다.

'부세에 한도가 없었고' '요역이 번잡하고 무거웠다'는 것은 공인된 진의 폭정이다. 한대 정론가는 부세가 무거웠던 주요 원인은 진시황이 선왕의 제도를 바꾸었기 때문이라고 했다. 동중서는 진은 10의 1인 세제와 3일의 부역을 폐지하고 "한 사람이 매년 1개월을 경졸로 복역하고 마치면 정졸 1년을 복역하며 수졸 1년을 더하니 고대의 요역보다 30배 많았다. 전조와 인두세, 염철의 이익은 옛날보다 20배 더 컸다. 세력가의 밭을 갈고 수확의 절반을 바쳤기 때문에 빈민은 소와 말의 옷을 입고 개와 돼지의 음식을 먹었다"[17]라고 기록했다. 일반적으로 진 왕조의 부역 문제를 언급한 정론에는 모두 유사한 논리가 있다. 이는 진제와 진정을 철저하게 부정하는 것이다.

여덟째, '병력의 남용'이다.

'풍찬노숙하는 병사들' "병력의 지나친 남용"[18]은 진시황의 또 다른 죄상이다. 진시황은 북으로는 흉노를 정벌하고 남으로는 백월을 평정하여 전쟁을 크게 일으켰다. 오피는 "몽염을 보내 장성을 축조했는데 동서로 수천 리나 되는 거리였다. 풍찬노숙하는 병사가 수십만이 넘었고 죽은 자는 셀 수가 없었으며 시체가 천 리에 이르렀고 논밭 사이로 피가 흘렀다. 상황이 이렇게 되자 백성은 힘이 다하여 난을 일으키고자 하는 사람이 열 집 중 다섯 집이었다"[19]라고 했다. 가연지賈捐之는 "진 왕조 때 병사를 모아 원정하여 안은 비워두고 밖으로만 확장하게 되었다. 영토를 넓히고자 하면서 위태로움은 걱정하지 않았다. 영토가 남쪽으로는 민월閩越 지방을 넘지 못했고 북쪽으로는 태원을 지나지 못했는데, 천하에서 둑이 터지듯이 반란이 일어났고 화가 미쳐서 마침내 2세에서 진나라가 끝났다. 그러나 「장성가長城歌」는 지금도 끊어지지 않는다"[20]라고 했다. 이런 평론은 지나친 과장이다.

아홉째, '가혹한 이치'이다.

정론가들은 진의 이치 중에서 세 가지를 비평했다. 첫 번째는 진의 법리가 법을 집행하는 것이 너무 엄하고 가혹했다. 가의가 지적한 대로 "관리의 법 적용이 가혹했고 상벌이 합당하지 않았다."[21] 두 번째는 진시황은 법을 집행하는 관리를 중용하였다. 장석지는 "진은 문서를 도필리刀筆吏에게 맡겨 빠르고 가혹한 것을 가장 높은 것이라고 여겼다. 그래서 서로 경쟁하여 쓸모없는 법조문만 남고 측은하게 여기는 마음의 본질은 사라져버렸다"[22]고 비판했다. 세 번째는 진 왕조 법리의 가혹함이었다. 조착은 "진 왕조가 처음 혼란스러워졌을 때, 관리가 가장 먼저 손을 뻗친 것은 가난한 백성이었고 그다음은 부자와 관리의 집안이었다. 마지막은 종실대신이었다. 이 때문에 친소 구분 없이 모두 위태로워졌고 내외가 모두 원망하여 흩어져서 달아났고 사람들은 진에서 마음이 떠났다"[23]고 결론지었다.

열 번째, 금기가 많았다.

"충신이 감히 간언을 하지 못했고 지혜로운 모사들이 감히 계책을 올리지 못했다."[24] 가산이 말하길, "진 황제는 멸망해가는 과정에서 스스로 망하는 것을 알지 못했다. 그 이유는 무엇일까? 천하에 감히 고하는 사람이 아무도 없었기 때문이다. 아무도 고하지 않은 까닭은 무엇인가? 양로養老의 도리를 잃고 보필하는 신하를 잃고 간언을 올리는 선비를 없애 제멋대로 죽이고 비방하는 사람을 물리치며 직간하는 선비를 죽였기 때문이다. 그 결과 아첨하여 구차한 삶을 구걸했고 요순보다 덕이 많고 현명하며 공덕을 따져보면 탕무보다 뛰어났다고 다들 외쳤는데, 천하가 무너지고 있었으며 아무도 알려주지 않았다."[25] 이런 현상은 진시황이 자신의 공로를 자신하고 교만했기 때문이라 평가되었다. "스스로 어질다고 자만하여서 군신이 두려워하고 아첨했으며 방자하게 마음대로 행동하며 근심과 화근을 돌아보지 않았다."[26]

열한 번째, 예의염치를 없애버렸다.

가의와 동중서는 진 이후 삼강오륜이 쇠퇴하고 풍속이 타락한 것을 증오했는데 그 책임이 진시황에게 있다고 여겼다. 가의는 "진이 삼강오륜을 없애면서 군신의 관계가 어그러지고 육친六親이 잔인하게 도륙당했다. 간사한 자들은 들고일어나고 만민이 이반하여 대략 13년 만에 사직이 폐허가 되어버렸다"[27]고 비난했다. 한대 유가는 진시황이 윤리 교화를 중요하게 여기지 않았기 때문에 예의염치가 땅에 떨어졌으며 이것이 바로 그의 폭정이자 진 왕조 멸망의 원인이라고 보았다. 근원을 찾아보면 '선왕의 도를 폐지하면' 반드시 '예의를 버리게 되고' 더 나아가 '군신의 관계가 문란해지게 되었다.' 역대 유가들은 모두 이를 중시했다.

열두 번째, '극단의 사치와 끝없는 향락'이다.

한대 정론가들은 "진나라가 2세에 이르러 망한 까닭은 살아서는 사치를 다하고 죽은 자에 대한 예가 너무 두터웠기 때문이다"[28]라고 생각했다. 이 비판은 진시황이 사치가 심했음을 언급한다. 동방삭은 "대저 은나라가 아홉 개의 시장을 갖춘 궁을 세우자 제후가 배반했고 영왕靈王이 장화대章華臺를 만들자 초나라 백성이 흩어졌으며 진이 아방궁을 짓자 천하가 어지러워졌다"[29]고 평했다. 이것은 전대 폭정을 비판하는 가장 흔한 방식이다.

이상의 몇 가지는 한대 정론가, 특히 유가의 공론이라고 말할 수 있다. 이는 정치 이념, 정치제도, 정치 방략, 정치 원칙과 구체적인 조작 등 진제와 진정의 기본 방향을 모두 포함한다. 이리하여 진시황의 정치는 철두철미한 폭정으로 변했다.

한 왕조가 진의 정치를 비판한 것은 다른 학파에도 영향을 미쳤다. 예를 들어 음양술과 재이災異설을 숭상하는 술사는 "『춘추』는 재이가 있어서 끝과 시작을 열거하였고 득실을 추론하고 천심을 고찰해서 왕도의 안위를 언급했다. 진 왕조 때는 말하지 않고 법으로 그것을 상하게 했기 때문에 대도가 통하지 않고 멸망에 이르렀다"[30]고 생각했다. 어떤 사람은 진이 '제후를 잠식하고 천하를 합병한 것'을 진시황의 죄로 열거했다. 이 런 견해는 함부로 죄를 더한 것에 불과하다.

요컨대 한대 사람은 보편적으로 "주나라 말년에 이르러서 크게 무도하 여 천하를 상실했다. 진이 그 뒤를 이었으나 더욱 심했다. 자고로 난으로 난을 다스릴 수는 없으니 천하를 크게 어지럽힌 것은 바로 진이었다"[31] 라는 결론을 내렸다.

한대 유가가 '한은 진의 제도를 계승했다'는 가장 중요한 사실을 고의 로 말하지 않은 부분은 당연히 지적되어야 한다. 한의 치도, 제도, 정술 과 많은 규장, 규범은 진에서 전승되어온 것인데, 한대 유가는 진시황을 평가할 때 이 사실을 말하지 않았다. 이는 불공평한 처사다. 이들은 진 왕조의 허물을 모두 법가로 돌렸고 한 왕조의 공을 모두 유가에게 넘겼 으며, 더 나아가 한의 많은 폐정을 진 왕조가 남긴 유산이라고 뒤집어씌 웠다. "한 왕조가 일어나서 진 왕조의 것을 따르고 고치지 않았다"는 말 이 바로 그것이다. 유가는 '법치'를 공격하고 '예치'를 기려서 공자의 도 를 천고에 불변하는 '성도聖道'라고 받들었다. 그들은 유가 학파를 관학 으로 만들어서 위치를 공고하게 하려고 진의 정치를 왜곡하고 폭정이라 선전하여 비판이 사실보다 과장되었다. 『염철론』「형덕刑德」에는 진의 법 이 매우 가혹해서 "말을 훔친 자는 사형이고 소를 훔친 자는 칼을 씌운 다. (…) 훔치고 상하게 한 자는 죽인 것과 같은 죄이다"라고 했다. 그러 나 운몽진간 등 새로 발견한 믿을 만한 사료나 현대의 학술 연구로 이러 한 것은 사실이 아님이 밝혀졌다. 한대 유가는 객관적으로 존재하는 폭 정과 허구의 폭정을 한데 합쳐서 후세에 완전한 폭군의 아이콘이 빚어졌 다. 한 무제 이후 유가 학파는 계속 관학의 위치를 점하여 중국 주류 문화를 대표했으므로 역사 속 진시황은 '상징화된 진시황'의 그늘을 벗어날 수 없었다.

실용주의 정론 방식은 진시황의 이미지를 더욱 견고하게 만들었다. 한 대 정론가가 진시황의 폭정을 비판한 것은 대부분 역사를 연구하기 위한 것이 아니라 현실 정치를 위한 것이었다. 육가, 가산, 가의, 오피, 조착, 동중서, 주부언 등은 분분하게 "치란의 도를 말할 때 진을 빌려서 비유했다."³² 이들은 자신이 모시는 군왕의 현실 정치에 복무했고 매 편의 의론마다 그냥 넘어가는 법이 없었다. 대부분 간언의 성격으로 한 황제나 제후의 잘못된 정책을 제지하고 수정하기 위해 망한 진 왕조를 교훈으로 삼았다. 어떤 때는 앞뒤가 맞지 않는 언설도 있었다. 당초 주부언은 흉노 정벌을 반대했기 때문에 한 무제를 막기 위하여 진시황이 이사의 권유를 듣지 않은 것을 비판했다. "전쟁에서 이긴 위엄으로 천하를 잠식했고 (…) 승리에 집착해 쉬지도 않고 흉노를 공격하려 했다." 주부언은 북쪽 변경은 '토질이 단단하고 호수에는 염분이 있어 곡식을 키울 수 없으므로' 반드시 식량과 군수물자를 장거리 운송해야 한다고 주장했다. 진시황은 "천하의 성년 남자를 뽑아 북하北河를 지키게 했습니다. 군대를 황량한 사막과 들판에 보낸 10여 년 동안 사상자가 셀 수 없었고 끝내 강을 건너 북으로 향할 수 없었습니다. 이것이 어찌 사람이 부족하고 군수물자가 부족했기 때문이겠습니까? 그 형세가 불가했기 때문입니다. 또한 황黃, 수腄, 낭야琅邪 같은 연해지역에서 처음에 30종鍾의 많은 곡식을 운반해도 북하에 도착하면 비용이 많이 들어서 1석만 도착할 것입니다. 남자가 있는 힘을 다해 농사를 지어도 식량이 부족하고 여자가 열심히 베를 짜도 군대의 수요를 맞추기 힘들 것입니다. 백성은 피폐하고 고아, 과부, 노약자를 부양할 수 없고 길에 시체가 마주 누워 있게 되니 이때 천하 사람들이 진을 배반하기 시작했습니다." 이것은 식량 운반을 진 왕조의 패망 원인으로 간주한 것이다. 그러나 수년 후, 주부언은 또 삭방군을 설치하자고 강하게 주장했다. "삭방朔方은 땅이 비옥하고 밖으로는 황하가 막아주고 몽염이 그곳에 성을 쌓아 흉노를 막았습니다. 안에서 조심하여 수운으로 물자를 옮긴다면 영토를 넓혀서 북방을 토벌하는 본거지가 될 것입니다."[33] 이 주장은 앞서 했던 주장과 정반대의 의견이었다.

또한 한 왕조 사람은 진시황이 동생을 죽이고 어머니를 다른 곳으로 보낸 것은 잔인하고 난폭하여 부덕한 것이라고 했다. 그러나 어떤 정론가는 한 왕조에서 황제가 유사한 조치를 취해야 했을 때 그 필요성과 합리성을 입증하기 위해 "옛날에 주공이 관숙을 죽이고 채숙을 석방하여 주를 안정시켰습니다. 제 환공은 동생을 죽이고 제나라로 돌아왔습니다. 진시황은 두 동생을 죽이고 어머니를 밖으로 옮겨서 진을 안정시켰습니다"[34]라고 말했다. 진시황의 행위를 '국가를 안정시키는 일'이라 간주하고 더욱이 그를 대성인인 주공과 동급으로 거론한 것이다. 즉, 이 말들은 매우 경박하여 역사적 사실과 부합하는지의 여부를 전혀 고려하지 않았음을 알 수 있다.

민간 전설은 대부분 믿을 만한 역사가 아니다. 이런 이야기는 폭정에 대한 민중의 규탄이지만 역사적 사실과는 큰 차이가 있다. 저명한 민간 고사 '맹강녀 이야기'가 가장 좋은 예이다. 이 이야기는 진시황의 폭군 이미지를 더욱 확고하게 했고 이야기를 전한 자는 진실 여부를 전혀 고려하지 않았다. 한대 이래 대부분의 민중이 보편적으로 진시황은 '나쁜 사람'이며 폭군이라 여긴 것은 이 전설의 보급과 직접적인 관계가 있다.

전형화되고 이미지로 바뀐 진시황의 모습은 실제 진시황과 큰 차이가 있었는데 이는 거꾸로 당대의 역사 서술에도 영향을 미쳤다. 한대에 진행되었던 진의 역사 연구는 (두 나라가 시기적으로 멀지 않아) 근현대사 연구에 해당된다. 그 시대에는 각종 사건을 겪은 지 얼마 지나지 않아 1차 사료, 구술, 유적이 많이 남아 있었다. 많은 사학자는 어떤 사건을 몸소 겪었거나, 그 일을 겪었던 사람을 인터뷰하거나, 얼마 지나지 않은 유적을 답사하고 고증했다. 이런 연구는 사료가 풍부하고 대부분 믿을 만하다는 장점이 있지만 진을 깎아내리고 한을 칭찬하는 등 감정이 크게 작용해 사실을 오도하기 쉽다는 단점이 있다. 이런 상황에서 사실을 합당하게 전하기는 어렵고 대부분 부정적인 사실과 비판적인 언사가 된다. 이런 사실을 편집, 묘사하는 방식은 너무 쉽게 독자를 그릇된 길로 이끈다. 역사를 신중하게 다룬다는 『사기』조차 진시황의 행위를 묘사할 때 부정적인 단어를 즐겨 사용했다. 사마천은 "진왕은 탐욕스럽고 비루한 마음으로 자신의 지모를 뽐내며 공신을 믿지 않고 사민을 사랑하지 않아 왕도를 폐하고 사사로운 권력을 세웠다. 그리고 백가의 서적을 불태우고 형벌을 가혹하게 집행했으며 사술과 무력을 앞세워 인의를 경시하였고 포학을 천하를 다스리는 전제로 삼았다"[35]고 했다. 반고가 말하길, "진시황이 즉위한 지 39년에 안으로는 6국을 평정하고 밖으로는 사방의 나라를 물리쳐서 사람을 삼나무 자르듯이 죽였다. 그리하여 장성 아래에 해골이 드러났으며 거리에는 시신이 널려 있었고 하루라도 전쟁이 없는 날이 없었다. 이 때문에 산동에 난이 일어났고 사방에서 호응하여 진에는 큰 반란이 시작되었다. 진의 장수와 관리는 밖에서 반란을 일으키고 적신은 안에서 난을 일으켰으며 이렇게 내란이 일어나서 2세가 화를 당했다."[36] 이 견해는 확실히 너무 과장되었다. 이런 기조로 사료를 편집하고 사서를 편찬한다면 사실과 다른 부분이 많을 것이다. 『사기』 『한서』 등은 진시황을 연구하는 데 중요한 사료이며 그것은 후세의 연구 방향에 강력하게 영향을 끼쳤다. 한대 이후 많은 사가는 진 왕조의 각종 정치적 조치와 진시황의 행위를 부정적으로 해독하기를 좋아했다. 이는 한대 역사 문헌의 저술 방향이나 사실성 부족과 직접적인 관련이 있다. 절대다수의 독자는 사서를 읽은 후 전형이 된 진시황만을 인정했다.

전통 역사 연구는 진 왕조 역사의 합법성을 부정하는 방식으로 폭정의 성격을 강화했다. 한대 사람들은 '오덕종시'설을 두루 믿었다. 처음에 사람들은 진 왕조를 '수덕水德'의 위치에 있다고 인정했으나, 어떤 사람은 한 왕조가 수덕으로 전대의 덕을 이었다고 했고 어떤 사람은 한 왕조가 '토덕土德'이라서 이전의 왕조를 교체했다고 주장했다. 나중에 사람들은 진 왕조를 '오덕五德' 밖으로 배척하여 진 왕조가 독립된 왕조라는 것까지 부정했다. 후세 사가는 이런 사고방식을 택해 왕조의 순서를 배열할 때 진 왕조를 '윤위閏位'(정통이 아닌 황제의 자리)에 놓았다.

한대에는 또 다른 역사 인식이 있었는데 바로 삼교三敎설이다. 동중서, 사마천 등은 모두 이에 대한 논술을 한 적이 있다. 그들은 하 왕조는 '충忠'을 주로 하는 정치체제였고 상은 '경敬', 주는 '문文'을 주로 하였으며, 세 정치체제는 순환 왕복했고 이는 '천통天統'을 실현하는 것이라고 생각했다. 삼교가 순환하는 과정에서 진 왕조는 주 왕조에 붙어서 '문'의 가장 나쁜 표현이 되었다. 후세 사가는 이런 사고를 따랐고 '도'의 원칙에 근거하여 진 왕조를 '정통'의 바깥으로 두어 배척했다. 이런 유사한 사론에서 진 왕조의 독립된 지위와 합법성은 박탈당했다. 진 왕조는 '정통'이 아니고 윤달처럼 비정상이거나 필요 없는 것이었다. 후세의 많은 사람은 '크게 무도한 사람인' 진시황이 황위에 오른 것은 '운명이 뒤집혔기' 때문이라고 생각했다.[37]

한대 이래 소수의 사상가만 역사 속의 진시황을 분석하여 비판하고 긍정적인 평가를 내렸을 뿐, 절대다수는 진시황을 걸주와 같거나 심하면 그보다 더하다고 생각했다. 진晉 왕조의 부현傅玄은 "진시황의 무도함이 어찌 심하지 아니한가! 사람 죽이는 것을 개, 돼지 죽이는 것과 같이 보았다. 개, 돼지는 잘 길러서 절도라도 있지만 시황이 사람을 죽이는 것은 감정에 따를 뿐이니 도로써 하지 않았다. 이사도 법을 가혹하게 적용했고 지시에 따라서 망령되게 사람을 죽였다. 그리하여 진은 2세를 넘기지 못하고 망했고 이사는 후손도 남기지 못했다. 도에 합당하지 않게 남을 우매하다고 했으니 남들도 부도不道로 돌려주었다. 사람들이 원수로 여기고 하늘이 버리니, 무도하게 행동하고 망하지 않은 자가 없었다"[38]고 개탄했다. 또 한 가지 예를 들면, 사마광은 진에 '폭暴'이라는 글자를 더하여 "폭진暴秦"이라 불렀고, "성인의 경전을 해치고 격언을 싫어하며 시와 서를 불사르고 술사를 도살했다"[39]라며 진시황을 크게 욕했다. 이런 평론은 논할 때마다 매번 '폭' 자를 붙여서 개인의 품격을 과도하게 질책하여 책임을 추궁했는데, 여기에는 실사구시의 분석이 부족했다. 이론의 깊이는 더욱이 말할 것도 없었고 상당히 주관적이고 감정적이었다. 이런 의미의 진시황은 역사 속의 진시황과 같으면서도 달랐고, 다르면서도 같았다. 그는 하나의 형상으로 폭군의 대명사였다.

진시황 이미지의 사회적 작용

폭군 진시황의 이미지는 객관적인 역사 서술이라고 보기는 힘들지만, 사상사적 측면에서 중요한 의의가 있다. 하나는 제왕술의 발전에 도움이 된 것이고, 또 하나는 폭군과 폭정을 강하게 비판한 것이다.

"옛일을 말하기 좋아하는 사람은 반드시 현실에 부합해야 한다." 형상화된 '진시황'은 현실 정치를 위한 참고 대상이 되었다. 많은 사상가와 정론가는 진시황을 평가하며 진 멸망의 교훈을 총결했고, 짜임새 있는 대책을 내놓으며 군주정치의 통치술을 완성했다. 이와 같은 이론으로 군주정치를 위협하는 각종 금기와 대책은 더욱 선명해졌다. 진시황이라는 교훈 덕분에 많은 제왕들은 한발 물러서게 되었다. 어떤 국왕은 정치 행위를 스스로 제약하고 정책을 조정하여 어느 정도 정치 상황을 개선했다.

'진시황'을 이용하여 제왕에게 간언하거나 교화한 것은 강인한 사회 여론을 형성했고 역대 제왕의 의식 행위에 깊은 영향을 주었다. 역대 명신의 간언을 읽어보면 이것이 어느 정도 효과가 있었음을 알 수 있다.

당 태종과 신하들은 진시황에 대해 "옛것을 본받으라는 교훈을 어기고 선왕의 도를 폐기했다"고 질책했다. 당 태종은 진시황의 '강변强辯' '자긍自矜' '포학暴虐' '사치奢侈' '무도無度' 등의 폐정과 위해를 심각하게 인식했다. 진시황을 역사의 관례를 뛰어넘는 비정상으로 여기며 "진의 운명은 윤달과 같이 짧았다"[40]는 말을 남겼다. 당 태종은 항상 진시황을 교훈으로 삼았으며, "진시황은 6국을 통일하였고 수 양제는 사해를 가졌으나 교만하고 방종하여 하루아침에 망하였다. 그러니 내 어찌 스스로 교만하겠는가? 여기까지 말하는데도 나도 모르게 놀라서 경계심이 일어나는구나!"[41]라고 하였다. 『금경金鏡』에서 당 태종은 비판의 칼날을 폭군에게 겨누고 이름을 거명하며 "위험에 직면한 임금臨危之主"이라고 비판했다. 그는 "하걸夏桀과 상신商辛을 살펴보니 그들의 패악함에 한숨 짓는다. 정령이 행해지지 않고 한 해의 질서가 제자리를 잃어서 맹수가 제멋대로 죽이고 해충이 농작물을 갉아먹는 것과 같으니 하걸과 상신은 어찌 맹수의 무리가 아니겠는가?"라고 비판했다. 당 태종은 역사에서 무도한 임금의 폐정을 열거하면서 '임금의 잘못이지 신하의 죄가 아니다'라고 생각했다. 역대 성왕과 폭군의 성공 및 실패를 하나씩 비교한 후, '하상 말기 진한의 폭군은 얇은 얼음 위를 걷는 것처럼 사람을 떨리게 한다'며 스스로 경계했다. 당 태종은 또 일찍이 '웅장하고 단단하여 시황제의 공업을 이룰 수 있었던 관중 평원과 함곡관'을 마주하며 감격하기도 했다. 그리고 옛것을 회고하며 오만가지 생각에 잠겼고 '요순과 같은 풍속으로 진한의 폐단을 일소하리라'고 다짐했다. 당 태종은 '사람의 도리가 넘치는 것을 싫어하고 자기를 낮추는 것을 좋아하므로 마음을 비움으로써 가득차고 방탕한 것을 경계해야 함'을 교훈으로 삼았다. 또한 그는 몸소 하늘을 받들고 도를 본받으며 절약하고 백성을 사랑하며 어진 자를 등용하고 간언을 받아들이며 덕을 밝히고 벌을 신중하게 내리는 임금의 도를 행하리라 결심했다.[42] 핵심을 찌르는 비판과 확실한 자기 경계는 당 태종의 정치의식과 행위에 깊은 영향을 주었다. '정관의 치'는 이와 같은 인식의 성과이다. 실제로도 중국 고대의 많은 명군에게는 이와 같은 언행이 있었다.

진시황이라는 형상은 비판적 기능이 있어 사회정치 비판의 도구가 되었다. 여기에서는 중요한 사상적 현상을 소개하고자 한다. 진한 이래 진시황 비판을 시작으로 진한 이후의 모든 군주를 철저하게 부정하는 경향이 갈수록 명확해졌으며, 어떤 사상가는 황제제도를 부정하는 지경에까지 이르렀다.

사실 소수의 군주 무용론자를 제외하면 한당 사상가가 진시황을 비판하며 현행 정치제도를 부정할 이유는 없다. 그러나 많은 유가는 요순의 정치가 최고의 이상이고 공맹의 도가 유가의 대통을 대표한다고 주장해 분봉제도와 정전제도를 전면 회복할 것을 주장했다. 사람들은 보편적으로 춘추시대 이후 세상이 야박해지고 인심이 옛날 같지 않으며 지금이 옛날만 못하다고 느꼈다. 이런 사상에는 황제제도에 대한 비난과 부정의 의미가 포함되어 있었다.

송명 이후에는 춘추 이후부터 자신에게 해당되는 왕조 이전의 정치를 완전히 부정하는 것이 시대의 조류가 되었다. 주희로 대표되는 송대 이학자들은 유가의 '내성외왕內聖外王'(학술과 덕행을 아울러 지닌 사람)과 '왕패의 구분'을 극단적으로 발전시켰다. 소옹邵雍은 황, 제, 왕, 패라는 품品으로 군왕을 구분했다. 그래서 소옹은 역대 왕조를 평가하여 한당漢唐은 "왕천하 하기는 부족했고, 진수晋隋는 패도라 하기는 남음이 있었으며 정치사에서 본다면 치세는 적고 난세는 많았다"[43]고 보았다. 주희는 더욱 비관적으로 품평했는데, 전국시대 이후 도통과 통치는 철저하게 분리되어 합격한 제왕이 한 명도 없다고 보았다. 주희는 한 고조, 당 태종조차 인의로 위장한 무리에 속하여 그들의 정치는 '패도'의 범주에 속한다고 비평했다. 이학理學의 전승자는 대부분 현존하는 왕조의 제왕에게는 어떤 비난도 하지 않았지만 지나간 왕조라면 모조리 부정했다. 이학의 영향을 받은 송원명청의 제왕과 장상도 진부터 당대의 왕조 이전까지의 모든 제도와 정치가 '어설펐다'고 여겼다. 명나라 때 각료 구준丘濬의 『대학연의보大學衍義補』는 명의 효종과 신종을 칭찬하여 높이 평가했다. 『총론예악지도總論禮樂之道』에서 구준은 "후세의 어설픈 정치를 철저하게 개혁해야 한다"고 주장했다. 그리고 진 이후 역대 왕조의 제도는 "모두 진을 계승하고" 조금 더하거나 빼기는 했어도 "대부분 어설픈 것에 안주했을 따름"이라고 단정지었다.

현실에 격앙된 태도를 보이는 사상가는 이런 사고를 따라 황제제도를 완전히 부정했다. 송원 시기의 등목鄧牧은 "삼교외인三教外人"이라고도 불린다. 등목은 요순의 정치는 백성의 굶주림을 근심하고 도탄에 빠진 백성을 구원하여 공덕이 무량하다고 칭송했다. 이런 이상적인 군주정치 형태를 근거로 등목은 진한 이후의 제도와 제왕을 철저하게 부정했다. "후세의 임금은 걸핏하면 공덕을 찬양하고 요순을 칭하는데 그 이유는 진보다 나을 것이 없었기 때문이다."[44]

청나라에는 전국, 진한 이후의 제도와 제왕을 부정하는 사상이 주류를 이루었다. 그중에 황종희黃宗羲, 당견唐甄 등은 모든 것을 부정하는 경향이 있었다. 황종희는 『명이대방록明夷待訪錄』에서 진정을 조리 있게 비판했다. 황종희는 진한 이후의 황제제도는 '큰 개인大私'의 제도이고 황제의 법제는 "황제 일가의 법이고 천하의 법은 아니다"라고 했다. 이런 제도에서 군주는 "천하의 커다란 해악"이 되었다. 당견은 더욱 격렬해서 "일반적으로 진 이후의 제왕은 모두 도적이다"[45]라고 외쳤다. 사상적 측면에서 황종희 등의 평론은 중대한 역사적 의의가 있으며 이로써 그들은 중국 고대 정치 비평의 정상에 올랐다. 그러나 이런 사상가의 이론은 "천하를 다스리는 자는 오직 임금뿐이며 천하를 어지럽히는 자도 오직 임금뿐이다"[46]라는 것이다. 그들은 삼대의 왕제를 모두 회복하자고 주장했다. 이와 같은 사유 방식으로 사회 혼란의 책임이 모두 군주에게 돌아갔다. 군주가 천하의 최고 정치 주체였기 때문에 군주전제 제도를 철저하게 부정할 수 없었다.

근대 이후 비판적 사유는 한 걸음 더 발전했다. 유신변법을 주장하던 탄쓰퉁은 "지난 2000년 동안의 정치는 진의 정치이므로 모두 대도大盜이다. 2000년 동안의 학문은 순자의 학문으로 모두 위선자였다"[47]라고 준엄하게 지적했다. 사실 두 번째 구절은 '2000년 동안의 학문은 공자의 학문으로 모두 사람을 잡아먹는 학문이었다'[48]라고 고쳐야 한다.

탄쓰퉁의 뒤를 이어 민주주의 가치 척도로 '진시황 현상' '공자 현상'을 인식하고 비판해서 철저하게 부정하는 사조가 날로 흥성했다. 군주전제제도를 철저하게 부정하는 것은 진시황의 황제제도를 부정하는 것과 직접적인 관계가 있었다. 진정과 진제는 이런 제도를 대표했기 때문에 이 제도를 비평하려면 진시황을 비판해야 했다. 민주주의 혁명 사조가 처음 일어났을 때 황제제도를 타도하려는 모든 사람은 비판의 창끝을 진시황과 그의 제도를 향해 겨눴다. 진시황의 황제제도는 하드웨어였고 공자의 유학은 소프트웨어였으며, 양자가 배합하여 중국 고대 전제주의의 틀을 구성했다. 이들은 황제제도를 뒤집으려 하면서 '공가점'을 타도하자는 구호를 외쳤다. 구질서 체제를 부수려는 시대에 이 같은 정치 비판은 합리적이고 정의로우므로 역사적 의의는 당연히 긍정적이어야 한다. 그러나 이런 비판은 대부분 학술적 가치가 없는 주장이므로 이를 근거로 조상에게 가혹하게 할 필요는 없다.

진시황 이미지는 당연히 역사 연구에 방해가 되었다. 정치적, 학술적 논쟁에서 증거를 내놓아야 할 때마다 진시황의 부분적인 언행이나 결과를 떼어내 편파적으로 또는 과장하여 논술했다. 현대 역사 연구에서 전통 사학에 깊은 영향을 받은 일부는 여전히 예전의 학설을 따르고 있고, 일부는 민주주의 가치관과 문헌 기록에 따라서 진시황을 철저하게 또는 기본적으로 부정하는 태도를 보인다. 예를 들면, 근래 세상에 알려진 전기작품은 인격, 행위, 정치 책략과 제도 등 여러 부분에서 부정적인 묘사와 평론으로 진시황의 일생을 해석하고 진시황 현상을 설명한다. 또한 작가는 기본적으로 진시황을 사실과 다른 역사 인물로 설정한다. 그러나 역사 속 진시황에 대한 평가와 중국 고대 군주제도의 평가는 분명히 다른 성격의 일이고, 진시황과 관련한 제도와 가치체계를 완전히 부정하는 것 그리고 진시황 개인을 전면적으로 평가하는 것 역시 완전히 별개의 일이다. 학술 연구에서 아무런 분석 없이 진시황을 부정한다면 역사 과정을 전면적으로 인식하거나 총체적으로 파악할 수 없다. 사상이 심오한 민주주의 사상가와 신중한 학풍의 학자는 진시황을 비판할 때 더욱 객관적이고 공정했다. 이들은 구제도와 가치체계를 철저하게 부정하고 진 왕조의 폭정을 비판하는 동시에 진시황의 역사적 지위를 충분히 긍정하고 함부로 내린 부당한 평가를 뒤집었다.

'천고의 첫 번째 황제'를 긍정하는 평가

진시황이 재위에 있을 때부터 평가는 양 극단으로 갈렸다. 절대 부정의 반대편에는 전체 긍정이라는 또 다른 극단의 평가가 있었다. 진시황당대에 각지의 비석에 쓴 "공업이 오제를 뛰어넘었다"라는 평가는 전면긍정의 대표 사례이다. 이는 꾸미고 과장한 것이지만 대부분 사실과 부합하므로 근거가 없다고 배척할 수는 없다. 사료 가치로 보면 이런 견해의 결점은 여러 부족함이나 폐정, 폭정을 가리려는 것이다. 하지만 피할수 없는 사실을 제시한 것이기도 하다. 진시황의 정치 업적은 확실히 삼황오제, 삼왕조차 미칠 수 없었으며 훗날에도 그의 업적을 뛰어넘은 사람은 드물다. 이런 의미에서 "천고의 첫 번째 황제千古—帝"라는 평가는 진시황 재위 때 나온 것이다.

진 왕조가 무너진 후, 여론 전체는 진시황을 완전히 부정하는 추세였다. 한위당송 때에 진시황의 역사적 공헌을 긍정하는 언론은 드물었고더욱이 총체적으로 긍정한 사상가는 한 사람도 없었다. 그러나 분석적인 태도로 진시황에게 접근한 정치가, 사상가, 사학자는 많았다. 한 무제 시기의 주부언은 진시황에 대해 "중원에서 첫째이며 공업은 삼대와 같다"[49]라고 평했다. 이 같은 사상이 발전해 명대 사상가인 이지李贄는 "천고일제千古一帝"라는 평가를 내놓았다.[50]

이지(이탁오)는 반역정신이 충만한 사상가였다. 어려서 오경五經을 익혔고 과거에 급제해 관료가 되기도 했으며 당시 유행하던 '심학心學' 사조의 영향을 깊이 받았다. 나중에 유학의 진영에서 벗어나 전통 유학의 가치를 체계적으로 비판했다. 이지는 공자를 성인으로 만들고 경전을 신격화하는 것을 반대했고 '공자의 생각으로 모든 것을 시비하는' 학풍을 비난했다. 유학 가치관의 질곡을 큰 폭으로 벗어났기 때문에 이지의 사학 연구는 매우 객관적이다. 이지는 '조룡祖龍이 독을 심어놓아서 시간이 지나면 반드시 독성이 다시 나타나는 것'을 본 동시에 세속의 논의와 달리 진시황의 역사 공적을 긍정했다. 진시황이 '천맥阡陌을 열고 군현을 설치한 것은 모두 옳은 일이다. 호걸이 천운에 부응하고 대신이 시대의 요구에 따른 것이므로 성인이 다시 일어나더라도 바꿀 수 없다'고 보았다. 진시황은 이사의 정책을 채택하여 여러 자식과 공신들에게 분봉하지 않았다. 그러면서 '공부세를 상으로 하사한 것은 천고의 독자적 견해'라고 했다. 진시황이 장성을 건설한 것도 '만세의 이익'이었다. 이지는 "시황이 황제가 되고 이사가 승상이 되어 천지가 뒤집혀 새로운 세상이 나타났으니 성인인지 마귀인지는 가볍게 논의할 수 없다"며 신중한 입장을 취했다. 또 "조룡은 천고의 영웅으로 천하를 쟁취했다. 부소는 아들이고 자영은 손자이다. 그러나 마침내 호해와 조고 두 못난이가 망쳐버렸으니 참으로 애석하구나!"[51]라고 했다. 이렇게 진시황을 기타 개국 군주와 동등한 위치에 두고 역대 정치 영웅의 행렬에 집어넣었다. 진시황의 공적은 한 고조, 한 무제, 한 광무제, 당 태종, 송 태조, 명 태조 등과 비교해봐

李卓吾先生批評忠義水滸傳卷之一

第一回

張天師祈禳瘟疫　洪太尉誤走妖魔

詩曰

絳幘鷄人報曉籌　尚衣方進翠雲裘　九天閶闔開
宮殿　萬國衣冠拜冕旒　日色纔臨仙掌動　香煙
欲傍袞龍浮　朝罷須裁五色詔　佩聲歸到鳳池頭

話說大宋仁宗天子在位嘉祐三年三月三日五更三點
天子駕坐紫宸殿受百官朝賀但見

祥雲迷鳳閣瑞氣罩龍樓樓含煙御柳拂旌旗帶露宮花
迎劒戟天香影裡玉簪珠履聚丹墀仙樂聲中綉襖錦

이탁오는 세속의 논의와는 달리 진시황을 긍정적으로 평가한 몇 안 되는 사상가 가운데 하나이다. 원나라 시내암施耐庵이 집찬集撰한 『이탁오선생비평충의수호전일백권李卓吾先生批評忠義水滸傳一白卷』, 명나라 항주 판본.

도 전혀 손색이 없고 오히려 한 등급 높은 감이 있다. 이런 의미에서 이지가 '천고영웅' '천고일제'라고 한 평가는 역사적 사실과 부합한다. 이지는 '왕도를 폐지하고' '예의를 버리고' '기강을 무너뜨리고' '인륜을 어지럽혔다' 등의 추상적이고 허망한 말은 지워버리고, '세계를 전복시켰다'며 공적을 구체적으로 긍정했으니 그 시대에 독특한 혜안이 있었다고 할 만하다. 이지는 진시황에게 '마魔'라는 직함을 가볍게 더해서는 안 된다고 주장하며 '성인인지 악마인지는 가볍게 논할 수 없다'고 분명히 말했다. 이것은 탁월한 견해이다.

근대 이래 많은 연구자는 유가의 전통적인 가치관과 역사관을 물리치고 역사 평론의 척도와 시각을 크게 조정하면서 진시황의 인격과 정치 행위를 긍정적으로 바라보았다. 장태염張太炎의 관점은 이 시기를 대표한다.

장태염의 『진정기秦政記』는 대단히 부정적인 여러 논의를 조준하여 반박하는 형식으로 진시황을 세밀하게 평가했다. 장태염은 "고대의 임금 중에서 정치가 공정했던 때를 꼽는다면 진나라를 들 수 있다"라는 평가를 내놓았다. 이것은 이지의 '천고일제'와 거의 동등한 가치를 지닌다. 장태염은 진시황과 한나라 황제의 행위를 주의 깊게 비교해 더욱 설득력이 있었다. 첫째는 법을 지킨 것이다. 장태염은 진나라 정치의 가장 큰 특징은 법을 준수하는 통치라고 보았다. "상앙이 진의 법제를 제정했고 진의 임금도 대대로 법을 지켜야만 했다." 진시황은 본국의 정치 전통을 계승했고 법치정신을 완전히 관철해 선왕의 법제를 준수할 수 있었다. 진시황은 형벌만 법률 조문을 따른 것이 아니라 사람을 등용하는 것도 그러했다. 그는 '진나라 정치가 이와 같았으나 끝내 나라가 망한 것은 법의 잘못이 아니었다'는 점도 환기시킨다. 둘째는 어진 사람을 등용한 것이다. 장태염은 "공자와 처첩에게 서로 권세를 다투지 못하도록 하여 억누른

제
十
六
장

역
사
의

평
가

1061

처사는 다른 제왕보다 현명한 행위였다"고 보았다. 공과 능력과 재주를 높이 대접하는 인사제도를 고수했기 때문에 '진시황은 임금으로서 천하를 통치하면서 자식에게 벼슬을 주지 않고 서인으로 삼았고, 임명한 장군과 승상은 이사, 몽염 등 모두 공신이고 뛰어난 관리였다.' 장태염은 진시황과 한 무제를 견주어 한 무제는 외척을 총애하여 어진 인재를 쓰지 않았으나 "진시황은 시종일관 이사, 왕전, 몽염을 중용했다"며 차이점을 짚었다. 사람들은 진시황을 잔인하고 난폭하다고 하지만 오히려 한 문제, 한 무제 등은 제멋대로 살인을 일삼고 공신과 장상을 쫓아냈다. 반면 '세상 사람이 모질다고 한 진시황은 관리 한 명도 함부로 죽이지 않았다. 이처럼 진시황과 효무孝武(한 무제)의 경우 높은 산과 깊은 계곡을 비교하는 것처럼 진시황이 훨씬 뛰어나다는 사실을 알 수 있다'고까지 주장했다. 셋째는 간언을 받아들인 것이다. 장태염은 많은 사실을 열거하며 진시황이 '다른 임금보다 학문을 더 좋아했다'는 점을 입증했으며 유가, 법가, 잡가 등의 학파로부터 영향을 깊게 받았을 뿐 아니라 직간하는 많은 신하들도 '전혀 추궁하지 않았다.' 갱술사는 노생 등이 황제를 비방한 것에 원인이 있으며, 이것으로 진시황이 간언을 막고 유교를 없애려 했다고 단언할 수 없다고 보았다. 이외에도 장태염은 진시황이 정치를 잘 조절했고 일을 처리할 때 한계와 절도가 있었으며, '후궁과 후실에서는 권력으로 개인의 목적을 이룰 수 있는 사람은 한 명도 없었다. 파巴 지역의 청淸이라는 과부를 위해 회청대懷淸臺를 쌓아서 표창했으나, 명문 귀족에게는 압력을 가해 남의 것을 겸병하지 못하게 했다'고 평했다. 장태염은 "진시황이 잘못한 점이 있다면 아방궁을 짓고 동남동녀 3000명을 서복에게 주어서 불사약을 찾으려 한 것, 여러 술사가 거짓말을 하자 술사를 갱살하여 백성의 마음을 풀려고 한 것에 있었을 뿐 다른 잘못은 없었다"고 했다. "만약 진시황이 좀더 장수하여 그 뒤를 부소가 계승했더라면, 삼황오제와 함께 진시황을 넣어 사황육제라 불렀을지도 모른다. 그렇다 하더라도 진 왕조의 융성에는 비교가 안 될 것이다."

장태염은 『진정기』『진헌기秦獻記』에서 진시황을 때로는 좋게 때로는 나쁘게 평가했다. 진시황을 긍정적으로 평가한 것은 주로 가의의 『과진론過秦論』 등 진시황에 대한 철저한 부정에 맞추어 나온 것이다. 그는 '가생(가의)의 『과진론』과 같은 사상은 짧은 식견에서 나온 것如賈生之『過秦』, 則可謂短識矣'이라 보았다. 그러므로 곳곳에서 반박 문장을 지어 철저한 부정론과 뚜렷한 대조적 입장을 전개했다. 기존의 결론을 뒤집는 문장은 지나치게 변호에 치중한다. 부정적인 분위기 속에서 반박 문장을 지은 것이므로 이런 상황이 연출될 수밖에 없었다. 장태염은 이지와 마찬가지로 왕조 정치의 범위 안에서 진시황을 평가했기 때문에 전제주의 정치를 분석하거나 비판할 수 없었다. 그러나 자세하게 음미해보면 장태염의 사고 방향과 견해는 매우 합리적인 근거가 있다. 아무리 뛰어난 연구라도 장태염이 지적한 역사 현상을 피해갈 수 없다.

장태염의 뒤를 이어서 진시황을 위해 기존의 견해를 뒤집은 글은 매우 많다. 예를 들어 저명한 사상가이며 문학가인 루쉰은 "그렇다. 진시황이 책을 불사른 행위는 사상을 통일하기 위한 것이었다. 그러나 농서와 의서는 태우지 않았다. 다른 나라의 많은 '객경'을 모았고 결코 '진의 사상'만을 고집하지 않고 각종 사상을 두루 모았다"고 지적했다. 또한 루쉰은 "진시황은 정말 억울하다. 진2세 때에 망하자 아첨꾼들이 새로운 주인을 위하여 진시황의 나쁜 점만을 말했기 때문이다"[52]라고 주장했다. 루쉰은 세계사를 시야에 넣은 상당한 안목으로 진시황의 분서를 다루었다.

마르크스주의자이며 공산당인 마오쩌둥은 전제주의 제도와 가치체계를 이론적으로 비판했을 뿐 아니라, 전제 통치질서 행위도 격렬하게 공격했다. 군주전제 제도를 완전히 부정하고 제왕제도와 공가점을 타도하려면 말뿐만 아니라 행동이 따라야 했다. 그러므로 마오쩌둥이 진시황을 긍정한 것은 군주전제주의를 긍정한 것이 아니라 역사 인물에게 합당한 역사적 평가를 내린 것이다. 사상가이며 정치가인 마오쩌둥은 역사서를 읽고 역사를 평가했고 역사에서 유명한 황제를 짜임새 있게 논평했다. 마오쩌둥은 역사의 제왕을 평가하면서 큰 틀을 살펴보고 작은 흠은 생략했다. 그의 견해는 독특했고 남들이 보지 못한 부분을 찾아냈다.

마오쩌둥은 역대 제왕을 비교하면서 진시황이 현재를 높이고 과거를 낮추었으며 정치를 변혁하고 중국을 통일한 점, 그리고 도량형과 문자를 통일한 점, 군현제를 실시하고 치도와 장성을 만든 점을 높이 평가해 '훌륭한 황제'라는 결론을 내렸다. 그는 '진시황은 처음으로 중국을 통일한 인물이다. 정치적으로 중국을 통일했을 뿐 아니라 문자와 각종 제도를 통일했다. 예를 들어, 도량형 등 일부 제도는 후세에도 계속 사용하였다. 과거 어느 봉건군주도 그를 뛰어넘지 못했다'고 판단내렸다. 진시황을 위해 견해를 뒤집은 다수의 학자와 마찬가지로 마오쩌둥은 유가의 가치체계를 기본적으로 부정했다. 그는 "중국에는 진시황이 좋다고 말하는 파와 나쁘다고 말하는 파가 있다. 나는 진시황을 긍정적으로 평가하고 공자를 반대한다"라고 말했다. 그의 주요 논점은 "역대 정치가는 각각 자신의 성취가 있는데 봉건사회 전기에 공을 세운 것은 모두 법가이다. 그들은 법치를 주장하여 법을 어기면 죽였고 현실을 긍정하고 과거를 부정할 것을 주장했다. 유가는 입으로는 인의도덕을 말하면서 속으로는 남녀 모두 나쁜 짓을 일삼고 현실을 부정하며 과거로 회귀했다"

는 것이다. 마오쩌둥은 "공자는 물론 좋은 점도 있었지만 아주 좋은 것만은 아니었다. 우리는 바른말을 해야 한다. 진시황은 공자보다 위대하다. 공자는 빈말을 한 사람이다"라며, "중국사에서 진정으로 일을 한 사람은 진시황이고 공자는 빈말만 했다. 수천 년 이래, 겉으로 보기에는 공자가 행했지만 실제로는 진시황을 따라 행한 것이다"라고 말했다.[53]

진시황 평가는 어떻게 발전해왔는가

진시황에 대한 평가는 그의 재위 당시에 시작되었다. 위료가 진시황은 효웅의 품격을 지녔다고 논한 것이 전형적인 사례이다. 상식에 따라 추정한다면 정치에 뛰어난 조정 관리가 당시의 황제를 평가했다면 그들의 분석은 절대 긍정도, 부정도 아닐 것이다. 문헌에 남아 있는 각종 간의가 바로 믿을 만한 실증 자료이다.

한대의 진시황을 부정하는 목소리 속에서도 객관적인 기술과 분석적인 평가로 진시황이라는 존재에 의미를 부여하는 것이 일부 있었다. 그들을 세 유형으로 나눠보면 다음과 같다.

첫째, 유가 가치체계와 일정한 거리가 있는 정치가이다. 이들은 법가와 유사하게 주장했다. 예를 들면, 한대 유가가 진나라 정치와 법가를 철저하게 부정하는 분위기 속에서 비교적 실질에 힘쓰던 상홍양桑弘羊은 "진이 망한 것은 조고 때문이므로 상앙을 비난해서는"[54] 안 된다고 지적했다. 진의 급속한 멸망이 법가 때문이라는 것이 과연 합리적인 결론인가 하는 문제를 제기한 것이다. 확실히 심사숙고할 가치가 있는 문제이다. 만일 법가가 패망의 주요 원인이라면 다음 몇 가지 질문에 대답하기 어려울 것이다. 춘추전국시대에 '법가'식 개혁을 했던 국가가 어떻게 강성할 수 있었는가? 이런 정치 형태를 관철했던 진나라가 어떻게 1세기 반 동안 성장을 거듭할 수 있었는가? 어째서 후세의 많은 정치가는 존망의 위기에서 벗어나는 대책을 고려할 때 흔히 '법가'의 주장과 조치를 생각하는가? '법가가 진을 망하게 했다'는 논리는 확실히 설득력이 없다. 그러나 법가 학설이 수성守成에 불리하다는 견해는 생각해볼 가치가 있다.

두 번째 유형은 객관성을 갖춘, 분석력이나 현실 인식이 강한 정론가와 정치가이다. 한대 명유인 가의의 『과진론』은 예악정치를 떠벌리며 진시황을 철저하게 부정하는 경향이 있었다. 그러나 가의는 '삭번削藩'을 주장했는데 이는 사실 진제로 복귀하는 의미가 있다. 어떤 사람은 이 때문에 가의를 법가法家로 평가했다. 가의는 『과진론』에서 진 왕조 통일의 의미를 긍정적으로 평가했다. "진이 천하를 통일하여 제후의 영토를 점령하고 남면하여 황제라 칭하고 사해를 부양했다. 그러자 천하의 사인이 풀이 바람에 쏠리듯 진에게 쏠렸다. 어째서인가? 근고 이래 왕자가 사라진 지 이미 오래였기 때문이다. 주나라 왕실은 이미 쇠약해지고 오패도 사라져서 천하를 호령할 수 없었다. 이 때문에 제후는 무력으로 정치해 강자는 약자를 침략하고 다수는 소수를 학대했고 전쟁이 그치지 않아서 백성이 피폐했다. 지금 진이 남면하여 천하의 왕이 되니 위에는 천자가 있게 되었다. 모든 백성이 생명의 안전을 바랐으므로 마음을 비우고 황제를 환영하지 않은 자가 없었다. 이때 위세를 잘 지키고 공업을 다지는 것에 진의 안위가 달려 있었다."[55] 이 분석에서 가의는 진 멸망의 더 큰 책임은 진2세가 져야 한다는 사실을 명확하게 드러냈다. 주부언은 진나라 정치를 격렬하게 비판하는 동시에 진시황이 천하를 통일한 공적을 높이 평가했고, "해내를 통일하여 공은 삼대와 동등하다"고 인정했다. 또 당시의 사실을 지적하며 "모든 백성이 전국시대의 혼란에서 벗어날 수 있었으며 현명한 천자를 만나서 사람마다 스스로 다시 살아났다고 여겼다"[56]고 했다. 엄안의 관점도 유사했다. 주부언은 진시황이 북쪽으로 흉노를 막은 것을 비판했으나 삭방군 설치를 주장할 때는 진시황의 당시 대책은 합리적이었다고 인정했다. 이와 관련된 정론가들의 글은 대개 실제로 진사에서 분석하고 긍정해야 할 역사 현상을 언급하고 있다. 가의, 주부언은 현실주의적 정치가였으므로 많은 '순유'나 '속유'처럼 극단적으로 부정하지는 않았다.

세 번째는 역사의 규율을 중점적으로 연구하는 사학가이다. 사마천은 진의 '포학'과 '폭려'를 비평하여 진나라 정치와 진시황의 '포학한' 천성을 일부러 표출시켰고 이는 역사 서술의 객관성과 완전성에 큰 영향을 미쳤다. 그러나 사마천은 '하늘과 사람의 관계를 인식하고 역사 고금의 변환 궤적을 인식하는 것'에 뜻을 두었으므로 역사 규율을 탐색하는 일에 더욱 주의를 기울였다. '진이 폭력으로 천하를 취하였으나 세상은 다르게 바뀌고 공은 컸다'는 것을 보았을 뿐만 아니라, 이치에 맞는 해석을 하려고 노력했다. 사마천은 "학자가 들은 것에 이끌려서 진의 처음과 종말은 자세히 살피지 않고 진의 재위 기간이 짧은 것만 보고 웃음거리로 삼는다"라고 비평하며, 이런 견해는 귀로 음식을 맛보는 것과 같아서 그 맛을 알 수 없다고 꼬집기도 했다. 또한 "전국의 권력 변화에서도 자못 얻을 것이 있다"고 했고 진나라의 제도와 정치에도 후세가 본받을 만한 가치 있는 내용이 있다고 보았다. 이런 입장은 사실에 가까운 해석을 이끌어내는 데 모자람이 없다. 애석하게 (한나라에 소속된 사관이라는) 제한을 받아서 사마천은 진의 성공을 하늘의 뜻으로 돌리고 말았다. 진이

미약하게 시작하여 "헌공 이후에는 항상 제후와 자웅을 겨루었다. 진의
덕과 의를 논하면 노나라, 위나라 두 나라의 포악한 임금보다 못하고 진
의 군대를 따져도 삼진만큼 강하지 않다. 그러나 마침내 천하를 병탄한
것은 험한 요새에 의지하거나 형세가 유리해서가 아니라 아마도 하늘이
도운 바가 있어서일 것이다"[57]라고 했다. 천하를 취할 때와 지킬 때 서로
다른 방법을 써야 한다는 견해는 매우 창의적이며 분석적이다. 이점에서
반고와 사마천은 비슷한 점이 있었다. 반고는 "여정呂政은 잔학했다"며 격
렬하게 비판했다. 사학자로서 그는 진시황이 '군대를 동원하지 않은 곳
이 없었으며 법률과 정령을 만들어 후세의 제왕들에게 남겼다'는 사실을
인정했다. 또한 진시황이 천하를 통일했으며 군현 설치, 정전제 폐지와
후왕을 세우지 않고 승상, 태위, 어사대부 등을 둔 사실도 받아들였다.
그러나 그는 "호해는 지극히 우매하고 하고 싶은 대로 마음껏 행하고, 머
리는 사람인데 나오는 소리는 짐승 같았다"[58]며 호해가 진을 멸망으로
밀어 넣었다고 주장했다. 이런 생각은 진시황을 완전히 부정하는 것과는
다르다.

사마천과 반고는 진의 발전이 일정한 합리성도 있었고 제도 변혁은 택
할 만한 것도 있었다고, 거대한 성공은 성인의 위엄을 얻는 데 도움이 되
었다는 입장을 표출했다. '포학'한 정치에서도 역시 취할 점이 있었고 하
늘의 뜻에 합하여 '성인의 위엄'을 얻었다는 것이다. 이것은 흡사 모순된
주장처럼 보이지만 실제로는 중요한 역사적 과제를 제시한 것이다.

진의 제도와 정치는 합리적인가? '폭력적'이며 '포학'한 진시황은 어떻
게 이런 큰 공업을 세웠는가? 진시황은 천성적으로 '잔인하고 포학'한가
아니면 공손하고 너그러우며 인자한 면이 있는가? 이런 과제를 깊이 연
구하지 않고는 사마천과 반고가 스스로 만든 난제에 대답하기 어렵다.

왜 하늘은 '잔학'한 진시황이 '성인의 위엄'을 얻도록 도왔을까? 진시황이 '폭려'와 '잔학'만으로 공업을 완성할 수 없음은 식견이 있는 사람이라면 금방 아는 사실이다. 당시의 관념으로 '성인의 위엄'과 '하늘의 도움'을 얻을 수 있는 자는 단지 '도가 있는 왕자王者'뿐이었다. 사마천과 반고는 이미 마음속에 진시황을 더욱 적절한 역사적 위치에 두려 했을 것이다. 이는 조금만 생각해보면 알 수 있는 것이다.

위진 이후, 유가 학설이 장기간 통치 사상의 위치에 있었으므로 대부분 진나라 정치와 진시황을 부정적으로 보았다. 그러나 그 속에서도 비교적 객관적인 평가가 나오기 시작했다. 위 무제 조조가 대표적이다. 조조는 "무릇 나라를 안정시키는 통치술은 군대를 강하게 하고 식량을 넉넉하게 생산하는 데 있었으므로 진인은 농사를 서둘러서 천하를 통일했다. 한 무제는 둔전으로 서역을 정벌했으니 이것은 선대의 뛰어난 본보기였다"[59]라고 평가했다. 이는 법가와 진시황의 강한 군대, 넉넉한 식량을 준비하는 방략의 정치적 가치를 본 것이다. 당 태종은 진나라 정치를 자주 비판하여 항상 진시황의 포학과 한 무제의 교만을 지적하고, 사치를 스스로 경계하면서도 "근대에 천하를 통일하고 변방을 개척한 것은 오직 진시황과 한 무제뿐이다"라고 했다. 또 "짐이 삼 척三尺의 검으로 사해를 평정하고 원방의 이국을 굴복시키고 억조창생을 편안케 하였으니 진시황, 한 무제 못지않다고 자부한다"[60]고 했다. 조조와 당 태종의 말이 대표적이었고 이와 흡사한 정견도 매우 많았다. 이런 배경에서 시선 이백은 인구에 회자하는 시구를 지었다.

육합을 휩쓸며 제후를 바라보는   秦皇掃六合

진시황의 기세가 하늘을 찌르는구나   虎視何雄哉

칼을 휘둘러 구름을 베듯 하니 　　　　　　　　　　揮劍決浮雲

각국의 제후가 서둘러 서쪽으로 몰려갔다 　　　　　諸侯盡西來

현명함과 결단력은 하늘이 내려주셨으니 　　　　　明斷自天啓

뛰어난 재주로 천하의 인재를 부리도다 　　　　　　大略駕群才

　당의 유종원柳宗元과 명의 장거정張居正은 개혁으로 유명한 사상가이자 정치가이다. 유종원은 대유이자 역사 감각과 논리적 사고가 뛰어난 정치 개혁가이다. 「봉건론」은 중국 정치사상사에서 유명한 작품이다. 그는 사회 모순, 사회 진화와 역사 추세의 측면에서 군현제가 분봉제를 대신하는 필연성과 합리성을 주장했다. 서주의 분봉제는 결코 가장 완전한 정치체제가 아니고 단지 역사에서 국가 정체가 발전하는 긴 고리의 일부분일 뿐이라고 생각했다. 상주가 분봉제를 실시한 것은 형세, 풍속과 실력에 쫓기어 부득이하게 한 것이라고 보았다. 진이 중국을 통일한 후, '봉건'을 폐하고 군현을 설치한 것은 역사 발전에 부합하는 필연적인 추세였다. 이것은 모두 '성인의 의도가 아니라 당시의 형세'였으므로 성인이라도 '추세'를 위배하고 국가를 설계할 수 없었다. 유종원은 "분봉제도를 개혁하여 제도를 만든 것은 진의 가장 큰 공적이었다. 본래 의도는 사적인 것으로 자신의 위엄을 유지하고 모든 신하를 자기보다 아래에 두고자 한 것이다. 그러나 천하를 공공의 것으로 만드는 발단은 진에서 시작되었다"라고 했다. 그는 군현제는 "공공의 것"이라며 진시황이 군현제를 실시한 본의는 자신의 권위를 유지하기 위함이었다고 주장했다. 그러나 '자신의 이익大私'이라는 동기가 '공천하'를 촉진했다는 것이 그의 주장이다. 군현제는 정치적인 안정과 인재 등용에 있어서 분봉제보다 유리했다. 또한 진 왕조의 멸망 원인은 '제도'에 있는 것이 아니라 "정치"[61]에 있다고

했다. 소식, 왕부지 등 많은 유명한 사상가는 유종원의 「봉건론」을 지지
했다. '봉건을 폐지했다'는 유가가 진시황에게 씌운 죄상이었다. 유종원
은 역사적 사실로써 이론을 분석하여 이런 논조를 반박하고 진 제도의
역사적 합리성을 부각시켰다. 자신이 속한 유가를 뛰어넘어 각종 역사
현상을 분석하고 평가했으니 대단한 것이다.

　　장거정도 현실 감각과 혁신정신이 풍부한 유가로 "삼대부터 진에 이르
러서 진이 혼돈한 상황을 정리하였고 제도와 법을 제정했다. 오늘날도
그 법을 지키는 것이 유리하다고 생각하니 역사는 이것을 성인의 위업
을 얻었다고 했다"라고 평가했다. 또 "주나라의 도가 다하였으므로 형세
는 변하여 진 왕조가 되었다. 진은 전대의 문물제도를 모두 바꾸고 오로
지 법만으로 국가를 유지했고 서한의 정치는 근고의 것을 간략하게 정리
했는데 실상은 진에 의거한 것이다"라고 했다. 진 왕조의 제도는 역사 변
혁의 산물이며 한대 정치는 이 제도로부터 이익을 얻었다. 이 견해는 의
심할 것 없이 사실에 부합한다. 장거정은 "애석하도다! 부소는 나약하
고 호해는 어리석구나. 간사한 무리들이 안에서 정변을 일으키고 밖에는
6국의 후손이 아직 남아 있는데 천하의 원망을 진이 불러들인 것이라 여
겼다면 다시 전하였어도 위태로웠으니, 이것이 진시황의 불행이었다"[62]
라고 말했다. 이 글은 자못 이치에 맞는다. 유종원, 장거정의 관점이 대
표적이었으며 비슷한 의견을 가진 유학자도 많았다. 그들의 공통점은 진
시황이 제도와 법을 정한 것에는 역사적 필연성과 현실적 필요가 있었다
고 본 점이다. 한대 이전의 제도는 진제의 기본 내용을 따랐음을 인정한
것이다.

　　명말청초의 사상가 왕부지는 '천하의 지혜를 모으는 일'에 뜻을 세워
서 중국 고대에 가장 큰 성취를 이룬 사상가이다. 그는 박학한 대유로 그

의 사상은 사변성이 매우 풍부하다. 정치비판 사상가인 왕부지는 '공천하'의 깃발을 높이 들고 '고진누송孤秦陋宋'(포학한 진과 문약한 송을 묶어서 비판할 때 쓰는 용법)과 역대 폭군을 신랄하게 비판했다. 또한 역사 연구에도 독특한 견해가 있었다. 요컨대 왕부지는 진나라 정체를 '난亂'이라고 규정하고 진나라 체제를 '사私'라고 했다. 진시황은 '폭暴'이라 보았다. 그러나 그는 변화를 살필 줄 알았기에 진나라 역사를 전체적으로는 긍정적으로 평가했다. 관직을 세습하는 분봉제도는 필연적으로 무절제해지고 백성이 일어나서 항쟁하면 반드시 흔들릴 수밖에 없다는 게 그의 기본 입장이었다. 그런 와중에 군현제가 천하에서 '공'을 실현했으므로 필연적으로 낡은 왕제를 대체하게 되었다. '군현의 법은 진나라 조상들이 이미 만든 것이지' 진시황 개인이 창조한 것이 아니었다. 진시황은 분명 사심이 있었지만 오히려 '하늘이 사심을 빌려서 대공大公을 일으켰다.' 바꾸어 말하면, 진나라 체제의 역사적 필연성과 합리성은 부정할 수 없으며 "군현제는 2000년이 지나도록 고칠 수 없었다. 고금과 상하 모두 이를 편안하게 여겼다. 이치가 아니었다면 어떻게 이런 형세가 나타날 수 있겠는가?"[63] 왕부지가 볼 때 군현제는 천리天理에 부합했다. 그의 이러한 관점은 중국 고대 사학사에서 매우 비중 있는 위치를 점한다. 그렇다고 왕부지를 비롯한 이러한 글들이 진시황의 '폭'과 '사'를 역사적으로 분석한 것은 아니다. 그들이 설령 '변혁' '제도' '제업'과 '부국강병' 등의 방략에서 진시황을 조금 긍정하긴 했지만 여전히 진시황의 정치 행위를 분석한 바탕 위에서 평가한 것은 아니다. 실제로 진시황의 행위는 단지 개인의 본성인 '폭'과 '사'로 해석할 수 있는 것이 아니다.

세간의 모든 사물을 인식하는 것과 마찬가지로 사람들의 역사 인식은 멈추지 않을 것이다. 진시황에 관한 각종 쟁론은 끊임없이 발전해야 한다. 새로운 '진시황전'은 쉬지 않고 등장할 것이며 논쟁은 역사 인식을 계속 진전시키는 데 많은 도움을 줄 것이다. 선인先人의 성패와 득실은 후세에 교훈을 주기에 충분하다. 지금까지 필자는 군주전제 제도는 역사적으로만 의미가 있을 뿐이라는 전제 아래에서 진시황의 역사적 공과를 제대로 바라보고자 했다. 향후의 연구들은 현존하거나 새로 발견한 자료를 기초로 더 분석해서 진시황 현상을 과학적으로 계속 해석해나가야 한다. 그리고 이로써 많은 독자들에게 지식과 지혜를 제공할 수 있는 새로운『진시황전』을 써야 하는 임무가 있다.

서문

1 이 책에서는 대륙 통일 전에는 "진나라", 통일 후에는 "진 왕조"로 표기한다.

2 "秦取天下多暴, 然世异變, 成功大."

1장

1 량치차오梁啓超, 『중국역사 연구법』, 東方出版社, 1996, 184쪽

2 "顓頊之苗裔." 『사기』 「진본기」

3 "女修織, 玄鳥隕卵, 女修吞之, 生子大業." 『사기』 「진본기」

4 "聖人皆無父, 感天而生."

5 "古之神聖, 母感天而生子, 故曰天子." 허신許愼, 『설문해자』, '성姓' 조항

6 "聖人皆無父 (…) 聖人皆有父 (…) 有父得感生." 『모시정의毛詩正義』 「대아大雅 생민生民」, 공영달 소疏

7 "爲鳥師而鳥名." 『좌전左傳』 소공昭公 17년

8 "秦王爲人, 蜂准, 長目, 摯鳥膺." 『사기』 「진시황본기」

9 "王衣皂袍, 烏冠 器皿陳設俱黑 (…) 俊目狹腰, 體輕欲飛."

10 "佐舜調馴鳥獸, 鳥獸多馴服, 是爲栢翳. 舜輝姓嬴氏." 『사기』 「진본기」

11 "秦之先爲嬴姓. 其後分封, 以國爲姓, 有徐氏, 郯氏, 莒氏, 終黎氏, 運奄氏, 菟裘氏, 將梁氏, 黃氏, 江氏, 修魚氏, 白冥氏, 蜚廉氏, 秦氏." 『사기』 「진본기」

12 "去夏歸商, 爲湯禦, 以敗桀於鳴條."

13 "自太戊以下, 中衍之後, 遂世有功, 以佐殷國, 故嬴姓多顯, 遂爲諸侯. 其玄孫日中潏, 在西戎, 保西垂." 『사기』 「진본기」

14 "惡來有力, 蜚廉善走, 父子俱以材力事殷紂." 『사기』 「진본기」

15 "及紂之身, 天下又大亂. 周公相武王, 誅紂伐奄, 三年討其君, 驅飛廉於海隅而戮之, 滅國者五十, 驅虎豹犀象而遠之." 『맹자』 「등문공 하」

16 "西巡狩, 見西王母, 樂之忘歸 (…) 長驅歸周, 一日千里以救亂 (…) 造父族由此爲趙氏." 『사기』 「조세가」 「진본기」 참조

17 "以造父之寵, 皆蒙趙城, 姓趙氏." 『사기』 「진본기」

18 『사기』 「진본기」

19 "丕顯朕皇祖受天命, 奄有下國, 十有二公."

20 "昔周邑我先秦嬴於此, 後卒獲爲諸侯." 『사기』 「진본기」

21 젠보짠翦伯贊, 저우구청周谷城, 천중몐몽仲勉, 웨이쥐졘衛聚賢, 쉬쉬성徐旭生, 황원비黃文弼 등의 학자도 진족의 서래설을 주장했다. 하지만 진족의 동래설을 제기하며 은상殷商시대 이후 또는 동이족의 일파로 보는 학자도 상당수다. 이 가설을 주장하는 대표적인 학자로는 궈모뤄郭沫若, 판원란範文瀾, 구셰강顧頡剛, 마페이바이馬非百, 왕위저王玉哲 등이 있다.

22 린젠밍林劍鳴, 『진사고秦史稿』 제2장 '진나라 삶의 초기 역사 탐색', 상하이인민출판사, 1981

23 바이서우이白壽彝, 『중국통사』 제3권, 상하이인민출판사, 1995, 1045~1046쪽

24 『진사고秦史稿』(린젠밍), 『진제국사秦帝國史』(왕윈두王雲度·장원리張文立), 『중국통사中國通史』(바이서우이) 등이 이러한 가설을 내놓았다.

25 자오화청趙化成, 「진 문화의 뿌리를 찾는 단서尋找秦文化淵源的綫索」, 『문박文博』, 1987년 제1기

26 "諸侯恣行, 政由強國." 『사기』 「유림열전」

27 "興師不請天子, 然挾王室之義, 以討伐爲會盟主." 『사기』 「십이제후연표」

28 "陪臣執政, 大夫世祿, 六卿擅晉權, 征伐會盟, 威重於諸侯." 『사기』 「육국연표」

29 "戎無道, 侵奪我岐·豊之地, 秦. 能攻逐戎, 卽有其地." 『사기』 「진본기」

30 "與諸侯通使聘享之禮." 『사기』 「진본기」

31 "祠上帝西畤." 『사기』 「진본기」

32 "世益衰, 禮樂廢, 諸侯恣行." 『사기』 「봉선서」

33 "僭端見矣." 『사기』 「육국연표」

34 "遂收周余民有之, 地至岐, 岐以東獻之周."

35 중원에서 서역으로 갈 때나 서역에서 중원으로 들어올 때 지나는 유일한 길. 간쑤甘肅성 서북부의 치롄신祁連山 이북, 허리산合黎山·룽서우산龍首山 이남, 우차오링烏鞘岭 서쪽에 이어져 있는 좁고 긴 지대. 동서 길이 약 1000킬로미터, 남북 길이

는 100~200킬로미터에 달하며, 황하 서쪽에 있어 하서河西 복도라 불림. 예로부터 신장新疆과 중앙아시아를 왕래하는 요도要道였다.

36 "北卻戎狄, 東通三晉." 『사기』 「화식열전」

37 이 책에 나오는 진나라 땅의 형세에 관한 내용은 구엔우顧炎武의 『역대 택경기』(『역대 제왕 택경기』, 중화서국, 1984)와 왕쉐리王學理의 『진나라 도성 함양』(산시陝西인민출판사, 1985), 우보룬武伯綸의 『시안 역사 개요(증정판)』(산시인민출판사, 1979; 쉬웨이민徐偉民, 산시인민교육출판사, 2000) 등을 참조했다.

38 "或曰 '東方物所始生, 西方物之成孰.' 夫作事者必於東南, 收功實者常於西北. 故禹興於西羌, 湯起於亳, 周之王也以豐鎬伐殷, 秦之帝用雍州興, 漢之興自蜀漢." 『사기』 「육국연표」

39 "天下之事, 自西而東, 自北而南, 建瓴之喻, 據古如茲." 구엔우, 『역대 택경기』, 쉬위엔원徐元文의 서문, 중화서국, 1984, 3쪽

40 "路在谷中, 深陷如函, 故意爲名." 이길보, 『원화군현도지』 권6

41 "車不容方軌, 馬不得並騎 (…) 一丸泥 (…) 東封函谷關." 『후한서』 「외기전」

42 "晉阻三河, 齊負東海, 楚介江淮, 秦因雍州之固, 四海迭興, 更爲霸主." 『사기』 「십이제후연표」

43 "天時不如地利, 地利不如人和."

44 "倂國三十五." 『순자』 「중니仲尼」

45 "倂國十七, 服國三十八." 『한비자』 「난難 2」

46 "倂國二十六, 開地三千里." 『한비자』 「유도有道」

47 "齊・晉・秦・楚其在成周微甚, 封或百裏或五十裏. 晉阻三河, 齊負東海, 楚介江淮, 秦因雍州之固, 四海叠興, 更爲霸主, 文武所褒大封, 皆威而服焉." 『사기』 「12제후연표」

48 "作內政而寓軍令." 『관자』 「소광小匡」

49 "案田而稅." 『관자』 「대광」

50 "相地而衰征, 則民不移." 『국어』 「제어」

51 "作爰(轅)田, 作州兵." 『좌전』 희공 15년

52 "輕關易道, 通商寬農, 懋穡勸分, 省用足財." 『국어』 「진어4」

53 "以章霸功." 『한서』 「지리지地理志 안사고주顔師古注」

54 "昔秦穆公國小處辟, 其霸何也? (…) 秦, 國雖小, 其誌大; 處雖辟, 行中正. 身擧五羖, 爵之大夫, 起累紲之中, 與語三日, 授之以政. 以此取之, 雖王可也, 其霸小矣." 『사기』 「공자세가孔子世家」

55 "以船漕車轉, 自雍相望至絳."

56 "獻其河西地, 使太子圉爲質于秦. 秦妻子圉以宗女." 『사기』 「진본기」

57 "乃迎晉公子重耳於楚, 而妻以故子圉妻."

58 "爲發喪, 哭之三日."『사기』「진본기」

59 "使鬼爲之, 則勞神矣. 使人爲之, 亦苦民矣."

60 "中國家治理, 以詩書禮樂法度爲政, 然尚時亂, 今戎夷無此, 何以爲政, 不亦難乎?"

61 "一國之政猶一身之治, 不知所以治, 此眞圣人之治也."『사기』「진본기」

62 "不有君子, 豈能國乎, 國無陋矣."『좌전』문공 12년

63 "晉·楚·齊·秦, 匹也."『좌전』양공 27년

64 "商鞅相孝公, 爲秦開帝業."『논형論衡』「서해書解」

65 "天下爭於戰國."『사기』「평준서平準書」

66 "廢文任武, 厚養死士, 綴甲厲兵, 效勝於戰場."『전국책』「진책1」

67 "今取古之爲萬國者, 分以爲戰國七."『전국책』「조책3」

68 "爭地以戰, 殺人盈野; 爭城以戰, 殺人盈城."『맹자』「이루離婁 상」

69 "秦以往者數易君, 君臣乖亂, 故晉復彊, 奪秦河西地."『사기』「진본기」

70 "孝公元年, 河山以東強國六, 與齊威, 楚宣, 魏惠, 燕悼, 韓哀, 趙成侯並. 淮泗之間小國十余. 楚, 魏與秦接界. 魏築長城, 自鄭濱洛以北, 有上郡. 楚自漢中, 南有巴, 黔中. 周室微, 諸侯力政, 爭相並. 秦僻在雍州, 不與中國諸侯之會盟, 夷翟遇之."『사기』「진본기」

71 "昔我繆公自岐雍之間 , 修德行武, 東平晉亂, 以河爲界, 西霸戎翟, 廣地千里, 天子致伯, 諸侯畢賀, 爲後世開業, 甚光美. 會往者厲, 躁, 簡公, 出子之不寧, 國家內憂, 未遑外事, 三晉攻奪我先君河西地, 諸侯卑秦, 醜莫大焉. 獻公即位, 鎮撫邊境, 徙治櫟陽, 且欲東伐, 復繆公之故地, 修繆公之政令. 寡人思念先君之意, 常痛於心. 賓客群臣有能出奇計強秦者, 吾且尊官, 與之分土."『사기』「진본기」

72 "少好刑名之學 (…) 年雖少, 有奇才."『사기』「상군열전」

73 "不自知厀之前於席."

74 "語數日不厭."『사기』「상군열전」

75 "治世不一道, 便國不法古."『사기』「상군열전」

76 "當時而立法, 因事而制禮."『상군서』「변법」

77 "故湯武不循古而王, 夏殷不易禮而亡."『사기』「상군열전」

78 "法令更則利害易."『한비자』「해로解老」

79 "秦人皆趨法令."『사기』「상군열전」

80 "百姓苦之, 百姓便之."『사기』「진본기」

81 "行之十年, 秦民大說, 道不拾遺, 山無盜賊, 家給人足. 民勇於公戰, 怯於私斗, 鄉

邑大治."『사기』「상군열전」

82 "兵革大强, 諸侯畏懼."『전국책』「진책1」

83 "天子致胙於孝公, 諸侯畢賀."

84 "魏惠王兵數破於齊秦, 國內空, 日以削, 割河西之地獻於秦以和."『사기』「상군열전」

85 "而集小鄕邑聚爲縣, 置令·丞, 凡三十一縣."『사기』「상군열전」.「진본기」에는 "41 현縣"으로 기록되어 있다.

86 "百縣之治一形."『상군서』「간령墾令」

87 "爲田開阡陌封疆, 而賦稅平."『사기』「상군열전」

88 "博聞, 辯惠, 游居之事."

89 "戰斬一首輝爵一級, 欲爲官者五十石."『사기』「진본기」, 집해 인용『한서』

90 "宗室非有軍功論, 不得爲屬籍."

91 "有功者顯榮, 無功者雖富無所芬華."『사기』「상군열전」

92 "耕戰, 利出一孔."『상군서』「약민弱民」

93 "民有二男以上不分異者, 倍其賦."『사기』「상군열전」

94 "秦人家富子壯則出分家, 家貧子壯則出澳贅."『한서』「가의전賈誼傳」

95 "平斗桶, 權衡, 丈尺."『사기』「상군열전」

96 "令民父子兄弟同室內息者爲禁."『사기』「상군열전」

97 "驅以賞 (…) 劫以刑."『상군서』「신법愼法」

98 "步過六尺者有罰."『사기』「상군열전」, 집해 인용『신서』

99 『상군서』「화책畫策」

100 "法大用, 秦人治."『사기』「진본기」

101 "道不拾遺, 民不妄取, 兵革大强."『전국책』「진책1」

102 "身作一而已矣."『상군서』「농전農戰」

103 "有道之國, 治不聽君, 民不從官."『상군서』「설민說民」

104 "人存政存, 人亡政亡."

105 "秦法未敗."『한비자』「정법定法」

106 봉택회맹의 시간, 회맹 주관자, 참가국에 대한 기록이 제각각이다. 여기에서는 양관楊寬의『전국사戰國史』를 참조함. 상하이인민출판사, 1980(2쇄), 318쪽

107 "乘夏車, 稱夏王."『전국책』「진책4」

108 "大王之國, 西有巴蜀漢中之利, 北有胡貉代馬之用, 南有巫山黔中之限, 東有殽函 之固, 田肥美, 民殷富, 戰車萬乘, 奮擊百萬, 沃野千里, 蓄積饒多, 地勢形便, 此所 謂天府, 天下之雄也, 以大王之賢, 士民之衆, 車騎之用, 兵法之教, 可以並諸侯, 呑天下, 稱帝而治, 願大王少留意. 臣請奏其效."

109 "寡人聞之: 毛羽不豐滿者, 不可以高飛, 文章不成者, 不可以誅罰, 道德不厚者, 不可以使民, 政教不順者, 不可煩大臣, 今先生儼然不遠千里而庭教之, 願以異日."

110 "說秦王書十上而說不行." 『전국책』 「진책1」

111 "其固塞險, 形埶便, 山林川谷美, 天材之利多, 是形勝也, 入境, 觀其風俗, 其百姓樸, 其聲樂不流汙, 其服不佻, 甚畏有司而順, 古之民也, 及都邑官府, 其百吏肅然, 莫不恭儉敦敬忠信而不楛, 古之吏也, 入國, 觀其士大夫, 出於其門, 入於公門, 出於公門, 歸於其家, 無有私事也, 不比周, 不朋黨, 偶然莫不明通而公也, 古之士大夫也, 觀其朝廷, 其朝閒, 決百事不留, 恬然如無治者, 古之朝也."

112 "故四世有勝, 非幸也, 數也." 『순자』 「강국强國」

113 "頓首受罪, 盡獻其邑三十六, 口三萬 (…) 取九鼎寶器." 『사기』 「주본기周本紀」

114 "西周既亡, 天下莫適爲主. 『通鑑』以秦卒倂天下, 因以昭襄王繫年." 『자치통감』 「진기秦紀1」, 소왕 52년

115 "其興也浡焉, 其亡也忽焉 (…) 頃刻間灰飛湮滅 (…) 旬月之間, 遂成帝業."

116 "普遍性影響的根源." 스타브리아노스, 우상잉吳象嬰·량츠민梁赤民 공역, 『세계통사-1500년 이전의 세계』 제7장 '최초의 유라시아 문화가 고도로 발달한 핵심지역', 상하이사회과학출판사, 1988

117 이 책에 소개한 진시황릉 고고학 발굴 연구 성과에 관한 내용은 진시황병마용박물관에서 편찬한 『진용학 연구秦俑學硏究』(陝西人民敎育出版社, 1996) 및 『진릉진용 연구동향秦陵秦俑硏究動態』『진문화 논총秦文化論叢』 등을 참조함.

2장

1 "身爲糞土." 『전국책』 「진진책」

2 『사기』 「여불위열전」

3 "此奇貨可居." 『사기』 「여불위열전」

4 "曰: 耕田之利幾倍? 曰: 十倍. 珠玉之贏幾倍? 曰: 百倍. 立主定國之贏幾倍? 曰: 無數. 曰: 今力田疾作, 不得暖衣余食. 今建國立君, 澤可以遺世, 願往事之." 『전국책』 「진진책」

5 "安國君有所甚愛姬, 立以爲正夫人, 號曰華陽夫人." 『사기』 「여불위열전」

6 "不韋雖貧, 請以千金爲子西遊, 事安國君及華陽夫人, 立子爲適嗣. 必如君策, 請得分秦國與君共之." 『사기』 「여불위열전」

7 "即色衰愛弛後, 雖欲開一語, 尚可得乎."『전국책』「진책」,『사기』「여불위열전」

8 "妾幸得充後宮, 不幸無子, 願得子楚立以爲適嗣."『사기』「여불위열전」

9 "業已破家爲子楚, 欲以釣奇, 乃遂獻其姬."『사기』「여불위열전」

10 기원전 약 260년 10~12월 사이. 여러 역사서에는 기원전 259년으로 기록되어 있다.
마페이바이馬非百,『진시황평전』, 江蘇古籍出版社, 1985, 12쪽

11 "名爲政, 姓趙氏."『사기』「진시황본기」

12『전국책』「진책」

13 "少捐棄在外, 嘗無師傅所教學, 不習於誦."

14 "太子師, 保二傅, 殷周已有." 두우杜佑,『통전通典』「직관職官12·태자太子6부傅」

15 "教胡亥書及獄律令法事."『사기』「진시황본기」

16 "秦漢以來, 山東出相, 山西出將."

17 "山西, 天水, 隴西, 安定, 北地, 處勢迫近羌胡, 民俗修習戰備, 高上勇力鞍馬騎射. 故『秦詩』曰:王於興師, 修我甲兵, 與子偕行. 其風俗自古而然, 今之歌謠慷慨, 風流猶存耳."『한서漢書』「조충국신경기전趙充國辛慶忌傳」

18 "赦罪人, 修先王功臣, 褒厚親戚, 弛苑囿 (…) 大赦罪人, 修先王功臣, 施德厚骨肉而布惠於民."『사기』「진본기」

19 "以呂不韋爲丞相, 封爲文信侯, 食河南雒陽十萬戶."『사기』「여불위열전」

20 "當是之時, 秦地已幷巴, 蜀, 漢中, 越宛有郢, 置南郡矣;北收上郡以東, 漢中, 越宛有郢, 置南郡矣;北收上郡以東, 有河東, 太原, 上黨郡;東至滎陽, 滅二周, 有河東, 太原, 上黨郡;東至滎陽, 滅二周, 置三川郡."『사기』「진시황본기」

21 "秦王年少, 太后時時竊私通呂不韋."『사기』「여불위열전」

22 "當是時, 魏有信陵君, 楚有春申君, 趙有平原君, 齊有孟嘗君, 皆下士喜賓客以相傾. 呂不韋以秦之强, 羞不如, 亦招致士, 厚遇之, 至食客三千人."『사기』「여불위열전」

23 "是時諸侯多辯士, 如荀卿之徒, 著書布天下. 呂不韋乃使其客人人著所聞, 集論以爲八覽, 六論, 十二紀, 二十餘萬言. 以爲備天地萬物古今之事, 號曰『呂氏春秋』."『사기』「여불위열전」

24 "懸千金其上, 延諸侯游士賓客有能增損一字者予千金."『사기』「여불위열전」

25 "一則治, 異則亂;一則安, 異則危 (…) 能齊萬不同."『여씨춘추』「심분람審分覽 불이不二」

26 "三皇五帝之本務."『여씨춘추』「효행람孝行覽 효행孝行」

27 "仁乎其類."『여씨춘추』「개춘론開春論 애유愛類」

28 "王者, 勢也."『여씨춘추』「심분람審分覽 신세愼勢」

29 "始皇帝益壯, 太后淫不止."『사기』「여불위열전」

30 "詐而殺義渠戎王於甘泉." 『사기』 「흉노열전匈奴列傳」

31 "事皆決于嫪毐." 『사기』 「여불위열전」

32 "事無小大皆決嫪毐." 『사기』 「진시황본기」

33 "諸客求宦爲嫪毐舍人千餘人."

34 "割地以賂秦, 以爲嫪毐功. 卑體以尊秦, 以因嫪毐. 王以國贊嫪毐, 以嫪毐勝矣."

35 "天下孰不棄呂氏而從嫪氏? 天下必合呂氏而從嫪氏, 則王之怨報矣." 『전국책』 「위魏책」

36 "今御驪馬者, 使四人, 人操一策, 則不可以出於門閭者, 不一也." 『여씨춘추』 「심분람 집일」

3장

1 "己酉, 王冠, 帶劍." 『사기』 「진시황본기」

2 수진栗勁, 『진율통론』, 산동인민출판사, 1985, 161쪽

3 "황하가 범람했다河魚大上." 『사기』 「진시황본기」

4 "魚陰類, 民之象, 逆流而上者, 民將不從君令爲逆行也." 『한서』 「오행지중지하五行誌中之下」

5 "隔不久, 彗星見, 或竟天." 『사기』 「진시황본기」

6 『개원점경開元占經』 「혜성점상彗星占上」 참조

7 縣卒及衛卒, 官騎, 戎翟君公, 舍人, 將欲攻蘄年宮.

8 "有生得毐, 賜錢百萬. 殺之, 五十萬." 『사기』 「진시황본기」

9 "嫪毐實非宦者, 常與太后私亂, 生子二人, 皆匿之 (…) 事連相國呂不韋." 『사기』 「여불위열전」

10 "君何功於秦? 秦封君河南, 食十萬戶. 君何親於秦? 號稱仲父. 其與家屬徙處蜀." 『사기』 「여불위열전」

11 "自今以來, 操國事不道如嫪毐, 不韋者籍其門, 視此." 『사기』 「진시황본기」

12 "古者五帝禪賢, 三王世繼, 孰是? 將爲之 (…) 天下官, 則讓賢是也. 天下家, 則世繼是也. 故五帝以天下爲官, 三王以天下爲家 (…) 吾德出于五帝, 吾將官天下, 誰可使代我後者 (…) 陛下行桀紂之道, 欲爲五帝之禪, 非陛下所能行也 (…) 令之前, 若何以言我行桀紂之道也. 趣說之, 不解則死 (…) 殫天下, 竭民力, 偏駁自私 (…) 陛下所謂自營僅存之主也. 何暇比德五帝, 欲官天下哉? (…) 面有慚色." 『설원』 「지공」

13 "一人有慶, 天下爲公." 『정관정요』 「형법」

14 "廊廟之材, 蓋非一木之枝也. 粹白之裘, 蓋非一狐之皮也. 治亂安危, 存亡榮辱之
　　施, 非一人之力也."『신자愼子』「지충知忠」

15 "食積粟, 居大廡之下, 不見人犬之憂."

16 "人之賢不肖譬如鼠矣, 在所自處耳."

17 "宜爲帝王."『순자』「요문堯問」

18 "楚王不足事, 而六國皆弱, 無可爲建功者 (…) 今秦王欲呑天下, 稱帝而治, 此布衣
　　馳鶩之時而游說者之秋也."

19 "諸侯人來事秦者, 大抵爲其主游閒於秦耳, 請一切逐客."

20 "臣聞吏議逐客, 竊以爲過矣. 昔繆公求士, 西取由余於戎, 東得百里奚於宛, 迎蹇
　　叔於宋, 來丕豹, 公孫支於晉. 此五子者, 不産於秦, 而繆公用之, 幷國二十, 遂霸西
　　戎. 孝公用商鞅之法, 移風易俗, 民以殷盛, 國以富彊, 百姓樂用, 諸侯親服, 獲楚,
　　魏之師, 擧地千里, 至今治彊. 惠王用張儀之計, 拔三川之地, 西幷巴, 蜀, 北收上郡,
　　南取漢中, 包九夷, 制鄢, 郢, 東據成皋之險, 割膏腴之壤, 遂散六國之從, 使之西面
　　事秦, 功施到今. 昭王得范雎, 廢穰侯, 逐華陽, 彊公室, 杜私門, 蠶食諸侯, 使秦成
　　帝業. 此四君者, 皆以客之功. 由此觀之, 客何負於秦哉! 向使四君卻客而不內, 疏士
　　而不用, 是使國無富利之實而秦無彊大之名也.

　　今陛下致昆山之玉, 有隨, 和之寶, 垂明月之珠, 服太阿之劍, 乘纖離之馬, 建翠鳳之
　　旗, 樹靈鼉之鼓. 此數寶者, 秦不生一焉, 而陛下說之, 何也? 必秦國之所生然後可,
　　則是夜光之璧不飾朝廷, 犀象之器不爲玩好, 鄭, 衛之女不充后宮, 而駿良駃騠不實
　　外廐, 江南金錫不爲用, 西蜀丹青不爲采. 所以飾後宮充下陣娛心意說耳目者, 必出於
　　秦然後可, 則是宛珠之簪, 傅璣之珥, 阿縞之衣, 錦繡之飾不進於前, 而隨俗雅化佳
　　冶窈窕趙女不立於側也. 夫擊甕叩缶彈箏搏髀, 而歌呼嗚嗚快耳(目)者, 真秦之聲也.
　　鄭, 衛, 桑間, 昭, 虞, 武, 象者, 異國之樂也. 今棄擊甕叩缶而就鄭衛, 退彈箏而取昭
　　虞, 若是者何也? 快意當前, 適觀而已矣. 今取人則不然. 不問可否, 不論曲直, 非
　　秦者去, 爲客者逐. 然則是所重者在乎色樂珠玉, 而所輕者在乎人民也. 此非所以跨
　　海內制諸侯之術也.

　　臣聞地廣者粟多, 國大者人衆, 兵彊則士勇. 是以太山不讓土壤, 故能成其大. 河海不
　　擇細流, 故能就其深. 王者不卻衆庶, 故能明其德. 是以地無四方, 民無異國, 四時充
　　美, 鬼神降福, 此五帝, 三王之所以無敵也. 今乃棄黔首以資敵國, 卻賓客以業諸侯,
　　使天下之士退而不敢西向, 裹足不入秦, 此所謂"藉寇兵而齎盜糧"者也.

　　夫物不産於秦, 可寶者多. 士不産於秦, 而願忠者衆. 今逐客以資敵國, 損民以益讎,
　　內自虛而外樹怨於諸侯, 求國無危, 不可得也."

21 "諸男皆尚秦公主, 女悉嫁秦諸公子."

22 "李斯置酒於家, 百官長皆前爲壽, 門廷車騎以千數."

23 "嗟乎! 吾聞之荀卿曰 '物禁大盛'. 夫斯乃上蔡布衣, 閭巷之黔首, 上不知其駑下, 遂擢至此. 當今人臣之位無居臣上者, 可謂富貴極矣. 物極則衰, 吾未知所稅駕也."

24 "斯之功且與周, 召列矣." 이상 각주 표시가 되지 않은 부분은 모두 『사기』 「이사열전」을 참조한 것임.

25 "秦王爲人, 蜂準, 長目, 摯鳥膺, 豺聲, 少恩而虎狼心, 居約易出人下, 得志亦輕食人. 我布衣, 然見我常身自下我. 誠使秦王得志於天下, 天下皆爲虜矣. 不可與久游." 『사기』 「진시황본기」

26 "運籌策帷帳之中, 決勝於千里之外."

27 허파저우河法周, 「『위료자』에 대한 초보 탐구」, 『문물文物』, 1977 제2기; 린지엔밍林劍鳴, 『진나라 역사고秦史稿』, 상하이인민출판사, 1981, 333쪽; 린지엔밍, 「위료자와 진시황릉 병마용의 연구」, 『진릉진용에 대한 연구 동향秦陵秦俑研究動態』, 1993 제2기 등을 참조함

28 "戰勝於外 (…) 威制天下." 『위료자』 「병담兵談」

29 "雖戰勝而國益弱." 『위료자』 「제담制談」

30 "明制度於前, 重威刑於後." 『위료자』 「중간령重刊令」

31 "明賞於前, 決罰於後 (…) 殺一人而三軍震者, 殺之. 賞一人而萬人喜者, 賞之 (…) 殺之貴大, 賞之貴小 (…) 夫能刑上究賞下流, 此將之武也." 『위료자』 「무의武議」

32 "先料敵而後動 (…) 見勝則興, 不見勝則止." 『위료자』 「전위戰威」

33 "國以專勝 (…) 力分者弱." 『위료자』 「공권攻權」

34 "挾義而戰 (…) 不攻無過之城, 不殺無罪之人 (…) 兵不血刃, 而天下親." 『위료자』 「무의」

35 "王者伐暴亂 (…) 凡挾義而戰, 貴從我起." 『위료자』 「병령兵令 상」

36 "伐國必因其變." 『위료자』 「병교兵教 하」

37 "秦方以天下爲事, 而大王有遷母太后之名, 恐諸侯聞之, 由此倍秦也 (…) 乃迎太後於雍而入咸陽, 復居甘泉宮." 『사기』 「진시황본기」

38 "陛下車裂假父, 有嫉妬之心; 囊撲兩弟, 有不慈之名; 遷母萯陽宮, 有不孝之行; 從蒺藜於諫士, 有桀紂之治. 今天下聞之, 盡瓦解無嚮秦者, 臣竊恐秦亡, 爲陛下危之."

39 "抗枉令直, 使敗更成, 安秦之社稷; 使妾母子復得相會者, 盡茅君之力也."

40 "韓, 天下之咽喉; 魏, 天下之胸腹. 王資臣萬金而遊, 聽之韓, 魏, 入其社稷之臣於秦, 即韓, 魏從. 韓, 魏從, 而天下可圖也 (…) 使東遊韓, 魏, 入其將相. 北遊於燕, 趙, 而殺李牧 (…) 齊王入朝, 四國必從." 『전국책』 「진책4」

41 "故明主不取其汙, 不聽其非, 察其爲己用. 故可以存社稷者, 雖有外誹者不聽, 雖有

高世之名, 無咫尺之功者不賞."『전국책』「진책5」

42 "爲人口吃, 不能道說, 而善著書."

43 "寬則寵名譽之人, 急則用介冑之士."

44 "嗟乎, 寡人得見此人與之游, 死不恨矣."

45 "韓非, 韓之諸公子也. 今王欲幷諸侯, 非終爲韓不爲秦, 此人之情也. 今王不用, 久
留而歸之, 此自遺患也, 不如以過法誅之."『사기』「노자한비열전」

46 『한비자』「심도心度」

47 "天子失道, 諸侯伐之 諸侯失道, 大夫伐之."『한비자』「난사難四」

48 『전국책』「진책5」, 진나라 왕과 중기中期의 논쟁

49 "始皇因四塞之固, 據崤, 函之阻, 跨隴, 蜀之饒, 聽衆人之策, 乘六世之烈, 以蠶食六
國, 兼諸侯, 並有天下."

50 "秦始皇二十六年, 盡幷天下, 王氏, 蒙氏功爲多, 名施於後世."『사기』「백기왕전열
전白起王翦列傳」

51 "今空秦國甲士而專委於我, 我不多請田宅爲子孫業以自堅, 顧令秦王坐而疑我邪."
『사기』「백기왕전열전」

52 "始皇甚尊寵蒙氏, 信任賢之. 而親近蒙毅, 位至上卿, 出則參乘, 入則御前. 恬任外
事而毅常爲內謀, 名爲忠信, 故雖諸將相莫敢與之爭焉."

53 "自吾先人, 及至子孫, 積功信於秦三世矣. 今臣將兵三十餘萬, 身雖囚系, 其勢足其
勢足以倍畔, 然自知必死而守義者, 不敢辱先人之敎, 以不忘先主也."『사기』「몽염열
전蒙恬列傳」

54 "治國之君, 非一人之力也."「신자」「지충知忠」

55 "非成業難, 得賢難. 非得賢難, 用之難."

56 황리우주黃留珠, 「진용, 진용학 그리고 진나라의 관리」, 『문박文博』, 1990 제5기;
데니스 트위체트Denis Twitchett·마이클 로이Michael Loewe 공저, 『캠브리지 중국
사-진한시대』 제1장 '승리의 원인', 중역본, 양핀취안 등 공역, 중국사회과학출판사,
1992

57 "諸男皆尚秦公主, 女悉嫁秦諸公子."『사기』「이사열전」

58 "威震主者不畜."『한서』「곽광김일제전霍光金日磾傳」

59 "狡兔死, 良狗烹. 高鳥盡, 良弓藏. 敵國滅, 謀臣忘."

60 "其草創元勛及有功諸將, 誅夷罪退, 罕有存者."『수서隋書』「고조본기 하」

61 "博士雖七十人, 特備員弗用. 丞相諸大臣皆受成事, 倚辨於上. 上樂以刑殺爲威, 天
下畏罪持祿, 莫敢盡忠. 上不聞過而日驕, 下懾伏謾欺以取容."『사기』「진시황본기」

4장

1 "秦王掃六合, 虎視何雄哉."

2 "及至秦王, 續六世之餘烈, 振長策而御宇內, 呑二周而亡諸侯, 履至尊而制六合, 執棰拊以鞭笞天下, 威振四海. 南取百越之地, 以爲桂林, 象郡, 百越之君俯首繫頸, 委命下吏. 乃使蒙恬北築長城而守藩籬, 卻匈奴七百餘里, 胡人不敢南下而牧馬, 士不敢彎弓而報怨." 『사기』 「진시황본기」, 한나라 때의 저명한 가의賈誼의 「과진론過秦論」 인용

3 "當如今日山東之國弊而不振. 三晉割地以求安. 二周折節而入秦. 燕齊宋楚已屈服矣. 以此觀之. 不出二十年天下盡爲秦乎." 공부孔鮒의 『공총자孔叢子』 권 中

4 "一位傑出的軍事戰略家." 시웅티에지熊鐵基, 저우딩추周鼎楚, 「진시황의 군사사상에 대한 간단한 고찰」, 『문박文博』, 1990년 제5기

5 중국 춘추시대 진晉나라의 대부. 진의 6경인 범씨范氏·위씨魏氏·한씨韓氏·조씨趙氏·중항씨中行氏·지씨智氏 가운데 가장 세력이 강했다. 한·위·조를 공격했다가 오히려 한·위·조 연합군의 공격을 받고 죽었다.

6 중국 후한 말 삼국시대 초기 관도官渡(현재의 허난성 중모현 근처)에서 조조曹操와 원소袁紹가 벌인 큰 전투. 적벽대전, 이릉대전과 함께 삼국시대의 흐름을 결정지었던 중요한 전투이다.

7 5호16국 시대인 383년, 전진前秦의 부견符堅이 동진東晉을 공격했다가 비수淝水에서 동진의 사현謝玄에게 패배한 전투이다. 비수는 현재 안후이성에 있는 화이허강淮河의 지류이다.

8 "昔者秦穆公之霸, 終不東幷六國者, 何也? 諸侯尚衆, 周德未衰, 故五伯迭興, 更尊周室."

9 "自秦孝公以來, 周室卑微, 諸侯相兼, 關東爲六國, 秦之乘勝役諸侯, 蓋六世矣. 今諸侯服秦, 譬若郡縣 (…) 足以滅諸侯, 成帝業, 爲天下一統, 此萬世之一時也 (…) 諸侯復彊, 相聚約從, 雖有黃帝之賢, 不能幷也." 『사기』 「이사열전」

10 "以秦之强, 諸侯譬如郡縣之君, 臣但恐諸侯合從, 翕而出不意, 此乃智伯, 夫差, 湣王之所以亡也." 『사기』 「진시황본기」

11 "今秦地折長補短, 方數千里, 名師數十百萬, 秦之號令賞罰, 地形利害, 天下莫若也. 以此與天下, 天下不足兼而有也."

12 "南破荊, 東破宋, 西服秦, 北破燕, 中使韓, 魏, 土地廣而兵强, 戰剋攻取, 詔令天下."

13 "一戰不剋而無齊 (…) 無與禍鄰, 禍乃不存." 『한비자』 「초견진初見秦」

14 "合眾弱以攻一强 (…) 事一强以攻眾弱." 『한비자』 「오두五蠹」

15 "六國爲一, 并力西攻秦, 秦必破矣." 『사기』 「소진열전蘇秦列傳」

16 "秦日夜攻三晉, 燕, 楚, 五國各自救." 『사기』 「전경중완세가田敬仲完世家」

17 "願大王毋愛財物, 賂其豪臣, 以亂其謀, 不過亡三十萬金, 則諸侯可盡." 『사기』 「진시황본기」

18 "陰遣謀士齎持金玉以游說諸侯. 諸侯名士可下以財者, 厚遺結之; 不肯者, 利劍刺之. 離其君臣之計, 秦乃使其良將隨其后." 『사기』 「이사열전」

19 "太山不讓土壤, 故能成其大; 河海不擇細流, 故能就其深; 王者不卻眾庶, 故能明其德 (…) 地無四方, 民無異國 (…) 損民以益讎." 『사기』 「이사열전」

20 "異日韓王納地效璽, 請爲藩臣, 已而倍約, 與趙, 魏合從畔秦, 故興兵誅之, 虜其王. 寡人以爲善, 庶幾息兵革. 趙王使其相李牧來約盟, 故歸其質子. 已而倍盟, 反我太原, 故興兵誅之, 得其王. 趙公子嘉乃自立爲代王, 故擧兵擊滅之. 魏王始約服入秦, 已而與韓, 趙謀襲秦, 秦兵吏誅, 遂破之. 荊王獻青陽以西, 已而畔約, 擊我南郡, 故發兵誅, 得其王, 遂定其荊地. 燕王昏亂, 其太子丹乃陰令荊軻爲賊, 兵吏誅, 滅其國. 齊王用后勝計, 絶秦使, 欲爲亂, 兵吏誅, 虜其王, 平齊地. 寡人以眇眇之身, 興兵誅暴亂, 賴宗廟之靈, 六王咸伏其辜, 天下大定." 『사기』 「진시황본기」

21 "與趙襄子, 魏桓子共敗知伯, 分其地, 地益大, 大於諸侯." 『사기』 「한세가韓世家」

22 "內修政敎, 外應諸侯, 十五年. 終申子之身, 國治兵强, 無侵韓者." 『사기』 「노자한비열전」

23 "收皆畝一鐘." 1종은 10섬에 해당, 즉 정국거를 건설함으로써 생긴 새 농경지는 4만 경, 즉 2억2000만 평이고 그곳에서 난 곡식의 생산량은 4000만 섬에 달했다.

24 "秦以富强, 卒並諸侯." 『사기』 「하거서河渠書」

25 "爲韓延數歲之命, 而爲秦建萬世之功." 『한서』 「구혁지溝洫志」

26 "秦以牛田, 水通糧, 其死士皆列之於上地, 令嚴政行, 不可與戰." 『전국책』 「조책趙策1」

27 "先取韓以恐他國." 『사기』 「진시황본기」

28 "趙之福而秦之禍也." 『한비자』 「존한存韓」

29 "趙擧則韓亡, 韓亡則荊, 魏不能獨立, 荊, 魏不能獨立則是一擧而壞韓, 蠹魏, 拔荊, 東以弱齊, 燕 (…) 一擧而三晉亡, 從者敗也." 『한비자』 「초견진」

30 비렴飛廉이라고도 한다. 상나라 걸왕의 충신으로, 춘추전국시대의 진나라와 조나라 군주의 조상이다.

31 "胡服騎射以敎百姓." 『사기』 「조세가」

32 "定酸棗, 燕, 虛, 長平, 雍丘, 山陽城, 皆拔之, 取二十城. 初置東郡." 『사기』 「진시

황본기」

33 "廉頗爲之一飯斗米, 肉十斤, 被甲上馬, 以示尚可用 (…) 廉將軍雖老, 尚善飯, 然與
臣坐, 頃之三遺矢(一作'屎')矣."『사기』「염파인상여열전廉頗藺相如列傳」

34 "李牧多爲奇陳, 張左右翼擊之, 大破殺匈奴十餘萬騎. 滅襜襤, 破東胡, 降林胡, 單
于奔走. 其后十餘歲, 匈奴不敢近趙邊城."『사기』「염파인상여열전」

35 "趙爲號, 秦爲笑. 以爲不信, 視地之生毛."『사기』「조세가」

36 "食有勞而祿有功."『설원』「정리政理」

37 『한서』「식화지食貨志」

38 『순자』「의병議兵」

39 "有功者必賞, 有罪者必誅, 強匡天下, 威行四海."『한비자』「식사飾邪」

40 "士以此方數千里爭往歸之, 致食客三千人."

41 "當是時, 諸侯以公子賢, 多客, 不敢加兵謀魏十餘年."

42 "公子亡在外十年矣, 今爲魏將, 諸侯將皆屬, 諸侯徒聞魏公子, 不聞魏王. 公子亦欲
因此時定南面而王, 諸侯畏公子之威, 方欲共立之 (…) 乃謝病不朝, 與賓客爲長夜
飲, 飲醇酒, 多近婦女. 日夜爲樂飲者四歲, 竟病酒而卒."『사기』「위공자열전」

43 "遂滅魏以爲郡縣."『사기』「위세가衛世家」

44 "顓頊高陽楚之先祖出自帝顓頊高陽."

45 "我蠻夷也, 不與中國之號諡."『사기』「조세가楚世家」

46 "大臣太重, 封君太眾 (…) 上逼主而下虐民."『한비자』「화씨和氏」

47 "於是南平百越; 北幷陳蔡, 卻三晉; 西伐秦. 諸侯患楚之彊."『사기』「손자오기열전」

48 『전국책』「초楚책1」

49 "荆國之爲政, 有似於此."

50 "楚不用吳起而削亂, 秦行商君而富强."『한비자』「문전問田」

51 "懷王以不知忠臣之分, 故內惑於鄭袖, 外欺於張儀, 疏屈平而信上官大夫, 令尹子
蘭. 兵挫地削, 亡其六郡, 身客死於秦, 爲天下笑. 此不知人之禍也."『사기』「굴원가
생열전屈原賈生列傳」

52 "伐楚, 楚軍敗, 割上庸, 漢北地予秦."『사기』「조세가」

53 "楚王召入幸之, 遂生子男, 立爲太子 (…) 陰養死士, 欲殺春申君以滅口 (…) 當斷不
斷, 反受其亂."『사기』「춘신군열전」

54 "王將軍老矣, 何怯也! 李將軍果勢壯勇, 其言是也."『사기』「백기왕전열전」

55 "卑身厚幣以招賢者 (…) 樂毅自魏往, 鄒衍自齊往, 劇辛自趙往, 士爭湊燕."『사기』
「연소공세가」

56 "非盡天下之地, 臣海內之王者."

57 "其所游諸侯, 盡與其賢豪長者相結."

58 "今秦已虜韓王, 盡納其地. 又舉兵南伐楚, 北臨趙;王翦將數十萬之衆距漳, 鄴, 而李信出太原, 雲中, 趙不能支秦, 必入臣, 入臣則禍至燕."

59 "彼秦大將擅兵於外而內有亂, 則君臣相疑, 以其閒諸侯得合從, 其破秦必矣."

60 "年十三, 殺人, 人不敢忤視."

61 "高漸離擊筑, 荊軻和而歌, 爲變徵之聲, 士皆垂淚涕泣. 又前而爲歌曰:"風蕭蕭兮易水寒, 壯士一去兮不復還!"復爲羽聲慷, 士皆瞋目, 髮盡上指冠. 於是荊軻就車而去, 終已不顧."

62 "未至身, 秦王驚, 自引而起, 袖絕. 拔劍, 劍長, 操其室. 時惶急, 劍堅, 故不可立拔. 荊軻逐秦王, 秦王環柱而走. 群臣皆愕, 卒起不意, 盡失其度."

63 "群臣侍殿上者不得持尺寸之兵;諸郎中執兵皆陳殿下, 非有詔召不得上."

64 "事所以不成者, 以欲生劫之, 必得約契以報太子也."

65 "自古燕趙多慷慨悲歌之士."

66 "此其義或成或不成, 然其立意較然, 不欺其志, 名垂後世, 豈妄也哉!." 『사기』 「자객열전」

67 『사기』 「진시황본기」

68 "秦與齊爭長." 『사기』 「초세가」

69 "滅宋而三分其地." 『사기』 「송미자세가宋微子世家」

70 "君王后賢, 事秦謹, 與諸侯信, 齊亦東邊海上, 秦日夜攻三晉, 燕, 楚, 五國各自救於秦, 以故王建立四十餘年不受兵." 『사기』 「전경중완세가」

71 "發兵守其西界, 不通秦." 『사기』 「진시황본기」

72 "楚地廣, 齊地狹, 楚人勇, 齊人怯, 請先從事於易." 『태평어람』 권437 엄우嚴尤의 「삼장론三將論」 인용

73 "齊地方數千里, 帶甲數百萬. 夫三晉大夫, 皆不便秦, 而在阿, 鄄之間者百數, 王收而與之百萬之衆, 使收三晉之故地, 即臨晉之關可以入矣;鄢, 郢大夫, 不欲爲秦, 而在城南下者百數, 王收而與之百萬之師, 使收楚故地, 即武關可以入矣. 如此, 則齊威可立, 秦國可亡. 夫舍南面之稱制, 乃西面而事秦, 爲大王不取也." 『전국책』 「제책齊策6」

74 "秦兵卒入臨淄, 民莫敢格者." 『사기』 「전경중완세가」

75 "齊王不聽即墨大夫而聽陳馳, 遂入秦." 『전국책』 「제책6」

76 "松耶柏耶? 住建共者客耶?"

77 "天下壹并于秦, 秦王政立號爲皇帝." 『사기』 「전경중완세가」

78 『일주서逸周書』의 「왕회王會」 「성주지회成周之會」 등 참조

79 "因南征百越之君." 『사기』 「백기왕전열전」

80 "深入越, 越人遁逃. 曠日持久, 糧食絕乏, 越人擊之, 秦兵大敗." 『한서』 「엄안전」

81 『회남자淮南子』 「인간훈人閒訓」

82 "樓船之士南攻百越." 『사기』 「평진후주보열전平津侯主父列傳」

83 『문물文物』 1975년 제3기 「창사長沙 마왕퇴馬王堆 3회 한묘 출토 지도에 관한 정리」와 「지형도」 등을 참조

84 "肥饒數千里, 以兵威定屬楚 (…) 秦擊奪楚巴, 黔中郡, 道塞不通 (…) 以其眾王滇, 變服, 從其俗, 以長之." 『사기』 「서남이열전」

85 "蠻夷君長, 世尚秦女." 『후한서』 「남만서남이열전南蠻西南夷列傳」

86 "常頞略通五尺道, 諸此國頗置吏焉." 『사기』 「서남이열전」

87 "邛, 笮, 冉, 駹者近蜀, 道易通, 異時嘗通爲郡縣矣, 至漢興而罷."

88 "侵暴中國." 『사기』 「흉노열전」

89 "宣太后詐而殺義渠戎王於甘泉, 遂起兵伐殘義渠. 於是秦有隴西, 北地, 上郡, 筑長城以拒胡."

90 "北破林胡, 樓煩. 筑長城, 自代并陰山下, 至高闕爲塞. 而置雲中, 鴈門, 代郡 (…) 東胡郤千餘里. 與荊軻刺秦王秦舞陽者, 開之孫也. 燕亦筑長城, 自造陽至襄平. 置上谷, 漁陽, 右北平, 遼西, 遼東郡以拒胡." 『사기』 「흉노열전」

91 "乃使將軍蒙恬發兵三十萬人北擊胡, 略取河南地." 『사기』 「진시황본기」, 「흉노열전」에는 "십만 대군十萬之衆"으로 표기됨

92 『사기』 「진시황본기」

93 "遷徙鳥擧, 難得而制也 (…) 得其地不足以爲利也 (…) 輕兵深入, 糧食必絕 (…) 靡獘中國, 快心匈奴, 非長策也." 『사기』 「평진후주보열전」

94 "筑四十四縣城臨河, 徙適戍以充之. 而通直道, 自九原至雲陽, 因邊山險塹谿谷可繕者治之, 起臨洮至遼東萬餘里." 『사기』 「흉노열전」

95 "地東至海暨朝鮮, 西至臨洮, 羌中, 南至北向戶, 北據河爲塞, 并陰山至遼東." 『사기』 「진시황본기」

5장

1 "大聖作治, 建定法度, 顯箸綱紀." 『사기』 「진시황본기」

2 "寡人以眇眇之身, 興兵誅暴亂, 賴宗廟之靈, 六王咸伏其辜, 天下大定. 今名號不更, 無以稱成功, 傳後世. 其議帝號."

3 "昔者五帝地方千里, 其外侯服夷服諸侯或朝或否, 天子不能制. 今陛下興義兵, 誅殘賊, 平定天下, 海內爲郡縣, 法令由一統, 自上古以來未嘗有, 五帝所不及. 臣等謹與博士議曰: '古有天皇, 有地皇, 有泰皇, 泰皇最貴.' 臣等昧死上尊號, 王爲'泰皇'. 命爲'制', 令爲'詔', 天子自稱曰'朕' (…) 去'泰', 著'皇', 采上古'帝'位號, 號曰'皇帝'. 他如議 (…) 追尊莊襄王爲太上皇, 更名民曰'黔首.'" 『사기』「진시황본기」

4 "皇帝哀矜庶戮之不辜 (…) 皇帝淸問下民."

5 "天子正號曰皇帝, 自稱曰朕, 臣民稱之曰陛下. 曰言曰制詔, 史官記事曰上. 車馬衣服器械百物曰乘輿. 所在曰行在, 所居曰禁中, 後曰省中. 印曰璽. 所至曰幸, 所進曰御." 『독단獨斷』은 후한의 학자 채옹이 조정의 제도와 칭호에 대하여 기록한 책이다.

6 "秦之法, 盡是尊君卑臣之事, 所以後世不肯變. 且如三皇稱'皇', 五帝稱'帝', 三王稱 '王', 秦則兼'皇帝'之號, 只此一事, 後世如何肯變." 『주자어류朱子語類』권134

7 이미지라는 뜻 때문에 직관적이라고 번역함. ―옮긴이

8 "聖人, 天子, 王, 後王, 王公, 萬乘之主(王), 君, 人主, 正, 長, 君子, 官長."

9 "遂卽天子之位, 是爲夏后帝啓." 『사기』「하본기」

10 "后, 繼體君也. 象人之形. 從口. 易: 后以施令告四方."

11 "皇帝躬圣, 旣平天下, 不懈於治. 夙興夜寐, 建設長利, 專隆教誨 (…) 憂恤黔首, 朝夕不懈." 『사기』「진시황본기」

12 『예기禮記』「곡례曲禮 하」

13 "六合之內, 皇帝之土 (…) 人跡所至, 無不臣者 (…) 朕爲始皇帝. 後世以計數, 二世三世至于萬世, 傳之無窮." 『사기』「진시황본기」

14 "孝, 敬, 忠, 貞, 君父之所安也." 『국어』「진어晉語1」

15 "凡爲治必先定分. 君臣父子夫婦君臣父子夫婦六者當位, 則下不踰節而上不苟爲矣."

16 "臣事君, 子事父, 妻事夫, 三者順則天下治, 三者逆則天下亂, 此天下之常道也."

17 "端平法度, 萬物之紀. 以明人事, 合同父子." 『사기』「진시황본기」

18 "湯自把鉞以伐昆吾, 遂伐桀." 『사기』「은본기」

19 "周公旦把大鉞, 畢公把小鉞, 以夾武王." 『사기』「주본기」

20 "故聖人因天秩而制五禮, 因天討而作五刑. 大刑用甲縣來者兵, 其次用斧鉞; 中刑用刀鋸, 其次用鑽鑿; 薄刑用鞭扑. 大者陳諸原野, 小者致之市朝, 其所上矣."

21 "此說以車之意. 蓋古用車裂, 後人乃法車裂之意而用斧鉞, 故字亦從車. 斤者, 斧鉞之類也."

22 "禮樂征伐自天子出." 『논어』「계씨季氏」

23 "令行禁止, 王者之事畢矣 (…) 臣諸侯者王." 『순자』「왕제王制」

24 "王也者, 勢也. 王也者, 勢無敵也. 勢有敵則王者廢矣."『여씨춘추』「신분람 신세愼勢」

25 "公乃王, 王乃天, 天乃道, 道乃久."『노자』16장

26 "故道大, 天大, 地大, 王亦大."『노자』25장

27 "王也者, 天下之往也."『여씨춘추』「신대람愼大覽 하현下賢」

28 "父至尊也 (…) 天子至尊也 (…) 君至尊也 (…) 夫至尊也."『의례儀禮』「상복喪服」

29 "諸侯之寶三: 土地, 人民, 政事."『맹자』「진심盡心 하」

30 "日月所照, 舟輿所載, 皆終其命, 莫不得意. 應時動事, 是維皇帝."

31 "六合之內, 皇帝之土."『사기』「진시황본기」

32 "奈何萬乘之主, 而以身輕天下?"

33 "今夫人眾兵強, 此帝王之大資也."『상군서』「약민弱民」

34 "政者, 君之所以藏身也."『예기』「예운禮運」

35 "職臣遵分, 各知所行 (…) 丞相諸大臣皆受成事, 倚辨於上."『사기』「진시황본기」

36 "君也, 大也. 居先者, 始者, 無先之稱; 君者, 至尊之號; 大則無所不包."

37 "元首明哉, 股肱良哉, 庶事康哉."『사기』「하본기」

38 "且夫義者政也, 無從下之政上, 必從上之政下."

39 "王者, 人之所仰而生也 (…) 人主, 天下之有勢者也."

40 "王者, 國之心也."『문자文子』「상덕上德」

41 "故萬乘失數而不危, 臣主失術而不亂者, 未之有也."

42 "人君者, 所以管分之樞要也."『순자』「부국富國」

43 "非天子, 不議禮, 不制度, 不考文."『예기』「중용中庸」

44 "尊卑貴賤, 不踰次行."『사기』「진시황본기」

45 "君子者, 法之原也."『순자』「군도君道」

46 "惟闢作福, 惟闢作威, 惟闢玉食. 臣無有作福, 作威, 玉食."

47 "御者, 治天下之名也, 若柔轡之御剛馬也 (…) . 是以秦漢以來, 以御爲至尊之稱."
   형병邢昺:『효경정의孝經正義』「어제서御制序」주석

48 "治人之道, 其猶造父之御馬也."

49 "天下苦秦久矣."『사기』「진섭세가陳涉世家」

50 "德爲聖人, 尊爲天子, 富有四海之內."

51 "天下公侯以天下一國爲家."

52 "利而不利之, 愛而不用之者, 取天下者也. 利而後利之, 愛而後用之者, 保社稷者也.
   不利而利之, 不愛而用之者, 危國家者也."

53 "受國之垢, 是謂社稷主."『노자』78장

54 "謂謀危社稷 (…) 不敢指斥尊號, 故托云社稷."

55 "國家居太守府舍, 諸王居府中, 諸侯在縣庭中."

56 "豈余身之憚殃兮, 皇皇輿之敗績 (…) 皇, 君也; 輿, 君之所乘, 以喻國也." 왕일:
『초사장구楚辭章句』「이소離騷」

57 『공양전公羊傳』 장공莊公 4년

58 "天無二日, 土無二王, 家無二主, 尊無二上."『예기』「방기坊記」

59 "天下雖大, 其化均也; 萬物雖多, 其治一也, 人卒雖衆, 其主君也."

60 "天下必有天子, 所以一之也. 天子必執一, 所以專之也. 一則治, 兩則亂."

61 "朕, 我也. 古者上下共稱之, 貴賤不嫌, 則可以同號之義也. (…) 至秦, 然後天子獨
以爲稱. 漢因而不改."

62 『좌전』 선공宣公 4년

63 "上帝臨汝, 無貳爾心."

64 "君萬物者莫大乎天."『주역』「계사繫辭 상」

65 "九者, 所以究極中和, 爲萬物元也."『한서』「율력지律曆志 상」

66 "事主順命, 上唱下和."

67 "皇帝之德, 存定四極. 誅亂除害, 興利致福, 節事以時, 諸産繁殖. 黔首安寧, 不用兵
革. 六親相保, 終無寇賊. 驩欣奉敎, 盡知法式. (…) 功蓋五帝, 澤及牛馬. 莫不受德,
各安其宇."『사기』「진시황본기」

68 "天佑下民, 作之君, 作之師, 惟其克相上帝, 寵綏四方."

69 "民生于三, 事之如一. 父生之, 師敎之, 君食之, 非父不生, 非食不長, 非敎不知生之
族也, 故壹事之."

70 "故禮, 上事天, 下事地, 尊先祖, 而隆君師. 是禮之三本也."

71 "天下安寧, 要在一人. 人主者, 民之師也. 上者, 下之儀也."

72 "置主法之吏, 以爲天下師."『상군서』「정분定分」

73 "以吏爲師, 三代之舊法也; 秦人之悖於古者, 禁 '詩書' 而僅以法律爲師耳. 三代盛
時, 天下之學無不以吏爲師."

74 "作立大義, 昭設備器, 咸有章旗 (…) 專隆敎誨 (…) 訓經宣達, 遠近畢理, 鹹承聖誌
(…) 外敎諸侯, 光施文惠, 明以義理 (…) 職臣遵分, 各知所行 (…) 黔首改化, 遠邇同
度 (…) 別黑白而定一尊."『사기』「진시황본기」

75 "君子小人, 物有服章, 貴有常尊, 賤有等威, 禮不逆矣."

76 "君子不强聽治, 即刑政亂; 賤人不强從事, 即財用不足."

77 "無君子莫治野人, 無野人莫養君子."

78 "大人虎變, 未占有孚."

79 "體道行德." 『사기』 「진시황본기」

80 "聖智仁義, 顯白道理 (…) 聖德廣密, 六合之中, 被澤無疆." 『사기』 「진시황본기」

81 "不勉而中, 不思而得, 從容中道, 聖人也."

82 "聖人者, 道之極也." 『순자』 「예론禮論」

83 "皇帝之功, 勤勞本事 (…) 皇帝之明, 臨察四方 (…) 皇帝之德, 存定四極 (…) 皇帝明德, 經理宇內, 視聽不怠 (…) 皇帝幷宇, 兼聽萬事, 遠近畢淸."

84 "至秦有天下, 悉內六國禮儀, 采擇其善, 雖不合聖制, 其尊君抑臣, 朝廷濟濟, 依古以來." 『사기』 「예서禮書」

6장

1 "天下無異意 (…) 安寧之術."

2 "以吏爲師." 『사기』 「진시황본기」

3 "諸侯異政, 百家異說." 『순자』 「해폐解蔽」

4 "道術將爲天下裂." 『장자』 「천하」

5 "天下一致而百慮, 同歸而殊途." 『사기』 「태사공자서」

6 "行禮祠名山大川及八神, 求仙人羨門之屬."

7 "八神將自古而有之, 或曰太公以來作之."

8 "及秦幷天下, 令祠官所常奉天地名山大川鬼神可得而序也. 於是自殽以東, 名山五, 大川祠二."

9 『좌전』 선공 3년

10 "受命於天, 旣壽永昌 (…) 事天以禮."

11 "悉內六國禮儀, 采擇其善 (…) 大抵皆襲秦故. 自天子稱號, 下至佐僚及宮室官名, 少所變改."

12 "天道聖立君 (…) 亂莫大於舞天子 (…) 土無二王, 尊無二上 (…) 聖者爲王 (…) 一人興邦 (…) 道高於君 (…) 天下爲公."

13 "夫陰陽, 儒, 墨, 名, 法, 道德, 此務爲治者也, 直所從言之異路, 有省不省耳."

14 "雖百家佛能易 (…) 雖百家佛能改 (…) 雖百家佛能廢." 『사기』 「태사공자서」

15 "序君臣父子之禮, 列夫婦長幼之別."

16 "儒生弟子百余人." 『사기』 「유경숙손통열전劉敬叔孫通列傳」

17 "人道經緯萬端, 規矩無所不貫, 誘進以仁義, 束縛以刑罰, 故德厚者位尊, 祿重者寵榮, 所以總一海內而整齊萬民也. (…) 是以君臣朝廷尊卑貴賤之序, 下及黎庶車輿衣

服宮室飮食嫁娶喪祭之分, 事有宜適, 物有節文"『사기』「예서」

18 "寬裕忠信, 和平無怨 (…) 慈上勿陵, 敬上勿犯 (…) 正行修身 (…) 除害興利, 慈愛百姓."

19 "中不方, 名不章, 外不員, 禍之門."

20 "臨材無苟得 臨難無苟免."

21 "臨材見利, 不取句富, 臨難見死, 不取句免."

22 "爲人君則鬼, 爲人臣則忠 ; 爲人父則慈(慈), 爲人子則孝. (…) 君鬼臣忠, 父慈(慈)子孝, 政之本殿(也) ; 志徹官治, 上明下聖, 治之紀殿(也)."

23 "天下初定, 遠方黔首未集, 諸生皆誦法孔子, 今上皆重法繩之, 臣恐天下不安. 唯上察之."『사기』「진시황본기」

24 "及秦帝而齊人奏之, 故始皇采用之."『사기』「봉선서」

25 "五德轉移, 治各其宜, 而符應若兹."『사기』「맹자순경열전孟子荀卿列傳」

26 "五德從所不勝, 虞土, 夏木, 殷金, 周火."『문선』, 천쉬원沈休文, 「고안륙작소왕비故安陸煒昭王碑」; 리산李善, 『추자鄒子』인용

27 "黃帝得土德, 黃龍地螾見. 夏得木德, 青龍止於郊, 草木暢茂. 殷得金德, 銀自山溢. 周得火德, 有赤烏之符. 今秦變周, 水德之時. 昔秦文公出獵, 獲黑龍, 此其水德之瑞."『사기』「봉선서」

28 "剛毅戾深, 事皆決於法, 刻削毋仁恩和義, 然後合五德之數. 於是急法, 久者不赦."『사기』「진시황본기」

29 "甲兵之符, 右在皇帝, 左在陽陵."

30 린지엔밍林劍鳴, 「진이 수덕임은 의심의 여지가 없다」, 『고고학과 문물』, 1985년 제2호

31 『국어』「정어鄭語」「주어周語 상」

32 구제강顧頡剛, 「오덕종시설 아래서의 정치와 역사」, 구제강, 『고사변古史辯』제5권 참조, 상해고적출판사, 1982, 404쪽

33 판원란范文瀾, 「구제강과 오행설의 기원을 논하다」, 구제강, 위의 책, 641쪽

34 "天下之亂, 若禽獸然."

35 "上之所是, 必亦是之, 上之所非, 必亦非之."

36 "下比而非其上者, 上得而誅罰之."

37 "無君臣上下長幼之節, 父子兄弟之禮, 是以天下亂焉."『묵자』「상동尙同 중」

38 "雖在農與工肆之人, 有能則擧之."『묵자』「상현尙賢 상」

39 "抑而廢之, 貧而賤之, 以爲徒役."『묵자』「상현 중」

40 팡셔우추方授楚, 『묵학의 기원』, 중화서국, 1934, 201~210쪽

41 "上農除末, 黔首是富 (…) 節事以時, 諸產繁殖."『사기』「진시황본기」

42 "體道行德, 尊號大成." 『사기』 「진시황본기」

43 "明君審一, 萬物自定."

44 "控名責實, 參伍不失."

45 『사기』 「고조본기」

46 "貴爲天子, 富有天下." 『예기』 「중용」

47 "六合之內, 皇帝之土. 西涉流沙, 南盡北戶. 東有東海, 北過大夏. 人跡所至, 無不臣者 (⋯) 日月所照, 舟輿所載. 皆終其命, 莫不得意." 『사기』 「진시황본기」

48 "隆一而治, 二而亂." 『순자』 「치사致士」

49 "國家之立也, 本大而末小, 是以能固." 『좌전』 환공 2년

50 "國不堪貳." 『좌전』 은공隱公 원년

51 『여씨춘추』 「심분람 신세」

52 "海內爲郡縣, 法令由一統, 自上古以來未嘗有, 五帝所不及." 『사기』 「진시황본기」

53 "天下有道, 則禮樂征伐自天子出;天下無道, 則禮樂征伐自諸侯出. (⋯) 天下有道, 則政不在大夫. 天下有道, 則庶人不議." 『논어』 「계씨」

54 "人主爲法於上, 下民議之於下, 是法令不定, 以下爲上也."

55 "國君何以爲一體? 國君以國爲體, 諸侯世, 故國君爲一體也." 『공양전』 장공 4년

56 "朕爲始皇帝. 後世以計數, 二世三世至於萬世, 傳之無窮." 『사기』 「진시황본기」

57 "聖智仁義, 顯白道理 (⋯) 皇帝躬聖, 既平天下, 不懈於治." 『사기』 「진시황본기」

58 "聖也者, 盡倫者也;王也者, 盡制者也;兩盡者, 足以爲天下極矣. 故學者以聖王爲師, 案以聖王之制爲法." 『순자』 「해폐」

59 "罔不賓服." 『사기』 「진시황본기」

60 "四海之內若一家." 『순자』 「왕제王制」

61 "聖帝在上, 德流天下, 諸侯賓服, 威振四夷, 連四海之外以爲席, 安於覆盂, 天下平均, 合爲一家." 『사기』 「골계열전滑稽列傳」

62 "古之帝者, 地不過千裏, 諸侯各守其封域, 或朝或否, 相侵暴亂, 殘伐不止, 猶刻金石, 以自爲紀. 古之五帝三王, 知教不同, 法度不明, 假威鬼神, 以欺遠方, 實不稱名, 故不久長. 其身未歿, 諸侯倍叛, 法令不行. 今皇帝並一海內, 以爲郡縣, 天下和平." 『사기』 「진시황본기」

63 스타브리아노스, 위의 책, 429쪽

7장

1 "經邦論道, 燮理陰陽 (…) 佐天子, 總百官, 治萬事."

2 『사기』「진승상세가陳丞相世家」

3 "危而不持, 顚而不扶, 則將焉用彼相矣."

4 "宰相者, 上佐天子理陰陽, 順四時, 下育萬物之宜, 外鎭撫四夷諸侯, 內親附百姓, 使 卿大夫各得任其職焉."

5 "爰立作相, 王置諸左右."

6 "乃立天官冢宰, 使帥其屬而掌邦治, 以佐王均邦國, 治官之屬."

7 "人主之職, 論一相而兼率之."

8 "明主之吏, 宰相必起於州部, 猛將必發於卒伍."

9 "天下事皆決於相君." 『사기』「범저채택열전範雎蔡澤列傳」

10 "君者執本, 相執要, 大夫執法, 以牧其群臣 (…) 主畫之, 相守之. 相畫之, 官守之. 官畫之, 民役之."

11 "丞相諸大臣皆受成事, 倚辨於上." 『사기』「진시황본기」

12 "彼持國者, 必不可以獨也, 然則彊固榮辱在於取相矣."

13 "守至約而詳, 事至逸而功."

14 "人臣太貴, 必易主位."

15 "官分文武, 王之二術也." 『위료자』「후관厚官」

16 "相國, 丞相, 皆秦官,　金印紫綬, 掌丞天子助理萬機."

17 "隋開皇初, 京師穿地得鑄秤權, 有銘, 云始皇時量器, 丞相隗狀, 王綰二人列名, 其作 '狀' 貌之字, 時令校寫, 親所按驗."

18 "博士雖七十人, 特備員弗用, 丞相諸大臣皆受成事, 倚辨於上." 『사기』「진시황본기」

19 "太尉, 秦官, 金印紫綬, 掌武事."

20 바이강주白鋼柱 지음, 『중국정치제도통사』 제3권 진한, 인민출판사, 1996, 163, 336 쪽; 이푸추안李福泉, 「진은 삼공구경제가 없다에 관한 고찰」, 『구색求索』, 1992 제 3호

21 예를 들면 바이서우이의 『중국통사』 제5권이 대표적이다.

22 "三公, 不必備, 惟其人與使能也." 두우杜佑, 『통전通典』「관직2·3」「공公」「총서 總敍」

23 "御史大夫, 秦官. 位上卿, 銀印靑綬, 掌副丞相."

24 "可證禦史大夫確爲秦統後所設." 베이지엔밍, 『진한역사』, 상하이인민출판사, 1981, 96쪽

25 "夫利異而害不同者, 先王所以爲保也." 『상군서』 「금사禁使」

26 "始自秦世, 不師聖道, 私以禦職, 奸以待下; 懼宰官之不修, 立監牧以董之, 畏督監之容曲, 設司察以糾之; 宰牧相累, 監察相司, 人懷異心, 上下殊務. 漢承其緒, 莫能匡改." 『삼국지』 「위서魏書 하후현전夏候玄傳」

27 "自魏晉以來, 相國, 丞相多非尋常人臣之職." 정차오, 『통지通志』 「직관職官2」

28 "廷尉, 秦官, 掌刑闢. 有正, 左右監, 秩皆千石."

29 "諸侯初破, 燕, 齊, 荊地遠, 不爲置王, 毋以塡之. 請立諸子, 唯上幸許."

30 "始皇下其議於群臣, 群臣皆以爲便."

31 "周文武所封子弟同姓甚眾, 然後屬疏遠, 相攻擊如仇讎, 諸侯更相誅伐, 周天子弗能禁止. 今海內賴陛下神靈一統, 皆爲郡縣, 諸子功臣以公賦稅重賞賜之, 甚足易制. 天下無異意, 則安寧之術也. 置諸侯不便."

32 "天下共苦戰鬪不休, 以有侯王. 賴宗廟, 天下初定, 又復立國, 是樹兵也, 而求其寧息, 豈不難哉! 廷尉議是."

33 "他時秦地不過千裏, 賴陛下神靈明聖, 平定海內, 放逐蠻夷, 日月所照, 莫不賓服. 以諸侯爲郡縣, 人人自安樂, 無戰爭之患, 傳之萬世. 自上古不及陛下威德."

34 "臣聞殷周之王千餘歲, 封子弟功臣, 自爲枝輔. 今陛下有海內, 而子弟爲匹夫, 卒有田常, 六卿之臣, 無輔拂, 何以相救哉? 事不師古而能長久者, 非所聞也. 今青臣又面諛以重陛下之過, 非忠臣."

35 "五帝不相復, 三代不相襲, 各以治, 非其相反, 時變異也. 今陛下創大業, 建萬世之功, 固非愚儒所知. 且越言乃三代之事, 何足法也?"

36 "封建親戚, 以蕃屛周." 『좌전』 희공僖公 24년

37 "卿置側室, 大夫有貳宗." 『좌전』 환공 2년

38 "國家之立也, 本大而末小, 是以能固." 『좌전』 환공 2년

39 "救土崩之難, 莫如建諸侯; 削尾大之勢, 莫如置守宰."

40 리우저화劉澤華, 「중국 봉건군주 전제제도의 형성과 경제 발전에 끼친 영향」, 『중국 전통 정치사상에 대한 고찰』, 삼련서점, 1987

41 양관楊寬, 『전국사』 부록2, 상하이인민출판사, 1980

42 "爲大王將, 有功終不得封侯." 『사기』 「백기왕전열전」

43 "管事二十餘年, 未嘗見秦免罷丞相功臣有封及二世者."

44 "秦漢之制, 列侯封君食租稅." 『사기』 「화식열전貨殖列傳」

45 "蓋秦之法, 未嘗以土地予人, 不待李斯建議而後始罷封建也."

46 『사기』 「진시황본기」

47 "令人案行之, 擧劾不從令者, 致以律, 論及令, 丞."

48 "省察治政, 黜陟能否." 『한서』 「백관공경표」, 『한관전직의漢官典職儀』

8장

1 "自周衰, 官失而百職亂, 戰國並爭, 各變異. 秦兼天下, 建皇帝之號, 立百官之職." 『한서』 「백관공경표 상」

2 "智盈天下, 澤及其君; 忠盈天下, 害及其國." 『신자』 「지충知忠」

3 "官職者, 能士之鼎俎也, 任之以事, 而愚智分矣." 『한비자』 「육반六反」

4 "故明主之吏, 宰相必起於州部, 猛將必發於卒伍." 『한비자』 「현학」

5 "發弩嗇夫射不中, 貲二甲, 免."

6 "秦自孝公納商鞅策, 富國強兵爲務, 仕進之途, 唯辟田與勝敵而已, 以至始皇, 遂平天下."

7 "專任獄吏, 獄吏得親幸." 『사기』 「진시황본기」

8 "貧無行, 不得推擇爲吏." 『사기』 「회음후열전」

9 "不可誠仁者勿令."

10 "除佐必當壯以上."

11 『수경水經』 「탑수주漯水注」

12 "任人爲丞, 丞已免, 後爲令, 令初任者有罪, 令當免不當? 不當免."

13 "秦之法, 任人而所任不善者, 各以其罪罪之." 『사기』 「범저채택열전」

14 "百姓內粟千石, 拜爵一級." 『사기』 「진시황본기」

15 "不怕官, 只怕管."

16 『왕도 노예도-중국 고대 관료사회에서의 인격』 「군신지의와 사람의 예속 관계」, 저장인민출판사, 2000

17 "可(何)謂「宦者顯大夫?」宦及智(知)於王, 及六百石吏以上, 皆爲「顯大夫」."

18 "方寸之印, 丈二之組."

19 "告歸咸陽." 『사기』 「이사열전」

20 "常告歸之田." 『사기』 「고조본기」

21 "事皆決於法." 『사기』 「진시황본기」

22 君鬼臣忠, 父茲(慈)子孝, 政之本(也); 志徹官治, 上明下聖, 治之紀(也).

23 『한서』 「장창전張蒼傳」

24 펑보彭勃, 공페이龔飛 지음, 『중국감찰제도사』 서문, 중국정법대학출판사, 1989

25 "人無於水監, 當於民監."

26 "王欲玉女, 是用大諫."

27 "天子聽政, 使公卿至於列士獻詩, 瞽獻曲, 史獻書, 師箴, 瞍賦, 矇誦, 百工諫, 庶人傳語, 近臣盡規, 親戚補察."

28 "王斟酌焉."『국어』「주어周語」,『좌전』양공襄公 14년에 비슷한 철학이 기재되어 있음

29 『사기』「주본기」

30 『관자』「환공문桓公問」등 참조

31 "獻可替否."『좌전』소공 20년

32 "齊之以味, 濟其不及, 以洩其過."

33 "君子和而不同, 小人同而不和."『논어』「자로子路」

34 "所謂大臣者, 以道事君, 不可則止."

35 "格君心之非."

36 "社稷之臣也, 國君之寶也."

37 "不視而見, 不聽而聰, 不慮而知, 不動而功, 塊然獨坐而天下從之如一體 (…) 兼聽齊明則天下歸 (…) 政敎之極."『순자』「군도君道」

38 "下君盡己之能, 中君盡人之力, 上君盡人之智. 與其用一人, 不如用一國."『한비자』「팔경八經」

39 "忠言拂於耳, 而明主聽之, 知其可以致功也."『한비자』「외저설좌상外儲說左上」

40 "說於大庭."『한비자』「유로喩老」

41 "防民之口, 甚於防川."

42 "是故爲川者, 決之使導 ; 爲民者, 宣之使言."『국어』「주어」

43 "聞有吏雖亂而有獨善之民, 不聞有亂民而有獨治之吏."『한비자』「외저설우하外儲說右下」

44 "論定律令."『한서』「혹리전酷吏傳」및『한서』「외척전外戚傳」등 참조

45 "秦時爲御史, 主柱下方書 (…) 明習天下圖書計籍."『사기』「장승상열전張丞相列傳」

46 『사기』「소상국세가蕭相國世家」

47 "大夫, 掌議論. 有太中大夫, 中大夫, 諫大夫, 皆無員, 多至數十人."

48 "秦置諫議大夫, 掌議論, 無常員, 多至數十人, 屬郎中令."『통전通典』「직관職官3」

49 "日上朝謁, 平尙書奏事, 分爲左右曹, 以有事殿中, 故曰給事中."『통전』「직관3」

9장

1 "職臣遵分, 各知所行, 事無嫌疑. 黔首改化, 遠邇同度, 臨古絶尤." 『사기』 「진시황본기」

2 "其諸侯以下, 及三公至士, 總而言之, 皆謂之官. 官者, 管也." 공영달孔穎達, 『예기정의禮記正義』 「왕제王制」

3 "衆非元后, 何戴? 后非衆, 無與守邦 (…) 古者, 先王既有天下 (…) 諸侯春秋受職於王以臨其民, 大夫, 士日恪位著以儆其官, 庶人, 工, 商各守其業以共其上." 『국어』 「주어周語 상」

4 "禮樂征伐自天子出 (…) 政不在大夫 (…) 庶民不議 (…) 天下有道" 『논어』 「계씨季氏」

5 "有生法, 有守法, 有法於法. 夫生法者君也, 守法者臣也, 法於法者民也."

6 "君臣相與, 高下之處也. 如天之與地也."

7 "天尊地卑, 乾坤定矣, 卑高以陳, 貴賤位矣."

8 "心之在體, 君之位也, 九竅之在職, 官之分也. 心處其道, 九竅循理." 『관자』 「심술心術 상」

9 "制人者陽, 制於人者陰." 『황로백서黃老帛書』 「칭稱」

10 "坤道其順 (…) 地道無成."

11 "民可使由之, 不可使知之." 『논어』 「태백」

12 "虛其心, 實其腹, 弱其誌, 強其骨. 常使民無知無欲. 使夫知者不敢爲也." 『노자』 3장

13 "民弱國強, 民強國弱, 故有道之國, 務在弱民. 樸則強, 淫則弱." 『상군서』 「약민」

14 "人跡所至, 無不臣者."

15 "自上古以來未嘗有, 五帝所不及." 『사기』 「진시황본기」

16 "宰相必起於州部, 猛將必發於卒伍." 『한비자』 「현학」

17 "古者, 明君爵有德而祿有功." 『예기』 「제통祭統」

18 "不別親疏, 不殊貴賤 (…) 見功而與賞, 因能而受官."

19 "食其田並主其邑, 治以家宰私臣, 又子孫得世守之." 손이양孫詒讓, 『주례정의周禮正義』 권2

20 "克敵者, 上大夫受縣, 下大夫受郡, 士田十萬, 庶人工商遂, 人臣隸圉免." 『좌전』 애공 2년

21 저우사오허우朱紹侯, 『군공작제에 대한 탐구』, 상하이인민출판사, 1983, 2쪽

22 『상군서』 「경내」 편 내용의 신뢰성과 관련 연구에 대해서는 「운몽진간으로 살펴본

진나라의 하작제도」,『운몽진간 탐구』(증보판), 허난인민출판사, 1981

23 "書到皆爲報, 報必言相家爵來未來."

24 "傳曰; 諸侯之有關梁, 庶人之有爵祿, 非升平之興, 蓋自戰國始也."『염철론』「험고 險固」

25 "能得甲首一者, 賞爵一級 (…) 得三十三首以上 (…) 輝爵三級."『상군서』「경내」

26 "商君之法曰: '斬一首者爵一級, 欲爲官者爲五十石之官; 斬二首者爵二級, 欲爲官者 爲百石之官.'"

27 "秦民爵公大夫以上, 令丞與亢禮."『한서』「고제기高帝紀」

28 "益田一頃, 益宅九畝, 益除庶子一人."『상군서』「경내」

29 "言乘駟馬之車而爲衆長也."『한서』「백관공경표 상」안사고顏師古 주석

30 "爵：一級曰公士, 二上造, 三簪裊, 四不更, 五大夫. 六官大夫, 七公大夫, 八公乘, 九五大夫, 十左庶長, 十一右庶長, 十二左更, 十三中更, 十四右更, 十五少上造, 十六 大上造, 十七駟車庶長, 十八大庶長, 十九關內侯, 二十徹侯. 皆秦制, 以賞功勞."

31 주샤오허우,『군공작제도에 관한 탐구』, 2쪽

32 리우춘판柳春藩,『진한시대의 봉국, 식읍, 사작輝爵제도』, 라오닝인민출판사, 1984, 18-23쪽

33 "賢聖之君不以祿私親, 其功多者賞之, 其能當者處之. 故察能而授官者, 成功之君 也."『사기』「악의열전樂毅列傳」

34 『사기』「진시황본기」

35 "官鬪士, 尊功臣, 盛其爵祿."『사기』「이사열전」

36 "官爵之遷與斬首之功相稱."

37 "十月庚寅, 蝗蟲從東方來, 蔽天. 天下疫 (…) 百姓內粟千石, 拜爵一級."

38 "遷北河榆中三萬家. 拜爵一級."『사기』「진시황본기」

39 『사기』「진시황본기」

40 "父子之義, 夫婦之別, 不如齊魯."『순자』「성악」

41 "遺禮義, 棄倫理."『한서』「가의전」

42 "上薦高廟, 孝道顯明."『전진문全秦文』「역산각석繹山刻石」

43 "父子之義, 夫婦之別, 不如齊魯."

44 "春秋時猶尊禮重信, 而七國則絕不言禮與信矣. 春秋時猶宗周王, 而七國則絕不言 王矣. 春秋時猶嚴祭祀, 重聘享, 而七國則無其事矣. 春秋時猶論宗姓氏族, 而七國 則無一言及之矣. 春秋時猶宴會賦詩, 而七國則不聞矣. 春秋時猶有赴告策書, 而七 國則無有矣. 邦無定交, 士無定主. 此變於一百三十三年之間, 史之闕文, 而後人可以 意推者也. 不待始皇之並天下, 而文武之道盡矣." 고염무,『일지록日知錄』「주 말기

의 풍속을 논함論周末風俗」

45 "商君遺棄禮儀, 丟掉仁義, 專心進取. 這樣推行了兩年, 秦國原來的社會風俗敗壞了, 所以秦人的家庭福了丁壯的兒子就分家, 秦國的家庭窮了, 丁壯的兒子就出去做上門女婿!(商君遺禮義, 棄仁恩, 並心於進取. 行之二歲, 秦俗日敗. 故秦人家富子壯則出分, 家貧子壯則出贅; 借父耰鉏, 慮有德色; 母取箕箒, 立而誶語; 抱哺其子, 與公並倨; 婦姑不相說, 則反脣而相稽. 其慈子不同禽獸者亡幾耳 (…) 其遺風余俗, 猶尙未改 (…) 今其甚者殺父兄矣."「한서」「가의전賈誼傳」

46 『사기』「상군열전」

47 "臣事君, 子事父, 妻事夫, 三者順則天下治, 三者逆則天下亂, 此天下之常道也, 明王賢臣而弗易也."

48 "以明人事, 合同父子 (…) 貴賤分明, 男女禮順, 愼遵職事 (…) 男樂其疇, 女修其業, 事各有序."『사기』「진시황본기」

49 "父子同居, 殺傷父臣妾, 畜產及盜之, 父已死, 或告, 勿聽, 是胃(謂)家罪."

50 "父盜子, 不爲盜."

51 "臣某, 妾小女子某."

52 "戶爲同居, 坐隷, 隷不坐戶謂殹也."

53 "今之縣令, 一日身死, 子孫累世潔駕, 故人重之."「한비자」「오두」

54 "千金之家比一都之君, 巨萬者乃與王者同樂."

55 "畜至用谷量馬牛 (…) 秦始皇帝令保比封君, 以時與列臣朝請 (…) 擅其利數世, 家亦不訾 (…) 秦皇帝以爲貞婦而客之, 爲築女懷淸臺."

56 『사기』「진승상세가」

57 "居縣爲豪吏."『사기』「조상국세가」

58 "耕豪民之田, 見稅什伍."

59 "賣傭而播耕者."「한비자」「외저설좌상」

60 "君子之澤, 三世而斬."

10장

1 "一法度衡石丈尺."『사기』「진시황본기」

2 "權各高二寸, 徑寸有九分, 容合重六兩."

3 "二十六年, 皇帝盡並天下諸侯, 黔首大安, 立號爲皇帝. 乃詔丞相狀, 綰:法度, 量則, 不壹, 歉疑者, 皆明壹之."

4 "衡石不正, 十六兩以上, 貲官嗇夫一甲; 不盈十六兩到八兩, 貲一盾."

5 "及至秦, 中一國之幣爲二等, 黃金以溢名, 爲上幣; 銅錢識曰半兩, 重如其文, 爲下幣. 而珠玉, 龜貝, 銀錫之屬爲器飾寶藏, 不爲幣."『사기』「평준서」

6 "布袤八尺, 福(幅)廣二尺五寸."

7 "其出入錢以當金, 布, 以律."

8 "錢善不善, 雜實之 (…) 百姓市用錢, 美惡雜之"

9 "上農除末, 黔首是富 (…) 百姓當家則力農工."『사기』「진시황본기」

10 "爲器同物者, 其小大, 短長, 廣亦必等."

11 "隸臣有巧可以爲工者, 勿以爲人仆, 養."

12 "日居八錢; 公食者, 日居六錢."

13 "使黔首自實田."

14 허우와이루侯外廬, 「중국의 봉건사회 토지소유제 형식에 대한 문제」, 『중국의 봉건사회사론』, 인민출판사, 1979

15 린간취안, 「진한시대 전제주의 경제 기초에 관하여」, 『진한사 논총』 제2집, 산시인민출판사, 1984

16 자오리성趙儷生, 「양한시대의 토지소유제 및 사회경제구조에 관하여」, 『문사철』, 1982년 제5호

17 "家馬者, 主供天子私用, 非大祀, 戎事, 軍國所需, 故謂之家馬."

18 "助而不稅."『맹자』「공손추 상」

19 "藉而不稅."『곡량전』선공宣公 15년

20 "履畝而稅."『공양전』선공 15년

21 "入芻稿之稅, 以供國用."『회남자』「범론훈氾論訓」고유 주

22 "入頃芻稿, 以其受田之數, 無墾不狼墾, 頃入芻三石, 稿二石."

23 "頭會箕斂."『사기』「장이진여열전張耳陳餘列傳」

24 "官府受錢者, 千錢一畚, 以丞, 令印印."

25 "頭會箕賦, 輸於少府."『회남자』「범론훈」

26 "秦始皇作地市, 與生死人交易. 令云: '生人不得欺死者物' 市吏告始皇云: '死者陵生人, 生人走入市門, 斬斷馬脊' 故俗云, 秦地市有斷馬."『태평어람』권827에 인용된 『신씨삼진기』

27 "貴酒肉之價, 重其租, 令十倍其樸."『상군서』「간령墾令」

28 "山海之利, 廣澤之畜, 天地之藏也, 皆宜属少府."『염철론』「복고復古」

29 "設百倍之利, 收山澤之稅."『염철론』「비앙非鞅」

30 "始皇克定六國, 輒徙其豪俠於蜀, 資我豐土. 家有鹽銅之利, 戶專山川之材, 居給人

足, 以富相尚." 『화양국지華陽國志』「촉지」

31 "收泰半之賦." 『한서』「식화지食貨志 상」

32 "又加月爲更卒, 已復爲正一歲, 屯戍一歲." 『한서』「식화지 상」

33 "生者著, 死者削 (…) 民不粟, 野無荒草." 『상군서』「거강去强」

34 "初令男子書年." 『사기』「진시황본기」

35 첸젠부錢劍夫, 『진한시대의 부역제도에 대한 약간의 고찰』, 후베이인민출판사, 1984, 12~20쪽

36 수호지진묘죽간 연구팀, 『수호지 진묘 죽간』의 『편년기』 주석 참조, 문물출판사, 1987; 『운몽진간 연구』의 「진간에 반영된 군사제도」「진귀한 운몽진간」, 중화서국, 1981

37 가오민高敏, 「진나라의 부역자 연령 문제에 관한 검토」, 『운몽진간에 대한 탐구』, 허난인민출판사, 1981

38 "秦制二十爵. 男子賜爵一級以上, 有罪以減, 年五十六免. 無爵爲士伍, 年六十乃免老."

39 "匿敖童 (…) 敖童弗傅 (…) 尉, 貲二甲, 免; 令, 貲二甲."

40 "贏員及減員自二日以上, 爲不察."

41 "歸農田, 種時, 治苗時各二旬."

42 "僇力本業, 耕織致粟帛多者復其身." 『사기』「상군열전」

43 "利其田宅, 而復之三世." 『상군서』「래민倈民」

44 "黔首三萬戶瑯邪臺下, 復十二歲 (…) 三萬家麗邑, 五萬家雲陽, 皆復不事十歲." 『사기』「진시황본기」

45 "復夷人頃田不租, 十妻不算." 『후한서』「남만전南蠻傳」

46 "徵稅盡, 人力盡."

47 "收泰半之賦 (…) 力役三十倍於古." 『한서』「식화지 상」

48 "民參其力, 二人於公, 而衣食其一." 『좌전』 소공 3년

49 "漢興, 循而未改." 『한서』「식화지 상」

50 "實際上只是繼承六國的舊制, 沒有加重也沒有減輕." 『진한시대의 부역제도에 대한 고찰』, 후베이인민출판사, 1984, 12~20쪽

51 "失期, 法皆斬." 『사기』「진섭세가」

52 "苦於厚作斂於百姓."

11장

1 "令吏民皆明智(知)之, 毋巨(岠, 至)於罪." 수호지진묘죽간 연구팀, 『수호지 진묘 죽간』, 문물출판사, 1978, 15쪽

2 운몽진간에 관한 모든 자료는 수호지진묘죽간 연구팀이 정리하고 리쉐친 박사가 편찬한 『수호지 진묘 죽간』을 인용했음, 1978. '운몽진간'으로 약칭하고 더 이상 출처를 밝히지 않음. 간독에 쓰여진 내용과 해석은 이 책을 참고했음.

3 리우저화劉澤華 엮음, 『중국정치사상사(총3권)』, 저장인민출판사, 1996

4 "法雖不善, 猶愈於無法, 所以一人心也."

5 "釋法術而任心治, 堯不能正一國."

6 "君臣上下貴賤皆從法, 此謂大治."

7 『한비자』 「심도心度」

8 『한비자』 「식사」

9 "一國行之, 境內獨治;二國行之, 兵則少寢;天下行之, 至德復立." 『상군서』 「개색開塞」

10 류쩌화劉澤華, 『선진 정치사상사』 제5장 「법, 술, 세를 중심으로 한 법가의 정치사상」, 난카이대학출판사, 1984

11 "名分定, 勢治之道也;名分不定, 勢亂之道也." 『상군서』 「정분定分」

12 "國無君不可以爲治." 『한비자』 「난일」

13 "定賞分財必由法." 『신자』 「위덕威德」

14 "職不得過官." 『신자』 「지충知忠」

15 "農農, 士士, 工工, 商商." 『순자』 「부국」

16 "以力役法者, 百姓也;以死守法者, 有司也;以道變法者, 君長也." 『신자』 「일문逸文」

17 "身作一而已矣." 『상군서』 「농전農戰」

18 "禮義法度者, 是聖人之所生也." 『순자』 「성악」

19 "緣法而治." 『상군서』 「군신」

20 "隨時而變, 因俗而動." 『관자』 「정세正世」

21 "不期修古, 不法常可." 『한비자』 「오두」

22 "有道之君貴靜, 不重變法 (…) 治大國而數變法, 則民苦之." 『한비자』 「해로」

23 "爲置法官, 吏爲之師, 以道之知 (…) 天下之吏民無不知法者." 『상군서』 「정분」

24 "民一於君, 事斷於法, 是國之大道也." 『신자』 「일문」

25 『한비자』 「비내備內」

26 "不引繩之外, 不推繩之內 (…) 使人無離法之罪." 『한비자』 「대체大體」

27 "日治者王." 『상군서』 「설민說民」

28 "任公而不任私." 『관자』 「임법任法」

29 "法之不行, 自上犯之." 『사기』 「상군열전」

30 "今亂世之君臣, 區區然皆擅一國之利, 而管一官之重, 以便其私, 此國之所以危也." 『상군서』 「수권修權」

31 "古者立天子而貴之者, 非以利一人也. 曰 : 天下無一貴, 則理無由通, 通理以爲天下也. 故立天子以爲天下, 非立天下以爲天子也 ; 立國君以爲國, 非立國以爲君也."

32 "民爲貴, 社稷次之, 君爲輕." 『맹자』 「진심 하」

33 "事在四方, 要在中央, 聖人執要, 四方來效." 『한비자』 「양권揚權」

34 『한비자』 「양권」

35 『한비자』 「남면」

36 "因道全法." 『한비자』 「대체」

37 "明主之道, 必明於公私之分, 明法制, 去私恩. 夫令必行, 禁必止, 人主之公義也." 『한비자』 「식사」

38 "霸王之名." 『한비자』 「초견진」 등 참조

39 "以道正己." 『한비자』 「관행」

40 "夫緣道理以從事者無不能成. 無不能成者, 大能成天子之勢尊, 而小易得卿相將軍之賞祿." 『한비자』 「해로」

41 "戰戰栗栗, 日愼一日, 苟愼其道, 天下可有." 『한비자』 「초견진」

42 "皇帝臨位, 作制明法, 臣下修飭. (…) 治道運行, 諸産得宜, 皆有法式." 『사기』 「진시황본기」

43 "繁法嚴刑而 天下振 (…) 禁暴誅亂而天下服." 『한서』 「형법지刑法志」

44 "古之五帝三王, 知敎不同, 法度不明, 假威鬼神, 以欺遠方, 實不稱名, 故不久長."

45 "秦聖臨國, 始定刑名, 顯陳舊章. 初平法式, 審別職任, 以立恒常."

46 "聖法初興, 淸理疆內, 外誅暴强." 『사기』 「진시황본기」

47 "明法度, 定律令, 皆以始皇起." 『사기』 「이사열전」

48 "樂以刑殺爲威 (…) 專任獄吏, 獄吏得親幸." 『사기』 「진시황본기」

49 수진粟勁, 「진율과 죄형법정주의」, 『법학 연구』 1984년 3호; 수진, 『진율 통론』 「중국 고대의 "죄형법정주의"」, 산동인민출판사, 1985, 기타 진율과 관련된 내용은 대부분 이 책을 참고했음

50 "權制斷於君." 『상군서』 「수권」

51 "以簡馭繁, 以類行雜, 以一行萬."

52 "不別親疏, 不殊貴賤, 一斷於法." 『사기』 「태사공자서」

53 "天下者, 天下之天下, 非一人之私有." 『맹자집주』 「만장萬章 상」

54 『주역정씨전周易程氏傳』 「동인괘同人卦」

55 "非以天下奉一人, 乃以一人主天下也." 『수서』 「양제기煬帝紀 상」

56 "以一人治天下, 不以天下奉一人." 『정관정요』 「형법」

57 "唯以一人治天下, 豈爲天下奉一人." 『일하구문고日下舊聞考』 「국조궁실國朝宮室」

58 "天下爲公, 一人有慶." 『정관정요』 「형법」

59 "專任刑罰, 躬操文墨, 晝斷獄, 夜理書." 『한서』 「형법지」

60 "殺人之父, 孤人之子, 斷人之足, 黥人之首, 不可勝數." 『사기』 「장이진여열전」

61 "前主所是著爲律, 後主所是疏爲令." 『한서』 「두주전杜周傳」

62 "廿年四月丙戌朔丁亥, 南郡守騰謂縣, 道嗇夫."

63 "爲是而修法律令, 田令及爲間私方而下之."

64 "輕狡, 博戲, 淫侈, 越城,, 越制." 『진서晉書』 「형법지刑法志」

65 "盜封嗇夫 (…) 可(何)論? 廷行事以僞寫印."

66 "秦法繁於秋荼, 而網密於凝脂." 『염철론』 「형덕刑德」

67 "偶語『詩』『書』."

68 "生戮, 戮之已乃斬之之謂殹(也)."

69 "諸嘗與王生趙時母家有仇怨, 皆坑之."

70 "當三族者, 皆先黥, 劓, 斬左右止(趾), 笞殺之, 梟其首, 菹其骨肉於市. 其誹謗詈詛
    者, 又先斷舌."

71 "以古非今者族. 吏見知不舉者與同罪."

72 "斬人肢體, 鑿其體膚."

73 "始皇時隱宮之徒七十二萬人, 所割男子之勢高積成山."

74 "令下三十日不燒, 黥爲城旦."

75 "其舍人, 輕者爲鬼薪."

76 "身體髮膚, 受之父母, 不敢毀傷, 孝之始也." 『효경』 「개종명의開宗明義」

77 "以爲王者之政莫急於盜賊." 『진서晉書』 「형법지」

78 "王者刑九賞一." 『상군서』 「거강」

79 "用法益刻深." 『사기』 「진시황본기」

80 "設罪以陷人 (…) 以陷不辜, 累無罪, 以子及父, 以弟及兄, 一人有罪, 州裏驚駭, 十
    家奔亡."

81 "流二千五百里." 『당율소의唐律疏議』 「명예名例」 "대불경" 조항, 「적도賊盜」 "제
    사에 쓰이는 신성한 물품을 훔친 자" 조항

82 "未盈六尺 (…) 食人稼一石 (…) 盜牛時高六尺, 系一歲, 復丈, 高六尺七寸."

83 "刑名從商."

84 "外有輕刑之名, 內實殺人." 『사기』 「효문제본기」

85 "律令凡三百五十九章, 大辟四百九條, 千八百八十二事, 死罪決事比萬三千四百七十二事."

86 "郡國被刑而死者歲以萬數, 天下獄二千余所, 其冤死者多少相覆." 『한서』 「형법지」

87 "書同文字." 『사기』 「진시황본기」

88 궈모뤄郭沫若, 「고대 문자와 변증의 발전」, 『고고학보』, 1972년 제1호

89 리쉐친李學勤, 「진간독의 고문자학 고찰」, 『운몽진간연구』, 중화서국, 1981

90 "古者, 民各有鄕俗, 其所利及好惡不同, 或不便於民, 害於邦. 是以聖王作爲法度, 以矯端民心, 去其邪避(僻), 除其惡俗. 法律未足, 民多詐巧, 故後有閒令下者. 凡法律令者, 以敎道(導)民, 去其淫避(僻), 除其惡俗."

91 "令人案行之, 擧劾不從令者, 致以律."

92 "郡縣遠方神祠者, 民各自奉祠, 不領於天子之祝官." 『사기』 「봉선서」

93 "「擅興奇祠, 貲二甲」可(何)如爲「奇」? 王室所當祠固有矣, 擅有鬼立(位)殿(也), 爲「奇」, 它不爲." 『사기』 「진시황본기」

94 로만 헤어초크Roman Herzog, 『고대의 국가-기원과 통치 형식』(1998, 뮌헨), 자오룽헝趙蓉恒 옮김, 베이징대출판사, 1998, 274~278쪽

95 『중화문화 통지通志, 학술전學術典, 정치학지政治學志』 서문, 상하이인민출판사, 1998, 이 책의 서문과 제1, 2, 3, 4, 5, 6장은 필자가 집필했고 제7장은 수옌종蕭延中이 집필했다. 필자의 원고는 1996년 12월에 완성되었다.

12장

1 "長城首築, 萬里安邊."

2 "齊宣王乘山嶺之上, 築長城, 東至海, 西至濟州, 千余裏, 以備楚." 『사기』 「초세가」에 나오는 「정의正義」 「제기齊記」 인용

3 "有隴西, 北地, 上郡, 築長城以拒胡. 而趙武靈王亦變俗胡服, 習騎射, 北破林胡, 樓煩. 築長城, 自代並陰山下, 至高闕爲塞. 而置雲中, 雁門, 代郡 (…) 燕亦築長城, 自造陽至襄平. 置上谷, 漁陽, 右北平, 遼西, 遼東郡以拒胡." 『사기』 「흉노열전」

4 "築長城, 因地形, 用制險塞, 起臨洮, 至遼東, 延袤萬餘裏. 於是渡河, 據陽山, 逶蛇而北." 『사기』 「몽염열전」

5 "一夫當關, 萬夫莫開."

6 "墮壞城郭, 決通川防, 夷去險阻. 地勢既平, 黎庶無繇, 天下鹹撫."

7 "生男愼勿舉, 生女哺用脯. 不見長城下, 屍骸相支拄."

8 "吾適北邊, 自直道歸, 行觀蒙恬所爲秦筑長城亭障, 塹山堙谷, 通直道, 固輕百姓力矣." 『사기』 「몽염열전」

9 "棧道千里, 通于蜀漢."

10 "馬馳人趨, 不待倦而至梁." 『전국책』 「위책魏策1」

11 "壞城郭, 決通堤防." 『사기』 「진시황본기」

12 "爲馳道於天下, 東窮燕齊, 南極吳楚, 江湖之上, 濱海之觀畢至. 道廣五十步, 三丈而樹, 厚築其外, 隱以金椎, 樹以靑松." 『한서』 「가산전賈山傳」

13 "塹山堙谷, 千八百里." 『사기』 「몽염열전」

14 "諸夏艾安, 功施於三代."

15 "此渠皆可行舟, 有餘則用漑浸, 百姓饗其利." 『사기』 「하거서河渠書」

16 "鑿渠運糧." 『사기』 「평진후주보열전」

17 "循崖而上, 建瓴而下."

18 "始皇旣立, 並兼六國, 銷鋒鑄鐻." 『사기』 「태사공자서」

19 "收天下兵, 聚之咸陽, 銷以爲鐘鐻, 金人十二, 重各千石, 置廷宮中." 『사기』 「진시황본기」

20 "及至秦王, 蠶食天下, 并吞戰國, 稱號曰皇帝, 主海內之政, 壞諸侯之城, 銷其兵, 鑄以爲鐘虡, 示不復用. 元元黎民得免於戰國, 逢明天子, 人人自以爲更生." 『사기』 「평진후주보열전」

21 "於是廢先王之道, 焚百家之言, 以愚黔首. 墮名城, 殺豪俊, 收天下之兵聚之咸陽, 銷鋒鑄鐻, 以爲金人十二, 以弱黔首之民."

22 "於是秦兼天下, 廢王道, 立私議, 滅『詩』『書』而首法令. 去仁恩而任刑戮, 墮名城, 殺豪桀, 銷甲兵, 折鋒刃." 『한서』 「오구수왕전吾丘壽王傳」

23 "鑄金人, 發謫戌." 『회남자』 「범론훈」

24 "秦始皇帝二十六年, 有大人長五丈, 足履六尺, 皆夷狄服, 凡十二人, 見於臨洮. 天戒若曰, 勿大爲夷狄之行, 將受其禍. 是歲始皇初並六國, 反喜以爲瑞, 銷天下兵器, 作金人十二以象之."

25 "秦皇帝二十六年, 初兼天下, 有長人見於臨洮, 其高五丈, 足跡六尺. 放寫其形, 鑄金人以象之, 翁仲, 君何是也."

26 "銅人, 翁仲, 翁仲其名也."

27 다키가와 가메타로瀧川龜太郎, 『사기의 주석 고증』 제2책, 동방문화대학원東方文

주

1111

化大學院 동경연구소, 1932, 29쪽

28 궈모뤄, 「『치미편侈靡篇』에 대한 연구」, 『역사연구』, 1954년 제3호

29 "鑄銅甚難, 求鐵甚易. 故銅兵轉少, 鐵兵轉多, 二漢之世, 旣見其微."

30 "作林鐘而銘魯功." 『좌전』 양공 19년

31 "周行庫府, 金玉珍寶不可稱言 (…) 尤惊异者."

32 "復鑄銅人十二枚, 坐皆高三尺, 列於一筵上, 琴築笙竽, 各有所執, 皆綴花彩, 儼若生人. 筵下有二銅管, 上口高數尺, 出筵後. 其一管空, 一管內有繩, 大如指, 使一人吹空管, 一人紐繩, 則眾樂皆作, 與真樂不異焉."

33 "『魏略』曰: 是歲, 徙長安諸鐘虡, 駱駝, 銅人, 承露盤. 盤折, 銅人重不可致, 留於霸城. 大發銅鑄作銅人二, 號曰翁仲, 列坐於司馬門外. 又鑄黃龍, 鳳皇各一, 龍高四丈, 鳳高三丈餘." 『삼국지』 「위서魏書 명제기明帝紀」

34 "皇帝二十六年, 初兼天下, 改諸侯爲郡縣, 一法律, 同度量, 大人來見臨洮, 其大五丈, 足迹六尺."

35 "聚天下兵器, 鑄銅人十二, 各重二十四萬斤. 漢世在長樂宮門."

36 "莽夢長樂宮銅人五枚起立, 莽惡之, 念銅人銘有"皇帝初兼天下"之文, 即使尚方工鐫滅所夢銅人膺文."

37 "壞五銖錢, 更鑄小錢, 悉取洛陽及長安銅人, 鐘虡, 飛廉, 銅馬之屬, 以充鑄焉." 『후한서』 「동탁전」

38 "銅人重不可致." 『삼국지』 「위서 명제기」

39 "諸廟及章臺, 上林皆在渭南. 秦每破諸侯, 寫放其宮室, 作之咸陽北阪上, 南臨渭, 自雍門以東至涇, 渭, 殿屋復道周閣相屬. 所得諸侯美人鐘鼓, 以充入之."

40 "爲作信宮渭南, 已更命信宮爲極廟, 象天極. 自極廟道通酈山, 作甘泉前殿. 築甬道, 自咸陽屬之."

41 "鹹陽人多, 先王之宮廷小."

42 "乃營作朝宮渭南上林苑中. 先作前殿阿房, 東西五百步, 南北五十丈, 上可以坐萬人, 下可以建五丈旗. 周馳爲閣道, 自殿下直抵南山. 表南山之顚以爲闕. 爲復道, 自阿房渡渭, 屬之鹹陽, 以象天極閣道絕漢抵營室也. 阿房宮未成; 成, 欲更擇令名名之. 作宮阿房, 故天下謂之阿房宮."

43 "立東闕, 北闕, 前殿, 武庫, 大倉 (…) 天下匈匈, 勞苦數歲, 成敗未可知, 是何治宮室過度也 (…) 天子以四海爲家, 非令壯麗亡以重威, 且亡令後世有以加也." 『한서』 「고제기 하」

44 "宮者, 天有紫微宮, 人君則之, 所居之處故曰'宮.'" 『당율소의』 「명례名例」

45 "關中計宮三百, 關外四百余. 於是立石東海上胸界中, 以爲秦東門."

46 "乃令鹹陽之旁二百裏內宮觀二百七十復道甬道相連, 帷帳鐘鼓美人充之, 各案署不移徙. 行所幸, 有言其處者, 罪死." 『사기』「진시황본기」

47 "隱宮徒刑者七十餘萬人, 乃分作阿房宮, 或作麗山. 發北山石槨, 乃寫蜀, 荆地材皆至 (…) 因徙三萬家麗邑, 五萬家雲陽, 皆復不事十歲." 『사기』「진시황본기」

48 "始皇並吞六國, 憑借富強, 益爲驕侈, 殫天下財力以事營繕. 項羽入關, 燒秦宮闕, 火三月不滅."

49 "自古至今, 葬未有盛於秦始皇也." 『한서』「초원왕전楚元王傳」

50 "吳王闔閭, 違禮厚葬."

51 "秦惠文王, 武王, 昭王, 嚴襄王, 皆大作丘隴, 多其瘞藏." 『한서』「초원왕전」

52 "天下貢賦三分之, 一貢宗廟, 一貢賓客, 一充山陵." 『일지록日知錄』「후장厚葬」

53 "始皇初即位, 穿治酈山, 及並天下, 天下徒送詣七十餘萬人, 穿三泉, 下銅而致槨, 宮觀百官奇器珍怪徒臧滿之. 令匠作機弩矢, 有所穿近者輒射之. 以水銀爲百川江河大海, 機相灌輸, 上具天文, 下具地理. 以人魚膏爲燭, 度不滅者久之." 『사기』「진시황본기」

54 이 책에 수록된 진시황릉에 관한 내용은 진시황병마용박물관에서 편찬한 『진용학연구』를 참조했음. 섬서인민출판사, 1996

55 "因徙三萬家麗邑." 『사기』「진시황본기」

56 "運石甘泉口, 渭水不流. 千人唱, 萬人謳(鉤), 金陵余石大如塸."

57 "貴爲天子, 富有天下, 賦斂重數, 百姓任罷, 赭衣半道, 群盜滿山, 使天下之人戴目而視, 傾耳而聽. 一夫大謰, 天下嚮應者, 陳勝是也. 秦非徒如此也, 起咸陽而西至雍, 離宮三百, 鍾鼓帷帳, 不移而具. 又爲阿房之殿, 殿高數十仞, 東西五裏, 南北千步, 從車羅騎, 四馬鶩馳, 旌旗不橈. 爲宮室之麗至於此, 使其後世曾不得聚廬而託處焉. 爲馳道於天下, 東窮燕齊, 南極吳楚, 江湖之上, 瀕海之觀畢至. 道廣五十步, 三丈而樹, 厚築其外, 隱以金椎, 樹以青松. 爲馳道之麗至於此, 使其後世曾不得邪徑而託足焉. 死葬乎酈山, 吏徒數十萬人, 曠日十年. 下徹三泉合采金石, 冶銅錮其內, 桼塗其外, 被以珠玉, 飾以翡翠, 中成觀遊, 上成山林. 爲葬薶之侈至於此, 使其後世曾不得蓬顆蔽冢而託葬焉. 秦以熊羆之力, 虎狼之心, 蠶食諸侯, 並吞海內, 而不篤禮義, 故天殃已加矣." 『한서』「가산전」

58 "生則張良椎之荆軻刀, 死則黃巢掘之項羽燒, 居然一尚在臨潼郊, 隆然黃土浮而高."

13장

1 『묵자』「법의」

2 『여씨춘추』「맹춘기 존사」「맹춘기 권학」 참조

3 "雖天子必有尊也 言有父也." 『효경』「감응」

4 "上薦高廟 孝道顯明." 『전진문』「역산각석」

5 『사기』「여불위열전」

6 "秦幷天下 多自驕大 宮備七國 爵列八品." 『후한서』「황후기 상」

7 "始皇表河以爲秦東門, 表汧以爲秦西門, 表中外殿觀百四十五, 後宮列女萬餘人, 氣上衝於天."

8 "漢興, 因秦之稱號, 帝母稱皇太后, 適稱皇后, 妾皆稱夫人. 又有美人, 良人, 八子, 七子, 長使, 少師之號焉."

9 "鹽官縣 (…) 有秦延山. 秦始皇巡此, 美人死, 葬於山上, 山上有美人廟." 『수경』「면수주」

10 "漢興, 因循其號, 而婦制莫厘 (…) 漢法常因八月算人, 遣中大夫與掖庭丞及相工, 於洛陽鄉中閱視良家童女, 年十三以上, 二十已下, 姿色端麗, 合法相者, 載還后宮, 擇視可否, 乃用登御." 『후한서』「황후기 상」

11 "位視丞相, 爵比諸侯王 (…) 視上卿, 比列侯 (…) 視中二千石, 比關內侯 (…) 視眞二千石, 比大上造 (…) 視二千石, 比小上造 (…) 視百石 (…) 視有秩斗食." 『한서』「외척전 상」

12 "牝鷄司晨 惟家之索."

13 『사기』「이사열전」

14 "以公賦稅重賞輝之 (…) 無詔封王諸子." 『사기』「이사열전」

15 "長子剛毅而武勇, 信人而憤士."

16 "陛下居外, 未立太子, 使臣將三十萬衆守邊, 公子爲監, 此天下之重任也." 『사기』「이사열전」

17 "以兵屬蒙恬, 與喪會咸陽而葬 (…) 無詔封王諸子而獨輝長子書 (…) 立爲嗣." 『사기』「이사열전」

18 "諸男皆尙秦公主, 女悉嫁秦諸公子." 『사기』「이사열전」

19 "華陽在富平縣東南三十裏. 始皇二十二年, 李信伐楚敗歸.時王翦謝病家居. 始皇疾駕入頻陽, 手以上將印佩翦身, 授兵六十萬. 後三日, 翦發頻陽.始皇降華陽公主, 簡宮中麗色百人爲騰, 北迎翦于途. 詔即遇處成婚.翦行五十裏遇焉.列兵爲城, 中間設錦幄, 行合巹禮, 信宿, 公主隨翦入都. 詔頻陽別開主第.今名相遇處爲華陽." 『고금

도서집성』, 「직방전 서안부고적고3」, 또한 『섬서통지』 「고적2」 및 『부평현지』는 모두 같다.

20 "女陵山在(曲阜)縣北二十里. 『太平寰宇記』: 相傳秦始皇東巡, 女死, 葬此." 『산동통지』 「곡부산천고」, 『대청일통지』에서 인용

21 마페이바이馬非百, 『진집사』, 중화서국, 1982, 127쪽

22 "朕聞太古有號毋諡, 中古有號, 死而以行爲諡. 如此, 則子議父, 臣議君也. 甚無謂, 朕弗取焉. 自今已來, 除諡法. 朕爲始皇帝. 后世以計數, 二世三世至於萬世, 傳之無窮." 『사기』 「진시황본기」

23 "衮職有闕, 維仲山甫補之."

24 "衣服旄旌節旗, 皆上黑. 數以六爲紀, 符法冠六寸, 而輿六尺, 六尺爲步, 乘六馬." 『사기』 「진시황본기」

25 "及秦幷天下, 攬其輿服, 上選以供御, 其次以錫百官." 『후한서』 「여복지상輿服志上」

26 "秦以前, 民皆以金玉爲印, 龍虎紐, 惟其所好. 秦以來, 天子獨以印稱璽, 又獨以玉, 群臣莫敢用." 『사기』 「진시황본기」, 위홍의 말 인용

27 "受命於天, 旣壽永昌."

28 "甲兵之符, 右在王, 左在新郪, 凡興士被甲, 用兵五十人以上, 必會王符, 乃敢行之. 燔燧事, 雖毋(毋)會符, 行殹(也)." 용경容庚, 『진금문록』

29 "甲兵之符, 右在王, 左在陽陵."

30 "朝皆自十月朔." 『사기』 「진시황본기」

31 "漢七年, 長樂宮城, 諸侯群臣皆朝十月. 儀, 先平明, 謁者治禮, 引以次入殿門, 廷中陳車騎步卒衛宮, 設兵張旗志. 傳言'趨'. 殿下郎中俠陛, 陛數百人. 功臣列侯諸將軍軍吏以次陳西方, 東鄕. 文官丞相以下陳東方, 西鄕. 大行設九賓, 臚傳. 於是皇帝輦出房, 百官執職傳警, 引諸侯王以下至吏六百石以次奉賀. 自諸侯王以下莫不振恐肅敬. 至禮畢, 復置法酒. 諸侍坐殿上皆伏抑首, 以尊卑次起上壽. 觴九行, 謁者言'罷酒'. 御史執法擧不如儀者輒引去. 竟朝置酒, 無敢讙譁失禮者." 『사기』 「유경숙손통열전」

32 "虎拜稽首, 天子萬壽."

33 "蔡邕『獨斷』: 陛, 階也, 所由昇堂也. 天子必有近臣, 執兵陳於階側, 以戒不虞. 謂之陛下者, 群臣與天子言, 不敢指斥天子 (…) 据此, 則陛下猶言執事, 後人相沿, 遂以爲至尊之稱."

34 "汝雖長, 何益, 幸雨立. 我雖短也, 幸休居 (…) 階楯者得半相代." 『사기』 「골계열전」

35 "古者諸侯, 二車九乘, 秦滅九國, 兼其車服, 故大駕屬車八十一乘也. 尙書御使乘之, 最后一車, 懸豹尾, 以前皆皮軒, 虎皮爲之也."

36 "秦始皇東巡, 有猛獸突於帝前, 有武士戴狸皮白首, 獸畏而遁. 遂軍仗儀服, 皆戴作狸皮白首, 以威不虞也."

37 "貪於權勢 (…) 天下之事無小大皆決於上, 上至以衡石量書, 日夜有呈, 不中呈不得休息."

38 "廳事, 群臣受決事, 悉於咸陽宮."『사기』「진시황본기」

39 "置酒咸陽宮."『사기』「진시황본기」

40 "洛陽之水, 其色蒼蒼, 祠祭大澤, 倏忽南臨, 洛濱醮禱, 色連三光."

41 "車行酒, 騎行炙, 千人唱, 萬人和."

42 "强弩弋高鳥, 走犬逐狡兎."『회남자』「원도」

43 "庖廚不徙, 后宮不移, 百官備具."사마상여,「상림부上林賦」

44 "長楊宮中有垂楊數畝, 因爲宮名, 門曰射熊館."

45 "帝嘗射飛鴻於臺上, 故號鴻臺."

46 "善. 多縱禽獸於其中, 寇從東方來, 令麋鹿觸之足矣."『사기』「골계열전」

47 "作角抵俳優之觀."『사기』「진시황본기」

48 "始皇爲微行咸陽, 與武士四人俱, 夜出逢盜蘭池, 見窘, 武士擊殺盜, 關中大索二十日."『사기』「진시황본기」

49 "天子適諸侯曰巡狩. 巡狩者, 巡所守也."『맹자』「양혜왕 하」

50 "先王制諸侯, 使五年四王一相朝. 終則講於會, 以正班爵之義, 師長幼之序, 訓上下之則, 制財用之節."『국어』「노어 상」

51 "天子祭天下名山大川."『예기』「왕제」

52 "山川之靈, 足以綱紀天下者, 其守爲神, 社稷之守者, 爲公侯. 皆屬於王者."

53 "始皇巡隴西, 北地, 出鷄頭山, 過回中焉." 이 절에서 출처를 기록하지 않은 인용문은 모두『사기』「진시황본기」에서 인용한 것이다.

54 "皇帝之(立)國, 維初在昔, 嗣世稱王. 討伐亂逆, 威動四極, 武義直(萬)方. 戎臣奉詔, 經時不久, 滅六暴强, 二十六年, 上薦高廟, 孝道顯明. 旣獻泰成, 乃降溥(傳)惠, 親巡遠方. 登於嶧山, 群臣從者, 咸思攸長. 追念亂世, 分土建邦, 以開爭利. 攻戰日作, 流血於野, 自泰古始. 世無萬數, 施(陀)及五帝, 莫能禁止. 乃今皇帝, 壹家天下, 兵不復起. 災害滅除, 黔首康定, 利澤長久. 群臣誦略, 刻此樂石, 以著經紀." 장안본을 초록했다.『금석췌편』「역산각사」참조

55 "有德則可久, 有功則可大."『수서』「양제기 상」

56 "皇帝臨位, 作制明法, 臣下修飭. 二十有六年, 初幷天下, 罔不賓服. 親巡遠方黎民,登兹泰山, 周覽東極. 從臣思迹, 本原事業, 祗誦功德. 治道運行, 諸產得宜, 皆有法式. 大義休明, 垂于後嗣, 順承勿革. 皇帝躬聖, 既平天下, 不解于治. 夙興夜寐, 建設長利, 專隆教誨. 訓經宣達, 遠近畢理, 咸承聖志. 貴賤分明, 男女禮順, 慎遵職事. 昭隔內外, 靡不清淨, 施于後嗣. 化及無窮, 遵奉遺詔, 永承重戒."

57 "風雨暴至, 休於樹下, 因封其樹爲五大夫."

58 "窮成山, 登之罘, 立石頌秦德焉而去."

59 "維二十八年, 皇帝作始. 端平法度, 萬物之紀. 以明人事, 合同父子. 聖智仁義, 顯白道理. 東撫東土, 以省卒士.事已大畢, 乃臨于海. 皇帝之功, 勤勞本事. 上農除末, 黔首是富. 普天之下, 摶心揖志. 器械一量, 同書文字. 日月所照, 舟輿所載, 皆終其命, 莫不得意. 應時動事, 是維皇帝. 匡飭異俗, 陵水經地. 憂恤黔首, 朝夕不懈. 除疑定法, 咸知所辟. 方伯分職, 諸治經易. 舉錯必當, 莫不如畫. 皇帝之明, 臨察四方. 尊卑貴賤, 不逾次行. 琅邪不容, 皆務貞良. 細大盡力, 莫敢怠荒. 遠邇辟隱, 專務肅莊. 端直敦忠, 事業有常. 皇帝之德, 存定四極. 誅亂除害, 興利致福. 節事以時, 諸產繁殖. 黔首安寧, 不用兵革. 六親相保, 終無寇賊. 驩欣奉教, 盡知法式. 六合之內, 皇帝之土. 西涉流沙, 南盡北戶. 東有東海, 北過大夏. 人迹所至, 無不臣者. 功蓋五帝, 澤及牛馬. 莫不受德, 各安其宇.

維秦王兼有天下, 立名爲皇帝, 乃撫東土, 至于琅邪. 列侯武城侯王離, 列侯通武侯王賁, 倫侯建成侯趙亥, 倫侯昌武侯成, 倫侯武信侯馮毋擇, 丞相隗林, 丞相王綰, 卿李斯, 卿王戊, 五大夫趙嬰, 五大夫楊樛從, 與議於海上. 曰:「古之帝者, 地不過千里, 諸侯各守其封域, 或朝或否, 相侵暴亂, 殘伐不止, 猶刻金石, 以自爲紀. 古之五帝三王, 知教不同, 法度不明, 假威鬼神, 以欺遠方, 實不稱名, 故不久長. 其身未歿, 諸侯倍叛, 法令不行. 今皇帝並一海內, 以爲郡縣, 天下和平. 昭明宗廟, 體道行德, 尊號大成. 群臣相與誦皇帝功德, 刻于金石, 以爲表經.」.'"

60 "海中有三神山, 名曰蓬萊, 方丈, 瀛洲, 仙人居之."

61 "齊戒禱祠, 欲出周鼎泗水."

62 "斑竹一枝千滴淚."

63 "聞之, 堯女, 舜之妻, 而葬此 (…) 使刑徒三千人皆伐湘山樹, 赭其山."

64 "王者父天母地, 兄日姉月."

65 『국어』「노어 하」, 『구당서』「예의지4」 등 참고. 문서에서 관련 있는 내용이 많음

66 "相韓昭侯 宣惠王 襄哀王 (…) 相厘王, 悼惠王 (…) 第死不葬, 悉以家財求客刺秦王." 『사기』「유후세가」

67 "維二十九年, 時在中春, 陽和方起. 皇帝東遊, 巡登之罘, 臨照于海. 從臣嘉觀, 原念休烈, 追誦本始. 大聖作治, 建定法度, 顯箸綱紀. 外教諸侯, 光施文惠, 明以義理.

六國回辟, 貪戾無厭, 虐殺不已. 皇帝哀衆, 遂發討師, 奮揚武德. 義誅信行, 威燀旁達, 莫不賓服. 烹滅彊暴, 振救黔首, 周定四極. 普施明法, 經緯天下, 永爲儀則. 大矣哉! 宇縣之中, 承順聖意. 群臣誦功, 請刻于石, 表垂于常式."

68 "維二十九年, 皇帝春遊, 覽省遠方. 逮于海隅, 遂登之罘, 昭臨朝陽. 觀望廣麗, 從臣咸念, 原道至明. 聖法初興, 清理疆內, 外誅暴彊. 武威旁暢, 振動四極, 禽滅六王. 闡並天下, 甾害絕息, 永偃戎兵. 皇帝明德, 經理宇內, 視聽不怠. 作立大義, 昭設備器, 咸有章旗. 職臣遵分, 各知所行, 事無嫌疑. 黔首改化, 遠邇同度, 臨古絕尤. 常職既定, 後嗣循業, 長承聖治. 群臣嘉德, 祇誦聖烈, 請刻之罘."

69 "壞城郭, 決通堤防."

70 "遂興師旅, 誅戮無道, 爲逆滅息. 武殄暴逆, 文復無罪, 庶心咸服. 惠論功勞, 賞及牛馬, 恩肥土域. 皇帝奮威, 德並諸侯, 初一泰平. 墮壞城郭, 決通川防, 夷去險阻. 地勢既定, 黎庶無繇, 天下咸撫. 男樂其疇, 女修其業, 事各有序. 惠被諸產, 久並來田, 莫不安所. 群臣誦烈, 請刻此石, 垂著儀矩."

71 "熒惑入列宿, 其國有殃."『개원점경』「형혹점1」

72 "有墜星下東郡, 至地爲石."

73 "秦始皇死而地分."

74 "盡取石旁居人誅之."

75 "山鬼固不過知一歲事也 (…) 祖龍者, 人之先也."

76 "少子胡亥愛慕請從, 上許之."

77 "皇帝休烈, 平一宇內, 德惠攸長. 三十有七年, 親巡天下, 周覽遠方. 遂登會稽, 宣省習俗, 黔首齋莊. 群臣誦功, 本原事迹, 追首高明. 秦聖臨國, 始定刑名, 顯陳舊章. 初平法式, 審別職任, 以立恒常. 六王專倍, 貪戾傲猛, 率衆自彊. 暴虐恣行, 負力而驕, 數動甲兵. 陰通間使, 以事合從, 行爲辟方. 內飾詐謀, 外來侵邊, 遂起禍殃. 義威誅之, 殄熄暴悖, 亂賊滅亡. 聖德廣密, 六合之中, 被澤無疆. 皇帝並宇, 兼聽萬事, 遠近畢清. 運理群物, 考驗事實, 各載其名. 貴賤並通, 善否陳前, 靡有隱情. 飾省宣義, 有子而嫁, 倍死不貞. 防隔內外, 禁止淫佚, 男女絜誠. 夫爲寄豭, 殺之無罪, 男秉義程. 妻爲逃嫁, 子不得母, 咸化廉清. 大治濯俗, 天下承風, 蒙被休經. 皆遵度軌, 和安敦勉, 莫不順令. 黔首修絜, 人樂同則, 嘉保太平. 後敬奉法, 常治無極, 輿舟不傾. 從臣誦烈, 請刻此石, 光垂休銘."

78 "蓬萊藥可得, 然常爲大鮫魚所苦, 故不得至, 願請善射與俱, 見則以連弩射之."

79 "水神不可見, 以大魚蛟龍爲候, 今上禱祀備謹, 而有此惡神, 當除去, 而善神可致."

80 "自琅邪北至榮成山, 弗見. 至之罘, 見巨魚, 射殺一魚."

81 "始皇惡言死, 群臣莫敢言死事."

82 "七月丙寅, 始皇崩於沙丘平臺."

14장

1 "起諸侯, 并天下, 意得欲從, 以爲自古莫及己." 『사기』 「진시황본기」

2 "爲子爲臣, 惟忠惟孝." 『당율소의』 「명예」

3 "易姓而王, 致太平, 必封泰山, 禪梁父, 何? 天命以爲王, 使理群生, 告太平於天, 報群神之功." 『사기』 「봉선서 정의」에서 『오경통의』를 인용, 본서에서 출처를 밝히지 않은 것은 모두 「봉선서」에서 인용했다.

4 "自古受命帝王, 曷嘗不封禪? (…) 每世之隆, 則封禪答焉, 及衰而息."

5 "古者封泰山禪梁父者七十二家, 而夷吾所記者十有二焉."

6 "徵從齊魯之儒生博士七十人, 至乎泰山下."

7 "秦始皇聞此儀各乖異, 難施用, 由此絀儒生."

8 "阿意興功." 『사기』 「몽염열전」

9 "陛下功則高矣, 而民未懷惠. 德雖厚矣, 而澤未滂流, 諸夏雖安, 未足以供事. 遠夷慕義, 無以供其求. 符瑞雖臻, 尉羅猶密, 積年豊稔, 倉廩尚虛, 此臣所以竊謂未可."

10 "庸夫橫議, 悔不可追." 『구당서』 「위징전」

11 "諸儒生旣絀, 不得與用於封事之禮, 聞始皇遇風雨, 則譏之."

12 "始皇上泰山, 爲暴風雨所擊, 不得封禪."

13 "祠竈則致物, 致物而丹沙可化爲黄金, 黄金成以爲飲食器則益壽, 益壽而海中蓬萊仙者乃可見, 見之以封禪則不死, 皇帝是也."

14 "怪異阿諛苟合之徒自此興, 不可勝數."

15 "不食五穀, 吸風飲露, 乘雲氣, 御飛龍, 而游乎四海之外."

16 "客有教燕王爲不死之道者."

17 "未至, 望之如雲. 及到, 三神山反居水下. 臨之, 風輒引去, 終莫能至云."

18 "及至秦始皇并天下, 至海上, 則方士言之不可勝數."

19 "入海求仙人." 『사기』 「진시황본기」

20 "見芝成宮闕, 有使者銅色而龍形, 光上照天." 『사기』 「회남형산열전」

21 "徐福得平原廣澤, 止王不來." 서복의 사적에 대해서는 역사 기록상 모순이 많고 학자들의 견해도 제각각이다. 이 책의 목적은 진시황을 연구하는 것이므로 이점을 고증하지 않겠다. 서복으로 대표되는 술사들은 거듭 핑계를 찾아서 진시황에게 얼버무렸으나, 진시황 또한 거듭 속아 넘어간 것은 논쟁의 여지가 없는 사실이다.

22 "乃於華山之中, 乘雲駕龍, 白日昇天."

23 "輝黔首里六石米, 二羊." 『사기』 「진시황본기」와 『집해』 「태원진인모영내기」 인용

24 "臣等求芝奇藥仙者常弗遇, 類物有害之者. 方中, 人主時爲微行以辟惡鬼, 惡鬼辟, 眞人至. 人主所居而人臣知之, 則害於神. 眞人者, 入水不濡, 入火不熱, 陵雲氣, 與天地久長. 今上治天下, 未能恬倓. 願上所居宮毋令人知, 然後不死之藥殆可得也."

25 "令咸陽之旁二百里内宮觀二百七十復道甬道相連, 帷帳鍾鼓美人充之, 各案署不移徙. 行所幸, 有言其處者, 罪死."

26 "此中人泄吾語 (…) 詔捕諸時在旁者, 皆殺之."

27 "自是后莫知行之所在."

28 "徙黔首三萬戶琅琊臺下, 復十二歲."

29 "'今皇帝並有天下, 別黑白而定一尊. 私學而相與非法教, 人聞令下, 則各以其學議之, 入則心非, 出則巷議, 夸主以爲名, 異取以爲高, 率群下以造謗. 如此弗禁, 則主勢降乎上, 黨與成乎下. 禁之便. 臣請史官非秦記皆燒之. 非博士官所職, 天下敢有藏詩, 書, 百家語者, 悉詣守, 尉雜燒之. 有敢偶語詩書者棄市. 以古非今者族. 吏見知不舉者與同罪. 令下三十日不燒, 黥爲城旦. 所不去者, 醫藥卜筮種樹之書. 若欲有學法令, 以吏爲師.' 制曰: '可.'"

30 "祖述堯舜, 憲章文武."

31 "始皇下其議."

32 "秦雖無道, 不燔諸子, 諸子尺書, 文篇具在." 『논형』 「서해」

33 "入則心非, 出則巷議."

34 "聖人之全經猶存."

35 젠보짠, 『중국사강』 제1권 「진한사」, 베이징대출판사, 1983, 79쪽

36 "燔詩書而明法令." 『한비자』 「화씨」

37 "禁其行, 破其群, 散其黨." 『한비자』 「궤사」

38 『사기』 「유림열전」

39 "三十五年 (…) 侯生盧生相與謀曰: 始皇爲人, 天性剛戾自用, 起諸侯, 並天下, 意得欲從, 以爲自古莫及己. 專任獄吏, 獄吏得親幸, 博士雖七十人, 特備員弗用. 丞相諸大臣皆受成事, 倚辨於上. 上樂以刑殺爲威, 天下畏罪持祿, 莫敢盡忠. 上不聞過而日驕, 下慴伏謾欺以取容. 秦法, 不得兼方不驗, 輒死. 然候星氣者至三百人, 皆良士, 畏忌諱諛, 不敢端言其過. 天下之事無小大皆決於上, 上至以衡石量書, 日夜有呈, 不中呈不得休息. 貪於權勢至如此, 未可爲求仙藥' 於是乃亡去. 始皇聞亡, 乃大怒曰: "吾前收天下書不中用者盡去之. 悉召文學方術士甚衆, 欲以興太平, 方士欲練以求奇藥. 今聞韓衆去不報, 徐市等費以巨萬計, 終不得藥, 徒姦利相告日聞. 盧生等吾尊輝

진시황 평전

之甚厚, 今乃誹謗我, 以重吾不德也. 諸生在咸陽者, 吾使人廉問, 或爲訞言以亂黔首"於是使御史悉案問諸生, 諸生傳相告引, 乃自除犯禁者四百六十餘人, 皆阬之咸陽, 使天下知之, 以懲後."

40 "天下初定, 遠方黔首未集, 諸生皆誦法孔子, 今上皆重法繩之, 臣恐天下不安, 惟上察之."

41 "虧損名教, 毀裂冠冕."

42 "帝王一怒而天下秋."

43 "位卑而言高, 罪也."

44 중국 고대의 사상 언론의 죄와 그 도덕적 근거는 유가와 관련된 이론을 참고하면 된다. 졸저『주인이면서 노예亦主亦奴: 중국 고대관료의 사회적 인격』제3장 제3절「언죄, 구죄와 설난」, 절강인민출판사, 2000

45 "秦旣焚書, 恐天下不從所改更法, 而詔諸生, 到者拜爲郎, 前後七百人, 乃密種瓜于驪山陵谷中溫處, 瓜實成, 詔博士諸生說之, 人言不同, 乃令就視, 爲伏機. 諸生賢儒皆至焉, 方相難不決, 因發機, 從上塡之以土, 皆壓, 終乃無聲."『사기』「유림열전 정의」, 위홍의『조정고문상서서』인용

46 궈모뤄, 『10비판서十批判書』, 「여불위와 진 왕정에 대한 비판呂不韋與秦王政的批判」, 동방출판사, 1996, 449쪽

47 "秦始皇名政, 虎口 ,日角 ,大目, 隆鼻, 長八尺六寸, 大七圍. 手握兵執矢, 名祖龍."『태평어람太平御覽』「황왕부皇王部 - 하도河圖」에서 인용

48 "以爲自古莫己."

49 "南誅兩越, 東擊朝鮮, 北逐凶奴, 西伐大宛."

50 "躬操文墨, 晝斷獄, 夜理書, 自程決事, 日縣石之一."『한서』「형법지」

51 "天下畏罪持祿, 莫敢盡忠."

52 "一飯之德必償, 睚眥之怨必報."『사기』「범저채택열전」

53 "嘗有德, 厚報之; 有怨, 必以法滅之."『한서』「난포전」

54 "報復過直."『한서』「지리지」

55 "夫秦王怚而不信人."『사기』「백기왕전열전」

56 "子系中山狼, 得志更猖狂."

15장

1 "鄢, 郢大夫不欲爲秦, 而在城南下者百數."『전국책』「제책 6」

2 "運籌策帷帳中, 決勝千裏外." 『사기』 「유후세가」

3 "項氏世世爲楚將, 封於項, 故姓項氏."

4 "陰以兵法部勒賓客及子弟, 以是知其能 (…) 籍長八尺餘, 力能扛鼎, 才氣過人, 雖吳中子弟皆已憚籍矣 (…) 書足以記名姓而已. 劍一人敵, 不足學, 學萬人敵 (…) 彼可取而代也." 『사기』 「항우본기」

5 "信爲韓王." 『한서』 「위표전담한왕신전魏豹田儋韓王信傳」

6 "召使前擊築, 一座稱善, 輝酒."

7 "秦始皇惜其善擊築, 重赦之 (…) 終身不復近諸侯之人." 『사기』 「자객열전」

8 "夫秦滅六國, 楚最無罪. 自懷王入秦不反, 楚人憐之至今, 故楚南公曰'楚雖三戶, 亡秦必楚'也. 今陳勝首事, 不立楚後而自立, 其勢不長. 今君起江東, 楚蜂午之將皆爭附君者, 以君世世楚將, 爲能復立楚之後也." 『사기』 「항우본기」

9 "其母被刑僇, 世世卑賤 (…) 通於獄法, 舉以爲中車府令 (…) 赦之, 復其官爵 (…) 乃與丞相李斯, 公子胡亥陰謀, 立胡亥爲太子." 『사기』 「몽염열전」

10 "萬人必死, 橫行乎天下."

11 "常漁鉅野澤中, 爲群盜." 『사기』 「위표팽월열전」

12 "麗山之徒數十萬人, 布皆與其徒長豪桀交通, 乃率其曹偶, 亡之江中爲群盜." 『사기』 「경포열전」

13 "秦滅魏數歲, 已聞此兩人魏之名士也, 購求有得張耳千金, 陳餘五百金. 張耳, 陳餘乃變名姓, 俱之陳, 爲裏監門以自食 (…) 購求兩人, 兩人亦反用門者以令裏中 (…) 其賓客廝役, 莫非天下俊桀, 所居國無不取卿相者 (…) 據國爭權." 『사기』 「장이진여열전張耳陳餘列傳」

14 "陳涉之王也, 而魯諸儒持孔氏之禮器往歸陳王. 於是孔甲爲陳涉博士, 卒與涉俱死. 陳涉起匹夫, 驅瓦合適戍, 旬月以王楚, 不滿半歲竟滅亡, 其事至微淺, 然而縉紳先生之徒負孔子禮器往委質爲臣者, 何也? 以秦焚其業, 積怨而發憤於陳王也." 『사기』 「유림열전」

15 "苟富貴, 無相忘 (…) 若爲庸耕, 何富貴也 (…) 嗟乎, 燕雀安知鴻鵠之誌哉 (…) 吳廣素愛人, 士卒多爲用者 (…) 甕牖繩樞之子, 氓隸之人 (…) 率罷散之卒, 將數百之眾, 轉而攻秦 (…) 斬木爲兵, 揭竿爲旗, 天下雲會響應, 贏糧而景從, 山東豪俊遂並起而亡秦族矣." 『사기』 「진섭세가」

16 "嗟乎, 大丈夫當如此也 (…) 以亭長爲縣送徒酈山." 『사기』 「고조본기」

17 "天下畔秦, 能者先立." 『사기』 「장이진여열전」

18 "爲沛主吏掾." 『사기』 「소상국세가」

19 "居縣爲豪吏." 『사기』 「조상국세가」

20 "始爲縣豪." 『사기』「진승상세가」

21 "天下苦秦久矣." 『사기』「진섭세가」

22 "興, 百姓苦 ; 亡, 百姓苦."

23 "緩刑罰, 薄賦斂." 『사기』「이사열전」

24 왕치쿤王其坤 편찬, 『중국 군사경제사』, 해방군출판사, 1991, 76쪽, 이러한 계산 추정이 가장 대표적이다.

25 거젠슝葛劍雄, 「진 왕조 인구에 대한 새로운 평가」, 『진능 진용 연구 동태』, 1996년 제4호

26 "一人就役, 擧家便廢." 『구당서』「대주전戴胄傳」

27 "黎庶怨叛, 聚爲盜賊, 其國無不即滅, 人主雖改悔, 未有重能安全者." 『정관정요』「사종사종奢縱」

28 "秦以不早定扶蘇, 胡亥詐立, 自使滅祀." 『한서』「숙손통전叔孫通傳」

29 "書已封, 未授使者, 始皇崩. 書及璽皆在趙高所, 獨子胡亥, 丞相李斯, 趙高及幸宦者五六人知始皇崩, 餘群臣皆莫知也. 李斯以爲上在外崩, 無眞太子, 故秘之." 『사기』「이사열전」

30 『사기』「이사열전」

31 "吾聞晉易太子, 三世不安 ; 齊桓兄弟爭位, 身死爲戮 ; 紂殺親戚, 不聽諫者, 國爲丘墟, 遂危社稷 : 三者逆天, 宗廟不血食."

32 『사기』「이사열전」

33 "立胡亥爲太子 (…) 扶蘇爲人子不孝, 其賜劍以自裁 (…) 爲人臣不忠, 其賜死 (…) 屬裨將王離." 『사기』「이사열전」

34 "陛下居外, 未立太子, 使臣將三十萬眾守邊, 公子爲監, 此天下重任也. 今一使者來, 即自殺, 安知其非詐 ? 請復請, 復請而後死, 未暮也."

35 "悉耳目之所好, 窮心誌之所樂, 以安宗廟而樂萬姓, 長有天下, 終吾年壽." 『사기』「이사열전」

36 "公子十二人僇死咸陽市, 十公主僇死於杜, 財物入於縣官, 相連坐者不可勝數."

37 "賜錢十萬以葬." 『사기』「이사열전」

38 "闕廷之禮, 吾未嘗敢不從賓贊也 ; 廊廟之位, 吾未嘗敢失節也 ; 受命應對, 吾未嘗敢失辭也. 何謂不臣 ? 願聞罪而死." 『사기』「진시황본기」

39 "宗室振恐. 群臣諫者以爲誹謗, 大吏持祿取容, 黔首振恐." 『사기』「진시황본기」

40 "乃行誅大臣及諸公子, 以罪過連逮少近官三郞, 無得立者." 『사기』「진시황본기」

41 "誅殺忠臣而立無節行之人." 『사기』「몽염열전」

42 "先帝後宮非有子者, 出焉不宜."

주

1123

43 "群臣以禮進祠, 以尊始皇廟爲帝者祖廟. 皇帝復自稱'朕'." 『사기』 「진시황본기」

44 "朕年少, 初即位, 黔首未集附. 先帝巡行郡縣, 以示強, 威服海內. 今晏然不巡行, 即 見弱, 毋以臣畜天下 (…) 而盡刻始皇所立刻石, 石旁著大臣從者名, 以章先帝成功盛 德焉." 『사기』 「진시황본기」

45 "下調郡縣轉輸菽粟芻稿, 皆令自齎糧食, 鹹陽三百裏內不得食其谷." 『사기』 「진시 황본기」

46 "此不肖人之所勉也, 非賢者之所務也. 彼賢人之有天下也, 專用天下適己而已矣, 此 所貴於有天下也."

47 "有天下而不恣睢, 命之曰以天下爲桎梏, 能窮樂之極, 賢明之主也." 『사기』 「이사열전」

48 "於是行督責益嚴, 稅民深者爲明吏 (…) 殺人眾者爲忠臣." 『사기』 「이사열전」

49 "用法益刻深." 『사기』 「진시황본기」

50 "失期, 法皆斬." 『사기』 「진섭세가」

51 『사기』 「이사열전」

52 "事皆決於趙高." 『사기』 「이사열전」

53 "秦始皇起罪惡, 胡亥極." 『사기』 「진시황본기」

54 "河決不可復壅, 魚爛不可復全."

55 "閭左謂居閭里之左也. 秦時復除者居閭左. 今力役凡在閭左者盡發之也 (…) 凡居以 富強爲右, 貧弱爲左. 秦役戍多, 富者役盡, 兼取貧弱者也." 『사기』 「진섭세가」, 『사기 색은』

56 "且壯士不死即已, 死即舉大名耳, 王侯將相寧有種乎."

57 "袒右, 稱大楚." 『사기』 「진섭세가」

58 "當此時, 諸郡縣苦秦吏者, 皆刑其長吏, 殺之以應陳涉." 『사기』 「진섭세가」

59 "人臣無將, 將即反, 罪死無赦. 願陛下急發兵擊之 (…) 諸生言皆非也. 夫天下合爲一 家, 毀郡縣城, 鑠其兵, 示天下不復用. 且明主在其上, 法令具於下, 使人人奉職, 四方 輻輳, 安敢有反者! 此特群盜鼠竊狗盜耳, 何足置之齒牙閑. 郡守尉今捕論, 何足憂."

60 『사기』 「유경숙손통열전」

61 "群盜, 郡守尉方逐捕, 今盡得, 不足憂." 『사기』 「진시황본기」

62 "殺陳勝城父, 破項梁定陶, 滅魏咎臨濟. 楚地盜名將已死, 章邯乃北渡河, 擊趙王歇 等於鉅鹿." 『사기』 「진시황본기」

63 "猛獸之處山林, 藜藋爲之不采 ; 正臣之立朝廷, 奸邪爲之折謀."

64 "放棄詩書, 極意聲色, 祖伊所以懼也 ; 輕積細過, 恣心長夜, 紂所以亡也." 『사기』 「악서樂書」

65 "凡所爲貴有天下者, 得肆意極欲, 主重茅茨不翦, 飯土塯, 啜土形, 雖監門之養, 不慼於此. 禹鑿龍門, 通大夏, 決河亭水, 放之海, 身自持築臿, 脛毋毛, 臣虜之勞不烈於此矣.'明法, 下不敢爲非, 以制禦海內矣. 夫虞, 夏之主, 貴爲天子, 親處窮苦之實, 以徇百姓, 尚何於法? 朕尊萬乘, 毋其實, 吾欲造千乘之駕, 萬乘之屬, 充吾號名. 且先帝起諸侯, 兼天下, 天下已定, 外攘四夷以安邊竟, 作宮室以章得意, 而君觀先帝功業有緖. 今朕即位二年之閒, 群盜並起, 君不能禁, 又欲罷先帝之所爲, 是上毋以報先帝, 次不爲朕盡忠力, 何以在位."

66 『사기』「진시황본기」

67 "嗟乎, 悲夫! 不道之君, 何可爲計哉! 昔者桀殺關龍逢, 紂殺王子比干, 吳王夫差殺伍子胥. 此三臣者, 豈不忠哉, 然而不免於死, 身死而所忠者非也. 今吾智不及三子, 而二世之無道過於桀, 紂, 夫差, 吾以忠死, 宜矣. 且二世之治豈不亂哉! 日者夷其兄弟而自立也, 殺忠臣而貴賤人, 作爲阿房之宮, 賦斂天下. 吾非不諫也, 而不吾聽也. 凡古聖王, 飮食有節, 車器有數, 宮室有度, 出令造事, 加費而無益於民利者禁, 故能長久治安. 今行逆於昆弟, 不顧其咎;侵殺忠臣, 不思其殃;大爲宮室, 厚賦天下, 不愛其費:三者已行, 天下不聽. 今反者已有天下之半矣, 而心尚未寤也, 而以趙高爲佐, 吾必見寇至鹹陽, 麋鹿遊於朝也."

68 "吾欲與若復牽黃犬俱出上蔡東門逐狡兔, 豈可得乎!"『사기』「이사열전」

69 "事無大小輒決於高."『사기』「이사열전」

70 "趙高用事於中, 將軍有功亦誅, 無功亦誅."『사기』「진시황본기」

71 "乃獻鹿, 謂之馬. 二世問左右:'此乃鹿也?'左右皆曰'馬也.'"

72 "乃出居望夷之宮."『사기』「이사열전」

73 "願與妻子爲黔首, 比諸公子."『사기』「진시황본기」

74 "自知天弗與, 群臣弗許."『사기』「이사열전」

75 "滅秦宗室而王關中."『사기』「진시황본기」

76 "秦故王國, 始皇君天下, 故稱帝. 今六國復自立, 秦地益小, 乃以空名爲帝, 不可. 宜爲王如故, 便."『사기』「진시황본기」

77 "子嬰即系頸以組, 白馬素車, 奉天子璽符, 降軹道旁."

78 "殺子嬰及秦諸公子宗族. 遂屠鹹陽, 燒其宮室, 虜其子女, 收其珍寶貨財, 諸侯共分之."『사기』「진시황본기」

79 "秦皇帝, 楚隱王, 魏安釐王, 齊愍王, 趙悼襄王皆絶亡後. 其與秦始皇帝守冢二十家, 楚, 魏, 齊各十家, 趙及魏公子亡忌各五家, 令視其冢, 復亡與它事."『한서』「고제기高帝紀 하」

80 "龍虎散, 風雲滅. 千古恨, 憑誰說."

81 "漢之法制, 大抵因秦."홍매洪邁, 「용재삼필容齋三筆」『용재수필容齋隨筆』, 중화서

국, 1978, 522쪽

82 "漢興, 因秦制度, 崇恩德, 行簡易, 以撫海內." 『한서』 「지리지 상」

83 "漢家承秦之制, 並立郡縣, 主有專己之威, 臣無百年之柄." 『한서』 「서전敍傳 상」

84 "漢迪於秦, 有革有因, 牁犖僚職, 並列其人." 『한서』 「서전 하」

85 "力役, 三十倍於古 ; 田租口賦, 鹽鐵之利, 二十倍於古. 或耕豪民之田, 見稅什五."

86 "仲舒死後, 功費愈甚, 天下虛耗, 人復相食." 『한서』 「식화지 상」

87 "自天子稱號下至佐僚及宮室官名, 少所變改." 『사기』 「예서禮書」

88 "時丞相張蒼好律曆, 以爲漢乃水德之時, 河決金隄, 其符也. 年始多十月, 色外黑內
赤, 與德相應." 『한서』 「교사지郊祀志 상」

89 "張蒼文好律曆, 爲漢名相, 而專遵用奉之'顓頊曆'." 『한서』 「신도가전申屠嘉傳」

90 "曩之爲秦者, 今轉而爲漢矣. 然其遺風餘俗, 猶尚未改." 『한서』 「가의전」

91 "自古以來, 未嘗有以亂濟亂, 大敗天下之民如秦者也. 其遺毒餘烈, 至今未滅, 使習
俗薄惡, 人民嚚頑, 抵冒殊扞, 孰爛如此之甚者也." 『한서』 「동중서전」

92 "漢家自有制度, 本以霸王道雜之, 奈何純住德教, 用周政乎." 『한서』 「원제기元帝紀」

93 "秦有十失, 其一尚存, 治獄之吏是也." 『한서』 「가추매로전賈鄒枚路傳」

94 "後世之爲君子者, 十九而爲申, 韓." 왕부지, 『독통감론讀通鑑論』 권22

95 "制作政治, 施於後王." 『사기』 「진시황본기」

96 "秦制之得, 亦以明矣. 繼漢而帝者, 雖百代可知也." 『유하동집柳河東集』 「봉건론封
建論」

97 "郡縣之制, 垂二千年而佛能改矣." 왕부지, 『독통감론』 권1

98 "二千年來之政, 秦政也, 皆大盜也." 탄쓰통, 「인학仁學」, 『탄쓰통전집(개정본)』, 중
화서국, 1981, 339쪽

99 "猶行秦政法."

16장

1 『사기』 「진시황본기」

2 "有八十一處, 其中指責秦始皇施行暴政有六十七次." 궈지쿤郭志坤, 『진시황대전秦
始皇大傳』, 삼련서점상하이분점三聯書店上海分店, 1989, 366쪽

3 "於是, 秦兼天下, 廢王道, 立私議, 滅『詩』『書』而 首法令, 去仁恩而任刑戮, 墮名城,
殺豪桀, 銷甲兵, 折鋒刃. 其後 民以櫌鉏棰梃相撻擊, 犯法滋衆, 盜賊不勝, 至於赭衣
塞路, 群盜滿山, 卒以亂亡." 『한서』 「오구수왕전吾丘壽王傳」

4 "重禁文學, 不得挾書, 棄捐禮誼而惡聞之, 其心欲盡滅先王之道, 而顓爲自恣苟簡之
治." 『한서』 「동중서전」

5 "秦爲亡道, 削仲尼之迹, 滅周公之軌, 壞井田, 除五等, 禮廢樂崩, 王道不通, 故欲行
王道者莫能致其功也." 『한서』 「매복전梅福傳」

6 "秦王之法度負聖人之法度, 秦弘違天地之道, 而天地違秦亦弘矣." 『법언法言』 「과
견寡見」

7 "以爲周制微弱, 終爲諸侯所喪, 故不立尺土之封, 分天下爲郡縣, 蕩滅前聖之苗裔,
靡有孑遺者矣." 『한서』 「지리지 상」

8 "昔秦據南面之位, 制一世之命, 威服四夷, 輕弱骨肉, 顯重異族, 廢道任刑, 無恩宗
室. 其后尉佗入南夷, 陳涉呼楚澤, 近狴作亂, 內外俱發, 趙氏無炊火焉." 『한서』 「무
오자전武五子傳」 「연자왕류단전燕刺王劉旦傳」

9 "王制遂滅, 僭差亡度. 庶人之富者累巨萬, 而貧者食糟糠." 『한서』 「식화지 상」

10 "遺禮義, 棄仁恩." 『사기』 「노중련추양열전」

11 "至秦則不然, 師申商之法, 行韓非之說, 憎帝王之道, 以貪狼爲俗, 非有文德以教訓
於下也." 『한서』 「가의전」

12 "不篤仁義." 『한서』 「가산전」

13 "秦王置天下於法令刑罰, 德澤亡一有, 而怨毒盈於世, 下憎惡之如仇讐, 禍幾及身,
子孫誅絶, 此天下之所共見也." 『한서』 「식화지 상」

14 "聞秦有十失, 其一尙存, 治獄之吏是也. 秦之時, 羞文學, 好武勇, 賊仁義之士, 貴治
獄之吏. 正言者謂之誹謗, 謁過者謂之妖言, 故盛服先生不用於世, 忠良切言皆郁於
胸, 譽諛之聲日滿於耳. 虛美熏心, 實禍蔽塞. 此乃秦之所以亡天下也." 『한서』 「노온
서전路溫舒傳」

15 "妄賞以隨喜意, 妄誅以快怒心, 法令煩憯, 刑罰暴酷, 輕絶人命, 身自射殺; 天下寒
心, 莫安其處. 奸邪之吏, 乘其亂法, 以成其威, 獄官主斷, 生殺自恣. 上下瓦解, 各自
爲制." 『한서』 「조착전晁錯傳」

16 "趙高以峻文決罪於內, 百官以峭法斷割於外. 死者相枕席, 刑者相望. 百姓側目重
足, 不寒而栗." 『염철론』 「주진周秦」

17 『한서』 「식화지 상」

18 "窮兵之禍." 『사기』 「평진후주보열전」

19 "遣蒙恬築長城, 東西數千里, 暴兵露師常數十萬, 死者不可勝數, 僵尸千里, 流血頃
畝, 百姓力碣, 欲爲亂者十家而五." 『사기』 「회남형산열전」

20 "以至乎秦, 興兵遠攻, 貪外虛內, 務欲廣地, 不慮其害. 然地南不過閩越, 北不過太
原, 而天下潰畔, 禍卒在於二世末, '長城之歌'至今未絶." 『한서』 「가연지전賈捐之傳」

21 "吏治深刻, 賞罰不當."『사기』「진시황본기」에서 가의賈誼의 『과진론過秦論』을 인용

22 "且秦以任刀筆之吏, 爭以嘔疾苛察相高, 其敝徒文具, 亡惻隱之實."『한서』「장석지전張釋之傳」

23 "秦始亂之時, 吏之所先侵者, 貧人賤民也. 至其中節, 所侵者富人吏家也. 及其末塗, 所侵者宗室大臣也. 是故親疎皆危, 內外咸怨, 離散逋逃, 人有走心."『한서』「조착전」

24 "忠臣不敢諫, 智士不敢謀也."『사기』「진시황본기」에서 가의의 『과진론』을 인용

25 "秦始皇居滅絶之中而不自知者何也? 天下莫敢告也. 其所以莫敢告者何也? 亡養老之義, 亡輔弼之臣, 亡進諫之士, 縱恣行誅, 退誹謗之人, 殺直諫之士, 是以道諛媮苟容, 比其德則賢於堯舜, 課其功則賢於湯武, 天下已潰而莫之告也."『한서』「가산전」

26 "矜奮自賢, 群臣恐諛, 驕溢縱恣, 不顧患禍."『한서』「조착전」

27 秦滅四維而不張, 故君臣乖亂, 六親殃戮, 奸人幷起, 萬民離叛, 凡十三歲, 而社稷爲虛."『한서』「가의전」

28 "及秦所以二世而亡者, 養生大奢, 奉終大厚."『한서』「오행지하지五行志下之 하」

29 "夫殷作九市之宮而諸侯畔, 靈王起章華之臺而楚民散, 秦興阿房之殿而天下亂."『한서』「동방삭전」

30 "『春秋』有災異, 皆列終始, 推得失, 考天心, 以言王道之安危. 至秦乃不說 傷之以法, 是以大道不通, 至於滅亡."『한서』「익봉전翼奉傳」

31 "至周末世, 大爲無道, 以失天下. 秦繼其后, 又益甚之. 自古以來, 未嘗以亂濟亂, 大敗天下如秦者也."『한서』「예악지」

32 "言治亂之道, 借秦爲諭."『한서』「가산전」

33 "聲言朔方地肥饒, 外阻河, 蒙恬城之以逐匈奴, 內省轉輸戍漕, 廣中國, 滅胡之本也."『사기』「평진후주보열전」

34 "昔者, 周公誅管叔, 放蔡叔, 以安周. 齊桓殺其弟, 以反國. 秦始皇殺兩弟, 以安秦."『한서』「회남려왕유장전淮南厲王劉長傳」

35 "秦王懷貪鄙之心, 行自奮之智, 不信士民, 廢王道, 立私權, 禁文書而酷刑法, 先詐力而后仁義, 以暴虐爲天下始."『사기』「진시황본기」

36 "秦始皇卽位三十九年, 內平六國, 外攘四夷, 死人如亂麻, 暴骨長城之下, 頭盧相屬於道, 不一日而無兵. 由是山東之難興, 四方潰而逆秦. 秦將吏外畔, 賊臣內發, 亂作蕭墻, 禍成二世."『한서』「무오자전」「창읍애왕유박전찬왈昌邑哀王劉髆傳贊曰」

37 "『주자어류朱子語類』권4

38 "秦始皇之無道, 豈不甚哉! 視殺人如殺狗彘, 狗彘仁而用之, 猶有節, 始皇之殺人,

觸情而已, 其不以道如是. 李斯又深刻峻法, 隨其指而妄殺人. 秦不二世滅, 李斯無
遺類. 以不道愚人, 人亦以不道報之. 人讐之, 天絶之, 行無道, 未有不亡者也."『부
자傅子』「문형問刑」

39 "害聖典, 疾格言, 燔詩書, 屠術士."『사마온공문집司馬溫公文集』「하간헌왕찬河
間獻王贊」

40 "暴秦運距閏餘."『정관정요』「봉건」

41『정관정요』「재상재상災祥」

42 이상은『당태종집唐太宗集』「제경편帝京篇 십수병十首并 서」를 참고했다.

43 "王而不足 (…) 覇而有餘 (…) 治世小, 亂世多."『황국경세서皇極經世書』「관물내편
觀物內篇」

44 後世爲君者, 歌頌功德, 動稱堯舜, 而所以自爲乃不過如秦."『백아금伯牙琴』「견요
부見堯賦」「군도君道」 등

45 "自秦以來, 凡爲帝王者皆賊也."『잠서潛書』「실어室語」

46 "治天下者惟君, 亂天下者惟君."『잠서』「선군鮮君」

47 "二千年之政, 秦政也, 皆大盜也. 二千年來之學, 荀學也, 皆鄉愿也." 탄쓰퉁, 「인학」,
『담사동전집(개정본)』, 중화서국, 1981, 339쪽

48 "二千年之學, 孔學也, 皆吃人者也."

49 "海內爲一, 功齊三代."『사기』「평진후주보열전」

50 이지李贄『장서臧書』「세기열전총목世紀列傳總目」

51 "祖龍種毒, 久暫必發 開阡陌, 置郡縣, 此等皆是應運豪傑, 因時大臣. 聖人復起, 不
能易也 (…) 以公賦稅重賞輝之, 千古創論 (…) 始皇出世, 李斯相之, 天崩地坼, 掀
翻一個世界, 是聖是魔, 未可輕議 (…) 祖龍千古英雄, 掙得一個天下. 又以扶蘇爲子,
子嬰爲孫. 卒爲胡亥 趙高二豎子所敗. 惜哉!" 이지, 『사강평요史綱評要』「후진기後
秦記」

52 루쉰, 「화덕분서이동론華德焚書異同論」, 『루쉰잡문선魯迅雜文選』, 산시인문출판
사, 1976, 257~258쪽

53 천진陳晉의『마오쩌둥의 혼魂』참고, 이상은『마오쩌둥이 중국 역대 제왕을 평가
하다毛澤東評說中國帝王』에서 인용했다. 쟝웨이공姜維恭, 잔잉주戰英主 공동편
집, 지린인민출판사吉林人民出版社 1998, 3~7쪽

54 "以趙高之亡秦而非商鞅."『염철론』「비앙」

55 "秦並海內, 兼諸侯, 南面稱帝, 以養四海. 天下之士, 斐然向風, 若是者何也?曰:近
古之無王者久矣. 周室卑微, 五霸既歿, 令不行于天下, 是以諸侯力政, 强侵弱, 衆暴
寡, 兵革不休, 士民罷敝. 今秦南面而王天下, 是上有天子也. 既元元之民冀得安其性

命, 莫不虛心而仰上, 當此之時, 守威定功, 安危之本, 在于此矣." 『사기』 「진시황본기」에서 가의의 『과진론』 인용

56 "元元黎民得免於戰國, 逢明天子, 人人自以爲更生." 『사기』 「평진후주보열전」

57 "至獻公之后, 常雄諸侯. 論秦之德義不如魯衛之暴戾者, 量秦之兵不如三晉之强也. 然卒幷天下, 非必險固便刑勢利也, 蓋若天所助焉." 『사기』 「육국연표」

58 『사기』 「진시황본기」

59 "夫定國之術, 在於强兵足食, 秦人以急農兼天下, 孝武以屯田定西域, 此先代之良式也." 『삼국지』 「위서 무제기」 배송지 주에 나온 왕심王沈의 『위서魏書』에서 인용

60 "朕提三尺劍以定四海, 遠夷率服, 億兆乂安, 自謂不減二主也." 『정관정요』 「공부공부貢賦」

61 이상의 인용문은 『유하동전집柳河東全集』 「봉건론封建論」에서 볼 수 있다.

62 "惜乎! 扶蘇仁懦, 胡亥稚蒙, 姦宄內發, 六國餘孼尙存, 因天下之怨, 而以秦爲招, 再傳而蹶, 此始皇之不幸也." 『장문충공전집張文忠公全集』 「잡저雜著」

63 "郡縣之制垂二千年, 而弗能改矣. 合古今上下皆安之. 勢之所趨, 豈非理而能然哉." 왕부지, 『속통감론續通鑑論』 권1

이 책의 출간에 앞서 류쩌화劉澤華 선생님과 차오환톈喬還田 주임에게 감사한다.

류쩌화 선생은 나의 지도교수였다. 만일 그분이 이 책을 쓸 것을 권유하지 않으셨다면 나는 현재 교수이자 박사 지도교수로 이 자리에 있지 못했을 것이다.

사람에게 숙명은 없지만 인연은 있는 것 같다. 2001년 4월에 나는 류쩌화 교수님을 도와 연례 학술회의를 준비하고 있었다. 몇 분의 저명한 학자와 회의 참가자 명단을 들고 내 이름 펀톈分田과 명단 안의 '환톈還田'이란 이름의 의미를 토론하다가 차오환톈 선생을 알게 되었다. 차오 선생도 나에게 새로운 진시황 전기를 써보라고 적극 권하였다. 그로부터 한참 지난 후에 필자는 비로소 두 분과의 약속을 지키고자 이 책을 쓰기 시작했다. 두 '톈田'과의 교감은 담담했지만, 사실 이것은 서로에게 천금 같은 약조라 할 수 있었다.

나는 진시황과 그와 관련된 역사 현상을 오랫동안 생각해왔다. 내 기억에 진시황에 대해 처음 썼던 글은 정치학 수업의 과제였다. 때는 1970

년 초 겨울이었다. 나는 노동생산대 지식청년 겸 '공농병 학생工農兵學員' (문화대혁명 기간에 대학교, 고등학교, 중학교에서 공부하던 학생으로 노동자, 농민, 군인에서 뽑았으므로 이렇게 불렀다)의 신분으로 청더承德사범학교 분교에서 수학을 전공하고 있었다. 그러나 나는 일찍이 역사에 빠져 있었으며, 특히 그 당시 이미 중국 역사 속에서의 정치사상사로 연구 방향을 정했던 터였다. 그 이래로 역사적으로 전개되어온 군주론 및 제왕 관념과 통치 사상은 계속 관심을 두고 연구해왔던 분야였다. 이 책은 오랜 세월 많은 저서와 논문을 읽으면서 진시황을 연구한 끝에 나온 것이다. 내게 가르침을 준 모든 스승과 선배, 동료들에게 이 자리를 빌려 감사드린다.

이 책에 나오는 엄청난 양의 인용문을 일일이 대조 확인한 제자 쉬저나許哲娜에게 특별히 고마움을 전한다.

2003년 1월

장펀톈張分田

폭군, 천하를 통일한 첫 황제, 문자와 도량형 통일, 만리장성, 아방궁 등은 모두 중국 최초의 황제 진시황을 가리키고 있다. 대부분의 사람들이 매우 날카롭게 비판하지만, 사실 진시황은 '중국'을 세운 인물이다. 중국의 기초를 세운 진시황(영정)은 조나라에서 태어났다. 진시황의 아버지는 당시 조나라의 인질로 와 있던 터여서 진시황의 유년은 그리 평탄치 못했다. 여불위의 도움으로 몇 번의 위기를 넘긴 영정 가족은 무사히 진나라로 돌아왔고 영정은 자라서 명실상부한 왕의 후계자가 되었으며 훗날 진시황이 되었다. 영정은 아버지에게 황권을 이어받고 성인이 되어 친정하면서 권력 기반을 확고하게 다진 후, 끊임없는 대외 겸병전쟁을 일으켰다. 그리고 치열한 전투에서 대부분 승리하여 결국 천하의 주인이 되었다. 그 후 진시황은 30년간 중국 역사에서 획을 긋는 수많은 사업을 일으켰다. 이 책에서는 '황제'라는 호칭의 확립, 사상 통일, 신분제도 정립, 제도 정비, 문자 통일, 도량형 통일, 대규모 토목공사, 법제 정비 등 각 측면에 대해 사료를 근거로 상세하게 소개하고 있다.

이 책 『진시황 평전』에서 매우 방대한 내용을 일관되게 관통하며 강조한 한 가지는 진시황이 결코 무에서 유를 창조한 사람이 아니라는 점이다. 그가 추진한 모든 정책과 사업은 과거 춘추전국시대에 각 제후국에서 시행되었던 각종 변법, 주나라를 정통으로 삼는 사상과 문화적 전통, 진나라의 과거 선대 왕들이 추진했던 각종 법률·제도의 개혁을 계승, 발전시킨 것이다. 예컨대 만리장성은 춘추전국시대에 이미 각 제후국이 군사적 목적으로 축조하기 시작한 것으로 진시황은 흉노족의 침입을 막기 위해 이를 기반으로 장성을 확대한 것이었다. 또 저자는 사람들이 진시황은 '법가' 황제라고 하지만 사실은 '잡가'적인 황제였다고 지적한다. 진시황이 매우 잔인한 황제였다는 비판에 대해서도 한나라의 황제들이 그보다 훨씬 잔혹하면 잔혹했지 결코 형벌을 줄이지 않았다고 꼬집어 말한다.

특히 이 책에서는 전통적으로 중국에서 군주 또는 왕을 가리키는 각종 호칭을 비롯해 진나라 법제의 구체적인 실상, 왕실 내부의 예제와 규율, 관료체계의 복잡한 시스템을 꼼꼼하게 추적하고 있다. 독자들이 보기에 일견 산만해 보일 수도 있지만 이는 중국 전통 사상에 기반한 중앙집권 사회의 기원을 이해하는 데 매우 유용한 경험이 될 것이다.

정리해서 말하자면, 『진시황 평전』은 진시황 개인에 관한 평범한 전기가 아니다. 500여 년 동안 전쟁으로 점철된 춘추전국시대의 격변기 속에서 서쪽 변방에서 일어난 작은 제후국이 어떻게 독립된 진나라로 발전했는지, 진시황의 천하 통일을 정점으로 어떻게 새로운 시대의 서막을 열었으며, 그 서막이 열리자마자 어떻게 드라마같이 허망하게 멸망할 수밖에 없었는지 그 비극적인 역사를 이야기하고 있다. 사람들은 통일 후 진나라의 역사가 불과 30년도 안 된다고 폄하하지만 이 책에서는 통일 진 왕조 이전에 존재했던 진나라의 500년 역사가 존재하고 있음을 강조한다. 진나라는 춘추시대부터 시작된, 500년이 훨씬 넘게 경영된 나라라고 말이다. 어쩌면 이 책은 '진나라의 역사'라고 하는 것이 더 옳을 것이다.

『진시황 평전』에는 수많은 고문이 숨겨져 있다. 풍부한 내용을 담고 있는 이 평전을 읽는 것 자체가 『사기본기』 『사기열전』 『사기세가』 『상군서』 『한비자』 『관자』 『순자』 『전국책』 『설원』 『여씨춘추』 『염철론』 『한서』 『정관정요』 『자치통감』, 운몽진간 등 수많은 고서를 '진나라'의 관점에서 읽는 것이다. 『사기』를 중심으로 한 수많은 역사 고전을 새로 읽는 것이라고 해도 과언이 아니다. 진나라에 대한 직접적인 자료는 운몽진간이 거의 유일했기 때문에 저자는 한나라 때 저술된 『사기』를 위주로 진나라에 관한 내용을 꼼꼼하게 재정리하면서 이를 운몽진간과 비교해가면서 검증했다. 나아가 이러한 진나라에 대한 탐구는 역사의 현재성이라는 관점에서 '진시황 현상'을 어떻게 평가할 것인가의 문제와 맞물리며 책의 대단원을 이룬다. 결국 저자는 진시황을 제대로 보고 평가하기 위해 이 책을 저술했다고 할 수 있다.

이 책에 언급되는 문헌을 우리말로 옮길 때 참고한 책들은 아래와 같다.

『관자』, 관자, 김필수 외 옮김, 소나무, 2006
『사기본기』, 사마천, 김원중 옮김, 민음사, 2010
『사기세가』, 사마천, 김원중 옮김, 민음사, 2010
『사기열전』, 사마천, 김원중 옮김, 민음사, 2009
『사료로 읽는 중국 고대 사회경제사』, 박기수 외 역주, 청어람미디어, 2005

『상군서』, 상앙, 우재호 옮김, 소명출판, 2005

『설문해자주 부수자 역해』, 염정삼 지음, 서울대출판부, 2007

『설원』, 유향, 임동석 역주, 동서문화사, 2009

『순자』, 순자, 최대림 역해, 홍신문화사, 2009

『신서新書』, 가의, 박미라 옮김, 소명출판, 2007

『여씨춘추』, 여불위, 김근 역주, 민음사, 1994

『염철론』, 환관, 김원중 옮김, 현암사, 2007

『전국책』, 유향, 임동석 역주, 동서문화사, 2009

『정관정요』, 오긍, 김원중 옮김, 글항아리, 2010

『한비자』, 한비, 김원중 옮김, 글항아리, 2010

『후한서 외국전外國傳 역주』, 동북아역사재단 엮음, 동북아역사재단, 2009

2011년 8월

옮긴이

진시황 평전

1판 1쇄 2011년 9월 25일
1판 4쇄 2018년 8월 17일

지은이 장펀톈
옮긴이 이재훈
펴낸이 강성민
편집장 이은혜
기   획 노승현
마케팅 정민호 이숙재 정현민 김도윤 안남영
홍   보 김희숙 김상만 이천희

펴낸곳 (주)글항아리 | 출판등록 2009년 1월 19일 제406-2009-000002호

주소 10881 경기도 파주시 회동길 210
전자우편 bookpot@hanmail.net
전화번호 031-955-8891(마케팅) 031-955-1934(편집부)
팩스 031-955-2557

ISBN 978-89-93905-71-7 93900

이 도서의 국립중앙도서관 출판시도서목록(CIP)은 e-CIP 홈페이지(http://www.nl.go.kr/ecip)와
국가자료공동목록시스템(http://www.nl.go.kr/kolisnet)에서 이용하실 수 있습니다. (CIP제어번호: CIP2011003643)